Peter Englund

Die Verwüstung Deutschlands

Eine Geschichte des Dreißigjährigen Krieges

Aus dem Schwedischen
von Wolfgang Butt

Klett-Cotta

Klett-Cotta
Die Originalausgabe erschien unter dem Titel »Ofredsår. Om den svenska
stormaktstiden och en man i dess mitt« im Verlag Atlantis, Stockholm
© Peter Englund und Atlantis, 1993
Für die deutsche Ausgabe
© J. G. Cotta'sche Buchhandlung Nachfolger GmbH, gegr. 1659,
Stuttgart 1998
Fotomechanische Wiedergabe nur mit Genehmigung des Verlags
Printed in Finland
Schutzumschlag: Philippa Walz, Stuttgart
unter Verwendung des Gemäldes »Schlacht bei Lützen am 16. Nov. 1632«
von Peter Snayers (GG 1820) / © Kunsthistorisches Museum, Wien
Gesetzt aus der 10 Punkt Stempel Garamond von Fotosatz Janß, Pfungstadt
Auf säure- und holzfreiem Werkdruckpapier gedruckt und gebunden
von Werner Söderström, Porvoo

Die deutsche Bibliothek – CIP-Einheitsaufnahme

Englund, Peter:
Die Verwüstung Deutschlands: eine Geschichte des Dreißigjährigen
Krieges / Peter Englund. Aus dem Schwed. von Wolfgang Butt. –
Stuttgart: Klett-Cotta, 1998
Einheitssacht.: Ofredsår <dt.>
ISBN 3-608-91734-9

Den Menschen, denen ich 1991 bei meinem Besuch an der Front
in Kroatien begegnete und die nicht mehr leben

—

What passing-bells for these who die like cattle?

Inhalt

Vorwort zur deutschen Ausgabe 9

I Der Mann im Schilf (1656) 13
1. Es ist unmöglich, ein einziges Bein zu retten! 14
2. Die letzten 80 Meter Mittelalter 29
3. Nach neunzehn Tagen kehrte der Verstand allmählich zurück 44

II Die ersten Jahre (1625–1630) 55
1. Diese erbärmliche und elende Welt 56
2. Donnergrollen in der Ferne 59
3. Belehrung und Züchtigung 77

III Der deutsche Krieg (1630–1638) 101
1. Ich bin der Löwe aus dem Mitternachtsland! 102
2. Fünf Schüsse im November 120
3. Wir haben Land von anderen gewonnen und unser eigenes ruiniert 138
4. Die Erde war mit Toten bedeckt 155

IV Wendepunkte (1638–1641) 169
1. Alles läuft aufs Geld hinaus 170
2. Viele glaubten, es gebe keinen Gott mehr 181
3. Ein sonderbarer Schneefall in Beraun 195
4. Abschied von der Kindheit 209

V Der Feuertaufe entgegen (1641–1643) 233
1. Ein Krieger stirbt 234
2. Rosetten appellieren ans Volk 255
3. Auf den Skorpion folgt eine Schlange 264
4. Geriet ich so unvermutet in den Krieg 284

VI Der dänische Krieg (1643–1644) 315
1. Der brodelnde Kessel kocht über 316
2. Blitzkrieg im Norden 330
3. Wir lebten vom Tod umgeben 343
4. Endlich haben wir den alten Fuchs im Sack! 364

VII Siege und Niederlagen (1644–1645) 383
  1. So gut wie ein Junge 384
  2. Die große Schlacht bei Fehmarn 397
  3. Vier Meilen bis Wien 411
  4. Ein letztes Treffen an dem runden Stein 431

VIII Verpaßte Gelegenheiten (1645–1647) 437
  1. Die seltsame Belagerung von Brünn 438
  2. Wir leben wie die Tiere, essen Rinde und Gras 454
  3. Wurde aus einem Schreiber ein Soldat 469
  4. Elf Tonnen Pulver in Demmin 476

IX Der Westfälische Friede (1647–1650) 487
  1. Zwei Meutereien und ein Kreis, der sich schließt 488
  2. Die Schlacht bei Zusmarshausen 501
  3. Königsmarcks großer Coup 515
  4. Was sollen wir tun, wenn jetzt Frieden ist? 525

X Der lange Nachhall des Krieges (1650–1654) 541
  1. Landgewinne in Afrika und Amerika 542
  2. Aufruhr und Zorn sind worden so groß 553
  3. Einen Grafenhut gewinnen 569
  4. Nach Jerusalem! 586

XI Am Scheideweg (1654–1656) 597
  1. In diesem Zeichen wirst du siegen 598
  2. Die Katastrophe am Delaware 605
  3. Eine Königin entsagt ihrem Thron 616
  4. Am Scheideweg 630

Anhang 667
  Abkürzungen 668
  Nachweise zu den einzelnen Kapiteln 669
  Quellen und Literatur 676
  Bildverzeichnis 693
  Register 697

Vorwort zur deutschen Ausgabe

Dieses Buch hat zwar eine Hauptperson, Erik Jönsson – später geadelter Dahlberg –, der historisch bewanderten Schweden als Militärperson und Zeichner gut bekannt ist. Das bedeutet jedoch nicht, daß das Buch als Biographie anzusehen ist. Dafür beschäftige ich mich allzu wenig gerade mit dieser einzigen Person. Für mich ist er vielmehr zum Repräsentanten einer ganzen Epoche geworden. Diese Epoche ist das chaotische 17. Jahrhundert, und diese Zeit habe ich hier zu schildern versucht. Das vorliegende Buch ist der erste Teil einer geplanten Trilogie.

Das Phänomen, das im Mittelpunkt meines Interesses gestanden hat, ist, wie der Titel andeutet, der Krieg. Dieses Buch handelt unter anderem davon, wie der Krieg geführt wurde und wie er die Kultur, die Gesellschaft und die Geschichte in Schweden und in Europa geprägt und die Menschen geformt hat, die in seinen Mahlstrom hineingezogen wurden. Und mit »dem Krieg« meine ich hier den Dreißigjährigen. Er war zweifellos das allergrößte und nachhaltigste Ereignis des Jahrhunderts, eine Katastrophe von bis dahin unbekannten Ausmaßen, die sich wie ein Flächenbrand durch die europäische Geschichte ausbreitet. Der Schwerpunkt meiner Darstellung liegt auf seiner späteren Hälfte, einer Periode, die meist ziemlich beiläufig behandelt worden ist. Um die Mitte der dreißiger Jahre des 17. Jahrhunderts waren nämlich die großen heroischen Gestalten tot von der Bühne getragen worden – in seiner noch immer gut lesbaren Geschichte des Dreißigjährigen Krieges spricht Friedrich von Schiller davon, daß damit die Einheit der Handlung verlorenging, ein Standpunkt, den viele nachfolgende Historiker mehr oder weniger bewußt geteilt zu haben scheinen. Gleichzeitig löste sich auch vieles von der Rationalität des Konflikts und seine ganze Romantik in Luft auf. Übrig blieb somit ein Krieg, der aus dem Ruder gelaufen war, den wenige zu steuern versuchten, den niemand kontrollierte und unter dem alle litten. Es ist ein trauriger Anblick, der wenig Erbauliches, aber um so mehr Lehren bietet.

Glücklicherweise ist nicht alles nur Krieg. Es ist mein Vorsatz gewesen, neben der Schilderung der Großmachtpolitik im Großen und Kleinen, neben der Erzählung von dem jungen Erik Dahlberg und seiner Wanderung durch eine Welt, die – um ein Wort Thomas Manns zu benutzen – »ihre Kraft in Blutvergießen, Raub und Lust vergeudet, aber die doch unsterblich ist im Glanz ihrer Sünde und ihres Elends«, noch einen dritten, mehr kulturgeschichtlich orientierten Themenstrang einzuflechten, der eine gewisse Vorstellung davon zu geben versucht, wie es war, in diesem bemerkenswerten Jahrhundert zu leben. Es wäre freilich vermessen, das Resultat eine Synthese zu nennen, außer möglicherweise in einer Hinsicht. Alle Historiker stehen bekanntlich auf den Schultern ihrer Vorgänger, und schon ein flüchtiges Durchblättern der Quellenverweise und des Literaturverzeichnisses dürfte zeigen, in welch hohem Grad das vorliegende Werk auf der von anderen Kollegen geleisteten Arbeit aufbaut.

Es ist mir eine große Freude, dieses Buch auf Deutsch erscheinen zu sehen; es handelt schließlich von einer zentralen Periode unserer gemeinsamen Geschichte. Daß ich als Schwede diesen Teil der Vergangenheit aus einer schwedischen Perspektive betrachte, ist unausweichlich, doch habe ich mich bemüht, mich von einigen der absonderlichen Fesseln der nationalen Geschichtsschreibung zu befreien. Inwieweit mir dies gelungen ist, kann nur der deutsche Leser entscheiden.

UNIVERSITÄT UPPSALA, AM 7. MAI 1996
PETER ENGLUND

DU MUSST HERRSCHEN UND GEWINNEN,
ODER DIENEN UND VERLIEREN,
LEIDEN ODER TRIUMPHIEREN,
AMBOSS ODER HAMMER SEIN.
J. W. von Goethe

BET, KINDCHEN, BET, MORGEN KOMMT DER SCHWED
Wiegenlied aus dem Dreißigjährigen Krieg

I

DER MANN IM SCHILF
(1656)

1. Es ist unmöglich, ein einziges Bein zu retten!

VON ROM NACH BUG. – AUFMARSCH GEGEN WARSCHAU. –
›HILF UNS, JESUS‹. – DIE DREITAGESCHLACHT. – DER ERSTE TAG. –
DAS HEER IM SACK. – SCHWEDEN MIT DER PEITSCHE JAGEN. –
DER ZWEITE TAG. UMGRUPPIERUNG. – DIE TATAREN REITEN ZUM ANGRIFF. –
ÜBER REITERGEFECHTE.

Seit dem Tag, an dem er von Venedig losgeritten war, hatte es ununterbrochen geregnet. In acht Tagen mußte er fünfmal den Hut wechseln, da der ständige, wolkenbruchartige Regen den Leim aus den Hüten wusch und sie unbrauchbar machte, doch der junge Mann wollte nicht anhalten, denn er hatte es eilig, zu dem neuen Krieg zu kommen.

Zwar hatte er vorher einige Tage in Florenz verweilt – wo der Großherzog ihm und seiner Reisegesellschaft sechs Flaschen weißen Verdecawein und einen Korb mit Früchten und Wildbret geschenkt hatte, nur weil er aus dem mächtigen Reich im Norden kam, gegen das des Herzogs Bruder zuvor während des großen Unfriedens gekämpft hatte –, aber danach war es vorwärtsgegangen. Er ritt Tag und Nacht: auf gewundenen Gebirgswegen über die Alpen, vorbei an Innsbruck nordwärts nach Nürnberg. Nachdem das Wetter auf der Höhe von Bamberg klar geworden war, ging die Reise noch schneller vonstatten, und in einem wahnwitzigen Tempo passierte er Jena, Leipzig, Wittenberg, Berlin. In der Nacht auf den 11. Juni erreichte er nach einem Tagesritt von 180 Kilometern Stettin an der Ostseeküste. Das war dreiundzwanzig Tage nachdem er das sommerlich heiße Rom verlassen hatte.

Eigentlich hatte er vorgehabt, in Stettin, das ja eine seiner vielen Heimatstädte war, eine Ruhepause einzulegen. Aber im Hafen lag gerade eine bauchige Galeote zur Abreise nach Preußen bereit, wohin sie mit einer Ladung Munition gehen sollte. Wenn er dieses Schiff nicht nahm, würde er fast eineinhalb Monate auf die nächste Schiffsgelegenheit warten müssen, und so viel Zeit hatte er nicht, also ging er an Bord.

Der starke Wind führte sie hinaus auf die Ostsee. Das Schiff folgte der Küste, bis es drei Tage später in den Hafen der kleinen ostpreußischen Stadt Pillau einlief, von wo er sofort ins Landesinnere weiterreiste. Am nächsten Tag traf er einen Major, der auch auf dem Weg zu der schwedischen Armee war, die irgendwo ein Stück nördlich von Warschau stand. Die zwei ritten die Weichsel entlang nach Süden, und nachdem sie in Thorn die Pferde gewechselt hatten, erreichten sie am Abend des 17. Juli das Lager der vereinigten schwedischen und brandenburgischen Armeen. Der Ort war Nowy Dwór, nahe der Stelle, wo der Fluß Bug in die breite Weichsel einmündet. Das letzte Stück ritten sie über gepflügte Felder, auf die langen, flaggengeschmückten Erdwälle des Lagers zu, über den kleinen Graben, an den Wachtposten vorbei und hinein zwischen die Lagerfeuer, die Wagen und die langen, strengen Reihen von Zelten und angebundenen Pferden. Er war angekommen.

Doch auch hier bekam er keine Ruhe, denn es war etwas im Gange.

Die Truppen machten sich kampfbereit, und später am Abend begannen sie, ihre Familien und alle zivilen Helfer, aus dem Lager hinauszumarschieren, Richtung Südosten. Während die Abenddämmerung sich zum Nachtdunkel verdichtete, zog eine Kolonne nach der anderen, die Pferde Maul an Schwanz, in einer langen, schweigenden Reihe an einem mauerumstandenen Friedhof vorbei, hinunter in die buschbewachsene Flußebene und hinauf auf die neuerbaute Brücke über den Bug. Die ganze Armee war auseinandergezogen zu einer langen, sich windenden Schlange von etwas über dreißig Kilometern Länge. Zuerst kam die Reiterei: Östgöten, Uppländer, Småländer, Finnen und alle Söldnerregimente; 7500 Mann formiert in 37 Schwadronen. Die 58 Geschütze der Artillerie rollten ebenfalls hinüber. Danach folgte die Infanterie: Västgöten, Skaraborger, Södermanländer und die übrigen; 2000 Mann in sechs Brigaden aufgeteilt. Der Mann folgte ihnen.

Die Schlange aus Männern und Pferden kroch langsam mit einer Geschwindigkeit von rund drei Kilometern in der Stunde voran. Die ganze Nacht vernahm man das Geräusch trampelnder Füße und klappernder Hufe, gemischt mit dem Ächzen der fünf Tage alten Brücke, die unter ihrem Gewicht schwankte. Die Troßwagen waren im Lager zurückgelassen worden, und statt dessen war an alle der Befehl ergangen, Proviant für drei Tage mitzuführen. Alles deutete darauf hin, daß ein Kampf nahe bevorstand.

Es waren wohl äußerst wenige, die wußten, wohin sie eigentlich unterwegs waren, während sie vermutlich im Halbschlaf in den langsam vorwärtskriechenden Kolonnen eingeklemmt standen. Sie bewegten sich, ohne Trommeln und klingendes Spiel, in die Richtung von Warschau und auf das große polnisch-litauische Heer zu, oder auf jeden Fall in die Richtung, in der man dieses vermutete.

Der Feind konnte nicht weit entfernt sein, denn die ganze Nacht schwärmten Haufen leichter litauischer Reiterei dort draußen im Dunkeln umher. Sie taten, was sie konnten, um die Überquerung zu stören: sie waren eine Quelle der Irritation, doch keineswegs ein Hindernis. Der Marsch über den Bug ging langsam voran. Als gegen vier Uhr der Morgenhimmel aufzuflammen begann, stand das gewundene Band der brandenburgischen Truppen noch immer auf der Nordseite des Flusses und wartete. Da brach die Brücke.

Handwerker und Arbeiter kletterten sogleich auf ihr zerstörtes Skelett, und während die Sonne am Himmel heraufstieg, arbeiteten sie fieberhaft an der

Reparatur der Brücke. Vier Stunden lang ruhte die Schlange aus Männern und Pferden auf ihrem Bauch, zur Hälfte jenseits des Flusses, vorübergehend zweigeteilt. Dann war die Brücke wieder einigermaßen heil. Die Schlange wand sich weiter.

Und es wurde Morgen, der erste Tag. Die Luft wurde langsam sommerwarm. Der Marsch der Soldaten nach Südosten ging weiter, auf ihrer Rechten das breite, glitzernde Band der Weichsel, auf ihrer Linken das Grün des Waldes und über ihnen der hoch gewölbte blaue Himmel. Gegen zwölf Uhr wurde haltgemacht, und die Soldaten bekamen Zeit, zu essen und sich neben dem sandigen Weg ein wenig auszuruhen. Da hatte der Kopf der Schlange ein kleines Dorf, Jablona, erreicht. Dort hatten bereits einige kleinere Zusammenstöße mit umherstreifenden litauischen Patrouillen stattgefunden. Die ersten polnischen Gefangenen wurden nach hinten geführt. Der Aufenthalt zog sich in die Länge.

Der König von Schweden, der korpulente Karl Gustav, und eine Reihe hoher Befehlshaber waren in einem rasch aufgeschlagenen Zelt verschwunden, wo sie aßen und Kriegsrat hielten. Offenbar war die Führung im Zweifel darüber, was zu tun sei. Nach einer Weile schien eine Art Beschluß gefaßt worden zu sein, denn eine Truppe von 600 Reitern und Dragonern saß auf und verschwand in südlicher Richtung in der Hitze. Gleichzeitig erging der Befehl an die Verbände, sich in Schlachtordnung auf den Feldern um das kleine Dorf aufzustellen. Die zweieinhalb Kilometer breite Ebene zwischen den abfallenden Steilhängen zum Fluß hinunter und dem Wald wurde von Reiterei und Fußvolk in ihren rechteckigen Formationen überflutet. Damit die Kämpfenden besser zwischen Freund und Feind unterscheiden konnten, steckten sie sich nun Strohhalme an die Hüte oder umwickelten die Arme mit Strohbündeln. Das Losungswort des Tages wurde auch unter den Soldaten weitergegeben, es war »Hilf uns, Jesus!«

Gegen vier Uhr am Nachmittag konnten die Soldaten die scharfen Trompetenstöße hören, die zu Pferd riefen. Der Marsch ging weiter unter einer glühenden Sonne. Der Korridor zwischen dem Fluß und dem Wald wurde bald enger, und die dicht gestaffelten Rechtecke von Männern und Pferden wurden mehr und mehr zusammengedrängt. Vor sich vernahmen sie das entfernte Dröhnen von Schüssen. Die Vorhut hatte den Feind gefunden. Die Schlacht hatte begonnen.

Geschehen war folgendes: Die Vorhut von 600 Mann war mit polnischer Reiterei zusammengestoßen. Nach einem kurzen Kampf flohen die Polen nach Süden. Die schwedischen Reiter stürzten sich Hals über Kopf in einen wilden Verfolgungsritt von gut fünf Kilometern. Die trockene Jahreszeit und der sandige Boden sorgten dafür, daß Jäger wie Gejagte in Staubwolken gehüllt wurden. Ein paar polnische Reiterverbände wurden plötzlich im staubigen Dunst sichtbar, mehr oder weniger überrumpelt, doch nach kurzem Gefecht verschwanden auch sie nach hinten über die Äcker. Die Schweden setzten ihnen nach, aber plötzlich entdeckten sie, daß sie, blind von all dem Staub, geradewegs in eine Reihe polnischer Befestigungen hineingeritten waren, die grau waren von Waffen. Die Polen eröffneten das Feuer mit allem, was sie hatten. Kartätschen, Musketenkugeln und Handgranaten prasselten auf die schwedischen Reiter herab. Die Gegner schienen jedoch ebenso überrascht worden zu sein wie die Schweden, und ein überstürzter Alarm rief die Männer hinter den Erdwällen zu Pferde. Der Kampf war nach wenigen Minuten vorüber. Die zischenden Projektile und der bedrohliche Anblick der Reitermassen, die sie hinter den Befestigungen erkennen konnten, ließen die schwedischen Reiter sich rasch zurückziehen.

Währenddessen trafen die schwedischen und brandenburgischen Hauptstreitkräfte nach und nach ein. Ein Verband nach dem anderen marschierte auf der Ebene auf, die vor den polnischen Befestigungen lag. Zu ihrer Linken hatten sie einen unregelmäßigen Sandrücken, der von der aus Buschwerk und vereinzelten, hochstämmigen Eichen bestehenden grünen Masse des Bialolekawalds bedeckt war, hier und dort unterbrochen von mehr oder weniger ausgetrockneten Sandflächen, die mit Erlen und Pappeln bestanden waren. Zur Rechten lag der Fluß, und vor ihnen war die Kette der polnischen Befestigungen und Wälle, die sich an den bewaldeten Sandrücken anschlossen. Hinter den Befestigungen standen polnische Verbände kampfbereit Reihe hinter Reihe, gekrönt von einem Wald von Fahnen und Standarten, die im Sommerwind flatterten. Jenseits von ihnen, auf der anderen Seite der Weichsel, blitzte Warschaus buntes Gewimmel von hohen Ziegeldächern, Schornsteinen, Kirchtürmen und Palastspitzen auf. Und diesseits der Stadt lag eine lange Schiffsbrücke, die über die Weichsel führte, und darüber wand sich noch ein Strom, ein dem Anschein nach unendlicher Strom polnischer Truppen, um ihren Widersachern entgegenzutreten.

Es sah ganz und gar nicht gut aus.

Die schwedischen und brandenburgischen Truppen waren in einen engen Sack eingeklemmt; sie hatten Wasser auf der einen Seite, Wald auf zweien und polnische Befestigungen und Truppen auf der letzten. Die Ebene war viel zu schmal, als daß man auf breiter Front hätte vorrücken können. Die Verbände waren gezwungen, in doppelter Tiefe und in Reihen hintereinander Aufstellung zu nehmen. Der ganze Sack war rasch prall gefüllt durch die zusammengepreßte schwedische Schlachtordnung; die Ebene wimmelte von Männern, Pferden, Piken, Feldzeichen, Kanonen und rastlos umherreitenden Offizieren.

Der gesamte Aufmarsch war von Chaos und Planlosigkeit geprägt. Wie die Vorhut vor ihnen ritten zwölf Reiterschwadronen blind von den dichten

Staubschleiern ahnungslos direkt auf die polnischen Befestigungen zu. Es war ihnen unmöglich zurückzugehen, denn hinter ihnen drängte der Rest der Kavallerie nach. Sie waren daher gezwungen, vor den runden Schnauzen der polnischen Kanonen und Musketen stehenzubleiben und, so gut es ging, vor deren schnellen Kugeln auszuweichen. Zu allem Überfluß reichte der Platz nur für die Aufstellung von fünf Schwadronen zum Kampf, der Rest war dem polnischen Feuer schutzlos ausgeliefert. Die alliierten Streitkräfte standen auf der staubvernebelten kleinen Ebene mehr oder weniger eingepfercht, und mehr drängten nach. Wenn das Unglück es wollte, konnten die Polen ihnen den Rückzug abschneiden und den Sack um sie herum vollständig zuschnüren.

Die Polen sahen die desorientierten Schwadronen, die vor der Befestigungslinie standen. Ein polnisches Reiterregiment wurde in einem Bogen über den Höhenzug geschickt, durch den Wald, um den falsch Gerittenen in den Rücken zu fallen und sie vom Rest der Armee abzuschneiden. Ihr Ritt wurde jedoch entdeckt. Als die polnischen Kavalleristen aus dem Waldrand brachen, ritten ihnen vier alliierte Schwadronen entgegen. Sie stießen unter krachenden Salven aufeinander; der Pulverdampf erhob sich in die Luft wie weiße Wogen und ließ umhergeschleuderte Menschenkörper mit verrenkten Gliedmaßen und verwundete, vor Schmerzen und Schrecken zappelnde Pferde zurück. Das polnische Regiment prallte ab und zog sich dezimiert zurück.

Eine Reihe verwirrter kleiner Angriffe und Gegenangriffe folgte. Vorsichtig, Fuß um Fuß, näherten sich Abteilungen mit alliierten Truppen den polnischen Befestigungen. Gruppen berittener Polen ergossen sich durch die Lücken zwischen den Wällen mit knatternden Standarten, breiteten sich aus, schwenkten auf die Alliierten ein, wurden von feuerspeienden Musketen und Pistolen empfangen und schwenkten in Rauch gehüllt wieder zurück. Inzwischen traf auch die Infanterie der Alliierten auf der Ebene ein. Niemand konnte sehen, was eigentlich auf der von Staubwolken verhüllten Ebene vor sich ging; man begnügte sich daher damit, das Fußvolk in zwei rund 700 Meter langen Linien aufzustellen, quer über den Korridor längs des Flusses und ein Stück entfernt von den polnischen Befestigungen. Hinter ihnen zogen sich die fahnenbekrönten Haufen der Reiterei in langen Reihen zusammen. Vor ihnen schleppten lange, zusammengekoppelte Pferdegespanne ein paar langhalsige Kanonen in Stellung. Am buschbewachsenen Rand einiger Äcker wurden Kugeln und Pulverfässer abgeladen, und die Kanoniere begannen, in das rauchige Irgendwo zu schießen, wo man die Polen vermutete. Beide Seiten warteten ab.

Während sich schon das Dunkel langsam über die Ebene senkte, hingen das Krachen und das Knallen der Kanonen und Handfeuerwaffen noch immer im lauen Wind. Der Teil der alliierten Reiterei, der in vorderster Linie stand, eingezwängt vor der eigenen Infanterie, litt am meisten. Brummende Geschosse rissen ein ums andere Mal Löcher in die dichten Reihen. Pferde und Männer stürzten in den Staub. Blutende Männer mit zerfetzten Gliedern, die von den Kanonenkugeln getroffen worden waren, wurden nach hinten getragen. Während das Dunkel sich verdichtete, sah die schwedische Führung ein, daß es sinnlos war, ihre Truppen entblößt und untätig vor den polnischen Feuerrohren stehenzulassen. (Außerdem war die Reiterei für den Kampf im Dunkeln ganz ungeeignet, und die Führung kannte auch das Terrain nicht.) Es erging Order an sämtliche Streitkräfte, sich zurückzuziehen. Auf den Feldern verstreut lagen die Körper von Menschen und Pferden. An einzelnen Stellen sah man ganze Ketten von Toten säuberlich aufgereiht liegen: der Effekt einzelner Geschosse, die geradewegs die dicht gestaffelten Glieder von Männern durchschlagen hatten.

Noch um zehn Uhr am Abend fuhren die funkensprühenden Feuerbesen aus den polnischen Geschützen. Erst gegen Mitternacht ebbte der Waffenlärm im Nachtdunkel ab. Und so endete Freitag, der 18. Juli 1656.

Was eigentlich geschehen war, wußten nur wenige. Die alliierte Führung hatte am Tag zuvor erfahren, daß die gegnerische Streitmacht vorübergehend geteilt war – der erste Schritt eines polnischen Zangenmanövers gegen das schwedische Lager in Nowy Dwór –, die litauischen Streitkräfte standen auf dem östlichen Ufer der Weichsel, die Armee der Krone auf dem westlichen. (Außerdem waren die großen tatarischen Verstärkungen, die der Feind erwartete, noch nicht eingetroffen.) Karl Gustav hatte sich einen einfachen Plan ausgedacht, der darauf hinauslief, daß man eine Art Zentralposition einnahm, von der aus man seine Feinde einzeln angreifen und schlagen konnte. Zuerst würde man die Litauer auf dem östlichen Weichselufer überrumpeln, sie vernichten und die Brücke nach Warschau zerstören, bevor jemand ihnen zu Hilfe kommen könnte. Danach würden die Streitkräfte sich auf das westliche Ufer der Weichsel begeben und die Armee der Krone angreifen. Es kam jedoch ganz anders.

Der Einsturz der Brücke machte auch alle feinen Berechnungen zunichte. Der Aufmarsch der Alliierten verzögerte sich dadurch um gut acht Stunden. Und bei dem Dorf Jablona hatte die alliierte Führung eine unangenehme Nachricht bekommen: Ihr heimlicher Anmarsch war entdeckt, und die Polen waren dabei, ihre zerstreuten Streitkräfte zu sammeln. Einige in der Führung hatten da zu zweifeln begonnen. Die Voraussetzung der ganzen Operation war ja, daß man zum Angriff gegen das große feindliche Heer gehen sollte, während es zersplittert war. Einige sprachen sich für einen Rückzug aus, doch der schwedische König Karl Gustav, ein bekannter Spieler und Draufgänger, bestand auf dem Plan.

Die ersten Berichte, daß ihr Feind unterwegs sei, hatten die polnische Führung schon gegen zehn Uhr am Vormittag erreicht. Sie hatte deshalb reichlich Zeit, sich vorzubereiten. Auf der Nordseite des litauischen Lagers wurde ein hektisches Graben eingeleitet, und schon bald erhoben sich die Befestigungen, über die die Schweden später stolperten, aus dem sandigen Gelände, und sie wurden mit Kanonen und Musketieren gefüllt. Die heranziehenden Tataren erhielten Order, nicht gleich zur Hauptmacht zu stoßen, sondern in etwa zwanzig Kilometern Entfernung zu warten. Ihr Führer Kazi Aga befahl seinen Truppen, sich zu sammeln. Ihre Aufgabe war, den Alliierten in den Rücken zu fallen. Und die Armee der Krone hatte Order bekommen, sofort umzukehren. Alle verfügbaren Kräfte sollten auf dem westlichen Weichselufer gesammelt werden. Die Stimmung unter den polnischen Streitkräften war von heiterer Zuversicht geprägt, sie witterten einen großen Sieg; jemand hatte sich sogar bereits ausgedacht, wo die zwei Verbündeten, Karl Gustav und der Kurfürst von Brandenburg, nach der Schlacht gefangengehalten werden sollten. Als die siegesgewissen Schwadronen der Hauptarmee über den Fluß ritten, konnten sie die polnische Königin Louise-Marie sehen, eine herbe Frau mit lockigem Haar und großen Augen, die in einer Karosse am westlichen Ende der Brücke saß und die Vorüberreitenden anspornte. Einer der Krieger rief zurück, daß sie die Schweden mit der Peitsche davonjagen würden. Gemeinsam würden sie am nächsten Tag »angreifen und dem ausgehungerten Feind den Garaus machen«.

Dieser Tag hätte für die Alliierten richtig übel enden können. Es war ihr großes Glück gewesen, daß die polnische Führung ebensowenig einen klaren Begriff davon gehabt hatte, was passiert war, wie sie selbst. Einen richtigen Versuch zur Einschließung der zusammengedrängten schwedisch-brandenburgischen Streitmacht in dem Korridor hatte es nicht gegeben. Die Verluste der dem Feuer der polnischen Artillerie ausgesetzten Truppen waren nicht unerheblich, aber sie hätten größer sein können, wenn die polnischen Kanoniere in ihren hohen Hüten, kurzen Jacken und knielangen Hosen nicht so schlecht gezielt hätten.

Zur Nachtzeit hielten die schwedischen und brandenburgischen Befehlshaber einen neuen Kriegsrat. Die Stimmung war, gelinde gesagt, düster. Gefangene wußten zu berichten, daß der König von Polen seine gesamte große Heeresmacht im Dunkel vor ihnen sammelte. Gerüchte besagten, daß die Polen 100 000, ja vielleicht sogar 200 000 Krieger zählten. (Der gerade aus Italien eingetroffene Mann hörte die Zahl 170 000.) Die gesammelte Heeresmacht der Schweden und Brandenburger bestand aus 18 000 Mann. Die hohen Offiziere, die während des Tages Zweifel geäußert hatten, waren jetzt nahezu mit Panik geschlagen. Mehrere von ihnen wollten den Kampf ganz einfach abbrechen. Die Stellung der Polen sei zu stark, meinten sie, und fürchteten, man würde von ihrer Übermacht wie ein Tropfen im Meer verschlungen werden. Einer meinte entsetzt, es sei »unmöglich, daß ein einziges Bein der Unsrigen aus diesem Kampf mit einem starken und mächtigen Feind gerettet werden könne«. Ein anderer forderte Karl Gustav auf, wenigstens sich selbst zu retten, solange dazu noch Zeit sei: die Armee zu verlassen und den Morgen nicht abzuwarten.

Karl Gustav wischte alle Befürchtungen vom Tisch. Er wollte einen letzten Versuch wagen und am nächsten Tag den Kampf aufnehmen. (Seine Einstellung war nicht ganz wahnsinnig. Wenn es schwer gewesen war, sich früher während des Tages umzubesinnen, so war es jetzt nahezu unmöglich geworden. Einem entschlossenen Feind, der nur ein paar Kilometer entfernt bereitstand, in nachträglicher Einsicht den Rücken zuzukehren, war mindestens ebenso gefährlich, wie ihm auf offenem Feld entgegenzutreten.) Er erklärte sich willens zu zeigen, »wie man mit Gottes Hilfe das Schlachtfeld erobert und der Hand des Feindes den Sieg entwindet«.

Dazu brauchte man freilich zunächst ein Schlachtfeld, um das man kämpfen konnte. Das alliierte Heer kampierte zusammengedrängt in großer Unordnung auf dem schmalen Streifen zwischen dem Wald und dem Fluß. Die Stimmung unter den erschöpften Soldaten und Offizieren war von Mißmut und der Furcht davor geprägt, am nächsten Tag auf einen Feind zu treffen, von dem sie mit allem Recht annahmen, daß er zahlenmäßig unendlich überlegen war. Die Ungewißheit war groß. Irgendwo im Nordosten brannte ein Dorf. Der Nachtwind führte das Dröhnen Tausender Pferdehufe heran, die drüben auf der polnischen Seite über die lange Schiffsbrücke trampelten. Es war offensichtlich, daß die Polen alles, was sie hatten, für den kommenden Tag zusammenzogen. Das dumpfe Geräusch setzte sich die ganze Nacht lang fort.

Als gegen zehn vor vier die Sonne aufging, ruhte der Morgen in Nebel gehüllt. Karl Gustav frühstückte: spanischer Wein und Semmeln. Ein Offizier, dem ein paar Stunden zuvor ein Arm abgeschossen worden war, war auch dabei, er trank auf den König und den Sieg und bat Karl Gustav, sich seiner Ehefrau und Kinder zu erinnern – eine Stunde später war er tot. Danach bestiegen der König, der Kurfürst von Brandenburg und einige höhere Offiziere ihre Pferde und ritten davon, um in dem milchigen Morgendunst Ausschau zu halten. Es war offensichtlich, daß die Alliierten nicht in dem Sack stehenbleiben konnten. Was sie jetzt vor allem brauchten, war Platz, Platz zum Aufstellen aller ihrer Schwadronen, Brigaden und Batterien. Und dieser Platz fand sich östlich des Höhenzugs und der polnischen Befestigungen. Dort, zwischen den beiden Dörfern Bialoleka und Bródno, breiteten sich weite Wiesen und Äcker aus. Dort würden die Alliierten ihre Leute aufstellen, und von dort würden sie den eingegrabenen polnischen Truppen auf dem Sandrücken in die Flanke fallen können.

Der Mann im Schilf (1656)

Und es wurde Morgen, der zweite Tag. Während die Sonne die weißen Nebelschwaden auflöste, die über dem Boden hingen, begannen die Schwadronen und Brigaden auf dem engen Feld am Fluß sich hin und her zu verschieben – es galt, Ordnung in die zusammengemischte Menschenmasse zu bringen. Vorn an der Front schossen ein paar Kanonen schwedische Losung – zwei Schüsse. In dieser Situation war dies eine Art Frage oder Herausforderung an den Gegner: »Ich will kämpfen, willst du?« Antwortete die andere Seite mit ihrer Losung, so bedeutete dies, daß sie die Herausforderung annahm und es zum Kampf kam. (Dieser sonderbare Brauch war teilweise ein Überbleibsel von den Schlachten des Mittelalters – die oft auf direkte Übereinkunft hin und unter der Oberaufsicht einer Art unparteiischer Schiedsrichter stattfanden, die hinterher die Entscheidung darüber fällten, wer gewonnen hatte.) Von der anderen Seite waren drei Schüsse zu hören: polnische Losung. Die Herausforderung war angenommen.

Zuerst eröffneten die Kanonen der Alliierten das Feuer, kurz darauf folgten die polnischen Geschütze. Die Schüsse fielen zunächst vereinzelt und tastend, aber sie verdichteten sich langsam zu einer Wand harter Knalle. Zum dumpfen Krachen der Kanonen verrichteten die Soldaten ihr Morgengebet. Unter dem kühlen, blauen Morgenhimmel nahm das Geschützfeuer an Stärke zu. Eine 700 Meter lange, stillstehende Linie mit schwedischer Infanterie, Reiterei und rauchumwölkten Kanonen ging genau gegenüber den feindlichen Befestigungen in Stellung. Auf dem kilometerbreiten Feld zwischen den gegnerischen Linien ritten im Schrittempo kleine Gruppen irregulärer Kavallerie aus beiden Lagern nervös zwischen den Büschen umher und wechselten Schüsse.

In Deckung und im Schutz dieser rauchenden Mauer von Menschen und Pferden wurde der Plan der Alliierten gegen neun Uhr ins Werk gesetzt. In einem weiten Bogen zogen Kolonnen von Fußvolk und Reiterei nach links hinauf, durch das kühle Gewirr von Büschen und Eichen, über den Sandrükken, in nordöstlicher Richtung zu den weiten Feldern, die sich dahinter auftaten. Unter flackernden Laubschatten und in ausgetrampelten und sumpfigen Spuren folgten Kanonen langsam und knirschend.

Nach einer Weile waren von jenseits des Waldes Schüsse zu hören. Das war das Zeichen, daß der linke Flügel seinen Marsch durchgeführt hatte und daß es Zeit war für den rechten Flügel, der noch am Fluß stand, ihm nachzufolgen.

Da geschah es. Genau zu dem Zeitpunkt, als das Heer der Alliierten sich auseinandergezogen hatte und schwankend, mit je einem Bein auf den beiden Seiten des Bialolekawalds, balancierte, wurde es von einer Serie harter Schläge von verschiedenen Seiten getroffen. Die Polen gingen zum Angriff über. Eine größere Truppe von zwei- bis dreitausend Tataren offenbarte sich plötzlich wie eine dunkle Wolke genau im Rücken der Einheiten, die noch unten am Fluß standen.

Es ist unmöglich, ein einziges Bein zu retten!

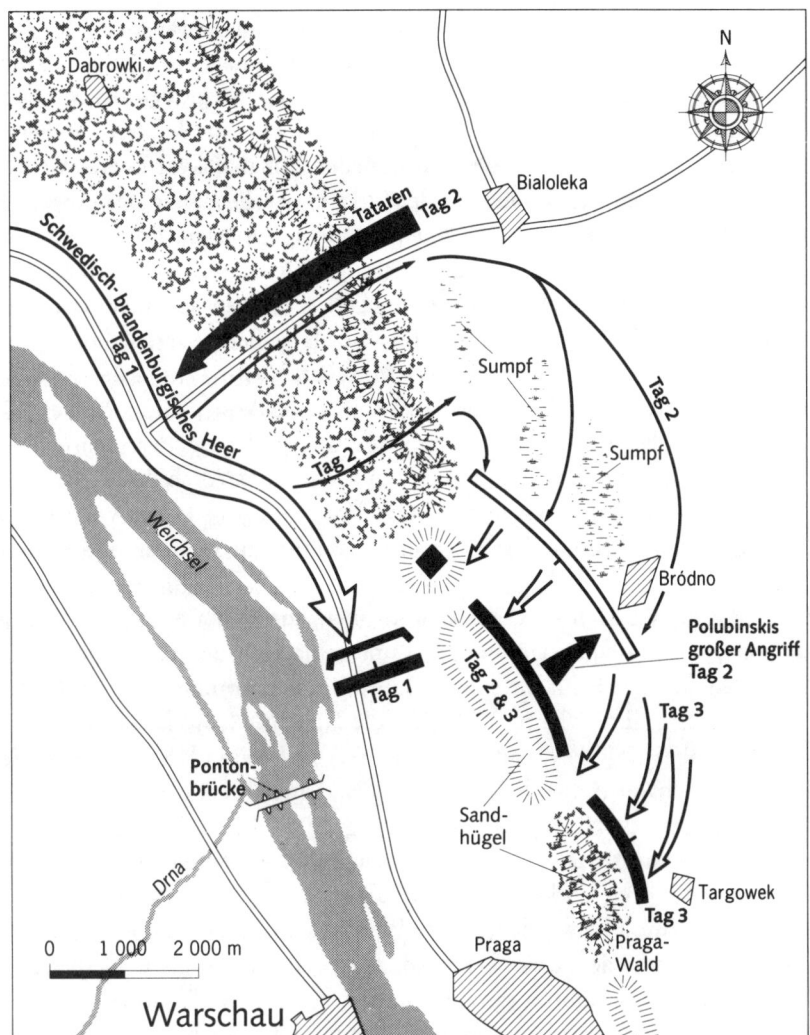

Warschau 1656

Die Schlacht war in vielfacher Hinsicht ein Zusammenprall von Altem und Neuem, und das zeigte sich nicht zuletzt hier. Die Tataren waren ein halbnomadischer türkischer Volksstamm, der in den Steppenregionen des südlichen Polen und angrenzender Gebiete lebte. Sie waren eins der letzten Kriegervölker Europas und zu jener Zeit ein traditioneller Unruhefaktor im südöstlichen Europa. Sie verloren sich immer wieder in kriegerische Unternehmungen, liehen ihre Waffen mal diesem, mal jenem – Türken, Russen, Polen –, um sich zuweilen auf eigene Feldzüge kreuz und quer über die Grenzen zu begeben, die sie als neumodischen Firlefanz betrachtet zu haben scheinen, der wenig oder keinen Respekt verdiente. Sie waren wie blasse Schatten jener zentralasiatischen Kriegervölker, die während des Mittelalters eine Geißel der Christenheit gewesen waren. Ihre Armee war indessen keine Armee im modernen Sinn, sondern nur ein Bündel locker zusammengehaltener Banden irregulärer Reiterei, geeint durch ein gemeinsames Trachten nach Beute. Auch ihre Bewaffnung und ihre Art zu kämpfen waren von einfachster Art; als sie jetzt vorstürmten, fuchtelten sie mit Bögen und Spießen und rasselten mit Schilden und Krummsäbeln.

Die sechs schwedischen Reiterschwadronen, die ihnen entgegenritten, gehörten dagegen zu den allermodernsten und schlagkräftigsten Truppenverbänden, die man auf den Schlachtfeldern Europas sehen konnte. In ihren Händen hielten die Reiter ihre wichtigste Waffe, die Radschloßpistole. Diese Pistolen hatten ein grobes Kaliber (rund 11 Millimeter) und waren lang (an die 75 Zentimeter) und schwer (fast 2 Kilo) – was sie zu einer brauchbaren Schlagwaffe machte, nachdem der Reiter den Schuß abgefeuert hatte. Die bis dahin vorherrschenden Handfeuerwaffen mit Luntenschloß – bei denen das Abfeuern mittels einer Art brennender Lunte geschah – waren allzu unhandlich, um von einem Mann benutzt zu werden, der zu Pferde saß. Das sinnreiche Radschloß – bei dem der zündende Funke entstand, wenn ein vermittels einer Feder gespanntes Stahlrädchen durch rasches Drehen gegen einen Feuerstein gerieben wurde – war für den Gebrauch im Sattel bedeutend einfacher. (Radschloßwaffen waren im 16. Jahrhundert in Österreich zeitweilig verboten, weil die leicht handhabbare Waffe unter den Straßenräubern dort in kurzer Zeit allzu beliebt geworden war.) Dies bedeutet allerdings nicht, daß es ein Kinderspiel war, sie zu benutzen. Im Kampf eine Radschloßpistole nachzuladen, während man auf einem Pferderücken schwankte, erforderte viel Übung und Fingerfertigkeit. Es handelte sich nämlich um komplizierte Maschinen – es gab Radschlösser, die aus bis zu siebzig Einzelteilen bestanden –, und dazu waren sie unsicher: Im Schnitt versagten sie bei jedem fünften Schuß.

Auf der einen Seite der große, wogende Haufen der Tataren mit seinem Durcheinander von wehenden Lanzen, Spießen und Wimpeln. Sie ritten schnell heran auf ihren feinen Pferden, wie aus einem Sack geschüttet. Auf der anderen Seite die dicht zusammengefügten Schwadronen in ihren kleinen, genau bemessenen Rechtecken, gut hundert Mann in jedem, in drei Gliedern aufgestellt. Der Zusammenstoß war kurz, wüst und verworren.

Als die schwedischen Reiter, die in den vordersten Gliedern ritten, ihren Gegnern so nahe gekommen waren, daß sie ihnen in die Augen sehen konnten, feuerten sie ihre Waffen ab. Der Abstand mußte aus naheliegenden Gründen gering sein: Die Pistolen hatten eine wirksame Reichweite von rund 10 Metern. Als Antwort prasselte ein Schauer von Pfeilen über ihre Reihen nieder. Bevor das trockene Knattern der Salven verklungen war, steckten sie rasch ihre Pistolen fort und zogen die Degen. Sie warfen sich durch den weißen Rauch, den Tataren entgegen.

Es ist möglich, daß der Mann aus Italien bei ebendiesem Kampf zugegen war – allem Anschein nach war er während der gesamten Schlacht passiver Zuschauer. Er hat sie in einer Zeichnung festgehalten, »nach dem Leben gezeichnet« steht darauf. Die schwedischen Reiter stürmen geschlossen mit flatternden Hutkrempen und mit den Pistolen in den ausgestreckten Händen vorwärts. Die Mündungsfeuer zerreißen die Luft, und die dichten Rauchschwaden hüllen alle und alles ein und machen es schwer, Kameraden zu erkennen, die nur wenige Meter entfernt reiten. Ein Offizier feuert mit dem Degen seine Reiter an – oder weist er ihnen nur den Weg in dem blind machenden Rauch? Vor ihnen, hinter einem wogenden Rauchvorhang: ein wirres und schreiendes Durcheinander, wo Menschen kreuz und quer reiten. Manche drängen vorwärts gegen die Schweden, zusammengeduckt hinter ihren ovalen kleinen Schilden, als wehe ein starker Wind – in der Stellung, die Menschen, ohne zu denken und aus Instinkt einnehmen, wenn sie sich in starkem Feuer bewegen. Andere Tataren sind bereits auf dem Rückweg und schießen im Davongaloppieren unkontrolliert ihre Pfeile ab. Und zwischen den Hufen der Pferde, zerbrochenen Pfeilen, fallengelassenen Schilden und allerlei anderem Kram liegen die, die bereits verloren haben: über den Haufen Gerittene und Verwundete, die sich halb liegend zu schützen versuchen oder mit ausgestreckten Armen, gleich Ertrinkenden, um Hilfe flehen; andere liegen unter dem Gewicht gestürzter Pferde eingeklemmt und versuchen zappelnd, sich zu befreien; Verwundete winden sich in Schmerzen oder sind wie kleine Bündel zwischen dem trampelnden Gewimmel der Hufe zu erahnen, wo sie sich zusammengerollt haben und den Kopf mit den Armen zu schützen versuchen. (Auch wenn ein Pferd ungern auf einen lebenden Körper tritt, konnte eine Person von den Hufen doch schwer verletzt werden.) Und dann die Toten. Wie über den Boden ausgestreut liegen sie da, Arme und Beine von sich gestreckt, noch warm, vielleicht erst einen Atemzug vom Leben entfernt: die Gesichter verwandelt zu gähnenden Masken mit hängendem Kinn und zu dunklen Löchern ausgebrannten Augen. Dies war die häßliche Wirklichkeit hinter dem Begriff Kavallerieschock. Eine Szene, die sich in diesen Tagen stets aufs neue wiederholen sollte.

Die Tataren prallten ab und wurden, mehr oder weniger in Auflösung begriffen, in das schützende Grün des Bialolekawaldes zurückgespült.

Die Polen griffen mehrfach von Süden und Osten an. Diese Angriffe endeten in etwa wie der der Tataren im Norden, und ihr Ablauf war betrüblich eintönig. Die Polen eröffneten mit lautem Schreien und einem geballten Ansturm, die Truppen der Alliierten empfingen sie mit Vollkugeln und heulenden Schauern von Traubenhagel aus ihren Kanonen. Die Polen wankten und wurden nach wenigen Minuten in wilder Unordnung zurückgetrieben, ohne an den Gegner herangekommen zu sein. Es hätte für die Alliierten übel ausgehen können. Zu ihrem Glück waren die Angriffe jedoch stets unkoordiniert und wurden immer nur von kleineren Teilen der gesammelten polnischen Streitkräfte ausgeführt.

Es war jetzt kurz nach zwölf. Offenbar verwirrt dadurch, daß die Serie wütender Angriffe nicht das geringste Ergebnis gezeigt hatte, verharrten die Polen untätig in der Sommerwärme. Karl Gustav benutzte die Atempause, um den Truppen, die noch am Fluß standen, Order zu geben, unverzüglich zu den Truppen auf der anderen Seite des Bialolekawalds aufzuschließen. Die Armee mußte vereint werden.

Ungestört konnten die Männer und Pferde die schon tief ausgetrampelten Pfade hinaufstapfen, die durch das feuchte und sonnenheiße Grün des Waldes führten. Bald war die ganze Armee am östlichen Rand des Waldes aufgestellt, in einer einzigen, rund 2500 Meter langen Linie vereint. Dann begann die gesamte Schlachtordnung sich zu bewegen, wie der Zeiger einer Uhr, der sich, ursprünglich auf zwölf zeigend, langsam auf fünf zudreht. Der äußerste Teil des rechten Flügels drehte sich am Waldrand auf der Stelle, während der linke Flügel in einem langen, weiten Bogen über die Felder zu dem Dorf Bródno schwenkte. Die lange Linie von Männern, Pferden und Kanonen drehte sich auf diese Weise um fast 180 Grad. Von der Ausgangslage ein Stück nördlich der polnischen Befestigungen mit dem Rücken zum Fluß und zum Wald sollte das Heer um diese herumgehen und auf einem breiten Feld seitwärts vom Lager mit dem Blick in Richtung Weichsel landen. Dies war ein schweres Manöver, das nur mit gut ausgebildeten Truppen durchgeführt werden konnte.

Langsam rückten Schweden und Brandenburger in der stickigen Hitze über das von kleinen Sandsenken und Bächen durchzogene Gelände vor. Tataren umschwirrten sie und stifteten Unruhe. Dicker Rauch begann von den niedri-

Es ist unmöglich, ein einziges Bein zu retten!

Die dreitägige Schlacht bei Warschau 1656. Der Angriff der Tataren wird zurückgeschlagen.
Stich nach einer Zeichnung von Erik Dahlberg

gen Häusern des Dorfes Bialoleka aufzusteigen. Bald brannte auch Bródno. Hier und da schwenkten Kanonen aus der alliierten Linie in Schußposition und sandten donnernde Salven über die Ebene. Dann rückte der große Zeiger der Schlachtordnung weiter vor über das grüne Feld und trieb verirrte Scharen von Polen und Tataren vor sich her.

Auf einem der Sandhügel nördlich des Lagers befanden sich der polnische König Johan Kasimir, eine Gruppe Generale und Senatoren sowie die Königin und ihre Hofdamen. (Louise-Marie bewies weiterhin ihre Handlungskraft; früher am Tag hatte sie persönlich ein paar Kanonen auf dem anderen Ufer der Weichsel in Stellung bringen lassen, so daß sie gefährliches Flankenfeuer auf die alliierten Truppen abgeben konnten, die vor den Befestigungen standen.) Gegen drei Uhr wurden sie die lange, staubaufwirbelnde Schlachtlinie der Alliierten gewahr, die dort aufmarschierte. Sie waren alle vollständig überrumpelt von diesem schlauen Schachzug, der mit einem Schlag ihre Befestigungen mehr oder weniger wirkungslos machte. Es wurde Befehl gegeben, die eigenen Truppen um 90 Grad schwenken und sie auf den hohen Sandhügeln in Stellung gehen zu lassen, die Waffen und Gesichter gegen den draußen auf der Ebene heranmarschierenden Feind gerichtet. Dies war ein kompliziertes Unternehmen und dauerte gut eine Stunde. Währenddessen nahmen die schwedischbrandenburgischen Truppen Aufstellung. Die lange Linie von Männern, Pferden, Kanonen und flatternden Feldzeichen erstreckte sich in einem Halbkreis vom Grün des Bialolekawaldes über die Ebene bis zu den Einfriedungen und Sümpfen des rauchverhangenen Dorfes Bródno. Sie waren bereit für den Gegenzug der Polen.

Die Kanonen und das polnische Fußvolk – das zum größten Teil aus deutschen und ungarischen Söldnern bestand – wurden aus ihren Befestigungen nördlich des Lagers abgezogen und auf den Sandhügeln aufgestellt. Sowohl hinter als auch vor ihnen sammelten sich lange, wogende Linien polnischer Reiterei. Die beiden Schlachtlinien standen ungefähr einen Kilometer voneinander entfernt, zwischen ihnen lag ein ebenes und flaches Feld mit Äckern, Büschen und ein paar verstreuten Wäldchen.

Kurz nach vier Uhr am Nachmittag kam der polnische Angriff.

2. Die letzten 80 Meter Mittelalter

DER HUSARENSCHOCK. – ÜBER NEUE UND ALTE ARTEN DER
KRIEGFÜHRUNG. – NAHKÄMPFE. – DER DRITTE TAG. – VON SPARR STÜRMT
DEN PRAGAWALD. – ANGRIFF AUF DEN HÖHENZUG. – DAS POLNISCHE HEER
BRICHT AUSEINANDER. – AUSBRUCHSGEFECHTE BEI BIALOLEKA. –
DER GROSSE KOLLAPS.

Dies war es, worauf alle gewartet hatten. Zwar hatten noch nicht alle Verbände vom westlichen Ufer der Weichsel die Brücke überqueren können, aber die polnische Führung wollte nicht länger warten. Das polnisch-litauische Heer bestand nicht, wie mancher bei den Alliierten glaubte, aus 200 000 Mann, ja nicht einmal aus 100 000, sondern zählte zu diesem Zeitpunkt nur etwas über 40 000 Krieger. Es war eine überaus bunte Mischung; neben wilden und ungestümen Haufen berittener Tataren mit langen Mänteln, geschorenen Köpfen und kurzen, krummen Bögen sowie ausgehobenen Bauern mit Sensen und vereinzelten Schußwaffen konnte man Regimenter mit Dragonern und geworbener Infanterie sehen, die auf modernste Weise bewaffnet und ausgebildet waren. Die meisten Verbände bestanden aus Reiterei – das Fußvolk umfaßte nur rund 4000 Mann. Die polnische Armee hier bei Warschau war dem Aussehen, der Denkart und der Kampfesweise nach altertümlich; sie war eine stolze und tapfere Armee zu Pferde, die Kühnheit, Panasch und individuellen Mut in Ehren hielt und nicht besonders viel für Drill, Schußwaffen und andere unnötige Innovationen übrig hatte. Den Hauptteil des Heeres machte der Adel aus. Die vermögendsten und feinsten Adligen stellten die harte Elite der Armee: die Husaren. Jeder dieser Husaren war schwer bewaffnet mit einem Krummsäbel, langem Degen, Streithammer sowie einer über fünf Meter langen Lanze; außerdem trugen sowohl die Reiter als auch deren Pferde schöne Rüstungen und Kettenhemden, reich geschmückte Eisenpanzer und prunkvolle Kostüme. Sie hatten zu dieser Zeit begonnen, zu einem schönen Anachronismus auf den Schlachtfeldern zu verblassen, aber noch hielt sich ihr Ruhm. Sie hatten viele glänzende Siege hinter sich und hatten ein übers andere Mal überwältigende Ansammlungen russischer und türkischer Streitkräfte weichgeklopft. Noch 1605, also gut fünfzig Jahre zuvor, hatte die gefürchtete polnische Adelsreiterei eine ganze schwedische Armee auf dem hügeligen Schlachtfeld bei Kirkholm in der Nähe von Riga »wie eine Schar Hühner« niedergemetzelt. Die Husaren waren die Tapfersten der Tapferen, Polens Blüte und Stolz. Wenn irgendwer in der Lage war, den ausländischen Angreifern Paroli zu bieten, dann sie. Sie sollten die Speerspitze des Angriffs bilden, der darauf abzielte, die alliierte Schlachtordnung zu sprengen und den Feind in die Sümpfe bei Bródno zu jagen.

Husarenkompanien aus verschiedenen Regimentern wurden zusammengefaßt, und den Befehl über die gesamte Streitmacht von rund 1000 Lanzen erhielt Hilary Polubinski, ein bekannter Edelmann, glatzköpfig, dickbäuchig und glotzäugig, mit fliehendem Kinn und arrogant gekrümmten Augenbrauen, der das litauische Regiment befehligte und offenbar ein unerschrockener Mann war. Langsam ritten sie die Sandhügel herab, ein farbenprächtiges Gewimmel unter einem hohen, blauen Sommerhimmel. Ein Stück hinter ihnen folgte eine weitere dichte Masse von Männern und Pferden: es waren gut 4000 Kvartianer, berittene Grenztruppen, bei weitem nicht so ausgestattet und schwer bestückt wie die Husaren, aber doch in der Lage, mit Säbeln, langen Lanzen und Gewehren zu rasseln.

Die prächtige Erscheinung der Husaren bewegte sich über die Äcker in Richtung Osten. Sie hielten geraden Kurs auf den linken Flügel der Alliierten. Auf fünfhundert Meter herangekommen, gingen sie in Trab über. Sie wurden von der alliierten Artillerie begrüßt. Üppige weiße Wolken quollen aus den funkensprühenden runden Schnauzen, und Rauchbänke bauten sich vor den Batterien auf der anderen Seite des Feldes auf. Die scharfen Schnitte der Kugeln zischten durch die stauberfüllte Luft zwischen die Reitenden. Hier und dort stürzten Pferde im Feuer. Eine Haubitzenbatterie eröffnete das Feuer und brachte das Kunststück fertig, eine rauchende Granate zwischen die Reitenden zu lobben (man schoß gegen die Reiterei gern mit diesen explodierenden Projektilen, um die Pferde zu verwunden oder sie in Panik zu versetzen). Während die Husaren heranwogten, ließen sie eine schüttere Schneckenspur von Toten und Verwundeten, Pferdekadavern und abgeworfenen Reitern hinter sich zurück.

Als sie noch etwa 150 Meter entfernt waren, gingen die Husaren in Galopp über. Wie ein greller und farbenschimmernder Wolkenschatten flogen sie über die unebenen Äcker heran. Je näher sie kamen, um so mehr verdichtete sich der Lärm über den Feldern. Die Kanonenschüsse fielen dichter und dichter. Das Donnern Tausender von Pferdehufen mischte sich mit dem Rasseln der Rüstungen, Beinschienen und Lendenpanzer, die aneinanderschlugen. Dann stieg ein lauter, vibrierender Aufschrei von den schwankenden Ketten von Männern und Pferden auf, Ketten, die immer unregelmäßiger wurden, je mehr das Tempo zunahm.

Für die Männer, die auf der anderen Seite mit den Waffen in der Hand bereitstanden, wurden die Details immer deutlicher, als der Abstand zwischen ihnen und den Heranreitenden rasch schrumpfte. Die Husaren waren wahrlich ein prachtvoller Anblick, ein Stück erlesener, kolorierter Märchenpracht zu Pferde, dem Aussehen wie der Haltung nach. Reichverzierte Schabracken und Mäntel leuchteten, und an den Rüstungen der Pferde funkelten Gold- und

Silberbeschläge in der Sonne; von den Schultern der Husaren flatterten Felle von Tiger, Löwe, Panther oder Luchs, und von sonderbaren Gestellen hinter den Sätteln wehten Adler- und Reiherfedern.

Als nur noch rund 80 Meter übrig waren, gaben die Husaren die Zügel frei, und die Pferde gingen in den vollen Lauf über.

In dieser Form war in Europa seit über einem halben Jahrtausend Krieg geführt worden; schwere Reiterei hatte uneingeschränkt auf den Schlachtfeldern von Hastings 1066, Cresson 1187, Bouvines 1214, Cressy 1347, Tannenberg 1410 und so weiter dominiert – bei der letztgenannten Gelegenheit hatten die polnischen Husaren die stolze Ritterschaft des Deutschen Ordens vernichtend geschlagen. Die schwere Adelsreiterei und ihre ungestümen Angriffe hatten das gesamte soziale und wirtschaftliche System beeinflußt und bildeten einen Teil der Basis der großen politischen Macht des Adels. Einer der Hauptzwecke des feudalen Systems in seiner klassischen Ausprägung lag ja gerade darin sicherzustellen, daß die Fürsten in reichlichem Maß über gepanzerte Ritter, diese Embleme und Herrscher des mittelalterlichen Kriegs, verfügen konnten.

Als dann der Herbst des Mittelalters angebrochen war und der Feudaladel langsam und zunächst unmerklich von den Männern einer neuen Zeit – den Kaufleuten, den bürgerlichen Karrieristen, den Manufakturbesitzern – zurückgedrängt zu werden begann, hatte diese Entwicklung ihren Schatten über die Schlachtfelder geworfen. Dort hatte der Ritter zu Pferd zusehen müssen, wie er langsam, aber sicher verdrängt wurde durch den einfachen, nichtadeligen Fußsoldaten, der weder Ahnen und Traditionen noch Sporen aus Gold hatte, aber statt dessen, wie die Schweizer, lange Piken und eine beinharte Disziplin oder, wie die Engländer, schnellschießende Langbogen, die den gepanzerten Käfer aus mehreren hundert Schritten Abstand aus dem Sattel werfen konnten. Während daraufhin der Ritter im Westen im Verlauf der voraufgegangenen Epoche mit Sack und Pack die Schlachtfelder verlassen hatte, um sich zu einer schönen Dichtung vom guten Leben und edlen Mut verwandeln zu lassen, hielt er sich auf den Schlachtfeldern im Osten noch immer. Für Polubinski und die anderen hochadeligen polnischen Husaren, die jetzt auf ihren schmucken Pferden über die Äcker des Dorfes Bródno heransprengten, war der Kampf in vielfacher Hinsicht die einzige Beschäftigung, die eines wahren Aristokraten würdig war. Sein Schlachtruf war eine selbstbewußte Demonstration seines hohen Mutes, und der kriegerische Kampf hatte für ihn individuellen Charakter, er war noch Spiel und Sport. Die Schweden dagegen waren Europas führende Betreiber des neuen und modernen Krieges. Während viele Krieger auf der polnischen Seite noch Pfeil und Bogen benutzten, waren die Schweden schon lange dazu übergegangen, auf Musketen und andere Schußwaffen zu vertrauen; während die Polen noch stolze und mutige Individualisten waren, die sich in Scharen bewegten, doch am liebsten einzeln kämpften, glichen die disziplinierten, exakt gedrillten und straff geführten Schweden in ihren dicht geschlossenen und geometrisch vollendeten Formationen am ehesten einem Apparat, der mit nahezu maschinenmäßiger Präzision sowohl bewegt wurde als auch kämpfte.

Achtzig Meter. So lang war die Strecke, als die polnischen Husaren aus dem Mittelalter in eine neue Epoche hineinritten.

Zunächst ging es genau wie erwartet. Sie stürmten heran, mit lauten Schreien, gesenkten, wimpelgeschmückten Lanzen und Pferden, die Schaum und Geifer schnaubten, und brachen wie ein wahrer Erdrutsch über den äußeren Teil des linken Flügels der Alliierten herein. Das Donnern der Pferdehufe, das Klappern der Ausrüstung und die Schlachtrufe der Husaren verschmolzen nun mit dem Krachen und Knattern des Gewehrfeuers der Schweden und Brandenburger zu einem undurchdringlichen, kompakten Dröhnen, als die zerrissene und wirre Masse von Pferden und Männern mit ihren dicht geschlossenen Widersachern zusammenprallte.

Auf kurze Distanz feuerte die brandenburgische Fußgarde eine mächtige Salve ab, die zwischen die Reiter prasselte; die Feuersalve war eine jener Erfindungen, die den Kampfstil der westeuropäischen Armeen revolutioniert hatten. Vier leichte Geschütze waren mit Kartätschen geladen, und sie wurden auch alle im selben Moment abgefeuert. (Jede Kartätsche enthielt rund 36 gewöhnliche Musketenkugeln; die vier Geschütze dürften also auf einen Schlag 140 Kugeln ausgespuckt haben.) Offenbar genügte es hier, zu diesem genau abgepaßten Zeitpunkt zu schießen – die altertümliche polnische Reiterei hatte eine panische Angst vor diesen maschinenmäßigen Feuersalven. Die Husaren prallten in diesem Augenblick zurück. Aber einigen uppländischen und småländischen Schwadronen erging es weniger gut.

Die småländische Reiterei war nahezu halbiert worden, seit sie Anfang Juni 1655 auf dem Seeweg von Kalmar nach Polen gekommen war. Kämpfe und Entbehrungen hatten das Regiment auf eine Stärke von 473 Mann reduziert. Neben ihnen stand das uppländische Reiterregiment. Trotz seines Namens war es eine bunte Mischung, die außer aus Uppländern auch aus Sörmländern, Närkingern, aus Värmländern und Västmanländern und in Pommern angeworbenen Männern bestand. Der Verband war seit dem Beginn des Krieges in mehrere Kämpfe verwickelt gewesen, unter anderem bei Opoczno, Warka, Gnesen und Thorn. Ein Teil des Regiments war außerdem in polnischer Gefangenschaft verschwunden, als das schwedisch besetzte Warschau gut einen Monat zuvor kapituliert hatte.

War man einem schweren Kavallerieschock ausgesetzt, galt es, bis zum letzten Augenblick sein Feuer zurückzuhalten, damit die Salve den größtmöglichen Effekt erzielen konnte. Das hatten die brandenburgischen Fußgardisten gerade getan. Doch da die wichtigste Waffe der Reiter die Pistole war und diese Waffe eine so kurze effektive Reichweite hatte, mußten sie wirklich bis zum letzten Augenblick warten. Der heulende Ansturm der Husaren setzte die Nerven in diesen zwei Verbänden in Schwingung. Sie feuerten eine knatternde Salve ab. Der Abstand war zu groß. Danach, statt wie gewöhnlich sofort mit dem gezogenen Degen den Polen entgegenzureiten, kam es offenbar zu einem kurzen Augenblick des Zögerns unter den Reitern. Das reichte. Die funkelnde Lanzenwand der polnischen Husaren war über den schwedischen Reitern, brach in sie ein. Menschen fielen im Rauch. Die Schwadronen gerieten in Unordnung, wichen zurück. Ihre Fahnen schwankten, wackelten, fielen. Eine Schwadron der Östgöta-Reiterei wurde mit in das Wirrwarr gezogen. Ungefähr die Hälfte der angreifenden Husaren sprengte sich wie ein riesiges Projektil durch die erste Linie der Gegner hindurch.

Die schwedischen und brandenburgischen Verbände waren wie üblich in mehreren Linien hintereinander aufgestellt: erstes, zweites und drittes Glied. Die schwedischen Verbände, die von dem Angriff überrannt worden waren, flohen nun durch die Lücken zwischen den Schwadronen des zweiten Glieds nach hinten. Die Husaren drängten weiter. Die Unordnung pflanzte sich in das zweite Glied fort. Die Regimenter aus deutschen Söldnern, die hier standen, setzten sich jedoch mit Pistolen und Degen zur Wehr. Die Husaren brandeten wie das Meer gegen den Felsen und kamen zum Stillstand. Die Wucht des Schocks ließ wie gewöhnlich nach dem ersten gewaltigen Stoß nach, und als die Husaren dazu noch einem peitschenden Musketenfeuer von der Seite ausgesetzt wurden, machten sie im Pulvernebel kehrt. Ohne Unterstützung der Kvartianer – deren Ansturm von einem schwedischen Gegenstoß, der sie in die Flanke traf, gestört worden war – zogen sie sich ungeordnet zurück. Als ein buntes Gewimmel verschwanden sie, zurück zu den Sandhügeln, wo die brausende Flut von Menschen und Pferden sich in kleinere Ströme teilte und außer Sichtweite verrann.

Der Angriff, der nur ein paar kurze Minuten gedauert hatte, war vorüber. Zurück blieben rund 150 Husaren, die getötet oder verwundet worden waren, und eine große Menge ihrer schönen und wertvollen Pferde. Die schwedischen Verbände schlossen zueinander auf und formierten sich wieder in Schlachtordnung. Die durchbrochene Linie verdichtete sich aufs neue zu einer lückenlosen Mauer. Die Krise war vorüber. Zumindest für den Augenblick. Die Husaren, das Beste, was Polen ins Feld führen konnte, waren gescheitert. In der folgenden Stunde wurden weitere Angriffe gegen verschiedene Teile der alliierten Linie vorgetragen. Polnische Reiterei rollte heran wie schnelle Gezeitenwellen: ein paar schnelle Salven und ein paar hastige Stöße mit Lanze oder Degen, und dann flutete die Gezeitenwelle wieder zurück. Alle Angriffe prallten ab, und keiner von ihnen stieß so weit vor, wie es den Husaren bei ihrem ersten Schock gegen den linken Flügel gelungen war. An einigen Punkten kam es zu kurzen, doch ergebnislosen Nahkämpfen. Die schwedischen und brandenburgischen Soldaten machten meistens keine Gefangenen – die Feinde, die sich zu ergeben versuchten, wurden mit dem Ruf »Warschauer Akkord« getötet, was darauf anspielte, daß eine Reihe schwedischer Gefangener bei der Kapitulation Warschaus getötet worden waren. Es waren grausige Begegnungen, diese chaotischen Treffen, bei denen die Leute mit Pistolen schossen und mit scharf geschliffenen Säbeln und Degen aufeinander einhackten, -hieben und -schlugen. (Man kann sich leicht das Ergebnis eines solchen Kampfes mit blanken Waffen vorstellen; erschöpfte Männer mit vor Schreck geweiteten Augen reiten davon, Gesichter und Kleider verwüstet, einige mit blutenden Händen, nachdem sie versucht haben, sich gegen sausende Hiebe zur Wehr zu setzen: die Handflächen zerschnitten von tiefen Wunden, so tief, daß die Knochen hervortreten, die Finger abgehackt und baumelnd.)

Bei einem dieser Nahkämpfe war der König nahe daran, sein Leben zu verlieren. Während eines Kampfes erblickte nämlich einer der polnischen Husaren, ein Jakub Kowalski, Karl Gustav, der im vordersten Glied ritt. Der Husar folgte ihm mit dem Blick. Der König hatte die Gewohnheit, die rechte Hand mit dem Degen und dem Zügel hoch in die Luft zu halten, und als er einem Reiter im Glied zu nahe kam, blieb der Zügel an dessen Pistole hängen. Das Pferd des Königs, »ein apfelgrauer Engländer«, wurde irritiert und bäumte sich auf. In diesem Augenblick gab Kowalski seinem Pferd die Sporen und warf sich mit gesenkter Lanze in dem staubigen Wirrwarr nach vorn. Der Stoß traf Karl Gustav gegen die Brust, in Höhe des Halses. Der Harnisch des Königs verhinderte jedoch, daß er eindringen konnte. Im Gedränge setzte Karl Gustavs Leibknecht Bengt Travare schnell seine Pistole gegen die Seite des Polen und drückte ab. Kowalski wurde vom Pferd geschleudert.

Überall auf dem Schlachtfeld wiederholte sich das schon bekannte Muster: Die Polen ritten tapfer an, wurden aber von heulenden Garben von Kugeln und Schrot begrüßt und mußten hübsch umkehren. Die Rufe der Polen, ihre schmucken Pferde und flatternden Tigerfelle halfen wenig gegen den maschinenmäßigen Drill und die mörderische Feuerkraft der Schweden und Brandenburger. Als sich der Staub legte und der übelriechende Pulverdampf in dem warmen Wind verweht war, konnten die alliierten Soldaten immer mehr tote und verwundete Polen auf den Feldern verstreut liegen sehen, umgeben von Blutlachen, Waffen, zuckenden Pferdekörpern und gestürzten Kadavern.

Die polnischen Truppen zogen sich entmutigt und zusammengestaucht in der Nachmittagssonne zurück, hinter die Sandhügel, wo sie in Verteidigungsstellung gingen und Verstärkungen heranholten. Nun war es an den Alliierten, zurückzuschlagen.

Um sich eine eigene Auffassung vom Zustand des Heeres zu bilden, ritt Karl Gustav an den aufgestellten Verbänden entlang. Um für den folgenden Tag die bestmögliche Ausgangslage zu bekommen, wollte er sich der Sandhügel bemächtigen, doch die Vorbereitungen dafür zogen sich in die Länge, und es begann zu dämmern. Als die Sonne gegen halb acht unterging, beschloß die Führung, daß es für heute genug sein sollte. Die schwedischen und brandenburgischen Truppen zogen sich unter dem Beschuß der polnischen Kanonen zurück, hinüber nach Bródno, wo das Feuer nun seine Arbeit getan und die Häuser in schwarze Skelette verwandelt hatte. Dort wurden sie in einem engen, etwa drei Kilometer langen Halbkreis aufgestellt, in dessen Mitte der Troß zusammengezogen wurde. Wachen und Vorposten wurden nach allen Seiten über die Felder ausgeschickt. Es galt, gegen einen polnischen Überrumpelungsversuch gewappnet zu sein.

An diesem Abend erhielt Bengt Travare, der Leibknecht des Königs, der seit dem Dreißigjährigen Krieg in seinem Dienst war, ein Lehen von vier Bauernhöfen als Dank dafür, daß er Karl Gustav das Leben gerettet hatte. Der König ließ auch Jakub Kowalski suchen. Er war tot. Mit einer Geste, die zeigte, daß der Traum vom Ritter keineswegs ausgestorben war, nicht einmal bei den Schweden, ließ er dessen Körper bergen. (Man barg auch den Leichnam eines polnischen Herzogs, den jemand erkannte, wie er nackt und zerschossen dalag, und legte ihn auf den Rüstwagen des Königs.) Die Befehlshaber der alliierten Armee trafen sich und hielten einen weiteren Kriegsrat ab. Die Stimmung war eine andere als am Abend zuvor, als Furcht und Mutlosigkeit geherrscht hatten; jetzt war sie von Ruhe und Zuversicht vor dem kommenden Tag geprägt. Karl Gustav war fast heiter. Eine drohende Niederlage war abgewehrt worden, und die Versammelten waren sich einig, am nächsten Tag direkt zum Angriff gegen die Polen anzutreten.

Der König befahl später bei Einbruch der Nacht, daß man seinen Wagen sowie seine »Küchenkalesche« vorfahren solle, damit er und sein Bruder Adolf Johan essen konnten. Danach legte er sich in den Wagen zum Schlafen. Für seine Soldaten gab es wenig von dem ersten und nichts von dem zweiten. Die meisten hatten keine richtige Mahlzeit gehabt, seit sie am Donnerstagabend aus dem Lager bei Nowy Dwór marschiert waren. Nun war es Samstagabend, und wieder blieben sie ohne Essen, so daß sie sowohl hungrig als auch durstig einschlafen mußten, soweit sie in dieser Nacht, ihrer dritten unter freiem Himmel, überhaupt schliefen. Die Nacht wurde unruhig. Die Tataren zogen draußen in dem dichten Dunkel umher und umkreisten unter Rufen und dem

Abfeuern von Schüssen die gesammelte Armee, deren Verbände in Schlachtformation standen – vermutlich schliefen die Soldaten in Schichten, direkt an ihrem Platz im Glied, wo sie auch ihre Bedürfnisse verrichteten. Mehrmals wurde Alarm gegeben, aber die Offiziere hatten Schwierigkeiten, ihre erschöpften Soldaten wachzuhalten.

Von der polnischen Seite hörte man die gedämpften Geräusche von Männern, die gruben und Bäume fällten, gemischt mit den dumpfen Lauten von Truppen und Wagen auf dem Marsch. Was würde als nächstes geschehen?

Und so wurde es Morgen, der dritte Tag.

Kurz vor vier Uhr ging die Sonne auf. Nebel lag über den Feldern. Die Wachen und Patrouillen wurden eingezogen, und die Verbände begannen sich in Schlachtordnung zu formieren. Anschließend wurde ein Gebet gesprochen. Troß und Verwundete wurden in Bródno zurückgelassen. Der milchige Nebel erschwerte die Sicht, so daß beide Seiten eine Anzahl von Patrouillen aussandten, um den Feind auszukundschaften. Aufgrund der schlechten Sicht stolperten diese Patrouillen immer wieder übereinander, und kleine, wirre Scharmützel flammten hier und da im Dunst auf.

Gegen acht Uhr hatte die Sonne die letzten Nebelschwaden über den Feldern aufgelöst, und die feindlichen Heere sahen sich wieder einander gegenüber. Beide Seiten warteten zunächst ab. Das alliierte Heer stand in einer drei Kilometer langen Linie genau den Sandhügeln gegenüber. Die Polen warteten auf der anderen Seite des Feldes, in einer über fünf Kilometer langen Kette, die sich von einer der Schanzen im Norden hinunterzog zu einem Wald, der ein Stück vor der Warschauer Vorstadt Praga diesseits des Flusses lag. Am Rand dieses Waldes hatten sie während der Nacht ein paar einfache Erdbefestigungen gebaut.

Als die Polen keine Miene machten anzugreifen, entschloß sich Karl Gustav zu handeln. Der erste Stoß sollte sich gegen die neuen polnischen Stellungen im Pragawald richten. Hatten sie den Wald in ihrer Hand, würden die Alliierten direkten Einblick in das polnische Lager haben und die Truppen auf den Sandhügeln umgehen und ihnen in den Rücken fallen können. Eine größere Abteilung mit Musketieren, Reitern und Kanonen wurde mit Richtung auf den Pragawald in Marsch gesetzt. Das Kommando über diese Truppen hatte Otto Christoph von Sparr – ein 50jähriger Deutscher mit Hakennase und zusammengekniffenem Mund, der im Dreißigjährigen Krieg gegen die Schweden gekämpft hatte, aber nun als brandenburgischer General in ihrem Dienst stand. Es eilte, denn die Polen setzten ihre Arbeit dort fort, und es war wichtig, sie aus dem Gehölz hinauszuwerfen, bevor ihre Befestigungen und Sperren in Form gefällter Bäume allzu massiv wurden. Um Sparrs Flanke zu schützen, setzte sich der Rest der alliierten Linie in gemächlichem Tempo auf die Hügel zu in Bewegung.

Sparrs Abteilung hatte das Feld etwa zur Hälfte überquert, als am Waldrand eingegrabene polnische Kanonen zu feuern begannen; die Bahnen der Kugeln zogen ein paar scharfe Schnitte durch den warmen Sonnenschein, und die Projektile sprengten sich durch die dicht geschlossenen schwedischen und brandenburgischen Verbände hindurch. Sparr war einer von Deutschlands beschlagensten Artilleristen, und so war er um eine Gegenmaßnahme angesichts der polnischen Geschosse nicht verlegen. Er ließ rasch eigene Kanonen in Stellung bringen. (Wahrscheinlich waren es langhalsige 12-Pfünder: etwa 3 Meter lange Monstren, die von 8 Pferden gezogen wurden und rund 2 Tonnen wogen und eine 6 Kilo schwere Kugel über 2000 Meter weit schleudern konnten.) Dann machten sich die graugekleideten Artilleristen an ihr gut eingedrilltes Handwerk. Die Kanone wurde geladen: Mit einer mit Meßstrichen versehenen Schaufel wurde Pulver in den Lauf eingeführt, gefolgt von einem sogenannten Vorschlag aus Stroh oder Moos, und zuletzt die Kugel. Die Kanone wurde ausgerichtet: Die Schützen konnten dabei verschiedene Richtinstrumente, zum Beispiel Quadranten benutzen, doch einem erfahrenen Artilleristen genügte oft sein eigenes, geübtes Augenmaß. Die Kanone wurde abgefeuert: Eine um einen Luntenstock gewickelte glühende Lunte wurde an das pulvergefüllte Zündloch gehalten. Ein schwacher Knall, Rückschlag, Blitz, weißer Rauch, ein scharfer Knall, und die Kugel verschwindet als ein schnell kleiner werdender Punkt auf das Ziel zu.

Die alliierten Kanonen waren überlegen und hämmerten hart auf die polnischen Schanzwerke ein, die von aufprallenden und querschlagenden Kugeln überschüttet wurden. Bald verschwanden die Befestigungen in Staubwolken und Fontänen von Erde, Sand und Holzsplittern. Nach neun Uhr stürmten Sparrs Männer auf den Pragawald zu. Sie wurden vom Geknatter vereinzelter Salven empfangen, stürmten aber weiter, an schütterem Buschwerk vorüber und über die halbfertigen Schützengräben. Das polnische Fußvolk schmolz vor ihnen dahin; sie ließen die Kanonen und die verstümmelten und staubbedeckten Leichen ihrer gefallenen Kameraden zurück und verschwanden zwischen den Baumstämmen, verfolgt von schwedischen Reitern.

Als feststand, daß der Wald eingenommen war, folgte gleich der nächste Schritt, der Angriff auf die Sandhügel. Die Spitze sollte Oberst Jakob Johan Taube mit seinem Regiment bilden. Seine 200 Männer waren eine bunte Mischung von finnischen Reitern aus der Region um Viborg und Deutschen, die in Bremen angeworben worden waren. Sie hatten während des voraufgegangenen Feldzugs hohe Verluste erlitten – unter anderem waren im Verlauf des großen Volksaufstands im Frühjahr ein paar Kompanien nahezu ausgelöscht worden –, und sie waren nun zu einer einzigen Schwadron zusammengeschmolzen. Sie ritten zum Angriff. Links von ihnen rückten einige pikengespickte Rechtecke mit Fußvolk vor. Auf den staubigen und chaotischen Schlachtfeldern jener Zeit bereitete die Verständigung stets Schwierigkeiten, was es beinah unmöglich machte, die Kontrolle über die Kämpfe zu behalten. Irrtümer und Fehlgriffe waren daher eher die Regel als die Ausnahme. So auch hier.

Andere Befehlshaber der Verbündeten, die Taubes Männer vorwärtsreiten sahen, glaubten, daß dies das Zeichen zum allgemeinen Angriff sei, und deshalb setzte sich auch der größere Teil des rechten Flügels der Reiterei in Bewegung, in Richtung der polnischen Einheiten auf den Sandhügeln. In einer anderen Situation hätte ein solches Mißverständnis fatale Folgen haben können, aber hier trat eher der entgegengesetzte Effekt ein. Dem geballten Ansturm dieser mächtigen Woge aus Männern, Pferden und flatternden Feldzeichen setzten die feindlichen Truppen kurze Zeit Widerstand entgegen, wichen aber dann zurück.

Es war gegen zehn Uhr am Vormittag, und nun ging alles schnell. Die polnische Armee verlor den Boden unter den Füßen.

Niemand in der alliierten Armee hatte wohl eine Vorstellung davon, wie schwer die Kämpfe des zweiten Tages der polnischen Armee zugesetzt hatten. König Johan Kasimir hatte schon zu diesem Zeitpunkt die Schlacht verlorengegeben und deshalb beschlossen, die wertvollen Kanonen, die Infanterie – die aus Söldnern bestand und daher teuer war – sowie den Troß auf das westliche Ufer der Weichsel hinüberzuführen, während gleichzeitig die gesamte Reiterei sich auf dem östlichen Ufer nach Süden zurückziehen sollte. (Die Polen hatten nur eine Brücke über die Weichsel, und deren Kapazität war offenbar nicht ausreichend, um die ganze Armee schnell über sie evakuieren zu können.) Zum Schutz dieses Rückzugs wollte man entlang der Sandhügel und beim Pragawald eine hinhaltende Verteidigung aufbauen. Die Entscheidung war wohl an und für sich richtig, aber hier hatte sie eine verhängnisvolle Wirkung. In einer so ungeordneten Armee wie der polnischen, die mehr auf dem Enthusiasmus der Teilnehmer und auf eigenem Willen beruhte als auf harter Disziplin und drakonischen Strafen, mußte ein solcher Befehl beinah zwangsläufig zur Auflösung führen. Und richtig: schon am gleichen Abend hatten die Männer begonnen, zur Brücke zu drängen, und die Stimmung wurde nicht besser dadurch, daß die Krieger sehen konnten, wie die Wagen einiger hoher polnischer Potentaten mystisch im Dunkel verschwanden. Die Soldaten begannen davonzulaufen, und bei Sonnenaufgang erwies es sich als schwierig, die Verbliebenen unter den Fahnen zu sammeln. Der größere Teil des allgemeinen adeligen Aufgebots schlich sich im dichten Morgennebel davon und verschwand hinunter zur Weichsel und zur Brücke. Weder Bitten und Drohungen noch das Versprechen großzügiger Belohnungen half. Nur das geworbene Fußvolk und der Adel von Belz waren noch geschlossen am Platz.

In dieser Lage, als große Teile des polnischen Heeres schon im Begriff waren, sich aus der Schlacht zurückzuziehen, kamen die alliierten Vorstöße.

Auf den Sandhügeln angelangt, konnten die schwedischen und brandenburgischen Soldaten über die tiefer gelegenen Felder schauen, die zwischen ihnen und dem Fluß lagen. Dort konnten sie in der Ferne das ganze polnische Heer sehen, in eine gewaltige Staubwolke gehüllt: ein schwer überschaubares, kunterbuntes Gewimmel von Menschen, die sich in Wellen über ihren alten Lagerplatz zur Brücke hin bewegten. Es waren nicht nur die Krieger der Armee, sondern auch alle Nichtkämpfenden. Alle Armeen hatten zu dieser Zeit einen bedeutenden Anteil ziviler Helfer und Nichtkämpfender – nicht zuletzt Familienangehörige, die häufig mit ins Feld zogen. Dies galt insbesondere für Armeen im Osten wie die polnische und die russische. (Dies erklärt die Phantasiezahlen, die oft auftauchen, wenn in zeitgenössischen Quellen ihre Mannschaftsstärke diskutiert wird.) In der polnischen Armee kamen häufig bis zu fünf Nichtkämpfende auf jeden Mann im Glied – außerdem führten einzelne Edelleute kleine Höfe mit zehn bis zwölf Bedienten und ebenso vielen Wagen mit sich. Dies bedeutet, daß zu den gut 40 000 Kämpfenden, die in diesem Augenblick versuchten, sich vom Schlachtfeld zurückzuziehen, vielleicht bis zu 200 000 Kutscher, Handlanger, Knechte, Bediente, Ehefrauen und Kinder hinzugezählt werden müssen. Auch wenn viele sich schon während der Nacht und am frühen Morgen davongemacht hatten, waren es offenbar noch immer so viele, daß es unmöglich war, schweres Chaos und Panik zu vermeiden.

Die Polen konnten von Glück sagen, daß die alliierten Befehlshaber allem Anschein nach von ihrem plötzlichen Erfolg überrascht worden waren. In der Hitze des Gefechts war es kaum möglich, die angreifenden Verbände umzudirigieren, um zu versuchen, den polnischen Verbänden die Rückzugswege abzuschneiden und sie einzukesseln, und so drängten die schwedischen und brandenburgischen Soldaten nur weiter auf den Fluß und die Brücke zu. Der Effekt ähnelte dem, der entsteht, wenn man auf eine locker gestopfte Wurst drückt und der Inhalt an den Enden herausgepreßt wird.

Eingehüllt in eine große Staubwolke zog der rechte polnische Flügel nach Süden, am östlichen Ufer des Flusses entlang. Es war ein gefährliches Manöver, denn ein Angriff hätte ihm leicht den weiteren Weg abschneiden und alle in den Fluß treiben können, aber die Alliierten waren allzu konfus, um einen schnellen Angriff starten zu können. Als die Führung endlich daran dachte, eine Verfolgung in die Wege zu leiten, gab es kaum noch Aussichten, die schnellen polnischen Reiter einzuholen, und die Soldaten mußten sich damit begnügen, herrenlose Pferde und fortgeworfene Waffen einzusammeln.

Unter der Reiterei auf der linken Seite des polnischen Heeres – unter dem Befehl des unglücklichen Hilary Polubinski, der den erfolglosen Ansturm der

Husaren am Tag zuvor überlebt hatte – breitete sich Entsetzen aus, als sie die Scharen sahen, die von den Sandhügeln flohen. Sie waren zunächst unsicher, wohin sie sich wenden sollten, setzten sich aber dann nach Nordosten in Bewegung, in Richtung des Dorfs Bialoleka. Auf dieser Seite waren die alliierten Befehlshaber besser im Bilde, und es gelang ihnen, den ausbrechenden Polen einige Verbände in den Weg zu werfen. Daraufhin entwickelte sich ein wirres Reiten und Stoßen, vor und zurück, als die lange, unförmige Schlange flüchtender polnischer Reiterei bei dem Versuch, sich an den feindlichen Verbänden, die ihr den Weg versperrten und sie von verschiedenen Seiten angriffen, vorbeizuwinden, sich von einer Seite auf die andere warf. Donnernde Bleispritzen von Dragonern und Fußvolk auf ihrem Weg fällten haufenweise in Panik geratene Rosse und Reiter, und schließlich wurde der letzte Teil der einem Fischschwarm gleichenden Masse von Pferden und Männern in einen großen Sumpf getrieben. Dort spielte sich der Schlußakt ab. Viele ertranken, manchen gelang es, triefend und auf allen Vieren kriechend zu entkommen. Die allermeisten blieben im Lehm und in schwammigem Sumpf stecken. Schwedische und brandenburgische Musketiere wurden daraufhin zu dem Sumpf geschickt und veranstalteten von seinem Rand aus ein herzloses Zielschießen auf die hilflosen Männer im Morast. Sie schossen und schossen, bis keiner mehr lebte. Danach konnten die Soldaten über 2000 gesattelte Pferde einsammeln, die verlassen auf den Feldern umherstreiften.

Währenddessen wurde der Sieg auf den Feldern zwischen den Sandhügeln und der Weichsel vollendet.

Nach der Einnahme der Sandhügel war in der alliierten Führung einige Verwirrung entstanden. Es war wie gewöhnlich die schlechte Sicht, die den Feldherren einen Streich spielte. Als die polnischen Truppen zum Fluß hinunterzogen, wurde eine gigantische Staubwolke aufgewirbelt, und als Karl Gustav – ein kleiner, runder Mann, dramatisch ausstaffiert in einem mit schwarzem Samt überzogenen Harnisch und einem ebenfalls mit schwarzem Samt bedeckten Helm mit schwarzen Federn – diese sah, glaubte er, die Polen marschierten zu einem Gegenangriff auf der ganzen Linie auf. Besorgt gab er deshalb Befehl, den Vormarsch abzubrechen, um dem vermuteten Angriff zu begegnen. Bald zeigte es sich jedoch, daß das ganze stolze polnische Heer auf dem Rückzug war, und die Linie der schwedischen und brandenburgischen Verbände setzte sich wieder in Bewegung, hinunter zum Fluß.

Ein Stück unterhalb der westlichen Seite der Sandhügel stand der größere Teil der Infanterie des polnischen Heeres noch immer gesammelt – die Regimenter Grodzickis, Butlers, Grotthaus' und Zamoyskis. Sie zogen sich langsam zurück.

Sieben Kanonen, die die Alliierten bei der Eroberung der Hügel erbeutet hatten, wurden umgedreht und gegen ihre früheren Besitzer in Gebrauch genommen. Aber die polnischen Fußsoldaten hatten jetzt genug. Die Infanterie führte in der polnischen Adelsarmee das Dasein eines Stiefkinds. (Zwar gab es mehr Fußvolk im Heer, mehrere Regimenter mit Heiducken, doch die waren nicht an der Schlacht beteiligt, weil sie damit beschäftigt waren, verschiedene hohe polnische Adlige mit dem Prunk von Wachen und Dienerschaft zu versehen, wonach deren Ehre ganz selbstverständlich verlangte.) Die Soldaten der Infanterieregimenter waren in der Regel deutsche Söldner, und das Verhältnis zwischen ihnen und der stolzen polnischen Adelsreiterei war von Feindseligkeit und Mißverständnissen geprägt. Der Dienst bei den Polen war unter den deutschen Landsknechten nicht sonderlich populär; die inkonsequente und inkompetente Finanzpolitik des polnischen Reichstags führte dazu, daß ihr Sold oft unzureichend war, um zuweilen ganz auszubleiben, was ihren an und für sich schon begrenzten Enthusiasmus noch weiter dämpfte und sie zu Fahnenflucht und Meuterei neigen ließ.

Jetzt, da neue Hagelschauer von Geschossen durch ihre Reihen zischten, warf ein Teil dieser alten, erfahrenen Landsknechte die Waffen fort, nahm die Hüte ab, winkte damit und rief »Quartier«. Die alliierten Befehlshaber, die am nächsten standen, waren jedoch uneins darüber, was sie tun sollten. Karl Gustavs Bruder Adolf Johan kam zum brandenburgischen Kurfürsten geritten und verlangte, die Beschießung dieser Soldaten sofort einzustellen, um sie nicht zu einem letzten, verzweifelten Widerstand zu treiben. Der Kurfürst jedoch wollte sich darauf nicht einlassen und ritt statt dessen auf einige wartende Schwadronen zu und schwang den Degen als Zeichen, daß sie unverzüglich gegen die hutlosen Fußsoldaten anreiten sollten; nachdem er verschwunden war, gab der Herzog sogleich Contreorder und stoppte den Angriff; unmittelbar danach setzte der Kurfürst zu einem neuen Angriff an, doch auch dieser wurde von Adolf Johan unterbunden.

Während die beiden hohen Befehlshaber wechselweise Befehle und Gegenbefehle über das rauchige Schlachtfeld sandten, bekamen die feindlichen Verbände eine Atempause. Die polnischen Regimentschefs bekamen ihre zaudernden Landsknechte in den Griff, und sie konnten sich im Staub davonmachen. Fünf ihrer Kanonen mitschleppend, die zu retten ihnen gelungen war, marschierten sie über das morastige und buschbestandene Gelände davon. Unten an der Brücke herrschte vollständige Panik. Von Entsetzen erfüllte Menschen drängten sich heran, Leute purzelten ins Wasser. Johan Kasimir ritt mit gezücktem Degen umher und versuchte, Ordnung in das wimmelnde Chaos zu bringen. Es war natürlich unmöglich. Schließlich gab er einigen Dragonern den Befehl, auf die Nachdrängenden zu schießen. Zu diesem Zeitpunkt barst zu allem Unglück auch noch die lange Pontonbrücke.

Währenddessen stürmten alliierte Verbände von verschiedenen Seiten über das buschbestandene und stellenweise morastige Feld vorwärts. Alle waren sie auf dem Weg zur Brücke, um den Polen den Rückzug abzuschneiden. Je näher sie dem Fluß kamen, desto schwieriger wurde es für sie, voranzukommen – die Polen bewegten sich schnell, in mehr oder weniger aufgelösten Scharen, während die schwedischen und brandenburgischen Einheiten, die ihnen folgten, in ihre dichten und strikt geordneten Formationen eingebunden waren. Das Buschwerk wurde dichter, und als sie den verlassenen Lagerplatz erreichten, fanden sie ihn mit Hunderten zurückgelassener Troßwagen übersät. Schweden und Brandenburger begannen, sich durch den labyrinthischen Wirrwarr von Wagen vorzuarbeiten.

Die vier polnischen Infanterieregimenter erreichten den Fluß und entdeckten, daß die Brücke eingebrochen war, machten sich aber sogleich daran, sie zu reparieren.

Die Masse der verlassenen Wagen erstreckte sich bis hinunter zur Weichsel. Als die Truppen der Verbündeten den steilen und buschbewachsenen Abhang zum Fluß hinunter erreichten, ging es noch langsamer voran. Nun konnten sie die Brücke sehen; sie erstreckte sich lang und schwankend über das kilometerbreite, glänzende Band von Wasser. Sie führte über eine kleine Sandbank in der Mitte des Flusses und ruhte auf Pontons, die aus Booten bestanden. Der westliche Brückenkopf lag unmittelbar neben einer Anhöhe, die sonst als Hinrichtungsplatz der Stadt Warschau diente: das Gewirr von Dächern und Spitzen der Stadt war gut drei Kilometer stromaufwärts zu sehen. Der östliche Brückenkopf war durch eine sternförmige Schanze geschützt. Die alliierten Soldaten gingen zum Sturmangriff über, durch die Büsche, an einem Zaun vorbei und über den Schanzenwall. Die von Panik geschlagenen und desorientierten Polen scheinen nur lahmen Widerstand geleistet zu haben. Die Truppen, die sich innerhalb der Schanze befanden, wurden entweder niedergemacht oder gefangengenommen: Kanonen, Zelte, Munition, Proviant und sonstiges Allerlei fielen in die Hände der Angreifer. Die alliierten Soldaten kamen jedoch zu spät. Kurz zuvor war die Brücke repariert worden, und Johan Kasimir war rasch hinübergeritten, gefolgt von den vier Regimentern. Die Schweden und Brandenburger, die die Schanze eingenommen hatten, zögerten; sie hielten sich für zu schwach, um die Brücke zu überqueren, denn auf der anderen Seite wartete eine Anzahl kampfbereiter polnischer Einheiten.

Als die polnischen Befehlshaber auf der westlichen Seite sahen, daß die Alliierten die Schanze eingenommen hatten, ließen sie die Brücke in Brand stecken und machten sie schließlich los und gaben auf diese Weise alle polnischen Krieger, die sich noch auf dem östlichen Ufer befanden, preis. Während die Rauchwolken von der Brücke zum blauen Himmel aufstiegen, versuchten verzweifelte Polen, auf andere Weise hinüberzugelangen. Einige überquerten die Weichsel in kleinen Segel- und Ruderbooten, andere versuchten zu schwimmen. Nicht einmal jetzt ließen die Alliierten locker. Die Schwimmenden wurden vom Ufer mit Musketen und Kanonen beschossen, und viele verschwanden zwischen den kleinen glitzernden Fontänen der Einschläge im blutgefärbten Wasser.

Gegen Mittag flauten die Kämpfe ab. Die Dreitageschlacht bei Warschau war zu Ende. Den Rest des Tages verwandten die schwedischen und brandenburgischen Befehlshaber darauf, ihre Truppen, die während der wirren Verfolgungsjagd des Schlußkampfs weithin zerstreut worden waren, zu sammeln.

Die Soldaten waren erschöpft. Sie hatten fast vier Tage lang weder Essen noch ordentlichen Schlaf bekommen. Außerdem wurden sie von einem starken Jucken gepeinigt, das von dem feinen Staub herrührte, der überall eingedrungen war, in die Kleidung und Harnische, in Augen und Mund. Ihre Verluste beliefen sich auf rund 700 Mann, angesichts der Dauer der Schlacht eine erstaunlich niedrige Zahl. Nach Schlachten gab es in dieser Zeit gewisse bewährte Routinen. Die Verbände sollten sich sammeln und Aufstellung nehmen, wobei jeder Soldat seinen gewohnten Platz im Glied einnehmen mußte; so konnten die Offiziere die Truppe schnell zählen und sehen, wer fehlte. Dann sollte sich ein Offizier zusammen mit abkommandierten Männern auf das Schlachtfeld begeben, um die Vermißten zu suchen. Die Toten sollten »nach Soldatenart« begraben werden, was in der Regel eine einfache Bestattung in einem Massengrab bedeutete. Die Verwundeten wurden auf Wagen gesammelt und ins Lager gebracht und versorgt. Der Befehlshaber eines Verbands sollte auch »um der Empfindsamen willen einiges über den Abgang der Toten und Verwundeten ansprechen, daß jedermann denken müsse, daß solches Gottes Wille war«, wonach von den Soldaten »weiterhin in allen vorkommenden Okkasionen tapferes und williges Verhalten« erwartet werden konnte.

Die Soldaten erhielten auch ihre Belohnung: Der eroberte polnische Troß wurde ihnen als Beute überlassen. Gegen Abend ließ die Führung die Truppen das Lager aufschlagen. Die Generale und die hohen Befehlshaber mit dem Kurfürsten und dem schwarzgekleideten Karl Gustav an der Spitze versammelten sich in einem Kloster in Praga. Hier ließ der König die Leiche des polnischen Husaren beisetzen, der am Tag zuvor versucht hatte, ihn zu töten. Sie feierten dann ihren Sieg mit einer Mahlzeit, wonach sie »mit Pauken und Trompeten sich verlustierten bis in den Abend«.

Draußen auf den Feldern und im Morast lagen noch immer an die 2000 Polen tot in der Sommerhitze, schwellend, schwarz werdend und von Schwärmen fetter Fliegen umschwirrt – Schmeißfliegen dringen in alle Körperöffnungen einer Leiche ein, und wenn es warm ist, schlüpfen die Jungen innerhalb von 24 Stunden aus, und neue Insekten quellen aus den Nasenlöchern und Ohrmuscheln. Niemand machte sich die Mühe, die gefallenen Polen zu zählen, geschweige denn zu begraben. Eine Wolke von Gestank verdichtete sich während der folgenden Tage über der Landschaft und breitete sich mit dem Wind über den Fluß bis nach Warschau aus. Die Stadt war von den Polen in großer Hast verlassen worden – sie nahmen sich nicht einmal Zeit, Kanonen und Vorräte zu retten –, und sie fiel ohne einen Schuß in die Hände der Alliierten. Am 25. Juli gingen das schwedische und brandenburgische Fußvolk, die Artillerie und der Troß über die Weichsel. Sie wollten dem schweren, süßlichen Gestank des Schlachtfeldes entkommen.

3. Nach neunzehn Tagen kehrte der Verstand allmählich zurück

ERIK ERHÄLT EINEN POSTEN. – DIE ERSTE INSPEKTIONSREISE. – PEST. –
WIE MAN ANSTECKUNG SAH. – DER WAHNSINN IM WALD. –
›MIT GROSSER MÜHE WIEDER AUF DEM PFERD‹. – ZU EINER HERBERGE. –
›IN GROSSER ANGST UND FURCHT‹. – DAS BOOT IM SCHILF. –
VERSTAND UND ERINNERUNG KEHREN ZURÜCK.

Die Armee blieb noch einige Zeit bei Warschau. Die Truppen waren erschöpft, und sie hatten Mangel an Pferden, die wie üblich während der Kämpfe in großer Menge getötet worden waren. Ende Juli brach die Armee auf und marschierte weiter, aber der Mann aus Italien konnte nicht mitziehen, weil er noch immer kein eigenes Pferd hatte. Außerdem mußte er mit einigen seiner alten Freunde und Gönner Kontakt aufnehmen. Er brauchte jemanden, der beim König ein gewichtiges Wort für ihn einlegte. Einer der zwei, die ihn aus Italien gerufen hatten, Wittenberg, war leider nun in Gefangenschaft, und der andere, Mardefelt, saß als Kommandant in Thorn fest. Und dort wütete die Pest. Eine zufällige Begegnung half ihm indessen aus seiner Verlegenheit.

In Italien war er dem Bruder des Königs begegnet. Dieser hatte ihn besucht, als er während jener schrecklichen Herbstwochen in Venedig – augenscheinlich – auf den Tod lag. Hatte dieser damals nicht gesagt, er glaube, daß sie sich »in diesem Leben nie wieder sprechen würden«? Als er nun hörte, daß Adolf Johan in der Nähe war, suchte er ihn auf, um, wenn möglich, aus ihrer flüchtigen Bekanntschaft aus der Zeit in Italien Nutzen zu ziehen. Er hatte Erfolg. Adolf Johan muß sich den pfiffigen jungen Mann in seinem von Ärzten umringten Bett in Erinnerung gerufen haben, denn er gab ihm ein Empfehlungsschreiben »in bester Form«, und mit diesem in der Faust eilte er weiter nach

NACH NEUNZEHN TAGEN KEHRTE DER VERSTAND ALLMÄHLICH ZURÜCK

Frauenburg, einem kleinen Ort oben am Meer – er lag 10 Kilometer südwestlich von Braunsberg, der Stadt, an deren Erstürmung der Stiefvater des Mannes vor nahezu exakt 30 Jahren teilgenommen hatte. Wie feine Leute dies stets taten, war der König aus Angst vor der Pest, die wie ein Flächenbrand über das Land zog, geflohen und hatte sich nach Frauenburg zurückgezogen.

In Frauenburg erhielt der Mann eine persönliche Audienz bei Karl Gustav und konnte bei dieser Gelegenheit in zeremonieller Form die Hand des Königs küssen und den Empfehlungsbrief von Adolf Johan überreichen. Er hatte Glück. Gerade war der Posten eines Generalquartiermeisterleutnants freigeworden. Selbst besaß er ja alle wünschenswerten Qualifikationen für diese Tätigkeit, praktische wie theoretische. Außerdem hatte er Karl Gustav hier und da Dienste geleistet, als dieser noch nichts weiter war als Graf von Pfalz-Zweibrücken. In der Schlußphase des vorigen Kriegs hatte er vor den Augen Karl Gustavs, seiner engsten Vertrauten und »aller Frauenzimmer« mit Hilfe von elf Tonnen Pulver den großen Turm vor Demmin in die Luft gesprengt. Und hatte Karl Gustav ihm nicht bereits damals einen Posten versprochen? Und so machte der König ihn nun »ohne weitere Umstände«, wie in seinem Tagebuch steht, zum Generalquartiermeisterleutnant, mit einem Lohn von 70 Reichstalern im Monat. Die königliche Vollmacht erhielt er am 24. September. Darin waren seine Aufgaben etwas näher definiert: Er sollte helfen, die Versorgung der Truppen zu organisieren und ihre Lager zu beschaffen, Terrain und Vormarschwege für das Heer rekognoszieren, verschiedene Festungen und wichtige Orte auskundschaften und abbilden, Brücken und Schanzen bauen sowie Minen sprengen und Batterien eingraben und bei Belagerungen Laufgräben ausheben. Dies war keine geringfügige Aufgabe und, wie er schnell merken sollte, auch keine ungefährliche, nämlich als eine Kombination von Späher, Sprengstoffexperte, Verwalter, Bauingenieur und Spion zu agieren. Aber sie sagte ihm außerordentlich zu, und er war offenbar froh und glücklich über die Ernennung; nun würde er volle Entfaltungsmöglichkeit für all seine Begabung und Energie und alle seine mit großer Mühe angeeigneten Kenntnisse bekommen. Dies war seine große Chance. Endlich würde er seinen Wert beweisen können.

Den ersten Auftrag erhielt er sofort. Der König schickte ihn los, eine Kette von Festungen, die sich von der Ostseeküste ins Landesinnere erstreckte, zu inspizieren. Die Reise ging nach Süden über Elbing, Marienburg, Graudenz und Thorn und wurde mit seiner üblichen Tatkraft und fast manischen Zielstrebigkeit ausgeführt. Elf Tage und 500 Kilometer später war er mit seinem Bericht wieder zurück. Aber mit einem Mal ging es schief. Sein eigener Kommentar im Tagebuch ist bedrückt, beinah ein wenig fatalistisch. Er spricht davon, »wie mein Glück nun wie stets zuvor mit Unglück vermischt gewesen«, als seien seine Triumphe auf dem einen Gebiet immer von Tragödien auf einem anderen begleitet gewesen. Diese merkwürdige Mischung von Triumph und Tragödie sollte zu einem regelmäßigen Muster in seinem Leben werden.

Was während dieser Herbstwochen geschah, war eigentlich vorhersehbar gewesen. Als der König ihm den Auftrag gab, die verschiedenen Festungen zu besichtigen, sandte er ihn an Orte und in Gegenden, wo die Pestepidemie schlimmer denn je wütete. (Allein in Thorn wurden die Toten zu Tausenden gezählt. Mardefelt, der Freund des Mannes, schrieb klagend an den König und berichtete, daß »die Garnison ziemlichen Schaden gelitten hat, und von der Leibgarde 100 Mann gestorben sind und noch viel mehr krank darniederliegen«.)

Nachdem er am 7. Oktober von seiner Rundreise zurückgekehrt war, traf er den König, um seinen Bericht vorzulegen. Doch kaum war die halbstündige Audienz vorüber, als er »sich unpäßlich« zu fühlen begann. Er hatte sich mit der am meisten gefürchteten Krankheit von allen angesteckt, der Pest. Beulenpest.

Die Pest war zu dieser Zeit *die* Krankheit, der große Totschläger, der seit dem Mittelalter in Europa umging. Um die Mitte des 14. Jahrhunderts hatte sie Europa erreicht, und damals war ihr grob gerechnet jeder vierte Mensch zum Opfer gefallen. Pestepidemien hatten seitdem mit unheimlicher Regelmäßigkeit den Kontinent verheert. Die Pest war ein Teil des Lebens und der Welt, eine ständige Bedrohung; es war nicht möglich, daß ein Mensch das Erwachsenenalter erreichte, ohne ihr in der einen oder anderen Weise zu begegnen. Während längerer Perioden legte die Krankheit sich gleichsam zur Ruhe, nur um danach mit neuer Kraft zu explodieren. Schweden war während des 17. Jahrhunderts in den Jahren 1602–03, 1622–23, 1630, 1638–40 und zuletzt 1653–54 von Epidemien heimgesucht worden. Sie schlugen hart zu in gewissen Gegenden – so starben zum Beispiel in den Jahren 1602 und 1603 von den 1500 Einwohnern der Stadt Kalmar ungefähr 600.

Der Ablauf dieser Explosionen der Pest war in ganz Europa auf traurige Weise einförmig. Jeder, der konnte, und insbesondere die Bessergestellten, flüchtete Hals über Kopf – weg, nur weg. Beamte, Offiziere und Priester ließen ihre Pflichten und Tätigkeiten stehen und liegen. Andere verbarrikadierten sich in ihren Schlössern und Palästen. Die Armen blieben in der Regel zurück in den schwelenden Pestherden der Städte, wo sie von den Machthabern eingeschlossen wurden, die dafür sorgten, daß sie ernährt, isoliert und überwacht wurden, während die fleckigen Leichen draußen auf den leeren Straßen gesammelt wurden, wo bizarr ausstaffierte Ärzte mit spitzen Gesichtsmasken wie dunkle Vögel zwischen den befallenen, mit roten Kreuzen markierten Häusern umherzogen. Die Pest kam häufig wie eine zusätzliche Last zu anderen Katastrophen: Ein Land, das von Hungersnot oder Krieg schon schwer verwüstet und mitgenommen war, war empfänglicher für die Ansteckung. So war es auch in Polen, wo die Not und die Armeen den Epidemien wieder einmal die Tore geöffnet hatten. Die Pest war auch der Schrecken, die große Angst. Nichts, es sei denn das Gerücht vom Ausbruch eines Krieges, konnte die Menschen mehr in Schrecken versetzen als die Nachricht von einer herannahenden Epidemie, die sich wie ein unsichtbares Wesen bewegte, langsam, von Land zu Land, anscheinend unaufhaltsam. Doch die Pest verursachte oft mehr Todesfälle als die Invasion einer feindlichen Armee. Wenn die Menschen ihre periodischen, mörderischen Überfälle zu erklären versuchten, wurde die Pest auch zur großen Strafe, zum Zorn Gottes, der um ihrer Sünden willen über die Menschen kam. Darum waren Pestzeiten auch Zeiten hektischer Aktivität unter Priestern und anderen religiösen Experten; diese bedrängten dann alle, die zuhören wollten, mit Ergüssen theologischen Eifers und donnernden Ermahnungen zu Buße und Besserung.

Es konnte bis zu zehn Tage dauern, ehe die Symptome sich bemerkbar machten. Der Angesteckte bekam hohes Fieber, mit dem Erbrechen, Kopfschmerzen und eine erhebliche Verschlechterung des Allgemeinbefindens einhergingen. Das Gesicht färbte sich hochrot, der Kranke hatte Schwierigkeiten zu sprechen, sein Gang wurde schwankend. Bald stellte sich ein, was der Krankheit ihren Namen gegeben hatte: die Beulen, manchmal klein wie Pfefferkörner oder mit dem Aussehen kleiner Brandblasen. Sie waren schmerzhaft und traten in der Leistengegend, den Achselhöhlen, am Ober- und Unterkiefer und im Nacken auf. Die Beulen schwollen und wurden groß wie Gänseeier, eiterten, bluteten und wurden schließlich von Brand befallen. Zwischen 50 und 80 Prozent aller Erkrankten starben. Die Krankheit wurde von Läusen verbreitet, und an Läusen herrschte kein Mangel in diesem Jahrhundert; die Hygiene war unzulänglich, die Häuser waren in der Regel aus Holz und feucht, und oft ließen die Menschen darin eine ganze Menge Haustiere frei laufen, was weiteres Ungeziefer und Schmutz mit sich brachte.

Was geschah, als der Mann begriff, daß er die Pest hatte, ist auf den ersten Blick schwer zu verstehen.

Es hinterließ auf jeden Fall eine unauslöschliche Erinnerung in ihm. Warum, ist unmöglich zu sagen. Es kann nicht nur daran liegen, daß er dem Tod nahekam, denn in der Nähe des Todes lebte er den größten Teil seines Lebens. Möglicherweise war es die seltsame Rettung, die ihn noch sehr viel später verweilen ließ bei dem, was geschah; er deutet es im Tagebuch an: »Und sintemalen meine Krankheit sehr wunderliche Ereignisse mit sich geführt hat, aus denen Gottes gnädige und huldreiche Vorsehung und Fügung scheinbar ersichtlich sind, also will ich sie etwas weitläufiger beschreiben.« Das wichtige

Wort hier ist »Vorsehung«. Vielleicht sah er das, was geschah, als Beweis dafür an, daß Gott ihn verschont hatte, ihn verschont hatte für etwas Großes?

In dieser Lage suchte er nicht, wie man vielleicht hätte erwarten können, Hilfe bei einem sachkundigen Arzt im Hauptquartier. Statt dessen beschloß er, auf der Stelle das Hauptquartier in Frauenburg zu verlassen und gemeinsam mit seinem Diener nach Elbing zu reiten, und zwar bevor die Krankheit überhandnahm und »bevor jemand erfuhr, daß ich infiziert war«. Er wollte also verbergen, daß er angesteckt war.

Auf dem Weg nach Elbing machten sie am 9. Oktober Rast in einem kleinen Dorf dreißig Kilometer vor der Stadt, um zu schlafen. Während der Nacht brach die Krankheit mit hohem Fieber ernstlich aus. Am Morgen schickte er den Diener zurück nach Frauenburg, sagte, er »wolle allein sein«, aber daß sie sich bald in dem Dorf wieder treffen würden. Kaum war sein Diener außer Sichtweite, sattelte er sein Pferd und band seine Taschen hinter dem Sattel fest. Dann ritt er in den Wald. Es war sein 31. Geburtstag.

Was war der Grund? Er selbst spricht davon, daß es »im Wahnsinn« geschah, daß aus seinen verwirrten Handlungen »der Kopfschwindel« sprach. Ganz offenbar war sein Gehirn von Entsetzen und hohem Fieber verdunkelt. Ein Pestkranker wird auch häufig von Angstzuständen befallen und ist wirr und nicht selten gewalttätig. Doch läßt sich eine Idee in dem Ganzen ahnen, eine Art verdrehter Logik, die ihn veranlaßte, statt Hilfe zu suchen, in den Wald zu flüchten, geradewegs in eine doppelte Lebensgefahr hinein. Denn dort lauerte nicht nur der einsame Tod in Form einer Pest, die ihn bereits angesteckt hatte, dort lauerte auch der Tod in Gestalt umherstreifender Banden von verbitterten polnischen Bauern, die jeden Schweden, dessen sie habhaft wurden, zu Tode prügelten.

Es gibt eine mögliche Erklärung für diese wahnwitzige Handlungsweise, eine Erklärung, die in seinem Tagebuch aufscheint. Er befürchtete offenbar, den König mit der Pest angesteckt zu haben.

Man hatte in dieser Zeit nur einen reichlich unklaren Begriff davon, wie Ansteckungen sich ausbreiteten. Eine häufig vorgebrachte Theorie besagte, daß die Pest sich durch verschiedene giftige Luftpartikel, das *Miasma*, fortpflanzte, das, wenn es eingeatmet worden war, eine Art Fäulnisprozeß im Körper in Gang setzte. Es gab Gelehrte, die davon sprachen, daß jede Krankheit besondere Keime habe, die von Person zu Person wandern konnten, zum Beispiel durch die Luft oder über Textilien. Gegen Schluß dieses Jahrzehnts wurde in Rom eine sensationelle Theorie lanciert; ein jesuitischer Allwisser namens Athanasius Kircher – der 1633 seine Professur in Würzburg verließ und vor der anrückenden schwedischen Armee nach Süden fliehen mußte – gab an, durch das Mikroskop eine Art klitzekleine Tiere, »Würmer«, entdeckt zu haben, die sich selbst vermehrten und die Pest hervorriefen. (Das moderne Mikroskop wurde um diese Zeit in die wissenschaftliche Arbeit eingeführt, und sein Vergrößerungsgrad war gering. Kircher sah wahrscheinlich rote Blutkörperchen. Seine Idee erregte anfänglich großes Aufsehen, geriet aber dann in Vergessenheit bis ins vierte Jahrzehnt des 19. Jahrhunderts.)

Die Gegenmaßnahmen, die üblicherweise ergriffen wurden, wenn die Pest ausbrach, lassen dennoch auf gewisse, wiewohl unklare Einsichten in das Wesen der Krankheit schließen. Um eine weitere Ausbreitung zu verhindern, gaben schwedische Ärzte Ratschläge wie die, die Infizierten in besonderen Häusern zu sammeln, Totengräber und andere Personen, die mit den Kranken in Berührung gewesen waren, am Kontakt mit Gesunden zu hindern, sowie die Einfuhr von Waren zu unterbinden, die aus bereits befallenen Orten kamen oder die Ansteckung besonders leicht weitertragen konnten, wie beispielsweise Obst, Seidenstoff oder Papier. Ein weiterer Rat für die Begegnung mit einem Pestkranken war, daß man sich sorgfältig vor dessen Atem hüten sollte. Man war sich also darüber im klaren, daß die Krankheit auf eine unergründliche Weise durch Kontakte zwischen Menschen verbreitet wurde. Der Mann selbst war dieser Auffassung, und er fürchtete offenbar, daß die Pest während der halbstündigen Audienz am 7. Oktober von ihm zum König weitergewandert war.

Er fürchtete natürlich, für die eventuelle Erkrankung des Königs zur Verantwortung gezogen zu werden, was nur der Fall sein konnte, wenn man wußte, daß er selbst krank war. Nur dann würde jemand einen Zusammenhang herstellen können zwischen der Beulenpest des Königs und dem jungen Generalquartiermeisterleutnant, der ihn vor Ausbruch der Krankheit besucht hatte. Der überstürzte Aufbruch erfolgte nach seinen eigenen Angaben auch tatsächlich, damit niemand erfahren sollte, daß er angesteckt war, und indem er den Diener fortschickte, entledigte er sich des letzten Zeugen seiner Krankheit. Danach konnte er allein der Pest begegnen, einsam im Wald, und sie entweder überstehen oder zugrunde gehen, ohne daß irgend jemand davon erfuhr. So etwa mögen sich die Gedanken in seinem von Entsetzen betäubten und verwirrten Kopf gedreht haben.

So verschwand er in den Wald. Er sollte eineinhalb Monate fortbleiben. Was in der Folgezeit geschah, hat er selbst nachher in seinem Tagebuch beschrieben:

Und dieweilen mir all mein Verstand und die Erinnerung geraubt war, so kann ich mich nicht erinnern, was mir alles geschah oder was ich alles unternahm, außer dem allein, daß ich meine Augen nicht offenhalten konnte vor Schlaf: tat auch nichts anderes, als auf dem Pferd zu schlafen, so daß ich mit Kopf und Körper an Zweigen und Büschen hängenblieb

und oft nahe daran war, vom Pferd zu fallen, da ich die Zügel losgelassen und das Pferd schnell ging. Unzählige Male stieg ich vom Pferd und legte mich auf den nackten Erdboden, um zu schlafen, den Zügel um meine Hand gewickelt. Doch da der Schlaf nicht natürlich war, fuhr ich oft wie erschrocken hoch, und dann war das Pferd oft weit von mir entfernt. Aber ich weiß nicht, wie lange ich geschlafen hatte, und ich vermochte nicht so weit zu gehen, um es einzufangen, so matt war mein Körper, und so wirr und schwer war mir der Kopf, daß ich nicht auf den Füßen stehen konnte, sondern auf allen Vieren kriechen mußte, bis ich zu meinem Pferd kam. Und das größte Glück war, daß die arme Kreatur, ohne Zweifel meinen jämmerlichen Zustand bemerkend, oder eher dem Willen Gottes folgend, stets stillstand und sich gutwillig fangen ließ, sonst wäre ich im Wald umherirrend gestorben und ohne Zweifel verloren gewesen oder von Schnapphähnen und ihresgleichen ermordet worden, alldieweilen die Wälder voll waren von flüchtigen polnischen Bauern, die die Schweden elendiglich niederschlugen, wo sie sie ergreifen konnten. Aber Gottes Hand rettete mich offenbar.
Schließlich kam ich mit großer Mühe wieder aufs Pferd und erinnere mich wie in einem Traum, daß ich lange Zeit ritt, bis ich das Meer erblickte.

Er folgte einem kleinen Waldweg zum Meeresufer und kam an ein kleines Haus, das sich als Herberge erwies. Es war gegen Abend, und da er während dieser drei traumartigen Tage nichts gegessen hatte, war er natürlich hungrig, also stieg er ab, um Verpflegung und Unterkunft zu suchen. Der Wirt – der an der Kleidung des Mannes sah, daß dieser einigermaßen bei Kasse war – zeigte sich bereit, ihn aufzunehmen, führte sein Pferd in den Stall und trug die Taschen hinein (eine von ihnen enthielt 360 Reichstaler). Selbst hatte der Mann große Schwierigkeiten, sich ins Haus zu schleppen; die Krankheit wütete mit ganzer Kraft in seinem Körper, und alle Symptome hatten begonnen, sich einzustellen; er torkelte auf schwachen Beinen, an den Zaun und gegen die Wände gestützt. Der Wirt und die Wirtin glaubten, er sei betrunken, und selbst sagte er nichts von seiner ansteckenden Krankheit. Dann warf er sich auf eine Bank und schlief auf der Stelle ein.

Nach gut einer Stunde erwachte er davon, daß ein ihm unbekannter Mensch sich am Tisch niederließ. Es war ein Fischer aus Elbing auf dem Nachhauseweg in der Dunkelheit, der eingekehrt war, um einen Krug Bier zu trinken. Er war selbst durstig nach seinem kleinen Schlummer und bestellte daher auch einen Krug Bier für sich, und nach Gesellschaft dürstend, begann er, sich mit dem Fischer zu unterhalten, der Jacob Rosencrantz hieß und ihm »sehr brav« erschien. Als der Fischer ausgetrunken hatte, legte er ein paar Münzen auf den

Tisch und erhob sich, um zu gehen, doch der Mann hielt Jacob zurück und fragte ihn, »ob er nicht noch einen Krug trinken wolle«. Der Fischer erwiderte bedauernd, er könne sich nicht mehr leisten. Der Fremde bat ihn daraufhin, sich zu setzen und auf seine Kosten noch ein Bier zu trinken, und später spendierte er ihm eine Mahlzeit. Jacob erzählte von sich selbst, »seinen kleinen Kindern und großen Armut« und von seiner Frau, die hochschwanger sei. Als sie sich schließlich trennen mußten, schenkte er dem Fischer einen Reichstaler, den dieser dankbar und mit »vielen tausend Segnungen« entgegennahm. Dieser eine Reichstaler an den Fischer rettete dem Mann wahrscheinlich das Leben.

Am folgenden Morgen, nach einer unruhigen Nacht, in der er sich »in großer Angst und Pein« im Bett hin- und hergeworfen hatte, begriff der Wirt, wie es um seinen Gast stand. Den Tag über lag dieser in hohem Fieber und phantasierte ruhelos. Der Wirt war selbstverständlich besorgt, teils, daß er selbst und seine Frau und Kinder angesteckt werden könnten (die Herberge bestand wie üblich nur aus einem einzigen Raum, der zugleich als Wirtsstube und Schlafraum für die Familie des Schankwirts diente), teils weil es den Geschäften nicht besonders zuträglich war, einen phantasierenden Pestkranken im Schankraum liegen zu haben. Am nächsten Tag hatte der Wirt genug. Der kranke Gast hatte allem Anschein nach nicht mehr lange zu leben, denn er war in einen tiefen Fieberdämmer versunken und nicht mehr ansprechbar. Also ließ der Wirt ihn hinaustragen zu einer Weide am Meeresufer. Dort ließen sie ihn unter dem Oktoberhimmel liegen, auf einem einfachen Lager aus Stroh und in einen Mantel gehüllt.

Und dort wäre er langsam aus diesem Leben geglitten und verschwunden, einsam und ohne Bewußtsein.

Doch als der Mann zwei Tage draußen unter dem Baum gelegen hatte, kam Jacob Rosencrantz wieder zu dem Wirtshaus, um sich wie gewöhnlich nach seinem Fischfang einen Krug Bier zu genehmigen. Der Fischer sah ihn dort am Ufer liegen, und der Wirt bestätigte ohne Umschweife, daß es sein pestkranker Gast sei. Dies machte den Fischer rasend. Er überhäufte den Schankwirt mit Vorwürfen und Drohungen: »Wenn der König von Schweden erführe, daß er seine Leute so behandle, ließe er ihn gewiß aufhängen und den Krug in Brand stecken«; er fand, »es sei nicht christlich gehandelt, einen Menschen hinauszuwerfen an einen solchen Ort, wo man nicht sicher war, daß Wölfe und andere Untiere ihn nicht fräßen, und mehr noch die katholischen und aufrührerischen Bauern ihm das Genick brächen, wie sie es täglich mit manchem ehrlichen Menschen taten«. Jacob beschloß, sich selbst des hilflosen Mannes unter der Weide anzunehmen.

Die Frage war nur, was der Fischer tun sollte. Er konnte den Kranken nicht weiter in der Gefahr im Freien liegen lassen. Er konnte ihn auch nicht ins nahegelegene Elbing bringen, denn die Soldaten, die alle Eingänge der Stadt bewachten, hatten strenge Order, keinen Infizierten hereinzulassen. Deshalb trug der Fischer den Mann zu seinem Boot, wo er dem Kranken ein Lager aus Stroh und Segeltuch bereitete. Dann fuhr er ein Stück weit aufs Wasser hinaus und verankerte das Boot in einem großen Schilfdickicht. Dann verschwand er in einem kleinen ausgehöhlten Eichenstamm zurück an Land.

Der Mann blieb 21 Tage im Schilf liegen.

Eine eigentliche Behandlung erhielt er nicht. Nicht daß es eine besonders zuverlässige Behandlung gegeben hätte. Zeitgenössische Ärzte empfahlen, man solle versuchen, das Gift auszuschwitzen: es gab eine Reihe verschiedener schweißtreibender Absude, unter anderem einen, der auf einer ziemlich harmlosen Mischung von gebranntem Salz, Essig und Eigelb basierte. Sein Pfleger machte offenbar keine größeren Anstalten mit derartigen unwirksamen Wunderkuren, sondern pflegte ihn, so gut er konnte. Jeden zweiten Tag kam der Fischer mit Essen und Trinken zu dem Mann hinaus, der dahindämmernd in voller Bekleidung mit Sporen an den Stiefeln unter dem Segel lag. (Um die Verpflegung zu bezahlen, hatte er dem Fischer die Taschen mit Geld anvertraut.) Er aß fast nichts, trank aber unmäßige Mengen Bier. Aber alles schien vergebens, denn wie die Tage vergingen, wurde er nur schwächer und schwächer. Nach fünf Tagen brachte der Fischer seinen dreizehnjährigen Sohn mit hinaus zu dem Boot im Schilf und ließ den Jungen als Helfer zurück.

Inzwischen erreichte die Pest ihren Höhepunkt. Der Mann phantasierte wild. Bei einer Gelegenheit gab er dem Fischer ein paar Ringe und einige Stücke Gold. Dieser mußte ihm daraufhin versprechen, ihn unter einer großen Eiche zu begraben, die sie auf einem hohen Steilhang am Ufer sehen konnten; und der Fischer sollte darauf achten, den Sarg lang genug zu machen, damit »die Füße nicht wehtaten«. Und schon bald brach eine große Pestbeule auf der rechten Halsseite des Mannes aus, die so stark anschwoll, daß sie ihn zu ersticken drohte. Aber schließlich platzte sie, nach innen, und er erbrach Eiter. Dies war die Wende. In der Folgezeit stieg er langsam aus dem Dunkel seines Fieberwahns herauf.

Als der Mann zum erstenmal erwachte, wußte er nicht, wo er war, und nicht einmal, wer er war. »Nach 19 Tagen kehrte mein Verstand allmählich zurück«, schreibt er im Tagebuch, »so daß ich zunächst begann, mich selbst zu fühlen, und daß ich ich selbst war, mich besann, wer ich war, wo ich war und wie ich an diesen fremden Ort gekommen sein mochte, worüber ich mich nicht wenig wunderte«. Er schreibt, daß sein Verstand »gleichsam tropfenweise nach und nach zurückzukehren begann«. Stück für Stück, Tropfen für Tropfen fielen seine Erinnerungen, sammelten sich, fügten sich zusammen.

Was sah er eigentlich in den Tropfen, die vorüberglitten und allmählich sein

Bewußtsein wieder füllten? Vielleicht die Szene, als er im Alter von fünf Jahren fortgeschickt wurde von der Mutter und den Geschwistern? Möglicherweise die unbekannten Seewesen im Meer jenseits von Bornholm? Oder vielleicht die Reise mit der Leiche den Fluß hinab im vom Krieg verwüsteten Deutschland? Vielleicht die Spuren der Hufeisen, die er auf der Bastion in Nürnberg gesehen hatte, wo der Hexenmeister Abel von Gallen seinen Sprung über den Wallgraben getan haben sollte? Die sieben Piratenschiffe vor der Stadt Palermo? Oder vielleicht die nackten Frauen in Venedig mit ihren breiten Hüften und fülligen Schenkeln? Oder erschaute er am Schluß Jerusalem?

II

DIE ERSTEN JAHRE
(1625–1630)

1. Diese erbärmliche und elende Welt

Der grosse Brand in Stockholm. – Eriks Geburt. –
Das Weltbild. – Die Lebenseinstellung. – Der Zustand Europas. –
Ein Jahrhundert des Unfriedens.

Der Brand begann in einem kleinen Nebenhaus im südwestlichen Teil der Stadt, wo zwei Frauen Bier brauten. Von dort hatte er auf ein paar naheliegende Häuser und Buden übergegriffen, wo er reiche Nahrung fand. Vor dem Winter war das Holz auf Dachböden und in Kellern bis an die Decke gestapelt, und in den Buden lagerten Teer und Hanf für den bevorstehenden Markt. Der starke Wind aus Westnordwest hatte in plötzlichen, ruckartigen Stößen Feuerkeile durch die dicht gedrängte Bebauung getrieben. Menschen krochen auf den Dächern umher und versuchten, mit nassen Segeln und Kleidungsstücken das Übergreifen des Feuers auf ihre Häuser zu verhindern, statt dessen schlugen die pfeifenden Flammen durch die Fenster hinein. Als die Fachwerkhäuser erst einmal Feuer gefangen hatten, schmolzen die tragenden Holzteile rasch hin, und die Gebäude fielen zusammen; die Menschen in den Häusern und in den angrenzenden engen Gassen wurden lebend unter Lawinen von Stein und rauchenden Balken begraben. Panik griff um sich. Die Schiffe im Hafen legten ab, um dem Funkenregen zu entgehen. Von Entsetzen gepackte Menschen liefen von den gemeinsamen Löscharbeiten davon.

Der Brand hatte bis zur Mittagszeit des folgenden Tags gedauert. Da flaute der starke Wind ab, und das Feuer sackte in sich zusammen, eingeschnürt in seine eigenen rußigen Eingeweide. Von einem Fünftel der Stadt war aufs ganze gesehen nichts übriggeblieben als Schornsteine, die wie geschwärzte Finger zum Himmel zeigten, die gemauerten Herde der Häuser und die verkohlten Skelette niedergebrannter Steingebäude. Auf den rauchenden Brandstätten wühlten Menschen in der Asche. Der südwestliche Teil der Stadt, der zwischen den Brücken lag, war am schlimmsten in Mitleidenschaft gezogen worden. Das Geschehene war für die Betroffenen eine unfaßbare Heimsuchung. Viele verloren ihren gesamten Besitz im Feuer, darunter nicht zuletzt die Nahrungsvorräte für den Winter, »wodurch die armen Leute in große Not und Elend geraten sind«, wie es in einem Brief an den König hieß, der ein paar Tage später geschrieben wurde. Es war insbesondere die alte Stadt, die niedergebrannt war, die Stadt mit Dächern aus Birkenrinde und grünem Gras, auf denen Ziegen weideten, die Stadt mit ihrem Wirrwarr von engen und gewundenen Gassen. Das Feuer machte Platz für eine neue Stadt, mit weiten, schnurgeraden Straßen, regelmäßigen Karrees und großen Häusern aus Stein.

So kann man auch die Epoche in wenigen Worten zusammenfassen: Die Katastrophe bereitet dem Neuen den Weg.

Es war das Jahr 1625, die Stadt war Stockholm, und hier, in einem Haus in der schmalen Stora Gråmunkegränden, erblickte der Mann im Schilf das Licht der Welt. »Den 10. octobris bin ich, Erik Jönsson Dahlberg, in diese erbärmliche und elende Welt geboren« – so schrieb er später selbst. Er wurde in einer rußigen, nach Rauch riechenden Stadt geboren, in einem Europa, das in Brand geraten war.

Seine Welt war eine andere als unsere. Die Sonne (von der manche meinten, sie sei eine Anhäufung von Staub in Bewegung, während andere sagten, daß sie eine Feuerkugel sei) drehte sich um die Erde, und nicht umgekehrt. Das Weltall war klein und endlich, und in der Mitte des Ganzen ruhte die Erde still und unbeweglich – eine Erde, von deren Scheibenform die allermeisten Menschen weiterhin überzeugt waren. Diese Erde war die einzige in der ganzen Schöpfung, der Mittelpunkt des Alls, um den sich die Sonne, der Mond, die Planeten und gleich hinter ihnen die ewigen, unzerstörbaren Fixsterne in einem ewigen Kreislauf drehten.

Das Weltall war gleichsam ein lebender Organismus, durchdrungen von einer in allem wirksamen Weltseele: Gott. Er war es, der allem seine Vorwärtsbewegung und seine Kraft gegeben hatte. Die gesamte Schöpfung war ausschließlich ein Werk dieses Allweisen. Die Natur war vollkommen gemacht bis ins geringste Detail, und sie folgte genau der Ordnung, die Gott einst befohlen hatte. Jedes Ding hatte seine vorausbestimmte Eigenart. Denn alles, was es in der Welt gab, hatte eine bestimmte Aufgabe zu erfüllen und einen zugewiesenen Platz einzunehmen. Der Zweck der Sonne war, das Tageslicht zu bringen, die Aufgabe des Feuers, zu brennen.

In der Mitte der Schöpfung stand der Mensch. Die Welt mit allem, was in ihr war, war für ihn da. Ihm sollten die Steine, die Pflanzen und Tiere, die Erde, das Wasser und das Feuer, die Luft und die Sterne und die Engel dienen. Jedes kleine Teil in der Welt war ein Glied in der großen Kette der Schöpfung, wo alle Dinge sorgfältig in eine zusammenklingende Einheit eingeordnet waren. In dem großen Weltall war alles stillstehende Harmonie, und eine Veränderung war nicht denkbar. Doch unter dem ewig ruhenden Gewölbe der Himmelssphären gab es die Erde der Menschen, und hier, fanden sie selbst, war alles Verwandlung. Die Menschen und ihre Reiche wurden von Unbeständigkeit und Vergänglichkeit geplagt, gefangen in einem ewigen Kreislauf von Geburt und Tod, Aufstieg und Verfall. Das Leben war eine Prüfung, eine Qual, von der man erlöst werden mußte, und die Welt der Menschen ein schattenumflossenes Jammertal, erbärmlich und elend.

Gerade in diesem Jahr 1625 war es, als sei etwas im Inneren des Kontinents aus den Fugen geraten. Eine mehr als einhundert Jahre lange Epoche des Wohlstands und anscheinend ungebrochenen Fortschritts schien ihr Ende erreicht zu haben.

Die Expansion der Landwirtschaft, die das ganze 16. Jahrhundert hindurch angehalten hatte, war bereits zum Stillstand gekommen, doch nun zeigten auch der bis dahin so blühende Handel und das Manufakturgewerbe Zeichen der Ermüdung, ja sogar des Rückgangs. Nichts von dem, das einst so erfolgreich gewesen war, schien noch richtig zu funktionieren, während gleichzeitig nichts in Sicht war, das auch nur einer Alternative ähnlich war. Eine wirtschaftliche Krise von selten erlebtem Ausmaß war im Begriff, sich wie ein allzu rasch wachsendes Inlandeis über einen verblüfften und ratlosen Kontinent auszubreiten. Außerdem kamen Berichte über Unruhen, Getöse und Brände aus verschiedenen Teilen Europas:

> *Warte auf das wilde Tier, warte auf das Vorzeichen,*
> *das kommt,*
> *Warte auf das Wunder, warte auf den Untergang,*
> *der kommt.*

In Livland prallten schwedische und polnische Armeen aufeinander; in Deutschland zeigte etwas, das ursprünglich nach unbedeutenden internen Streitigkeiten aussah, die Tendenz, sich in bedrohlicher Weise auszuweiten, denn dänische Truppen gingen über die Elbe; die von Spaniern belagerte niederländische Festung Breda fiel; England begann einen Krieg mit Spanien und führte einen Angriff über das Meer gegen Cadiz, der kläglich scheiterte; in Frankreich revoltierten die Hugenotten. So war sie, seine Welt.

Er sollte 24 Jahre alt werden, bevor er zum erstenmal Frieden erlebte – und dann dauerte dieser nur wenige Jahre, bevor es wieder losging. Sein Jahrhundert, das 17., war von Krieg und Unruhen in einer Weise heimgesucht, wie es niemand je gesehen hatte, weder vorher noch nachher. Bevor das Jahrhundert vergangen war, sollte man in Europa nur in drei von hundert Jahren vollkommenen Frieden erlebt haben, und im Schnitt sollten in jedem dritten Jahr neue Kriege ausbrechen, Kriege, die außerdem länger und umfassender waren als je zuvor. Seine Lebensjahre waren Jahre des Unfriedens.

2. Donnergrollen in der Ferne

ERIKS FAMILIE. – FRÜHE KINDHEIT. – DER TOD DES VATERS. –
ÜBER DAS DEUTSCHE REICH. – DIE WACHSENDEN GEGENSÄTZE
IN DEUTSCHLAND. – DER PRAGER FENSTERSTURZ. –
DIE ERSTEN JAHRE DES DEUTSCHEN KRIEGES. – MEHRERE KRIEGE IN EINEM. –
SCHWEDEN WIRD HINEINGEZOGEN. – DIE BEWEGGRÜNDE DER MACHTHABER. –
›ENTWEDER WARTEN IN KALMAR ODER BEGEGNUNG IN STRALSUND‹. –
DIE MOBILISIERUNG 1630. – LANDUNG AUF USEDOM.

Seine Herkunft war einfach. Der Großvater väterlicherseits war Bauer oder möglicherweise Bergmann. Die Mutter entstammte einem Geschlecht von Großbauern im südlichen Norrland. Der Großvater ihrer Großmutter mütterlicherseits war Pastor im südlichen Ångermanland. Der Vater der Großmutter war ein Großbauer, Kaufmann und Vater von acht Kindern mit Namen Evert Hindersson – ein fleißiger Mann, der unter anderem als Vizegerichtspräsident in den norwegischen Landschaften Jämtland und Härjedalen tätig war, die während der sechziger Jahre des 16. Jahrhunderts eine Zeitlang unter schwedischer Herrschaft waren. Der Vater der Mutter war Bauer in der Gegend von Härnösand.

Eriks Vater hieß Jöns Eriksson, und der Name seiner Mutter war Dorotea Matsdotter. Jöns besaß einen steuerpflichtigen Hof, Hanevad, der abgelegen in einer waldigen Gegend am Sagafluß in der südöstlichen Ecke von Västmanland lag. Der Titel des Vaters war Landbuchhalter, was besagte, daß er Beamter in der lokalen Verwaltung war, irgendwo gleich über dem Vogt rangierend. Seine Aufgabe war, bei der Eintreibung und Berechnung der Steuern zu helfen sowie in all den dicken Bänden, Briefen, Memoranden, Quittungen und anderen staubigen Dokumenten Ordnung zu halten, die durch die Hände des königlichen Statthalters in seinem Teil des Landes gingen. Jöns hatte seit dem Beginn des Jahrhunderts seinen Tätigkeitsbereich in Västmanland, Värmland und Dalarna und unterstand dem Statthalter, der im Schloß von Västerås saß.

Daß der kleine Junge in Stockholm geboren wurde und nicht in den ländlichen Gegenden, wo die Familie heimisch war, beruhte hauptsächlich auf einem Zufall. Im Frühjahr 1625 befanden einige hohe Beamte in Stockholm, daß die Arbeit an den Abrechnungen für das voraufgegangene Jahr zu schleppend vorankam. Deshalb erging ein Befehl des Königs, daß die Buchhalter draußen im Land sich mit ihren Rechenschaftsbüchern nach Stockholm begeben sollten, um sie dort unter den geübten Augen des königlichen Generalbuchhalters zu Ende zu führen. Das tat auch Jöns. Er nahm jedoch Dorotea mit, die schwanger war, und reiste nach Stockholm. Während des Aufenthalts der Familie in

Die ersten Jahre (1625–1630)

Stockholm wurde also Erik geboren. Einige Tage danach wurde er in der Kirche auf Gråmunkeholmen auf diesen Namen getauft.

In den nächsten Jahren hielt sich die Familie teils zu Hause in Hanevad in Västmanland, teils in Stockholm auf, je nachdem, wohin die Amtsgeschäfte des Vaters sie führten. Im Mai 1627 bekam Erik eine Schwester, Sara, und zwei Jahre später wurde im April das dritte Kind, der Sohn Aron, geboren. Als Erik vier Jahre alt war, kam es zu Jöns Erikssons »tödlichem und höchst beklagenswertem Hinscheiden«. Der Tod des Vaters kam plötzlich und ohne Vorwarnung – er starb »an einer heftigen und schweren Krankheit auf jammervolle Weise« und scheint mitten in seiner Arbeit tot umgefallen zu sein. Außerdem hatte er wohl ein paar Unregelmäßigkeiten hinterlassen. Das Ganze war ein schwerer Schlag für sie alle, und Dorotea trauerte tief um ihren Mann. Jöns' Tod stürzte die Familie in akute Geldnot, und Dorotea sah sich im Jahr darauf gezwungen, eine Eingabe an Königin Maria Eleonora zu verfassen. Darin klagte Dorotea über ihre Armut und bat um Steuerbefreiung. Diese wurde auch für die Zeit der Abwesenheit des Königs vom Lande bewilligt.

Diese Zeit konnte, so war zu erwarten, lange dauern, denn es war das Jahr 1630, und der Name des Königs war Gustav Adolf. Seit seiner Thronbesteigung neunzehn Jahre zuvor hatte das Land sich beinah ununterbrochen im Kriegszustand befunden. Zuerst hatte man sich gegen die Dänen verteidigen müssen, kurz danach hatte er Rußland angreifen lassen, wonach ein langwieriger Kampf mit Polen begann. Seit Ende Juni befand sich der König mit einem großen Heer unten in Deutschland, um sich dort in einen Bürgerkrieg einzumischen, der zu diesem Zeitpunkt bereits zwölf Jahre andauerte. Und er sollte noch achtzehn lange, qualvolle Jahre weiterdauern – doch das wußte damals niemand, ebensowenig wie jemand wußte, daß der Krieg später als der »Dreißigjährige« bekannt werden sollte.

Die Zeitgenossen verwendeten diese Bezeichnung übrigens nie. Die Ursachen des Kriegs waren so verwickelt und sein Verlauf so kompliziert, daß es für die, die mitten darin lebten, schwer war, einen wirklichen Überblick zu bekommen – wie stets in der Geschichte. Was wir im nachhinein als verschiedene Phasen eines langgezogenen, aber recht einheitlichen Konflikts sehen, war für die, die mitten in ihm lebten, eine Aneinanderreihung von verschiedenen Auseinandersetzungen, die ineinanderflossen und sich auseinanderentwickelten. Zum ersten war es ein deutscher Bürgerkrieg, der aus den scharfen Gegensätzen zwischen Katholiken und Protestanten entstanden war. Zum zweiten war es auch ein deutscher Bürgerkrieg um verschiedene konstitutionelle Fragen, ausgetragen zwischen einem Kaiser, der die Zentralmacht stärken wollte, und verschiedenen Fürsten und Staaten, die danach strebten, ihre Selbständigkeit zu sichern. Zum dritten war es auch ein deutscher Bürgerkrieg zwischen Herrschenden und Untertanen, wo sich die gewöhnlichen Kriegsoperationen vermischten mit kurzen, aber intensiven Volkserhebungen in den Städten und auf dem Land, die sich unter anderem gegen die Teuerung und feudale Unterdrückung richteten. Der Krieg wurde dadurch noch verwickelter, daß die Frontlinien in diesen verschiedenen Kriegen keineswegs miteinander deckungsgleich waren. Katholische und protestantische Fürsten fürchteten zuweilen eine ausgeweitete kaiserliche Zentralmacht mehr als einander. Alte Bundesgenossen fielen zuweilen voneinander ab, weil einer von ihnen allzu große Erfolge gehabt hatte und damit bei den anderen Befürchtungen auslöste, daß das geheiligte Gleichgewicht bedroht sei. Komplizierte dynastische Beziehungen konnten ebenfalls zu neuen Konflikten und überraschenden Parteinahmen führen. Und es wurde nicht weniger kompliziert dadurch, daß es auf allen Seiten eine Vielzahl freier Kriegsunternehmer und Abenteurer gab, die nur mäßig an den wirklichen Fragen des Kriegs interessiert waren und in erster Linie ihren Vorteil suchten und deshalb sogar die Seiten tauschen konnten, wenn es zufällig gerade ihren Zwecken dienlich war.

Dieser Krieg sollte sich zum allerwichtigsten Ereignis des 17. Jahrhunderts entwickeln. Er begann als etwas Kleines und Begrenztes, wuchs sich aber nach und nach zu einer Verwerfung von kolossalen Ausmaßen aus, die ein für alle mal die Zeit und Europa in ein »vorher« und ein »nachher« teilte. Er hatte entscheidende Folgen, nicht nur für Deutschland und Mitteleuropa, sondern für den ganzen Kontinent, und er beeinflußte praktisch alle, die während dieser Zeit lebten. So auch Erik, der mitten in ihm leben sollte: Obwohl er erst vier Jahre alt war, als die ersten schwedischen[1] Soldaten deutschen Boden betraten, sollte er dennoch als Teilnehmer in den Krieg hineingezogen werden.

Auch wenn es also falsch ist, ihn lediglich als einen deutschen Krieg zu sehen, so nahm er seinen langsamen und tastenden Anfang in Deutschland und wurde in der Hauptsache auf deutschem Boden ausgetragen. Das deutsche Reich – oder »das Heilige Römische Reich deutscher Nation«, wie sein offizieller Name lautete – war in seiner Ausdehnung von der Ostsee im Norden bis zum Adriatischen Meer im Süden, von den spanischen Niederlanden im Westen bis zu den Kleinen Karpaten und der polnischen Grenze im Osten das größte Reich Europas. In dieser Epoche waren sämtliche Staaten Europas mehr oder weniger schwach zusammengehalten. Überall gab es regionale Vielfalt und Zersplitterung, und die meisten Reiche sind als eine Art von Zusammen-

---

[1] Wenn ich von »schwedischen Truppen«, »schwedischer Armee« usw. spreche, meine ich damit, welcher Kriegsmacht sie angehörten, nicht notwendigerweise, welcher Nationalität die Soldaten in den Verbänden waren.

schlüssen von Ländern und Provinzen[2] anzusehen, in denen ein kleiner Teil eifersüchtig seine eigenen Interessen und Gewohnheiten bewachte. Das deutsche Reich war indessen ein ganz besonders zerstückelter Flickenteppich, der aus ungefähr 1800 halb selbständigen Staaten und Gebieten bestand, die von rund 20 Millionen Menschen bewohnt wurden. Es gab Herzog-, Fürsten- und Kurfürstentümer, reichsfreie Orte und Reichsstädte, Grafschaften verschiedener Art, Bistümer, Stifte, kirchliche Gebiete und Propsteien, die freien Gebiete der Reichsritterschaft, kaiserliche Erblande und so weiter. Diese verschiedenen Teile, die in ihrer geographischen Kakophonie zusammen Deutschland ausmachten, variierten außerdem sehr in ihrer Größe. Die allergrößten Staaten wie Sachsen, Brandenburg und Bayern waren Reiche kraft eigenen Rechts, jedes mit einer Bevölkerung, die ungefähr der Schwedens gleichkam; dann ging es in gleitender Skala abwärts, bis hinab zu den zahllosen kleinen Territorien der Reichsritter, die nur aus dem Teil eines Dorfs bestehen konnten. Die Alpträume der Kartographen wurden dadurch nicht geringer, daß auch diese größeren Länder häufig auseinandergebrochen und unzusammenhängend waren. (Natürliche Grenzen waren in dieser Zeit, in der es überall politische, wirtschaftliche und religiöse Enklaven gab, unbekannt. Gerade und scharf gezogene Grenzen waren ebenfalls eine Seltenheit in einem Europa, wo Privilegien, Hypotheken und alte Streitigkeiten um Souveränität die Linien der Karten unklar und zerstückelt sein ließen.) Und beinah jedes kleine Territorium, von dem wohlhabenderen Süden bis hinauf zu den ärmeren Gebieten Nordwestdeutschlands, streckte kreuz und quer seine Polypenarme aus, in einem Durcheinander, das nur Jahrhunderte einer hartnäckigen feudalen Zersplitterung hatten zustande bringen können. Und über all diesem thronte der Kaiser – so sagte man in Europa, »der Kaiser«, ohne anzugeben, welches Land man meinte, denn wie es nur einen einzigen Papst gab, so gab es nur einen einzigen Kaiser. (Seit der Mitte des 16. Jahrhunderts kam der Kaiser aus dem österreichischen Zweig des Hauses Habsburg. Zwar war das Reich ein Wahlkaisertum, aber in der Praxis waren die Habsburger die einzigen, die über das Geld verfügten, das nötig war, um dieses mit der Zeit unterhöhlte und mit Mitteln schlecht ausgestattete Amt auszuüben.)

Nun war dies kein so monströses Staatsgebilde, wie ein moderner Betrachter zu glauben versucht sein kann. Das deutsche Reich war eine Art Netzwerk, das mehrere verschiedene Völker vereinigte. Die Einheit des Reichs war alles andere als total – und wie hätte es anders sein können, wo viele seiner Fürsten

---

2 Mit dem Terminus *Reich* bezeichne ich die größte staatlich-territoriale Einheit. Der Terminus *Land* (der synonym mit dem Terminus *Provinz* verwendet wird) bezeichnet einen Teil eines Reichs. Spanien ist ein Reich. Katalonien ist ein Land in Spanien.

darauf bestanden, untereinander oder mit fremden Ländern nach eigenem Gutdünken Verträge zu schließen –, doch solange es funktionierte, wie es gedacht war, beinhaltete dieses Netzwerk für die Angeschlossenen tatsächlich viele Vorteile. Es war ein Schirm, unter dem viele verschiedene Sprachen, Kulturen und Religionen Seite an Seite leben konnten und die Unabhängigkeit und Sicherheit der zugehörigen Länder gewährleistet war.

Erst mit der katholischen Gegenreformation, die das religiöse Gleichgewicht, das seit 1555 im Reich herrschte, störte, hatte es angefangen, richtig schlecht zu gehen. Die Unruhe hatte sich langsam fortgepflanzt und dazu geführt, daß sich einige protestantische Fürsten 1608 in einer bewaffneten Union zusammenschlossen, mit der Folge, daß eine Handvoll katholischer Fürsten, in der Idiotenlogik der Eskalation befangen, im Jahr darauf eine eigene Liga gründeten. Auf ihrer Jagd nach guten Bundesgenossen begannen beide Seiten bald, auch außerhalb der Grenzen des Reichs zu suchen. Es war natürlich, so zu handeln, denn die Vision der Einheit aller rechtgläubigen Christen war für viele bedeutend wirklicher als die unklaren Staatsgrenzen, die sie trennten. Was die Akteure nicht in nennenswertem Grad bedachten, war, daß man auf diese Weise einen Mechanismus schuf, der einen im Grunde deutschen Konflikt sich zu einem europäischen ausweiten lassen konnte. Doch obwohl die Mitglieder der Union wie der Liga einhellig beteuerten, daß es nur darum gehe, sich zur Verteidigung zusammenzuschließen, um nicht mehr – und obgleich es in beiden Lagern eine Anzahl von Personen gab, die sich intensiv darum bemühten, eine Versöhnung zustande zu bringen –, führten diese Allianzen durch ihre bloße Existenz dazu, das Mißtrauen, die Furcht und die Spannung zu erhöhen. Der Konflikt drehte sich keineswegs nur um Theologie, aber dies war eine durch und durch religiöse Zeit, in der Atheismus eine logische Unmöglichkeit war, in der der Teufel selbst mitten in der Welt wirkte und wenige Dinge von größerem Gewicht waren als die Rettung der Seele. Und auch wenn der Konflikt nicht allein aus religiösen Zwistigkeiten entsprang, so war es die Religion, die dem Kampf seine Hitze und seine alles bezwingende Explosivität verlieh.

Stück für Stück löste sich der Kitt, der dieses große und bunte Reich zusammengehalten hatte. Die immer stärker auf die Spitze getriebenen Gegensätze lähmten viele der wichtigsten Institutionen des Reichs, die schon vorher mit gewissen Schwierigkeiten zu kämpfen hatten. Aber nun hörten Einrichtungen wie das Reichskammergericht – das immer Schwierigkeiten gehabt hatte, Beschlüsse zu fassen – und der Reichstag – der immer ein unendlich zähes Forum war, das hauptsächlich einer farbenprächtigen, aber etwas polterigen Zusammenkunft von Gesandten glich – gänzlich auf zu funktionieren. In dem Maße, wie die politische Temperatur langsam, aber deutlich spürbar stieg, litt das gesamte geistige Leben; das literarische Leben zeigte klare Anzeichen von Sterilität und

Die ersten Jahre (1625–1630)

Verfall, Hexenhysterie und anderer Aberglaube grassierten wie nie zuvor, und immer weniger Studenten besuchten die Universitäten, an denen die früher so lebhafte Debatte abgekühlt und zu dogmatischen Hahnenkämpfen erstarrt war. Und irgendwo am jenseitigen Ende dieser anschwellenden Flut von tristen Mißverständnissen, Furcht und miesem Gemauschel, Wut, Haß und Schmähworten, Schlägereien, Übergriffen und zerstreuten Aufläufen war ein Punkt zu ahnen, wo die ungelösten Gegensätze alle Dämme durchbrechen und in offenen Krieg übergehen würden.

Um das Jahr 1608 rasselten beide Seiten immer öfter und immer williger mit ihren Waffen. Reisende aus dem Ausland konstatierten den scharfen Gegensatz zwischen dem Rest Europas, wo man selten größere Mengen von Landsknechten sah, und einem in zunehmendem Maß waffengespickten deutschen Reich. Dort konnte nahezu jeder kleine Krähwinkelpotentat mit einem eigenen, herausgeputzten kleinen Heer protzen, während gleichzeitig wuchtige graue Mauern und Bastionen um die deutschen Städte in die Höhe schossen. Die Zeit des Soldaten war gekommen.

Der Krieg lag in der Luft. Alles stand auf Messers Schneide. Es bedurfte nur einer kleinen Erschütterung, um die Lawine in Bewegung zu setzen. Dieser auslösende Anstoß kam Ende Mai 1618 in Prag.

Dort war eine Anzahl protestantischer Delegierter aus ganz Böhmen versammelt, um ihre Unzufriedenheit mit dem Kaiser und seiner Politik zu erörtern. (Der Kaiser selbst hatte zu diesem Zeitpunkt vorsichtigerweise seine Residenzstadt verlassen – wie es hieß, aufgrund einer Warnung seines Astrologen.) Die Stimmung auf der Versammlung war erregt. Nach zwei Tagen schien es, als reiche es nicht mehr aus, dort in der vorsommerlichen Wärme zu sitzen und gerechtigkeitsglühende Rhetorik untereinander auszutauschen. An die hundert Personen, Delegierte und Neugierige, stürmten am Morgen des 23. Mai hinauf zur kaiserlichen Burg auf dem Hradschin. Der lärmende Haufen bahnte sich mit Ellenbogenkraft den Weg in das »Grüne Zimmer« der Kanzlei, wo man die beiden lokalen Statthalter des Kaisers, Martinic und Slavata, antraf. Die Anführer des Haufens begannen, die beiden mit Anklagen zu überhäufen – sie seien Feinde der Religion, Feinde der Freiheit Böhmens und so weiter –, und ein hitziger Wortwechsel entbrannte. In dem warmen und überfüllten Raum konnten wenige sehen, was vor sich ging, aber alle hörten, wie die Stimmen sich zu Rufen steigerten und die Rufe zu Schreien wurden, als plötzlich die Fenster des Zimmers aufgerissen wurden. Die beiden zappelnden Statthalter wurden zu den Fenstern gezerrt und in die Morgenluft hinausgeworfen. Sie fielen durch die leere Luft, flatternd, fuchtelnd, brüllend. Nach einem Sturz von 17 Metern plumpsten sie in den leeren Wallgraben des Palasts. Als ihr Sekretär Fabricius empört protestierte, warf der Haufen ihn auch hinaus. Als die Männer dort oben sich auf die Fensterbänke schwangen, um triumphierend das Werk ihrer Hände in Augenschein zu nehmen, sahen sie zu ihrer Überraschung, daß alle drei den Sturz überlebt hatten. Sie waren zwar blutig und schlimm zugerichtet, doch zwei von ihnen waren nicht einmal so schwer verletzt, daß sie nicht aufstehen konnten. Ein paar Schüsse wurden vom Fenster aus auf sie abgegeben, verfehlten jedoch ihr Ziel. Rasch bahnten sich die Diener der Statthalter den Weg zum Wallgraben, und es wurde ihnen erlaubt, die Verletzten fortzutragen. Alle drei Herabgestürzten überlebten – Fabricius wurde später vom Kaiser geadelt und erhielt den Namen von Hohenfall. Für die Katholiken war dies nichts Geringeres als ein Wunder, und sie erklärten, die Herabgestoßenen seien von Engeln aufgefangen worden oder die Jungfrau Maria habe sich offenbart und ihren Mantel um sie geworfen. Dem türkischen Sultan wurde berichtet, die drei seien auf einem enormen Berg von Akten, Protokollen und Promemorien gelandet, die nicht ungelegen aus der fleißig arbeitenden Kanzlei herausgequollen seien. Die Version der Protestanten war noch prosaischer: Die drei sollen ganz einfach auf einem Abfallhaufen gelandet sein.

Dies war der berühmte Prager Fenstersturz, eine Handlung von höchster symbolischer Bedeutung: Mit einem Fenstersturz hatten die böhmischen Hussiten am Anfang des 15. Jahrhunderts ihre Revolte gegen den Papst und den Kaiser eingeleitet. Und mit dem Fenstersturz von 1618 eröffneten die böhmischen Protestanten ihren Aufruhr gegen den Kaiser, den sie als einen fremden Fürsten ansahen, der ihnen seinen katholischen Glauben aufzwingen wollte. Der Aufruhr wurde jedoch innerhalb einiger Jahre niedergeschlagen und das Land einer brutalen Rekatholisierung unterzogen. Hier hätte es enden können. Das Geschehene wurde von vielen in Deutschland und im übrigen Europa als ein weiterer einheimischer Zwist der ziemlich gewöhnlichen Art angesehen, wie er seit der Mitte des 16. Jahrhunderts im Reich immer wieder einmal vorgekommen war. Das Problem war nur, daß der Triumph über die protestantischen Rebellen so total und überwältigend war, daß Kaiser Ferdinand II. von einem übermütigen Siegesrausch befallen wurde, der ihm das Interesse nahm, eine Verhandlungslösung zu suchen. (Persönlich war Ferdinand liebenswürdig, voller Charme, heiter und großzügig, aber unbeugsam und brennend fanatisch in seinem Glauben, überwältigt von seiner eigenen Gerechtigkeit, emporgetragen von all den subtilen Weitläufigkeiten der jesuitischen Theologie und außerdem stark von der Idee bewegt, die protestantische Ketzerei ein für allemal auszurotten.) Und konfrontiert mit dieser unnachgiebigen Haltung, hatte Friedrich V., den die Böhmen zu ihrem neuen König gewählt hatten – eine wohlmeinende und kundige, aber schwache Persönlichkeit mit einer Neigung zu Apathie und Depressionen, einem Zeitgenossen zufolge »ein Fürst, der mehr über Gartenbau wußte als über den Kampf« –, mit weiterem Widerstand nichts zu verlieren. Ferdinand ging daher weiter, mit resoluter Miene, mit der Bibel in der einen, dem Schwert in der anderen Hand und mit dem über die Augen heruntergerutschten Siegerkranz, entschlossen, alle Unterstützung im Reich für den unglücklichen Friedrich, »den Winterkönig«, wie er von den siegreichen Katholiken höhnisch genannt wurde, um jeden Preis auszuschalten. »Kaiserliche«[3] Truppen drangen in andere Territorien außerhalb Böhmens ein und fielen über Friedrichs Bundesgenossen her, einen nach dem anderen. Und die strenge Rekatholisierung, die in Böhmen eingeleitet wurde, schwappte auf eine Reihe anderer Länder im Reich über. Selbst die protestantischen Fürsten, die bis dahin Distanz zu den böhmischen Rebellen gehalten hatten, begannen, besorgte Mienen aufzusetzen und nach den Waffen zu tasten.

Was als ein kleiner böhmischer Aufruhr begonnen hatte, verwandelte sich so in einen deutschen Bürgerkrieg.

Es war trotz allem immer noch möglich, den Frieden im Reich wiederherzustellen. Leider kam es nicht dazu. Der Lauf der Ereignisse machte die große Lawine immer wahrscheinlicher, aber auf keinen Fall unausweichlich oder schicksalsbestimmt. Immer wieder das gleiche Bild – und dies ist ein Teil der großen Tragödie des Dreißigjährigen Krieges: Die Entwicklung scheint eine Wendung zu nehmen, der Friede scheint nah zu sein, doch dann geschieht etwas, das dem eingeschlafenen Krieg neue Energie zuführt. Was um die Mitte der zwanziger Jahre des 17. Jahrhunderts der Lawine neue Kraft verleiht, hat seine Ursache jedoch in erster Linie außerhalb der Grenzen des Reichs. Sämtliche europäischen Mächte, mit der möglichen Ausnahme Rußlands, hatten ihre Interessen in Deutschland zu wahren – was indessen später den Zaren nicht hinderte, ein wenig zu intervenieren. Die internationale Lage war gerade da ungewöhnlich angespannt; eine erschreckende Reihe von Zufällen häufte sich um das immer zerrissenere Deutschland auf. So geriet die große Lawine erneut ins Gleiten, anfänglich still und fast unmerklich, dann mit mehr und mehr Tempo, um zum Schluß alles in ihrem Weg mit sich fortzureißen, auch alle jene, die glaubten, daß sie die Entwicklung steuerten.

In Spanien herrschte ein anderer Zweig des Hauses Habsburg, das den Kaiserthron innehatte. Ein großer Teil Europas lag unter der Herrschaft dieses Geschlechts. Irritierend war nur, daß mehrere habsburgische Besitzungen reichlich weit voneinander entfernt lagen, wie verstreute Inseln, doch hoffte

---

3 Mit dem Terminus »Kaiserliche« bezeichne ich im folgenden die militärischen Streitkräfte, die auf seiten des Kaisers kämpften, unabhängig davon, ob sie wirklich »kaiserlich« waren, also von ihm aufgestellt und direkt seinem Befehl unterstellt waren, oder ob sie »ligistisch«, also von der katholischen Liga aufgestellt waren und damit nominell unter dem Kommando der Liga standen. Die kaiserlichen Heere bestanden stets aus beiden Typen von Streitkräften.

man, indem man Land in Deutschland an sich raffte, diese Inseln zu verbinden, die Spanischen Niederlande und Burgund, Mailand und Österreich zu einem einzigen, zusammenhängenden Imperium zu machen. Das Problem war nur, daß sie dies auf direkten Kollisionskurs mit Frankreich brachte, das seit langem sein Möglichstes tat, um sich gegen das zu wehren, was es als eine drohende habsburgische Einkreisung ansah. Und die Franzosen blickten nun mit Besorgnis auf das deutsche Reich und fragten sich, was für ein habsburgischer Leviathan dort möglicherweise Gestalt annahm.

Zur gleichen Zeit lief der Waffenstillstand aus, der zwölf Jahre lang die Waffen zwischen Spanien und den aufrührerischen Holländern hatte ruhen lassen. Als nun das Feuer unter diesem ruhenden Krieg neu entfacht wurde, führten die alten Gegensätze und die Logik, die besagt, daß der Feind meines Feindes mein Freund ist, unausweichlich dazu, daß er mit dem Konflikt in Deutschland verknüpft wurde. Auch in England waren die Herrschenden besorgt über das, was in Deutschland geschah – der englische König Jakob I. war der Schwiegervater Friedrichs V. Dem hartnäckigen Jakob gelang es durch fleißiges Ziehen an verschiedenen diplomatischen Fäden im Jahr 1625, Dänemark zu einem militärischen Eingreifen zu veranlassen. Dem dänischen König Christian IV. – mutig, großartig und tief gläubig, aber leichtsinnig und ein militärischer Dilettant – wurden großzügige Hilfsgelder von England, Frankreich und den Niederlanden zugesagt, was ihn dazu brachte, eine Armee aufzustellen und ins deutsche Reich einzumarschieren.

So weitete sich der deutsche Bürgerkrieg zu einem europäischen Konflikt aus.

Leider konnte Christian für seine Intervention in großem Stil kaum einen schlechteren Zeitpunkt wählen. Die Anzahl der Widersacher hatte sich gerade bedeutend erhöht: Noch ein feindliches Heer war auf die Beine gestellt worden. (Dahinter stand ein skrupelloser und gewinnsüchtiger, aber auch äußerst erfindungsreicher böhmischer Edelmann mit Namen Albrecht Wenzel Eusebius von Wallenstein, ein Abenteurer, tüchtiger Militär und Opportunist zugleich, der mit beschlagnahmten protestantischen Gütern in Böhmen enorme Profite gemacht hatte und selbst das meiste besaß, dessen es bedurfte, um Krieg zu führen, von Regimentern bis zu Munitionsmanufakturen – ein hochgewachsener, hagerer und furchteinflößender Mann mit finsterem, durchdringendem Blick, oft auffällig dunkel gekleidet und in einen langen scharlachroten Mantel gehüllt.) Außerdem blieben bald viele der versprochenen Hilfsmittel aus, und die ängstlichen protestantischen Fürsten in Deutschland zeigten aufs ganze gesehen nur begrenzten Enthusiasmus für die ganze Unternehmung. Einmal entging Christians Heer einer drohenden Niederlage nur aufgrund des ständigen und ewigen Streitens und Gerangels der Generale der Gegenseite darum, wer das Recht hatte, über was, wen und wo zu entscheiden, und falls ja, warum. Schließlich wurde das dänische Heer jedoch besiegt, als Christians ungeübte Söldner im August 1626 an einem sumpfigen Fluß bei Lutter am Barenberge auf die narbenbedeckten Veteranen der Liga trafen. Es war ein Tag, an dem das meiste schiefging: Einige dänische Verbände liefen sich in sumpfigem Gelände fest, andere bekämpften sich durch einen Irrtum gegenseitig, und so weiter. Die übel mitgenommenen Reste des dänischen Heeres zogen in raschem Trab heimwärts, an der Spitze der König auf einem geliehenen Pferd. So gedemütigt, war Christian gezwungen, seine Niederlage in einem dunklen Winkel zu begraben und danach 1629 mit dem Kaiser und der Liga Frieden zu schließen.

Kaiser Ferdinand stand damit auf der Höhe seiner Macht. Die ausländischen Interventionisten waren fürs erste abgeschmettert, er hatte seine eigene Position auf Kosten der widerspenstigen Kleinfürsten gestärkt, und der Protestantismus im Reich wurde in einem Tempo zurückgedrängt, daß manche sich nervös fragten, ob nicht die ganze Reformation zunichte gemacht werden könnte. Das gesamte Reich ruhte praktisch in seiner Hand, selbst die Ostseeküste, wo nur die Stadt Stralsund noch Widerstand leistete. Ferdinand war mit vollem Recht zufrieden, der Krieg war teuer gewesen, und er brauchte Frieden, nicht zuletzt, um alles, was er gewonnen hatte, zu sichern.

Wieder einmal schien der Krieg einzuschlafen, doch wieder einmal wuchsen ihm durch Ereignisse außerhalb des Reichs neue Kräfte zu. Nun, gegen Ende der 1620er Jahre, hatten die Herrschenden in Frankreich die Hugenotten gezüchtigt, die vorher ihre Aufmerksamkeit beanspruchten, und konnten ihren alten Streit mit den Habsburgern wieder aufnehmen. Gleichzeitig hatte das nahezu chronisch bankrotte Spanien im Kampf mit den Niederlanden schwere Rückschläge erlitten, was es den Spaniern mehr oder weniger unmöglich machte, ihre großzügige Unterstützung des Kaisers fortzusetzen – während es zur gleichen Zeit den Holländern neue Chancen bot, seine Feinde zu unterstützen. Und auch Schweden war nun frei, um einzugreifen.

Schweden befand sich seit 1617 im Krieg mit Polen. Der äußere Anlaß war die hartnäckige Weigerung des polnischen Königs Sigismund gewesen, seine dynastischen Ansprüche auf den schwedischen Thron aufzugeben, was allerdings eher ein Vorwand war. Es ging in dem Krieg in erster Linie um Land, und zwar um die Herrschaft über die baltischen Regionen. Die Polen wollten gern die Hand auf das schwedische Estland legen, und die Schweden waren ebenso begierig, das polnische Livland zu übernehmen. Nach einem überaus merkwürdigen Krieg – der zum großen Teil aus Stillstand, wirren Verhandlungen und der einen oder anderen Belagerung bestanden hatte – waren die Polen ins Hintertreffen geraten, und Livland war in schwedische Hand gefallen. Die

Polen waren in dieser Lage jedoch nicht besonders angetan vom Gedanken an Frieden, so daß Gustav Adolf beschloß, den Krieg weiter nach Süden zu tragen. Das reiche Riga mit seinem ganzen Handel war zu Schweden geschlagen worden, gegen den Willen der protestantischen Bürger der Stadt, die sich erst nach einer gewaltsamen Belagerung gefügt hatten. Danach winkte eine weitere Eroberung: das polnische Preußen. In diesem Gebiet mündeten die allergrößten Handelswege der Ostsee – die Flüsse Pregel, Weichsel und Memel –, und die Schweden konnten durch die Übernahme der Kontrolle über die Häfen dieses Gebiets mit einem reichen Quantum neuer Zolleinkünfte für die Auffrischung ihrer Staatskasse rechnen. Gleichzeitig würde man mit einem Schlag den gesamten polnischen Handel mit den wichtigen Märkten in Westeuropa abschneiden, was die Polen dazu zwingen würde, einen Frieden zu schwedischen Bedingungen zu akzeptieren.

Im Juni 1626 waren schwedische Truppen in Preußen an Land gegangen. Der ganze Feldzug hatte im großen und ganzen darin bestanden, kreuz und quer über das flache Preußen zu marschieren und zu versuchen, verschiedene befestigte Städte einzunehmen. Dies war das übliche Muster im Krieg dieser Zeit. Eine große Armee zusammenzuhalten war schwierig. Im Schmutz und Schlamm der Lager grassierten Krankheiten, der Unterhalt war stets teuer und beschwerlich und führte unweigerlich dazu, daß Land und Leute ausgesaugt wurden. Die beste Art, ein Gebiet zu beherrschen, war, dessen Festungen zu beherrschen, die auch mit kleinen, will sagen billigen Streitkräften verteidigt werden konnten.

Anfänglich hatten die Schweden große Erfolge, denn Preußen verfügte über keine nennenswerte Verteidigung, und die Polen reagierten spät auf den Angriff. Von größeren Kämpfen war nicht viel die Rede, denn die Schweden erwiesen sich im offenen Feld als die Überlegenen. Das Ganze war bald zu einem tristen Hungerkrieg verkommen. Die Polen vermieden direkte Schlachten und zogen statt dessen plündernd umher und versuchten, die Versorgungswege ihrer Gegner abzuschneiden, um sie auszuhungern, während die Schweden sich auf morastigen Wegen im Regen vorwärtsschleppten, wo die Leichen verstorbener Kranker in den Straßengräben lagen.

Schritt für Schritt hatten die Schweden sich dem großen Brand in Deutschland genähert, während gleichzeitig der Brand immer näher herangekrochen war. Der Kaiser hatte dem polnischen König Sigismund schon früher ein kleineres Korps zu Hilfe geschickt. Und als die pommersche Stadt Stralsund im Jahr darauf von kaiserlichen Truppen bedroht wurde, begann Gustav Adolf unruhig zu werden: die Stadt konnte eine gefährliche Flottenbasis für Wallenstein werden, der bereits mit dem protzigen und für Schweden ziemlich besorgniserregenden Titel »kaiserlicher Generalissimus des ozeanischen und baltischen Meeres« prahlte. Im Mai 1628 hatte der dänische König sieben Kompanien mit schottischen Veteranen in die Stadt geschickt, und im Monat darauf trafen 600 nationalschwedische Soldaten ein, um der belagerten Stadt zu helfen – die Wallenstein einzunehmen gelobt hatte: und wenn sie auch mit Eisenketten an den Himmel gebunden wäre. Die Kaiserlichen richteten mehrere Sturmangriffe gegen die Stadt; jeder Vorstoß wurde von den Belagerten mit einem Gegenstoß beantwortet, und verschiedene Befestigungswerke wurden in harten nächtlichen Nahkämpfen eingenommen und verloren, doch die Verteidigung hielt stand. Ein alter Krieg glitt so unmerklich in einen neuen hinüber; oder, wie Gustav Adolf sagte: »Nun sind die Dinge so weit gekommen, daß alle die Kriege, die in Europa geführt werden, ineinander gemischt und zu einem geworden sind.« Als dann schließlich 1629 in Altmark ein Waffenstillstand mit Polen zustande kam, bedeutete dies, daß Gustav Adolf seine Leute aus der polnischen Asche ins deutsche Feuer werfen konnte.

Das Spiel um das schwedische Eingreifen in den Dreißigjährigen Krieg mag einem kaltherzig erscheinen. Man muß sich dabei jedoch vor Augen halten, daß die Herrschenden in Schweden eine stark aktivistische Sicht der Wirklichkeit pflegten. Der Krieg war für sie eine Selbstverständlichkeit, etwas, das es immer gegeben hatte und immer geben würde, ein unentrinnbarer Bestandteil des Lebens der Menschen und der Reiche, manchmal vielleicht etwas bedauerlich, manchmal vielleicht eine Strafe, die eine grimmige Gottheit aus Zorn über die Ungerechtigkeit der Menschen herabsandte, eine triste Folge der Erbsünde und als solche ein Übel, das nicht zu vermeiden war, manchmal vielleicht sogar häßlich und ungerecht, aber immer auf irgendeine Weise unausweichlich, immer da. Daß diejenigen, die an der Macht saßen, so dachten, war nicht verwunderlich, denn sie waren alle Adlige, und der Krieg war eine der Beschäftigungen, denen hier auf Erden nachzugehen Gott und die Natur ihnen aufgegeben hatten. Für viele war es schlicht die *einzige* richtige Betätigung, der Normalzustand für einen wirklichen Edelmann. Viele dieser Berufssoldaten zogen Jahr für Jahr mit Familie, Dienerschaft, Hausrat und Sack und Pack von Feldzug zu Feldzug. Sie sahen ihre Kinder in Feldlagern geboren werden und aufwachsen, und sie sahen sich selbst grau werden im Verlauf einer endlosen Reihe von Kontramärschen und Belagerungen. Der Marsch, das Lager und der Krieg waren ihr Zuhause, und vielen von ihnen war der Friede ebenso fremd wie anderen der Krieg.

Niemand wird behaupten, daß die Entscheidung, in den großen deutschen Krieg einzutreten, leichtsinnig gefaßt wurde; in zahlreichen, langen Zusammenkünften des schwedischen Reichsrats wurden in einer umständlichen Jagd nach gewichtigen sachlichen Gründen Argumente dafür und dagegen angehäuft. Die Aufgabe war unsagbar schwer, das war einem Teil der zwanzig hohen Adligen, die den Rat bildeten, bewußt, und manche zögerten. Gründe, die gegen ein Eingreifen sprachen, gab es mehrere, unter anderem mangelte es an Bundesgenossen. Und der König hatte begonnen, der ständigen Kampagnen müde zu werden, und schreckte vor der Aussicht auf einen langen Krieg zurück, »so daß mein Körper nichts anderes als Undank, Ungemach, den Tod, üble Nachrede, alle Mühsal zu erwarten hätte«. Die hohen Aristokraten legten besorgt die Stirn in Falten, wenn sie sich vorstellten, was das Volk sagen würde, wenn es zu hören bekam, daß der soeben durchlittene Krieg mit Polen nur in einen neuen Krieg gemündet war; und sie sorgten sich um das Land, das »bereits jetzt entvölkert ist«, wie einer sagte.

Allen Gegengründen zum Trotz entschieden der Rat und der König sich dennoch dafür, in Deutschland einzugreifen. Für sie war der Krieg mit dem Eingreifen in Stralsund bereits ein Faktum. Schwedische Truppen standen schon auf deutschem Boden und waren in Kämpfe mit kaiserlichen Soldaten verwickelt. Die Entscheidung wurde jedoch in erster Linie von einer einfachen machtpolitischen Logik bestimmt. Die von Schweden zuvor im Baltikum und nun zuletzt in Preußen geführten Kriege hatten dem Land die Kontrolle über mehrere Flüsse beschert, die in die Ostsee mündeten und über die ein großer Teil des Ostseehandels abgewickelt wurde – Neva, Narova, Düna, Pregel, Memel und Weichsel. Die Flußmündungen der deutschen Ostseeküste in seinen Besitz zu bringen bedeutete die schöne Vollendung dieser Politik und einen großen, um nicht zu sagen entscheidenden Schritt hin zum *dominium maris Baltici*, einer schwedischen Herrschaft über die Ostsee, die sowohl handels- als auch machtpolitisch kolossale Vorteile mit sich bringen würde. (Man muß sich vergegenwärtigen, daß diese beiden Sphären einander durchdrangen, und zuweilen ist es schwer zu sehen, wo die eine anfängt und die andere aufhört: Manchmal wurden neue Kriege geführt, um Kontrolle über wichtige Handelswege zu bekommen, machmal verschaffte man sich Kontrolle über wichtige Handelswege, um neue Kriege führen zu können.) Letztlich waren dieser wie alle anderen Kriege dem unbeweglichen feudalen System entsprungen, in dem territoriale Eroberungen für einen Regenten das einzige zur Verfügung stehende Mittel waren, große und schnelle Gewinne zu machen.

Was zu guter Letzt in dieser Frage den Ausschlag gab, war wohl das aktionistische Weltbild der Herrschenden, ein Weltbild, in dem es selbstverständlich war, daß man, mit Goethes Wort, herrschen oder dienen, siegen oder verlieren, leiden oder triumphieren, entweder Amboß oder Hammer sein mußte. Sie nahmen wahr, daß unten in Deutschland eine Gefahr Gestalt anzunehmen begann. Aus der Rückschau können wir sagen, daß die Bedrohung durch den Generalissimus des ozeanischen und baltischen Meeres aus lauter Dunst und Zuckerwatte bestand, aber die Neigung der schwedischen Aristokratie, die

Die ersten Jahre (1625–1630)

Welt als einen gefährlichen und bedrohlichen Ort anzusehen, trug dazu bei, die Welt zu einem gefährlichen und bedrohlichen Ort zu machen – das Bild, das Menschen sich von der Welt machen, ist in gewisser Weise wirklicher als die Wirklichkeit, denn es lenkt ihr Handeln. Zwar gab es Anzeichen, die dafür sprachen, daß die Bedrohung wirklich existierte, wie im September 1629, als schwedische und kaiserliche Kriegsschiffe sich auf der Ostsee vor Wismar ein Gefecht lieferten. Für den König und die Männer seiner Umgebung war die Wahl ziemlich einfach, es ging darum, zu schlagen oder geschlagen zu werden. Oder, wie jemand sagte: »Entweder müssen wir uns beugen oder den Stein von uns abwälzen; und entweder Warten in Kalmar oder Begegnung in Stralsund.«

Viel Zeit wurde auf die Frage verwendet, wie man einen solchen Krieg rechtfertigen und vermeiden könne, allzu eroberungslustig zu erscheinen. Die Herren des Rats suchten nach schönen Gründen als propagandistische Bemäntelung für einen Krieg, den man in der Praxis bereits eingeleitet hatte. Ihre tiefgründigen Grübeleien waren jedoch nicht heuchlerisch, denn was sie tatsächlich wollten, war, auf irgendeine Weise die harten Forderungen der Staatsraison ins Gleichgewicht zu bringen mit dem, was in einem moralischen Sinn als richtig und rechtschaffen erwartet werden konnte. Denn auch wenn der Krieg als etwas in der Welt der Menschen stets Vorhandenes galt, so bedeutete das keinesfalls, daß jeder Krieg gerechtfertigt war. Die meisten Gelehrten, die sich zu einer Ansicht in dieser Frage bequemten, waren darin einig, daß Kriege in gerechte und ungerechte eingeteilt werden konnten. Der gerechte Krieg war eine Art und Weise, dem göttlichen und natürlichen Gesetz zu seinem Recht zu verhelfen, eine reinen Herzens geleistete Abwehr des Bösen, und er konnte drei akzeptable Ursachen haben: Selbstverteidigung, Rückforderung rechtmäßigen Eigentums und Strafe. Aus anderen Gründen geführte Kriege waren im Prinzip ungerecht. Der König selbst hatte in dieser Frage eine etwas verwickelte Ansicht.

Im Jahre 1629 war Gustav Adolf 34 Jahre alt, stattlich, recht korpulent, blond, mit gezwirbeltem Schnurrbart und einem ins Rötliche gehenden Spitzbart, großen hellblauen Augen und einer kräftigen, gebogenen Nase; ein intelligenter, eifriger und rastloser Mann, immer in Bewegung, immer unterwegs, der oft, lange und wohlgesetzt redete, wobei er lebhaft gestikulierte und den Kopf bekräftigend in einer heftigen Bewegung zurückwarf; in mehrfacher Hinsicht ein Realpolitiker und wie alle Realpolitiker hart und rücksichtslos; vorsichtig und berechnend als Stratege, aber aufgrund seines hitzigen Temperaments zu schnellen und jähen Umschwüngen neigend, was auf der persönlichen Ebene in einem cholerischen und heftigen Gemüt seinen Ausdruck fand; tief gläubig, aber auch von der götischen Geschichtsschwärmerei beeinflußt, mit allem, was das an Vorstellungen von der einstigen Macht und Ehre des

Svea-Reichs umfaßte; bei den Turnierspielen, die aus Anlaß seiner Krönung 1617 abgehalten wurden, war er als der Gotenkönig Berik verkleidet aufgetreten, jene Sagengestalt, die sich im Jahr 836 nach der Sintflut von übel gesonnenen Nachbarn bedroht fand, aber mit einer Flotte über das Meer segelte und Pommern, Polen und Mecklenburg und nicht zuletzt das wertvolle Ulmerugien eroberte. Natürlich haben ihm auch solche Bilder vorgeschwebt, als der große Beschluß gefaßt wurde.

Er war ein außerordentlich tüchtiger Militär, der alle Seiten des Kriegshandwerks perfekt beherrschte – unter anderem war er ein guter Kanonier –, dem das Leben im Feld zusagte und der nie davor zurückschreckte, sich in einen Kampf zu stürzen. Im Gegenteil, zuweilen legte er einen Eifer an den Tag, der an Tollkühnheit grenzte – das sollte eines Tages sein Tod werden. Während des eben abgeschlossenen Feldzugs in Preußen war er auch zweimal verwundet worden: das erste Mal im Mai 1627, als er an einem gescheiterten Angriff über die Weichsel am Danziger Haupt teilnahm und sein Ruderboot von polnischem Feuer getroffen und er an der Seite verwundet wurde. Danach im August des gleichen Jahres während einer Schlacht bei Dirschau, als er sich in der vordersten Linie befand und eine Musketenkugel ihn traf, »zwei Fingerbreit von der Kehle am Hals auf der rechten Seite, so daß das Geschoß über das Schlüsselbein ging und hinten über dem Schulterblatt in den Muskeln steckenblieb, so daß der Arm in die Höhe fuhr«. Aber all seiner sprühenden Kampfeslust zum Trotz war er sich auch des Elends des Kriegs und aller seiner moralischen Probleme voll bewußt. Er hatte alles mit eigenen Augen gesehen und war mehr als einmal selbst vom Blut Gefallener bespritzt worden. Der Krieg, schrieb er einmal, ist »nicht ein Strom oder ein See, sondern ein Meer alles Bösen«.

Die Formel, zu der er und sein Rat griffen, als sie nun den Krieg vor dem Ausland und vor den eigenen Untertanen rechtfertigen wollten, lautete, daß das Eingreifen sowohl ein schwedischer Verteidigungskrieg, ausgelöst durch die Bedrohung durch den Kaiser, als auch ein rechtmäßiger Interventionskrieg sei, in den man eintrete, um den unterjochten Protestanten in Deutschland zu Hilfe zu kommen. Die religiösen Motive waren nie ausschlaggebend, aber ohne Zweifel gehören sie als wichtige Triebkraft, von der abzusehen in diesem tief gläubigen Zeitalter unmöglich ist, mit ins Bild. (Die Zeitgenossen nahmen diese Motive sehr ernst. So schlossen sich später, nach der schwedischen Landung, große Scharen von Exulanten – also landflüchtige böhmische Protestanten – den schwedischen Truppen an.) In allen protestantischen Ländern bestand große Furcht vor Rekatholisierung und Papismus. Die schwedischen Staatsinteressen und die religiösen Interessen waren ebenfalls eng verflochten; ein auf theologischem Grund ruhender Staat wie der schwedische konnte nicht umhin,

Die ersten Jahre (1625–1630)

sich durch religiöse Umwälzungen in den Nachbarländern ernsthaft bedroht zu sehen. So gesehen war es auch ein Kampf für den protestantischen Glauben.

Im Juni 1629 wurde diese Formel auf einem Reichstag in Stockholm ausprobiert, und es zeigte sich, daß sie den gewünschten Erfolg hatte: Der König bekam das Geld, das er haben wollte, um den Krieg gegen den Kaiser führen zu können. Gustav Adolf war jedoch gezwungen, mit seiner Expedition zu warten, bis der Waffenstillstand mit Polen unter Dach und Fach war. Die Kriegspläne wurden bei einem Ausschußtreffen, das Ende Mai 1630 abgehalten wurde, erneut gutgeheißen. Die Stände bekräftigten dabei, daß sie die Haltung des Rats zu ihrer eigenen gemacht hatten; so wurde beispielsweise gesagt, daß es besser sei, »unsere Pferde an den Zäunen des Feindes anzubinden als an unseren eigenen«. Der König selbst, in Begleitung seiner vierjährigen Tochter Christina, war anwesend und hielt eine lange Rede im Sitzungssaal des Schlosses. Es war sein Abschied von den Ständen des Reichs. Er führte Gott zum Zeugen an dafür, daß die Unternehmung nicht »aus eigenem Antrieb« oder »aus Lust am Krieg« erfolgte, und beteuerte, daß sie nur eine Folge der Aktionen des Kaisers sei. Außerdem hätten verschiedene ausländische Potentaten zu diesem Schritt aufgerufen, der darauf abzielte, den deutschen Protestanten zu Hilfe zu kommen, auf daß sie »von dem papistischen Joch befreit werden möchten«. Geschickt spielte er auf die große persönliche Gefahr an, die dieser Schritt für ihn bedeutete – »der Krug geht so lange zu Wasser, bis er am Ende zerbricht« –, und mahnte die Untertanen zur Einigkeit. Jeder der vier Stände wurde gesondert gegrüßt. Zum Adel sagte er:

> *Ihr habt erkennen lassen, daß auch ihr Nachkommen des Geschlechts der einstigen Göten seid, die fast die ganze Welt unter sich gebracht und viele Königreiche unterworfen und viele hundert Jahre regiert haben; und wollt [euch] nun wiederum für das Vaterland im Krieg brauchen lassen, damit einen unsterblichen Namen erwerbend, [auf daß ihr] von Königen und Regenten respektieret, ja auch mit Besitz und Gütern benefizieret werdet.*

Der Krieg konnte beginnen.

Die Aufrüstung war bereits seit längerer Zeit im Gange. Wer im Frühjahr 1630 durch Schweden reiste, fand ein Land im Zustand der Mobilmachung. Es war ungewöhnlich schwierig und umständlich zu reisen: Truppen auf dem Durchmarsch hatten die Pferde der Bauern beschlagnahmt. Und obwohl überall gebraut und gebacken wurde, herrschte Mangel an Brot und Bier, denn alles ging zur Flotte und zum Heer. In allen Kirchspielen fanden Aushebungen neuer Soldaten statt; ein besonderer Kommissar, der Vogt und Länsman des Distrikts sowie einige Offiziere und ein Komitee mit Bewohnern der Gegend sammelten alle Männer des Kirchspiels auf dem Thingplatz und bestimmten, welche von ihnen diesmal ausziehen sollten. Der Hauptteil des Fußvolks der Armee waren ausgehobene Soldaten, aus dem einfachen Grund, weil sie so viel billiger waren als erfahrene und waffenkundige, aber leider so kostspielige Söldner. Geworbene Landsknechte machten jedoch auch einen wichtigen Teil des schwedischen Heers aus und waren in einer Lage wie dieser unentbehrlich: Werbekampagnen liefen deshalb in Holland und Norddeutschland, Dänemark, Schottland und England, in Polen, Kurland und im Baltikum. Alle zur Verfügung stehenden Mittel wurden aufgeboten. Artilleristen und Kanonen wurden aus Festungen und Städten im ganzen Reich zusammengezogen; sogar von den eigenen Waldhütern und Schützen des Königs erhielten 48 Männer Befehl, sich der Armee anzuschließen. Und sie kamen aus allen Himmelsrichtungen, Ausgehobene wie Geworbene, auf gewundenen Pfaden und kurvigen Landstraßen, in langen, staubigen Kolonnen, und sammelten sich zu dem großen Aufbruch. Überall konnte man Truppen für die deutsche Kampagne sehen: in Stockholm, Södertälje und Sigtuna, in Jönköping, Eksjö, Vimmerby, Norrköping, Vadstena, Linköping, Söderköping, Skänninge, Nyköping, Örebro, Västerås, Uppsala, Enköping und Norrtälje, ja sogar oben in Gävle und Hudiksvall. Die Zahl derer, die jetzt in Schweden, in Finnland, Preußen und Pommern warteten, belief sich auf etwas über 38 000 Mann.

Es war ein gut ausgerüstetes Heer. Die heimische Kriegsindustrie zeigte sich den Anforderungen gewachsen: 8424 Musketen, 14 742 Degen und Eisenhüte wurden ausgeteilt, zusammen mit Tausenden Piken und Hellebarden, Harnischen und Pistolen. Auch 124 Kanonen, Mörser und Haubitzen aller erdenklichen Kaliber wurden auf die Schiffe geladen, Kugeln und Geschosse, fast 10 000 Schanzwerkzeuge und 105 000 Palisadenpfähle. Es haperte jedoch ein bißchen an Munition, obwohl die Pulvermühlen im Land auf Hochtouren liefen und man Blei, Lunte und Pulver in Holland und England gekauft hatte. Wagen und Pferde, gekaufte, gemietete oder einfach beschlagnahmte, sammelten sich in den Ausschiffungshäfen zusammen mit großen Vorräten an Heu und Proviant. Trotz des emsigen Brauens und Backens in der Bevölkerung war man gezwungen, hier und da Vorräte einzukaufen: Brot, Bier und Heringe in Dänemark, Hafer, Erbsen und Schweinefleisch in Nowgorod. In den Häfen sammelten sich auch die Schiffe, manche für diesen Anlaß neu gebaut, andere wie die Pferde gekauft, gemietet oder requiriert. Es war eine bunte Mischung von großen Kriegsschiffen, schweren Transportschuten sowie einer Vielzahl kleiner Boote, die den Proviant und den Troß hinüberschaffen und bei der Landung helfen sollten: Galeeren, Bojerte, Jachten.

Es wäre jedoch eine große Übertreibung zu behaupten, daß die Stimmung im Land angesichts des Bevorstehenden von größerer Heiterkeit geprägt gewesen sei. Die neu ausgehobenen Soldaten waren natürlich diejenigen, denen es am leichtesten fiel, ihren Enthusiasmus zu zügeln, sie machten sich »nach ihrer alten Gewohnheit und Unsitte«, wie eins der Kriegsgerichte resigniert seufzte, aus dem Staub; in Schweden verschwand auf diese Weise fast jeder zehnte Soldat, in Finnland jeder fünfte. Und überall, auch unter Leuten, auf die sich die Krone in der Regel verlassen konnte, wie Geistliche und Adlige, stießen die Bevollmächtigten des Königs auf saure Mienen und Widerspenstigkeit. Noch bevor es auch nur begonnen hatte, hatte das Unternehmen Unruhe und Plagen ins Land gezogen. Die Soldaten hatten wie üblich alle Krankheiten des Kriegs mitgeschleppt; Pest und Ruhr wüteten auf dem Lande. In den Städten rangen die empörten Bürger die Hände über all den Lärm, die Schlägereien und Diebstähle, die eine undisziplinierte Soldateska und ihr Rattenschwanz von Gesindel und Huren mit sich brachten.

Es war alles in allem eine gewaltige Anstrengung für ein schon vorher schwer gebeuteltes Volk. Ein Adliger berichtete seinem Bruder, der in Stockholm ein hohes Amt innehatte, daß die Landbevölkerung in »Östergötland, Västergötland und Småland hauptsächlich von Rinde und Eicheln lebt«. »Das Land ist völlig verarmt und ziemlich desperat«, schrieb ein dänischer Gesandter nach Hause.

Die Truppen gingen in den letzten Maitagen an Bord der wartenden Schiffe. Der König war selbst dabei, gefolgt von Kanzlei, Rechnungskammer und Hofstaat, welcher unter anderem einen Bettenmeister, einen Bäcker, zehn Stallknechte und eine Wäscherin umfaßte. Nachdem sie einige Tage auf günstiges Wetter gewartet hatten, lichteten sie am 11. Juni die Anker: 120 Kriegs- und Transportschiffe sowie eine große Anzahl kleinerer Boote und Fahrzeuge, ein unüberschaubares Gewimmel von flatternden Wimpeln und bauchigen, schwellenden Segeln, die sich still und langsam auf den schmalen Rand hinbewegten, wo Luft und Wasser zusammenstoßen. Nachdem sie gegen einen schwierigen Wind nach Süden gekreuzt waren, erreichte die Spitze der Flotte dreizehn Tage später die deutsche Küste bei der Insel Usedom vor Pommern. Gegen vier Uhr am Nachmittag des 26. Juni 1630 begannen die Truppen, in der schwülen Sommerhitze an Land zu gehen. Dunkle Wolken wölbten sich am Himmel. Als die schwedischen Soldaten an den seichten Strand wateten, hörte man Donnergrollen in der Ferne.

3. Belehrung und Züchtigung

Erik wird aus dem Haus geschickt. – Die Einstellung zur Familie. –
Die Einstellung zur Kindheit. – Nach Västerås. –
Über den neuen Staat. – Die Schulen von Västerås. –
Johannes Rudbeckius. – Kirchliche Streitigkeiten. – Nach Uppsala. –
Über die Universität Uppsala. – ›Lob von allen‹. –
Eriks Mutter heiratet wieder. – Nach Norrköping. –
Eriks Mutter stirbt. – Über Geburtshilfe. – Nach Deutschland.

Dieser Krieg sollte auch ein Teil von Erik Jönssons Schicksal werden. Noch war dies alles indessen etwas Unwirkliches und Entferntes für ihn, das man nur ahnen, aber nicht sehen konnte, wie der Brandgeruch von einer entfernten Feuersbrunst. Es gab näherliegende Sorgen.

Im gleichen Jahr, als die schwedische Armee deutschen Boden betrat, beschloß Dorotea nämlich, ihn aus dem Haus zu schicken, um ihn vom Pastor des Kirchspiels aufziehen zu lassen. Erik schrieb später, der Entschluß der Mutter sei ihrem Wunsch entsprungen, er möge »in allen christlichen Tugenden und in den Buchkünsten erzogen werden«, doch dies war sicher nur die halbe Wahrheit. Die Armut der Familie trug sicher zum Entschluß der Mutter bei. So kam es, daß Erik sich noch vor seinem fünften Geburtstag von der Mutter und seinen Geschwistern trennen mußte – später sollte er sich nur für kürzere Perioden bei ihnen aufhalten.

Dies war nichts Außergewöhnliches. Im 17. Jahrhundert war es in allen Gesellschaftsgruppen üblich, daß Kinder außerhalb des Elternhauses und von anderen Menschen als den leiblichen Eltern aufgezogen wurden. Dies konnte so aussehen, daß sie zu Verwandten oder zu anderen Familien gegeben wurden, entweder um dort aufzuwachsen, als seien sie die eigenen Kinder der neuen Pflegeeltern, oder um als Gesinde verdingt zu werden – daß auch kleine Kinder arbeiten sollten, war eine Selbstverständlichkeit. Die Rolle als Erzieher oder Versorger eines Kindes mußte keineswegs den leiblichen Eltern vorbehalten bleiben, sie konnte auch eine eher formelle Pflicht sein, die auf jemanden in der Verwandtschaft oder im Freundeskreis überging, der bessere Möglichkeiten hatte, die Aufgabe zu bewältigen. Die Auffassung dieser Zeit von der Familie unterschied sich in vielen wichtigen Punkten von der heute herrschenden. Die Familie war zuallererst eine wirtschaftliche und soziale Einheit, ihre emotionale Funktion war von untergeordneter Bedeutung. Unter gewöhnlichen Leuten sprach man vom »Hausvolk«, und zu dieser Gruppe rechnete man natürlich Knechte und Mägde, die zuweilen mit dem Namen ihres Hausherrn benannt wurden. (Das Wort »Familie« kam erst während des folgenden Jahrhunderts in Gebrauch.) Außerdem zählte vor allem die Sippe, weniger die Kleinfamilie. Jedes Individuum war durch die Bande des Bluts an die Sippe gebunden, und das Kind war nur ein Zweig am Baum der Sippe: die Zweige wuchsen, manche vertrockneten und fielen ab, aber die Sippe bestand weiter. In diesem Sinne gehörte das Kind im gleichen Maß der Sippe an wie den Eltern.

Die Kinder waren wichtig, vor allem als Arbeitskräfte und als spätere Versorger ihrer alternden Eltern, aber auch als Erben und als Spielsteine in komplizierten Heiratsmanövern zwischen den Sippen. Die Erziehung setzte früh ein. Das Kind wurde als widerspenstige Materie angesehen, die sorgfältiger und strenger Erziehung bedurfte, um nicht zu verderben. Ein Kind wurde als ein Kampfplatz betrachtet, wo das Gute und das Böse um die Herrschaft rangen, und es galt, dafür zu sorgen, daß die richtige Seite als Sieger aus dem Kampf hervorging. Ein schwedischer Adliger äußerte in einer Schrift vom Ende des 16. Jahrhunderts die Meinung, »dieweil nicht alle von Natur gleich gut und fromm sein können, so kann doch Belehrung und Züchtigung sie auf die Dauer daran gewöhnen«. Das unschuldige Kind gab es noch nicht. Manche meinten, die Erbsünde bringe es mit sich, daß auch Säuglinge als Sünder und unrein angesehen werden müßten – bevor sie getauft waren, waren sie ja nichts anderes als Heiden. Die Taufe war daher eine Art von Exorzismus, was die in der Zeit weit verbreiteten Vorstellungen erklärt, die besagten, daß es ganz ausgezeichnet sei, wenn ein Kind während der Taufe lauthals schrie, denn das bedeute, daß der Teufel aus seinem Körper fahre. Einer der Gründe für den merkwürdigen Brauch, Säuglinge so einzuwickeln, daß sie sorgfältig eingepackten Würsten glichen, war, daß die Kinder so am Kriechen gehindert wurden, ein Verhalten, das als häßlich und tierisch betrachtet wurde und deshalb natürlich unterbunden werden mußte. (Ein anderer Grund war, daß die Kinder so leichter handhabbar waren. Man konnte sie einfach an einem Nagel oder an einem Ast aufhängen: so hielt man sie von den kalten und schmutzigen Fußböden fern und außerhalb der Reichweite von Tieren.) In unseren Tagen huldigen wir der Kindheit, aber im 17. Jahrhundert wurde sie mit Mißtrauen betrachtet. Sie galt als bedauerliche Phase, in der der Mensch hilflos war, seine Fähigkeiten beschränkt und seine Gedanken betrüblich wirr waren. Es war ein Stadium, aus dem man deshalb so schnell wie möglich befreit werden mußte.

Wir entnehmen dem, daß der Begriff der Kindheit recht unentwickelt war. Die Grenze zwischen Kind und Erwachsenem war nicht ganz klar – während Kinder oft wie Erwachsene arbeiten mußten, konnte man leicht Erwachsene finden, die wie Kinder spielten. Außerdem wurden nur die allerersten zarten Jahre, in denen das Kleine nicht ohne die ständige Hilfe eines anderen Menschen auskam, als die reine Kindheit gerechnet. Danach mußte das Kind langsam lernen, die Bürden eines erwachsenen Menschen zu schultern. Und irgendwann im Alter zwischen fünf und sieben Jahren begann die Phase im Leben des Kindes, wo es aus dem Zustand des Kindseins, voll von allen tristen Irrungen der Kindheit, hinüberglitt in die Phase, in der es ein kleiner und schwacher Erwachsener wurde. Es war sicher kein Zufall, daß Erik aus dem Haus geschickt wurde, als er sich seinem fünften Geburtstag näherte. Die Bauernjungen begannen dann, mit hinaus auf den Acker zu gehen, die Mädchen, sich in den Tätigkeiten der Frauen im Haushalt zu üben. War man als Junge in eine adlige Familie geboren, wurde diese neue Phase dadurch markiert, daß man in eine Tracht gekleidet wurde, die eine Miniaturausgabe dessen war, was die Erwachsenen trugen, mit einem kleinen Kinderdegen und allem, was dazugehörte. Die Kinder waren bemerkenswert frühreif, was man auf den Bildern durch ihren altklugen und ein wenig traurigen Gesichtausdruck hindurch ahnen kann. Überall, wo die Erwachsenen arbeiteten, sich vergnügten, liebten oder schlugen, auf dem Acker, in der Wirtsstube, im Schlafzimmer oder auf dem Schlachtfeld, da waren auch die Kinder dabei, Seite an Seite mit den Erwachsenen.

Das 17. Jahrhundert war dennoch eine wichtige Zeit in der Geschichte der Kindheit, und dies zeigt sich auch in Eriks Leben. Langsam begann damals das Kind aus der dunklen Anonymität herauszutreten, die es seit dem Mittelalter umgeben hatte. Bis zu dieser Zeit waren die Kinder in das Erwachsenenalter hinübergeleitet worden, indem sie neben den Erwachsenen arbeiteten, mit anderen Worten, durch eine Art von Lehrzeit. Selbst wenn Kinder in allen Schichten noch lange auf diese Weise aufwuchsen, begann doch um diese Zeit in Europa eine neue Form der Bildung des Kindes zum Erwachsenen Einzug zu halten: die Schule. Der Wunsch, das Kind in eine besondere Institution zu schicken, wo es von den Erwachsenen getrennt ist und eine eigene Ausbildung erhält, ist Zeichen einer aufkommenden Einsicht von der Eigenart des Kindes. Diese Einsicht – die in erster Linie unter den höheren Schichten gepflegt wurde, für die Ausbildung ein Mittel zum gesellschaftlichen Aufstieg war – führte dazu, daß man anfing, die Kleinen in einer eigenen Welt einzukapseln, die schließlich zu unserer heutigen Kindheit werden sollte.

Diese Entdeckung des Kindes führte auch dazu, daß ihm eine ganz neue Aufmerksamkeit zuteil wurde, die von den Kindern selbst sicher nicht in allen Stücken als lobenswert erlebt wurde. Denn die Kleinen begannen, auf eine Weise überwacht, gezüchtigt und bestraft zu werden, die im Mittelalter undenkbar gewesen war. Vieles drehte sich darum, sie zu lehren, ohne Murren zu tun, was man ihnen sagte – in schwedischen Grabpredigten auf verstorbene Kinder aus dieser Zeit taucht gerade Gehorsam als die lobenswerteste Eigenschaft auf. Züchtigung und Strafe galten daher als unumgängliche Hilfsmittel jeglicher Erziehung, und jede übertriebene Milde mußte vermieden werden.

Eine häufig zitierte Redensart besagte: »Wer ohne Züchtigung lebt, stirbt ohne Ehre«, was bedeutet, daß das Kind ohne Strafe verderben würde. Doch auch wenn gewisse Züchtigungen direkt brutale Formen annahmen und viele Kinder unter den Händen verständnisloser Erwachsener ein wahres Martyrium durchlitten, so bedeutet dies nicht, daß die Gewalt gegen die Kleinen keinerlei Grenzen kannte. Während dem Hausherrn das Recht zustand, alle seinem Haushalt angehörenden Personen handgreiflich zu züchtigen – also neben den Kindern auch das Gesinde und die eigene Ehefrau –, wurde doch zwischen erlaubter und sogar gebotener Züchtigung auf der einen und direkter Brutalität auf der anderen Seite eine scharfe Grenze gezogen. Weder Nachbarn noch die Gesellschaft als Ganzes oder der Staat tolerierten in Schweden übertriebene Gewalt innerhalb der Familie. Die Gerichte konnten eingreifen und einen tyrannischen Hausvater bestrafen, der sich an seinen Kindern oder seiner Ehefrau vergriffen hatte. Mit Maßen am besten. Traktate über Erziehung empfahlen den Eltern auch, »nicht im Zorn, sondern mit Besinnung zu züchtigen«, und selbst volkstümliche Sprichwörter sangen das Lob des Maßhaltens: »Züchtigung ist gut, wenn im Maß sie bleibt.«

Diese Disziplinierung der Kinder war mit einem Wunsch verknüpft, um jeden Preis zu vermeiden, daß sie verwöhnt wurden. Statt dessen wollte man sie für ein strebsames Leben als Erwachsene abhärten. In Büchern über Kindererziehung wurde betont, daß die Kinder »von frühester Kindheit an sich an warm und kalt, gut und böse gewöhnen« sollten. Daß jegliche Verzärtelung der Kleinen zu vermeiden sei, wurde auch als Argument dafür benutzt, sie außerhalb des Elternhauses aufziehen und schulen zu lassen: Fremde würden sie am besten davor bewahren können, von ihrer eigenen verderblichen Natur verdorben zu werden. Briefe von Eltern an verschiedene Erziehungsberechtigte konnten strikte Anweisungen enthalten, den Kindern nicht ihren Willen zu lassen, sie nicht zu feine Kleider tragen zu lassen oder sogar, ihnen nicht zu viel Essen zu geben.

All dies – die Züchtigungen, das Fortschicken vom Elternhaus, die Abhärtung durch zuweilen absichtlich karge Bedingungen – kann einen dazu verleiten zu glauben, das Verhältnis zu Kindern sei von gleichgültiger Lieblosigkeit geprägt gewesen. Der Boden, aus dem die Liebe zwischen Eltern und Kindern zu wachsen hatte, war unzweifelhaft trocken und hart. Die Kindersterblichkeit war nach unseren Maßstäben erschreckend hoch. Zahlen aus dieser Zeit sprechen davon, daß zwischen 25 und 33 von 100 Neugeborenen in ihrem ersten Lebensjahr starben und nur jedes zweite Kind überhaupt das Erwachsenenalter erreichte. Die hohe Sterblichkeit scheint indessen die Eltern nicht gleichgültig gemacht zu haben für das Wohlergehen ihrer Kleinen, eher wurden sie in einen Zustand ständiger gefühlsmäßiger Bereitschaft angesichts eines Todes versetzt, der stets und überall lauerte. Kinder waren nur Leihgaben einer dunklen und strengen Gottheit, die sie zurückrufen konnte, wann immer es ihr paßte. Es ist auch nicht schwierig, Eltern zu finden, die tief um ihre verstorbenen Kinder trauerten. Und gerade in diesem Jahrhundert macht sich ein wachsender Unwille dagegen bemerkbar, mit stoischem Gleichmut zuzusehen, wie ein Kind nach dem anderen dahingerafft wurde. Vielmehr ahnt man eine neue Entschlossenheit bei den Eltern, ihrer Ohnmacht gegenüber den grassierenden Krankheiten zum Trotz mit allen Mitteln ihre kranken Kinder zu heilen und vor dem Tod zu retten. Daß den Kindern keineswegs nur kaltes Desinteresse entgegengebracht wurde, zeigt sich auch daran, daß Kindermord – der nicht besonders häufig vorkam – als eines der verabscheuungswürdigsten Verbrechen angesehen wurde.

Auch die Menschen des 17. Jahrhunderts liebten ihre Kinder. Die Geburt eines Kindes war ein großes und wichtiges Ereignis, und die Neugeborenen scheinen in der Regel sehr willkommen gewesen zu sein. Wo in Briefen aus dieser Zeit von Kindern die Rede ist, findet man leicht Beispiele von Fürsorge und Umsicht für die Kleinen. In einem schwedischen Buch über Erziehung und Ausbildung aus dem Jahr 1604 wurde warmherzig von all den Eltern gesprochen, die »unter großem Fleiß, Mühen, Fürsorge, Arbeit und Kümmernis ihre Kinder aufwachsen lassen und an dem Teuersten, das sie auf Erden besitzen, nie gespart haben um ihrer Erziehung willen«. Ein Franzose, der in den dreißiger Jahren Schweden bereiste, hob besonders die große Kinderliebe hervor, die er bei den Bewohnern des Landes beobachtet hatte.

Es gilt auch zu bedenken, daß in dieser Zeit das Verhältnis zwischen Eltern und Kindern ein asymmetrisches war, in dem die Liebe der Kinder sich vor allem in Gehorsam erweisen sollte und die Autorität der Eltern eine gewisse Distanz voraussetzte. All dies zusammen mit dem Vorrang der Sippe vor der Familie führte dazu, daß die Kindheit oft von wenig Intimität, aber von desto mehr Zugehörigkeits- und Gemeinschaftsgefühl geprägt war.

Erik kam nicht dazu, viel Zeit im Pfarrhof von Simtuna mit dem Pastor Johannes Simtelius – der eine Vergangenheit als Pastor an der Storkyrka in Stockholm, als Feldprediger und Hauslehrer der Kammerpagen des Königs hatte – und seiner jungen Ehefrau Ingeborg zu verbringen. Schon ein Jahr danach, 1631, wurde der kleine Erik zusammen mit den vier eigenen Kindern des Pastors weitergeschickt, um in Västerås zur Schule zu gehen.

Västerås hatte rund 1000 Einwohner, in dieser Zeit eine respekteinflößende Zahl für eine schwedische Stadt. Sie gehörte auch zu den wichtigsten Städten im Reich, schon seit dem Mittelalter. (Man muß allerdings dabei berücksichtigen, daß zu diesem Zeitpunkt das, was wir Mittelalter nennen – ein für die damalige Zeit unbekannter Begriff –, nur gut 100 Jahre zurücklag. Den großen Bruch, den irgendwann am Ende des 15. Jahrhunderts zu erkennen wir uns angewöhnt haben, konnten die damals Lebenden nicht wahrnehmen.) Wie die meisten schwedischen Städte hatte auch Västerås ein stark mittelalterliches Gepräge. Die Häuser drängten sich planlos zusammen, und oberhalb ihres niedrigen Gewimmels erhoben sich zwei große Gebäude, die alle Reisenden von weitem sahen, ob sie über die waldbedeckten Hügel um die Stadt heranwanderten oder vom Mälarsee in die Bucht hereinsegelten. Das eine war das einst von Gustav Vasa angelegte viereckige Schloß, wo Eriks Vater als Buchhalter Dienst getan hatte. Das andere war der Dom, ein schwerer spätromanischer Ziegelbau, von den Häusern des Kapitels umgeben. Diese beiden breitschultrigen Schöpfungen umfaßten alle Funktionen der Stadt. Von alters her war Västerås ein klerikales Zentrum: Hier residierten der Bischof des Stifts und mehrere der Institutionen, denen die Verwaltung der Kirche und die Ausbildung oblag. Die Stadt war auch der Mittelpunkt der staatlichen Verwaltung in diesem Teil des Reichs; auf dem Schloß saßen der Landeshauptmann – oder der Statthalter des Königs, wie er genannt wurde – und seine Beamten.

In dem neuen Schweden, das langsam Form anzunehmen begann, kam gerade dem Landeshauptmann und seinen Untergebenen eine immer wichtigere Rolle zu, wenn es darum ging zu kontrollieren, daß die Gebote und Verordnungen, die man in Stockholm zu Papier brachte, von der Bevölkerung draußen im Land auch eingehalten wurden. Bis zu dieser Zeit hatte es stets einen klaffenden Abgrund gegeben zwischen dem, was die Machthaber sich ausdachten, und dem, was im wirklichen Leben daraus wurde. Die Potentaten der Zeit waren nämlich in der Regel weit weniger mächtig, als sie sich gerne den Anschein gaben und als alle anderen befürchteten. Zwar konnten sie sich finstere Ausbrüche von Despotie erlauben, einzelne oder mehrere Menschen vernichten, als wären sie Fliegen; Steuern und Soldaten einziehen, schöne Pläne machen oder vielleicht den einen oder anderen Krieg vom Zaun brechen. Doch in der Regel lag es jenseits ihres Vermögens, das alltägliche Leben auf tiefergehende Weise zu beeinflussen. Die Menschen in Europas Dörfern und Städten waren seit Anbeginn der Zeiten im großen und ganzen sich selbst überlassen. Der Staat war für die meisten etwas Entferntes und Fremdes, ein unergründliches und böses Naturphänomen, das sie wie *der* Krieg und *die* Pest und *die* Mißernte dann und wann heimsuchte und vor dem sich zu schützen klug war. Im Verlauf des 16. und 17. Jahrhunderts wurden die Untertanen einem immer dichter werdenden Regen von Weisungen, Erlässen, Vorschriften, Edikten, Befehlen und Bekanntmachungen ausgesetzt, die sie zumeist jedoch nur eines beiläufigen Blicks würdigten, um anschließend still und ruhig so weiterzumachen wie immer. Der Staat hatte ganz einfach nicht die Handlanger, die ein

Auge darauf hätten haben können, daß die Leute in den Dörfern immer taten, was die fernen Machthaber in Stockholm sagten. Dies sollte sich im Verlauf des 17. Jahrhunderts ändern, denn sowohl in Schweden als auch in anderen Ländern hatte der Staat angefangen, sich mit einer bis dahin unbekannten Kraft und eifrigen Geschäftigkeit in das Leben in den Dörfern und den kleinen Städten einzumischen. Und eine wichtige Ursache dessen war gerade der Unfriede: Es war notwendig für die Herrschenden, um die Soldaten und das Brot und die Gelder eintreiben zu können, die sie für ihre kriegerischen Unternehmungen brauchten, die allem Anschein nach immer umfangreicher wurden. Gerade die Landeshauptmänner und ihre Leute machten neben den Pastoren einen wichtigen Teil der machttechnischen Brücke aus, die nun zwischen den Machthabern dort oben und den Menschen da unten geschlagen wurde. In die flach geschnittene Stadtsilhouette von Västerås, die seit dem 13. Jahrhundert von der schlanken Kontur des Doms beherrscht worden war, brach nun eine neue, strenge Form ein: das Schloß. Dieses war eine gute Illustration der Entwicklung, die bereits im voraufgegangenen Jahrhundert eingeleitet worden war, nämlich daß neben der alten einflußreichen Kirche eine neue Macht heranzuwachsen im Begriff war, der Staat, der in seiner massiven Schwere und Mächtigkeit seinen ornatgeschmückten Vorgänger zu überschatten drohte.

Für einen Reisenden, der sich Västerås vom Mälarsee her näherte, gab es noch ein Drittes, das neben dem Dom und dem Schloß das Bild der Stadt prägte: die Boote. In dem kleinen Hafen waren stets einmastige Schaluppen und Pinassen zu sehen, die das von Fuhrbauern aus Bergslagen herantransportierte Kupfer oder Eisen luden, um damit nach Stockholm weiterzusegeln. Die Stadt war ein Knotenpunkt für Handel und Verkehr in diesem Teil des Reichs; hier liefen viele Wege zusammen, mehrere nahegelegene große Flüsse waren gut schiffbar, und über den Mälarsee konnten die Bürger der Stadt als Vermittler zwischen Bergslagen und der Hauptstadt einträgliche Geschäfte machen. Reisen oder Transporte über Land waren immer umständlich, teuer und langsam, und nach Möglichkeit wählte man den Wasserweg.

In Västerås wurde Erik bei einem Bürger der Stadt einquartiert und besuchte das kleine »Pädagogium« des Ortes, das im Untergeschoß des alten Domkapitelhauses untergebracht war. Erik gehörte zu den allerjüngsten in einer Schar von rund 50 Schülern, deren Alter stark variierte, und zusammen mit ihnen wurde er im Katechismus, in Schwedisch, Schreiben und Gesang unterrichtet. Erik hatte großes Glück, daß er ausgerechnet in Västerås landete, denn die Stadt war das pädagogische Kraftzentrum des Landes, in dessen Geist das ganze Land nach und nach geformt werden sollte. Außer dem Pädagogium, das Erik besuchte, gab es dort das erste, 1623 eingerichtete Gymnasium Schwedens. Dieses Gymnasium war eine der größten Ausbildungsanstalten des Landes – im Höchstfall sollten rund 300 Schüler hier studieren –, und den Studierenden wurde eine breite und gute Ausbildung unter anderem in Astronomie, Geschichte, Medizin, ja sogar in Optik geboten. Der Unterricht erfolgte auf hohem Niveau: so war beispielsweise die Ausbildung in Mathematik dieselbe wie die an der Universität in Uppsala übliche. Das Gymnasium in Västerås war in erster Linie eine kirchliche Angelegenheit, die meisten Schüler strebten das Pastorenamt an, und der Unterrichtsplan war dementsprechend reichlich mit lateinischen Phrasen und schwerfälligen lutherischen Glaubenssätzen gespickt.

Das Lehrerkollegium war hochkarätig. Die Schulleitung hatte ein Auge für Talente, und im Lauf der Jahre wurden zahlreiche vielversprechende nichtadlige junge Männer als Lehrer an die Schule berufen. Unter denen, die als Lektoren in Västerås gewesen waren, befanden sich ein geistreicher Dalekarlier namens Göran Olofsson, der geehrt und berühmt unter dem Namen Georg Stiernhielm sterben sollte, von vielen als der Vater der schwedischen Dichtkunst gefeiert, und ein Johan Olofsson, der sich als der scharfsinnige Jurist Johan Stiernhöök in ganz Europa einen Namen machen sollte. Zu dieser Zeit unterrichtete der junge, streitbare Theologe Jöns Terserus am Gymnasium (er sollte später mit allem, was er unternahm, Staub aufwirbeln, als Bischof in Åbo wie auch als Theologieprofessor in Uppsala und als Anführer der Geistlichkeit auf verschiedenen hitzigen Reichstagen.) Doch wenn auch der Unterricht an den verschiedenen Anstalten in Västerås auf hohem Niveau lag, so waren die Räumlichkeiten unter aller Kritik. Kinder mehrerer Klassen mußten sich in dem gleichen Raum drängeln, und die Räume waren kalt, zugig und undicht; im Winter kam es vor, daß der Schnee durch die klaffenden Fensteröffnungen hereintrieb.

Der Begründer des Gymnasiums und der kleinen Schule war der Bischof des Stifts, Johannes Rudbeckius. Er war ein Mann mit hoher Stirn, langem, würdigem Bart und schweren Augenlidern, eine geradezu bärenhafte Gestalt mit seinem schweren Körper und dem heruntergezogenen Kopf, ein streng gläubiger Protestant, von prophetischem Ernst und hohem Eifer getragen, gelehrt, kraftvoll und unermüdlich, mit einem Arbeitsvermögen ausgestattet, das ebenso enorm war wie sein Selbstgefühl geschwollen, selbstbewußt, streng und von einem asketischen Widerwillen gegen alles erfüllt, das eine Spur von Eitelkeit und Selbstgefälligkeit verriet – seine eigenen Kinder hielt er hart und zwang sie dazu, mit abgeschnittenen Haaren zu gehen.

Bereits im Alter von 23 Jahren war er zum Professor in Mathematik an der Universität Uppsala ernannt worden. Nach einem Studium in Wittenberg kam er mit guten Kenntnissen des Hebräischen – das als die Sprache der Engel angesehen wurde – und hart gedrillt in aristotelischer Logik nach Schweden zurück. Als Professor für Hebräisch in Uppsala ließ er sich 1609 auf eine ungewöhnlich ausgedehnte akademische Fehde mit einem temperamentvollen und ruhmsüchtigen Professor in Jura und Politik namens Johannes Messenius ein. Dieser hatte eine Vergangenheit als Jesuitenschüler, was den zu strenger Reinheit der Lehre und Dogmatismus neigenden Rudbeckius natürlich reizte. Beide bildeten bei sich zu Hause private Kollegien, die sich zu kleinen Universitäten in der Universität entwickelten, die den Lehrkörper der Akademie in zwei Lager spalteten und mit allen Mitteln darin wetteiferten, die Studenten an sich zu ziehen – begann der eine mit Drama, fing der andere sogleich auch an, und so weiter. Die beiden Rivalen hielten Vorlesungen, stritten sich, schrieben empörte Petitionen und sorgten für Unruhe. Im Frühjahr 1613 erlebten die Auseinandersetzungen zwischen den beiden Professoren einen letzten Ausbruch, der selbst mit akademischen Maßstäben gemessen einzigartig war. Die skandalösen Auftritte gingen in Chaos über, das Chaos seinerseits mündete in erregtes Degengerassel, als rivalisierende Studentenbanden aufeinander einprügelten und sogar handgreiflich gegen das Konsistorium vorgingen. Nun hatte Gustav Adolf genug von den unbändigen Auseinandersetzungen, die die gesamte Universität auf den Kopf zu stellen drohten, und sorgte dafür, daß die beiden Streithähne mit sanfter Gewalt aus Uppsala entfernt wurden. In den Jahren 1614 und 1615 mußte Rudbeckius den König als Hofprediger in den neuen Krieg gegen Rußland begleiten. (Diese obskure Kampagne – die sich vor allem in Form einer Reihe von Belagerungen verschiedener russischer Städte und Ortschaften gleich östlich des Baltikums abspielte – hatte schließlich 1617 zu dem prunkvollen Friedensschluß von Stolbova geführt, bei dem die bedrängten Russen Ingermanland, Nöteborgs Län und Kexholms Län abtreten sowie der schwedischen Krone 20 000 Rubel zahlen mußten.) Rudbeckius' Rivale Messenius wurde 1616 arrestiert und aufgrund eines vage begründeten Verdachts, katholischer Agent zu sein, zu 20 Jahren Gefängnis verurteilt.

Im Jahre 1619 wurde Rudbeckius zum Bischof in Västerås gemacht und leitete mit gewohnter Energie unverzüglich eine umfassende Reform des aus kirchlicher Sicht reichlich morschen Stifts ein. Abgestumpfte Pastoren wurden aufgescheucht und gezwungen, in jährlichen Studienkursen ihre wurmstichige Bildung aufzufrischen; und mit der Furie eines Rächers stürzte er sich auf die sogenannten sittlichen Mängel der Gemeindelehrer und führte eine strenge Kirchenzucht ein. Rudbeckius war ein Patriarch, in des Begriffes bester und in seiner schlechtesten Bedeutung. Er erwies seiner Herde große Fürsorge und organisierte eine Armen- und Krankenpflege, die im Reich kaum eine Entsprechung hatte und in mehr als einer Hinsicht Schule machen sollte; er restaurierte den Dom und richtete mehrere Ausbildungsanstalten ein, unter anderem die erste Mädchenschule des Reichs, eine radikale Maßnahme in einer Zeit, in der viele der Meinung waren, daß Frauen überhaupt keine Ausbildung brauchten. Aber daneben forderte er Unterwerfung und strikten Gehorsam von allen, denen er half: daß sie die Hilfe mit gebeugtem Nacken in stummer Dankbarkeit entgegennehmen sollten, war für ihn wie für alle anderen Obrigkeitspersonen eine Selbstverständlichkeit. Seiner großen Gelehrsamkeit zum Trotz fiel es ihm jedoch schwer, längere Zeit für theologische Spitzfindigkeiten aufzuwenden – er war in erster Linie ein Praktiker. Sein Interesse war vor allem darauf gerichtet, die Gemeinde in seinem Stift zu züchtigen und zu überwachen. Er führte obligatorische Katechismusprüfungen ein und kontrollierte den Zustand der Gemeinden mit Hilfe einer detaillierten Kirchenbuchführung – auch dies Reformen, die Vorbildfunktion für das Reich haben sollten. Rudbeckius hat lange, seltsame Listen hinterlassen, auf denen er mit großer Mühe alle Armen, Gottlosen, Verbrecher und Unzüchtigen des Stifts verzeichnet hat. Dort kann man Aufzeichnungen darüber finden, wer dem Gerücht zufolge wen beschlief, welche Ehepaare stritten, ja sogar über Trivialitäten wie die, daß »Lars Iliansson, ein Schuhmacher in By, einem Jungen Branntwein gegeben hat, so daß er sich in der Kirche erbrach«. Wie so viele andere Männer der Kirche war er von einem grimmigen Strafdenken durchsäuert. In seinem Fall nahm das große Bedürfnis zu strafen sogar, gelinde gesagt, eigennützige Formen an: Wer gesündigt hatte, wurde von ihm gezwungen, eine besondere Bußzahlung an das Stift zu leisten, in Bargeld oder in Naturalien in Form von Wagenrädern, Fuchsfellen, Hufeisen oder anderen Kleinigkeiten, und dies vollkommen ungeachtet dessen, daß der Schuldige bereits zu einer Bußleistung an den Staat verurteilt war. Diese Doppelbestrafung war von großer Bedeutung für das Stift, denn die »Gehorsamsbeweise« wurden für die Bezahlung der Reformen des Bischofs benötigt, die in der Regel nicht wenig kostspielig waren.

Die Kirche hatte in dieser Zeit einen Einfluß, wie wir ihn uns heute nur schwer vorstellen können. Besonders die Bedeutung der Bischöfe hatte in der Zeit Gustav Adolfs zugenommen, und manche sahen sie als machtvollkommen an. Rudbeckius stand mit seinem harschen Regiment keineswegs allein da. In Strängnäs saß der eigenmächtige Laurentius Paulinus Gothus, der spätere Erzbischof, kolossal in seiner überquellenden Gelehrsamkeit und in seiner dogmatischen Starrheit, und paukte Reformen durch, die in mancher Hinsicht den gleichen Zuschnitt hatten wie die des Rudbeckius. In Åbo thronte »der gewaltige orthodoxe Donnerer« Isak Rothovius, der Bildung verbreitete und alles, das im entferntesten nach Ketzerei, Irrlehre und papistischen Gedanken roch, mit dem gleichen wilden Pathos attackierte. Doch Rudbeckius war der herausragendste in dieser merkwürdigen Schar langbärtiger Patriarchen, die alle, die in Schweden lebten, in einem strengen, alttestamentarischen Geist prägten.

Dieser große und traditionelle kirchliche Einfluß war indessen keine Selbstverständlichkeit mehr, sondern eher eine Quelle wachsender Irritation beim König wie bei der Aristokratie, die die Bischöfe und ihre Leute am liebsten der Oberhoheit der Krone unterstellen wollten. Der deutlichste Ausdruck dieses Strebens nach staatlicher Kontrolle war der Vorschlag des Königs, ein *consistorium generale* – eine oberste Kirchenbehörde – einzurichten, die »allgemeine Einsicht und Aufsicht über die gesamte Geistlichkeit im ganzen Lande« haben sollte. Natürlich sträubten sich einem eigenwilligen Mann wie Rudbeckius, der mehr als viele andere für die Selbständigkeit der Kirche kämpfte, bei dieser Vorstellung die Haare. Er fürchtete natürlich, von einem Staat bevormundet zu werden, in dem Adel und Aristokratie immer mehr zu sagen hatten. Statt dessen vertrat er den Standpunkt, daß die Männer der Kirche eine besondere geistliche Zunft darstellten, die nicht als ein simples Werkzeug des Staats angesehen werden konnte, sondern unantastbar jenseits der Reichweite der politischen Macht stehe. Er sollte jedoch seinen hartnäckigen Kampf gegen die Aristokratie und gegen eine totale Verstaatlichung der Kirche verlieren; am Ende stand er als gebrochener Mann da, gründlich gedemütigt von der machtstrotzenden Ratsaristokratie.

Der junge Erik verbrachte indessen in Rudbeckius' Pädagogium in Västerås nur eine kurze Zeit. Ein neuer Aufbruch erwartete ihn.

Anfang 1632 ließ seine Mutter ihn nach Uppsala schicken. An der Universität lehrte nämlich ein Verwandter der Familie, der Pastor und Magister der Theologie Olaus Laurelius, der einen der zwanzig Lehrstühle der Universität innehatte. Er war in vieler Hinsicht ein typischer Pastor des 17. Jahrhunderts: ein fähiger und beflissener Mann, der religiöse Erbauungsschriften verfaßte und eine orthodoxe und schnurgerade theologische Linie vertrat – und auch als Bischof endete. An der Universität genoß er so hohes Ansehen als Lehrer, daß er zum Mentor mehrerer junger Adliger ausersehen wurde, von denen einige sogar bei ihm wohnten.

Auch wenn es vorkam, daß Jungen in Eriks Alter an der Universität eingeschrieben waren, ist es doch wahrscheinlich, daß er dem akademischen Leben fernstand. Zu dieser Zeit hatte die Universität in Uppsala begonnen, sich nach einer betrüblichen Verfallsperiode während des späten 16. Jahrhunderts wieder zu erholen. Damals hatte es nur sechs oder sieben Professoren gegeben – die meistens große Probleme hatten, überhaupt eine Vergütung zu erhalten – sowie eine unbedeutende Anzahl von Studenten. (Um 1600 gab es im gesamten Reich insgesamt etwa 150 Universitätsstudenten.) Gustav Adolf, die Aristokratie und die Geistlichkeit waren jedoch seit einiger Zeit sehr bemüht gewesen, diesen Zustand zu verbessern. Den Herrschenden war klar, daß das Reich eine eigene Universität brauchte, die all die Pastoren und Beamten hervorbrachte, die der wachsende Staat benötigte, und die dazu beitragen konnte, das Reich aus seiner grauen Zurückgebliebenheit zu heben und zu einer Kulturnation aufzuputzen, die den Vergleich mit den Ländern des Kontinents nicht zu scheuen brauchte.

Also hatte man die Anzahl der Professoren verdoppelt, den Unterricht geregelt und Stipendien gestiftet, die an vielversprechende Studenten verteilt wurden. Auch eine Universitätsbibliothek war gegründet worden – ein nicht unbedeutender Teil davon war reine Kriegsbeute, Buchschätze, die jenseits der Ostsee gehoben worden waren. Dort konnten die Professoren ausleihen, was sie brauchten, während die Studenten die Bücher brav an Ort und Stelle lesen mußten. Die großen wirtschaftlichen Sorgen, die die Universität seit ihrer Gründung am Ende des 15. Jahrhunderts geplagt hatten, wurden ein für allemal dadurch gelöst, daß Gustav Adolf in einem ungewöhnlich lobenswerten Ausbruch von Großzügigkeit einen großen Teil seiner persönlichen Güter der Universität vermacht hatte – es waren 264 ganze, 74 halbe und 40 viertel Hofstellen, die in Uppland und Västmanland verstreut lagen. Diese Güter warfen einen jährlichen Zins von 10 350 Reichstalern ab, was bedeutete, daß die Universität wirtschaftlich unabhängig wurde. Und als Krönung des Ganzen war im Schatten des Doms ein neues Universitätsgebäude errichtet worden: das Gustavianum, ein schönes, langgestrecktes Haus, das Hörsaal, Druckerei, Mensa und 26 kleine Studentenunterkünfte beherbergte.

Die Investition war erfolgreich, und die Universität zog nun zahlreiche Studenten an. Als Erik nach Uppsala kam, war ihre Anzahl auf 1000 gestiegen, und sie kamen aus allen Schichten der Gesellschaft: die allermeisten waren Pastorensöhne, aber es waren auch Jungen aus bürgerlichen Familien und Bauernsöhne und sogar ein Teil adlige Jünglinge unter ihnen. Die weitaus meisten studierten Theologie. Grob gerechnet strebten drei von fünf direkt eine kirchliche Laufbahn an, einer von fünf plante eine Karriere als Beamter, während Spezialfächer, wie zum Beispiel Medizin, lange Zeit nur eine unbedeutende Anzahl Studenten hatten. Diese Aufteilung in verschiedene Gruppen ist indessen teilweise fiktiv. Der Unterricht war nur in geringem Maß auf die Vermittlung wirklicher Berufskenntnisse ausgerichtet. Alle studierten im großen und ganzen die gleichen Fächer: Philosophie im Übermaß, desgleichen antike Autoren, sehr viel Theologie, Latein und Logik, und so weiter. Die Semester waren lang und wurden nur von einer einmonatigen Sommerpause unterbrochen. Der Unterricht trug immer noch Züge von altersgrauem Mittelalter. Wenn man zum Gustavianum ging, konnte man einen Professor auf Latein vorlesen hören, oft in enger Anlehnung an ein Lehrbuch, während die Studenten emsig mitschrieben. Man konnte auch zu einem Professor gehen, der bei sich zu Hause ein privates Kollegium abhielt, und gegen Bezahlung einem seiner Spezialkurse folgen. Mit der

Uppsala. Stich nach einer Zeichnung von Erik Dahlberg

Die ersten Jahre (1625–1630)

Kontrolle des Erlernten nahm man es häufig nicht so genau. Etwa zweimal im Jahr hielten die Professoren in ihren Kursen pedantische Prüfungen ab, aber zeitweilig gab es gar keine Prüfungen. Nur ein kleinerer Teil der Studenten legte auch ein Examen ab. So fanden beispielsweise die jungen Adligen es unter ihrer Würde, sich all den strengen Prüfungen und mündlichen Befragungen zu unterziehen, die erforderlich waren, um den gewöhnlichsten akademischen Grad, den eines Magisters der Philosophie, zu erlangen.

Viele Studenten blieben nur ein paar Semester in Uppsala und verließen danach ein Studium, das auffallend ungeordnet und nicht wenig planlos war. Die Studenten waren in der Regel arm und lebten kümmerlich. Sie wohnten häufig zu mehreren in kleinen, dunklen Kammern und lebten, so gut es ging, von einer kargen Verpflegung, die sie von ihrem Heimatort mitgeschleppt hatten und die für das ganze Semester reichen mußte. Uppsala selbst war eine Provinzstadt mit kleinen, grasgedeckten Häusern, und die wachsenden Scharen der Wissensdurstigen hatten den kleinen Ort gleichsam überrumpelt und prägten nun sein Leben. Die Begeisterung der Bürger über die umherschwärmenden Studenten hielt sich in der Regel in Grenzen, denn diese standen in dem Ruf, laut und wild zu sein, zu trinken und ein ausschweifendes Leben zu führen.

Erik sah wie gesagt wohl wenig von alldem während seiner gut drei Jahre in Uppsala, denn vermutlich verbrachte er die meiste Zeit draußen auf dem Pfarrhof im Kirchspiel Danmark südöstlich der Stadt, wo Olaus Laurelius Pastor war. In diesem Haus erhielt Erik Kost, Logis und Unterricht, unter anderem in Latein. (Der Unterricht wurde wahrscheinlich nicht von Laurelius selbst, sondern vermutlich von jemandem aus dem akademischen Lehrerproletariat erteilt, das von Privatstunden lebte, oder von einem Studenten, der seine Kasse mit einer Nebentätigkeit als Hauslehrer aufbessern mußte.) Der sechsjährige Erik wurde gemeinsam mit Laurelius' eigenen Kindern Lars, Katarina und Margareta unterrichtet, und man erkannte sogleich, daß der Junge eine ungewöhnlich gute Auffassungsgabe hatte. Er schreibt selbst, daß er in dieser Zeit »ziemliche Fundamente im Studieren machte, so daß ich wegen meines Alters von allen gelobt wurde«. Der Gedanke liegt nahe, daß der kleine Junge hier und späterhin bei seiner Begabung und reichen Schaffenskraft Schutz suchte, daß der Lerneifer und die schulischen Leistungen zu einer Rüstung wurden, die ihm in seiner Verlassenheit fern von der Mutter und den Geschwistern Sicherheit gab und Achtung einbrachte – daß die auf der Schulbank vorgebrachten pfiffigen Bemerkungen ein nagendes Gefühl des Ausgeschlossenseins betäubten.

Im gleichen Jahr, 1632, heiratete seine Mutter wieder. Eriks Stiefvater war der Leutnant Peder Gråå. Peder entstammte einem Bergmannsgeschlecht aus Dalarna und hatte sich nach Studien in Uppsala am Anfang der zwanziger Jahre für das Västmanland-Regiment anwerben lassen. Dort war er zum Fähnrich avanciert, und zwischen 1627 und 1630 hatte er den zuvor erwähnten Feldzug in Preußen mitgemacht.

Peder Gråå war bei den schwedischen Truppen gewesen, die im Juni 1626 in Pillau an Land gegangen waren. Er gehörte dem Västmanland-Regiment an, und seine Kompanie bestand aus Männern, die im südlichen Teil von Västmanland, in den Gebieten östlich von Västerås und um den Kolbäcksån, ausgehoben worden waren. »Es sind nur arme schwedische Bauernburschen«, hatte der König damals von seinen Männern gesagt, »dürftig anzusehen und schlecht bekleidet, aber sie schlagen sich gut, und ich hoffe, daß sie sich binnen kurzem bessere Kleidung verschaffen.« Peder Gråå war dabeigewesen, als die Schweden kurz nach der Landung das Stadttor von Braunsberg aufbrachen, wonach sie die 50 000 Taler einheimsten, welche die Bürger der Stadt bezahlen mußten, um der Plünderung zu entgehen. Von dieser Summe bekamen die Männer des Västmanland-Regiments 736 Taler, um sie unter sich aufzuteilen, was bedeutet, daß sie rund 20 Öre pro Mann als Dank erhielten. Es ist zweifelhaft, ob diese Summe ausreichte, um eine größere Neueinkleidung zu bezahlen, aber sie dürfte genau für eine Kanne Wein gereicht haben. In größere Kämpfe waren sie nicht verwickelt gewesen, aber die Västmanländer waren dennoch gestorben wie die Fliegen. Wie gewöhnlich hatten Krankheiten die meisten Opfer gefordert. Am Anfang des Feldzugs hatte die Kompaniestärke des Regiments im Schnitt 148 Mann betragen, im Mai 1627 war die Zahl auf 42 Mann gesunken. Und Anfang September waren von den rund 1200 Mann, die um die Mittsommerzeit des Vorjahrs von Stockholm aus losgesegelt waren, nur noch ungefähr 200 Mann übrig. Als Peder Gråå nach dem Waffenstillstand von Altmark 1629 nach Schweden zurückkehrte, hatte er 42 Monate im Feld und in der Garnison hinter sich.

Es dauerte fast drei Jahre, bis 1635, bevor die Heirat des Leutnants Gråå mit Dorotea direkte Folgen für Erik bekam. In diesem Jahr kamen die beiden darauf, daß Erik »der größeren Bequemlichkeit halber und mit geringeren Kosten« in Norrköping zur Schule geschickt werden sollte. An diesem Ort wohnte nämlich Peders Mutter, die in zweiter Ehe mit einem begüterten Kaufmann deutscher Herkunft verheiratet war, und Erik sollte bei ihnen wohnen und gleichzeitig die Schule der Stadt besuchen. Deshalb holte Dorotea ihn heim nach Hanevad, und im Januar 1635 reiste er zusammen mit der Mutter und seinem Stiefvater nach Norrköping.

Zu dieser Zeit war Norrköping ein wichtiges Zentrum für den Handel im Reich, und die Stadt war im Begriff, sich zu einem bedeutenden Mittelpunkt für Schwedens noch nicht sehr zahlreiche Manufakturen zu entwickeln – im

Die ersten Jahre (1625–1630)

gleichen Jahr, in dem Erik hierher kam, wurde das erste Privileg für eine Bekleidungsfabrik erteilt, dem bald weitere folgten. Handel und Handwerk florierten, die reichen Kaufleute wurden immer reicher und immer zahlreicher, und die Bevölkerung wuchs kräftig. (Zehn Jahre später belief sich die Einwohnerzahl sich auf 5000 Seelen, was viel war für eine schwedische Stadt, und Norrköping wurde bald der Heimathafen einer kleinen Handelsflotte, die unter anderem Spanien anlief.)

Die wohlhabende Stadt konnte sich folglich eine eigene Schule leisten, die mit einem Rektor und zwei Lehrern ausgestattet war und einen guten Ruf hatte. Erik konnte seinen Schulgang hier fortsetzen, und darüber hinaus erhielt er zusammen mit den zwei Jungen des örtlichen Kreisvogts Privatunterricht.

Doch nach knapp einem Jahr in Norrköping mußte Erik erneut umziehen. Anna, die älteste Tochter der Familie, bei der er wohnte, heiratete einen deutschen Kaufmann in dem nahegelegenen Söderköping. Sie mochte den begabten zehnjährigen Jungen sehr und bekam die Erlaubnis seiner Eltern, ihn mitzunehmen in ihr neues Zuhause. Diese Defacto-Adoption zeigt, wie abgeschnitten Erik von seiner engsten Familie war. Er war wie eine Münze, die jemand auf der Straße findet und in die Tasche steckt.

Eriks Mutter bekam in ihrer neuen Ehe zwei Kinder. 1633 hatte sie ein kleines Mädchen geboren, Ingrid, und am Morgen des 12. April 1636 brachte sie noch ein Mädchen zur Welt. Doch bei dieser Geburt kam es zu einer Komplikation. Das kleine Mädchen überlebte, aber Dorotea starb zwischen vier und fünf Uhr am Nachmittag des gleichen Tags.

==Es war gefährlich, Kinder zu gebären.== Alle wußten dies, und die meisten scheinen die gleiche resignierte und leicht fatalistische Haltung gegenüber dem Tod im Kindbett eingenommen zu haben wie gegenüber der hohen Kindersterblichkeit; er war eine weitere der unausweichlichen Prüfungen des Lebens, eine Absicht des Schöpfers, eine Folge der Erbsünde.

Viel konnte man nicht tun, wenn irgend etwas schiefging. Die einzigen Hilfsmittel, die eine Wehfrau oder Hebamme bei einer Entbindung zur Verfügung hatte, waren Schere und Wachsfaden für die Nabelschnur, Haken, um ein falsch liegendes Kind zu drehen und tote Föten aus der Gebärmutter zu ziehen, sowie eventuell einen primitiven Katheter; oft zwei Schalen mit Wasser, eine, um Blut und Schmutz abwaschen zu können, eine andere für den Fall, daß das Neugeborene notgetauft werden mußte. Das war alles. Die zur Verfügung stehenden Medikamente waren auch nicht sonderlich entwickelt. Eine Mischung aus Safran und Aniswasser wurde als beruhigend angesehen, und andere direkt schmerzlindernde Mittel außer Wein und Schnaps gab es nicht. Geschmolzene Butter oder Öl wurden als Gleitmittel benutzt, um das

Austreten des Kindes zu erleichtern. Aderlässe waren zu dieser Zeit eine Art Universalheilmittel, das bei allen erdenklichen Krankheiten oder Beschwerden zur Anwendung kam, und Entbindungen bildeten dabei keine Ausnahme. Eine Vielzahl an treibenden Tinkturen stand ebenfalls zur Verfügung, und diese spielten bei Entbindungen oft eine große Rolle. Beispiele für Mittel, die einen derartigen Effekt haben sollten, sind Zimtwasser, Bernsteinöl oder einige Tropfen Bibergeil – eine aus den Afterdrüsen des Bibers gewonnene Substanz. Andere waren weniger verfeinert: Zuweilen blies man der Entbindenden Schnupftabak in die Nase, weil man annahm, daß heftiges Niesen die Wehen beförderte. Und hinterher pflegte man mit verschiedenen reinigenden Absuden zu waschen; eine dieser Abkochungen setzte sich aus Ackermennig, Käsepappel und Veilchenkraut zusammen. Größere Risse wurden genäht, schmerzhaftes und entzündetes Gewebe konnte mit aufgewärmtem Wein oder Tinkturen aus Myrrhe und Aloe gebadet werden, oder man machte Umschläge mit Tüchern, die in warmes Schwachbier oder zerlassene Butter getunkt wurden, oder man bedeckte sie mit einem heißen Brei aus gerührtem Ei und Mandelöl.

Die Entbindungen waren zumeist eine ruppige Angelegenheit: Die Frau sollte so fest wie möglich pressen, häufig bekam sie dabei tatkräftige Hilfe von den Umstehenden, die mitdrückten, und von der Wehfrau, die bog und zerrte, riß und zog. Zur Beschleunigung einer Entbindung, die nicht vorankam, »wendete und stürzte« man die Frau, was bedeutete, daß man sie holterdiepolter im Bett hin und her wälzte, gleichsam um das widerspenstige Ungeborene in die richtige Lage zu schubsen. Die Gebärende selbst war höchst aktiv. In der Kammer umherzutanzen oder Treppen auf- und abzulaufen galt als gute Methode, die Wehen in Gang zu bringen. Die eigentliche Geburt erfolgte in der Regel in sitzender oder hockender Stellung. Oft benutzte man dabei einen besonderen Entbindungsstuhl, der auseinanderzunehmen war, so daß die Hebamme ihn in einem Sack zu Entbindungen mitnehmen konnte, die selbstverständlich immer im Haus der Entbindenden stattfanden. (Als Sichtschutz konnten diese Stühle mit Vorhängen versehen sein, und die Schicklichkeit gebot, daß der größte Teil der Entbindung unter dem Schutz schwerer Röcke vor sich ging.) In Ermangelung eines solchen Spezialstuhls konnte man drei gewöhnliche Sitzmöbel zu einem sogenannten Kurzbett zusammenbinden oder einfach einen Stuhl umdrehen, gegen den die Frau sich stemmen konnte. Eine weitere Variante war, daß die Gebärende auf dem Schoß einer anderen Frau saß, einer sogenannten Schoßfrau. Diese verschiedenen Vorkehrungen wurden in der Regel mit einer Menge von Kissen und Bettdecken komplettiert, die es der Frau erleichterten, die Stellung zu wechseln. In mehrfacher Hinsicht waren die Positionen, die praktiziert wurden, besser als das flache Auf-dem-Rücken-Liegen späterer Zeiten, das die Entbindende passiv machte und sie der Allmacht der Geburtsärzte auslieferte.

Ja, die Allmacht der Geburtsärzte: Das 17. Jahrhundert war der Schauplatz eines zähen Kampfs zwischen den Ärzten und den Hebammen. Die Geburtshilfe wandelte sich in dieser Zeit zur Wissenschaft, was dazu führte, daß die Macht über die Entbindungen allmählich von den Hebammen, also Frauen, die traditionell diese Kunst ausübten, überging auf die theoretisch geschulten Experten, die fast immer Männer waren. Dies war einer der ersten Schritte in einer langen Entwicklung, die dazu führte, daß die Frauen, die in Europa lange Zeit auf dem Feld der Heilkunde dominiert hatten, ihre vorherrschende Rolle verloren und zu schweigenden Gehilfinnen an der Seite der Ärzte degradiert wurden. (Übrigens wurden sie nicht nur in der Medizin von den Männern verdrängt. Das gleiche Schicksal traf im 17. Jahrhundert viele Frauen in verschiedenen handwerklichen und kaufmännischen Tätigkeiten, die sich, nachdem sie ein gewisses Terrain gewonnen hatten, später faktisch aus ihren Berufen hinausreglementiert sahen.)

Es gab in Europa eine Art informeller medizinischer Hierarchie, an deren Spitze die akademisch geschulten Ärzte standen; unter ihnen rangierten die Feldscher und Barbiere, danach folgten die Hebammen und Wehfrauen; im untersten Teil der Pyramide herrschte ein schwer überschaubares und nicht wenig zwielichtiges Durcheinander von Bruchschneidern [Chirurgen] und weisen Frauen, Hexern, Gesundbetern und reinen Quacksalbern, die vom Aufbringen von Pflastern bis zu Abtreibungen und zur Praktizierung weißer – das heißt: guter – Magie fast alles machten. Die Frauen befanden sich am untersten Ende der Pyramide, die Männer in der Hauptsache in ihrer Spitze. Das heißt indessen nicht, daß alle Frauen den gleichen Bedingungen unterworfen waren. Eine Hebamme verdiente mehr, hatte bessere Kunden und ein bedeutend besseres Renommee als die durchschnittliche weise Frau, die häufig mit einer selbstkomponierten Mischung aus dunklen Beschwörungen und hausgemachten Wunderkuren zu Werke ging. Viele Hebammen waren tüchtige und schwer arbeitende Fachfrauen mit einem großen Kundenkreis. Die weisen Frauen waren zumeist unbekümmerte Dilettantinnen, die Verwandten, Freunden und Nachbarn halfen. Zuweilen war jedoch die Grenze zwischen den beiden Gruppen schwer auszumachen. Man muß sich vergegenwärtigen, daß es im 17. Jahrhundert keine streng abgegrenzten Berufsbilder gab. Betätigung auf vielen Gebieten war die Regel für die Ober- wie für die Unterschicht. Denn ebenso wie ein Adliger sowohl Krieger als auch Beamter sein konnte und ein Barbier nicht nur Haare schnitt, sondern auch Zähne zog, konnte eine Hebamme neben Geburtshilfe auch allgemeine Heilkunst und weiße Magie ausüben, aber auch Ehen vermitteln – dazu gehörte zuweilen auch der Auftrag, zu untersuchen, welche Chancen die zukünftigen Ehepartner hatten, miteinander Kinder zu zeugen. (Danach bei der Entbindung zu helfen wurde dann mehr als Nebensache betrachtet: die Hebamme kam nur den Verpflichtungen nach, die sie mit der Vermittlung der Ehe übernommen hatte.)

Die Ärzte und ihre Zünfte betrachteten die anerkannt tüchtigen Hebammen mit scheelen und ärgerlichen Blicken und taten, was sie konnten, um sie aus einem Betätigungsfeld zu verdrängen, das sie als ihr eigenes ansahen. Darin hatten sie ausgezeichnete Unterstützung seitens des Staats, der die Hebammen einer immer strengeren und zudringlicheren Überwachung unterzog. Der Kampf zwischen den Ärzten und den Hebammen war jedoch nicht nur ein Kampf zwischen zwei verschiedenen Zünften, die genau wie alle anderen Zünfte eifersüchtig und mit allen mehr oder weniger sauberen Tricks ihre eigenen Interessen wahrten. Es war auch ein Kampf zwischen zwei unterschiedlichen Wissenssystemen. Das Wissen der Hebammen war in praktischer Arbeit gewonnen und beruhte auf einer langen Tradition von Volks- und Naturmedizin. Das Wissen der Ärzte beruhte auf akademischen Studien und war in hohem Grad theoretisch. Und der Angriff der Ärzte auf die Hebammen war nur ein kleinerer Teil jener großen Woge, die wir aus der Rückschau als die naturwissenschaftliche Revolution des 17. Jahrhunderts bezeichnen, in deren Verlauf sich eine exaktere und vor allem stärker mechanistisch geprägte Sicht des Menschen, der Natur und der Welt allmählich Bahn brach.

Es tat sich zweifellos eine ganze Menge in der medizinischen Wissenschaft während dieses Jahrhunderts. Der Engländer William Harvey – der in Padua ausgebildet war und im Verlauf seiner Karriere in England unter anderem den Auftrag hatte, der Hexerei verdächtigte Frauen zu untersuchen – entdeckte den Blutkreislauf; der Italiener Giovanni Alfonso Borelli – ein typischer Polyhistor, der als Arzt für Königin Christina arbeitete, als sie in Rom lebte – bereitete mit seinen Studien der Bewegungen der Tiere den Boden für die moderne Physiologie; der Däne Thomas Bartholin – ein rühriger und intelligenter Mann, der eine Art Mittelpunkt des wissenschaftlichen Lebens in seinem Land war – kartierte das Lymphgefäßsystem und versuchte auch, mit Hilfe von Eis und Schnee Lokalbetäubungen durchzuführen. Weitere Entdeckungen der Zeit betrafen die Blutgefäße, die Funktion der Lungen, die Magensäure, die Bakterien, die Optik des Auges und anderes mehr. Auch in der Entbindungskunst tauchten verschiedene Neuerungen auf, wie zum Beispiel von Roonhuysens »Geburtshebel«, ein Vorläufer unserer Geburtszange.

In der Realität aber wirkten sich diese Entdeckungen nur für wenige Menschen aus, und noch weniger waren sich ihrer bewußt; im Jahr 1699 litten und starben die Menschen im großen und ganzen an den gleichen Krankheiten wie ihre Großeltern im Jahr 1600. Die Arbeit der medizinischen Pioniere kreiste hauptsächlich um die Erforschung von Körperfunktionen und Krankheiten, um das Sortieren und Benennen; die klinische Anwendung kam erst an zweiter oder dritter Stelle. Zu einer spürbaren Verbesserung der Krankenpflege führte sie also nicht. Und wenn manche weitblickende Ärzte in ihrem Eifer die neugewonnenen anatomischen Kenntnisse in ihrer praktischen Tätigkeit zur Anwendung bringen wollten, endete dies leicht mit direkten Katastrophen, wie zum Beispiel, als man, von Harveys Entdeckung des großen Blutkreislaufs angeregt, in den Jahren nach 1660 mit Injektionen zu experimentieren begann, was meistens zu tödlichen Luftblasen im Blut führte, oder Versuche mit Bluttransfusionen vornahm, was auch nicht so gut endete, weil man nicht zwischen verschiedenen Blutsorten unterschied, sondern munter Übertragungen zwischen Schafen und Menschen vornahm. Ein Umstand, der ebenfalls die praktische Auswirkung dieser medizinischen Fortschritte für das gewöhnliche Volk hemmte, war, daß diese meist außerhalb der Universitäten gemacht wurden; die Universitäten waren in der Regel höchst konservative Bastionen, die gerne am Althergebrachten festhielten und deshalb weiter eine antiquierte Heilkunst lehrten.

Wenn verschiedene Ärzte über die Hebammen murrten und sie des Dilettantismus, des Aberglaubens und mangelnder Kenntnisse in Anatomie bezichtigten, war ihre Kritik indessen keineswegs unberechtigt. Neben den kundigen und verantwortungsbewußten Frauen gab es eine ganze Menge Betrügerinnen, die mehr Schaden anrichteten als Nutzen bewirkten, indem sie den Gebärenden diverse wirkungslose Hauskuren aufschwatzten, die eine Geburt nur erschwerten und die Schmerzen vermehrten – zum Beispiel der Brauch, der Gebärenden solche Mengen von Essen einzutrichtern, daß diese sich erbrach, alles zu dem Zweck, die Wehen zu verstärken. Aber es ist auch eine Tatsache, daß dies ebenso für die Ärzte zutraf. Neben den tüchtigen Wegbereitern – die in vieler Hinsicht Boden gewannen, indem sie ganz einfach die große Menge von Wissen, die von den Hebammen im Lauf der Jahre angesammelt worden war, siebten, sortierten und systematisierten – gab es auch zahlreiche ungeschickte, unwissende und schlechte Doktoren. Die trockene und konservative Universitätsausbildung hatte ihnen eine Wissenschaftlichkeit mitgegeben, die nicht selten von nahezu homöopathischer Quantität und selbst im günstigsten Fall von Dogmatismus und veralteten Ideen gründlich ausgehöhlt war. Die Zugehörigkeit der Ärzte zur akademischen Welt schenkte diesen ein Selbstvertrauen, das leider genauso groß war wie ihre Inkompetenz. Einen dieser von sich selbst überzeugten, schwarzgekleideten Herren in Anspruch zu nehmen kam deshalb einem Lotteriespiel gleich. Thomas Hobbes, der bekannte Staatsphilosoph, sagte, er ziehe »eine erfahrene alte Frau dem gelehrtesten und unerfahrenen Arzt« vor, und mit dieser Einstellung war er sicher nicht allein. Und besonders bei einer Geburt war ein Arzt häufig eine schlechtere Hilfe und eine größere Gefahr für Mutter und Kind als eine durchschnittliche Hebamme.

Der Tod im Kindbett kam also häufig vor. Und wie hätte es anders sein können in einer Zeit, in der die hygienischen und medizinischen Begriffe unentwickelt waren, in der die Entbindung von einer Wolke von Aberglauben und Irrtümern umgeben war, in der die allerbanalsten Komplikationen den Tod zur Folge haben konnten und es nicht ungewöhnlich war, daß eine Frau im Laufe ihres Lebens zehn, fünfzehn, ja bis zu zwanzig Kinder gebar.

Nun hatte der Tod im Wochenbett dem Kind Erik seine Mutter Dorotea genommen. Und es war nicht das letzte Mal, daß dieses allzu gewöhnliche Frauenschicksal eine der ihm am nächsten Stehenden treffen sollte.

Das Geschehene war für Erik natürlich eine Katastrophe. Er scheint sein ganzes Leben lang innige Gefühle für seine Mutter gehegt zu haben, obwohl er gezwungen war, so lange getrennt von ihr zu leben – oder vielleicht gerade deshalb? Nun war er elternlos.

Zwei Jahre blieb er in Söderköping, und mit dem ganzen Fleiß und der Kraft des benachteiligten Kindes behauptete er sich in der Schule. Und als der vielseitig begabte Junge, der er war, bekam er viele aufmunternde Klapse, nicht zuletzt für seine schöne Singstimme. Als im Mai 1638 sein Examen anstand, endete es wie erwartet mit vielen Lobesworten und Auszeichnungen. Doch wohin sollte der Zwölfjährige sich nun wenden? Mutter und Vater lebten nicht mehr. Der einzige Besitz handfesterer Art, auf den Erik hätte zurückgreifen können, der Hof in Västmanland, war auch verschwunden. Den hatte der Stiefvater zusammen mit dem Bruder des Vaters, Erik Eriksson, im Jahr zuvor mit Viehbestand, Saatgut, beweglicher Habe und allem für 850 Reichstaler an einen Adligen verkauft, und das Geld hatten die beiden Kumpane mit Beschlag belegt. Die nächste Verwandtschaft, an die er sich wenden konnte, war indessen ebendieser Onkel, und im Mai reiste der Junge nach Norrköping und von da aus auf dem Wasserweg weiter nach Stockholm, um ihn aufzusuchen.

Der Onkel Erik Eriksson gehörte zu denen, die durch die zahlreichen Kriege und den aufgeblähten Staatsapparat ein Stück nach oben gekommen waren. Nicht nur die Krieger konnten nun, da die Kriege immer häufiger, größer und länger zu werden schienen, immer besseren Karriereaussichten entgegensehen. Um die immer zahlreicheren Armeen im Feld und die immer größeren Flotten auf See halten zu können, bedurfte es auch eines Heers von Sekretären und Buchhaltern. Dank seiner Kenntnisse in Buchführung – die er sich teilweise als Helfer von Eriks Vater angeeignet hatte – war es Erik Eriksson gelungen, in

Die ersten Jahre (1625–1630)

den zwanziger Jahren einen Posten als Zahlmeister bei der schwedischen Armee in Preußen zu bekommen. Solche Posten waren stets lukrativ, weil sie häufig Möglichkeiten boten, Mittel der Krone zu unterschlagen. Der staatliche Apparat steckte noch in den Kinderschuhen, die Kontrollmöglichkeiten waren häufig gering, und die neugebildeten Institutionen waren voller Nischen und Schlupfwinkel, in denen lichtscheue Aktivitäten betrieben werden konnten. Und Erik Eriksson hatte offenbar seine Zeit dort genutzt, um seine Bezüge in einem nicht unbedeutenden Maß aufzubessern.

Es ist unmöglich zu erraten, welche Erwartungen der zwölfjährige Erik vor der Begegnung mit seinem Onkel hegte. Der Junge hatte sich als ungewöhnlich guter Schüler erwiesen, und es wäre natürlich gewesen, wenn er eine höhere Ausbildung begonnen hätte. Diese kostete zwar etwas, aber der Onkel in seinen mittleren Jahren war wohlhabend. Er hatte zudem keine eigene Familie zu versorgen, und darüber hinaus war das Erbe von Eriks Mutter vorhanden, auf das zurückgegriffen werden konnte. Doch falls Erik Hoffnungen auf eine Weiterführung seiner Studien nährte, sollte er grausam enttäuscht werden. Der Onkel – der zu diesem Zeitpunkt mit einem wohlhabenden Tuchhändler die Wohnung teilte – hatte bereits seinen Entschluß gefaßt. Sie trafen sich, und Erik Eriksson sagte, daß er, da er selbst »seine Fortune und Glück durch die Feder erworben«, der Meinung sei, es sei das Beste, daß Erik »gänzlich die Studien quittieren« und statt dessen »rechnen und schreiben lernen solle«, um eines Tages in den Staatsdienst zu treten. Es gab Zeitgenossen, die fanden, daß sich bereits allzu viele kleine Bürgerjungen in der gelehrten Welt tummelten und daß sie sich lieber an näherliegende und passendere Tätigkeiten halten sollten. Vor allem Adlige betonten mit großem Nachdruck, daß die Rolle des Menschen in der Gesellschaft von seinem ersten Atemzug an vorgegeben sei. Es sei natürlich, daß man in die Fußstapfen seines Vaters trete; außerdem meinten manche, daß soziale Herkunft und natürliche Anlagen in der Regel in die gleiche Richtung wiesen. Der Sohn eines Bauern paßte für die Landwirtschaft, genau wie ein Pfarrerssohn sich am besten dazu eignete, selbst Geistlicher zu werden, und der Sohn eines Landbuchhalters sollte sich am besten ans Rechnen und Schreiben halten und nicht anfangen, mit Büchern und lateinischen Vokabeln zu jonglieren. Nun waren es sicher nicht in erster Linie solche dünkelhaften Gedanken, die der Onkel in seinem Kopf bewegte. Für ihn scheint der junge Schützling eine unwillkommene Last gewesen zu sein, die er sich so schnell und so billig wie möglich vom Hals zu schaffen gedachte. Er war nicht bereit, den Jungen selbst in die Geheimnisse der Buchführung einzuweihen, er hatte eine andere Idee: Am besten wäre es, wenn der Junge in eine Schreib- und Rechenschule ginge, und eine solche stand zum Glück zur Verfügung, in ... Hamburg.

So sah sich Erik innerhalb weniger Wochen auf ein lübeckisches Schiff verfrachtet, das im Juni 1638 an Dalarö vorbei Kurs auf ein Deutschland nahm, in dem der Krieg mit unverminderter Stärke tobte und wo Gerüchten zufolge den Schweden eine große Katastrophe drohte. Er war zwölf, in seinem dreizehnten Lebensjahr. Und er war allein.

III

DER DEUTSCHE KRIEG
(1630–1638)

1. Ich bin der Löwe aus dem Mitternachtsland

ENDZEITSTIMMUNGEN. – DIE SCHWEDEN GEHEN AN LAND. –
WIE SIE EMPFANGEN WERDEN. – DER VERTRAG VON BÄRWALDE. –
DIE ERSTÜRMUNG VON FRANKFURT AN DER ODER. –
›HAUFENWEISE IN GROSSEN GRÄBEN, MEHR ALS HUNDERT IN JEDEM GRAB‹. –
DIE PLÜNDERUNG VON MAGDEBURG. – DIE SCHLACHT VON BREITENFELD. –
ZWEI VERSCHIEDENE TAKTISCHE SYSTEME. –
›WIR BEFANDEN UNS GLEICHSAM IN EINER DUNKLEN WOLKE‹.

Unter den deutschen Protestanten hatte man seit dem späten 16. Jahrhundert von einem Retter geträumt, der den Unterdrückten zu Hilfe kommen, das römische Babylon zerschlagen und ein neues, goldenes Zeitalter für die Menschheit einleiten werde. Dieser Retter sollte aus dem Norden kommen – *aus der Mitternacht* –, und er wurde der Löwe aus dem Norden genannt.

Seit dem Mittelalter hatte es in Europa starke endzeitliche Strömungen gegeben: es mangelte nicht an Personen, die unter Berufung auf die Offenbarung des Johannes und andere Schriften das Ende der Welt, den endgültigen Untergang Satans und eine baldige, totale und wunderbare Umwälzung des irdischen Lebens vorhersagten. Diese schwärmerischen Sekten hatten unter den Armen und Entwurzelten eine besonders große Anhängerschaft, und sie entwickelten sich nicht selten zu anarchistischen und vorsozialistischen Bewegungen, die nicht zögerten, zu Gewalt und Aufruhr zu greifen, um das tausendjährige Reich auf Erden zu errichten. Die ganze religiöse Unruhe während des 16. Jahrhunderts und vor allem die politische Unruhe während des frühen 17. Jahrhunderts hatten diese Ideen vom Jüngsten Gericht aufblühen lassen, und Horden von selbsternannten Propheten, Wahrsagern, Bibelkundigen, Zeichendeutern und Auguren überschwemmten Europa mit Schriften über den bevorstehenden Weltuntergang. Es war wahrlich eine Zeit der Ungewißheiten, in der die Menschen sich sowohl von den ins Wanken geratenen wirtschaftlichen Verhältnissen als auch von den launischen politischen Konjunkturen bedroht fühlten, die ein Reich nach dem anderen in Krieg und innere Unruhen zu stürzen schienen. Diese Welt, in der alles in Frage gestellt zu sein schien und wo Unsicherheit und Unbeständigkeit vorherrschten, schien in den Augen vieler dem Untergang geweiht zu sein. Für viele, die in der ersten Hälfte des 17. Jahrhunderts lebten, war der Gedanke an das nahe bevorstehende Ende so etwas wie eine Selbstverständlichkeit, und dies prägte in vielfacher Hinsicht die angespannte und düstere Gemütslage der Epoche.

In den ersten Jahrzehnten des Jahrhunderts resultierte die zunehmende Unsicherheit auch darin, daß manche den etablierten Richtungen des Denkens und den Kirchen den Rücken kehrten und sich statt dessen einer freieren und stärker mystisch und spirituell gefärbten Religiosität zuwandten. Wir dürfen uns also nicht vorstellen, daß die Menschen in der geradlinigen und klaren Weise dachten und glaubten, die ihnen der Dorfpfarrer oder der Bischof in der Stadt nahelegten. Selbst wenn die Kirche – ob sie nun lutherisch, calvinistisch oder katholisch war – strenge Grenzen zog für das, was bei Tageslicht und öffentlich ungestraft gesagt werden durfte, nahmen sich die Menschen allem Anschein nach größere Freiheiten, wenn sie sich in den eigenen vier Wänden befanden. Die strenge Rechtgläubigkeit ist zum Teil eine Täuschung. Wie immer unterzogen die Menschen die Botschaft von oben einer strengen Prüfung, verwarfen einiges, nahmen anderes an und fügten das Ganze zu neuen, unerwarteten Vorstellungs- und Denksystemen zusammen. Die Vielfalt war enorm. Die Vorstellungswelt unter schwedischen Bauern in dieser Zeit war zum großen Teil protestantisch, natürlich, aber sie war teilweise auch katholisch – so rief man gern die Jungfrau Maria an – und stückweise geradezu vorchristlich – es gab reichlich dunkle Opferriten, Grabbeigaben und ehrfürchtiges Reden über Asen, Drachen und Trolle. Die hohen Damen und Herren, die sich an Europas Höfen versammelten, dilettierten gern in verschiedenen okkulten Wissenschaften: Astrologie selbstverständlich, denn das war gewissermaßen der Renner dieser Zeit, aber auch Chiromantie (die antike Kunst des Handlesens), Ziffern- und Buchstabenmystik verschiedenen Zuschnitts sowie Alchimie (ein natürlicher Favorit bei vielen Fürsten, nicht allein, weil diese ständig von Geldnöten bedrängten Herren den Gedanken, ohne große Anstrengungen Blei in Gold zu verwandeln, selbstverständlich reizvoll fanden, sondern auch, weil viele Alchimisten Pioniere in der Metallurgie und im Bergbau waren). Auf dem Kontinent gab es viele Denkrichtungen, die zu echten Bewegungen geworden waren und mehr oder weniger im Untergrund lebten, unnachsichtig verfolgt an einem Ort, leidlich geduldet an einem anderen. Da waren die zu einem praktischen Kommunismus hingezogenen Wiedertäufer, die die Erbsünde und jeden Gedanken an eine Staatskirche ablehnten; da waren ihre Ableger, die pazifistisch gesinnten Mennoniten mit ihrer strengen Kirchenzucht und ihrer Weigerung, Kriegsdienst zu leisten oder Eide zu schwören; da waren die Rosenkreuzer, jener mysteriöse Orden, der um die Jahrhundertwende große Aufmerksamkeit erregt hatte und von dem es hieß, daß er außer seinen Visionen eines kommenden paradiesischen Glücks und tiefen Einsichten in verborgene Dinge unermeßliche geheime Reichtümer besitze; da waren auch die Paracelsisten mit ihrer Toleranz, ihrem Mißtrauen gegenüber jedem Dogmatismus und ihren fein gesponnenen Träumen von einem durch die Wissenschaft veredelten und erneuerten Menschen. Und von den Paracelsisten ausgehend hatte sich die Weissagung vom »Löwen aus dem Norden« verbreitet.

Der deutsche Krieg (1630–1638)

Die Weissagung verwandelte sich rasch und wurde in einer Unzahl von Varianten durchgespielt, doch die Grundidee war einfach: In einer Zeit, wenn Plagen und Heimsuchungen die Menschheit bedrängen, wird ein Löwe aus dem Norden kommen, der die kleine Schar der Gerechten um sich sammelt und danach den Adler – will sagen: den Kaiser und das Haus Habsburg – für immer besiegt, wonach er ganz Europa und Teile von Afrika und Asien unter seine Herrschaft bringt. Danach werden Frieden und Eintracht über die Welt kommen, und die Menschen können sich jubelnd niederlassen, um die nahe bevorstehende Ankunft des Herrn und den Jüngsten Tag zu erwarten.

Zum Zeitpunkt der Landung des schwedischen Heeres – fast auf den Tag genau neun Jahre, bevor Erik Jönsson selbst dorthin reiste – hatte diese Weissagung eine enorme Verbreitung gefunden, und nicht nur in Deutschland. Sie hatte auch den Weg nach Schweden und bis in die engsten Kreise um den hellhörigen Gustav Adolf genommen, der vielleicht persönlich von diesen beeinflußt wurde, als er seinen Entschluß, in den großen Krieg einzugreifen, durchsetzte. Es gab auch Leute, die nicht wollten, daß er die Weissagung und ihre Botschaft vergaß: So hatte der französische Gesandte Hercule-Girard Charnacé an einem Februartag 1630 in Västerås vor Gustav Adolf beteuert, daß das deutsche Volk auf den schwedischen König wie auf einen Messias warte. Auf deutschem Boden bekam die Weissagung durch neue Gesichte und Visionen noch mehr Kraft – Visionen, die immer zahlreicher wurden, je mehr die Rückschläge der Protestanten ein Bild des Untergangs heraufbeschworen und vage Gerüchte über ein schwedisches Eingreifen in den Krieg in Umlauf waren. Astrologische Voraussagen, die diese Gerüchte bestätigten, häuften sich. Jemand grub das alte Prognostikon des dänischen Astronomen und Bauernschinders Tycho Brahe von 1573 aus, das er als Erklärung der Supernova schrieb, die er im Jahr zuvor im Sternbild Kassiopeia geschaut hatte: War da nicht von großen politischen Umwälzungen die Rede, von einem starken Licht aus dem Norden, das die Schrecken der Nacht verjagen würde, und hatte dieser bedeutende Astronom nicht auch errechnet, daß der neue Stern um das Jahr 1632 seinen größten Einfluß erreichen würde? Visionäre traten auf – ein schlesischer Gerber hier, ein böhmisches Mädchen dort, ein pfälzischer Schullehrer, eine Schlachterstochter aus Mecklenburg und so weiter – und erzählten von Gesichten, die sie hatten, als der Geist über sie gekommen war, Gesichte, die sämtlich auf einen Befreier hinwiesen, der aus dem Norden kommen sollte. Nicht nur ekstatische Individuen gerieten über diese Träume außer sich. Im Februar 1628, wird berichtet, konnten mehrere hundert entsetzte Personen in einer Stadt in Nordschleswig ein sonderbares Schauspiel am Himmel beobachten: Eine große Armee in guter Ordnung, mit Musketieren, Kanonen und Kavallerie, kam von Norden herangemarschiert. Ein anderes Heer kam von Süden herauf. Die beiden Armeen stießen in einer blutigen Schlacht aufeinander, und die Truppen aus dem Norden siegten. Mehrere Luftschlachten dieser aparten Art wurden in der folgenden Zeit an verschiedenen Stellen in Norddeutschland gesehen, und an einem Januarmorgen des Jahres 1630 sahen die Einwohner von Eger, wie ein Adler und ein Löwe zwischen den Wolken am Himmel miteinander kämpften und wie der Löwe am Ende siegte.

In dieser aufgeheizten Atmosphäre waren die ersten schwedischen Soldaten an jenem warmen Tag im Juni 1630 auf deutschem Boden an Land gewatet. Zu diesem Zeitpunkt schien es eher, als sei der Frieden nahe. Die Kriegshandlungen hatten aufgehört, und der Kaiser bereitete sich darauf vor, einen Krieg zu beenden, den er bereits als gewonnen betrachtete. Er hatte begonnen, seine kostspielige Armee zu demobilisieren, ein Vorgang, der von anerkennendem Beifall der katholischen Reichsfürsten begleitet wurde, welche erschrocken waren über die neue Macht des Kaisers, die proportional zu seinen wiederholten Siegen über die Dänen wie auch über einheimische Protestanten angewachsen war. Ihre Furcht und ihr Mißvergnügen richteten sich in erster Linie gegen den skrupellosen Wallenstein und sein Heer. Die Fürsten klagten ihn der reinen Erpressung von Land und Leuten an und rangen die Hände über seine verschiedenen Befehlshaber, die sie durchaus zu Recht als »unwillkommene Kriegsprofiteure und Verbrecher, die die Reichsgesetze brechen« beschrieben. (Später in diesem Jahr wurde der Kaiser gezwungen, seinem hageren Feldherrn den Laufpaß zu geben.) Die politischen Reibereien zwischen dem Kaiser und seinen Fürsten waren sehr bedeutsam, weil sie die unvorbereitete katholische Kriegsmacht in der ersten Jahreshälfte 1630 lähmten.

Gustav Adolfs Heer konnte deshalb an Land gehen, ohne auf nennenswerten Widerstand zu stoßen. In den ersten vierundzwanzig Stunden bemerkten die schwedischen Soldaten überhaupt nichts von ihrem Feind. Das einzige, was sie sahen, war der Widerschein von Feuern in der Ferne, die signalisierten, daß die Schweden an Land gegangen waren. Und die verstreuten kaiserlichen Scharen, auf die man in den folgenden Tagen traf, wichen ohne größere Umstände aus.

Angesichts all der Weissagungen, Zeichen und großen Wunder, die im Schwange waren, und all der großen Hoffnungen, denen jene einerseits entsprangen und die sie anderseits nährten, ist es nicht weiter verwunderlich, daß die Nachricht von der Landung der Schweden bei den breiten protestantischen Schichten mit Freude, ja sogar mit Jubel aufgenommen wurde. Wallenstein selbst hatte ja gesagt, daß die deutschen Protestanten auf Gustav Adolf warteten »wie die Juden auf ihren Messias«, und die Hurrarufe, die vom Volk zu hören waren, gaben ihm recht. (Die Schriftstellerheroen, die für die schwedische Propaganda zuständig waren, nutzten gleichzeitig die Gunst der Stunde und taten von Anfang an ihr Möglichstes, um den Strom von Gerüchten und Visionen noch anschwellen zu lassen: Aus ihren Druckerpressen floß ein breiter Strom von Flugblättern, Liedern, Huldigungsgedichten und anderen Druckerzeugnissen, die alle von »dem Löw von Mitternacht« sprachen.)

Doch wenn Gustav Adolf geglaubt hatte, von denen mit Trompetenschall und Jubel willkommen geheißen zu werden, die er für seine künftigen deutschen Verbündeten hielt, so sah er sich zunächst bitter enttäuscht. Die norddeutschen Herrscher, allen voran Johann Georg von Sachsen und der schlecht gerüstete Georg Wilhelm von Brandenburg, waren nur mäßig beeindruckt von dem ganzen astrologischen Hokuspokus und dem Gerede von himmlischen Schlachten; sie verhielten sich den Schweden gegenüber entweder höflich neutral oder direkt abweisend. Hierüber mußte man sich eigentlich nicht wundern, denn jeder von ihnen wollte vermeiden, daß der mörderische Krieg ausgerechnet in sein Land einbrach, und mehrere hegten auch die kühne Hoffnung, einen friedlichen Kompromiß mit dem Kaiser zustande zu bringen. Sie fanden außerdem, daß kein großer Sinn darin lag, die Bedrohung durch die Habsburger gegen die Anwesenheit eines ausländischen Heeres einzutauschen, das zwar den richtigen Glauben hatte, aber erhebliche Kosten in Form von Unterhalt und Subsidien verursachen würde. (Die Popularität der Schweden in Pommern hielt sich nicht besonders lange. Nach einigen Monaten, als der chronische Geldmangel der Schweden zu Konfiskationen und Drohungen geführt hatte, »kehrte sich die Affektion stark um«, wie ein schwedischer Sekretär schreibt.) Auch die übrigen potentiellen Bundesgenossen standen nicht gerade Schlange. Die Hansestädte hatten auf die schwedischen Vorstöße ausweichend geantwortet; der Bund, den Schweden früher einmal mit den Niederlanden geschlossen hatte, war nicht zu erneuern gewesen, England hatte man nicht zur Hilfe in Form von Subsidien bewegen können, und auch Frankreich hatte, trotz einer Menge diplomatischen Halli-Hallos, keine bindenden Beistandsversprechen abgegeben. Außer Scharen böhmischer Exulanten hatten lediglich die freie Stadt Magdeburg und Stralsund sich Gustav Adolf angeschlossen. Das war alles.

Den Rest des Jahres 1630 verwendeten die Schweden darauf, ihre Basis zu verbreitern, diplomatisch wie militärisch. Während Gustav Adolfs Unterhändler umherreisten, antichambrierten, sich in Hitze redeten, lockten und drohten, drangen seine Truppen in Pommern ein und weiteten den kleinen Brückenkopf an der Küste Schritt für Schritt aus. Als erstes ergriffen die Schweden Besitz von Stettin. (Die Stadt war von großer strategischer Bedeutung, weil sie wie ein Riegel an der Mündung der Oder lag, und wer sie besaß, hatte auch die Kontrolle über die Handelsströme, die an diesem Punkt von der Ostsee herein- und in die Ostsee hinausliefen, während gleichzeitig gerade diese Flußmündung für ein ausländisches Heer, das nach Deutschland hineinwollte, ein ausgezeichneter Hafen war. Als Gustav Adolf mit kampfbereiten Truppen auf einem Feld vor Stettins nördlicher Stadtmauer aufmarschierte, kam ihm Pommerns bejahrter Herzog Bogislaus in einem Tragsessel entgegen und appellierte an ihn, die Neutralität Stettins zu respektieren. Der König wischte seine Bitten fort, und vor die Drohung eines direkten Angriffs gestellt, sah Bogislaus sich gezwungen, die Tore der Stadt zu öffnen und die Regimenter von Skaraborg und Uppland sowie einige andere zuverlässige schwedische Verbände hereinzulassen. Danach wurde Damm eingenommen, Stargard erobert, Greifenberg und Treptow besetzt, Damgarten und Ribnitz bezwungen und Greiffenhagen gestürmt, so daß sich gegen Ende des Jahres 1630 der größte Teil Pommerns und Mecklenburgs in schwedischer Hand befand.

1631 wurde ein Jahr der Triumphe für die schwedischen Waffen.
Im Januar wurde in Bärwalde ein Vertrag zwischen Schweden und Frankreich geschlossen. Er garantierte Schweden 400 000 Reichstaler pro Jahr, solange man 30 000 Infanteristen und 6 000 Reiter in Deutschland im Feld hielt. Die Geldsumme war groß, aber nicht kolossal – so wurden die schwedischen Aufwendungen für den Krieg zwischen Mai 1631 und April 1632 auf insgesamt 2 200 000 Reichstaler berechnet –, aber sie traf genau im rechten Moment ein, denn Gustav Adolfs Kriegskasse war bereits weitgehend geleert. Der Vertrag dürfte auch große Bedeutung für die Stärkung der nachlassenden schwedischen Kreditwürdigkeit auf dem Geldmarkt gehabt haben. Die schwedische Armee befand sich seit Kriegsbeginn in schwerer Geldnot, ein Umstand, der sich nicht selten als Hemmschuh für die Operationen auswirkte. Dies führte dazu, daß man bald gezwungen war, Krieg auf Kredit zu führen. Das System war schlau ausgedacht und hatte praktisch dazu beigetragen, das gesamte Kreditsystem zu entwickeln und zu modernisieren – ein weiteres Beispiel dafür, wie der große Krieg die übrige Gesellschaft beeinflußte. Die Männer der Krone gingen zu Bürgern und Kaufleuten in den größeren Städten auf dem Kriegsschauplatz und veranlaßten sie, der Armee Geld vorzustrecken. (Es handelte sich in der Regel um kleinere Beträge von ein paar tausend Reichstalern, die man gerade benötigte, um die Forderungen der Truppen nach Sold zu befriedigen – Kosten: für ein Infanterieregiment 6920 Reichstaler im Monat, für eine Kompanie Reiter 1961 Reichstaler –, um neue Krieger anzuwerben – Kosten: für einen Soldaten sieben Reichstaler, für einen Dragoner acht –, um Schiffer für Frachten zu bezahlen, neue Pferde zu kaufen, Arbeiter für Befestigungsanlagen anzuheuern und dergleichen mehr. Auch wenn das Heervolk sich in fremden Ländern gern an dem bediente, was es benötigte, konnte man sich doch nicht allein auf den Degen verlassen, was den Unterhalt des Heeres anbelangte, ins-

besondere nicht, wenn man in Freundesland stand, das nach Möglichkeit geschont werden sollte.) Wenn der Kaufmann das Geld herausrückte, bekam er einen Wechsel über die gleiche Summe, den er später in Amsterdam einlösen konnte. Denn in Amsterdam, dem Mittelpunkt des europäischen Geldmarkts, gab es Geld, das der schwedischen Krone gehörte und das verwendet wurde, um den Krieg zu finanzieren; es waren Mittel aus dem Verkauf oder der Beleihung von Kupfer (der größten schwedischen Exportware), Gewinne aus dem Handel mit Teer (eine andere schwedische Spezialität), Subsidien von ausländischen Mächten, Einnahmen aus dem Verkauf russischen Getreides sowie natürlich Steuern und Zölle, die im Reich erhoben worden waren. Nur verhielt es sich so, daß diese Mittel mit quälender Unregelmäßigkeit eingingen, während der Geldbedarf des Heeres leider nie größere Ermüdungserscheinungen an den Tag legte. Es war diese Kluft, die durch die Wechselreiterei überbrückt wurde. Da es häufig mehrere Monate dauerte, bis die Wechsel zur Bezahlung fällig wurden, stellten sie eine geschmeidige Methode dar, Vorschuß auf Geld zu bekommen, das die Schweden erwarteten, von dem sie aber noch keine Spur gesehen hatten. Außerdem hatten Wechsel einen weiteren großen Vorteil. Durch sie konnten die Befehlshaber in Deutschland schnell Geld in die Hand bekommen, statt auf einen langsamen und nicht zuletzt höchst unsicheren Transport des Gelds, das Münze für Münze aus der Heimat zum Kriegsschauplatz befördert wurde, warten zu müssen. Und der Vertrag von Bärwalde war eine Garantie dafür, daß der Krieg auf Kredit weitergehen konnte.

Die militärischen und politischen Erfolge ließen indessen noch einige Zeit auf sich warten. Die protestantischen Fürsten zeigten sich anfänglich ebenso unwillig und widerspenstig wie im Jahr zuvor. Einige von ihnen versuchten verzweifelt, eine »dritte Partei« zwischen den Kaiserlichen und den schwedischen Invasoren zustande zu bringen, mit dem Ziel, den Frieden um jeden Preis zu erhalten, doch diese Pläne fanden es immer weniger Gehör, je gespannter die militärische Lage wurde, das Unrecht zunahm und der Haß wuchs. Ende März zog das schwedische Heer nach Süden, dem fruchtbaren Tal der Oder folgend nach Brandenburg, denn wie immer operierte man am liebsten entlang der Flußläufe. Es stieß auf keinen besonders heftigen Widerstand, weil die kaiserlichen Hauptstreitkräfte unter der Führung des Generalissimus der katholischen Liga, Jean Tserclæs, Graf von Tilly – dem Sieger der Schlacht von Lutter am Barenberge 1626 –, damit beschäftigt waren, die freie Stadt Magdeburg, Gustav Adolfs einzigen Bundesgenossen im deutschen Binnenland, einzunehmen. Am Palmsonntag griffen die Schweden Frankfurt an der Oder an, das zwar protestantisch war, aber von feindlichen Truppen gehalten wurde. Das Ergebnis des Angriffs verblüffte alle Beteiligten.

Die Belagerung hatte gerade einen oder zwei Tage gedauert, und die schwere

Artillerie war gerade erst auf Segelkähnen über den Fluß herangeführt worden. Ein Laufgraben war jedoch bereits gegraben, er führte an einer niedergebrannten Kirche vorbei und durch einen Garten zum südlichen Stadttor. Gustav Adolf gab Order, einen Erkundungsangriff gegen den palisadengekrönten Wall zu führen, der vor dem eigentlichen Stadttor lag. An eine direkte Erstürmung der Stadt war nicht gedacht, dazu hätte es größerer Vorbereitungen bedurft, denn auf den Mauern wimmelte es von feindlichen Soldaten, die die Grabenden mit einer Mischung von Musketenfeuer und höhnischen Schimpfkanonaden überschütteten. (Es war üblich, daß man seinen Feind während des Kampfs zu beschimpfen und zu reizen versuchte, und im Verlauf von Belagerungen wurden von schallend lachenden Kriegern auf beiden Seiten der Mauer häufig Wortgefechte ausgetragen. Dies war keine Ausnahme. »Ihr Heringfresser, habt ihr eure Lederkanonen aufgefressen«, rief einer der Kaiserlichen zu den Männern im Laufgraben hinunter, ein anderer hängte eine Wildgans über die Mauer und schrie, daß »die Schweden mit den übrigen Zugvögeln nach Hause in den Norden eilen sollten«. Jemand rief daraufhin zurück, daß man »vorhabe, gerade in Frankfurt all die Gänse zu verspeisen, die die Kaiserlichen aus Pommern geraubt hätten«.) Gegen sechs Uhr eröffneten schwedische Geschütze das Feuer, und ein paar Kompanien Schotten in schwedischem Dienst – viele in Feiertagskleidern, denn immerhin war Sonntag – liefen auf den Wall zu, die Offiziere voran mit gezückten Degen und Hellebarden. Als die geschlossenen Reihen von Männern in den dicken, weißen Qualm der Artillerie eingehüllt wurden, verschwand jede Sicht; Gedränge und Verwirrung entstanden; laute Schreie und Rufe mischten sich mit dem Donnern der Kanonen. Ungelenk und schwerfällig wegen ihrer Harnische und schweren Helme und bis zur Hüfte in Wasser und Schlamm, wateten sie durch den Graben vor dem Wall. Dann liefen sie auf den Kamm des Walls hinauf. Dort begannen die Schotten, an den dicken Holzpfählen der Palisaden zu zerren und zu ziehen, aber die saßen zu fest. Daraufhin wurden Petarden herangeschleppt – ein kurzer, dicker Kanonentyp, der für die Sprengung von Festungstoren konstruiert war –, und mit ihnen wurden die Pfähle paarweise gefällt, und die Soldaten drängten sich durch die Öffnungen. Entsetzt von dem krachenden und zischenden Feuer waren ihre Gegner auf der anderen Seite des Walls bereits hinabgelaufen in den Schutz seiner Rückseite. Die Schotten stürmten weiter, trieben die von Schrecken gepackten Scharen feindlicher Soldaten vor sich her und erreichten mit diesen zusammen die beiden Torhälften, die offenstanden. Dort verharrten sie eine kurze Weile, aufgehalten von dem Kreuzfeuer von ein paar Kanonen und einem Orgelgeschütz, das große Lücken in ihre Reihen riß und mehrere Offiziere niederstreckte. Die höheren Befehlshabenden, begierig, die unerwartete Öffnung zu nutzen, trieben ihre Männer jedoch weiter, und Schulter an Schulter, mit gesenkten Piken, drängten sie sich durch das dunkle Torgewölbe, unter dem Fallgitter hindurch, das herunterzulassen keiner der Kaiserlichen in dem Durcheinander geistesgegenwärtig genug gewesen war, hinein in die Stadt. Dort richteten die Schotten unter den kaiserlichen Soldaten, die wie in Panik geratene Schweineherden in den engen Straßen umherliefen, ein wahres Blutbad an. (Unmittelbar vor dem Angriff hatte Gustav Adolf auch die zum Sturm bereiten Soldaten an das Massaker erinnert, das Tillys Truppen einen guten Monat zuvor in Neu-Brandenburg an schottischen Soldaten verübt hatten. Außerdem hatte man den Soldaten gerade ihren Sold ausbezahlt, um ihre Kampfeslust zu beflügeln. Die Soldaten machten denn auch keine Gefangenen.) So wurde aus dem ursprünglich geplanten kleinen Erkundungsvorstoß ein erfolgreicher Generalsturm.

Frankfurt an der Oder war wie gesagt eine protestantische Stadt, doch das half jetzt nicht. Gustav Adolf hatte dem Heer eine dreistündige freie Plünderung versprochen, »doch mit Mäßigung, und ohne einen Bürger der Stadt zu töten«, aber nachdem das Rauben erst einmal freigegeben war, fiel es schwer, ihm wieder Einhalt zu gebieten. Unter Kriegern war es ein ungeschriebenes und unumstößliches Gesetz, daß die Sieger, wenn eine Stadt im Sturm genommen wurde, das Recht auf freie Plünderung haben sollten. Jede Ordnung brach zusammen. In bestimmten Regimentern blieb nicht ein Mann bei den Befehlshabern zurück, und im Gedränge gingen einige eigene Fähnlein verloren. Soldaten durchwühlten die Reihen von zusammengefahrenen Rüstwagen und Karren, die die Kaiserlichen in den Straßen zurückgelassen hatten, und rafften »Silbergeschirr, Juwelen, Gold, Geld und Kleider« an sich, andere drangen in die Häuser der Bürger und in Kaufmannsläden ein und nahmen, was ihnen in die Hände fiel. Am Morgen bot die Stadt einen grausigen Anblick. Gefallene Soldaten lagen überall, und in einigen schmalen Gassen, in denen die Fliehenden gefangen worden waren, wurde der Weg von wirren Haufen steifer und verstümmelter Leichen versperrt. Es dauerte sechs Tage, bis alle Toten begraben waren, »und zum Schluß wurden sie haufenweise in den großen Graben geworfen, mehr als hundert in jedes Grab«.

Der schwedische Marsch nach Süden war ein Glied in einer Reihe von Versuchen, das belagerte Magdeburg zu entsetzen, das knapp 200 Kilometer westlich von Frankfurt an der Oder lag. Die Schweden kamen jedoch zu spät. Zu einem Teil kann dies dem realpolitisch veranlagten Gustav Adolf angelastet werden, der die gefährdete Lage Magdeburgs in seinen Verhandlungen mit einigen protestantischen Potentaten als Druckmittel benutzte. Außerdem wurden die Operationen der Armee durch die übliche Geldknappheit verzögert. Die Hauptverantwortlichen aber waren die beiden zuvor bereits genannten Fürsten, Johann Georg von Sachsen und Georg Wilhelm von Brandenburg, die nach wie vor ablehnten, zauderten, hinhielten und verhinderten. Johann Georg war damals in mittleren Jahren und eine Art Schlüsselfigur: klug, ehrlich und ein aufrichtiger Friedensfreund, aber leider auch wankelmütig, schwach und zur Völlerei neigend. (Besonders diese letztere Eigenschaft machte ihn zu einem Alptraum für die Diplomaten. Während seiner bis zu sieben Stunden dauernden Mahlzeiten pflegte er stumm wie ein Fisch enorme Mengen Bier in sich hineinzuschütten. Als echter deutscher Landjunker – er verstand kein Wort Französisch, schnitt seinen Bart altmodisch kurz und trug schlichte Kleider – war er nicht besonders interessiert an gelehrten Tischgesprächen und begnügte sich bei diesen Gelegenheiten damit, dann und wann seinen Hofzwerg zu ohrfeigen und in regelmäßigen Abständen den Bodensatz in seinem Bierseidel über den Kopf eines Dieners auszuleeren als Zeichen, daß er nachgeschenkt haben wollte.) Seine Hauptinteressen waren das Wohlergehen Sachsens, die Einheit Deutschlands sowie die Jagd – doch nicht notwendigerweise in dieser Reihenfolge; während der wichtigen Verhandlungen des Frühjahrs hatte er viel wertvolle Zeit damit vergeudet, im Wald dem Wild aufzulauern; später prahlte er damit, in seinem Leben mehr als 150 000 Tiere persönlich erlegt zu haben. Schließlich, nachdem er wie üblich eine Weile unschlüssig geschwankt hatte, ließ er den Schweden mitteilen, daß ihnen nicht erlaubt werden könne, bei ihren Versuchen, Magdeburg zu entsetzen, sächsischen Boden zu überqueren. Zu diesem Zeitpunkt war Gustav Adolf indessen schon einmarschiert. Und schwedische Kavalleriepatrouillen standen weniger als 40 Kilometer vor Magdeburg, als die fürchterliche Nachricht sie erreichte.

Nach einer langen, mühsamen Belagerung hatte Tilly seine Leute zum direkten Angriff auf die Stadt losgelassen. Drei Stunden hatte es gedauert, dann waren die unterlegenen Verteidiger auf den Mauern überwältigt. Da kam es zur Katastrophe. Tillys Soldaten, rasend und ausgehungert nach allen Entbehrungen, die sie während der Belagerungsarbeiten ertragen hatten, begannen Amok zu laufen. In wilder Wut schlugen sie alle nieder, auf die sie stießen, inklusive ein Kontingent der kaisertreuen Bevölkerung der Stadt, das freudig hinausgelaufen war, um seine Befreier zu begrüßen. Einige Bürger versuchten zu entkommen, indem sie das uralte Asylrecht in Anspruch nahmen und sich in einer der Kirchen einschlossen, aber sie wurden *en masse* verbrannt, nachdem die Soldaten die Türen vernagelt und Fackeln durch die Fenster geworfen hatten. Die immer wieder gleichen Geschichten erzählen von einer blinden Woge von Mord und Gewalt: betrunkene Soldaten, die auf alles und alle losgehen, Hiebe und Schläge; Leichen in den Straßen, nackt, ohne Köpfe, zerstückelt; Massenvergewaltigungen; ganze Familien, die wahnsinnig vor Angst Selbstmord begehen; Frauen, die in ihrer Verzweiflung Steine auf Soldaten werfen, die in ihre Häuser einzudringen versuchen; Kinder, die hilflos und schreiend umherirren,

Kinder, die hinter den Körpern ihrer getöteten Eltern Schutz suchen, Kinder, die auf Lanzen gespießt werden; Menschen, die hinter Pferden hergeschleift werden, Menschen, die in den Fluß gejagt werden; Menschen, die lebend in brennende Häuser geworfen werden. Die Schrecken erreichten ihren absoluten Höhepunkt durch ein großes Feuer, das sich durch den starken Wind rasch über ganz Magdeburg ausbreitete:

> *Sieh, wie die Menschen irren*
> *in Scharen vor und zurück*
> *unter den fallenden Mauern,*
> *zwischen den brennenden Häusern,*
> *und keiner kennt mehr sein Zuhaus.*

Zeitgenössische Bilder zeigen Straßen, die übersät sind mit verstümmelten Körpern, und eine große und schöne Stadt, die in wogenden Massen von Rauch, Glut und Feuer dahinschmilzt; nicht ein Brand, sondern zehn, zwanzig, dreißig Brände, die in zuckenden Stößen zum Himmel aufsteigen, lange Flammen, die sich ineinanderschlingen, sich lösen und aufs neue ineinanderschlingen, wachsen, bis alles einer gewaltigen Woge von Hitze gleicht – ein frühneuzeitlicher Feuersturm.

Als alles vorüber war, standen nur noch ein paar Reihen von Häusern um den Dom, der Rest war Asche und schwarze, eingestürzte Ruinen. Von den 30 000 Einwohnern der großen Stadt lebten nur noch zwischen 5000 und 10 000. (Die überlebenden Protestanten wurden zu Kriegsgefangenen erklärt; die Männer erhielten die Möglichkeit, sich und ihre geraubten Frauen freizukaufen; diejenigen, die über keine Mittel verfügten, mußten als zu Dienern umgeschminkte Sklaven bei der Armee bleiben.) Selbst von katholischer Seite hieß es, etwas Ähnliches habe die Welt »seit der Zerstörung Jerusalems« nicht gesehen. Und Tilly selbst? Er war ja im Gegensatz zu dem hochgewachsenen, mageren Wallenstein kein zynischer Opportunist, der sich in den Krieg geworfen hatte, um Geld zu machen. Der Flame Tilly hatte vielmehr etwas von einem Idealisten – was in Fällen wie diesem noch fataler sein kann: Als tief gläubiger Katholik wollte er ursprünglich Jesuit werden, beschloß aber dann, lieber in handgreiflicherer Weise für seinen Glauben zu kämpfen. Er war zu diesem Zeitpunkt Europas meistgefeierter und meistgefürchteter Feldherr, der die Truppen des Kaisers von Sieg zu Sieg führte. Seine strenge persönliche Moral und Frömmigkeit hatten ihm den Beinamen »der Mönch in Rüstung« eingebracht. Als er am Tag nach der Erstürmung in die rauchenden Ruinen Magdeburgs hineinritt, scheint er aufrichtig schockiert gewesen zu sein von dem, was er sah. Es stank nach verbranntem Fleisch aus den verkohlten Trümmerhaufen, Hunde streunten umher und nagten an den Leichen, und betrunkene Soldaten gruben in der Asche und in den mit Leichen angefüllten Kellergewölben nach noch mehr Beute. Es blieb nichts anderes übrig, als die Toten einfach in die Elbe zu werfen; vierzehn Tage lang rollten mit verkohlten Körpern vollbeladene Wagen zwischen der Stadt und dem Fluß hin und her.

Die Plünderung war Tillys Werk, aber der Brand war es nicht; hier in Norddeutschland brauchte er eine reiche, lebendige Stadt als Stützpunkt. Möglicherweise wurde die Stadt von einigen Verteidigern in Brand gesteckt, möglicherweise von Tillys betrunkener und außer Rand und Band geratener Soldateska. Das Geschehene war unheilverheißend, denn es offenbarte nicht nur, daß der Krieg im Begriff war, brutalisiert zu werden, sondern auch, daß die Kriegsherren die Kontrolle über die Ereignisse verlieren konnten, so daß am Ende ein Ergebnis stand, das eigentlich niemand gewollt hatte. Etwas Böses und Finsteres, das stärker war als der menschliche Wille, war in Deutschland entfesselt worden, etwas, das aus Geschehnissen wie diesem Energie gewann und nun wie ein großes und schweres Rad zu rotieren begann – sich drehte und drehte – in immer schnellerem Tempo.

Und die deutsche Sprache erhielt ein neues Verb: »magdeburgisieren«.

Das Ereignis löste Wogen von Entsetzen und Abscheu in ganz Deutschland, ja in ganz Europa aus: Nicht weniger als 20 Zeitungen, 41 illustrierte Flugblätter und 205 Pamphlete verbreiteten die Nachricht über den Kontinent – für die damalige Zeit eine Art Rekord. Nicht daß es ungewöhnlich war, daß eine gestürmte Stadt Plünderungen und ihre Bewohner Übergriffen ausgesetzt waren – die Schweden hatten ja, wie eben erwähnt, in Frankfurt an der Oder gewütet. Was die Menschen schockierte, war das Ausmaß des Massakers. Die Vernichtung Magdeburgs ließ auch die ansonsten so kühlen protestantischen Potentaten vor Schreck erzittern und vor Empörung aufschreien, und eine strikte Neutralitätspolitik war immer schwerer zu verteidigen. Im Verlauf des Sommers schlossen sich mehrere norddeutsche Fürsten Gustav Adolf an, unter anderem Wilhelm von Hessen-Kassel und Georg Wilhelm von Brandenburg. (Georg Wilhelms Beschluß wurde auch in gewissem Maß durch den Anblick einer Batterie schwedischer Kanonen stimuliert, die der cholerische Gustav Adolf während der Verhandlungen, mit den Mündungen auf den Palast des Fürsten in Berlin gerichtet, aufprotzen ließ.) Als es auf den August zuging, war die gesamte Aufmerksamkeit auf Sachsen gerichtet, das wie ein Getreidekorn zwischen den Mühlsteinen lag. Sowohl die Schweden als auch die Kaiserlichen mußten durch das reiche und unberührte Sachsen marschieren, um den Gegner angreifen zu können. Als Tilly aufgrund von Mangel an Unterhalt sein Heer in Sachsen einrücken ließ, verbündete sich der bis dahin so widerspenstige Johann Georg auf der Stelle mit den Schweden.

Die vereinigten sächsischen und schwedischen Armeen waren Tillys Heer zahlenmäßig überlegen, und Johann Georg wollte den gemeinsamen Feind sogleich zur Schlacht herausfordern. Gustav Adolf zögerte jedoch, und das aus gutem Grund. Eine Schlacht war ein höchst unwägbares Ereignis, ein Spiel mit hohem Einsatz, das in nur wenigen Stunden dazu führen konnte, daß ein teures und unter großen Mühen aufgestelltes Heer ruiniert und ein erfolgreicher Feldzug in sein Gegenteil verkehrt war. Ein kluger Feldherr vermied so lange wie möglich derartige unberechenbare Unternehmungen und griff zu ihnen nur in schweren Notsituationen oder wenn ein Erfolg gesichert schien. Führende Militärtheoretiker wie Johann von Nassau und Moritz von Oranien meinten, es sei besser, den Feind mit Hunger als mit direkten Kampfhandlungen zu besiegen. Der italienische Graf Raimondo Montecuccoli, der sich zu diesem Zeitpunkt in Tillys Armee vor Leipzig befand, schrieb später:

Wenn man kann, soll man den Feind ohne Schlacht und Wunden besiegen, indem man ihn auf einen schmalen Landstreifen einschränkt, wo man ihn von den Lebensmitteln abschneidet. In einem Kampf verliert man, auch bei glücklichem Ausgang, immer einen Teil der Seinen, und warum das Glück versuchen?

Es ist außerordentlich wichtig, dies zu bedenken, wenn man die scheinbar verworrenen Kriegsbewegungen kreuz und quer über die Ländergrenzen hin verstehen will. Die Kriege waren in hohem Maß langwierige Kämpfe um gute Quartiere, Proviantierungsbasen und Versorgungswege. Ein geschickter Feldherr war stets darum bemüht, seinen Truppen gute Quartiere zu sichern, während dem Gegner das gleiche verweigert wurde. Eine Armee wurde zudem öfter als politische Waffe benutzt, um die Entscheidungsträger durch Verwüstung und Ausplünderung von Gebieten unter Druck zu setzen, denn als ein rein militärisches Machtmittel. Gustav Adolf war sich darüber natürlich im klaren, und er wollte versuchen, Tillys Armee durch fortgesetzte Manöver zu ermüden. Johann Georg war jedoch aus erklärlichen Gründen darauf erpicht, die kostspieligen Gäste so schnell wie möglich aus seinem Land zu bekommen, und es gelang ihm auch, den schwedischen König dazu zu überreden, »eine öffentliche Feldschlacht zu liefern«.

Sie fand am 7. September statt, nördlich von Leipzig. Das Resultat war eine Sensation.

Die Schlacht als solche gestaltete sich in mehrfacher Hinsicht als ein Wettstreit zwischen zwei ganz unterschiedlichen taktischen Systemen: auf der einen Seite die nie besiegte kaiserliche Armee mit ihrer schwerfälligen, langsamen und strikt methodischen Kampfweise der spanischen Schule: das Fußvolk, mehr mutig als ausgebildet, in großen, dichten, pikenstarrenden Rechtecken, *tercios*, von dreißig Gliedern Tiefe aufgestellt, schwerfällig, aber äußerst effektiv im direkten frontalen Angriff und stark und stabil in der Verteidigung; die Reiterei schwer bepanzert und in dichten Kolonnen formiert, dafür ausgebildet, in langsamem Trab zum Angriff zu reiten und ihre *caracol* auszuführen, eine ballettähnliche Operation, bei der Glied auf Glied sozusagen Schlange stand, um der Reihe nach die schweren Radschloßpistolen gegen den Feind abzufeuern; die Artillerie, schwer, grobkalibrig und unbeweglich, die jede Schlacht mit einer kurzen Kanonade einleitete, bevor die massiven Rechtecke zu ihrem langsamen Erdrutsch nach vorn ansetzten. Auf der anderen Seite das unerprobte schwedische Heer, das eine neue und revolutionierende Kampfweise anwandte, die sich in den Kämpfen gegen die Polen in den zwanziger Jahren herausgebildet hatte und auf Feuerkraft und Beweglichkeit setzte: das gut trainierte Fußvolk in länglichen, sechs Glied tiefen Formationen, die schwach aussahen, aber in der Praxis kraftvoller waren als ein gleich großer *tercio* – in der Praxis konnte jeder Mann in dem schwedischen Verband seine Waffen gegen den Feind gebrauchen, während der Hauptteil der Männer in einem spanischen Rechteck untätig war, gefangen in dem kompakten Gewimmel im hinteren Teil des Rechtecks –, insbesondere weil die zahlreichen schwedischen Musketiere so gedrillt waren, daß sie einen Schuß dreimal so schnell abfeuern konnten wie ihre Gegner; die Reiterei in kleinen, schnellen Rechtecken, gewöhnt, im Galopp mit dem Degen in der Hand anzugreifen, und oft von kleinen Abteilungen von Musketieren unterstützt; die Artillerie gut organisiert, mit standardisierten Geschützen und leichten Lafetten, hauptsächlich in Form kleiner, beweglicher Dreipfünder, die zur direkten Unterstützung der Infanterie eingesetzt wurden – jedes Regiment verfügte über zwei bis drei eigene Geschütze. (Zu diesem Zeitpunkt waren die später so berüchtigten Lederkanonen bei der schwedischen Armee abgeschafft worden; der experimentierfreudige König hatte diese nur 40 Kilo schweren Geschütze einführen lassen, aber es zeigte sich, daß die Rohre – aus dünnem Kupfer und mit Eisenbändern, Tauen, Leinwand und Leder verstärkt – bereits nach zehn Schüssen gekühlt werden mußten und daß sie sich außerdem rasch abnutzten und nur höchst bescheidene artilleristische Leistungen boten.)

Dann die Menschen. Schon bestanden bedeutende Teile des Heeres aus angeworbenen Männern, vor allem Schotten und Deutschen, und ihr Anteil sollte sich ständig vergrößern, aber den Kern machten zu dieser Zeit ausgehobene Soldaten aus den schwedischen und finnischen Teilen des Reichs aus. Das Alter dieser zwangsverpflichteten Krieger reichte von 60 bis hinunter zu 15 Jahren, viele Ausgehobene waren halbwüchsige Jungen. Die meisten waren Besitzlose, Knechte oder Bauernsöhne. (Das System war so geregelt, daß die Menschen in den Kirchspielen selbst bestimmen konnten, wer ausgehoben werden sollte, was die wohlhabenden und einflußreicheren Bauern ausnützen konnten, so daß sie selbst von der Aushebung verschont blieben.) Sie sahen auch nicht nach viel aus, besonders nicht, wenn sie neben ihren neugewonnenen Verbündeten Aufstellung nahmen. Die sächsischen Verbände waren kürzlich erst geworben worden, und es war ein Vergnügen, die Leute zu sehen: groß, blühend und gesund, gut gekleidet und mit geputzten Waffen; die Offiziere stolze sächsische Edelleute in neuen, schönen Rüstungen, mit leuchtenden Krausen und Umhängen – als hätten sie sich gesammelt, »um abgemalt zu werden«, wie einer der Schweden ein wenig ironisch anmerkte. Die schwedischen Männer dagegen sahen »abgerissen, verschlissen und schmutzig« aus, ihre Pferde niedrig und ausgehungert, die Leute klein gewachsen und mager, in zerlumpten Kleidern, mit grünen Zweigen an den Hüten als gemeinsames Erkennungszeichen. Die Sachsen machten sich lustig über diese Soldaten, die ihrer Meinung nach am ehesten aussahen wie »Küchenjungen«. Doch was nicht sichtbar war, waren all jene Eigenschaften, die das schwedische Heer während der langen Kampagnen im Osten zum Sieg geführt hatten: Sie waren an karge und freudlose Lebensumstände gewöhnt, und ebenso hart gedrillt wie streng geführt, waren sie im allgemeinen ausdauernder, beständiger und loyaler als die teuren, anspruchsvollen und unsteten Landsknechte, die zu dieser Zeit alle Armeen einschließlich der sächsischen bevölkerten.

Die Schlacht auf der freien, flachen Ebene bei dem Dorf Breitenfeld dauerte fünf Stunden. Sie wurde in ganz traditioneller Form damit eröffnet, daß ein Trompeter zu den wartenden kaiserlichen Streitkräften gesandt wurde, um sie herauszufordern. Zunächst mußten die schwedischen Krieger untätig in der Sonne und der spätsommerlichen Hitze stehen, während zischende und krachende Kugeln aus den kaiserlichen Kartätschen in Salven von drei und drei Gassen durch die dicht geschlossenen Reihen sprengte; die Offiziere liefen hin und her und sorgten dafür, daß die Verwundeten fortgetragen wurden zu den Feldschern, die hinter den Verbänden warteten, und daß die Soldaten sich wieder zusammenschlossen und die entstandenen Lücken rasch auffüllten. (Es fällt schwer, sich etwas vorzustellen, das mehr Mut und Selbstüberwindung verlangt als dies: aufrecht und ungeschützt dazustehen, während schwere Geschosse um einen herumpfeifen, und die einzige Chance, die man hat, einem dieser langsam fliegenden Ungeheuer auszuweichen, darin besteht, sich in genau der richtigen Sekunde zu ducken oder wegzudrehen, was noch schwerer war, wenn man auf einem Pferd saß.)

Anfänglich sah es so aus, als sollte das schwedische Heer eingekreist werden. Tilly setzte seinen rechten Reiterflügel und einen großen Teil seines erprobten Fußvolks gegen die leuchtende Erscheinung der Sachsen in Bewegung, die den linken Teil des alliierten Heers ausmachten. Hier ging es wie schon so viele Male zuvor: Die spanische Schule bewies ihren Wert. Vor die dichten Kolonnen federbuschgeschmückter Kürassiere und langsam heranrückender Pikenmassen gestellt, nahmen die gesamte sächsische Infanterie und große Teile ihrer Reiterei ganz einfach die Beine in die Hand und verschwanden in einer Wolke aus farbenfrohen Krausen, ziselierten Rüstungen und Staub. Zwei Fünftel der protestantischen Streitmacht waren damit aus dem Spiel. Der Initiator der Schlacht, Johann Georg, unternahm einen Versuch, mit gezücktem Degen seine flüchtenden Untertanen ein wenig zur Raison zu bringen, was sich jedoch als unmöglich erwies. (Die einzigen, die freiwillig einen kurzen Halt einlegten, waren Männer, die die Gelegenheit wahrnahmen, den eigenen und den schwedischen Troß zu plündern.) Daraufhin entschloß er sich sogleich, dem Beispiel der Retirierenden zu folgen, und er hielt sein Pferd nicht an, bis er sich in der einigermaßen sicheren Entfernung von 20 Kilometern vom Schlachtfeld befand. Unterdessen ging kaiserliche Kavallerie zum Angriff auf den rechten schwedischen Flügel über. Die Angreifer hatten nur geringen Respekt vor der schlecht berittenen und armselig gepanzerten schwedischen Reiterei, wurden aber zu ihrer großen Verwunderung zurückgeworfen, vor allem durch das Feuer der Gruppen von Musketieren, die zwischen die Kavallerieabteilungen plaziert waren. Immer wieder ritten die dichten Kolonnen gepanzerter Reiter an, und immer wieder prallten sie im Kugelhagel des schwedischen Fußvolks zurück. Hier praktizierten die Letztgenannten zum erstenmal eine ganz neue Technik: die Zugsalve. Statt wie bis dahin üblich Glied auf Glied in einer streng abrollenden Ordnung die Waffen abfeuern zu lassen, verdoppelte man die Glieder, so daß die Aufstellung nur drei Glieder tief war. Die ganze Truppe feuerte dann gleichzeitig in einer einzigen brüllenden Salve die Waffen ab. Diese bis dahin ungesehene Feuerkraft hatte einen fürchterlichen Effekt auf die dicht gepackten Massen der Kaiserlichen, insbesondere an den Stellen, wo die Schweden sie auch mit heulenden Schwärmen von Schrot und Kartätschenkugeln aus den schnellschießenden Regimentskanonen überschütten konnten. Bei dem Versuch, um ihre Gegner herumzukommen, stießen die sich lichtenden Reihen von Kürassieren immer weiter nach links hinaus in den Rauch vor, doch vor ihren Augen wuchs die Mauer von Männern und Pferden und versperrte ihnen den Weg. Die schwedische Schlachtaufstellung in zwei gestaffelten Treffen und die hohe Beweglichkeit der Verbände stellten sicher, daß hinter den ersten Linien Reserven bereitstanden, die schnell herangeführt werden konnten, um die drohende Überflügelung zu blockieren. Dies hatte die Schweden auch gerettet, als die Sachsen davonliefen und ihre Mitte frei in der Luft hängen ließen. In verblüffend kurzer Zeit konnte mit Hilfe von Truppen des hinteren Treffens ein neuer linker Flügel aufgestellt werden, ein linker Flügel, der in der gleichen Weise wie die Kameraden draußen auf der Rechten die Gegner abzuwehren vermochte. Auf beiden Seiten wich so schließlich die stolze kaiserliche Reiterei und strömte in Auflösung geraten zurück. Da gingen die Schweden zum Gegenangriff auf das jetzt alleingelassene feindliche Fußvolk über.

Man stellt sich die Schlacht am besten nicht als einen einzigen, einheitlichen und kontinuierlichen Kampf vor, sondern als eine Reihe lose zusammenhängender kleiner Gefechte, in denen Verband auf Verband traf. Allen, auch den Kommandierenden, fehlte der Überblick, der nötig gewesen wäre, damit das Treffen zu einem einheitlichen und kontrollierbaren Geschehen hätte werden können. Zwar hatten die Generale zu dieser Zeit ein neues Hilfsmittel bekommen, den optischen Tubus oder das Fernrohr – Gustav Adolf hatte selbst eines, ein schmales und buntes. Das Fernrohr war am Anfang des Jahrhunderts von Hans Lipperhey, einem holländischen Brillenschleifer, erfunden worden. Die Holländer erkannten rasch seinen Wert im Krieg und versuchten sogar, es als eine Art Geheimwaffe für sich zu behalten, was jedoch mißlang. Das Gerücht von dieser sensationellen Erfindung verbreitete sich in Europa und gelangte binnen eines Jahres nach Italien, wo der bekannte Astronom und Physiker Galileo Galilei selbst einen optischen Tubus baute. (Er richtete ihn zum Himmel und entdeckte in rascher Folge die Gebirge des Mondes, die Monde des Jupiter, die Phasen der Venus und die Flecken der Sonne und erhielt außerdem die Bestätigung für die These des Kopernikus, daß es die Erde ist, die sich um die Sonne dreht, und nicht umgekehrt; in ebendiesen frühen dreißiger Jahren des 17. Jahrhunderts sollte im übrigen Galileis Streit mit der katholischen Kirche um die Lehre, daß die Sonne der unbewegliche Mittelpunkt der Welt sei, ihren Höhepunkt und ihr schmähliches Ende finden – 1633 wurde Galilei gezwungen, in der Kirche Santa Maria niederzuknien und dem, was er früher gesagt hatte, abzuschwören.) In Italien fand ein großer Teil der Rekrutierung und Ausbildung von Soldaten für die spanischen Armeen statt, und der optische Tubus wurde von spanischen Offizieren entdeckt, und damit war das Geheimnis in Europa bald gelüftet.

Doch der optische Tubus war kein Präzisionsinstrument; blickte man hinein, sah man ein kleines, unruhiges Bild mit gelblichen Rändern. Er war auch von begrenztem Wert, wenn die Schlacht ernsthaft in Gang gekommen war, wie hier bei Breitenfeld. Der Sommer 1631 war heiß und trocken gewesen, und riesige Staubwolken wurden von den ausgetrockneten Äckern aufgewirbelt, wenn die Männer und die Pferde sich über sie vor und zurück bewegten. Und der Staub vereinigte sich mit den quellenden Schwaden weißen, übelriechenden Pulverdampfs, so daß das Schlachtfeld bald in einen Nebel gehüllt war, den ein Beteiligter mit einer dunklen Nacht vergleicht, wo man einem anderen Augenzeugen zufolge zuweilen nicht mehr als vier Schritt weit sehen konnte. Der Infanterieoffizier Robert Monro berichtet, wie seine Brigade schottischer Söldner mit einem der kaiserlichen Rechtecke zusammenstieß, wie sie es mit Feuer aus Musketen und Regimentskanonen in Unordnung brachten und es dann in einem Direktangriff mit den Piken sprengten, woraufhin sie weiterstürmten:

Aber der Rauch war dicht, der Staub wurde aufgewirbelt, und wir befanden uns gleichsam in einer dunklen Wolke, ohne die Hälfte unserer Bewegungen sehen, geschweige denn die Aktionen des Feindes oder den Rest unserer eigenen Brigaden ausmachen zu können; weshalb ich, der ich einen Trommler an meiner Seite hatte, diesen den schottischen Marsch schlagen ließ, bis es hell wurde, welches unsere Kameraden um uns sammelte und unsere besiegten Feinde veranlaßte, sich zu zerstreuen; und erst als die Brigade sich wieder gesammelt hatte, konnten die, die lebten, merken, welche Freunde getötet oder verwundet worden waren.

Unter dem Druck der in engem Zusammenspiel kämpfenden Reiterei, des Fußvolks und der Artillerie brach der Rest der kaiserlichen Schlachtordnung bei Sonnenuntergang zusammen und strömte flüchtend zurück. Tilly, an Brust und Nacken von drei Kugeln getroffen, die zu seinem Glück nicht durch die Rüstung gedrungen waren, wurde in dem Durcheinander beinah selbst gefangengenommen. Ein langer Deutscher in schwedischen Diensten ritt zu ihm hin, ergriff ihn bei den Kleidern und rief ihm zu, er solle aufgeben – Personen von hoher Abkunft oder hochgestellte Persönlichkeiten gefangenzunehmen und sie dann gegen ein Lösegeld freizugeben war ein überaus einträglicher Brauch –, aber Tilly gab seinem Pferd die Sporen und versuchte, sich loszureißen. Sein Verfolger begann daraufhin, mit dem Kolben seiner Pistole auf ihn einzuprügeln, wurde aber in dem Moment von einer Kugel in den Kopf getroffen und fiel tot vom Pferd, und der verwirrte und niedergeschlagene Tilly konnte entkommen.

Mit Einbruch der Dunkelheit nahmen die Kämpfe ein Ende. Die siegreichen Schweden kampierten auf den Feldern, zwischen Toten und Sterbenden, und zündeten zum Schutz gegen die Kühle der Nacht Feuer aus zerbrochenen Pikenschäften und zerschlagenen Wagen an. In dieser Nacht klang das Geräusch von Glöckchen im Wind; es waren schwedische Soldaten – man möchte gern glauben, daß es die jüngeren waren –, die mit kleinen Glocken spielten, die sie toten und gefangenen katholischen Feldgeistlichen abgenommen hatten.

Die Verluste des schwedischen Heeres waren mäßig: rund 2100 Mann, die Schwerverwundeten eingerechnet. Der Verlust an Pferden war wie üblich enorm: Von den 9000, die mit in der Schlacht waren, waren rund 4000 getötet worden. Wenn wir uns ein Schlachtfeld nach Beendigung der Kämpfe vorstellen, müssen wir uns ein Bild mit dichten Scharen von Gäulen vor Augen führen, die auf drei Beinen umherhinken, schreiende Wracks, die in ihre eigenen

Eingeweide verwickelt über die Felder verstreut liegen, und Kadaver in Massen. Die Verluste der Gegenseite waren geradezu katastrophal: Sieben von zehn kaiserlichen Soldaten wurden entweder getötet oder während der Schlacht und im Verlauf der Verfolgungen an den Tagen danach gefangengenommen. Viele tausend wurden von sächsischen Bauern getötet, die in großen Banden unterwegs waren, Verwundete suchten und Fliehende jagten und sie ohne viel Federlesens totschlugen. Fast vom allerersten Augenblick des Konflikts an standen sich die Landbevölkerung und ihre Plagegeister, die Soldaten, in erbitterter Feindschaft gegenüber. Die Bauern nahmen jede sich bietende Gelegenheit wahr, es ihnen heimzuzahlen, und sie zögerten oft nicht, in einer Art Krieg im Krieg, Soldaten, die ihnen in die Hände fielen, zu foltern, zu verstümmeln und zu töten.

Und rundum im protestantischen Deutschland wurde ein Lied über den großen Sieg der Schweden über die Kaiserlichen verbreitet. Darin ruft Gustav Adolf jubelnd seinem fliehenden Widersacher Tilly hinterher:

Ich bin der Löw von Mitternacht,
Mit dir will ich frisch fechten,
Ich streite ja durch Gottes Krafft,
Gott helfe dem Gerechten.

Auf einmal hatte der Krieg sich gewendet.

2. Fünf Schüsse im November

CORPUS EVANGELICORUM? – EIN TRAGISCHER WENDEPUNKT. –
HINUNTER INS MAINTAL. – DIE ARMEE WIRD FÜR DEN FELDZUG 1632
GERÜSTET. – EINMARSCH IN BAYERN. – DAS TREFFEN AM LECH. –
WALLENSTEIN KEHRT ZURÜCK. – DIE KÄMPFE BEI NÜRNBERG. –
DER KAMPF UM DIE ALTE VESTE. – NACH NORDEN UND SACHSEN. –
DIE SCHLACHT BEI LÜTZEN. – ›WIR KONNTEN EINANDER
AUF VIER SCHRITT ABSTAND KAUM SEHEN‹. – GUSTAV ADOLF FÄLLT.

Während die Reste dessen, was einmal Europas siegreichste Armee gewesen war, blutig und vom Mut verlassen in versprengten Scharen nach Süden abzogen, konnten Gustav Adolf und seine engsten Mitstreiter über eine total veränderte politische Landschaft blicken. Die schwedischen Kriegsziele waren erreicht: alles, was als eine kaiserliche Bedrohung Schwedens und seiner Besitzungen gedeutet werden konnte, war aus dem Weg geräumt, und die deutsche Ostseeküste war fest in schwedischer Hand. Gustav Adolf scheint zunächst nicht weiter als bis hierhin gedacht zu haben und war allem Anschein nach auf einen Sieg dieses Ausmaßes nicht richtig vorbereitet. Die schwedische Armee verfügte nicht einmal über richtige Karten von Süd- und Westdeutschland, das ganz plötzlich offen vor ihr lag.

Dies war vielleicht der entscheidende Augenblick des Kriegs.

Hier hätte der Konflikt ein Ende finden können. Hier hätte ein Kompromißfriede geschlossen werden können zwischen einem angeschlagenen Kaiser und einem zufriedenen König, der alles erreicht hatte, das erreichen zu wollen er *erklärt* hatte. Der Krieg, der Fenriswolf, der Leviathan, wäre gefesselt und in seine finstere Höhle zurückgetrieben worden. Die schwedischen Soldaten hätten wieder nach Hause fahren können, um hinter Pflug und Egge alt und grau zu werden und ihren Kindern und Enkeln von dem wundersamen Abenteuer zu erzählen, an dem sie teilgenommen hatten. Und zukünftige Historiker hätten dickleibige Abhandlungen über den Frieden schreiben und verschnörkelte, aber erregte Diskussionen führen können über die große Gelegenheit, die Gustav Adolf versäumte, denn was hätte nicht geschehen können, wenn er nur, ja, wenn er nur ... Hier hätte alles enden können.

Aber nein. Statt dessen lief die Entwicklung in eine direkt entgegengesetzte Richtung. Und der Krug wurde erneut zu Wasser getragen und sollte bald brechen. Und die Soldaten sollten nie wieder nach Hause kommen, sondern mit gebrochenen Augen, den Haaren im Schlamm und den Eingeweiden im Freien enden. Und die Kinder und Enkel sollten nie geboren werden, und die Erzählung von dem wundersamen Abenteuer sollte sich zu einer Geschichte des Grauens verdunkeln. Denn Gustav Adolf faßte nun einen Entschluß, der ungeheuerliche Konsequenzen für die Deutschen wie für die Schweden haben sollte: sowohl für das deutsche Reich als auch für Schweden.

Offenbar war Gustav Adolf der Appetit beim Essen gekommen. Sowohl die politischen als auch die militärischen Ziele änderten sich langsam. Statt sich zu besinnen und das Gewonnene zu genießen, entschloß sich der König weiterzumachen, um den Krieg auszuweiten. Während des auf Breitenfeld folgenden Halbjahres zog er eifrig an verschiedenen diplomatischen Fäden, die sich zu Mustern und Verknüpfungen zusammenfügten, die ständig zu wachsen schienen. Daß Schweden für sein Ungemach im Krieg Entschädigung, Satisfaktion, haben sollte, war ja eine Selbstverständlichkeit; und die deutsche Ostseeküste lag ja so günstig. Aber warum nicht auch ein *Corpus evangelicorum* errichten, einen Bund aller protestantischen Fürsten im deutschen Reich, mit einer starken, stehenden Armee und natürlich unter schwedischer Führung?

Auch die militärischen Ambitionen wuchsen mit den Erfolgen. Nach der Schlacht marschierte das schwedische Heer zuerst auf Erfurt zu, wo man in

Ruhe Winterquartier zu beziehen gedachte. Aber die Vorstellung des reichen und unberührten Maintals mit allen seinen Klöstern, schönen Ritterburgen und wohlhabenden Städten wurde zur allzu großen Versuchung. So brach das Heer auf, wobei zunächst an nicht mehr als einen kleinen Ausflug gedacht war, um die Kriegskasse ein wenig aufzufüllen, aber man ließ sich bald verlocken, noch ein Stück weiterzugehen, und dann noch ein Stück und noch ein Stück; denn die ganze Zeit winkten neue, schlecht befestigte Städte, mit Bürgern, die mit wallenden Spitzenkragen, Embonpoint und gutem Einkommen sozusagen bereitstanden und nur darauf warteten, die Zwangssteuer zu entrichten, die Kontribution genannt wurde. So rollte der schwedische Kriegszug davon nach Südwesten, getragen von dem guten Rausch, den schnelle Erfolge geben können, sowie einer nicht zu unterschätzenden Begeisterung unter den deutschen Protestanten. Für die schwedischen Generale gestaltete sich der Marsch zu einem glücklichen Traum von sperrangelweit geöffneten Stadttoren, ängstlichen Schloßherren, die ohne einen Schuß kapitulierten, Willkommensbanderolen an den Hauswänden, respektvollen Bürgerfräulein, die von ihren Fenstern aus die heranstampfenden Kolonnen staubiger Männer betrachteten, von der einen oder anderen polterigen, aber nicht allzu aufwendigen Erstürmung, kleinen und schnell aufgeriebenen kaiserlichen Abteilungen, deren gelichtete Reihen am Horizont verschwanden, sowie natürlich Beute, massenhaft Beute. Zum erstenmal seit Kriegsbeginn konnte man das Prinzip verwirklichen, das Gustav Adolf bereits 1628 aufgestellt hatte: *Bellum se ipsum aleat* – laß' den Krieg sich selbst ernähren. Die Last auf den Bürgern des schwedischen Reichs konnte leichter werden, während sie gleichzeitig für die, die in Deutschland lebten, schwerer und schwerer wurde.

Auch für die abgerissenen Soldaten des schwedischen Heeres war es eine selten gute Kampagne. Zum erstenmal seit der Landung im Sommer des voraufgegangenen Jahres wurden sie ordentlich bezahlt. Einer der Schweden in Deutschland schrieb, daß die Soldaten sich zuvor mit Wasser, verschimmeltem Brot und Biersuppe hatten begnügen müssen, jetzt aber machten sie »Kaltschale im Sturmhut mit Wein und Weizensemmeln«. Der Herbstfeldzug des Jahres 1631 hatte unbezweifelbar etwas Traumhaftes an sich: Die Menschen litten und starben wie gewöhnlich, aber der schlimmste Fanatismus und die Kriegsverwilderung hatten sich noch nicht eingestellt. Mönche und Nonnen auf der Flucht vor den Schweden zogen auf den Landstraßen dahin, und viele von Schrecken gepackte Katholiken schlossen sich ihnen an. Aber Gustav Adolf zwang niemanden dazu, sich zu bekehren, und seine Soldaten waren vergleichsweise diszipliniert, so daß der Sensenschnitt des Heeres nach Südwesten nie zu einer Schneise der Verwüstung ausartete. Am Ende des Jahres 1631 sah man die schwedische Armee satt und zufrieden bei Mainz am Rhein.

1632 war das gesegnete Jahr, in dem die schwedischen Erfolge ihre wunderbare Vollendung erreichen sollten. Schon beherrschten die Schweden und ihre rasch anschwellende Schar von Verbündeten das halbe deutsche Reich. Es war Gustav Adolfs Plan, weiter vorzurücken, nach Osten und in die habsburgischen Erblande, um in einer großen, apokalyptischen Schlußoffensive den Kaiser in die Knie zu zwingen. Bis zu dieser Epoche waren die Kriege klein in ihrem Ausmaß und begrenzt in ihrer Systematik gewesen. Die Armeen waren recht unansehnlich und außerdem wenig zahlreich gewesen und hatten etwas betrieben, das am ehesten großangelegten Raubzügen ähnelte: Jede Seite unterhielt ein einziges Heer, das, wenn es hochkam, einige zehntausend Mann zählte, die sich an einer einzigen Front schlugen, die sich mit den Truppen verlagerte. In diesem Zeitalter der kleinen Armeen hatte es weder die Notwendigkeit noch die Möglichkeit gegeben, Streitkräfte zu koordinieren, die in großem Abstand voneinander operierten. Dies hatte sich bereits im 16. Jahrhundert allmählich geändert, als es üblich geworden war, daß Kriege an zwei verschiedenen Fronten geführt wurden. Gustav Adolf stand im Begriff, diesen strategischen Horizont noch mehr und auf geradezu revolutionierende Weise auszuweiten. Er hatte die Vision von fünf oder sechs Armeen, die in enger Koordination entlang einer gewaltigen Kette von Fronten von der Oder bis zu den Alpen vorrücken sollten.

Die schwedischen und die deutschen protestantischen Streitkräfte bereiteten sich während des Frühjahrs auf die große Aufgabe vor. Dies bedeutete in erster Linie, daß ihre Anzahl drastisch erhöht wurde. Werbungspatente wurden überall und an jeden ausgeteilt. Die während der voraufgegangenen Feldzüge entstandenen Lücken sollten aufgefüllt und außerdem mehrere neue Verbände aufgestellt werden. Alles in allem sollte die Truppenstärke auf 150000 Mann hochgetrieben werden, eine für diese Zeit schier unvorstellbare Heeresmacht. Der Krieg war mit einem Mal groß geworden, sehr groß. Die umfangreichen Werbungen bedeuteten auch, daß das Heer zunehmend nur noch dem Namen nach schwedisch war. Bald war nur noch jeder zwölfte Mann Schwede in des Wortes eigentlichem Sinn – aus dem schwedischen Reich oder einer seiner Besitzungen stammend –, die meisten anderen waren Deutsche, Franzosen, Holländer, Polen und Böhmen.

Im März machte sich dieses polyglotte Gemisch auf den Marsch nach Südosten, überquerte die Donau und brach in das katholische Bayern ein, das reiche Herzland der deutschen Gegenreformation. Sicher verschanzt in einem Wald am anderen Ufer des Lech, versuchte Tilly, mit seinem notdürftig zusammengestoppelten Heer den Bayern zu helfen, den schwedischen Vormarsch aufzuhalten. Aber Gustav Adolfs Truppen, mit 300 ausgesuchten Finnen an der Spitze, kämpften sich hinüber. Verborgen in schützenden Wolken von brennenden Haufen nassen Strohs, das eigens zu diesem Zweck angezündet wurde, und unterstützt von einem erbarmungslosen Sturmfeuer aus nicht weniger als 72 Kanonen – der artilleristisch talentierte König soll an die sechzig Schüsse selbst abgefeuert haben –, das die bayerischen Soldaten mit schwirrenden Kugeln und Wolken wirbelnder Splitter zerschossener Bäume überschüttete. Der betagte Tilly wurde, von einem Falkonettgeschoß verwundet, in des bayerischen Kurfürsten Maximilians eigenem Wagen vom Schlachtfeld gebracht, doch der »Mönch in Rüstung« starb einige Zeit später unter den Händen eines ungeschickten Feldschers. Sein Heer wurde zerstreut, und Bayern lag offen da – und Wien, hieß es, lag nur drei Wochen entfernt.

Panik breitete sich in dem reichen Herzogtum aus. Auch Städte, die 20 und mehr Kilometer von der vorrückenden schwedischen Armee entfernt lagen, beeilten sich, Verhandlungen anzubieten. Der Zweck der Invasion war einfach: Es galt, Bayern der protestantischen Machtsphäre einzuverleiben oder dafür zu sorgen, daß das Land, mit Gustav Adolfs eigenen Worten, »zumindest ruiniert« würde. Die Städte, die dazu in der Lage waren, kauften sich von Plünderung frei – so mußte zum Bespiel Landshut, Bayerns zweitgrößte Stadt, eine Brandschatzkontribution von 100000 Reichstalern zahlen –, während das schwedische Heer Ende April eine zehn Kilometer breite Wunde von Feuer und Plünderung durch die fruchtbare Landschaft brannte. Verzweifelte Bauern taten wie üblich, was sie konnten, um mit Heugabeln und Keulen die Verwüstungen zu verhindern, aber wie üblich wurden sie überrannt. Erfolg hatten sie nur gegen isolierte kleine Abteilungen von Soldaten, die in Hinterhalte gerieten. So wurde eine Gruppe von 50 Schweden von einem großen Bauernhaufen bei Schrobenhausen nördlich von München überrascht. In einem Ausbruch kalter Raserei schnitten die Bauern den Soldaten Ohren und Nasen ab, hackten ihnen die Hände und Füße ab und stachen ihnen schließlich die Augen aus, worauf sie die Opfer lebendig ihrem Schicksal überließen. Die Antwort des schwedischen Heeres kam unmittelbar: An einem einzigen Tag sollen als Rache 200 Dörfer niedergebrannt worden sein.

Am 7. Mai hielten Gustav Adolf und Friedrich V., der böhmische Winterkönig in höchsteigener Person, ihren triumphalen Einzug in Bayerns Hauptstadt. (Die Brandschatzzahlung stellte einen Rekord dar: 30000 Reichstaler.) Sie nahmen von einer knienden Delegation von Münchens Stadtältesten die Schlüssel der Stadt entgegen, sahen eine Parade der schwedischen Truppen, spielten ein wenig Ball auf dem Platz des geflohenen Kurfürsten Maximilian und nahmen seine feine Kunstsammlung in Augenschein, die sie anschließend, wie ein Historiker schreibt, »ebenso gründlich plünderten, wie die Bayern zehn Jahre zuvor Heidelberg geplündert hatten«.

Gustav Adolf und seine Truppen standen nun auf dem gleichen Breitengrad wie Wien – und übrigens auch Paris; so weit nach Süden waren sie gekommen. Eigentlich wollten sie weiterziehen zur großen Stadt der Habsburger, aber die Armee blieb in München stehen, um die Entwicklung im Nordosten abzuwarten. Im April hatte ein alter Feind wieder den Schauplatz betreten, der lange und magere Wallenstein, schreckenerregender und absonderlicher denn je. Er war überspannt und nervös, konnte keine Geräusche mehr ertragen, weshalb er den Leuten verboten hatte, in seiner Gegenwart Stiefel und Sporen zu tragen, und es wurde erzählt, daß er jedesmal, wenn er in eine Stadt einzog, seinen Männern befahl, alle Hunde und Katzen zu töten; er war launisch und wechselte blitzschnell zwischen Freundlichkeit und Drohungen; in seinem Gefolge hatte er auch einen eigenen Henker, der die Aufgabe hatte, auf der Stelle verschiedene Urteile zu vollstrecken – unter anderem hatte Wallenstein einen Diener hinrichten lassen, weil dieser ihn aus Versehen geweckt hatte. Aber dem alten Mißtrauen und den neuen Geschichten zum Trotz hatte der schwer angeschlagene Kaiser sich genötigt gesehen, den abgemusterten, doch vermögenden Feldherrn in Gnaden wieder aufzunehmen. Nun war er wieder da, und er verfügte über die enormen Mittel, die erforderlich waren, um eine neue, große Armee aufzustellen, die den Schweden entgegentreten konnte. Sächsische Truppen, dicht gefolgt von freudig zurückkehrenden Exulanten, waren während des Herbstes in Böhmen eingedrungen. Doch Wallensteins Heer eroberte Prag rasch zurück und begann, die lasch geführten Sachsen wieder aus dem Königreich zu drängen. Mit dieser neuen Bedrohung im Rücken war das schwedische Heer bei München gezwungen, aufzubrechen und wieder nach Norden zu stiefeln. Nürnberg hatte sich dem *Corpus evangelicorum* angeschlossen, das Gustav Adolf zuvor so warm befürwortet hatte, und dorthin zog das schwedische Heer.

Hier bei Nürnberg entwickelte sich während der folgenden heißen Sommermonate ein merkwürdiger und verheerender Abnutzungskrieg. Von herannahenden kaiserlichen und bayerischen Streitkräften bedroht, gruben die Schweden sich in engem Anschluß an die Stadt ein. Wallenstein, der ein höchst vorsichtiger General war, wollte vermeiden, mit seinen unerprobten und nicht in allen Teilen gut bewaffneten Truppen dem schwedischen Heer entgegenzutreten. Statt dessen griff er nach der gebräuchlichsten Waffe eines Feldherrn des 17. Jahrhunderts: dem Hunger. Im Norden, Süden und Osten von Nürnberg hatten katholische Streitkräfte die wichtigsten festen Punkte eingenommen, was bedeutete, daß die schwedische Armee nur nach Westen offene Verbindungen hatte. Aber Wallensteins Heer schwenkte nach Nürnberg hinunter und setzte sich neben der bewaldeten Burgstallhöhe unmittelbar westlich der Stadt fest, und nur ein kleiner Fluß lag zwischen ihm und den Schweden. Ein ungeheures befestigtes Lager wuchs in kurzer Zeit aus dem Boden, auch die Leute vom Troß und die vielen Frauen im Gefolge des katholischen Heers beteiligten sich an den in großer Hast vorangetriebenen Arbeiten. Die Schweden waren eingeschlossen, und ihre Versorgung war abgeschnitten.

Als erstes ging das Futter aus, und die Pferde starben zu Hunderten. Dann wurde das Salz knapp, was einer kleinen Katastrophe gleichkam, denn der Sommer war heiß, und Salz wurde zur Konservierung der Lebensmittel, die man trotz allem hatte, gebraucht. In dem Schmutz und der Enge des schwedischen Lagers begannen nach kurzer Zeit Krankheiten zu grassieren. Ebenso schlimm stand es in Nürnberg selbst, das mit Flüchtlingen aus dem Umland überfüllt war. Die Hygiene wurde dadurch nicht besser, daß die Flüchtlinge reichlich Vieh mitgeführt hatten, das umherlief und überall seinen Kot hinterließ. Nach einiger Zeit sah man sterbende und tote Menschen auf den Straßen liegen. Es entwickelte sich ein Wettstreit, wer am längsten aushielt, eine ziemlich ungerechte Veranstaltung, denn selbst wenn Krankheiten auch unter Wallensteins Truppen wüteten, so hatten diese doch immerhin Verbindungen zu ihren Nachschubgebieten.

In einem Versuch, die Blockade zu brechen, griff schwedisches Fußvolk gegen neun Uhr am Morgen des 24. August die nördliche Front des gegnerischen Lagers an, den bewaldeten und stark befestigten Burgstallhügel. Die Pikeniere waren in dem steilen und mit Gestrüpp bewachsenen Terrain bald zum Anhalten gezwungen. Als die Abteilungen mit Musketieren allein zwischen den Steinblöcken und Klüften weiter vordrangen, wurden sie von einem Geschoßhagel aus Brustwehren und Schanzen empfangen und prallten zurück. Mehrere Male strömten die Linien schwitzender Männer zwischen den sonnenwarmen Bäumen und Büschen den Hang hinauf, vorbei an den zerfetzten Leichen gefallener Kameraden, doch nur, um aufs neue von dem scharfen Feuer ihrer gut geschützten Gegner zurückgeschlagen zu werden, bevor sie sie auch nur erreicht hatten. Als es Abend wurde, hatten sie ein paar kleine Durchbrüche geschafft, und das um den Preis von rund 2400 getöteten oder verwundeten Soldaten. (Wie grausam einseitig der Kampf war, erkennt man daran, daß gleichzeitig nur eben über 100 feindliche Fußsoldaten getötet wurden.) Das Ziel war, sich durch die Befestigungen auf dem Hügel hindurchzubeißen: Artillerie wurde herbeigerufen, aber als sie die Hänge hinaufgeschoben werden sollten, war die Dämmerung angebrochen, und zu allem Überfluß hatte ein heftiger Regen eingesetzt, der die ganze Nacht hindurch anhielt. Das schon ohnedies schwer begehbare Gelände wurde glatt und schlüpfrig, und das ganze Vorhaben verlor sich in Dunkelheit und Erschöpfung.

Nach dem Scheitern dieses Versuchs, die Verbindungswege zu öffnen, hatten die Schweden keine andere Wahl als den Abmarsch. Wallenstein hatte den Hungerkrieg gewonnen. Am 8. September zog Gustav Adolfs gelichtetes und niedergeschlagenes Heer aus der verwüsteten Gegend um Nürnberg ab. »Drei Monate wurden wir von unseren Feinden belagert«, klagte einer der Stadtältesten später, »und vier Monate aßen unsere Freunde uns aus dem Haus«. Als die Schweden in der Ferne verschwunden waren, brach auch Wallensteins Heer auf. Der Abmarsch erfolgte in aller Hast. Man nahm sich nicht einmal die Zeit, die großen Vorräte an Mehl und Fleisch mitzunehmen, die dort lagerten. Auch viele Verwundete und Kranke wurden im Lager zurückgelassen, ohne Pflege oder Aufsicht. Leute, die drei Wochen später das leere und schweigende Lager besuchten, konnten zu ihrem Entsetzen ausgehungerte Menschenwracks auf allen Vieren zwischen den verfaulenden Körpern toter Menschen und krepierter Tiere herumkriechen sehen.

Von Gerüchten über Aufruhr und Unruhe in Österreich und Transsilvanien gelockt, versuchte Gustav Adolf eine Zeitlang, die Offensive entlang der Donau fortzusetzen. Seine Absicht war immer noch, den Krieg in das Herzland des Gegners zu tragen. Leider operierte Wallenstein nach genau dem gleichen Prinzip. Die Kaiserlichen wandten sich nach Norden und brachen unter neuem Brandschatzen und Plündern in Sachsen ein. Sachsen einfach seinem Schicksal zu überlassen war unmöglich, und so eilte das schwedische Heer zu Hilfe. Wallensteins Heer hatte die schwedischen Verbindungen zur Ostseeküste unterbrochen. In einer Zeit, in der die Heere von Plünderung, Brandschatzung und Kontributionen lebten, war es nahezu unmöglich, die Verbindungslinien einer Armee »abzuschneiden«, aus dem einfachen Grund, weil sie keine solchen hatte. Doch jetzt waren die Verbindung des schwedischen Heers mit dem Heimatland und sein Zugang zu den wichtigen Rekrutierungsgebieten im Norden bedroht. Außerdem war es durchaus möglich, daß ein Angriff von Wallensteins Heer den ständig schwankenden Johann Georg veranlassen konnte, sich aus dem Krieg herauszuziehen.

Die Soldaten hasteten in Eilmärschen nach Norden, vorbei an Donauwörth, Nördlingen, Rothenburg, Windsheim. Sie wischten sozusagen im Vorübergehen eine Ansammlung bayerischer Verbände zur Seite, auf die sie während des Marsches stießen, und zogen weiter, von der Nachricht vorwärtsgetrieben, daß Leipzig am 22. Oktober mit den Kaiserlichen einen Akkord eingegangen war. Man kann sie vor sich sehen: bärtige Männer in unendlich langen Ketten, die auf gewundenen und tief ausgetretenen Wegen vorwärtsstapfen, durch feuchte und frostgelbe Herbstwälder und an schwarzen, gepflügten Äckern entlang, die Hutkrempen hängen schlaff herunter in dem kalten, strömenden Regen; gebeugt und schwankend unter ihren Waffen gehen sie mit kurzen, stummen Schritten, machen zuweilen einen Schritt zur Seite, um einem dampfenden Haufen Pferdeäpfel auszuweichen, und ihre leeren Blicke sind nach unten auf die nasse Laubschicht des Weges gerichtet.

In siebzehn Tagen marschierten sie 630 Kilometer, also fast 40 Kilometer pro Tag. Dies war eine enorme Leistung, denn normalerweise bewegte sich eine Armee nicht weiter als fünf oder sechs Kilometer am Tag. Aber es war auch eine Leistung, die ihren Tribut forderte, besonders weil das Herbstwetter sich von seiner schlechtesten Seite gezeigt hatte und die Wege miserabel gewesen waren: Die Zahl der Nachzügler war in die Höhe geschnellt, je weiter die Kolonnen sich auf den glitschigen Wegen auseinandergezogen hatten. Außerdem waren rund 4000 Pferde verendet. Die alte Wahrheit, daß ein richtig harter Marsch mindestens ebenso große Verluste mit sich bringen konnte wie eine große Schlacht, hatte sich wieder einmal bestätigt. Als die Regimenter schließlich Sachsen erreichten, war die Gesamtstreitmacht zu gering – noch fehlten mehrere große Abteilungen –, so daß Gustav Adolf das Heer bei Naumburg, gut 50 Kilometer südwestlich von Leipzig, warten ließ. In etwas mehr als einem Jahr hatten die schwedischen Soldaten ein ungleichseitiges Dreieck durch das deutsche Reich beschrieben. Von Breitenfeld waren sie zuerst nach Mainz im Südwesten gezogen, danach waren sie nach Südosten bis München marschiert. Nun waren sie wieder in Sachsen.

Nachdem Wallenstein fast vierzehn Tage auf einen schwedischen Angriff gewartet hatte, kam er zu der Ansicht, daß ein solcher nicht mehr bevorstehe. Es war ja trotz allem bereits Anfang November und höchste Zeit, die Kriegführung für diese Saison abzubrechen. Deshalb gab er Order, daß die Armee beginnen solle, sich aufzuteilen und Winterquartiere aufzusuchen. Dies war wahrscheinlich der größte Irrtum, der ihm in seiner gesamten militärischen Karriere unterlief.

Am 5. November signalisierten drei Kanonenschüsse von einem kaiserlichen Posten im Süden, daß die schwedische Armee im Anmarsch sei. Der überrumpelte Wallenstein wollte dies zunächst nicht glauben. Doch er mußte bald einsehen, daß Gustav Adolfs Truppen keineswegs ins Winterquartier gegangen waren, sondern im Begriff standen, sich über das jetzt zersplitterte kaiserliche Heer zu werfen. Das Korps des kaiserlichen Feldmarschalls Pappenheim stand bei Halle, und Wallenstein sandte ihm eine Eilbotschaft, »alles stehen und liegen« zu lassen und sich Hals über Kopf »mit allen Leuten und allen Kanonen« zu der Stadt gut 30 Kilometer südwestlich von Leipzig zu begeben, wo der Hauptteil der kaiserlichen Armee jetzt stand. Der Ort hieß Lützen.

Zum Glück für die Kaiserlichen kam es an diesem Tag nicht zum Kampf. Die schwedische Armee, nun ordentlich verstärkt, verspätete sich auf ihrem Anmarsch so sehr, daß die Dunkelheit hereinbrach, bevor sie Lützen erreichte. Die erschöpften Soldaten mußten deshalb die dunkle und kalte Novembernacht, unter freiem Himmel schlafend, auf den Feldern unmittelbar südöstlich

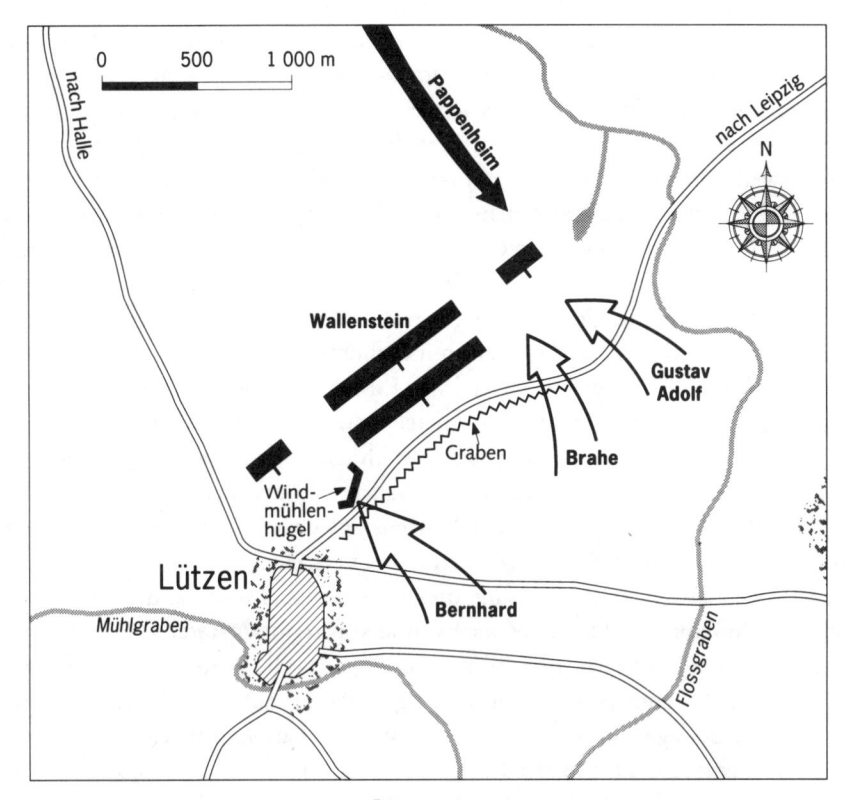

Lützen 1632

der Stadt verbringen. Währenddessen sammelten sich 5 Kilometer entfernt die kaiserlichen Regimenter und nahmen im Schein von Fackeln Aufstellung.

Schon im ersten Morgengrauen kamen die schwedischen Kolonnen in gewundenen Reihen und schwenkten auf die flachen Felder vor der Stadt ein. Die schwedischen Generale waren ungeduldig und wollten so schnell wie möglich angreifen, bevor die Kaiserlichen weitere Verstärkungen heranführten. Von Wallensteins Seite war auch das Geräusch von Marschtrommeln zu hören, was zeigte, daß mehr Soldaten auf dem Weg waren. Aber der Herbstnebel erwies sich als guter Katholik, der sich weigerte, der Morgendämmerung zu weichen, und statt dessen gegen alle Klugheit immer dichter wurde. Reiter und Soldaten im schwedischen Heer, die zuvor zu ihrer Linken die längliche Form der Stadtmauern und vor sich in einem Kilometer Entfernung die dunklen Konturen der wartenden feindlichen Truppen hatten ahnen können, wurden in den wallenden weißen Nebel eingehüllt und sahen nichts mehr. Der Angriff mußte aufgeschoben werden. Die Zeit des Wartens auf bessere Sicht wurde mit dem Morgengebet und dem Singen von Chorälen vertrieben.

Erst gegen elf Uhr trieb der Wind den weißen Nebel auseinander. Die Trommeln des Fußvolks schlugen »Marsch«, und sofort antworteten die Trompeter der Reiterei mit Spritzern silberklingender Signale. Die Armee rückte über die lehmigen Felder zum Angriff vor. Es zeigte sich schnell, daß die Kaiserlichen seit der Niederlage bei Breitenfeld viel gelernt hatten. Ihr Heer war nach schwedischem Vorbild umgestellt, mit der Infanterie in dünneren, leichter beweglichen Verbänden, die in schwedischer Feuertechnik geübt und mit eigenen Regimentsgeschützen ausgestattet waren. Drei geschickt in Stellung gebrachte Artilleriebatterien sandten ihre donnernden Geschosse kreuz und quer durch die heranmarschierenden Reihen, und als die schwedischen Truppen schließlich die Landstraße erreichten, hinter der Wallensteins Truppen aufgestellt waren, zeigte es sich, daß die Kaiserlichen die tiefen Straßengräben in ein primitives Schützengrabensystem verwandelt hatten, das mit Musketieren vollgepackt war. Der Angriff wurde an mehreren Punkten von dem knatternden Feuer aus diesen Gräben aufgehalten. Nur der rechte Teil der schwedischen Mitte, wo sich der Hauptteil der zuverlässigen reichsschwedischen und finnischen Verbände befand, kam rasch voran. Die Östgöten, Västgöten, Dalekarlier, Uppländer und Finnen der schwedischen Brigade und die deutschen und schwedischen Leibgardisten der Gelben Brigade räumten schnell die Gräben vor sich von feindlichen Musketieren und überquerten die Straße. Jenseits der Straße stand zu diesem Zeitpunkt eine der drei kaiserlichen Batterien. Aber angesichts der schnell heranrückenden Rechtecke mit Männern, Fahnen und schwankenden Piken – die Gardisten waren in ihren gelben Röcken mit schwarzen, goldverzierten Revers und mit ihren Fahnen aus schwarzer Seide mit dem Reichs-

Fünf Schüsse im November

Die Schlacht bei Lützen 1632.
Zahlreiche verworrene und heftige Vorstöße und Gegenstöße sind über die Straße und die zu Schützengräben verwandelten Straßengräben hier draußen auf dem rechten Flügel hin- und hergegangen. Die kaiserliche Batterie ist von ihrer Mannschaft zurückgelassen worden, und schwedische Soldaten sind dabei, die Geschütze umzudrehen, um die Kaiserlichen zu beschießen. Drei von Musketieren unterstützte schwedische Kavallerieschwadronen rücken zur Verstärkung vor. Irgendwo in diesem Chaos wurde Gustav Adolf getötet.

wappen in Gold leicht zu erkennen – ließen die Mannschaften ihre Geschütze im Stich und suchten das Weite.

Während der Rest der Front in langen Schußwechseln mehr oder weniger erstarrte, wechselten auf dem rechten Flügel zahlreiche verworrene und mit großer Heftigkeit geführte Vorstöße und Gegenstöße: Dicht gedrängte Ketten von Männern und Pferden stürmten vor und zurück über die Straße, in Nebelschwaden gehüllt. Die Sicht auf den Schlachtfeldern war immer schlecht, aber hier bei Lützen war es nahezu beispiellos. Die immer wieder aufs neue heranziehenden Nebelschleier vermischten sich mit dem Pulverdampf und dem Brandrauch von der Stadt zu einer trüben Suppe von kompakter Undurchdringlichkeit, in der man »einander auf vier Schritt Abstand kaum sehen konnte«, wie es im schwedischen Feldtagebuch heißt. Aus diesem Nebel kam irgendwann nach ein Uhr ein verwundetes Pferd. Sein schön bestickter Bocksattel war leer. Ein Junge auf der schwedischen Seite fing das wiehernde Pferd ein. Es war Streiff, Gustav Adolfs nußbrauner Hengst. Die beiden Pistolen steckten in ihren Halftern auf beiden Seiten des Sattels, und eine von ihnen war blutig.

Eine Weile sah es danach aus, als sollten die Kaiserlichen den Zweikampf draußen auf dem rechten Flügel gewinnen. Der Grund war Pappenheim und sein Korps. Obwohl er kein sonderlich phantasievoller oder auch nur denkender Offizier war, machten seine Energie, sein Draufgängertum und seine Kühnheit ihn zu einem der hervorragendsten Generale der Kaiserlichen. Mit gewisser Mühe hatte Pappenheim seine plündernden Soldaten um Halle herum gesammelt und erreichte nach einem Eilmarsch schließlich das Schlachtfeld, klugerweise auf der bedrohten Flanke. Dort kehrte sich die Unterlegenheit der Kaiserlichen auf einmal in eine große numerische Überlegenheit um. Sie konnten jetzt unter dem grauen Himmel zum Gegenangriff übergehen. Der Kampf war grauenhaft. Immer wieder türmten sich Wogen von Piken und rasselnden Kürassieren gegen zerrissene schwedische Fußvolk-Rechtecke auf, über denen zerschossene Fahnen flatterten. Dem Anführer eines der kaiserlichen Reiterverbände, dem rundlichen Florentiner Ottavio Piccolomini, wurden nacheinander fünf Pferde, auf denen er ritt, getötet, er selbst wurde fünfmal verwundet, und sein Regiment wurde fast ausgelöscht. Und in der Schwedischen Brigade wurden sieben von zehn Pikenieren und vier von zehn Musketieren entweder getötet oder verwundet. Die schwedischen Fußvolkbrigaden mußten schließlich zurückweichen. Die eroberte Batterie mußte zurückgelassen werden. Sie schleppten in vielen Fällen ihre Verwundeten mit sich aus dem tobenden Chaos, aber die Gefallenen mußten sie zurücklassen, in dichten, geraden Reihen in der Herbstnässe an der Stelle liegend, wo sie standgehalten hatten – bis in den Tod gefangen in den festen geometrischen Formen des Drills. Die reichsschwedische Reiterei in der ersten Linie hatte auch schwer gelitten und bestand nur noch aus ein paar versprengten Häuflein beiderseits der Landstraße. Erste Anzeichen von Panik machten sich bei einem Teil der schwedischen Truppen bemerkbar, als sie über die Straße zurückströmten. Der Hofprediger Jakob Fabricius sammelte daraufhin einige Offiziere um sich und stimmte zusammen mit ihnen einen Choral an. Diese Demonstration von Ruhe und Besonnenheit brachte die in Panik geratenen Soldaten zur Besinnung, und sie blieben zu Hunderten stehen. Frische Reiterei aus dem zweiten Treffen der schwedischen Schlachtordnung wurde zum Gegenangriff herangeführt. Um nicht überflügelt zu werden, mußten die Kaiserlichen sich zurückziehen.

Als die schwedischen Truppen durch das Dunkel des Pulverdampfs vorrückten, machten sie einen Fund: den Körper Gustav Adolfs, mit dem Gesicht nach unten im kalten Lehm liegend, ausgeplündert und nackt, bis auf drei blutgetränkte weiße Hemden und Leinenstrümpfe.

In einem Versuch, dem hart bedrängten schwedischen Fußvolk auf der anderen Seite der Straße zu Hilfe zu kommen, hatte der König zuvor den Befehl über die småländische Reiterei übernommen, als deren Anführer, Fredrik Stenbock, von einer Musketenkugel am Fuß verwundet worden war, und hatte sie zum Angriff geführt. Im Nebel kollidierte das Regiment kurz danach mit Götz' Kürassieren, und bei diesem Zusammenstoß vermischten sich Freund und Feind.

Jetzt ging alles schnell. Ein Schuß. Eine Kugel schräg von hinten traf den König am linken Arm. Das Geschoß zerschmetterte das Ellenbogengelenk: der Röhrenknochen ragte aus dem Ärmel seines gelben, elchledernen Kollers (aufgrund alter Kriegsverletzungen konnte der König keinen Küraß tragen). Da der linke Arm unbrauchbar geworden war, mußte Gustav Adolf seinen Degen fallen lassen und statt dessen Streiff mit der rechten Hand zügeln. Der König versuchte, einen Weg aus dem Kampfgetümmel heraus zu finden, und er und sein Gefolge wurden von den småländischen Reitern getrennt. Aber sie verirrten sich im Nebel und ritten direkt in eine Gruppe kaiserlicher Kürassiere. Nun entstand ein planloses Getümmel von erregten Gesichtern, fuchtelnden Armen und erhobenen Waffen. Noch ein Schuß. Ein kaiserlicher Offizier, Moritz von Falkenberg, feuerte aus wenigen Metern Entfernung seine Pistole auf Gustav Adolfs Rücken ab. Die Kugel schlug unter dem rechten Schulterblatt ein, drang in die Lunge und verursachte schwere Blutungen. Sekunden später fiel Falkenberg selbst vom Pferd, von dem Degen eines der Männer im Gefolge des Königs getroffen. Einer von diesen, Franz Albrecht von Sachsen-Lauenburg, versuchte, den schwankenden Gustav Adolf in seinem Sattel festzuhalten. Noch ein Schuß. Eine Kugel traf Streiff an der Mähne. Das Pferd bäumte sich auf. Noch ein Schuß. Eine Pistole wurde gegen Sachsen-Lauenburgs Kopf gedrückt. Es gelang ihm, die Waffe mit der Hand wegzuschlagen, doch dabei mußte er den König loslassen. Das Mündungsfeuer verbrannte Sachsen-Lauenburg im Gesicht. Er floh. Der König glitt aus dem Sattel des wiehernden Pferds, blieb mit einem Sporn im linken Steigbügel hängen und wurde ein Stück von dem durchgehenden Pferd mitgeschleift, bevor er schließlich auf dem Rücken liegenblieb. Er lebte noch.

Jetzt tauchten drei kaiserliche Reiter auf. Sie saßen ab. Einer von ihnen stieß einen Panzerstecher in die Brust des Königs. Ein anderer durchbohrte seinen linken Arm mit dem Degen. Die drei Reiter saßen wieder auf und verschwanden.

Eine Weile später erschien Ottavio Piccolomini am Ort, angelockt von den Gerüchten, daß der schwedische König getötet worden sei. Aber Gustav Adolf lebte zu diesem Zeitpunkt immer noch. Piccolomini blickte auf die blutige Gestalt, die noch atmete. Einige Reiter plünderten den König. Einer von ihnen gab Piccolomini sein Koller, ein Krieger aus Götz' Regiment nahm den Ring des Königs, die Halskette und die Uhr. Dann versetzten sie dem liegenden Mann mit dem großen Magen und dem Bocksbart noch ein paar Stiche. Ein letzter Schuß. Der fünfte. Jemand setzte seine Pistole an die rechte Schläfe des Mannes und drückte ab. Gustav Adolf war tot. Ein Tod unter den rund 7000 dieses Tages.

Er war ein Eroberer, und ihm wurde das Ende eines Eroberers zuteil. Er lebte getreu seiner Natur und starb seinem Wesen gemäß.

Die Schlacht ging weiter. Frische Leute aus dem zweiten Treffen der schwedischen Armee und die gelichteten Verbände an der Front vereinigten sich zu neuen Angriffen. Die feindlichen Reitereiflügel waren gezwungen, nach innen einzuschwenken, und die Mitte zog sich ein Stück zurück, so daß die kaiserliche Schlachtlinie die Form eines Wölbungsbogens annahm. Aber dann strandeten die Angriffe vor der neuen Front. Die beiden Linien blieben erneut einander gegenüber stehen, erstarrt in einem Feuergefecht, das langsam ermattete. Jetzt richtete sich die ganze Aufmerksamkeit der schwedischen Führung auf einen einzigen Punkt in der kaiserlichen Linie: den Windmühlenhügel. Auf der kleinen Anhöhe, neben vier Windmühlen, befand sich die letzte Artillerie der Kaiserlichen: dreizehn schwere Geschütze, teilweise eingegraben. Die Anhöhe selbst war der Punkt, wo der stark zurückgeschwenkte rechte kaiserliche Kavallerieflügel in einem fast rechten Winkel auf die Linie des Fußvolks stieß, das die Mitte bildete. Wenn es gelang, dieses entblößte Knie in der Schlachtordnung des Gegners zu erobern, würde man ihn nicht allein seiner noch übriggebliebenen Artillerie berauben, sondern man würde von dort aus auch seine Mitte von der Seite nehmen und der Reiterei auf seinem rechten Flügel in den Rücken fallen können. Zwischen drei und vier Uhr am Nachmittag wurde der Angriff eingeleitet. Nach einer gewaltigen Kanonade von herbeigeschleppter schwerer Artillerie wurden die kaiserlichen Geschütze zum Schweigen gebracht. Die schwedischen Brigaden, die nun die Anhöhe hinaufstürmten und die mit Toten gefüllten, zerschossenen Brustwehren einnahmen, waren jedoch kurz danach gezwungen, vor einem wütenden Gegenangriff zurückzuweichen. Das schwedische Fußvolk wurde daraufhin in einen neuen Angriff geschickt. So wogte der Kampf hin und her, ebenso verbissen wie einige Stunden zuvor oben an der Landstraße, wo Gustav Adolf gefallen war. Als sich gegen fünf Uhr das Herbstdunkel herabzusenken begann, befand sich der Windmühlenhügel in schwedischer Hand. Das Gewehrfeuer klang langsam aus. Die Schlacht war vorüber.

Wer hatte gewonnen? Niemand wußte es. Beide Seiten waren erschöpft und im Zustand des Schocks nach dem Blutbad des Tages. Der Befehl über das schwedische Heer war auf den deutschen Herzog Bernhard von Weimar übergegangen, einen jungen, aber erfahrenen und kühlen Söldner, der sich unter der Maske des Lutheraners und Patrioten hauptsächlich für seinen eigenen Vorteil interessierte. Auch er war erschüttert. Die Truppen waren schwer mitgenommen, und der Herzog bereitete einen Rückzug vor.

Ein kaiserlicher Offizier, der als Späher zum Windmühlenhügel geschickt wurde, sah aus der Entfernung eine große Anzahl von Lichtpunkten in der Dunkelheit. Es glaubte zuerst, die brennenden Lunten der wartenden feindlichen Truppen zu sehen, doch als er näher heranschlich, entdeckte er, daß es nur der Schein von Fackeln war, die von Plünderern getragen wurden, die die Leichen durchsuchten. Zu seiner großen Überraschung konnte er sehen, daß die Stellung ansonsten leer war und daß die eroberten Kanonen von den Schweden zurückgelassen worden waren.

Die Schweden konnten von Glück sagen, daß ihre Gegner noch stärker angeschlagen waren. Wallenstein – aufgrund seiner Gicht in einem Tragsessel getragen – war seine gesamte Artillerie losgeworden, und ein erschreckend großer Teil seiner höheren Offiziere war entweder tot oder verwundet. Wallenstein selbst hatte eine Quetschung in der linken Hüfte von einer Musketenkugel davongetragen, und zu den Verwundeten zählten auch sein Kammerherr, sein eigener Sohn, Bertold, der ein Infanterieregiment befehligt hatte, Piccolomini sowie acht Oberstleutnante. Unter den Toten waren, neben rund fünfzehn Obersten und Oberstleutnanten, auch der Fürstabt von Fulda – der sein Verlangen, einer Feldschlacht beizuwohnen, teuer bezahlte; sterbend segnete er die kaiserlichen Truppen – und Pappenheim, der sich, seiner Gewohnheit treu, mitten in das wildeste Kampfgetümmel geworfen hatte und fast auf der Stelle von schwedischem Traubenhagel getroffen worden war. Das letzte, was man von ihm sah, war, daß er in eine Karrette gehoben wurde, die davonfuhr,

Der deutsche Krieg (1630–1638)

Einige von zahllosen Flüchtlingen. Die Bewohner verlassen das brennende Lützen im November 1632.

während er verzweifelt nach jemandem brüllte, der den Blutstrom zum Stillstand bringen sollte. Er starb zwei Stunden später auf dem Weg nach Leipzig.

Außerdem fürchtete Wallenstein, daß das schwedische Heer bald Verstärkungen zu erwarten habe – was sich später als Irrtum herausstellte. Zu allem Überfluß zeigten die kaiserlichen Truppen Auflösungserscheinungen. Einige ihrer erprobtesten Regimenter hatten in Panik das Schlachtfeld verlassen, der Troß war von flüchtender kroatischer Reiterei geplündert worden, und viele der Frauen, die sich beim Troß befanden, hatten die Troßpferde ausgespannt und waren auf ihnen verschwunden. Die Unruhe und Verwirrung unter den Kaiserlichen hatte sich noch gesteigert, als einige Munitionswagen, die im Rükken des Heers aufgestellt waren, kurz darauf in einem Regen von Feuer und Funken in die Luft geflogen waren. Abgesehen davon, daß die Soldaten hohe Verluste erlitten hatten und es ihnen an Proviant mangelte, waren sie völlig erschöpft; fast keiner hatte in der voraufgegangenen Nacht geschlafen. Deshalb wurde der Beschluß gefaßt, den Rückzug anzutreten. In guter Ordnung und mit rund vierzig eroberten schwedischen Feldzeichen zog das Heer im Schutz der Dunkelheit ab. Entlang der Marschstrecke konnte man kaiserliche Krieger sehen, die in ihrer Ermattung das Glied verlassen hatten und in der Nässe am Wegrand eingeschlafen waren.

Die Nachricht vom Rückzug des kaiserlichen Heeres erreichte Bernhard indessen, bevor die schwedische Armee ihren Abmarsch beginnen konnte. Die Soldaten erhielten Befehl, auf dem feuchtkalten Schlachtfeld auszuharren – ohne Verpflegung und in voller Schlachtordnung biwakierten sie zwischen den Verwundeten und Toten. So kam es, daß die Schlacht bei Lützen als ein schwedischer Triumph bezeichnet wurde; die Schweden waren ganz einfach langsamer bei ihrem Rückzug als die Kaiserlichen.

Dennoch muß die Schlacht bei Lützen als eine schwedische Niederlage betrachtet werden, obwohl man das Feld behauptet und sämtliche Kanonen des Gegners erobert hatte und obwohl das schwedische Heer nicht mehr der Bedrohung ausgesetzt war, von seinen Versorgungsbasen an der Ostseeküste abgeschnitten zu werden. Noch einen schwedischen Sieg, vergleichbar dem bei Breitenfeld, hätte die kaiserliche Sache wahrscheinlich nicht überstanden. Aber es kam anders, und die berauschende Erfolgswelle, auf der die Schweden seit dem Vorjahr geschwommen waren, verebbte. Die Hoffnung auf einen baldigen und totalen protestantischen Sieg, auf die Einnahme Wiens und die Niederwerfung des Kaisers war vorüber. Nun waren die beiden Seiten wieder mehr oder weniger gleich stark. So nahm das Jahr 1632, das für die Schweden mit so hochgespannten Erwartungen begonnen hatte, ein bitteres Ende. Der Krieg trat in eine neue Phase ein. Die Zeit der Kreuzzüge war vorüber.

3. Wir haben Land von anderen gewonnen und unser eigenes ruiniert

AXEL OXENSTIERNA ÜBERNIMMT DEN BEFEHL. – DER HEILBRONNER BUND. – DIE DONAUARMEE MEUTERT. – DER KRIEG WEITET SICH AUS. – KÄMPFE IM SÜDEN. – DIE SCHLACHT BEI NÖRDLINGEN. – DER PRAGER FRIEDE. – SCHWEDISCHE PROBLEME. – FRANKREICH GREIFT EIN. – DAS ENDE DES DEUTSCHEN BÜRGERKRIEGS.

1633 war ein merkwürdiges Zwischenjahr in der Geschichte des Krieges. Aus der Rückschau erscheint es fast, als hätten die intensiven und weitgespannten Kriegsoperationen des Vorjahres bei den Kriegführenden eine Mattigkeit entstehen lassen: Sie gleichen zwei kraftlosen und vom Kampf gezeichneten Faustkämpfern, die schwer und keuchend aneinanderhängen, bevor sie den noch unentschiedenen Kampf wieder aufnehmen.

Gustav Adolfs sternschnuppenhaftes Verschwinden im Alter von nur 37 Jahren war folgenschwer. Er persönlich hatte das deutsche Abenteuer inspiriert und geleitet. Sein weitreichender Wille und seine Energie, seine hohe Autorität und sein beinah mythischer Status hatten all die mißtrauischen und widerspenstigen protestantischen Fürsten im Krieg gegen den Kaiser zusammengehalten. Es gab keinen, der an seine Stelle treten konnte, weder in Schweden noch in Deutschland. In beiden Reichen wurde das Machterbe Gustav Adolfs auf mehrere verschiedene Hände verteilt. In Deutschland kamen all die Gegensätze, die unter der kraftvollen und eigenwilligen Führung des Königs niedergehalten worden waren, wieder an die Oberfläche. Seine Tochter Christina war erst sechs Jahre alt, und zu Hause in Schweden ging daher die Macht an eine vom Hochadel gebildete Vormundschaftsregierung über. Ihr Führer wurde Axel Oxenstierna.

Dieser Posten hätte kaum an eine geeignetere Person gehen können. Der Diplomat und Reichskanzler Oxenstierna war zu diesem Zeitpunkt 49 Jahre alt, ein stattlicher Mann mit tiefliegenden, dunkelblauen Augen und grauem, kurzem Bart; humorlos, gelehrt, willensstark, arrogant, intelligent, ausgestattet mit einem phantastischen Gedächtnis, unerschöpflicher Energie und einem verblüffenden Organisationsvermögen; er war lange Gustav Adolfs engster Vertrauter gewesen, der einzige, der ihn kritisieren und der mit seinem kühlen Intellekt und seinem klaren Urteilsvermögen die wilden Pläne des Königs praktisch ins Werk setzen konnte; ein Aristokrat bis in die Fingerspitzen, hoffärtig, schroff und machtlüstern, aber doch Staatsmann genug, um zu wissen, wann es Zeit war, die eigenen Klasseninteressen hintanzustellen. Er erscheint als Repräsentant einer sehr kleinen, streng exklusiven Kaste von leitenden Ministern, die in Europa immer mehr zu bestimmen bekommen hatten. In Spanien wurde die Politik in der Praxis von Gaspard de Guzmán, Graf von Olivares, gelenkt – einem rundlichen Arbeitsfanatiker, der sich 22 Jahre hindurch tagein, tagaus zwischen fünf Uhr morgens und Mitternacht mit den Angelegenheiten der spanischen Krone beschäftigte, ständig lesend, ständig Briefe diktierend, die Taschen vollgestopft mit Staatspapieren, ja, sogar im Hut steckten sie ihm –, während sein mindestens ebenso mächtiges Pendant in Frankreich Armand Jean du Plessis, Kardinal de Richelieu, hieß – ein dürrer, finsterer Mann, der einen gebrechlichen, aber herrischen Eindruck erweckte, ebenso tüchtig als Diplomat, Intrigant und Administrator wie als gelehrter Verfasser theologischer Schriften. Diese drei Männer lebten von ihrer Nähe zu ihren Monarchen, von ihrer unfaßbaren Arbeitskraft und von ihrer Kontrolle über weitgespannte Netze von Klienten. Alle drei nutzten auch ihre großen Machtmittel aus, um die Interessen ihrer Länder zu fördern und einen starken, streng zentralistischen Staatsapparat aufzubauen. Die drei waren einander an Fähigkeiten und Begabungen ebenbürtig, auch wenn Mazarin, der Nachfolger Richelieus, später sagte: »Wenn alle Minister Europas sich auf demselben Schiff befänden, müßte das Steuer dem schwedischen Reichskanzler überlassen werden.«

Axel Oxenstierna bedurfte in dieser Lage wahrhaftig seiner ganzen Kraft. Viele Personen auf beiden Seiten der Frontlinie spielten nämlich mit dem Gedanken, Frieden zu schließen, denn jetzt, da das Kräfteverhältnis zwischen beiden Seiten so ausgeglichen war, drohte ganz sicher ein quälender Abnutzungskrieg. Wohl gab es Fanatiker – wie den Kaiser, der noch immer ein Gefangener seines eigenen theologisch verzerrten Weltbilds war –, die um jeden Preis weitermachen wollten, aber es waren wenige. Die Kriegsmüdigkeit, unter den einfachen Leuten schon lange verbreitet, hatte angefangen, auch unter deutschen Fürsten und Generalen um sich zu greifen, die eingesehen hatten, daß Deutschland im Begriff stand, von fremden und einheimischen Armeen zugrunde gerichtet zu werden. Fast das ganze Jahr über wurden auch geheime Verhandlungen geführt, Vermittlungsversuche gestartet, Fühler ausgestreckt und regelrechte Verschwörungen angezettelt, die sämtlich in der einen oder anderen Weise und mit unterschiedlichem Grad von Ehrlichkeit um die Chance kreisten, ein Ende des Krieges zustande zu bringen.

Der Frieden würde natürlich ein Segen für Land und Leute in Deutschland sein, aber eine Enttäuschung für die ausländischen Mächte, die in verschiedener Hinsicht ihre Interessen vom Krieg begünstigt sahen. Besonders für die schwedische Krone konnte ein Frieden zu einer echten Katastrophe führen. All die großen Opfer, die man gebracht hatte, wären vergebens gewesen, und man säße mit ungeheuren Kriegsschulden als einzigem Dank da. Allein das Angebot einer Entschädigung für den Einsatz der Krone konnte Oxenstierna und die anderen Regierenden in Schweden dazu bringen, einem Frieden zuzustimmen. Und mit den Jahren wurde es immer deutlicher, daß der hehre Kreuzzug für den Protestantismus und die deutschen Freiheiten eine absonderliche selbsttätige Maschinerie geschaffen hatte: Schwedische Heere, die umhermarschierten und dafür kämpften, daß sie dafür entschädigt wurden, daß sie umhermarschierten und kämpften.

Im Vorfrühling 1633 trafen sich unter der straffen Leitung Axel Oxenstiernas Repräsentanten der vier süddeutschen Kreise in Heilbronn. (Deutschland war seit 1500 in mehrere sogenannte Kreise eingeteilt, die alle Staaten, Stände und Städte in einem bestimmten Teil des Reichs zusammenfaßten.) Nachdem man einen großen Teil der Zeit damit vertan hatte, über Fragen des Rangs und der Etikette zu nörgeln und mit den Armen zu fuchteln – einen Teil des ewigen Streits, wer vor, hinter oder neben wem sitzen solle, schaffte Oxenstierna aus der Welt, indem er dafür sorgte, daß alle Stühle und Bänke ganz einfach aus dem Saal entfernt wurden, so daß die Delegierten im Stehen verhandeln mußten –, gelang es dem schwedischen Kanzler schließlich, die versammelten Fürsten und Delegierten von Städten und Ritterschaft dazu zu bewegen, sich mit der schwedischen Krone zusammenzuschließen mit dem Ziel, den Krieg fortzusetzen. Der Heilbronner Bund, wie er genannt wurde, hatte eine schöne und gediegene politische Fassade, seine finanzielle Grundlage indessen war durch und durch marode. Es gelang Oxenstierna nicht, mehr als 200 000 Reichstaler im Monat zusammenzukratzen, um die gemeinsame Armee zu bezahlen, während die tatsächlichen Kosten sich auf zwischen 800 000 und 900 000 Reichstaler beliefen. Die Kalkulation wurde dadurch nicht besser, daß mehrere Verbände nicht nur den gegenwärtigen Sold benötigten, sondern noch ausstehenden Sold zu beanspruchen hatten – die Schulden waren in manchen Fällen bis zu sechs Jahre alt. In den unmittelbar voraufgegangenen Jahren hatte man diese vor sich herschieben können. Da befanden sich die schwedischen Verbände in der Offensive, neue Territorien wurden unter ihre Kontrolle gebracht, Territorien, die die Armeen mit einem ständig erneuerten Strom von Kontributionen, Brandschatzgeldern und purer Beute versehen konnten. Das Heer war wie ein Hai, der sich vorwärtsbewegen muß, um atmen zu können, und der schnell zu ersticken droht, wenn er nicht weiterschwimmen kann. Axel Oxenstierna, der in seiner Eigenschaft als Direktor des Heilbronner Bundes auch die militärische Strategie zu entwerfen hatte, hegte andere Pläne als der verstorbene König. Oxenstierna war wie gesagt ein geschickter Diplomat und Beamter, aber ein militärischer Amateur, der vor gewagten Unternehmungen im großen Stil – beispielsweise Triumphzügen in Richtung Wien – zurückschreckte. Statt dessen wollte er sich damit begnügen, das bereits Gewonnene zu verteidigen. Der Hai sollte nun stillstehen und mit dem zurechtkommen, was er bereits im

Körper hatte. Aber wie sollte das funktionieren, wenn die veranschlagten Mittel schon von Anfang an so knapp bemessen waren? Die Antwort auf diese Frage kam unmittelbar.

Ende April 1633 brach bei der Armee an der Donau eine Meuterei aus. Ein schreckliches Nullsummenspiel begann an den Tag zu kommen: Das Wettrüsten zwischen den beiden Seiten hatte zwei Heere hervorgebracht, die so groß waren, daß sie das Volk bis an die Grenze des Erträglichen belasteten, und es war deutlich, daß nur eine Seite überleben konnte, und zwar auf Kosten der anderen. Manchmal gelang es tatsächlich, die Soldaten unter strikter Kontrolle zu halten, was leicht zur Folge hatte, daß sie aufgrund des Mangels an Geld und Proviant wie die Fliegen wegstarben – an manchen Orten liefen sie halbnackt umher und lebten in flachen Erdhöhlen, die unter die Stadtmauern gegraben waren. Wenn dies nicht gelang und wenn Geld und Unterhalt ausblieben, stahlen die Soldaten jeglichen Verboten zum Trotz alles, was sie brauchten, von den schon ohnedies hart geprüften Menschen am Ort. Morde und Übergriffe hatten sich während des letzten halben Jahrs auch rasch gehäuft. Die Regimentschefs der Soldaten waren in vielen Fällen private Kriegsunternehmer, die ihre Verbände auf rein kommerzieller Basis selbst aufstellten. (Die Vergabe von Werbepatenten und das Aufstellen neuer Verbände konnte zuweilen in einen Spekulationsrausch münden, der in der europäischen Geschichte vor den wilden Spekulationsgeschäften mit Eisenbahnaktien im 19. Jahrhundert, den brodelnden Aktienmärkten der 1920er Jahre und den Finanzschwindeleien der 1980er Jahre wenige Parallelen hat.) Häufig waren sie gezwungen, ihren aufsässigen Soldaten Geld vorzuschießen, um zu verhindern, daß diese auseinanderliefen und verschwanden. Und diese in Geldnöten befindlichen höheren Offiziere waren es, die nun meuterten.

Die Offiziere grummelten drohend, daß sie keinen Schritt mehr tun würden, bis der ausstehende Sold bezahlt sei und sie klaren Bescheid bekämen bezüglich der großzügigen Belohnungen, die Gustav Adolf ihnen versprochen habe. Nein, statt dessen würden sie in den besetzten Gebieten bleiben und diese ganz einfach als Pfand behalten. Den Herren in Heilbronn mit Axel Oxenstierna an der Spitze begannen natürlich die Nerven zu flattern angesichts eines ganzen Heeres, das plötzlich die Hände sinken ließ. Ihre Furcht wurde nicht geringer dadurch, daß die Meuterei gewissen Anzeichen zufolge die Unterstützung des Armeechefs Herzog Bernhard von Weimar persönlich hatte, ja vielleicht sogar von ihm angezettelt worden war, der gern seinen Vorteil suchte und in der Regel dazu neigte, eigenwillig und geschäftstüchtig zugleich zu sein. Die Herrschenden sahen sich in den Händen derer, die ihre gehorsamen Werkzeuge hätten sein sollen. Die großen Veränderungen in der Art der Kriegführung, unter anderem in Form leicht beweglicher Formationen und gut aufeinander abgestimmter Waffenarten, setzten voraus, daß die Soldaten strenger gedrillt und besser ausgebildet waren als früher. Viele Kriegsherren hatten auch entdeckt, daß es fast nur Söldner waren, die in dem erforderlichen Maß gedrillt wurden, daß nur geübte Berufskrieger lernen konnten, die komplizierten Manöver zu meistern, die auf dem Schlachtfeld ausgeführt werden sollten. (Die schwedische Armee war gewissermaßen eine Ausnahme, weil das Reich so arm war, daß man nur ausgehobene Bauernsoldaten im Feld einsetzen konnte.) Söldner hatten indessen gewisse offensichtliche Nachteile, die sich immer deutlicher zeigen sollten, je länger der Krieg währte. Söldner sind nämlich unzuverlässig und kämpfen für ihren Sold, und wenn dieser ausbleibt, gibt es wenige oder keine Bande, die sie halten. Und natürlich kann man es gut finden, daß es diesen angeheuerten Kriegern gleichgültig war, wenn ein Krieg sich in die Länge zog – sie hatten keine Sehnsucht nach der Heimat –, aber sie hatten auch kein direktes Interesse daran, eine Entscheidung in den Kämpfen herbeizuführen, im Gegenteil: viele von ihnen sahen es gern, daß der Unfriede so lange wie möglich dauerte. Es war offenbar, daß sich diese aus launischen und unbeständigen Berufskriegern rekrutierten großen Armeen zu eigenständigen Machtfaktoren ausgewachsen hatten. In dieser Lage hatten ihre Auftraggeber keine andere Wahl, als zu bezahlen und gute Miene zum bösen Spiel zu machen. Die für die Zeit unvorstellbare Summe von fünf Millionen Reichstalern floß in die Armee, das meiste in Form von deutschen Gütern und Ländereien, die von der schwedischen Krone als Lehen vergeben wurden; der Löwenanteil ging an Herzog Bernhard, der sich bald als der glückliche Besitzer zweier ganzer Bistümer sah. Wenn Axel Oxenstierna jedoch glaubte, sich auf diese Weise für alle Zukunft die unverbrüchliche Loyalität des Heers erkauft zu haben, so hatte er sich getäuscht.

Die großzügigen Soldzahlungen waren nicht vor August abgewickelt, und während die Offiziere mürrisch unten an der Donau saßen und ihre Schwertscheiden scheppern ließen, verging der Teil des Jahres, der für militärische Unternehmungen am besten geeignet war, ohne daß sich etwas anderes tat, als daß ihre in gravierender Weise vernachlässigte und in nicht minder gravierender Weise verwilderte Soldateska in den eigenen Ländern raubte, wütete und plünderte.

So kam es in diesem Jahr kaum zu nennenswerten Kriegshandlungen. Entsprechend den Vorstellungen Axel Oxenstiernas von einer strategischen Defensive war das große Heer, das bei Lützen gekämpft hatte, in mehrere kleinere Armeen aufgeteilt worden. Diese Aufsplitterung der Kräfte wurde noch problematischer dadurch, daß Axel Oxenstierna keinen obersten Befehlshaber über die gesamten Streitkräfte ernannte. Das Ergebnis waren ein paar zusammenhanglose Operationen hier und da: in Franken und Schwaben und am

Rhein, in Schlesien, Sachsen und Westfalen. Die protestantischen Befehlshaber tauschten eifersüchtige Blicke und weigerten sich nicht selten, einander beizustehen – bei mindestens einer Gelegenheit setzte einer dieser Generale eine völlig fiktive Kampagne in Gang, nur um einem Rivalen keine Verstärkungen schicken zu müssen. Der raumgreifende Schwung der beiden voraufgegangenen Jahre war erlahmt, und der frühere gemächliche Trott kehrte wieder ein; kürzere Vorstöße und Gegenstöße wurden unternommen, eine Festung wurde erobert, eine andere verloren, wieder starben Tausende – und so weiter.

1633 war auch das Jahr, in dem man sehen konnte, daß die verschiedenen Konflikte in Europa praktisch im Begriff waren, zu einem einzigen, kolossalen Krieg zu verschmelzen.

Bei der kleinen Stadt Oldendorf in Nordwestdeutschland trafen einige der nationalschwedischen Truppen, die bei Lützen gekämpft hatten, in einer kleineren Schlacht auf kaiserliche Truppen und siegten trotz zahlenmäßiger Unterlegenheit. Nachdem die Finnen, Västgöten, Uppländer und andere die eroberten feindlichen Fahnen gezählt hatten – 74 Stück –, sahen sie sich binnen kurzem in einen ganz anderen Krieg geworfen; sie wurden nämlich nach Westen geschickt, um während einiger Monate den langsam und umständlich operierenden Holländern in den kurz zuvor zwischen diesen und den Spaniern aufgeflammten Kämpfen eine kleine Handreichung zu geben. In der Praxis befanden sich nun Schweden und Spanien im Krieg miteinander.

Dies war indessen ==nicht das erste Zusammentreffen von schwedischen und spanischen Verbänden.== Schon im Jahr zuvor waren Gustav Adolfs Truppen am Rhein in direkte Kämpfe mit spanischen Soldaten verwickelt gewesen. 1633 befanden sich mehrere habsburgische Besitzungen am Rhein in schwedischer oder französischer Hand. Dies bedeutete, daß der sogenannte Spanische Weg, also das zusammenhängende Band habsburgischer Länder, das sich in einem Bogen von Italien zu den Spanischen Niederlanden erstreckte, unterbrochen war. Die in erster Linie Betroffenen waren die Regierenden in Madrid, denn die einzig sichere Art, Verstärkungen zu dem Krieg in den Niederlanden hinaufzuschaffen – die See beherrschten ja die Holländer –, war, die Truppen auf diesem Spanischen Weg über Land marschieren zu lassen. Eine spanische Armee unter dem Herzog von Feria sammelte sich bei Mailand und machte sich auf den Weg über Valtellina und den Rhein, nach Norden und Holland. Unterwegs sollten Ferias Männer die wichtigen Territorien entlang des Rheins von allen Eindringlingen befreien. Gesagt, getan. Konstanz und Breisach, zwei wichtige Orte, die von schwedischen Truppen bedroht waren, wurden entsetzt, so daß der Weg durch das Elsaß nach Norden wieder gesichert war. Als die Franzosen daraufhin in Lothringen einfielen – die nächste Etappe auf dem Spanischen Weg –, erhielt Feria Order, sie zu vertreiben. Es war jedoch für den

Der deutsche Krieg (1630–1638)

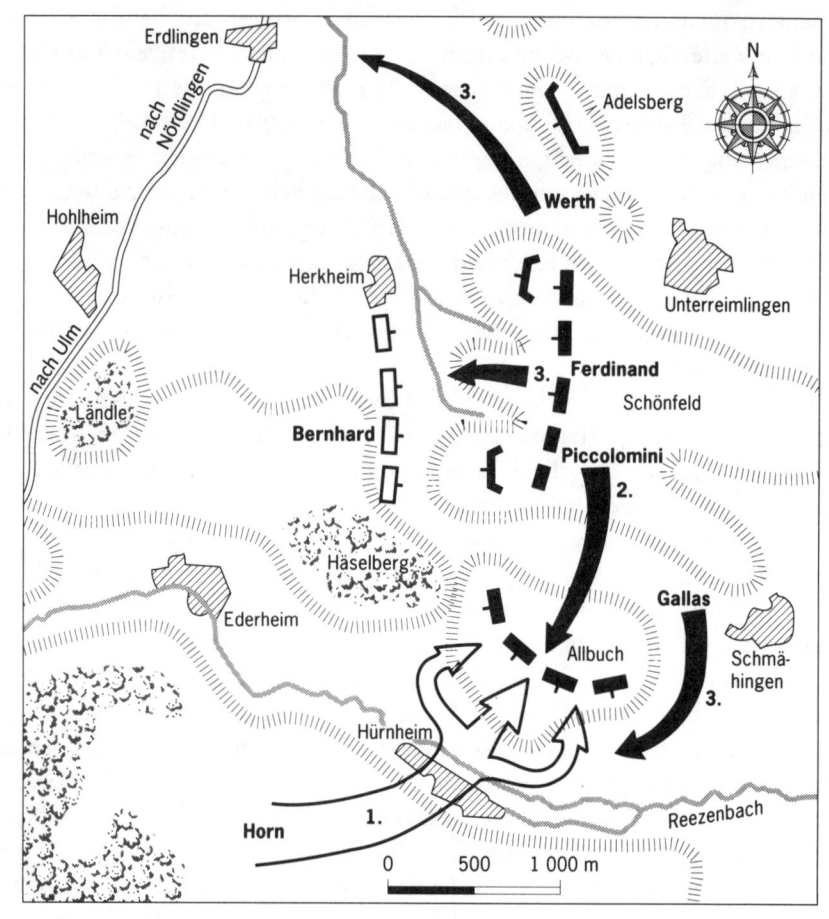

Nördlingen 1634

Herzog zu spät im Jahr, um gegen die Franzosen zu marschieren. Ferias Heer – das aus Zeitmangel weder mit Artillerie noch mit einem Troß oder Versorgungsapparat ausgerüstet worden war – zog sich in einem betrüblichen Zustand nach Süden zurück. Ein bayerischer Mönch, Maurus Friesenegger, war in den Herbstmonaten Augenzeuge, wie Banden eigener und feindlicher Truppen abwechselnd in der Umgebung plünderten und mordeten. Am Ende war die Not unter Ferias Soldaten so groß, daß sie das Saatgut der Bauern stahlen und Hunde und Katzen aßen, um zu überleben. Am 30. Dezember konnte Friesenegger die spanischen Regimenter Musterung halten sehen, »ein Spektakel«, wie der Mönch fand:

> *Mehrere, nur halb volle Kompanien, schwarze und gelbe Gesichter, ausgemergelte Körper, halb bedeckte, oder mit Lumpen umhängte, oder in geraubte Weibskleider einmaskierte Figuren, eben so wie Hunger, und Not aussieht. Beinebens waren aber die Offiziere ansehnliche und prächtig gekleidete Leute.*
>
> *Indessen erkrankten, und starben auch viele von den Soldaten vor Hunger, und Kälte, so daß ihr Feldpater in einem Tage 30 Kranke zur Beicht hören mußte.*

Bevor der Winter zu Ende ging, waren Feria selbst und der größte Teil seiner Männer an der Pest gestorben. In der Praxis befanden sich jetzt auch Spanien und Frankreich im Krieg miteinander. Einen Unfrieden dieses Ausmaßes hatte Europa nie zuvor gesehen. 1634 war das Jahr, in dem sich die Erde, die schon vorher leicht besorgniserregend gebebt hatte, plötzlich unter den Füßen der Schweden öffnete.

Die Operationen begannen gut für die Feinde des Kaisers. Sächsische Truppen rückten bis an die Mauern Prags vor, während die Schweden und ihre Verbündeten tief in Bayern eindrangen. Feindliche Gegenstöße ließen jedoch den schwedischen Vormarsch zum Stillstand kommen, woraufhin die kaiserliche Hauptarmee eine Belagerung der protestantischen Stadt Nördlingen nördlich der Donau einleitete. In einem Versuch, die Stadt zu entsetzen, griffen der Feldmarschall Gustav Horn und Bernhard von Weimar mit ihren vereinten Armeen – vereint eher in einem formalen Sinn, denn den beiden Herren fiel es überaus schwer zusammenzuarbeiten, und keiner von beiden wollte sich dem anderen unterordnen – die kaiserliche Armee an. Die Gegner hatten Verstärkung durch eine spanische Armee bekommen und waren folglich zahlenmäßig überlegen und zu allem Überfluß noch auf ein paar kleinen Hügeln südlich der Stadt eingegraben.

Dem höchsten dieser Hügel, Allbuch, kam eine Schlüsselposition zu. Wenn es den Angreifern gelang, diese Höhe einzunehmen, würden sie die Belagerungsarmeen unten in der Ebene und auf der Kette von niedrigen Hügeln zwischen Allbuch und Nördlingen überflügeln können. Dort sollte der Vorstoß ansetzen. Zuerst ging alles wie gewohnt. In der frühen Morgendämmerung rückte Horns rechter Flügel über die sumpfigen Wiesen vor und drängte zum Allbuch hinauf. Vor dem massiven Ansturm der schwedischen Truppen ließen die erst kürzlich rekrutierten Soldaten auf der Anhöhe ihre schweren Kanonen im Stich und flüchteten aus den drei halbmondförmigen Schanzen auf den Gipfel des Hügels. Dann ging alles schief. Zwei schwedische Brigaden griffen sich irrtümlich gegenseitig an, und es dauerte eine Weile, bis man sie trennen konnte. Inzwischen gingen kaiserliche Küraßiere und hartgesottene spanische und italienische Infanterie zum Gegenangriff über. Jetzt hätten Horns Leute Hilfe gebraucht, doch wegen des Pulverdampfs sah die eigene Reiterei nicht, was passierte, und blieb in beschaulicher Meditation unterhalb des Hügels stehen. Die Schanzen und der Hügel wurden zurückerobert. Horn war jedoch fest entschlossen, ihn wieder einzunehmen. Gustav Horn, Anfang vierzig, dunkelhaarig und mit einem kantigen Gesicht und Spitzbart, hatte seine gesamte militärische Laufbahn in Gustav Adolfs unmittelbarer Nähe verbracht und an sämtlichen größeren Kampagnen und Schlachten seit der Belagerung Rigas 1621 teilgenommen. Als Militär war er erfahren, kaltblütig, ruhig und fleißig, aber wohl kein Genie, dafür war er allzu unflexibel, phantasielos und vorsichtig. Und es war die Phantasielosigkeit, die ihn an diesem Tag bei Nördlingen auszeichnete.

Ein ums andere Mal brandeten die Wellen von Männern und flatternden, von Geschossen zerfetzten Feldzeichen den Allbuch hinauf. Ein ums andere Mal wurden sie, dezimiert und von Pulverstaub bedeckt, wieder zurückgeworfen, den vom Blut glitschigen Grashang hinunter; und ein ums andere Mal wurden die gelichteten Reihen geordnet und wieder losgeschickt. Die Spanier hinter den Schanzenwällen zählten bis zu fünfzehn Angriffe in Folge.

Horn hatte noch nicht genug. Obwohl er hoffte, oder auf jeden Fall hoffen wollte, daß der Sieg nur einen Angriff entfernt war, verringerten sich die Erfolgschancen ständig. Die Reihen der Verteidiger wurden ständig von hinten aufgefüllt, während Horns Soldaten immer weniger und immer müder wurden; es kostete große Mühe, sie dazu zu bewegen, sich den feuerspeienden Wällen auf dem Gipfel des Allbuch zu nähern. Viele verschwanden unter dem Vorwand, verwundete Kameraden fortzutragen, aus dem Glied. Es war zwölf Uhr mittags geworden, als Horn schließlich einsah, daß das Unternehmen zum Scheitern verurteilt war, und aufhörte, seine zerfetzten Bataillone in den Fleischwolf zu stampfen, und statt dessen den Befehl zum Rückzug gab. Von da an ging alles drunter und drüber.

Die Kaiserlichen hatten geduldig auf diesen Augenblick gewartet. Nun setzte sich ihre ganze lange Schlachtlinie in Bewegung. Zu den Rufen *Santiago!* und *Sierra España!* marschierten die hartgesottenen spanischen Verbände von den Höhen herab und gingen auf breiter Front zum Gegenangriff über. Unter dem Druck dieses Angriffs entstand unter Horns erschöpften Soldaten zuerst Unordnung und dann Panik. Wellen kaiserlicher Reiterei brachen über die in Panik geratenen Soldaten auf der rechten Seite herein.

Und der Schrecken eiskalt klar
wie Mondschein über Schnee

ergriff sie; die Verbände wurden aufgerieben und in dem hügeligen Waldgelände wie Laub verweht. Auch der linke Flügel unter Bernhard von Weimar, der bis dahin nur ein paar kleinere Gefechte gesehen hatte, wurde in dem allgemeinen Gegenangriff überrannt. Feindliche Reiterei hieb und stach in die zersplitterten Ströme laufender, schreckenerfüllter Männer.

Zu dem Riskantesten, das man in einem Kampf tun kann, gehört paradoxerweise der Versuch, diesen zu verlassen; man kehrt dabei dem Feind den Rücken zu und ist praktisch wehrlos. Diese Wahrheit offenbarte sich den Soldaten Horns und Bernhards, die in Scharen getötet wurden. Einer von denen, die an dem Massaker teilnahmen, war ein spanischer Soldat mit Namen Estebanillo Gonzales. Er war in der Eröffnungsphase der Schlacht von Panik gepackt worden und hatte sich neben einem toten Pferd auf den Boden geworfen, als sei er dessen gefallener Reiter. Da lag er unbeweglich, während der Kampflärm die Luft erfüllte, aber als er das Triumphgeschrei der eigenen Verbände hörte, faßte er Mut, sprang auf und lief mit einem großen Messer in der Hand hinter seinen angreifenden Kameraden her, um, wie er selbst sagt, »ein paar Schweden in Streifen zu schneiden«. Er war unter denen, die auf der Walstatt umherstiefelten und die blutigen, jammernden Bündel, die überall herumlagen, totstachen und ihre Habseligkeiten stahlen. Rund 6000 von Horns Soldaten wurden getötet oder verwundet, ungefähr ebenso viele wurden gefangengenommen – darunter Horn selbst –, und 130 Fahnen, an die 70 Kanonen und 4000 beladene Troßwagen wurden die Beute der Sieger. Und oben auf dem leichenübersäten Allbuch warfen die kampferprobten spanischen Regimenter im Triumph ihre Hüte in die Luft und riefen Hurra für das Haus Habsburg. Fünf Tage lang feierten sie ausgelassen mit dem Fleisch, Brot und Wein, die die Flüchtenden zurückgelassen hatten.

Der Ausgang der Schlacht war für viele eine Katastrophe, nicht zuletzt für alle Protestanten der Umgebung, die bereits vorher schwer gelitten hatten. Das westlich von Nördlingen gelegene Dorf Neestetten war ein paar Wochen vor der Schlacht schwer heimgesucht worden, als Bernhards Truppen auftauchten. In dem selbstverständlichen Glauben, diese seien freundlich gesinnt, hatten die

Der deutsche Krieg (1630–1638)

Die Schlacht bei Nördlingen 1634.
Hinter den aufgeworfenen Erdwällen kampieren die kaiserlichen Truppen nach Regimentern geordnet; die Troßwagen sind in Reih und Glied aufgestellt, die Piken stehen in eigens dafür vorgesehenen Gestellen. Man beachte die Lagerfeuer und die Frauen, die Essen zubereiten. Das Kampfgeschehen befindet sich in seiner Schlußphase. Am oberen linken Rand haben die Kaiserlichen gerade zu ihrem Generalangriff auf die retirierenden Schweden angesetzt.

Bewohner nicht wie üblich ihr Eigentum versteckt. Doch Bernhards Truppen – seine Reiter nach gravierenden Pferdeverlusten weitgehend zu Fuß, die Sättel auf dem Rücken tragend – nahmen sich, was sie haben wollten, »Pferde, Vieh, Brot, Mehl, Schmalz, Tuch, Leinen, Kleidung«, und »schossen, hieben und schlugen«. Zwei Tage lang vermochten die Bewohner von Neestetten die Banden der »eigenen Truppen« fernzuhalten, indem sie sich in der Kirche verbarrikadierten. Gegenwehr konnte sich lohnen für die Zivilbevölkerung. Das kleine Dorf Linden war früher im Jahr von 20 schwedischen Soldaten überfallen worden. Sie waren hereingeritten, hatten Essen und Wein gefordert, Türen eingeschlagen und nach Wertsachen zu suchen begonnen. Zwei waren in das Haus des Bauern Georg Rösch eingebrochen, und einer von ihnen, ein Reiter aus dem östlichen Finnland, hatte dessen Frau vergewaltigt und sein schreiendes Opfer anschließend die Dorfstraße entlanggejagt. Inzwischen hatten die Bauern von Linden die Männer in den benachbarten Dörfern alarmiert, und diese tauchten nun aus den umgebenden Wäldern auf, griffen die Soldaten, nahmen ihnen ihre ganze Beute ab und verschwanden mit einigen der Pferde. Als Horn nach und nach von dem Vorfall erfuhr, erteilte er dem verantwortlichen Offizier eine Rüge und gab den Befehl, daß die Bauern in Ruhe gelassen werden sollten. Die Bewohner von Neestetten hatten nicht das gleiche Glück, als sie sich in der Kirche verteidigten. Die Soldaten fingen nämlich an, die Häuser des Dorfs niederzubrennen, und der Anblick der Feuer- und Rauchbüschel ließ die Menschen die Barrikaden verlassen, der Widerstand brach zusammen, und das Dorf wurde geplündert. Nach der Schlacht am 27. August begriffen die Menschen bald, was geschehen war. Hans Heberle, der Schuhmacher der Stadt, berichtet in seinem Tagebuch:

> *Da sie alles verlohren und Gustaffus Horn gefangen, und hertzog Bernhart verwundt, da ist sein gantze arme ruoniert und in die flucht komen, das die flichtigen reiter am mittag schon bey unß gewesen. Und da wir solches erfahren, saumpten wir unß nicht lang. Wer lauffen kan, der laufft, das wir den selbigen tag noch mechten nach Ulm komen. Dan es thut gar not, dan der feind war unß auff dem hals. So schencken unß die Schweden auch nichts. Was sie bey unß erwischen kundten in der flucht, das thon sie auch in ihrer flucht, das wir beyde auff dem halß haben.*

Nach einiger Zeit in Ulm – bevor der Krieg zu Ende war, sollten er und seine Familie dreißigmal Schutz hinter den Mauern der Stadt suchen – kehrten sie zu einem zerstörten Dorf, verwüsteten Äckern und bevorstehendem Hunger zurück. (Die Protestanten in der Umgebung hatten teuer für die Niederlage bezahlt: Kaiserliche Truppen hatten binnen drei Monaten unter anderem 30 000 Pferde, 100 000 Kühe und 600 000 Schafe geraubt.) Der Herbst wurde entsetzlich. Wie gewöhnlich waren es die Schwächsten, die als erste starben. Zwischen sieben und acht Uhr am Morgen des 19. September starb der vier Wochen alte Sohn des Schuhmachers, Bartholomäus; am 7. Oktober starb auch sein zweiter Junge, Thomas; am 30. November starb die Schwiegermutter; am 1. Dezember seine Schwester Barbara; am 2. Dezember die Schwester Dorothea; und am 18. Dezember die dritte Schwester, Ursel.

Obwohl keine nationalschwedischen Verbände an dem Debakel bei Nördlingen beteiligt waren, hatte das Geschehene für die schwedischen Interessen katastrophale Folgen. Die schwedische Intervention war unter den deutschen Fürsten nie populär gewesen. Die Unterstützung der breiten protestantischen Schichten, die man einst genossen hatte, wurde in dem Maße ausgehöhlt, wie die schwedische Armee zu einer weiteren schlecht disziplinierten Masse verwilderter und diebischer Landsknechte entartet war. Dies bedeutete, daß die schwedische Position in Deutschland mehr denn je zuvor auf gespitzten Piken und gezogenen Degen ruhte. Und als nun der Hauptteil der schwedischen Waffenmacht bei Nördlingen zu Staub zermahlen war, fanden Axel Oxenstierna und die mit ihm verbündeten Landesfürsten sich in einem luftleeren Raum wieder. Alles brach zusammen. Verängstigt und mutlos evakuierten die Schweden alle ihre Garnisonen im Süden Deutschlands.

Der Kollaps war nah. Sehr nah.

Im Jahr 1635 rollte die Lawine von Zerfall und Defätismus, die durch die Niederlage bei Nördlingen in Gang gesetzt worden war, weiter. Der Anblick schwedischer Truppen, die Sack und Pack zusammenklaubten und am nördlichen Horizont verschwanden, ließ zahlreiche protestantische Fürsten wohlig frösteln. Der Bund von Heilbronn zerfiel rasch. Im weiteren Verlauf des Jahres wandten sich auch die alten Bundesgenossen nacheinander von der schwedischen Krone ab. Im Mai 1635 wurde in Prag ein Frieden zwischen dem Kaiser und Sachsen geschlossen. Zu dieser Übereinkunft hatte sich der unbeugsame Kaiser Ferdinand, der in seiner felsenfesten Einfalt noch immer den Gedanken an einen totalen Sieg über alle Ketzer im Reich nährte, nur schwer durchgerungen. Erst nachdem seine Ratgeber beteuert hatten, daß er praktisch kaum Geld für die Weiterführung des Krieges hatte, und nachdem eine Konferenz von 26 Theologen nach mancherlei gelehrtem Kopfschütteln zu der Ansicht gekommen war, daß er die Seligkeit seiner Seele durch den Friedensschluß mit einer protestantischen Macht wohl nicht aufs Spiel setze, hatte er der Unterzeichnung dieses Traktats zugestimmt. In der kompromißbetonten Übereinkunft hieß es unter anderem, daß Sachsen – und alle anderen Staaten, die sich dem Frieden anschlössen – sich verpflichtete, seine Streitkräfte unter den direkten Befehl des Kaisers zu stellen und ihm zu helfen, all jene Territorien, die er nach 1630 verloren hatte, wieder zurückzugewinnen. (Diese Klausel war direkt gegen Schweden und Frankreich gerichtet.) Im Verlauf des Sommers 1635 schlossen sich dann fast sämtliche deutschen Fürsten und die meisten freien Städte dem Frieden an.

Bei den Streitkräften, die noch unter schwedischer Kontrolle waren, breiteten sich Aufsässigkeit und Unruhe aus. Im April wurde eine Verschwörung unter einer Gruppe deutscher Offiziere aufgedeckt, die darauf abzielte, den Befehlshaber des Heeres, Johan Banér, zu entführen oder zu ermorden. (Es war geplant, das Tor von Banérs Schloß, Egeln, mit einer Petarde aufzusprengen und dann einige hundert Reiter hineinzuschicken, um ihn, seinen Kriegsrat und seine Feldkanzlei zu ergreifen.) In den Quartieren der Truppen kursierte der Rückrufbrief des Kaisers ganz offen; darin wurden alle Deutschen, die in feindlichen Dienst getreten waren, aufgefordert, sich ein für allemal beim eigenen Heer des Reichs einzustellen, ansonsten drohten Konfiskation und Todesstrafe. Gleichzeitig winkte ein lächelnder Kurfürst von Sachsen mit voller Amnestie sowie Bezahlung und guten Quartieren für jene, die überlaufen und lieber unter seinen Fahnen dienen wollten. Die Lage war zeitweilig überaus bedrohlich. Bei einer Gelegenheit mußte man Axel Oxenstierna – der nach all den Rückschlägen körperlich wie geistig ausgelaugt war – heimlich im Schutz der Nacht mit einer Schwadron loyaler Livländer vor der unberechenbaren Soldateska in Sicherheit bringen. Nur mit Mühe und Not entging die schwedische Führung einer allgemeinen Meuterei.

Zu all diesen politischen und militärischen Problemen gesellten sich auch noch ökonomische. Die schwedischen Machthaber hatten mit dem Vertrag von Heilbronn einen klaren Hintergedanken, nämlich mit deutschen Geldern bezahlte deutsche Soldaten einen Krieg austragen zu lassen, der zum Teil in Schwedens Interesse geführt wurde. Dies war ursprünglich auch nach Plan gelaufen. Während des Jahres 1633 hatte die schwedische Krone nicht mehr als 3000 Mann und 128573 Reichstaler nach Deutschland senden müssen. Aber nun waren der Heilbronner Bund und seine Kontributionen nur noch eine schöne Erinnerung, und je weiter die Truppen der schwedischen Krone Schritt für Schritt nach Norden zurückgedrängt wurden, um so mehr schrumpfte auch die ökonomische Basis ihrer Kriegführung. Schweden mußte nun selbst einen großen Teil der erheblichen Kosten für die Operationen in Deutschland aufbringen, und dies in einer Lage, in der alles darauf hindeutete, daß ein weiterer Krieg bevorstand. Das Waffenstillstandsabkommen mit Polen von 1629 lief nämlich 1635 aus, und da der Krieg der Polen mit der Türkei und Rußland kürzlich beendet worden war, bestand die offensichtliche Gefahr, daß sie nun ihren alten Streit mit Schweden wiederaufnehmen würden.

Zu allem Überfluß war die Mißernte und Teuerung des Jahres 1634 in

Schweden im darauffolgenden Jahr eine weitere mißglückte Aussaat gefolgt. Bereits im April war das Getreide des Vorjahres aufgebraucht, und in Norrland, Dalarna und Finnland waren die Menschen gezwungen, »zur Baumrinde zu greifen«. Danach wurde es nur noch schlimmer. Die Berichte vom Lande erzählten von Myriaden von Raupen, die das Gras auf den Wiesen verschlungen und die Frühjahrssaat auf den Äckern vernichtet hatten. Die Ökonomie Schwedens und ganz Europas beruhte auf der Landwirtschaft, und eine Mißernte brachte stets das ganze System in Unordnung, zumal viele Menschen so ärmlich lebten, daß eine oder zwei fehlgeschlagene Ernten ausreichen konnten, um eine Hungersnot hervorzurufen.

Das war nicht alles. Die schwere ökonomische Stagnation, die sich in ganz Europa bemerkbar machte, hatte auch Schweden erfaßt. Die Grube in Kopparberg, die sonst die Krone mit so guten Einkünften versehen hatte, war erschöpft, der Seezoll erbrachte nur ein Sechstel der erwarteten Einnahmen und so weiter. Der Schatzmeister, Axels Vetter Gabriel Bengtsson Oxenstierna – ein gieriger und fauler Kerl, der sich rasch als der falsche Mann für diesen anspruchsvollen Posten erwies –, starrte lethargisch auf die Truhenböden, wo nichts mehr zu sehen war als grauer Staub und der eine oder andere längst verfallene Wechsel. Es war notwendig, Geld zu leihen, um auch nur die Ausgaben des Hofes bestreiten zu können. Die Geldnot des Staates war so groß, daß die Mitglieder des Reichsrats bei einer Gelegenheit aus den eigenen Taschen 5000 Reichstaler in bar zusammenlegen mußten, um das schwer leckgeschlagene Schiff noch eine Zeitlang über Wasser zu halten.

Die polnische Kriegsgefahr vermochte man jedoch glücklicherweise abzuwenden. Um die Polen bei einigermaßen guter Laune zu halten, mußten die schwedischen Unterhändler allerdings auf die gewinnbringenden Häfen in Preußen verzichten. Dies bedeutete, daß die Krone im Handumdrehen eine Einkommensquelle verlor, die für einen bedeutenden Anteil an ihren Gesamteinkünften gesorgt hatte. Währenddessen wurde die schwedische Armee bis nach Mecklenburg zurückgedrängt.

Es war also nicht verwunderlich, daß die Unruhe, die Erschöpfung und die Sehnsucht nach Frieden in Schweden um sich griffen, und dies sogar unter den allerhöchsten Machthabern. Für viele war es offensichtlich, daß der Krieg – und vor allem Gustav Adolfs Entscheidung, nach der Schlacht bei Breitenfeld einen totalen Sieg anzustreben – ein furchtbarer Irrtum war. Schon 1630 hatte ein Aristokrat gegenüber Axel Oxenstierna die Verelendung des Landes beklagt: Wenn es so weitergehe, könne man bald sagen, »daß wir Land von anderen gewonnen und darüber unser eigenes ruiniert haben«. Der Krieg bedrohte alles, inbegriffen das, was er schützen sollte. Das Mißtrauen gegen den Krieg, das auch in Kreisen des Adels vorhanden gewesen, aber in den Jahren der Siege etwas gedämpft worden war, brach nun wieder auf. Im Dezember 1634 hatte die Vormundschaftsregierung offen erklärt, sie wünsche, daß Schweden sich aus dem Krieg zurückziehe. Axel Oxenstierna sperrte sich jedoch dagegen. Obgleich auch er von dunklen Ahnungen und Niedergeschlagenheit schwer geplagt war, betrachtete er es als Fehler, stehenden Fußes das ganze deutsche Unternehmen aufzugeben, was Schweden seiner Ansicht nach »Reputation, Respekt, Interesse, Freundschaft und alles« kosten würde. Wenn irgend möglich, wollte man sich dennoch allmählich aus dem Krieg herausziehen, und schon früher hatte man beschlossen, nur im Ausnahmefall neue Truppen und frische Geldmittel einzusetzen. Die Frage war lediglich, wie die Abwicklung des schwedischen Engagements vor sich gehen sollte. Die Männer des Rats wußten ja, daß ein Friede ohne Satisfaktion auch ein unerfreulicher Friede sein würde, nicht zuletzt finanziell. Dann müßten die beträchtlichen Schulden sämtlich bezahlt und die Armeen abgedankt werden, und die Offiziere müßten ihre seit langem versprochene Belohnung, ihre Rekompensation bekommen. Und das würde teuer werden. Die Machthabenden waren Gefangene ihres eigenen Systems geworden. Und die selbsttätige Maschine lief weiter.

Aber auch Axel Oxenstierna sah ein, daß es Schweden unmöglich war, den Krieg allein fortzusetzen, nachdem die protestantischen Fürsten ihren Frieden mit dem Kaiser gemacht hatten. Dies wußten auch Richelieu und die anderen französischen Machthaber. Schon früher hatten sie gesehen, wie etwas, das einem habsburgischen Schnallengürtel glich, sich um Frankreich zu legen begann, das jetzt praktisch von spanischen Besitzungen umgeben war – ein spanischer Diplomat hatte in diesem Zusammenhang geäußert, daß »Frankreich das Herz des spanischen Imperiums« sei. Von den großen Erfolgen und der neuerlichen Zusammenarbeit zwischen dem spanischen und dem österreichischen Zweig des Hauses Habsburg aufgeschreckt, beschlossen sie, daß es höchste Zeit sei, einzugreifen und sich aus der drohenden habsburgischen Umklammerung zu befreien. Im Mai erschien daraufhin ein Herold in Brüssel, der Hauptstadt der Spanischen Niederlande, und verkündete auf der Grande Place vor dem Rathaus, daß sich von jetzt an seine allerchristlichste königliche Hoheit Ludwig XIII. von Frankreich mit seiner katholischen Majestät Philipp IV. von Spanien im Krieg befinde.

Diese radikale Ausweitung des Konflikts wurde von Oxenstierna und seinen Vertrauten mit großer Erleichterung begrüßt, denn sie bedeutete, daß Frankreich ernstlich in den Krieg eintrat. Frankreich war auch der beste Verbündete, den man bekommen konnte; die französische Krone verfügte über weitaus größere ökonomische Mittel als irgendein anderer Beteiligter, was natürlich die Entscheidung herbeiführen würde, da der Konflikt inzwischen allmählich zu einem banalen Abnutzungskrieg verkam. All die schönen Millionen konnten indessen nicht über die Tatsache hinwegtäuschen, daß die Franzosen keine Truppen hatten, die in den neuen Methoden der Kriegführung gedrillt oder überhaupt zu kämpfen gewöhnt waren. Anfänglich mißglückte ihnen deshalb alles. Die französischen Generale leiteten ebenso schnell wie leichtfertig Offensiven sowohl in den Spanischen Niederlanden als auch in Süddeutschland ein. Außerdem eröffneten sie zwei ganz neue Kriegsschauplätze, indem sie in das strategisch wichtige Veltlin – um den Spanischen Weg abzuschneiden – und in die habsburgischen Provinzen in Norditalien einmarschierten. In Italien kam das Ganze rasch zum Stillstand, und in Süddeutschland mußten die Angreifer auf dem Absatz kehrtmachen und Hals über Kopf fliehen, um nicht von den Kaiserlichen eingekreist zu werden. Der Einfall in die spanischen Niederlande endete nach einer Zeit großspurigen Wirrwarrs damit, daß die Holländer einrücken und das arg zusammengeschmolzene französische Heer auf dem Seeweg herausschaffen mußten, während die Spanier ohne größere Anstrengung mehrere gefallene Festungen zurückeroberten. Und in Paris streute Richelieu böse Briefe und spitze Fragen um sich aus, um herauszufinden, warum die Rekordsumme von 16,5 Millionen Talern, die er für die Kampagne dieses Jahres eingesetzt hatte, zu keinerlei Resultat geführt hatte.

Der Krieg hatte einen neuen Wendepunkt erreicht. Sein ursprünglicher religiöser Anstrich verblaßte allmählich. Nie mehr sollten deutsche Protestanten und deutsche Katholiken in klar getrennten Blöcken gegeneinanderstehen. Da der Kaiser nun mit den meisten seiner deutschen Feinde Frieden geschlossen hatte, wurde der Widerstand gegen die Habsburger statt dessen zu einer Angelegenheit verschiedener fremder Mächte. Der deutsche Bürgerkrieg hatte sich endgültig in eine Art europäischen Weltkrieg verwandelt, und dies nicht, weil mehr ausländische Staaten darin verwickelt waren als früher, eher umgekehrt. Bis zum Ende des Kriegs sollten Schweden, Frankreich, Spanien, Holland und Dänemark, dazu auch Rußland, England, Savoyen, Transsilvanien, der Kirchenstaat und Polen in der einen oder anderen Form in den Konflikt verwickelt werden. Es war die Sicht des Krieges seitens der ausländischen Mächte, die sich verändert hatte. Jede verführerische und schönfärberische Rhetorik vom Kampf für »das Recht der Protestanten« hatte sich in Luft aufgelöst. Realpolitischer Zynismus war an ihre Stelle getreten. Für die ausländischen Staatsmänner war Deutschland nur noch ein Schlachtfeld, eine Region, wo die eigenen Armeen auf der Jagd nach dem Feind herumziehen konnten, ohne allzu übertriebene Rücksichten auf Land und Leute nehmen zu müssen. Das bedeutete, daß der deutsche Krieg nun mindestens vier verschiedene Kriege umfaßte, die zuweilen nebeneinander herliefen, zuweilen sich kreuzten und zu einem wurden. An seinem Grund fand sich nach wie vor, doch immer mehr verblassend, der Glaubenskrieg. Danach setzte er sich als Kampf um verschiedene konstitutionelle Fragen zwischen der kaiserlichen Zentralmacht und verschiedenen nach Selbständigkeit lechzenden Fürsten fort. Zum dritten ging auch der deutsche Bürgerkrieg zwischen Regierenden und Untertanen weiter. Und nun war auch der vierte Konflikt, der größte und schlimmste von allen, ausgebrochen, der internationale Großkrieg. Eine neue Phase begann. Sie war ausgedehnter und quälender als die früheren, in denen die Kriegsbewegungen zwar immer destruktiver geworden waren und sich in einem immer höher getriebenen Tempo über immer weitere Teile des Reichs erstreckt, aber trotzdem selten eine entscheidende Bedeutung gehabt hatten. Eine ungeheure Tragödie begann Konturen anzunehmen.

4. Die Erde war mit Toten bedeckt

DIE SPANIER FALLEN IN FRANKREICH EIN. – JOHAN BANÉR. –
›ER NEIGTE ZUR TRUNKSUCHT‹. – DIE SCHLACHT VON WITTSTOCK. –
EIN VERSUCH GEGEN LEIPZIG. – DER ELENDE ZUSTAND DER ARMEE. –
›DER GESTANK VON CHARONS GROTTE HÄTTE NICHT SCHLIMMER SEIN
KÖNNEN‹. – DER RÜCKZUG VON TORGAU. – NOTLAGE IM KÜSTENSTREIFEN.

Im Jahre 1636 sah es so aus, als könne das Ganze für die Franzosen ein Ende mit Schrecken nehmen. Die Spanier schlugen zurück. Ein Heer aus den spanischen Niederlanden überschritt Anfang Juli die Grenze nach Nordfrankreich, nahm in atemberaubendem Tempo ein paar Schlüsselfestungen ein und marschierte danach rasch nach Süden. Im August erreichte die Spitze des Heeres Pontoise, weniger als 30 Kilometer von Paris entfernt. In der französischen Hauptstadt brach Panik aus, Volksmassen veranstalteten Krawalle, und viele Bürger flüchteten in ihren Kutschen nach Süden. Französische Truppen konnten im letzten Augenblick die spanische Flutwelle aufhalten, doch einen Monat später kam die besorgniserweckende Nachricht, daß ein weiteres habsburgisches Heer in Frankreich eingefallen war. Eine kaiserliche Armee unter dem Befehl von Matthias Gallas war in Burgund einmarschiert und auf dem Weg nach Dijon, 250 Kilometer südöstlich von Paris. (Gallas, ein Deutscher, war schon in die Jahre gekommen, eine vom Alkohol schwer gezeichnete Gestalt; er verdankte seinen Posten mehr einer hündischen Treue zum Kaiser als seiner Feldherrenbegabung, die hauptsächlich nomineller Natur war; sein Beiname war »der Heerverderber«.) Bald erreichte ihn indessen eine Botschaft des Kaisers, die ihn veranlaßte, seine Offensive in Burgund abzubrechen.

Ein großes Heer, das aus kaiserlichen Truppen und den ehemaligen Verbündeten der Schweden, den Sachsen, bestand, war zuvor nach Brandenburg eingedrungen. (Einer seiner Befehlshaber war der wankelmütige sächsische Kurfürst Johann Georg, der sich endlich dazu durchgerungen hatte zu versuchen, die Schweden aus Deutschland hinauszuwerfen.) Dies war für die Schweden natürlich Grund zur Besorgnis, weil es bedeutete, daß der Feind ihren Versorgungsbasen an der Ostsee immer näher kam. Die zahlenmäßig unterlegene schwedische Armee unter Johan Banér hätte jeder militärischen Klugheit entsprechend nach Norden ausweichen sollen, aber er zögerte. Der Widerwille und das Mißtrauen gegenüber den Schweden waren so groß, daß ein weiterer Rückzug den noch verbleibenden kleinen Rest von Schwedens Machtstellung in Deutschland endgültig aufs Spiel zu setzen drohte. Außerdem konnte man nicht unbegrenzt damit fortfahren, das Land zu wechseln, um Zeit zu gewinnen. Banér beschloß statt dessen, dem Feind auf den Leib zu rücken und eine Schlacht zu wagen.

Johan Banér war eine merkwürdige Gestalt. Es fällt schwer, ihn zu mögen. 1636 war er 40 Jahre alt, untersetzt, rotnasig und mit schütterem Haar, einem sinnlichen Mund und einem herrischen Zug um die Augen, ein narbenbedeckter Haudegen, dem ein hartes Leben in Feldlagern und auf Schlachtfeldern die Seele verfinstert und den Körper ruiniert hatte,

... voller Flüche, zottig wie ein Bär,
ehrbesessen, kampfeslüstern,
sucht die Luftblase Ehre mitten
im Schlund der Kanonen.

Die seinem Kommando Unterstellten umsorgte er mit dem aufrichtigen patriarchalischen Gefühl seiner Zeit, und dementsprechend forderte er blinden Gehorsam. Die Leiden der deutschen Bevölkerung bereiteten ihm wenig Kopfzerbrechen, und häufig ließ er Übergriffe seiner Truppen durchgehen: Hauptsache war, daß die Armee das Ihre bekam. (Wie so viele andere hohe Befehlshaber hatte er sich mit Hilfe von Kriegsbeute ein Vermögen geschaffen, das trotz einer hemmungslosen Spielleidenschaft einen imponierenden Umfang aufwies.) Durch seine Rücksichtslosigkeit und das Unvermögen, seine Soldateska zu kontrollieren, trug er dazu bei, die Spirale von Brutalität und Zerstörung in diesem Krieg noch ein paar Umdrehungen tiefer in den Abgrund zu schrauben. Banérs Persönlichkeit weist viele typische Züge der Menschen in diesem 17. Jahrhundert auf, wenn auch in verstärkter und vergröberter Form. Wie die meisten Zeitgenossen vereinigte er in sich starke Gegensätze. Er war cholerisch, streitsüchtig und launisch, aber auch leicht gerührt und auffallend empfindsam. Er konnte sich ebenso leicht in hemmungslosen Weinkrämpfen verlieren wie in wilden und maßlosen Wutausbrüchen. Und wie so viele andere in dieser sinnlichen Epoche war er, wie man sagt, »genußsüchtig«. Er verfügte über einen starken Sexualtrieb und war stets hinter Frauen her, und es machte ihm auch nichts aus, zu einer der zahlreichen Feldhuren zu gehen, die die Armee begleiteten. Seine Freßlust war maßlos und seine Sauflust legendär. Banér war leicht depressiv veranlagt, und wenn die Sorgen und die Hindernisse sich allzu hoch vor ihm auftürmten, konnte er sich in sein Zelt zurückziehen und saufen, wüst und ausgedehnt. Dies war nicht allzu ungewöhnlich, zumal nicht unter Schweden, die als ein Volk angesehen wurden, das alkoholischen Getränken in besonderem Maße zugetan war; ein Diplomat aus Venedig sagte von ihm, daß er »zur Trunksucht neigte, ein besonderes Kennzeichen der ganzen Nation, in deren Natur es liegt«. Banér war Alkoholiker – es wird erzählt, daß ein französischer Abgesandter, der mit ihm verhandeln sollte, hübsch warten mußte, weil Banér so besinnungslos betrunken war, daß es vier Tage dauerte, bis er wieder ansprechbar war. Sein großer Gegner, der kaiserliche Feldmarschall Gallas, war ebenfalls ein notorischer Trunkenbold, aber der Unterschied zwischen den beiden war, daß Banér in der Regel in betrunkenem Zustand seinen Pflichten ausgezeichnet nachkam, Gallas aber selbst in stocknüchternem Zustand inkompetent war. Denn es ist eine Tatsache, daß Banér, seinen Lastern und Fehlern zum Trotz, ein ausgezeichneter, ja nahezu genialer Feldherr war. Er war konsequent und genau und hatte eine bemerkenswerte Fähigkeit, seinen Untergebenen eine Mischung von Respekt, Furcht und Loyalität einzuflößen. Wie alle Feldherren in dieser Zeit vermied er Kampfhandlungen, so gut es ging – was ihm die säuerliche Kritik des militärisch recht unkundigen Axel Oxenstierna eintrug; Belagerungen waren seine Schwäche, aber die schwierige Kunst des Manöverkriegs beherrschte er bis zur Vollendung. Während des größten Teils seiner Zeit als Oberbefehlshaber mußte er sich damit begnügen, mit geringen und unzulänglichen Mitteln Krieg zu führen. Nie standen so riesige Heere wie die Gustav Adolfs unter seinem Befehl. Seine rasche Auffassungsgabe, Entschlußfreudigkeit und Kühnheit machten ihn statt dessen zu einer Art Meister darin, aus unterlegener Position mit äußerst schäbigen und unansehnlichen Truppen zu kämpfen. Die Gegner lernten schnell seine Phantasie und seinen sicheren Blick für Blößen und Öffnungen fürchten, die er ohne zu zögern zu plötzlichen Ausfällen nutzte, die mit der Raserei eines verwundeten Wildebers ausgeführt wurden.

Einen solchen unerwarteten Gegenstoß arrangierte er jetzt im nördlichen Brandenburg. Elf Tage lang spielte sich dort ein merkwürdiges Schauspiel ab. Wie zwei Boxer umkreisten die zwei Heere einander; die schwedische Armee wie ein verbissener und selbstbewußter Fliegengewichtler, der immer wieder den Schlagabtausch sucht, während der großgewachsene Widersacher – verwirrt und nicht wenig verängstigt durch seinen aggressiven Gegner – immer wieder ausweicht. Aber am Samstag, dem 24. September, stellte Banérs Heer

Der deutsche Krieg (1630–1638)

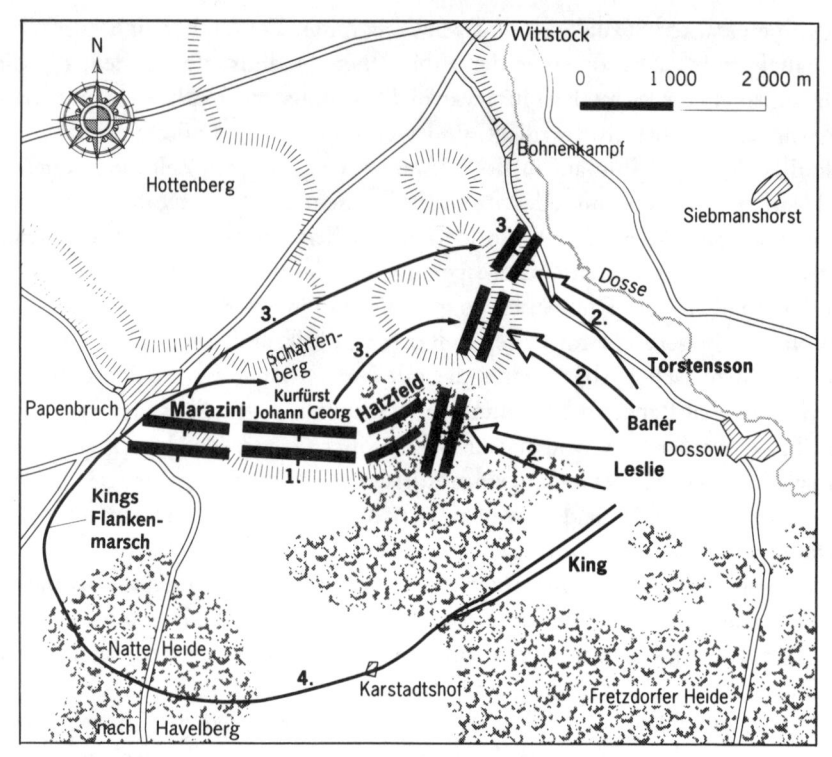

Wittstock 1636

seinen Gegner in dem hügeligen, bewaldeten Terrain unmittelbar südlich der kleinen Stadt Wittstock.

Die Kaiserlichen und die Sachsen hatten beschlossen, ihre Gegner auf einigen sandigen Höhen, dem Scharfenberg, zu empfangen; der Sicherheit halber hatten sie einen Teil der Front mit sechs in aller Hast gegrabenen Schanzen und einer Mauer zusammengeketteter Troßwagen gedeckt. Ihre Befehlshaber warteten lange darauf, daß sich die schwedischen Truppen auf den offenen, sumpfigen Feldern vor ihrer Front offenbarten, um sich wie bei Nördlingen in geordneten Formationen von der zahlreichen Artillerie niedermähen zu lassen. Aber statt dessen kam die Meldung, daß die schwedischen Truppen völlig unvermutet und gegen herkömmlichen Brauch durch einen Wald aufmarschiert waren, an den sich der linke Flügel der vereinigten Armeen anschloß, und daß sie schon gut geordnet bereitstanden, um die kaiserlichen und sächsischen Truppen zu überflügeln! Letztere waren daher gezwungen, ihre schönen Schanzen und ihre feine Wagenburg zu verlassen und gegen die angreifenden Schweden umzuschwenken. Dann begann die Schlacht.

Sie dauerte Stunde um Stunde. Wie gewöhnlich war es kein richtig geordneter Kampf, sondern eher nur ein rhapsodischer Wirrwarr von Schwadronen und Brigaden, die ein ums andere Mal im Rauch aufeinanderprallten. Beide Seiten verfügten über große Kavallerieverbände, und diese waren bald in eins der blutigsten und ausgedehntesten Reitereigefechte des ganzen Krieges verbissen – Schwadronen prallten für einige kurze, verwirrte Augenblicke aufeinander, während die wogenden Reiter (die Gesichter schwarz von Pulverstaub und weiß vor Schrecken) wild mit den Degen in die Luft hieben und ihre schweren Pistolen aufeinander abfeuerten: dann kämpften sie sich frei, wie Ringer, ordneten ihr Glied und ritten aufs neue an. Oft entschieden die Pferde über die Dauer der Schlacht. Sie hielten in der Regel nicht länger als vier, fünf Stunden Kampf durch, dann mußte der Verband aus dem Feuer genommen werden. Über dem Ganzen waren das Dröhnen der Schüsse, das Klappern der Harnische, das Splittern von Piken, das Wirbeln von Trommeln und die Silbertöne von Trompeten und Pfeifen zu hören, gemischt mit den Schreien der Verwundeten und Rufen der Kämpfenden. (Feldrufe waren eine Hilfe, im dunstigen Gewimmel der Schlachtfelder Freund und Feind zu unterscheiden. »Gott mit uns« war der Feldruf der Schweden bei Wittstock, »Ob Gott will« brüllten die Vereinigten zurück.) Banér selbst schrieb später in einem Brief, einen so »grausamen Kampf« habe er bis dahin noch nie gesehen.

Es fehlte nicht viel, und es wäre für die Schweden schlecht ausgegangen. Nicht genug damit, daß sie zahlenmäßig unterlegen waren: Banér hatte auch noch kurz vor der Schlacht seinen gesamten linken Flügel unter King auf einen langen und unerhört gewagten Flankenmarsch durch morastiges und waldiges

Gelände geschickt; er sollte nach einiger Zeit im Rücken der Vereinigten auftauchen. Nur selten hatte ein General die Nerven, im Kampf ein so riskantes Manöver zu versuchen, aber Banér wagte es. Das Problem war nur, daß der linke Flügel ausblieb. Währenddessen wurden Banérs Verbände langsam von den überlegenen Feinden zermürbt. Die aus Nationalschweden bestehende Schwedische Brigade wurde schwer in Mitleidenschaft gezogen und »fast ganz ruiniert«; von den 892 Männern des Verbands wurden fast zwei Drittel getötet oder verwundet. Die schwedischen Streitkräfte standen kurz vor dem Zusammenbruch, als ferner Kampflärm verkündete, daß King und die Männer des linken Flügels schließlich wieder zum Schlachtfeld gefunden hatten. Der Druck ließ sogleich nach, die Kaiserlichen wichen zurück, doch der einbrechende Abend setzte weiteren Kämpfen ein Ende.

Die beiden Heere biwakierten auf dem Schlachtfeld und entzündeten nur wenige hundert Meter voneinander entfernt ihre Lagerfeuer. Die Nacht wurde ruhig – nur vereinzelte Schüsse waren aus dem Dickicht zu hören; das waren die ständigen Begleiter der Schlachten, die Marodeure, die umherstreiften und die Toten und Verwundeten ausplünderten. Die anderen warteten auf den Tag und den Tod. In der Frühe des kalten Sonntagmorgens nahmen die schwer mitgenommenen schwedischen Verbände Aufstellung und rückten – sicher mit einem inneren Beben – aufs neue gegen die Höhen vor, die sie am vorhergehenden Tag vergebens zu erstürmen versucht hatten.

Zu ihrer Verwunderung begegnete ihnen Schweigen. Die Sachsen und die Kaiserlichen hatten während der Nacht das Schlachtfeld verlassen. Sie fanden nur Reihen von verlassenen Kanonen (alles in allem 33 Geschütze; eins davon ein Dreipfünder, den Gustav Adolf 1631 seinen damaligen Verbündeten geschenkt hatte, der aber nun gegen die Schweden verwendet worden war; 24 der anderen waren schön gegossene Stücke mit Abbildungen von Wilden auf den Rohren), 180 Munitionswagen (ein Teil davon in tausend Stücke gesprengt, andere unbeschädigt und vollbeladen mit hochwillkommenem Pulver) sowie natürlich unglaubliche Mengen von Toten und Verwundeteten. Ein Augenzeuge beschreibt das Grauen des Schlachtfeldes wie folgt:

Die Erde, deren Gewohnheit ist, die Toten zu bedecken, war damals am selbigen Ort selbst mit Toten überstreut, welche auf unterschiedliche Manier gezeichnet waren, Köpf lagen dorten welche ihre natürlichen Herren verloren hatten, und hingegen Leiber, die ihrer Köpf mangleten; etliche hatten grausam- und jämmerlicher Weis das Ingeweid herauß, und andern war der Kopff zerschmettert und das Hirn zerspritzt; da sah man, wie die entseelten Leiber ihres eigenen Geblüts beraubet und hingegen die lebendigen mit fremdem Blut beflossen waren, da lagen abgeschossene Arm, an

> *welchen sich die Finger noch regten, gleichsam als ob sie wieder mit in das Gedräng wollten, hingegen rissen Kerles aus, die noch keinen Tropfen Blut vergossen hatten, dort lagen abgelöste Schenkel, welche ob sie wohl der Bürde ihres Körpers entladen, dennoch viel schwerer worden waren, als sie zuvor gewesen; da sah man zerstümmelte Soldaten um Beförderung ihres Tods, hingegen andere um Quartier und Verschonung ihres Lebens bitten. Summa summarum: da war nichts anders als ein elender jämmerlicher Anblick!*

Die nachsetzende schwedische Reiterei brauchte nur der Spur von verwundeten Soldaten, fortgeworfenen Kleidern, liegengelassenen Waffen und zu Bruch gefahrenen Troßwagen zu folgen, die nach Südwesten führte. Innerhalb weniger Stunden wurden große Teile des fliehenden Heeres zersprengt und auf den schmalen Wegen, die von Wittstock wegführten, niedergeritten; als man später die Beute zusammenzählte, waren unter anderem 151 Fahnen und Feldzeichen – die Ablieferung eines eroberten Feldzeichens wurde mit zwischen 10 und 30 Reichstalern belohnt –, die Kanzlei des Kurfürsten, seine vergoldete Karosse sowie sein gesamtes Tafelsilber darunter.

Der Kaiser war von den Nachrichten über die Schlacht bei Wittstock so entsetzt, daß er Gallas den Befehl gab, den Marsch auf Paris abzubrechen und sich statt dessen wieder ins deutsche Reich zu wenden. Zurück ließ Gallas ein vollständig verwüstetes Burgund. Nicht weniger als 86 Dörfer waren verödet, überall lagen die Äcker unbestellt und von Unkraut überwuchert, und in der Spur des Krieges folgte wie immer die Pest. 217 der 244 Bewohner des Dorfes Blagny bei Dijon starben im Jahr 1636. Und die Kämpfe hörten nicht auf, nur weil die Armeen fortzogen. Banden bewaffneter Männer, die man im besten Fall Partisanen nennen könnte, zogen durchs Land und bekriegten mit großem Enthusiasmus einander und die Bevölkerung, und aus der Periode zwischen 1636 und 1643 (als ein Waffenstillstand dem Alptraum ein Ende machte) sind keine lokalen Rechenschaftsberichte oder Dokumente bewahrt. »Es ist«, schreibt ein Historiker, »als habe die ganze Region aufgehört zu existieren.«

Zu Hause in Schweden jubelten die vorher so verzagten Mitglieder der Vormundschaftsregierung. Lange hatten die Regierenden sich durch einen Nebel von enttäuschten Hoffnungen und Rückschlägen vorwärtsgetastet, auf eine Rettung zu, die man nur ahnen, aber nicht sehen konnte. Endlich eine gute Nachricht! Erleichtert verliehen sie Johan Banér und seinem Stabschef Lennart Torstensson große Besitzungen in Schweden wie in Deutschland und gaben Order, Goldketten und Konterfeis für 30 000 Reichstaler unter den Offizieren der Armee als Dank zu verteilen. Das Debakel von Nördlingen war gerächt, und das schwankende Renommee der Schweden war wieder auf festen Boden gestellt worden. Es mag sonderbar erscheinen, aber genau wie viele Privatpersonen ihre eigene Ehre höher bewerteten als das eigene Leben und das eigene Geld, so konnte die Rücksicht auf den Namen und den Ruhm des eigenen Reichs in der Politik eine große Rolle spielen. Ein Individuum, das seiner Ehre verlustig ging, wurde sogleich aus der Gruppe, der es angehörte – dem Stand, der Zunft, der Dorfgemeinschaft, der Sippe –, ausgeschlossen, was für einen Menschen des 17. Jahrhunderts, der in, für und durch seine Gruppenzugehörigkeit lebte, ein schreckliches Urteil darstellte; ohne diese gab es ihn kaum. Vergleichbar damit war es eine Katastrophe, wenn ein Reich seine Ehre verlor. Dies war nicht nur Geschwätz – unter anderem war man der Ansicht, daß die Sicherheit eines Reiches darauf beruhte, daß sein guter Ruf nicht beeinträchtigt wurde. Vor dem Eingreifen in Deutschland hatten viele ganz aufrichtig gemeint, daß dieser Schritt um des guten Rufs und der Ehre Schwedens willen getan werden müsse. Und als nun praktisch jeder in Schweden wollte, daß man sich aus dem deutschen Sumpf zurückziehe, griff man zu dem gleichen Argument, um einen übereilten Rückzug zu verhindern.

Doch ansonsten hatte die Schlacht erstaunlich wenig greifbare Folgen. Der dänische König Christian IV., der alte Erbfeind, der dunkel und finster in den Kulissen herumgeschlichen war, seit Gustaf Adolfs Truppen auf Usedom an Land gewatet waren, ständig bestrebt, den einen oder anderen Knüppel zwischen die Speichen des schwedischen Triumphwagens zu stecken, schreckte ein wenig zurück und sah ein, daß es noch nicht an der Zeit war, den uralten Streit mit dem irritierenden Nachbarn im Norden wiederaufzunehmen. Die Franzosen erhielten Hilfe bei der Rettung ihrer Hauptstadt und bekamen auf diese Weise einen gewissen Gegenwert zurück für all die Subsidien, die im Lauf dieser langen Jahre nach Schweden geflossen waren. Aber der schwedische Krebsgang wurde durch die Schlacht bei Wittstock nicht aufgehalten. Im Gegenteil: er setzte sich immer weiter fort.

Im Jahre 1637 wurden die Schweden auf das schmale Stück Land an der Ostsee zurückgedrängt, das „der Küstenstreifen" genannt wurde.

Banérs Armee stand zwar am Beginn des Jahres vor Leipzig, wohin sie sich durchgeschlagen hatte, indem sie umständlich zwischen all den verwüsteten Städten und betrüblich leergegessenen Gebieten zwischen Brandenburg und Sachsen hindurchgekreuzt war. Alles lief auf eine Erstürmung hinaus; zwei große, eingegrabene Minen gingen auf beiden Seiten des Grimmatores in die Luft, ein zehn Meter breites Stück der Mauer wurde niedergeschossen, ein Hagel von Feuerbällen und glühenden Kugeln prasselte auf die Stadt nieder, und dann eines Tages wurden Sturmkolonnen aufgestellt, Männer, die kurze Piken, Handgranaten, Sturmleitern und große Zimmermannsäxte trugen, maßen die Mauer mit den Blicken. Da ließ das Feuer auf einmal nach, die Nacht brach herein, und am nächsten Morgen konnten die Einwohner Leipzigs über die Zinnen der Mauern blicken und zu ihrer Verwunderung feststellen, daß die Schweden ... abmarschiert waren. Die Ursache war, daß Sachsen und Kaiserliche – nach neuen Rüstungsanstrengungen und einem emsigen Ausbessern und Flicken – nun wieder Druck machten. Banérs Armee wich zurück nach Torgau, wo ein wichtiger Elbübergang lag, sammelte Vorräte und hob Befestigungen aus. Solange man diese Stellung halten konnte, war Sachsen bedroht und der Küstenstreifen gesichert. Währenddessen schloß sich der Ring der Gegner langsam um die Schweden. Als Gallas mit seinem Heer hinzustieß, beliefen sich die feindlichen Streitkräfte auf etwa 47 000 Mann, während Banér nur über rund 14 000 Mann verfügte. Wieder einmal sah es so aus, als sollte eine einfache militärische Arithmetik die Entscheidung bringen. Die Gegner bauten auf beiden Seiten von Torgau Brücken. Banér erkannte, daß sie im Begriff waren, einen Schraubstock um sein Heer herum aufzubauen, der es ohne Anstrengung und ohne Zögern zermalmen würde.

Der Zustand der schwedischen Armee war besorgniserregend. Zwar hatte man frisch ausgehobene reichsschwedische und finnische Soldaten zur Verstärkung bekommen, aber Banér glaubte, daß dies wenig nützte. Seit vielen Jahren galt die Regel, daß nationalschwedische Verbände in erster Linie als Garnisonstruppen in verschiedenen Befestigungen und Städten verwendet wurden. Sie wurden als verläßlicher angesehen als die launische deutsche Soldateska. Doch zogen Feldherren wie Banér altgediente deutsche Berufskrieger vor, wenn es um Schlachten, Belagerungen und Rückmärsche ging. Man hielt sie auch für besser als die Scharen angeworbener Engländer und Schotten, die dann und wann das ausgedünnte schwedische Heer auffüllten. Die mageren und abgerissenen, aber erfahrenen Schweden und Finnen, die einst bei Breitenfeld Tilly und Europa in Erstaunen versetzt hatten, waren inzwischen weitgehend verloren: verschwunden auf Posten und Patrouillen, verhungert in Biwaks, auf Märschen davongelaufen, in Quartieren gestorben, bei Erstürmungen gefangengenommen, von der Futtersuche nicht zurückgekehrt, in Schlachten verstümmelt: verscharrt, abgedankt, am Ende. Die Kompanien hatten sich mehrmals geleert und waren wieder aufgefüllt worden. Die Veteranen waren fort, und die Neuen, die an ihre Stelle traten, waren völlig unerfahren und tendierten außerdem in einem erschreckendem Ausmaß dazu, bei Epidemien wegzusterben – eine Tendenz, die sich durch die Nachlässigkeit, die verschiedene höhere Offiziere gegenüber den immer geringer geachteten schwedischen Bauernsoldaten an den Tag legten, nur verstärken konnte. Es war stets so gewesen, daß die nationalschwedischen Verbände bei ihrer Ankunft in Deutschland einer Auslese unterlagen, wenn die Neuankömmlinge zum erstenmal ihre Nase in den Schmutz und die Krankheiten des Feldlagers steckten. Es mangelte immer an Hygiene in diesen großen Ansammlungen von Menschen und Tieren, besonders wenn das Lager lange Zeit am gleichen Platz lag. Überall konnte man in Kot und Exkremente treten, und die aufgedunsenen Überreste von Menschen und Tieren wurden lange unbedeckt gelassen. Es ist nicht verwunderlich, daß ein Militärlager, wie ein Arzt im 17. Jahrhundert schreibt, »so widerlich stinken [konnte], daß der Gestank von Charons Grotte nicht schlimmer hätte sein können« – und diese Feststellung stammt aus einer Zeit, als man an schlechten Geruch durchaus gewöhnt war. Es pflegte ungefähr einen Monat zu dauern, in dem die Sterblichkeit sprunghaft anstieg, aber diejenigen, die nach diesem ersten bakteriologischen Stahlbad noch lebten, hatten in der Regel eine solche Widerstandskraft, daß man von ihnen zukünftig guten Dienst erwarten konnte. So war es nicht mehr. Nun mahlte das Mühlrad der Krankheiten unter den Neuangekommenen drauflos, es war »ein ununterbrochenes grauenvolles Elend, das kein Ende nehmen wollte«. Die Verluste unter den Offizieren waren ebenfalls ungewöhnlich hoch gewesen. Viele waren gefallen oder in Gefangenschaft geraten, und ein nicht unbedeutender Teil war bei internen Streitigkeiten und Duellen getötet worden. Außerdem hatte Banér viele erfahrene Offiziere verloren, die auf Befehl von oben abgedankt hatten, nur um für rosige und von Standesdünkel erfüllte adlige Jünglinge aus Schweden Platz zu machen, von denen viele »nicht einmal wert waren, mit Verlaub gesagt, einem rechtschaffenen Soldaten die Stiefel auszuziehen«, wie Banér in einem Brief an Axel Oxenstierna murrte.

Als erstes blieb die Post aus Schweden aus, die auf den unsicheren Wegen nicht mehr durchkam, danach hörte die Zufuhr von Lebensmitteln auf. Als das Frühjahr langsam in eine quälend stickige Vorsommerwärme überging, griffen die Krankheiten noch weiter um sich. Die Umgebung der Befestigungen war außerdem übersät mit unbegrabenen Toten, die in der Hitze zum Himmel stanken. Und was noch schlimmer war: Es gab immer größere Probleme mit dem Sold. Immer mehr Soldaten desertierten und mit ihnen auch eine Anzahl höherer Offiziere. Und wenn Banér von den ausgehobenen Befestigungsanlagen ausspähte, sah er nur immer kompakter werdende Massen feindlicher Soldaten in so gut wie jeder Himmelsrichtung. So wurde in der Nacht auf den 18. Juni Feuer an alle Gebäude und Vorräte gelegt, woraufhin Banér 300 000 Liter Wein (der zuvor aus einem der Weinkeller des Kurfürsten geraubt worden war) an die Truppen verteilen ließ, und danach wurde der Rückzug über die Elbe eingeleitet.

Nun ging es in Eilmärschen nach Norden, auf einem einzigen, gewundenen Weg, durch Wälder und Sumpfgebiete, über gefährlich schmale Dämme, schlechte Furten und schwankende kleine Holzbrücken – in der Sommerhitze verfolgt von großen feindlichen Verbänden, die ihnen teils hechelnd auf den Fersen waren, teils auf zwei parallel verlaufenden Wegen zur Rechten und zur Linken der Retirierenden vorwärtsdrängten und die ganze Zeit versuchten, ihnen den Weg abzuschneiden. Die Sachsen und die Kaiserlichen waren wie ein großer Polyp, der immer wieder seine tastenden Fangarme ausstreckt, um einen Fisch zu fangen, der sich mit wild schlagendem Schwanz und um sich beißend im schützenden Seegras windet.

Die Katastrophe war oft nur eine Frage von Stunden – denn würde das Heer gestellt, würde es von den überlegenen Verfolgern vernichtet werden, und dann wäre es mit der schwedischen Herrschaft in Deutschland ein für alle Mal vorbei –, doch Banér erwies sich als Meister in Finten und Ausweichmanövern, und seine langen Kolonnen von Pferden, Kanonen, schwer beladenen Troßwagen und verschwitzten Männern und Frauen wanden sich immer wieder aus drohenden Fallen und bewegten sich in Sprüngen von Position zu Position, Meile um Meile, nach Nordosten. Bei Lübben rieb seine Reiterei einen Verband von Kroaten und Dragonern auf, die sich ihm in den Weg stellten. Bei Jüterbog holte der Feind die schwedische Nachhut ein: 600 Mann wurden niedergemacht, 400 gefangengenommen; beim See in Liebrose gab es wieder Gefechtskontakt, aber ein Gegenangriff trieb die Gegner ins Wasser, und viele von ihnen ertranken; die ganze Zeit gingen Wagen zu Bruch oder fuhren sich fest und wurden dann angezündet; manchmal fehlte nicht viel, daß unter den Soldaten, Knechten und Soldatenfrauen Panik ausbrach, wenn der Ruf, daß der Feind herandränge, die heiße Luft durchdrang, doch jedesmal kämpfte man sich mit krachenden Musketensalven und gezogenen Degen frei. Dennoch: Die Verfolger marschierten auf besseren Wegen und konnten sich langsam an der schwedischen Armee vorbeischieben, so daß sie nach einiger Zeit nördlich von ihr standen.

Am 27. Juni schien alles vorbei zu sein. Als Banér selbst an der Spitze einer großen Abteilung mit Reiterei früh am Morgen über die Brücke bei Landsberg ritt, wartete eine unangenehme Überraschung auf sie. Auf den Feldern vor der Stadt stand der Hauptteil der verfolgenden Armee kampfbereit, in einer fast 4 Kilometer weiten Linie aufgestellt; da sah man die kaiserlichen Regimenter, Truppen der Katholischen Liga sowie sächsische, brandenburgische, lüneburgische und hessische Einheiten; eine Parade aller deutschen Feinde und ehemaligen Freunde Schwedens zugleich. Sie hatten die Schweden schließlich eingeholt, und der Übergang über die Warthe war versperrt. Es gab jedoch eine Möglichkeit: Die Grenze nach Polen war nur 40 Kilometer entfernt. Vielleicht lag dort die Rettung? Verschiedene Vorbereitungen wurden getroffen. Unter anderem wurde Banérs Ehefrau Elisabeth Juliana mit den anderen hübsch aufgeputzten Offiziersfrauen und den wertvollsten Troßwagen zur Grenze geschickt, um sich freies Geleit zu erkaufen. Doch als die Armee am 30. Juni losmarschieren sollte, kam Banérs Gegenbefehl: das Ganze kehrt. Statt nach Osten zog die lange Kolonne in genau entgegengesetzter Richtung ab, nach Westen. Der polnische Plan war nur ein Bluff, mit der Absicht ausgeführt, Gallas und seine Armee auszumanövrieren. Banér wußte, daß mit jeder Stunde, die der Feind nach Osten marschierte, seine eigenen Männer zwei gewannen. Der Bluff gelang vollständig. Die Oder wurde ohne Widerstand überquert, und am 4. Juli erreichte die Armee Eberswalde, wo das schwedische Korps unter Wrangel ihr entgegenkam. Die Armee war in Sicherheit.

Überall in Europa wurde Banérs Großtat – denn es war wirklich eine Großtat – von vielen bejubelt. In Paris wurde unter anderem ein satirischer Kupferstich veröffentlicht, der einige kaiserliche Generale zeigt, die einen großen Sack zuschnüren, in dem sich die ganze schwedische Armee befindet. Aber während die Generale vollauf damit beschäftigt sind, vor Freude über die Beute außer sich zu geraten, sieht man Banér ein Loch in eine Ecke des Sacks schneiden, durch das die gefangenen Soldaten flink heraustiefeln.

Doch weder Hurrarufe noch lustige Bilder können die Tatsache verbergen, daß es sich um einen Rückzug handelte und daß die schwedischen Truppen jetzt an der Ostseeküste standen. In acht Jahren hatte das große Rad eine ganze Umdrehung gemacht; man war praktisch wieder am Ausgangspunkt.

Die Lage war außerordentlich ernst, und es war nur eine Frage der Zeit, bis die Kaiserlichen sich so weit gesammelt hatten, daß sie einen Sturmlauf gegen den Küstenstreifen einleiten konnten. Zu keinem Zeitpunkt war die schwedische Hauptarmee so schwach gewesen. Nach dem Rückzug von Torgau waren nur noch 11 000 Mann übrig, viele barfuß und in Lumpen. Das Heer litt Mangel an allem: an Geld, Mannschaften, Verpflegung, Munition und Ausrüstung. Vor allem an Geld. Wenn Banér kein Geld bekam, um die Soldaten zu bezahlen, gab es keine Hoffnung für die Zukunft, denn sowohl Offiziere als auch Mannschaften ließen ein bedrohliches Murren vernehmen. Und ein General ohne Geld war praktisch ein hilfloser General, denn seine Truppen gehorchten ihm dann nicht. Zu allem Überfluß waren die Küstenbefestigungen, auf die sich die Schweden stützen sollten, weitgehend verfallen. Palisaden und Holzkonstruktionen waren schon lange zu Brennholz geworden; in den Vorratshäusern hallte die Leere wider, und die Garnisonsbesatzungen bestanden aus abgemagerten, halbbekleideten Gespenstern, deren Unterhalt etwas zu viel zum Verhungern, aber etwas zu wenig zum Leben war.

Der Zusammenbruch war nahe. Wieder einmal.

Das Schlimmste war die Verarmung des Landes. Alle Bauernhöfe waren verödet, wie Banér in einem Brief schreibt; die Pest und andere Krankheiten wüteten unter Menschen und Tieren; herbstkalte Felder und Dorfstraßen wa-

Ein Kriegsgefangener. Ein schwedischer Kavallerist in Stulpenstiefeln – der Kleidung nach zu urteilen ein Offizier – wird von kaiserlichen Truppen im Sommer 1637 am Rhein gefangengenommen. Er hält die Hände in einer bittenden Geste, doch sein Gegner hat ihn mit einem festen Griff am Kragen gepackt und hebt drohend sein Schwert, während sein Kumpan bereits begonnen hat, den Gefangenen auszuplündern. Der hohe Offizier zu Pferde auf der rechten Seite trägt eine vollständige Kürassierausrüstung.

ren übersät mit nassen, aufgedunsenen Tierkadavern, und wer in die Häuser schaute, fand die Betten voller verwesender, von Ratten angefressener Leichen, die zu begraben niemand die Kraft hatte. Soldaten hatten alles geraubt, was zu rauben war, sogar das Stroh auf den Dächern der Häuser, das zu Futter für die Pferde der Armee geworden war. Jemanden in dieser von Menschen geschaffenen Wüste mit Namen Pommern zu versorgen war schwer, um nicht zu sagen unmöglich. Paradoxerweise hatten die Schweden dadurch auch gewisse kleine Vorteile, denn als sich Gallas' Armee langsam und gletschergleich in Bewegung setzte und begann, die Schweden an die Küste zurückzudrängen, hatten die Angreifer bald enorme Versorgungsprobleme, was das Tempo ihrer Operationen verlangsamte.

Als das Jahr 1638 anbrach, standen die Schweden buchstäblich mit dem Rücken zum Meer, zusammengepreßt auf einem schmalen, halbmondförmigen Streifen Land, der sich von Stralsund im Westen bis Kolberg im Osten erstreckte. An beweglichen Truppen standen nur noch 7000 Mann zu Pferd oder zu Fuß zur Verfügung, aber Banér scheute davor zurück, sie zusammenzuziehen, weil die Unzufriedenheit unter ihnen so groß war, daß er den Ausbruch von Unruhen befürchtete. Nie zuvor hatte es für die Schweden im deutschen Reich so düster ausgesehen. Ein einziger Vorstoß von Gallas' großem Heer, und alles würde zusammenbrechen.

1638 war auch das Jahr, in dem der zwölfjährige Erik Jönsson auf ein Schiff nach Deutschland gesetzt wurde.

IV

WENDEPUNKTE
(1638–1641)

1. Alles läuft aufs Geld hinaus

Erik wird nach Hamburg geschickt. – Geht in die Rechenschule. –
Über die Stadt. – Geräusche im 17. Jahrhundert. –
›Geprügelte Hündin!‹. – Hamburg als Handelszentrum. –
Die neue Weltwirtschaft. – Die verschiedenen Besitzungen
der Europäer. – Die Neuschweden-Kompanie. –
Das Bild der Neuen Welt. – Neuschweden wird gegründet.

Die Seereise dauerte drei Tage und zwei Nächte. Am 29. Juni 1638 ging Erik in Travemünde an Land, wo eine kleine Laterne in einem Turm den Seefahrenden den Weg auf deutschen Boden wies. Zwei Meilen entfernt, von einer grünen Heide umgeben, lag Lübeck, und nachdem er »mit Vergnügen die Stadt besehen«, fuhr er weiter nach Hamburg, dem Ziel seiner Reise. In der Tasche hatte er ein von dem Onkel aufgesetztes Empfehlungsschreiben, das an einen Mann mit Namen Abraham Paulsen gerichtet war, der in der Beckerstraße wohnte.

Dieser Paulsen war ein angesehener Kaufmann, reich, ein Schwedenfreund und gläubiger Calvinist – es war nichts Ungewöhnliches, Menschen zu treffen, die sowohl vermögende Bürger als auch Calvinisten waren; diese strenge und alttestamentarische Glaubensrichtung hielt ihre Anhänger zu fleißiger Arbeit und sparsamer Lebensführung an und lehrte, daß Erfolge als Anerkennung Gottes anzusehen seien, was natürlich verschiedene Arten freien Unternehmertums beförderte. Erik wurde von dem reichen Kaufmann gut aufgenommen, blieb jedoch nicht lange in seinem Haus. Den Wünschen des Onkels entsprechend, wurde er nach einigen Tagen zu einem der Schreib- und Rechenmeister der Stadt, Nicolas Detrij, in die Schule geschickt, und bei diesem wurde er auch einquartiert. Die Kosten betrugen zwei Reichstaler die Woche und berechtigten ihn zu »Kost, Wäsche, Bett und Kammer«.

Nicolas Detrij, der Lehrer des Jungen, war Rechenmeister in der zweiten Generation und hatte unter anderem ein Buch für dieses Fach, *Arithmetica nova oder Rechenbuch*, herausgegeben. Sinn und Zweck dieser Schreib- und Rechenschulen war es, niedere Angestellte heranzubilden, die zu kleinen, aber nützlichen Rädchen in den großen Apparaten des Staates oder der Kaufmannschaft werden konnten. Der Unterricht war streng geregelt: die Schüler mußten Schönschrift und eine Reihe unterschiedlicher Handschriften beherrschen, und sie wurden in Rechnen und Buchhaltung gedrillt. Interessierte konnten außerdem Elementarkenntnisse der Metallgravur erwerben. Detrij selbst beherrschte dieses komplizierte Handwerk, und möglicherweise war er es, der Eriks künstlerische Begabung entdeckte und ihm nun den ersten Kontakt mit dieser Welt vermittelte.

Eriks neues Zuhause lag in Hamburgs Altstadt in dem etwas abseits gelegenen Klosterhof St. Maria Magdalena. Der Hof war mit der schönen Kirche gleichen Namens zusammengewachsen, und zusammen bildeten sie eine typisch mittelalterliche Gruppe schiefer Gebäude, die anscheinend planlos zwischen einigen kleinen Kanälen zusammengedrängt waren und sich geduckt aneinanderlehnten. Viele der Räume waren, wie die daneben liegenden Gärten, klein und von unregelmäßiger Form, wie im Trotz gegenüber aller späteren geometrischen Geradlinigkeit. Hier sollte Erik die nächsten Jahre seines Lebens verbringen.

Es war wahrlich ein großer Schritt für ihn von dem kleinen Norrköping, denn das protestantische Hamburg gehörte zu den größeren Städten in Europa. Mit ihren rund 30 000 Einwohnern war die Stadt größer als Stockholm. Von weitem sah sie aus wie viele andere Städte der gleichen Größe: große, dunkle und turmgekrönte Festungswälle schlossen sich um eine unregelmäßige Fläche mit niedrigen Häusern, über die hier und da der spitze Turm einer der Kirchen der Stadt hinausragte. Besucher beschrieben die Häuser als ungewöhnlich groß und die Bewohner als ordentlich und gut gekleidet, die Frauen oft in einen einfachen schwarzen Mantel gekleidet, der die schöneren Kleidungsstücke darunter verbarg – ein Bild des prosperierenden calvinistischen Asketismus, stellt man sich vor. In den Straßen herrschte oft lebhaftes Treiben. Neben Deutschen der verschiedenen Stände und Berufe sah man Italiener und Portugiesen, Engländer, niederländische Brabanter und sephardische Juden – die nach ihrer Vertreibung aus Spanien, Sizilien und Neapel nach Hamburg gekommen waren und in der Stadt eine eigene Synagoge hatten –, Kriegsflüchtlinge und, natürlich, Scharen von Straßenverkäufern, die mit ihren Waren auf dem Kopf umherzogen und ausriefen, was sie zu verkaufen hatten, »Milch, Fisch, Pastinaken, Krebse«.

In allen größeren Städten wimmelte es von Straßenverkäufern, die alles von Lilien, Stroh, Holzkohle, Nüssen, Pilzen und Heringen bis zu Öl, Besen, Holzschuhen, Körben, Nadeln, Bällen, Branntwein, Hüten und gebrauchten Kleidern verkauften oder ihre Dienste als Scherenschleifer oder Zahnzieher anboten. Wie die Kutschen oder die Marktstände waren sie ein natürlicher Bestandteil des Straßenbildes, während sie gleichzeitig die Geräuschkulisse nahezu dominierten.

Es war still im alten Europa, sehr still, zumindest auf dem Land. Es gab keine dröhnenden Maschinen, und die Energiequellen, die es gab – die Muskelkraft, der Wind und das Wasser, repräsentiert vom Ochsengespann, dem Segelschiff und der Wassermühle –, machten wenig oder keinen Lärm. (Die Popularität von Feuerwerken und Salutschüssen beruhte zum Teil wahrscheinlich darauf, daß sie, außer daß sie eine Freude für das Auge waren, so viel Lärm machten. Die richtig lauten Geräusche waren eine Rarität, die man bestaunte.) Wenn man Landschaftsbilder aus dieser Zeit betrachtet – von den Holländern Jakob von Ruisdael, Esaias van de Velde, Paulus Potter, Philips de Koninck oder dem genialen Meindert Hobbema –, kann man diese Ruhe erblicken, ja fast das Schweigen sehen; man hört den Wind in den Bäumen, vielleicht hängt ein Heulen in der Luft, vielleicht das Echo von Axthieben in der Ferne, ansonsten Schweigen. Dieses Schweigen wurde jedoch gebrochen, wenn größere Gruppen von Menschen zusammenkamen. Besonders wenn wir uns die Geräusche in den großen Städten vorstellen wollen, müssen wir uns allen betäubenden, häßlichen Motorenlärm wegdenken, der uns heute erschlägt, und uns an seiner Stelle eine grelle Kakophonie von Menschenstimmen denken. Die laute Rede spielte eine ganz große Rolle, einfach deshalb, weil es um die Lesefähigkeit ganz allgemein schlecht bestellt war, weswegen jede Reklame, alle Neuigkeiten, alle Verordnungen, Dekrete und neuen Gesetze in mündlicher und lauter Form verbreitet wurden. Alles wurde ausgerufen. Und in diesen Rufen begegnet uns ein Bruchstück der Sprache der Märkte, der Straßen, der Wirtshäuser in dem alten Europa. Hier der Streit und das Geschrei der Marktfrauen und Fischweiber zwischen Abfallgeruch und Schmutzwasser: »Hast du keine Scham im Leib? Du altes Aas! Geprügelte Hündin! Du freches Stück! Du häßliche Visage, du bist ja voll bis zu den Ohren!« Oder die Rufe der Straßenverkäufer, Erwachsenenstimmen, Kinderstimmen, wo jede spezielle Ware nicht nur mit Hilfe besonderer Wörter und Phrasen angepriesen wurde, sondern auch mit einer eigenen Melodie und Intonation: »Hier gibt's herrliche warme Kuchen! Der Schornsteinfeger kommt! Mein Vater schneidet schmerzlos Hühneraugen! Artischocken, große Artischocken! Wer braucht Brennholz? Altes Eisen zu verkaufen! Immer noch Basilikum in Krügen! Milch! Feine Seife zu verkaufen! Lebende Karpfen! Brennholz, Brennholz! Wir reparieren Bettwärmer und Feuerbecken! Wer braucht Sand?« Später, wenn die Dämmerung hereingebrochen war und das massive Dunkel die Höker von der Straße vertrieben hatte, hörte man deutlich all die Geräusche, die während des Tages zwischen den Rufen und Schreien nur hier und da durchgedrungen waren: das Bellen der allerorten vorhandenen Hunde, das hohle Klappern von Pferdehufen, das Rasseln beschlagener Wagen, das Knirschen von Karren, Kutschen und Karretten und das rhythmische Klirren von Degenscheiden, wenn sie über das Straßenpflaster schleiften. Und über diesem allen schwebte ein anderes Geräusch, das ständig da und vollkommen unausweichlich war: der volle Klang von Kirchenglocken, die die Tageszeit verkündeten, zum Gottesdienst riefen, von Freude sangen, vor Unfrieden warnten oder bei Feuer Alarm läuteten. Die Menschen kannten die Glocken gut, beinah intim, gaben ihnen Namen, wußten, was unterschiedliches Läuten bedeutete, und konnten nicht selten Details bestimmen, etwa ob ein bestimmtes Metall Baß, Tenor oder Alt war.

Aber gerade die lauten und aufdringlichen Rufe der Straßenhändler hatten eine besondere Bedeutung für die Neuankömmlinge in Hamburg. So schrieb der schwedische Theologiestudent Andreas Bolinus aus Växjö, als er einige Jahre nach Erik die Stadt besuchte: »Hier in der Stadt sind die Leute zwar bescheiden und dienstwillig, aber alles läuft aufs Geld hinaus.« Die alte Hansestadt war eine der wenigen Städte, die trotz des Krieges und der Rezession gut von ihrem Handel und der Seefahrt lebte, und sie war neben dem mächtigen Amsterdam eins von Europas größten Finanz- und Wirtschaftszentren. Hamburg lag zu beiden Seiten der Elbemündung. Der Fluß war weniger von Zollstationen zerstückelt als die Oder und nicht so blockiert von kriegerischen Verwicklungen wie der Rhein. Außerdem lag die freie Stadt in einer der wenigen Ecken Deutschlands, die nur wenig oder nichts vom Marschtritt der Armeen gehört hatten, weshalb sie sich, vom Krieg unberührt, praktisch eines fortdauernden Wohlstands, einer wachsenden Bevölkerung und eines zunehmenden Handels erfreuen konnte. Ihre Handelsflotte war seit dem Beginn des Jahrhunderts ununterbrochen gewachsen und nun auf dem besten Weg, sich zu verdoppeln, und die Schiffswerften und die Zuckerraffinerien florierten. Zu den Spezialitäten der Stadt wurden Metallprodukte, Schiffbaumaterial, Leinen und Getreide gezählt. Die örtliche Kolonie sephardischer Juden tat viel für das kommerzielle Leben der Stadt, doch am wichtigsten waren die Scharen zugezogener Holländer, die Hamburg mit ihrem Können und ihrem Kapital bereicherten. Hamburg profitierte in hohem Maße von der Nähe der explosiv expandierenden Wirtschaft in den Niederlanden und war gewissermaßen deren verlängerter Arm (dies in mehr als einer Hinsicht: Unter anderem waren mehrere holländische Maler in Hamburg ansässig, und die Stadt wurde denn auch als der östliche Außenposten der holländischen Kunst betrachtet). Die Stadt war eine Art Brücke zwischen der Wirtschaft Südeuropas und der um die Ostsee. Auch Hamburg und seine herrschende Schicht selbstbewußter und konservativer Patrizier profitierten von dem Elend anderer und dabei auch von dem, das die Niederlande traf. Nachdem Magdeburg von Tillys rasender Soldateska zerstört worden war, wichen Handel und Händler auf Hamburg aus. Und jedesmal wenn die Niederlande in den Krieg verwickelt wurden, konnten die günstig gelegenen und strikt neutralen Handelshäuser in Hamburg ihre Marktanteile auf Kosten der Holländer vergrößern. Des einen Not ist des anderen Brot.

Auch zu Schweden bestanden starke Bande, nicht zuletzt, was den Handel mit schwedischem Eisen und Kupfer betraf, der zu einem bedeutenden Teil über Hamburg lief. Die Stadt war protestantisch, und viele ihrer Einwohner waren eindeutig schwedenfreundlich. (Noch lange nach dem Krieg sollen Portraits von Gustav Adolf hier und da an den Häusern zu sehen gewesen sein.) Hamburg war auch ein wichtiger Knotenpunkt im europäischen Post- und Nachrichtennetz. Seit 1620 existierte eine Verbindung für Briefe und andere Sendungen zwischen Stockholm und Hamburg, und für Schweden war die Stadt in vielfacher Hinsicht das große Tor für Informationen vom Kontinent. Jetzt, während des Krieges, war es der finanzielle Apparat der Stadt, ihre Börse und zwei Banken, *Girobank* und *Hamburger Wechselbank* (die beide 1619 gegründet worden waren und zu den ersten in Europa gehörten), der für die schwedische Krone von größter Bedeutung war. Ein großer Teil der für die Finanzierung der schwedischen Armeen benötigten Gelder wurde in Hamburg als Kredit unter der persönlichen Bürgschaft der lokalen schwedischen Agenten aufgenommen. So hatte beispielsweise Eriks Gastgeber Abraham Paulsen der schwedischen Krone 6523 Mark und 8 Schilling vorgeschossen, als Kredit an den schwedischen Residenten in der Stadt, Johan Adler Salvius – einen nichtadligen Karrieristen aus Strängnäs, der, durch eine kluge Heirat mit einer 30 Jahre älteren Goldschmiedswitwe reich geworden, dank seiner großen Fähigkeiten in Diplomatie, Administration und Intrigen eine immer bedeutendere Rolle in den außenpolitischen Angelegenheiten der schwedischen Krone spielen konnte. Wie wichtig Hamburg für die Regierenden in Schweden war, geht daraus hervor, daß Adler Salvius zu einem späteren Zeitpunkt darauf drängte, daß die gesamte auswärtige schwedische Administration dorthin verlegt würde.

Doch dies alles darf einen nicht dazu verleiten zu glauben, daß die Kaufleute in Hamburg nur mit den nächstgelegenen Ländern Geschäfte machten. Die Stadt war ein internationales Handelszentrum ersten Ranges. Ein beeindruckter Schwede berichtete, daß im Hafen »die Schiffe wie der größte Fichtenwald stehen, aus Hispanien, Indien, Italien, Engeland, Frankreich, Holland, Dänemark, Schweden, Norwegen. Und auf manchen wehen so rote und lange Flaggen wie auf einem Drachen«. Schiffe kamen mit Fisch von Island, mit Ladungen von Wein, Gewürzen, Früchten, Öl, Zucker oder Tabak aus der Levante, der Türkei und Brasilien. Schiffe aus Afrika, Asien oder der Neuen Welt waren nichts Ungewöhnliches, sondern eine Selbstverständlichkeit, denn zu dieser Zeit hatte die alte Ordnung, in der die Ostsee eine und das Mittelmeer eine andere wirtschaftliche Einheit war, einer neuen Platz gemacht, in der die ganze Welt einen einzigen, locker zusammengehaltenen Wirtschaftsraum mit Europa als Zentrum ausmachte. War das 16. Jahrhundert die Zeit der Entdeckungen und Eroberungen, so war das 17. Jahrhundert die Epoche, in der das Gefundene, Gewonnene und Gestohlene gesichert, befestigt und verteilt wurde und in der die europäischen Handelswege sich wie Polypenarme um den Erdball schlangen. Der Europäer nahm das Schwert des Conquistadors in seine linke Hand und griff statt dessen nach der Waage des Kaufmanns: Von Amsterdam, London, Hamburg, Sevilla und den anderen großen Handelsstädten wurden Tuche, Kleider, Schmiedewaren, Metalle, Schußwaffen, Alkohol, Pfeifen – und Soldaten verschifft; und zurück kamen teils die üblichen Luxusprodukte wie Gold, Perlen, Ebenholz, Teak, Elfenbein, Porzellan und Seide, teils ein Strom von Waren, die bis dahin den Reichen vorbehalten gewesen waren, die nun aber so billig wurden, daß gewöhnliche Leute sie zum erstenmal kaufen konnten, wie beispielsweise Tabak, Zucker, Baumwolle, Gewürznelken, Pfeffer und Muskatnuß.

Wer in diesen Jahren an den Küsten Afrikas, Asiens oder Amerikas entlangsegelte, konnte auf eine Perlenschnur von europäischen Handelsstationen und kolonieähnlichen Ansiedlungen stoßen. An Afrikas Westküste lagen die französischen und portugiesischen Besitzungen Mazagán, Arguim und St. Louis, danach folgte die sogenannte Goldküste, an der das englische Cormantine und das niederländische Elmina lagen; im heutigen Angola lagen die portugiesischen Niederlassungen Luanda und Benguela, und weiter südlich, am Kap der Guten Hoffnung, gab es bereits eine kleinere holländische Ansiedlung; die afrikanische Ostküste war von den kleinen Ansiedlungen der Portugiesen gesäumt, die sich in einer langen Kette von Lorenco Marques im heutigen Mozambique bis nach Mogadischu im heutigen Somalia erstreckten. Auch an den Küsten Asiens reihten sich die europäischen Landeplätze aneinander, von Aden und Maskat auf der arabischen Halbinsel über die Trauben von Handelsstationen entlang der indischen Küsten – Diu, Durat, Daman, Goa, Mangalur, Trankebar, Serampur – bis zu den europäischen Besitzungen auf Sumatra, Java, Borneo und den Philippinen sowie der von den Holländern kontrollierten Insel Formosa und der einzigen Kolonie in dem großen und mächtigen China, dem portugiesischen Macao. (Australien war zu dieser Zeit zwar entdeckt, wurde aber nur sporadisch besucht.) Im westlichen Teil von Südamerika und in Mittelamerika hatten die Brutalität der Conquistadoren, der Hunger der spanischen Krone nach Silber und insbesondere all die unbekannten Krankheiten, die die Europäer mitbrachten, die alten Hochkulturen der Azteken, Maya und Inka ausgelöscht, und auf deren leichenübersäten Ruinenhaufen waren die Vizekönigreiche Neuspanien und Peru errichtet worden – dort konnte man auch etwas sehen, das es in anderen europäischen Besitzungen nicht gab, nämlich richtige Städte mit Kathedralen, Universitäten, Klöstern, Druckerpressen; entlang der Küste Brasiliens gab es ein Mosaik von portugiesischen und holländischen Besitzungen: das reiche Pernambuco, Essequibo, Rio de Janeiro und andere; die karibische Inselwelt wurde gerade zwischen den verschiedenen europäischen Seemächten aufgeteilt; und an der Ostküste Nordamerikas lagen seit einiger Zeit englische, holländische und französische Besitzungen. Das Muster lag allerdings nie fest, sondern änderte sich ständig; neue Besitzungen kamen dazu, und alte verschwanden oder wechselten den Besitzer, denn die großen kolonialen Siegermächte des 16. Jahrhunderts, Spanien und Portugal, waren einem ständig steigenden Druck seitens der neuen, hungrigen Konkurrenten Holland, England und Frankreich ausgesetzt.

All dies kann möglicherweise den Eindruck erwecken, daß die Europäer gerade im Begriff standen, sich die ganze Welt zu unterwerfen. Nichts könnte irriger sein. Noch fanden die Arme des Polypen nur schlechten Halt. Abgesehen von den spanischen Königreichen in der Neuen Welt und der gründlich zerstückelten Karibik waren nur wenige dieser europäischen Besitzungen Eroberungen in des Wortes eigentlicher Bedeutung. Viele waren nicht einmal Kolonien, sondern sind als Handelsstationen, kleine Stützpunkte oder Landeplätze mit dem Rücken zum Meer zu betrachten, in denen eine Handvoll Europäer in einer Ansammlung kleiner Häuser oder eingeschlossen in einem palisadenbewehrten Fort lebten, das in einer in den Wald geschlagenen Lichtung lag; ein Jahr am Ort, aber im nächsten Jahr vielleicht schon von arglistigen Konkurrenten, bösartigen Epidemien oder nachlassenden Konjunkturen ausgelöscht oder vielleicht von der ursprünglichen Bevölkerung, die ihrer selbstherrlichen Gäste überdrüssig geworden war, vertrieben. Rückschläge und lokale Katastrophen waren eher die Regel als die Ausnahme. An manchen Orten, besonders in Asien, doch auch in Afrika, trafen die Seefahrer Zivilisationen an, die ihnen einen so entschiedenen Widerstand entgegensetzen konnten, daß territoriale Eroberungen mehr oder weniger unmöglich waren, so daß ihnen nichts anderes übrigblieb, als vor den lokalen Machthabern den Hut zu ziehen und liebedienerisch ihre Zeit abzuwarten. (Doch die Europäer hatten einen großen Vorteil bei der Begegnung mit diesen landgebundenen Kulturen, nämlich ihre hervorragenden Schiffe, die es ihnen ermöglichten, immer wieder zu kommen und es aufs neue zu versuchen, die leicht zu manövrieren waren, gegen den Wind segeln konnten und schwer bewaffnet waren mit Kanonen von großer Reichweite, und mit diesen Schiffen herrschten sie in souveräner Majestät über die Weltmeere.) An anderen Orten mußten die an Land Gegangenen einen ungleichen Kampf mit anscheinend endlosen Weiten und einer sich entziehenden Bevölkerung von Jägern und Sammlern ausstehen, die zu arm war, um ausgebeutet, und zu flüchtig, um unterjocht zu werden. Obwohl man aus dieser Zeit eine Karte des Erdballs zeichnen könnte, die mit der heutigen weitgehend übereinstimmt, ist es wichtig, sich bewußt zu machen, daß die Weltkarte des 17. Jahrhunderts zahlreiche Konturen und korrekt gezeichnete Küstenlinien enthielt, daß aber unermeßliche Gebiete im Inneren der Kontinente immer noch vollständig unbekannt waren; ein überwältigender Teil der

Erde war noch *terra incognita*. Und an den meisten Stellen standen die Europäer wie festgenagelt auf diesen schmalen Streifen bekannten Bodens, wo Land und Meer sich begegnen, kleine Kommazeichen auf riesigen weißen Blättern.

In eben diesem Jahr 1636, in dem Erik in Hamburg ankam, tat auch Schweden den Sprung über den Ozean und wurde eine Kolonialmacht.

Schweden übrigens: Die ganze Zeit über standen Holländer hinter den Kulissen, die den schwedischen Akteuren kleine, aufmunternde Schubse verabreichten und ihnen zuweilen ihre Repliken zuflüsterten. Die Herrschenden in Schweden waren neugierig auf diesen neuen Typ von Unternehmen, von dem sie sich wachsenden Handel und dadurch vermehrte Einkünfte für die ständig in Geldnot befindliche Krone erhofften. Außerdem war es natürlich wertvoll, ganz eigene Verbindungen zur Neuen Welt zu haben. Rein wirtschaftlich stand Schweden im großen Schatten Amsterdams und der Niederlande, und so, wie die Holländer einen bedeutenden Teil des Ostseehandels beherrschten, kontrollierten sie auch einen großen Teil des Stroms von exotischen Waren in die schwedischen Häfen. Einzelne holländische Kaufleute, die in Streit geraten waren oder sich in der harten Konkurrenz zwischen all den muskulösen *vóórcompagnieén* ein wenig eingeklemmt fühlten, hielten es für eine gute Idee, sich unter die breiten Fittiche der schwedischen Krone zu begeben. Im Jahre 1636 wurde eine schwedisch-holländische Kompanie gegründet, die in Nordamerika Kolonien anlegen und Handel treiben sollte, in dem Teil der Neuen Welt, mit dem die holländischen Interessenten ihre meisten Erfahrungen gemacht hatten. Die Holländer versprachen, die Hälfte der 24 000 Reichstaler zu bezahlen, die für die erste Reise veranschlagt wurden, während einige prominente Schweden, mit dem Kanzler Axel Oxenstierna an der Spitze, den Rest aufzubringen versprachen.

Zwei Schiffe, die *Calmare Nyckel* und die *Fågel Grip*, wurden unter strengster Geheimhaltung ausgerüstet, denn man wollte vermeiden, daß die holländische westindische Kompanie die Möglichkeit bekäme, dem Unternehmen Hindernisse in den Weg zu legen. Diese Vorsichtsmaßnahmen waren keineswegs übertrieben. Im Ausland traten die holländischen Kompanien mit der Selbstherrlichkeit unabhängiger Staaten auf; sie begannen nach eigenem Gutdünken Kriege, schlossen Frieden und gingen Allianzen ein. Und als der apokalyptische Rush auf die Reichtümer der Neuen Welt einsetzte, war der Unterschied zwischen harter Handelskonkurrenz und offenem Krieg rein akademisch. Besonders die Neuankömmlinge in diesem Wettlauf, Engländer, Holländer und Franzosen, griffen gewohnheitsmäßig zur Seeräuberei in großem Stil, um das, was sie als ihre Interessen ansahen, zu behaupten.

Ungefähr die Hälfte der Seeleute und Soldaten auf den beiden Schiffen waren Schweden, der Rest Holländer. Auch der Hauptteil der Schiffsoffiziere kam aus den Niederlanden, und der Oberbefehl über die Expedition wurde in die Hände eines der holländischen Initiatoren der Kompanie, Peter Minuit, gelegt. Dieser war für die Aufgabe gut geeignet. Sieben Jahre war er Generaldirektor der Kolonie Neuniederlande an der amerikanischen Ostküste gewesen: 1624 hatte er die Insel Manathan von den Ureinwohnern für ein wenig Tuch, ein paar Glasperlen, eine Flasche Branntwein und einige andere Kleinigkeiten im Gesamtwert von rund 90 Reichstalern gekauft. Auf der Insel – die wir heute als Manhattan kennen – wurde Neu Amsterdam angelegt. Minuit war auch an der Gründung der Kolonie Swanendael auf der Westseite des Delawareflusses beteiligt gewesen, doch die kleine Schar von Holländern, die sich dort niedergelassen hatte, war von »Wilden« erschlagen worden.

Die *Calmare Nyckel* und die *Fågel Grip* überquerten im Spätwinter 1638 den Atlantik und erreichten Mitte März die große Bucht des Delaware an der nordamerikanischen Ostküste. Nachdem sie an einer Stelle, die sie Paradiesspitze nannten, an Land gegangen waren – um dort die Frischwasservorräte aufzufüllen und sich vom langen Aufenthalt auf See zu erholen –, segelten sie weiter, den breiten Delawarefluß hinauf bis zu einem Nebenfluß auf dem linken Ufer mit Namen Minquas Kill. Nachdem man diesem einige Kilometer flußaufwärts gefolgt war, ging man vor Anker.

Die Männer in den Booten konnten über ein endloses Urwaldgebiet blicken, flach und fruchtbar, mit vielen wilden Obstbäumen, Maulbeeren, Pflaumen, Äpfeln, Kriechen, Kirschen und wilder Wein, wo breitschultrige Eichen verschiedener Sorten zwischen umgestürzten Bäumen, vermoderten Stämmen und kniehohem Gras in die Höhe schossen. Das Klima war mild und feucht, die Luft süßduftend, warm und von Mücken erfüllt. Ohne Zweifel schauten sie mit einem gewissen Schaudern in dieses üppige Frühlingsgrün, denn was konnte sich darin nicht alles verbergen?

Die Erlebnisberichte aus der Neuen Welt erreichten Europa oft in stark verfälschter und verdrehter Form. Amerika wurde »entdeckt«, aber in ebenso hohem Maße auch »erfunden«. So sollte es in der amerikanischen Fauna zahlreiche sonderbare und gefährliche Tiere geben. Ein Schwede, der einige Jahre nach der ersten Expedition das Gebiet am Delaware besuchte, berichtete, daß es dort neben Elchen, Bibern, Ottern, Hasen und anderem Bekannten auch Drachen sowie »eine Art große, gefährliche und häßliche Schlangen« gebe, die mit ihrem Schwanz schepperten, »wie Kinderrasseln es tun«, und die »eines Menschen Glieder abbeißen [können], als wären sie mit der Axt abgeschlagen«. Aber sicher gab es auch viel Verlockendes. Man sagte, daß der Kontinent unendliche Reichtümer berge. Daß diese wirklich existierten, bezeugte die spanische Flotte, die jedes Jahr Amerika verließ, schwer beladen mit Silber aus der riesigen, menschenverschlingenden Grube in Potosí – wo im Schnitt 40 Ureinwohner pro Tag ihr Leben ließen – oder aus einem der Tausende von kleinen Schächten, die über Neuspanien oder das Vizekönigreich Peru verstreut lagen. Und wer hatte nicht von El Dorado gehört, dem verborgenen Reich, von dem es hieß, daß es reicher an Gold und leichter zu plündern sei als die jetzt zerstörten Hochkulturen in den Anden und Mexiko? Andere berichteten von dem ebenso mystischen Cibola mit seinen sieben Städten aus Gold, das noch keiner gefunden hatte. Dasselbe galt für das reiche Land Saguenay, das Berichten zufolge gerade im Norden liegen sollte. Zahlreiche Expeditionen hatten sich auf den Weg gemacht, um den einen oder anderen dieser wundersamen Orte zu finden; viele waren in Conquistadorenart losgeritten, mit Morion, Muskete und arrogantem Blick, um nie wieder gesehen zu werden, spurlos verschwunden in irgendeiner der Wüsten, einem der Sumpfgebiete oder der unendlichen Urwälder, an denen die Neue Welt so entsetzlich reich war. Diese verborgenen Schätze hatten ihre Wächter. Alle kannten die Geschichten von all den merkwürdigen Völkern und nackten Kannibalen und Menschenopferern und kriegerischen Amazonen, von *kynokephalus*, die Gesichter hatten wie Hunde, und von *akephalus*, die keine Schädel hatten, sondern Augen, Nase und Mund auf der Brust trugen; oder vom *monopedus*, dessen untere Extremitäten aus einem einzigen riesigen Fuß bestanden.

Doch aus dem Urwald kamen weder Akephalen noch Amazonen, sondern stattliche Männer. Schmal und gut gewachsen, mit einer stolzen, aufrechten Haltung, »von bräunlicher Couleur«, die rasierten Köpfe mit federgeschmückten Stirnbändern umwunden, mit Ringen in den Ohren, Ringen um die Arme und Schmuckketten um den Hals, mit hirschledernem Lendenschurz, Köchern mit Pfeilen und Bogen auf dem Rücken und langen, verzierten Tabakspfeifen aus Holz in den Händen. Es waren *Lenni Lenape*.

Das schwedische Unternehmen in der Neuen Welt baute auf die Zusammenarbeit mit den Menschen, die bereits dort lebten. Die schwedische Gruppe war ganz einfach zu schwach, als daß sie wagen konnte, sich anders zu verhalten. Von ihnen wollte sie durch Tausch die Lebensmittel erwerben, die für die Versorgung der Kolonie vonnöten waren, und die begehrten Pelze, die die Kompanie in Europa auf den Markt zu bringen hoffte. Die beiden Schiffe waren auch mit Waren beladen, die in Holland eigens für diesen Tauschhandel eingekauft worden waren: Äxte, Messer, Pfeifen, Spiegel und Textilien. Fünf örtliche Häuptlinge wurden deshalb zu einem Treffen an Bord der *Calmare Nyckel* eingeladen, und von diesen kaufte man ein Stück Land, das auf den Namen *Nova Suecia*, Neuschweden getauft wurde. Auf einer Landzunge im Fluß begann man sogleich, eine sternförmige Schanze zu errichten, die von palisadengekrönten Erdwällen umgeben war. Einige der zwölf Kanonen der *Calmare Nyckel* wurden auf dem Wall aufgestellt, und im Innern der Festung wurden zwei Blockhäuser errichtet, ein Lagerhaus für die Handelswaren und ein Giebelhaus mit Schießscharten in den Wänden. Die Festung wurde Fort Christina, nach der Königin, genannt.

Die Lenni Lenape erwiesen sich glücklicherweise als ein freundlich gesinnter Stamm, sie waren freigiebig, von schneller Auffassungsgabe, fleißig und treu in ihrer Freundschaft. Sie wohnten in kleinen Dörfern, die von Äckern umgeben in den Wäldern lagen. Die Schweden entdeckten, daß die Indianer leider arm waren und sie von diesen deshalb nicht viel mehr erwarten konnten als Mais. Doch mit ihnen war auch nicht zu spaßen, denn diese »beherzten, heroischen, armstarken« Menschen zögerten nicht, zu Gewalt zu greifen, wenn sie sich gekränkt oder bedroht sahen, und sie huldigten dem Prinzip, daß ein Auge mit einem Auge, ein Leben mit einem Leben zu vergelten sei.

Die Holländer in Neuniederlande, ein gutes Stück weiter nördlich an der Küste, entdeckten nach einiger Zeit die Schweden, die sich heimlich niedergelassen hatten, und protestierten lauthals. Minuit, der Anführer der schwedischen Expedition, wies die wütenden Einwände ab: Sie seien schwedische Untertanen, die nur der Königin Christina Gehorsam schuldeten, und sie hätten das gleiche Recht, sich hier niederzulassen, wie die Holländer. Anschließend, nachdem er eine Karte der Kolonie gezeichnet hatte, ging er mit den Seeleuten im Juni 1638 wieder an Bord und segelte nach Süden, in die Karibik, wo er spurlos in einem Sturm verschwand. Die *Calmare Nyckel* bekam ein paar Sturmschäden ab, konnte sich aber mit einer Ladung Tabak nach Göteborg zurückschleppen. Die *Fågel Grip* kreuzte eine Zeitlang im Karibischen Meer, um zu sehen, ob nicht vielleicht ein Schiff der spanischen Silberflotte aufzubringen war, kehrte jedoch um Neujahr nach Neuschweden zurück, wo man Felle an Bord nahm und einen Negersklaven, den man in Westindien gekauft hatte, auslud. Ende April 1639 segelte auch die *Fågel Grip* ab. Hinter den groben Palisaden von Fort Christina, auf dem Zollbreit Boden, der jetzt Neuschweden genannt wurde, blieben fünfundzwanzig Mann zurück: der Befehlshaber Mans Nilsson Kling, der Kommissionär Hendrick Huygen und ein Dolmetscher sowie einundzwanzig Soldaten, ein Negersklave und ein Bauer. Keine Frauen.

2. Viele glaubten, es gebe keinen Gott mehr

VERHANDLUNGEN IN HAMBURG. – ETIKETTENGERANGEL. –
DIE MODERNE DIPLOMATIE ENTSTEHT. HUGO GROTIUS. –
EINE MISSGLÜCKTE OFFENSIVE. – DAS PARADOX DER HEERESGRÖSSE. –
SCHWEDISCHE VERSTÄRKUNGEN. – KRANKHEITEN IM HEER. –
›AUF DEUTSCH HEISST ES HEIMWEH‹. – POMMERN VERWÜSTET. –
ÜBER HEXEREI. – BANÉR GEHT ZUM GEGENANGRIFF ÜBER.

Zur gleichen Zeit, als Erik nach Hamburg kam, wurde die Stadt zum Schauplatz lebhafter diplomatischer Aktivitäten. Zwei wichtige Verhandlungen fanden statt. Die eine zielte darauf ab, den Krieg fortzusetzen, die andere, ihn ein für allemal zu beenden. Zu der ersten trafen sich Würdenträger aus Paris und Stockholm, die nach längeren Unterhandlungen die schwedisch-französische Allianz für weitere drei Jahre erneuerten. Damit Schweden den Krieg in Deutschland weiterführen konnte, wurden ihm eine Million *livres* jährlich garantiert. Zu der zweiten trafen sich Gesandte des Kaisers und Delegationen aus Dänemark, England, Frankreich und Schweden, um die Möglichkeiten für einen Frieden zu erörtern. Der Prager Friede bedeutete ja einen halben Schritt auf diesem Weg; die innerdeutschen Gegensätze waren notdürftig geschlichtet oder zumindest unter den Teppich gekehrt, und der Bürgerkrieg war fast beendet. Nun galt es nur, dem internationalen Großkrieg, der sich auf deutschem Boden abspielte, ein Ende zu machen. Reden vom Frieden hatte es schon vorher gegeben, aber sie hatten sich stets in Luft aufgelöst. Nichts sprach dafür, daß diese sporadischen Kontakte Früchte tragen könnten, es sei denn die Tatsache, daß der Krieg jetzt bereits zwanzig lange Jahre gedauert hatte und daß auch die meisten hohen Entscheidungsträger seiner allmählich müde wurden. Das Problem war nur, daß der Krieg größer geworden war als die Summe seiner Teile, und selbst wenn sie alle ein Teil von ihm waren, war es nicht sicher, ob noch irgendeiner von ihnen den Krieg in einer sinnvollen Bedeutung des Wortes lenkte. Und es ging eine gewisse Angst bei den Machthabenden auf beiden Seiten der Frontlinie um, die wohl spürten, daß sie gewaltige Kräfte freigesetzt hatten, die Europa zermalmen und niederwerfen und es ein für allemal verändern würden.

Die Verhandlungen begannen in einer absonderlich ungeschickten Weise, denn lange Zeit widmeten die verschiedenen Gesandten der eigentlichen Sachfrage, also wie ein Frieden zuwege gebracht werden könne, nur zerstreute Aufmerksamkeit und vergeudeten statt dessen ihre Energie mit einem umständlichen Palaver darüber, wie das Ganze rein praktisch vor sich gehen sollte. Etwas anderes war vielleicht auch nicht zu erwarten gewesen, denn in dieser

Epoche war man von Etikette und zeremoniellen Fragen geradezu besessen. Ein schwer überschaubares System von Regeln und ungeschriebenen Normen lenkte das Verhalten. Dabei ging es um alles, angefangen bei der Frage, wie man in Anwesenheit einer hochstehenden Person ausspucken sollte (es ging, wenn man einen Fuß auf den Klecks stellte), bis hin zu der Frage, wie ein Regent sich bei einem bestimmten Staatsakt zu verhalten hatte (die angehende Königin Christina warf sich später selbst vor, daß sie zu hastigen und damit unwürdigen Bewegungen neigte). Die Gesellschaft des 17. Jahrhunderts war streng hierarchisch von oben nach unten gegliedert. Die verschiedenen Stände der Menschen und die verschiedenen Menschen der Stände waren einander über- und untergeordnet wie die Städte, die Steine, die Engel, die Tiere des Waldes und alles andere, in einem System chinesischer Schachteln, wo die erste riesige Pyramide weitere kleine Pyramiden enthielt, die ihrerseits noch kleinere Pyramiden enthielten und so weiter, *ad infinitum*; diese Neigung, überall Hierarchien zu sehen, war natürlich eine Reflexhandlung in einer Zeit, in der alles einzustürzen drohte und alles unsicher und schwankend zu sein schien. Die strikte Etikette war eine Methode, diese Ordnung zu schützen. Sie sollte dafür sorgen, daß der Status des einzelnen nicht verdunkelt oder in Frage gestellt wurde, denn wenn dies geschah, war auch der Platz des Menschen in der Hierarchie bedroht. Sich außerhalb dieser Regelsysteme zu stellen war eine Unmöglichkeit, wenn man seinen Platz in der Gemeinschaft behalten wollte. Die Etikette wurde deshalb bis ins Detail verfolgt, auch nachdem sie jede praktische Bedeutung verloren hatte und alle, Europas Könige und alle gekrönten Häupter eingeschlossen, zu Sklaven unter ihrer Tyrannei geworden waren.

Nirgends jedoch war das Etikettengerangel so entfesselt wie in der internationalen Diplomatie. Dort gab es ja keine feststehende Hierarchie wie innerhalb der Länder, sondern es fanden ständige zeremonielle Beißereien nach allen Seiten statt. Jahrelang konnte man sich über die Frage streiten, ob die leeren Karossen der höheren Gesandten vor denen der niederen fahren sollten, wenn diese darin saßen. Auf dem deutschen Reichstag wurden endlose Debatten darüber geführt, inwieweit die fürstlichen Gesandten ebenso wie die kurfürstlichen ihre Stühle auf die Teppiche des Saals stellen konnten – es wurde ein Kompromiß geschlossen: Die fürstlichen Gesandten durften die vorderen Stuhlbeine auf die Teppichfransen stellen, nicht aber die hinteren. Aber nicht alle Probleme waren so leicht zu lösen. Allein die Frage, wie und wann man seinen Hut abnehmen sollte, konnte zuweilen schwer zu glättende Wogen der Erregung durch die internationale Diplomatie gehen lassen. Ein polnischer Gesandter ging einmal auf einen ausländischen Abgesandten los und ohrfeigte ihn, weil dieser den Hut aufbehielt, als er die Titel des polnischen Königs aufzählte, und ein russischer Zar soll den Hut auf dem Kopf eines italienischen

Botschafters festgenagelt haben, weil dieser ihn zum falschen Zeitpunkt abgenommen hatte. Doch selbst wenn es nicht zu solchen Handgreiflichkeiten kam – und dies war keine Seltenheit –, war das Gerangel um Zeremoniell und äußere Formen die Regel.

Außer um Fragen der Titulatur, des Rangs und der Sprachen stritt man sich stets darüber, *wo* die Verhandlungen stattfinden sollten. In Friedensjahren fanden die Unterredungen zwischen schwedischen und dänischen Gesandten in der Regel auf einer Brücke zwischen den beiden Reichen statt, wo jeder von ihnen auf seiner Seite des genau berechneten Mittelpunkts (der dadurch markiert wurde, daß man eine passende kleine Lücke im Holzbelag öffnete) stand und redete. Eine weitere ständige Streitfrage war, in welcher Reihenfolge die Delegierten am Verhandlungsort eintreffen und wer wen zuerst grüßen sollte. Bei den Verhandlungen zwischen Polen und Schweden, die 1629 zum Waffenstillstand von Altmark geführt hatten, war man auf eine originelle Lösung verfallen. Die Gesandten wurden heimlich zu einem Zelt geführt, in dem jede Delegation einen eigenen Tisch hatte. Die Tische waren durch einen Vorhang voneinander getrennt, und erst als beide Gruppen versammelt waren, wurde der Vorhang zur Seite gezogen, wobei die Versammelten, wie kleine mechanische Puppen, im selben Augenblick die Hand zum Hut führten.

Daß die Unterhandlungen in Hamburg mit einem Maximum an Spitzfindigkeiten und Schwierigkeiten geführt wurden, ist auch nicht verwunderlich, wenn man bedenkt, daß die Herrschenden noch keine großen Erfahrungen mit umfassenden internationalen Verhandlungen hatten. Die moderne Diplomatie entstand ja erst in diesem Jahrhundert. Auch hinter dieser Entwicklung lag der große Krieg, der Kontakte in einem bis dahin ungesehenen Ausmaß geschaffen und erzwungen hatte. Noch bestand ein Teil der alten Ordnung, in welcher Diplomatie etwas für unbekümmerte Amateure war und als ehrenvolle Nebentätigkeit zum eigentlichen Beruf betrieben wurde – so agierte beispielsweise der berühmte Maler Peter Paul Rubens bei verschiedenen Gelegenheiten als flämischer Gesandter. Doch im Verlauf des 17. Jahrhunderts wurden die reinen Berufsdiplomaten immer zahlreicher und immer tüchtiger, und ihr Einfluß nahm ständig zu. Immer dichtere Scharen von Ambassaden und Gesandten reisten zwischen den Ländern hin und her. (Eine *Ambassade* war also noch keine fest ansässige Botschaft, sondern bezeichnete eine einmalige diplomatische Unternehmung, in der Regel von der aufgeblaseneren und pompöseren Art.) Einer der wenigen positiven Nebeneffekte des Krieges war, daß Schwedens Kontakte mit dem Kontinent in einem beträchtlichen Ausmaß zunahmen. Abgesandte verschiedener europäischer Mächte begannen, sich am Hof in Stockholm aufzuhalten, und schwedische Diplomaten wurden entsandt, um die Interessen ihres Landes in den verschiedenen Machtzentren Europas wahrzunehmen. (Eine ständige Vertretung aufrechtzuerhalten galt in vielen Fällen als viel zu teuer, weshalb diese Aufgabe häufig einem Ausländer am Ort anvertraut wurde, der ein kleines Entgelt dafür erhielt, daß er neben seinen anderen Tätigkeiten auch als *Resident* für die schwedische Krone Dienst tat.)

Doch führte die Entstehung der modernen Diplomatie nicht zu einer unmittelbaren Verminderung kriegerischer Verwicklungen in Europa. Wenn die Herren des diplomatischen Korps sich erst einmal wohlfühlten, konnten sie ebensogern einen neuen Krieg anzetteln wie einem alten den Garaus machen. Aber trotzdem wurden mit ihrer Hilfe allmählich neue und verbesserte Kanäle für friedlichere Kontakte zwischen den Staaten geschaffen. Der stolze Auftritt des Botschafters auf der Bühne der großen Politik hängt auch mit einer anderen Entwicklung in diesem Jahrhundert zusammen, die wie die neue Diplomatie zumindest eine vage Hoffnung auf verbesserte Beziehungen zwischen den Reichen aufkommen ließ, nämlich mit der stark zunehmende Bedeutung des internationalen Rechts. Früher, während des sogenannten Mittelalters, gab es wenig Regeln für den Umgang der Völker miteinander, und dennoch war Europa nicht in die heillose Kriegsanarchie verfallen, die den Kontinent nun peinigte. Denn im Mittelalter wirkte die allgemein anerkannte Idee von der universellen Gemeinschaft der Christenheit als eine eindeutig hemmende Kraft. Doch durch die Reformation im 16. Jahrhundert wurde jener Traum von der religiösen Einheit ein für alle Mal zunichte. Der Gottesstaat, *Civitas Dei*, existierte nicht mehr, und an seine Stelle trat der Nationalstaat, *Civitas terrae nationis*, der eifrig und mit allen Mitteln seinen eigenen Vorteil suchte. Und im frühen 17. Jahrhundert, als die immer größeren und immer effektiveren Staatsapparate immer größere und immer schlagkräftigere Armeen auf die Beine stellen konnten, trat der Krieg über alle Ufer. Der Großkrieg, der europäische Weltkrieg, der jetzt im Begriff war, Deutschland zu zerreißen, war der Höhepunkt einer rasanten Entwicklung, die alle Zeitgenossen tief erschütterte. Was man da erblicken konnte, war etwas Neues. Nie zuvor hatten die Kriege ein solches Ausmaß und eine solche geographische Ausdehnung, nie zuvor waren die Armeen mit solcher Brutalität und alles umstürzender Zerstörungskraft aufgetreten, nie zuvor hatten die Verantwortlichen mit einer derartig bizarren Mischung aus Fanatismus und Hilflosigkeit agiert. Die Geschichten von totaler Rechtlosigkeit, Massakern an Unschuldigen, Abschlachten von Gefangenen, routinemäßiger Folter, Pest, Kannibalismus, Plünderung und reinem Vandalismus wurden immer mehr und immer abstoßender in den Details. Kein Wunder, daß viele ungläubig den Kopf schüttelten und die Ansicht vertraten, das Ende der Welt stehe bevor.

Doch nicht alle reagierten auf die Woge von Exzessen damit, in Verzweiflung die Arme zu einem merkwürdig stummen Himmel zu erheben. Viele wollten auch die menschliche Vernunft zur Geltung bringen, um den Kräften, die die wachsenden Staatsapparate losgelassen hatten, in irgendeiner Weise Einhalt zu gebieten, sie zu bändigen und sie schließlich, so hofften sie, zu lenken. In der ersten Hälfte des 17. Jahrhunderts begannen verschiedene Gelehrte und Juristen die Meinung zu vertreten, daß der Umgang der Staaten miteinander in der gleichen Weise juristisch geregelt werden sollte, wie es mit den Beziehungen der Menschen untereinander bereits der Fall war. Wichtige Beiträge lieferten unter anderem spanische Neuscholastiker, doch der bedeutendste Mann in diesem Zusammenhang ist ohne Zweifel der Holländer Huig van Groot, besser bekannt unter dem Namen Hugo Grotius.

Grotius war ein typischer Intellektueller des 17. Jahrhunderts: hochgelehrt, vielseitig gebildet, ebenso begabt im Verfassen von Gedichten und Theaterstücken wie in theologischen Haarspaltereien; häufig auf Reisen, denn wie so viele seinesgleichen führte er ein Wanderleben zwischen verschiedenen Ländern und Hauptstädten und diente auf seiner ständigen Jagd nach einem festen Unterhalt vielen verschiedenen Herren, doch war die Gelehrsamkeit sein wirkliches Vaterland. Er hatte die Niederlande verlassen, nachdem er zu lebenslänglicher Gefängnisstrafe verurteilt worden war, als er in einem ernsten religiösen und innenpolitischen Streit auf der falschen Seite gelandet war. Energisch angetrieben von seiner mutigen Ehefrau entfloh er jedoch nach kurzer Zeit aus dem Kerker, versteckt in einer der voluminösen Kisten, die dem Transport von Büchern in seine kombinierte Zelle und Studierkammer und aus ihr heraus dienten. Sein großes Werk, *De jure belli ac pacis* – Über das Recht des Krieges und des Friedens –, war auch in vielfacher Hinsicht ein typisches Werk des 17. Jahrhunderts: ein dickleibiger Band, angefüllt mit Zitaten aus jeder denkbaren Quelle, ein bunter Flickenteppich von Belegen, die vorzugsweise aus der Geschichte genommen waren. Den modernen Leser erinnert er an einen im Vierteltempo gespielten Montaigne, ganz und gar nicht so unterhaltend und persönlich, aber dennoch nicht selten interessant durch seine einfallsreichen Gedankensprünge zwischen Poeten, Philosophen, antiken Autoren und verschiedenen heute glücklicherweise vergessenen Theologen.

De jure belli ac pacis ist kein besonders originelles Werk und nicht einmal das allererste, das für Mäßigung und Mitmenschlichkeit im Krieg plädierte. Die Bedeutung des Buchs lag vielmehr in seiner enormen Durchschlagskraft: darin, daß es in immer neuen Auflagen herauskam und nach und nach in ganz Europa Leser fand, einflußreiche Leser, bei denen es tatsächlich Wirkungen zeitigte. Einer von diesen war Gustav Adolf, der großen Respekt vor dem gelehrten Holländer hatte und zeit seines Lebens ein Exemplar des Buches mit sich führte. Seit 1634 war Grotius auch in schwedischem Dienst, als der Krone persönlicher Resident in Paris. Grotius hatte den Posten nur zögernd angenommen und machte auch eine ziemlich schlichte Figur als Resident. Er war nur mäßig interessiert an der Aufgabe und widmete seine meiste Zeit dem, was er als seine wirkliche Lebensaufgabe ansah: der Wiedervereinigung der gespaltenen Christenheit. Seine diplomatische Tätigkeit für Schweden bestand hauptsächlich darin, über Fragen der Etikette zu streiten, dann und wann einen wortreichen Bericht in elegantem Latein nach Stockholm zu senden – meistens nur den lokalen Klatsch – sowie Richelieu bis aufs Blut zu reizen. Es hieß, der einzige Grund, warum Axel Oxenstierna ihn als Resident in Paris behielt, sei darin zu suchen, daß der Kanzler den mächtigen Kardinal ärgern wolle.

Aus Gustav Adolfs Enthusiasmus für Grotius' Buch können wir leicht schließen, daß es keineswegs ein pazifistischer Traktat war, im Gegenteil. Grotius rechtfertigt mit gewissem Nachdruck bestimmte Typen von Krieg und Kriegshandlungen. Ebenso wie ein Krieger das Recht hat, seinen Feind zu töten, hat er laut Grotius auch ein selbstverständliches Recht, dessen Eigentum zu plündern und zu verwüsten. Aber in seinem Buch versucht er auch zu zeigen, daß es Grenzen gibt für das, was Soldaten tun dürfen, daß Mäßigung im Töten, im Rauben, in der Zerstörung walten soll, daß Gefangene human behandelt werden sollen und so weiter. Als Gustav Adolf einen ständigen Befehl ausgab, daß die schwedischen Krieger unter keinen Umständen Kirchen, Schulen und Krankenhäuser angreifen dürften, lag dies ganz auf der Linie dessen, was in *De jure belli ac pacis* zu lesen stand.

So muß man sagen, daß Grotius' Ideen und die verschiedenen Aktivitäten der Diplomaten tatsächlich etwas Neues repräsentierten. Sie weckten die Hoffnung, daß die Furien des Krieges vielleicht doch wieder gebändigt werden könnten. Aber dies schien noch in weiter Ferne zu liegen. Nicht viele Zeitgenossen Gustav Adolfs und wenige seiner Nachfolger zeigten dessen bemerkenswerte Mischung aus Idealismus und Härte. Sie waren, wie Johan Banér, in der Regel *nur* hart, und in der Regel fanden diese narbenübersäten Herren in ihren schwarzen Kürassen Huig van Groots bemerkenswertes Werk entbehrlich. Und die Abgesandten, die sich in diesem Jahr 1638 in Hamburg trafen, waren vollauf damit ausgelastet, sich über Verfahrensfragen zu streiten, Memoranden in alle Richtungen zu versenden sowie ganz allgemein die Verhandlungen zu verzögern – während Deutschland weiter aus seinen tausend Wunden blutete.

Denn natürlich mahlten die Mühlen des Krieges weiter.

Wie schon zuvor gesagt, hatte es für die Schweden in Deutschland noch nie so bedrohlich ausgesehen wie um den Jahreswechsel 1637/38. Sie standen mit dem Rücken zum Meer, zusammengedrängt auf einem schmalen, ausgeplünderten Streifen Land, ohne Geld, ohne Vorräte, mit nur 7000 schlecht bekleideten Männern als beweglicher Reserve, um dem Ansturm des überlegenen kaiserlichen Heeres zu begegnen, das von Süden heranrückte.

Der Winter in diesem Jahr war ungewöhnlich kalt. An einigen Stellen gelangten die Kaiserlichen bald sogar bis ans Meer. Die strategisch wichtige Insel Usedom (die den Wasserweg nach Stettin beherrschte) fiel in ihre Hände, kurz darauf gefolgt vom Schloß in Wolgast und der Festung in Demmin, während gleichzeitig Anklam belagert wurde. Bei all diesen Verlusten hatten sich besonders die Offiziere mutlos und schnell bereit gezeigt, die Waffen zu strecken. Alles sah wahrlich düster aus.

Die Wende kam unerwartet. Zuerst erreichten die Befehlshaber unzusammenhängende und unklare Berichte von Bauern und Fischern, die an der Küste und auf Usedom lebten. Sie erzählten, daß die Kaiserlichen begonnen hatten, sich zurückzuziehen! Johan Banér wollte dies zunächst nicht glauben. Und wenn es so war, mußte es eine Kriegslist sein. Aber der harte Würgegriff ließ tatsächlich nach. Mehrere Wochen später, nachdem Scharen von berittenen schwedischen Rekognoszierungspatrouillen die flache, schneekalte Landschaft durchstreift hatten, ergab sich allmählich ein klareres Bild. Die ersten Berichte stimmten. Die Kaiserlichen waren auf dem Rückzug, nicht nur auf Usedom, sondern entlang der ganzen Frontlinie.

Nicht Johan Banérs Feldherrenkünste oder auch nur die schwedischen Waffen hatten die Schweden in Deutschland gerettet. Es war einfache logistische Logik. Es mag sonderbar klingen, aber Gallas' Heer war ganz einfach zu groß, um in dem verwüsteten Pommern, das ein versorgungsmäßiges Vakuum war, operieren zu können. Mit jedem Schritt, um den die Kaiserlichen sich der Küste näherten, wuchs ihre Not. Sie siegten sich direkt in den Untergang. Es war ein merkwürdiges Paradox, das sich im weiteren Verlauf des Krieges wieder und wieder bemerkbar machen sollte: Eine große Armee konnte leicht ihren Feind besiegen, hatte aber fast immer mit Versorgungsproblemen und verheerender Hungersnot zu kämpfen; eine kleine Armee war leicht zu unterhalten, konnte aber aufgrund ihrer Schwäche selten mehr tun als geräuschvolle, aber ziemlich bedeutungslose Überfälle auszuführen.

Als Gallas einsah, daß seine immer weiter in Auflösung geratende Armee aufgrund von Nahrungsmangel dahinzuschmelzen drohte, hatte er keine andere Wahl, als den Rückzug zu befehlen, obwohl die Überlegenheit offenkundig und der Sieg nahe war. In langen, zerrissenen Kolonnen zogen sie nach Südwesten, durch ein Winterland, das so leer und öde war, daß es mit Johan Banérs eigenen Worten aussah, »als sei dort mit einem Besen gekehrt worden«. Der Rückzug wurde lang, denn einigermaßen guter Unterhalt war erst zu bekommen, als sie bis zur Elbe zurückgegangen waren, wo sich die ausgemergelten Soldaten auf weit verstreute Quartiere verteilten.

WENDEPUNKTE (1638–1641)

Damit war die Gefahr nicht mehr akut, aber der Zustand des schwedischen Heers war so erbärmlich wie vorher. In seiner jetzigen Verfassung würde es einem erneuten Ansturm der Kaiserlichen nicht standhalten. Die Rettung kam in Form der zuvor genannten in Hamburg geschlossenen Allianz mit Frankreich. Im Verlauf des Frühjahrs begann frisches Geld in die leere Kriegskasse in Pommern zu fließen – Banér bekam eine erste Sendung von 180000 Reichstalern. Damit war die Gefahr von allgemeiner Fahnenflucht, Unruhen und Meuterei gebannt. Mit gewohnter Energie und Hartnäckigkeit machte Banér sich daran, seine Armee wieder aufzurüsten. Seine Soldaten litten wie gesagt Not an allem. Besonders an Bekleidung mangelte es, und in ihren geflickten und verschlissenen Lumpen hatten sie schwer unter der Kälte gelitten. Nun wurden in Hamburg und Lübeck Kleider gekauft, 3000 Ausrüstungen von Feldrentmeister Trotzig waren auf dem Weg, und aus Schweden trafen nach und nach drei mit Tuch beladene Schiffe ein. Auch die Waffenvorräte waren bescheiden, vor allem fehlten Degen und Pistolen – die Not war so groß gewesen, daß die Soldaten sie in vielen Fällen gegen Essen eingetauscht hatten –, aber Banér sorgte dafür, daß neue aus Schweden requiriert wurden. Und schließlich brauchte das Heer in Deutschland Verstärkungen in Form von Soldaten. Während Geld, Kleidung und Waffen teure Dinge waren, die aufzubringen den Regierenden in Stockholm größte Schwierigkeiten bereitete, gab es immer noch einen Rest nicht ausgehobener Männer zu Hause in den Dörfern und auf den Höfen – und die waren ja billig. So kamen denn im Juni und Juli 1638 die Verstärkungen an. Es waren rund 9000 Reichsschweden und 5000 Finnen: aus Östgötaland, Småland, Hälsingland, Åboland, Nyland, Västgötaland und Uppland.

In dem großen Kontingent war auch neu ausgehobenes Fußvolk aus Västerbotten und unter diesem eine kleine Gruppe von 27 jungen Männern aus dem Kirchspiel Bygdeå, nordöstlich von dem zur Stadt erhobenen Flecken Umeå. Bygdeå war wie so viele andere Waldkirchspiele im Reich dünn besiedelt. Dort lebten, auf 255 Höfe verteilt, 1700 Menschen, und die Höfe ihrerseits drängten sich in rund vierzig Weilern zusammen, kleine Inseln von Fachwerk und Äckern in einem endlosen Meer von Fichten, Kiefern und moosgrauen Felsen: Flarken, Gunsmark, Ultervattnet, Gumboda, Klinten, Ånäset, Brände, Rickleå, Ivarsboda, Andersvattnet und andere. Die Menschen in Bygdeå hatten mehr als ihren gehörigen Anteil an Prüfungen auferlegt bekommen, seit Gustav Adolf seine lange Reihe von Eroberungszügen eingeleitet hatte. Am schlimmsten waren die Aushebungen von Soldaten. Von 1619 bis zu diesem Jahr 1638 waren 225 der Männer des Kirchspiels zum Kriegsdienst ausgehoben worden. Sie hatten die Kampagnen in Livland und Preußen mitgemacht und auch in Deutschland gekämpft. Was heißt gekämpft? Sie hatten selten oder nie richtige

Kämpfe gesehen, sondern waren als geduldige, zuverlässige Garnisonssoldaten oder als Soldaten auf den Schiffen der Flotte verwendet worden. Von diesen 225 war bis dahin einer gesund und frisch wieder nach Hause gekommen, sechs waren als Wracks zurückgekehrt, zum Beispiel Per Olovsson, der mit »beiden Füßen abgefault« nach Ivarsboda zurückkam – die einzige Möglichkeit, vom Kriegsdienst freizukommen, war, daß man entweder 30 Jahre im Feld diente oder Invalide wurde –, während 35 noch lebten und unter den Fahnen standen. Der Rest, 183 Männer und Halbwüchsige, war gestorben oder spurlos verschwunden.

Es gab keine Anzeichen, daß dieser Alptraum aufhörte. Im Gegenteil. Bisher hatten die Kontingente mit neuen Soldaten stets schwere Verluste zu beklagen, wenn sie zum erstenmal mit dem Schmutz und den Krankheiten der deutschen Feldlager in Berührung kamen. Auch die Verstärkungen, die im Sommer 1638 eintrafen, wurden vom Schwung der Sense nicht verschont. Die 27 Soldaten aus Bygdeå wurden nach der Musterung in Wollin als Besatzung nach Greifswald verlegt, doch einen guten Monat später holte die Krankheit sie ein, und da ging es Schlag auf Schlag:

Måns Larsson aus Siljum, 19 Jahre alt, starb am 3. August
Olof Larsson aus Ultervattnet, 16 Jahre, starb am 11. August
Jöns Eriksson aus Norum, 26 Jahre, starb am 13. August
Mats Mårtensson aus Estermark, 19 Jahre, starb am 22. August
Olof Olofsson aus Kålaboda, 15 Jahre, starb am 28. August
Johan Olofsson aus Skäran, 25 Jahre, starb am 30. August
Nils Andersson aus Nybyn, 21 Jahre, starb am 5. September
Per Öndesson aus Kålaboda, 17 Jahre, starb am 7. September
Erik Andersson aus Skäran, 21 Jahre, starb am 7. September
Anders Larsson aus Siljum, 19 Jahre, starb am 11. September
Olof Mårtensson aus Estersmark, 16 Jahre, starb am 12. September
Germund Tomasson aus Klinten, 19 Jahre, starb am 30. September
Erik Olofsson aus Estersmark, 18 Jahre, starb am 30. September
Per Eriksson aus Hertsånger, 16 Jahre, starb am 30. September
Lars Joensson aus Flarken, 16 Jahre, starb am 30. September
Jöran Persson aus Korssjön, 17 Jahre, starb am 3. Oktober
Anders Nilsson aus Bäck, 18 Jahre, starb am 19. Oktober
Per Jönsson aus Andersvattnet, 21 Jahre, starb Ende Oktober
Per Larsson aus Krokvattnet, 20 Jahre, starb Ende Oktober
Olof Nilsson aus Gumboda, 21 Jahre, starb Anfang November
Anders Jöransson aus Näs, 17 Jahre, starb Anfang November
Anders Persson aus Ricklea, 19 Jahre, starb Anfang November

WENDEPUNKTE (1638–1641)

Krister Nilsson aus Estersmark, 19 Jahre, starb Anfang November
Per Andersson aus Gumboda, 18 Jahre, starb Anfang November
Anders Olofsson aus Gumboda, 16 Jahre, starb Anfang November.

Der Krieg war nicht ihre Angelegenheit, aber er wurde wahrlich ihr Schicksal. Woran sie starben, wissen wir nicht. Es kann die Pest gewesen sein. Es kann auch gewöhnliche Lagerkrankheit oder Lagerfieber gewesen sein. Die Symptome dieser Erkrankung waren einem Arzt des 17. Jahrhunderts zufolge »eine Art Unruhe und ein Gefühl von Unwohlsein, worauf ein oder zwei Anfälle von Schüttelfrost folgen, ein sicheres Zeichen der Ansteckung«. Danach setzten Schlaflosigkeit, Schwindel, Fieber, Kopfschmerzen und Schweißausbrüche ein, die andauerten, bis die Krankheit ihren Höhepunkt erreichte und der Angesteckte entweder gesund wurde oder starb. Heilmittel gab es wenige, und solche, die es gab, waren zum Teil fiktiv; vor allem wurden Tinkturen mit Rehhorn als wichtigstem Bestandteil empfohlen. Was die kranken Jungen aus Västerbotten fühlten, können wir natürlich auch nicht wissen. Aber wir können es erraten. Der oben zitierte Arzt, der Italiener Bernardino Ramazzini, spricht von »einer großen Unruhe«, die oft in den Lagern aufflammte:

Sie erfaßte Mannschaft und Offiziere. Alle wurden von einer leidenschaftlichen Sehnsucht nach Zuhause und nach ihrer Familie ergriffen. Auf Deutsch heißt es Heimweh und ist fast immer ein schlechtes Zeichen. Männer, die von dieser Unruhe ergriffen werden, sterben an Krankheiten oder verlieren ihr Leben im Kampf.

Das einzige, was wir sicher wissen, ist, daß nach dem 12. November 1638 nur noch der achtzehnjährige Anders Persson aus Sjulsmark lebte – einer von 27.

Während diese jungen Männer aus Västerbotten einer nach dem anderen ihres Lebens beraubt wurden, suchte Johan Banér eine Wendung des Krieges herbeizuführen. Der Anblick einer neuen Feldarmee von 21 000 gut eingekleideten Männern veranlaßte ihn, sich die Hände zu reiben und neue Feldzüge auszudenken. Die Kaiserlichen waren aus eigenem Antrieb aus Pommern abgezogen, aber das reichte nicht. Nun galt es auch, das neu aufgestellte schwedische Heer aus dem Land zu bringen, bevor es dieses mit seinen vielen hungrigen Mündern und zahlreichen langen Fingern noch weiter ruinierte. Denn Pommern und Mecklenburg waren inzwischen eine versorgungsmäßige Wüste, wie sie totaler nicht vorstellbar ist.

Die Menschen draußen auf dem Lande waren tot oder geflüchtet; entweder waren sie, wie es die Menschen in Kriegszeiten seit dem Mittelalter taten, in die mauerbewehrten Städte geflohen – die nun aus allen Nähten platzten –, oder sie hatten sich in andere Länder wie Dänemark und Polen begeben. Die

Ursache war einfach: große Teile Pommerns und der angrenzenden Länder waren jetzt so verheert, daß weder Menschen noch Tiere dort leben konnten. »Hier gibt es nur Sand und Luft«, schrieb Banér an Axel Oxenstierna. »Alles ist bis auf den Grund verwüstet.« Das meiste war zerstört, auch die Mühlen, so daß die Bevölkerung das bißchen Getreide, das sie noch hatte, zwischen Grabsteinen mahlen mußte. Besonders entlang der großen Verkehrswege lag Dorf an Dorf leer und schweigend, die Häuser in Trümmern und die Äcker von Unkraut überwuchert. Als man später die Verluste zusammenzählte, ergab sich, daß 60 bis 70 Prozent der Zivilbevölkerung dem Krieg zum Opfer gefallen waren. Noch viele Jahre nach dem Friedensschluß konnte man auf verlassene Dörfer stoßen, und es dauerte bis weit ins nächste Jahrhundert, bis die Bevölkerung in diesen Gebieten den durch den Krieg erlittenen Aderlaß überwunden hatte. In dem Elend und im Schmutz der überfüllten Städte grassierten die Krankheiten. Die Universität in Greifswald, die einzige in diesem Gebiet, legt hiervon beredtes Zeugnis ab: Mehrere Professoren starben, und obwohl ihr Rektor, Baltasar Rau, durchzuhalten versuchte, war der Zustrom neuer Studenten aus erklärlichen Gründen nahezu zum Erliegen gekommen. Im Jahr 1637/38 schrieben sich nur sieben Studenten ein; im Jahr davor waren es 115 gewesen. Das allgemeine Elend wurde nicht besser dadurch, daß die pommersche Zivilverwaltung zur gleichen Zeit zusammenbrach, oder eher: in den Streik trat, aus Protest gegen den Krieg und die drückende Anwesenheit der schwedischen Truppen. Während des Frühjahrs hatte sich Pommern teilweise in einem Zustand der Anarchie befunden; die Gerichte arbeiteten nicht mehr, die Kirchenordnung brach zusammen, und jede Form von Aufsicht auf Straßen und Märkten verschwand. Wenn die pommerschen Landräte geglaubt hatten, durch diese Aktion ihr Land zu befreien, wurden sie jedoch bald eines Besseren belehrt, denn die Schweden unter Banér nahmen das Chaos als Vorwand, um Pommern ein für allemal dem schwedischen Reich einzuverleiben.

Die Logik der Kriegsfinanzierung und des Armeeunterhalts war so beschaffen: Wenn die kahlgefressene Gegend hier an der Küste jemals wieder eine wirkliche Versorgungsbasis werden sollte, blieb Banér nichts anderes übrig, als eine Offensive zu starten und sein Heer aus dem Land zu führen, nach Süden. Seine Absicht war, den Krieg so weit wie möglich in das Gebiet des Gegners hineinzutragen, am besten bis nach Österreich, in das Erbland des Kaisers. Damit wurde eine versorgungstechnische Variante des Spiels »Die Reise nach Jerusalem« eingeleitet, das bis zum Ende des Krieges weitergehen sollte und bei dem beide Seiten versuchten, sich auf den Platz des Gegners zu setzen, während sie gleichzeitig bestrebt waren, ihn von ihrem eigenen fernzuhalten.

Einen großen Teil des Sommers lag das schwedische Heer still und führte nur ein paar kleinere Angriffe durch. Die Ursache war, daß der inkompetente

Ein Troß auf dem Marsch.
Der Troß der schwedischen Armee im Sommer 1638. So sah es aus: gedeckte Wagen, Troßknechte, Vieh und Viehtreiber. Man beachte den Hahn auf einem der Wagen.

Gallas mit unfehlbarer Präzision seine Armee wieder einmal in eine versorgungstechnische Klemme geführt hatte. Und da die schwedische Armee leidlich über das Meer versorgt wurde, konnte sie folglich stillstehen und aus der Distanz zusehen, wie das kaiserliche Heer langsam verhungerte. Ende September gab Banér den Befehl zum Aufbruch – die Soldaten waren gerade ausgezahlt und zufrieden, die Artillerie blank geputzt und einsatzbereit, und die Wagen voll beladen mit Faschinen zur Ausbesserung der aufgeweichten Herbstwege. Er wollte dem geschwächten kaiserlichen Heer auf den Leib rücken. Die Nachricht vom Aufbruch der schwedischen Armee ließ Gallas jedoch aus seinem milden Dämmerzustand erwachen und Hals über Kopf die Hungerlager an der pommerschen Grenze verlassen. Seine Truppen verschwanden in einem weiteren fluchtartigen Rückzug nach Südwesten. Obwohl die Kaiserlichen schon ein Stück weit entfernt waren, ließ Banér sein Heer die Verfolgung aufnehmen. Seine Truppen bewegten sich mit der gewohnten Schnelligkeit und holten langsam den Vorsprung des Gegners auf. Daß sie auf der richtigen Spur waren, war ihnen klar, denn überall in den Herbstwäldern, auf den lehmigen Wegen und in den leeren Häusern fanden sie Leichen ausgemergelter Soldaten und Kranke, die von den Retirierenden zurückgelassen worden waren. Und an den Abenden konnten die berittenen schwedischen Spähtrupps die Lagerfeuer der Feinde in der Ferne leuchten sehen.

Das Problem war allerdings, daß diese Jagd nach den Kaiserlichen in gewisser Weise eine spiegelverkehrte Kopie des Angriffs von Gallas in Pommern im Jahr zuvor war, also der Sprung in ein völlig verwüstetes Land. Erneut wurde die Regel bestätigt, daß es keine bessere Verteidigung gibt als ein gründlich ausgesaugtes Territorium. Das schwedische Heer begann mindestens ebenso unter den Strapazen zu leiden wie sein flüchtender Feind. Die västgötische Reiterei, die vor ein paar Monaten noch über 649 kampftaugliche Männer verfügte, verlor während dieser Operation 300 Mann; und die neu angekommenen uppländischen und östgötischen Reiter waren den Gewaltmärschen überhaupt nicht gewachsen und zählten nach einiger Zeit nur noch 40 Mann im Glied. Zu allem Überfluß wütete eine schwere Epidemie unter den Pferden. Die Artillerie verlor einen großen Teil ihrer Gespanne, und die Soldaten waren gezwungen, die Kanonen selbst zu ziehen. Zahlreiche Reiter stolperten zu Fuß mit Sattel und Zaumzeug auf dem Rücken durch den Schlamm.

Häufig im 17. Jahrhundert, wenn der Druck von außen zu stark und die Wirklichkeit für die Menschen zu quälend und unerträglich wurde, flackerten Epidemien von Hexenwahn auf. Es war eine Zeit, in der Magie eine Realität und die Existenz des Teufels in der Welt ein festes Dogma war, und die Angst vor der Hexe – in männlicher oder weiblicher Gestalt – war ein fast unausweichlicher Faktor des alltäglichen Lebens: All das Böse wurde erklärt und in gewisser Weise auch handhabbar dadurch, daß die Verantwortung für schwer erklärbare Unglücksfälle und Rückschläge verschiedenen Sündenböcken aufgeladen wurde. In den Dörfern und in Stadtvierteln fanden bisweilen langwierige Kampagnen magischer Kriegführung zwischen einzelnen und Familien statt, die einander in die Haare geraten waren. Das meiste war ungefährlich und resultierte, wenn es hochkam, in boshaftem Klatsch, gehässigem Fingerzeigen und sozialer Ausgrenzung. Aber jetzt begannen Krieg, Epidemien und soziale und politische Unruhe die Gesellschaft zu überfordern, und ein neues Gefühl von Zukunftsangst übermannte die Menschen, mit der Folge, daß dieses System aus den Fugen geriet. Es genügte nicht mehr, Gegenmagie auszuüben oder eine alte Frau aus der Gemeinschaft auszustoßen, und dann sah man sich vielleicht gezwungen, einen Verdächtigen zu verbrennen, zwei zu verbrennen, drei oder auch zehn.

Dieser unselige Mechanismus kam während des Spätherbstes 1638 im schwedischen Heer in Gang. Wie bereits erwähnt, wurde jede Armee von zahllosen Frauen begleitet: von Frauen und Töchtern der Soldaten und Offiziere, Marketenderinnen, Mägden, Witwen und Huren. In der Wut über das große Pferdesterben begann ein Teil der Soldaten nun unter diesen nach Hexen zu jagen. Sie hätten die Pferde ihrer Männer verhext, um ein Ende des Krieges herbeizuführen, lautete die Anklage. Vielleicht lagen diesen Gerüchten tatsächlich reale Handlungen zugrunde, verzweifelte Versuche verzweifelter Frauen, ein wenig Sand in das große und unbarmherzig mahlende Getriebe des militärischen Apparats zu streuen. Alles kann auch von Anfang bis Ende frei erfunden gewesen sein, wie es die Regel ist, wenn Menschen erst einmal als Hexenweiber und Blocksbergreiterinnen gehänselt werden. Einige Frauen wurden indessen aus dem Gewimmel und dem Abschaum des Feldlagers hervorgezerrt und unter erniedrigenden Umständen ums Leben gebracht. Dies war nur ein Zeichen unter mehreren dafür, wie weit die Fäulnis des Krieges und der Unsicherheit bereits in die Sinne der Menschen eingedrungen war. Übergriffe und Morde an Zivilisten waren alltäglich geworden, und so viele Patente Banér auch ausfertigen ließ, daß dergleichen nicht geduldet werde, es half nichts: Soldaten einer Armee, die von Kontributionen und Brandschatzungen lebte und in einem Krieg kämpfte, der sich selbst ernähren sollte, verhielten sich beinah zwangsläufig so – ==Mißbrauch und Gewaltanwendung waren sozusagen im System enthalten.== Verschwunden war jedes Gefühl dafür, für den rechten Glauben zu kämpfen. Kirchen wurden geplündert, Altäre geschändet, und in ihrer Raubgier schreckte ein Teil der Soldaten nicht davor zurück, vertrocknete Leichen auszugraben und zu fleddern. Es war nicht verwunderlich, daß »viele verzweifelten und nicht mehr glaubten, daß es einen Gott im Himmel gebe«, wie ein Zeitgenosse schreibt.

Mit einer Reiterei, deren größter Teil sich in Fußgänger verwandelt hatte, und angesichts schwerer Versorgungsprobleme mußte Banérs Heer zur Küste zurückkehren. Nachdem man eine Zeitlang die Kriegskasse aufgefüllt und die Reiterei wieder in den Sattel gehoben hatte, war die Armee wieder bereit, und am 31. Dezember 1638 brach sie von ihrem Lager bei Neukloster auf und ging nach Süden. Es ist leicht, sich die Szene vorzustellen: endlose Ketten von Soldaten, Pferden und Wagen, die sich wie langgezogene Schattenkonturen durch eine verschneite Landschaft schlängeln; die gedeckten Karren, die schwanken und schaukeln, während sie langsam weiterrollen; das verklingende Geräusch von Pferdehufen, die ruhig über den froststarren Boden voranstampfen; die bepackten Männer in den Sätteln, ungelenk in ihren flauschigen Wämsern, Mänteln und Kürassen, ihr Atem wie weiße Bäusche um die Schlapphüte und Sturmhauben.

Keiner ahnte es wohl damals, denn es geschah undramatisch und ziemlich unmerklich, aber der Krieg hatte einen Wendepunkt erreicht.

3. Ein sonderbarer Schneefall in Beraun

Eriks Krankheit. – Banérs Offensive. –
Die Belagerung von Freiberg. – Die Schlacht bei Chemnitz. –
Die Schweden gehen nach Süden. –
Prag weigert sich zu kapitulieren. – Feuersturm über Böhmen. –
›Dort weint eine Hausfrau‹. – Über Marodeure. –
Noch ein schwedischer Rückzug. – Die Bernhardiner. –
Die Franzosen marschieren nach Deutschland ein. –
Eine Begegnung in Erfurt.

Während dieser ganzen Zeit befand sich Erik in Hamburg. Sein eigenes Tagebuch ist auffallend wortkarg, was diese Periode betrifft. Im dreizehnten Lebensjahr, allein, ohne Verwandte und Freunde in einer von Europas größten Städten, scheint er wieder einmal seine Begabung und seinen Fleiß als Schutzschild gegen eine unsichere Umwelt gebraucht zu haben. Er wurde rasch einer der besten Schüler des Rechenmeisters und durfte, als der tüchtige Junge, der er war, nach einiger Zeit zuweilen dessen Platz einnehmen und andere Schüler unterrichten.

Die Monate vergingen.

Die einzige Unterbrechung in der unentwegten Kleckserei mit Tinte und Papier trat im November 1639 ein, als Erik an Fieber erkrankte. Er mußte im Bett liegen, und sein Zustand verschlechterte sich rasch. Nach gut einem Monat

WENDEPUNKTE (1638–1641)

stand es so schlecht um ihn, daß in fünf Kirchen in der Stadt für ihn gebetet wurde. Er erholte sich jedoch, wenn auch nur langsam, und es dauerte ein gutes halbes Jahr, bis er von seinem Krankenlager aufstehen konnte.

Er kam rechtzeitig wieder auf die Beine, um das Ende seiner Lehrzeit bei Detrij herannahen zu sehen. Es war der Onkel, der Zahlmeister Erik Eriksson, der ihn eigenmächtig dorthin geschickt hatte, und es war der Onkel, der eigenmächtig zu dem Schluß kam, daß es nun genug war mit der Ausbildung. Am 1. März 1640 nahm er daher den Jungen von der Schule. Denn zu diesem Zeitpunkt hielt der Onkel sich gerade in Hamburg auf, um zu heiraten. Ein paar Tage später feierte er seine Hochzeit; als typischer Emporkömmling verheiratete er sich mit einer Adligen, Ursula Steinberg, der Tochter eines Landjunkers und Advokaten aus Bremen. Nach ein paar Monaten war es Zeit, nach Schweden zurückzureisen, und der Onkel bestimmte, daß der 14jährige Erik ihn auf der Reise begleiten solle, wahrscheinlich als Gehilfe.

Die Heimreise Anfang Mai 1640 wurde gefährlich. Bisher war der junge Erik von dem großen Krieg ziemlich unberührt geblieben und hatte ihn nur vage in der Entfernung wahrgenommen, aber das war jetzt vorbei. Eine Gruppe kaiserlicher Offiziere, die sich in Hamburg aufhielt, hatte nämlich herausbekommen, daß ein schwedischer Rentmeister auf der Heimreise nach Schweden sei, und sie beschlossen, ihn zu schnappen. Sie bereiteten deshalb einen Hinterhalt an der Straße zwischen Hamburg und Lübeck vor.

Es mag sonderbar erscheinen, daß eine kleinere Operation in Gang gesetzt wurde, um eine einzige Person zu fangen – Eriks Onkel war nämlich nicht besonders bedeutend. Es spiegelt vielleicht auch eine zunehmende Verbitterung und Verzweiflung auf seiten der Kaiserlichen wider. Eineinhalb Jahre waren vergangen, seit Banérs Heer von Neukloster aufgebrochen und nach Süden gezogen war, und diese Zeit war für sie voller Enttäuschungen gewesen.

Im Januar 1639 war das schwedische Heer über die Elbe gegangen und hatte eine sonderbare Operation eingeleitet, die aus der Rückschau betrachtet wie ein Mittelding zwischen einem regulären Winterfeldzug und einer gewaltigen Kavallerieattacke erscheint. Man war zunächst in genau südlicher Richtung abgebogen, in weniger verheertes Land, und setzte danach zu einem erstaunlich langen und erstaunlich schnellen Marsch an, um Erfurt, die letzte schwedische Festung im Inneren Deutschlands, zu entsetzen – Proviant wurde mittels einer Mischung aus Drohungen und barem Geld beschafft. Während des Vormarsches rieben Banérs Leute mehrere kaiserliche und sächsische Korps auf, die ihnen über den Weg liefen, und gleichzeitig schickte Banér – der kränkelte und in einer Kutsche fuhr – einen Brief nach dem anderen an Herzog Bernhard von Weimar, der mit seinem Heer im Winterquartier an der Grenze zum südlichen Deutschland stand. Bernhard sollte unverzüglich seine Truppen in Bewegung setzen, damit sie von zwei Seiten her mit den Erblanden des Kaisers »Die Reise nach Jerusalem« spielen konnten.

Bernhard stand seit einigen Jahren de facto in französischem Dienst und war mit einem französischen Marschalltitel, einer großzügig bemessenen französischen Pension und französischen Subsidien von vier Millionen *livres* pro Jahr ausgestattet. Er erwies sich jedoch als ebenso launischer wie unzuverlässiger Verbündeter und hatte Richelieu schon viel Kopfzerbrechen bereitet. Als der Glücksritter, der er war, benutzte Bernhard gern sein von Frankreich bezahltes Heer, um den eigenen Vorteil zu suchen. Nach zwei Jahren in der Defensive, buchstäblich bombardiert mit wütenden Briefen und Vorschlägen für Offensiven aus Paris, hatte seine Armee Anfang 1638 den Rhein überquert und sich gemächlich ins südwestliche Deutschland verfügt. Bei Rheinfelden, einer kleinen Stadt östlich von Basel, hatten seine Truppen einen großen Sieg über die Kaiserlichen errungen. (Das gegnerische Heer wurde in alle Winde zerstreut, ein großer Teil wurde gefangengenommen, inklusive des Oberbefehlshabers, des mäßig begabten italienischen Landsknechts Savelli, der nach dem Kampf aus einem Gebüsch hervorgezogen wurde.) Hiernach war Bernhards Heer auf die Stadt Breisach zumarschiert – ein wichtiger Brückenkopf auf der östlichen Seite des Rheins mit der Möglichkeit, den Fluß zu sperren –, die erst nach einer langen und qualvollen Belagerung kapituliert hatte. (Die ausgehungerten Menschen in der Stadt versuchten, von Katzen und Hunden, weichgekochtem Leder und warmem Wasser mit Salz zu leben. Gegen Ende gab es auch mehrere Fälle von Kannibalismus, unter anderem wurden sieben gefangene schwedische Soldaten aufgegessen.) Nach dem Fall Breisachs erklärte Bernhard mit großspurigen Gesten, daß die Stadt und das Elsaß von nun an als sein Fürstentum anzusehen seien, und erneut fand er den Gedanken an eine weitergehende Offensive in Süddeutschland äußerst unpraktisch – ungeachtet dessen, daß Banér und Richelieu ihn mit einer neuen Flut erboster Aufforderungen überschütteten.

Dies waren wahrhaft schlechte Nachrichten für Banér. Nicht nur drohte die Unterstützung durch Bernhard auszubleiben; wenn dessen Heer weiterhin in sorgloser Meditationsstellung verharrte, wuchs das Risiko, daß das kaiserliche Korps, das ihm dort unten gegenüberstand, abgezogen und gegen die Schweden in Marsch gesetzt wurde. Dennoch entschied sich Banér dafür, weiter vorzurücken. Erfurt wurde planmäßig entsetzt, aber dann vollführte die schwedische Armee Ende Februar 1639 eine jähe Wendung und galoppierte in östlicher Richtung davon, direkt in den südlichen Teil von Sachsen. Zwickau und Chemnitz wurden besetzt und mit ihnen auch einige wichtige Grenzpässe, von denen man die Wege in das nahegelegene Böhmen kontrollierte. Danach kam die

Reihe an Freiberg. Die Stadt war wichtiger, als sie zunächst erschien, denn sie hatte große Silbergruben und war die letzte Festung vor Dresden.

Die kreisförmig angelegte Stadt hatte altertümliche Befestigungen – eine einfache, mit viereckigen Türmen geschmückte, senkrechte Ringmauer –, die außerdem in schlecht erhaltenem Zustand und nur schwach bemannt waren. Banér war überzeugt, daß es eine leichte Angelegenheit würde. Doch er hatte sich verrechnet. Die Besatzung war stärker als erwartet, und außerdem stellten sich die Bürger und die Bergleute zahlreich zur Verteidigung der Stadt zur Verfügung und bereiteten den belagernden Schweden durch häufige Ausfälle Schwierigkeiten. Die Belagerungsarbeiten gingen auch nur schleppend voran, weil es schwer war, in dem gefrorenen Boden Laufgräben auszuheben, und das Kaliber der verfügbaren Artillerie reichte nicht aus, um eine ordentliche Bresche in die Mauer zu schießen. Banér wurde immer wütender und drohte, alle in der Stadt zu töten, wenn sie sich nicht sofort ergäben. Wie bei Belagerungen üblich, überschütteten beide Seiten einander mit Beschimpfungen. Als Banér begriff, daß ein großer Teil des Spotts aus der Stadt gegen ihn persönlich gerichtet war, stieg ihm die Zornesröte ins Gesicht, und er forderte den gegnerischen Kommandanten, einen unerschrockenen Mann namens von Haugwitz, auf, seinen Leuten auf der Stelle zu verbieten, ihn zu verhöhnen, andernfalls werde er die Gruben und die Wasserversorgung der Stadt zerstören. Haugwitz sagte nein.

Nachdem Banér Nachricht bekommen hatte, daß kaiserliche und sächsische Streitkräfte von Prag auf dem Weg waren – das 120 Kilometer Luftlinie südöstlich von Freiberg lag –, sah er ein, daß die einzige Chance in einem Sturm auf die Stadt bestand. Gegen zehn Uhr am 18. März drangen die schwedischen Sturmkolonnen in der Kälte gegen die von Schüssen beschädigten Mauern vor: rund 1000 Mann, ihre Reihen gekrönt von weißen, roten, blauen und gelben Fahnen; an der Spitze wurden 15 lange Leitern und anderes Sturmwerkzeug getragen. Sie strömten hinunter in die Wallgräben. Die schwankenden Leitern schlugen nacheinander an die Mauer an, die Männer bestiegen sie sofort und kletterten in Trauben zu den merkwürdig stillen Mauerwällen hinauf. Plötzlich schwärmten Musketiere, die in Deckung geblieben waren, um dem schwedischen Sturmfeuer zu entgehen, zu den Zinnen und feuerten Salve auf Salve auf die Kletternden ab. Die Männer auf den Leitern wurden getroffen, schwankten und fielen, einem Augenzeugen zufolge, wie »lahme Spatzen«. Im Fallen rissen sie alle, die unter ihnen auf den Leitern standen, mit. Kleine, schnell wachsende Bündel zappelnder Männer purzelten durch die Luft hinab und schlugen auf dem hartgefrorenen Boden auf – einer von denen, die zuerst getroffen wurden, war der Chef der Sturmkolonnen, der erfahrene Oberst Magnus Hansson, dem eine Musketenkugel hinter dem Ohr in den Kopf drang. Dennoch gelang es einer kleineren Anzahl von Soldaten, sich über die Mauerbrüstung zu schwingen, aber dort stürmten sogleich von allen Seiten Bergleute auf sie ein; alle schwedischen Soldaten bis auf fünf starben in einem dichten Hagel von Stichen und Schlägen von Keulen, Piken und Morgensternen.

Der Sturm war zu Ende. Er war blutig gescheitert. Über die Hälfte der Angreifer waren getötet worden oder verwundet. Unten im Graben und unter der Mauer lagen Leichen und Verwundete in unförmigen Haufen. Im Triumph zerschlugen die Verteidiger zuerst die Sturmleitern, dann plünderten sie die Verwundeten, nahmen ihnen die Kleider und ließen sie nackt und blutend in der beißenden Kälte liegen. Am nächsten Morgen waren alle verwundeten Schweden stumm und tot, die Haufen von Körpern zu einem Wirrwarr von froststarren Gliedern verwandelt und die Haarschöpfe im Schlamm festgefroren. Als einige der Verteidiger der Stadt aus irgendeinem Anlaß begannen, den Leichen mit Äxten die Köpfe abzuschlagen, waren diese so hartgefroren, daß es nicht gelang.

Zwei Tage später zogen die Schweden von Freiberg ab, »diesem elenden Rattennest«, wie der wutschnaubende Banér die Stadt nannte. Er war nunmehr gezwungen, sich gegen die kaiserlichen und sächsischen Truppen zu wenden, die von zwei verschiedenen Seiten anrückten. Mit seiner gewohnten Schnelligkeit warf er seine Truppen im Eilmarsch direkt dem einen feindlichen Korps entgegen, das am 4. April vor Chemnitz überrumpelt wurde. Der Ritt war so strapaziös, daß man am Ende schwedische Kavalleristen aus reiner Erschöpfung vom Rücken der Pferde sinken sah, aber dennoch gelang es ihnen, ihre kürassenbekleideten Gegner in einer wirren Folge von Kurzgefechten in dem schmalen Terrain zwischen ein paar Sümpfen und Teichen zu überrennen. Banérs Truppen hatten Glück, denn der Hauptteil der feindlichen Streitmacht verschwand ohne einen Schuß in Panik vom Kampfplatz und ließ Troß, sechs Kanonen, Massen von Munition und Proviant sowie die Kanzlei der Generalität zurück – der Besitzer der Kanzlei, der sächsische Feldmarschall Morzin, brachte sich verwundet in Sicherheit, fand sich jedoch binnen kurzem eingekerkert als Staatsgefangener im Prager Schloß, unter der Anklage unzulässiger Schlafmützigkeit in seiner Befehlsführung.

Im Vorsommer 1639 marschierte die schwedische Armee in Böhmen ein, das fünf Jahre lang vom Krieg nicht berührt worden war. Banér ließ ein stolzes Manifest ausfertigen, worin er erklärte, er komme »als Freund, um dem böhmischen Königreich gegen päpstliche Unterdrückung zu helfen«. Am 20. Mai erreichte das Heer Prag, die große, schöne und reiche Residenzstadt des Kaisers. Die Lage hatte sich binnen eines halben Jahres umgekehrt. Im Winter hatte die schwedische Armee noch mit dem Rücken an der Ostseeküste gestanden, nun stand sie vor den Toren Prags.

Banérs Heer war bereits gefürchtet aufgrund der Schnelligkeit, mit der es sich bewegte. Die Schnelligkeit war jedoch mit dem Nachteil erkauft, daß die Armee nicht in der Lage war, größere Festungen einzunehmen. Dafür wurde in der Regel eine besondere Belagerungsartillerie benötigt: schwere Kanonen, Haubitzen und Mörser. Solche Geschütze waren schwer beweglich. Allein die Rohre der gröbsten Kartaunen konnten bis zu zwei Tonnen wiegen, weshalb sie nie auf ihren Lafetten bewegt wurden. Statt dessen wurden sie auf vierrädrigen Blockwagen gefahren, von denen sie mit Hilfe eines besonderen Krans auf die Lafetten gehoben wurden, wenn es zur Schlacht kam. Und wenn man diese Geschütze überhaupt transportieren wollte, brauchte man große Gespanne; für ein 24pfündiges Geschütz waren 24 Pferde erforderlich. (Die Gespanne wurden von Zivilisten geführt, die mit ihren Pferden für jeweils einen Feldzug angeheuert wurden.) Außerdem bedurfte es für jedes grobe Geschütz einer aufwendigen Zusatzausrüstung wie Pulverkarren, Kugelwagen, Kräne, Reservelafetten, Winschen, Extraräder und mehrere hundert Werkzeuge (Äxte, Spaten und Hacken) sowie einer großen Mannschaft. Viele Männer waren nötig, um diese plumpen Geschütze auf den schmalen und schlechten Wegen vorwärtszubewegen. Zusätzliche Leute mußten die ganze Zeit nebenhergehen, um einspringen zu können, um die Geschütze zu schieben oder ganz einfach die kümmerliche Andeutung eines Wegs zu verbreitern, auf der sie sich vorwärtsquälten. (Es ergibt sich von selbst, daß die schwere Artillerie häufig mit ausgeklügelter Langsamkeit bewegt wurde. Wenn irgend möglich, verfrachtete man sie auch auf einem Wasserweg.) Der zu Ungeduld und schnellen Märschen neigende Banér ließ deshalb in der Regel die ganze schwere Artillerie zurück.

Nun stand das Heer vor Prag und entbehrte jeder praktischen Möglichkeit, die Stadt einzunehmen. Vor den Mauern traf man auf ein kleines ungarisches Hilfskorps. Die stolzen und vielgepriesenen Ungarn gaben eine glänzende Vorstellung in altfeudaler Hoffart mit Lanzen und dergleichen, aber ihr Mut war leider bedeutend größer als ihre Intelligenz, und die kampferprobten Krieger des schwedischen Heeres schlachteten sie ohne Gnade und ohne Anstrengung ab. (Später füllte man acht Wagen mit toten Ungarn – Banér hatte seinen Reitern verboten, Gefangene zu machen, und sie hielten sich exakt an seinen Befehl.) Kein weiterer Gegner zeigte sich. Ein wie gewöhnlich ängstlicher Gallas hielt seine Truppen in der Stadt und weigerte sich, den Ungarn zu Hilfe zu kommen. Ohnmächtig mußte Banér sich damit begnügen, seine Truppen mit fliegenden Fahnen aufmarschieren zu lassen und die Stadt einer höchst symbolischen Beschießung auszusetzen, anschließend sandte er einen Trompeter und einen Trommler mit einer höhnischen Mitteilung aus, in der er andeutete, daß dies wahrlich der Reputation der kaiserlichen Armee nicht dienlich sei. Dann zog das schwedische Heer ab.

Während der warme Sommer 1639 langsam in den Herbst überging, verwandelte sich Banérs mißliche Lage in schiere Frustration. Gelegentlich hatten Bauern und lokale Adlige seiner Armee Hilfe zukommen lassen, doch die Mehrheit der Böhmen zeigte keine übertriebene Begeisterung angesichts der Aussicht, ihren schwedischen »Befreiern« zu begegnen. Statt dessen hatten sie, allen von Banér ausgefertigten Versicherungen und Patenten zum Trotz und obwohl er ein ausdrückliches Plünderungsverbot erlassen hatte, in großer Zahl Haus und Hof verlassen. Viele Geflohene waren Katholiken, die nach der massiven Rekatholisierung der zwanziger Jahre eine stabile Mehrheit der Bevölkerung Böhmens ausmachten. Auch die noch verbliebenen Protestanten zeigten wenig Interesse an einer Zusammenarbeit mit den Schweden. Das war vielleicht nicht verwunderlich. Als Pirna im April von Banérs Truppen gestürmt worden war, waren die Exulanten der Stadt ebenso schwer betroffen gewesen wie die Katholiken; schwedische Soldaten hatten damals 38 von ihnen getötet und 157 verwundet, und dies, obwohl der schwedische Feldherr sie zu schützen versucht hatte. Danach setzte eine allgemeine Plünderung ein, die ebenfalls alle traf, unabhängig von der Religionszugehörigkeit. Ein Augenzeuge berichtet, wie die Schweden »Truhen und Wandschränke zerschlugen, Kleider und Wäsche herausrissen und fortwarfen, was ihnen nicht zusagte. Erst am zweiten Tag endete die Plünderung«. Da hatten sich sämtliche überlebenden Exulanten ihres Eigentums beraubt gesehen. Auch an anderen Orten gingen die schwedischen Truppen mit großer Brutalität vor. Menschen wurden gefesselt und mit Erschießung bedroht, oder die Füße wurden ihnen mit Nägeln durchbohrt oder die Finger in Daumenschrauben zerquetscht, oder man trichterte ihnen mit Gewalt eine Mischung aus Urin und Kot ein, den sogenannten Schwedentrunk, oder man brach ihnen Arme und Beine oder zwang sie zuzusehen, wie ihre Kinder ausgepeitscht wurden: alles, um sie zu zwingen preiszugeben, wo sie ihr Essen und ihre Reichtümer versteckt hatten. Die Exulanten waren erschüttert und wurden von dem gleichen Gefühl der Ungewißheit und des Zweifels befallen, das so viele ergriffen hatte. Teuer hatten sie dafür bezahlt, die alte Wahrheit zu lernen, daß Krieg fast immer mehr zerstört, als seine Generale zu retten versprechen, und nicht selten löscht er gerade das aus, was die Kämpfenden mit großem Ernst zu befreien angetreten sind. Einige Exulanten sprachen verbittert von »Banér und seinen Henkern«, und viele gaben später ihren alten Glauben auf und traten zum Katholizismus über.

Ohne die Möglichkeit, die wichtigsten Festungen einzunehmen, konnte eine Armee ein Gebiet zwar vorübergehend besetzen, aber nie erobern, und wenn Böhmen nicht zur schwedischen Versorgungsbasis gemacht werden konnte, mußte man gemäß der kalten Logik des Versorgungskrieges wenigstens verhindern, daß der Kaiser einen Vorteil aus dem Land ziehen konnte. Ende Oktober gab Banér deshalb den Befehl zu einem der ungeheuerlichsten Zerstörungswerke des ganzen langen Krieges, und das besagt nicht wenig. Schwedische Streifkorps zogen kreuz und quer durch Böhmen, brachen aber auch in Teile von Schlesien, Mähren und Sachsen ein. Und überall wurde niedergebrannt und geplündert, und alle Nahrung, die sie nicht mitnehmen konnten, vernichteten sie:

> *Dies ist der Anfang nur: auf der berstenden, brennenden Erde sinken Städte mit Zinnen und Türmen und zahlloser Menschen Schar dahin in Asche und Staub. Die Berg' und die Wälder brennen.*

Eine Stadt, die einigermaßen glimpflich davonkam, war Rokycany. Eine schwedische Abteilung unter der persönlichen Führung von Banér erschien am 23. Oktober und forderte eine Brandschatzsumme von 8000 Gulden. Der Magistrat der Stadt antwortete, daß man eine so hohe Summe nicht bezahlen könne, doch Banér erwiderte, daß sie keine Wahl hätten, woraufhin sie eingesperrt und mißhandelt wurden. Als die Schweden sich schließlich anschickten, die Stadt zu verlassen, hatten sie 7000 Gulden, 18 kostbare Kelche und etwas über 5 Kilo Silber zusammengerafft. Das Rathaus und mehrere andere Gebäude waren geplündert, eine Kirche vollständig ausgeraubt worden, einschließlich der Meßgewänder, Kerzen und Lampen. Zurückgeblieben war nur ein schwer mißhandelter Dekan namens Sebastian Krysín sowie die von den Soldaten zertrümmerte Orgel. Zum Abschied ließ Banér an mehreren Stellen in der Stadt Feuer legen, doch gelang es den Einwohnern, die Brände zu löschen, bevor sie sich ausbreiten konnten, und die Stadt wurde vor den Flammen gerettet.

Am Tag danach wurde eine andere kleine Stadt, sie hieß Beraun, geplündert. Den Bewohnern wurde zunächst eine Brandschatzzahlung auferlegt, und als sie diese nicht aufbringen konnten, erschien eine schwedische Abteilung unter dem Obersten Erik Slang am Ort. Slang war einer von Banérs Günstlingen, ein erfahrener Krieger, der bei einer früheren Gelegenheit einen Arm verloren hatte, aber weiterhin Dienst tat. Der Kantor der Stadt, Daniel Erazim, wurde Augenzeuge der Verwüstungen. Die Soldaten verteilten sich in waffenschwingenden kleinen Gruppen in den Straßen und Gassen der Stadt, zogen allen, denen sie begegneten, die Kleider aus und vergewaltigten danach viele der nackten Frauen. Sie begnügten sich nicht damit, alles zu stehlen, was irgendwie von Wert war; viele junge Männer der Stadt wurden außerdem für das schwedische Heer zwangsrekrutiert und »bekamen die Haare abgeschnitten, so daß ihre Köpfe aussahen wie Spatzennester«. Die übrigen Bewohner liefen in den Wald, wo viele von ihnen verhungerten. Nach einiger Zeit vertrieb eine kaiserliche Abteilung die schwedischen Truppen, die Beraun besetzt hielten, und die überleben-

Ein sonderbarer Schneefall in Beraun

Einer von zahllosen Übergriffen. Dies war die häßlichste Seite des Krieges: Plünderung, Vergewaltigung, Folter und Mord.

den Bewohner der Stadt konnten aus ihren Verstecken in den Wäldern zurückkehren. Die kleine Stadt bot ein grauenhaftes Bild der Verwüstung und des puren Vandalismus, denn die schwedischen Soldaten hatten bei ihrem Rückzug alles zerstört, was sie in der Eile nicht mitnehmen konnten. »Hier liegt eine Kuh, da ein Schwein, dort weint eine Hausfrau.« Es sah aus, als habe es geschneit, denn die Straßen der Stadt waren von einer dünnen Schicht herumfliegender weißer Federn aus geleerten Kissen bedeckt; als die plündernden Soldaten nach etwas suchten, worin sie ihr gestohlenes Gut wegschaffen konnten, benutzten sie Kissenbezüge, die in allen Häusern zu finden waren.

Wessen Haus nur geplündert, aber nicht zerstört war, der konnte sich glücklich schätzen. An den Abenden konnte man Flammen und Rauchwolken von hundert und aberhundert Stellen rundumher aufsteigen sehen. Zahllose Dörfer, Schlösser und Klöster versanken in Schutt und Asche. Adam von Pfuel, Banérs Schwager und ein Kerl von solcher Brutalität und Roheit, daß er bald zu einem nicht unerheblichen Problem für den Rat in Stockholm wurde, prahlte später damit, daß er allein 800 »Kleinstädte und Dörfer« niedergebrannt habe; allein im Distrikt Saaz sollen 400 Dörfer und Marktplätze im Verlauf dieser grauenvollen Kampagne ausgelöscht worden sein. Als später der Frieden kam, war Böhmen noch immer nahezu eine Wüste. Vor dem Krieg hatte das blühende Land 738 Städte, 34000 kleine Dörfer und rund 3 Millionen Einwohner, und als alles vorüber war, blieben nur noch 230 Städte, 6000 Dörfer und 800000 Einwohner übrig.

Hier in Böhmen wie in vielen anderen Teilen des Heiligen Römischen Reichs deutscher Nation und Mitteleuropas war der Dreißigjährige Krieg die größte und vernichtendste Heimsuchung, die je über Land und Leute gekommen war, und an den meisten Orten sollte man etwas Vergleichbares bis zum Zweiten Weltkrieg nicht wieder erblicken. Der Schock war gewaltig und veränderte in mehrfacher Weise das Weltbild der Menschen. Die Erinnerung an das von schwedischen Truppen angerichtete Elend hat sich bis weit in unser Jahrhundert erhalten, oft verzerrt und verdreht, aber doch vorhanden wie ein unauslöschliches Stück Narbengewebe, das nach 300 Jahren noch immer vage schmerzt. Bis in das 20. Jahrhundert haben deutsche Kinder den Reim »Bet, Kind, bet, morgen kommt der Schwed« gelernt und ist ihnen mit Axel Oxenstierna Angst eingejagt worden. Weniger bekannt ist, daß das gleiche auch für tschechische Kinder gilt, die zu hören bekamen »Der Schwede kommt und holt dich«, oder »Lauf, der Schwede kommt, er ist schon an der Ecke«. In Böhmen wurde der Krieg später »die Schwedenzeit« genannt, und »schwedisch« wurde zum Schimpfwort, das Diebe und Landstreicher oder ungewöhnlich rohe Menschen bezeichnete. (Das gleiche gilt auch für andere Teile des früheren deutschen Reiches, wie zum Beispiel Schwaben und Burgund.)

Viel von dem bodenlosen Elend dieses Krieges entsprang dem Unvermögen der Befehlshaber, ihre Leute zu zügeln, ein Problem, das mit der Zeit immer gravierender wurde. Nicht genug damit, daß die regulären Soldaten so schlecht in Schach zu halten waren. In der Umgebung der Heere gab es Scharen von Freibeutern, die es ablehnten, sich unterzuordnen, und mit ihren Kompanien auf eigene Raubzüge gingen. Solche kleinen Einheiten waren nichts anderes als Banditenhaufen in geflickten Uniformen, und es gab sie in ganz Deutschland. Sie zeigten ein sehr geringes Interesse für die Ziele des Krieges und die Pläne der Befehlshaber; sie widmeten sich nur dem Raub von Nahrung für den Augenblick, während sie gleichzeitig taten, was sie konnten, um den wirklichen Kämpfen aus dem Weg zu gehen. Diese Marodeure hat Hans Jacob Christoffel von Grimmelshausen im »Simplicius Simplicissimus« geschildert:

> ... da siehet man sie haufenweis beieinander (wie die Feldhühner im Winter) hinter den Hecken, im Schatten oder nach ihrer Gelegenheit an der Sonnen oder irgends um ein Feur herumliegen, Tabak zu saufen und zu faulenzen, wenn unterdessen anderwärts ein rechtschaffener Soldat beim Fähnlein Hitz, Durst, Hunger, Frost und allerhand Elend überstehet. Dort geht eine Schar neben dem Marsch her auf die Mauserei, wenn indessen manch armer Soldat vor Mattigkeit unter seinen Waffen versinken möchte. Sie spolieren vor, hinter und neben der Armee alles was sie antreffen ...

Wenn die normale Versorgung in einem Heer zusammenbrach, verließen regelmäßig immer mehr Soldaten ihre Verbände und schlossen sich den Marodeuren an. Aber auch wenn verschiedene Befehlshaber von Zeit zu Zeit eine Eingebung hatten und jeden, der nicht die richtigen und von den richtigen Kommandeuren ausgefertigten Pässe hatte, aufspüren und niederschießen ließen, war es dennoch nahezu unmöglich, des Problems Herr zu werden. Aber die Menschen, die im Herbst 1639 in Böhmen lebten, litten nicht nur unter der Gewalttätigkeit und Raublust einzelner Soldaten. Sie wurden darüber hinaus Opfer eines schlimmeren und bedeutend verheerenderen Phänomens. In diesem und in allen anderen Kriegen dieser Epoche kamen Massaker an der Zivilbevölkerung vor. Sie wurden jedoch in der Regel von Soldaten verübt, die aufgrund des im Kampf entstandenen Drucks oder unter Alkoholeinfluß oder aus einem anderen Grund Amok liefen. Viele von diesen Untaten wurden von den Befehlshabern toleriert, ja, es kam hier und da vor, daß diese insgeheim dazu ermunterten; sie waren indessen nie das Resultat einer durchdachten, offiziellen Politik. Etwas derartiges sollte erst auftreten, nachdem Jahrhunderte großartiger Entwicklung Europa in das aufgeklärte 20. Jahrhundert geführt hatten. Die schwedische Armee glich am ehesten einem Riesen, der nur beiläufig daran interessiert war, wohin er seine ungeheuren Stiefel setzte, die alles, was unter sie geriet, zermalmten und zerbrachen, und nicht selten traf es gerade das, für das er zu kämpfen behauptete. Meistens war die Zerstörung gleichsam ein Nebeneffekt, etwas, das leider vorkam, wenn ein tolpatschiger Riese in Waffen umherspazierte. Zuweilen jedoch wurde der Riese von dumpfer Raserei befallen und begann zu stampfen und zu trampeln und zu zerren. Weniger bildhaft gesprochen: Die Armee richtete eine planmäßige, kühl kalkulierte Verwüstung an, die der Logik dessen folgte, was die höchste Führung *ratio belli*, die Notwendigkeiten des Krieges, nannte.

Der schwedische Feuersturm über Böhmen hatte auch klare politische Ziele. Er war eine Möglichkeit, den Druck auf den neuen Kaiser zu erhöhen. Der alte Kaiser, der vom Glauben verblendete und unbeugsame Ferdinand II., war seit zwei Jahren tot, und sein Sohn Ferdinand III. hatte den Thron bestiegen: ein Mann, der Begabung zeigte, wo sein Vater fanatisch gewesen war. Er war wirklich von den Verheerungen erschüttert, die um seine Residenzstadt herum angerichtet wurden, und versuchte vergebens, ihnen Einhalt zu gebieten. Lange fehlten ihm die militärischen Mittel, Banérs Truppen hinauszuwerfen. Eine begrenzte kaiserliche Invasion von Schwedisch Livland, die im Sommer unter einem englischen Obersten namens Booth durchgeführt wurde, hatte das schwedische Heer nicht aus Böhmen fortlocken können. Auch neue Friedensangebote, die bei den zähen Verhandlungen in Hamburg vorgelegt wurden, erbrachten kein Resultat. (Im Tausch gegen Frieden wurden der schwedischen Krone Stralsund und die Insel Rügen angeboten. Die Schweden lehnten ab. Es war nicht genug.)

Nachdem Ferdinand mit großer Mühe alle Schatztruhen ausgekratzt und alle Taschen umgestülpt hatte, gelang es ihm nach dem naßkalten Neujahr 1640, eine neue Armee von 30 000 Mann aufzustellen – die wievielte ist recht schwer zu sagen. Um eines Erfolgs sicher zu sein, hatte der Kaiser dem notorisch inkompetenten Gallas, dem »Heerverderber«, den Laufpaß gegeben. Nun übertrug er den Befehl über die neue Armee einem seiner besten und treuesten Generale, dem Florentiner Ottavio Piccolomini, jenem rundlichen Mann, der einst vor sieben Jahren bei Lützen Gustav Adolf im Schlamm hatte liegen und sterben sehen.

Der Druck von Piccolominis langsam und vorsichtig manövrierendem Heer und vor allem die Schwierigkeiten, die Armee in den gründlich verwüsteten Ländern zu versorgen, veranlaßten Banér im Spätwinter 1640, seine Armee aus Böhmen abzuziehen. Als sein Heer die Elbe überquerte, ließ er 2000 Lasten Getreide in den Fluß schütten; sie waren zu sperrig, um sie mitzunehmen, und er gönnte sie weder dem Feind noch den hungernden Bauern. Der Marsch auf den aufgetauten Lehmwegen führte zunächst nach Westen, denn dort gab es Fourage für die Pferde, und dann nach Norden. Das große Rad schien wieder eine trostlose Umdrehung zu machen, von Norden nach Süden und wieder nach Norden. Piccolominis Heer folgte gemächlich nach, ohne den Kampf zu suchen, völlig damit zufrieden, die schwedische Armee wieder nach Norden ziehen zu sehen.

Währenddessen versuchte Banér, wieder an Fieber erkrankt, erneut, den Franzosen und ihren lethargischen Verbündeten am Rhein Beine zu machen, denn noch hatten die Schweden während ihres Kriegszugs im deutschen Kernland nicht das Geringste von ihnen gesehen. Bernhard von Weimar war inzwischen tot und aus dem Spiel, mit 35 Jahren an einer typhusartigen Krankheit gestorben. Das Elsaß und bedeutende Gebiete am Rhein standen unter der Kontrolle seiner Soldaten, und mehrere Kriegsparteien begriffen, daß hier ein guter Schnitt zu machen war. Wem es gelänge, diesen herrenlosen Haufen von Kriegsknechten auf seine Seite zu locken, der bekäme nicht nur die wichtigen Gebiete am Rhein in die Hand, er hätte auch mit einem Schlag ein Heer von rund 10 000 kampferprobten Männern zu seiner Verfügung. Praktisch waren sie für den Meistbietenden zu haben, was zeigt, wie der Krieg entartet und zum Selbstzweck geworden war. Die Bernhardiner, wie sie hiernach genannt wurden, spiegelten dies wider. »Der Krieg ist mein Vaterland, der Harnisch ist mein Haus«, lautete ein altes Sprichwort, das die Bernhardiner ohne Zweifel zu ihrem Motto hätten machen können, denn sie beabsichtigten, weiterhin ins Feld zu ziehen, ganz gleich wie, wo und wofür. Es hagelte Angebote und Vorschläge von allen Seiten, Prag eingeschlossen, doch schließlich waren es die Herrschenden in Paris, die mit Hilfe eines warmen Regens von Bestechungen, großzügigen Pensionen, Landzusagen, achtfachen Soldzahlungen und so weiter dieses Söldnerheer an sich banden, dessen Geschicklichkeit im Feld ebenso anerkannt war wie seine Unzuverlässigkeit groß.

Nun endlich gelang es den Franzosen, die Bernhardiner in Bewegung zu setzen. Zusammen mit französischen Truppen hatten sie in den letzten Tagen des Jahres 1639 den Rhein überquert und waren nach Osten gegangen. Der Zeitpunkt war der richtige. Zuvor hatten die Franzosen mit den Spaniern alle Hände voll zu tun gehabt, doch die spanische Krone hatte in der letzten Zeit eine Reihe schwerer Niederlagen erlitten. Die Holländer hatten gerade die wichtige Festung Breda zurückerobert – deren Eroberung durch die Spanier 1625 als so bedeutend galt, daß sie auf einem berühmten Gemälde von Velázquez festgehalten wurde. Diese und weitere Verluste waren jedoch schwer auszugleichen, denn der Fall Breisachs hatte dazu geführt, daß Verstärkungen aus Südeuropa nicht mehr über den Spanischen Weg nach Flandern gelangen konnten. Noch schlimmer wurde es, als holländische Seestreitkräfte kurze Zeit nach dem Fall Bredas die spanische Atlantikflotte in einer Seeschlacht vor Dover vernichteten (70 spanische Schiffe wurden in der größten spanischen

Marinekatastrophe seit dem Untergang der großen Armada 50 Jahre zuvor versenkt oder erobert); darüber hinaus hatten die ungeheuren Kriegsanstrengungen in Spanien eine äußerst instabile Lage geschaffen: Gerüchte von Blut, Mord und Aufruhr lagen sowohl in Katalonien als auch in dem Spanien angeschlossenen Portugal in der Luft – manche meinten, daß die spanische Monarchie in ihrer Existenz bedroht sei. Die Spanier konnten dem Kaiser keine nennenswerte Hilfe mehr leisten. Banér selbst hatte Drohungen, Versprechungen und Bestechungen angewendet, um die Franzosen und die Bernhardiner auf Trab zu bringen. Nicht zuletzt konnte er damit locken, daß jetzt eine überaus günstige Lage für gemeinsame Operationen bestand: Die kaiserliche Hauptarmee war schwach, und wenn man alle Kräfte rasch vereinigen könnte, würde man sie zweifellos in alle Winde zerstreuen können.

Es sah so aus, als sei die Pattsituation der vergangenen Jahre nun vorüber und als träte der Krieg wieder in eine bewegtere und aktivere Phase ein. Der Anblick von Franzosen und Bernhardinern – letztere schlecht diszipliniert und wie gewöhnlich heftig murrend – auf dem Marsch nach Osten ließ die deutschen Fürsten schaudern. Zwei von ihnen, der opportunistische Herzog Georg von Lüneburg und die Landgräfin Amalia Elisabeth von Hessen, beendeten beide eine lange Karriere routinierten neutralen Schlingerns und schlossen ihre Länder den Feinden des Kaisers an.

Am 6. Mai 1640 begegneten sich die Heere der Bundesgenossen auf einem weiten Feld vor der Stadt Erfurt zum erstenmal. Auf den frühlingsgrünen Wiesen wartete das schwedische Fußvolk, 9000 Mann in zwei dichten Treffen aufgestellt. Die Anmarschierenden kamen in langen, bunten Kolonnen von Reitern und Fußvolk, französische, bernhardinische, hessische und lüneburgische Truppen. Man konnte sie zählen: 40 Schwadronen mit Reiterei und 11 Bataillone Fußvolk. Sie schwenkten vor den wartenden Reihen schwedischer Soldaten ein und stellten sich lückenlos ihnen gegenüber auf. Hohe Offiziere und Befehlshaber wirbelten zu Pferde umher, und mit der für das 17. Jahrhundert typischen ausgesuchten und höflichen Gespreiztheit überschütteten sie einander mit Komplimenten und Lob für ihre Krieger. Als all die trappelnden Tausendfüßler ihren Platz gefunden hatten, ließ der zufriedene Johan Banér einer Batterie von 80 Feldgeschützen Zeichen geben, die sogleich eine donnernde schwedische Losung mit zwei Salven abfeuerte, die die aufgestellten Regimenter mit zwei krachenden Salven aus Musketen und Pistolen erwiderten. Es war wahrlich ein Freudensalut, denn von diesem Augenblick an stand Banér eine vereinigte Armee von 32 000 Mann im Glied zur Verfügung. Die Gegner unter Piccolomini zählten nicht mehr als etwa 10 000 Mann.

Sollte man die Kaiserlichen je packen können, dann jetzt.

4. Abschied von der Kindheit

Der Hinterhalt bei Lübeck. – Erik reist zurück nach Schweden. –
Über Seereisen. – Über Seeungeheuer. – Schweden. –
Fläche und Bevölkerung. – Die Bauern. –
›Die Armen gehen nicht zugrunde‹. – Die Städte. –
Die schwachen Bürger. – Kapitalistische Inseln. –
Die Leidenschaften und die Verachtung des Handels. –
Eriks Onkel verleiht Geld. – Erik wird nach Stettin geschickt. –
›Das war mein ganzer Reichtum‹.

Fünf Tage nach der feierlichen Vereinigung der verbündeten Streitkräfte auf den Feldern vor Erfurt verließen Erik und sein Onkel Erik Eriksson Hamburg. Wie bereits gesagt, bereitete eine Gruppe kaiserlicher Offiziere an der Straße nach Lübeck einen Hinterhalt vor, um Erik Eriksson gefangenzunehmen.

Irgendwie kamen ihm deren Pläne jedoch zu Ohren, was ihn zu einer überstürzten und höchst diskreten Abreise veranlaßte. Gegen neun Uhr am Abend des 11. Mai verließen er und Erik »heimlich« die Stadt. Nach einer gefahrvollen nächtlichen Reise erreichten sie Lübeck und begaben sich von dort nach Travemünde. Dort schlichen sie sich an Bord eines Schiffs, das am Abend des 22. Mai Segel setzte und im Dunkel der Nacht mit Kurs auf Schweden verschwand. Sie hatten guten Wind, und Bornholm tauchte auf und blieb seitlich hinter ihnen zurück. Aber am Tag danach schlief der Wind ein, das Meer war wie ein weich wogendes, glattes Tuch, und während die Luft von der Hitze schwer wurde und die Segel schlaff herunterhingen, blieb das Schiff unbeweglich im Wasser liegen.

Die Flaute dauerte lange. Tag um Tag dümpelten sie auf dem bleiernen Meer. Nach elf Tagen war das Schiff noch nicht vom Fleck gekommen, sondern hatte nur ein paar träge Pirouetten gedreht. Um das Schiff herum schaukelten noch immer die Fässer und Bretterstücke, die am ersten Tag der Windstille über Bord geworfen worden waren. Dies war eins der Risiken, mit denen man rechnen mußte, wenn man über das Meer fuhr. Jede Art zu reisen war unsicher, ob es sich um das Segeln auf dem Meer, um Schlittenfahrten oder ganz einfach um eine Fußwanderung handelte. Und der Reisende war mindestens ebenso stark dem Wechsel der Jahreszeiten und des Wetters ausgesetzt wie der Bauer oder der Feldherr.

Es ist schon gesagt worden: Wer im 17. Jahrhundert reiste, benutzte immer die Wasserwege, wenn solche sich anboten. Boote und Schiffe waren deshalb ein natürlicher Bestandteil im Leben der Menschen. Wenn man ein Bild aus dieser Zeit betrachtet, auf dem ein Gewässer zu sehen ist, kann man fast sicher sein, daß dort auch irgendwelche Wasserfahrzeuge erscheinen. Viele große Meister des 17. Jahrhunderts haben uns schöne Hafenansichten hinterlassen, auf denen ein wirres Durcheinander von bauchigen Rümpfen, dünnen Masten und Bugsprieten, dreieckigen Lateinsegeln und viereckigen Rahsegeln, Stagen, Wanten und Wimpeln von der Lebendigkeit der Wasserwege und der großen Bedeutung der Schiffahrt zeugt. Auffallend auf all diesen Bildern mit verschiedenen Schiffahrtsmotiven ist die enorme Vielfalt an Schiffstypen. Wenn wir an Reisen über Wasser denken, stellen wir uns fast immer große zwei- und dreimastige Segelschiffe mit tiefem und gewölbtem Rumpf vor. Es gab indessen neben diesen breitschultrigen Herrschern der Meere auch eine Menge anderer Schiffe. Auch wenn wir von den Prahmen und Ruderbooten verschiedener Größen und Ausführungen absehen, die überall vorkamen, gab es noch eine Reihe kleinerer Segelschiffe wie Galeassen, Galeonen, Galeeren und Galeoten, Barken, Bojerte und Jachten, Fleuten und Pinassen. Das Bild wird noch abwechslungsreicher durch die einfache Tatsache, daß es keine zwei Schiffe gab, die gleich waren – jedes Schiff war gewissermaßen individuell geformt von Schiffsbaumeistern, die sich in der Regel mehr auf ihre Routine und Geschicklichkeit verließen als auf Zeichnungen. Keine Rede von genormter Massenproduktion.

Dies kann möglicherweise den Eindruck erwecken, daß die technische Entwicklung der Schiffe rasch voranschritt, doch das ist ein Irrtum. In den voraufgegangenen Jahrhunderten hatte sich auf diesem Gebiet in Europa viel getan. Die Einführung von Instrumenten wie Kompaß und Astrolabium und der Bau neuer Schiffstypen wie beispielsweise der zuverlässigen und sehr manövrierfähigen Karavelle hatten die Europäer in die Lage versetzt, sich wie nie zuvor auf die Weltmeere hinauszuwagen. Im 17. Jahrhundert wurde dem nicht viel Neues hinzugefügt. Man experimentierte mit noch größeren Schiffen – nicht immer mit Erfolg, wie die jetzt acht Jahre zurückliegende Katastrophe mit dem Regalschiff Vasa zeigte. Klare Fortschritte wurden jedoch auf dem Gebiet der Kartographie gemacht, wo man nun die Früchte des 16. Jahrhunderts ernten konnte. Mit Hilfe der wirklichkeitsgetreuen Projektion Mercators – die also die Erdkrümmung berücksichtigte – sowie neuer Hilfsmittel wie des Meßtischs und der Triangulation wurde die Genauigkeit immer größer. Außerdem bedeuteten gewisse Fortschritte auf dem Gebiet der Buchdruckerkunst, wie unter anderem die Möglichkeit, geglättetes Papier herzustellen, daß die Seekarte von einem exklusiven, handgezeichneten Luxusartikel zu einem weit verbreiteten kupfergestochenen Massenprodukt wurde, das jeder Schiffer sich leisten konnte. Dies machte die Navigation immer einfacher, aber zu einer Verbesserung der Geschwindigkeit führte es nicht. In Wahrheit blieben der Rhythmus der Reisen und das Tempo der Transporte aufs Ganze gesehen über mehr als tausend Jahre hinweg gleich. Im 17. Jahrhundert lagen die Städte und Reiche zeitlich genauso weit voneinander entfernt wie in der Zeit des Römischen Reiches. Königin Christina reiste mit ungefähr der gleichen Geschwindigkeit wie einst Kaiser Augustus in den Jahren um Christi Geburt.

Und wie in den voraufgegangenen tausend Jahren galt auch im 17. Jahrhundert, daß das Boot und das Schiff als Fortbewegungsmittel immer schneller, effektiver, bequemer und natürlich körperlich weniger anstrengend waren als die Kutsche oder das Pferd. Die weitaus meisten Transporte von Waren und anderen Gütern erfolgten ebenfalls über das Wasser – und hier sprechen wir von allem, angefangen bei einem kleinen, mit Eiern, getrockneten Hechten und Kaninchenfellen beladenen Boot, mit dem eine Bauersfrau in die Stadt ruderte, bis zu einer riesigen, knarrenden Galeone, die mit ihrer Besatzung von bis zu 300 Personen eine Last von Hunderten von Tonnen tragen konnte. Die Regel war, daß das Wasser verband, während das Land trennte. Das schwedische Reich hatte deshalb durch seine langen Küsten – die meisten Schiffe, die aufs Meer hinausfuhren, folgten gern den oft gut gekennzeichneten Schiffahrtswegen, die in Sichtweite des Landes verliefen – und durch seinen Zugang zur Ostsee einen großen Vorteil. Dies bedeutet, daß die mentale Karte, die die meisten Schweden in ihrem Kopf trugen, sich in vielfacher Hinsicht von der geographischen unterschied, die wir heute kennen. Wir denken ganz selbstverständlich an Schweden als ein langgestrecktes Land mit nord-südlicher Ausrichtung; im 17. Jahrhundert war es eher quadratisch, mit einem west-östlichen Schwerpunkt in dem sich über das Wasser erstreckenden Dreieck zwischen Stockholm, Riga und Helsinki. »Schweden hat eine fast viereckige Gestalt«, schreibt Königin Christina in ihrer Selbstbiographie, »weil es sich hinsichtlich seiner Länge und Breite nur wenig unterscheidet.« Denn das Wasser bestimmte, was nahelag, nicht die Anzahl von Kartenkilometern – so konnte man zuweilen schneller von Lübeck nach Stockholm gelangen als von Uppsala nach Stockholm. Dies ist zum Teil der Grund dafür, daß die südlichen Teile Finnlands ein so selbstverständlicher Bestandteil vom Kernland des Reiches waren. Satakunta, Åbo Län und Nyland waren Teile des Reiches, die in mehrfacher Hinsicht Stockholm näher lagen als manche schwedischsprachige, aber im Binnenland gelegene Landschaft wie Dalarna. Die Ostsee verknüpfte die verschiedenen Teile des schwedischen Reiches, wie es die wenigen und häufig schlechten Landverbindungen nicht vermochten.

Aber diese Bande unterlagen, wie gesagt, bestimmten Bedingungen. Zum einen gab es keine festen Verbindungen über die Meere. Wer eine Fracht an einen Ort senden wollte, mußte häufig selbst sein Gut bis ans Ziel begleiten, und wer reisen wollte, mußte stets selbst in Etappen von Punkt zu Punkt für seine Überfahrt sorgen. Abgesehen davon, daß das Reisen immer mühsam und auch gefährlich war, stellte es deshalb außerdem große Ansprüche an Initiative und Phantasie. (Hieraus erklärt sich zu einem großen Teil, warum das Reisen als ein unabdingbarer Bestandteil in der Erziehung eines jungen Aristokraten angesehen wurde. Es galt als bildend, nicht allein aufgrund dessen, was man unterwegs sah, sondern auch wegen der Mühe, die es kostete. Das Herumreisen in Europa war deshalb stets eine Art Bewährungsprobe des jungen Mannes.) Zum zweiten konnte man sich nie auf die Transportmöglichkeiten verlassen. Die Jahreszeit bestimmte, ob und wann man reisen konnte, das Wetter bestimmte, wie schnell oder wie langsam es ging. Feste Reisezeiten waren daher eine Unmöglichkeit, und die Reisen verliefen naturgemäß ruckhaft; man konnte Tage und Wochen in Häfen verbringen, bis das Eis geschmolzen oder der Sturm abgeflaut war oder der Wind sich gedreht hatte oder das richtige Schiff gekommen war. Ein französischer Diplomat, der sich im November 1634 an Bord eines Schiffs befand, das sich von Kalmar kommend Stockholm näherte, hatte sich gerade in Gedanken darüber verloren, wie angenehm eine Schiffsreise sein konnte, als es aufzufrischen begann. Es war gegen Abend, und in der Dunkelheit und wegen des Windes wagte man nicht, sich den Schären zu nähern. Während der Nacht steigerte sich der starke Wind zum Sturm, und unter den Passagieren brach Panik aus. Es stürmte den ganzen folgenden Tag, und das Schiff trieb willenlos vor dem Wind. Als man schließlich Land sichtete, zeigte sich, daß es Gotland war, doch wagte man nicht, die Insel anzulaufen, weil sie dänisch war. Am vierten Tag erreichte das Schiff schließlich einen guten Hafen. Es war Kalmar. Man war also wieder am Ausgangspunkt. Der Launen des Meeres überdrüssig beschloß die Gesellschaft, lieber den Landweg nach Stockholm zu nehmen. Daß Seereisen unsichere Unternehmungen waren, die in einem unregelmäßigen und sprunghaften Tempo abliefen, nahm man indessen als gegeben hin, und niemandem wäre es eingefallen, in übertriebene Klagen über diese unergründliche Ordnung der Natur auszubrechen.

Nein, das Gefühl, das den Seereisenden am meisten bewegte, war nicht die moderne Ungeduld angesichts aller unvorhersehbaren Hindernisse, es war vielmehr die Furcht. Denn es war wie gesagt gefährlich, sich auf See zu begeben. Stürme, plötzliche Wetterumschwünge, widrige Strömungen, gefährliche Riffe, unkartierte Untiefen und sogar Seeräuber, damit mußten alle rechnen, wenn sie über das Meer fahren wollten. Der Schiffbruch – eines der geläufigsten Motive in der zeitgenössischen Marinemalerei – war ein ständig drohendes Risiko, und jeder, der viel reiste, konnte damit rechnen, zumindest einmal in seinem Leben Schiffbruch zu erleiden. Ganz zu schweigen von der Flaute, die ein Schiff in absoluter Unbeweglichkeit festhalten konnte, während die Besatzung und die Passagiere an Durst und Hunger dahinstarben. Für viele war das Meer *der* große Schrecken, und man befuhr es nur widerwillig. (Dies unter anderem macht die großen Entdeckungsreisen als menschliche Leistung so imponierend.) Daß das Meer gefürchtet war, lag jedoch nicht nur daran, daß es so gefahrvoll war, auf ihm zu reisen. Von jeher war das Meer auch das Einfallstor für feindliche Eroberer und große Epidemien. Außerdem hatten die Menschen Angst vor der Natur, und im Meer gab es im Übermaß all das, was die Natur so erschreckend machte: die Endlosigkeit, die Launenhaftigkeit und ihre Fülle an unbekannten, gefährlichen Wesen, die ständig mit ihren unsichtbaren Mäulern nach den Menschen schnappten. Die Angst vor der See schlug häufig in einen Glauben an Seeungeheuer um, die die Grausamkeit und Kraft des Meeres personifizierten und das Unbekannte etwas faßbarer machten.

Erik war vierzehn Jahre alt, als er dort in der Sommerhitze an der Reling des in der Windstille gefangenen Schiffes stand. Er kannte natürlich all diese Geschichten, und in dem stillen und klaren Wasser meinte er, dann und wann sonderbare Meereswesen wahrzunehmen. In dem Tagebuch, das er gerade zu führen begonnen hat, spricht er davon, daß er »allerlei Arten seltsamer und wunderlicher Tiere [sah], uns ganz unbekannt«. Es ist eine interessante Episode, denn sie gibt uns einen weiteren Anhaltspunkt für die Persönlichkeit des Jungen. Sie zeigt, daß er nicht nur ein intelligenter und fleißiger Junge war, sondern daß er auch über eine lebhafte Phantasie verfügte. Vielleicht war diese ein wichtiger Teil seines Schutzes gewesen, als er allein in die Welt hinausgeworfen wurde? Wie auch immer, jener Reichtum an Phantasie, der von einem künstlerischen Temperament zeugte, sollte sich in seinem zukünftigen Leben als ein Gewinn erweisen.

Was sah er? Vielleicht waren es Tümmler, wahrscheinlich waren es Wale. Die Kenntnisse über diese Tiere waren noch höchst unvollständig. Noch keine 100 Jahre waren vergangen, seit die französischen Naturforscher Belon und Rondelet erklärt hatten, daß der Wal kein Seeungeheuer, sondern ihrer Ansicht nach nur ein Fisch sei, wenn auch von kolossalen Proportionen. Trotzdem war er immer noch in hohem Grad ein mystisches Wesen, dessen Offenbarung die wildwüchsige Flora von Mythen und Geschichten über das unbekannte Meer und seine wunderbaren Bewohner weiterwuchern ließ. Wenn von Zeit zu Zeit ein Wal an einem flachen Strand in Europa strandete, weckte dies in der Regel ungeheures Aufsehen. Es wurde als großes und ominöses Wahrzeichen gedeutet, eine Vorankündigung kommenden Glücks oder Unglücks, je nach der Gemütsverfassung des Deutenden und der Stimmungslage der Zeit. Verlegene Gelehrte scharten sich um ihn und maßen, wogen, machten Notizen und nahmen Proben. Ängstliche, aber neugierige Scharen gewöhnlicher Sterblicher pflegten ebenfalls zu dem Ort zu wallfahrten, um darauf zu zeigen, sich die Nase zuzuhalten und sich über die Größe des Walpenis zu ekeln.

Auch wenn die unbekannten Wesen, die sich unter dem Oberflächengeglitzer bewegten, natürlich Furcht auslösten, war ihre flüchtige Erscheinung nicht das größte Problem für die Menschen an Bord des stilliegenden Schiffs. Tag um Tag verging, ohne daß ein einziger Windhauch die drückende Hitze milderte. Schließlich begannen Wasser und Essen knapp zu werden. Erik kam gut zurecht, weil der Onkel reichlich Nahrungsmittel eingekauft hatte, darunter drei große, gelbe Parmesankäse, Mengen von Anschovis, über 400 Liter Rheinwein und eine große Tonne Erbsen – die letztere hatte er dem Reichskanzler Axel Oxenstierna zum Geschenk machen wollen. Aber ihre Mitpassagiere, 27 Frauen und Männer, darunter einige Handwerksgesellen, waren weniger glücklich daran. Wie es der Brauch war, hatten sie sich nur für acht Tage verproviantiert, und ihr Essen und ihre Getränke gingen nun zur Neige. Erik berichtet, daß sie

> *begannen, eine solche Not zu leiden, ... da sie kein Stück mehr zu essen und noch weniger zu trinken hatten, daß angesichts ihres Jammerns und Klagens Steine ein Mitleid hätten haben müssen. Alldieweilen es schon die dritte Woche war, seit wir unter Segel gingen, so wollte auch der Schiffer (wiewohl ihm unter der Hand 10 Reichstaler für ein grobes Brot geboten wurden) nicht das Geringste vom Vorrat seines Schiffs verlieren, in Anbetracht dessen, daß er es für seine Mannschaft benötigte.*

(Wie verzweifelt sie waren, geht daraus hervor, daß 10 Reichstaler mehr als der Monatslohn eines Gesellen waren und im Normalfall ausgereicht haben dürften, eine ganze Kuh zu bezahlen.) Das Jammern der hungernden Menschen berührte Erik und seinen sonst so knauserigen Onkel. Er ließ schließlich Wein und Erbsen an die 27 Personen verteilen und rettete ihnen so das Leben.

Aber am 8. Juni blähte der Wind die schlaffen Segel auf, und das Schiff begann sich endlich dem Horizont zuzubewegen. Sie machten gute Fahrt, und nach zwei Tagen machten sie in Stockholm fest. Erik war nach Hause zurückgekehrt, in ein Land, das vom Krieg gezeichnet war.

Schweden war an Fläche ein großes Reich, praktisch eines der größten in Europa. Es umfaßte Finnland, das seit dem Mittelalter die östliche Hälfte des Reiches ausmachte, aber auch die verheerten Provinzen Estland und Livland – und die Regierenden taten seit einiger Zeit, was sie konnten, um dem Reich noch weitere ausländische Landgebiete einzuverleiben. Doch diese ganze imposante Ausdehnung war nicht so schrecklich viel wert, denn das meiste war unbesiedeltes Ödland, stille Weiten von Wald und Fels und Moor. Das Reich war nämlich dünn besiedelt und lag in der Bevölkerungsdichte weit hinter den Ländern des Kontinents; in Italien kamen etwa 44 Einwohner auf den Quadratkilometer, in den Niederlanden 40, in Frankreich 34, Deutschland 28 und auf der Iberischen Halbinsel 17; in Schweden und Finnland verloren sich ein bis zwei Personen auf der gleichen Fläche, und dies in einer Epoche, in der eine zahlreiche Bevölkerung als großer Reichtum galt, ja, als das Fundament der Stärke eines Reiches – die Bevölkerungszahlen waren deshalb lange eins der am strengsten gehüteten Staatsgeheimnisse –, weshalb die Machthaber in allen Ländern stets danach strebten, die Einwohnerzahl zu vermehren.

Im schwedischen Reich lebten zu dieser Zeit vielleicht 1 250 000 Menschen. (In Europa insgesamt lebten rund 103 Millionen.) Der Bevölkerungszuwachs war unfaßbar gering. Er hatte ein so langsames Tempo, daß es – theoretisch gesehen – 400 Jahre gedauert hätte, bis sich die Bevölkerung verdoppelte. Niemand dachte indessen in solchen Bahnen, denn der Zuwachs war in den meisten Fällen so niedrig, daß er kaum wahrzunehmen war. Die Ursache war ein ständiges Pendeln zwischen Zuwachs und Rückgang, Fortschritten und Rückschlägen, Ebbe und Flut, wo die Vermehrung der Menschen in einem Zeitabschnitt ein paar Jahre später beinahe unfehlbar durch eine Mißernte oder eine neue Epidemie oder einen neuen Krieg wieder getilgt wurde. So war das Leben, und so war es immer gewesen. Aber jetzt war es schlimmer als lange zuvor. Seit 1611 hatte das Volk in Schweden nur zwei Jahre Frieden erlebt, und ein Krieg nach dem anderen forderte einen hohen Preis, insbesondere von den Bauern, »den breitschultrigen Karyatiden des stolzen Staatsgebäudes«. Besonders schwer war es am Ende der zwanziger und am Anfang der dreißiger Jahre, als schlechte Ernten, Seuchen, eine anhaltend hohe Steuerlast und Aushebungen dazu geführt hatten, daß viele Höfe verlassen waren und die Bevölkerungszahl des Reichs gesunken war. In einem Kirchspiel wie dem zuvor erwähnten Bygdeå hatte sich die Bevölkerung zwischen 1621 und 1639 um ungefähr 10 Prozent vermindert. Etwas vereinfacht kann man sagen, daß die Mißernten und Krankheiten die Kinder und die Alten nahmen, während der Krieg die Männer dahinraffte. Zurück blieben die erwachsenen Frauen. Die Geschlechterverteilung war auch aus dem Gleichgewicht geraten: In diesen Jahren kamen mehr als zwei Frauen auf einen Mann. Dies war sicher ein außergewöhnlicher Fall, aber wir wissen, daß auch in anderen Teilen des Landes ein erheblicher Frauenüberschuß herrschte.

Aber es war nicht nur ein Land von Soldatenwitwen, noch mehr war es ein Land von Bauern. Geht man von der damaligen Einteilung der Bevölkerung in Stände aus, kamen auf 200 Einwohner ungefähr vier Bürger, zwei Geistliche, zwei bis drei sogenannte nichtadlige Standespersonen – was die offiziöse Bezeichnung für eine Gruppe von Menschen war, die sich die Ausbildung, die Stellung und das Einkommen verschafft hatten, die erforderlich waren, um ein gewisses Ansehen zu genießen, die aber dennoch aus irgendeinem Grund nicht in die gängigen Kategorien paßten. Ein Adliger kam hinzu. Das waren zehn

Personen. Die übrigen 190 wurden sämtlich dem sogenannten *allmoge* zugerechnet, der bäuerlichen Bevölkerung, die auf dem Land lebte.

Man konnte sie überall sehen, wenn man durch das Land reiste. Auf vielen Bildern, die Erik später zeichnete, finden sie sich, wie ein selbstverständlicher und unvermeidlicher Bestandteil der Landschaft: Männer und Frauen in einfachen Kleidern, meistens zu Fuß; gebeugt und mit eingeknickten Knien auf dem Heimweg vom Acker nach der Arbeit eines langen Tags; auf ausgetretenen Wegen, mit schweren Lasten auf dem Rücken dahintrottend; hinter schiefgefahrenen Holzwagen mit großen Rädern; auf einer frisch gemähten Wiese in dünner Sommerkleidung und mit langen Rechen in den Händen. Männer, die hinter dem Pflug gehen, auf holprigem Kurs zwischen aufgeworfenen Furchen schwarzer Erde, die Peitsche über den Ochsenrücken schwingend; die als Treiber in einer adligen Jagdpartie durch einen dichten Buschwald laufen oder auf dem Weg hinaus ins Grüne mit einer gespannten Armbrust und von einem mageren und eifrigen Jagdhund begleitet; die in einem langen Ruderboot in einem Glitzern von Wasser und Seerosen sitzen, die Angelrute oder ein Netz in der Hand; die in einem tiefen Hohlweg rufen, während sie widerspenstiges Vieh vor sich hertreiben; die neben einem großen Stein kauern, mit breitrandigen Schlapphüten und die Arme über der Brust gekreuzt, rastend, während die Spaten ein paar Meter entfernt auf dem Karren ruhen; die sich auf einem Pfad begegnen, sich die Hand geben, mit ihren Stöcken zeigen. Frauen, die mit krummen Rücken und in Schürzen draußen auf der Weide die Kühe melken; die mit ihren Wäscheklopfern auf einem Waschsteg am Ufer eines Wassers knien oder die nassen Wäschestücke zu zweit auswringen, während nicht weit davon Enten schwimmen; die im Sonnenlicht überquellende Heuwagen beladen oder kleine Kinder hüten; die mit einem großen Korb im Arm im Damensitz auf einem müden und verbrauchten Pferd reiten, auf dem Weg zu irgendeinem Markt; die allein in einem kleinen, einmastigen Boot auf einem wogenden Binnensee einen Sturm zu überstehen versuchen; die mit einem Kind an ihrem langen Rocksaum hängend und einem Eimer mit Gemüse auf dem Kopf zwischen den Menschen in einer Stadt wandern. Sie waren ständig da, in Eriks Augen und in seinen Bildern. Sie waren der Sand im Stundenglas der Geschichte. Sie waren es, die alles in Gang hielten.

Manchmal sprach man davon, daß dies die neue Zeit sei. Wenig davon war unter gewöhnlichen Menschen draußen auf dem Lande zu sehen, die im großen und ganzen auf die gleiche Art und Weise lebten, wie ihre Großeltern es im 16. Jahrhundert getan hatten oder deren Großeltern vor ihnen im Mittelalter:

Dort draußen starren die Fenster leer ins eisige Morgengrauen.
Die Handkarren träumen dort draußen handgreifliche Träume.

ABSCHIED VON DER KINDHEIT

Still wie Heiligenlichter im Nebel stehn die Laternen:
Die Lilien des Eisens geben den Geist auf in der Lohe des Eisens.
Die Kälte des Weltalls senkt sich langsam herab auf die Erde.
Die Häuser hüten ihre armselige Wärme tief unter grau gekleideten Flächen.

Die Geräte waren im großen und ganzen die gleichen: Häufelpflug, Egge und Walze, in der Regel von Ochsen gezogen, sowie Spaten, Hacken und Mistgabeln. Auf ihren Äckern wuchsen die gleichen Früchte wie früher, vor allem Gerste, aber auch Roggen und ein wenig Hafer, doch selten der hochergiebige, aber ach so empfindliche Weizen. Daneben baute man Hanf und Flachs an, Rüben, Kohl und Hopfen, vielleicht ein paar Früchte, und Erbsen – die Erbsen hatten den Vorteil, daß sie in getrocknetem Zustand zu Brotmehl gemahlen werden konnten. Die Ernten waren mager. Im Durchschnitt konnte nur eine von acht Ernten als gut bezeichnet werden, und die Menschen waren zufrieden, wenn ein ausgesätes Korn vier zurückgab. Es ist nicht verwunderlich, daß man häufig gezwungen war, die mageren Ernten mit anderen Lebensmitteln zu ergänzen; in den nördlichen Teilen Schwedens war Rindenbrot so üblich, daß es kaum als Notnahrung angesehen wurde.

Hierzu kam das Vieh, das sich immer auf den Höfen befand, denn Ackerbau und Viehzucht hingen eng zusammen. Die Bauern brauchten ihre Zugtiere und den Dünger, den diese gaben, während die Kühe, Schweine, Schafe und Ziegen ihnen gleichzeitig Milch, Käse, Fleisch, Talg, Speck, Wolle, Felle und einiges mehr schenkten. (Doch auch hier waren die Erträge gering. So gaben beispielsweise die Kühe oben in Norr- und Västerbotten nur in drei der zwölf Monate des Jahres Milch.) Während der Sommermonate weidete das Vieh im Wald oder auf den brachliegenden Feldern des Dorfs, von kleinen Jungen oder Mädchen gehütet. Die Winter verbrachten die Tiere in der dunklen, ammoniakstinkenden Enge des Stalls. Oft spielte sich dort ein Wettlauf mit der Zeit ab, indem die Tiere mit einer kärglichen Ration von Stroh, Heu und getrocknetem Laub am Leben erhalten wurden, in der Hoffnung, daß so viele wie möglich bis zur Zeit um Walpurgis überlebten, wenn es soweit war, den mageren Überlebenden auf ihre zitternden Beine und hinaus auf die frühlingsgrüne Weide zu helfen.

Zur Nahrung des Bauern trugen auch die Wildfrüchte sowie die Jagd und der Fischfang bei. Pilze und Beeren zu sammeln war eine Selbstverständlichkeit. Die Raubtiere, Wolf, Bär, Fuchs, Luchs und andere, gehörten zu dem, was man erlaubtermaßen und gern jagte. Das Hochwild, also Elch, Hirsch und Reh, waren seit dem 16. Jahrhundert dem König und dem Adel vorbehalten – trotz drohender Todesstrafe scheint die Landbevölkerung sich hierum wenig gekümmert, sondern diese nützliche Beute mit gewissem Nachdruck gewildert zu haben. Das Kleinwild, Hase, Waldvögel und anderes, war den Schlingen,

Fallen und Schußwaffen des Bauern noch zugänglich, wenngleich manche der Herrschenden auch dieses Recht gerne einschränken wollten. Zu den Höfen gehörten oft Fischrechte. Viele Dörfer hatten gemeinsame, feste Fangeinrichtungen, die in Seen und Flüssen installiert waren; ansonsten fingen die Leute ihren Fisch selbst mit Angel, Fischgabeln, Zug- und Stellnetzen. Getrockneter, gesalzener und geräucherter Fisch spielte eine große Rolle in der Hauswirtschaft, nicht zuletzt als Tauschware auf dem Markt, wenn man sich Waren beschaffen wollte, die einem fehlten, oder als Steuerabgabe. Das gleiche gilt für die Butter, einen Teil des Fleisches, die Wolle und die Häute sowie natürlich für den Teer, den viele Bauern in den Waldgebieten brannten und der einer der wichtigsten Exportartikel des Reichs war.

Die Bauern waren in der Regel Selbstversorger, und die meisten lebten unberührt von der langsam wachsenden Geldwirtschaft. Sie produzierten ihre Nahrung selbst, bauten ihre Häuser und Geräte selbst und nähten ihre groben Kleider aus grauschwarzer Wolle und Flachs selbst. Das einzige, was sie sich von außerhalb beschafften, war Salz für die Haltbarmachung des Fleisches, der Butter und des Fischs sowie vielleicht ein wenig Tabak für den Vater. Alles andere hatten sie selbst. Der Bauer, seine Frau und Kinder waren sich selbst genug, Menschen der Erde, und verlangten in der Regel nichts anderes, als in Frieden gelassen zu werden, um den ewigen Kampf ihres Geschlechts mit einer widerspenstigen und harten Natur austragen zu können – »eine Ganzheit von menschlicher Tätigkeit, von den alten Notwendigkeiten des Lebens, von Ordnung und Klarheit, von sicheren, vernünftigen Arbeiten, frei von Unruhe, frei von Geschäftigkeit, frei von Enthusiasmus«, wie Frans G. Bengtsson es beschreibt. Ihr Weltbild war verdunkelt von Aberglauben, Irrungen und Mißverständnissen, ihre Plackerei hart, die Anlässe zum Feiern selten, die Mühen endlos und das Leben kurz. Dennoch suchten sie die ganze Zeit mit all der Stärke, Beharrlichkeit, List und Anpassungsfähigkeit und dem Erfindungsreichtum, wie nur sogenannte einfache Leute sie aufbieten können, in dieses ihr einziges Leben ein wenig Würde und Schönheit zu bringen. Nur vage können wir ahnen, wie ihr Weltbild beschaffen war. Mit ziemlicher Sicherheit können wir wohl sagen, daß sie alle an Astrologie, Hexerei, Gespenster und Alchimie glaubten, daß sie davon überzeugt waren, daß die Natur beseelt war, daß Magie etwas Wirkliches war, daß Menschen von bösen Geistern besessen sein konnten und daß es möglich sei, die Zukunft vorauszusagen. Dies war jedoch kein Ausdruck »volkstümlichen Aberglaubens«; praktisch alle Menschen, die in der ersten Hälfte des 17. Jahrhunderts lebten, auch Fürsten und hochgelehrte Männer, glaubten an diese Dinge.

Ausländische Reisende erschraken oft über das wilde, altertümliche Aussehen des schwedischen Landmanns, seinen Schmutz, sein langes Haar und den struppigen Bart, aber seine langmütige Art, seine Gastfreundlichkeit und große Ehrlichkeit imponierten ihnen auch. Die schwedischen Adligen scheinen den Bauern als ein fremdes Wesen mit seltsamen Sitten betrachtet zu haben, der jedoch ein unumgänglicher Teil der Welt war und ohne den man weder leben wollte noch konnte. Ihre Haltung dem Volk gegenüber war daher von einem Wohlwollen gekennzeichnet, das häufig, doch nicht immer herablassend war, sowie von einer nicht unbedeutenden Dosis Respekt. Die Herrschenden wußten sehr wohl um die enorme Bedeutung der Bauern, daß sie, wie ein Ratsherr es ausdrückte, »ein nach Gott nicht geringes Fundament unseres Wohlstands« waren.

Es ist falsch, sich diese Volksmehrheit der auf dem Land Lebenden als eine gleichförmige und unterschiedslose Masse vorzustellen. Einige wenige lebten nicht in erster Linie von ihrer Landwirtschaft, sondern waren Handwerker verschiedener Art: Schmiede, Schneider und Schuhmacher. In dieser Gesellschaft von ineinandergeschachtelten Pyramiden, von Ungleichheiten und Hierarchien konnte man auch unter denen, die von der Erde lebten, große Unterschiede erkennen. Ganz unten befanden sich die Besitzlosen: Knechte und Mägde, Alte und Altenteiler, Kätner, Bettler, Gesinde und Arbeitsunfähige. Danach folgten auf einer gleitenden Skala kleine und mittelgroße Bauern, weder mager noch fett, aber dennoch bedrängt vom geldhungrigen Staat. Ganz oben waren die Großbauern, eine gut situierte und wohlhabende Oberschicht, die es verstanden, sich zu bedienen, die neuen Boden kultivierten oder alten aufkauften, die einträglichen Handel trieben, die häufig in der Gemeindeversammlung und dem lokalen Ding saßen und zuweilen auch Länsmann, Gastwirt oder Vogt im Dienst der Krone wurden. Weitere Unterschiede beruhten darauf, ob man sein Land selbst besaß (wie die sogenannten Steuerbauern) oder es von der Krone pachtete (wie die Kronbauern) oder ob man einen Hof pachtete, der einem Adligen gehörte (wie die Freibauern). Unabhängig davon, ob man ein selbstbesitzender Bauer war oder einem Gut unterstand, mußte man ungefähr gleich viel Steuern und Abgaben zahlen. Es gab jedoch andere Unterschiede. Die Privilegien des Adels brachten es mit sich, daß seine Bauern in der Regel bedeutend weniger von den Aushebungen betroffen waren als andere Bauern. (Unter gewöhnlichen Bauern wurde einer von zehn als Soldat ausgehoben, unter den Bauern des Adels war es einer von zwanzig.) Sie waren dem Gutdünken ihrer adligen Herren ausgeliefert, und das gleiche galt für die Steuer- und Kronbauern, die häufig unter verschiedenen eigenmächtigen Vögten zu leiden hatten – und die Neigung der letzteren zu Gaunereien war beinah legendär; ein Ratsherr sagte, man müsse zufrieden sein, wenn man taugliche Vögte in seinen Dienst bekäme, denn niemand könne die Hoffnung hegen, ehrliche zu finden. Oft war es die dritte Gruppe, die selbstbesitzenden Steuerbauern, die am meisten begünstigt waren; sie hatten die größten und besten Höfe und verfügten nicht selten über gute Möglichkeiten, ihre Erträge vor der raffgierigen Obrigkeit zu schützen. Gerade in bezug auf die durch den Krieg bewirkte steuerliche Belastung der Bauern gab es viele Ungleichheiten und Verschiebungen, die nach und nach das soziale Gefälle innerhalb der bäuerlichen Klasse verstärkten.

Keiner von ihnen entging jedoch den Auswirkungen des Krieges. Die ständigen Aushebungen und die hohen Steuern waren schlimm genug, außerdem kamen die freien Fahrten und Bewirtungen hinzu. Die Bauern waren verpflichtet, den Beamten der Krone auf ihren Reisen Pferde zu stellen und sie zu verköstigen. (Es waren häufig keine kleinen Gesellschaften, die dort angezogen kamen. Das wird uns klar, wenn wir hören, daß ein Gesandter bis zu 200 Pferde für seine Weiterreise zu benötigen meinte, während ein Ratsherr zwischen 40 und 60 verlangte.) Noch weitaus schlimmer wurde es dadurch, daß die Verpflichtung auch auf Soldaten und ihre Ausrüstung ausgeweitet wurde. Außerdem wurde dieses Recht nach Kräften von Adligen und anderen mißbraucht, die unter dem Vorwand, in öffentlichem Auftrag unterwegs zu sein, »kreuz und quer« umherreisten, nur um Verwandtschaft zu besuchen oder zu einem Gelage zu gelangen. Die Erbitterung darüber kochte unter den schon ohnedies schwer belasteten Bauern. Viele waren es auch leid, daß ihre Türen ständig von federbuschgeschmückten und degenklirrenden Herren aufgestoßen wurden, die lautstark Essen, einen Schlafplatz und anschließend Pferd und Wagen für die Weiterreise verlangten, weshalb zahlreiche Höfe entlang der großen Straßen verlassen worden waren und nun leer standen.

Zu dieser Zeit war es jedoch eine andere Frage, die für die Bauern immer dringlicher wurde, nämlich daß die Krone begonnen hatte, Kronland und Steuerland durch Belehnungen, Schenkungen, Verkäufe, Tausch und Verpfändungen an den Adel zu veräußern. Für die Regierenden in einem unter schwerer Geldnot leidenden Staat war dies eine praktische Methode, Edelleute für ihre Kriegsdienste zu bezahlen. Auch wenn der Bauer nach diesen Überlassungen sein Besitzrecht an dem Boden behielt und auch wenn der größte Unterschied darin bestand, daß er seine Steuer nun einem adligen statt einem staatlichen Vogt bezahlen mußte, verfolgten die Bauern diese Entwicklung mit großer und aufrichtig empfundener Sorge. Während die schwedischen Bauern gemeinhin ein nicht unbedeutendes Vertrauen zu dem Regenten hegten, waren sie dem Adel gegenüber meistens mißtrauisch; dieses Mißtrauen konnte in bestimmten Augenblicken und an bestimmten Orten in reinen und unverstellten Haß umschlagen, wobei die Luft von bedrohlichem Murren erfüllt war, daß man jeden Blaublütigen im Reich erschlagen wolle. Und dann zitterten die Aristokraten in ihren Palästen und Herrenhäusern, denn die schwedische Bauernklasse war stark, ja wahrscheinlich die stärkste in Europa. Allein der Anteil freier, selbstbesitzender Bauern im Reich war ausnehmend hoch im Vergleich mit den meisten anderen Ländern. Eine Leibeigenschaft, wie es sie sonst überall gab, existierte in Schweden nicht. Dies ist wahrscheinlich die Erklärung dafür, daß die schwedischen Bauern trotz des harten Klimas und des kargen Bodens im allgemeinen besser genährt gewesen zu sein scheinen als ihre Standesgenossen in Polen und Frankreich – Hunger ist immer in gewissem Maß politisch bedingt. Der Wohlstand in Schweden war geringer, aber er war wahrscheinlich etwas gleichmäßiger verteilt, als es in dieser Zeit üblich war. Ein französischer Diplomat bemerkte erstaunt, daß er in ganz Schweden nicht

einen nackten oder zerlumpten Menschen gesehen habe. Wie die Reichen hier keinen Überfluß an den Gütern dieses Lebens haben, so vergehen auch die Armen nicht im Elend.

Von großer Bedeutung war auch, daß die schwedischen Bauern tatsächlich politischen Einfluß hatten. Während die Bauern im übrigen Europa fast ausnahmslos ihre Vertretung in den lokalen Parlamenten und Reichstagen verloren hatten, war diese den Bauern in Schweden erhalten geblieben. Zwar war der politische Einfluß, den sie über den Reichstag ausüben konnten, eng beschnitten, zwar fungierte dieses Forum häufig als ein Mittel, um die Bauern zur Unterstützung der von den Herrschenden gefaßten Beschlüsse zu bewegen, und sicher waren die Vertreter des Bauernstandes ständig einem Kreuzfeuer von Druckmitteln und Manipulationen ausgesetzt, aber trotz allem mußten die Herrschenden praktisch auf sie und ihre Interessen Rücksicht nehmen. Die nichtadligen Stände – Geistlichkeit, Bürger und Bauern – hatten auch die mit dem großen Krieg entstandene, fast permanente Notlage ausnutzen können, um die Macht des Reichstags zu erweitern. Stillschweigend war sein alleiniges Recht auf die gesamte Gesetzgebung anerkannt worden. Es wurde auch als passend angesehen, den Reichstag alle neuen Steuern und Aushebungen bewilligen zu lassen, und Krieg konnte ohne die Zustimmung dieser Versammlung nicht begonnen werden. Zu keinem Zeitpunkt konnten die Regenten oder die Aristokraten im Rat in reine und rohe Willkürpolitik verfallen. Selbst in den Momenten ihrer größten Machtvollkommenheit fürchteten sie sich vor dem, was jene 95 Prozent der Bevölkerung anstellen könnten, wenn man sie zu sehr in die Enge trieb. Der Große Aufruhr – mit allem, was das bedeutete: brennende Herrenhäuser und abgeschlagene, fahle Köpfe, die wie Angelkorken über der lärmenden, von aufgereckten Fäusten durchbrochenen Oberfläche einer erregten Volksmasse wippen – war ein Alptraum, der dem schwedischen Adel keine Ruhe ließ. Gleichzeitig dachten die Bauern ihrerseits mit Entsetzen an das, was der Adel sich einfallen lassen konnte. Auch wenn ein Bauer oft keine wirtschaftlichen Einbußen erlitt dadurch, daß er unter einen Adligen kam, gab es unter den Bauern Befürchtungen, daß dies zum Verlust ihres Rechts auf Vertretung auf dem Reichstag führen könnte – es war meistens der Adel selbst, der dort für seine Bauern sprach. Was würde geschehen, wenn der Adel den größten Teil des Bodens im Reich übernommen und die Bauern aus dem Reichstag verdrängt hatte? Was war nun zu erwarten, wo immer mehr deutsche und baltische Adlige ins Reich zogen, rauhbeinige Leute, die gewöhnt waren, ihre Bauern wie ihr persönliches Eigentum zu behandeln? Der Krieg hatte eine wirtschaftliche und politische Machtverschiebung großen Ausmaßes in Gang gesetzt. Die schwedischen Bauern hatten ihren eigenen Alptraum, der später so formuliert wurde:

Wir wissen, daß die Landbevölkerung in anderen Ländern versklavt ist, und befürchten, daß dies auch uns widerfahren wird, obgleich wir frei geboren sind. Früher konnten wir, wenn die Not groß wurde, unsere Häuser verlassen, doch nun ist das ganze Reich unter dem Adel, und wir werden an dem einen Ort nicht besser behandelt als an dem anderen.

Es rumorte dumpf unter den Bauern in Svea Rike. Die Erschütterungen lagen noch fern und unter der Oberfläche, aber würde es so bleiben? Rundum in Europa war es unter Bauern und kleinen Leuten zu Aufständen gekommen, in Spanien und Portugal, in Polen und der Ukraine, auf den britischen Inseln, in Rußland, in Frankreich. (Im nordwestlichen Frankreich war gerade die *nu-pieds*-Revolte ausgefochten worden, dicht gefolgt von einem großen Aufruhr in Rouen, den die Behörden erst in diesem Jahr, 1640, niederschlagen konnten, und das erst nach einer regelrechten Feldschlacht, die mehrere Stunden gedauert hatte.) Die Ursache war in den meisten Fällen der Unfriede; um Mittel für die Weiterführung dieses ungeheuren Krieges zu bekommen, waren die Machthaber überall gezwungen, die Steuern und Zusatzabgaben bis an die Schmerzgrenze zu erhöhen. Der Krieg ging weiter, und Gerüchte ließen auch vermuten, daß hier und da neue Revolten bevorstanden, und die Regierenden in allen Ländern warfen nervöse Blicke über einen Kontinent, der erbebte. Und warum sollte diese Unruhe nicht Schweden erreichen?

Über die Städte und ihre Bewohner ist weniger zu sagen, aus dem einfachen Grund, weil ihre Zahl bedeutend geringer war. Schweden war ein Reich von Wald und Acker und Wiese und wieder Wald und Schwendeland und noch einmal Wald und Weideland und Wald, an dessen Rändern die eine oder andere kleine Stadt aus Holzhäusern auftauchte. Selbst die Orte, die als glitzernde Juwelen in der Krone des Reiches galten, waren recht unscheinbar, zumindest mit modernen Maßen gemessen. Stockholm mit seinen 20 000 Einwohnern stellte natürlich eine Kategorie für sich dar, doch die fünf größten Städte des

Reiches neben der Hauptstadt – also Norrköping, Viborg, Åbo, Göteborg und Uppsala – hatten alle zwischen 3000 und 5000 Einwohner. Die übrigen Orte waren gering an Zahl und klein. Dies störte die Regenten und Räte, denn ihnen lag viel an Städten, weil Städte Handel bedeuteten und Handel Geld, und Geld bedeutete Steuereinnahmen in der Form, die sie am dringendsten brauchten, als bare Münze – denn es war schwierig, mit der grüngesalzenen Butter und den getrockneten Heringen der Bauern Soldaten zu werben und Pferde zu kaufen. Seit Gustav Adolfs Thronbesteigung 1611 waren auch mehrere neue Städte gegründet worden. (Insgesamt waren es etwa dreißig im eigentlichen Schweden und in Finnland.) Der feste Glaube daran, daß man mit Hilfe von Verordnungen und königlichen Briefen eine bestimmte wirtschaftliche Entwicklung herbeikommandieren könne, stand während des 17. Jahrhunderts in allen Ländern hoch im Kurs, zeitigte aber in der Regel nur bescheidene Resultate. So waren auch die meisten dieser neuen Städte eine große Enttäuschung. Bei Eriks späteren Bildern ist es nicht ungewöhnlich, auf Stadtansichten zu stoßen, wo die niedrige und umzäunte Kleinstadtbebauung aus Holz bald in Äcker, Weideland und Gemüsegärten übergeht. (Die einzigen größeren Gebäude waren in der Regel eine Kirche, ein Rathaus sowie die eine oder andere Windmühle mit gemächlich kreisenden Flügeln. Die Mauern und Befestigungen, die mitteleuropäische Städte stets umgaben, waren in Schweden selten zu sehen.) Die meisten waren eher mit Stadtprivilegien versehene ländliche Ansiedlungen, wo munter umherlaufende Schweine noch lange ein natürlicher Bestandteil des Straßenbilds blieben. Diese Orte bewiesen auch nur geringe Bereitschaft, sich in brausende urbane Zentren zu verwandeln. Die einzige neugegründete Stadt, die Anzeichen einer schnellen Entwicklung zu einem bedeutenden Handelszentrum erkennen ließ, war Göteborg, doch beruhte dies vor allem auf einem starken Zustrom von Deutschen und Holländern. Die übrigen verblieben in der Regel armselige Flecken, deren Bürger sich an die Regierung wenden mußten, wenn sie »einen Schulmeister entlohnen oder eine Glocke gießen oder eine Schankstube einrichten« wollten. Und wenn diese kleinen Orte überhaupt wuchsen, dann geschah es in der Regel mit so ausgesuchter Langsamkeit, daß den Machthabern vor Verzweiflung graue Haare wuchsen. »Ohne Handel, verrottet und verfallen« hatte der verstorbene Gustav Adolf sie genannt, und im Rat sprach man voller Verachtung von »Bauerndörfern«, der amtierende Hofgerichtspräsident, Axel Oxenstiernas Bruder Gabriel – der in diesem Jahr starb –, nannte sie kurz und bündig »Diebshöhlen«.

Teilweise war es der eigene Fehler der Machthabenden. Die Bürden des Kriegs lasteten schwer auch auf den Städten. Ihre Bevölkerung war wie die Bauern durch die Beherbergung von Soldaten, diversen Beamten und Standespersonen überfordert. Der Kleine Zoll, der 1622 eingeführt wurde und bedeutete, daß sämtliche Waren, die vom Land in die Stadt eingeführt wurden, mit Abgaben belegt wurden, wirkte sich auf den geringen Handel, den es immerhin gab, kaum belebend aus und veranlaßte die mißtrauischen Bauern dazu, die Städte noch entschiedener zu meiden. Hinzu kam der merkwürdige, 1636 eingeführte Stapelzwang. Einige Städte, Stockholm, Göteborg, Viborg und andere, wurden zu Stapelstädten ernannt; nur sie hatten das Recht, mit dem Ausland Handel zu treiben. Die übrigen Städte wurden zu Binnenstädten erklärt; sie durften nicht mit dem Ausland Handel treiben, erhielten ihrerseits jedoch das Monopol für den Handel mit den Menschen rund um die eigene Stadt. Zweck des Ganzen war, daß die Binnenstädte die Rolle von Zulieferern für die Stapelstädte übernehmen sollten, die dadurch die Möglichkeit erhielten, noch schneller zu wachsen, während gleichzeitig der profitable Außenhandel leichter kontrolliert und besteuert werden konnte. Aber was im Fall Lübecks oder Danzigs die Folge einer natürlich gewachsenen Ordnung war, versuchte man nun mit künstlichen Mitteln und Zwang nachzuahmen. Die Bürger der Stapelstädte waren natürlich zufrieden und erfreut, während ihre Brüder in den Binnenstädten vor Wut schäumten, denn sie und ihre Orte waren dazu verurteilt, im Schatten der Großen zu verkümmern.

Die Bürger selbst trugen allerdings auch einen großen Teil der Verantwortung für das unentwickelte Stadtwesen. Wenn wir an Bürger denken, stellen wir uns gern das Bild eines wohlhabenden Herrn mit schwarzem Hut und Embonpoint vor, der sich der Schiffsreederei widmet, oder einen finanzstarken Kapitalisten, der große Manufakturen besitzt und mit allem handelt, was Profit bringt, von Gewürznelken bis zu Kanonen. So sah der Bürger in Amsterdam und London aus, aber so sah er zu dieser Zeit in Schweden selten aus. Der durchschnittliche schwedische Bürger war vielleicht ein Faßbinder, der allein ohne Gesellen arbeitete, oder ein Straßenhändler, der in einer kleinen Bude an der Ecke Bohnen und Salz verkaufte. Er oder sie war ein Teil der alten feudalen Ordnung, wurde oft als träge und wenig unternehmungslustig beschrieben, zufrieden mit dem Wenigen und selten oder nie an Dingen wie Profitmaximierung und Preiskonkurrenz interessiert. Häufig befangen in einem engen und beschränkten Zunftdenken, waren sie schnell bereit, nach Verboten, Monopolen und Privilegien zu rufen, wenn sie ihren Platz im Markt behaupten wollten. (Auf nahezu jedem Reichstag kam es vor, daß Bürger eines bestimmten Ortes aufstanden und forderten, daß die Nachbarstadt ganz einfach verwüstet werden solle.) Auch ihre Kenntnisse waren mangelhaft. In einem Teil dieser kleinen Städte konnten der Bürgermeister und die Ratsherren weder lesen noch schreiben, und häufig verrieten sie geradezu peinliche Unwissenheit speziell in Fragen des kaufmännischen Bereichs.

Aber nicht alles war Abgestumpftheit, Fäulnis und Verfall. Draußen in Europa drehten sich die großen Räder des ökonomischen Weltsystems, ruckhaft zwar aufgrund aller Störungen durch Krieg, Hungersnot und trügerische Konjunkturen, aber dennoch mit einer solchen Kraft, daß es tatsächlich in den Städten, die mit dem Ausland Handel trieben, spürbar wurde. Aus der Masse der gleichgültigen und häufig mittellosen Handwerker, Höker und Krämer hatte sich zu diesem Zeitpunkt eine kleine Schar von Großhändlern und Schiffsreedern herauszulösen begonnen, die bei ihrem Handel mit fremden Orten kräftige Gewinne machten und ihr Geld dazu benutzten, mehr Geld zu machen – und das war etwas Neues. Besonders wer es verstand, sich auf die riesige Nachfrage der Kriegsmacht nach allem, von Faschinenmessern und gesalzenem Hering bis zu 24pfündigen Kanonen und Petarden, einzustellen, konnte beachtliche Profite machen. Genau wie bei den Bauern trug der Druck des Krieges auf Umwegen dazu bei, die Aufsplitterung dieser ansonsten recht einheitlichen Gruppen zu beschleunigen und das Entstehen neuer Oberschichten voranzutreiben.

Viele dieser neuen Männer waren Ausländer. Lange Zeit waren es gerade Fremde, die wichtige Teile der Ökonomie des Reiches entwickelten und die Kontakte, die Kenntnisse und das Kapital besaßen, die für die Gründung neuer Unternehmen erforderlich waren, die aber den einheimischen Bürgern oft fehlten. Einwanderer, besonders aus den Niederlanden, verlegten sich mit Vorliebe auf die wichtige Eisenverarbeitung, gründeten Fabriken, entwickelten die Bearbeitungsmethoden und konnten dank ihrer weit verzweigten Kontakte die Produkte auf dem gesamten Kontinent absetzen. Der schwerreiche Holländer Louis de Geer – der wahrscheinlich nie Schwedisch lernte und lange Jahre seines Lebens in dem reichen Amsterdam verbrachte – ließ wallonische Schmiede aus Lüttich nach Schweden holen, die unter anderem das Schmiedehandwerk revolutionierten. Während dieser Periode kam ein steter Strom von Ausländern ins Land. Einige entwickelten die Eisen- und Waffenmanufaktur, andere führten neue Methoden der Kupfer- und Messingverarbeitung ein; ausländische Interessenten spielten auch eine große Rolle im Teerhandel, und oft waren sie es, die die schwersten Lasten zogen, wenn es darum ging, dem Staat Kredite und Anleihen zu beschaffen.

Die Entwicklung ging langsam und nicht ohne Rückschläge und Mißerfolge voran, aber der Trend war klar. Aus dem agrarischen Meer des Reiches begann sich die eine und andere kleine kapitalistische Insel zu erheben. Auch dabei spielte der Krieg eine wichtige Rolle. Man konnte wie gesagt reich werden, sehr reich, indem man die Armee und die Flotte mit Ausrüstung versorgte. Dazu kam, daß beispielsweise Johan Banér und seine Truppen unten in Deutschland Material in großen Serien und in standardisierter Ausführung verlangten: Damit die Kugel in den Lauf paßte, mußte das Kaliber der Musketen einheitlich sein; damit man die speziellen Papierpatronen anwenden konnte, mußte das Material eine bestimmte Dicke haben; damit die Waffe leicht zu reparieren war, mußten die verschiedenen Teile des Luntenschlosses einigermaßen austauschbar sein, und so weiter. Noch immer wurde ein großer Teil der Produktion von einzelnen Handwerkern ausgeführt, die in aller Ruhe allein dasaßen und an Waffen feilten, deren Ausführung gewissermaßen immer individuell war. Aber die effektivste und vor allem gewinnträchtigste Methode, diese großen Serien von strikt standardisierten Waren herzustellen, bestand darin, so viele der beteiligten Handwerker wie möglich an einem einzigen Platz, ja am besten unter einem Dach zu versammeln, um dort die Produktion in großem Maßstab und unter der direkten Aufsicht eines in dem Gewerbe versierten Unternehmers zu betreiben. (Draußen im Feld waren beide Typen von Fabrikaten vertreten: Die höheren Offiziere trugen häufig schön ziselierte Rüstungen, meisterlich verzierte Radschloßpistolen und kunstvolle Degen mit Goldeinlagen und Filigranarbeiten, während die Ausrüstung der Mannschaften in der Regel robust und von grober Ausführung war.) Aus der Rückschau erkennen wir in diesen Manufakturhandwerkern die Vorläufer einer späteren Arbeiterklasse, und in ihren Manufakturen ahnen wir die Fabriken der Zukunft. Aber der Weg dahin war lang und verschlungen. Nicht zuletzt die eigensinnigen Handwerker taten alles, um nicht ihrer Freiheit verlustig zu gehen und – schrecklicher Gedanke – gezwungen zu sein, ihre Arbeit an einem bestimmten Platz, zu bestimmten Zeiten und zu einem bestimmten Preis auszuführen. Beharrlich weigerten sie sich, sich den neuen und für sie unbegreiflichen Forderungen anzupassen, die in diesen Produktionseinheiten großen Stils gestellt wurden. Statt dessen liefen sie davon, pfuschten, schwänzten, drohten, unterschlugen, verzögerten, polterten, schimpften und prügelten sich, alles um ihre Arbeit nach eigenem Gutdünken und nicht nach dem des Faktors ausführen zu können. Die Besitzer oder Pächter dieser Werkstätten und Manufakturen wollten mit aller Macht die Handwerker in Lohnarbeiter verwandeln. Aber wenn die Menschen des 17. Jahrhunderts Lohnarbeit sahen, reagierten sie mit Schaudern und Verachtung. Handwerker zu sein war respektabel. Sein Werkzeug gehörte ihm selbst, er teilte seine Zeit selbst ein und bestimmte selbst über seine Arbeit. Ein Lohnarbeiter hatte nichts von alledem. In den Augen vieler war er deshalb nichts Besseres als ein Bettler oder Sklave. Doch mit der Zeit entstanden immer mehr dieser großen Werkstätten und Manufakturen, lange zwar, wie die Städte, kleine Ausnahmen und vereinzelte Enklaven in einem Reich von schwarzen Pflugfurchen und lodengrauen Ackerbauern, aber dennoch etwas Neues, in nicht geringem Maß vom Krieg geschaffen.

Die Entwicklung in diesem Teil der Gesellschaft, also in den Städten, im Handel und bei den Manufakturen, wurde indessen von den Herrschenden selbst auch wieder behindert. Sie dachten nicht daran, die Großhändler, Werkstätten- und Manufakturbesitzer zu mächtig werden zu lassen. Man beneidete ein Land wie die Niederlande aufgrund seines blühenden Handels und seiner unermeßlichen Reichtümer, doch die Männer im Rat wollten Schweden keineswegs nach deren Vorbild umgestalten. Schweden sollte auch weiterhin ein Land bleiben, in dem der Adel auf seinen Landgütern saß und herrschte und jeder Stand sein spezielles Tätigkeitsfeld hatte. Für ihr Überleben waren die Herrschenden indessen auf den neuen Mann, den Bürger, angewiesen, von dem man erwartete, daß er brav in diesem feudalen und agrarischen Schweden eingesperrt sitzen blieb und wie eine kleine Maschine Münzen ausspuckte. Im stillen verachteten die Aristokraten die Männer des Geldes. Handel, Kaufmannschaft und Handwerk verschiedener Art waren etwas Unschönes, denn deren Vertreter arbeiteten im eigenen Interesse, für eigenen, schnöden Gewinn, während der Adlige für die Ehre arbeitete. So behaupteten sie jedenfalls – und Kriegsbeute und dergleichen waren ja nur Rekompensation. Zwar brauchten sie Männer wie Louis de Geer und standen im Begriff, ihn aus reinem Selbsterhaltungstrieb und als Bezahlung für seine Verdienste im Krieg nun zum Adligen zu machen, aber gleichzeitig sahen sie insgeheim auf ihn herab.

Die Verachtung von Handel und Kommerz war in Europa uralt und läßt sich bis ins Mittelalter und die Antike zurückverfolgen. Soweit man zurückdenken konnte, galt der Kaufmann als zwielichtige Figur, ausgestattet mit einer bösartigen Schurkenphysiognomie und einer dumpfen Aura von Verdammnis und Sünde – hatte nicht schon der heilige Augustinus die Habgier als eine der großen Todsünden bezeichnet? Die Liebe zur Ehre wurde fast automatisch der Jagd nach Geld gegenübergestellt; sie hatte einen sozialen Wert und trug, so nahm man an, im Gegensatz zur eigensüchtigen Habgier dazu bei, das Glück der Allgemeinheit zu vermehren. Diese Gedanken hatten während der Renaissance noch größeres Gewicht bekommen, und das Erbe der von persönlichem Ruhm besessenen Epoche war eine Gestalt, die die Vorstellungswelt des frühen 17. Jahrhunderts prägen sollte: der Held. Aber gerade zu dieser Zeit bahnte sich im europäischen Bewußtsein ein Wandel an. Das Betätigungsfeld des Helden war der Krieg gewesen – allerdings der mittelalterliche Krieg, der immer klein und überschaubar war und am ehesten einem großen Raubzug ähnelte. Nun war der neue Krieg auf der Bildfläche erschienen: ein ohrenbetäubend brüllendes, sich wälzendes Monstrum, das alle quälte, aber sich von niemandem lenken ließ. Entsetzt und des Krieges herzlich überdrüssig hatten manche Menschen angefangen, dem Helden ins Gesicht zu blicken, und dabei eine häßlich geborstene Maske entdeckt, unter der ein beinah unlöschbarer Durst nach persönlicher Größe aus leeren Augenhöhlen leuchtete – und waren die verbrannten Dörfer, vergewaltigten Frauen und ermordeten Männer wirklich nur Rekompensation? Zur gleichen Zeit, als einige begannen, diese Gestalt in Frage zu stellen, suchten andere zu begreifen, was es war, das Europa befallen hatte, was all diese Unruhe, Instabilität und Zerstörung schuf. Das leuchtende Bild des Menschen und seiner Möglichkeiten, das die Renaissance hervorgebracht hatte, nahm unter dem Eindruck der endlosen Kriege, der unzähligen Revolten und des allgemeinen Elends wieder düstere und pessimistische Züge an. Man meinte ein ernstes Gebrechen am Menschen wahrzunehmen, nämlich seine Leidenschaften, seine Fähigkeit, so starke Gefühle und Begierden zu entwickeln, daß sie seine Vernunft außer Kraft setzten. Die Schlußfolgerung war, daß diese Leidenschaften etwas Böses und Zerstörerisches waren, das um jeden Preis eingedämmt und gezähmt werden mußte. Die These von der Gefährlichkeit der Leidenschaften wurde in der moralphilosophischen Debatte schnell zum Dogma erhoben, besonders von den vielen einflußreichen Neustoikern der Zeit, und färbte sowohl die Kultur als auch den Zeitgeist. Im Zug der Demontage des Helden und der vielbeschworenen Bedrohung durch die Leidenschaften wurde auch eine allmähliche Umwertung des kaufmännischen Gewerbes eingeleitet. Habgier war zwar noch immer eine Todsünde, aber im Vergleich mit dem im moralischen Sinn zunehmend abgenutzten Helden und seinem blutbesudelten Degen nahm sich das Geschäft des Kaufmanns als, ja ... recht unschuldig aus. Was wir Kapitalismus nennen, war noch ein häßliches kleines Kind in der Wiege, von den meisten verleumdet und verschmäht, aber die Ruinenstädte und Leichenberge, die der neue Krieg nach wie vor hinterließ, lieferten der Sache der schlecht angesehenen Kaufleute und Manufakturisten neue Argumente.

Diese neue Einschätzung der Tätigkeit des Bürgers war indessen noch kein großes Thema in der Gegenwart, sondern zeigte sich lediglich in vereinzelten Wörtern und leise ausgesprochenen Wendungen am Rande des Geschehens. Wie stark die Verachtung des Geldes im alten Europa tatsächlich war, erkennt man daran, daß die Bürger sie praktisch selbst teilten. Sie bewunderten den Adel mit der gleichen Inbrunst, mit der der Adel sie verachtete, und ihre Lebensideale waren auch adlige; sie kleideten sich gerne in die prachtvollen Kostüme mit Schlitzen, Litzen, Bäuschen, Galonen, Rosetten und Bändern, auf die der Adel ein Alleinrecht zu haben glaubte; sie trugen zum Verdruß des Adels das Statussymbol *par excellence* in dieser Epoche der Gewalt: den Degen; sie schickten ihre Söhne auf die Universitäten, um traditionell adlige Fächer wie Rhetorik und Geschichte zu studieren; sie ließen ihre mit üppiger Mitgift ausgestatteten Töchter sich mit stolzen, aber armen Adligen verheiraten; und die meisten strebten danach, selbst geadelt zu werden.

Sowohl die Königsmacht als auch die Aristokratie war in hohem Grad abhängig von den finanziellen Mitteln der Großbürger – dies war in allen Ländern Europas gleich. Der Herrschende an der Spitze des armen schwedischen Staates hatte seit einiger Zeit damit begonnen, gewisse in- und ausländische Großbürger, die der Krone finanzielle Hilfe geleistet hatten, in den Adelsstand zu erheben. Der Adelsbrief war eine Möglichkeit, sie enger an sich zu binden oder ganz einfach die Schulden der Krone zu »bezahlen«. Beide Teile waren damit zufrieden. Die Krone kam darum herum, Geld herauszurücken, das sie ohnehin nicht besaß. Der Bürger durfte sich zu seiner großen Freude aus einem allgemein verachteten Krämer in einen hochrespektierten Edelmann oder zumindest in das zurechtgestutzte Faksimile eines solchen verwandelt sehen. Der Unfriede begünstigte also die Großbürger auf mehrere unterschiedliche Arten. Während der außer Kontrolle geratene Großkrieg das Prestige des traditionellen Kriegers zu untergraben drohte und ihr eigenes erhöhte, wurden gleichzeitig Staat und Aristokratie ökonomisch immer abhängiger von ihnen; und in den adligen Purpur gehüllt, konnten sie beginnen, sich in die höheren Sphären der Macht hinaufzuwinden. Das Problem war lediglich, daß diese neu geadelten Großbürger gern ihre frühere Tätigkeit aufgaben und statt dessen ihr Geld dazu verwendeten, sich große Güter und Landbesitz zu verschaffen, um in jeder Hinsicht dem alten Adel gleichen zu können. Dies bedeutete, daß manche kleine, tickende Geldmaschine einfach verstummte und in einen Zustand schläfriger feudaler Dekadenz versank.

Zu diesen Bürgern, die im Begriff standen, in einen Edelmann verwandelt zu werden, gehörte Eriks wohlhabender Onkel. Das Mittel war das übliche: Geldbeschaffung für die Krone.

Nachdem die Windstille endlich vorüber war und sie zusammen in Schweden angekommen waren, verbrachten Erik und sein Onkel den Rest des Sommers 1640 in Stockholm. Den größten Teil der Zeit wohnten sie in Gamla Stan, in Böckmans Gasthaus an der nordöstlichen Ecke von Järntorget. Der Onkel verwandte einen Teil der warmen Sommertage darauf, einen größeren Kredit für den Staat lockerzumachen. Die Krone war wie immer in Geldnöten. Gerade jetzt brauchte man Mittel zur Finanzierung der schwedischen Delegation, die an den neuen Friedensverhandlungen in Deutschland teilnehmen sollte. Diese Unterhandlungen, begonnen im gleichen Jahr, als Erik nach Hamburg gekommen war, hatten sich zu guter Letzt, nach vielen Unterbrechungen, Hin und Her und fragwürdigen Debatten ums Zeremoniell, einer Art Ergebnis genähert. Ein Beschluß, den Krieg abzubrechen, war nicht erreicht worden, doch hatte man sich geeinigt, Friedensverhandlungen einzuleiten, und das war besser als nichts.

Die Frage, *wo* die Verhandlungen geführt werden sollten, hatte ja, wie bereits erwähnt, die hohen Diplomaten in Hamburg ausgiebig beschäftigt. Am besten sollten sie auf neutralem Boden stattfinden. Vorschläge und Gegenvorschläge hatten einander abgewechselt. Der Kaiser und der Papst, der seine Partei einnahm, hatten zuerst auf Rom bestanden. Dies konnten die Gegner nicht akzeptieren, wie man überhaupt meinte, nicht einen, sondern *zwei* Verhandlungsorte zu benötigen, um Rivalitäten und Rangstreitigkeiten zwischen den beiden Bundesgenossen Frankreich und Schweden zu vermeiden. Der neue Vorschlag des Kaisers lautete daraufhin Konstanz und Trier. Frankreich wollte dies nicht schlucken, sondern nannte seinerseits Hamburg und Köln als geeignete Orte. Der praktisch veranlagte Axel Oxenstierna machte nun darauf aufmerksam, daß es vielleicht nicht so günstig sei, zwei parallel laufende Verhandlungen an zwei so weit voneinander entfernten Orten zu führen. Und so weiter. Der schwedische Vorschlag lautete statt dessen, sich in Münster und Osnabrück an der Grenze zu den niederländischen Provinzen zu treffen. Schließlich einigte man sich darauf.

Obwohl genügend Zeit war, die Teilnahme vorzubereiten, bewirkte der Bescheid, daß wahrscheinlich eine große Friedenskonferenz bevorstand, in Schweden eine mittlere staatliche Finanzkrise. Es war von äußerster Wichtigkeit, die schwedischen Diplomaten mit großem Pomp auszustatten. Nur wer mit großen Gesten auftrat, konnte sich in den Verhandlungen große Gesten erlauben. Schweden war eine Macht geworden, auf die in Europa Rücksicht zu nehmen war, und stand nun wie ein gepanzerter Riese mit gespreizten Beinen über der Ostsee, zum Schrecken von Nachbarn und Feinden. Aber es war in vielfacher Hinsicht eine hohle und eine leere Rüstung. Schwedens Stellung beruhte auf seiner wirklichen oder eingebildeten militärischen Macht, doch die Männer des Rats waren sich nur allzusehr der Brüchigkeit des Ganzen bewußt. Die Großmacht in Nordeuropa hieß Dänemark, nicht Schweden, das trotz seines Kupfers, seines Teers und des Getreides von den baltischen Feldern nicht über die wirtschaftliche Stärke verfügte, deren es für die Führung eines Großkriegs im Herzen Europas bedurfte. Vom ersten Augenblick des deutschen Abenteuers an war man auf das Geld anderer angewiesen gewesen, entweder geliehenes, geraubtes – *bellum se ipsum aleat* – oder von großzügigen Bundesgenossen geschenktes Geld. Es galt jedoch, die schwedische Armut und allgemeine Mittellosigkeit zu verbergen, und die Regierenden waren nun vollauf damit beschäftigt, eine großartige, ornamentierte Fassade mit Marmor, Pilastern und Gipsengeln um das schiefe kleine Haus aus grauem Holz herum zu errichten. Irgend jemanden würde es immer täuschen. In einer Zeit, in der es keine Statistik über Handel und Landwirtschaft gab, in der die Bevölkerungszahl, wie schon erwähnt, streng geheim war und sogar wirklich zuverlässige Karten über verschiedene Länder fehlten, war es natürlich schwer, die tatsächliche Stärke eines Reichs zu beurteilen. Da war es um so wichtiger, stark zu erscheinen. Hier kamen der Luxus und die Protzerei ins Spiel. Die Delegation, die zu den bevorstehenden Verhandlungen geschickt werden sollte, sollte Freund und Feind durch ihre Großartigkeit imponieren, so war es gedacht. Eine Art Luxusspione wurden deshalb nach Frankreich entsandt, um dort die neueste Mode, was das Servieren bei Tisch, Kutschen, Pagen und weiteres mehr betraf, in Erfahrung zu bringen. Nun stand nur noch ein kleines Detail aus: die Finanzierung.

Hier betrat Eriks Onkel die Szene. Er übernahm es damals, der Krone 30 000 Reichstaler zu leihen. Mit diesem Geld sollten Kleider und Ausrüstung für Johan Oxenstierna, den ältesten Sohn des Reichskanzlers Axel Oxenstierna, beschafft werden. Er sollte der schwedische Gesandte bei den kommenden Friedensverhandlungen sein. Und als Dank versprachen die Regierenden Eriks Onkel einen Adelstitel. (Die förmliche Adelung erfolgte im Jahr darauf. Erik Eriksson fand sich da in Erik Svanfelt verwandelt. Er wählte ein Wappen mit einem Schwan – dieser galt als besonders edler und vornehmer Vogel –, der mit ausgebreiteten Flügeln und dramatisch gebogenem Hals dastand.

Als der Sommer zu Ende war, reiste der Onkel zurück nach Deutschland, und Erik begleitete ihn. Den Winter verbrachte Erik in Lübeck bei der Familie und den Schwiegereltern des Onkels. Dort wurde der Junge auch mit seinen leiblichen Geschwistern Sara und Aron wiedervereint. Die Kinder waren keineswegs nur Gäste im Haushalt, sondern sie mußten für ihren Unterhalt arbeiten; die dreizehnjährige Sara arbeitete als Dienstmädchen in der Familie. Erik mußte den Onkel als Gehilfe auf einigen kürzeren Reisen begleiten. Offenbar hatte er jedoch nach Ansicht des Onkels bald seine Schuldigkeit getan. Dieser begann davon zu sprechen, es sei besser, Erik »wäre bei einem Herrn, der in Angelegenheiten der Krone tätig ist«, so daß er »darin einigermaßen gewohnt und erfahren werden könne«. Der Gedanke war wohl nicht so abwegig in einer Zeit, als der Weg nach oben meist über den aufgrund des Krieges rasch wachsenden Staatsapparat führte. Erik Eriksson würde außerdem auf diese Weise die Verantwortung für seinen Neffen loswerden.

Gesagt, getan. Der Onkel schrieb einen Brief an den Oberkämmerer in Pommern und Mecklenburg, der in Stettin wohnte – 250 Kilometer östlich –, und fragte an, ob es bei ihm eine Stelle für einen jungen Mann gebe. Die Antwort war positiv. Als dies klar war, führte der Onkel eine sonderbare Transaktion durch. Als Vormund hatte Erik Eriksson das Erbe nach dem Tod der Eltern des Jungen verwaltet, aber er hatte offenbar auch einen gehörigen Teil dieses Erbes selbst behalten, unter anderem das Geld aus dem Verkauf des väterlichen Hofes sowie einige Silbergegenstände. Um sich gegen spätere Forderungen Eriks abzusichern, präsentierte er dem Jungen nun eine Rechnung über die Auslagen, die er für dessen Schulbesuch in Hamburg gehabt hatte; die Endsumme belief sich auf etwa 400 Reichstaler. Dies war ein klares Signal seitens des Onkels. Ihre finanziellen Angelegenheiten waren damit geregelt, und von nun an mußte Erik für sich selbst sorgen.

Am 10. Mai 1641 wurde Erik auf einen Wagen nach Stettin gesetzt. Der Onkel bezahlte den Fuhrmann, und dann begann die Reise.

Es war ein bitterer Abschied für den fünfzehnjährigen Jungen. Offenbar entsprach dies nicht seinen eigenen Wünschen. Das Wiedersehen mit den Geschwistern war wiederum nur ein schmerzlich kurzes Intermezzo gewesen. Vielleicht hatte er weiterhin auf die Hilfe und die Fürsorge durch den Onkel gehofft. Aber nein. Noch viel später, wenn er an diesen Tag der Abreise aus Lübeck zurückdachte, erfüllten ihn Zorn und Bitterkeit. Von jetzt an war er auf sich selbst gestellt, nun mußte er sich allein durchschlagen. Er fühlte sich offenbar verraten, alleingelassen von dem bißchen Familie, auf das er sich noch hätte stützen können. Kurz vor der Abfahrt gab der reiche Onkel ihm vier Reichstaler. Das war alles. Erik selbst sagte später: »Dies war mein ganzer Reichtum, mit dem ich meine Wanderung durch diese böse und arglistige Welt begann.« Dann rollte der Wagen mit ihm unter dem Maihimmel davon, hinaus aus der Kindheit und hinein in die Ungewißheit des Erwachsenenlebens.

V

DER FEUERTAUFE ENTGEGEN

(1641–1643)

1. Ein Krieger stirbt

AUFRUHR IN SPANIEN. – OFFENSIVE GEGEN PICCOLOMINI. –
DER TRAURIGE SOMMER 1641. – UNZUFRIEDENHEIT IN DER ARMEE. –
DIE VÄSTGÖTER IN CHEMNITZ. – HERBST. – TRINKGELAGE UND
KONFERIEREN IN HILDESHEIM. – DER REICHSTAG IN REGENSBURG. –
BANÉRS COUP. – DIE KAISERLICHE GEGENOFFENSIVE. –
DER ANGRIFF AUF NEUNBURG. – ÜBER DEN BELAGERUNGSKRIEG. –
›STATT KUGELN KÖNNEN WIR STEINE NEHMEN‹. –
DER RÜCKZUG AUS BÖHMEN. – BANÉRS ZUSTAND VERSCHLECHTERT SICH. –
WIE MAN KRANKHEITEN SAH. – BANÉR STIRBT.

Die Erwartungen waren groß gewesen, als Johan Banérs Armee im Mai 1640 in Erfurt mit den Truppen der Verbündeten vereinigt worden war. Zum erstenmal seit sechs Jahren, seit der Schlacht bei Nördlingen, waren die Schweden ihren Gegnern überlegen. Und nicht nur die militärischen Aussichten waren ungewöhnlich gut, auch die politischen Winde wehten in die richtige Richtung.

Eine Zeitlang gegen Ende des Jahres 1637 hatte es so ausgesehen, als sei ein vollständiger Sieg der Kaiserlichen in greifbarer Nähe, aber dies wirkte jetzt ganz illusorisch, nachdem die kaiserliche Front am Rhein eingebrochen war und ein großes schwedisch-französisches Heer im Herzland des Reiches stand. Das große Rad drehte sich weiter. Der Krieg schien kein Ende zu nehmen.

Außerdem konnte der Kaiser nicht mehr mit dem Beistand der spanischen Habsburger rechnen. Eher waren diese es, die Hilfe nötig hatten. Im Spätwinter 1640 kam zuerst die befürchtete Nachricht, daß die große Armada, die ausgeschickt worden war, um den Holländern ihre brasilianischen Besitzungen wieder abzunehmen, vor Recife in einer vier Tage dauernden Seeschlacht besiegt worden war. Danach, im Frühsommer desselben Jahres, brach der lange befürchtete Sturm in Katalonien los. Der Krieg hatte zu ständig wachsenden Belastungen der dort lebenden Menschen geführt, nicht zuletzt in Form von Unterhalt für die durchmarschierenden Armeen aus Kastilien, dem Land, das im spanischen Reich dominierte. Für die kastilischen Soldaten und deren auf ihre Herkunft stolzen Offiziere waren die Katalanen fast ebenso fremd wie die Franzosen. (»Spanien« war wie »Frankreich« oder »Deutschland« eher ein geographischer als ein politischer Begriff. Die sprachlichen und kulturellen Unterschiede innerhalb Spaniens waren wie in den anderen Reichen beträchtlich.) Die Kastilier führten sich oft auf, als seien sie in Feindesland, stahlen, plünderten und prügelten. Nach einer Periode der Unzufriedenheit und sporadischer Gewaltausbrüche schlug schließlich die Unruhe in Barcelona in offenen Aufruhr um; aufgebrachte Volksmassen zogen durch die Straßen und lynchten jeden kastilischen Soldaten, der ihnen in die Hände fiel. Der Mann, den die Regierenden in Madrid als Vizekönig über Katalonien eingesetzt hatten, mußte Hals über Kopf fliehen, wurde aber vom Mob eingeholt, der ihn tot am Straßenrand zurückließ, buchstäblich in Stücke gerissen. Danach wählten die Katalanen den französischen König Ludwig XIII. zu ihrem neuen König, woraufhin ein zwölf Jahre dauernder Krieg – es wäre wohl verfehlt, ihn Bürgerkrieg zu nennen – zwischen Katalonien und Kastilien ausbrach.

Später im gleichen Jahr brach auch Portugal aus seiner Union mit Spanien aus. Dessen überdrüssig, wie eine Kolonie behandelt zu werden, und empört unter anderem über eine fünfprozentige Steuer auf jegliches Eigentum, schlossen sich die Portugiesen um den Herzog von Braganza zusammen, als dieser sich selbst als Johann IV. zum König von Portugal ernannte. Niemand wagte zunächst, dem spanischen König Philipp IV. zu berichten, daß noch eine große Revolte in seinem Reich ausgebrochen war. Schließlich faßte sein erster Minister Olivares sich ein Herz: »Gute Neuigkeiten, Majestät, gute Neuigkeiten. Sie haben ein neues Herzogtum und große Besitztümer gewonnen.« »Was ist denn geschehen?« fragte der König. »Sire, der Herzog von Braganza ist wahnsinnig geworden und hat sich zum König von Portugal erklärt, nun können Eure Majestät seine Besitzungen konfiszieren, die zwölf Millionen Dukaten wert sind.« Es war eine Episode, die einen kleinen Fingerzeig darauf gab, warum das mächtige Spanien allmählich im Begriff war, seine Stellung als Europas führendes Imperium zu verlieren. Mit einer ungebildeten, hochmütigen und parasitären Oberschicht, einem hoch verschuldeten Staat, einem Gewerbe, das aufgrund mangelnder Investitionen und eines Übermaßes an Steuern dahinsiechte, einem rückläufigen Handel – nicht zuletzt deshalb, weil man am Anfang des Jahrhunderts die wirtschaftlich bedeutenden Mauren und Juden aus dem Land gejagt hatte – und einer unproduktiven Landwirtschaft konnte es nicht anders gehen. Es gab zwar durchaus Möglichkeiten, den Verfall aufzuhalten, doch die Herrschenden verschlossen nur die Augen vor der Realität und paßten deren Bild ihren Vorurteilen an, worauf sie sich stolz in üppigen Luxus und pathetischen Erinnerungen an die herrlichen Heldentaten ihrer Vorväter verloren.

Nein, auf irgendeine Hilfe von dort konnten die Habsburger in Wien nicht länger zählen.

Kaiser Ferdinand war angeschlagen. Seine eigene Position im deutschen Reich wurde auch immer fragwürdiger. Dies war nur teilweise das Verdienst der Franzosen und Schweden, denn die gefährlichste Attacke gegen seine Autorität wurde in diesem Jahr nicht mit Waffen ausgeführt, sondern mit Worten, in Form einer anonymen Schrift mit dem Titel *Dissertatio de Ratione Status in Imperio Romano-Germanico*. Sie zeigte mit peinlicher Deutlichkeit die Schwäche in den aufgeblähten konstitutionellen Ansprüchen des Kaisers auf, und wie das Haus Habsburg den Thron mißbraucht hatte. Das Pamphlet bekam eine unerhörte Durchschlagskraft in Deutschland, und immer mehr Stimmen sprachen mit immer größerem Nachdruck von einer Art Kompromiß, um endlich, endlich dem Elend ein Ende zu machen. Um Unterstützung für seine Sache zu gewinnen, beschloß Ferdinand, den Reichstag einzuberufen, der seit 1608 nicht zusammengetreten war.

Während das Treffen vorbereitet wurde, ging der Krieg weiter.

Banér hatte jetzt 32 000 Mann zur Verfügung, das größte Heer, das er je ins Feld geführt hatte. Am 7. Mai brach die Armee von Erfurt auf. Selten sah man ein solch farbiges und unüberschaubares Gewimmel von Soldaten, Kanonen und Wagen an einem einzigen Ort, und auf den Mauern und Türmen der Stadt drängten sich Männer, Frauen und Kinder, die das merkwürdige Schauspiel begafften. Jetzt zogen sie los, um Piccolominis Armee über den Haufen zu rennen.

Die Probleme ließen indessen nicht lange auf sich warten. Das Heer bestand aus fünf verschiedenen Truppenkontingenten: Schweden, Hessen, Lüneburgern, Franzosen und, nicht zu vergessen, den störrischen Bernhardinern. Der cholerische Banér war es gewohnt, im Stil eines Oberbefehlshabers ganz nach seinem eigenen Kopf zu schalten und zu walten, aber nun sollten die Operationen der Armee von fünf alles andere als gleichgestimmten Persönlichkeiten gelenkt werden. Der wesentlichste Grund, warum es so ungeheuer schwer war, einen Frieden zustande zu bringen, war – abgesehen davon, daß das Kräfteverhältnis zwischen den beiden Seiten jetzt so ausgeglichen war, daß die Kämpfe stets in militärischen Pattsituationen endeten –, daß so viele Staaten in den Krieg verwickelt waren und daß sie so unterschiedliche Kriegsziele verfolgten; die Zahl der Variablen im Spiel war zu hoch. Eine Miniaturversion dieses Dilemmas wurde rasch in Banérs Armee sichtbar.

Banér wollte nach Südosten gehen, um den alten schwedischen Gedanken zu verwirklichen, den Krieg in die Erblande des Kaisers zu tragen; die Hessen wollten, daß das Heer sich aufteilte, so daß sie zusammen mit den Franzosen anfangen konnten, gegen die Spanier in den Niederlanden zu kämpfen; die Lüneburger dagegen wollten das Heer um jeden Preis zusammenhalten, weil eine Aufspaltung mit großer Wahrscheinlichkeit dazu führen würde, daß die 10 000 hungrigen schwedischen Münder sich nach Norden und damit ins Lüneburgische wendeten; die Franzosen wollten sich am liebsten nicht allzu weit von den für sie so wichtigen Grenzgebieten am Rhein entfernen, während sie gleichzeitig – einer geheimen Absprache folgend, die zwischen ihnen und den mit dem Kaiser verbündeten Bayern geschlossen worden war nach Möglichkeit vermeiden wollten, Operationen in diese Richtung auszuführen; und die Bernhardiner wollten Bezahlung, Beute und gute Quartiere und kümmerten sich darüber hinaus wenig um die übergeordneten Kriegsziele, weshalb sie sich die ganze Zeit an den hielten, der ihnen von den drei genannten Gütern am meisten versprach. Das Resultat war eine endlose Reihe endloser Lagebesprechungen, wo räsonniert, argumentiert und obstruiert wurde, während der nicht besonders diplomatisch veranlagte Banér mit den Armen fuchtelte und in hilflosem Zorn polterte. Und als sei es nicht schon schwer genug, den Haufen intriganter Generale im Rat dazu zu bringen, am gleichen Strang zu ziehen, tauchten von allen Ecken und Enden unaufhörlich kleine, hochbepackte Konvois mit perükkengeschmückten Diplomaten, herumreisenden Gesandten und akkreditierten und nichtakkreditierten Residenten auf, die an unsichtbaren Fäden zogen und zerrten und eigene bescheidene Ansichten vorbrachten, wie die Kampagne *eigentlich* durchzuführen wäre. Banérs Heer, das früher wie ein abgemagerter, aber sehniger und lebensgefährlicher Wolf umhergejagt war, wurde auf diese Weise in ein überdimensionales Urzeitmonster verwandelt, das zwar eine imponierende Reihe von Reißzähnen hatte, sich aber nur mit größter Mühe bewegte, wobei es schwerfällig mit seinem langen Schwanz schlug.

Außerdem zeigte sich schnell, daß der erfahrene Piccolomini ein wesentlich geschickterer Feldherr war als sein Vorgänger. Das besagt nicht so schrecklich viel, wenn man bedenkt, daß es sich bei jenem um Gallas gehandelt hatte, doch der Unterschied war hinreichend groß, um jede Hoffnung auf leichte und schnelle Siege rasch in der Versenkung verschwinden zu lassen. Obwohl sein Heer durch ein großes bayerisches Korps verstärkt worden war, trat Piccolomini mit äußerster Vorsicht auf. Zur gleichen Zeit, als Banérs Armee auf die passende Reichweite heranrückte, um zuschlagen zu können, ließ er seine Armee hinter eilig gegrabenen Erdbefestigungen verschwinden und brachte damit alles zum Stillstand. Anfang Mai befand sich Piccolominis Heer in einem großen, starken und günstig gelegenen Lager bei Saalfeld. Ohne Möglichkeiten für eine Erstürmung setzte Banér die eingegrabenen Feinde einem donnernden Artilleriebeschuß aus, der Tag um Tag anhielt, aber mehr theatralisch spektakulär als effektiv war – Brandkugeln setzten zahlreiche Reisighütten und Zelte der Kaiserlichen in Brand, und dann und wann wurde ein unvorsichtiger Mann in Stücke gerissen, wenn er sich aus seiner Deckung herausgewagt hatte, aber das war auch alles. Wieder einmal wurde deshalb ein Hungerkrieg inszeniert, der nichts anderes war als ein grotesker Durchhaltewettstreit, gewürzt mit gelegentlichen ergebnislosen Kleingefechten in den umgebenden Wäldern. Während des Sommers führten die Armeen mehrere Rochaden von ein paar Dutzend Kilometern nach hier oder dort aus, woraufhin sie rasch in einer ebenso erstarrten und ebenso hoffnungslosen Position landeten wie bei Saalfeld – Piccolominis Heer in einem schändlich gut befestigten Lager eingegraben, während Banérs Heer durch eine trostlose Kavalkade von Patrouillengefechten und Überfällen auf Posten des Gegners vergeblich versuchte, diesen zu einem Kampf im offenen Feld zu verleiten.

Für die Soldaten war es eine qualvolle Zeit. Sie kämpften in Gebieten, durch die der Krieg bereits einige Male hin- und hergegangen war, weshalb sie gründlich kahlgefressen und teilweise entvölkert waren. Dies machte es schwer, um nicht zu sagen unmöglich, Proviant zu beschaffen. Man muß dabei in Erinnerung behalten, daß die Heere nicht nur aus Soldaten bestanden, sondern daß auch große zivile Kontingente von Dienern, Frauen und Kindern, Knechten, Troßjungen, Marketendern, Huren, Invaliden, Pfandleihern, Ärzten, Geistlichen und anderen dazugehörten. In der Regel kam mindestens ein solcher Zivilist auf jeden Soldaten im Glied. Dies bedeutete, daß die beiden Armeen zusammen aus rund 130 000 Menschen bestanden, was für die schon schwer verwüsteten Gebiete natürlich eine unmögliche Belastung war. Es war kaum verwunderlich, daß es an allem fehlte. Weil es kein Mehl gab, gab es selten Brot, statt dessen mußten die Soldaten sich von wilden Pflanzen, Äpfeln und unreifen Rüben ernähren. Es half auch nicht, daß die Offiziere eigenes Geld zuschossen, um ihren hungernden Soldaten Essen zu kaufen, denn die Städte und Dörfer waren so leer und ausgeplündert, daß es dort nichts zu kaufen gab – sogar das Gold hatte in dieser von Menschen geschaffenen Wüste seinen Wert verloren. Die höheren Offiziere, die sich ansonsten nicht schlecht zu versorgen verstanden, klagten laut und vernehmlich darüber, daß kein Wein zu bekommen war und sie statt dessen etwas so Unzweckmäßiges wie Wasser trinken mußten. (Ein Mangel, der immerhin den guten Nebeneffekt gehabt haben muß, daß die Sauferei unter den Offizieren ein wenig reduziert wurde.) Der Sommer 1640 war zu allem Überfluß feucht und kalt. Wegen des ewigen Sprühregens mußten die Soldaten oft tagelang in völlig durchnäßten Kleidern herumstiefeln, was sie nicht gerade aufmunterte. Und immer wieder waren Wege überschwemmt, die Truppen mußten durch Wasser und Schlamm waten, während Troßwagen und Kanonen steckenblieben und viele Pferde sich zu Tode rakkerten. Und die durchnäßten und hungrigen Männer und Generale konnten mit der gleichen Frustration über die grünen Äcker blicken, wo die Saat wegen der Nässe mit irritierender Langsamkeit reifte.

Dem Hunger folgten wie immer die Krankheiten. Epidemien flammten in diesem Sommer mit quälender Regelmäßigkeit auf. Außerdem wurde es noch schlimmer dadurch, daß so viele tote Tiere und Menschen in den Gewässern umhertrieben, während gleichzeitig unbestattete Körper hier und da längs der matschigen Wege und in den Laufgräben zu sehen waren – der Leichengestank verfolgte die Soldaten wie der strömende Regen den ganzen Sommer über: Den neuen Kriegern ging da die alte Wahrheit auf, daß Krieg immer übel riecht.

Katen und Hütten entlang der Straßen waren in der Regel voll von Kranken, die man nicht sammeln konnte, weil Pferde und Wagen fehlten. Und viele Soldaten, die zu schwach waren, sich auf und davon zu machen, schlichen sich aus dem Glied und verreckten irgendwo in einem Dickicht. Eine der von Krankheit Betroffenen war Banérs eigene Frau, Elisabeth Juliana, die Ende Mai am Fieber starb. Banér weinte und trauerte, und der Anblick ihres mit Laub und Wiesenblumen geschmückten Sargs brachte den impulsiven Mann dazu, vorübergehend mit dem Gedanken zu spielen, sein Kommando niederzulegen und heimzureisen. Aber es war denn doch nicht so schlimm, daß er nicht knapp zwei Wochen nach dem Tod seiner Ehefrau einen Ersatz ausfindig machte, die gerade sechzehnjährige Markgräfin von Baden, mit der er sich nach einer kurzen und wildentschlossenen Werbung Anfang September verheiratete. Zu Banérs grenzenloser Enttäuschung – nicht zuletzt triebmäßig, darf man vermuten – weigerte sie sich jedoch, ihm ins Feld zu folgen.

Der Hunger und die Krankheiten schufen unter den Soldaten eine Unzufriedenheit, die zeitweilig in reine Meuterei umzuschlagen drohte. Schon während des Frühjahrs hatte man Anzeichen dafür erkennen können, daß die Stimmung unter den Soldaten alles andere als gut war.

Zu einem solchen Vorfall kam es in Chemnitz im südlichen Sachsen, wo die västgötische Reiterei als Besatzung lag. Die Reiter aus Västergötland waren 1638 nach Deutschland gekommen, als Teil des gleichen Verstärkungskontingents wie die rasch gestorbenen Soldaten aus Bygdeå. Auch die Västgöter litten schwer in der ersten Zeit. Nach einem Jahr standen weniger als 300 der ursprünglich entsandten 649 Männer noch im Glied; ein paar waren im Kampf gefallen, ein Teil war aufgrund eines extremen Mangels an Reitpferden nach Hause geschickt worden, aber weitaus die meisten waren verschiedenen Krankheiten erlegen. Viele schwedische Truppenkommandeure hatten wie gesagt eine nonchalante Einstellung in bezug auf das Wohlergehen ihrer Soldaten, und häufig kam es vor, daß sie nach einiger Zeit ganz einfach nach Schweden zurückreisten und ihre Verbände sich selbst überließen. Harald Stake, der Kommandant des Västgötaregiments, war auch nach Hause gereist und hatte das Kommando dem Oberstleutnant Johan Printz übertragen, einem unglaublich fetten 50jährigen Mann mit hellbraunem Haar und vorgeschobenem Kinn, der sie später führte, als sie als Besatzung nach Chemnitz verlegt wurden. Er hatte die Västgöter zur Ausbesserung der baufälligen Stadtmauern abkommandiert. Zu dieser Zeit meinten Krieger in der Regel, derartige grobe Arbeiten seien unter ihrer Würde. (Dies war eine der Ursachen dafür, daß unbestattete Leichen und Tierkörper ein so großes Problem waren; die Soldaten weigerten sich häufig, sie anzurühren, weshalb die Bestattung als eine Aufgabe der örtlichen Zivilbevölkerung angesehen wurde, vorausgesetzt, eine solche existierte noch.) Die Västgöter machten keine Ausnahme, sie murrten, und einer von ihnen rief laut: »Mag der Teufel sowohl arbeiten als fechten.« Printz stürzte sich mit dem Degen auf den Mann, um ihn zu bestrafen, aber da scharten sich alle Reiter um ihn, und der Oberstleutnant war gezwungen, sich auf sein Pferd zu werfen und die Flucht zu ergreifen. Später gelang es Printz, den aufsässigen Västgöter festzusetzen, doch da stürmten an die hundert Reiter den Kerker, verprügelten den Profos und befreiten ihren Kameraden.

Ende April wurde Chemnitz von einem kaiserlichen Verband von über 8000 Mann unter Eduard von Braganza angegriffen. Nach fünf Tagen und Nächten ununterbrochener Kämpfe und Erstürmungsversuche waren die Västgöter am Ende ihrer Kräfte – man konnte Reiter sehen, die so erschöpft waren, daß sie durch den Rückstoß beim Abfeuern ihrer Musketen von den Mauern herabpurzelten. Ganze Gruppen von Soldaten ließen ihre Posten im Stich, und die Offiziere mußten sie unter Androhung von Waffengewalt zurücktreiben. Doch schließlich machten die Reiter Printz in aller Form ihre Aufwartung und forderten, daß man aufgeben solle, da niemandem damit gedient sei, wenn sie alle stürben »wie Schafe«. (Die Bürger der Stadt wollten auch ein rasches Ende der Kämpfe und um jeden Preis einen Sturm auf die Stadt vermeiden, der unausweichlich eine allgemeine Plünderung nach sich gezogen hätte; auch sie forderten einen Kompromiß und hinderten die Reiter am Fortkommen auf den Straßen der Stadt.) Mit so entmutigten Soldaten gegen einen so übermächtigen Feind zu kämpfen war unmöglich, und es wurde beschlossen zu kapitulieren. Die västgötischen Reiter wurden ihrer Fahnen, Pferde und Waffen beraubt und wie Weidevieh in Richtung der schwedischen Linien nach Norden getrieben. Die zusammengeschmolzene, demoralisierte Truppe wurde dann auf zwei Schiffen nach Kalmar verfrachtet. Printz, seine Ehefrau, Kinder und bewegliche Habe wurden von den schwedischen Armeebehörden unter Arrest genommen, und anschließend wurde er vom Kriegsgericht in Stockholm hochnotpeinlich vernommen. Der Rat beschloß danach, ihn »aus dem Regiment zu entfernen« – doch erlebte er einige Zeit später ein denkwürdiges Comeback als Gouverneur der schwedischen Kolonie in Amerika.

In der Hauptarmee war die Stimmung, wie zu erwarten war, am schlechtesten unter den launischen und eigenwilligen Bernhardinern. Eines Tages hielten einige von ihnen die goldgeschmückte Karosse des französischen Oberbefehlshabers de Longueville an, richteten ihre geladenen Pistolen auf ihn und zwangen ihn, eine Zusicherung zu unterschreiben, daß sie bald den wie immer verspäteten Sold bekommen sollten. Anfang August meuterten sie regelrecht, wurden aber mit Hilfe neuer Geldsendungen wieder beschwichtigt. Auch die hessischen und lüneburgischen Soldaten waren unzufrieden, aber sie hatten es näher nach Hause, weshalb sie in solchen Mengen desertierten, daß Mitte Juni nur noch gut ein Drittel von ihnen übrig war – ihre Mannschaftsstärke war so gering, daß sie Schwierigkeiten hatten, einen geregelten Wachdienst aufrechtzuerhalten. Als kaiserliche Verbände später sich ihren Heimatländern zu nähern begannen, verschwanden auch die hessischen und lüneburgischen Offiziere eilig von ihren Posten; sie reisten ganz einfach nach Hause unter dem Vorwand, ihre »privaten Angelegenheiten« zu ordnen. So hatten die hessischen und lüneburgischen Kompanien, als es auf den Herbst zuging, nur noch eine rein kameralistische Existenz. In vielen Fällen war nichts weiter von ihnen übrig als ihre zurückgelassenen Fahnen.

Als die übliche Kampfsaison Ende Oktober ihrem Ende zuging und der regnerische Sommer in einen windigen und naßkalten Herbst überging, standen die beiden gegnerischen Armeen in den Grenzgebieten zwischen Westfalen und Lüneburg, rund 200 Kilometer von den Ausgangspositionen des Frühlings entfernt. Keine von ihnen hatte etwas erreicht. Keine von ihnen hatte etwas gewonnen, das auch nur entfernt als Sieg bezeichnet werden konnte. Keine von ihnen war einer militärischen Entscheidung einen Schritt näher gekommen. Nur das große Rad hatte sich weiter gedreht, die Armeen waren verschlissen und bedeutende Teile von ihnen nun in flachen Gräbern über ganz Franken verscharrt. Es war eine sinnlose Vergeudung von Menschenleben, und Banér war sich dessen bewußt. Finster und ermattet stellte er fest, daß der Feldzug 1640 der schlimmste war, den er seit dem Tod Gustav Adolfs mitgemacht hatte.

Banérs Heer zog nach Nordwesten und zu den anvisierten Winterquartieren an der Weser, die Soldaten ausgemergelt in zerlumpten und geflickten Kleidern, manche ohne Strümpfe und Schuhe in der Herbstkälte, und viele Pferde hatten keinen Sattel. Es war schwer, Unterkünfte für die Soldaten zu finden, die trotz ihrer unzulänglichen Bekleidung bis in den Oktober hinein unter freiem Himmel liegen mußten. Viele der höheren Offiziere dagegen begaben sich nach Hildesheim, wohin Banér sie zusammengerufen hatte, um »Konferenz« zu halten. Dort begann sogleich eine Zeit offiziösen Streitens und farbenfrohen Paradierens auf den Straßen, kräftig aufgelockert durch reichliches Saufen und Liederlichkeit. Mehrere denkwürdige Bankette und harte Trinkgelage wurden dort abgeleistet und durchgestanden. Banér und andere lagen mehrere Tage nach einer dieser Veranstaltungen darnieder: »Papistisches Gift«, munkelte man, aber wahrscheinlich war es verdorbenes Fleisch in Verbindung mit tapferem Saufen, das Schuld an diesen »Ausfällen« trug. Eine Episode mag erwähnenswert sein, weil sie zeigt, mit welcher Unverfrorenheit die Krieger auch in zwanglosen Situationen und im eigenen Land auftreten konnten, und weil sie darüber hinaus demonstriert, welch geringen Wert der Bürger im Vergleich zum Adligen hatte.

Das Ganze begann damit, daß ein Bürger der Stadt, reichlich phantasielos, beschlossen hatte, Hochzeit zu feiern, während die Konferenz stattfand. Auf das Fest drängte sich jedoch eine Bande betrunkener Offiziere, allen voran einer von Banérs engsten Vertrauten, ein deutscher Landgraf. Die Gäste saßen schon bei Tisch, und der Bräutigam erhob sich sofort und erwies den degenrasselnden Edelmännern allen Respekt. Aber es half nicht. Als der Tanz erst in Gang war, begannen der Landgraf und sein Gefolge, die Frauen und jungen Mädchen so handfest zu betatschen, daß die älteren Bürgerfrauen und bald auch deren Männer betreten und ohnmächtig das Weite suchten. Danach veranstalteten die hohen Offiziere mit den eingeschlossenen Frauen eine wahre Orgie. Die Trinkgefäße wurden umgewälzt, die Möbel in Stücke geschlagen, die Fensterscheiben zerbrochen und die Butter vom Tisch über Decken und Wände geschmiert, und zum Abschluß machten der Landgraf und seine Männer Anstalten, das Haus mit Stroh niederzubrennen.

Nachdem die höheren Offiziere auf diese und andere Weise durch eifriges Bankettieren erquickt, die Soldaten durch eine Zeit der Ruhe erfrischt und alle durch 100 000 neue frische Reichstaler – eine Anleihe bei Adler Salvius in Hamburg – in Stimmung versetzt worden waren, wollte Banér den mißlungenen Sommer und Herbst mit einem kleinen Winterfeldzug kompensieren. Rein transporttechnisch hätte es ausgezeichnet funktionieren müssen. Eine strenge winterliche Kälte hatte sich eingestellt, die zuvor völlig ausgefahrenen Wege waren hart gefroren, und die meisten Gewässer waren eisbedeckt. So brach sein Heer Ende November auf und zog unter dem üblichen farbenprächtigen Gewimmel wieder nach Erfurt im Südosten – der französische Befehlshaber wollte sich wie schon zuvor auf keinen Fall zu weit vom Rhein entfernen, und Teile der bernhardinischen Truppe waren aufgrund eines Streits über die Rangordnung der Verbände stolz davongeritten und hatten auf eigene Faust eine zum Feldzug umgeschminkte Odyssee im winterlichen Westfalen angetreten.

Während des Marsches erhielt Banér eine Reihe überaus interessanter Nachrichten. Sie betrafen den deutschen Reichstag in Regensburg.

Kaiser Ferdinand III. hatte dort am 13. September den Reichstag eröffnet. Zunächst stellten sich die versammelten Stände und die Fürsten wohlwollend hinter seine Sache, aber es zeigte sich bald, daß eine bedeutende Mehrzahl der dort Versammelten nicht länger an eine militärische Lösung des Konflikts glaubte. Die Hoffnung auf einfache Siege hatte sich seit langem in festgefahrenen Hungerkampagnen wie der im voraufgegangenen Sommer durchlittenen verflüchtigt. Der Krieg hatte im Gegenteil eine Tendenz gezeigt, außer Kontrolle zu geraten, sich jenseits politischer Überlegungen und logischer Pläne zu verselbständigen und unaufhaltsam alles niederzuwalzen, was sich ihm in den Weg stellte. Die Stimmung war eindeutig für einen Kompromißfrieden, einen

Frieden, der auf Amnestie für alle, die die Waffen gegen den Kaiser erhoben hatten, sowie auf einer Wiederherstellung der delikaten Machtbalance baute, die vor dem Ausbruch des Kriegs 1618 bestanden hatte, wofür besonders die protestantischen Fürsten so hart gekämpft hatten. Doch etwas anderes in den Berichten ließ Banér aufhorchen. Es war ganz klar, daß der Kaiser selbst und die meisten der mit ihm verbündeten Fürsten sich in Regensburg befanden. Zwar lag Regensburg über 200 Kilometer Luftlinie südlich von Erfurt und jenseits der Donau, aber die Befestigungen der Stadt waren schwach und verfallen, und die strenge Kälte sorgte dafür, daß der Fluß bald eisbedeckt sein würde. Außerdem deuteten die Berichte an, daß die kaiserlichen Truppen bereits in einen vegetativen und geruhsamen Winterschlaf gesunken waren.

Ein abenteuerlicher und frecher Plan nahm in Banérs Kopf Gestalt an, ein Plan, der charakteristisch war für seine Feldherrenkunst. Warum nicht einen schnellen, überraschenden Vorstoß nach Süden machen und den deutschen Reichstag überrumpeln? Wenn man alle katholischen Fürsten auf einen Schlag zu fassen bekäme! Und wenn man, wenn man ... den Kaiser gefangennehmen könnte! Bot sich hier nicht die Möglichkeit, mit einem einzigen kühnen Coup den Gegner sowohl symbolisch als auch buchstäblich in die Knie zu zwingen?

Die Operation wurde in aller Stille während der letzten Tage des kalten Dezembers 1640 in Gang gesetzt. Die dick vermummten Kolonnen marschierten in raschem Tempo nach Süden, durch die verschneiten Wälder und Sumpfgelände des Vogtlandes, über Hof und Bayreuth, geschützt von einem Schwarm kampflustiger Reiterei, die auf allen gangbaren Wegen und Pfaden vorrückte.

Am 3. Januar 1641 erreichte man ein froststarrendes Auerbach. Alles deutete daraufhin, daß das Unternehmen bis dahin unentdeckt geblieben war. Die kaiserlichen Truppen lagen ruhig in ihren Winterquartieren.

Die ganze Operation war möglich, weil natürlich keine Nachricht schneller vorankommen konnte als ein Mann zu Pferd, und wenn Banérs Truppen ihr Eiltempo durch den Schnee und die winterliche Kälte halten konnten, war die Überrumpelung perfekt. In Auerbach begegneten die auf dem Vormarsch befindlichen Truppen einer Kolonne von 500 sicherlich recht konfusen Musketieren des kaiserlichen Regiments Gonzaga. Sie waren in ihrem Winterquartier von einer Reiterabteilung unter dem bekannten Kavalleriebefehlshaber Hans Christoffer von Königsmarck überrascht und gefangengenommen worden. Doch außer ihren Gefangenen brachten Königsmarcks Soldaten auch schlechte Nachrichten mit: Allem Anschein nach war der Feind alarmiert und trommelte gerade nach besten Kräften seine Kavallerie in Amsberg zusammen, das genau zwischen Banérs Heer und Regensburg lag.

In dieser Lage scheute Banér zurück. Einfach weiterzustürmen, direkt in die offenen Arme eines wartenden Feindes, konnte gefährlich sein. Die Armee machte deshalb in Auerbach halt, während weitere Erkundungspatrouillen in die Winterkälte ausgesandt wurden, um klare Erkenntnisse zu gewinnen. Die Tage verstrichen. Einer, zwei, drei.

Sonderbarerweise kamen keine weiteren Berichte, die darauf schließen ließen, daß die Kaiserlichen unter Waffen standen. Vier Tage, fünf. Im Gegenteil. Eine schwedische Reiterabteilung stolperte auf dem verschneiten Weg zwischen Prag und Nürnberg über einen großen und nichts Böses ahnenden Transport mit Ausrüstung, den sie erbeutete. Eine andere Truppe unter Taupadel überrumpelte ein großes Vorratslager in Hersbruck. Überall nur Schweigen, Stille und verblüffte Mienen, wenn Scharen schwedischer Reiterei sich plötzlich mit vereisten Kürassen, bereiften Bärten und befehlenden Fragen offenbarten. Sechs Tage.

Nein, der Rapport von Königsmarck beruhte offensichtlich auf einem Mißverständnis. Die Kaiserlichen waren nicht alarmiert. Aber während der sechstägigen Wartezeit in Auerbach wurden sie es.

Banér wollte dennoch einen Versuch machen, einen letzten Sprung nach Regensburg, obwohl in der Stadt und den ringsumher gelegenen verschiedenen Winterlagern der kaiserlichen Armee schon Alarm gegeben worden war. Die Nachricht vom Herannahen der Schweden hatte zwar zu einer Panik in Regensburg geführt, aber der nicht gerade leicht zu erschreckende Ferdinand III. behielt die Ruhe und weigerte sich, den Reichstag abzubrechen. Die Beute blieb in Reichweite.

Banérs Armee setzte also ihren Marsch nach Süden fort. Drei Reiterregimenter wurden durch weiße Wälder vorausgeschickt. Sie sollten einen Übergang auf das südliche Ufer der Donau ausfindig machen. Eile war geboten.

Während des Marsches trat das ein, was Banér befürchtet hatte. Das Wetter schlug um. Die Kälte ließ nach. Der Schnee rutschte in großen Klumpen von den Bäumen, ein Zeichen, daß Tauwetter zu erwarten war. Und Tauwetter bedeutete, daß das Eis auf der Donau aufbrechen würde. Die drei Reiterregimenter gelangten jedoch noch über den Fluß, 35 Kilometer östlich von Regensburg. Unbemerkt konnten sie weiter auf die Stadt zureiten.

Vor Regensburg überraschte die schwedische Abteilung eine große Gesellschaft. Es waren Angehörige des kaiserlichen Hofes! Unter ihnen fiel den schwedischen Reitern eine schöne Sänfte ins Auge, die zwischen zwei Mauleseln aufgespannt war. Schnell wurde die Gesellschaft eingefangen.

Es zeigte sich, daß es sich um Kaiser Ferdinands Falkner und Jagddiener handelte. Da waren acht Handpferde. Da waren nicht weniger als achtzig Falken. Aber da war nicht der Kaiser. Die Sänfte war leer. Zwar hatte der Kaiser vorgehabt, mit seinen Leuten auf die Jagd zu gehen, aber er war ein wenig aufgehalten worden. Enttäuscht und mit leeren Händen mußten die schwedischen Kavalleristen über das rasch schmelzende Donaueis zurückreiten.

Der Schlag gegen Regensburg war ein Schlag ins Wasser. Banér ließ seine Truppen bis an den jetzt offenen Fluß marschieren. Er selbst ging ganz hinunter bis zu einem Waschhaus am Ufer, doch nur um zu sehen, daß eine Überquerung des Flusses tatsächlich nicht mehr möglich war. So stapften Banér und seine Soldaten enttäuscht wieder von dannen, nachdem die schwedische Artillerie zum Abschied an die 500 Schuß in das Gewimmel von Dachfirsten und Giebeln abgegeben hatte.

Hiernach spaltete sich das Heer. Banér verstieß in grober Weise gegen früher getroffene Abmachungen mit den Franzosen und ließ seine Truppen ostwärts nach Böhmen ziehen. Offenbar hoffte er, damit die Franzosen zwingen zu können, sich ihm anzuschließen, um zu vermeiden, mitten in Feindesland allein zurückgelassen zu werden. Doch die Franzosen mit dem Oberbefehlshaber Guébriant an der Spitze begannen nur, vor Wut über diesen klaren Bruch eines gegebenen Versprechens mit den Augen zu rollen. Sie drohten damit, jede weitere Zusammenarbeit abzubrechen, und zogen statt dessen nach Westen ab. Gleichzeitig gingen Banérs Truppen nach Osten auf Cham zu, auf der gebirgigen Grenze zwischen der Pfalz, Bayern und Böhmen, und dort bissen sie sich fest. Um Cham herum war die Versorgungslage gut, und gleichzeitig würde es natürlich ein Leckerbissen sein, von hier aus, so nah an den kaiserlichen Erblanden, den Sommerfeldzug einzuleiten. Zwar war das Heer nach der Trennung von den Franzosen geschwächt, doch Banér glaubte nicht, daß die Kaiserlichen ihre Truppen auf die Beine stellen und während des Spätwinters einen Feldzug wagen würden. Zunächst schien alles nach Plan zu gehen. Die Kaiserlichen ließen sich nicht blicken. Nachzügler trudelten ein, die Soldaten ruhten sich aus, Wagen und Waffen wurden instand gesetzt, Banér soff, sauer über seine abwesende junge Frau, und wechselte Brief auf Brief mit den beleidigten Franzosen, während die wintergrauen Februarwochen langsam dahingingen.

Da geschah es.

Am Abend des 7. März, eines Sonntags, offenbarte sich ein einsamer Reiter im schwedischen Lager bei Schwandorf. Er berichtete, daß er einer Gruppe von Dragonern angehört hatte, die als Besatzung in einem Schloß nordöstlich von Regensburg einquartiert gewesen waren. Jetzt waren alle seine Kameraden tot. Einige Stunden zuvor hatten nämlich starke feindliche Verbände das Schloß gestürmt und sie niedergemacht. Und nun war die gesamte kaiserliche Armee mit blanken Waffen auf dem Weg direkt nach Cham.

Bald klärte sich das Bild. Nur selten kam es vor, daß die Feldherren ihre Pläne und bevorstehenden Operationen geheimhalten konnten. Zum Teil beruhte dies sicherlich darauf, daß Täuschungsmanöver und Geheimaktionen als nicht richtig würdig angesehen wurden. Es war eine Zeit großer Gesten und zeremoniellen Brimboriums, und dies spiegelte sich auch in der Art, wie Kriege geführt wurden. Teils war auch der Sicherheitsdienst der Heere unentwickelt, ja nahezu nichtexistent, und in den Armeen waren ganze Schwärme von Spionen und bestochenen Informanten am Werke, denen es leicht fiel, in dem ständigen Strom von zivilen Lieferanten, Marketendern, Neugeworbenen und anderen, die in den Heerlagern ein- und ausgingen, mitzuschwimmen. Doch gegen alle Wahrscheinlichkeit war es den Kaiserlichen gelungen, in völliger Stille Streitkräfte aus ganz Süddeutschland zusammenzuziehen, die nun dabei waren, ein genau abgestimmtes Zangenmanöver gegen Banérs nichtsahnendes Heer auszuführen. Die Hauptstreitmacht kam grollend im Frühlingsregen aus der Gegend von Regensburg auf Cham zu. Gleichzeitig stieß ein großes Reiterkorps von Passau aus vor. Zwei lange Arme von Schwadronen und Bataillonen waren dabei, die schwedische Armee einzuschließen.

Banér hatte seinen Gegner unterschätzt, soviel war klar. Nun galt es nur, schnell den Kopf aus der Schlinge zu ziehen. In Cham feuerte die schwedische Artillerie Alarmschüsse ab, als Zeichen für die in der Umgebung liegenden Verbände, sich zu sammeln. Währenddessen erreichte die kaiserliche Hauptmacht Neunburg, nordwestlich von Cham. Einige schwedische Verbände, die sich in der kleinen Stadt gesammelt hatten, wurden jedoch eingeschlossen, bevor sie abziehen konnten. Den Befehl über sie führte Erik Slang, der einarmige Oberst, der an der Plünderung von Beraun in Böhmen beteiligt gewesen war. Er machte Piccolomini, der an der Spitze seiner Reiterei am Ort erschienen war, sogleich klar, daß er nicht daran denke, aufzugeben. Neunburg lag auf dem Weg nach Cham, und um weiter vorrücken zu können, mußten die Kaiserlichen zuerst Slangs Truppe bezwingen. Die Infanterie der kaiserlichen Hauptmacht wurde herangeführt, und am Morgen des 10. März war auch die gesamte kaiserliche Artillerie herangefahren und aufgeprotzt. Der Angriff konnte beginnen.

Die Kriege bestanden zu einem großen Teil aus Kämpfen um Festungen und befestigte Orte. Auch auf dem Gebiet des Festungsbaus hatte sich eine kleinere Revolution ereignet und die Kriegsführung verändert. Der alte Befestigungstyp, der das ganze Mittelalter hindurch gebaut worden war und aus Ringmauern bestand, die senkrecht und hoch, aber dünn waren – was völlig ausreichend war, weil sie in erster Linie dazu gedacht waren, Erstürmungen abzuhalten –, war durch ein neues System ersetzt worden, das *trace italienne* genannt wurde. Dieser neue Befestigungstyp hatte Mauern, die niedriger, winkelig und sehr dick waren und vor allem Schutz gegen schweres Artilleriefeuer bieten sollten. Während die mittelalterlichen Festungen rund oder viereckig gewesen waren, waren die neuen sternförmig angelegt, wobei die niedrigen Mauern von verwickelten Lagen von scharf gewinkeltem Außenwerk und Bastionen gesäumt waren, von denen man schweres Kreuzfeuer schießen konnte. Besonders diese neuen Festungen waren wichtig, denn sie waren unerhört schwer einzunehmen, und auf sie gestützt konnte man mit kleinen Verbänden große Gebiete in Schach halten; eine einzige Festung konnte zuweilen ein bis zu 80 Quadratkilometer großes Gebiet beherrschen. Hinter ihren Mauern konnte sich auch eine kleine Truppe mit Erfolg gegen einen weit überlegenen Gegner verteidigen, was im offenen Feld unmöglich war. Dies ist auch die Erklärung dafür, daß der Krieg zwischen den Spaniern und den Holländern so kostspielig, langwierig und gründlich festgefahren war. Es gab eine derartige Menge solcher neuer Festungen in Flandern und den Niederlanden, daß schnelle und raumgreifende Offensiven dort nicht möglich waren. Der Krieg nahm statt dessen die Form eines zähen und systematischen Durchbeißens durch die doppelten, dreifachen und vierfachen Linien von Bastionen, Ravelinen und Kronwerken an: Umdrehung für Umdrehung mußten die Kämpfenden sich in das harte Kernholz hineinbohren. Außerdem liebten viele Militärs, und besonders die sogenannten militärischen Denker, Belagerungen. Sie hielten sie für eine systematischere und kalkulierbarere Art der Kriegführung als das Herumwirbeln mit großen Heeren, die an einem einzigen unglücklichen Nachmittag von der Bildfläche verschwinden konnten und außerdem die unselige Neigung zeigten, die ganze Zeit durch Hunger und Krankheiten zusammenzuschmelzen. Bei manchen scheint auch der Gedanke durch, daß der Belagerungskrieg eine etwas zivilisiertere Form des Kriegs sei als der bewegliche Krieg, der mit allem Recht als »wild« beschrieben wurde. (Daß die Kriegführenden bei den Kämpfen in den Niederlanden mehr Zurückhaltung übten, zeigt sich daran, daß dort der sogenannte holländische Pardon praktiziert wurde. Er bedeutete, daß einer, der sich ergab, nicht automatisch geplündert wurde.) Daß es im westlichen Europa so viele Belagerungen gab, beruht wie gesagt darauf, daß es dort soviel mehr Festungen gab, während sie nach Osten hin immer weniger wurden. Die guten Leistungen der schwedischen Armee im Feld müssen wohl teilweise vor dem Hintergrund dessen gesehen werden, daß diese durch ihre Erfahrungen im Osten geprägt war, was sie für den Manöverkrieg und offenen Kampf geeigneter machte als viele kontinentale Armeen, die erheblich mehr darauf eingestellt waren, geruhsame Positionskriege zu führen und befestigte Orte einzunehmen.

Die einfachste Methode, eine Festung einzunehmen, war das Zernieren, was ein feineres Wort dafür war, daß man alle Ausgänge der Festung verstopfte und dann einfach wartete, bis der Hunger die Menschen in ihrem Inneren zwang, zu kapitulieren. (Als die Spanier 1624 Breda belagerten, hatten sie die Stadt mit Hilfe von unter anderem 96 Redouten, 37 Forts und 45 Batterien eingeschlossen, und die Zernierung war so effektiv gewesen, daß die Stadt im folgenden Jahr gefallen war, ohne daß ein einziger Schuß gegen ihre großen Bastionen hatte abgefeuert werden müssen.) Es konnte sich jedoch sehr lange hinziehen, da eine der wichtigsten Funktionen der Festungen darin bestand, als Magazin für die Feldarmeen zu dienen, und sie folglich erhebliche Vorräte gehortet haben konnten. Eine Belagerung wurde dagegen auf aktivere Weise betrieben, war aber in der Regel ein unerhört aufwendiges Unternehmen. Abgesehen von Kanal- und Festungsbauten waren Belagerungen die größten baulichen Operationen, die in dieser Epoche vorkamen. Dies bedeutete, daß man mit langsamer und würdevoller Kunstfertigkeit gewaltige Systeme von Parallelen, Annäherungswegen, Minengängen, Wurf- und Breschbatterien, Cirkum- und Kontravallationslinien und so weiter baute; teils eine innere Linie, um die Eingeschlossenen am Platz zu binden, teils eine äußere, um jeden Entsetzungsversuch zu vereiteln; auch die Belagerung einer unbedeutenden Festung konnte eine so lange Cirkumvallationslinie erforderlich machen, daß man fünf bis sechs Stunden brauchte, um von ihrem einen Ende bis zum anderem zu gehen.

Eine Zernierung konnte hier bei Neunburg nicht in Frage kommen, auch eine regelrechte Belagerung nicht. Die Kaiserlichen hatten keine Zeit. Sie mußten Slang und seine Männer schnell aus dem Weg räumen, um weitermarschieren zu können und das schwedische Heer in Cham einzuschließen. Also blieb ihnen nur eine Erstürmung. Es waren stets blutige und gewagte Operationen, im Kreuzfeuer mit Hellebarden und Äxten und Handgranaten anzustürmen und sich auf unangenehm hohe Leitern zu schwingen oder auf blutig geschrammten Händen und Füßen durch eine mit Sprengsteinen gefüllte Bresche in einer Mauer zu kriechen.

Auch solche Festungskämpfe folgten einem bestimmten Ritual. Zunächst verlangte der Angreifer, daß der Verteidiger sich ergeben solle. Die Antwort war in neunundneunzig von hundert Fällen ein Nein, und zwar ungeachtet der Lage. Ohne Kampf aufzugeben machte einen schlechten Eindruck und tat der Ehre Abbruch. Häufig folgte danach ein verbales Spiel von Drohung und Trotz, in dem die Angreifer schworen, zu stürmen und allen und allem den Garaus zu machen, während der Verteidiger stolz gelobte, bis zum letzten Atemzug zu kämpfen. Dann begann der Kampf. Tatsächlich kam es äußerst selten dazu, daß Mann gegen Mann kämpfte. Sobald die Verteidiger keine Möglichkeit mehr sahen, die Angreifer zurückzuhalten, gaben sie auf, aller wackeren Rhetorik zum Trotz. Oft genügte es, daß der Angreifer eine Bresche in die Mauer schoß.

Diese ritualisierten Kämpfe waren immer üblicher geworden, ein weiteres Anzeichen dafür, daß der Konflikt einiges von seiner Hitze zu verlieren begonnen hatte. Viel von dem merkwürdigen, schönen und trügerischen Licht, das die innere Landschaft der Ideologen erhellt, hatte inzwischen angefangen zu verblassen. Der religiöse Bürgerkrieg war fast ganz vorbei, und an seine Stelle war ein Krieg zwischen verschiedenen europäischen Großmächten getreten. Die von brennendem Geist erfüllten Kreuzfahrer und Fanatiker waren einer nach dem anderen von der Bühne abgetreten, und ihr Platz war von den Condottieri, den Landsknechten und geworbenen Haudegen eingenommen worden. Die Leiden und das Elend der Zivilbevölkerung waren unverändert entsetzlich, aber in bestimmten Kriegssituationen war doch eine gewisse Zurückhaltung zu erahnen. Sie entsprang zum Teil dem mittelalterlichen Ritterideal, das in Europa weiterlebte, aber auch der klassen- und berufsmäßigen Gemeinsamkeit der Krieger. Fanatismus ist etwas für ideologisch Überzeugte, nicht für Männer, die den Krieg zu ihrem Beruf und zu einer Lebensart gemacht haben.

Den ganzen Mittwoch über sprühte die kaiserliche Artillerie Projektile gegen Neunburgs Mauern, die rasch in rollenden Explosionswolken von Staub und kantigen Sprengsteinen zermahlen wurden. Die Aufgabe war nicht besonders schwer, denn die Festungswälle waren wie gesagt vom senkrechten, alten Typ und außerdem in einem Zustand fortgeschrittenen Verfalls, und den Verteidigern fehlten zu allem Unglück eigene Geschütze, um das Feuer zu erwidern. Gegen Abend war ein klaffendes Loch in der Mauer entstanden. Der kaiserliche Befehlshaber entsandte zu diesem Zeitpunkt einen seiner Obersten, um, wie der Brauch und das Ritual es verlangten, zu fragen, ob Slang und seine Männer jetzt bereit seien zu kapitulieren. Die Schweden hatten jedoch die Bresche mit Brettern und Balken wieder geschlossen, und Slang wies die Vorschläge des Obersten glatt zurück und drohte stolz, ihn zu erschießen, falls er es noch einmal versuchte. Eine Weile später wurde ein kaiserlicher Trommler vorgeschickt, um einen neuen Vorschlag zu machen, aber kaum hatte er sich gezeigt, als er mit einem gutgezielten Schuß von dem löcherigen Festungswall niedergestreckt wurde. Die Antwort kam auf der Stelle; dichte Sturmkolonnen wälzten sich durch die Frühjahrsnässe heran, erreichten die Mauern, wurden aber mit hohen Verlusten zurückgeschlagen.

Am Tag darauf wurde die kaiserliche Artillerie näher in Stellung gebracht, und zwei der Türme der Stadt zerbröckelten bald unter dem Beschuß grober Kaliber. Gruppen kaiserlichen Fußvolks rückten durch den Staub vor und kamen den Löchern in der Mauer so nahe, daß sie mehrere Straßen der Stadt mit Musketenfeuer bestreichen konnten. Nun wollten einige von Slangs Offizieren aufgeben; sie hatten alles getan, was von ihnen erwartet werden konnte. Doch Slang lehnte ab. Als sie daraufhin klagten, daß ihre Munition zur Neige gehe, hatte der halsstarrige Oberst sogleich die Antwort parat: »Statt Kugeln können wir Steine nehmen. Davon gibt es genug. Laßt die Leute suchen und sammeln!« Es ist unwahrscheinlich, daß die schwedischen Reiter dazu kamen, Steine auf ihre Feinde zu werfen, denn sogleich richteten sich die Schauer brummender Kanonenkugeln gegen die Mauer zwischen den beiden zusammengeschossenen Türmen, und binnen kurzem sackte auch sie krachend in sich zusammen. Die kaiserlichen Kanoniere konnten jetzt direkt in die Stadt hineinsehen, bis zum Marktplatz. Nun hatte auch Slang genug, und er beugte sich dem gesunden Menschenverstand des Belagerungsrituals. Er ließ Trompeter die Kaiserlichen anblasen und erklärte sich zur Kapitulation bereit, falls seine Offiziere nicht gefangengenommen würden (die gemeinen Soldaten sollten zurückgelassen werden). Die Gegner lehnten ab. Die Schweden mußten sich auf Gnade und Ungnade ergeben, bedingungslos. Aus der zerschossenen Stadt trotteten rund 90 Offiziere, 1600 Reiter und 180 Musketiere. Neunburg war gefallen. Der Weg nach Cham war frei.

Die Kaiserlichen jubelten ihr *victoria*, aber die Wahrheit war, daß sie auf ihrem Marsch, um das Heer Banérs zu fangen, erheblich aufgehalten worden waren. Nicht daß hinter Slangs zäher Verteidigung ein solcher Gedanke eine Rolle gespielt hätte. Die Truppe in Neunburg war eingeschlossen worden, bevor sie aus dem Sack hatte schlüpfen können, und Banér hatte beschlossen, sie ihrem Schicksal zu überlassen. Das mag zynisch wirken – und schmerzte sicherlich, denn Slang stand ihm nahe –, aber es war wohl unausweichlich: Das Tier in der Falle biß seine eigene Pfote ab, um freizukommen. Am 8. März, als Slangs Verband eingeschlossen wurde, waren die Kaiserlichen drauf und dran, die Tür hinter Banérs Rücken zuzuschlagen. Doch dann legten sie einige Tage Pause ein und betrachteten mit großen Augen, wie die Mauern Neunburgs niedergeschossen wurden, und während dieser Zeit agierten Banér und seine Truppen mit gewohnter Schnelligkeit. In größter Hast wand sich eine lange Schlange von Fußvolk, Troßwagen, Artillerie und, als letztes, Reiterei nach Norden und in Sicherheit. Es wurde eine Reprise des Rückzugs von Torgau: harte Tagesmärsche auf verschlungenen Wegen durch eine waldige und morastige Landschaft, auf der Flucht vor einem Feind, der die ganze Zeit in der Ferne zu ahnen war und sie zuweilen einholte und dann peitschende Schläge gegen den Schwanz der Schlange richtete. Der einzige Unterschied war, daß dieser Rückmarsch während des Frühjahrshochwassers stattfand, so daß die Wege bestenfalls miserabel und schlimmstenfalls überschwemmt waren; besonders die Kanonen drohten ständig steckenzubleiben, und nicht selten mußten verfrorene und durchnäßte Männer die schweren Geschütze Meter für Meter durch eiskalten Schlamm und strömendes Schmelzwasser ziehen. Im Schnitt kamen sie 20 Kilometer am Tag voran, was ein wenig armselig erscheinen mag, aber dabei muß man bedenken, daß in dieser Jahreszeit, bei diesem Wetter und auf diesen Wegen eine so große Ansammlung von Menschen, Tieren, Fahrzeugen und Geschützen rund 15 Stunden benötigte, um diese Strecke zurückzulegen. Wie gewöhnlich waren es die Männer der Nachhut, denen es am schlimmsten erging. An den Tagen waren sie meistens in Scharmützel und regelrechte Kämpfe mit den hartnäckigen Verfolgern verwickelt. Bei mindestens einer Gelegenheit wurde auch die gesamte Nachhut aufgerieben und mußte durch neue Soldaten ersetzt werden – die am Ende waren der Schwanz der ehernen Schlange, der zuweilen abgeworfen und preisgegeben werden mußte, damit der Rest fliehen konnte. Und jede Nacht arbeiteten die erschöpften Truppen Stunde um Stunde daran, Bäume quer über den Weg zu fällen, um die Kaiserlichen auf ihrem Marsch aufzuhalten.

Am Morgen des 17. März ging die Armee auf einer zuvor gebauten Pontonbrücke über die Eger. Als die gewundenen Ketten von Menschen gegen Mittag den Aufstieg zu dem schmalen Gebirgspaß bei Preßnitz begannen, der sie aus Böhmen heraus und nach Norden nach Sachsen hineinführen sollte, hörten sie plötzlich das rollende Echo von Musketen- und Kanonenfeuer hinter sich. Es zeigte sich, daß das Heer nur um eine knappe halbe Stunde der kaiserlichen Hauptstreitmacht entgangen war, die unerwartet am nördlichen Ufer des Flusses aufgetaucht war. Zum Glück konnten die schwedischen Kolonnen aufbrechen, bevor die kaiserlichen Dragoner herankamen. Der Eingang zum Paß wurde von einer Abteilung Musketiere und einigen in aller Hast in Stellung gebrachten Kanonen mit intensivem Feuer belegt. Die feindlichen Dragoner drängten nach, wurden aber von einer eingestürzten Brücke über einen vom Frühjahrshochwasser angeschwollenen Bach aufgehalten und in ein ausgedehntes Feuergefecht mit der zurückgelassenen schwedischen Nachhut verwickelt, das den Rest des Tages und die ganze Nacht andauerte. Und die eherne Schlange warf einen weiteren Schwanz ab und entkam nach Sachsen.

Ein Rückzug dieses Ausmaßes war immer schwierig und konnte ebenso verlustreich sein wie eine reguläre Feldschlacht. Wie gewöhnlich verendeten Pferde in großer Zahl, und man konnte immer mehr Reiter zu Fuß weiterziehen sehen, vorbei an Gräben, aus denen Pferdehufe sich gegen den regenschweren Himmel reckten. Die ungeheuren Strapazen stellten auch die Disziplin auf eine harte Probe, und Auflösungserscheinungen machten sich bemerkbar. Auf dem engen Weg kam es mindestens bei einer Gelegenheit zu einer großen Panik in den Marschkolonnen. Die Kutscher sprangen von ihren Wagen, schnitten die Zugleinen der Pferde durch und ritten davon. Die Nachfolgenden konnten später Hunderte gedeckte Troßwagen in langen, festgefahrenen Reihen stehen sehen, brennend und von weggeworfenen Gegenständen und herausgerissenen Kisten umgeben; in den Bäumen hingen hier und da baumelnde Körper von Soldaten, die beim Plündern der Wagen gefaßt und an Ort und Stelle gehängt worden waren. Während des ganzen Rückzugs scheint der Troß durch die

Plünderungen eigener Soldaten größere Verluste an Wagen erlitten zu haben als durch feindliche Aktionen. Banér bemerkte, daß seine Männer in Scharen aus den Marschkolonnen verschwanden, um auf Raubzüge in der Umgebung zu gehen, aber er hoffte resigniert, daß sie nach und nach zurückkehren würden, wenn sie satt waren und genug geplündert hatten. Nicht daß es hier im Grenzgebiet zwischen Sachsen und Böhmen so viel zu stehlen gab. Es war schwer, Nahrung zu finden, denn – wie Banér selbst am 22. März in einem Brief nach Stockholm schreibt – dort herrschte

> *eine solche Armut, [es ist] so wüst und leer, daß es unmöglich ist, es mit der Feder zu beschreiben. Und wenn es möglich ist, aus den vereinzelten Kleinstädten so viel Brot herauszukratzen, daß es für ein paar Tage reicht, würde ich das als ein großes Glück betrachten, denn die ganze Gegend ist vollkommen zerstört, die Menschen sind tot [oder sind] fortgezogen in die befestigten Städte, und alles so verödet, als habe man mit dem Besen gekehrt, und in summa ist kein Strohhalm zu bekommen, von besseren Dingen ganz zu schweigen.*

Daß die Armee sich unter diesen schwierigen Verhältnissen nicht auflöste und unterging, grenzt natürlich an ein Wunder, aber ein Wunder, das teilweise der geschickten Führung Banérs zu verdanken ist; denn auch wenn es ihm nicht immer gelang, seine Offensiven zu Ende zu führen, war er ein unumstrittener Meister des Rückzugs.

Nachdem sie durch die gebirgigen Gebiete an der böhmischen Grenze gezogen waren und das Flachland im südlichen Sachsen erreicht hatten, gaben die Verfolger ihre Sache mehr oder weniger verloren, und als Banérs Männer nach ein paar Tagen auch zu ihrer eigenen Verwunderung Kontakt mit der französischen Armee und den Bernhardinern bekamen, begannen alle zu ahnen, daß die Krise vorüber war, zumindest für dieses Mal. Während der letzten Märztage wurde Banérs Armee in die Gebiete südlich von Leipzig verlegt, nicht allzu weit entfernt von den alten Schlachtfeldern bei Lützen und Breitenfeld. Noch einmal hatte das große Rad ein volle Umdrehung gemacht. Rundum am Horizont stiegen schmutzig-schwarze Rauchwolken zum Frühlingshimmel auf; sie kamen von Dörfern und Höfen, die nicht in der Lage gewesen waren, der schwedischen Armee Lebensmittel zu geben, und nun bestraft wurden.

Banér selbst nahm Quartier im Schloß in Merseburg, westlich von Leipzig. Er mußte dorthin transportiert werden, in seine vergoldete Karosse gebettet, gelblich bleich und mit schwerem Schüttelfrost. Schon während des Rückzugs hatte er sich nicht wohl gefühlt, er hatte leichtes Fieber gehabt und Blut gehustet. Er selbst glaubte, die Blutungen seien entstanden, als er eines Tages einen ungewöhnlich heftigen Wutanfall gehabt hatte. In Merseburg blieb er liegen, zeitweise ohne zusammenhängend sprechen zu können, in einem fiebrigen Dämmerzustand, hustete und erbrach Blut, während ein Dutzend schnell hinzugerufene Ärzte um sein Bett herumstanden und tuschelten.

In Europa waren die Ärzte – oft schwarz gekleidet und mit eigenartigen Hüten – nicht sehr zahlreich und ihre Dienste teuer, so daß in der Regel nur Wohlhabende wie Banér ihre Hilfe in Anspruch nehmen konnten. Aber ihr Renommee war nicht das beste. Zwar waren sie an Universitäten geschult, aber die Ausbildung, die sie dort erhielten, war, wie bereits erwähnt, streng konservativ, was dazu führte, daß die Ärzte in einem Dunst von gelehrtem Geschwafel dasaßen und an vielen veralteten Dogmen festhielten, die von unabhängigen Forschern längst verworfen waren. Daß man eine ganze Schar von Ärzten an Banérs Krankenbett rief, zeigt nur, wie verzweifelt man war, denn die Ärzte standen in dem Ruf, sowohl unwissend als auch ungeschickt zu sein. (Von untauglichen Doktoren und ihrer Unfähigkeit, ihre Patienten zu heilen, handeln nicht weniger als vier von Molières Komödien, was sicher damit zusammenhängt, daß er die medizinische Fakultät der Universität in Paris kannte, die wahrscheinlich die verstaubteste in ganz Europa war, was nicht wenig besagen will.)

Die meisten Menschen waren der Meinung, der Zustand des Körpers werde von der Seele gelenkt, in der gleichen Weise, wie die Schöpfung von Gott gelenkt wurde. Und genau wie die Schöpfung war auch der Körper der Schauplatz eines ewigen Kampfes zwischen Gut und Böse, und Krankheiten wurden im allgemeinen Bewußtsein mit diesem Kampf in Verbindung gebracht. Unter den Ärzten und auch unter vielen Laien dominierte eine vorwissenschaftliche Variante dieser Auffassung. Das meiste, was die Doktoren im 17. Jahrhundert taten, dachten und sagten, beruhte auf der zum unumstößlichen Gesetz erhobenen Humoralpathologie, die besagte, daß die Gesundheit letztendlich davon abhing, ob die vier Körpersäfte – das Blut, der Schleim, die gelbe Galle und die schwarze Galle – die richtige Mischung aufwiesen. Krankheiten beruhten dieser allgemein anerkannten Theorie zufolge auf einer Störung der Balance zwischen diesen Säften und wurden deshalb am besten durch verschiedene Abzapfungen kuriert. Dies ist der Grund dafür, warum die Ärzte mit solch unverstellter Begeisterung ihre Patienten einem wahren Sperrfeuer von Aderlässen, Laxiermitteln und widerlichen Brechtinkturen aussetzten. Das Kranke sollte aus dem Körper. *Vade retro, Satana!* Die humoralpathologischen Ideen lagen auch der verordneten Diät zugrunde. Einer Krankheit, die auf einen Mangel an Blut – ein warmer und feuchter Saft – zurückgeführt wurde, konnte damit abgeholfen werden, daß der oder die Kranke warme und feuchte Nahrung erhielt, und einer, dem es an schwarzer Galle fehlte, mußte etwas zu sich nehmen, das trocken und kalt war, und so fort. Neben dieser offiziell anerkannten Heilkunst gab es außerdem eine Reihe anderer Schulen: Manche lehrten »magnetische« Kuren, andere redeten von Medizin auf astrologischer Grundlage, wieder andere, wie die Iatrophysiker, wollten in Übereinstimmung mit den neuen Entdeckungen den Körper nur als ein System von Schleusen und Hebeln sehen. Der Bedarf der einfachen Bevölkerung an medizinischer Hilfe scheint in der Regel durch weise Frauen, heilkundige Amateure oder umherziehende Verkäufer von Wunderkuren gedeckt worden zu sein. Im besten Fall praktizierten diese eine derbe, aber nicht ganz wirkungslose Naturmedizin, im schlimmsten Fall handelte es sich um reine Scharlatanerie. Dies galt auch für die Ärzte feiner Leute, unter denen es nicht wenige erfolgreiche Gauner gab; einige empfahlen Reiten als Universalmittel gegen alles und jedes, von Hysterie bis Lungenschwindsucht, andere verkauften für teures Geld »sympathisches Pulver«, das eine Schußwunde heilen können sollte, wenn es auf die Waffe aufgebracht wurde, die sie verursacht hatte.

Die Menschen waren sich der Mängel der Heilkunst bewußt, weshalb die Kranken in bezug auf das, was die Ärzte für sie tun konnten, selten übertriebene Hoffnungen gehegt zu haben scheinen. Entweder man überwand die Krise, oder man ging unter. Krankheiten und Schmerzen gehörten zum Leben, und der Tod war der natürliche Endpunkt der Erdenwanderung, etwas, das man scheute, aber nicht fürchtete. Der Körper verschwand, doch die Seele lebte weiter. Wie der Dichter John Donne im 17. Jahrhundert schrieb:

One short sleep past, we wake eternally
And death shall be no more; death, thou shalt die.

Wenn Menschen ernsthaft krank wurden, scheinen sie mindestens ebenso großes Gewicht auf die Sorge für die Rettung ihrer Seele wie auf die Versuche zur Rettung ihrer gebrechlichen irdischen Hülle gelegt zu haben. Das Sterben bedeutete also kein Ende, sondern nur, daß die Seele weiterwanderte, und richtig zu sterben war deshalb eine große und wichtige Kunst, die sie zur Vollendung beherrschten, die aber uns Heutigen verlorengegangen ist, die wir zu glauben scheinen, die Ärzte könnten uns vor dem körperlichen Ende retten.

Banér bereitete sich in der üblichen Weise auf den Tod vor, schrieb Abschiedsbriefe und legte die Beichte ab: Tränen, Glaubensbekenntnis, laute Gebete, Abendmahl und schöne Worte. Die Ärzte hasteten mit besorgten Mienen umher, verabreichten Klistiere, befühlten seinen steinharten Stuhl, trichterten ihm Benzoe und in Wein aufgelöste Perlen ein und schnüffelten an seinem Urin. Eine Weile sah es so aus, als erhole sich Banér, und vorsichtig stieg er aus dem Bett und begann abrupt, in gewohntem Tempo Briefe zu diktieren und Befehle zu brummen. Doch bald fiel er wieder zurück in Lallen und

Fieber. Die Ärzte schüttelten besorgt ihre Köpfe, sprachen davon, daß der Kopf leider übervoll mit Blut und die Körpersäfte wieder in Aufruhr seien, was schlimm genug war, aber »der anbrechende Vollmond in Vereinigung mit der nahe bevorstehenden Sonnenfinsternis« werde alles noch weit schlimmer machen. Man kann über die Mondphasen sagen, was man will, aber die Wahrheit über Banérs Krankheit war allem Anschein nach, daß er infolge seines schweren Alkoholismus an einer weit fortgeschrittenen Leberschrumpfung litt. Wegen der in der Nähe aufflammenden Kämpfe wurde Banér in einer zwischen zwei Mauleseln befestigten Hängebahre Anfang Mai nach Halberstadt gebracht. Dort, in einem von Gebeten, Chorälen und Zuschauern angefüllten Haus, starb er ruhig um viertel nach vier am Morgen des 10. Mai 1641. Jemand hat sich die Mühe gemacht zu überschlagen, daß auf seinen Feldzügen mehr als 600 Fahnen erobert und mehr als 80 000 gegnerische Soldaten getötet wurden. Niemand hat je die Zahl der verbrannten Dörfer ausgerechnet. Schwedens Feinde freuten sich darüber, daß der Mann, den sie »den alten Mordbrenner« nannten, endlich tot war. In dem schwer verwüsteten Böhmen komponierte jemand eine Parodie auf ein Requiem für den verhaßten Banér, in dem der Wunsch zum Ausdruck kam, er möge in der Hölle schmoren, und worin ein Chor von ruinierten Bauern ein Freudenlied darüber anstimmte, daß der schwedische Feldmarschall sie nicht mehr schinden konnte.

Einige Zeit nach seinem Tod – und teilweise als dessen Folge – setzte die schlimmste Krise ein, von der die Schweden in Deutschland bis dahin betroffen waren.

2. Rosetten appellieren ans Volk

Erik findet ein Zuhause in Stettin. – Gerhardt Rehnskiöld. – Über Hausväter und ihr Gesinde. – Johan Oxenstierna trifft in Pommern ein. – ›Aber dem Land fügte er grossen Schaden zu‹. – Über Kleider und Mode. – Die schwedischen Friedensunterhändler streiten sich.

Am gleichen Tag, an dem Banér in Halberstadt starb, trat der junge Erik Jönsson seine Reise mit dem Wagen nach Stettin an. Er traf dort am 17. Mai ein und begegnete zum erstenmal dem Mann, der nun sein neuer Hausherr werden sollte. Es war ein Westfale mit Namen Gerhardt Antoni Rehnskiöld, und er sollte in Eriks Leben eine große Rolle spielen. Obwohl Rehnskiöld erst knapp über 30 Jahre alt war, war er bereits zum zweitenmal verheiratet und hatte sich einen Adelstitel erworben; sein ursprünglicher Name war Kewenbrinck. Der große Krieg – der bewirkte, daß militärische wie zivile Apparate nach fähigen Leuten riefen – hatte ganz klar die soziale Mobilität in der Gesellschaft erhöht; er schuf neue Karrierewege und lange Kletterleitern für viele Nichtadlige vom Schlage Rehnskiölds, die nach oben kommen wollten. Sein Adelstitel war schwedisch, seine zweite Frau, Britta Tordenskiöld, war eine schwedische Adelstochter aus Västergötland, und nun leistete er der schwedischen Krone treue Dienste als Oberkämmerer und Assistenzrat in Pommern. In formalem Sinn war Pommern noch ein selbständiger Teil des deutschen Reiches. Nachdem der letzte pommersche Herzog gestorben war und der Krieg im Land nahezu Anarchie geschaffen hatte, baute die Regierung in Stockholm Schritt für Schritt ihre Macht über diese strategisch wichtige Provinz aus, die durch ihre Lage an der Ostsee als Brückenkopf und als Operationsbasis für die schwedischen Truppen in Deutschland fungierte. Sie hatten zwar die alte Organisation der pommerschen Zivilverwaltung beibehalten, aber schwedische Beamte hatten nach und nach alle höheren Posten übernommen. Und einer dieser ins Land eingeschleusten Männer war Gerhardt Rehnskiöld. Seine Aufgaben waren umfangreich und bedeutungsvoll; er war verantwortlich für die Verproviantierung der schwedischen Armee. Hier in Pommern Kontributionen hereinzubekommen war nicht einfach. Wie erwähnt, war die Provinz eine der am schlimmsten verwüsteten in ganz Deutschland; die ländlichen Gebiete waren teilweise entvölkert, die Städte zerschossen und die Armut groß. Bisher hatte Erik in Hamburg und Lübeck in einem Teil des Reichs gelebt, der von den Verheerungen des Kriegs weitgehend verschont geblieben war. Nach Stettin zu kommen bedeutete, daß er dem Krieg immer näher kam.

Gerhardt Rehnskiöld erwies sich als strenger und fordernder Hausvater. Zunächst bekam Erik in Rehnskiölds Haushalt eine Stelle als einfacher Gehilfe, und er mußte bald lernen, daß sein neuer Herr ein strenges Regiment führte. Erik bekam alle naselang Prügel, wenn er etwas falsch gemacht hatte. Doch mit »unverbrannter Asche« – wie Erik selbst die Rute nannte – verprügelt zu werden gehörte zur Ordnung der Dinge. Wie Züchtigungen als ein unvermeidlicher Teil der Erziehung galten, so waren sie auch im Umgang mit Dienern und Untergebenen stets gegenwärtig. Das Strafdenken war fest verwurzelt im allgemeinen Bewußtsein. Ohne harte Strafen würde nichts bestehen können, nicht der Haushalt, nicht das Reich, ja nicht einmal die Schöpfung. Und so wie Gott die Menschen und der Regent seine Untertanen züchtigte, mußte auch der Hausvater sein Hausvolk züchtigen. Die Rute, der Rohrstock und das spanische Rohr gehörten stets irgendwo mit ins Bild.

Der Hausvater war der Herrscher und Patriarch des Haushalts, barsch und bestimmt in Verhalten und Handeln, aber seine Rolle war nicht nur die des Strafenden. Er sollte auch beschützend, gerecht, milde und nachsichtig sein und die Seinen ganz allgemein gut behüten. In einem schwedischen Hausvatertraktat aus dieser Zeit heißt es:

> *Als erstes darf ein Hausvater sich nicht allzusehr mit seinem Hausvolk gemein machen, daß er dadurch seinen Respekt verliert und verachtet wird, doch auch nicht immer so streng und hart [sein], daß er gehaßt wird, sondern [soll] das eine mit dem anderen ausgleichen und sich gegen die Guten fromm erweisen, und ernst, wenn es sein soll, daß sie Ursache haben mögen, ihn zu lieben und zu fürchten. Und dies geschieht, wenn er mild und freundlich mit seinem Hausvolk spricht, [es] unterweist, belehrt und ermahnt zur rechten Zeit und mit Güte. Hört auch bisweilen ihre Vorschläge an, lobt und ermuntert die, welche gut dienen und es gut meinen, gibt ihnen zur rechten Zeit ihren richtigen vereinbarten Lohn und Kleider, und verbessert ihn mit kleinen Geschenken.*

Das Verhältnis zwischen Dienern und Herren war kompliziert. Ein Diener in einem Haushalt war kein Lohnarbeiter oder Angestellter in unserem Sinn des Wortes. Ein Diener wurde nicht entlohnt, sondern belohnt. Wie bereits erwähnt war der Familienbegriff weit gespannt, und die Diener waren häufig in diese Gemeinschaft eingeschlossen. (Die eigenen Kinder und die Dienerschaft wurden oft gleich behandelt, man meinte unter anderem, daß sie das gleiche großzügige Maß an Überwachung, Erziehung und Hilfe benötigten. Die Anrede »Kind« gegenüber erwachsenen Untergebenen zu benutzen war durchaus üblich. Unter anderem nannte Banér die Soldaten, die seinem Befehl unterstanden, gern seine »Kinder«. Um dies vollständig verstehen zu können, muß man wie schon gesagt berücksichtigen, daß die vielleicht meistgepriesene Eigenschaft bei kleinen Kindern in dieser Zeit ihre Fähigkeit zu Gehorsam und Unterwerfung war.) Teils kam es auch daher, daß das Verhältnis zwischen Hoch und Niedrig häufig von einer gewissen Familiarität geprägt war. Die soziale Isolierung, die sich zum 19. Jahrhundert hin einstellen sollte, war noch nicht ganz durchgeschlagen. Der Hausvater traf seine Leute jeden Tag, sprach mit ihnen, gab ihnen persönlich Befehle, bezahlte selbst ihren Lohn aus und so weiter. Es kam auch daher, daß ein Herr und sein Lakai so unerhört eng beieinanderlebten. Sie waren den ganzen Tag zusammen, sie aßen oft am gleichen Tisch – was indessen nicht bedeutet, daß sie das gleiche Gericht aßen – und schliefen nicht selten des Nachts zusammen, der Diener entweder auf einem Klappbett im gleichen Raum oder auf einer Matte vor der Tür des Hausvaters. Sie hatten wenige oder keine Geheimnisse voreinander. Zwischen einem Herrn und seinem Diener bestand deshalb häufig eine Intimität und Loyalität von ganz anderer Art, als sie zwischen einem Arbeitgeber und einem Angestellten entstand. Diese nahe Bindung zwischen den beiden schloß zynische

Ausbeutung und derbe Machtsprache auf der einen und List und Betrug auf der anderen Seite keinesfalls aus. Besonders in den hochadeligen Haushalten, wo der Stab von Bediensteten mitunter bis auf über hundert anwachsen konnte, ging außerdem viel von dieser Nähe im Gewimmel von Lakaien, Köchen, Gärtnern, Kaltmamsellen, Ammen, Wäscherinnen, Hofmeistern, Knechten, Handlangern, Barbieren, Mägden, Kammermädchen, Kutschern und vielen anderen verloren. Die Dienerschaft war im übrigen ein wichtiger Teil in der nach außen gekehrten Fassade des Haushalts. Die Größe des Haushalts war für einen Mann zuallererst ein Status- und Wohlstandsmesser – in Frankreich galt es als angemessen, daß ein hoher Adliger über einen Stab von mindestens 31 Dienern verfügte, und dies ohne seine Ehefrau, die 22 weitere benötigte, wenn die Familie Kinder hatte, oder nur 16, wenn der Haushalt kinderlos war –, weshalb die direkte Ausbeutung ihrer Arbeitskraft sich zuweilen in Grenzen halten konnte.

Dennoch bestanden diese merkwürdigen Bande zwischen dem Herrn und seinen Dienern – merkwürdig für uns, die wir Mühe haben zu begreifen, wie zwei Personen, die so ungleich gestellt waren, einander so nahestehen konnten. Das aus der Literatur bekannte Bild des Hausvaters und seines treuen Dieners, die in einem unauflöslichen Pakt gemeinsam durch die Fährnisse des Lebens steuern, dieses Bild hatte auch zuweilen seine Entsprechung in der Wirklichkeit. Auch wenn in dieser Zeit immer häufiger davon die Rede war, wie wichtig es sei, den Abstand zur Dienerschaft aufrechtzuerhalten, kann man leicht Beispiele dafür finden, daß Diener ihren Herren loyal ins Feld folgten, Strapazen und Gefahren mit ihnen teilten, ihnen vielleicht sogar das Leben retteten und mit ihnen zusammen alt und grau wurden, treu bis ans Ende ihrer Tage.

Erik war in Rehnskiölds Haus ein Diener unter anderen Dienern, aber er sollte dennoch bald eine besondere Position bekommen. Der harten Behandlung zum Trotz fand er in diesem Haushalt in Stettin etwas, das einer Familie glich; er war entfernt verwandt mit der Frau des Hauses, Frau Britta, und das führte dazu, daß ihm sowohl feinere Kleider als auch besseres Essen vergönnt waren als der übrigen Dienerschaft.

Er verbrachte den Rest des Jahres 1641 dort in Stettin. Rehnskiöld war trotz der vielen Züchtigungen klug genug zu erkennen, daß der elternlose Fünfzehnjährige ein begabter junger Mann war. Er hatte reichlich Verwendung für Eriks Künste im Rechnen und Schreiben, und bald mußte der Junge Rehnskiöld auch bei verschiedenen brisanten militärischen Schriftstücken helfen. Allein mit Stapeln von geheimen Dokumenten in die Kammer seines Hausvaters eingeschlossen, zeigte sich Erik zu Rehnskiölds Zufriedenheit sogleich der ihm übertragenen Verantwortung gewachsen. Es liegt nahe, sich vorzustellen, daß Erik in Gerhardt Rehnskiöld den Vater fand, den er nicht hatte. Vielleicht. Es kommt der Wahrheit aber wohl näher, daß es das Verhältnis zwischen dem strengen, aber wohlwollenden Herrn und seinem treuen und ergebenen Diener war.

Mitte März 1642 reiste Rehnskiöld nach Stralsund, und Erik begleitete ihn. Schon seit dem Ende des voraufgegangenen Jahres hielt sich Johan Oxenstierna in Pommern auf, einer der beiden schwedischen Gesandten für die anberaumten Friedensverhandlungen in Osnabrück, und ihn sollten sie treffen. Er war etwas über 30 Jahre alt, dunkelhaarig und mit stolz getrimmtem Schnurrbart, einem spitzen Kinnbart und der für die Oxenstiernas so typischen langen Nase. Er hatte einige Erfahrungen als Diplomat und Bürokrat, aber es war sein Vater, der Reichskanzler Axel Oxenstierna, der ihm diesen außerordentlich wichtigen Auftrag verschafft hatte. Nicht daß Johan unbegabt gewesen wäre. Er war als fähiger, offener und rechtschaffener Mann bekannt, aber er besaß keinen auffällig scharfen Intellekt und hatte selbst gezögert, den Auftrag anzunehmen. Dennoch kann die Ernennung nicht als Ausdruck schamloser Vetternwirtschaft betrachtet werden. Durch die Ernennung seines Sohns zum Gesandten hatte der Reichskanzler sich einen zuverlässigen Vertreter gewählt, von dem er wußte, daß er seinem kleinsten Wink gehorchen würde. Zu den Problemen mit Johan Oxenstierna gehörte jedoch, daß er von überzogenen aristokratischen Ideen vom Recht der Abkunft, von Svea Rikes Größe und dergleichen erfüllt war, was dazu führte, daß er hochmütig, arrogant und unflexibel auftrat. Johan Oxenstierna hatte auch eine Schwäche für Pomp und hochherrschaftliche Auftritte. Wie für so viele andere Aristokraten waren die schönen Kleider, die glänzenden Wagen und die großartige Bedienung für ihn eine Art, seinen Platz in der Gesellschaft zu behaupten. Deshalb waren die gleiche überladene Pracht und die schwülstige Massenwirkung, die die Gemälde, Skulpturen, Paläste und die Innenarchitektur der Zeit prägten, auch im Lebensstil der Aristokraten und ihrer Art sich zu kleiden zu beobachten.

Die Kleider waren im 17. Jahrhundert von wesentlicher Bedeutung. Sie waren oft sehr teuer, und besonders für den Adel und die erfolgreichen Bürger repräsentierten sie ein großes Kapital und eine bedeutungsvolle Investition, eine soziale Investition. Die Kleider sollten zeigen, welchen Platz ihr Träger in der gesellschaftlichen Hierarchie einnahm. Es war deshalb falsch, sich auf eine Art zu kleiden, die nicht zu Stand, Herkunft oder Alter paßte. Dies konnte zuweilen so weit getrieben werden, daß jeder Farbe, jedem Kleidungsdetail eine besondere Bedeutung in einem komplizierten sozialen Zeichensystem zukam.

Viele hohe Aristokraten wandelten wie lebende Barockkunstwerke einher. Auf dem Kopf trugen sie Filzhüte, die früher ordentlich breite Krempen gehabt hatten, die aber gerade jetzt in den vierziger Jahren immer schmaler wurden; in dieser Zeit wurde auch die bis dahin so populäre Hutfeder oder der teure Federbusch – der 20 Reichstaler das Stück kostete, was fünf Monatslöhnen eines Malergesellen entsprach – in großem Ausmaß durch eine schöne Bandrosette ersetzt. (Es sei daran erinnert, daß alle Menschen eine Kopfbedeckung trugen und daß der Hut bei verschiedenen Zeremonien und Etikettenritualen eine große Rolle spielte. Man grüßte, wenn man jemandem begegnete, sollte dies aber nach Möglichkeit auch vor dem Portrait des Monarchen und bei einer feinen Tischgesellschaft tun, wenn Diener eine Platte mit dem Essen des Fürsten vorübertrugen. Zur Ausführung eines korrekten Grußes stellte man sich ein wenig links von der Person auf, der man begegnete, zog den Hut mit einer schwungvollen Bewegung und führte gleichzeitig einen Kratzfuß aus, der in eine Verbeugung überging – die alles sein konnte zwischen einer Andeutung und einem Kniefall – und dadurch vollendet wurde, daß der Federbusch oder die Feder der Kopfbedeckung elegant den Boden berührte. Die Kopfbedeckung abzunehmen, wenn man ein Gebäude betrat, das einer Person von höherem Rang gehörte, war Teil der grundlegenden Etikette – die gleichen Regeln galten übrigens für Frauen, die Masken trugen. Hochgestellte Persönlichkeiten trugen in der Regel im Haus immer den Hut, teils weil die Häuser so kalt waren, aber auch als zusätzliches Zeichen ihres hohen Status.) Seit den zwanziger Jahren trug man keine gestärkten Halskrausen mehr, sondern statt dessen die weichen, breiten Spitzenkragen, und jetzt war langes Haar – nicht selten gefärbt – bei den Männern wieder in Mode. Um den Hals band man gern ein dünnes, geknotetes Halstuch, von den Franzosen *cravate* genannt (eine Verballhornung des Wortes Kroat – die Mode des geknüpften Halstuchs, das später zu unserem Schlips werden sollte, soll auf einen kroatischen Reiterverband zurückgehen, der 1636 auf seiten der Franzosen am Krieg teilnahm). Am Oberkörper trug man in der Regel eine Dreifachkombination, zuunterst ein Leinenhemd, das von einem Wams mit kurzen Armen bedeckt war, und darüber eine Jacke mit langen Ärmeln und Aufschlägen. (Das Wams entwickelte sich nach und nach zu unserer Weste, und die Jacke – oft im Rücken und an den Seiten aufgeschlitzt, damit man im Sattel leicht auf- und absitzen konnte – zu unserem Jackett.) Die Jacke war oft von einer theatralischen Manteldrapierung bedeckt, die dann auch als Überbekleidung diente. Man trug knielange Hosen, die früher mit einem rosettenverzierten Strumpfband um das Bein zusammengebunden waren, die aber gerade jetzt, in den vierziger Jahren, häufig offen gelassen wurden und statt dessen mit einer Spitze abschlossen.

Der harte Luxuswettstreit, der teils innerhalb des Adels, teils aber auch zwischen diesem und den immer kaufkräftigeren Bürgern ausgetragen wurde, führte zu einem immer rascheren Wechsel der Mode. Viele Herrschende verabscheuten diese ständigen Veränderungen von Herzen – sie huldigten einem gesellschaftlichen Zustand des Stillstands und der Beständigkeit, und die Mode war schiere Unbeständigkeit und bot ihnen das erschreckende Bild einer Welt, in der alles fließt und alles verwandelt werden kann. Dennoch machten auch sie die Mode mit, denn die wachsende Konkurrenz innerhalb und zwischen den Ständen machte es immer wichtiger, als erster mit dem letzten Schrei aufzutreten. Mehrere Kleidungsstücke mutierten im Lauf der Jahre auf die merkwürdigste Weise, und absonderliche Kleidungsvarianten kamen und gingen. Die Beinkleider der Männer waren eine Zeitlang so weit, daß sie sich zu einer Art Rock zurückbildeten, der in dem zusammengenähten Unterteil zwei Löcher für die Beine hatte. (Diese sogenannten Rheingrafenhosen waren so bauschig, daß man gelegentlich, ohne es zu merken, mit beiden Beinen in einem Loch herumging.) Unter den Hosen trug man Seidenstrümpfe, Strumpfbänder sowie einen Überstrumpf mit Spitzenbesatz. An den Füßen trug man häufig Stiefel. Früher waren Stiefel nur von Soldaten und Jägern benutzt worden, aber auch in diesem Punkt beeinflußte der Krieg die Mode. Stulpenstiefel mit weiten, heruntergeklappten Schäften trugen alle, die es sich leisten konnten. Außerdem hatte der Krieg dazu geführt, daß eine weitere Neuerung sich ausbreitete: Der Absatz, eigentlich dazu bestimmt, den Fuß im Steigbügel festzuhalten, kam in den dreißiger Jahren in allgemeinen Gebrauch – und noch heute tragen wir diese einfache Spur des Dreißigjährigen Kriegs unter unseren Füßen. Das Bild des prachtvoll gekleideten Edelmannes ist jedoch nicht vollkommen, wenn man nicht erwähnt, daß die Kleider oft aus schön bestickten Stoffen gemacht und mit Bändern, Rosetten, Perlenstickereien und Galons übersät waren. Zeitweilig konnten für ein einziges Männerkostüm fast 180 Meter Band und 500 bis 600 kleine Rosetten benötigt werden – und jede Rosette war ein kleiner Appell an die Umgebung: seht meinen Wohlstand, fürchtet meine Macht!

Ein Adliger, der nicht in einer solchen Wolke von Seide und Spitzen umherstolzierte, wurde nicht als richtiger Adliger betrachtet. Es kam daher vor, daß Adlige auf Reisen, deren Garderobe aus irgendeinem Grund auf Irrwege geraten war, sich Tag um Tag in ihren Kammern verbargen, aus Furcht, einen falschen Eindruck zu erwecken. Denn es waren unter anderem die Kleider, die sie von Untertanen und Untergebenen unterschieden und ihren hohen Rang zeigten und unter Beweis stellten. Der Kontrast zwischen dem, was der herausgeputzte Aristokrat trug, und der Ausstattung sogenannter gewöhnlicher Leute war nämlich ungeheuer, Kleider waren kostspielig. (Dies erklärt, warum man Gefangenen und Gefallenen in den Feldschlachten die Kleider auszog. In der schwedischen Armee versuchte man in der Regel, solche von Kugeln durchlöcherten und blutgetränkten Kleidungsstücke zu sammeln, die gewaschen und geflickt und nach Hause gesandt wurden, wo man die neu Ausgehobenen in sie hineinsteckte.) Die Bauern trugen meistens einfache, selbstgemachte Hosen und Jacken aus Loden, aus grauer Schafswolle und grob. Die Ärmeren in den Städten trugen oft gebrauchte Kleidung, die sie von einem Lumpenhändler gekauft hatten – ein Historiker hat gesagt, daß gewöhnliche Leute in dieser Zeit gebrauchte Kleider kauften, wie die Menschen unserer Zeit ein gebrauchtes Auto kaufen; der Vergleich ist nicht weit hergeholt, wenn man außerdem bedenkt, daß die Kleider damals die gleiche Funktion als Statussymbol hatten wie das Auto heute. In den Straßen der Städte konnte man daher sonderbare Mischungen von Stilen und Moden sehen, vom glanzvollsten Neuen bis zum verschlissensten Alten.

Der scharfe Kontrast zwischen arm und reich, zwischen hoch und niedrig war indessen nichts, das man mit Heuchelei behandelte oder zu verbergen suchte – wie man es heutzutage tut.

Im Gegenteil: Der Kontrast war eine der großen Pointen der Verschwendung. Der Bombast des Aristokraten war teilweise dazu da, um von Krethi und Plethi begafft zu werden, ein Bestandteil der Requisite in dem gesellschaftlichen Schauspiel, das ständig auf Straßen und Plätzen, in Reichstagssälen und Ratsstuben, in Ballsälen und Banketthallen aufgeführt wurde. Der Adel sah hierin eine dankbare Aufgabe, denn überladene und pompöse Auftritte rührten gewissermaßen eine vertraute Saite im Innern der Menschen des 17. Jahrhunderts an. Prozessionen, große Feste und großartige Zeremonien zogen oft große Zuschauerscharen an und galten offenbar als ergötzliches Freizeitvergnügen.

Eriks Onkel hatte wie gesagt durch einen Kredit Johan Oxenstiernas Kleider finanziert. Erik durfte nun selbst dabei sein und ein wenig zur äußeren Vergoldung des jungen Legaten beitragen. Im Frühsommer 1642 befanden sich Erik und sein Hausvater in Johan Oxenstiernas großem Gefolge, das sich bei einem Kloster auf Usedom versammelt hatte. Die meisten schwedischen Beamten, die sich in Pommern befanden, waren zusammengetrommelt worden – vom Hofgerichtsrat bis zum einfachen Schreiber; denn je größer das Gefolge war, um so imponierender würde der Eindruck sein, den es vermittelte. Schließlich hatte man über 300 Personen mit 500 Pferden zusammenbekommen, eskortiert von einer Kompanie finnischer Reiter. Es *war* ein imponierendes Gefolge, das räumte Erik ein, aber er erlaubte sich dennoch, kritisch zu sein. In seinem Tagebuch hielt er fest, daß die ganze Veranstaltung »vollständig ein gutes Ansehen gab, aber dem Land großen Schaden zufügte«. Er war ja selbst von einfacher Herkunft und wußte aus eigener Erfahrung, wer letztendlich die ganze kolorierte feudale Herrlichkeit bezahlen mußte. Oxienstiernas zahlreiches Gefolge rief auch bei anderen Personen, die keine Aristokraten waren und die warme Liebe der Aristokraten zum Pompösen nicht teilten, Einwände hervor.

Die Gesellschaft brach Anfang September auf. Zuerst ging es nach Stettin, auf gewundenen Wegen über die Hügel und die Sandheiden des Landes, denn Johan Oxenstierna hatte sich darauf kapriziert, Pommern zu sehen, wobei es nicht schaden konnte, gleichzeitig das Bild schwedischer Macht und Herrlichkeit zu verbreiten. Sie legten in der Regel zwischen 30 und 40 Kilometer am Tag zurück; dann und wann tauchte eine Schanze oder eine befestigte Stadt auf ihrem Reiseweg auf, die sie mit donnernden Salutschüssen und katzbuckelnden Empfangskomitees begrüßte, und hier und da wurde die Fahrt von Banketten und Einladungen unterbrochen. Und schließlich, nach einer würdevoll langsamen Reise von fast eineinhalb Monaten, erreichten sie ein eifrig böllerndes und salutierendes Stettin, wo der Gesandte unter großem Pomp im Schloß Quartier nahm.

Die Gesellschaft verbrachte hier den Winter, während Johan Oxenstierna sich seinem zweiten Auftrag widmete: die Organisation der schwedischen Verwaltung in Augenschein zu nehmen. Die Reise zu den Friedensverhandlungen in Osnabrück verzögerte sich bis zum Sommer 1643, und Erik und sein Hausvater folgten ein Stück auf dem Weg nach Westfalen. Nachdem sie sich von Johan Oxenstierna getrennt hatten, fuhren sie elbabwärts nach Hamburg, wo Rehnskiöld den zweiten schwedischen Gesandten, Johan Adler Salvius, traf – den schwedischen Residenten in Hamburg, der über die Jahre hinweg eine so große Rolle bei der Finanzierung der schwedischen Kriegskosten gespielt und bei den vorbereitenden Verhandlungen die Fäden in der Hand gehalten hatte.

Adler Salvius und Johan Oxenstierna, die beiden Personen, die dazu ausersehen waren, die Sache Schwedens bei den Verhandlungen zu vertreten, waren indessen kein sonderlich geglücktes Gespann: auf der einen Seite der bürgerliche Karrierist in mittleren Jahren aus Strängnäs, und auf der anderen der junge, von Standesdünkel erfüllte Aristokrat. Offenbar sollten sie als gleichberechtigte Kollegen fungieren, doch es fanden sich genügend zweideutige Formulierungen in den Instruktionen und Ideen von der eigenen Exklusivität in Johan Oxenstiernas Kopf, um ihn glauben zu machen, daß er der Leiter der Friedenskommission sei. Außerdem waren beide dafür bekannt, daß mit ihnen nicht leicht zusammenzuarbeiten war. Zu alldem gab es auch gewisse Unterschiede in ihrer Haltung zu den bevorstehenden Unterhandlungen. Adler Salvius hatte bereits einen Namen als Friedensfreund, was Oxenstierna im Rat Kummer bereitete. Dort war man vielmehr fest entschlossen, die Waffen nicht eher ruhen zu lassen, bis Schweden für seinen Einsatz im Krieg reichlich entschädigt worden war.

Die beiden gerieten fast unmittelbar aneinander, eigentlich schon bevor sie sich überhaupt begegnet waren. Johan Oxenstierna eröffnete die Bekanntschaft mit einer Reihe schulmeisternder Briefe, woraufhin sie – natürlich – einen zähen, in schrillem Tonfall und per Post ausgetragenen Streit begannen ... um Titulatur. (Der Anlaß war, daß Oxenstierna in der Anschrift eines Briefes an den schwedischen Gesandten in Paris, Grotius, vergessen hatte, diesen »Exzellenz« zu nennen. Titelstreitigkeiten wurden zuweilen über wesentlich geringfügigere Details als dieses geführt.) So schaukelte man sich gegenseitig hoch. Verärgert und verletzt drohte Adler Salvius eine Weile damit, den Auftrag niederzulegen, während Papa Axel sein Möglichstes tat, um seinen überempfindlichen Sohn zu besänftigen.

Später konnte die schwedische Friedenskommission durch Osnabrück paradieren. Schwedische Adlige und Pagen gingen an der Spitze und riefen, daß hier die schwedischen Gesandten kämen. Hinter ihnen folgte Königin Christinas kostbarste Karosse, von sechs schön ausstaffierten Pferden gezogen. Um den Wagen gingen zwölf in leuchtend blau-gelbe Livrees gekleidete Hellebardiers. Und im Wagen saßen Johan Oxenstierna und Johan Adler Salvius und konnten sich nicht ausstehen. Es war kein vielversprechender Anfang der wichtigen Friedensarbeit.

1643 wurde Erik 18 Jahre alt. Es war ein wichtiges Jahr für ihn. Bis jetzt hatte er den Krieg nur aus der Entfernung geahnt. Ein Ungeheuer ging durch Europa und riß den Kontinent in Stücke: Erik hatte seine Fußspuren gesehen, hier und da seinen Atem im Wind gespürt. Aber 1643 war das Jahr, in dem er die Bestie zum erstenmal mit eigenen Augen zu sehen bekam.

3. Auf den Skorpion folgt eine Schlange

DIE KRISE NACH BANÉRS TOD. – DIE SCHLACHT BEI WOLFENBÜTTEL. – DIE ARMEE WIRD BEZAHLT. – LENNART TORSTENSSON. – ›KLAGELIED ÜBER DIESEN TROCKENEN UND KALTEN FRÜHLING‹. – NEUE PLÄNE. – EIN LINKSBOGEN DURCH SCHLESIEN. – DIE SCHLACHT BEI SCHWEIDNITZ. – PLÜNDERUNGEN UND BEUTE. – DAS BESATZUNGSPARADOX. – NOCH EIN SCHWEDISCHER RÜCKZUG. – GEGEN LEIPZIG.

Viel war geschehen, seit Johan Banér an jenem warmen Maitag 1641 gestorben war.

Von diesem Zeitpunkt an hatte die Lage für die Schweden und ihre Verbündeten sich wieder verschlechtert. Der gewagte Coup gegen den Reichstag in Regensburg war ein Schlag ins Wasser gewesen, der Versuch, sich an der Grenze zwischen Böhmen und Bayern festzubeißen, ebenso. Zwar war das Heer aus einer drohenden Einkreisung gerettet worden, doch der Winterfeldzug und der abschließende Rückzug nach Norden hatten die Truppenstärke schrumpfen lassen und die physische Verfassung und die Moral der Truppen untergraben. Auch die Loyalität der Armee gegenüber der schwedischen Krone ließ nach; von den 13 000 Kriegern des beweglichen Heeres, das im südlichen Teil von Braunschweig stand, waren nur rund 500 gebürtige Schweden und Finnen, der Rest waren deutsche Söldner. (Fast sämtliche nationalschwedischen und finnischen Verbände befanden sich statt dessen mit dem Stålhandskeschen Korps irgendwo in Schlesien oder waren wie üblich als Garnisonen in die zahlreichen Festungen des Küstenstreifens verlegt.) Ein Teil dieser Deutschen stand unter dem Einfluß des Geschehens auf dem Reichstag in Regensburg, wo viele dafür plädiert hatten, die Fremden aus dem Land zu werfen und den Krieg endlich zu beenden, und wo auch neue *avocatoria* – Rückrufbriefe – ausgesandt worden waren, um die Soldaten dazu zu bewegen, ihren ausländischen Dienst aufzugeben. Aber das Schlimmste war, daß seit geraumer Zeit weder Offiziere noch Soldaten ihren Sold bekommen hatten. Alles in allem herrschten Mißmut und Feindseligkeit im Heer, aber diese Stimmung hatte sich in Grenzen gehalten, solange Banér den Befehl führte, denn er genoß ohne Zweifel bei Soldaten wie Offizieren großes Vertrauen. Als Banér seinen letzten Atemzug getan hatte, kochte die Unzufriedenheit über.

Nur wenige Tage nach Banérs Tod kam es unter den Obersten des schwedischen Heeres zur Meuterei. In diesem Heer von Söldnern waren sie so etwas wie das Rückgrat der Armee. Ein wenig vereinfacht, kann man sagen, daß jeder Oberst sein Regiment nicht nur führte, oft genug gehörte es ihm auch; der Verband stellte für ihn in der Regel einen erheblichen Wert dar, und zwar in Form von gekaufter Ausrüstung, investiertem Handgeld oder ausgebliebenem Sold, den er selbst hatte vorstrecken müssen, um seine Soldaten bei den Fahnen zu halten. Von den 30 Obersten schlossen sich 23 einem merkwürdigen Verbund an, der sowohl gegen die schwedische Krone als auch gegen die eigenen Soldaten gerichtet war. Für den Fall, daß die unzufriedenen Soldaten einen Aufruhr inszenierten, versprachen die Obersten, einander bei dessen Niederschlagung beizustehen. Sie verlangten auch von der schwedischen Krone, in bessere Quartiere verlegt zu werden und die früher versprochenen Belohnungen sowie den Sold für zwei Monate ausgezahlt zu bekommen: 2000 Reichstaler für jede Reiterschwadron, 1000 Reichstaler für jede Kompanie mit Fußvolk. Sie versprachen zwar, für Schweden und einen »gerechten und aufrichtigen Frieden« zu kämpfen, aber gleichzeitig forderten sie das Recht, an allen wichtigeren Beschlüssen, die in der Armee gefaßt wurden, beteiligt zu werden, sonst würden sie ganz einfach den Befehl verweigern.

Der Kollaps war nahe. Wieder einmal.

Es war eine außerordentlich ernste Krise, zumal starke kaiserliche Verbände unter Piccolomini bedrohlich nahe standen. Auf schwedischer Seite traf man Vorbereitungen für den Fall, daß die Armee von einem totalen Zusammenbruch betroffen würde: in diesem Fall würde man versuchen, die brauchbaren Reste an einem Punkt zu sammeln, beispielsweise bei Wismar – offensichtlich befürchteten die Regierenden in Stockholm das Allerschlimmste. In dieser Lage hatten die verantwortlichen schwedischen Generale keine andere Wahl, als sich den Forderungen der Obersten zu beugen. Mit Hilfe einer Flut von Versprechungen, schönen Worten, Geschenken und Bestechungen bekam man die Armee wieder einigermaßen in einen marschfähigen Zustand.

Keine Seite erntete in diesem Sommer 1641 irgendwelche Lorbeeren.

Eine Weile sah es so aus, als könne im südlichen Teil von Lüneburg etwas Wichtiges geschehen. Dort waren lüneburgische Verbände seit gut einem halben Jahr damit beschäftigt gewesen, die von kaiserlichen Truppen besetzte Festung Wolfenbüttel zu zernieren. Die Lüneburger hatten die Oker, die an der Festung vorüberfloß, gestaut, und im Juni war das Wasser um und in der Festung so hoch gestiegen, daß die zwei Mühlen der Stadt außer Funktion gesetzt wurden und die Soldaten im Inneren gezwungen waren, ihre Zelte auf den hohen Wällen aufzuschlagen – die jedoch aus Sand waren und deshalb abzurutschen drohten. Die Kaiserlichen hatten vor, Wolfenbüttel als Pfand in den zur gleichen Zeit geführten Verhandlungen mit den politisch wetterwendischen lüneburgischen Herzögen zu benutzen, und waren deshalb daran interessiert, der wassergefüllten Festung zu Hilfe zu kommen. Die schwedischen Generale ihrerseits sahen ein, daß sie, wenn sie auch in Zukunft die wankelmütigen Herzöge zu ihren Verbündeten zählen wollten, ihnen bei der Zernierung dieser aufs Ganze gesehen bedeutungslosen Festung Unterstützung geben mußten.

Es begann ein Wettlauf dorthin, der im großen und ganzen unentschieden endete. Und kurz nach Mittag am 19. Juni griff die kaiserliche Armee die Schweden und ihre Verbündeten an. Es war eine der größten Schlachten während des ganzen Kriegs (die Schweden und ihre Verbündeten zählten rund 20 000 Mann – darunter 600 Finnen und Småländer –, ihre Gegner 21 000), doch sie wurde, teilweise aufgrund der ausgeglichenen Kräfteverhältnisse, zu einer ziemlich bedeutungslosen Affäre.

Die Verbündeten hatten sich auf den erwarteten Angriff durch den Bau von Schanzen und die Errichtung eines riesigen Mikados aus gefällten Bäumen vor Teilen ihrer Linie vorbereitet. Auf der linken Seite ritt die kaiserliche Reiterei unter Piccolomini an. Da die grüne Saat auf den Feldern schon in die Höhe gewachsen war, entdeckten sie die schwedischen Befestigungen nicht rechtzeitig und gerieten überraschend unter Artilleriebeschuß aus großer Nähe. Nachdem sie kleinere Verluste erlitten hatten, verschwanden die Angreifer wieder außer Schußweite. Draußen auf dem rechten Flügel hatte man keine Zeit gehabt, Verschanzungen zu graben, und dort hatte die kaiserliche Kavallerie mehr Erfolg. Sie ritt Attacken gegen die Rechtecke der schwedischen Reiterei, die ins Wanken geriet und einen ungeordneten Rückzug antrat. Ein Gegenangriff zweier Regimenter von Berhardinern – einer der wenigen wirklichen Einsätze dieser Querulanten während dieses und des voraufgegangenen Feldzugs – warf die Kaiserlichen zurück, und sie verschwanden in einem Laubwald, aus dem sie kurz zuvor aufgetaucht waren.

Die härtesten Kämpfe fanden in der Mitte statt, in und um den dichten und zum Verhau gemachten Beddinger Wald. Eine viereckige Redoute, etwa 75 × 75 Meter, die ein Stück weit im Grünen lag, war mit Banérs altem Regiment besetzt, »dem alten blauen«. Große Schwärme bayerischen und kaiserlichen Fußvolks stürmten zwischen den Baumstämmen auf die feuersprühenden Wälle der Redoute zu. Ihr Feldruf an diesem Tage war: »Hilf, Maria, Mutter Gottes!«

Die kaiserliche Führung verlor beinahe sofort die Übersicht über den Kampf in der Mitte. Während des Vorrückens durch das Walddickicht lösten sich die straff geordneten Verbände auf. Die Infanterie, die entlang der äußeren Waldränder angreifen sollte, hatte außerdem ihren Befehl mißverstanden und folgte statt dessen ihren bayerischen Waffenbrüdern bei deren Sturmlauf gegen die Redoute dicht auf den Fersen. Es erwies sich auch als nahezu unmöglich, den Irrtum zu korrigieren, denn viele der kommandierenden Offiziere waren ihren Soldaten überhaupt nicht in den Wald gefolgt. Die Ursache war wahrscheinlich reine Feigheit, denn der Beddinger Wald war rasch zu einem makabren Schlachtplatz geworden, wo das angreifende Fußvolk haufenweise niedergeschossen wurde. Schwedische Kanonen und schwedisches Fußvolk waren nämlich so aufgestellt, daß ihre Waffen sowohl den Rücken der Redoute als auch deren Seiten abdeckten. Die vorrückenden Bayern und ihre kaiserlichen Verbündeten waren deshalb einem vernichtenden Kreuzfeuer ausgesetzt, das aus allen erdenklichen Richtungen außer direkt von hinten kam. Die Verluste wurden noch größer, als die falsch vorgerückten Verbände ebenfalls zur Redoute vordrängten, worauf weitere Verwirrung und sogar ein regelrechtes Gedränge entstand. In diesem Chaos von dichtem Pulverdampf, heulendem Traubenhagel, fliegenden Holzsplittern, verstreuten Leichen und abgeschossenen Ästen und Körperteilen gelang es ihnen trotz allem, die Redoute zu erstürmen und nach einem Nahkampf Mann gegen Mann – ansonsten eine Seltenheit – dem »alten blauen« drei leichte Kanonen und vier Fahnen zu nehmen und es in die Flucht zu schlagen. Doch eine andere schwedische Brigade, die in Reserve gestanden hatte, stampfte mit ihren im Sommerwind fliegenden Fahnen durch das Gras heran und konnte die leichenübersäte Befestigung zurückerobern. Besonders die bayerische Infanterie wurde bei diesen Kämpfen schwer in Mitleidenschaft gezogen; rund 2000 Männer waren am Morgen aufmarschiert, nach dreistündigem Kampf waren 1149 von ihnen tot, verwundet oder in Gefangenschaft geraten.

Nun gab die kaiserliche Führung Order an ihre Truppen, sich aus dem Kampf zurückzuziehen. Sie konnten dies ohne größere Schwierigkeiten tun, denn als einer der hohen Offiziere auf der schwedischen Seite den Regimentern der Bernhardiner zu befehlen versuchte, die Verfolgung aufzunehmen, weigerten diese sich glatt. Auch die lüneburgischen Truppen wollten ihre Verschanzungen nicht verlassen, sondern stellten jedes Feuer ein, als die Kaiserlichen ihnen den Rücken zukehrten.

Die schwedische Führung war angenehm überrascht, daß die noch immer recht unzufriedenen Truppen, die nur wenige Tage zuvor noch drauf und dran gewesen waren, einige hohe schwedische Offiziere zu massakrieren, sich so gut geschlagen hatten. Die Schlacht an sich jedoch erwies sich als bedeutungslos.

Das Kampfgeschehen bei Wolfenbüttel illustrierte dagegen mit aller Deutlichkeit ein Faktum, daß sich bereits angekündigt hatte und das dazu führte, daß die Schlachten immer weniger und die Pattsituationen immer häufiger wurden; auch eine notdürftig eingegrabene Truppe war kaum durch direkten Angriff zu besiegen, und dies unabhängig davon, ob der Angreifer stark überlegen oder der Verteidiger schwer demoralisiert war. Die in aller Hast gegrabenen Feldbefestigungen hatten im voraufgegangenen Sommer Piccolominis Heer gerettet. Im Juni 1641 retteten sie die Schweden und ihre Bundesgenossen.

Den Rest des Sommers vertaten beide Seiten mit politischen Intrigen, Uneinigkeit, Lagerleben und kleineren Belagerungen. Die Verbündeten wurden weiterhin gelähmt durch Unruhe und Murren unter den Kriegern, die aufs neue nach Belohnungen, dem ausgebliebenen Sold und anderem mehr zu rufen begonnen hatten. Die Kaiserlichen wurden von der Nachricht erschüttert, daß Brandenburgs neuer Herrscher Friedrich Wilhelm noch während des Reichstags in Regensburg den Frieden von Prag verworfen und einen Waffenstillstand mit den Schweden geschlossen hatte – der Kaiser sah seine Machtbasis schrumpfen. Und beide Seiten hatten große Versorgungsschwierigkeiten. Die Not war zeitweilig so groß, daß Soldaten ihre Waffen verkauften, um Lebensmittel einhandeln zu können. Andere zogen nach alter Gewohnheit auf eigene kleine Plünderungszüge aus, woraufhin die Bauern nach ebenso alter Gewohnheit sich zusammenrotteten und zurückschlugen. Im Sommer 1641 verloren mehr Soldaten ihr Leben in diesem ewigen Krieg zwischen Bauern und Soldaten als in regulären Kämpfen zwischen den feindlichen Armeen.

Als der Spätherbst kam und die Armeen ihre Winterquartiere bezogen, waren die Positionen im großen und ganzen die gleichen wie am Ende des Frühlings. Und die Stimmung unter den Söldnern des schwedischen Heeres war im großen und ganzen genauso schlecht.

Die ganze Zeit über saßen die hohen schwedischen Offiziere da und wanden sich und flickten, machten Versprechungen und erfanden Lügen, denn sie wußten, sie saßen auf einem Vulkan, der jederzeit mit Getöse sie selbst und die schwedische Macht in Deutschland verschlingen konnte. Sorgenvoll wandten sie ihre Blicke dem Meer und der erwarteten Rettung in Gestalt des neuen Oberbefehlshabers der Armee, Lennart Torstensson, zu, der aus Schweden kommen sollte mit dem Geld und der Mannschaft, die erforderlich waren, um die Ruhe im Heer wiederherzustellen und es wieder voll kampftauglich zu machen. Aber die Herbstwochen vergingen, und kein Torstensson ließ sich blicken. Der Rat in Stockholm machte Verrenkungen und arbeitete weiter an der Vorbereitung eines völligen schwedischen Rückzugs aus Deutschland.

Die Ursache der Verspätung war banal. Torstensson lag schwer krank zu Hause in Schweden und konnte nicht reisen. Als er Mitte September so weit wiederhergestellt war, daß er die Überfahrt wagen konnte, geriet sein Schiff in so widriges Wetter, daß er einen schweren Rückfall erlitt, der ihn erneut ans Bett fesselte. Erst am 15. November erreichte Torstensson mit seinem Verstärkungskorps die vor Unruhe, Unwillen und aufgrund von Intrigen brodelnde schwedische Hauptarmee. Er brachte 3000 Reiter – die meisten zu Fuß – und 5000 Fußsoldaten mit, aber auch Kleidung und Schuhe, die in Hamburg gekauft worden waren, sowie fast 22 000 Meter Tuch, alles für die Verteilung an die am schlechtesten ausgerüsteten Soldaten gedacht; und, das Wichtigste, er brachte auch reichlich klingende Münze mit, um das Mißvergnügen zu dämpfen. Fast zwei Wochen harter Verhandlungen waren erforderlich, bis Torstensson die Armee wieder ganz unter Kontrolle hatte. Es wurde teuer. Sehr teuer.

Dem Fußvolk wurden 104 003 Reichstaler bezahlt; an die Reiterei – den Heeresteil, der für die meiste Unruhe gesorgt hatte – gingen 296 074 Reichstaler und 16 Öre, an die Artillerie 22 204 Reichstaler. Eine Reihe hoher Offiziere, besonders die aufmüpfigen Obersten, erhielten auch persönlich Geldzahlungen in unterschiedlicher Höhe, unter anderem erhielt ihr Anführer Mortaigne 10 000 Reichstaler. Das Geld, das Torstensson mitgebracht hatte, reichte nicht weit, so daß neue Kredite bei Adler Salvius in Hamburg aufgenommen werden mußten, nicht ohne gewisse Schwierigkeiten, denn die Kreditwürdigkeit der schwedischen Krone war nicht die beste. Es wäre ein schwacher Trost gewesen, hätten sie sehen können, daß auch der Kaiser große Probleme hatte, Geld für seine Kriegführung zu leihen. Die Probleme beider Seiten, Kredite zu bekommen, zeigten deutlich, wie weit der Zweifel daran, daß dieser Krieg in einem vernünftigen Sinn des Wortes noch zu gewinnen sei, bereits verbreitet war. Ein Teil der Gelder, die Ferdinand III. schließlich beschaffen konnte, wurde jedoch zu harten Bedingungen gegeben; so lieh ihm ein jüdischer Kaufmann mit Namen Cigan schließlich 75 000 Gulden, doch nur gegen einen Revers über 100 000 Gulden zu dem für die Zeit hohen Zinssatz von 6 Prozent und mit einer Rückzahlungsfrist von zwei Jahren.

Nachdem Torstensson auf diese Weise Offiziere und Soldateska an den richtigen Stellen gekitzelt hatte, wollte er zeigen, daß er auch andere Saiten aufziehen konnte. Mit dem Ruf »Ich werde die Disziplin aufrechtzuerhalten wissen« ließ er einen der schlimmsten Konspiranten, einen gewissen Oberst von Sekkendorff, vorführen und vor den Augen aller Deutschen in der Armee erschießen, worauf die versammelten Verbände ihm und der schwedischen Krone neuen Gehorsam und Treue schwören mußten. Und jetzt, nach 486 260 Reichstalern und einer Hinrichtung, war die Ordnung im schwedischen Heer in Deutschland wiederhergestellt. Die Winter- und Frühjahrsmonate 1642 verwandte Torstensson darauf, das Heer auf den Sommerfeldzug vorzubereiten, da er seine Armee nach Südosten, oderaufwärts nach Schlesien und weiter führen wollte. Er beabsichtigte, den alten Plan Banérs und des Rates zu verwirklichen, den Krieg in die kaiserlichen Erblande zu tragen.

Johan Banér hatte einen guten Nachfolger gefunden, daran bestand kein Zweifel. Lennart Torstensson war zu diesem Zeitpunkt ein 38jähriger Mann mit schulterlangem, in der Mitte gescheiteltem Haar, Schnurrbart und spitzem Kinnbart, kleinem Mund und arrogant geschwungenen Nasenflügeln. Am liebsten wäre er um diesen Dienst herumgekommen. Er litt nämlich an schwerem Gelenkrheumatismus, den er sich zugezogen hatte, als er unter widrigen Umständen als Kriegsgefangener in Ingolstadt gesessen hatte. Aus diesem Grund mußte er meistens auf einer Bahre getragen werden; zu Pferde konnte er nur eine oder zwei Stunden sitzen, und das auch nur, wenn jemand das Tier führte – seine Hände waren so gichtverkrümmt, daß er die Zügel nicht halten konnte. Einige seiner Feinde nannten ihn deshalb *magnus podagricus* – »der große Gichtbrüchige«; in moderner Zeit wäre er ohne Zweifel als Invalide ausgemustert worden.

Torstensson hatte als Page Gustav Adolfs begonnen, aber dieser hatte seine militärische Begabung erkannt, und er hatte rasch Karriere gemacht; schon als 25jähriger war er zum Artillerieoberst ernannt worden, und viele Neuerungen, die diese Waffengattung zur vielleicht besten in der Welt gemacht hatten, gingen auf ihn zurück. Eine Anzahl von Jahren hatte *magnus podagricus* als Banérs engster Mann und wichtigster Ratgeber gewirkt, und er besaß auch den gleichen sicheren Blick wie Banér und teilte dessen Neigung zu schnellen und überraschenden Operationen. (Er bekam auch den Spitznamen »der Blitz«.)

Wie sein Lehrmeister war Torstensson ein harter, rücksichtsloser und herrischer Befehlshaber, was auch nötig war, wenn er nun die Disziplin im Heer wiederherstellen sollte, die unter Banér verkommen war, der besonders in seiner letzten Zeit bei Übergriffen seiner Truppen gern ein Auge zugedrückt hatte. Dies gelang Torstensson auch. Ein Historiker hat gesagt, daß seine Soldaten ihn haßten; dies habe aber nicht so viel ausgemacht, weil es ihm immer gelungen sei, ihnen neue Beute und neue Siege zu verschaffen.

Ein katholischer Böhme nannte Torstensson »die Schlange, die auf den Skorpion folgte« – der Skorpion war Banér. Torstensson war jedoch keine einfache Kopie Banérs. Während Banér ein zum Genie sublimierter Haudegen war, kampferprobt und grob, mit einem abstoßenden Wesen, hemmungslosem Sexualtrieb und schweren Alkoholproblemen, verfügte sein Nachfolger zumindest über einen Anflug von Bildung und Lebensart. Torstensson war ruhig und ausgewogen und hatte bedeutend mildere und verfeinerte Manieren im Vergleich zu dem cholerischen und machtlüsternen Banér, so daß es ihm bedeutend leichter fiel, mit seinen Offizieren umzugehen. Er war wohl auch eine komplexere Persönlichkeit als sein Vorgänger. Als kleines Beispiel sei erwähnt, daß er nach der von ihm selbst angeordneten Hinrichtung des Obersten von Seckendorff aus eigenen Mitteln dessen Witwe und Kinder versorgte. Es sagt auch einiges über ihn aus, daß er vielleicht der einzige von allen Feldherren des Dreißigjährigen Kriegs war – von Tilly, Wallenstein und Bernhard von Weimar über Banér, Gallas, Piccolomini, Mercy, Hatzfeldt, Lamboy, Holzapel, Götz und Savelli bis zu Guébriant, Wrangel, Condé, Turenne und Königsmarck –, der seine Stellung *nicht* dazu benutzte, sich zu bereichern. Aber dennoch: Auch wenn er lächelte, so lächelte er mit Zähnen aus Stahl. Die Bauern und die Bürger ringsumher im deutschen Reich fanden bald heraus, daß »die Schlange« zwar ein würdevolleres und freundlicheres Auftreten hatte als »der Skorpion« und daß er oft in der Kirche niederkniete, aber daß es dennoch ungefähr auf das gleiche hinauslief wie früher, will sagen auf schmutzig-schwarze Rauchwolken über gebrandschatzten Städten und geplünderten Dörfern. Dies zeigte von neuem, daß der Krieg größer war als die Summe seiner Teile, daß er eine Eigendynamik entwickelt hatte, daß die Schrecken und das Elend ebensosehr der dem System innewohnenden Logik entsprangen wie der nicht unbedeutenden Bosheit und Verstocktheit der Beteiligten.

Im Jahr 1642 war der Frühling frostig und spät. In Schweden saß ein gerade freigelassener Strafgefangener und schrieb ein Gedicht. Er hieß Lars Wivallius und war ein begabter ehemaliger Bauernstudent aus Närke, der mit einem Stipendium an der Universität Uppsala studiert hatte, aber bereits nach zwei Jahren Studium auf Abenteuer in Europa ausgezogen war. Dort hatte er ein unstetes Leben geführt, mal als Student, mal als Bauernfänger, von Gläubigern gejagt, mehrmals gefangengenommen und geflohen, als holländischer Soldat geworben, um dem belagerten Breda zu Hilfe zu kommen – das jedoch eine Woche später fiel, woraufhin Velázquez, wie bereits erwähnt, Anlaß bekam, sein Gemälde zu malen –, und so weiter. Während seines Vagabundenlebens hatte er sich verschiedene adlige Namen zugelegt: Svante Steinbock, Erik Gyllenstierna, und als letzterer verheiratete er sich 1629 mit einer vermögenden dänischen Adelsdame, Gertrud Grijp, wurde aber entlarvt, ergriffen und für seine Frechheit und seine Hochstapelei zum Tode verurteilt, floh, gelangte nach Schweden, wurde entlarvt, ergriffen, als katholischer Agent verdächtigt, floh, wurde entlarvt, ergriffen und schließlich 1636 in der kleinen Festung Kajaneborg im nördlichen Finnland eingesperrt, »einem engen, nassen, schmutzigen und stinkenden Gefängnis«. Im gleichen Jahr, in dem Wivallius in Kajaneborg eingesperrt wurde, wurde übrigens ein anderer Gefangener von dort entlassen. Es war der frühere Uppsalaprofessor Johannes Messenius, der Mann, der einst mit Johannes Rudbeckius um die Gunst der Universitätsstudenten gekämpft hatte, aber auf den Verdacht hin, ein heimlicher Jesuit zu sein, zu 20 Jahren Gefängnis verurteilt worden war. Messenius war ein gebrochener Mann, er hatte in einem engen Raum eingesperrt gesessen, der mit feuchtem Moos abgedichtet war, dessen Fenster zerbrochen waren, in dem im Herbst und Frühjahr das Wasser über den Fußboden anstieg, aber wo er dennoch, trotz des Geruchs von Exkrementen und der Kälte und der Feuchtigkeit und den Anfeindungen der Wachen, unverdrossen an einem historischen Riesenwerk in zwanzig Bänden gearbeitet hatte, *Scondia illustrata*, »Das verherrlichte Skandinavien« – einer der ersten Versuche, alte Sagen und Dokumente kritisch zu sichten und auf diese Weise ein wahres Bild der Vergangenheit zu erhalten. Messenius starb nur einige Monate nach seiner Entlassung.

Wivallius war in etwas besserer Verfassung, als er 1641 freigelassen wurde, und 1642 wurde sein betörend schönes »Klagelied über diesen trockenen und kalten Frühling« gedruckt. Es war eine Beschwörung der Kälte, eine Anrufung der Wärme des Sommers, ein Ruf nach dem Beistand Gottes in einer Zeit, da Not und Mißernten das Reich zu bedrohen schienen, und eine Bitte um Vergebung – denn mußte nicht das ganze Unglück der Zeit seinen letzten Ursprung in der Sünde und den Vergehen der Menschen gegen Gott haben?

Gib Freude und Trost, daß die Lerche nicht sterb',
laß leben die Sommerschwalben.
Erquick unsere Brust hier auf Schwedens Erd',
wo jetzt nur Trauer mag walten.
Gib Sommer, gib Blumen,

gib gutes, grünes Heu,
laß des Kuckucks Ruf erschallen.

Laß das Vieh auf die Koppel, den Ochsen bind los,
treib die Tiere hinaus in den Wald.
Führ das Pferd aus dem Stall, Gottes Weide ist groß,
laß den Bauern sich freun hinterm Pflug.
Herbst üppig macht lustig,
laß die Saat aufgehn
auf den Äckern fruchtbar und gut.

Laß gedeihn seine Schafe, laß blühen sein Feld,
hilf füllen die leeren Scheuern.
Rät der Bauer allein, find't der Krieger auch ein Bett,
zu strecken die müden Glieder.
Still den Zorn, gib uns Frieden,
manche Magd, mancher Knecht
sich über die Maßen dann freuen.

Die Bienen laß schwärmen auf Blume und Blatt,
zu saugen den Honig, den süßen.
Doch die Luft wird von Lärm und Geschrei taub und matt,
wo feindliche Heere mit Waffen sich grüßen.
Still den Zorn, gib uns Frieden,
steh uns bei, oh Gott,
der am besten den Feind kann besiegen.

Doch dies waren fromme Wünsche, denn am 26. März ging die schwedische Armee über die Elbe, um eine weitere Offensive einzuleiten.

Torstensson war also Banérs Schüler, doch das bedeutete nicht, daß er sklavisch in dessen Fußstapfen trat, zumindest nicht auf strategischem Gebiet. Beiden ging es darum, die »Reise nach Jerusalem« zu spielen und den Krieg in die Erblande des Kaisers zu tragen. Banér hatte früher mehrmals versucht, dies zu tun, indem er von der Küste einen Bogen nach rechts durch das westliche Deutschland und hinunter nach Süden schlug, in das reiche Bayern, den vielleicht wichtigsten Verbündeten des Kaisers, und weiter nach Böhmen hinein. Aber jetzt waren diese Heerwege gründlich abgegrast, und Böhmen war schwer verwüstet, seit die Schweden es im Spätherbst 1639 mit Mord und Brand überzogen hatten. Die Armee mußte sich dahin wenden, wo es Verpflegung gab, weshalb Torstensson es nun mit einem ordentlichen Linksschwenk versuchen wollte, der nach Osten und von da nach Süden führen sollte, durch das recht unberührte Schlesien nahe der polnischen Grenze und oderaufwärts nach Mähren hinein – und südlich von Mähren winkten Österreich und das ersehnteste Ziel aller Operationen, Wien. Banérs Strategie hatte darin bestanden, gegen die feindlichen Streitkräfte zu manövrieren, sie auszuhungern und, wenn nötig, in offener Feldschlacht anzugreifen. Die Einnahme von Festungen und befestigten Orten war häufig zweitrangig gewesen – Banér war wie gesagt ein mittelmäßiger Belagerungskrieger –, was dazu geführt hatte, daß man später nur geringe Chancen hatte, das gewonnene Gebiet zu halten. Mehrere von Banérs Feldzügen waren deshalb einer Schrift in Wasser gleichgekommen. Torstensson beabsichtigte, bedeutend größeres Gewicht auf den Festungskrieg zu legen, aber er wollte sich von einzelnen starken Festungen nicht aufhalten lassen; sie sollten nur eingeschlossen und ihrem Schicksal überlassen werden, während die Armee ihren raschen Marsch nach Süden fortsetzte.

Das schwedische Heer bestand aus rund 7000 Infanteristen, 5000 Kavalleristen zu Pferde und 3000 Reitern zu Fuß. Die Armee war wieder ruhig und gehorsam, einheitlich geführt und einheitlich zusammengesetzt – die französischen und hessischen Korps hatten sich zu diesem Zeitpunkt verabschiedet und waren davonmarschiert, um Feinde und Völker am Rhein zu bekriegen –, und sie war im großen und ganzen gut auf den bevorstehenden Feldzug vorbereitet: Die jungen Bauernrekruten aus Schweden und Finnland waren zwischen die Altgedienten auf die Glieder verteilt, Proviant und andere Vorräte waren in Hamburg eingekauft, und um die Verbände so beweglich und schnell wie möglich zu machen, waren alle überflüssigen Troßwagen ausgesondert worden.

Und los ging es: Die Armee schlug einen schnellen Bogen durch das nördliche Sachsen, nahm, ohne auf nennenswerten Widerstand zu stoßen, einige kleinere Festungen ein und erreichte Ende April Glogau im nördlichen Schlesien. Die Festung, die nicht weit entfernt von der polnischen Grenze an der Oder lag, war stark und galt als einer der wichtigsten Stützpunkte der Kaiserlichen in diesem Teil des Reiches. Zunächst leiteten die Schweden eine regelrechte Belagerung der reichen Stadt ein, doch dann traf die Nachricht ein, daß eine kaiserliche Armee im Anmarsch sei. Sie wurde von Herzog Franz Albrecht von Lauenburg geführt, der früher einmal auf seiten der Schweden gekämpft hatte; er war es gewesen, der bei Lützen vergebens versucht hatte, den verwundeten Gustav Adolf im Sattel zu halten. Torstensson beschloß daraufhin, eine Erstürmung zu wagen, und um sich des Siegeswillens der Soldaten zu vergewissern, versprach er ihnen, daß sie die Stadt plündern dürften. Dieser bewährte Trick zeigte Wirkung; zottige Sturmkolonnen schwedischer Soldaten stürmten am 24. April vor, durchquerten einen Wallgraben, kämpften sich an einem niedrigen Erdwall vorbei, strömten über einen weiteren Graben, überwanden ohne Schwierigkeiten eine niedrige Mauer, erkletterten auf Leitern die neun Meter hohen, zinnenbewehrten Mauern und konnten nach einem kurzen Kampf den Widerstand in der Stadt brechen. Die hungrigen schwedischen Soldaten konnten nach Herzenslust stehlen, was sie von dem Besitz der Bürger der Stadt haben wollten, und brannten während der Plünderung mehrere Häuser und die große Stadtkirche nieder. Torstensson konnte zufrieden seine Beute zählen: 20 Kanonen, über 21 Tonnen Pulver sowie Mehl, Getreide und andere Lebensmittel in solcher Menge, daß sie ausreichten, um seine Armee einen ganzen Monat zu versorgen. Wie bei der Einnahme einer Stadt des Kaisers üblich, mußten dessen Beamte und alle katholischen Priester und Mönche sofort die Stadt verlassen – natürlich nach Entrichtung eines saftigen Lösegelds. (Die schwedische Armee – und zweifellos auch ihre Krieger – verschaffte sich während dieser Kampagne gute Einkünfte, indem sie wohlhabende Flüchtlinge auf dem Weg nach Wien abfing und ihnen anschließend hohe Lösegeldsummen abpreßte.)

Nachdem das schwedische Heer eine Reihe anderer kleinerer Orte bezwungen hatte – von denen die meisten ihre Stadttore öffneten, ohne daß ein Schuß abgegeben worden war –, marschierte es auf Schweidnitz zu. Der nahe der gebirgigen Grenze zu Böhmen gelegene Ort war von strategischer Bedeutung. Je nachdem, in wessen Hand Schweidnitz sich befand, konnte die Stadt als Einfallstor nach Böhmen oder als Sperre für den Weiterweg nach Schlesien und umgekehrt dienen. Franz Albrecht von Lauenburg, der bei der Nachricht vom Fall Glogaus seinen Marsch dorthin abgebrochen hatte, antwortete damit, daß er sich an die Spitze eines Korps mit 7000 kaiserlichen Reitern, 500 Dragonern und vier Kanonen setzte und auf den Weg machte, um diese wichtige Festung zu entsetzen. Seine Truppe wurde jedoch entdeckt, und am 21. Mai warfen sich starke schwedische Verbände über das sorglos dahinmarschierende Korps. Nach einem blutigen Kampf, der dennoch so kurz war, daß die Schweden ihre Kanonen nicht in Stellung bringen konnten, verschwand der Hauptteil der von Panik geschlagenen kaiserlichen Reiterei raschelnd in den lichten Wäldern, die die flachen, frühlingsgrünen Äcker in unmittelbarer Nähe von Schweidnitz, auf denen das Gefecht stattfand, umgaben. Den Schweden fielen außer den vier Kanonen vier Wagen mit Munition, vier fortgeworfene Paar Trommeln und zwei mit der Kriegskasse beladene Esel in die Hände, außerdem machten sie über 1200 Gefangene. Unter diesen war auch Franz Albrecht, der, von zwei Schüssen getroffen, sterbend aus dem Kampf getragen wurde.

Torstenssons Siegeszug ging weiter, hinunter nach Mähren, begleitet von den üblichen Exzessen. In mehreren Klöstern brachen die schwedischen Soldaten die Grabkrypten auf, schnitten die ringgeschmückten Finger von alten, eingetrockneten Abtleichen und marschierten, herrliche Meßgewänder und Meßtücher um ihre schmutzigen Ledermäntel geworfen, davon. Anfang Juni kapitulierte Olmütz, Mährens große, aber schwach verteidigte Hauptstadt, nach dreitägigem Beschuß. Die Beute dort übertraf alle Erwartungen: Außer Wein, Getreide und einer Brandschatzsumme von 300 000 Talern fielen den Belagerern große Mengen von Pferden, Pistolen, Sätteln, Blei, Pulver und Lunten, 50 Kanonen verschiedenen Kalibers, 150 neue Wagen, 5000 neue Uniformen und 3000 geputzte Musketen in die Hände. Auch an die zehntausend Bücher und Handschriften wurden aus der Stadt geschleppt und auf Anweisung aus Stockholm in Kisten verpackt und nach Schweden geschickt. Das Gerücht besagte, die schnelle Kapitulation sei darauf zurückzuführen gewesen, daß die Frau des Kommandanten, des italienischen Obersten Miniati, sich in schwedischer Gefangenschaft befand. Ihm wurde auch freier Abzug gewährt, mit 535 Mann zu Fuß und drei Kanonen, aber erst nachdem er mit der schwedischen Generalität eine Abschiedsmahlzeit von Brot und Schweinefleisch eingenommen hatte. Miniati wurde später in Wien hingerichtet.

Eine schwedische Besatzung wurde in Olmütz einquartiert, für die die Bürger der Stadt anschließend bezahlen mußten: Jeder Offizier sollte in der Woche 150 Taler und drei Maß Wein bekommen, jeder Soldat einen Groschen. Die Stadt wurde sogleich für die Verteidigung hergerichtet, eine Arbeit, die mit gewohnter Rücksichtslosigkeit betrieben wurde: Männer und Frauen wurden gezwungen, die Wälle auszubessern, die Bäume in den Gärten wurden zum Bau von Hütten für die schwedischen Mannschaften niedergehauen, und unnütze Esser wie Studenten, Kranke und Arme wurden aus der Stadt gejagt. Unter dem schwedischen Kommandanten Pajkull setzte anschließend ein hartes Regiment mit Drohungen, Hunger, Mißhandlungen und gewaltsamen Hausbesuchen als mehr oder weniger regelmäßigen Begleiterscheinungen ein. Als Olmütz kapitulierte, hatte die Stadt 30 000 Einwohner, und als die Schweden den schwer vandalisierten Ort verließen, waren es nur noch 1675.

Wo Banér bei seinen Unternehmungen gegen verschiedene befestigte Orte gescheitert war, hatten Torstenssons Truppen nun Erfolg. Den ganzen Juni über hoben sie Laufgräben aus, sprengten Minen, schossen Breschen, schleuderten Granaten, feuerten Brandkugeln ab, bestiegen Mauern, tranken Wein, stahlen Schafe, plünderten Lebende, plünderten Tote, bekamen Durchfall, sammelten Beute, strichen Brandschatzgelder ein, schwitzten, marschierten, töteten und starben. Nach Olmütz wurden Littau und Mährisch-Neustadt eingenommen. Danach Neiße. Danach Oppeln. Mährens Bauern waren im großen und ganzen ihrem Kaiser treu. Manche bewaffneten sich und versuchten, die Eindringlinge von ihren Dörfern fernzuhalten, andere unternahmen kleinere Überfälle auf schwedische Truppen. Torstensson antwortete damit, daß er ihre Dörfer niederbrannte und Gefangene folterte und tötete. In der Umgebung von Littau existierten nach kurzer Zeit nur noch 131 von zuvor 420 Bauern-

Eine von zahllosen Hinrichtungen. Auch ein Krüppel wird gehängt.

höfen, die meisten Mühlen lagen in Trümmern, Dorf um Dorf lag entweder öde oder war ein Haufen rauchgeschwärzter Ruinen, und das Vieh war geraubt.

Anfang Juli sah das Ganze ziemlich imponierend aus. Die meisten befestigten Orte in Schlesien und Mähren befanden sich in schwedischer Hand. Kleine Streifkorps mit schwedischer Reiterei unternahmen weitere Vorstöße ins Grüne, nach Böhmen und ins südliche Mähren; eins von ihnen stand praktisch nur 40 Kilometer vor Wien. Es schien, als sollte sich Torstenssons Linksbogenstrategie in reichem Maß auszahlen.

Aber nun, mitten in der hochsommerlichen Wärme, begannen nach und nach die Probleme. Ein Teil des Geheimnisses hinter den schwedischen Erfolgen war die Geschwindigkeit, mit der die Truppen sich bewegten. Aber diese Schnelligkeit hatte ihren Preis. Die Marschverluste waren hoch. Besonders die Ausfälle an Reit- und Zugtieren waren zeitweilig enorm gewesen; allein bis Mitte Mai waren rund 10 000 Pferde verendet. Dazu wütete eine Krankheit unter den Tieren. Die Kavallerie, schon am Anfang der Kampagne nur mäßig beritten, war nun noch mehr geschwächt. Dies war in der Tat ernst. Im Laufe des Kriegs war die Reiterei immer wichtiger geworden. Der Hauptteil der Soldaten in den Armeen war nun beritten. Fußvolk war zwar nötig für Belagerungen und die Einnahme von Festungen, aber ansonsten spielte es eine zweitrangige Rolle. Wie der Kampf bei Schweidnitz zeigte, ging von der Reiterei auch die eigentliche Schlagkraft aus; bei jener Gelegenheit war der Kampf im großen und ganzen vorüber, bevor die Infanterie zum Schuß kam. Und wenn das Fußvolk in Position ging, wurde es häufig zu der festen Achse reduziert, um die die Kavallerie sich drehte. Außerdem war die Reiterei von entscheidender Bedeutung für die Versorgung der Armeen. Sie war es, die in alle Himmelsrichtungen ausschwärmte und Verpflegung sammelte, und sie war es, die wie wütende Wespen ein gegnerisches Heer umschwirren und daran hindern konnte, die Versorgungsmöglichkeiten eines Gebiets auszuschöpfen.

Außerdem hatten die Desertionen in der schwedischen Reiterei zugenommen, nicht weil es der schwedischen Armee so schlecht ging, sondern im Gegenteil, weil es so unerwartet gut ging. Für einen gewöhnlichen Menschen gab es im 17. Jahrhundert im großen und ganzen nur zwei Arten, schnell reich zu werden. Die eine war fiktiv: den »irgendwo vergrabenen großen Schatz« zu finden, ein in den Volksmärchen und Volksmythen immer wieder anzutreffendes Motiv. Die andere war gefährlich: am Krieg teilzunehmen – als Soldat oder als Marodeur – und dort gute Beute zu machen. Gerade die Plünderungen und der Gewinn von Kriegsbeute waren ein wichtiger Antrieb für die Beteiligten, vom General bis zum einfachen Soldaten. Und wenn solch ein einfacher Soldat einen richtigen Fang gemacht hatte, zum Beispiel bei einer Erstürmung, dann hatte er allen Grund, sich von der Armee fortzustehlen und in Zurückgezogenheit und relativem Wohlstand ein bürgerliches Leben zu beginnen. Die Reiter, die sich im Gegensatz zum Fußvolk in kleinen, schwer überschaubaren Scharen bewegten und im Unterschied zu den still vor sich hintrottenden Infanteristen auf dem Rücken ihrer Pferde schnell aus dem Staub machen konnten, neigten deshalb besonders dazu, der Truppe den Rücken zu kehren. Torstensson klagte vernehmlich:

Bei der großen disordre, dem Plündern und Rauben, das hier vor sich geht, bessert sich die Reiterei nicht. Manche, die etwas Reales zu fassen bekommen, machen sich mit allem auf und davon … Confusion, Exzesse und disordre nehmen überhand; und unsere Stellung, die andernfalls ihr bemerkenswertes stabilement haben könnte, kann darüber kaum beständig werden.

Daß Torstensson jetzt nur auf stark gelichtete Scharen blicken konnte, beruhte jedoch nicht allein auf Kampf- und Marschverlusten sowie Desertionen. (Die Kampfverluste hatten wie gewöhnlich die Offiziere am härtesten getroffen, und das schwedische Heer litt jetzt unter einem Mangel an Offizieren. In mehreren Regimentern gab es keinen dienstfähigen Hauptmann.) Jedesmal, wenn eine neue Stadt oder Festung bezwungen worden war, hatte man dort Truppen als Besatzung zurücklassen müssen. Deshalb konnte Torstensson jetzt, Anfang Juli, nur noch 11 000 Mann an beweglichen Truppen kommandieren, der Rest saß hinter dicken Festungswällen überall in Mähren und Schlesien fest. Und es gab überaus schlechte Nachrichten, denn nun stand der kaiserliche Gegenzug ins Haus, durch Piccolomini und ein Heer von über 20 000 Mann. Es hatte lange gedauert, Truppen zusammenzubekommen, um Torstensson entgegenzutreten. Nur mit ungewöhnlicher Gemächlichkeit waren die verstreuten kaiserlichen Korps zusammengetrommelt worden, und der lokale Adel hatte trotz heftigen Gepolters von seiten des Kaisers keine größere Bereitwilligkeit an den Tag gelegt, sich unter die Fahnen zu begeben. Aber Truppen auf dem Weg zum Krieg in den Niederlanden waren zurückgerufen worden, und mit Hilfe eines gewaltig in die Höhe getriebenen Handgelds (am Ende 56 Gulden für einen Soldaten und 100 für einen Reiter) war wieder eine kaiserliche Armee auf die Beine gestellt worden – die wievielte, ist schwer zu sagen. Und nun war dieses Heer unterwegs, mit direktem Kurs gegen die schwedische Armee, die eingehüllt in den üblichen Donner und Rauch die wichtige Stadt Brieg im nördlichen Schlesien belagerte.

Ein weiteres Paradox war aufgetaucht. Das Paradox der Heeresgröße war schon bekannt. Große Armeen, die leicht auf dem Schlachtfeld siegen und Städte einnehmen konnten, waren bekanntlich schwer zu unterhalten; kleine

Armeen, die leicht zu unterhalten waren, hatten Schwierigkeiten, Schlachten zu gewinnen oder Städte einzunehmen. Nun zeigte sich noch ein Widerspruch: das Besatzungsparadox. Wenn eine Armee es unterließ, die befestigten Orte einzunehmen, konnte sie sich auf Dauer in einem Land nicht halten, *obwohl* sie im offenen Feld unumstritten herrschte. Doch wenn eine Armee sorgfältig die meisten befestigten Orte einnahm, konnte es gleichfalls schwierig werden, sich zu halten, denn das Abstellen von Leuten für Festungsbesatzungen nahm mitunter ein solches Ausmaß an, daß die Armee sich im offenen Feld nicht mehr behaupten konnte.

Torstensson sah ein, daß er einer Armee von über 20 000 Mann nicht mit 11 000 entgegentreten konnte. Deshalb brach er eilig die Belagerung von Brieg ab. Die schwedische Armee nahm ihren von Beute angeschwollenen Troß und ihre 10 000 geraubten Rinder mit und zog ein Stück nach Norden, um, dort eingegraben, Verstärkungen abzuwarten, die, soviel man wußte, von Schweden unterwegs waren. Sie trafen jedoch nicht vor Ende August ein, und da war es zu spät. Die offene und bewegliche Lage, die am Anfang des Sommers bestanden hatte, war erstarrt, und das lange Stilliegen und umständliche Manövrieren hatte zu einer gründlichen Ausbeutung des Gebiets geführt, in dem das schwedische Heer stand. So kam es am Ende wie so viele Male zuvor: Mangel an Lebensmitteln zwang die schwedische Armee dazu, das in den Herbstfarben leuchtende Schlesien zu verlassen und sich nach Nordwesten zurückzuziehen, die Kaiserlichen dicht auf den Fersen.

Zu den Verstärkungen, die im Sommer 1642 aus Schweden eintrafen, gehörte auch ein Bataillon – oder, wie es damals noch genannt wurde, eine Schwadron – Fußvolk aus dem Dalarna-Regiment. Es waren vier komplette Kompanien: 498 gemeine Soldaten, 42 Offiziere, ein Quartiermeister (der für den Unterhalt und die Quartiere zuständig war), ein Schreiber, ein Feldscher mit einem Gesellen sowie zwei Profosse (die für die Ordnung verantwortlich waren und jeden, der dagegen verstieß, bestraften). Sie waren am 17. Juli in Wolgast an Land gegangen und mit dem übrigen neu eingetroffenen Fußvolk aufgebrochen, um sich Torstenssons Heer unten in Schlesien anzuschließen. Sogleich begannen Krankheiten unter den Dalekarliern zu wüten, die in den Quartieren, die sie auf dem Weg passierten, Kranke hinter sich zurückließen, wie an einer Perlenkette aufgereiht. Es wurde auch nicht besser, nachdem sie sich mit der Hauptarmee vereinigt hatten. Die Dalekarlier nahmen an der Entsetzung Glogaus teil, das von Piccolominis Truppen belagert wurde, und in Glogau wurden einige Kranke zurückgelassen. Sie waren dabei, als Torstensson vergebens versuchte, den Gegner zum Kampf zu reizen und zuerst Friedland – das auch geplündert und danach niedergebrannt wurde – und dann Zittau einnehmen ließ. Und auch in Zittau wurden einige Kranke zurückgelassen. Die Dalekarlier waren dabei, als die von Versorgungsschwierigkeiten geplagte Armee unter täglichem Kleinkrieg und auf lehmigen Wegen nach Sachsen retirierte. Als sie um den 17. Oktober 1642 Leipzig erreichten, war nur noch ein Drittel der ursprünglichen Truppe von 540 Mann dabei.

Torstensson beabsichtigte, Leipzig zu belagern. Der Plan war einfach. Der schwedischen Armee mangelte es an Unterhalt, und der würde schwer zu beschaffen sein, wenn das kaiserliche Heer seine Taktik beibehielt, seine schwedischen Gegner auf ihrem Rückzug diskret zu beschatten. In der jetzigen Lage gab es zwei Alternativen. Entweder ließ man zu, daß die Schweden Leipzig einnahmen, und dann würden sie die großen Vorräte der reichen Stadt genießen können. Oder die Kaiserlichen kamen der Stadt zum Entsatz, und dann würde man sie vielleicht in einer Schlacht stellen und schlagen können. Lars Grubbe, ein ziviler Assistenzrat bei der Armee, drückte es so aus: »Entweder muß Leipzig in unsere Hand kommen, oder der Feind ist genötigt, eine *bataille* zu wagen.« (Grubbe, ein Mann in mittleren Jahren, war einer dieser tüchtigen und eifrigen Beamten, die das Rückgrat des schwedischen Machtapparats bildeten; er hatte als Verbindungsmann in Axel Oxienstiernas Kontakten mit der Regierung zu Hause in Stockholm fungiert, er hatte Banér bei diplomatischen Unterhandlungen mit verschiedenen schwierigen deutschen Fürsten geholfen, er war schwedischer Resident in Hamburg – Adler Salvius war sein Patron und Gönner – und Assessor im Reichsamt für Handel und Schiffahrt gewesen, und während der schweren Krise in der Armee 1641 war er einer von denen, die am aktivsten und geschicktesten zur Abwendung der drohenden Katastrophe beigetragen hatten. Grubbe war jetzt Torstenssons rechte Hand in politischen und diplomatischen Angelegenheiten, aber er wurde gegen seinen Willen aus den militärischen Entscheidungen herausgehalten. Deshalb war er unzufrieden mit seiner Stellung. Als Grubbe die oben zitierten Zeilen schrieb, hatte er nur noch wenige Tage zu leben.)

Leipzigs ausgedehnte Festungswälle wurden nur von rund 200 Mann sowie einer Anzahl von Freiwilligen verteidigt, und deshalb hätte es nicht schwerfallen dürfen, die Stadt im Sturm zu nehmen. Dies aber wollte Torstensson um jeden Preis vermeiden. Sturm bedeutete Plünderung, und er brauchte die Stadt und ihre Vorräte intakt angesichts des kommenden Winters. Deshalb leitete die schwedische Armee eine regelrechte Belagerung der Stadt ein. Es ging schnell. Annäherungsgräben wurden angelegt, sie gingen von einigen der schönen, aber nun im Herbst trockengelegten Brunnen unmittelbar vor der Stadt aus und führten bis an die Mauern. Eine Galerie – also der größte Typ eines Minengangs – wurde unter dem Wallgraben der Stadt gegraben; Breschbatterien mit schweren Geschützen wurden aufgestellt und begannen, die Mauern unter Feuer zu nehmen; einige Minen wurden gezündet. Eine der Bastionen der Stadt

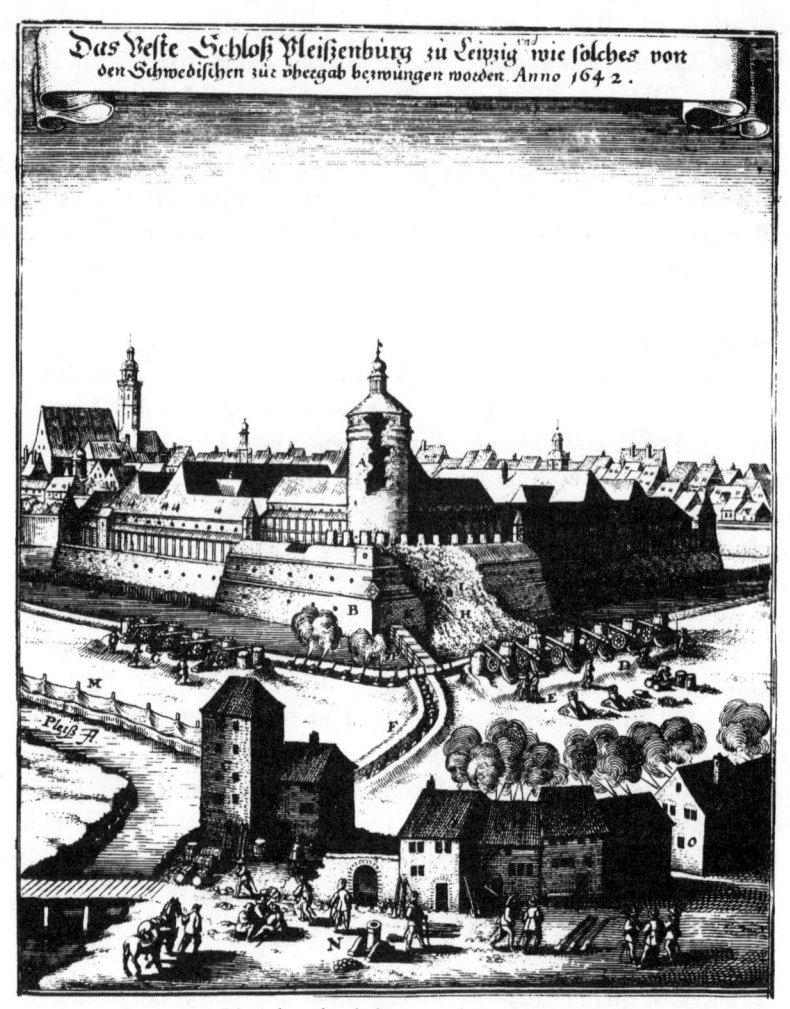

Die Schweden belagern Leipzig 1642.
Zwei Batterien mit Kanonen (G, D) und eine kleine Mörserbatterie (E) schießen eine Bresche (H) in die Bastion (B). Schwedische Scharfschützen in einer Parallele (P) und in einigen Häusern halten mit ihrem Feuer die Verteidiger von den mit Schanzkörben gekrönten Wällen fern. In einer Approche (F) rücken Verstärkungen vor. Die aufgespannten Tücher (M) dienen als Schutz gegen Einsicht von den Mauern.

wurde angegriffen, aber die Sturmkolonne aus Banérs altem blauen Regiment lief in die falsche Richtung, und 60 von ihnen wurden in dem knatternden Kreuzfeuer von musketenbewaffneten Studenten und Leipziger Bürgern oben auf dem Wall niedergemäht.

Es war offenkundig, daß die Schweden es ernst meinten. Leipzig mußte daher entsetzt werden. Der Oberbefehlshaber des kaiserlichen Heeres, Leopold Wilhelm, ein Bruder Ferdinands III. und deshalb Erzherzog, beriet sich mit seinem Astrologen de Werwe darüber, was die Sterne über die Zukunftsaussichten des schwedischen Heeres zu sagen hatten. Die Aussichten können nicht so glänzend gewesen sein, denn nachdem de Werwe einen kurzen Blick auf sie geworfen hatte, ermunterte er den Erzherzog, eine Schlacht zu wagen. Offenbar war jedoch die Angst des Erzherzogs vor Feldschlachten größer als sein Glaube an die Sterne, denn das kaiserliche Heer näherte sich Leipzig vorsichtig. Das schwedische Heer zog sich daraufhin zurück, in großer Hast und in einer gewissen Unordnung. Gestärkt im Geist ließ Leopold Wilhelm das kaiserliche Heer folgen. Als seine Soldaten am Abend des 22. Oktober 1642 auf den Feldern vor Leipzig ihre Zelte aufschlugen, waren sie davon überzeugt, daß sie einen angeschlagenen und auf dem Rückzug befindlichen Gegner verfolgten. Ein kleines Stück weiter entfernt lag ein Dorf, dessen Namen einige von ihnen wiedererkannt haben müssen: Breitenfeld. Das war elf Jahre her.

Früh am nächsten Morgen, dem 23. Oktober, drangen sie weiter vor über die wellige Ebene. Als die Truppenkolonnen gegen 7 Uhr auf einen niedrigen Höhenzug gelangten, machten sie überrascht halt. Sie sahen plötzlich die gesamte schwedische Armee, die bis dahin in einer weitläufigen Senke verborgen gewesen war, in voller Schlachtordnung aufgestellt; Flaggen, Rufe, Farben, Trommelwirbel: ein Anblick, ebenso majestätisch wie erschreckend, ebenso schön wie furchtbar.

Die Schweden kamen direkt auf sie zu.

4. Geriet ich so unvermutet in den Krieg

›JEDER SOLLTE BEREIT SEIN, AM NÄCHSTEN TAG ZU KÄMPFEN‹. –
DIE GROSSE SCHLACHT BEI LEIPZIG. –
KARL GUSTAV. OLOF MATTSON SPOTTKROK. –
NEUE SCHWEDISCHE SOMMEROFFENSIVE. –
›WIE EINE WÜSTE‹. – DIE POMMERSCHE DIVERSION. –
KROCKOW ZIEHT NACH NORDEN. – ERIK GERÄT IN DEN KRIEG. –
DIE SOLDATEN. – IHRE KLEIDUNG. – WER SIE WAREN. –
WERBUNGSPROZEDUREN. – AUSBILDUNG UND DRILL. –
DER MORALISCHE VERFALL. – DIE BELAGERUNG VON BELGARD.

Der Rückzug am Vortag war eine Kriegslist Torstenssons, mit der er die Kaiserlichen dazu verleiten wollte, näher heranzukommen. Sobald die Dunkelheit angebrochen war, hatten die schwedischen Truppen halt und kehrt gemacht und sich in Schlachtordnung aufgestellt. Und so standen sie die ganze Nacht hindurch auf den schlammigen Feldern; nur wenige Feuer waren in der Herbstkälte angezündet, um die Position der Armee nicht zu verraten, während die nächtlichen Geräusche der nichtsahnenden kaiserlichen Truppen mit dem Nachtwind zu ihnen hergetragen wurden. Noch vor Anbruch der Morgendämmerung konnten die schwedischen Soldaten in der Entfernung auch hören, wie ihre Gegner aufbrachen. Ein Beteiligter berichtet:

> *Es war Befehl gegeben, daß jeder entschlossen und bereit sein sollte, am nächsten Tag zu kämpfen. Vor der Morgendämmerung wurde in allen Regimentern Andacht gehalten, und Gott der Allmächtige wurde angerufen, uns victoria zu verleihen. Bei Tagesanbruch wurde sogleich reveille, vocetere und Marsch befohlen und der Feldruf »Hilf Jesu dem Heer« ausgegeben, worauf die ganze schwedische Armee sich in voller Schlachtordnung in Bewegung setzte.*

Die kaiserlichen Soldaten ihrerseits waren nicht auf Kampf vorbereitet. An die Infanteristen war keine Munition ausgeteilt worden, und die Reiterei hatte ihre Pistolen nicht bekommen, die noch auf den Troßwagen lagen. Sie bekamen jedoch einen kurzen Aufschub, bevor die Schweden über ihnen waren, denn die Kaiserlichen hatten sich ein wenig zur Linken der schwedischen Linie offenbart, die nun ein Stück nach dort verschoben werden mußte, bevor der Angriff beginnen konnte. Leopold Wilhelm galoppierte zwischen den Gliedern von Kriegern und Pferden umher, die in größter Hast von Kolonne auf Linie umschwenkten, und ermahnte seine Leute, ihre Pflicht zu tun und tapfer zu kämpfen. Die kaiserliche Artillerie wurde schnell an die Front gerollt. Der Erzherzog hoffte, daß sie die Schweden würde aufhalten können, während seine Truppen sich in Schlachtordnung formierten.

Die kaiserlichen Kanoniere taten etwas Ungewöhnliches: Sie luden ihre Geschütze mit Kettenkugeln. Dieses eigenartige Projektil bestand aus zwei Halbkugeln, die mit einer Kette verbunden waren. Dieser Typ von Kugeln wurde meistens auf See verwendet, um Segel und Takelage zu zerschießen, und hatte schlechte ballistische Eigenschaften. Aber wenn es gelang, mit ihnen zu treffen, konnte die Wirkung grauenvoll sein; die Kette spannte sich und bildete auf diese Weise ein einziges wirbelndes Riesenprojektil.

Diese grotesken Höllenmaschinen kamen nun mit einem Heulen über die Felder geschwirrt und hackten sich durch die aufrechtstehenden Glieder von Pferden und Mannschaften. Eine Kettenkugel schlug direkt in die schwedische Generalität ein. Das Geschoß peitschte durch den Schoßteil von Torstenssons Pelz, tötete sein Pferd, ging durch zwei weitere Pferde hindurch, die zerrissen zusammenbrachen, riß einen Kanzlisten namens Martin Qvast zu Boden und trennte den Assistenzrat Lars Grubbe in der Mitte durch. Einer von denen, deren Pferd die Kettenkugel zerrissen hatte, und der nun blutüberströmt zu Boden taumelte, war ein 19jähriger Jüngling, ein wenig untersetzt, mit vorgeschobener Unterlippe, sinnlichem Mund und langem, schwarzem Haar, das sein Gesicht umrahmte. Sein Name war Karl Gustav, und er war der Sohn von Karls IX. Tochter Katarina und also Vetter von Königin Christina. Er befand sich seit einigen Monaten beim schwedischen Heer, um das Kriegshandwerk von Grund auf zu erlernen. Sein Vater hatte sich der Idee widersetzt, aber der hitzige junge Mann hatte insistiert: »Ich bekenne, daß Gott mir von Natur aus eine lebhafte Begierde gegeben, mein Glück durch das Schwert zu suchen, gleichwie ich auch heiß wünsche, es zu suchen, bis ich es finde.« Dies war seine erste Schlacht, aber es sollten mehr werden, denn er wurde, als seine Zeit kam, König Karl X. Gustav von Schweden.

Die schwedischen Linien rückten trotz allem vor, durch das Chaos von Schreien, Eingeweiden und Körpersäften und Teilen von Fingern und Zähnen und Schenkeln. Es war eine ganz normale Schlacht im 17. Jahrhundert.

Der grellbunte, schwankende Wald von schwedischen Fahnen und Standarten kam dem wirbelnden Rauch immer näher. Schließlich prallten die Heere aufeinander.

Die äußere Form war klassisch: zwei parallele Linien, die aufeinanderprallen, bis die eine Seite weicht. Keine Finessen, keine Tricks oder smarten Pläne, nur ein unablässiges Morden aus kürzester Distanz, denn, wie der Historiker und Kriegsveteran Julius Mankell geschrieben hat, »nachdem die beiden Heere einmal zusammengestoßen waren, entbrannte der Kampf wie ein Feuerwerk, an dessen Richtung, nachdem es einmal angezündet war, wenig geändert werden konnte«.

Der rechte Flügel der schwedischen Reiterei warf sich auf sein kaiserliches Gegenüber. Die kaiserlichen Reiter waren wie gesagt nicht kampfbereit und nicht einmal ordentlich aufgestellt, bevor die Sturzwelle von Pferdehufen über sie hereinbrach. Mehrere Regimenter warteten den Angriff nicht einmal ab, sondern brachen auseinander und verschwanden in Panik ohne einen Degenhieb nach hinten. Das Kavalleriegefecht war, wie schon so oft, ein Anstürmen gegen eine Mauer; schon der erste Stoß ließ einige Ziegelsteine herausfallen; dann nahmen die schwedischen Reiter einen neuen Anlauf, ordneten ihre Reihen und warfen sich wieder nach vorn; nun bekam die Mauer noch mehr Risse; immer mehr kaiserliche Schwadronen strömten in Auflösung über die herbstlich nassen Felder davon; dann eine Pause und danach ein letzter Ansturm: jetzt brach der kaiserliche Reitereiflügel auf dieser Seite zusammen. (Viele Offiziere waren zu diesem Zeitpunkt von speziell eingeteilten Gruppen schwedischer Musketiere niedergeschossen worden, die der eigenen Reiterei Feuerschutz gaben.) Es half nichts, daß Leopold Wilhelm selbst in dieser brüllenden Brandung von Schrecken und Entsetzen umherritt und bat, fluchte und mit seinem Degen fuchtelte. Die Panik war nicht einzudämmen.

Auf der anderen Seite des Schlachtfelds hatte der linke schwedische Kavallerieflügel nicht den gleichen Erfolg gehabt. Die kaiserliche Reiterei war hier stärker, und der erste Angriff prallte ab. (Dort wurde unter anderem der Befehlshaber des Flügels, Erik Slang, der einarmige Offizier, der Beraun geplündert und später in Neunburg dazu aufgefordert hatte, Steine zu werfen, von einem Pistolenschuß tödlich getroffen.) Unter dem bewölkten Herbsthimmel blieben die beiden Linien erstarrt voreinander stehen.

In der Mitte begegnete sich das Fußvolk beider Seiten. Anfänglich blieb die schwedische Linie stehen, 75–80 Meter von dem scheppernden Gewimmel der feindlichen Piken, Harnische und Musketenmündungen. Hier, in dem rasch dichter werdenden Pulverrauch, kam es zu einem schaurigen Schußwechsel; beide Seiten sprühten Geschosse aus Musketen und Kanonen aufeinander. Auf diese lächerlich kurze Distanz war es schwer, nicht irgend jemanden oder irgend etwas zu treffen in den kompakten, stillstehenden Massen, die durch die Löcher in dem weißen Rauchvorhang zu sehen waren. Menschen fielen die ganze Zeit, allein oder in zappelnden Gruppen, von Bündeln heulenden Traubenhagels umgefegt. Die Feldherren fürchteten solche Situationen, in denen die Infanterie in ein langwieriges, blutiges und ergebnisloses Feuergefecht verbissen war. Schließlich war die Munition verschossen – ein Musketier nahm nur zwischen 20 und 30 Schuß mit in den Kampf –, und das pulverrauchgeschwärzte Fußvolk beider Seiten stürzte vorwärts und traf in einem stahlklirrenden Handgemenge aufeinander. Nach einem wechselvollen Nahkampf, bei dem beide Seiten abwechselnd Boden gewannen, wurde das kaiserliche Fußvolk

GERIET ICH SO UNVERMUTET IN DEN KRIEG

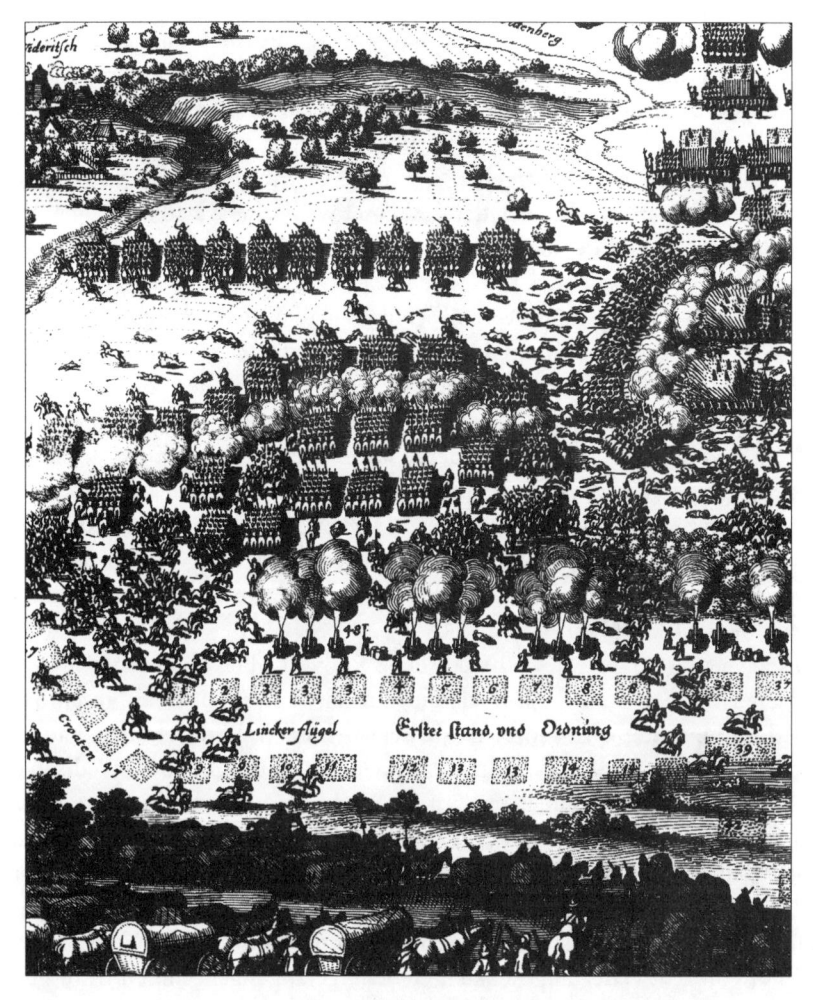

Die Schlacht bei Leipzig 1642.
Das Bild zeigt die Kämpfe auf dem rechten schwedischen Flügel (die kaiserlichen Streitkräfte sind im Bildvordergrund zu sehen – es ist ihr Troß). Hier gelangen den Schweden ihre ersten Erfolge. Schon hat sich unter der kaiserlichen Reiterei auf dieser Seite Panik ausgebreitet. Am oberen rechten Bildrand sieht man schwedische Reiterverbände, die das kaiserliche Fußvolk angreifen.

schließlich einige hundert Meter zurückgedrängt in einen kleinen Fichtenwald mit Namen Linkelwald. Dort zwischen den Büschen am Waldrand konnten die Kaiserlichen ihre aufgelösten Linien neu ordnen. Die erschöpfte schwedische Infanterie hielt sich zunächst zurück. Sie begnügte sich damit, ihre Gegner mit Traubenhagel aus den eigenen wie aus eroberten Kanonen zu beschießen.

Währenddessen hatte auch der linke schwedische Kavallerieflügel Erfolg, und der größte Teil der kaiserlichen Reiterei löste sich auf; ein Teil warf die Waffen fort und ergab sich auf Gnade oder Ungnade, die meisten verschwanden sporenstreichs, verfolgt von unregelmäßigen Wellen schwedischer Reiterei. Die Verwirrung war nun total. Pferde und Reiter jagten in alle Richtungen durch den stinkenden Rauch. Weder Torstensson noch dem Erzherzog gelang es, ein paar Schwadronen zu sammeln, um sie in dem chaotischen Infanteriegefecht in der Mitte einzusetzen. Beide waren gleich hilflos. Einer der höchsten Befehlshaber der kaiserlichen Seite, Webel, wurde zweimal nacheinander gefangengenommen und wieder befreit. Der Erzherzog selbst sah sich in dem Rauch plötzlich Auge in Auge einem schwedischen Dragoner gegenüber, der seine Pistole hob und abdrückte. Sie versagte. Leopold Wilhelm konnte im Gewimmel entkommen.

Ein erneuter Angriff des schwedischen Fußvolks ließ die blutbefleckten kaiserlichen Infanteristen im Linkelwald zurückweichen, aber im geschlossenen Glied und in guter Ordnung. Als sie den kleinen Wald durchquert hatten und wieder auf die naßkalte Ebene hinauskamen, begegnete ihnen schwedische Reiterei, die hauend und schießend auf sie eindrang; gleichzeitig folgte schwedisches Fußvolk hinter ihnen durch den Wald. Sie waren gefangen. Sie hatten lange genug gekämpft. Nun warfen sie ihre Musketen fort und gaben auf.

Es war ein vollständiger schwedischer Sieg. Nach nur dreistündigem Kampf war die Reiterei der kaiserlichen Armee dezimiert und in alle Winde zerstreut, ihr Fußvolk entweder abgeschlachtet oder gefangengenommen, ihre gesamte Artillerie – 46 Kanonen und 40 Munitionswagen – mitsamt dem ganzen Troß erobert, dazu die Kriegskasse und die eigene rote Kutsche des Erzherzogs, seine geheime Kanzlei, sein Hofstaat und seine kleine Musikkapelle. Die Schweden steckten wie üblich die meisten Kriegsgefangenen in ihre eigenen Verbände und zählten zufrieden ihre Beute; nur die Hofdiener und das Orchester sandte Torstensson mit einer eleganten Geste zu ihrem Herrn nach Prag zurück. (Leopold Wilhelm kehrte nach Böhmen zurück, wo er später ein ganzes Regiment seines geschlagenen Heeres wegen Feigheit vor ein Kriegsgericht stellte, die höheren Offiziere enthauptete, die niederen hängte, jeden zehnten Soldaten arkebusierte und danach den Verband auflöste.)

Die Schweden verzichteten auf die Verfolgung ihrer geschlagenen Gegner. Die Soldaten waren nach den vielen Eilmärschen und dem ständigen Nächtigen unter dem freiem Herbsthimmel am Ende ihrer Kräfte. In der Kriegskasse war auch Ebbe – es herrschte ein solcher Geldmangel, daß Torstensson nicht glaubte, genug zu haben, um all denen, die während der Schlacht feindliche Feldzeichen erobert hatten, die Belohnung zu zahlen, die sie nach altem Brauch erwarten konnten –, und man hatte auch nicht genug Pferde, um alle eroberten Geschütze und Wagen mitnehmen zu können. Außerdem mußte man sich um die eigenen Verwundeten kümmern, es waren rund 2000 Mann, die in Dörfern und kleinen Ortschaften rund um das Schlachtfeld untergebracht wurden.

Einer dieser Verwundeten hieß Olof Mattson Spottkrok und war Sergeant im Dalarna-Regiment. Eine Reihe seiner Regimentskameraden war in der Schlacht getötet worden, unter anderem Erik Persson Giöken aus Leksand, Mårten Andersson Flygare aus Mora und Nils Ersson Alltidglad aus Venjan. Der alte Soldat Erik Svensson war in dem Gewühl verschwunden – möglicherweise war er unter jenen, die von den Kettenkugeln zerrissen worden und nicht zu identifizieren waren. Der verletzte Olof Mattson kam aus Nedernora im Kirchspiel Stora Skedvi, südöstlich von Borlänge. Er war seit 19 Jahren Soldat, also seit 1623. (Er dürfte zwischen 35 und 40 Jahre alt gewesen sein.) Mattson war in Gustav Adolfs Krieg in Polen unter der blauen Dalekarlierfahne mit den gekreuzten Pfeilen marschiert, und nach einem kürzeren Aufenthalt in der Heimat war er als Korporal nach Deutschland verschifft worden. Dort hatte er die Schlacht bei Breitenfeld und später die bei Lützen mitgemacht, in der die Dalekarlier so hohe Verluste erlitten, daß der Verband als felduntauglich angesehen wurde. Mattson und die anderen Dalekarlier hatten später den einbalsamierten Leichnam Gustav Adolfs nach Pommern eskortiert. Sein Dreißigjähriger Krieg sah danach so aus wie der so vieler anderer schwedischer Soldaten: Perioden zu Hause, in denen der Verband zusammengeflickt und aufgefüllt wurde, gefolgt von neuer Ausschiffung und langen Perioden als Besatzung in verschiedenen deutschen Festungen.

Olof Mattson Spottkrok hatte eine Schußverletzung und wurde zur Pflege nach Merseburg, westlich von Leipzig verlegt. Und dort starb er, bevor der Monat zu Ende war.

Es geschah nicht mehr viel in diesem Jahr. Am 27. November nahm die schwedische Armee Leipzig ein, und um einer Plünderung zu entgehen, mußte die Stadt eine Kontribution von 150 000 Reichstalern zahlen, wovon 30 000 in Form von Tuch für die Soldaten bezahlt wurden. Torstensson hatte gehofft, daß der Fall Leipzigs den sächsischen Kurfürsten Johann Georg veranlassen könnte, vom Kaiser abzufallen, doch das geschah nicht, und um ihn noch weiter zu drängen, in diese Richtung zu gehen, begann das schwedische Heer Mitte Dezember 1642, Freiberg zu belagern, jene wohlhabende Bergwerksstadt südöstlich von Leipzig, die einzunehmen dem Heer Banérs 1639 nicht gelungen war – und die dieser damals »das elende Rattennest« genannt hatte. Nach gut zwei Monaten, als 2000 Soldaten und 5339 Kanonenkugeln ohne jeden Nutzen draufgegangen waren, gab auch Torstensson seinen Versuch auf.

Im Spätwinter 1643 stand das schwedische Heer wieder einmal an der nördlichen Grenze Böhmens. Der Feldzug 1642 war zweifellos eine Enttäuschung für die Schweden; trotz großer Erfolge war es ihnen nicht gelungen, in Schlesien und Mähren Fuß zu fassen, und in die Höhle des Löwen, nach Österreich und Wien, war man nicht gelangt. Aber auch wenn die verschiedenen militärischen Erfolge dieses Jahres mehr als flüchtig zu sein schienen, hatten sie doch gewisse politische Resultate, wenngleich nicht unmittelbar sichtbare. Die Vorstellung mehrerer aufgeriebener kaiserlicher Heere, zahlreicher kapitulierender Städte und Festungen sowie einer weiteren verlorenen Schlacht ließ die deutschen Bundesgenossen des Kaisers einhellig erschaudern. (Die Bedeutung großer Feldschlachten lag häufig mehr auf der politischen und psychologischen Ebene als auf der rein militärischen.) Dies galt vor allem für die Landesherren im westlichen Deutschland, die sich zwischen den langsam operierenden französischen Heeren am Rhein und Torstenssons flink herangaloppierenden Truppen im Osten eingeklemmt fühlten; insbesondere betraf dies den Fürsten in Bayern, der heimlich Fühler nach Paris ausstreckte, um sich nach der Möglichkeit eines Separatfriedens zu erkundigen. Der Kaiser stand zunehmend einsamer da – zumal zwischen seiner Familie und den Spanischen Habsburgern ein Zwist darüber ausgebrochen war, wer den außerordentlich wichtigen Posten als Gouverneur der schwer bedrängten Spanischen Niederlande übernehmen sollte: der Kaiser hatte erwartet, daß das Angebot an den Erzherzog Leopold Wilhelm ergehen würde, aber der arrogante und unsensible Philipp IV. wollte den Posten statt dessen einem seiner unehelichen Söhne geben, einem zwölfjährigen Jungen, den er mit seiner Lieblingsmaitresse, der bekannten Schauspielerin Maria Calderón, gezeugt hatte.

Im Jahr 1643 war die allgemeine Meinung wahrlich für Frieden, für Frieden um nahezu jeden Preis. So konnte es nicht weitergehen. Deutschland war im Begriff, in Schutt und Asche zu versinken. Überall im Heiligen Römischen Reich deutscher Nation riefen die Menschen nach einem Ende des Krieges, und der Ruf verschaffte sich in einer Vielfalt von Formen Gehör: Gebeten, Pamphleten, Medaillen, Liedern, illustrierten Flugblättern und Schauspielen. Und sicher zeitigte dieser literarische Aufruhr Resultate. Besonders Schauspiele, wie zum Beispiel Justus Schöttels »Friedens Spiegel« und des Hamburger Pfarrers Johann Rists »Friedens Sieg« erreichten zu dieser Zeit ein unerwartet großes und bedeutungsvolles Publikum. Der Kaiser hatte murmelnd die Friedensverhandlungen in Westfalen – das nun entmilitarisiert war – verschleppt, doch das letzte Angebot war, daß sie im Sommer 1643 ernsthaft in Gang kommen sollten.

Bis zu den wirklichen Verhandlungen sollte es jedoch noch lange dauern. Ein neuer Krieg wartete nämlich in den Kulissen.

Das Frühjahr 1643 verbrachte die schwedische Armee damit, sich auszuruhen, einige kleinere Ausfälle und schnelle Angriffe auszuführen sowie die Fühler nach neuen Bundesgenossen im Osten auszustrecken. Der protestantische Fürst Georg Rákóczy I. von Transsilvanien, der bereits früher hatte erkennen lassen, daß er bereit war, in den Krieg gegen die Habsburger einzutreten, hatte nach Unterhandlungen versprochen, mit Schweden und Franzosen zu den Waffen zu greifen. Auch wenn die Hilfe, die von dort zu erwarten war, nicht besonders groß war, bestand so immerhin die Möglichkeit, in Ungarn ein Feuer zu entfachen, heimtückischerweise direkt im Rücken des Kaisers in Wien. Das konnte die 150 000 Reichstaler, die Fürst Georg an jährlichem Unterhalt für sein Ungemach begehrte, wohl wert sein.

Die Kampagne im Sommer 1643 ergab nur geringe Resultate. Torstenssons Armee war vom Blitzkrieg des Vorjahres gezeichnet und geschwächt und deshalb gezwungen, mit einer gewissen Vorsicht zu operieren. Die Kaiserlichen waren nach dem Aderlaß von 1642 ebenfalls kraftlos und begnügten sich damit, die Schweden vorsichtig aus der Distanz zu beobachten und sich dann in einer sicheren Sperrposition einzugraben, sobald die Gegner sich zeigten. Auf diese etwas steifbeinig verkrampfte Weise grätschten die beiden Heere erneut nach Osten, ins nördliche Mähren hinein. Die schwedischen Abteilungen, die dort in den Festungen, die im Jahr zuvor erobert worden waren, eingeschlossen gesessen hatten, wurden abgelöst und ihre Vorräte aufgefrischt. Ansonsten setzte sich das Muster des Frühjahrs fort: ein schneller Angriff hier, ein Scharmützel dort, und zwischendurch wurde eine kleine Festung eingenommen. Meistens behielten die schwedischen Verbände bei diesen kurzen Zusammenstößen auf gelben Getreidefeldern oder gewundenen Waldwegen die Oberhand. Bei einer Gelegenheit wurde jedoch eine starke schwedische Abteilung von einer kleineren kaiserlichen Einheit überrumpelt und nahezu aufgerieben. Torstensson, der stets Schwierigkeiten hatte, Untergebene, die ein Fiasko erlitten, zu ertragen, tobte vor Wut, und als die Leiche des Chefs der Abteilung, eines Obersten Werner, ihm, wie es der Brauch war, übergeben wurde, ließ er den Körper an einen Galgen hängen. Ein anderer Offizier, der an dem Debakel beteiligt gewesen war, wurde unter erniedrigenden Umständen aus dem Heer katapultiert und mußte ein Papier unterschreiben, in dem er sich verpflichtete, *nie* zu sagen, daß er in schwedischem Dienst gewesen sei.

So verging der Sommer 1643. Die schnelle Offensive 1642 war so lange erfolgreich gewesen, wie Torstenssons Armee den Vormarsch fortsetzen konnte, in neue, nicht abgegraste Gebiete hinein. Sobald das Heer sich längere Zeit in einem Gebiet aufzuhalten begann, setzten unweigerlich die Versorgungsschwierigkeiten ein, die Desertionen, der Hunger und die Krankheiten. Eine Armee in Bewegung hinterließ eine schwer heilende Narbe von Zerstörung entlang ihres Weges, konnte aber trotz allem unberührte Regionen erreichen. Eine stillstehende Armee schuf unweigerlich eine wachsende Wüste um sich her, eine Wüste, die im Quadrat zu der Zeit zu wachsen schien, die im Lager verbracht wurde. Im Frühherbst 1643 hatten die Stockungen und die langsamen Operationen in einem sommerlich heißen Mähren dazu geführt, daß die Region »ausfuragiert« und nahezu »einer Wüste gleich« war. Angesichts der drohenden Hungersnot war die schwedische Armee gezwungen, sich aus dem nun fast ganz zerstörten Mähren zurückzuziehen, nach Schlesien und weiter oderabwärts nach Nordwesten. Torstensson hatte ganz einfach nicht die Truppenstärke, die nötig gewesen wäre, um mit gesenktem Kopf geradewegs durch die ständig eingegrabenen gegnerischen Reihen hindurchzustoßen; während des gesamten Feldzugs hatte er nur 800 Mann Verstärkung bekommen, und trotz vollmundiger Versprechungen seitens Fürst Georgs, daß seine Truppen jeden Augenblick mit großem Pomp eintreffen würden, hatten sich noch keine transsilvanischen Truppen am Horizont gezeigt, weder hier noch in Ungarn. Zu allem Übel hatte Torstensson noch seinen besten Reitergeneral von Königsmarck mit einem Korps an die Ostseeküste entsenden müssen. In Pommern, dem Brückenkopf, auf dem das ganze schwedische Unternehmen in Deutschland letztlich ruhte, waren nämlich völlig überraschend kaiserliche Truppen eingefallen.

Es ist verlockend, Joachim Ernst von Krockow einen Glücksritter zu nennen. Früher hatte er in schwedischem Dienst gestanden und unter anderem bei Wittstock unter Banér gekämpft, wo er auch verwundet wurde, aber 1643 war er seit einiger Zeit auf die kaiserliche Seite übergewechselt, wo er als Generalwachtmeister – der unterste Generalsrang – Dienst tat. Er war ohne Zweifel ein guter Soldat, aber leider auch eine sturmgetriebene Existenz, unzuverlässig und mit einer Neigung, zwischen verschiedenen Herren und Loyalitäten zu schwanken. Einst in pommerschem Dienst, hatte er für die Sache Schwedens gesprochen, schließlich auf die schwedische Seite übergetreten, hatte er seine Meinung geändert und eine Lanze für die Interessen Pommerns gebrochen, und so weiter. Er kam aus Pommern, und wie so viele Pommeraner war er aufrichtig entsetzt darüber, wie fest sein Land im Griff der Schweden war, und er hegte eine Reihe unklarer Pläne, das Land wieder zu befreien. Doch in erster Linie kämpfte er weder für den Kaiser noch für Pommern, nein, Krockow kämpfte für Krockow, und darin unterschied er sich nicht sonderlich von vielen der anderen Kriegsknechte auf beiden Seiten, für die der Krieg mehr eine günstige Gelegenheit war als ein Kreuzzug.

Die Idee zu dieser »pommerschen Diversion«, wie die Operation genannt wurde, kam von Krockow selbst, und er hatte sie bereits 1640 ausgebrütet. Es war keine bemerkenswerte Unternehmung. Neben den großen Feldzügen, Schlachten und Belagerungen gab es stets zahllose kleine Diversionen, Kavalkaden und Kleinkriege, manchmal spektakulär, oft bedeutungslos, immer eine Qual. Für sehr viele Soldaten war dies der einzige Krieg, den sie kennenlernten, wenn eine kleinere Truppe von vielleicht einigen tausend, vielleicht ein paar hundert Mann sich auf eine raubzugähnliche Kampagne begab, die möglicherweise ein paar Wochen dauerte.

Diesmal bestand der Plan darin, mit einem kleineren Korps in Pommern einzufallen und die Verbindungen zwischen dieser Provinz und der schwedischen Hauptarmee zu kappen – die vielleicht sogar in den Norden gelockt werden konnte; gleichzeitig hoffte man auch, daß der Einmarsch des Korps die Menschen gegen die Schweden aufbringen werde und daß man den neuen brandenburgischen Kurfürsten, den Nachbarn Pommerns, dazu bringen könnte, seinen Wankelmut zu bereuen und sich erneut dem Kaiser anzuschließen.

Ende Juli marschierte Krockows Heer aus Prag ab. In seinem ursprünglichen Plan hatte Krockow 6000 bis 7000 Mann für sein Vorhaben verlangt. So starke Verbände konnte der Kaiser jetzt, nach dem Schlachten von Leipzig, und wo Torstensson wieder in Mähren wütete, nicht entbehren, und so mußte Krockow sich damit begnügen, mit rund 4000 Mann in den Krieg zu ziehen: 7 Regimenter mit Kavallerie, 5 mit Dragonern, 300 Musketiere und 9 Kanonen. Das Korps zog rasch nach Norden. Während Krockow sich über das Ziel der Expedition ausschwieg, durchsuchten seine Reiter Dörfer und Kleinstädte auf ihrem Weg, kassierten die eine und andere Kontribution und organisierten Lebensmittel, was sagen will, daß man sie stahl. Am 13. August stand Krockow unter der Festungsmauer von Küstrin und forderte polternd im Namen des Kaisers, daß die Bürger ihm Proviant geben und danach seine Männer über die Oder übersetzen sollten. Die Bürger Küstrins zierten sich, machten allerhand Einwände und kamen nach gedankenschweren Überlegungen zu dem Ergebnis, daß dies bedauerlicherweise nicht möglich sei: Krockow habe leider nicht die richtige Vollmacht. Dies war der erste Rückschlag. Der zweite kam gleichzeitig, in Form der Nachricht, daß ein schwedisches Korps unter dem unerschrockenen von Königsmarck im Anmarsch sei, direkt auf Krockow zu. (Die beiden Männer waren persönlich bekannt, und der kaiserliche Generalwachtmeister konnte den bekannten Kavalleriebefehlshaber nicht ausstehen.) Auf der Stelle beschloß Krockow, den ursprünglichen Plan fallenzulassen, der darin bestand, einen schnellen Vorstoß entlang der Oder zu führen, um Damm und Stettin anzugreifen, und statt dessen in einem bogenförmigen Ausweichmanöver nach Osten zu gehen, über polnisches Territorium, und Kolberg an der Ostseeküste anzugreifen.

In Ermangelung von Booten rissen die Soldaten des Korps die Häuser der Bauern auseinander und bauten sich aus deren Fußbodendielen, Scheunenwänden, Zäunen und Türen Flöße. Als die Überfahrt endlich begann, zeigte es sich, daß nicht alle diese improvisierten Wasserfahrzeuge das Siegel der Vollendung trugen, denn mehrere von ihnen brachen im Wasser auseinander, und an die 50 Männer und zwei Kanonen verschwanden in der Tiefe. Nach einem Marsch durch den westlichen Teil Polens – verfolgt von dem groben, aber ohnmächtigen Zorn des großpolnischen Woiwoden Opalinski – schwenkte man wieder nach Pommern hinein. Diese »Befreier« Pommerns benahmen sich in Pommern ungefähr so, wie sich die schwedischen »Befreier« Böhmens zuvor in Böhmen benommen hatten. Denn wie immer, wenn der Unterhalt knapp wurde, begannen die Soldaten, sich selbst zu bedienen: Bauern, auf die sie unterwegs trafen, wurden beraubt, mißhandelt und in einigen Fällen getötet, und mehrere Dörfer und Kleinstädte wurden geplündert und niedergebrannt.

Die Truppe folgte dem Lauf des kleinen Flusses Persante in Richtung Ostsee, nahm, ohne auf nennenswerten Widerstand zu stoßen, einige kleine Orte ein und erreichte Anfang September die kleine Stadt Belgard. Doch hier, nur noch rund 30 Kilometer von Kolberg und der Küste entfernt, stockte Krokkows Korps plötzlich, wie ein niederfallendes Schwert, das plötzlich zurückgehalten wird und in der Luft hängenbleibt.

Zu genau dieser Zeit befanden sich Erik Jönsson und sein Hausvater auf der Reise von Hamburg – wo Rehnskiöld von dem schwedischen Legaten Adler Salvius Abschied genommen hatte, der zu den Friedensverhandlungen unterwegs war – zurück nach Stettin. Dort angekommen, wurden sie mit der Nachricht empfangen, daß die Kaiserlichen ins östliche Pommern eingedrungen waren und, wie es in Eriks Tagebuch heißt, »sich in ein festes Lager bei Belgard gesetzt« hatten. Auf der Stelle bekam Gerhardt Rehnskiöld eine neue Aufgabe: Königsmarck stand mit seinem Korps bereits an der pommerschen Grenze, und Rehnskiöld sollte diesem nun behilflich sein, wenn seine Truppen Krokkow und seine Gesellschaft aus der Provinz vertrieben.

Königsmarck hatte an Rehnskiöld geschrieben und um Verstärkungen gebeten, und am 8. Oktober marschierte eine kleine Kolonne von 300 Musketieren, gefolgt von zwei kurzen, grobkalibrigen Kartogen und vier Sechspfündern, aus Stettin heraus und wandte sich nach Osten. In der langgezogenen Reihe von Männern, Pferden, Wagen und Feuerrohren befanden sich auch Erik und sein Hausvater. Nach drei anstrengenden Tagesmärschen vereinigten sie sich bei Labes, einem Ort 50 Kilometer südlich von Belgard, mit Königsmarcks Korps.

Nach einer Nacht im Lager brach die ganze Truppe auf. Sie zog direkt gegen den Feind, oder auf jeden Fall in die Richtung, in der sie ihn vermutete.

Dies war das erste Mal, daß Erik sich mitten in dem Soldatenhaufen befand, das erste Mal, daß er an ihrem Leben teilhatte. Was waren es für Männer, denen er begegnete? Was sah er?

Heutzutage verbinden wir automatisch das Wort Armee mit dem Wort Uniformität: lange, gerade Glieder stramm ausgerichteter Männer, die in identischen Posen erstarrt, in identische Kleider gekleidet, mit identischen Waffen ausgerüstet sind. Aber wenn wir einige der Männer sähen, die während des Dreißigjährigen Kriegs kämpften, würden wir wahrscheinlich einige Zeit brauchen, um zu verstehen, daß es sich bei ihnen tatsächlich um Soldaten handelte. Die Uniform, heute ein Emblem des Militärischen, existierte damals praktisch nicht. Es gab gewisse Ansätze. Der Herzog von Braunschweig-Wolfenbüttel stellte 1619 zwei Verbände auf, die in Blau gekleidet waren, die Männer der schwedischen Leibgarde trugen alle gelbe Röcke mit schwarzen, goldverzierten Revers, und gegen Ende des Kriegs waren gelegentlich ganze kaiserliche Regimenter blaßgrau eingekleidet. Gustav Adolf hatte zuweilen versucht, seine Verbände einheitlich zu kleiden und auszurüsten, und unter anderem befohlen, daß »gleiche Harnische und Degen innerhalb der Kompanie [getragen werden sollten], so daß sie Ansehen haben mögen und nicht wegen der Ungleichheit und Ordnung der Waffen vom Feind verachtet und geringgeschätzt werden«. Doch daraus wurde nicht viel, und es dürfte ihn im Innersten gekränkt haben, als die Sachsen seine zerlumpten und schmutzigen »Küchenjungen« an jenem Tag bei Breitenfeld auslachten. Die Wahrheit war, daß die meisten Soldaten normale zivile Kleider trugen – komplettiert mit einer Waffe und vielleicht einem Gehänge mit Degen, vielleicht einem Helm und einem Küraß oder einem Lederkoller sowie einem kleinen Rucksack. Dies hatte teilweise praktische Gründe: Wenn so viele Krieger eine Art Körperpanzer über ihrer Kleidung trugen, war eine Uniform sinnlos. Ein anderer wichtiger Grund war wirtschaftlicher Art: Es war ganz einfach zu teuer, alle mit einer eigenen Uniform auszustatten. Dies bedeutete, daß die einzige Möglichkeit, Freund und Feind zu unterscheiden, Feldzeichen waren. Die Schweden trugen in der Regel einen grünen Zweig am Hut, kaiserliche Truppen und Spanier trugen rote Zeichen, meist in Form einer Armbinde, einer Schärpe aus Tuch oder eines hübsch geknoteten Gehänges. (Das Erkennungszeichen der Franzosen war blau, das der Holländer orange, und während der zweiten Kriegshälfte verwendeten die Schweden gelb.)

In der Regel war es Sache des Kriegers, sich einzukleiden. Ein Instruktionsbuch für Soldaten, das nach dem Friedensschluß herauskam, gab zukünftigen Soldaten den Rat, vernünftige Kleider zu tragen: einen guten Filzhut, kräftige

Schuhe, Kniehosen, Strümpfe, zwei dicke Hemden, ein Koller und darüber einen weiten Mantel zum Schutz vor Regen und Wind. Um es dem Ungeziefer so schwer wie möglich zu machen, sollten die Kleidungsstücke wenig Säume und am besten keine Teile aus Pelz haben. (Läuse waren im Feld ein ständiges Problem. In Grimmelshausens Simplicissimus kommen ein paar Entlausungsszenen vor – offenbar ein ganz normaler Vorgang im Alltag des Heeres –, und dort werden auch verschiedene Kuren gegen das Ungeziefer genannt, wie zum Beispiel die Kleider in einem Backofen zu erhitzen, sie in Wasser zu tauchen oder sie mit Quecksilber zu behandeln. Im äußersten Fall konnte man gezwungen sein, alle befallenen Kleidungsstücke fortzuwerfen und ganz einfach neue zu kaufen. Grimmelshausens Held begnügt sich jedoch damit, die Läuse aus ihren Verstecken unter dem Harnisch mit Hilfe des Ladestocks seiner Pistole, um den er ein Stück Pelz gewickelt hat, herauszufischen: »... wenn ich dann mit dieser Lausangel unter den Harnisch fuhr, fischte ich sie dutzendweis aus ihrem Vorteil, welchen ich miteinander die Häls über das Pferd abstürzte, es mochte aber wenig erklecken.«)

Wenn irgend möglich, kleideten sich die Soldaten wie ihre Offiziere: farbenfroh, bequem und protzig, gern mit Rosetten, einer kecken Feder oder einem Federbusch, mit weiten, litzengeschmückten Hosen und spitzenbesetzter Jacke. Diese Pracht hatte die gleiche Funktion wie die glanzvolle Aufmachung des Edelmannes: Sie unterstrich die Kluft zwischen ihrem Träger und den sich abrackernden kleinen Leuten. (Wie die Tracht des Adels beeinflußte auch die des Soldaten die Mode vieler anderer ziviler Gruppen, während gleichzeitig ihre ausgefalleneren Varianten den gleichen höhnischen Tadel und den Vorwurf der Eitelkeit auslösten.) Die schönen Kleider waren zugleich, wie der deutsche Historiker Herbert Langer sagt, ein »äußerer Ausdruck dafür, das kurzbemessene, unsicher gestellte Leben zu genießen«. Für einen armen jungen Mann, der vielleicht einem Leben in ein und derselben Garnitur ausgiebig geflickter Kleider entgegensah, konnte die protzige Tracht zu den Dingen gehören, die ihn dazu verlockten, den Werbetrommeln nachzulaufen.

Wer sich trotz allem diesen Bekleidungsluxus zu beschaffen vermochte, hatte selten das Glück, ihn lange zu behalten. Die Soldaten marschierten, aßen, arbeiteten und kämpften in ein und derselben Garnitur Kleider. Insbesondere weil man während der Kampagnen oft unter freiem Himmel schlief, waren Mantel und Hosen schnell verdorben, zumal die Qualität des Tuches oft minderwertig war. Zuweilen scheint ein halbjähriger harter Feldzug in Nässe und Matsch ausgereicht zu haben, um die Kleider zu ruinieren; die Klagen über die mangelhafte Bekleidung der Soldaten kehren auf jeden Fall in den Briefen der schwedischen Befehlshaber nach Stockholm ständig wieder, und oft nahm man Kontributionen und Subsidien in Form von Tuch gern entgegen. Verschlissene

Kleidungsstücke wurden auf die einfachst mögliche Art ersetzt: man nahm sich, was man brauchte, von Leichen, von Gefangenen oder von Zivilisten – und wenn Not am Mann war, konnten die Soldaten auch Frauenkleider tragen. Es dauerte deshalb meistens nicht lange, bis sich auch ein ordentlich und einheitlich eingekleideter Verband in eine aufgedonnerte Kavalkade von Stilen und Farben verwandelte, im Sommer von Staub bedeckt, im Herbst von Lehm und Schmutz, die aus der Entfernung mehr nach einer traurigen Ansammlung von Räubern und Bettlern aussah als nach freien Berufssoldaten – aber schließlich war die Grenze zwischen dem Soldaten und den beiden genannten Gruppen zuweilen auch schwer bestimmbar.

Wie die Soldaten wirklich aussehen konnten, ist auf einem Gemälde von Peeter Snayers zu sehen, das eine der überzeugendsten Studien eines Heeres in Bewegung darstellt, die wir aus dieser Zeit haben. Es zeigt gerade das schwedische Heer, als es in diesem Jahr – 1643 – die gescheiterte Belagerung von Freiberg abbricht und abzieht.

Im Hintergrund sieht man die Stadt – ein Gewirr von grünspanbedeckten Kupferdächern im Inneren einer umlaufenden Festungsmauer. An einigen Stellen wird noch geschossen, und Wölkchen von weißgrauem Pulverrauch steigen zum Nachmittagshimmel auf, an dem der bevorstehende winterliche Sonnenuntergang hinter einigen rosafarbenen Wolkenfetzen zu ahnen ist. Die flache Landschaft ist weiß von Schnee und Rauhreif, die wenigen Bäume sind nackt und kahl, die Gärten außerhalb des Wallgrabens leer und kalt, die bräunliche Bebauung dort ist verwandelt in eingefallene Skelette oder aufragende Mauerreste. Von unten herauf, dem Betrachter entgegen, winden sich dichte Kolonnen von Männern – wie zu erwarten ein Gewimmel von Farben: rot, braun und grün, blau, grau und metallisch glänzend –, gekrönt von dichten Stachelschweinrücken schwankender Musketenläufe und klirrender Pikenspitzen. Der breite, sich schlängelnde Weg ist voll von gedeckten oder mit Planen überspannten grauen und braunen Karren, in der Regel von Viergespannen gezogen, dazwischen die eine und andere grell geschmückte Karosse, die die Befehlshaber trägt. Am linken Bildrand ist etwas zu erkennen, das wohl stets auf den Wintermärschen vorkam, aber fast nie im Bild festgehalten ist: Ein Berghang ist von glänzend blankem Eis bedeckt, und eine kleine Gruppe von zappelnden Pferden und Reitern ist gerade auf dem glatten Boden ins Rutschen gekommen. Im Vordergrund sieht man eine Gruppe von Menschen. Es dauert eine Weile, bis man erkennt, daß es tatsächlich Soldaten sind. Sie schleppen lange, ein wenig schwankende Piken. Ein Teil von ihnen trägt Musketen, lässig, beinahe nachlässig, die Gabel baumelt zwischen ihren Fingern oder dient als zusätzliche Stütze. Ihre Kleider sind von einer schwer bestimmbaren graubraunen Färbung, bauschig, groß, verschlissen. Ihre Kopfbedeckungen unterscheiden sich stark in Farbe und Form. Ein vereinzelter Sturmhut ist zu sehen, mit einer Andeutung von Rost, außerdem wurstförmige Filzhüte, spitze Strickmützen, einfache Pelzmützen mit umklappbaren Krempen, die im Wind wehen; einer hat einen roten Schal fest um den Kopf gebunden. Man spürt geradezu die Kälte und den sauren Geruch von Armut. Sieht man genau hin, erkennt man, daß nicht alle Krieger sind. Da ist unter anderen eine Frau mit ihren zwei Kindern. Sie sind alle in lange Mäntel gehüllt, und besonders die Kleider der Kinder sind schäbig und löcherig – Fußsoldaten und ihre Familien, auf dem Marsch von Nirgendwo nach Nirgendwo.

So sahen sie also aus. Aber was für Menschen waren sie?

Erik Jönsson dürfte sich in dieser Ansammlung waffentragender Männer nicht allzu fremd gefühlt haben, denn das Durchschnittsalter in den Armeen, die in diesem Krieg kämpften, scheint um die 25 Jahre gelegen zu haben, und ein Viertel von denen, die sich den Heeren anschlossen, wurde geworben, bevor sie 20 Jahre alt waren. Besonders auf der schwedischen Seite, wo unwillige Bauernsoldaten immer wieder die Reihen auffüllten, scheint das Durchschnittsalter zuweilen noch niedriger gewesen zu sein. (In den Kontingenten, die in den dreißiger Jahren aus Västerbotten auf den deutschen Kriegsschauplatz hinuntergeschickt wurden, waren viele 15jährige Soldaten.) Es scheint jedoch beträchtliche Altersunterschiede gegeben zu haben; in den Verbänden beider Seiten sind nicht wenige Soldaten in den späten mittleren Jahren, ja sogar 60jährige zu finden.

Die nationale und ethnische Zusammensetzung der Truppen konnte ebenfalls sehr unterschiedlich sein. (Die ausgehobenen schwedischen Verbände mit Soldaten aus ein und derselben Landschaft waren wiederum eine Ausnahme.) Wahrscheinlich kämpften Menschen aus sämtlichen Völkern und ethnischen Minoritäten Europas in diesem Krieg, von Engländern und Schotten und Dänen bis zu Zigeunern, Juden und Samen. Die weitaus meisten Verbände bestanden wie gesagt aus Söldnern, und ihre Glieder wurden regelmäßig mit neuen Rekruten aufgefüllt, ganz wie die Einheit von Kriegsschauplatz zu Kriegsschauplatz wechselte. Dies bedeutete, daß die Regimenter eine nationale Vielfalt aufweisen konnten, die heute nahezu unglaublich erscheinen mag. Ein kleines Beispiel: Ein bayerisches Regiment, das zu dieser Zeit in Süddeutschland kämpfte, bestand hauptsächlich aus Deutschen – 534 Mann – und Italienern – 217 –, aber in ihm dienten auch Polen, Slowenen, Kroaten, Ungarn, Griechen, Dalmatiner, Burgunder, Franzosen, Tschechen, Spanier, Schotten, Iren und Lothringer – und dies in einem einzigen Verband. (Und dabei muß man auch berücksichtigen, daß »Deutscher«, »Italiener«, »Franzose« oder »Spanier« abstrakte Kategorien waren für die Zeitgenossen, die diese in verschiedene Untergruppen aufspalteten wie beispielsweise Sachsen und Westfalen, Piemontesen und Florentiner, Gascogner und Bretonen, Kastilier und Katalanen.) In diesem bayerischen Regiment dienten sogar 14 Türken. Dies mag als nützliche Erinnerung an etwas anderes dienen: Wenige Verbände außer den nationalschwedischen und wahrscheinlich den spanischen waren in religiöser Hinsicht besonders homogen. Große Gruppen von Protestanten unterschiedlicher Couleur kämpften für den Kaiser, und nicht wenige Katholiken marschierten auf der Gegenseite mit. Aber darüber muß man sich nicht wundern. Der Religionskrieg war wie gesagt praktisch beendet und vorbei.

Aus welchen sozialen Schichten stammten die Soldaten? Die reichsschwedischen Verbände bestanden zu einem großen Teil aus ausgehobenen Bauern – in erster Linie besitzlosen Bauernsöhnen und Knechten. Es waren jedoch fast nur die schwedischen Heere, die einen großen Anteil an Soldaten aus der Bauernklasse hatten. Dies hing natürlich damit zusammen, daß es in Schweden ein Aushebungssystem gab, das die Menschen in den Krieg zwang. Auch andere Staaten wendeten Zwang an, um Kanonenfutter für ihre Heere und Flotten zu bekommen. Die Spanier öffneten regelmäßig ihre Gefängnisse und schoben die Häftlinge zur Kriegsmacht hinüber. Viele Schotten, die für Schweden kämpften, waren berüchtigte Verbrecher und Radaubrüder, die mit der Billigung der lokalen Behörden in den Krieg verschifft wurden, und in England wurden Kriminelle zuweilen begnadigt, wenn sie sich anwerben ließen. Es kam auch vor, daß man andere zwangswerben ließ, die den Behörden aus unterschiedlichen Gründen unerwünscht waren: In den Truppen, die in den zwanziger Jahren für den dänischen König kämpften, befanden sich unter anderem Zigeuner sowie Bettler und Vagabunden aus England.

Die meisten Krieger waren indessen Freiwillige, für Geld geworben, und ihr Hauptanteil scheint aus den Städten gekommen zu sein, häufig aus denen, die unmittelbar im Kriegsgebiet lagen. (Von den ausgedienten Landsknechten, die sich im 17. Jahrhundert im bekannten Hôtel des Invalides in Paris sammelten, kamen 52 Prozent aus den Städten, was viel ist, wenn man bedenkt, daß 85 Prozent der französischen Bevölkerung zu diesem Zeitpunkt auf dem Lande lebten.) Viele kamen aus den unteren, proletarisierten Schichten der Städte.

Die Gründe, warum sie sich werben ließen, waren vielfältig. Manche taten es aus reiner Abenteuerlust, weil sie die Welt sehen oder das Kriegerleben kennenlernen wollten. Manche suchten die Anonymität des Soldatendaseins, weil sie einem strafenden Vater oder einer havarierten Ehe oder einer drohenden Anklage entkommen wollten. Einige wenige taten es, weil sie für »die Sache« kämpfen wollten, für »den wahren Glauben« oder ihren »wahren König« oder etwas anderes. Besonders in der letzten Phase des Krieges, als Exzesse, Gesetzlosigkeit und Verheerungen an der Tagesordnung waren, scheinen viele Menschen in schwer betroffenen Provinzen sich einer Armee aus dem paradoxen Grund angeschlossen zu haben, daß es sicherer zu sein schien, Soldat zu sein als Zivilist. Die meisten taten es allem Anschein nach aus wirtschaftlichen Gründen oder aus reiner Verzweiflung. Je schlechter die Zeiten waren, desto leichter war es in der Regel, Soldaten für die Heere anzuwerben. Und das 17. Jahrhundert war zweifellos eine Periode wirtschaftlicher Krisen und wachsender Armut in Europa. In Scharen drängten die Menschen vom Land in die Städte, weil ihr Grund und Boden von einem lokalen Adligen übernommen oder ihre Ernte durch Wetter oder Menschen vernichtet worden war – doch nur, um festzustellen, daß dort zu leben ebenso schwer war. Denn in den Städten befanden sich all jene, die von der wirtschaftlichen Krise und durch die aufblühende kapitalistische Entwicklung an den Rand gedrängt worden waren: überzählige Gesellen, die nie Meister werden konnten, ruinierte Handwerker, deren Handwerk jetzt unter fabrikmäßigen Bedingungen betrieben wurde, Arbeitslose, die ihre Stelle verloren hatten, Leute, die bis über die Ohren verschuldet oder durch die drückenden Steuern in den Bankrott getrieben worden waren. Vor allem diese kamen gelaufen, wenn die Werber die Trommeln rührten, oder sie suchten die Tische der Werber in einer dunklen Ecke des Wirtshauses auf. (Religiöse oder idealistische Motive scheinen in dieser letzten Phase des Kriegs überhaupt eine immer geringere Rolle gespielt zu haben, ja, der größte Teil der geworbenen Soldaten – und hier vor allem das Fußvolk – hat wohl aus freien Stücken oder gezwungenermaßen mindestens einmal im Lauf der Jahre die Seiten gewechselt.)

Das Verfahren, mittels dessen die neu Geworbenen in den Krieg geführt wurden, war auf beiden Seiten gleich. Wenn die Herrschenden der Meinung waren, ein neues Regiment zu brauchen, wurde ein »Patent« ausgefertigt für jemanden, der willens war, den betreffenden Verband aufzustellen. Dieser Jemand war ein Offizier oder ein vermögender und interessierter Zivilist, der in der Regel das Regiment auf rein kommerzieller Basis aufstellte. Kämpfende Einheiten für den Krieg bereitzustellen war eine internationale Großindustrie, und wenn man nur Geld hatte, konnte man alles kaufen, von einer kleinen Kompanie bis zu einer kompletten Armee. Dem Inhaber des Patents oblag es, die für Werbung und Ausrüstung des Verbands notwendigen Mittel vorzuschießen. Dies war eine zweckmäßige Regelung, nicht nur weil die Fürsten des 17. Jahrhunderts ständig an schwerer Geldnot litten, sondern auch, weil man mit gewissem Recht davon ausging, daß die Schuldverbindung den Patentinhaber an den Auftraggeber band; der erstgenannte konnte ja nicht einfach sein teures Regiment nehmen und sich auf und davon machen, denn dann würde er seine Auslagen nie zurückbekommen.

Die Aufstellung eines Verbands konnte dann folgendermaßen vor sich gehen: Für jede Werbungskampagne wurde ein spezieller Musterungsplatz aus-

GERIET ICH SO UNVERMUTET IN DEN KRIEG

Ein neuer Verband wird aufgestellt.
So ordentlich gekleidet und gut ausgerüstet waren die Soldaten selten.

ersehen. Von diesem Platz aus zogen die Werber ins Land hinaus bis zu einer festgelegten Grenze, die in der Regel zwischen drei und fünf Tagesreisen entfernt lag, also zwischen 100 und 150 Kilometer. Kopien des Patents wurden angeschlagen, oder es wurde an vielbesuchten Orten und vielbefahrenen Straßen ausgerufen, oft zum Klang von Trommeln, dann nahmen die Werber ihren Platz ein, entweder in einem mitgeführten Zelt oder an einem gemieteten Tisch in einer Schankstube oder einem Wirtshaus. Zu diesem sogenannten Laufplatz kam dann der angehende Soldat. Dort bekam er sein Handgeld, das je nach seiner Erfahrung, seiner Größe, seinem Gewicht sowie dem Zulauf williger Werbungsobjekte variieren konnte. Eine übliche Summe waren jedoch 20 Taler für einen Reiter und 10 Taler für einen Fußsoldaten, was ungefähr zwei oder drei Monatslöhnen eines einfachen Arbeiters entsprach. Dann wurde sein Name in die Rolle des Verbands eingetragen, und er wurde zusammen mit anderen neu Geworbenen zuerst zu einem Sammelplatz geschickt, von wo sie später gemeinsam und unter Bewachung zum Musterungsplatz geführt wurden. (Es war nichts Ungewöhnliches, daß neu Geworbene sich mit ihrem Handgeld aus dem Staub machten.) Der Musterungsplatz wurde vielleicht sechs Tage offengehalten – der Grund für die zeitliche Begrenzung war, daß diese Sammlungen stets wüste Angelegenheiten waren, bei denen Sauforgien, Diebstähle, Schlägereien und Ausschweifungen an der Tagesordnung waren. Am siebten und achten Tag gab man Waffen und andere Ausrüstung an die Männer aus. Am neunten Tag kam der Befehlshaber und musterte den Verband Mann für Mann, woraufhin sie zum erstenmal Aufstellung nahmen. Vor den ausgerichteten Gliedern verlas er dann das Patent, stellte den Soldaten die höheren Offiziere vor, überreichte den Fahnenträgern unter Musikbegleitung die Feldzeichen – bettlakengroße Fahnen für das Fußvolk, kleinere Standarten für die Reiterei – und nahm den gemeinsam gesprochenen Gehorsamseid der Soldaten entgegen. (Feldzeichen, in der Regel aus Seide oder Taft hergestellt und schön verziert mit Stickerei oder Malerei, hatten eine große psychologische Bedeutung, ganz einfach weil sie das einzige einigende Symbol für die Söldner darstellten. Es war für einen Verband eine unerhörte Schande, sein Feldzeichen zu verlieren. Im schlimmsten Fall konnte dies dazu führen, daß die Verantwortlichen arkebusiert oder enthauptet wurden und der Rest der Einheit aufgelöst wurde.)

Dann ging es los. Theoretisch konnten sie am zehnten Tag in der Schlacht stehen.

So war es jedoch äußerst selten. Alle Befehlshaber wußten, daß diese bunte Versammlung von Männern, wenn sie einen Wert haben sollte, zuerst in eine gut getrimmte Kampfmaschine verwandelt werden mußte, die alle neuen Kampfmethoden beherrschte und in ihren einzelnen Teilen wie auch als

Ganzes funktionierte. (Die einzige Ausnahme scheint gewesen zu sein, wenn Leute geworben wurden, um Verluste in einem alten Verband zu ersetzen. Dann scheint ein großer Teil der Ausbildung im Rahmen der laufenden Routine stattgefunden zu haben: Die Neuen mußten von den Alten lernen, wie man es machte.) Der schottische Söldner Robert Monro, der unter anderem bei Breitenfeld für die Schweden gekämpft hatte, empfahl folgenden Ausbildungsplan für Fußsoldaten: Jede Kompanie von 120 Mann wurde in Züge und Rotten eingeteilt – eine Rotte war die kleinste Einheit des Verbands und bestand aus sechs Mann. Die Erfahreneren wurden zu Rottenmeistern ernannt. In der ersten Woche sollten der Rottenmeister und sein Stellvertreter die anderen Männer der Rotte ausbilden, »um die anderen vier ebenso geschickt in der Handhabung von Pike und Muskete zu machen wie sie selbst, oder in Eisen gelegt zu werden, wenn sie nachlässig sind«. (Eine Woche war eine kurze Zeit, denn ein Musketier mußte, um seine Waffe handhaben zu können, mehr als 140 Griffe beherrschen; ein Pikenier hatte es etwas einfacher, er hatte nur 21 verschiedene Griffe zu lernen.) Danach folgten einige Wochen mit Exerzieren, zunächst nur in der Rotte, danach in Zügen und Kompanien und zuletzt mit dem gesamten Bataillon oder der Schwadron. Dort mußten sie all die komplizierten Bewegungen üben, das Schwenken, die Verdoppelung und die Kontramärsche, links um oder rechts um zu machen, auf den Abstand zu achten und »still zu sein, nicht miteinander zu plappern«, und lernen, wie man seine Waffe trug, ohne daß sie an die der anderen schlug, die Kameraden verletzte oder Lärm machte. Gleichzeitig mußten sie auch die verschiedenen Trommelsignale lernen: Marsch, Attacke, Rückzug, Sammlung und so weiter.

Die kurze Ausbildung sollte den Verband also in die Lage versetzen, einen Kampf im offenen Feld zu bestehen, wozu es jedoch selten kam. Ein Soldat konnte einen ganzen Krieg mitmachen, ohne ein einziges Mal eine richtige Schlacht zu erleben. Das Leben, das den Soldaten erwartete, war statt dessen in der Regel ohne jede Dramatik. Zwar war es ein ständiger Kampf, doch weniger gegen den Feind als vielmehr gegen Müdigkeit, Hunger und Krankheiten. Es wurde marschiert, marschiert, marschiert, im Durchschnitt fünf bis zehn Kilometer pro Tag, in langsamem Tempo von Lagerplatz zu Lagerplatz. Erlebte man einen Triumph, bestand dieser in der Regel darin, daß man einen warmen, auf jeden Fall aber trockenen Schlafplatz fand, daß man etwas zu essen und zu trinken bekam oder daß man sich vom Typhus, von der Ruhr, dem Fieber, der Tuberkulose erholte, von der man befallen worden war. Und meistens bestand dieser Krieg – genau wie alle anderen Kriege – vor allem aus Warten und Schlafen und Warten und Gähnen und Warten auf ein Etwas, das nie zu geschehen oder zu kommen scheint und das, wenn es geschieht oder kommt, dies nur allzu schnell tut; ein Leben von großer und fast grandioser

Monotonie, in dem die Tristesse dann und wann plötzlich aufbricht und der Soldat für ein paar kurze Stunden eine Kakophonie von Entsetzen und schrillen Greueln erlebt, ja, zuweilen sogar sublime Augenblicke von Schönheit und sogar Glück, wonach alles still wird und der Überdruß und die Kälte und die Nässe und der Dreck und der knurrende Hunger und der Fieberwahn und das Husten und die Läuse und die Fliegen und die Mücken und die Blasen und die Schulterschmerzen und die Müdigkeit in den Beinen sich von neuem einstellen. Und wieder von vorn.

Es war nicht erstaunlich, daß die Menschen, die sich in diese Welt der Extreme verloren hatten, ihr Vergnügen suchten, wo immer sie es finden konnten. Deshalb betrachteten die Zeitgenossen die Heere nicht nur als große zerstörerische Organismen, sondern auch als Brutstätten sittlicher Verderbnis. Das Entgegennehmen des Handgelds wurde von Außenstehenden häufig als der erste Schritt in den moralischen Verfall beschrieben. Die Heere waren auch wandernde Großstädte, in denen ein bedeutender Teil der sozialen Kontrolle außer Kraft gesetzt war und die Menschen sich deshalb Vergnügungen hingeben konnten, denen die Geistlichkeit und andere Obrigkeiten in den Städten Einhalt zu gebieten versuchten. In ihrem Alltagsleben frönten die Soldaten einer Vielzahl verschiedener Laster. Eines von diesen war das Glücksspiel. Es wurde zuweilen versucht, jedes Glücksspiel in den Armeen zu verbieten – wenn nicht aus anderen Gründen, dann aus dem, daß es der Anlaß für so viele Schlägereien und Totschläge war und die Soldaten zuweilen verleitete, ihre Waffen und Ausrüstung zu verspielen, ja sogar ihre Essensrationen auf ein paar Karten oder ein Würfeln zu setzen. Häufig begnügten sich die Befehlshaber damit zu verfügen, daß alles Spiel an einem einzigen Platz im Lager in der Nähe der Wache stattfand, die dann leicht eingreifen und die ständig aufflammenden Streitereien verhindern konnte.

Ein anderes Laster war das Saufen, das von Hoch und Niedrig mit der gleichen unverhohlenen Freude gepflegt wurde. Ein drittes war die Unzucht. Wie schon zuvor gesagt, begleiteten große Gruppen von Frauen die marschierenden Heere, und viele von ihnen waren Prostituierte. Die Armeen waren also nicht so strikt eingeschlechtlich wie heute, was bedeutet, daß es relativ gute Möglichkeiten zu mehr oder weniger zufälligen Kontakten mit dem anderen Geschlecht gab – außerdem gab es Homosexualität. Als sei dies nicht ausreichend gewesen, war Vergewaltigung – wie Plündern und Rauben – eines der Verbrechen, deren die Soldaten am allermeisten beschuldigt wurden.

Daß die Moralbegriffe in den Heeren in Auflösung gerieten, war eigentlich nicht verwunderlich. Die Disziplin in den Armeen war lasch; und wie konnte es auch anders sein, wenn selbst höhere Offiziere gegen die bestehenden Bestimmungen verstießen. Noch schlimmer wurde es dadurch, daß die Durchsetzung der disziplinarischen Regeln mit solch großartiger Inkonsequenz betrieben wurde; manchmal wurden Übertretungen hart bestraft, manchmal gar nicht, und was in dem einen Regiment, das von einem ungewöhnlich barschen Obersten geführt wurde, streng verboten war, konnte in einem anderen unbeanstandet durchgehen. Außerdem kann man schlecht erwarten, daß eine Gruppe, die daran gewöhnt ist, mehr oder weniger hemmungslos andere Menschen zu töten, sich in anderen Bereichen als Muster an Tugend erweist – und es ist unmöglich, mit Empörung zu reagieren, wenn sie es nicht tut. Alles, vom Krieg und der wirtschaftlichen Krise bis zu den theologischen Streitereien und den großen Umwälzungen, die in der Wissenschaft stattfanden, hatte in Europa ein Gefühl von fundamentaler Unsicherheit hervorgebracht: Was ist Ordnung? Was ist Wahrheit? Was ist die wirkliche Macht? Worauf kann man bauen? Am weitesten schien diese Ungewißheit in den Ansammlungen wurzelloser, desillusionierter und verrohter Männer fortgeschritten zu sein, die die Heere beider Seiten füllten und die dazu beitrugen, die Auffassung zu verbreiten, daß nahezu alles erlaubt sei.

Letzteres spiegelt sich in der groben und reichlich mit Flüchen gespickten Sprache der Soldaten wider, die auch zeigte, daß in den Armeen so etwas wie eine eigene Kultur entstanden war, die neben der herkömmlichen existierte. (Das Europa des 17. Jahrhunderts war in hohem Grad multikulturell, doch dies beruhte nicht so sehr auf der ethnischen Vielfalt – auch wenn es sie gab, am besten demonstriert durch die Gruppen von Zigeunern und Juden, die hier und da auf dem Kontinent eine unsichere Existenz führten – als vielmehr auf sozialen Unterschieden. Die Kultur auf dem Lande unterschied sich nämlich von der in der Stadt, und in den verschiedenen Milieus konnte man wiederum eine Reihe kleiner Untergruppen sehen, die ihre eigenen Varianten der vorherrschenden Kultur pflegten, beispielsweise Bettler, Seeleute und Diebe.) In diesen multiethnischen Heeren entwickelte sich ein Slang, der bisweilen so weit gehen konnte, daß er für jemanden, der kein Soldat war, kaum noch verständlich war. Die Grundlage dieses »Rotwelsch« bildete natürlich das Deutsche, aber es war gemischt mit Wörtern aus dem Jiddischen, der Zigeunersprache Romani, dem Französischen und Italienischen, aber auch mit Ausdrücken aus dem Ungarischen, Türkischen und Schwedischen – aus dem Schwedischen wurden die Wörter »Flick« für Junge [eigentlich schwed. *flicka* = Mädchen; A. d. Ü.] und möglicherweise »Flinte« für Büchse genommen, letzteres wahrscheinlich von *flinta*, Feuerstein. Und Außenstehende, die trotz allem begriffen, was gesagt wurde, konnten, wie Grimmelshausen sagt, die Männer »sich ihrer Bosheit, Sünd, Schand und Laster rühmen« hören.

So klingt es täglich in den Ohren des Simplizius, wenn er den Gesprächen der Männer zuhört:

Potz Blut, wie haben wir gestern gesoffen! Ich hab mich in einem Tag wohl dreimal voll gesoffen, und ebenso vielmal gekotzt. Potz Stern, wie haben wir die Bauren, die Schelmen, tribuliert. Potz Strahl, wie haben wir Beuten gemacht. Potz hundert Gift, wie haben wir einen Spaß mit den Weibern und Mägden gehabt.

Oder:

Ich hab ihn daniedergehauen, als wenn ihn der Hagel hätte niedergeschlagen. Ich hab ihn geschossen, daß er das Weiß über sich kehrte. Ich hab ihn so artlich über den Dölpel geworfen, daß ihn der Teufel hätte holen mögen. Ich hab ihm den Stein gestoßen, daß er den Hals hätt brechen mögen.

Was sagen wir also über diesen lasterhaften, fluchenden Landsknecht, der nun zu einer Art Symbol des Dreißigjährigen Kriegs geworden war? War er ein Übeltäter, oder war er nur ein Opfer? Das ist eine schwierige Frage, weil es nicht möglich ist, alle Soldaten über einen Kamm zu scheren. Einige waren ordentliche, anständige Kerle und schafften es auch, standhaft gegen alle widrigen Umstände, dies zu bleiben. Genau wie in allen anderen Kriegen war wahrscheinlich die große Mehrzahl weder gut noch schlecht, sondern nur schwach, und sie trieb dahin, wohin der Wind sie führte. Und wie sonst auch gab es natürlich eine kleine Gruppe, die entdeckte, daß es ihr Freude machte, zu zerstören und zu töten: Dinge zu zerstören, Tiere zu töten, Menschen zu töten.

Die einzig richtige Antwort muß wohl lauten, daß diese Soldaten beides waren, Übeltäter *und* Opfer. Sie behandelten die Zivilbevölkerung oft auf verabscheuungswürdige Weise, aber man muß hinzufügen, daß dies nicht immer die Regel war, daß es auch zahlreiche Beispiele von Soldaten und Verbänden gab, die trotz allem untadelig auftraten. Und die Bauern waren auch keine Unschuldsengel, wenn es darum ging, zurückzuschlagen. Man sollte sich nämlich davor hüten, die Volksaufstände dieser Zeit zu romantisieren. Menschen, die von einer arroganten Obrigkeit wie Tiere behandelt werden, beginnen schließlich, sich wie Tiere zu verhalten. Viele Bauern, die revoltierten oder zu den Waffen griffen, taten dies aus reiner Verzweiflung und hatten in der Regel kein durchdachtes Programm; sie schlugen nur blind auf den ein, bei dem sie die Schuld an ihren Leiden vermuteten. Das Resultat waren oft große Zerstörung und anscheinend sinnlose Mordtaten. Nicht selten ging man in seinem aufgestauten Zorn auf verschiedene Minderheiten los, die sich gerade anboten und leicht zu Sündenböcken zu machen waren, wie beispielsweise die Juden. In solchen Situationen wurde vieles niedergerissen und wenig aufgebaut. Es ist, wie Eric Hobsbawm über bestimmte Typen von Bauernrebellen schreibt: »Ihre soziale Gerechtigkeit war Zerstörung.« In dem unablässig geführten

Krieg zwischen der Landbevölkerung und den Soldaten machten sich auch die Bauern grober Folterungen, grotesker Verstümmelungen Lebender und anderer Übergriffe schuldig – es gibt Erzählungen, die zeigen, daß manche in ihrer Raserei nicht zögerten, die Frauen und kleinen Kinder der Soldaten zu töten, wenn sie ihrer nur habhaft wurden. Außerdem ist der Unterschied zwischen dem Soldaten und dem Bauern zum Teil ein künstlicher – im 17. Jahrhundert gab es nicht die scharfe Grenze zwischen Zivilisten und Militärs, die wir heute für selbstverständlich halten –, und wer in dem einen Jahr Bauer war, konnte im nächsten Jahr Soldat sein, und umgekehrt.

Die Soldaten lebten in einer Welt von Extremen, oder wie Grimmelshausen schreibt:

Denn fressen und saufen, Hunger und Durst leiden, huren und buben, raßlen und spielen, schlemmen und demmen, morden und wieder ermordet werden, totschlagen und wieder zu Tod geschlagen werden, tribulieren und wieder gedrillt werden, jagen und wieder gejaget werden, ängstigen und wieder geängstiget werden, rauben und wieder beraubt werden, plündern und wieder geplündert werden, sich fürchten und wieder gefürchtet werden, Jammer anstellen und wieder jämmerlich leiden, schlagen und wieder geschlagen werden; und in Summa nur verderben und beschädigen und hingegen wieder verderbt und beschädigt werden, war ihr ganzes Tun und Wesen.

Dies war die Welt, in die Erik nun eintrat, als er und sein Hausvater Anfang Oktober 1643 an dem Marsch von Königsmarcks Korps gegen den eingegrabenen Feind bei Belgard teilnahmen.

Alle wußten, daß der Feind in der Nähe war. An einem der voraufgegangenen Tage hatte es ein Scharmützel zwischen schwedischen Truppen in Draumburg, das ein Stück südöstlich an der polnischen Grenze lag, und einer von Krokkows Unterabteilungen gegeben. Dabei waren die Kaiserlichen zurückgeschlagen worden, und ihr Anführer, ein Oberst Vorhauer, entkam selbst nur mit Mühe und Not. Und am Vormittag des 11. Oktober bekamen Königsmarcks vorwärtsstapfende Kolonnen zum erstenmal Kontakt mit ihren Gegnern. Zuerst stolperten sie über eine große Herde geraubten Viehs, die von 180 kaiserlichen Reitern bewacht wurde, die schnell gefangengenommen wurden, und danach trafen sie auf eine Ansammlung von Wagen, die einem der Obersten der anderen Seite gehörten, und auch diese wurden ohne einen Schuß einkassiert. Gegen Mittag erreichten sie Schloß Schifelbein ungefähr 30 Kilometer südwestlich von Belgard.

Dragoner wurden zum Schloß geschickt, aber sie wurden mit scharfem Feuer aus Musketen und Kanonen empfangen. Erik berichtet, daß da »ein Teil verletzt und ein Teil getötet wurden« – es war wahrscheinlich das erste Mal, daß er Menschen im Kampf sterben sah. Es zeigte sich, daß Schifelbein von einer Truppe von 60 Musketieren und 30 Reitern unter dem Befehl eines Hauptmanns Gutwein besetzt war. Das Schloß war von den Kaiserlichen gut befestigt worden, und offenbar war Königsmarck nicht richtig darauf vorbereitet, auf so energischen Widerstand zu stoßen, so daß die schwedischen Kolonnen nach einem kurzen Feuergefecht mit hängenden Ohren von dem Schloß abließen, das statt dessen von einer zurückgelassenen Einheit von 300 Mann zerniert wurde. Am folgenden Tag wurden die Operationen fortgesetzt. Königsmarck ließ das Schloß sausen. Die gesamte Truppe wurde statt dessen in Schlachtordnung aufgestellt. Die Linien formierten sich, erstarrten auf den herbstkalten Feldern, und dann marschierten sie ab, direkt auf das kaiserliche Lager bei Belgard zu. Königsmarck wollte Krockows Truppen in offener Feldschlacht entgegentreten.

Die lange Reihe quadratischer Formationen von Männern, gekrönt von schwankenden Reihen bunter Standarten und Wimpel, erreichte zuerst den kleinen Fluß Persante. Unmittelbar jenseits des geschwungenen Wasserlaufs lagen die Stadt und das befestigte Lager. Belgard war ein kleiner Ort in einer flachen und offenen Landschaft; hinter einer alten Ringmauer lagen die Hausdächer dicht gedrängt, nur die mit einem Kreuz versehene Kirchturmspitze ragte über das Einerlei hinaus. Das Lager der Kaiserlichen lag westlich der Stadt, direkt an die Ringmauer und an den Fluß angrenzend und ordentlich eingerahmt von einem Wall und vier sternförmigen Schanzen. Von einem alten Gutshof unten am Fluß, den die Kaiserlichen in Brand gesteckt hatten, stieg Rauch auf. Ansonsten war alles still. Die Gegner der Schweden lagen ruhig hinter ihren Wällen in dem befestigten Lager und dachten nicht daran, sich zu zeigen. Drei Kanonenschüsse dröhnten in der Herbstluft: kaiserliche Losung. Das war alles. Die Schweden antworteten mit der schwedischen Losung: zwei Schüsse. Mehr geschah nicht. Gespannte Erwartung löste sich in einem Gähnen.

Um wenigstens etwas ausgerichtet zu haben, ließ Königsmarck einige Soldaten über den Fluß schwimmen, um ein paar hundert Stück Vieh, die dort auf einem Feld weideten, zusammenzutreiben. In aller Eile wurde eine kleine Brücke errichtet, und Erik konnte sehen, wie die eingefangene Beute unter Beschuß auf die schwedische Seite herübergetrieben wurde. Aber niemand wurde getroffen. Einige Schwadronen mit schwedischer Reiterei schlängelten sich über die schmale Brücke und drangen gegen Belgard und einen feindlichen Posten neben dem Galgen auf einem Hügel vor, der sonst als Hinrichtungsplatz der Stadt diente. Da ritten ein paar kaiserliche Schwadronen auf die gepflügten Äcker im Nordosten der Stadt hinaus und machten Front gegen die Schweden, die daraufhin stehenblieben. Erik kommentierte die Geschehnisse dieses Tages, des 12. Oktober 1643, wie folgt: »So geriet ich unvermutet in den Krieg, ohne damals zu ahnen, daß Gottes Vorsehung mich später zu einem Soldaten und Mann des Krieges ausersehen hatte.«

Am folgenden Tag ging das Spektakel weiter. Die Kaiserlichen machten keine Anstalten, die Herausforderung der Schweden anzunehmen und herauszukommen, um zu kämpfen, und so brachten die Schweden ihre Kanonen in Stellung und begannen, das Lager und die Stadt zu beschießen. Die langen, zischenden Bogen der stählernen Kugeln spannten sich über den schmalen Wasserstreifen und verschwanden mit einem dumpfen Aufschlag hinter den Mauern der Stadt und den Wällen des kaiserlichen Lagers. Königsmarcks Truppe war eigentlich mit einer für diese Situation ungeeigneten Artillerie ausgerüstet. Sie hatte leichte Kanonen mit hoher Feuergeschwindigkeit, die für Gefechte im Feld gedacht waren. Hier hätten sie Mörser oder jedenfalls Haubitzen benötigt, die Sprenggranaten zwischen die eingegrabenen Verteidiger hätten werfen können. Eine gewöhnliche Kanonenkugel, die aus einer der Kartaunen oder Sechspfünder abgefeuert wurde, die nun am Fluß aufgefahren waren, richtete nämlich wenig oder gar keinen Schaden an, wenn sie einen Erdwall traf, und schlug oft nur ein sauberes Loch in eine Mauer oder ein Haus. (Die Ruinen dieser Zeit waren deshalb nicht zu vergleichen mit den von Steinsplittern gefüllten Kratern unserer Zeit. Wenn die Häuser nicht niedergebrannt waren, wirkten sie aus der Entfernung oft intakt, aber wenn man sich einem Haus näherte, das unter Artilleriefeuer gestanden hatte, sah man, daß Wände und Dach von gezackten Löchern perforiert waren, die von Kanonenkugeln herrührten.) Die schwedischen Kanoniere taten jedoch, was sie konnten: Sie schossen Brandkugeln. Einfache Eisengeschosse wurden im Feuer oder einem Ofen erhitzt, bis sie glühten, worauf sie schnell geladen und abgefeuert wurden. Königsmarck hoffte, die Stadt und das feindliche Lager in Brand schießen und die Kaiserlichen auf diese Weise zum Kampf zwingen zu können.

Diese Beschießung hielt den ganzen Tag an. Im Lager des Gegners, wo die Zelte der Truppen in drei langen, dichten Reihen errichtet waren, fingen die dort gestapelten großen Vorräte an Heu und anderem Pferdefutter fünfmal Feuer. Aber jedesmal wurde das Feuer gelöscht, und der Rauch legte sich wieder. Die gegen die Stadt gerichteten Kugeln hatten nicht mehr Erfolg. Die Kaiserlichen hatten genau das getan, was in einer solchen Lage getan werden mußte, nämlich die Dächer der exponiertesten Häuser abgerissen und die offenliegenden Holzfußböden mit Sand bedeckt. Eimer mit Wasser standen überall bereit, und sobald sich ein kleiner Brand entwickelte, wurde er auf der Stelle gelöscht. Die Verluste im Lager beschränkten sich auf einen Fähnrich und zwei Jungen, die von herabsausenden Geschossen erschlagen wurden. Das ganze Gedröhne und Getöse von der schwedischen Seite hatte nicht einmal eine richtige Antwort zur Folge; hier und da wurde als Antwort ein einsamer Schuß abgefeuert, aber das war auch alles.

Am folgenden Tag gab Königsmarck Order, daß die Truppen den Fluß überqueren und noch näher an das kaiserliche Lager heranrücken sollten, »in der Absicht, den Feind damit zu einer offenen Feldschlacht zu bringen«. Gesagt, getan. Die schwedischen Soldaten zogen ungestört in einem Bogen über die Felder um die Stadt, in Schlachtordnung und in einer langen Linie formiert, die Reiterei auf den Flügeln und das Fußvolk mit der von Pferden gezogenen Artillerie in der Mitte. Die Kaiserlichen blieben liegen. Es war wie verhext. Da gab Königsmarck seine Versuche auf, Krockow und seine Soldaten zum Kampf zu verleiten. Die gesamte schwedische Truppe marschierte davon, 20 Kilometer den Fluß entlang hinauf zur Stadt Cörlin. Der Grund für die Untätigkeit der Kaiserlichen war im großen und ganzen der gleiche wie damals, als sie ihren Vormarsch zur Ostseeküste abgebrochen hatten. Die Truppen und die Pferde waren von dem langen Marsch von Prag herauf geschwächt, und Krockow wollte deshalb einen Kampf auf offenem Feld vermeiden. Alle frommen Wünsche, die Pommern gegen die schwedische Herrschaft aufzustacheln, waren ebenfalls fehlgeschlagen, nicht zuletzt, weil es den kaiserlichen Offizieren trotz guter Absichten nicht gelungen war, ihre Soldaten zu zügeln, die »nicht wie Soldaten, sondern wie Landräuber« aufgetreten waren.

Im Schloß von Cörlin lagen an die dreißig Dragoner und ein Kornett als Besatzung. Als die schwedischen Truppen sich anschickten, die lange Brücke zur Stadt zu überqueren, begannen die Musketiere, auf sie zu schießen, und in Eriks Tagebuch wird berichtet, daß »mehrere auf der Brücke niedergeschossen wurden« – ein Sergeant und drei Gemeine fielen bei diesem Kampf. Doch sie ließen sich nicht aufhalten, sondern stürmten weiter in das Häusergewimmel der Stadt. Der Angriff auf das Schloß wurde jedoch zu einer Formalität, die nach dem gängigen Belagerungsritual ablief. Die Schweden riefen der kleinen Besatzungstruppe zu, sie sollten aufgeben, doch der Kornett, der den Befehl im Schloß führte, erklärte, er sei nicht bereit zu kapitulieren, bevor er nicht von Artillerie angegriffen worden sei! Man versuchte, ihm den Gefallen zu tun, rollte Geschütze heran und gab gegen Abend einige Schüsse auf das Schloß ab. Am nächsten Tag, nachdem klar war, daß Krockow nicht die Absicht hatte, zu ihrer Entsetzung zu kommen, gaben der Kornett und seine Dragoner auf.

So war er, der Krieg. Banal und eigentlich ziemlich trist. Alles andere als Ehre, Abenteuer und Schönheit. Auf Gemälden kann man die Inkarnation des guten Krieges in Form eines funkelnden Gewimmels federbuschgeschmückter Reiterei sehen, die auf Wellen weißer Pferde heranstürmt, auf dem Weg zur

Erringung des »großen Sieges« in der Abendsonne. Eher war er in der Regel so, wie Erik ihn hier in diesen Tagen im Oktober 1643 zum erstenmal sah: durchnäßte Horden von Männern, die einem Feind entgegentrotten, den sie selten zu Gesicht bekommen, auf der Jagd nach einer Entscheidung, die sich nie blicken läßt; fehlgeschlagene Finten, die eine oder andere Kanonade auf Distanz und wieder ein paar vergeudete anonyme Leben: Ereignisse, die vielleicht nicht den Geschmack von Verlust vermittelten, aber auch kein Gefühl von Sieg.

Generalmajor Königsmarcks Hoffnungen auf eine große Feldschlacht waren also zunichte gemacht. Wenn aber die Kaiserlichen nicht aus eigenem freien Willen aus ihrem Lager herauskamen und sich weigerten, sich durch weitere Bombardements mit Brandkugeln dazu verleiten zu lassen, blieb keine andere Möglichkeit, als zuerst die anderen kaiserlichen Posten, die an verschiedenen kleineren Orten um Belgard herum verstreut waren, zu bezwingen, um danach eine regelrechte Belagerung von Krockows eingegrabenem Heer einzuleiten. Königsmarck hatte sich als verwegener und agiler Spezialist für schnelle Streifzüge einen Namen gemacht, doch nun war er gezwungen, eine erheblich aufwendigere und systematischere Kriegsführung zu praktizieren. Die Kaiserlichen hatten das Land um Belgard herum gründlich ausgesaugt, und die Schweden fanden wenig Nahrungsmittel und Futter.

Deshalb wurden Rehnskiöld und seine Diener in Begleitung von 200 Reitern nach Norden geschickt, um Proviant und weitere Verstärkungen für Königsmarck heranzuschaffen. Die ersten kalten Wochen im November verbrachte Erik Jönsson dort an der pommerschen Küste, während sein Herr sich nach Kräften bemühte, die Versorgung der schwedischen Truppen zu organisieren.

Währenddessen zog Königsmarcks Korps seine Kreise um den Gegner immer enger. Zuerst wurde Köslin angegriffen, das noch ein Stück weiter in nordöstlicher Richtung lag und von einer starken kaiserlichen Abteilung besetzt war. Sie gab auf, nachdem sie mit 270 Schuß bombardiert worden war. Danach galoppierte das ganze Korps zurück nach Süden. Dort hatte Krockow ein wenig Mut geschöpft und eine neue Zwangseinsammlung von Mehl, Roggen, Hafer und Gerste in Gang gesetzt, doch weiter als bis zur Ausfertigung verschiedener Drohbriefe an einige im engeren Umkreis gelegene Städte gedieh diese Arbeit nicht, bevor Königsmarcks Männer erneut ihre Geschütze vor Belgard aufprotzten.

Tag um Tag ging die Beschießung der Stadt und des kaiserlichen Lagers weiter. Die Wirkung war jetzt etwas besser, denn der schwedische Artilleriepark war durch zwei schwere Geschütze verstärkt worden, die Rehnskiöld und Erik aus Kolberg herangeschafft hatten. Nach einiger Zeit sah sich Krockow gezwungen, sein Hauptquartier oben im Schloß – dem Punkt, der dem schwedischen Feuer am stärksten ausgesetzt war – zu verlassen und in einer geschützten Proviantkammer Zuflucht zu suchen. Auch wenn diese Aktion von Krockows Frau angeregt worden war, die wie einige andere Offiziersfrauen die Operation begleitete, roch das Ganze nach Feigheit, und seine Leute hielten mit ihrer Meinung nicht hinter dem Berg. Schon früher hatte ein Teil der Offiziere gemurrt und gefunden, daß seine Passivität und Ängstlichkeit übertrieben seien, und dieses Vorkommnis steigerte nur die Unzufriedenheit seiner Untergebenen. Der Zeitpunkt, zu dem das kaiserliche Korps den Schweden unter einigermaßen gleichen Bedingungen hätte gegenübertreten können, war vorüber, vor allem aufgrund von Krockows schlafwandlerischer Feldherrenkunst und seiner Begeisterung für befestigte Lager. Den Gegner hinter hastig aufgeworfenen Erdwällen zu erwarten war zwar eine beliebte Taktik der Kaiserlichen; aber mitten in Feindesland reflexmäßig zu diesem Mittel zu greifen war problematisch, nicht zuletzt mit Hinsicht auf die Versorgung. Wahrscheinlich waren Krockows Truppen dem Königsmarckschen Korps Anfang Oktober überlegen gewesen, und die Schweden waren außerdem erschöpft und atemlos nach dem schnellen Marsch nach Pommern. Nun, als der graue Oktober in einen kalten November überging, hatten die Schweden Verstärkungen aus den pommerschen Festungen herangeführt, während die Kaiserlichen im Schmutz des Lagers von Belgard gestanden hatten und allmählich Verschleißerscheinungen zeigten. Da kam die Nachricht, daß der Posten in Schifelbein sich nach einem erneuten Angriff der Schweden, unter anderem mit einem Mörser, ergeben hatte.

Die Verhältnisse im Lager bei Belgard wurden immer schlechter. Das schwedische Artilleriefeuer dröhnte weiter, während Herbststürme und kalter Regen die Zelte zum Einsturz brachten. Es wurde beinah unmöglich, einen warmen und trockenen Schlafplatz zu finden. Eines Morgens war die Persante von Eis bedeckt, und bald folgte der erste Schnee. Die Krankheiten bei den Mannschaften und den begleitenden Zivilisten griffen immer weiter um sich, und Pferde brachen dutzendweise zusammen und verendeten. Der Schnee hatte immerhin sein Gutes: Eines Tages zündeten die Schweden ihr Lager jenseits des Flusses an und zogen über die frostkalten Felder ab, um sich bessere Quartiere zu suchen. Es folgte eine kurze Zeit von Patrouillengefechten und Scharmützeln, aber dann kam das, von dem alle wußten, daß es kommen würde: der Rückzug des kaiserlichen Korps aus Pommern.

Das Gepäck wurde sortiert, Berge von Ausrüstung, Proviant und sogar mehrere Geschützen wurden im Schlamm des kaiserlichen Lagers zurückgelassen. Nur die Wagen der Offiziere und der Offiziersfrauen wurden mitgenommen auf den Zug nach Süden, der bald einer wilden Flucht gleichkam. Da alle im Korps beritten waren oder fuhren, war das Tempo hoch, bis zu fünfzig Kilometer am Tag. Obgleich Königsmarck durch einen übergelaufenen Jungen noch am selben Tag von dem Rückzug erfuhr, als dieser begann, und deshalb sogleich eine Hetzjagd auf die Retirierenden veranstaltete, holten die Schweden sie nicht mehr ein. Sie ergriffen vereinzelte, frierende Nachzügler, fanden zusammengebrochene Pferde, festgefahrene Wagen und zurückgelassene Ausrüstung, aber die Haupttruppe erreichten sie nicht. Nachdem Krockows Korps, genau wie auf dem Hermarsch, sich nach Polen davongestohlen hatte, brach Königsmarck – nachdem er ein paar derbe Flüche auf den ohnmächtigen großpolnischen Woiwoden losgelassen hatte – die weitere Verfolgung ab.

Als Krockows Korps sich in Breslau mit der kaiserlichen Hauptarmee vereinigte, war es nur noch ein trauriger Schatten seiner selbst. Von den 4000 stolzen Männern, die von Prag losgeritten waren, »klirrend von Eisen und Stahl«, kehrten weniger als 1200 zurück. Die pommersche Diversion, einer von vielen bedeutungslosen Kleinfeldzügen dieses großen Kriegs, war an ihr Ende gekommen. Keins der Ziele der Operation war erreicht worden. (Nachdem Krockow vor dem Kriegskammergericht in Prag in einen erbitterten Abtausch von Anklagen und Gegenanklagen mit den ihm unterstellten Obersten verwickelt worden war, übertrugen seine langmütigen Vorgesetzten ihm noch einmal ein Kommando, doch er leistete sich ein weiteres Fiasko, erhielt seinen Abschied und trat in polnischen Dienst, wo er schließlich im Sommer 1646 am Fieber starb, kurz bevor er erneut ins Feld reiten sollte, diesmal gegen die Türken.) Wenn man von der Zerstörung absieht, die in der nordöstlichen Ecke Pommerns angerichtet worden war, muß das Ganze als ein schwedischer Erfolg gewertet werden. Doch gab es wohl niemanden, der feierte. Anderes kam dazwischen.

Im Dezember 1643 befand sich Erik Jönsson mit seinem Hausvater Rehnskiöld in Stralsund. In der Mitte des Monats schlug krachend wie ein Stein durch eine Fensterscheibe die Nachricht ein: Noch ein Krieg war ausgebrochen, jetzt zwischen Schweden und Dänemark. Und Torstenssons Armee hatte Mähren verlassen und befand sich in vollem Marsch nach Norden, um in das Land des neuen Feindes einzufallen.

VI

DER DÄNISCHE KRIEG

(1643–1644)

1. Der brodelnde Kessel kocht über

VERSTÄRKUNGEN FÜR NEUSCHWEDEN. – JOHAN PRINTZ. –
DAS VERHÄLTNIS ZWISCHEN SCHWEDEN UND DÄNEMARK. –
ÜBER REGIERUNGSFORMEN UND MONARCHIA MIXTA. –
KOMPROMISS IN SCHWEDEN, STREIT IN DÄNEMARK. –
DER ÖRESUNDZOLL. – WACHSENDE IRRITATION. –
›ES IST NUN ZUR ENTSCHEIDUNG FÜR EINEN KRIEG GEKOMMEN‹. –
EIN LETZTES ULTIMATUM.

Gut vier Jahre waren vergangen, seit das letzte Schiff im April 1639 von der neugegründeten Kolonie in Nordamerika abgesegelt war und sechsundzwanzig Männer in einem kleinen, palisadenumzäunten Fort zurückgelassen hatte. Es dauerte fast genau ein Jahr, bis die einsamen Männer dort in *Nova Suecia* wieder etwas aus Schweden hörten.

Im April 1640 kehrte die *Calmare Nyckel* zurück. Sie brachte einen neuen Kommandanten mit, Peter Holländer Ridder, eine Anzahl Soldaten, fünf Kolonisten, den Geistlichen Torkillus Reovius sowie ein paar Haustiere und verschiedene Dinge für den Bedarf der Kolonie und für den Tauschhandel mit den Indianern. Die Kolonie selbst bot keinen allzu imponierenden Anblick. Das Fort war verfallen, und der umgebende Erdwall drohte an mehreren Stellen einzubrechen. Ridder fand auch die Männer dort ungewöhnlich untätig und klagte später darüber, daß »es kaum eine dümmere Ansammlung von Menschen geben könnte als die Kolonisten«. Daß die Kritik indessen nicht ganz gerecht gewesen sein kann, zeigt sich daran, daß sie einige kleinere Neuanpflanzungen in der Nähe des Forts angelegt hatten und mit ihrem Tauschhandel recht erfolgreich gewesen waren – so erfolgreich, daß sich die konkurrierenden Holländer in Neu Amsterdam in Briefen nach Hause darüber beklagten, daß ihr Handel um 30 000 Florin zurückgegangen sei. Das Verhältnis zu den Holländern war von Anfang an miserabel gewesen, und die Erfolge der Schweden im Handel reizten sie noch mehr. Nur einige Tage nachdem die *Calmare Nyckel* in *Nova Suecia* eintraf, wurde eine schwedische Schlup mit einer Kanone beschossen, als sie an einem kleinen holländischen Fort vorübersegelte, und dies wiederholte sich später. Die Schweden in der Kolonie hatten Order erhalten, sich mit den Holländern gut zu stellen, und den beiden Parteien gelang es anfänglich auch, in einem Verhältnis, das man als einvernehmlich bezeichnen konnte, zu leben. Doch unter der Oberfläche lag ständig wie ein Juckreiz die erbitterte Konkurrenz. Das gleiche Gezänk um Land und Handelswege, das gleiche eifersüchtige Wahren eigener nationaler Interessen, wirklicher oder eingebildeter, das in Europa zu sehen war und das mehreren zerstörerischen Kriegen zugrunde lag, war auch hier in Nordamerika zu beobachten, wenngleich im Kleinformat.

Land gab es allerdings mehr als genug. 1640 kaufte der energische Peter Ridder den Indianern mehr Land ab, hauptsächlich beiderseits des Delaware, und stolz stellte man mit dem schwedischen Reichswappen geschmückte Grenzpfosten auf, um die neue Ausdehnung des schwedischen Reiches zu demonstrieren. Die Kolonie hatte bald eine Länge von 200 Kilometern, was ein großes, ja sogar ungeheuer großes Gebiet war, wenn man bedenkt, daß die Kolonisten nur eine Handvoll Männer waren – sie bekamen aber Anfang November 1640 Verstärkung, als fünfzig Holländer aus Utrecht eintrafen, um sich in *Nova Suecia* niederzulassen. Der hauptsächliche Zweck der umfassenden Bodenkäufe war der Versuch, den Tauschhandel mit den innerhalb der aufgekauften Uferstreifen lebenden Indianern zu monopolisieren – genau wie die schwedische Krone durch ihre Kontrolle über wichtige Handelszentren an der Ostsee aus dem dort durchfließenden Handel Gewinn zu schlagen suchte. Die am Delaware herrschende gespannte, aber doch stabile Lage wurde 1641 erheblich komplizierter, als sich die Engländer, in Form einer von Kolonisten in Neuengland gebildeten Handelskompanie, hereindrängten und auf dem östlichen Ufer des Flusses eine Niederlassung errichteten. Die vorhandenen Antipathien veränderten sich daraufhin schnell: Schweden und Holländer vergaßen ihre Plänkeleien und fanden in inniger Opposition gegen den neuen Konkurrenten zueinander, der ihnen beiden in erheblichem Umfang Handel entzog. Deshalb machte sich auch eine holländische Expedition, wahrscheinlich von den Schweden unterstützt, auf zu einer der englischen Siedlungen, nahm die neu eingetroffenen Kolonisten gefangen und steckte ihre Häuser und Magazine in Brand.

Das Engagement, das man in diesem Streit an den Tag legte, mag schwer zu verstehen sein, denn *Nova Suecia* warf nur einen mageren wirtschaftlichen Ertrag ab; die Felle, die die Europäer von den Indianern eintauschten, erzielten in Europa keineswegs die erhofften Preise. Das Ergebnis war so schlecht, daß die holländischen Teileigner 1641 aufgaben und ihre Anteile an interessierte Schweden verkauften. Doch dies berührte nicht so sehr die Menschen in der Kolonie, die ihr stilles Leben lebten und ihr Bestes taten, um auf diesem zollbreiten Stück Schweden in Nordamerika zu überleben. Und wenngleich die finanzielle Ausbeute bestenfalls schwankend war, entwickelte sich Neu Schweden positiv. Das Verhältnis zu den Indianern war weiterhin gut. Handel wie Versorgung bauten ja auf einer engen Zusammenarbeit mit der ursprünglichen Bevölkerung des Landes auf, und die weitaus unterlegenen Schweden hüteten sich sorgfältig davor, mit den Stämmen des Gebiets in Streit zu geraten. Wie die Holländer, und im Gegensatz zu den Engländern, hingen sie nicht der

Der dänische Krieg (1643–1644)

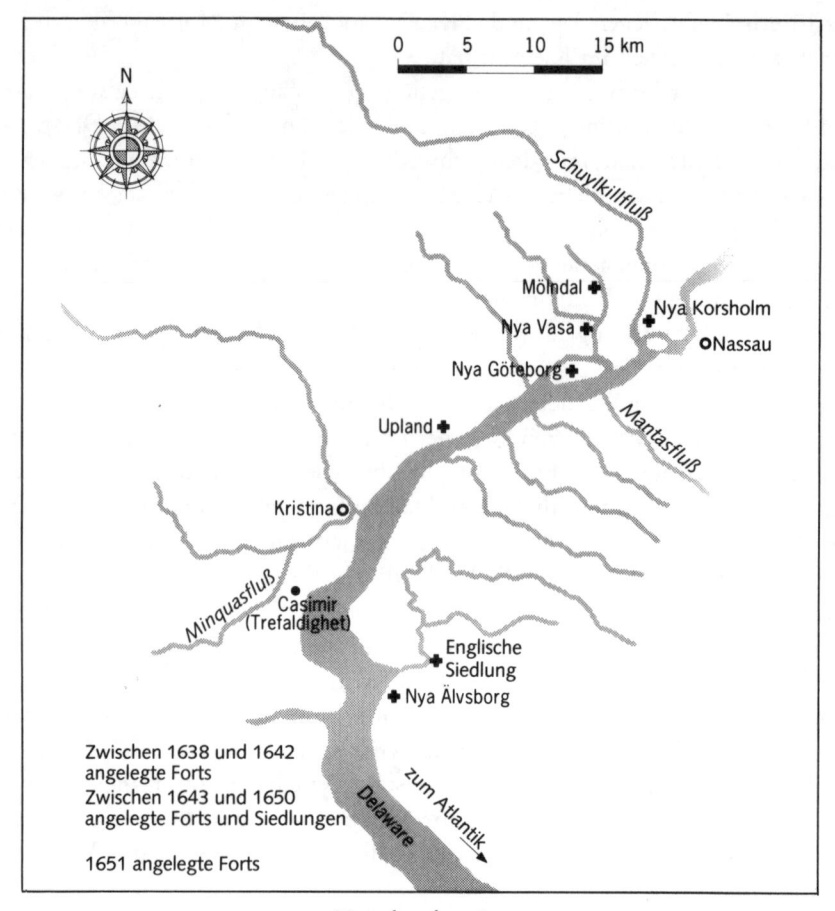

Map labels:
- Schuylkillfluß
- Mölndal
- Nya Vasa
- Nya Korsholm
- Nassau
- Nya Göteborg
- Mantasfluß
- Upland
- Kristina
- Minquasfluß
- Casimir (Trefaldighet)
- Englische Siedlung
- Nya Älvsborg
- Delaware
- zum Atlantik

Legend:
- Zwischen 1638 und 1642 angelegte Forts
- Zwischen 1643 und 1650 angelegte Forts und Siedlungen
- 1651 angelegte Forts

Neuschweden 1651

aufgeblasenen Vorstellung an, daß man als »Entdecker« oder erste Europäer am Ort ein selbstverständliches Recht auf Land, Menschen und Tiere hatte. Die Schweden in *Nova Suecia* eroberten kein Land, sondern kauften es, nach ordnungsgemäßen Kaufverhandlungen und mit Hilfe von Verträgen. Auf diese Weise wuchs die Kolonie langsam. Weitere Schiffe kamen aus Schweden und mit ihnen unter anderem einige Familien mit Kindern, ein Schneider, ein Schmied und einige andere Handwerker, was bedeutete, daß die Kolonie den Charakter eines mittelgroßen Dorfes annahm. Neue Häuser schossen um Fort Christina herum auf, kleine Blockhütten mit niedrigen Türen, ohne Fenster und mit lehmbestrichenen Wänden. Eine kleine Kirche wurde gebaut (in der Pastor Torkillus binnen kurzem großartige Streitereien über theologische Grundfragen mit einigen holländischen Siedlern anzettelte, die zu seinem Verdruß Calvinisten waren). Wälder wurden gerodet und machten Platz für kleine Äcker, auf denen die Menschen alles von Tabak bis zu Gemüse anbauten, und kleine Gruppen von Kühen und Schafen wanderten umher. Am wohlsten von allen hinübergesegelten Tieren schienen sich die Schweine zu fühlen, die sich in kolossalem Tempo vermehrten, ausbrachen und in den umliegenden Wäldern eigene kleine Ausbrechergruppen bildeten und für jagende Schweden im Herbst eine willkommene Beute waren.

Daß die Neu-Schweden-Kompanie nach dem gemeinsamen Austritt der holländischen Interessenten ganz und gar schwedisch geworden war, stellte keine Belastung dar. Im Gegenteil. Die schwedische Krone wurde damit zur Aktionärin mit dem Recht, in die Verwaltung einzugreifen, und die Männer im Rat, mit dem Leiter und großen Beschützer des Unternehmens, Claes Fleming, an der Spitze, waren trotz der geringen Ausbeute gewillt, das Unternehmen weiterlaufen zu lassen. Die Kompanie wurde umorganisiert, die Buchführung in Ordnung gebracht, neues Kapital wurde investiert, und eine neue Expedition, fast gänzlich von der schwedischen Krone finanziert, vorbereitet.

Anfang Februar 1643 wurden vor Fort Christina zwei schwer beschädigte Schiffe, die *Fama* und die *Svanen*, gesichtet. Die Reise von Schweden über den Atlantik war gut verlaufen, aber sie hatten mit Mühe und Not einen schweren Schneesturm in der Delawarebucht überlebt. Die Schiffe brachten Verstärkung: Beamte, Diener und Soldaten – sämtlich Schweden, um die Holländer zu ersetzen, die früher im Fort Dienst getan hatten – und neue Kolonisten. Es hatte sich als schwierig erwiesen, Leute zu finden, die bereit waren, die Reise über das Meer in das große, unbekannte Amerika zu wagen. Eine Werbekampagne unter Bauern in Värmland brachte ein so dürftiges Ergebnis, daß der Rat in Stockholm sich genötigt sah zu beschließen, daß Deserteure und Wilddiebe von nun an dazu *verurteilt* werden konnten, eine Anzahl von Jahren in *Nova Suecia* Dienst zu tun – eine Maßnahme, die kaum dazu angetan war, die Attraktivität der Kolonie für freie schwedische Bauern zu erhöhen. Aber leider reichten die Deserteure und Wilddiebe nicht ganz aus, worauf ein Erlaß an die Landeshauptmänner in Nord- und Mittelschweden erging, handgreiflich eine Anzahl eingewanderter Finnen anzuwerben. Zuzug von Finnischsprachigen in das eigentliche Schweden hatte es schon lange gegeben, und das mit Billigung der Krone; sie wurden gern eingesetzt, um einen Teil der ausgedehnten und unwegsamen Waldgebiete des Reiches, besonders in Bergslagen und Värmland, urbar zu machen. Viele waren nämlich der Meinung, daß die Finnen fleißiger seien als die Nationalschweden; so sagte der Generalgouverneur von Finnland, Per Brahe, 1638: »Wenn diese Nation anderswohin und nach Schweden kommt, arbeitet einer so viel wie drei andere, und sie sind geschickt in mancherlei Handwerken.« Viele Finnen waren auch in dem für Schweden wichtigen Bergbau tätig, und in Stockholm gab es sogar eine kleine finnische Kolonie. Viele ihrer Mitglieder waren Zimmerleute und lebten in der dicht gedrängten Holzhaussiedlung im oberen Teil von Södermalm, andere arbeiteten als Netzfischer, Bootsleute, Fuhrleute, Weinkutscher oder Brauer. Es war auch üblich, daß Finnen im Spätsommer nach Mittelschweden herüberkamen und während der Ernte als Tagelöhner auf den großen Gütern arbeiteten und anschließend nach Finnland zurückkehrten. Dieser Zustrom von Menschen aus der östlichen Hälfte des Reiches wurde natürlich als vollkommen normal angesehen; die Menschen bewegten sich ja in ein und demselben Reich (und die Achse des Reichs verlief, wie bereits erwähnt, in west-östlicher Richtung von Stockholm und Uppland über das Ålandshav zum südlichen Finnland). Die finnische Einwanderung hatte während des Krieges zugenommen – viele Einwanderer wollten auch der Aushebung entgehen –, und in manchen Gegenden war es schon zu Konflikten zwischen selbständigen Bauern und eingewanderten Finnen gekommen. Die letzteren betrieben oft Schwendewirtschaft, die, wie man meinte, den Wald zerstörte, und man warf ihnen vor, daß sie allzu rücksichtslos jagten. Einen Teil dieser Finnen nach Amerika zu deportieren sah man als gottgefälliges Werk an.

Mit der nächsten Expedition nach Amerika, die ein gutes Jahr später eintraf, kam außer noch mehr Soldaten, einem Feldscher und zwei jungen Adligen auch eine Ladung Holzdiebe und Waldgänger. (Da war beschlossen worden, auch Menschen, die ihre Schulden nicht bezahlen konnten, aus dem Land zu weisen. Zeitweilig trug man sich mit dem Gedanken, auch Ehebrecher zu deportieren.) Die Begeisterung bei vielen dieser Zwangsverschifften hielt sich aller Wahrscheinlichkeit nach in Grenzen. Daß die Stimmung auch unter den freiwilligen Teilnehmern zuweilen reichlich düster sein konnte, kann man einem kleinen Lied entnehmen, das einige Jahre später geschrieben wurde. Der Tenor des Lieds ist überwiegend keck und optimistisch:

*Von nördlichem Strand aus Svea Land
nun nach Virginia fahren
Seemänner gut mit frischem Mut,
und fürchten kein' Gefahren.*

*Wann immer Gott uns rufen mag,
so sind wir stets bereit,
mit frischem Mut zu wagen unser Blut
fürs liebe Vaterland allzeit.*

*Wenn es hier auch beschwerlich scheint,
uns mühsam ist zu leben,
von fern übers Meer wir kamen hierher
auf die Insel, ins Land Neu Schweden.*

Doch gleichzeitig werden alle Gefahren des Meeres genannt, aus denen man mit Hilfe Gottes und der Engel hoffentlich errettet wird, und der Reisende wird ermahnt, ein für allemal »seinen Frieden zu machen« mit denen, die er in Schweden zurückläßt, und »Maiden und Jungfrauen allen« ein Lebewohl zu entbieten; und die letzte Strophe endet etwas dunkel:

*Lebt wohl, lebt wohl an Leib und Seel,
wünschen wir euch zusammen,
mög stets in der Welt es gut euch gehn
in des Herrn Christi Namen, Amen.*

Mit auf einem der Schiffe, die nahe daran gewesen waren, im Schneesturm in der Delawarebucht unterzugehen, befand sich auch der neue Gouverneur der Kolonie, Johan Printz, jener unglaublich dicke Mann, der 1638 bei der Verteidigung von Chemnitz eine so schlechte Figur gemacht hatte und anschließend seines Postens als stellvertretender Chef der Västgöta-Reiterei enthoben worden war. Gouverneur über diese Ansammlung von Blockhütten jenseits des Atlantiks zu sein war sicherlich keine Aufgabe, von der man träumte, doch es int, als habe der unternehmungsfreudige Printz dies als eine Möglichkeit gesehen, seine Karriere, die bei der schimpflichen Entlassung aus dem Regiment jäh unterbrochen worden war, neu zu beleben. (Zusätzlich, und offenbar als besonderer Anreiz, wurde Printz auch geadelt, mit mehreren Höfen in seinem heimatlichen Kirchspiel Bottnaryd nordwestlich von Jönköping belehnt und erhielt ein Douceur von 400 Reichstalern.)

Mit der Ankunft von Printz begann für Neu Schweden eine neue Phase. Die Aufbauarbeit, die bis dahin mit einer gewissen schläfrigen Langsamkeit betrieben worden war, beschleunigte sich, und eine wirkliche Expansion begann. Die

Der dänische Krieg (1643–1644)

Aktionäre zu Hause in Schweden – die alle bis auf einen im Rat saßen und deshalb wenig Mühe hatten, die Mittel der Krone einzusetzen, um das Unternehmen zu fördern – setzten große Hoffnungen in die Kolonie. Sie hatten Printz auch mit einer Instruktion in 28 detaillierten Punkten ausgerüstet, in denen sie festlegten, was er tun solle. Die Einwohner Neu Schwedens sollten sich fortan nicht mehr damit begnügen, stillzusitzen und Felle von den Einheimischen einzutauschen. Nein, es sollten auch Tabak, Wein und Seide angebaut, Salz gesotten und Wale gefangen werden. Es war zu hoffen, daß auch die Berge wertvolle Minerale und Metalle enthielten, die erschlossen werden konnten. Die bisher betriebene Politik der friedlichen Expansion sollte fortgeführt werden. Dem Gouverneur wurde aufgetragen, sich mit den Holländern gut zu stellen und alle getroffenen Absprachen genau einzuhalten. Das gleiche sollte für das Verhältnis zu den Indianern gelten, für das Punkt neun der Instruktion bestimmte:

> *Die auf allen anderen Seiten angrenzenden wilden Nationen soll der Gouverneur mit aller Humanität und auch Bescheidenheit zu behandeln wissen, daß von Sr. Königl. Majestät und deren mehrfach genannten Untertanen diesen keine Gewalt oder Unbilligkeit zugefügt werde, sondern lieber bei allen Ungelegenheiten darauf hinarbeiten, daß dieselben wilden Völker nach und nach in der wahren christlichen Religion mögen informiert und ansonsten zu Zivilität und gutem Sozialwesen angeleitet werden.*

Printz war klarblickend und energisch und nicht ohne Kenntnisse, aber auch ehrgeizig und machtbesessen, »ein tölpelhafter, intoleranter, erstklassiger Tyrann, mit Augen so kalt wie Eiszapfen«. Diese Kombination guter und schlechter Eigenschaften machte ihn indessen besonders geeignet für den Posten eines Alleinherrschers über ein koloniales Unternehmen jenseits des Atlantik – viele der Männer, die sich selbst und ihre Heimatländer jenseits des Ozeans bereicherten, waren so beschaffen: schlitzohrige Gauner mit einem Sinn für Organisation. Johan Printz machte sich sogleich ans Werk. In seiner Amtszeit als Gouverneur sollte Neuschweden seine Blüte erleben.

Es begann allerdings nicht besonders gut für Printz. Er war eifrig bemüht, die Expansion voranzutreiben, und hoffte deshalb auf baldige und große Verstärkungen aus der Heimat. Doch es kam ... nichts. Vom Frühjahr 1644 bis zum Herbst 1646 hörten sie nichts aus Schweden. Die Ursache war einfach. Der neue Krieg mit Dänemark beanspruchte die ganze Aufmerksamkeit der Regierenden, und jedes verfügbare Schiff mußte im Kriegsdienst eingesetzt werden. Und Claes Fleming, der Vorsitzende der Neuschweden-Kompanie und ihr großer Beschützer, war im Kampf gefallen.

Es ist nicht ungewöhnlich, daß man bei der Betrachtung der Vergangenheit den Irrtum begeht, das Erklärbare mit dem Unvermeidlichen zu verwechseln. Hinterher, wenn der Rauch sich gelegt hat, die Toten begraben sind und die Lebenden wiederaufgebaut und neu gebaut haben, kann man Bilder und Fragmente zusammenfügen und erkennen, warum das, was geschah, geschah. An diesem Punkt, wenn man zurückschaut und alle Linien sich nach den grundlegenden perspektivischen Regeln im Auge des Betrachters treffen, kann man sich vorstellen, daß alles, was geschah, nur auf diese eine Art und Weise und in einem Punkt enden konnte, dem gegenwärtigen Zustand. Dies ist eine optische Täuschung, die den falschen Eindruck vermittelt, daß das, was geschah, das einzige war, was geschehen konnte.

Wie zum Beispiel das Verhältnis zwischen Dänemark und Schweden.

Wenn ein Betrachter am Anfang des 17. Jahrhunderts hätte voraussagen sollen, welches der beiden nordischen Reiche im kommenden Jahrhundert die Vorherrschaft in Nordeuropa erringen werde, hätte dieser wohl ohne den geringsten Zweifel Dänemark gewählt. Das meiste sprach ja für die Dänen. Rein militärstrategisch hatten die Dänen klare Vorteile: Ihre Länder umfingen Schweden im Norden, Westen, Süden und Osten. Im Norden blockierte die norwegische Finnmark den Zugang der Schweden zum Nördlichen Eismeer, während gleichzeitig die beiden norwegischen Landschaften Jämtland und Härjedalen sich wie ein Papageienschnabel tief nach Norrland hinein erstreckten; im Westen lagen nur die Festung Älvsborg und ein schmaler Streifen Land um den Göta Älv zwischen den beiden Hauptteilen des Dänischen Reiches; im Süden lagen die alten dänischen Landschaften Blekinge und Schonen; im Osten lagen die beiden dänischen Inseln Gotland und Ösel wie zwei riesige feindliche Galeassen, nur allzu nahe an Stockholm. Dänemark hatte mehr Einwohner als Schweden – rund 1 200 000 Dänen standen vielleicht 900 000 Schweden gegenüber –, und die dänische Wirtschaft war außerdem stärker. Das Land war gut geeignet für die Landwirtschaft, zog große Vorteile aus seiner Nähe zum blühenden Handel in den Niederlanden und exportierte große Mengen von Vieh und Getreide auf die Märkte des Kontinents; zwischen 40 000 und 50 000 Ochsen und Stiere wurden jedes Jahr zum Verkauf nach Süden getrieben. Die norwegische Reichshälfte befand sich in einem dauerhaften wirtschaftlichen Aufschwung und verkaufte große Mengen von Holz für den Schiffs- und Hausbau ins Ausland. Der Besitz Schonens bedeutete darüber hinaus, daß alle Schiffe, die in die Ostsee ein- oder aus ihr ausliefen, durch dänische Gewässer fuhren, vor allem durch den Öresund, und die Zölle, die jedes Schiff dabei entrichten mußte, brachten der dänischen Krone bis zu zwei Drittel ihrer Einkünfte ein. (Der Zoll war ein ständiges Irritationsmoment, vor allem für die Holländer, die den Großteil des Handels auf der Ostsee beherrschten, und natürlich für die Schweden, die durch diese Abgaben ihre Exporteinkünfte verringert und ihre Importe verteuert sahen.) Der Öresundzoll war eine Gans, die ständig goldene Eier legte und dem dänischen König Summen bescherte, von denen viele andere Monarchen nur träumen konnten, und die es ihm mit den Jahren ermöglichte, einem so armen Schlucker wie dem englischen König finanzielle Hilfe anzubieten. (1623 beispielsweise hatte der Zoll ihm nicht weniger als 1,5 Millionen Taler eingebracht, eine für diese Zeit schwindelerregende Summe.)

Der dänische König konnte von altersher die Überschüsse des Öresundzolls nach eigenem Gutdünken verwenden. Diese Regelung hatte im 17. Jahrhundert unerwartet große Folgen, sowohl innen- als auch außenpolitisch, und trug entscheidend zum Kriegsausbruch 1643 bei.

Die dänische Aristokratie bestand aus rund 500 Familien, die mehr als die Hälfte des gesamten Grund und Bodens im Reich besaßen. Demgemäß hatte sie eine starke Machtposition. Daß alle Monarchen, die den Thron bestiegen, vom dänischen Hochadel gewählt wurden, war zwar in gewisser Weise eine Formsache, aber doch eine wichtige; sie führte nämlich dazu, daß jeder König vor seiner Thronbesteigung mit verschiedenen Versprechungen für seinen Thron bezahlen mußte, die dem, was er tun und nicht tun durfte, Grenzen setzten. In der Praxis wurde Dänemark nach ratskonstitutionalistischen Prinzipien regiert, was bedeutete, daß viele wichtige Beschlüsse – unter anderem der, in einen Krieg einzutreten – nur gefaßt werden konnten, wenn der König die volle Zustimmung des *Reichsrats* der Aristokratie hatte.

Heute besteht oft die Vorstellung, die Könige seien früher Alleinherrscher gewesen, die nach eigenem Gutdünken regierten und, wenn sie eines Tages mit dem falschen Fuß aus dem Bett stiegen, ungehindert jeden hinrichten lassen konnten. Das ist falsch. Die meisten Monarchen waren hart arbeitende Personen, die oft in der Politik eine entscheidende Rolle spielten und bereits zu Lebzeiten von einer nahezu mythischen Aura von Heiligkeit und einer Andeutung von Wundertätigkeit umgeben waren. Aber sie waren selten unumschränkte Herrscher. Viele waren gewählt, und fast alle regierten nach einem Prinzip der Machtbalance. (Dies gilt unter dem Vorbehalt, daß die meisten Reiche ein Zusammenschluß verschiedener Länder waren, weshalb innerhalb ein und derselben Grenze mehr als eine Verfassung gelten konnte.) Dieses Prinzip war keineswegs demokratisch – demokratische Ideen spielten während des 17. Jahrhunderts überhaupt eine kleine Rolle –, sondern beruhte in der Regel darauf, daß die Aristokratie die Herrschaft auf verschiedene Art und Weise mit dem Monarchen teilte, während gleichzeitig Bürger, Geistlichkeit und andere Mittelschichten einen gewissen, wenngleich unsicheren Einfluß bekamen. Dieser Einfluß wurde über die Ständeversammlungen und Parlamente ausgeübt, die es in den meisten Ländern Europas gab und die vor allem auf die Besteuerung einwirken konnten. Überall, außer in Schweden und der Schweiz und einigen kleineren süddeutschen Ländern, wurden die Bauern aus diesen Organen herausgehalten. (Daß die große Mehrzahl der Bevölkerung in diesen Versammlungen keinen Platz erhielt, wurde damit begründet, daß sie durch ihre Herren vertreten seien.) Für den König oder die Königin und ihr Handeln bedeutete dies häufig, mit, gegen, über, unter und an diesen beiden politischen Gravitationszentren, der Aristokratie und den Ständen, vorbeizumanövrieren, die ihrerseits oft gegeneinander agierten.

Diese Herrschaftsform wurde *monarchia mixta*, gemischte Monarchie genannt, und sie war zu diesem Zeitpunkt unter anderem in Schweden zu beobachten. Dort gab es einen Vorschlag für eine neue Regierungsform von 1634, ein merkwürdiges Dokument, das auf eine Neuverteilung von Macht und Rechten zwischen den drei Größen König, aristokratischer Rat und Reichstag abzielte. Die schwedische Aristokratie mit Axel Oxenstierna hatte den Vorschlag ausgearbeitet, und sie war es auch, die am meisten dabei gewinnen konnte. In einer solchen *monarchia mixta* hatte die Aristokratie die Funktion von *Ephoren*, also einer kleinen Gruppe von hochgestellten Personen, die die Macht des Königs teilten und außerdem theoretisch eine ständige Rechtskontrolle über den Monarchen ausübten. Viele Nichtadlige in Schweden waren dieser Herrschaftsform gegenüber jedoch feindlich eingestellt. Weil sie der Aristokratie ein so großes Mitspracherecht einräumte, befürchteten sie, daß es über kurz oder lang damit enden könnte, daß das Reich zur reinen Adelsrepublik wurde – beispielsweise von der Art, wie sie in dem von Landjunkern und Magnaten regierten Polen zu sehen war. Christina war minderjährig, und das Reich wurde von ihren Vormündern im Rat regiert, und viele befürchteten, daß diese Regelung auch nach der Mündigerklärung der Königin bestehen bliebe und daß sie dann, wie der Doge in Venedig, ein politisches Aushängeschild sein werde. Und hatte nicht Axel Oxenstierna selbst in einem Gespräch mit einem französischen Diplomaten Schweden als *état aristocratique* bezeichnet?

In Dänemark war die Situation ähnlich, aber nur vordergründig. Der König und der hochadelige Reichsrat teilten die Macht über das Reich. Ein großer und wichtiger Unterschied zwischen den beiden Staaten lag im Verhältnis der Aristokratie zum Staat. Früher war der Staat eine unbedeutende Größe gewesen, ein kleiner Auswuchs an des Königs eigenem Haushalt – es war ja noch nicht so lange her, daß Gustav Vasa einen nicht unbedeutenden Teil der staatlichen Administration selbst besorgen mußte, einschließlich des Schreibens von Briefen –, aber überall in Europa wuchsen nun die Staatsapparate in atemberaubendem Tempo, vor allem, weil praktisch nur der Staat die enormen wirtschaftlichen, technischen und administrativen Anforderungen, die die neuen Großkriege stellten, bewältigen konnte. Diesen Trend zur Zentralisierung fürchteten vor allem die alten Eliten, denen es vielerorts gelungen war, bedeutende politische, wirtschaftliche und religiöse Freiheiten für sich selbst zu erwirken, die nun, wie sie mit einem gewissen Recht annahmen, durch den neuen Staat bedroht waren. Die Krise, die den Kontinent heimsuchte, war in nicht unbedeutendem Maß politisch und ideologisch und vom starken Staat hervorgebracht. Genauso wie zeitgenössische Gelehrte von Galilei bis Descartes das alte Weltbild in Frage gestellt hatten, hatte das Heraufkommen des neuen Staats, der ebenso geldhungrig wie kraftvoll war, den Boden unter mehreren traditionellen Machtzentren ins Schwanken gebracht, von den Kirchen über verschiedene regionale Gremien bis hinunter zu den gemeinschaftlichen Institutionen der Bauern in den Dörfern. In dieser Stimmung von Ungewißheit und Angst, da alte Weltbilder in sich zusammenfielen und neue noch nicht an ihre Stelle hatten treten können, da alte Quellen von Mündigkeit und Einfluß versiegt und neue noch nicht entsprungen waren, wurden Fragen nach Macht und Autorität immer wichtiger. (Wem war erlaubt, was zu tun, und warum? Woher kam wirkliche Autorität? Und wie entstand sie?) Eine Gruppe, die nachdrücklicher als viele andere diese Fragen stellte, während sie gleichzeitig von der Entwicklung, die diese aufkommen ließ, ebenso erschüttert wurde, war also der Adel. In allen europäischen Ländern leistete die Aristokratie heftigen Widerstand gegen die Ausweitung des Staats und die damit einhergehende Vermehrung der königlichen Machtfülle. Dieser Zweikampf zwischen Hochadel und Staat hatte in Schweden im Jahr 1600 mit dem sogenannten Blutbad von Linköping seinen Höhepunkt erreicht, als eine Anzahl hoher Ratsherren, die sich gegen Herzog Karl, den Vorgänger Gustav Adolfs II., gestellt hatten – unter ihnen Johan Banérs Vater –, auf einem Podest auf dem Eisenmarkt in dieser Stadt enthauptet wurde. Nach Gustav Adolfs Thronbesteigung war diesem Ereignis jedoch ein merkwürdiger historischer Kompromiß zwischen der Königsmacht und dem Adel des Reichs gefolgt. Stark vereinfacht, läßt er sich so beschreiben, daß der Adel versprach, seine Kräfte in den Dienst des Thrones zu stellen, und der König als Gegenleistung die Privilegien des Adels stärkte und dessen herausgehobene gesellschaftliche Stellung sicherte.

Dieser Kompromiß gab der schwedischen Königsmacht einen großen Vorsprung bei der Errichtung eines starken und zentralisierten Staates. Der Vorteil war so groß, daß er in mehrfacher Hinsicht die dänische militärstrategische und wirtschaftliche Überlegenheit aufwog. (Dies wurde noch deutlicher, als später die immer schlechteren Konjunkturen in Europa die Preise fallen ließen, zunächst für Getreide, danach für Vieh. Ungefähr zur gleichen Zeit war auch klar geworden, daß die großangelegten dänischen Anstrengungen zur Errichtung von Manufakturen und Handelskompanien aufs Ganze gesehen keinerlei Ergebnis zeitigten, während die entsprechenden schwedischen Bemühungen nach und nach ansehnliche Resultate aufwiesen.) Wahrscheinlich war dies der Punkt, von dem an die Entwicklungen auseinanderliefen und wo der sichere Verlierer plötzlich eine Chance bekam, den sicheren Gewinner zu schlagen, und eine neue scheinbare sogenannte Unausweichlichkeit nahm Gestalt an.

Ein vergleichbarer Kompromiß war nämlich in Dänemark nicht geschlossen worden. Das Tauziehen zwischen Aristokratie und Krone war in den vierziger Jahren noch in vollem Gang. Der dänische König Christian IV. zog in die eine Richtung, sein Reichsrat in eine andere. Christian neigte unter anderem stärker zu außenpolitischen Abenteuern als seine vorsichtigen Ratsherren, die vollauf damit zufrieden waren, auf ihren riesigen Gütern zu sitzen und in aller Ruhe die Gesichter der Bauern noch etwas tiefer in den Modder der Leibeigenschaft zu pressen. So wurde beispielsweise der Angriff auf Schweden 1611 gegen ihren Willen und gegen ihre Stimme geführt. Auch wenn sie wie die meisten anderen Dänen in führender Stellung Schwedens Selbständigkeit 1523 nie anerkannt hatten, hielten sie doch das nördliche Nachbarland für so erbärmlich arm, daß eine Rückeroberung das reine Verlustgeschäft werden mußte. Sie hatten sich auch entschieden König Christians ungeschicktem Eingreifen in den deutschen Krieg 1627 widersetzt. All dies bedeutete, daß immer wieder lähmender politischer Stillstand eintrat. Christian hatte nach dem Scheitern in Deutschland an Autorität verloren. Es wurde auch nicht besser dadurch, daß seine Gemahlin ihn öffentlich mit einem deutschen Offizier betrog, weshalb sich der König immer häufiger in Feste, Saufereien und erotische Eskapaden flüchtete. Ein englischer Diplomat klagte, das einzige, was der König tue, sei, »den ganzen Tag zu trinken und jede Nacht mit einer Hure zu schlafen«. Wenn der König nüchtern war, tat er, was er konnte, um sich von dem aristokratischen Rat freizumachen, vor allem, indem er sich wirtschaftlich von ihm unabhängig machte. Dies gelang ihm auch recht gut, nicht zuletzt aufgrund des Öresundzolls, über dessen reichen Strom er, wie gesagt, nach eigenem Gutdünken verfügte. Dort draußen im Öresund war sozusagen ein Zapfhahn für königliche Souveränität, den man bei Bedarf nur aufzudrehen brauchte. Christian war in vieler Hinsicht ein guter Monarch, aber viele seiner Pläne, Ideen und großartigen Projekte verschlangen horrende Summen, und als das Defizit in den Geschäften der dänischen Krone gegen Ende der dreißiger Jahre des 17. Jahrhunderts anwuchs, begann er unbekümmert, den Zollhahn aufzudrehen. Der Schiffszoll wurde um ein Viertel erhöht, viele Warenzölle wurden verdoppelt, ja, in manchen Fällen vervierfacht, und schließlich wurde sogar ein Sonderzoll von 1 Prozent des Werts aller Waren eingeführt. Binnen zwei Jahren stiegen die Zolleinnahmen der dänischen Krone zu König Christians unverhohlenem Entzücken um mehr als das Doppelte, von 230 000 auf 600 000 Reichstaler.

Aber Christians Politik war kurzsichtig. Denn auch wenn die Zollabgaben außer ihrer Üppigkeit den großen Vorteil hatten, daß sie angehoben werden konnten, ohne daß der König sich dem Murren der Einwohner des Reiches aussetzte, reizten diese Erhöhungen Holländer und Schweden, die zusammen den Löwenanteil an der Schiffahrt durch den Sund hatten, bis aufs Blut. Schwedischen Schiffen war zwar im Zusammenhang mit dem Friedensschluß 1613 Zollbefreiung gewährt worden, doch hatten die Dänen dieses Recht Schritt für Schritt wieder eingeschränkt. Als die schwedischen Truppen in dem miserablen Jahr 1637 bedrängt waren wie nie zuvor, hatte Christian die Gelegenheit wahrgenommen, jeglichen Transport von Soldaten und Kriegsmaterial durch den Sund zu verbieten. Dies war natürlich ein schwerer Rückschlag für Schwedens Waffenfabrikanten mit Louis de Geer an der Spitze. Das Verbot drohte aus erklärlichen Gründen einen Großteil ihres profitablen Verkaufs von Kanonen und anderem Kriegsgerät an verschiedene Käufer in Westeuropa lahmzulegen, und das konnten sie nicht hinnehmen. Die Irritation unter Reedern, Kaufleuten und anderen steigerte sich noch weiter, als die Dänen gegen Ende der dreißiger Jahre verschärfte Kontrollen aus- und einlaufender Schiffe einführten. Sinn und Zweck der regelmäßig und zuweilen brutal durchgeführten Visitationen war, die um sich greifende Mogelei zu unterbinden – unter anderem kam es vor, daß gerissene Holländer schwedische Seepässe benutzten, um den Zoll zu sparen –, aber die Zöllner ließen ein beträchtliches Maß an Willkür walten, und auch unschuldige Schiffer wurden mißhandelt oder mußten mitansehen, wie ihre Ladung beschlagnahmt wurde.

Die Zolleintreibung im Öresund war schlimm genug, aber dazu kam die jahrhundertealte Rivalität zwischen Dänemark und Schweden um die Herrschaft über die Ostsee. Die Frage war zu diesem Zeitpunkt, am Beginn der vierziger Jahre, keineswegs entschieden. Herrscher beider Länder hegten Träume in dieser Richtung, und der einzige Unterschied zwischen ihnen bestand darin, daß die Schweden trotz ihrer schlechteren Voraussetzungen erfolgreicher gewesen waren. Den Mitgliedern des Rats in Stockholm war wie den Generationen vor ihnen eingeimpft worden, daß die große Bedrohung aus dem Süden kam. Dort saß der Erbfeind, dort saß der Jüte: das Blutbad von Stockholm, Christian der Tyrann, Älvsborgs Auslösung und dergleichen. Für viele von ihnen wie Axel Oxenstierna war die Erinnerung an den Überfall 1611 und den nachfolgenden Frieden eine Wunde, die nie richtig verheilen wollte – und die man nie verheilen ließ. Viele hatten seitdem immer wieder betont, ein neuer Krieg mit Dänemark sei auf die Dauer unvermeidbar. Und nichts macht ein Ereignis unvermeidbarer als die Vorstellung, daß es eben dies sei. Denn obwohl ein solcher Krieg nicht ausgebrochen war, bestand das Gefühl der Bedrohung nach wie vor. Es saß wie ein Geruch in den Wänden, wie der Haß, die Irritation und die bösen Erinnerungen. König Christian tat auch sein Bestes, um die schwedische Paranoia am Leben zu erhalten – keiner der beteiligten Machthaber war bei diesem zynischen Spiel ohne Schuld. Ein übers andere Mal während des sich hinziehenden Krieges in Deutschland hatte er sich eingemischt, konspiriert, obstruiert, unterminiert, sabotiert. Es schreckte ihn nämlich, daß der arme Vetter im Norden auf der weltpolitischen Bühne eine so gefeierte Position erreicht hatte, und er ließ nie davon ab, auf Mittel und Wege zu sinnen, diesen höchst bedauerlichen Zustand zu korrigieren.

Es steht fest, daß Christian in provokativer Manier agierte. Das erkannte auch sein vorsichtiger Rat und warnte ihn vor den Folgen, falls er den Schweden zu hart zusetze. Der dänische König spielte mit hohem Einsatz. Seit dem letzten Zusammenstoß zwischen 1611 und 1613 hatten die Schweden mehrere Kriege gewonnen, und ihre militärische Schlagkraft war stark angewachsen. Dies hatte dazu geführt, daß die Mächtigen in Stockholm wie erfolgreiche Raufbolde nicht mehr lange zögerten, die Fäuste zu gebrauchen, wenn sie meinten, einem unerträglichen Affront ausgesetzt zu sein – einem wirklichen oder eingebildeten. Doch Christian kam zu der nüchternen Einschätzung, daß die Schweden von dem deutschen Abenteuer allzusehr in Anspruch genommen waren, um es zu wagen, sich auf ein weiteres einzulassen. Das war ja logisch. Doch die schwedischen Machthaber dachten leider nicht ganz logisch. Sie saßen statt dessen mit geballten Fäusten da und häuften die dänischen Kränkungen an. Dann kam das Frühjahr 1643. Zuerst leitete Christians Flotte eine Blockade Hamburgs ein, auf dessen Hafen er Anspruch erhob. Dann ankerten einige dänische Kriegsschiffe vor der pommerschen Küste und begannen schamlos, Zoll von schwedischen Schiffen einzutreiben, die auf dem Weg nach Stralsund und Greifswald waren. Dann kam ein Bericht von einem schwedischen Agenten in Helsingør, der mitteilte, daß Christian seine Flotte aufrüste. Dann konnte der Rat feststellen, daß Männer in dänischem Sold Agitation unter schwedischen Bauern im Grenzland betrieben. Danach streckte Christian Fühler zum Kaiser, zum Zaren und zum König von Polen aus, um zu sondieren, ob sie vielleicht an einer gegen Schweden gerichteten Allianz interessiert seien. Da platzte den Ratsherren in Stockholm der Kragen. Nach langen Überlegungen im Ratssaal des Stockholmer Schlosses Anfang Mai 1643, bei denen die blasse 16jährige Königin Christina mit den großen Augen und der großen Nase zum erstenmal anwesend war, beschlossen sie, sich laut und vernehmlich bei Christian zu beschweren und, falls dies nicht das gewünschte Ergebnis brachte – was niemand glaubte –, unverzüglich zum Angriff überzugehen. In ihren Augen war die Gelegenheit auch rein strategisch günstig: Der

Feldzug des voraufgegangenen Jahres in Deutschland war eine Enttäuschung gewesen, und wenn schon dort unten kein entscheidender Durchbruch in Sicht war, warum die teure Armee nicht zu etwas Gewinnbringenderem einsetzen?

Axel Oxenstierna schrieb wenig später an seinen Sohn, der sich in Osnabrück befand, um die anberaumten Friedensverhandlungen mit dem Kaiser zu führen: »Es hat jetzt über viele Jahre in dieser Weise im Kessel gebrodelt und ist in diesem vergangenen so weit übergekocht, daß es nun zur Entscheidung für einen Krieg zwischen uns und Dänemark gekommen ist.«

2. Blitzkrieg im Norden

Der verspätete Kurier. – Ein frühneuzeitlicher Blitzkrieg. – Über den Postgang. – Verspätungen, Finten und Verwirrung. – Torstensson überschreitet die Grenze. – Panik in Dänemark. – Erik wird Zeuge der Erstürmung von Christianspris. – Der Einfall in Jütland. – Die Bauern leisten Widerstand. – ›Wir kriegen den Dänen nie besser als jetzt‹.

Am 23. September 1643 traf ein schwedischer Kurier auf Schloß Eulenburg im nördlichen Mähren, dem Hauptquartier Lennart Torstenssons, ein. Er hatte Stockholm Mitte Juni verlassen, um mit dem Oberbefehlshaber der schwedischen Armee Kontakt aufzunehmen, eine Reise, die im Normalfall zwischen vier und sechs Wochen beanspruchte. Die Gebirgswege zwischen Schlesien und Mähren waren jedoch wegen kaiserlicher Streifkorps ungewöhnlich unsicher, und eine Zeitlang hatte der Kurier, ein Mann namens Jakob Törnesköld, in Oppeln eingeschlossen gesessen. Deshalb brauchte er drei Monate, um die Strecke zurückzulegen.

Der Kurier trug keine Briefe oder Dokumente bei sich. Der Rat hatte vom ersten Augenblick an beschlossen, mit der äußersten Vorsicht und unter größtmöglicher Geheimhaltung zu agieren. Denn um eine maximale Wirkung zu erreichen, sollte der Überfall auf Dänemark am besten als eine totale Überraschung kommen. Die Instruktionen an Torstensson waren deshalb von Axel Oxenstierna selbst geschrieben und anschließend chiffriert worden. Im schwedischen Heer und in der Verwaltung benutzte man einen Ziffernkode, der die Mitteilung als eine Mischung von unschuldigen Phrasen und langen Nummernserien erscheinen ließ, deren Ziffern für ganze Wörter oder einzelne Buchstaben stehen konnten. Eine solche Mitteilung konnte folgendermaßen aussehen: »Eure Exzellenz. 163. 184. 62. 31. 72. 92. 248. 285. 277. 1140. 267. 135. 112. 92. 120. 1156. 320. 139. 306. 1548. 268. 248. ...« und so weiter. Der

Kurier hatte dann die ganze Mitteilung Ziffer für Ziffer auswendig gelernt, und endlich angekommen, stand er vor Torstensson und ratterte wie eine Maschine diesen numerischen Galimathias herunter.

Nachdem die Mitteilung dechiffriert war, war es leicht zu verstehen, warum man in Stockholm alles getan hatte, damit sie nicht in die falschen Hände geriet. Sie enthielt nämlich in stark komprimierter Form den gesamten schwedischen Kriegsplan.

Der von dem Kurier übermittelte Plan war abenteuerlich, was die Ausführung, und kühn, was das Ziel anbelangte. Wenn man in dieser Zeit große kriegerische Unternehmungen vorbereitete, waren sie im allgemeinen von großer Vorsicht und bedeutender Langsamkeit geprägt. Es ging darum, mit Manövern, Belagerungen und durch Aushungern den Gegner in die Knie zu zwingen. Was sich der Rat in Stockholm nun gegen die Dänen ausgedacht hatte, war nichts Geringeres als ein frühneuzeitlicher Blitzkrieg. Dem Jüten sollte mit einem einzigen brutalen Schlag das Genick gebrochen werden. Es mußte auch schnell gehen, denn am liebsten sollte die schwedische Hauptarmee zum Frühjahr wieder zurück in Deutschland sein, bevor die Kaiserlichen das militärische Vakuum, das ein schwedischer Marsch nach Dänemark hinterlassen würde, ausnutzen konnten und bevor die Franzosen – die den Schweden große Summen bezahlten, damit sie den Kaiser bekriegten – allzu viele peinliche Fragen stellen konnten.

Der Angriff sollte überraschend kommen und an drei Stellen angesetzt werden. Den ersten Angriffskeil sollte die Hauptarmee unter Torstensson bilden. Der Feldmarschall sollte alle größeren Operationen in Deutschland abbrechen und das Heer in guter Verfassung halten, um auf den Herbst hin zur Ostseeküste zu marschieren, die Grenze nach Holstein und Jütland zu überschreiten und dort ins Winterlager zu gehen. Alle, die Widerstand leisteten, seien sie Deutsche oder Dänen, sollten über den Haufen gerannt werden. (Wenn er gefragt wurde, auf wessen Befehl er dies alles tue, sollte er antworten, daß die Not ihn zwinge, für seine Verbände Quartiere zu beschaffen.) Nachdem er sich der jütischen Halbinsel bemächtigt hätte, sollte er den kleinen Belt überqueren und Fünen einnehmen. Der zweite Angriffskeil sollte aus einer Abteilung von einigen tausend Mann bestehen, die aus Pommern kämen. Sie sollten an der Südspitze Seelands an Land gehen, die wichtige Festung Vordingborg einnehmen und sich danach rasch nach Kopenhagen wenden. In der dänischen Hauptstadt würden sie mit dem dritten Angriffskeil zusammentreffen. Dieser sollte aus einer Armee bestehen, die von Småland aus im Handumdrehen Schonen überrennen sollte, um zum Abschluß den Sund hinüber nach Seeland zu überqueren, wo sie die Gruppe aus Pommern treffen würde.

Der Plan war gewagt und bewegte sich an der Grenze zur Frechheit. Er enthielt allerdings einige Unwägbarkeiten. Die eine war die dänische Flotte. Das dänische Heer war sehr schwach, und es war nicht zu erwarten, daß es einem überraschenden Angriff von drei verschiedenen Seiten würde standhalten können. Anders war es mit der dänischen Flotte. Christian hatte viel Energie und noch mehr Geld in ihren Aufbau gesteckt, und sie hatte einen imponierenden Umfang erreicht. Wer ganz Dänemark erobern wollte, mußte die Gewässer überqueren, die die Inseln voneinander trennten. Die Herrschaft über das Meer war deshalb von entscheidender Bedeutung. Doch der Rat hegte große Hoffnungen, die verstimmten Holländer mit in den Krieg locken zu können, und wenn das Gewimmel ihrer kanonengespickten Fleuten von der Nordsee hereingesegelt käme, sollte das ausreichen, um die Chancen zum Nachteil der Dänen zu verändern. Eine andere Unwägbarkeit betraf die Frage, inwieweit es tatsächlich möglich war, gleichzeitig an drei Fronten loszuschlagen. Die Crux war die Verständigung.

Alle Befehle mußten per Post versandt werden, und das konnte zuweilen quälend lange dauern, besonders in Kriegszeiten. Ein gutes Postwesen zur Verfügung zu haben war von entscheidender Bedeutung für die Machthaber, die Diplomaten und die Kaufleute dieser Zeit. Während des Mittelalters gab es für den, der Briefe versenden wollte, keine feste Regelung, sondern man gab sie ganz einfach einem Reisenden mit, der zu der gewünschten Adresse unterwegs war. Diese Methode war jedoch extrem langsam und betrüblich unsicher. Es kam vor, daß hochgestellte Personen Kuriere benutzten, doch viele von diesen reisten zu Fuß aufgrund der einfachen Tatsache, daß Pferde über eine längere Strecke kein hohes Tempo halten können. Die Beförderung von Briefen und Nachrichten auf dem Landwege wurde jedoch zu Anfang des 17. Jahrhunderts effektiver. Auch diese Entwicklung hing mit der Entstehung des neuen zentralisierten Staates zusammen, der die Tyrannei der Entfernungen und die soziale und wirtschaftliche Isolierung, die bis dahin in Europa die Regel waren, aufzubrechen begann. Pioniere auf diesem Gebiet waren italienische Kaufleute, die für ihre Geschäfte ein System von festen Routen mit Stationen einrichteten, wo die Kuriere die Pferde wechseln konnten. Später wurde das System dahingehend entwickelt, daß man an diesen festen Stationen sowohl Pferde als auch Reiter wechselte, und Briefe, die mit dieser Stafette geschickt wurden, konnten ohne größere Probleme mit dem schwindelerregenden Tempo von bis zu 15 Kilometern in der Stunde vorankommen. Diese Routen waren indessen teuer, und es waren deshalb nur die Könige, die sie sich in größerem Umfang leisten konnten. Es ist schwer, die Bedeutung zu überschätzen, die der immer schnellere und immer sicherere Postgang für die Fürsten und ihre Machtausübung hatte. Sie bekamen nun in kurzer Zeit Berichte über das, was draußen im Land geschah, und konnten mit einer bis dahin unbekannten Schnelligkeit darauf reagieren. Die breite Kluft in Zeit und Raum zwischen den Regierten und den Regierenden wurde ein wenig schmaler, und die Zentralmacht wurde für ihre Untertanen ein wenig greifbarer.

Seit dem Beginn des deutschen Krieges hatte sich das schwedische Postwesen rasch entwickelt. Feste Postverbindungen mit dem Ausland wurden eingerichtet, und wenn auch die meisten Sendungen, die über sie befördert wurden, staatlich waren, befand sich doch immer der eine oder andere Privatbrief darunter. Die große Refom auf diesem Gebiet kam mit der Postordnung des Jahres 1636. Bestimmte Personen, die an den Hauptstraßen wohnten, übernahmen es gegen Steuerbefreiung, Briefe, die bei ihnen eintrafen, weiterzubefördern. Diese vereidigten »Postbauern« auf dem Land, die 20 bis 30 Kilometer auseinanderwohnten, wurden dann mit besonderen Postverwaltern in den Städten verknüpft, die dies meistens als Nebentätigkeit ausübten und das Porto, das an sie bezahlt wurde, als Lohn behalten durften. (Zunächst war das Porto für private Briefe gleich, ungeachtet der Strecke, aber bald wurden gestaffelte Entgelte eingeführt. Ein Brief von Stockholm nach Uppsala kostete in diesen Jahren 1 Öre, nach Torneå im Norden oder nach Hamburg 10 Öre, nach Riga 18 Öre, und so weiter.) Alles stand unter der Aufsicht einer zentralen Leitung in Stockholm, oft einer Privatperson, die das Ganze auf der Basis einer Pachtzahlung an den Staat betrieb. Es zeigte sich, daß das System gut funktionierte, und das dünne Netz der Postlinien breitete sich Schritt für Schritt über das Reich und um die Ostsee herum aus. (Gerade angesichts des drohenden Kriegsausbruchs mit Dänemark, als die Regierenden wußten, daß der südliche Weg zum Kontinent demnächst gesperrt würde, sorgte man dafür, daß die Strecke zwischen Piteå und Åbo überbrückt wurde, so daß die Postlinien nun das ganze Reich umspannten.) Aber auch wenn die Bauern sich verpflichteten, die Sendungen mit einer Geschwindigkeit von mindestens 5 Kilometern in der Stunde zu befördern, ging es fast nie nach Plan, und es war häufig schwer vorauszusagen, wie lange ein Brief von einem Ort an einen anderen unterwegs war. Es war nie nur eine Frage der Entfernung. Das Wetter, der Zustand der Wege, die Anzahl der Brücken, Furten und Fährstellen spielten eine Rolle. Oft brauchte eine Postfracht über Land von Stockholm nach Helsingør nur fünf Tage, während man mit bis zu sieben Tagen für eine Sendung zwischen der Hauptstadt und Göteborg rechnete, obwohl die Strecke auf der Landkarte bedeutend kürzer war. Die Verbindungen nach Süden waren auch besser als die nach Norden: wenn ein Brief nicht liegenblieb, bis eine lohnende Anzahl Sendungen zusammengekommen war, konnte er von der Hauptstadt nach Umeå zehn Tage unterwegs sein, und es konnte bis zu vierundzwanzig Tage dauern, bevor er einen Adressaten in Uleåborg (Finnland) erreichte. (Nicht einmal in den am besten versorgten Orten ging die Post jeden Tag ab.) Deshalb ist es nicht verwunderlich, daß der alte Brauch, seine Briefe einem Reisenden mitzugeben, von dem man wußte, daß er zu einem bestimmten Ort wollte, während der gesamten Epoche weiterbestand.

Die Unsicherheit des Postverkehrs war also groß, besonders was Sendungen ins Ausland betraf. Es war keineswegs ungewöhnlich, daß Briefe verschwanden oder geöffnet ankamen. (Dies führte dazu, daß auch Leute, die einfache Privatbriefe schrieben, zuweilen in ihren Briefen Kodes, Decknamen und Chiffren verwendeten.) Aber im Vergleich mit der Unordnung, die früher geherrscht hatte, war die neue Ordnung verblüffend schnell und effektiv. In den zentralen Teilen Schwedens konnte man damit rechnen, innerhalb einer Woche nach Absenden eines Briefes eine Antwort zu bekommen. Das Problem war lediglich, daß es am schlechtesten funktionierte, wenn es am dringendsten gebraucht wurde, das heißt, in Krisen und Notlagen. So hatte es wie gesagt über drei Monate gedauert, bevor der Angriffsbefehl Torstensson erreichte. Es gab mit anderen Worten noch eine erhebliche zeitliche Verzögerung zwischen den verschiedenen Teilen der Kriegsmaschinerie. Der Rat versuchte, einen Krieg auf eine Weise fernzusteuern, die eigentlich nicht möglich war, denn oft wußte man in Stockholm nicht einmal, wo die schwedische Armee sich befand, und noch weniger, was sie tat.

Kein Wunder also, daß es auf der Stelle Schwierigkeiten gab.

Als Torstensson Ende September seinen verspäteten Befehl erhielt, brach er ohne ein Wort der Erklärung sogleich sämtliche Operationen ab. Das schwedische Heer wurde nach Norden und zur Küste in Bewegung gesetzt, und weder seine eigenen Soldaten noch seine Gegner verstanden, warum. Der rasche Rückmarsch wurde mit einer Wolke von Gerüchten und gezielten Falschmeldungen umgeben. Der kaiserliche Befehlshaber, zum Glück der Schweden war es der alte »Heerverderber« Gallas, durfte ein Waffenstillstandsangebot von den Schweden entgegennehmen, und Torstensson selbst gab an, man sei auf dem Weg in das von Krockow überfallene Pommern, um diesen daran zu hindern, Verstärkungen zu erhalten. Als man Anfang November die Nachricht erhielt, daß das fragliche kaiserliche Korps sich aus dem Staub gemacht hatte, wurden Andeutungen ausgestreut, das ganze schwedische Heer sei eigentlich auf dem Weg nach Bayern – das Gerücht löste dort nahezu Panik aus, und in aller Eile aufgebotene bayerische Bauern wurden eingesetzt, um alle großen Straßen und Pässe mit Barrikaden zu sperren. Einige Zeit danach, als die langen Kolonnen von Menschen, Wagen und Tieren statt dessen schnell nach Nordwesten abbogen, wurde verlautbart, man beabsichtige, nördlich der Elbe Winterquartiere zu beziehen. Zu diesem Zeitpunkt hatte der verwirrte Gallas es aufgegeben, das schwedische Heer auf seinem unbegreiflichen, aber willkommenen Zug nach Norden zu beschatten, und seine mitgenommenen Truppen bezogen erfreut ihre Winterquartiere.

Währenddessen spielte die Verzögerung in der Kommunikation den Schweden einen Streich nach dem anderen. Mitte Juli hatte der Rat in Stockholm gehört, daß Torstenssons Heer in Mähren erfolgreich war, weshalb sie ihm eine neue, etwas geänderte Order sandten, in der ihm befohlen wurde, in den kaiserlichen Erblanden zu bleiben und erst zum Winter hin nach Norden zu marschieren. Als dieser neue Befehl die Hauptarmee erreichte, hatte sie sich aus diesen Gebieten bereits zurückgezogen und war in vollem Marsch Richtung Dänemark! Die Nervenanspannung in Stockholm wuchs, denn noch Anfang November hatte man nichts von Torstensson gehört. Man wußte nur, daß seine Armee sich aus Schlesien zurückgezogen hatte, aber man hatte keine Ahnung, warum. Befolgte er nur einen Befehl – also den ersten –, oder war er vielleicht geschlagen worden? Die Ungewißheit darüber, wo Torstenssons Armee war und was sie zu tun beabsichtigte, hatte zur Folge, daß Axel Oxenstierna und die anderen im Rat aus Furcht, ihre Pläne zu verraten, zuerst nicht wagten, die Vorbereitungen in Gang zu setzen, die nötig waren, um den zweiten Teil des Plans umzusetzen (also den Einfall von Småland nach Schonen). Der Rat in Stockholm war ratlos. Aufgrund des schlechten Kontakts mit Torstensson wußte man nicht, ob der Krieg im bevorstehenden Winter ausbrechen oder ob er sich bis zum Sommer verzögern würde. Schließlich konnten sie nicht länger warten und leiteten die verspäteten Vorbereitungen in die Wege: Truppen wurden in die südlichen Grenzregionen entsandt, Geldsteuern von den Bauern eingezogen, Beamte der Krone begannen, große Vorräte von Getreide und Heu einzukaufen, und der Reichsforstmeister erhielt den Befehl, gute Schützen für die Verteidigung des Reiches zu sammeln. Aber wo befand sich Torstenssons Armee? War immer noch Zeit für einen koordinierten Angriff?

Am 6. Dezember erreichte die schwedische Hauptarmee Havelberg, einen Ort in Brandenburg, rund 150 Kilometer von der Küste entfernt. Nun mußte Torstensson seinen verwirrten Offizieren reinen Wein einschenken. Bei einem Treffen der höheren Offiziere erklärte er, er beabsichtige, nach Holstein zu marschieren. Das Land war seit der Besetzung durch Wallensteins Heer 1629 vom Krieg nicht berührt worden, so daß sie sich alle auf gute Quartiere und fette Beute freuen konnten. Die Mannschaften waren nach den langen Gewaltmärschen ausgelaugt, die Infanterie war schlecht gekleidet und ohne gute Schuhe, viele Reiter besaßen kein eigenes Pferd, und die Zugtiere der Artillerie waren verbraucht und am Ende ihrer Kräfte. Die Erwartung großer Gewinne lockte jedoch mehr, als der Gedanke an weitere Märsche erschreckte. Auf Aufforderung Torstenssons sortierten die Offiziere unnötiges Gepäck aus, und nachdem eine Anzahl von Wagen verbrannt und der Artillerie 500 neue Pferde übergeben waren, machte sich die Armee in Eilmärschen, mit der Kavallerie an der Spitze, auf den Weg. Um das Tempo noch weiter zu beschleunigen und die Versorgung zu erleichtern, teilte Torstensson seine 16 000 Mann in verschiedene Kolonnen auf, die auf parallel verlaufenden Wegen nach Norden marschierten – eine Ordnung, die später für europäische Militärs zur Selbstverständlichkeit wurde, aber damals noch eine neumodische Seltenheit war.

In Dänemark ahnte man nichts von der heraufziehenden Gefahr. Die schwedische Geheimhaltung des Plans war geglückt, und selbst wenn der dänische Minister in Stockholm, der scharfäugige Peter Vibe, den Geruch einer Lunte wahrzunehmen meinte, die irgendwo im Dunkeln brannte, wischten die Regierenden in Kopenhagen seine Besorgnis mit leichter Hand vom Tisch. Christian fühlte sich so sicher, daß er während des Sommers sogar einen Teil seiner Truppen entließ. Es mag einem vorkommen, als hätten sowohl der dänische Rat als auch der König sorgloser als statthaft gehandelt, doch um ihren Beschluß zu begreifen, muß man das Ganze von ihrem mentalen Horizont aus sehen. Die Schweden hatten sich zwar während des Sommers lautstark beschwert, aber es fiel niemandem ein, ihre Proteste als Ultimatum zu betrachten. Und so dumm konnten die Schweden doch nicht sein, daß sie einen neuen Krieg anfingen, während sie noch bis zum Hals in einem anderen steckten? Außerdem lebten die dänischen Machthaber in der Vorstellung, daß Krieg etwas war, das erst nach einer Phase entsprechender Verhandlungen eintrat, der ein Austausch von Drohungen folgte, die schließlich mit einer förmlichen Kriegserklärung abgerundet wurden. Christian war überzeugt davon, daß ein Kriegsausbruch durch eine derartige förmliche Deklaration angekündigt würde – in einem Brief an seinen besorgten Minister in Stockholm schrieb er beruhigend: »... wollen sie nun endlich darauf los, dann hoffe ich, daß sie als Christen uns warnen, bevor sie etwas beginnen« –, und dann konnte man verfahren wie zuvor: die Streitigkeiten aufschieben, indem man ein Treffen an der Grenze anberaumte, um den Zwist auf zivilisierte Art und Weise beizulegen. Er lebte in einer alten Welt, die in Fragen von Krieg und Frieden gemäßigt und geradlinig war. Christian wurde jedoch bald gewahr, daß diese Welt nicht mehr existierte, daß ein neuer Typ von Krieg im Herzen Europas entstanden war, ein Krieg, der sich jeglichen Beschränkungen und Kontrollen entzog und sich unaufhaltsam vorwärtswälzte.

Am 12. Dezember 1643 überschritten schwedische Truppen ohne Vorwarnung oder Kriegserklärung die Grenze nach Holstein. Der Blitzkrieg gegen Dänemark hatte begonnen.

Mitte Dezember 1643 befand sich Erik Jönsson zusammen mit seinem Herrn in Stralsund. Dort erhielten sie »sehr dringende Nachrichten« von Torstensson, worin er mitteilte, er sei »in vollem Marsch auf Holstein« und Rehnskiöld solle ihn dort treffen. Er nahm Erik mit, reiste unverzüglich die Küste entlang und fand den Feldmarschall und den Hauptteil seiner Armee in Kiel. – Dies war Eriks zweiter Krieg, und wieder wurde er Augenzeuge von Kämpfen.

Torstensson hatte allen Grund, zufrieden zu sein, denn die Überraschung war total gewesen. Die dänischen Behörden wußten nicht einmal, daß das schwedische Heer im nordwestlichen Deutschland stand. Das erfuhren sie erst am Tag *nach* dem Einmarsch! Die Furcht vor dem heranstürmenden schwedischen Heer breitete sich sofort über ganz Jütland aus. Die Schreckensbilder von Wallensteins Vorgehen vor sechzehn Jahren nahmen in der Vorstellung der Menschen wieder Gestalt an, und Flüchtlinge strömten in panischer Angst in die befestigten Städte und festen Orte. Der Adel verließ seine Herrenhöfe, und die Bürger flüchteten aus ihren kleinen Marktflecken. Die sozialen Gegensätze in Dänemark waren bereits zugespitzt, und Bürger und Bauern hatten schon früher Christians teure und abenteuerliche Politik bezahlen müssen, während der Adel begünstigt wurde. In der nun plötzlich entstandenen Notlage kochten diese Stimmungen hoch an die Oberfläche. Der Groll des Volks richtete sich gegen die Aristokratie, die dafür verantwortlich gemacht wurde, daß das Reich so schlecht gewappnet war. Als die Nachricht von dem schwedischen Angriff Seeland erreichte, brach in Helsingør ein Tumult aus, und die Leute mißhandelten einen der hohen dänischen Zollbeamten und gaben ihm die Schuld – die Unruhen dort klangen erst ab, nachdem die Behörden Truppen eingesetzt hatten. Auch in Malmö brach der Hader zwischen Adel und Bürgern offen aus. Und im Reich kursierten Geschichten von seltsamen Zeichen und bösen Omina, die die Menschen erblickt hatten: An einer Stelle hatte sich Wasser in Blut verwandelt, und bei einer Schlachtung hatte jemand Kugeln und Pulver in den Eingeweiden eines Tieres gefunden.

Das überrumpelte Holstein wurde binnen kurzem von schwedischen Truppen überschwemmt. Eine Festung nach der anderen fiel ohne einen Schuß. Trittau ergab sich aus freien Stücken, Oldesloe ebenso, Schloß Breitenburg wurde überrascht, und Itzehoe kapitulierte. Alles verlief nach Plan.

Bis hierhin konnte man das Ganze von dänischer Seite als eine grobe Verletzung der Grenzen sehen und daß zutraf, was Torstensson zu den erschrokkenen dänischen Amtspersonen sagte, denen er begegnete, daß er nur gute Winterquartiere suche. Christian selbst wollte nicht glauben, daß die Schweden auf diese ungebührliche Art und Weise einen Krieg begonnen hatten, sondern gehörte zu denen, die hofften, daß es sich nur um umherstreifende einzelne Korps handelte, die auf eigene Faust ins Land eingefallen waren, um Unterhalt zu suchen. Sie standen ja außerdem nur in Holstein, das durch eine Union mit Dänemark verbunden war, aber rein formal als ein Teil des deutschen Reiches betrachtet wurde. Und es hatte auch keine direkten Kämpfe gegeben. Kaum ein Schuß war gefallen.

Eine der Festungen, die sich nicht ergeben hatten, war Christianspris, eine große, sternförmige Schanze rund 10 Kilometer nördlich von Kiel auf der Westseite der Kieler Förde und auf dänischem Territorium gelegen. Die Festung hatte zwar nur eine kleine Besatzung von 50 bis 60 Mann, doch die Anlage war gut mit Artillerie bestückt und lag außerdem auf der Spitze einer Landzunge und war darüber hinaus von der Landseite schwer zu erreichen, da sie von sumpfigem Gelände umgeben war. Wahrscheinlich war es diese gute Lage, die den Befehlshaber von Christianspris, einen Obersten namens Axel Bropp, dazu veranlaßte, kategorisch jede Aufforderung, sich zu ergeben, zurückzuweisen. Torstensson wollte das Ganze aber nicht in die Länge ziehen, und so ließ er in der Nacht auf den 19. Dezember einen Angriff auf die Schanze ausführen. Eine Truppe zog über Land heran, während gleichzeitig eine andere an Bord einiger großer Schiffe ging, die man beschlagnahmt und mit Kanonen bestückt hatte. Die Boote segelten über die Förde, tauchten überraschend aus dem winterlichen Dunkel auf, und die Soldaten konnten auf der schwach befestigten Seeseite der Schanze an Land schwärmen. Erik und sein Hausvater fuhren von Kiel aus mit und beobachteten die Erstürmung.

Was Erik sah, war entschieden dramatischer und schrecklicher als das zähe Ringen in Pommern. Es gibt eine Reihe zeitgenössischer bildlicher Darstellungen von Erstürmungen – Erik zeichnete mindestens eins selbst. Was wir auf ihnen sehen, ist ein zusammenhangloses Chaos von Menschen, die hin und her laufen, von Grölen, Rufen, Schüssen und Schreien, von Gesichtern, die grotesk verzerrt sind von Schmerz und Schrecken, von blitzendem Metall und Feuergarben, von erhobenen Waffen und fallenden Menschen. Etwas in dieser Art fand in der Nacht zum 19. Dezember statt. In dem dichten Nachtdunkel wurden die dänischen Soldaten der Schanze von der überlegenen schwedischen Truppe schnell überwältigt. Vielleicht wollte Torstensson an ihnen ein Exempel statuieren, anderen zur Warnung und Abschreckung – er konnte kalt und rücksichtslos sein –, vielleicht war er der Meinung, die Dänen hätten durch ihre Weigerung, sich zu ergeben, gegen das vorgegebene Schema des Belagerungsrituals verstoßen. Auf jeden Fall wurden sie alle niedergemacht. Der Befehlshaber der Festung, Oberst Bropp, wurde gefangengenommen, und wahrscheinlich war er der einzige Däne, der bei dem Debakel mit dem Leben davonkam. Nachdem die Schweden eine überraschend große Beute einkassiert hatten, die unter anderem aus Artilleriegeschützen, Geld, militärischem Material und allerlei nützlichem Kriegsgerät bestand, tauften sie zufrieden die leichengefüllte Schanze in Christinapris um.

Dänemark 1643

Der dänische Krieg (1643–1644)

Das Gerücht von dem herben Schicksal, das die große Schanze an der Kieler Förde erlitten hatte, verbreitete sich schnell. Einige Tage später, ausgerechnet am Heiligen Abend, »akkomodierte sich« die Festung Rendsburg, ohne daß die Schweden auch nur ihre Belagerungsartillerie vor die Mauern rollen mußten. Die Ereignisse vom 19., die also auf dänischem Boden stattfanden, überzeugten auch die Zweifler davon, daß wirklich Krieg war und daß es außerdem ein Krieg war, der auf die rohe und verwilderte Art geführt wurde, wie sie nunmehr unten in Deutschland gang und gäbe war. (Christian zahlte später mit gleicher Münze zurück. In einem Schreiben gab er Order, alle schwedischen Gefangenen unbesehen ihres Dienstrangs zu erschlagen, um nicht Unterhalt für sie bezahlen zu müssen und um den ausgehobenen Bauernsoldaten »die Lust, bei diesem Handwerk zu bleiben«, auszutreiben.) Die Nachricht, daß die wilden Horden aus dem deutschen Krieg nun wirklich auf dem Weg waren, brachte die Flutwelle der von Entsetzen gepackten dänischen Flüchtlinge erneut in Bewegung. Wer konnte, verließ jetzt Jütland und floh hinüber auf das nahegelegene Fünen, und zahlreiche Adlige packten Frau, Kinder und alles bewegliche Gut auf Boote und ließen sich nach Kopenhagen segeln. Auch dort herrschte großes Entsetzen: Ein Teil der vermögenden Bürger mietete Schiffe und segelte davon, um in Danzig Schutz zu suchen, während andere sich in Hamburg und Lübeck in Sicherheit brachten.

Nachdem die schwedische Armee Herzog Friedrichs III. eine Neutralitätszusage – eine Handlung, die in Kopenhagen ungeheure Verwunderung und Verbitterung hervorrief, weil er dadurch seine Pflicht als Vasall des dänischen Königs verriet und sich statt dessen Schweden annäherte –, eine Anzahl Musketiere sowie eine Kontribution von 100000 Reichstalern abgepreßt hatte, brach sie Anfang Januar auf und stapfte in langen, gewundenen Kolonnen nach Norden in ein winterliches Jütland. Die Dänen schienen wie gelähmt zu sein, denn obwohl die Schweden Tag für Tag weiter nach Norden vorstießen, trafen sie nirgends auf Widerstand. Das war eigentlich kein Wunder. In Dänemark lebte man in mehr als einer Hinsicht noch in der alten europäischen Ordnung. Vor dem 17. Jahrhundert hatte es keine stehenden Armeen von Format gegeben. Wenn ein Fürst sich zum Krieg entschloß, warb er Söldner in gewünschter Zahl an und behielt sie in seinem Dienst, solange der Unfriede währte. Dies war ein Leichtes für den dänischen König, der nicht nur viel Geld, sondern auch den großen Werbemarkt in Deutschland vor der Haustür hatte. Für den Krieg gegen Schweden 1611–1613 und für Christians ziemlich mißglückten Versuch zwischen 1625 und 1629, wie der Löwe aus dem Norden auszusehen, waren Armeen gekauft worden. Nach dem letzten Krieg hatte man die geworbenen Truppen nach gewohntem Brauch entlassen. Der konservative dänische Reichsrat, der König Christian bei dessen Versuchen, einen modernen, zentralisierten Staatsapparat aufzubauen, gerne Knüppel zwischen die Beine warf, hatte seitdem mit großem Erfolg die Bemühungen des Königs, eine stehende Armee aufzustellen, blockiert. Alle Aristokraten in Europa schauderten, wenn ihre Fürsten davon sprachen, ein stehendes Heer zu schaffen, denn sie wußten, daß ein solcher *miles perpetuus* dem Monarchen die Möglichkeit gab, alle anderen politischen Machtzentren im Reich auszuschalten und praktisch die Alleinherrschaft auszuüben. Christian selbst hatte zuvor einen Vorschlag der Städte vom Tisch gewischt, wonach diese sich erboten, eine ausgehobene Armee zur Verteidigung des dänischen Reiches aufzustellen. Als Torstensson mit seinen 16 000 kampfgewohnten Soldaten angezogen kam, stand Dänemark also nahezu wehrlos da. Außer den schwachen Besatzungen in den verschiedenen Festungen gab es in ganz Dänemark nur zwei geworbene Regimenter zu Fuß und vier Kompanien zu Pferd. Das war alles. Diese 5600 Mann waren außerdem über das ganze dänische Reich verstreut, und der Hauptteil von ihnen lag in Schonen. Die schwedischen Machthaber wußten, wie jämmerlich schwach die dänischen Landstreitkräfte waren, und deshalb glaubten sie, daß die Kampagne im Handumdrehen beendet sein würde.

Erst als die schwedische Armee die Gegend von Kolding erreichte – ganz in der Nähe der Stelle, wo der Kleine Belt am schmalsten ist und von wo die Angreifer nach Fünen übersetzen sollten –, stießen sie auf dänische Truppen. Am 9. Januar versuchten 1900 dänische Kavalleristen, ihnen den Weg nach Norden zu versperren, doch hartgesottene schwedische Reiterei ging zum Angriff über und konnte nach kurzem Kampf in der Kälte ihre dänischen Kollegen in die Flucht schlagen. Als das schwedische Heer sich mit hohem Tempo der Stelle näherte, die man für die Überfahrt ausersehen hatte, fand man dort ein befestigtes Lager, das offenbar nicht fertiggebaut war. Torstensson wollte keine Zeit verlieren, und schon am Abend sah man die Mündungsfeuer der schwedischen Artillerie aufblitzen, als sie begann, die Festung zu beschießen.

Sternschnuppe auf Sternschnuppe
ritzte des Himmels dunkelblaues Tuch.

Am 14. Januar, nach einem abschließenden Trommelfeuer, nahm das schwedische Heer in langen, dichten Linien vor den aufgewühlten Erdwällen des Lagers Aufstellung. Als sie in dem fahlen Januarlicht heranmarschierten, sahen sie plötzlich, wie die dänischen Soldaten im Lager ihre Waffen fortwarfen und auf sie zugelaufen kamen. Sie gaben auf. Als man die Gefangenen gezählt hatte, zeigte sich, daß es nicht weniger als 4500 Mann waren sowie eine große Anzahl Pferde. Unter den Gefangenen waren indessen nur rund 1000 geworbene Soldaten – nach gewohntem Brauch wurden sie sofort in das schwedische Heer gesteckt –, während der Rest aufgebotene Bauern waren; nachdem sie »entkleidet« worden waren und man ihnen ein Versprechen abgezwungen hatte, sich fortan aus dem Krieg herauszuhalten, wurden sie freigelassen. Es zeigte sich jedoch, daß die Dänen bereits die höheren Offiziere, an die 1000 teure Söldner, Kanonen und einen Teil der Vorräte nach Fünen hatten hinüberschaffen können.

Währenddessen rückten einige kleinere schwedische Korps weiter zur nördlichen Spitze der Halbinsel vor. Die Gegenwehr war weiterhin lahm, und ein Festungskommandant nach dem anderen öffnete ohne einen Schuß die Tore, wenn die Schweden heranritten. Der größte Teil des Adels war geflohen, und die einzigen, die den Versuch machten, die Invasionstruppen zurückzuschlagen, waren die Bauern, sicherlich nicht so sehr aus Liebe zu König und Vaterland, sondern ganz einfach, weil sie die schmarotzenden Horden bei sich nicht haben wollten. Sie sammelten sich nun in großen Haufen in Nordjütland, aber Abteilungen schwedischer Reiterei fielen wie ein Unwetter über sie her und machten sie nieder. Man kann sich die Szenen vor Augen führen: auf der einen Seite wüste Scharen von Volk, in den einfachen grauen, braunen und schwarzen Kleidern der Bauern, die in ungeordneten Gruppen mit Sensen, Keulen, Äxten und Dreschflegeln in den Händen dastehen; auf der anderen Seite kampferprobte, küraßbewehrte Männer zu Pferde, in geraden, straff geordneten Gliedern mit schweren Radschloßpistolen und in den kalten Wind erhobenen Degen. Die Felder sind leer; die Bäume kahl, ihr rauhreifbedecktes Astwerk hebt sich gegen den düsteren Himmel ab. Die Männer in den Kürassen reiten heran. Zuerst geht es langsam, aber das Tempo wird rasch schneller. Dann brechen sie in den Volkshaufen ein, schießen, stechen, hauen. Es könnte ein Volksauflauf sein, wenn es nicht so schnell ginge und wenn es nicht so blutig wäre. Die meisten der Männer zu Fuß laufen bereits, in alle Richtungen. Zurück bleiben nur einige Bündel, auf dem gefrorenen Boden verstreut; manche bewegen sich unruhig, während auf ihren Kleidern rote Flecken ausschlagen, andere liegen unnatürlich still, während Pferdehufe in dem verfärbten Schnee um sie herum trampeln.

Ein letzter dramatischer Widerstand wurde von einem größen Bauernheer bei Nørre-Sundby, nördlich des zugefrorenen Limfjords aufgeboten. Auch dieses hatte keine Chance gegen die Horden hartgesottener Kriegsknechte zu Pferde, die über sie herfielen, und die Bauernarmee wurde nach einem kurzen Kampf aufgerieben. In dieser Lage hatten die jütländischen Bauern keine andere Wahl, als sich zu ergeben. Ganz Jütland befand sich damit in schwedischer Hand. Eifriges Brandschatzen setzte in diesem Landesteil ein.

Ende Januar herrschte unter den Schweden auf Jütland siegessichere Stimmung. Wenn nur die anderen Heeresabteilungen in Pommern und in Südschweden ebenfalls dem gemeinsamen Plan folgten, würde der alte Erbfeind bald ruiniert sein. In einem Brief an Axel Oxenstierna schrieb Torstensson: »Wir bekommen ihn [den Dänen] nie besser als jetzt, und man muß nun auf allen Seiten das Eisen schmieden, solange es heiß ist.«

Und eines Nachts Anfang Februar 1644 steuerten an die siebzig Boote, bestückt und voll beladen mit schwedischem Fußvolk, hinaus auf das eisiggrüne Wasser des Kleinen Belts. Sie hielten Kurs direkt auf das gegenüberliegende Ufer, das weniger als einen Kilometer entfernt war. Es war Zeit für den Sprung hinüber nach Fünen.

3. Wir lebten vom Tod umgeben

ERIK REIST IN NORDDEUTSCHLAND. – ÜBER DAS REISEN. –
ÜBER DIE WEGE. – ÜBER DIE LANGSAMKEIT. – ZUR FLOTTE NACH RÜGEN. –
CLAES FLEMING. – DIE FLOTTE WIRD UMORGANISIERT. –
LANDUNG AUF FÜNEN. – SCHWEDISCHE PLÜNDERUNGEN. –
›TÜRKEN ODER TATAREN HÄTTEN ES NICHT SCHLIMMER TREIBEN KÖNNEN‹. –
STOCKHOLM ZÖGERT. – HORN MARSCHIERT IN SCHONEN EIN. –
HELSINGBORG FÄLLT. – DIE SCHNAPPHÄHNE. –
DIE DÄNISCHE BLOCKADE VON GÖTEBORG.

Zu diesem Zeitpunkt war Erik Jönsson nicht mehr bei Torstenssons Armee. Er war seinem Herrn nach Pommern zurück gefolgt, um ihm bei der Beschaffung von Unterhalt für die schwedischen Streitkräfte zu helfen. Während einiger hektischer Frühjahrsmonate 1644 reisten die beiden kreuz und quer durch den deutschen Ostseeküstenraum. Zuweilen blieben sie einige Tage in den größeren Städten, während Rehnsköld überwachte, befahl und verhandelte, dann ging es wieder weiter. Das Tempo war bisweilen strapaziös. Nicht selten ritten sie 60 oder 70 Kilometer am Tag, manchmal bis zu 120 – dies in einer Zeit, da eine Strecke von fünfzig Kilometern als reichlich bemessener Tagesmarsch galt.

Erik Jönsson war eine reisende Person geworden. Er sollte einen großen Teil seines Lebens auf den Landstraßen verbringen und wurde mit der Zeit einer der am weitesten gereisten Einwohner des schwedischen Reiches. Wie sah der Alltag auf Reisen im 17. Jahrhundert aus? Sein eigenes Tagebuch teilt darüber nur wenig mit, es enthält zumeist monotone Aufzeichnungen über Übernachtungsorte und die Anzahl der zurückgelegten Meilen.

Wenn wir uns vorstellen wollen, wie er in diesen Monaten oder auch in späteren Perioden ständigen Reisens lebte, müssen wir uns zuerst von unseren modernen Erfahrungen mit schnellen und guten Transportmöglichkeiten freimachen. Das Reisen im 17. Jahrhundert war von Langsamkeit und Ineffektivität geprägt. Von Langsamkeit vor allem. Natürlich konnte es manchmal schnell gehen. Gustav Adolf war seinerzeit dafür bekannt gewesen, hart zu reiten und ungerührt ein Pferd nach dem anderen zuschanden zu jagen; er behauptete, 200 Kilometer am Tag zurücklegen zu können. Es war im Ausnahmefall möglich, 240 Kilometer in 24 Stunden zu reiten, doch zum Preis einer beträchtlichen Anzahl erschöpfter Gasthofpferde. (Eine solche Geschwindigkeit setzte den häufigen Wechsel des Reitpferds voraus.) Dies waren jedoch spektakuläre Ausnahmen in einer Welt, in der gemächliches Reiten das Gegebene war.

Diese Langsamkeit war indessen ein so selbstverständliches Moment im Alltag der Menschen, und sie war es zu allen Zeiten gewesen, daß es zweifelhaft ist, ob man sie überhaupt wahrnahm, ja, ob es sie überhaupt gab. Wahrscheinlich wurde die Langsamkeit erst bewußt wahrgenommen, als die Eisenbahn in das Leben der Menschen einbrach und ihnen erlaubte, sich mit der schwindelerregenden, ja von manchen als krankmachend angesehenen Geschwindigkeit von 40 Kilometern in der Stunde fortzubewegen, was mindestens dreimal so schnell war wie ein Pferdegespann, das von einem heimwehkranken Mann gelenkt wurde. Wahrscheinlich entdeckte man erst da, im Zug sitzend, daß das Vorwärtskommen mit Pferd oder Wagen tatsächlich langsam war. Bis dahin machte man aus der Not eine Tugend, erhob die Gemächlichkeit zur schönen Norm; viele waren der Meinung, daß man still und gemächlich reisen *müsse*, daß Schnelligkeit, soweit sie zu erreichen war, am besten zu vermeiden sei, weil sie unfein und unschicklich war. Eile war nur etwas für Leute, die unter anderer Leute Befehl standen. Sie war das Signum des Dieners. Langsam zu sein war eine Art und Weise zu zeigen, daß man selbst Herr über seine Zeit war.

Die Langsamkeit des Reisens beruhte auf verschiedenen Faktoren. Einer davon waren die Launen der Witterung. Ein Dauerregen konnte binnen kurzem einen schönen Weg in ein unbefahrbares Band braunklebrigen Schlamms verwandeln; ein anderes Mal mußte der Reisende hübsch auf Schnee warten, weil das Reiseziel nur mit dem Schlitten zu erreichen war. Andere Unwägbarkeiten spielten auch hinein. Es dauerte oft länger, im Herbst zu reisen als im Sommer, denn da wurden so viele Pferde auf den Äckern gebraucht. Viele Standespersonen waren außerdem der Ansicht, nicht reisen zu können, wenn es nicht in angemessener Form geschah, will sagen, eingeschlossen in großen, eleganten Kutschen und umgeben von Bergen von Gepäck, hellebardenbewehrten Wachen, Dienern mit Sonnenschirm und Bediensteten in Livree – und dann ging es eben nicht so schnell. (Dies führte zu dem etwas paradoxen Ergebnis, daß viele bedeutende Personen gern inkognito reisten. Das war sicherer in einem Europa, wo die politischen Verwicklungen Legion waren, und gleichzeitig vermied man die hohen Kosten, die ein stilvolles Reisen erforderte.)

Die ausschlaggebende Ursache für die Langsamkeit des Reisens war jedoch der Zustand der Wege. Viele waren nichts weiter als breite und hier und da überwachsene Pfade, die in endlosen Windungen zwischen Baumstämmen und Steinen dahinführten, im Sommer belaubte Tunnel von Licht durch das satte Grün:

Und des Ackerwegs schmales, rotschimmerndes Band
verschwindet in Wäldchen, tritt aus Wäldchen heraus:
Jede Biegung des Wegs ein Mysterium
des Eigenlebens von Farben und Licht.

Man konnte auf ihnen gehen und reiten, aber es war fast unmöglich, sie mit Wagen zu befahren. Für gewöhnliche Sterbliche war dies kein so großes Problem, denn die allermeisten gingen zu Fuß, wenn sie irgendwohin wollten. Wollte man etwas transportieren, nahm man es ganz einfach auf den Rücken, in einem Sack oder einem Tragegestell. Wer so glücklich war, ein Pferd zu besitzen, konnte entweder das Pferd bepacken oder seine Fracht auf einer Schleppbahre transportieren, also auf zwei Stangen, die hinter dem Tier auf dem Boden schleiften. Und für viele dieser Fußgänger, die die holperigen Wege bevölkerten, war eine Karrette oder eine Karosse eine Rarität, die man begaffte, während sie wie ein parfümiertes Märchen aus Farben, Luxus und Silberzierat vorüberzog. (Hatten die Bauern eigene Wagen, waren sie in der Regel klein und grau, von Ochsen, wenn nicht gar von Kühen gezogen und aus irgendeinem Grund meistens von Frauen gefahren.) Daß feine Leute in vielen Ländern es lange Zeit vorzogen, in Sänften zu reisen, lag sicher daran, daß dies bequemer war, als im Wagen zu fahren, zumal die Sänften darüber hinaus an Stellen gebracht werden konnten, die mit einer goldverzierten Karosse nicht erreichbar waren. (Eine Federung in unserem Sinn hatten die Wagen nicht; bei den besten Karretten war die eigentliche Passagierkabine an Lederriemen zwischen den vorderen und hinteren Radpaaren aufgehängt. Das war alles.)

Auch die Landstraßen in Europa, die mit Wagen befahren werden konnten, waren einfach. Sie hatten im allgemeinen weder einen Schotterbelag noch richtige Begrenzungen und bestanden lediglich aus zwei Radspuren, die durch ein Gelände führten, wo die Bäume und die größten Steine aus dem Weg geräumt waren. Einzelne Wege konnten zwar gerade, breit und eben sein, aber die meisten waren kurvig, schmal und ungeebnet. Besonders in der Nähe großer Städte konnten viel benutzte Wege tief ausgehöhlt sein und sich in grabenähnliche Rinnen verwandeln. Manche waren steinig oder sandig, andere matschig oder so schlammig, daß Reisende zuweilen bis zu den Knien im Schlamm waten mußten. An anderen Stellen versperrten Herden munterer Schweine oder anderes Vieh den Weg, und wenn man endlich in die Städte kam, war das

Straßenpflaster nicht selten in so schlechtem Zustand, daß es mehr für Verdruß sorgte, als es von Nutzen war.

Sümpfe und Gewässer konnten fast unüberwindliche Hindernisse für einen Reisenden sein. Auf dem Kontinent gab es hier und da Brücken aus Stein oder Holz, die manchmal eine erhebliche Länge und imponierende Tragfähigkeit hatten. (Diese großen Brücken galten mit Recht als strategische Schlüsselpositionen und wurden gern mit Befestigungen umgeben.) In Schweden waren richtige Brücken allerdings eine Seltenheit. Oft mußte sich der Reisende auf schwankenden Stegen vorantasten oder ganz einfach waten. Wo man nicht waten konnte, gab es Fähren, doch sie standen in dem Ruf, unzuverlässige Wasserfahrzeuge zu sein, und manchmal brauchten sie Stunden, um jemanden über einen Fluß zu befördern.

Der Zustand der Wege wurde jedoch in dieser Epoche im Gefolge der Entstehung des modernen Staats verbessert. Nur dieser verfügte über die Mittel und die Autorität, die nötig waren, um ein einheitliches Wegenetz aufzubauen und instandzuhalten. Schon während des 16. Jahrhunderts konnte man in vielen Ländern Europas ein gesteigertes Interesse an Fragen der Wegehaltung feststellen. Deutsche Fürsten übertrugen den Städten oder einzelnen Gemeinden die Verantwortung für die Instandhaltung der nächsten Wege, und manchmal wurden Leute aufgeboten, die alte Verkehrswege wieder herrichten oder neue bauen mußten. Vieles davon wurde durch Wegezölle bezahlt. Die Wegezölle betrafen in erster Linie den Handelsverkehr, und Pilger, Geistliche und in gewissen Grenzen Postboten konnten frei passieren. Das System hatte jedoch mehrere Nachteile. Häufig meinte jede Person und jede Korporation, die am Bau eines Wegs beteiligt gewesen war, sie habe ein Recht auf die Erhebung eines eigenen Zolls, so daß die Verkehrswege mit Schlagbäumen und Gattern nachgerade gepflastert waren. Abgesehen davon, daß dies das Reisen unnötig teuer und umständlich machte, führte es auch dazu, daß in manchen Gegenden Europas ein sogenannter Wegzwang eingeführt wurde. Dies bedeutete, daß Behörden, die von diesen Zöllen abhängig waren, den Leuten zu verbieten versuchten, andere als ihre eigenen Wege zu benutzen, eine Maßnahme, die das Reisen kaum leichter machte.

Die besten Wege gab es in Frankreich und England. In England begann man während dieses Jahrhunderts sogar, die Landstraßen mit Material wie Kalk, Flintstein und Schlacke zu belegen. An manchen Stellen füllte man die Wege mit Abfall auf, während an anderen, ohne Rücksicht auf antiquarische Pietät, Steine von antiken oder anderen vorzeitlichen Bauten benutzt wurden. Auch in Schweden wurde in dieser Zeit viel getan, um das Reisen über Land zu erleichtern. Die Krone ließ eine Reihe neuer Wege anlegen, organisierte die Instandhaltung der bereits vorhandenen und sorgte außerdem für ein gewisses

Maß an Schutz vor Diebstahl und Überfällen auf diesen Wegen. Die eigentliche Arbeit wurde – wie üblich – kurzerhand einfachen Menschen auferlegt, die für den Zustand der Wege verantwortlich gemacht wurden. Deren Begeisterung hielt sich aus erklärlichen Gründen in Grenzen, was an den unzähligen Notizen der Gerichtsbücher über Streitigkeiten um nicht ausgeführte Straßenbau- und vernachlässigte Instandhaltungsarbeiten abzulesen ist. Doch zumindest die wichtigeren Verkehrsverbindungen wurden während des 17. Jahrhunderts mit allen Mitteln verbessert, und weitaus mehr Wege als zuvor konnten von Reisenden mit Wagen benutzt werden; ausländische Reisende zeigten sich erstaunt darüber, wie gut und eben sie waren. Der englische Diplomat Bulstrode Whitelocke äußerte, kaum ein anderes Land in der Welt habe bessere Wege als Schweden.

Vielleicht beruhte der Widerstand der Bauern zum Teil darauf, daß sie das Fehlen guter Fahrwege nicht als besonderen Mangel empfanden. Kleine Leute hatten eben selten eigene Fahrzeuge, und außerdem wußten sie das Winterhalbjahr für schwere Transporte zu nutzen. In Skandinavien war der Winter zweifellos die beste Jahreszeit für das Reisen über Land. Der Schnee ermöglichte ein bequemes und schnelles Vorankommen auf den Winterwegen, die glatt und weich über zugefrorene Seen und Sümpfe führten, Wege, die zuweilen bis in den April benutzt wurden. (Das einzige Problem bei diesen Winterreisen war, daß das Gehen im tiefen Schnee die Zugtiere schwer belastete.) Und Holz, Kohle, Erz, Teer, alles, was im Sommer nur schwer, wenn überhaupt transportiert werden konnte, ließ sich nun leicht verfrachten. Die Winterwege bekamen dadurch eine außerordentliche Bedeutung für die schwedische Wirtschaft.

Es war gefährlich zu reisen. Bei dem schlechten Zustand der Wege waren Unglücke und Mißgeschicke an der Tagesordnung, wenn man mit dem Wagen unterwegs war. Die Pferde versanken in Schlamm und Matsch, Wagen stürzten um. Die Brücken waren unsicher, und es war immer mit Gefahr verbunden, einen großen Fluß mit einer Fähre oder bei einer Furt zu überqueren, besonders bei schlechtem Wetter und Hochwasser. Kollisionen waren nichts Ungewöhnliches, vor allem auf den engen Stadtstraßen – was dann leicht zu Schreien, gezogenen Degen und fuchtelnden Armen führte, alles vor einem pittoresken Hintergrund zappelnder Pferdebeine und frei in der Luft rotierender Wagenräder. Ein großer Teil dieser Unfälle scheint durch unklare Ausweichregeln hervorgerufen worden zu sein. In Deutschland zum Beispiel war es Pflicht, sich bei einer Begegnung auf der rechten Seite zu halten. In anderen Ländern wie Frankreich scheint man sich an eine Art hierarchischer Ausweichregel gehalten zu haben, das heißt eine Person mit niedrigerem Status hatte einer mit höherem auszuweichen. Sehr hochstehende Personen scheinen es als ein weiteres Privileg angesehen zu haben, einfach drauflos zu brausen, in der frommen, aber etwas abenteuerlichen Annahme, daß alle anderen brav aus dem Weg gingen.

Eine weitere allgemein bekannte Gefahr waren die Straßenräuber, die trotz unermüdlichen Hängens und Räderns in allen Ländern anzutreffen waren. Immer wieder wurden Reisende von Räubern überfallen, mißhandelt oder getötet. Es war deshalb stets angeraten, sich zu bewaffnen, wenn man auf Reisen ging, insbesondere wenn der Weg durch dunkle und unzugängliche Waldgebiete führte. Auch wenn die Gefahr, Räubern zu begegnen, oft erheblich übertrieben wurde, war sie doch stets vorhanden. In Schweden hatte der sich hinziehende Krieg dieses Problem verschärft, teils weil er die Menschen leichter geneigt machte, Gewalt anzuwenden, teils weil Deserteure und Männer, die der Aushebung entgehen wollten, nicht selten in die Wälder verschwanden, und für diese war die Räuberei eine Methode zu überleben. (Sowohl solche Ausreißer als auch gewöhnliche Verbrecher wurden zuweilen zu einer Art primitiver Rebellen, die sich bei ihrem Versteckspiel mit Vögten und anderen Repräsentanten der Obrigkeit einer nicht unerheblichen Unterstützung seitens der einfachen Leute erfreuen konnten.) Manchmal, wie in Småland 1640, liefen solche Mengen von Soldaten davon, daß sie förmliche Kompanien in den Wäldern bildeten, die dann in der Provinz umherzogen und »Höfe heimsuchten und auf Pfaden und Wegen Gewalt ausübten«, während die Behörden mehr oder weniger ohnmächtig zusahen – größer war ihre Macht also nicht.

Daß der Krieg das Reisen beeinträchtigte, war für alle, die in Deutschland oder einem anderen Land, in dem gekämpft wurde, zu reisen versuchten, eine Selbstverständlichkeit. Deserteure, abgedankte Soldaten, Freibeuterbanden, vertriebene Bauern und andere wurzellose Existenzen streiften überall durchs Land und machten das Reisen zum Alptraum. Ein Engländer, William Crowne, der zu dieser Zeit durch Deutschland reiste, hat in seinem Tagebuch eine bedrückende Fahrt durch zerschossene Städte und verkohlte Dörfer beschrieben, wo man ständig auf der Hut sein mußte, wo man in manchen Nächten kein Feuer anzuzünden, ja nicht einmal zu schlafen wagte, sondern nur still mit geladenen Musketen in den Händen wartete, während das Geräusch ferner Schüsse aus der Dunkelheit herangetragen wurde.

Hatte denn die Langsamkeit des Reisens Auswirkungen auf die Menschen und ihre Art zu denken?

Es ist offenkundig, daß eine Reise für den Menschen des 17. Jahrhunderts etwas Großes und Bemerkenswertes war. Die Angaben über zurückgelegte Distanzen, die auch in sehr knapp gefaßten Tagebüchern vorkommen, sind ein Zeichen des Stolzes, den man darüber empfand, gereist und weit gereist zu sein. Die Menschen hatten auch ein fast persönliches Verhältnis zu den Pfaden und Wegen in der Umgebung. Diese hatten eigene Namen – in Deutschland hatten die wichtigsten Straßen Bezeichnungen wie »Bergstraße«, »Gulden Steig«, »Nothpfad«, »Rennweg«, »Antsanvia« – und waren nicht selten von übernatürlichen Vorstellungen umwoben. Wer auf den verschiedenen Hauptverkehrswegen reiste, mußte sich nicht selten allerlei Ritualen unterwerfen, zum Beispiel, wenn man an einem sogenannten Opfermal vorüberkam, also einer Stelle, wo ein tragisches Geschehen stattgefunden haben sollte, ein Mord, ein Tod durch Ertrinken oder etwas anderes Schauriges; dann sollte man einen Stock oder einen kleinen Stein auf das Mal werfen, sonst konnte es einem schlecht ergehen. Entlang der Wege gab es auch besondere Punkte, an denen der Wanderer haltmachen, rasten, einen Schluck zu sich nehmen und seine Tiere tränken sollte; meistens waren diese Stellen durch spezielle Steine – Ruhesteine – oder sonderbar geformte Bäume gekennzeichnet.

Dieses gemächliche Dahinziehen entlang der Wege dürfte wohl die nachdenklichere Seite der Menschen gefördert haben. Ob man ging, zu Pferde saß oder in einem Wagen durchgeschüttelt wurde, es gab nicht so viele Möglichkeiten, sich die lange Reisezeit zu vertreiben. Man konnte die Umgebung anschauen, alles, was einem unterwegs begegnete, genau betrachten: eine schöne Landschaft, einen umgestürzten Wagen oder eine mehrere Jahre alte Diebsleiche ohne Füße und Augen. Die Menschen unterbrachen die Reise gern für eine Weile, um sich mit jemandem, der ihnen begegnete, zu unterhalten oder um etwas Spannendes, das sie entdeckt hatten, zu untersuchen, was natürlich zur Folge hatte, daß die Reise noch länger dauerte. (Es gibt auch Beispiele dafür, daß Männer, sei es aus Langeweile, sei es aus Geilheit oder wahrscheinlich aus einer Kombination von beidem, zerstreut onanierten, während sie im Sattel saßen.) Aber ansonsten konnte die Zeit nur benutzt werden, um zu denken und zu schauen und zu denken.

Es ist gesagt worden, daß die Unsicherheiten und Gefahren des Reisens auch den religiösen Sinn der Menschen förderten, und das ist sicher richtig. Es war damals so viel gefährlicher zu leben. Und wenn man unterwegs war, konnten so viele Dinge schiefgehen, daß jede Meile, jeder Tag gleichsam ein Geschenk des Himmels war. Ein anderer Aspekt des Reisens war, daß es wie viele andere Aktivitäten einen Wirklichkeitsmaßstab lieferte, der auf einem menschlichen Maß aufbaute. Die Vorstellung von Zeit und Raum, Abständen und Strecken, von dem, was möglich, und dem, was unmöglich war, fußte letztlich auf dem Takt und der Länge der eigenen Schritte. Es hat den Anschein, als sei der Lebensrhythmus im wesentlichen von zwei speziellen Phänomenen bestimmt gewesen; das eine war der ruhige Wechsel der Natur und der Jahreszeiten, das andere der stille Taktschlag der Pferdehufe auf dem Weg. Und dort war alles Langsamkeit.

Der dänische Krieg (1643–1644)

Nun ja.

Erik Jönssons Reisen und Arbeiten während des Winters und Frühjahrs dürften monoton gewesen sein, denn außer einem vier Tage anhaltenden Schneesturm Mitte April finden sich in seinem Tagebuch wenige oder gar keine Details von Interesse bis Pfingsten 1644. Er befand sich mit seinem Herrn in Stralsund, als dieser Order empfing, sich sofort zum Dornbusch im Norden der Insel Hiddensee zu begeben. Als Rehnskiöld und Erik dort anlangten, erwartete sie ein prachtvoller Anblick. Dort lag die gesamte schwedische Hochseeflotte vor Anker: 1040 Kanonen eingezwängt in ungefähr dreißig große Kriegsschiffe, acht Brander, eine Pinasse und eine Galeote.

Es war eine ganze kleine Stadt, die dort auf dem Wasser lag. An Bord befanden sich fast 6000 Seeleute und Soldaten. Sie waren eine bunte Mischung. Die meisten waren ausgehobene Bootsmänner und Büchsenschützen – also Leute, deren Hauptaufgabe es war, die Kanonen zu richten –, die aus allen Seestädten und Küstenregionen des Reichs kamen: aus Småland, Sörmland und Uppland, aus den kleinen norrländischen Küstenstädten, von Åland und aus verschiedenen Teilen Finnlands. Da waren auch Zimmerleute aus Göteborg und ein geworbener Feldscher aus Deutschland. Ein Teil der Offiziere waren Schweden, aber viele waren Deutsche, und die meisten waren Holländer, die kürzlich erst von schwedischen Werbern in den Niederlanden angeheuert worden waren. (Die Letztgenannten hatten in scharfer Konkurrenz mit dänischen Werbern arbeiten müssen, die ebenfalls den Winter dazu benutzt hatten, auf dem Kontinent herumzureisen und Männer für ihre Flotte anzuheuern. Die Dänen hatten mehr Erfolg gehabt, aus dem einfachen Grund, weil sie besser bezahlten.)

Es war mit großen Schwierigkeiten verbunden gewesen, die Kriegsflotte hierher in die südliche Ostsee zu verlegen. Es dauerte lange, alle Seeleute in Stockholm zusammenzuziehen, wo die Schiffe zusammenkamen und klargemacht wurden, und wie immer war das Geld ein Problem. Doch wieder einmal bewährte sich die schwedische Staatsmaschinerie trotz aller Widrigkeiten. Die Flotte hatte eine feste Organisation bekommen, deren Rückgrat das Aushebungssystem für Bootsleute und Büchsenschützen war. Claes Fleming hatte diese Arbeit während des Frühjahrs geleitet – also der große Beschützer des Neu-Schweden-Unternehmens im Rat.

Fleming, ein fünfzigjähriger Mann mit dunklem, langem Haar, scharfem Blick und einem schmalen Kinn, war so etwas wie ein typischer schwedischer Beamtenaristokrat. Während viele seiner ausländischen Standesbrüder sich damit begnügten, ein stilles Leben auf dem Land zu genießen, arbeitete Fleming mehr als zwanzig Jahre lang unermüdlich im Dienst des schwedischen Staates. Den größten Teil seiner Energie hatte er darauf verwendet, die schwedische

Flotte wieder aufzubauen (sie war nach der Zeit Eriks XIV. in einen Zustand weitgehenden Verfalls geraten). Die Erneuerung betraf überwiegend die Verwaltung. Früher hatte die Flotte im Prinzip einem einzigen Mann unterstanden, dem Reichsadmiral. In Flemings Zeit kam es jedoch in der Flotte zu einer ähnlichen Entwicklung wie in einigen anderen Bereichen der staatlichen Verwaltung. Es wurden vielköpfige Kollegien eingeführt, mit Sekretären, Referendaren und Schreibern, Leuten, die Gehalt und Schreibtische und Qualifikationen und Stempel und Chefs und Regeln und geordnete Karrierewege und eine Uhr an der Wand hatten. Kurz gesagt: Die Einmannveranstaltungen wurden durch Bürokraten und Bürokratien ersetzt.

Es wächst, gestaltet von Giganten,
mit Wendeltreppen, Gewölben und Kanten,
– ein Amt, von Beben nicht erschüttert
und von Gewitterwolken unberührt.

In Flemings Fall hieß die neue Behörde das Admiralitätskollegium, und dort war er erster Admiralitätsrat. Für uns hat das Wort Bürokratie einen tristen, nicht besonders inspirierenden Klang, aber damals war sie etwas umwälzend Neues. Früher waren diese Apparate wie gesagt winzig gewesen. Häufig stellte eine einzige Person die ganze Behörde dar, und dies in mehr als einer Hinsicht. Da war es nämlich üblich, daß Menschen ihr Amt handhabten, als sei es ihr ganz persönliches Eigentum, was naturgemäß dazu führte, daß Schlamperei, Mißbrauch und Korruption ins Kraut schossen und die Effektivität erstickten. Die Korruption war keineswegs damit abgeschafft, daß immer mehr Tätigkeiten von besonders angestellten Karrierebürokraten übernommen wurden. Weiterhin waren nicht selten Bestechungen nötig, damit bestimmte Dinge zur Zufriedenheit erledigt wurden, und nach wie vor war es fast unmöglich, einen bestimmten Posten zu erlangen, wenn man nicht jemanden kannte, der jemanden kannte, der jemanden kannte. Aber verglichen mit dem alten System war die neue Bürokratie ein Traum von Schnelligkeit und Präzision.

Und nur wenn man eine solche bürokratisch geordnete und zentralisierte Verwaltung hatte, war es möglich, mit Erfolg an den neuen Großkriegen teilzunehmen. Auch die schwedische Flotte war entsprechend diesen neuen Ideen umorganisiert worden. Diese Arbeit begann bereits vor Flemings Zeit. So war man beispielsweise dazu übergegangen, die Schiffe zu inspizieren, bevor sie in den Winterhafen gingen – um zu verhindern, daß die Kapitäne alles mögliche von den Schiffen mit nach Hause nahmen, wenn die Saison vorüber war, was offenbar als ein inoffizieller Lohnvorteil angesehen wurde; die Offiziersgrade wurden geregelt, die Pflege der Kranken organisiert sowie die Mannschaften gemustert. Fleming ging aber noch weiter. Unter anderem heuerte er erfahrene

Kapitäne und Zimmerleute aus Europas führender Schiffahrtsnation, den Niederlanden, an, kaufte gleichzeitig Schiffe im Ausland oder gab bei einheimischen Schiffsbauern neue in Auftrag, er gab der Flotte einen eigenen Standort auf Lustholmen in Stockholm – danach umbenannt in Nya Skeppsholmen –, legte große Seilerwerkstätten an und verbesserte den Lohn und die Ausbildung der Seeleute. (Letzteres war zweifellos vonnöten, denn die Leute hatten in der Regel keine richtige Ausbildung, was sich in zahlreichen Unglücksfällen und Mißgeschicken zeigte, von denen die Havarie der *Vasa* 1628 nur eins war.) Das neu eingerichtete Admiralitätskollegium erhielt auch eigene Räumlichkeiten; zuerst war es in einem Steinhaus mit Kupferdach auf Blasieholmen untergebracht, seit einigen Jahren saß es im ersten Stock am Westtor des königlichen Schlosses. Was Fleming darüber hinaus so typisch erscheinen läßt für seine Zeit, war sein enormes Arbeitspensum. Neben seinen Aufgaben bei der Flotte saß er auch im Rat, war zuerst Präses der Rentkammer und etwas später Präsident des neu eingerichteten Kommerzkollegiums; auf seinem Gut Vira errichtete er eine Manufaktur für Degenklingen und war Stockholms erster Stadtpräsident. Wie so viele Machthaber in der Zeit des Barock war er davon besessen zu ordnen, zu begradigen und allerlei geometrische Muster zu errichten, und in der verwinkelten Enge der Stadt ließ Fleming roden, räumen und abreißen; unter anderem schlug er Ende der dreißiger Jahre des 17. Jahrhunderts eine glatte Schneise durch dieses gedrungene Holzhauswirrwar, eine Schneise, die wir heute als Drottninggatan kennen. Angesichts solcher Arbeitsbelastung ist es nicht verwunderlich, daß die hohen Herren in der Ratskammer auf dem Schloß nicht selten dasitzen und mit den Fingern auf den Tisch trommeln mußten, während man auf den emsig umherhetzenden Fleming wartete.

Wenn nichts anderes, dann trug dieses erdrückende Arbeitspensum ihm immerhin gute Erfahrungen ein. Als es wie erwartet an Geld für die Flottenrüstung im Frühjahr haperte, wußte Fleming, wie man es anstellen mußte, um sich an verschiedenen administrativen Hindernissen vorbeizuschlängeln, und es gelang ihm, gegen alle Widerstände die nötigen Mittel zusammenzukratzen. Als daher die Flotte um drei Uhr am Nachmittag des 1. Juni 1644 vor Dalarö die Anker gelichtet hatte und bei nördlichem Wind unter vollen Segeln an Rotholmen vorübergesteuert war – wo sich die junge Königin Christina mit großem Gefolge sowie Teilen des Rats und einer großen Schar von Stockholmern versammelt hatte, um die Abfahrt zu verfolgen –, war dies für Fleming persönlich ein bedeutender Triumph.

Der warme Sommerwind trug die Flotte rasch nach Süden. Die Reise verlief ohne Dramatik. Am Morgen des 5. Juni geriet man in einen dichten Nebel, und obwohl man versuchte, einander mit Trommeln und Musketenschüssen Signale zu geben, stießen einige Schiffe zusammen und verloren Bugspriete und

Galionsfiguren. Kurz nach Mittag am 6. Juni ging man bei Bornholm vor Anker. Dort wurden sie von einigen leichten Kanonen beschossen, deren Kugeln auf halber Strecke zu den Schiffen ins Wasser plumpsten, und gegen Abend sah man am Strand einen großen Haufen bewaffneter dänischer Bauern, die mit zehn aus Laken gefertigten Fahnen winkten. Aber man ließ sich von diesen ohnmächtigen Demonstrationen nicht stören, und am Abend des 8. Juni hatte die Flotte vor Rügen geankert.

Die schwedische Flotte hatte Dornbusch angelaufen, um Informationen einzuholen, Steuerleute zu beschaffen, die die dänischen Gewässer kannten, und Schiffsbier an Bord zu nehmen. Und Rehnskiöld sowie einige andere hohe Beamte in Pommern waren herbeordert worden, um dabei behilflich zu sein. Rehnskiöld und Erik Jönsson kehrten am 13. Juni nach Stralsund zurück. Am gleichen Tag stießen zwei kleinere Schiffe, die *Jägaren* und die *Kattan*, in See und verschwanden in nordwestlicher Richtung am Horizont, und gegen Abend setzte Eskader auf Eskader die Segel und folgte ihnen, um, wie es in Eriks Tagebuch heißt, »den Feind zu suchen«.

Der schwedische Blitzkrieg gegen Dänemark hatte sich festgefahren. Die Flotte war herbeordert worden, um den toten Punkt zu überwinden.

Zu diesem Zeitpunkt waren seit Torstenssons Versuch, mit der Armee den schmalen Sund zwischen Jütland und Fünen zu überqueren, gut fünf Monate vergangen.

Der Plan war ursprünglich, im Schutz der Dunkelheit unbemerkt an Land zu gehen. Aber als die schwerbeladenen Boote sich dem Ufer näherten, wurden sie von blitzenden Mündungsfeuern und pfeifenden Geschossen empfangen. Dänische Truppen waren alarmiert und schon an Ort und Stelle. Einige kleine Boote sanken sofort, von Geschossen durchlöchert, andere wurden schwer beschädigt. Offenbar brachen die Schweden ihren Versuch sofort ab und steuerten zurück nach Jütland, aber in dieser Lage griffen einige Kriegsschiffe ein. Sie hatten auf dem Kleinen Belt patrouilliert und brachen nun zwischen die kleinen Boote ein wie Wildhunde in eine Schafherde. Einige schwedische Boote wurden sofort versenkt, andere geentert, die Soldaten an Bord niedergemacht oder über Bord geworfen. Nachdem die Landungstruppen auf diese Weise unter dem Verlust von 15 Booten auseinandergetrieben waren, steuerten die dänischen Schiffe das jütländische Ufer an, nahmen die dort zurückgelassenen Boote mit und krönten ihre Aktion mit einem kühnen Coup, indem sie eine Truppe an Land setzten, die eine schwedische Einheit von 300 Mann, die in der Nähe des Ufers in einer Schanze lag, gefangennahm.

Der Versuch, nach Fünen überzusetzen, kostete ungefähr 1000 schwedische Soldaten das Leben, eine Zahl, die nur zu verständlich ist, wenn man bedenkt, daß kein Mensch länger als ein paar Minuten am Leben bleibt, wenn er in winterlich eiskaltem Wasser landet.

Die dänische Flotte beherrschte die Gewässer um die Inseln. Dänische Jachten und bewaffnete Schlupen patrouillierten unbehindert an den Küsten Jütlands entlang, rekognoszierten, beschossen schwedische Verbände und führten hier und da kleine Überfälle aus. Zeitweise war es ausgesprochen gefährlich, sich in Ufernähe zu bewegen. Torstensson selbst wäre beinahe getötet worden, als sein Stab eines Tages von einem dänischen Schiff beschossen wurde.

Die erste Panik in Dänemark legte sich allmählich. Nachdem sich auch der König von dem ersten Schock erholt hatte, machte er sich fieberhaft an die Arbeit: Das Reich wurde nach Truppen und Offizieren durchkämmt, Seeleute wurden ausgehoben, die Flotte aufgerüstet, Munition und Kanonen wurden gesammelt und in Eiltransporten zu den exponiertesten Stellen gebracht; hier und da auf den Inseln wurden Schanzen gegraben und die Bauern in die Winterkälte hinausgeschickt, um Holzstöße für Feuerzeichen zu errichten und an den Stränden zu patrouillieren. Und die beiden Festungen in Jütland, die nicht in Torstenssons Hände gefallen waren, Glückstadt und Krempe, wurden zur drohenden Gefahr im Rücken der Schweden; von dort zogen immer wieder Truppen auf Streifzüge aus, griffen gemeinsam mit Banden von Bauern aus dem Hinterhalt kleinere schwedische Abteilungen an, töteten Soldaten oder nahmen sie gefangen und holten zurück, was sie an Pferden, Geld, Kriegsmaterial und Proviant fanden. Die Dänen waren dabei so erfolgreich, daß sie nach einiger Zeit so viele Schweden gefangengenommen hatten, daß sie Schwierigkeiten bekamen, sie alle zu versorgen.

Torstenssons Armee konnte ihre Offensive erst fortsetzen, wenn die schwedische Flotte eingetroffen war und die Kontrolle über den Kleinen Belt gewonnen hatte, das war sicher. Während sie einerseits auf Entsatz und andererseits darauf wartete, daß die anderen schwedischen Armeeabteilungen den Krieg nach Kopenhagen hinübertrugen, fiel sie über Land und Leute in Jütland her. Um es dem dänischen König unmöglich zu machen, die Halbinsel als Versorgungsbasis zu nutzen, begann Torstensson, das Land auszuplündern, eine Maßnahme, die den zentral gelenkten Verwüstungsoperationen glich, die er zuvor in Deutschland durchgeführt hatte. Es war das bekannte Muster: Die Verbände wurden in Dörfern und Städten einquartiert, die dann ihre anspruchsvollen Gäste versorgen mußten, so gut sie konnten. (So mußte zum Beispiel an der Westküste die Stadt Lemvig mit Umgebung der dorthin verlegten Reiterei 20 233 Reichstaler und 250 Ochsen übergeben, während die Bewohner von Ribe und Umgebung im südlichen Jütland ihren Besatzungstruppen 39 583 Reichstaler zahlen mußten.) Wie immer war es unmöglich zu kontrollieren, was genau vor sich ging, wenn Horden von Soldaten und Reitern die umliegenden Dörfer heimsuchten. Torstensson hatte seinen Leuten reiche Beute versprochen, und die holten sie sich nun; viele Bauernhöfe, Dörfer, Kirchen und Herrenhöfe wurden von umherstreifenden Soldaten durchsucht, geplündert und in einigen Fällen sogar niedergebrannt. Und nicht nur Proviant und andere eher strategisch nützliche Gegenstände verschwanden. So wird in einer zeitgenössischen Quelle berichtet, daß

> von schwedischem Kriegsvolk die Kirche in Boel aufgebrochen und alles daraus geraubt wurde, was die Menschen aus ganz Carspel dahingebracht hatten, so waren auch der Kelch, die Oblaten-Schachtel, Meßgewänder und das 1643 gestiftete Meßhemd entwendet, desgleichen auch der grüne Stoff, der zuerst um den Altar war, und das Leinentuch, das Agneta Petersen 1627 gewebt hatte, welches ebenfalls geraubt war.

Besonders die Gebiete um Glückstadt und Krempe wurden verwüstet. Jetzt setzte der Partisanenkrieg der Bauern gegen die schwedischen Eindringlinge ernsthaft ein. Die Gewalt eskalierte schnell, denn Torstenssons Männer schlugen zurück, wie sie es in Deutschland gelernt hatten, hart, routiniert und wie beiläufig. Torstensson gab den Befehl aus, daß nur reguläre Soldaten gefangengenommen werden sollten; kein Bauer, der mit Waffen in der Hand ergriffen wurde, sollte geschont werden. Eine dänische Chronik klagte verzweifelt über die Schweden, die »arme, unschuldige Menschen« totschlugen und sich so aufführten, »daß Türken oder Tataren es nicht schlimmer hätten treiben können, und das gegen ihre eigenen Glaubensbrüder«. Torstenssons Truppen gingen in einer Art und Weise vor,

> daß das arme Volk nicht wußte, wann es leben sollte und wann es geschlachtet werden sollte wie irgendein Vieh, nicht wußte, wann es etwas hatte, und wann es nichts hatte; und so lebten wir auf allen Seiten vom Tod umgeben.

Was Torstensson zu diesem Zeitpunkt Anfang Februar nicht wußte, war, daß nur sein Teil des groß angelegten Angriffsplans ins Werk gesetzt worden war. Die beiden anderen Vorstöße aus Pommern und aus Südschweden waren noch nicht angelaufen. Ein koordinierter Angriff hatte nicht stattgefunden, sondern das schwedische Heer in Jütland stand allein. Die Regierenden in Stockholm hatten nicht einmal den Krieg erklärt.

Es waren, wie zu erwarten war, die Verständigungsschwierigkeiten, die den Schweden auch in der Folgezeit einen Strich durch die Rechnung machten. So geschah es oft. Axel Oxenstierna und die anderen zu Hause in Schweden waren auf einem Informationsstand, der den Ereignissen nicht selten um mehrere Monate hinterherhinkte, so daß ihre Direktiven häufig bereits überholt waren, bevor der Siegellack darauf getrocknet war. Als daher die Regierenden in Stockholm am 13. Dezember einen Brief von Torstensson erhielten, in dem er zufrieden mitteilte, daß er nun wie befohlen im Begriff stehe, in Dänemark einzufallen, überkam die purpurgekleideten Männer des Rates eine gewisse Atemnot. Weil der erste Befehl an die schwedische Armee in Deutschland so verspätet gewesen war, nahmen sie offenbar an, daß auf einen Angriff nach Plan nicht mehr zu hoffen sei. Weder dänische noch schwedische Machthaber ahnten, daß Torstenssons Heer *so* schnell marschieren konnte. Der von Pommern aus gegen die Südspitze Seelands gerichtete Vorstoß war nun, nachdem die Dänen alarmiert waren und ihre Kriegsschiffe wie wütende Wespen um die dänischen Inseln schwirrten, nicht mehr durchführbar. Und die schwedische Armee, die vom schwedischen Festland aus nach Schonen eindringen sollte, hatte sich noch nicht gesammelt. Es war eigentlich noch schlimmer: Die Soldaten, die deren Glieder füllen sollten, waren noch nicht einmal ausgehoben. Noch zwei Wochen nach dem Angriff des schwedischen Heeres wußte der Rat nicht, ob er wirklich eingeleitet worden und wie er, falls es sich so verhielt, verlaufen war – Torstensson hatte seitdem vier Briefe geschrieben, doch noch keiner von ihnen war angekommen, was damit zusammenhing, daß dänische Kriegsschiffe zwischen Nordjütland und Göteborg kreuzten und alles und alle, die nach Schweden unterwegs waren, abfingen. Die Ratsherren zögerten, und auf eine direkte Anfrage des dänischen Residenten in Stockholm, ob Torstenssons Angriff auf ihren Befehl hin erfolgt sei, setzten sie eine verständnislose Miene auf und antworteten mit einem schamlosen Nein. Nach einigen Tagen erhielten sie jedoch ziemlich zuverlässige Nachrichten darüber, daß das schwedische Heer große Erfolge gehabt hatte, woraufhin sie sich endlich entschlossen, trotz allem den Plan weiterzuverfolgen.

Am 14. Februar 1644 ritten zwei Männer unter Trompetengeschmetter über die schwedisch-dänische Grenze bei Markaryd. Der eine war ein Trompeter namens Jörgen, der andere war ein Ankläger beim Hofgericht mit Namen Nils Nilsson Lindegren. Dieser war in eine besonders prächtige Tracht gekleidet, die ihn als Herold auswies, und in der einen Hand hielt er ein Zepter, an dem ein Dokument befestigt war. Das Papier war der offene »Fehde- und Aufkündigungsbrief«, also die Kriegserklärung, und mit dieser sollte Lindegren nun nach Kopenhagen reiten. Wenn jemand ihn unterwegs aufhielte, sollte er den Leuten den Brief zeigen und ausrufen,

daß er, wegen der Gewalt und des Unrechts, das ihrer Königlichen Majestät von Schweden und ihren treuen Untertanen nun seit Jahren vom König von Dänemark zugefügt worden sei, nun zu diesem gesandt worden sei, um ihm offen den Krieg zu erklären.

Ein bißchen altmodisches Zeremoniell konnte ja nicht schaden, auch wenn es zwei Monate zu spät kam. Dicht auf den Fersen der beiden Männer folgten lange, rasselnde Kolonnen, die sich auf den schmalen und schlechten småländischen Wegen, die zur Grenze führten, voranschlängelten. Es waren 10600 Männer zu Pferde und zu Fuß: Östgöten, Västgöten, Småländer, Närkinger, Södermanländer, Dalekarlier und Uppländer, das größte Kontingent, das Schweden an einheimischen Kriegern aufbieten konnte, die nach einer Musterung, die in aller Stille in Värnamo durchgeführt worden war, nun in Schonen einfallen sollten.

Zunächst trafen sie nirgends auf Widerstand. Das einzige, was sie vom Feind sahen, waren ein paar große Barrikaden aus gefällten Bäumen, die aber sämtlich verlassen waren. Nur an einer einzigen Barrikade machten einige verwegene schonische Bauern Miene, die scheinbar endlosen Ketten der Voranmarschierenden aufzuhalten, doch ein paar Schüsse reichten aus, um auch sie zu vertreiben. Als die Schweden an eine Brücke über den Rönnefluß kamen, war diese von dänischen Truppen besetzt, aber die Kolonnen umgingen sie einfach und wateten ungehindert an einer anderen, 10 Kilometer entfernten Stelle durch das eiskalte Wasser des Flusses. Nachdem das schwedische Heer die frostkalte Ebene durchquert hatte, erreichte es am 17. Februar 1644 Helsingborg und den Sund. Auch dort sahen sie keine Feinde. Als die schwedischen Soldaten durch die engen Straßen vordrangen, fanden sie die Stadt leer und verlassen. Sie kamen noch rechtzeitig zur Schiffsbrücke hinunter, um einige Boote mit schreckensbleichen Einwohnern Helsingborgs ablegen und auf das von Treibeis bedeckte Wasser hinaussteuern zu sehen. Die Schweden feuerten mit ihren Pistolen hinter ihnen her, was die Bereitwilligkeit der schonischen Bürger, umzukehren und ihre Okkupanten in Empfang zu nehmen, nicht im geringsten förderte; statt dessen verschwanden sie schnurstracks über den Sund, um sich am anderen Ufer in Sicherheit zu bringen.

Wie auf Jütland hatte die Nachricht, daß die Schweden im Anmarsch waren, Panik ausgelöst. Es sagt einiges darüber, wie isoliert und von Nachrichten abgeschnitten die Menschen früher lebten, daß sogar die Schonen sich von dem schwedischen Angriff überrumpeln ließen. Die gleiche träge Phantasielosigkeit, die das dänische Handeln geprägt hatte, bevor Torstenssons Männer über die Grenze im Süden einfielen, hatte jedenfalls auch nördlich des Sundes geherrscht. Das Militär dort war schlecht vorbereitet. Die Festungen waren nicht gerüstet, und trotz des Kriegsausbruchs hatten die Regierenden in Kopenhagen die zahlenmäßig schwachen Truppen in Schonen nicht verstärkt, sondern im Gegenteil noch zwei dringend benötigte Kompanien nach Seeland abgezogen. Und es wurde auch nicht gerade besser dadurch, daß die schonischen Verteidigungstruppen keine einheitliche Führung hatten; die Verantwortung wurde statt dessen geteilt von zwei gleichberechtigten Kriegskommissaren, die zu allem Unglück noch verpflichtet waren, zum »nächstbesten Adel« zu laufen und mit diesem über alle wichtigen Beschlüsse zu beraten – ein nur allzu treffendes Bild der staatspolitischen Zurückgebliebenheit Dänemarks. In Schweden herrschten dagegen ganz andere, streng zentralistische Prinzipien, die für die alten Freiheiten einzelner Landesteile oder Korporationen selten oder nie von Vorteil waren, aber schwedische Heere zu fürchterlichen Feinden machten.

Offenbar hatte es sich aber auch bei den Bewohnern Schonens herumgesprochen, wie die schwedischen Armeen unten in Deutschland hausten, denn überall verließen sie Haus und Hof – die Bauern gingen in die Wälder, der Adel und die Bürger nach Seeland oder in die bemannten Festungen. Nicht daß die schwedischen Soldaten, die in langen Kolonnen aus den småländischen Wäldern stampften, einen besonders imponierenden Eindruck machten. Sie wurden angeführt von Gustav Horn, dem gediegenen, aber etwas phantasielosen Offizier, der bei Nördlingen eine so schwere Niederlage erlitten hatte, aber kürzlich nach Hause gekommen war, grau und gebeugt nach acht Jahren bayerischer Kriegsgefangenschaft. Horn hatte im deutschen Krieg gekämpft, aber fast alle seine Untergebenen waren neu ausgehobene Bauernsoldaten mit unzureichender Ausbildung und keinerlei Erfahrung. In einer solchen Lage war es gut, einen Ruf zu haben. Wenn man ein wenig Glück hatte, würden die Feinde daraufhin die Beine in die Hand nehmen, bevor man überhaupt angekommen war.

Diesmal war es jedoch nicht ganz so gut. Die offizielle Strategie der Armeen gegenüber Land und Leuten hing davon ab, welchen Gebrauch man von ihnen zu machen gedachte. Wollte man ein Gebiet als Versorgungsbasis unbrauchbar machen, zögerte man nicht, in kalter Berechnung mit Feuer und Schwert darüber herzufallen, zu rauben, einzureißen, dem Erdboden gleichzumachen, zu schlagen und zu zerfleischen. Im besten Fall saugte man das Land systematisch aus, so wie Torstensson dies jetzt in Jütland tat. Hatte man aber vor, ein Gebiet selbst zu benutzen, um seine Truppen über einen längeren Zeitraum zu versorgen, galt es, darauf zu achten, daß der Bauer seinen Acker weiter pflügte, so daß man im Herbst einen bedeutenden Teil seiner Ernte als »Kontribution« einziehen konnte. In einer solchen Lage konnten die Feldherren faktisch eine ganze Menge tun, um die einfachen Zivilisten vor den Übergriffen zu schützen, die sich die Soldateska aus fast naturgesetzmäßiger Gewohnheit gegenüber diesen erlaubte. Und Schonen sollte schwedische Versorgungsbasis werden.

Helsingborg war nahezu menschenleer – am Tag nach dem Einmarsch nahmen »nicht mehr als 16 Menschen« am Gottesdienst in der Marienkirche teil. Zum Glück für Horns Heer war die Flucht jedoch so überstürzt gewesen, daß die Bürger nicht die Zeit gehabt hatten, ihre Speicher zu leeren und ihre Vorräte mitzunehmen. So verhielt es sich überall hier in Schonen in den ersten Wochen nach dem Angriff, was bedeutete, daß sich die schwedischen Soldaten in verlassenen Scheunen und Vorratslagern bedienen konnten. Auf dem Marsch nach Helsingborg und in der Stadt selbst hatten sie zum Beispiel 679 Tonnen Roggen und Gerste, 465 Tonnen Hafer, 112 Tonnen Salz, 415 Ochsen, 206 Schafe und 15 Schweine »kolligiert«. Und die neuen Herren der Stadt wüteten nach Herzenslust in den leeren Häusern. Nach dem Krieg stellten die Rückkehrer fest, daß 113 Gebäude in der Stadt beschädigt waren: Schlösser, Scharniere und andere Beschläge waren aus den meisten Häusern gestohlen, das Holz an vielen Häusern war abgerissen, wahrscheinlich zu Brennholz gemacht, in einigen Häusern waren die Dachböden abgetragen und fortgeschleppt, an vierzehn Häusern waren auch die Wände heruntergerissen oder beschädigt, und fünfzehn waren völlig zerstört.

Ein Land ohne Menschen war indessen von geringem Wert, weshalb Horn ein »öffentliches Patent« ausfertigen ließ, in dem allen Bewohnern Schutz und Schonung versprochen wurde, wenn sie nur zurückkehrten und getreulich ihre Kontribution bezahlten, »wenn nicht, würden sie mit aller Feindseligkeit, mit Feuer und Schwert bis zum Äußersten verfolgt werden«. Am 27. Februar 1644 brach der Hauptteil der Armee von der Küste auf, und zwei Tage später marschierten sie in ein schneekaltes Lund ein, das ohne Kampf kapitulierte. Auch Lund war halbleer, doch wenn auch die rund 300 Häuser der Stadt keine ähnlich große Beute enthielten wie die, die man in Helsingborg gemacht hatte, so fanden die schwedischen Soldaten doch große Mengen Getreide, Obst und Vieh, als sie die umgebenden Dörfer durchsuchten.

Die Eroberung von Lund war der letzte unblutige Sieg der Schweden in Schonen.

Hier hielt die Armee ein und wartete darauf, daß von Schweden schwere Belagerungsartillerie herangebracht würde. Die anderen Festungen des Landes waren nämlich besetzt, und um sie zu bezwingen, bedurfte es mehr als der dreißig leichten Geschütze, die man auf dem Marsch von Småland mitgeführt hatte.

Inzwischen erwachten die Schonen aus ihrer Schreckensstarre und begannen zurückzuschlagen. Die regulären Truppen waren zwar schwach und bestanden hauptsächlich aus deutschen Söldnern, von denen die meisten als Festungsbesatzungen gebunden waren, doch hatten die Behörden gerade eine große Aushebung in Schonen durchgeführt, bei der alle Knechte und jeder fünfte Bauer eingezogen worden waren, um dem dänischen König zu dienen. Das bedeutete, daß die dänischen Kriegskommissare nun über eine Streitmacht von rund 8000 Mann verfügen konnten, die meisten ungeübte Landbewohner, die sich in Banden und Haufen gesammelt hatten. Diese und andere Bauern, die verbittert waren über die schwedischen Konfiskationen, führten nun einen Partisanenkrieg gegen die schwedischen Eindringlinge, der bald erbittert, blutig und häßlich wurde.

Von den Schweden wurden sie Schnapphähne genannt – eigentlich ein altes deutsches Wort für Straßenräuber; sie überfielen kleinere Posten, griffen Patrouillen an und machten einzelne Reiter nieder. Die verschneite Waldregion um Fagerhult war nach kurzer Zeit so unsicher, daß alle Kuriere mit einer starken Eskorte versehen wurden, wenn sie auf dem Weg zur schwedischen Grenze die Gegend passierten. Nach einiger Zeit war man sogar gezwungen, einen großen Teil des Verkehrs nach Småland gänzlich einzustellen. Er beanspruchte einfach zu viele Leute. So brauchte beispielsweise der erwartete Transport mit schweren Belagerungsgeschützen eine Eskorte von 800 Reitern, um durchzukommen. In einem verzweifelten Versuch, den Hinterhalten und Überfällen von Heckenschützen ein Ende zu bereiten, ließ Horn den ganzen Wald längs des 55 Kilometer langen Wegs zwischen Tranarp und der Grenze niederhauen. Aber die Schnapphähne ließen sich von diesen Kahlschlägen nicht einschüchtern, sondern wurden nur noch aggressiver. Eine Gruppe drang schamlos nach Schweden ein, stieß bis nach Markaryd vor, wo sie die Kirche plünderte und aus Gründen der ausgleichenden Gerechtigkeit nicht versäumte, die Bauern der Gegend ein wenig zu berauben. (Dies war eine Ausnahme, denn wie in früheren Kriegen hatten große Teile der Landbevölkerung beiderseits der Grenzen sich mit Billigung der Obrigkeit darauf geeinigt, einander in Frieden zu lassen. Der Vorfall zeigt aber, daß der Unterschied zwischen einer Bande von Freischärlern und einer Bande von Räubern zuweilen recht akademisch sein konnte.) Manchmal war es nur ein schwedischer Reiter auf Furagierung, der verschwand und später nackt und erschossen gefunden wurde, manchmal kam es zu förmlichen Schlachten im Miniaturformat, bei denen Hunderte von in Kompanien aufgestellten Bauern in der Kälte mit Horns Reiterei zusammenstießen. Die besser organisierten und gerüsteten Schweden behielten in diesen Kämpfen meistens die Oberhand, und viele Bauern wurden niedergemacht. Anfangs begnügte man sich damit, nur die Anführer zu greifen und dem Rest die Waffen abzunehmen, aber als die Überfälle sich häuften, reagierten die Schweden mit zunehmender Härte.

Der Alptraum hatte erst begonnen. Es erging Befehl, alle Bauern, die bewaffnet angetroffen wurden, zu erschlagen und ihre Häuser in Brand zu stecken. Bei einer Gelegenheit verschanzten sich 300 Bauern in dem Dorf Hallesta in der Nähe von Lund und weigerten sich hartnäckig, vor den Reitern, die sie umringt hatten, die Waffen zu strecken. Der Kommandant der schwedischen Truppe, Generalmajor Johan Wachtmeister, ließ daraufhin in einem Ausbruch kalter Wut das ganze Dorf niederbrennen. Fast alle Bewohner des Dorfes wurden getötet. Nur »ein paar alte Frauen und ein Kind« überlebten.

Ende März 1644 traf die schwere Belagerungsartillerie glücklich bei der wartenden schwedischen Armee in Lund ein, und die Truppen brachen auf. Das Ziel waren die zwei letzten Festungen am Sund, Landskrona und Malmö. Sobald sie bezwungen waren, wollte Horn wie geplant seine Armee nach Seeland und Kopenhagen hinüberführen.

Als die schwedischen Truppen Landskrona erreichten, fanden sie auch diese Stadt verlassen vor. Nur das Schloß, das etwas nördlich der Stadt lag, wurde verteidigt. Horns Heer begann sogleich mit einer förmlichen Belagerung der Festung; seine Soldaten gruben Annäherungswege und Parallelen, bauten einen Damm, um das Wasser aus dem Wallgraben abzulassen, und zimmerten eine Sturmbrücke, und dies, während sich beide Seiten pausenlos beschossen, ohne allerdings größeren Schaden anzurichten. Die Lage der Garnison war jedoch hoffnungslos. Der Hauptteil der Besatzung bestand aus aufgebotenen Bauern, und ihr Munitionsvorrat war so knapp, daß sie nach einiger Zeit gezwungen waren, ihre Kanonen mit Steinen zu laden, und bald war das schwedische Feuer so gewaltig, daß kein Däne mehr wagte, sich auf den von Schüssen zerfurchten Mauern zu zeigen. Drei dänische Kriegsschiffe ankerten draußen im Sund und trugen zu dem allgemeinen artilleristischen Gedröhn bei und versuchten außerdem, das Schloß mit Soldaten zu entsetzen; doch die ausgesandten Boote konnten nicht herankommen, weil der flache Strand so weit hinausreichte. Nun weigerten sich die Leute im Fort weiterzukämpfen, und am 7. April gaben sie auf. Die Kapitulation erfolgte in den chevaleresken Formen, denen die adligen Krieger so gern huldigten, wenn sie Zeit und Lust hatten: Der dänische Kommandant des Schlosses, Henrik Huitfeld, und seine Offiziere speisten manierlich mit Horn zu Abend, jedes Plündern wurde untersagt, und als sich zeigte, daß doch einiges von Huitfelds Eigentum irgendwie, ja, verschwunden war, ließ man es sogleich suchen und zurückgeben. Zum Abschluß wurde die Garnison – zwei Offiziere und 26 Mann – zu dem von dänischen Truppen besetzten Malmö eskortiert, und für den Transport ihres Gepäcks und ihrer Verwundeten liehen ihnen die Schweden Wagen und Pferde.

Der Fall Landskronas war für die Dänen ein schwerer Schlag, denn er bedeutete, daß Horns Armee Zugang zu einem zentral gelegenen Stützpunkt hatte, der außerdem noch über einen ausgezeichneten Hafen verfügte. Bis hierhin war es für die schwedischen Truppen wie geplant gelaufen, doch jetzt begann das schön schnurrende Uhrwerk zu stottern.

Göteborg war zu dieser Zeit eine der bedeutendsten Handelsstädte des schwedischen Reiches, vielleicht die wichtigste neben Stockholm. Auch wenn die Stadt nur ein Zehntel der Einwohnerzahl Stockholms hatte, war sie Schwedens einziger Hafen zur Nordsee und nach Westen; nur der über Göteborg gehende Handel brauchte sich nicht durch das Nadelöhr des Öresundzolls zu

Der dänische Krieg (1643–1644)

Göteborg. Stich nach einer Zeichnung von Erik Dahlberg

zwängen – ein Umstand, der zusammen mit einigen staatlichen Privilegien für viele holländische und deutsche Kaufleute Anreiz gewesen war, sich hier niederzulassen. Die eigentliche Stadt lag auf einem gefährlich schmalen Stück Land, das von Västergötland herüberreichte, wie ein ausgestreckter kleiner Finger, dessen Spitze ins Kattegat tauchte. Die Dänen hatten schon seit langem scheele Blicke auf Göteborg geworfen, nicht nur weil der Ort den Schweden erlaubte, sie um Zollgelder zu prellen, sondern auch, weil dieser kleine Finger auf geographisch unmotivierte Weise die Landverbindung zwischen dem norwegischen Reichsteil und dem dänischen Halland unterbrach. Seit dem Mittelalter war es eine Art dänisches Lieblingsgambit gewesen, in Kriegszeiten sofort einen Schlag gegen diese kleine Landzunge zu führen. In den Jahren 1502 und 1523 hatten die Dänen Älvsborg niedergebrannt, also die Festung, die der Stadt gewissermaßen vorgelagert war, und Gustav Vasa hatte sie mit großen Kosten wiederaufbauen lassen. Das hinderte die Dänen jedoch nicht, sie erneut einzunehmen, zuerst während des nordischen Siebenjährigen Krieges und danach noch einmal 1612 – und beide Male waren die Schweden gezwungen worden, die Festung freizukaufen, das letzte Mal mit der für diese Zeit unfaßbaren Summe von 1 000 000 Reichstalern. Daß die Dänen nun auf den schwedischen Angriff mit einer weiteren Attacke gegen Göteborg antworten würden, war mehr als wahrscheinlich, es war absolut vorhersehbar.

Und so ankerten am 5. April 1644, zwei Tage bevor die Besatzung im Schloß von Landskrona kapitulierte, elf dänische Kriegsschiffe beim Kyrkogårdsholmen vor Göteborg. Einige hundert Soldaten gingen an Land und errichteten rasch ein mit Kanonen gerüstetes Blockhaus – *Gottenbrille* genannt; außerdem versenkten die Dänen ein paar mit Steinen beladene Lastschuten mitten in der Einfahrt. Bald wurde den Schweden klar, daß dies nur der erste Teil einer gegen die Stadt gerichteten dreiteiligen Zangenbewegung war. Teil zwei war der Angriff einer dänischen Heeresabteilung von Halland aus. Teil drei war der Einfall von Truppen aus dem norwegischen Bohuslän. Daß die Operation für die Dänen außerordentlich wichtig war, zeigte sich daran, daß Christian selbst die Flotte nach Göteborg begleitete; hier bestand die Möglichkeit, die Initiative an sich zu reißen und mit einem vernichtenden Schlag gegen einen außerordentlich wichtigen strategischen Punkt den Krieg direkt nach Schweden hineinzutragen.

4. Endlich haben wir den alten Fuchs im Sack!

HANNIBAL SEHESTED. – GRENZSTREITIGKEITEN. –
SÄRNA UND IDRE WERDEN EROBERT. – IVAR NILSSON SCHLÄGT ALARM. –
SCHWEDISCHE TRUPPEN FALLEN IN JÄMTLAND EIN. – GEGENANGRIFF. –
DIE VERTEIDIGUNG VON GÖTEBORG. – DIE BELAGERUNG VON LAHOLM. –
GALLAS GREIFT EIN. – DIE SEESCHLACHT IM LISTER TIEF. –
›DAS SCHIESSEN WAR SCHRECKLICH‹. –
DIE SEESCHLACHT AUF DER KOLBERGER HEIDE. –
HORN ZERNIERT MALMÖ. – PATTSITUATION AUF DER KIELER FÖRDE.

Der Angriff aus Bohuslän wurde von dem neuen Statthalter in Norwegen, Hannibal Sehested, geführt: 34 Jahre alt, gut ausgebildet, begabt, herrschsüchtig und energisch. Er sollte mit der Zeit viel Kraft unter anderem auf die Verbesserung des Heerwesens im Land verwenden, doch zum jetzigen Zeitpunkt waren seine militärischen Machtmittel eher minimal. Ihm standen nur wenige höhere Offiziere zur Verfügung, und er war auf ausgehobene Bauern als Soldaten angewiesen; doch diese zeigten sich rasch ziemlich uninteressiert daran, gegen Schweden zu kämpfen. Sie dachten in ihrem unerschütterlichen gesunden Menschenverstand: Wenn die Schweden nicht gegen uns kämpfen, gibt es keinen besonderen Grund für uns, gegen sie zu kämpfen. Wir kaufen von ihnen Eisen und Kupfer, sie kaufen Pferde und Getreide von uns; warum soll es nicht dabei bleiben? Sie lauschten also schweigend und brav mit der Mütze in der Hand Sehesteds hehrer Mahnrede über Gott, König und Vaterland, aber sobald er sich abgekehrt hatte, nahmen die meisten dankbar die an sie ausgeteilten Büchsen und liefen wieder nach Hause. Unter diesen Bedingungen mußte Sehested sich damit begnügen, ein paar Nadelstiche über die Grenze hinweg auszuführen und sozusagen aus der Distanz ein wenig zu knurren. Einige Abteilungen gelangten schließlich auf das rechte Ufer des Göta Älv, wo sie umherzogen und einige Schleusen und Sägewerke zerstörten. Das vielleicht Spektakulärste, das man zustande brachte, war, daß eine norwegische Einheit später durch die Wälder zu der kleinen, neu angelegten Stadt Vänersborg vordrang und sie niederbrannte. Schwedische Truppen wollten da nicht zurückstehen, überschritten die Grenze nach Bohuslän und steckten Uddevalla in Brand.

In diesem Frühjahr kam es an mehreren Punkten entlang der langen Grenze zwischen Schweden und Norwegen zu Kämpfen. Die Menschen wußten, daß Krieg war. Die Landeshauptmänner der schwedischen Grenzprovinzen hatten sich auf Befehl aus Stockholm auf eventuelle Feindseligkeiten von norwegischer Seite eingestellt. Unter anderem hatten sie Signalposten für Feuerzeichen errichtet und sich mit Hilfe abgedankter Offiziere darauf vorbereitet, die Bauern aufzubieten. Die Wege nach Norwegen wurden auch gesperrt, und die Jämtländer durften nicht mehr nach Schweden einreisen, eine Maßnahme, die unter der Grenzbevölkerung auf beiden Seiten sicher mit großer Verwunderung zur Kenntnis genommen wurde; denn diese bewegte sich seit altersher frei zwischen den Reichen und kümmerte sich wenig um die Striche auf der Karte, die für die Machthaber in Stockholm und Kopenhagen so viel bedeuteten, für sie aber überflüssige staatsrechtliche Fiktionen waren. (In diesen Gegenden gab es im allgemeinen keine richtigen Grenzlinien. Das eine Reich ging vage und unmerklich in das andere über, und die Grenze wurde möglicherweise durch einen gründlich überwachsenen Steinhaufen hier und einen großen Stein dort markiert.)

Es waren gute Zeiten für Freibeuter und andere findige Leute. Der Landeshauptmann in Falun, Peter Kruse, begann auf eigene Faust eine Eroberung der beiden norwegischen Kirchspiele Särna und Idre vorzubereiten, die diesseits des Grenzgebirges lagen. In Älvdalen sammelte er den waffenfähigen Teil der Bevölkerung – 112 Mann, die gegen volle Befreiung vom Mühlenzoll für dieses Jahr in den Dienst der Krone traten –, die er dem Befehl des Kapellans der Gegend mit Namen Daniel Buschovius unterstellte, den der Landeshauptmann selbstherrlich zum »Major« ernannte. Am 18. März 1644 wurde die Streitkraft nach Norden in Bewegung gesetzt, mit Pfeil und Bogen, Spießen, Jagdbüchsen und anderen einfacheren Waffen auf dem Rücken und einer selbstgenähten Fahne an der Spitze. Kruse ging davon aus, daß sie auf keinen größeren Widerstand stoßen würden. Er hatte zwei Spione, die mehrmals die norwegischen Kirchspiele besucht hatten, und außerdem waren zwei Männer von jenseits der Grenze aufgetaucht, die ausgesandt worden waren, um »mit dem Kirchspiel Orsa über Einigkeit und nachbarlichen Frieden zu verhandeln« – Kruse hatte den einen arrestieren lassen und den anderen zurückgeschickt, um »Brief und Siegel« zu holen, die bewiesen, daß sie zu Verhandlungen ermächtigt seien. Den traditionellen hölzernen Stab voller eingekerbter Namenszeichen, den sie bei sich hatten, erachtete er als nichtig.

Nach vier Tagen auf Skiern kam die Truppe eines frühen Morgens ins Kirchdorf Särna. Die überraschten Leute in den beiden norwegischen Kirchspielen wurden dorthin zusammengerufen. Dort trafen sie die 112 Männer aus Älvdalen, an der Spitze Buschovius, flankiert von einem alten Soldaten mit einer Muskete und einem Glöckner, der ein Gebetbuch trug. Buschovius verlas seine Vollmacht, in welcher den Bewohnern von Särna und Idre gleicher »Gottesdienst, Gesetz und Recht«, wie sie in Schweden galten, angeboten wurden, während er ihnen gleichzeitig kundtat, daß er sie, falls sie den Vorschlag nicht annähmen, »mit Feuer und Schwert heimsuchen« werde. Die Bewohner von

Der dänische Krieg (1643–1644)

Särna und Idre entschieden sich, was kaum verwunderlich ist, für die erste Alternative. Die Anziehungskraft, die das Versprechen des Gottesdienstes ausübte, sollte allerdings nicht unterschätzt werden. Die dänische Krone hatte seit eh und je wenig Interesse für diese entlegene und unzugängliche Gegend an den Tag gelegt. Das war kaum etwas, worüber die Bewohner traurig zu sein brauchten, wenn es nicht auch bedeutet hätte, daß sie keinen eigenen Pastor bekamen. Es war wie schon gesagt ein gläubiges Zeitalter, in dem das eigene Seelenheil den Menschen häufig mehr bedeutete als viele große, aber ach so ferne politische Verwicklungen. Am folgenden Tag hielt Buschovius die Predigt, taufte, traute und teilte das Abendmahl aus. Danach fuhren er und seine mit Bogen bewaffneten Älvdalinger zufrieden auf Skiern wieder nach Hause. Mit ihnen fuhren Vertreter jeder Dorfgemeinschaft in den beiden Kirchspielen, die später vor Kruse den Treueid auf die schwedische Krone ablegten. Im Jahr darauf ging er die Abrechnungen durch und kam zu dem Ergebnis, daß die unblutige Eroberung die schwedische Krone alles in allem 94 Taler in Silbermünze gekostet hatte. Es war ein *low budget*-Krieg, der einen hohen Gewinn eingebracht hatte. Doch im gleichen Monat wurde eine andere schwedische Eroberungsunternehmung nördlich von Dalarna eingeleitet, die sowohl blutiger als auch kostspieliger wurde.

Jämtland und das nahegelegene Härjedalen waren zwei dieser vielen kleinen Länder, wie man sie zu dieser Zeit in ganz Europa sehen konnte: halb selbständige Völker mit eigenen Traditionen, eigener Kultur, eigenen Gesetzen, eigener Sprache oder jedenfalls eigenem Dialekt, die ihr eigenes Leben führen wollten. Dies war während des Mittelalters auch fast überall gutgegangen, als der Staat schwach war und der Fürst abwesend. Doch nun war eine neue Zeit angebrochen, eine Zeit großer Könige, großer Armeen und großer Staatsapparate, eine Zeit, da Bretonen, Katalanen, Livländer, Transsilvanier, Moldavier und Jämtländer von ihren mächtigen und großmäuligen Nachbarn immer stärker bedrängt wurden.

Die Menschen in Jämtland und Härjedalen waren über einen langen Zeitraum zwischen der schwedischen und der dänisch-norwegischen Krone hin- und hergezerrt worden. Zeitweilig von den Schweden besteuert, dann wieder von den Norwegern, zuweilen auch von beiden gleichzeitig, waren die Menschen dort aufgrund einer Neigung ihrer lokalen Herren und ihres eigenen Handels zu Norwegen hingezogen worden. Das Leben unter dem dänischen König war in der letzten Zeit immer schwerer geworden, und nun war die Unzufriedenheit mit den Regierenden in Kopenhagen unter der Bevölkerung von Jämtland und Härjedalen groß. (Damit standen sie nicht allein. Auch die Bevölkerung von Bohuslän klagte in dieser Zeit viel über Christians hartes Regiment.) Während des Kriegs 1611–1613, als sie von schwedischen Truppen besetzt waren, waren viele Bauern gezwungen worden, der schwedischen Krone Treue zu schwören, und als die Dänen das Land zurückeroberten, rechneten sie in ihrem Hochmut mit harter Hand ab. Es endete damit, daß viele Jämtländer und Härjedalinger sich aus selbstbesitzenden Freibauern zu Pächtern der dänischen Krone gemacht sahen, vor brutalen und selbstherrlichen Vögten aus Kopenhagen auf den Knien liegend – Leuten, deren Einstellung zu Recht und Gesetz überwiegend als dehnbar bezeichnet werden muß. Christian, auch sonst nicht zimperlich, wenn es darum ging, das Landvolk kurz zu halten, hatte den Bewohnern von Jämtland und Härjedalen auch viele ihrer alten Sonderrechte genommen, die lokale Selbstverwaltungsorganisation abgeschafft und das Ganze damit abgerundet, daß er den Jämtländern das Recht entzog, ein eigenes Siegel zu führen. (Die dänischen Behörden versuchten auch von Zeit zu Zeit, die Grenze zu sperren und Handel und andere Kontakte mit Schweden zu verhindern.) Der dänische Steuerdruck nahm zu, und die Unzufriedenheit breitete sich unter Härjedalingern und Jämtländern aus, eine Unzufriedenheit, die nicht gerade gedämpft wurde, als die beiden Länder von wiederholten Notjahren heimgesucht wurden.

Es waren also keine besonders königstreuen dänischen Untertanen, die sich hier im Frühjahr 1644 der Drohung eines schwedischen Angriffs ausgesetzt sahen. Eine regelrechte Invasion Norwegens hatten die Regierenden in Stockholm nicht im Sinn, doch sie wollten mit einem kleineren Einfall in Jämtland die Norweger daran hindern, im schwedischen Teil von Norrland irgendwelchen Unfug zu treiben.

Wieder einmal gab es auf der schwedischen Seite Leute, die mehr als geneigt waren, selbst die Initiative zu ergreifen und die Entwicklung auf die Spitze zu treiben. Der Landeshauptmann in Gävle, Ivar Nilsson, und der Oberst Johan Oxenstierna, einer von Reichskanzler Axel Oxenstiernas Neffen, der zu diesem Zeitpunkt damit beauftragt war, in der Region Soldaten auszuheben, sandten Anfang des Jahres einen erregten Bericht an den Rat in Stockholm, worin sie behaupteten, daß 6000 norwegische Soldaten bereitständen, von Jämtland aus anzugreifen, weshalb sie darum ersuchten, unverzüglich Waffen und Munition sowie die Erlaubnis zu bekommen, mit den verfügbaren Truppen zur Grenze zu gehen. Die Männer im Rat nahmen den Bericht mit großer Skepsis auf – die Informationen waren ganz offensichtlich unzutreffend; unter anderem war es undenkbar, daß es den Norwegern gelungen sein sollte, in dem dünn besiedelten Jämtland so viele Männer aufzubieten – und antworteten dem Landeshauptmann kurz, er solle sich von »solchen Märchen« nicht beeinflussen lassen. Die zwei schickten indessen weiter alarmierende Briefe, wenngleich das Drohbild nach dem Rüffel aus Stockholm ein wenig abgemildert wurde (unter anderem strichen sie eine Null in ihrer

Berechnung der feindlichen Truppenstärke). Welche Auswirkung diese Berichte auf das Geschehen hatten, ist unklar, doch gegen Ende Februar wurden bei Borgsjön in Medelpad rund 2500 Mann des Hälsinge- und Västerbotten-Regiments zusammengezogen, und am Abend des 7. März überschritt der Verband die jämtländische Grenze.

Die schwedischen Soldaten arbeiteten sich durch die dichten, schneebedeckten Wälder und über die gefrorenen Gewässer vor. Erst als sie Brunflo am Storsjön erreichten, kam es zu eigentlichen Kämpfen. Als die Männer der schwedischen Vortruppe sich der Siedlung näherten, begannen von der kleinen Kirche und vom Richterhof Musketen zu knallen. Die Schweden zogen sich daraufhin zurück, um auf die Haupttruppe zu warten. Diese stolperte jedoch auf ihrem Marsch in eine feindliche Abteilung, und ein heftiger Schußwechsel brach aus. Als der übelriechende Pulverdampf verflog, waren die Gegner der Schweden geflohen. Auf dem vereisten Weg lagen 14 gefallene Norweger, und als man später den Wald durchsuchte, fand man gut 40 weitere, die während des kurzen Kampfs erschossen worden waren. Die Schweden marschierten weiter. In den Dörfern östlich von Brunflo stieß man auf einige kleinere Gruppen norwegischer Soldaten, aber es genügte, daß die Schweden ein paar dröhnende Kanonenschüsse abgaben, und jene verschwanden eilends in Richtung des Gebirges im Westen – das einzige, was den Rückzug aufhielt, war, daß einige der Fliehenden ganz nebenbei die Gelegenheit wahrnahmen, ein paar am Weg gelegene Höfe zu plündern.

Gegen Abend wurden die sechs schwedischen Soldaten begraben, die bei den Kämpfen in Brunflo gefallen waren, und schon während der Nacht kamen einige Bauern zum schwedischen Lager und erklärten sich bereit, ihren neuen Herren die Treue zu schwören. Als die Truppen früh am nächsten Morgen weitermarschierten, begegneten sie wieder jämtländischen Bauern, die, ihre Mützen auf Stöcken hochhaltend, aus dem Tannenwald kamen und um »Gnade und Frieden« baten. Auf Frösö und bei Mörsil wurden Schanzen gebaut und beide mit je 200 Soldaten besetzt. Die Jämtländer und Härjedalinger wurden gezwungen, für das Vergnügen, mit Gewalt unterworfen worden zu sein, ein Brandschatzgeld zu bezahlen, wonach sie »mit erhobenen Fingern« einen Treueid auf Königin Christina leisteten und das Hälsinge- und Västerbotten-Regiment davonstapfte nach Stockholm, wo es an Bord der Flotte ging und nach Dänemark absegelte.

Im Mai schlugen die Norweger zurück. Binnen so kurzer Zeit, daß man von einem Rekord sprechen kann, war es den Schweden gelungen, ihr Regime bei den Jämtländern so verhaßt zu machen, daß diese vorübergehend ihre zuvor so unmäßige Wut über die dänische Herrschaft vergaßen. Die Unentschlossenheit, die sie in früheren Kriegen gezeigt hatten, war jetzt wie fortgeblasen. Eine

Truppe von 1100 Mann, hauptsächlich junge jämtländische Bauern, zog heimlich über das Gebirge, überrannte die Schanze in Mörsil und machte die gesamte Besatzung nieder – der einzige Überlebende war ein schwedischer Soldat, der sich im Schornstein eines Hauses versteckt hatte, aber später entdeckt und gleichfalls niedergestochen wurde. An die zwanzig in Valne By stationierte Schweden wurden im Schlaf überrumpelt. Der Befehlshaber der Abteilung, ein Hauptmann, wurde in seinem Bett zerhackt, und alle seine Untergebenen wurden gleichfalls erschlagen.

Die schwedische Antwort war lahm. Es gab eine Grenze für das, was man tun konnte, um Jämtland und Härjedalen einzunehmen. Es handelte sich ja um zwei dünn besiedelte, karge Landschaften (die meisten Bewohner waren so arm, daß sie nicht einmal die bescheidene Summe von Reichstalern bezahlen konnten, die von den Schweden als Brandschatzgeld gefordert wurden). Der Krieg dort war nur ein kleiner Blinddarm des großen Krieges, der im Süden tobte und nun zum Sommer hin immer dramatischer wurde. Fast alle regulären Truppen waren außerdem mit den entscheidenden Kämpfen dort unten vollauf beschäftigt, und dem Plan der schwedischen Behörden, mit einem Aufgebot von Bauern den verbliebenen schwedischen Truppen in Jämtland Unterstützung zuzuführen, war nur mäßiger Erfolg beschieden – der Appetit der Dalekarlier auf militärische Triumphe war offenbar nach dem kleinen Skiausflug nach Särna befriedigt, und sie lehnten es glatt ab, nach Härjedalen zu ziehen; und ein anderer Verband, der Anfang August bis Bräcke vorgerückt war, mußte umkehren, nachdem der Hauptteil seiner aufgebotenen Bauern erklärte, daß sie sich lieber von ihren Eigenen niederschießen lassen wollten als vom Feind – und die letzte Festung, die Schanze auf Frösö, ergab sich am 10. August, und der Rest der durch Krankheiten schwer dezimierten Besatzung wurde wie Vieh durch die von Mückenschwärmen dampfenden sommerlichen Wälder bis zur Grenze von Medelpad getrieben, wo er freigelassen wurde. Damit war dieser Eroberungszug an sein Ende gekommen.

Als es klar wurde, daß Göteborg von Angriffen aus mehreren verschiedenen Richtungen bedroht war, befiel die Regierenden in Stockholm aus erklärlichen Gründen vor Schreck ein gehöriger Schluckauf. Es gab zwar an die tausend Mann in den Festungen rund um die Stadt, aber um die Stadt gegen eine dreifache Bedrohung verteidigen zu können, brauchte man auch bewegliche Verbände. Eine Reiterabteilung – der Hauptteil bestand aus der Adelsfahne, einem Verband mit alter Tradition, der vom Adel des Reichs bezahlt wurde – erhielt Befehl, sich auf dem schnellsten Weg nach Göteborg zu begeben. Sie galoppierte Hals über Kopf los und erreichte die Stadt bereits am 18. April. Doch wurden auf diesem wilden Todesritt so viele Pferde zuschanden geritten oder waren so erschöpft, daß der Verband als Kavallerie nicht mehr eingesetzt werden konnte.

Die Schweden konnten von Glück sagen, daß die norwegischen Streitkräfte so schlecht gerüstet waren und sich weitgehend damit begnügten, auf dem rechten Ufer des Göta Älv Brände zu legen. Bald merkten die Schweden in der Stadt außerdem, daß sie einen direkten Angriff von der Seeseite nicht zu befürchten hatten, dazu war die Festung Älvsborg allzu stark und die auf den Holmen an Land gegangenen dänischen Verbände allzu schwach. Aber die Einfahrt war gesperrt und die Stadt blockiert: allmählich hatten die Bürger Göteborgs Schwierigkeiten, Waren zu bekommen, die normalerweise übers Meer kamen, wie Salz, Gewürze und Wein – in ganz Westschweden entstand unter anderem große Knappheit an Abendmahlswein. Die Gefahr aus Süden durch das dänische Korps im nördlichen Schonen bestand jedoch weiter, und bald kamen Berichte, daß es sich auf Göteborg zubewegte.

Gustav Horns Armee war zu diesem Zeitpunkt auf dem Weg nach Blekinge, um, wie jemand schreibt, »Kontributionen einzutreiben und das Land zum Gehorsam zu zwingen«. Als die Nachricht eintraf, daß das dänische Korps auf dem Weg nach Norden durch Halland sei, mußten Horns Truppen auf der Stelle umschwenken und ihm schnell folgen. Am 2. Mai erreichte das Heer Laholm. Wie gewöhnlich kamen die Schweden in eine Stadt, die von ihren Bewohnern verlassen worden war, aber Schloß Lagaholm war besetzt. Auf dem Papier war das Schloß eine imposante Festung, in günstiger Lage auf einer Insel und an dem einzigen Übergang über den Lagan erbaut, den es in Halland gab, und von 14 Meter dicken Wällen umgeben. Aber zum Pech der Halländer war das Schloß in einem miserablen Zustand. Die Ursache war die übliche: Der widerspenstige dänische Adel hatte die Sondersteuer nicht bezahlen wollen, die König und Staat forderten, um Festungen wie diese instandzuhalten. Wie mehrere andere Festungen in Schonen und Halland war es deshalb zu einem Sinnbild für Fäulnis, Morschheit und Verfall verkommen. Horns Männer begannen sogleich mit der Belagerung des Schlosses. Die Verteidigung wurde mit mehr Enthusiasmus als Kompetenz betrieben. Horn plante unter anderem, die verschiedenen Gebäude des sogenannten Ladugårdsholms in Brand zu schießen, doch bevor seine Artillerie soweit war, steckte die Besatzung des Schlosses die Anlagen dort selbst in Brand, obwohl diese für die Verteidigung der Festung notwendig waren. Die meiste Zeit hielt sich die 150 Mann starke Besatzung im Verborgenen, machte keine Ausfälle und schoß so gut wie gar nicht auf ihre schwedischen Gegner, die rundumher die Erde aufwühlten und Batterien und Laufgräben aushoben. Nur bei einer Gelegenheit eröffneten die Männer auf dem Schloß ein wütendes Bombardement, doch lediglich mit dem Erfolg, daß in der eigenen Stadt Feuer ausbrach und ein Viertel der Stadt abbrannte. Eines

Endlich haben wir den alten Fuchs im Sack!

Nachts ließ ein betrunkener schwedischer Offizier, der in den Laufgräben die Wache hatte, gegen den Befehl die Trommeln rühren und die Belagerten anrufen, und bald setzten Gespräche ein, die am nächsten Morgen dazu führten, daß der Kommandant der Festung mit Horn einen kleinen Waffenstillstand schloß – die Schweden nutzten die Gelegenheit, um das Terrain und das Schloß auszukundschaften, was dadurch erleichtert wurde, daß die dänischen Wachtposten sie in ihrem Friedenseifer auf die eigentliche Schloßinsel hinüberließen. Als die Kämpfe später wiederaufgenommen wurden, setzten schwedische Soldaten im Schutz der Dunkelheit zu einem der Holme über und kletterten dort dankbar hinunter in den Schutz einiger Laufgräben, die die Dänen gegraben, aber aus unerfindlichen Gründen nicht besetzt hatten. Und am 14. Mai, nach einem tagelangen Bombardement mit einem Mörser und schweren Kanonen, gab die Besatzung von Schloß Lagaholm auf. Am nächsten Tag paradierten sie mit stolz wehenden Fahnen und klingendem Spiel heraus, gefolgt von Pferden, Wagen, Gepäck, Dienern, Gesinde, Frauen und Kindern – wie vereinbart wurden sie nach Kristianstad geleitet, doch unterwegs verschwanden die dänischen Soldaten einer nach dem anderen wie die zehn kleinen Negerlein, und als der Verband sein Ziel erreichte, waren von der ursprünglichen Truppe nur noch wenige dabei.

Laholms Fall war ein weiterer großer Erfolg für die schwedische Armee. Abgesehen davon, daß sie eine weitere wichtige Festung in die Hand bekam, und indirekt auch den guten Hafen an der Küste, bedeutete dies, daß das dänische Korps, das von Halland nach Göteborg unterwegs war, mit einem Schlag mehr oder weniger zwischen der Stadt im Norden und Horns Heer im Süden in der Klemme saß. Die gegen Göteborg gerichtete dänische Operation war gescheitert, denn zu diesem Zeitpunkt waren die dänischen Schiffe vor der Stadt überraschend und ohne erkennbaren Anlaß davongesegelt; als letztes brannten sie *Gottenbrille* auf Kyrkogårdsholmen nieder, und damit war die Blockade beendet. Anfang Juni verließ auch das dänische Korps südlich von Göteborg das verregnete Halland, ging an Bord wartender dänischer Schiffe und verschwand am Horizont. Und nachdem sie die halländische Landbevölkerung gebrandschatzt hatte – jeder Bauer mußte vier Taler sowie eine Tonne Brot und eine halbe Tonne Bier abliefern – wandte sich Horns Armee wieder nach Süden.

Damit war die Bedrohung Göteborgs zwar für diesmal vorüber, und Horns Armee hatte auch Halland fest im Griff, aber dies hatte so viel Zeit gekostet, daß der blauäugige Traum von einem schnell erledigten Blitzkrieg nun endgültig zerstoben war. Horns Armee war auf dem Weg nach Süden, um Malmö zu belagern, doch selbst wenn die Stadt gegen jede Vermutung rasch fiele, wäre nicht viel gewonnen gewesen, denn die dänische Flotte herrschte in einsamer

Majestät über die Gewässer zwischen den Inseln und im Sund und konnte ohne Anstrengungen jeden schwedischen Versuch, den Krieg nach Seeland oder Fünen hinüberzutragen, vereiteln. Um diesen toten Punkt zu überwinden, brauchten die Schweden die Unterstützung ihrer Flotte. Darüber hinaus hatte sich die Lage für Torstenssons Armee in Jütland grundlegend verändert.

Als Torstenssons Heer im September 1643 aus Mähren abmarschiert war, gab es niemanden in der schwedischen Führung, der glauben konnte, daß die Kaiserlichen ihm folgen würden. Schwedische Verbände hielten eine Anzahl befestigter Orte in diesem Teil von Deutschland, und vernünftigerweise würden die Leute des Kaisers die Atempause, die ihnen jetzt geschenkt wurde, dazu benutzen, diese zurückzugewinnen. Außerdem waren Pommern und die Ostseeküste noch so schwer verwüstet, daß alle wußten, daß dort keine Armee leben konnte, zumindest nicht, bevor die Bauern im Herbst des nächsten Jahres ihre Ernte eingebracht hatten. Ein Vorstoß der Kaiserlichen nach Norden wäre deshalb der reine Wahnsinn, darin waren sich alle einig. Sie hatten jedoch nicht mit dem Kaiser und seinem Feldherrn Gallas gerechnet. Der Kaiser – der ein typischer Schreibtischstratege gewesen zu sein scheint und sich an der Ehre des Krieges ergötzte, aber sorgsam alle seine Gefahren mied und mit Vorliebe in seinen vier Wänden saß und große Striche und kleine Kreuze auf Kartenblätter zeichnete – war von Kopenhagen mit Hilfsappellen bombardiert worden und hatte schließlich nickend zugestimmt. Die Dänen versicherten, daß es *so* leicht sein würde, das schwedische Heer in Jütland zu zerschlagen; soweit sie wüßten, sei dieses nach den vielen kleinen Kämpfen des Spätwinters schwer angeschlagen, außerdem könnten die Dänen selbst den Kaiserlichen große Verstärkungen garantieren, und so weiter. Des Kaisers erster Fehler war wohl, auf die von Panik geschlagenen Dänen zu hören, die offenbar bereit waren, jedermann alles mögliche zu erzählen, um ein wenig Beistand zu bekommen. Sein zweiter Fehler war, die Operation von Gallas leiten zu lassen. Dieser machte sich mit der nur ihm eigenen Mischung aus betonköpfiger Phantasielosigkeit und solider Inkompetenz ans Werk. Nachdem er zwei Monate gebraucht hatte, um den Abmarsch seiner Truppen mehr als gründlich vorzubereiten, führte er das Heer sehr, sehr langsam nach Norden, während er dem Hof in Wien triumphierend mitteilte: »Endlich haben wir den alten Fuchs im Sack.«

Der alte Fuchs wußte, daß er Gallas und seine 15 000 Mann, wie langsam sie sich auch nach Jütland heraufbewegen mochten, nicht ignorieren konnte. Deshalb beorderte er sein Heer zurück nach Süden, teils um der neuen Bedrohung zu begegnen, teils um mit Claes Fleming und seinen Seestreitkräften Kontakt aufzunehmen, von denen er wußte, daß sie auf dem Weg waren, um seiner Armee Unterstützung zu leisten. Am 23. Juni fand Torstensson die schwedische Flotte vor Anker in der Kieler Förde, nicht weit von Christianspris (der

Festung, bei deren Erstürmung durch schwedische Soldaten im Dezember des Vorjahres Erik Jönsson Augenzeuge gewesen war). Der alte Plan, Torstenssons Armee im Handumdrehen hinüber nach Fünen zu segeln, war nun, wo die kaiserliche Armee auf der Bühne erschienen war, überholt. Doch begriffen weder Torstensson noch Fleming, was um alles in der Welt Gallas im Sinn hatte, denn der Marsch seiner Truppen nach Norden ging in langsamem *adagio* vonstatten, und noch hatten sie Holstein nicht erreicht. Während man darauf wartete, was Gallas sich schließlich einfallen ließe, beschlossen Torstensson und Fleming, die 60 Kilometer weiter östlich unmittelbar vor der deutschen Küste gelegene dänische Insel Fehmarn zu erobern. Gegen 7 Uhr am Abend des 29. Juni gingen schwedische Soldaten von geruderten Barkassen und Beibooten aus an Land, und nach einem kurzen Kampf am Ufer mit dänischen Soldaten und aufgebotenen Bauern nahmen sie die Insel ein. Am Morgen des 1. Juli segelten sie die Schiffe zurück nach Christianspris.

Gegen 9 Uhr sahen die schwedischen Seeleute Segel in der Ferne. Es war die dänische Flotte, insgesamt an die 40 Schiffe. Die Dänen hielten genau auf sie zu. Wenige auf der schwedischen Seite wußten zu diesem Zeitpunkt, daß bereits zwei wichtige Seeschlachten geschlagen worden waren.

Der schwedische Rat hatte, als er sich zum Krieg entschloß, kühl damit kalkuliert, die Niederlande auf seine Seite zu bekommen. Die Holländer beherrschten ja den größten Teil des Handels auf der Ostsee und hatten natürlich ein großes Interesse daran, dem dänischen Preien im Öresund ein Ende zu machen. Der Rat sandte heimlich Louis de Geer, der selbst Holländer war, nach Amsterdam, um dort Hilfe zusammenzutrommeln. Er hatte gute Kontakte, war reich und hatte außerdem ein unmittelbar persönliches Interesse an diesem Krieg; die Idee der Dänen, alle Transporte von Kriegsmaterial durch den Sund zu verbieten, hatte, wie schon erwähnt, ihn und eine Reihe anderer Kanonenfabrikanten eine Menge Geld, Mühsal und Flüche gekostet, und zu allem Überfluß hatte die dänische Krone ihn bei einem Waffengeschäft übers Ohr gehauen. Louis de Geer hatte also mehr als ein Hühnchen mit den Dänen zu rupfen.

Die Holländer zeigten sich indessen gänzlich uninteressiert daran, gegen Dänemark in den Krieg zu ziehen. Einige erhoben Einwände, runzelten die Stirn und kamen mit abstrusen Hinweisen auf alte Verträge. Andere standen Louis de Geers Vorschlag strikt ablehnend gegenüber. Der immer noch andauernde Krieg mit Spanien verlange die Konzentration aller Kräfte und erlaube nicht, daß man sich in neue Abenteuer stürze, meinten sie sehr zu Recht, und außerdem hielten sie den schwedischen Angriff für undurchdacht, weil er dem hart bedrängten Kaiser in Deutschland eine willkommene Atempause verschaffe. Aber der Hauptgrund, warum die niederländischen Generalstände sich wei-

Der dänische Krieg (1643–1644)

gerten, in den Krieg einzutreten, war, daß sie erklärte Verfechter des Status quo im Norden waren. Ihr Handel gedieh am besten, wenn sowohl Dänemark als auch Schweden nicht übermäßig stark waren und keine der beiden Mächte in der Ostsee die Oberhand gewann. Sie sahen es nicht ungern, wenn Christian einen kräftigen Nasenstüber bekam, aber sie dachten nicht daran, dem Schweden dabei zu helfen, das *dominium maris Baltici* zu erringen. Das hätte nämlich das Ende ihres eigenen lukrativen Ostseehandels bedeutet. Gleichgewicht sollte herrschen. Gleichgewicht!

Louis De Geers geheimer Auftrag in den Niederlanden sickerte nach und nach durch. Trotz schöner Lockrufe und Versprechungen hinsichtlich großzügiger Rekompensation wollte auch privat kein Holländer zu dem schwedischen Kriegsunternehmen beitragen. De Geer blieb nichts anderes übrig, als aus eigenen Mitteln eine Flotte zusammenzukaufen und zu heuern, die Torstenssons Armee helfen sollte, den Sprung nach Fünen zu machen – eine Arbeit, die Bürokraten, Dänenfreunde und andere Skeptiker im holländischen Staat nach besten Kräften behinderten. Die Flotte, die nach größten Schwierigkeiten Mitte April die Niederlande mit Kurs auf Dänemark verließ, zählte zwar 32 Schiffe, doch nur 22 von diesen waren halbwegs kriegstauglich. Es waren außerdem keine richtigen Kriegsschiffe, sondern recht kleine Handelsschuten – »Heringsschiffe« nannte ein Schwede sie später –, die man in größter Eile mit ein paar Kanonen bestückt hatte, im besten Fall mit 18-Pfündern (für ein Schiffsgeschütz ein kleines Kaliber). Vermutlich waren sie die billigsten. Die Männer an Bord waren größtenteils Handelsmatrosen, die noch nie im Krieg gewesen waren und eine erschreckend starke Neigung an den Tag legten davonzulaufen. Den Befehl über diese Flotte hatte De Geer Martin Thijsen übertragen, einem erfahrenen und weitgereisten Holländer, der unter anderem vor den südamerikanischen Küsten gegen die Spanier gekämpft hatte.

Anfang Mai ankerten De Geers Schiffe beim Lister Tief im Süden der jütländischen Westküste. Sie sollten tausend Musketiere des schwedischen Heers an Bord nehmen. Als sie dort lagen, tauchte plötzlich die dänische Flotte auf. Es war die Nachricht vom Herannahen von De Geers Flotte gewesen, die Christian dazu veranlaßt hatte, die Blockade Göteborgs abzubrechen. Für die Dänen ging es darum, das angeheuerte Geschwader daran zu hindern, sich mit der regulären schwedischen Flotte zu vereinigen; beide zusammen würden den dänischen Seestreitkräften klar überlegen sein. Die beiden Flotten stellten sich am 16. Mai zur Schlacht, und als der Kampf nach sechsstündiger Kanonade zu Ende war, sah es nach einem Sieg der Dänen aus: De Geers Geschwader war gezwungen gewesen, sich ins Lister Tief zurückzuziehen. Keine der beiden Seiten hatte ein Schiff verloren, aber die schwach bewaffneten holländischen

Schiffe hatten schwer unter dem Angriff der großen und gut bestückten Kriegsschiffe der Gegner gelitten. Thijsen hatte vorgehabt, die dänischen Schiffe zu entern, stellte aber zu seinem Schrecken fest, daß sie dafür viel zu hoch waren, und gewaltige Kanonenkugeln aus den dänischen 36-Pfündern waren in einigen Fällen glatt durch die kleinen holländischen Schiffe durchgeschlagen, als wären sie aus Baiser, während die Geschosse aus den bedeutend leichteren Geschützen der letzteren in vielen Fällen nur an den dunklen Eichenplanken der massiv gebauten dänischen Schiffe abgeprallt waren. Und da half es wenig, daß die angeheuerten Schiffe denen der Dänen zahlenmäßig überlegen waren. Ein Teilnehmer auf der schwedischen Seite berichtet:

> *Der Feind sandte uns Kugeln um die Ohren, daß wir nicht wußten, wohin wir uns wenden sollten. Nun ging es los, das Schießen war fürchterlich. Unser Schiff, die Gyllene Svan, ist so durchbohrt, daß es als ein wahres Wunder zu betrachten ist. Der Großmast ist an zwei Stellen durchschossen, die Fock ist in Fetzen, Ruder, Bugspriet, Wanten und Segel beschädigt, so daß wir genug damit zu tun hatten, den Großmast zu stützen.*

Einge holländische Schiffe waren in blutige Schlachterbuden verwandelt, voll von Gefallenen und Verwundeten, die »armlos und beinlos« waren, und im Wasser trieben Leichen. Die Stimmung unter den angeheuerten Seeleuten war vom Schock geprägt, und hinterher gab es viele, die »jämmerlich klagten und Schweden zur Hölle wünschten, weil sie so elend zur Schlachtbank geführt worden«. Die Befehlshaber beider Seiten kommandierten ihre Flotten vom Ort der Schlacht weg, um zu reparieren, die Leichen wegzuräumen und ihre Untergebenen zu beschimpfen.

Die angeheuerte Flotte lag noch einige Zeit im Lister Tief, bewacht von einem dänischen Geschwader, und nach einem gehörigen Donnerwetter von Torstensson stach sie am Morgen des 25. Mai wieder in See. Der Sommer war gekommen, und die Hitze war drückend. Zwei Stunden lang wechselten sie Schüsse mit den Dänen, dann ließen die beiden Flotten voneinander ab. Zur Nacht hin kam Sturm mit Gewitter und Regenschauern auf. Da hatten die holländischen Besatzungen genug, und sie zwangen die ganze Flotte, umzukehren und wieder in die Niederlande zurückzusegeln. Dort veranstalteten die unzufriedenen Seeleute und ihre Frauen Krawalle, während andere verlangten, man solle De Geer als den für das Debakel eigentlich Verantwortlichen ins Gefängnis werfen. Es sah so aus, als habe der Krieg einen Wendepunkt erreicht, denn ohne die Verstärkung aus den Niederlanden würde die schwedische Flotte kaum ihren dänischen Widerpart überwinden können, und ohne die Herrschaft zur See konnte man alle Ideen von der Verlagerung des Kriegs nach Seeland und Fünen vergessen. Die Holländer nahmen dies genau zur Kenntnis;

eine Person bemerkte in einem Brief vom 5. Juni: »Hier in Amsterdam steht die Welt auf dem Kopf; alle Kaufleute sind gute Dänen geworden.«

Es stand also eine ganze Menge auf dem Spiel, als die schwedische Flotte am 1. Juli ihren dänischen Widerpart sichtete. Noch ein Rückschlag zur See würde bedeuten, daß der Krieg sich endgültig zugunsten Dänemarks gewendet hätte.

Die zwei Flotten, die hier an der Kolberger Heide am östlichen Ausgang der Kieler Förde aufeinandertrafen, waren gleichwertig. Die dänische zählte 40 Schiffe, davon neun von der größten Klasse, die schwedische 34, davon drei große. (Außerdem kamen auf beiden Seiten eine Anzahl kleinerer Bojerte, Galioten und Brander hinzu – letztere waren dazu gedacht, brennend zwischen die feindlichen Flottenverbände geschickt zu werden.)

Der Tag war sonnig und schön, nach nach einigem Manövrieren begann der Kampf. Es war gegen ein Uhr. Wie üblich glitten die Eskader in langen Reihen heran und beschossen einander mit allen verfügbaren Geschützen, während der Pulverrauch zu Wolken aufquoll und Holzsplitter und Teile der Takelage und Taue auf die Männer an Deck herabregneten. Christian befand sich auf der *Trefoldighet*, als eine schwedische Kanonenkugel einschlug und die Delphine eines Geschützes neben ihm traf, das gerade ausgerichtet wurde. Das Geschoß zerplatzte in einem Regen von Holz- und Metallsplittern und warf die Umherstehenden zu Boden. Eine Person wurde auf der Stelle getötet und zurückgeschleudert und riß Christian im Fallen mit sich um. Blutüberströmt kam der 67jährige König wieder auf die Beine, das eine Ohr zerfetzt, das rechte Auge verletzt und mit verschiedenen kleineren Wunden. Er ließ sich verbinden, und mit der ganzen arroganten Bravour, der seine Klasse huldigte, nahm er anschließend ruhig seinen Platz auf dem blutbefleckten Deck wieder ein.

Claes Fleming führte von seinem Admiralsschiff *Scepter* aus den Befehl über die schwedische Flotte. Obwohl sein letzter Dienst zur See 15 Jahre zurücklag, gelang es ihm, mehrere kühne Manöver durchzuführen, doch immer wieder stellte er fest, daß die Unterbefehlshaber zauderten oder so ungeschickt manövrierten, daß die Schiffe sich gegenseitig behinderten oder zusammenstießen. Die Dänen wichen auch aus, wenn die schwedische Flotte ihre Sturmangriffe vortrug. Es war deshalb schwierig, eine Entscheidung herbeizuführen, und das Bombardement setzte sich stoßweise Stunde um Stunde fort, während die langen Perlenbänder von Segeln und Bugsprieten langsam und majestätisch im rauchgeschwängerten Sommerwind auf der Kolberger Heide ihre Kreise zogen. (Die Kanonade war auch durch die einfache Tatsache begrenzt, daß die Flotten keine besonders großen Mengen Munition mitführten. Auf den schwedischen Schiffen war jede Kanone mit nur 30 Schuß ausgerüstet worden.) In der Regel war es schwierig, ein großes Kriegsschiff mit Artilleriebeschuß zu versenken, und obwohl mehrere Schiffe durchlöchert und mit Schlagseite aus dem Kampf schlichen, strich keines die Flagge. Deshalb war das Entern bei vielen Seekriegern ein beliebte Methode; gelang es, setzte man nicht nur ein feindliches Schiff effektiv außer Gefecht, man konnte es mitsamt seinen Kanonen auch selbst brauchen. Aber eine erfolgreiche Enterung war schwer, häufig kam es nur zu einer kleineren Kollision, nach der der enternde Part sich ausgesegelt sah. Kapitän Tönnes Speck auf der *Kattan* wollte es trotzdem versuchen. Mit 22 Kanonen und 97 Mann Besatzung gehörte sein Schiff zu den kleineren der Flotte, doch die *Kattan* war ein schnelles Schiff. Er ließ sie gegen einen gleich großen Gegner in der dänischen Linie, die *Nelleblad*, steuern. Die *Kattan* prallte gegen die *Nelleblad*, und mit einem Krachen brach der Bugspriet des schwedischen Schiffes, und die Galionsfigur löste sich und glitt ins Wasser. Bewaffnete schwedische Soldaten und Seeleute warfen sich hinüber an die Reling des dänischen Schiffes, aber ihre Gegner waren vorbereitet. Sie stürmten an die Reling und gingen mit blanken Waffen auf die dort hängenden Seeleute los; sie schlugen ihnen ganz einfach die Hände ab – Äxte verschiedener Art waren die Hauptwaffe der Seeleute dieser Zeit. Mehrere schwedische Krieger verschwanden im Wasser oder taumelten zurück auf das Deck der *Kattan*, während das Blut aus ihren Armstümpfen spritzte. Als ein dänisches Schiff sich drohend näherte, um der *Nelleblad* zu Hilfe zu kommen, brach Speck die Enterung ab.

Als die Dunkelheit hereinbrach und es nicht mehr möglich war zu sehen, wer Freund oder Feind war, ebbte das Feuer langsam ab, um allmählich ganz zu verstummen. Beide Seiten hatten zusammen 300 Mann an Toten und Verwundeten eingebüßt. Keine Seite hatte ein Schiff der Gegenseite erobert, keine ein Schiff der Gegenseite versenkt, keine Seite hatte Gefangene gemacht. Beide Seiten sahen sich als Sieger, zumindest offiziell. In Wahrheit war Fleming außer sich vor Wut über die Ungeschicklichkeit und Unentschlossenheit seiner Untergebenen. Einer der Kapitäne wurde angeklagt, »wie ein altes Weib« gekämpft zu haben, und wer sich noch einmal so verhielt, sollte laut Fleming »ohne Gnade gehängt werden«. Tatsächlich war es nur der akute Mangel an schwedischen Seeoffizieren, der den rasenden Admiral daran hinderte, seine Drohung umgehend wahrzumachen. (Vielleicht hätte es Fleming getröstet, wenn er gewußt hätte, daß der bandagierte König Christian ungefähr zur gleichen Zeit mit aller Kraft *seinen* Befehlshabern die Leviten las, die ebenfalls lahm und tolpatschig agiert und sogar im Pulverdampf die eigenen Schiffe beschossen hatten.)

Kochend vor Zorn gab Fleming der Flotte den Befehl, in die Kieler Förde zurückzusegeln. Die Entscheidung war ein Fehler, der Fleming selbst das Leben kosten sollte und um ein Haar zum Untergang der schwedischen Flotte geführt hätte.

Daß es den schwedischen Seestreitkräften bei drei Gelegenheiten nicht gelungen war, in die Gewässer um die dänischen Inseln einzudringen und sich dort die Vorherrschaft zu sichern, war an und für sich schlimm genug. Dies machte es unmöglich, den schwedischen Kriegsplan auszuführen und Fünen und Seeland zu besetzen. Außerdem bedeutete es, daß die großen Landgewinne, die Gustav Horns Armee jenseits des Sunds gemacht hatte, nur Schrift im Wasser zu sein schienen. Während des Krieges in Deutschland hatte unter anderem Johan Banér lernen müssen, daß man, um ein Gebiet zu beherrschen, auch dessen Festungen beherrschen mußte; tat man dies nicht, konnte man möglicherweise ein Land ruinieren, es aber niemals besitzen. Anfang Juli 1644 war praktisch ganz Schonen, Blekinge und Halland in der Gewalt der Schweden, mit einer großen Ausnahme: Malmö. Und solange schwedische Truppen nicht auf den Mauern dieser Stadt standen, waren alle ihre Landgewinne höchst unsicher. Malmö war die zweitgrößte Stadt Dänemarks und galt als eine der größten und schönsten Städte des Nordens überhaupt. Sie hatte zwar seit ihrer Blütezeit im 16. Jahrhundert – als sie das Zentrum der dänischen Reformation gewesen war – etwas an Bedeutung verloren, war aber noch immer eine bedeutende Handelsstadt, die davon lebte, Getreide und Vieh aus dem wohlhabenden Schonen zu verkaufen, und die unter anderem direkte Kontakte nach Ostindien unterhielt und eine solche Vielfalt großer, schöner Häuser aufwies, daß manche meinten, ihr Glanz überstrahle sogar Kopenhagen. Die Stadt war gut befestigt, geschützt durch umgebendes Sumpfland, eine dicke Mauer mit breitem Wallgraben, und sie stand in dem Ruf, uneinnehmbar zu sein. (Die Verteidigungsbauten hatte man vor dem Krieg in Malmö ebenso sorglos verfallen lassen wie in einigen anderen dänischen Städten – unter anderem drohten die Mauern an einigen Stellen einzustürzen, und die Tore waren so beschädigt, daß sie nicht einmal zu schließen waren –, doch jetzt waren sie wieder instandgesetzt.) Über den Hafen konnte die Stadt regelmäßig von draußen mit Proviant und Verstärkungen versorgt werden. Gustav Horn wußte, daß sich – wenn er die Stadt nicht einnähme, sondern auf irgendeine mirakulöse Art und Weise nach Seeland hinübergelangte – über kurz oder lang die Tore Malmös öffnen würden und ein in größter Heimlichkeit hinübertransportiertes dänisches Heer herausströmen und in seinem Rücken binnen kurzem alles, was er gewonnen hatte, zurückerobern würde. Doch wie sollte er die Stadt einnehmen, wenn nicht die schwedische Flotte kam und ihre Verbindungen über den Sund abschnitt? Es war genau so, wie ein Historiker des 17. Jahrhunderts später schrieb, daß nämlich »Dänemarks Sicherheit weniger von der Sperrung des Sundes als von den Mauern Malmös abhing«.

Gustav Horn lagerte mit seiner Armee vor den Mauern Malmös, wo seine Soldaten den Sommer 1644 damit zubrachten, Vieh und Getreide zu stehlen,

Windmühlen niederzubrennen und sich ganz allgemein über das Land herzumachen. (Noch acht Jahre nach Kriegsende klagten die Bürger der Stadt darüber, wie verwüstet das früher so reiche Umland war. Was damals geschah, bedeutete das unwiderrufliche Ende der Blütezeit Malmös. Und als man sich ein Jahrzehnt später erholt hatte, kam der nächste vernichtende schwedische Schlag.) Horn selbst spähte Woche auf Woche über das Meer, um zu sehen, ob nicht die schwedische Flotte bald käme. Wie gewöhnlich wußten weder er noch der Rat in Stockholm, wo sie sich befand oder was sie tat. Gerüchte gingen um. Irgend jemand hatte im Hafen von Kopenhagen ein schwer zerschossenes Schiff gesehen, und es hieß, irgendwo habe eine Seeschlacht stattgefunden.

Tatsächlich war die schwedische Flotte eingesperrt, gleichsam in einem engen Loch von der dänischen Flotte gefangen. Als Flemings Flotte nach der Schlacht auf der Kolberger Heide in der Kieler Förde geankert hatte, hatte er den Plan, rasch die Schäden zu reparieren und danach wieder auszulaufen, um sich aufs neue den dänischen Gegnern zu stellen. Doch bevor die schwedischen Schiffe die Anker lichten konnten, tauchte überraschend die dänische Flotte auf und legte sich quer vor den Ausgang der schmalen Förde. Der Wind machte lange Zeit einen Ausbruch unmöglich, und Torstensson hielt es außerdem für besser, daß Flemings Geschwader in ihrem Winkel ausharrte, denn er wußte, daß eine neu angeheuerte Flotte – unter großen Schwierigkeiten von Louis De Geer zusammengesucht – von den Niederlanden unterwegs war. Wenn die dänische Flotte nur lange genug liegenblieb, würde sie zwischen zwei Feuern gefangen sein.

Aber für die Besatzungen der schwedischen Schiffe wurde die Lage immer verzweifelter. Nach einiger Zeit ging der Proviant zur Neige, und die Krankheiten häuften sich (schon waren 700 Mann dienstuntauglich). In der Nacht zum 24. Juli erschienen völlig überraschend feindliche Soldaten vor Kiel, und am Morgen stürmten sie in die Stadt, raubten und erschlugen einen Teil der kranken schwedischen Seeleute, die zur Pflege dorthin gebracht worden waren. Der Vorfall war doppelt besorgniserregend, denn der Überfall war nicht von Schnapphähnen oder frei umherstreifenden dänischen Soldaten ausgeführt worden, sondern von deutschen Soldaten aus dem kaiserlichen Heer. Gallas' Armee hatte sich endlich nach Holstein vorgetastet und konnte nun den Punkt erreichen, wo die schwedische Flotte zusammengedrängt lag. Und am gleichen Tag entdeckten die schwedischen Seeleute zu allem Überfluß, daß dänische Soldaten auf dem gegenüberliegenden Ufer der Kieler Förde an Land gegangen waren und angefangen hatten, sich dort einzugraben. Früh am nächsten Morgen begannen Kanonen aus ihrer neuen Festung zu dröhnen. Große, brummende Geschosse fegten in weitem Bogen über die glitzernde Wasserfläche und schlugen zwischen den verankerten Schiffen ein. Gegen sechs Uhr kam eine flach geschossene Kugel angezischt, prallte von der Wasseroberfläche ab und traf die Kajüte der *Scepter*, des Flaggschiffs der schwedischen Flotte. Dort war Claes Fleming gerade bei der Morgentoilette, assistiert von seinem Bedienten. Das Geschoß schlug mit einem Schauer von Holzsplittern in die Kajüte ein, tötete den Bedienten – der eine Waschschüssel hielt – und riß Fleming das rechte Bein am Oberschenkel ab. Nach zwei Stunden starb er durch den Blutverlust, doch nicht ohne den Befehl an seinen Nachfolger übergeben zu haben und nachdem er sich den Ritualen und Vorbereitungen unterzogen hatte, die man in dieser Zeit mit einem guten Tod verband.

Die Flotte war in so offensichtlicher Gefahr, daß ein unmittelbarer Ausbruch vonnöten war, was nun auch möglich wurde, nachdem der Wind auf West gedreht hatte. Am 28. Juli unternahm man einen Versuch, der jedoch wegen des Feuers von den eingegrabenen dänischen Geschützen abgebrochen werden mußte. Einige Zeit später verstummte ihr Donner. Dann eine Pause, gefolgt von zwei Schüssen. Schwedische Losung. Es war Torstensson, der einige Regimenter zu den Eingegrabenen hinausgeschickt hatte; die Verbände hatten die an Land gegangenen Dänen vom Wasser abgeschnitten, die Schanze gestürmt und die Besatzung von rund 1000 Mann niedergemacht. Einer der Anführer bei dem Sturm auf die Schanze war der Vetter Königin Christinas, der 22jährige Pfalzgraf Karl Gustav, der seit jenem Tag bei Leipzig vor fast zwei Jahren, als sein Pferd von einer kaiserlichen Kettenkugel zerrissen wurde, in Torstenssons Heer gekämpft hatte. Die zwei Jahre im Feld hatten den jungen Mann verändert, nicht zuletzt seine politischen Ansichten. Früher, als ballwerfender und kartenspielender Weichling am Hof in Stockholm, hatte er unter dem Einfluß der Personen im Umkreis der Königin Christina gestanden, die Axel Oxenstiernas aggressiver Außenpolitik skeptisch gegenüberstanden und eher den Frieden anstrebten. Selbst hatte er sich für den schnellen Abbruch aller Kriege ausgesprochen, in die Schweden verwickelt war. Seitdem war etwas geschehen. Karl Gustav hatte sich am Hof in Stockholm beiseitegeschoben und geringschätzig behandelt gefühlt, und erst als er zur Armee gekommen war, sah er sich anerkannt. Infolgedessen hatte er eine heftige Liebe zum Heer und zu dem Leben in dessen Mitte entwickelt. Zu alledem schien der junge Pfalzgraf entdeckt zu haben, daß er für den Krieg und der Krieg für ihn geschaffen war; sein Wesen war hart geworden, militarisiert worden. Seine Zweifel an der Expansionspolitik hatten sich in Luft aufgelöst. Jetzt war er ein Bekehrter. Er hatte das Licht gesehen. Oder richtiger gesagt, das Dunkel. Und dieses Dunkel trug den Spitznamen Dänemark, ein Reich, das er zutiefst verabscheute, ein Reich, das er als eine ständige Gefahr für den Frieden und die Sicherheit ansah. Den Jüten nur zu unterwerfen war nach Ansicht des jungen Karl Gustav nicht genug. Nein, meinte er in einem Brief, Dänemark als Staat müsse vernichtet werden. Ausgelöscht werden. Es war einfach notwendig. Im Kopf dieses Zweiundzwanzigjährigen begann ein weitgespanntes außenpolitisches Programm Kontur anzunehmen, das nach und nach ungeheure Folgen für die betroffenen Völker bekommen sollte.

Der Weg aufs Meer hinaus war frei. Nach einigen umständlichen Manövern stahl sich die schwedische Flotte gegen 10 Uhr am Abend des 2. August aus der Kieler Förde, eine lange, leise knarrende Reihe von Schiffen mit gelöschten Laternen. Mit Unterstützung des stetigen Winds verschwanden die schwedischen Schiffe rasch in Richtung Nordosten nach Stockholm. Es war im allerletzten Augenblick. Am Tag danach marschierte Gallas' Heer in Kiel ein. Christian wurde erneut fuchsteufelswild und ließ den Befehlshaber der dänischen Flotte enthaupten, weil er die Schweden so leicht hatte entkommen lassen.

Aber aufs Ganze gesehen konnte er zufrieden sein. Das Jahr hatte mit einer Serie von Katastrophen begonnen. Der Zusammenbruch war nahe gewesen. Nun schien sich alles gewendet zu haben. Die schwedische Flotte war wieder heimgesegelt. Den dänischen Inseln drohte keine Invasion mehr. Außerdem hatte sich Torstenssons Armee wieder nach Süden gewandt, um Gallas' Heer entgegenzutreten. Der Hauptteil der schwedischen Truppen verließ Mitte August die Halbinsel, um den deutschen Krieg wiederaufzunehmen. Und Anfang September begann die dänische Armee mit einer Gegenoffensive, um Schonen zurückzuerobern. Sie ging, genau wie Horn es sich ausgerechnet hatte, von dem Brückenkopf Malmö aus. Christian tat genau das, was man tun mußte, und drängte die schwedische Armee Schritt für Schritt nach Nordwesten. Es war ein Manöverkrieg der üblichen Art. Keine der beiden Seiten war gewillt, eine Schlacht zu wagen, und mehrmals blieben die beiden Heere in befestigten Lagern stehen, während sie sich gegenseitig ohne große Wirkung aus der Distanz bombardierten – von einem dieser Bombardements wird berichtet, daß es kaum mehr Effekt gehabt habe als eine ganze Anzahl getöteter Kühe. Horns Heer war in Bedrängnis, denn der Unterhalt war schlecht, nicht zuletzt weil die Aktionen der Schnapphähne mit neuer Intensität wieder einsetzten, nachdem sich unter den Schonen die Nachricht verbreitet hatte, daß ihr König mit einer Armee gelandet war. Auch die Krankheiten unter den Soldaten mehrten sich. So starben beispielsweise in einem Infanterieregiment, das beim Beginn der Kampagne fast 1000 Soldaten und Offiziere zählte, zwischen Februar und Anfang November 397 Mann durch Krankheiten. In der gleichen Zeit fielen 24 Soldaten im Kampf, sieben desertierten, und fünf gerieten in dänische Gefangenschaft.

Ende Oktober sah es danach aus, als habe das dänische Heer die Kampagne gewonnen. Die schwedische Armee stand um Ängelholm und beherrschte nur noch die nordwestliche Ecke von Schonen. Nachdem Christian die Schweden praktisch in ihre Ausgangsposition zurückgedrängt hatte, plante er, den Krieg nach Schweden hineinzutragen. Darum wollte er nun von Kristianstad aus Småland angreifen. Die dänische Bedrohung, die der schwedische Überfall hatte ausschalten sollen, war nun durch ebendiesen größer als seit langem.

Wieder einmal war der Zusammenbruch nahe.

Aber ganz unerwartet kam die Wende.

VII

SIEGE UND NIEDERLAGEN

(1644–1645)

1. So gut wie ein Junge

ERIK ÜBERWACHT DEN BAU IN STENSÄTRA. –
ÜBER KLIENTEN UND PATRONE. – PER BRAHE. – KÖNIGIN CHRISTINA. –
IHRE KINDHEIT UND ERZIEHUNG. – DAS VERHÄLTNIS ZUR MUTTER. –
›FRAUEN SOLLTEN NIE REGIEREN‹. –
DIE EINSTELLUNG ZUM ANDEREN GESCHLECHT. –
FRAUEN IM WIRTSCHAFTSLEBEN. – DIE PREZIÖSEN. –
DURCH DIE HINTERTÜR ZUR MACHT. – CHRISTINA WIRD MÜNDIG.

Im Herbst 1644 sah Erik Jönsson Schweden nach vier Jahren wieder. Gustaf Otto Stenbock, ein 30jähriger Generalmajor, war auf der Reise in die Heimat, und Rehnskiöld nutzte die Gelegenheit, um seinen Diener mit ihm zu schikken. Erik sollte im Auftrag seines Hausvaters einige offizielle und private Angelegenheiten regeln.

Ende Oktober fuhr Erik mit einem Schiff nach Kalmar, und von dort reiste er in Begleitung zweier Diener die große Landstraße hinauf nach Södermanland in das Kirchspiel Turinge südlich von Stockholm. Dort lag der Hof Stensätra, den sein Herr zu seinem Freihof umgestalten wollte. Rehnskiöld hatte wie jeder schwedische Adlige das Recht, von der Steuer für eines seiner Landgüter befreit zu werden – in der Regel das, auf dem er wohnte und seinen Sitz hatte. Im Prinzip konnte jeder frischgebackene Edelmann auf irgendein Haus zeigen, zu dem ein Stück Land gehörte, und erklären, daß dies sein Sitz *(säteri)* sei. Um in formalem, steuertechnischem Sinn als Freigut anerkannt zu werden, mußte der Besitz jedoch gewissen Anforderungen genügen; unter anderem mußten die Gebäude eines Freiguts einem Edelmann angemessen sein. Rehnskiöld wollte nun in Stensätra standesgemäße Gebäude errichten, und Erik Jönsson sollte diese Arbeit überwachen. Den größten Teil des Winters verbrachte Erik jedoch in Stockholm. Dort wohnte er bei dem vermögenden Kaufmann Lorentz Hartmann, der ein guter Freund von Eriks geschäftstüchtigem Onkel war. Der wichtigste Teil seiner Aufträge sollte in der Hauptstadt des Reichs erledigt werden. Im Auftrag seines Herrns sollte er zwei der mächtigsten Männer des Reichs aufsuchen.

Wer im 17. Jahrhundert für sein Leben und seine Karriere Hilfe und Schutz brauchte, suchte sich stets jemanden, der mächtiger und stärker war als er selbst, um sein Schützling zu werden; man machte sich zum Klienten eines Patrons. Dieses System war im Bewußtsein der Menschen fest verwurzelt. Den Kopf vor einem anderen zu senken, sich ihm zu unterwerfen und ihm aufzuwarten war keine Schande, vorausgesetzt, diese Person hatte den richtigen gesellschaftlichen Rang. Dann war es eine Ehre, sowohl für den Klienten als auch für seinen Patron. Und als Klient eines hohen Patrons hatte man Gelegenheit, Gefühle und Eigenschaften zum Ausdruck zu bringen, die in dieser Zeit hoch geschätzt waren: Loyalität, Verläßlichkeit, Gehorsam und Ergebenheit.

Klient einer mit Macht ausgestatteten Person zu sein war besonders wichtig für den, der in der Hierarchie weit unten stand, und Erik war zu diesem Zeitpunkt zu Rehnskiölds Klienten aufgestiegen. Alle, auch Personen in den höchsten Positionen, waren in der Regel von einem höheren Beschützer dieser oder jener Art abhängig, denn es war sehr schwer, etwas zu erreichen, einen Posten zu bekommen oder überhaupt Karriere zu machen, wenn man nicht die richtigen Leute kannte. Deshalb waren die Personen an der Spitze der Gesellschaft stets von Scharen von Bittstellern bedrängt, die Hilfe suchten, und sie sammelten unter sich große Gruppen von Klienten, von denen erwartet werden konnte, daß sie ihren hohen Herren auf diese oder jene Weise behilflich waren. Die ganze Gesellschaft war von diesen kleinen und großen Netzwerken von Leuten durchwoben, die einander mit Diensten und Gegendiensten unterstützten; es war eine Zeit der Handküsse, des Schulterklopfens und des Tuschelns. Im Zentrum eines Netzwerks befanden sich die verschiedenen Familienmitglieder, denn an diese wandte man sich zuerst, wenn es darum ging, ein Klientennetz aufzubauen. Aber die Netzwerke waren keine geschlossenen Gesellschaften. Die Familie war in dieser Zeit alles andere als ein intimer Kreis, sondern eher so etwas wie der Mittelpunkt des sozialen Lebens. Deshalb umfaßten diese Netzwerke auch regelmäßig viele andere Personen: Freunde, Haushaltsmitglieder, Diener, Nachbarn, Vertraute, Kollegen, Untergebene, Kunden, Schuldner.

Nicht zuletzt konnten sich diese Patrone mit ihren Netzwerken auch mit anderen Patronen zusammentun und so zwar instabile, aber sehr einflußreiche Machtzentren bilden. So war zum Beispiel die Beschlußfassung im Rat, und damit auch der größte Teil der Beschlußfassung im schwedischen Reich, praktisch in den Händen von sieben Aristokratenfamilien konzentriert, die außerdem durch Heiraten eng miteinander verwoben waren. Es waren die Familien Banér, Bielke und Brahe, Stenbock, De la Gardie, Horn und Oxenstierna. Sie hatten mitbestimmt über die kriegerischen Abenteuer, die seit dem Beginn des Jahrhunderts in Gang gesetzt worden waren, und sie hatten wirklich dabei gewonnen. Das Land in den eroberten Provinzen war in vielen Fällen gerade in ihren Händen oder in denen ihrer Klienten gelandet oder in den Händen einiger anderer Adelsfamilien, die mit im Rat saßen. Dies nannte man Rekompensation.

Sich einem dieser Ratsherren anzuschließen und sich gut mit ihm zu stellen war von entscheidender Bedeutung für alle, die im schwedischen Staat Karriere machen wollten, wie beispielsweise Gerhardt Rehnskiöld. Erik hatte deshalb Geschenke mitgebracht, die er einigen hochgestellte Personen überreichen sollte. Wir sollten dies nicht als Bestechung auffassen – obwohl diese sicher vorkam –, sondern als Zeichen der Loyalität, die Rehnskiöld ihnen gegenüber empfand.

Einer derer, denen Erik seine Aufwartung machte, war Graf Per Brahe. Er war ein Mann von etwas über Vierzig, mit engstehenden Augen, gerader, ausgeprägter Nase, schmalem Schnurrbart und einem kleinen, leicht vorgeschobenen Kinn. Brahe war Schwedens größter Grundbesitzer und einer der erklärtesten Aristokraten des Reiches: starrköpfig, streng konservativ und vollgestopft mit standesegoistischen Ideen vom Recht des Adels (mehr als beispielsweise der Realpolitiker Axel Oxenstierna, der seinem Klassendünkel zum Trotz oft bereit war, Kompromisse einzugehen, wenn es notwendig war; die beiden Männer waren auch im Rat Gegner). So hegte dieser geizige Mann zum Beispiel eine große Skepsis gegenüber Handel und anderem Kommerz. Nur der Boden war etwas wert. Außerdem war er ein überzeugter Anhänger einer Ständeordnung mit eindeutigen Unterschieden zwischen den Menschen, denn, so sagte er, man wisse ja, wie wichtig es sei, »Stände im Reich zu haben, welche machen, daß nicht alle wie Schweinshaxen sind, sondern sich der eine dadurch über den anderen erhebt«. Unbekannte Menschen verneigten sich tief hinunter aufs Straßenpflaster, wenn er in seiner Kutsche vorüberrasselte.

Aber wiewohl Per Brahe zur Genüge alle schwer erträglichen Untugenden des typischen Aristokraten aufwies, so hatte er doch auch mehrere von dessen Tugenden. Daß seine Kenntnisse, sein Fleiß und seine Gesetzestreue ihn zu einem guten Beamten machten, hatte er in den Jahren 1637–1641 als Gouverneur in Finnland bewiesen; dort war er durchs Land gereist, hatte gesichtet und gerichtet und unter anderem eine Universität in Åbo gegründet, das Postwesen geordnet und den Zoll reformiert. Und wie so viele andere Vertreter seiner Klasse meinte er für seine gehobene Position irgendwie mit Panache und persönlichem Mut bezahlen zu sollen. In seiner Jugend hatte er zusammen mit Gustav Adolf gekämpft und den verwundeten König persönlich aus dem Kampf am Danziger Haupt 1627 geführt, nachdem ihr Ruderboot von polnischem Feuer getroffen worden war. Und obgleich die zivilen Tätigkeiten fast seine ganze Arbeitskraft in Anspruch nahmen, hatte er während des letzten Kriegs gegen Dänemark immer noch Zeit gefunden, in Småland Truppen aufzustellen und an einem kleinen, unbedeutenden Gefecht teilzunehmen.

Erik Jönsson überbrachte Per Brahe »ein vortrefflich schönes Pferd«, wie es im Tagebuch heißt, und seine Ehefrau bekam einen großen Spiegel. Der andere Mann, den Erik aufsuchte, war Reichskanzler Axel Oxenstierna höchstpersönlich. Er bekam einen Hengst aus Holstein, und seine Gemahlin erhielt »eine schöne Uhr«. Es ist bemerkenswert, daß Rehnskiöld Wert darauf legte, sowohl Oxenstierna als auch Brahe seine Aufwartung zu machen, die Gegner im Rat waren – ein gutes Beispiel für einen klugen Untergebenen, der verschiedene Eisen im Feuer hat. Das kleine Vorkommnis ist auch deshalb interessant, weil es die Spannweite des Klientelsystems aufzeigt. Erik, durch seine Bindung an Rehnskiöld Klient eines der niederen Beamten im Reich, steht im Auftrag seines Patrons diesem in dessen Funktion als Klient zweier der mächtigsten Personen im Reich bei. So wurde umständlich ein Netz gesponnen, das Hoch und Niedrig verband. Erik sollte im Lauf der Zeit lernen, sich geschickt an dessen Fäden aufwärtszuhangeln.

Einige Zeit nach Eriks Ankunft in Stockholm geschah dort etwas, das nicht ohne Auswirkung auf ihn und die beiden erwähnten Potentaten bleiben sollte. Am 7. Dezember wurde Königin Christina 18 Jahre alt, was bedeutete, daß sie mündig und somit aus den Banden der Vormundschaft entlassen wurde. Damit stand für Schweden rein politisch ein Augenblick der Wahrheit bevor. Würde Christina von ihrem vollen Recht als Regentin Gebrauch machen, oder würde sie sich auch in Zukunft von den Herren im Rat lenken lassen? Axel Oxenstierna und die anderen blickten mit einer gewissen Unruhe in die Zukunft, während gleichzeitig ihre Widersacher innerhalb und außerhalb des Adels erwartungsvoll im Wind schnupperten. Viele meinten, das einzige, was die Aristokraten in Schach halten könne, sei ein starker Monarch.

Alle wußten, daß Christina – die also Eriks Generation angehörte – eine bemerkenswerte junge Frau war, »ein Herrenhofmädchen, dem es zufiel, über ein Reich zu herrschen«, wie ein Historiker geschrieben hat. Die Porträts zeigen eine junge Dame mit großen, etwas traurigen dunkelblauen Augen, kräftiger Nase, einer Andeutung von Doppelkinn und ungepflegtem hellbraunem Haar. Ihr Mienenspiel war, wie ihre Stimme, äußerst wechselhaft: mitunter nachdenklich mit heller Mädchenstimme, dann wieder grimmig mit rauher Stimme. Daß sie keine gewöhnliche Hofprinzessin war, merkten die Leute sogleich an ihrer Kleidung. Obwohl sie klein war, trug sie nicht die hohen Schuhe mit roten Absätzen, die bei den adeligen Damen en vogue waren. Selten sah man sie wie andere Frauen fest geschnürt in einem weiten, stoffreichen Kleid mit hoher Mitte, entblößten Schultern und aus dem Ausschnitt quellenden Brüsten oder mit einer schönen, aufgesteckten Frisur und hübsch geschnittenen Schönheitspflästerchen im Gesicht, um kleine Pickel zu verbergen oder das Weiß des Teints hervorzuheben, oder mit Maske gegen Sonnenschein und zudringliche Blicke. Statt dessen trug sie Schuhe mit flachen Absätzen und einen kurzen, praktischen Rock. Ihr Haar hing gerade und einfach herunter, häufig nur mit einem Kamm oder einem kleinen Band geschmückt, und ihre Haut war ungewöhnlich sonnengebräunt. Es wurde erzählt, daß Menschen, die sie zu Pferd sahen – sie konnte gut reiten, schießen und fechten –, nur schwer verstehen konnten, daß diese unruhige junge Frau mit ihrem ungepflegten

Haar und ihren sackartigen Kleidern tatsächlich Schwedens künftige Herrscherin war. Sie war eine Frau, aber sie hatte sich einige der Besonderheiten angeeignet, die traditionsgemäß den Männern zukamen.

Ihre Kindheit war nicht gerade glücklich. Vielleicht kann man sagen, daß sie vom allerersten Augenblick an schiefging. Sie war laut brüllend und schwarzhaarig zur Welt gekommen, die Fruchtblase noch auf dem Kopf, also eine Glückshaube, was durchaus gut war, denn es bedeutete, daß große Erfolge warteten, anderseits ein Mädchen, was gar nicht gut war, denn alle hatten sich einen Jungen gewünscht, der die Thronfolge sichern konnte. Christinas Mutter Maria Eleonora weinte hysterisch, und die Hofdamen schwiegen verlegen. Nur Gustav Adolf blieb gelassen und sprach die Hoffnung aus, daß »dieses Mädchen mir so gut wie ein Junge werden wird«.

Gustav Adolf wurde seiner Enttäuschung darüber, daß Christina ein Mädchen war, dadurch Herr, daß er sie behandelte, als sei sie keines. Die Festlichkeiten im Schloß waren die gleichen wie bei der Geburt eines Jungen, und er gab auch Order, daß das kleine Mädchen wie ein Junge erzogen werden sollte, was noch deutlicher ausgesprochen wurde, nachdem der König gefallen und damit klar war, daß Christina wirklich den Thron erben würde. Christina schrieb später, daß ein Kind, das dem Thron geboren werde, »ein Eigentum des Staates« sei. Eine königliche Kindheit war deshalb in Schweden nie eine private Angelegenheit, sondern Thema besorgter Debatten in Rat und Reichstag, die auch einzugreifen wußten, wenn sie der Meinung waren, die Erziehung der kommenden Regentin verlaufe in allzu gewundenen Bahnen. Die Vormundschaftsregierung griff auch einige Zeit nach dem Tod des Königs ein und entzog – um einen modernen Begriff zu gebrauchen – Maria Eleonora die Erziehungsgewalt über ihre Tochter.

Die deutschstämmige Maria Eleonora mit ihren ausgeprägten Wangenknochen, edel geschwungenen Augenbrauen und ihrem wohlgeformten Mund galt als Europas schönste Königin, aber sie fühlte sich zwischen Schwedens »schlimmen Felsen« nicht sehr wohl. Auch mit dem besten Willen kann sie nicht begabt genannt werden, sondern sie war launisch, egoistisch und psychisch labil. Obwohl es sich von Anfang an um eine Vernunftehe handelte, lebten Gustav Adolf und Maria Eleonora ungewöhnlich glücklich miteinander. Gustav Adolfs Tod war deshalb eine entsetzliche Katastrophe gewesen, von der sich Maria Eleonora nie erholte. Sie schloß sich und ihre Tochter in ein paar Räumen ein, in denen alles, einschließlich der Fenster, mit schwarzem Tuch verhängt war. Dort, im Schein von Wachskerzen, weinte sie sich in den Wahnsinn. Sie befahl, daß die Leiche des Königs nicht beigesetzt werden dürfe, bevor sie gleichzeitig mit ihm begraben werden könne. Sie befahl, daß der Sarg geöffnet bleiben solle, und jeden Morgen ging sie zu der Leiche, »die sie betrachtet, der sie Ehrenbezeugungen erweist, die sie streichelt, ungeachtet dessen, daß sie immer schwärzer wird und verfällt und fast nicht mehr zu erkennen ist«. Im Juni 1634 war es endlich gelungen, den Sarg in der Riddarholmskirche beizusetzen, doch es dauerte nicht lange, bis Maria Eleonora sich Zugang zum Grabgewölbe verschaffte und zu der vermoderten Leiche hinabzukriechen versuchte. Schließlich sah sich ein unangenehm berührter Axel Oxenstierna gezwungen, eine Wache in dem Gewölbe zu postieren, um weitere Peinlichkeiten zu verhindern. Einige Jahre später floh Maria Eleonora durch einen von ihrer Kammer auf Schloß Gripsholm unter dem Garten hindurch zum See gegrabenen Gang als Bürgerfrau verkleidet nach Dänemark. Die enervierten Männer im Rat nahmen dies zum Anlaß, den Namen der Königinwitwe auf der Stelle aus den Kirchengebeten zu streichen und ihre Apanage einzuziehen. Später benutzten sie die Flucht zu König Christian als eine der Begründungen für den Überfall auf Dänemark 1643.

Die maßlose Trauer um ihren Gemahl raubte Maria Eleonora ihre ganze Kraft, und sie vernachlässigte ihre Tochter. Die einsame und isolierte Christina ihrerseits floh vor ihrer sinnesverwirrten Mutter und aus den geschlossenen, schwarzen Räumen, hin zu den Büchern. Christina bekam zwei Lehrer, die rasch sehr viel für sie bedeuten sollten, auch emotional. Der eine war der Reichskanzler selbst, Axel Oxenstierna, der das kleine Mädchen mit bedeutender Sorgfalt und großem Geschick in Politik, Staatswissenschaft, Kriegskunst und Geschichte unterrichtete – sie bekam zum Beispiel früh Thukydides, Curtius Rufus, Justinus und Polybios in den Originalsprachen zu lesen – und sie von ihrem 14. Lebensjahr an auf ihre öffentlichen Aufgaben vorbereitete. Der andere war Bischof Johannes Matthiæ, ein kartoffelnasiger Patriarch, der sie in Sprachen, Theologie und Philosophie unterrichtete. Insbesondere Matthiæ sollte das kleine Mädchen beeinflussen (nach einiger Zeit begann sie, ihn Papa zu nennen); und er regte ihr Interesse an philosophischen und theologischen Fragen an. Der Bischof war unter anderem von synkretistischen Ideen angefochten. Überall in Europa gab es humanistisch orientierte Theologen, die vor all dem Haß und Dogmatismus Abscheu empfanden und ein rasches Ende der ewigen Kämpfe und Verfolgungen sehen wollten, die Katholiken und Lutheraner, Calvinisten und andere geradezu mit Inbrunst gegeneinander ins Werk setzten. Diese sogenannten Synkretisten (wie beispielsweise der wohl größte Pädagoge des 17. Jahrhunderts, der Böhme Johan Amos Comenius) plädierten für Weitblick und Toleranz und wirkten unermüdlich dafür, die so traurig zersplitterte Christenheit aufs neue zu vereinigen. Matthiæ stand wie einige andere Schweden in Verbindung mit Comenius und war auch vom Synkretismus beeinflußt. In dieser Hinsicht war er ein ungewöhnlicher schwedischer Bischof. Die schwedische Geistlichkeit war, wie zuvor schon angedeutet, eine stramm orthodoxe Gesellschaft, die Ketzerei ebenso verabscheute, wie sie den Papismus haßte, und eine ideologisch reine Lehre von solcher Geradlinigkeit und Phantasielosigkeit vertrat, daß sie ständig in schieren Fanatismus umzuschlagen drohte. Wenn es nach ihr gegangen wäre, wäre dem freidenkerischen Matthiæ die Aufgabe als Lehrer des jungen gekrönten Fräuleins des Reiches nie anvertraut worden, doch war ihm dieses Amt bereits 1632 von Gustav Adolf selbst übertragen worden, weshalb daran nichts zu ändern war. Und während sie aus der Distanz zähneknirschend zusah, konnte »Papa« dem kleinen Mädchen etwas über Toleranz und Respekt vor anderen Glaubensrichtungen einflüstern. Sie erwies sich auch als gelehrige Schülerin. Nach und nach lernte sie neun Sprachen sprechen oder auf jeden Fall verstehen: Schwedisch, Dänisch, Deutsch, Französisch, Italienisch, Holländisch, Spanisch, Latein und Griechisch; außerdem hatte sie Kenntnisse in Finnisch und Hebräisch.

Seit ihrer frühen Kindheit identifizierte sich Christina mit ihrem früh verstorbenen Vater, während sie gleichzeitig eine ständig wachsende Abneigung gegen ihre schöne, feminine, aber mental instabile Mutter empfand – die ihrerseits nie ein Hehl daraus machte, daß sie ihre flachbrüstige Tochter »häßlich« fand. Dies, zusammen mit der männlich gefärbten Erziehung und den hohen Erwartungen, die Christina in bezug auf ihre zukünftige Tätigkeit hegte, kam bald zum Durchbruch. Nach eigenem Bekunden entwickelte sie »eine unüberwindliche Abscheu und Widerwillen gegen alles, was Frauen tun und sagen«, und gelangte zu der paradoxen Auffassung, daß »Frauen nie regieren sollten«. Das Gefühl der Minderwertigkeit, das ihr Geschlecht ihr eingab, ließ sie die eher männlichen Züge ihres Wesens mit großem Nachdruck bejahen. So lief sie mit ihrem zerzausten Haar und ihren flachen Absätzen herum, kleidete sich absichtlich nachlässig und unelegant, aß einfache Speisen, fluchte viel, schlief wenig, ritt rasant und vorzüglich – es hieß, sie könne bis zu neun Stunden im Sattel verbringen –, verabscheute die Hofdamen und alle traditionell weiblichen Tätigkeiten und suchte ständig männliche Gesellschaft, kurz, sie tat all das, was Frauen nicht erlaubt war. Sie war eine begabte, neurotische, strahlend intelligente und ihre Arbeitskraft besorgniserregend überschreitende Pflichtperson, und man kann sagen, daß sie versuchte, die Erwartungen ihrer Umgebung und ihre eigenen hohen Ansprüche dadurch zu befriedigen, daß sie eine Art mentale Geschlechtsumwandlung an sich selbst vollzog.

In gewisser Weise war diese Verrenkung unvermeidlich. Sie lebte in einem Europa, in dem die Frau als Mensch zweiter und als Bürger dritter Klasse betrachtet wurde. Interessanterweise wechselte die Misogynie während des 17. Jahrhunderts die Begründung. Bis dahin war das Dogma von der weiblichen Unterlegenheit mit theologischen Argumenten gestützt worden. Diese verloren jedoch im Verlauf des Jahrhunderts an Kraft, aber der von den Theologen fallengelassene Mantel wurde rasch von den Medizinern aufgegriffen, die nun in der Anatomie Argumente für die männliche Überlegenheit fanden: Ihre Körper sind ja so zerbrechlich, und dergleichen. (Christinas lange Dauerritte und ihre schlampigen Eßgewohnheiten können wohl teilweise als eine Revolte gegen diese Thesen gesehen werden.) Das Resultat war jedoch das gleiche: Das weibliche Geschlecht wurde niedergehalten, ausgeschlossen, beiseite geschoben. Zwar gab es männliche Autoren, die die Vorstellung von der Frau als einem unterlegenen Wesen, einem Mißgriff der Natur, zurückwiesen und unter anderem zu zeigen versuchten, daß der hoch verehrte Aristoteles irrte, als er behauptete, die Schöpfung sei eigentlich gänzlich männlich intendiert gewesen. Doch eine größere Durchschlagskraft bekamen diese neuen, frauenfreundlicheren Ideen nie. In den meisten Ländern Europas galt es nach wie vor als anstößig, wenn eine Frau allein durch die Straßen der Stadt ging.

Es ist bezeichnend, daß Axel Oxenstierna 1641 von der jungen Christina sagte, sie sei »nicht wie eine Frauensperson, sondern beherzt und von gutem Verstand«. Eine gewöhnliche Frau war also *nicht* beherzt und von gutem Verstand, sondern ein unwissendes Wesen, dessen Wert darin bestand, daß sie dem Mann diente, Kinder gebar und den Haushalt versorgte. Frauen waren nicht mündig, sondern standen rein juristisch im gleichen Verhältnis zu ihrem Mann wie die Kinder und die Dienerschaft zum Hausvater; die Kleine benötigte daher einen Vormund in Gestalt eines Gatten oder Vaters. Daß Frauen unmündig waren, schuf indessen eine ganze Reihe von Problemen in der Gesellschaft, denn wie üblich in sexistischen Ideologien bestand eine erhebliche Kluft zwischen Ideal und Wirklichkeit. In der Realität waren die Frauen keineswegs stumme Anhängsel ihrer Männer, sondern spielten eine bedeutende Rolle in der Wirtschaft. Ein erheblicher Teil der handwerklichen Produktion lag in den Händen von Frauen. Sie waren in vielen Manufakturen tätig, wo sie Kleider, Segel, Spiegel oder verschiedene metallurgische Produkte anfertigten. Sehr viele Frauen waren in den Zünften der Städte aktiv. Die meisten waren Witwen verstorbener Meister und hatten das Recht, das Gewerbe ihres Mannes weiterzuführen, solange sie unverheiratet blieben. (Daß eine Witwe de facto weitgehende wirtschaftliche und soziale Rechte erhielt, bedeutete, daß der Weg zur Freiheit für viele Frauen buchstäblich über die Leiche des Ehemannes ging.) Wenn auch selten, gelang es einzelnen Frauen, im Wirtschaftsleben der Städte sehr hohe und angesehene Positionen zu erreichen. In Paris war eine Rohrlegerin für die Brunnen der Stadt zuständig, und es gab drei Gilden, die ausschließlich weiblich waren: die Blumenverkäuferinnen, die Leinenweberinnen und die Hanfmacherinnen. In Southampton waren alle Wollpacker Frauen, während Venedig sich weiblicher Schornsteinfeger rühmen konnte. In Schweden mußten Frauen überall und in allen Gesellschaftsschichten die Bürden auf sich nehmen, die die Männer jetzt, wo sie in den Krieg marschiert waren, hinter sich gelassen hatten. Viele adelige Frauen wollten keine dekorativen Treibhausblumen auf dem Lande sein, noch konnten sie es, sondern sie bestimmten selbständig über Ackerbau und Viehzucht auf den Gütern. Manche adelige Fräulein konnten es sich nicht leisten, ebenso vorurteilsbeladen gegenüber dem kommerziellen Gewerbe zu sein wie ihre ideologisch reinlehrigeren männlichen Verwandten, und sie trieben Handel, verliehen Geld und gründeten Manufakturen. Eine dieser Großunternehmerinnen war Marie Sophie De la Gardie, die aussah wie eine dünne und blutleere Jungfer, in Wirklichkeit aber ein überaus rühriges Frauenzimmer war. Sie betrieb ein eigenes Bergwerk und besaß unter anderem eine Papiermacherei, eine Handschuhmacherei und eine Pulvermühle. Überall in den Städten arbeiteten Frauen aus dem Volk; sie trugen Ziegel, ruderten Transportboote, traten Blasebälge in Gebläseöfen und führten Gastwirtschaften. (Da so viele Frauen im Wirtschaftsleben aktiv waren, brachten die Unmündigkeitsbestimmungen natürlich zahlreiche Probleme mit sich, wenn es um Zahlungen und Bürgschaften ging, und selbst im Rat gab es Stimmen, die dafür plädierten, älteren unverheirateten Frauen aus diesem Grund mehr Rechte zu geben.) Und überall draußen auf dem Land sah man Bauersfrauen, die pflügten, säten und ernteten. So war es überall in Europa in dieser kriegerischen Epoche, aber weil so unglaublich viele schwedische Männer im Krieg verschwunden waren, arbeiteten die Frauen in Schweden wahrscheinlich mehr und härter als in irgendeinem anderen Land. Ein ausländischer Diplomat sagte, es gebe »kein Land, in dem die Frauen in so großer Knechtschaft leben und ein so mühseliges Leben führen«.

Während die Männer die Frauen aus dem wirtschaftlichen Leben des Reiches ganz einfach nicht ausschließen konnten, gelang es ihnen um so besser, sie von den beiden Bereichen fernzuhalten, die den Schlüssel zur gesellschaftlichen Macht darstellten: der Bildung und der Politik.

Auch in den höheren Ständen wurde die Bildung der Mädchen oft schwer vernachlässigt. Während viele adlige und bürgerliche Jungen immer länger in die Schule gehen und auf diese Weise etwas genießen konnten, das einer modernen Kindheit zu ähneln begann, lebten ihre Schwestern noch lange Zeit in der mittelalterlichen Frühreife weiter, in der Kinder nur kurze Zeit Kinder waren und sehr früh dazu angehalten wurden, die Tätigkeiten Erwachsener auszuführen. Auch wenn es nicht wenige rühmliche Ausnahmen gab, erhielten die meisten Frauen aus der Oberklasse offenbar eine ziemlich anspruchslose Ausbildung, die vor allem darauf abzielte, sie zur guten Partie, zur klugen Hausfrau und tugendhaften Matrone zu machen. Sie mußten »kochen, backen, brauen, spinnen und weben und andere nützliche häusliche Arbeiten« lernen, ebenso, sich zu kleiden und zu schmücken sowie »schweigsam, zurückhaltend« und »beständig und ernst« zu werden. Bücherwissen rangierte auf jeden Fall an zweiter Stelle, und nicht selten kam es vor, daß Väter oder Ehemänner ihnen ausdrücklich verboten, anderes zu lesen als religiöse Erbauungsliteratur. All dies lief darauf hinaus, daß ihre Männer oft über eine Bildung verfügten, die ganz einfach brillant war – sie übertraf in der Regel fast alles, was in dieser Hinsicht heute zu beobachten ist –, sie selbst aber nur mit Schwierigkeiten lesen und schreiben konnten; viele buchstabierten laut, wenn sie lasen; ihre Briefe zeichneten sich durch eine stammelnde und unbeholfene Sprache aus, die von Fehlern und falsch gebrauchten Wörtern wimmelte, und einige konnten nicht einmal den eigenen Namen schreiben.

Wie bei so vielen anderen Gelegenheiten, wenn Kriege und Krisen die Männer gezwungen hatten, ihre Frauen und Töchter wirtschaftlich bedeutungsvolle Positionen übernehmen zu lassen, führten auch die Jahre des Unfriedens in der Praxis zu einem gestärkten Selbstbewußtsein der Frauen. Besonders in den größeren Städten strebten Frauen der begüterteren Klassen eine gewisse Unabhängigkeit an, und vielen gelang es auch, ihr Bildungsniveau zu heben. Die sprachlichen Fähigkeiten der Frauen nahmen im Verlauf des Jahrhunderts zu; immer mehr Mädchen erhielten eine richtige schulische Bildung, die auch Fächer wie Latein und Griechisch umfaßte, und in allen Ländern tauchten nach und nach einzelne Frauen auf, deren außerordentliche Gelehrsamkeit bei den Zeitgenossen ebenso große wie widerwillige Bewunderung hervorrief. Sie waren Cartesianerinnen wie Madame de Grignan, Humanistinnen wie Madame Dacier, Physikerinnen wie Madame de la Sablière, Philosophinnen wie Anna Maria von Schurman – »die gelehrte und alleredelste Jungfrau in Utrecht«, die außerdem genauso gut auf Italienisch dichtete, wie sie in Glas gravierte und Porträts malte – und Sprachkundige wie die Schwedin Sophia Elisabeth Brenner. Es gab auch einige feministische Sturmschwalben, wie die französischen Preziösen, die Freiheit durch Keuschheit und Unabhängigkeit durch Gelehrsamkeit zu erlangen suchten. Nur Ehefrau und Mutter zu sein war ihnen nicht genug, sie suchten eine neue Frauenrolle, die sie in der Gelehrsamkeit zu finden hofften. Mit anderen Worten, wie eine von ihnen in einem zeitgenössischen Theaterstück verkündet, reicht es nicht,

ein kleines Dummchen zu werden, das einschnürt sein Wesen und sich vergräbt mit Fleiß in häusliche Tätigkeiten und all seine Freude findet bei ihm, diesem Mannsbild, den man zum Abgott bekommen, und bei den Rabauken von Kindern!

Nein, eine Frau sollte sich lieber geistigen Dingen hingeben:

Siege und Niederlagen (1644–1645)

Verheirate dich, meine Süße, aber mit der Philosophie, die uns in ihrem Flug hinausträgt über die Menschheit und die allein der Vernunft gibt Souveränität.

Dahinter verbarg sich die Illusion, das Wissen werde ihnen Macht und Prestige verleihen, wie sie bis dahin den Männern vorbehalten waren. Die Preziösen kämpften mit einem doppelten Handicap. Aufgrund unzulänglicher Schulbildung mußten viele von ihnen einen weiten Weg zurücklegen, bis sie die luftigen Höhen der wahren Bildung erahnen konnten. Ihre Werke sind deshalb oft rührend unbeholfen, zuweilen geradezu schrullig, worauf ihre Kritiker nie den Finger zu legen versäumten. Sie stießen auch auf vehementen Widerstand seitens der Männer und wurden von massiven Verleumdungskampagnen regelrecht verschlissen, so daß alles, was heute von ihnen geblieben ist, das herabsetzende Wort »preziös« in der Bedeutung »gekünstelt«, »geziert«, »zimperlich« ist.

Das Problem der Preziösen und anderer Bildungsbewegungen unter den Frauen des 17. Jahrhunderts war – abgesehen davon, daß es sich nur um eine vornehme Elite in den Städten handelte, die, wenn es hoch kam, literarische Skandale inszenieren konnte –, daß es nicht ausreichte, ebenso gelehrt zu werden wie die Männer, um wirkliche Macht zu gewinnen. Die Politik war weiterhin ein Bereich, zu dem Frauen unter keinen Umständen Zugang gewährt wurde. Sogar die gekrönten Frauen hatten nicht selten mit Problemen zu kämpfen. Der schwedische Reichstag war in einem solchen Maß männlich dominiert, daß Frauen nicht einmal im Sitzungssaal anwesend sein durften. Manche hatten sogar Christina den Zutritt verweigern wollen, obwohl sie die Regentin des Reiches war! Jemand hatte daraufhin geltend gemacht, daß sie faktisch als König zu betrachten sei – also ein männlicher Titel –, woraufhin sie nach einigem Murren eingelassen wurde. Aber ihre Hoffräulein mußten hübsch draußen bleiben.

Es gab ein wachsendes politisches Interesse unter vielen Frauen des 17. Jahrhunderts. Auch hierin scheinen die französischen Frauen führend gewesen zu sein. Kardinal Mazarin – ein schwarzhaariger Italiener mit Spitzbart, der die kirchliche Laufbahn lediglich gewählt hatte, um Karriere zu machen, und dem es dank seiner Energie, Intelligenz, Begabung für Intrigen und seines einschmeichelnden Wesens gelungen war, mit knapp 40 Jahren nach dem Tod Richelieus 1641 dessen Posten zu übernehmen – beklagte sich bei einem spanischen Minister über die Frauen:

[Sie] wollen sich in alles einmischen. Eine anständige Frau will nicht mit ihrem Mann schlafen, noch eine Kokotte mit ihrem Liebhaber, wenn sie nicht am Tage mit ihnen über Staatsangelegenheiten gesprochen haben! Sie wollen alles sehen, alles fühlen und, was noch schlimmer ist, alles tun und alles in Ordnung bringen.

Weil die politische Arena den Frauen des 17. Jahrhunderts so total und kompromißlos verschlossen war, suchten sie andere Wege, um Einfluß auf die Herrschenden zu nehmen.

Zwei Beispiele: Während des ganzen Jahrhunderts kam es überall in den Städten Europas zu zahlreichen Tumulten und Krawallen, die fast immer der Unzufriedenheit der niederen Schichten mit der Nahrungsmittelversorgung entsprangen. Oft begannen diese Proteste mit Gerüchten, daß der Getreidepreis angehoben werden solle oder eine Knappheit drohe. In diesen Aufständen – die nicht selten Erfolg hatten und verschreckte Händler veranlaßten, die Preise zu senken, oder ebenso verschreckte Behörden, auf die eine oder andere Weise die Lebensmittelversorgung zu sichern – spielten gerade Frauen eine entscheidende Rolle. Es gibt Beispiele für Hungerkrawalle, an denen ausschließlich Frauen beteiligt waren. Und während der Straßenauflauf den Frauen der niederen Gesellschaftschichten eine Möglichkeit bot, die Politik zu beeinflussen, konnten die Frauen der Oberklasse über ihre Männer Einfluß nehmen. Dieser Hintereingang zur Macht ist stets von Männern und Frauen benutzt worden, die aus verschiedenen Gründen ausgeschlossen waren, sich aber nicht damit zufriedengeben wollten. Aber die Frauen, die ihn benutzten, sind von den Zeitgenossen wie von späteren Generationen nicht selten in sehr abschätzigen Begriffen beschrieben worden, als machthungrige Weibsbilder und Schlafzimmerherrscherinnen. (Man beachte, daß ein Mann wie Mazarin – der also in seiner oben zitierten Klage darauf anspielt – nie mit vergleichbaren Schimpfworten beworfen wurde, weil er sich seine feine Position dadurch verschaffte, daß er, wie man so sagt, »intim« mit der Gemahlin Ludwigs XIII., der Königinwitwe Anna, war. Ein solcher Einfluß wurde im übrigen nicht immer mit erotischen Mitteln erreicht. Die Frau, die später durch Ludwig XIV. größte Macht ausüben sollte, die Marquise de Maintenon, war nicht seine Geliebte, während die Marquise de Montespan, die es war, keinerlei Einfluß hatte.) Das 17. Jahrhundert wird gern als die Glanzzeit der Maitressen mit echtem politischen Einfluß beschrieben, doch dies ist eine böswillig verzerrte Beschreibung einer Epoche, in der Frauen sich immer stärker für Politik interessierten und einige auch alle Mittel, die ihnen zur Verfügung standen, einsetzten, um politischen Einfluß zu bekommen.

Wenn Frauen sich gezwungen sahen, zu so extremen Mitteln wie Straßenkrawallen oder Fernsteuerung verschiedener ihnen nahestehender Männer zu greifen, beweist dies jedoch, wie einseitig männerdominiert die politische Welt war. Und selbst wenn viele bewundernswerte Frauen im Verlauf des Jahrhunderts bemerkenswerte Leistungen vollbrachten, waren die Frauen, die gegen Ende des Jahrhunderts lebten, aufs Ganze gesehen ebenso beiseite geschoben, unterdrückt und verleumdet wie einst ihre Großmütter zu Beginn des Jahrhunderts. Die Macht gehörte den Männern und ihnen allein.

Es ist also nicht besonders erstaunlich, daß die junge Christina sich gespalten fühlte, als sie in diese strikt eingeschlechtliche Welt eintrat, noch ist es verwunderlich, daß sie auf die hochgespannten Erwartungen und auf die männliche Erziehung, die sie erhielt, damit reagierte, daß sie sich praktisch von ihrem eigenen Geschlecht abwandte und versuchte, dem anderen nachzueifern, um irgendwie zu dem tatkräftigen Jungen zu Pferd zu werden, der sie eigentlich hätte sein sollen. Ihr muß dies als der einzige Ausweg aus einer im Grunde unmöglichen Situation erschienen sein. Doch erst mit ihrer Mündigerklärung wurden all diese Probleme auf die Spitze getrieben. Bis dahin war sie in vielfacher Hinsicht ein Gast in dieser Männerwirklichkeit gewesen, sozusagen auf Studienbesuch; von ihrem 18. Geburtstag an stand sie plötzlich in deren Mitte. Wenn aber jemand unter den Aristokraten des Rates geglaubt hatte, die junge Frau werde ein dummes und leicht zu lenkendes kleines Frauenzimmer sein, das sich brav in ihre gehorsame Marionette verwandeln ließe, wurde er auf jeden Fall enttäuscht.

Anfang Dezember 1644 wurde ein Reichstag nach Stockholm einberufen, und am 7. Dezember, nachdem der Reichskanzler einen selbstbewußten Rechenschaftsbericht über die von ihm geführte Vormundschaftsregierung abgegeben hatte, ging das Wort an die 18jährige Christina. Sie erklärte, sie sei mit der Amtsführung der Regierung zufrieden, und später am gleichen Tag legte sie ihre mit Spannung erwartete Königsversicherung ab. Die Zuhörer bemerkten sogleich, daß diese keineswegs so bindend war wie jene, die ihr Vater Gustav Adolf 1611 abgegeben hatte. Bemerkenswert war auch, daß sie keine Anerkennung der Regierungsform von 1634 enthielt, Axel Oxenstiernas großem Werk, in dem die »gemischte Monarchie« kodifiziert worden war. Christina versprach, diese zu respektieren, wollte sie jedoch für den Augenblick nicht »zu einem ewigen Gesetz« erheben. Diejenigen, die ihren angefeuchteten Zeigefinger in die großpolitischen Lüfte streckten, meinten zu erahnen, daß der Wind bald aus einer anderen Richtung wehen würde.

2. Die große Schlacht bei Fehmarn

NIMMT DER KRIEG EINE WENDUNG? – DER ZUSTAND DER FLOTTE. –
NOCH EINE OFFENSIVE ZUR SEE. – EINE ÜBERRUMPELUNG. –
IM ZANGENGRIFF BEI FEHMARN. – SCHOCK IN DÄNEMARK. –
BEIDE SEITEN BEKUNDEN FRIEDENSBEREITSCHAFT. –
VERHANDLUNGSBEGINN IN BRÖMSEBRO. –
RYNINGS FLOTTE VERLÄSST STOCKHOLM. – ... UND ERIK REIST MIT. –
›ALLE MENSCHLICHE KRAFT WAR NUN AM ENDE‹. –
HANS GREFFT WIRD LEBEND GERÖSTET. – ERIK TRIFFT WRANGEL. –
ÜBER CARL GUSTAV WRANGEL.

Mit großer Energie, nicht unerheblicher Geschicklichkeit und einem Quentchen Glück hatten König Christian und seine Streitkräfte den schwedischen Würgegriff gelockert. Die Lage war unbestreitbar verzweifelt gewesen nach Torstenssons unerwartetem Überfall und Horns Siegeszug in Schonen, aber im Herbst 1644 schien das Blatt sich gewendet zu haben. Alle Versuche der Schweden, die Vorherrschaft über die dänischen Gewässer zu erzwingen, waren gescheitert, und die schwedische Flotte war nach Stockholm zurückgekehrt. Die langsamen Pirouetten des kaiserlichen Heeres im südlichen Dänemark hatten Torstenssons Armee veranlaßt, Jütland zu verlassen und sich wieder den deutschen Landen zuzuwenden. Jämtland war zurückerobert und Horns Armee Schritt für Schritt ausmanövriert worden, so daß Småland nun offen dalag für eine dänische Invasion. In Norwegen stand der rührige Hannibal Sehested im Begriff, eine Offensive gegen Värmland und Dalsland zu beginnen. Der schwedische Blitzkrieg war gescheitert. Und ganz wie erwartet hatten die Franzosen begonnen, finstere Mienen aufzusetzen, weil die Armee, die sie dafür bezahlten, den Kaiser in Wien zu bekriegen, eingesetzt wurde, um den König in Kopenhagen zu bekriegen; sie drohten mit der Einstellung der Subsidienzahlungen an Schweden.

Alles schien sich zugunsten Dänemarks zu wenden. Was die dänische Führung allerdings nicht ahnte, war, daß die schwedische Flotte nicht in den Winterhafen gegangen war, sondern zurückzukehren beabsichtigte. Sie war aber in einem betrüblichen Zustand nach der Kampagne des Sommers in den dänischen Gewässern. Viele der Schiffe waren stark in Mitleidenschaft gezogen, ein Teil der Kanonen war zerstört; außerdem wüteten schwere Krankheiten unter den Besatzungen. Herrschten schon in den großen Feldlagern an Land in der Regel katastrophale hygienische Verhältnisse, so war es an Bord der Schiffe, wo große Menschenmengen in engen, ungelüfteten Räumen zusammenlebten, fast noch schlimmer. In diesen nach Urin und Kot stinkenden Kästen aus

Eichenholz breiteten sich Krankheiten rasch aus. Die Krankenpflege war auch unzureichend; nur die größeren Schiffe hatten eigene »Bader«, und in der ganzen Flotte gab es keinen einzigen Arzt. Das Ganze wurde noch schlimmer dadurch, daß die Seeleute stets sehr schlecht bekleidet und beschuht waren – was in Verbindung mit den Schwierigkeiten, die Schiffe im Herbst warmzuhalten, dazu führte, daß viele Bootsleute regelmäßig mit Erfrierungen an den Füßen entlassen wurden – und daß sie weder Kojen noch Hängematten hatten und direkt auf dem Boden schlafen mußten. Die Kost war zwar reichlich, aber dafür eintönig. Die Speiseordnung, die in diesem Jahr galt, legte fest, daß jeder Seemann im Monat unter anderem 17 Kilo trockenes Brot, 8,5 Kilo Strömling, 2,5 Kilo Trockenfisch, 1,7 Kilo gesalzenen Aal, 2,6 Kilo Graupen, 2,6 Kilo Erbsen und nicht weniger als 83 Liter Bier erhalten sollte. Da war es kein Wunder, daß Skorbut und andere Mangelkrankheiten ein ständiges Problem an Bord waren. Als die Flotte Dalarö anlief, waren 322 Mann von einer Gesamtbesatzung von 1536 krank. Die Kranken wurden zur Pflege bei Bauern auf Värmdö und in Västerhaninge einquartiert, und ein »Doctor Capitaine« aus der Hauptstadt wurde zur Flotte beordert. Die Schiffe wurden mit Schwefel und Wacholder ausgeräuchert – die zeitgenössischen Ansichten über Ansteckung waren, wie gesagt, verschwommen und bewegten sich stets um Vorstellungen von »schlechter Luft«. Dennoch erkrankten die Männer weiter. Täglich gab es Todesfälle, und da der Landkontakt außerdem bedeutete, daß die Desertionen zunahmen, waren die Verluste an Mannschaften bald so groß, daß man befürchtete, daß »viele Schiffe ... nicht in der Lage sein würden, die Anker zu lichten«.

Bei den meisten der Herren, die Schweden im 17. Jahrhundert regierten, kann man einen Starrsinn beobachten, eine so große Fähigkeit, an einem einmal gefaßten Gedanken festzuhalten, daß man, wenn auch widerwillig, beeindruckt ist. Trotz aller Sorgen wollte man auf jeden Fall wieder eine Flotte auf See schicken, und wenn aus keinem anderen Grund als dem, das Schärengebiet südlich von Stockholm gegen einen befürchteten dänischen Angriff zu schützen – so weit war es also gekommen. Am 17. August erreichte indessen eine sehr erfreuliche Botschaft die schwedische Hauptstadt. Die angeworbene niederländische Flotte, die zweite Auflage, die Louis de Geer nach dem peinlichen Fiasko im Lister Tief allen Schwierigkeiten zum Trotz in Holland hatte zusammenbringen können, war mit der schwedischen Flagge im Topp geradewegs durch den Öresund geschlüpft, dreist und nicht wenig provokativ an Kopenhagen vorbeigesegelt, hatte zwei auf Wache liegende Kanonenboote in Stücke geschossen und war nach Öland gelaufen. Nun galt es, mit ihr zusammenzutreffen. Nach einer Phase frenetischen Reparierens und Neuausrüstens liefen Ende September 16 ausgewählte Schiffe von Dalarö aus. Die Schiffe waren zwar gut gerüstet und die Besatzungen aus den besten Bootsleuten zusammengestellt, aber es war dennoch ein kleines Geschwader mit kleinen Schiffen: nur ein Drittel der Flotte, die der verstorbene Fleming den Sommer über befehligt hatte. Als sie sich später der angeworbenen Flotte anschlossen – deren Befehlshaber Thijsen von einem freudetrunkenen Rat mit einer fetten schwedischen Staatspension und einem ebensolchen Adelstitel versehen wurde –, wuchs sie doch noch zu einer Streitmacht von rund vierzig Schiffen, groß genug, um einen neuen Schlag gegen die dänische Flotte zu wagen, und durch kalte Hagelschauer und schweres Wetter lief man nach Süden, um zu sehen, ob man sie finden konnte.

Die Überraschung war total. Die Dänen waren überzeugt, daß die schwedische Flotte im Winterhafen lag, und Christian hatte die meisten Schiffe abrüsten lassen. Nur ein kleineres Geschwader unter Pros Mund, dem entschieden tüchtigsten der dänischen Admirale, befand sich noch auf See. Anfang Oktober lagen seine Schiffe vor der Nordwestspitze von Fehmarn vor Anker. Am 11. Oktober glitt die schwedische Flotte überraschend durch die dichten Sturmböen heran und legte sich zwischen das dänische Geschwader und die dänischen Inseln. Am Morgen des 13. Oktober, nachdem das Meer sich einigermaßen beruhigt hatte, griff die schwedische Flotte an: 41 schwedische Schiffe mit 914 Kanonen gegen 17 dänische mit 415 Geschützen.

Ausnahmsweise lief es fast wie geplant. Die schwedische Flotte hatte sich in zwei Kolonnen geteilt, die gegen das dänische Geschwader heransegelten. Als die Kanonen zu feuern begannen, wurden die dänischen Schiffe rasch in zwei Gruppen geteilt. Pros Mund hatte zwar weniger Schiffe als die Schweden, aber dafür waren seine größer. Die Schweden versuchten indessen, diesen Nachteil auszugleichen, indem sie sich nicht in ausgedehnte Artillerieduelle mit den schwer bestückten dänischen Kriegsschiffen einließen, sondern statt dessen schnell auf sie eindrangen, um sie zu entern. Und obwohl mehrere kleinere schwedische Schiffe eine gepfefferte Ladung abbekamen und ihre Segel und Schoten in Fetzen geschossen wurden, hatte die Taktik Erfolg. Zwei schwedische Schiffe, die *Regina* und die *Göteborg*, gingen längsseits des dänischen Flaggschiffs *Patientia*. Kriegsschiffe in dieser Zeit hatten für derartige Situationen stets reguläre Infanterie an Bord, doch die Dänen waren gerade unterbemannt. Die Enternden stießen deshalb nur auf schwachen Widerstand. Einige von ihnen wurden jedoch getötet. Einem jungen schwedischen Leutnant wurde der rechte Arm abgeschossen und verschwand mit Degen und allem im Meer.

Einer jener Dänen, die erbittert Widerstand leisteten, war der dänische Admiral selbst, Pros Mund. Er bezog Posten vor seiner Kajüte, schlug wild mit einem großen Schwert um sich und feuerte seine Leute mit lauten Zurufen an.

Siege und Niederlagen (1644–1645)

Die Seeschlacht bei Fehmarn 1644.
Links im Vordergrund sieht man Pros Munds Flaggschiff *Patientia* kurz vor der Enterung durch Leute von Wrangels Flaggschiff *Smålands Lejon*. In der Ferne Kiel (C) und rechts davon Christianspris (D).

Ein holländischer Leutnant stürmte auf ihn ein, empfing aber einen wilden Hieb, der ihm das eine Ohr abtrennte, und wurde von den Piken einiger Männer des Admirals durchbohrt. Die Schweden riefen dem immer einsameren Mund zu, sich zu ergeben, doch er weigerte sich und schlug weiter mit dem Schwert um sich. Da rief man zwei schwedische Musketiere herbei, die anlegten und ihn mit zwei Schüssen töteten. Bald war das dänische Schiff in der Gewalt der Angreifer, und die schwedischen Krieger plünderten und entkleideten die Leichen und warfen sie nackt durch die Kanonenschächte in das blaukalte Wasser – im Eifer des Reinemachens ging auch die Leiche Pros Munds mit über Bord. Währenddessen hatten die Schweden ein großes dänisches Schiff in Brand gesetzt, das wie ein riesiger Feuerturm mit Schlagseite davonglitt und dann in einem dröhnenden Bersten von Holztrümmern verschwand. Zur gleichen Zeit wurde ein weiteres großes Schiff geentert und mehr oder weniger eigenhändig von einem einsamen Leutnant in schwedischem Dienst, George Lidell, erobert, der an Bord gesprungen war, ohne darauf zu achten, daß seine Leute ihm nicht folgten. Die Kapitulation wurde mit einem Handschlag zwischen dem schreckensbleichen dänischen Befehlshaber und Lidell besiegelt, doch als der unerschrockene Leutnant triumphierend aufs Vorschiff lief und zwei schwedische Schiffe, den Amerikafahrer *Svanen* und die *Tre Kronor* anrief, wurde er in der Verwirrung von jemandem auf der *Svanen* beschossen. Die Kugel durchschlug beide Beine. Lidell brach auf dem Vorschiff zusammen, und da er tot zu sein schien, wurde auch er »von unseren eigenen Leuten ausgeplündert, als sei er selbst der Feind gewesen«. (Er überlebte, blieb aber für den Rest seines Lebens gelähmt.) Das letzte große dänische Schiff, die *Tre Kløver*, konnte einen der Angreifer versenken, wurde aber dennoch geentert – dröhnendes Kreuzfeuer von mehreren schwedischen Schiffen fegte das Deck und die Aufbauten des großen Schiffs leer, worauf die Schweden in einem Wirrwarr von heruntergeschossenen Segeln, geborstenen Kanonen und Blut mehr oder weniger unbehindert an Bord springen konnten. Einer derer, die gefangengenommen wurden, war der dänische Vizeadmiral Corfitz Ulfeldt, der ein Bein verloren hatte.

Der Anblick der großen dänischen Schiffe, die eins nach dem anderen die Flagge strichen, war zuviel für die Kapitäne auf den kleineren dänischen Schiffen, und sie steuerten nun vom Schlachtfeld weg nach Norden in Richtung der dänischen Inseln. Die schwedischen Geschwader waren jedoch wie Raubtiere, die Blut gewittert hatten, und jagten ihnen nach. Einige dänische Kriegsschiffe wurden noch auf offener See abgefangen, die schreckgelähmten Besatzungen ergaben sich in der Regel ohne größere Kämpfe, und noch mehr liefen hart bedrängt von den Verfolgern in reiner Panik direkt auf einige Sandbänke an der Küste Lollands auf. Dort wurde ein Teil von ihnen vom Grund gewarpt und von holländischen und schwedischen Seeleuten erbeutet, während eines von einem schwedischen Brander in die Luft gesprengt wurde.

Von der ganzen dänischen Flotte konnten nur zwei Schiffe, die *Pelicanen* und die *Lammet*, »schwer mitgenommen« aus der Schlacht entkommen und nach Kopenhagen zurückkehren,

> *und weithin über Meer und Buchten*
> *erscholl Wehklagen hier, dort Siegesjubel,*
> *bis sich des Tages Auge schloß und es ward Nacht.*

Diese unerwartete Niederlage, die mit einem Schlag den Schweden die außerordentlich wichtige Vorherrschaft zur See gebracht hatte, kam für die Dänen als ein unerhörter Schock. Die Bedrohung der dänischen Inseln, bis dahin nur theoretisch, wurde auf einmal ganz konkret. Das Meer, das den Dänen zuvor sicheren Schutz vor den Angreifern geboten hatte, wurde nun zu einem weit offenen Tor, das niemand schließen konnte. Unruhig suchten sie den Horizont ab nach Anzeichen, daß eine mit Truppen schwer beladene schwedische Flotte auf dem Weg war, um den Gnadenstoß zu führen. Landschlachten hatten wie gesagt häufig ihre größte Bedeutung im politischen und psychologischen Bereich, und für Seeschlachten traf das gleiche zu. Die Nachricht, daß die dänische Flotte vernichtet und über 2000 Seeleute verloren waren, ließ viele Dänen mutlos werden. Nun wurden unter den einfachen Leuten wieder erregte, wenngleich nicht besonders überzeugende Rufe von Verrat laut; der vorübergehend ein wenig besänftigte Groll gegen den Adel erhielt neue Kraft, und bei Hoch und Niedrig breitete sich der Mißmut aus wie eine Krankheit. Auch Christian selbst scheint nach dieser Niederlage die Hoffnung nahezu aufgegeben zu haben.

Die Lage war unbestreitbar verzweifelt, auch wenn man sie mit der Situation vergleicht, die im Jahr davor bestand. Bedeutende Teile Dänemarks waren nach wie vor in schwedischer Hand, aber außerdem war die dänische Staatskasse erschreckend leer – es wurde später sogar erwogen, Island und ganz Schonen zu verpfänden, um neue Gelder zu bekommen –, und die Flotte war wie gesagt aufgerieben. Viele Dänen mit Christian an der Spitze fürchteten, daß die Schweden jeden Augenblick bei Kopenhagen oder auf Fünen trommelschlagend an Land gehen würden. Deshalb brach der König sogleich den erfolgreichen Feldzug gegen Horns Armee ab und leitete eine ungeordnete und nahezu panikartige Überführung von Truppen aus Schonen nach Seeland ein; unter anderem ließ man sehr viele Kranke und einen großen Teil des Armeegepäcks zurück. Der König selbst, der verzagt war, aber auch an der Verwundung litt, die er auf der Kolberger Heide erhalten hatte – er hatte die Sehkraft des rechten Auges eingebüßt und schlief am Tage häufig ein –, gelangte an Bord eines kleinen Fischerboots über den Sund. Christian konnte ja nicht wissen, daß die schwedische Flotte zu Reparaturen in die Kieler Förde gesegelt und etwas später, besorgt wegen der herannahenden Winterstürme, in Wismar in den Winterhafen gegangen war. Horn, der schwer bedrängt gewesen war, konnte tief Luft holen und seine Verbände wieder über Schonen verteilen; und da die Dänen ihre Offensive abgebrochen hatten, konnte er auch Truppen in die Grenzgebiete von Västergötland, Värmland und Dalsland entsenden. Damit war auch die norwegische Bedrohung dieser Landschaften abgewendet.

Regierende auf beiden Seiten der Frontlinie begannen nun zu überlegen, ob nicht ein Friedensschluß etwas Erstrebenswertes sei. Seit dem Ende des Sommers liefen Vermittlungsgespräche über Gesandte aus Frankreich und den Niederlanden. Mit ihren wachsenden Erfolgen hatten die Dänen immer mehr unverrückbare Bedingungen, nicht verhandelbare, unumstößliche Forderungen usw. gestellt, und sie hatten ihre Kontakte mit den Holländern, die ziemlich unverhohlen ausschließlich zur Wahrung ihrer merkantilen Interessen agierten, nahezu abgebrochen. Nach der Katastrophe von Fehmarn wagte Christian nicht mehr, in der bisherigen Form aufzutrumpfen – sollte eine herübergeschiffte schwedische Armee auf Seeland Fuß fassen, konnte es ein überaus schlimmes Ende nehmen –, sondern er sah sich gezwungen, eine wesentlich kompromißbereitere Miene aufzusetzen. Auch die Männer im schwedischen Rat waren verhandlungsbereit. Axel Oxenstierna und die anderen Herren in Stockholm waren von den dänischen Erfolgen, die der Schlacht bei Fehmarn voraufgegangen waren, nicht wenig aufgeschreckt. Sie hatten auf einen raschen Blitzkrieg gesetzt: das Eisen schmieden, solange es heiß ist, und all das, es war ein wirklich riskantes Spiel gewesen, und um Haaresbreite hätten sie damit Schiffbruch erlitten. Warum nicht die Gewinne einstreichen, solange man noch im Plus lag? Außerdem galt es, die Franzosen schnell wieder in Laune zu bringen, damit sie nicht ihre Drohung wahrmachten, den Subsidienhahn zuzudrehen.

Es wurde beschlossen, Friedensverhandlungen zwischen Schweden und Dänemark einzuleiten. Der Zeitpunkt wurde nach einigem Palaver auf den 8. Februar 1645 festgelegt. Der Ort war Brömsebro.

Die östliche Grenze zwischen dem dänischen Blekinge und dem schwedischen Småland verlief entlang des kleinen Flusses Brömse. Kurz vor der Mündung in die Ostsee teilt dieser sich in zwei Arme, die einen hohen Holm umschließen, der zu dieser Zeit durch zwei hölzerne Brücken mit dem Land verbunden war. Solange man zurückdenken konnte, hatte dort ein runder Stein gestanden, von dem alle annahmen oder hofften, daß es ein Grenzstein war. Der Holm selbst wurde häufig von Bauern und Händlern aus den beiden Reichen als

Marktplatz benutzt, wo sie sich trafen und Waren tauschten. Der Ort war auch bei verschiedenen Treffen und diplomatischen Verhandlungen benutzt worden, unter anderem hatte Gustav Vasa dort einmal seinen dänischen Kollegen Christian III. getroffen. Nun sollte der Holm für Friedensverhandlungen zwischen Schweden und Dänemark benutzt werden.

Anfang Februar traf die schwedische Verhandlungsdelegation auf ihrer Seite der Grenze ein. Die Gruppe, an ihrer Spitze Axel Oxenstierna, quartierte sich in einigen Häusern in Söderåkra ein. Der größte dort verfügbare Raum, der sich im Pfarrhof befand, wurde als Domizil für den Reichskanzler requiriert. Man behängte Decke und Wände mit Draperien, stellte Axel Oxenstiernas voluminöses Bett mit Vorhängen aus Taft in einer Ecke auf und plazierte einen großen Tisch und einige samtbekleidete Sessel in die Mitte des Raumes. Das angrenzende Speisezimmer wurde mit rotem Stoff und einem goldfarbenen Tischtuch geschmückt, und über den Tisch wurde ein Himmel gehängt – wie die allgemein verbreiteten Betthimmel waren sie in erster Linie ein Schutz gegen Wanzen und andere herabfallende Insekten.

Die dänische Delegation hatte in dem Dorf Kristianopel auf der blekingischen Seite Quartier bezogen. Auch hier war ein großes Gedränge entstanden, und die Einwohner des Dorfes hatten ihre Häuser verlassen oder eng zusammenrücken müssen, um all den goldbetreßten Fremden Platz zu machen. Es drehte sich nicht gerade um kleine Gruppen. Der holländische Gesandte war mit einem Troß von 30 Kutschen erschienen, die Franzosen, die ja nicht schlechter dastehen wollten, hatten 40 Kutschen mitgebracht, während die glanzvolle dänische Delegation unter Christians Schwager Corfitz Ulfeldt – einem Namensvetter des Seekriegers – mit 60 Dienern und einen Troß von nicht weniger als 100 Kutschen aufkreuzte.

Nach einer Reihe einleitender Formalitäten – wobei wunderbarerweise keiner der Beteiligten etwas gegen die gebrauchten Titel und Ausdrücke einzuwenden hatte – wurde am schwedischen Brückenende ein Zelt errichtet, auf der dänischen Seite geschah das gleiche. Am 8. Februar ging es los.

Die französischen und holländischen Vermittler nahmen Platz auf dem Holm, neben dem runden Stein. Es war Markttag und der Platz voller Bauern und Händler. (Der französische Ambassadeur de la Thuilerie hatte sie vertreiben lassen wollen, weil das bunte Gewimmel der Veranstaltung einen Teil ihres feierlichen Glanzes nahm, aber Axel Oxenstierna befand, es sei das Beste, die Leute sehen zu lassen, was eigentlich vorging, denn sonst entstünden nur böswillige Gerüchte.) Als alle an ihrem Platz waren, gab de la Thuilerie ein Zeichen. In der Winterluft hallten die Silbertöne von Trompeten wider, die Zelte auf beiden Seiten öffneten sich, und heraus traten die jeweiligen Delegationen. Langsam schritten sie über die jeweiligen Brücken, mit gleich langen und gleich schnellen Schritten: alles war genau berechnet, damit sie den Verhandlungsplatz zum exakt gleichen Zeitpunkt erreichten. Dann trafen sich die beiden Gruppen von Männern bei dem runden Grenzstein. In einer koordinierten Bewegung flogen die Hüte von den Köpfen. Oxenstierna und Ulfeldt gaben sich die Hand. Die übrigen gaben sich die Hand. Die Hüte flogen wieder auf. Danach hielt Axel Oxenstierna eine Rede auf schwedisch, »wünschte Glück zu einem baldigen Frieden«. Corfitz Ulfeldt antwortete mit einer kurzen Rede auf dänisch. Neues Händeschütteln, worauf Schweden wie Dänen den französischen und den holländischen Vermittler begrüßten. Danach machten beide Gruppen auf dem Absatz kehrt und schritten gravitätisch durch die Volksmenge hindurch zurück zu ihren Zelten.

Die Friedensverhandlungen in Brömsebro hatten begonnen.

Während des Winters und des Frühjahrs 1645 tat sich wenig im Krieg zwischen Dänemark und Schweden. Beide Seiten warteten ab. Die von Torstensson in Jütland zurückgelassenen Abteilungen wurden langsam von der Halbinsel verdrängt, aber Streit und Uneinigkeit unter den höchsten dänischen Befehlshabern verhinderten, daß die Dänen die Lage ausnützen und zu einer wirklichen Gegenoffensive schreiten konnten. Das schwedische Heer in Schonen lag still in den Winterquartieren um Ystad, und einige Offiziere reisten gelangweilt nach Hause, um dort auf den Beginn der warmen Jahreszeit und einer neuen Feldzugsaison zu warten. Nur der Partisanenkrieg der schonischen Schnapphähne ging mit unverminderter Kraft weiter.

Für den Sommer planten die Regierenden in Stockholm die Einnahme Malmös: Horns Armee sollte dann dorthin marschieren und eine förmliche Belagerung der Stadt einleiten. Sie sollte Unterstützung von der Flotte erhalten, die alle Verbindungen der Stadt über das Wasser abschneiden und einen Scheinangriff gegen Fünen und Seeland richten sollte. Die schwedische Führung nutzte den Winter, um in Stockholm energisch die Aufrüstung der Flotte zu betreiben, denn zum Spätfrühling hoffte sie, den Anblick einer mit rund 90 Schiffen aufs Meer auslaufenden Flotte genießen zu können. Eine solche Masse von Segeln sollte allein schon durch ihre bloße Wucht die Waagschale sich zugunsten der Schweden senken lassen und die Dänen dazu zwingen, einen harten und teuren Frieden zu akzeptieren.

Um 8 Uhr am Morgen des 22. Mai war die neu gerüstete Flotte – unter dem Befehl des Reichsrats Erik Ryning – bereit, aus der Hauptstadt abzusegeln. Bei Dalarö lagen zwanzig Kriegsschiffe und zahlreiche Handelsschuten und Transportschiffe und schaukelten auf dem Wasser. Es war ein imponierender Anblick: ein wirrer Mastenwald, von einer Wolke von Wimpeln gekrönt. Christina selbst hatte sich nach Dalarö bringen lassen, um das grandiose Schauspiel zu betrachten, wenn die Schiffe die Anker lichten und davonsegeln würden. Sie stand auf einem kleinen Holm und sah eine schaukelnde Parade gewölbter Rümpfe und geblähter Segel vorüberziehen und soll bei dieser Gelegenheit gesagt haben: »Dort schwebt unsere Krone auf dem Wasser.« Christina knüpfte zweifellos große Erwartungen an Rynings Flotte. Die junge Königin hatte sich nämlich als hartnäckige Realpolitikerin gezeigt, die nicht zögerte, die rohe Macht sprechen zu lassen, um sich Vorteile zu verschaffen. Während des Frühjahrs, als der Rat mehrmals zusammengetreten war, um besorgt zu diskutieren, was man von den Dänen fordern sollte, hatte sie sich dafür ausgesprochen, absichtlich die kürzlich begonnenen Verhandlungen in Brömsebro in die Länge zu ziehen. Es komme darauf an, meinte sie, »das Traktat zu verzögern, bis die Flotte fertig ist und man ihn [den Dänen] prügeln kann«. Und obgleich sie mit ihrer kampflustigen Einstellung eigentlich ziemlich allein dastand, hatte sie den Unterhändlern unten an der småländischen Grenze einen Ukas gesandt, in dem sie strengen Befehl gab, keinerlei Zugeständnisse zu machen, bevor die neue Flotte fertig war und Gelegenheit bekommen hatte einzugreifen.

Die Krone der Königin schwebte indessen an diesem Tag nicht sonderlich weit, denn der Wind war bei dieser Gelegenheit ein guter Däne. Kaum hatten die langen Ketten von Schiffen die Stockholmer Schären hinter sich gelassen, als sie scharfen Gegenwind bekamen. Es blieb keine andere Wahl, als die triumphale Seefahrt am selben Nachmittag abzubrechen und zwischen die Inseln hinter Dalarö zurückzulaufen. Dort blieb die Flotte liegen.

An Bord eines Schiffes in Rynings Flotte befand sich auch Erik Jönsson. Während des Frühjahrs war er zwischen Stockholm und Stensätra vor Södertälje hin- und hergependelt, wo er den Bau von Rehnskiölds Herrensitz überwachte. Später sandte Rehnskiöld ihm Order, »mit der ersten Gelegenheit« nach Deutschland zurückzukehren. Aber seine Rückreise verzögerte sich. Niemand wagte mehr, ohne Eskorte über die Ostsee zu segeln; die Bedrohung durch umherkreuzende dänische Kriegsschiffe wurde als allzu groß erachtet. Erik fand jedoch einen Schiffer, der die Gelegenheit nutzen wollte, im Konvoi mit Rynings Flotte nach Süden zu segeln.

Immer wieder setzte die Flotte Segel und lief aus aufs offene Meer, aber jedesmal zwangen die Winde sie zur Umkehr. Dies war der übliche Fluch des Reisens auf See. Alles hing vom Wetter ab. Nach einem Monat war man nicht weiter gekommen als bis Mellsten, eine Strecke von 20 Seemeilen, die man sonst in wenigen Stunden zurücklegte. Der Sommer 1645 war ungewöhnlich stürmisch, und mehrere Male hatten Unwetter die Flotte gezwungen, die Segel zu streichen; Anker waren verlorengegangen und Schiffe beschädigt worden. Schließlich, nach nicht weniger als einundzwanzig mißlungenen Versuchen auszulaufen, kam am frühen Morgen des 20. Juni der ersehnte Rückenwind.

Die Flotte machte gute Fahrt nach Süden, doch als sie an der Nordspitze Ölands vorbeigesegelt war, traf sie in der Nacht ein Sturm aus Südosten.

Heulende Sturmböen fielen über sie her, und mitten in den Windstößen schlug das kleine Schiff, auf dem Erik mitreiste, leck. Sturzseen packten die Schute und schleuderten sie in den Wellentälern hin und her, »so daß wir jeden Augenblick vermuteten, daß die See uns und unser Fahrzeug verschlingen wollte«. Die Pumpe ging ununterbrochen. Der Steuermann mußte am Ruder festgebunden werden, um nicht über Bord gespült zu werden. Der Sturm trieb sie auf Gotland zu. Am folgenden Morgen war der Himmel »so rot wie ein Feuer«, genau wie am Morgen davor, so daß Erik verstand, was sie während des Tags erwartete. Sie waren an die dreißig Personen an Bord – Männer und Frauen; einige wollten vor dem Wind nach Kurland oder vielleicht Danzig laufen, aber der Schiffer war hartnäckig: er hoffte, daß das Unwetter sich bald legen würde, und blieb deshalb auf dem eingeschlagenen Kurs. Doch der Sturm wurde nur noch stärker. Die Flotte wurde im Verlauf des Tages auseinandergetrieben, und gegen Abend konnten sie nur 13 andere Segel sehen, wenn sie über die schaukelnde Reling spähten. Zu diesem Zeitpunkt hatte der Schiffer kalte Füße bekommen, aber da war es bereits zu spät. Sie konnten nicht mehr umkehren, denn wenn sie nach Westen blickten, konnten sie unter einem sturmverwirbelten Himmel das dänische Gotland ahnen.

Die zweite Nacht wurde, wenn das überhaupt möglich war, noch schlimmer als die erste. Der wilde Kampf des Meers mit dem Wind ging weiter, und die Katastrophe drohte ihnen nun von zwei Seiten. »So gab es keinen Augenblick, in dem wir nicht den Tod durch die großen Wogen erwarteten«, berichtet Erik, »doch größer waren unsere Angst und die Gefahr, jeden Augenblick von dem fürchterlichen Sturm in Gotland an Land geworfen zu werden.« Sollten sie wider Erwarten nicht ertrinken – sehr wenige, selbst unter den Seeleuten, konnten zu dieser Zeit schwimmen –, so warteten dänische Soldaten und Wrackplünderer, wenn die Schute an Land geworfen würde. (Küstenbewohner besserten im allgemeinen ihre Einkünfte durch die Plünderung von Wracks auf, ein Gewerbe, bei dem die Erschlagung der Überlebenden ein ziemlich natürlicher Nebeneffekt war.) Der Schiffer ließ angesichts all der zischenden Wogenkämme, die im Dunkeln um sein Schiff tobten, den Mut sinken »und forderte uns auf, um Gottes Hilfe und ein seliges Ende zu beten und zu flehen, sintemalen alle menschliche Kraft nun am Ende war«.

Doch nichts half. Die sturmgeschüttelte Schute nahm immer mehr schäumendes Wasser über, trotz der Plackerei der Männer an der Pumpe. Eine Bö knickte den Großmast, der unter dem Jammern und Schreien der schreckensbleichen Mannschaft das regenschwere Sturmsegel mit über Bord riß, hinaus in die Nacht.

Siege und Niederlagen (1644–1645)

Um 11 Uhr am Tag danach brach die graue Wolkendecke ein wenig auf, und zum erstenmal seit zwei Tagen kam die Sonne heraus. Die Menschen an Bord hofften, der Sturm werde nun endlich abflauen. Zunächst wehte der Wind jedoch weiter, und die zischenden Wogenkämme wirbelten das brüchige kleine Schiff weiter herum, das ohne Mast und Großsegel äußerst schwer zu steuern war. Erst am nächsten Tag ließ der Sturm nach. Segel auf Segel offenbarte sich am Horizont, und nach einem Tag war der größte Teil der Flotte wieder vereinigt, und alle nahmen Kurs nach Süden. Für diesmal war die Gefahr überstanden. Nur drei Schiffe waren so schwer beschädigt, daß sie nach Stockholm zurückkehren mußten. Eriks Schiff segelte jedoch mit den anderen nach Süden.

Nach einigen Tagen sahen sie zwei Schiffe mit gebrochenen Masten und pausenlos arbeitenden Pumpen langsam näherkommen. Sie gehörten zu der schwedischen Hauptflotte, der Ryning sich anschließen sollte, und sie waren in den gleichen Sturm geraten, in dem Eriks Schiff beinahe untergegangen wäre. Am 5. Juli näherte sich der Flottenverband Bornholm, und dort traf man schließlich die Hauptflotte. Sie hatte den Winter in Wismar verbracht. Dort hatte sich nichts Besonderes ereignet, außer daß ein ungewöhnlich raffinierter Versuch von Sabotage gegen das Flaggschiff der Flotte aufgedeckt worden war. Bei einem Pommeraner mit Namen Hans Grefft fand man zwei Kisten, die sich als Brandbomben mit einem eingebauten Zeitzündemechanismus herausstellten. Sie waren vollgestopft mit Stroh, Pech, Schwefel und Pulver und mit einem uhrwerkgetriebenen Zündmechanismus versehen, der zwölf Stunden Verzögerung hatte. Mit diesen tückischen Methoden Krieg zu führen wurde offenbar als außerordentlich niederträchtig empfunden, und der Pommeraner wurde zum Tode durch langsames Verbrennen über einem offenen Feuer verurteilt. Die Person, die das Verhör mit Grefft durchführte, bei dem Folter angewandt wurde, und die später dabei war, als dieser zur Strafe langsam zu Tode geröstet wurde, war Eriks Hausvater Rehnskiöld.

In Erwartung des Ryningschen Geschwaders hatte die Hauptflotte einen Schlag gegen Bornholm geführt, weil man die Proviantvorräte der Flotte auffüllen mußte. Nexö war gefallen, nachdem die Schweden gedroht hatten, die Stadt vom Meer aus zu bombardieren, und nach kurzer Belagerung war auch Schloß Hammerhus eingenommen worden, und die Schweden erlegten mit dem fragwürdigen Recht des Siegers den Bewohnern Bornholms eine Kontribution auf, die der Steuer eines ganzen Jahres entsprach. Die Vereinigung der beiden Flotten erfolgte unter »vielen Kanonen- und Freudenschüssen und zu jedermanns Begeisterung«, wie es in Eriks Tagebuch heißt. Die vereinigten Geschwader waren allem überlegen, was die Dänen je zu Wasser lassen konnten. Aber dennoch war nicht alles eitel Freude und Sonnenschein, denn bei der Hauptflotte warteten drei Briefe auf Ryning. Alle waren von dem zunehmend aufgebrachten Horn verfaßt, der auf die Unterstützung der Flotte angewiesen war, um Malmö belagern und einnehmen zu können. Seit dem Frühsommer hatte sein Heer in Erwartung der Flotte auf der Stelle getreten, ohne zu ahnen, daß diese wochenlang in den Schären vor Stockholm gelegen und mit dem Gegenwind gekämpft hatte. Obwohl man viel Zeit verloren hatte, war Ryning dennoch nicht bereit, überstürzt mit seinen Schiffen zur schonischen Küste aufzubrechen. Er war ein umsichtiger und genauer Admiral, und er fand die Seekarte über den Sund überaus unklar und wollte außerdem zuerst nach Pommern laufen, um Proviant aufzunehmen und die Sturmschäden auszubessern. Gesagt, getan. Der Wind war gut, und nur wenige Tage später erreichten die Schiffe die deutsche Küste. Als Erik an Land ging, hatte er vier Tage lang nichts gegessen.

Sofort übernahm er wieder seine Funktion als treuer Schatten des Generalkämmerers Rehnskiöld auf dessen Reisen kreuz und quer durch Pommern und Mecklenburg. Unter anderem mußte er seinem Herrn helfen, als dieser die Proviantierung der schwedischen Flotte organisierte. Bei einer Gelegenheit folgte er Rehnskiöld an Bord der *Tre Lejon*, des großen, mit 38 Kanonen bestückten Kriegsschiffes, das die Schweden bei Fehmarn von den Dänen erobert hatten. Dort traf er zum erstenmal Carl Gustav Wrangel, den Befehlshaber der Flotte, den neuen aufsteigenden Stern der schwedischen Kriegsmacht, der auf Eriks späteres Leben einen nicht unbedeutenden Einfluß nehmen sollte.

Wrangel war zu diesem Zeitpunkt 31 Jahre alt, ein stattlicher, dunkelhaariger Mann mit hohen Wangenknochen, funkelnden kleinen Augen und einem fülligen Mund. Er entstammte einer hochadeligen Familie mit baltischen Wurzeln, und sein Vater hatte sowohl unter Herzog Karl als auch unter Gustav Adolf gekämpft. Wrangel selbst war als Dreizehnjähriger Ende der zwanziger Jahre seinem Vater in den Krieg gegen die Polen gefolgt. Danach hatte er sich auf eine knapp zweijährige Studienreise durch Europa begeben und unter anderem in Leiden studiert und in Paris fechten, tanzen und Fremdsprachen gelernt. Eine derartige sogenannte Peregrination war obligatorisch in der Erziehung aller adligen Jünglinge aus vermögendem Hause, doch für Wrangel scheint sie ein ziemlich rasch erledigtes Intermezzo gewesen zu sein, das ihm zwar kulturelle Interessen vermittelte und ihn in die Lage versetzte, sich in feinen Salons zu bewegen, aber keine Spuren in Form einer tiefergehenden Bildung hinterließ. Sein Sinn stand von Anfang an nach dem Krieg. Unmittelbar nach dem Ende seiner Reise schloß er sich siebzehnjährig Gustav Adolfs Heer in Deutschland an, machte die Schlacht bei Lützen mit und kletterte danach rasch in der Rangordnung nach oben, beflügelt von seinem eigenen rastlosen Ehrgeiz und der unverhüllten Protektion seines einflußreichen und von Standesdünkel erfüllten Vaters. 1635 war er zum Kommandeur eines Kavallerieregiments gemacht worden, zeigte sich sowohl verwegen als auch rücksichtslos, wurde mehrmals verwundet – am Kopf, an den Armen –, gefangengenommen, befreit, erkrankte an Masern, geriet aufgrund der Tatsache, daß sein Vater ihn so schnell und unbefugt in die höheren Ränge gehievt hatte, unverschuldet mit Banér aneinander – der junge Adelssprößlinge verabscheute, die aufgrund ihrer Herkunft Karriere machten –, kämpfte aber dennoch als Generalmajor sowohl unter Banérs als auch später unter dessen Nachfolger Torstenssons Kommando. Er erwarb sich nach und nach einen guten Ruf als Offizier, nicht sonderlich beliebt bei der Mannschaft, aber mutig, tüchtig und energisch; so schloß sich ihm zum Beispiel der junge Pfalzgraf Karl Gustav an, um das Kriegshandwerk zu lernen. Mit der Zeit wurde er einer von Torstenssons Vertrauten, und als solcher war er zu der schwedischen Flotte geschickt worden, als diese 1644 in der Kieler Förde eingeschlossen lag. Er kam gerade rechtzeitig an, um Claes Fleming mit seinem abgeschossenen Bein daliegen und verbluten zu sehen. Danach mußte er selbst, erst 30 Jahre alt, den Befehl über die Geschwader übernehmen. Seitdem hatte er viele in Staunen versetzt. Er war ja ursprünglich Landkrieger, hatte sich aber außerdem als unerwartet geschickter Seekrieger erwiesen; unter anderem hatten sein Draufgängertum und seine rücksichtslose Nahkampftaktik sich bei Fehmarn ausgezahlt. Seine Persönlichkeit wies Züge eines stolzen und ein wenig arroganten Kriegsknechts auf, und wie so mancher andere hatte er sich im Krieg gut eingerichtet. Er war jedoch keineswegs gefühlskalt. Unter anderem geriet er mit seinem beschützenden, aber autoritären Vater aneinander, als er 1640 aus keinem anderen Grund als aus Liebe eine schöne, doch bedauerlicherweise sowohl ihrer Herkunft nach niedere als auch arme Adlige geehelicht hatte. (Die große Empörung des Vaters nimmt sich ein wenig sonderbar aus, wenn man bedenkt, daß dieser sich einige Jahre zuvor mit einem jungen Mädchen verheiratet hatte, das eigentlich die Verlobte seines Sohnes war.) Er kümmerte sich auch viel um seine Kinder, und einige der ersten echten Kinderporträts – unter anderem des verstorbenen eineinhalb Jahre alten Hannibal Gustavus – wurden auf seine Bestellung gemalt. Wie alle war er die Summe seiner Gegensätze. Eine Person, die ihm später begegnete, beschreibt Wrangel als »wohlerzogen, prachtliebend, freigebig, zu seinem Wort stehend, aber leicht reizbar und mit einer großen Schwäche für Frauen«.

Mitte August traf die wichtige Botschaft aus Stockholm in Pommern ein.

3. Vier Meilen bis Wien

DIE WIEDERAUFNAHME DER KÄMPFE AUF DEUTSCHEM BODEN. –
HUNGERKRIEG. – GALLAS LÄSST HUNDE TÖTEN. –
FRANZÖSISCHE SIEGE BEI ROCROI UND FREIBURG. –
DIE VERHANDLUNGEN KOMMEN IN GANG. – ZEREMONIELLES GETÖSE. –
ÜBER ANALOGES DENKEN. – DIE PROBLEME IN WESTFALEN HÄUFEN SICH. –
›KÄMPFEN UND SIEGEN!‹ – DIE SCHLACHT BEI JANKAU. ÜBER ARTILLERIE. –
EIN ENTSCHEIDENDER SIEG. – ›DER VOLLSTÄNDIGE UNTERGANG
DES KATHOLIZISMUS DROHT‹. – DER KAISER FLIEHT AUS PRAG.

Als die schwedische Armee im Herbst 1643 ihre kurvenreiche Bahn nach Norden gezogen und überraschend in Dänemark eingefallen war, schien es, als habe der große Strom des Kriegs plötzlich sein altes, gewohntes Flußbett verlassen:

Dieser Fluß ist ein sehr altes Tier,
sehr groß, sehr schwer, sehr gefährlich,
das wieder und wieder denselben Gedanken denkt.

So war die Natur des Kriegs, die Natur des neuen Kriegs in dieser neuen Zeit in Europa. Er floß dahin, bahnte sich neue Wege, kehrte um, gabelte sich, doch nur, um sich in stillen Mäandern wieder zu sammeln, verlor sich in einem Delta und fand sich stets aufs neue in seiner ständig vorwärtsdrängenden Bewegung, ertränkte, entwurzelte und riß alles mit sich. Gegen Ende des Sommers 1644 war der Fluß jedoch erneut abgebogen und wieder auf dem Weg hinunter nach Deutschland.

König Christian hatte ja den Kaiser dazu bewogen, seine Armee unter Gallas zu Hilfe zu senden. Getreu seiner Gewohnheit, nie eine Gelegenheit zu verpassen, eine Gelegenheit zu verpassen, war Gallas zu spät in Kiel eingetroffen, um die eingeschlossene schwedische Flotte einzukassieren. Falls das Eingreifen der Kaiserlichen als sogenannte Diversion hatte dienen sollen, verlief zumindest dieser Teil des Vorhabens planmäßig. Wenn Gallas' Armee in Holstein stand, waren die wichtigen schwedischen Besitzungen an der deutschen Ostseeküste bedroht, und Torstensson beschloß deshalb, den Feldzug in Jütland abzubrechen, dem kaiserlichen Heer entgegenzuziehen und den deutschen Krieg wiederaufzunehmen.

Torstensson brachte es wieder einmal fertig, seinen kaiserlichen Kollegen vollständig auszumanövrieren. Gallas, noch nie ein Anhänger einer besonders mobilen Kriegsführung, gedachte die Schweden auf der gründlich kahlgefressenen Halbinsel irgendwie einzuschließen und ließ deshalb seine Truppen hinter einer Reihe von Verschanzungen, Verhauen und Verdämmungen südlich der

Eider in Holstein verschwinden. Die schwedische Armee dagegen agierte mit der gewohnten Schnelligkeit, zog rasch in langen Kolonnen nach Süden, rannte einige vorgeschobene kaiserliche Posten über den Haufen, stürmte ein paar Schanzen und rückte durch ein Sumpfgelände vor, tauchte überraschend auf der linken Flanke des kaiserlichen Heeres auf, schwenkte in einem Bogen um dessen Rücken und weiter nach Süden zur Elbe. Gallas sah seine rückwärtigen Verbindungslinien in Gefahr, ja schlimmer noch: Da die kaiserliche Hauptarmee oben in Holstein stand, lagen die Kernlande des Kaisers offen da für eine neue schwedische Invasion. Torstensson konnte wieder einmal einen Nachteil in einen Vorteil wenden. Gallas hatte keine andere Wahl, als seine Armee wie eine verwirrte Riesenschnecke hinterherkriechen zu lassen. (Die Dänen, die schon zuvor mehr als unzufrieden gewesen waren mit Gallas' Lethargie und Langsamkeit, hatten nun genug und marschierten wütend zurück nach Jütland, wo sich immer noch mehrere schwedische Verbände aufhielten und mit großer Rücksichtslosigkeit das Land aussaugten, um es für ihre Gegner unbrauchbar zu machen.)

Das kaiserliche Heer schien zunächst seinen schwedischen Gegnern zu folgen, verschwand aber nach kurzer Zeit über die Elbe und zog weiter nach Süden nach Mitteldeutschland, de facto ein überstürzter Rückzug durch ein gründlich verheertes Land. Gegen Ende September war jedoch das schwedische Heer wieder einmal herangekommen, worauf Gallas getreu seinem schneckenhaften Reflexverhalten sich sogleich in sein Haus zurückzog, will sagen, wieder einmal seine Truppen sich eingraben ließ, um auf angekündigte Verstärkungen zu warten, die sich jedoch nie blicken ließen. Torstensson ließ sich diese Gelegenheit nicht entgehen und schloß das befestigte Lager, das ein Stück südlich von Magdeburg lag, mit einer Kette starker Reitereiposten ein, die den Kaiserlichen jede Versorgungsmöglichkeit abschnitten. Bald ging das Brot zur Neige, und die Soldaten mußten von ungedroschenem Getreide leben. Krankheit und Hunger begannen wie erwartet unter den Eingeschlossenen zu wüten, und Menschen und Tiere starben in großer Zahl. Gallas blieb nichts anderes übrig, als viele Kranke, den größeren Teil seiner Artillerie und seinen Troß zurückzulassen und Hals über Kopf im Schutz der Dunkelheit in das nahegelegene Magdeburg zu fliehen. Ein Teil seines Fußvolks war zu diesem Zeitpunkt bereits so geschwächt von den Entbehrungen, daß sie mit Wagen transportiert werden mußten. (Gallas war nie so listig wie auf der Flucht. Damit der Abmarsch so leise wie möglich vor sich ging, ließ er angeblich sämtliche im Lager befindlichen Hunde, Hähne und Esel töten, und sicherheitshalber opferte er eine Abteilung von 1500 Mann, die er zur Plünderung Eislebens losschickte, um die Aufmerksamkeit der Schweden abzulenken.) In Magdeburg wiederholte sich das Spiel, als die Stadt kurz darauf von den

Schweden eingeschlossen wurde, die alle Verbindungen abschnitten. Um ein drohendes Massensterben unter den Reittieren und Mannschaften abzuwenden, versuchte die kaiserliche Reiterei in einer dunklen Nacht einen Ausbruch aus der Stadt, aber sie wurde bei Jüterbog eingeholt und niedergemacht oder gefangengenommen. Der Weg von und zur Stadt war mit Leichen übersät: Nur wenige hundert Mann einer ursprünglichen Truppe von 4000 sollen entkommen sein, und die Schweden erbeuteten unter anderem 3500 Pferde. Während der späte Herbst in einen frühen Winter überging, nahm der Hunger unter den eingeschlossenen Soldaten noch zu, die schließlich Hunde und Katzen verzehrten, um zu überleben. Ihre Not wurde auch nicht dadurch gelindert, daß die Bürger der Stadt sich weigerten, den Truppen Getreide zu verkaufen, und daß der Kurfürst von Sachsen, bebend vor Zorn über Gallas' Feldherrnkunst, dem Kommandanten Magdeburgs verbot, den Eingeschlossenen Lebensmittel aus den Magazinen der Stadt zu überlassen. Täglich desertierten Offiziere und Mannschaften in Scharen aus der Stadt, aber sie waren so ausgehungert und aufgrund ihrer schlechten Verfassung so wenig brauchbar, daß die Schweden sie kalt abwiesen, wenn sie sich deren Linien näherten. Und Gallas saß mit finsterer Miene da und soff.

Als Treibeis die Brücken der Schweden über die Elbe zerstörte, ließ Gallas die Reste seines Heeres einen verzweifelten Ausbruch nach Südosten unternehmen. In kleinen Gruppen und auf verschiedenen verschlungenen Wegen suchten seine dezimierten Verbände sich ihren Weg hinunter nach Böhmen und in Sicherheit. Von der stolzen kaiserlichen Armee, die im Frühsommer um die 12 000 Mann gezählt hatte, waren nur noch rund 2000 Gespenster in Uniform übriggeblieben. Das Heer war so gut wie vernichtet. Und Gallas erhielt wieder einmal seinen Abschied.

Die Schweden zögerten nicht lange, das militärische Vakuum auszunutzen, das mit dem Dahinschmelzen der kaiserlichen Hauptarmee entstanden war. Die schwedische Armee drang Ende 1644 ein weiteres Mal in Sachsen ein; die Operation verfolgte den Zweck, die Sachsen endgültig aus dem Krieg auszuschalten. Die Truppen marschierten direkt auf Leipzig zu, wo Torstensson dem Kurfürsten mitteilen ließ, er werde das gesamte Umland der Stadt »zu einer Wüste« machen, falls dieser nicht auf der Stelle in einen Waffenstillstand einwillige. Um seinen Worten Nachdruck zu verleihen, ließ Torstensson seine Truppen eine Anzahl sächsischer Städte und Schlösser zerstören. Pegau zum Beispiel, ein kleiner Ort, der sich beim Anmarsch der Schweden geweigert hatte zu kapitulieren, wurde einem Artilleriebeschuß von selten gesehener Heftigkeit ausgesetzt. Zahlreiche Einwohner wurden bei dem Feuersturm getötet, und nur 20 Häuser entgingen der Zerstörung. Der Kurfürst von Sachsen war zu Verhandlungen bereit.

Torstensson – immer stärker von seinem Gelenkrheumatismus geplagt, zuweilen so krank, daß er nicht die Feder halten konnte, um seine Befehle zu unterzeichnen – hatte große Pläne. Nun, da Sachsen mehr oder weniger gesichert war und die schwedischen Truppen in provisorischen Winterquartieren um Leipzig herum warteten, beabsichtigte er nach Beratungen mit dem Rat und der Königin, den alten schwedischen Traumplan ins Werk zu setzen und »den Kaiser im Herzen seiner Macht anzugreifen und dadurch zum Frieden zu zwingen«. Dies sollte indessen nicht in Form eines isolierten schwedischen Eilmarsches hinunter in die Erblande erfolgen, nein, alle Feinde des Kaisers sollten nun zu einem gemeinsamen Angriff ansetzen, um noch ein weiteres Mal die »Reise nach Jerusalem« zu spielen. Aus dem Osten und Ungarn sollte der protestantische Fürst Georg von Transsilvanien mit seiner bunten Armee anmarschieren. Georg hatte ja früher 150 000 Reichstaler an jährlichem Unterhalt bekommen, um gegen den Kaiser in den Krieg einzutreten, und hatte gerade eben Unterstützung von der Türkei erhalten. Seine nicht allzu moderne Armee hatte in den Kämpfen mit den Kaiserlichen stark gelitten, aber zumindest konnte sie ein wenig für Tumult sorgen machen und Verwirrung stiften. Außerdem hatten protestantische Bauern in Österreich gerade einen Aufruhr begonnen. Von Westen sollte ein französisches Heer ins Land einfallen, jetzt von einem neuen Marschall angeführt, Henri de La Tour d'Auvergne, Vicomte von Turenne. Während der vergangenen Jahre, als sich die Schweden in ihrem dänischen Blitzkrieg verzettelten, hatten die Franzosen unentwegt mit den Bayern am Rhein gefochten. Bayern war Kaiser Ferdinands wichtigster Verbündeter; das Land lag wie ein riesiges Bollwerk da und schützte seine Erblande vor einem direkten Angriff aus Westen, während gleichzeitig die bayerische Armee das Rückgrat seiner Streitkräfte bildete. Die Franzosen hatten am Rhein mit immer größerer Schlagkraft zu agieren begonnen, weil 1643 ein Wendepunkt im Kampf gegen die Spanier eingetreten war und sie nun einen größeren Teil ihrer Truppen für den deutschen Krieg abstellen konnten. Geschehen war folgendes: Mitte Mai wurde ein spanisches Heer in einer großen Schlacht vor der belagerten Grenzfestung Rocroi in Nordfrankreich besiegt. Nach einem wütenden Vor- und Zurückstoßen über das flache und enge Tal, in dem die Schlacht stattfand, hatten die Franzosen schließlich die Oberhand gewonnen. Als nach einem den ganzen Tag währenden Kampf die Nacht hereinbrach, lag die Blüte der militärischen Macht Spaniens über das Schlachtfeld verstreut. Die stolze und gefürchtete spanische Infanterie – die unter anderem bei Nördlingen mit solcher Bravour gesiegt hatte – war fast bis zum letzten Mann niedergemacht worden, nachdem sie in der Schlußphase des Kampfes von französischer Infanterie und Artillerie eingeschlossen worden war, die aus kurzer Entfernung Salve um Salve in die hilflosen und dichtgedrängten Menschenmassen abgefeuert hatten. Die Kampfmoral der Spanier war gebrochen, die altgedienten Krieger gefallen und die Armee praktisch vernichtet – ein gefangener spanischer Offizier sagte resigniert: »Sie brauchen nur die Gefangenen zu zählen, und die Toten.« Viele meinten, daß Spaniens Glanzzeit als bedeutendste Großmacht Europas nun vorbei sei. Im August 1644 hatten französische Streitkräfte – einschließlich kleiner trauriger Reste der einst so widerspenstigen Bernhardiner – erneut den Rhein überquert und nach drei aufeinanderfolgenden Schlachten die eingegrabene bayerische Armee zu einem widerwilligen Rückzug nach Osten gezwungen. (Der Sieg war eher trotz als dank der französischen Generale gewonnen worden, die die Schlacht zunächst mit einem so komplizierten Plan eröffnet hatten, daß er fast auf der Stelle fehlschlug, und daraufhin rasch dazu übergingen, eine Reihe sinnloser, schlecht abgestimmter und extrem verlustreicher Frontalangriffe zu starten. Die Verluste beliefen sich auf bis zu 50 Prozent der Kämpfenden. Die Bernhardiner waren fast ganz vernichtet worden. Von drei Regimentern waren nachher nur noch drei Offiziere und 50 Gemeine übrig. Daß sie schließlich erfolgreich waren, beruhte in erster Linie auf Zufall. Es war die blutigste Schlacht des Krieges, und sie führte zu nichts.) Und die Franzosen wollten 1645 ihre Angriffe fortsetzen.

Es sah wirklich so aus, als könnte man gemeinsam große Erfolge erringen. Vielleicht war dies auch der Grund, warum der Friedenskongreß in Westfalen nun wirklich in Gang gekommen war. Am 4. Dezember 1644, 18 Monate nachdem Ferdinand seine Zustimmung zur Teilnahme gegeben hatte und nicht weniger als 32 Monate nach dem Datum, auf das man sich ursprünglich in Hamburg geeinigt hatte, wurden die Verhandlungen in Münster und Osnabrück eröffnet. Keiner der Beteiligten hatte einen übertriebenen Eifer an den Tag gelegt. Als einer der ersten traf Johan Adler Salvius ein, im Herbst 1643. Sein Kollege und Intimfeind Johan Oxenstierna brüstete sich in gebührendem Abstand, denn er war der Meinung, seine Würde verlange, daß sein Auftritt erst erfolgen könne, wenn die französischen Legaten eingetroffen seien. Der Repräsentant des Papstes, Nuntius Fabio Chigi, traf erst während der Schneeschmelze im März 1644 ein – er vermied sorgfältig jeden Kontakt mit den Schweden, die er mit einem Schnauben »ketzerisch und barbarisch« nannte –, und weder Holländer noch Spanier hatten noch ihre Plätze eingenommen, als der Kongreß im Dezember dieses Jahres eröffnet wurde (die letzteren ließen noch bis Neujahr 1646 auf sich warten).

Das Leben in den beiden entmilitarisierten deutschen Städten änderte sich, als plötzlich diese zahllosen Scharen von Gesandten über sie hereinbrachen. Die Delegationen waren von sehr unterschiedlicher Größe. Die französische Gruppe umfaßte rund 200 Männer, Frauen und Kinder, während viele der kleinen deutschen Fürstentümer nur durch eine einzige Person vertreten waren. Eng war es auf jeden Fall. Die Regel war, daß zwei Personen sich ein Bett teilen mußten; so hatten sich beispielsweise die 29 Mitglieder der bayerischen Delegation über 18 Betten zu einigen. (Ein Historiker hat allerdings angemerkt, daß die Bayern auch zwischen zwei und drei Liter Wein pro Mann und Tag hinunterschütteten, »so daß sie möglicherweise zu benebelt waren, um sich noch wegen der Betten zu streiten«.) In den engen Straßen der Stadt sah man goldglänzende Karretten und Karossen und Paraden livreebekleideter Diener, und die Luft klirrte von stolzer Musik. Der dünkelhafte Johan Oxenstierna gehörte zu den Unterhändlern, die mit einer solchen Prachtentfaltung auftraten, daß sogar die für gewöhnlich wohlequipierten Franzosen beeindruckt waren. Er bewegte sich ausschließlich in dem von Hellebardieren umgebenen Wagen der Königin, wenn er zu Abend speiste, wurde stets mit »Flöten, Trompeten und Posaunen« musiziert, und jedesmal, wenn er sich müde fühlte und schlafen legte oder umgekehrt sich frisch fühlte und aufstand, wurde dieses bedeutungsvolle Faktum mit Hilfe von Pauken und Trompeten der Umwelt kundgetan. Die Diplomaten führten solche Scharen von Dienern, Pagen und streitsüchtigen Wachen mit sich, daß die Ordnung binnen kurzem schwer gestört war. (Bei einer Gelegenheit meinten die Diener des französischen Gesandten de la Roche-Serviens, daß die Latrinenentleerer auf ihren nächtlichen Fahrten vor ihrem Fenster zu viel Lärm und Gestank machten, und sie versuchten, sie handgreiflich zurechtzuweisen, worauf eine gigantische Schlägerei ausbrach, die damit endete, daß die Franzosen Prügel bezogen.) Bettler und Huren strömten ebenfalls in die Stadt, zusammen mit Malern, Graveuren und Gruppen englischer und polnischer Komödianten.

Das Durcheinander auf Straßen und Plätzen wurde nur noch von dem Durcheinander in den Verhandlungssälen übertroffen. Es dauerte sechs Monate, bis man sich erst einmal darüber geeinigt hatte, wie die Versammelten sitzen und in welcher Reihenfolge sie die Räume betreten und diese verlassen sollten. Franzosen und Schweden, Brandenburger und Spanier zankten frisch drauflos, das gleiche taten die Delegierten Venedigs und der Hanse, und selbst innerhalb der Delegationen war man zerstritten, denn derer, die sich selbst wichtiger nahmen als ihren Auftrag, waren viele:

So Worte hinter Worten sich verbergen
und Handlung in gleichgült'ger Handlung.

Die deutschen Kurfürsten weigerten sich zu erscheinen, bis sie wie der Gesandte Venedigs mit Exzellenz betitelt wurden, der französische Ambassadeur Longueville wollte seinerseits auf keinen Fall kommen, bevor er nicht den Titel *Altesse* erhielt, und die Holländer fanden, daß sie, ihrer Staatsform zum Trotz, den Rang einer Monarchie haben sollten. Die Spanier überfielen das Domizil des portugiesischen Gesandten, und als der päpstliche Nuntius in der größten Kirche einen großen Tisch für sich allein aufstellte, verlangten die Franzosen, daß dieser auf der Stelle entfernt werden solle. Ein wesentlicher Teil der Zeit wurde darauf verwandt, sich an der eigenen Beredsamkeit zu berauschen und umständliche lateinische Rhetorik abzufeuern; so hieß es beispielsweise von dem französischen Legaten d'Avaux, er opfere lieber die Interessen seiner Regierung, als eine Gelegenheit zu verpassen, in eine richtige klassische Tirade auszubrechen.

Alle diese umständlich in die Länge gezogenen Präliminarien waren die Folge einer Besessenheit dieser Epoche von Zeremonien und Symbolen. Diese Besessenheit entsprang der festen Gewohnheit der Menschen des 17. Jahrhunderts, ständig ihre Welt so zu betrachten, als sei sie eine Allegorie, und ständig mit Hilfe von Analogien Erklärungen zu suchen und Beweise zu führen. In einer Gesellschaft, in der die Lesefähigkeit beschränkt war, spielten Symbole und Allegorien natürlich eine große Rolle. Allegorien verschiedener Art waren jedoch weitaus mehr als Illustrationen, sie waren Beweise an sich. Bilder aus der Natur oder der Geschichte oder dem Alltagsleben hatten für diese Menschen ein ganz anderes Gewicht, als sie es heute haben. Für uns ist das Symbol nur ein Zeichen für etwas anderes. Damals stellte man sich vor, daß eine symbolische Handlung oder ein Gegenstand einen greifbaren Effekt haben konnten. Das Symbol konnte die Eigenschaften des Symbolisierten besitzen, und ein Ding konnte seine Eigenschaften auf den Besitzer übertragen – und umgekehrt. (Reste dieser älteren Art zu denken finden sich beispielsweise in der Verehrung von – um nicht zu sagen: dem Aberglauben an – allen möglichen Kostbarkeiten. Das Kostbare und Glänzende wurde mit dem Guten und Glückbringenden gleichgestellt und wirkte auf irgendeine mystische Art und Weise zum Besten des Trägers.) Eine einmal entdeckte Allegorie wurde als Schlüssel zum wahren Wesen der Welt betrachtet. Dies gründete letztlich in der Vorstellung von Makrokosmos und Mikrokosmos, von dem Großen, das sich im Kleinen spiegelt. Im 17. Jahrhundert waren die Menschen fest davon überzeugt, daß das Dasein aus einer Reihe korrespondierender Ebenen bestehe, und durch die Aufdeckung der Parallelen zwischen diesen könne man zur innersten Ordnung der Schöpfung vordringen. Diese Überzeugung wurde überall in der Kunst ausgelebt, die zum Bersten gefüllt war mit Allegorien und Symbolen, aber sie existierte auch in anderen Bereichen, nicht zuletzt in der Wissenschaft. Selbst sehr bedeutende und moderne Forscher wie Kepler – der den Vater, den Sohn und den Heiligen Geist im Sonnensystem erblickt hatte – und Descartes – der durch ein mystisches religiöses Erlebnis zum Studium der Mathematik und Philosophie angeregt wurde – waren von dieser traditionellen

Art zu denken beeinflußt. Überall sah der Mensch des 17. Jahrhunderts universelle Zeichensysteme, die es zu deuten galt, auch in scheinbar so banalen Dingen wie einem Federbusch am Hut oder der Sitzordnung an einem Tisch. Deshalb kämpften auch die Mächtigen mit solcher Inbrunst für ihre Symbole: Nur Macht, die aussah wie Macht, war wirklich Macht.

Es muß allerdings betont werden, daß das Gerangel um Zeremonien und anderes in Westfalen teilweise auch reine Verzögerungstaktik war. Der Krieg tobte ungebrochen weiter, und alle Gesandten saßen in den Verhandlungen mit einem Auge auf die Nachrichtenbulletins. Alle Beteiligten hofften, daß die Entwicklung auf dem Schlachtfeld gerade *ihre* Verhandlungsposition stärken würde, also warum hetzen? Zum Beispiel hatte der schwedische Überfall auf Dänemark den gesamten Friedensprozeß verzögert. Diese Aktion ließ den Kaiser hoffen, daß Schweden sich möglicherweise aus eigenem Antrieb aus dem Krieg zurückziehen werde, und seine Bereitwilligkeit, in Münster und Osnabrück zu verhandeln, ließ sogleich nach – der neue Konflikt im Norden führte also wahrscheinlich dazu, daß der deutsche Krieg um mindestens eineinhalb Jahre verlängert wurde. Und wenn es für die schwedische und französische Armee wieder gut zu laufen begann, begannen die Diplomaten dieser Länder sogleich, sich aufzuplustern und ihre Forderungen zu erhöhen. Es wurde nicht leichter dadurch, daß so viele Staaten mit so unterschiedlichen und gegensätzlichen Interessen in die Verhandlungen verwickelt waren. Alles in allem wurden die Verhandlungen von 176 Gesandten geführt, die nicht weniger als 194 kleine und große Fürsten vertraten.

Es wurde nicht gerade leichter dadurch, daß Mitglieder ein und derselben Delegation zuweilen mit unterschiedlichen und sogar gegensätzlichen Instruktionen versehen waren und deshalb gegeneinanderarbeiteten. Außerdem wurde die ganze Entwicklung hin zu einem deutschen Frieden noch dadurch verzögert, daß die verschiedenen Machtzentren des deutschen Reiches – und damit sind nicht nur die Fürsten gemeint, sondern alle organisierten Gruppen wie zum Beispiel Reichsstädte und Stände, alle, die in irgendeiner Weise die Entwicklung beeinflussen konnten – weiterhin einstimmig nach Frieden riefen, ohne aber größere Bereitschaft zu zeigen, etwas für dafür zu opfern, daß dieser zustande kommen konnte. Obwohl das Reich nach 27 Jahren Krieg vollständig am Boden lag, war es immer »der andere«, der für den Frieden bezahlen sollte, und immer gab es jemanden, der bereit war, noch eine kleine, ganz kleine Weile zu kämpfen, um einen heiß ersehnten Vorteil zu erringen oder einen befürchteten Verlust zu vermeiden. Das Resultat war ein vollständiger Alptraum. Wenige glaubten noch daran, daß der Krieg auf dem Schlachtfeld entschieden werden könne; aber neben diesen gab es viele, die mit einigem Recht bezweifelten, daß es eine politisch-diplomatische Lösung gab. Die Ehefrau eines der französischen Gesandten war schwanger, als der Kongreß im Dezember 1644 eröffnet wurde, und einer der Teilnehmer merkte verdrossen an, daß das Kind sicher erwachsen, gestorben und begraben sein werde, bevor die Friedensverhandlungen zu einem Ende gekommen seien. Vorbei war die Zeit, da die Menschen ihre eigenen Regeln und Bedingungen aufstellten für das, was geschah. Die Militärs waren seit mehreren Jahren Gefangene des Systems, und nun schienen auch die Diplomaten von dessen unerbittlicher Logik gefesselt zu sein. Keiner von ihnen beherrschte mehr den Krieg. Der Krieg beherrschte sie.

Es sah ganz ohne Zweifel so aus, als sollte ein sehr altes Lied wieder einmal von neuem gesungen werden, als Torstenssons Armee Anfang Januar 1645 aufbrach und in langen, gewundenen Kolonnen in Richtung der Gebirgsgegenden an der Grenze zu Böhmen verschwand. Aber es brauchte seine Zeit, die engen, schneegefüllten Pässe zu überwinden – unter anderem mußten die 60 Kanonen des Heeres auf Schlitten gezogen werden –, und da der Winter in diesem Jahr ungewöhnlich mild war und immer wieder Tauwetter einsetzte, ging es noch langsamer voran. Als die schwedischen Truppen Anfang Februar hochwasserführende, treibeisbedeckte Flüsse überquerten und plündernd und brandschatzend in Böhmen einmarschierten, war der Weg nach Süden von einer neuen kaiserlichen Armee versperrt.

Torstensson wollte wie gesagt das militärische Vakuum nutzen, das nach der Vernichtung von Gallas' Armee entstanden war, aber dazu kam es nicht. Wieder einmal zeigte es sich, wie schwierig, um nicht zu sagen unmöglich es war, größere koordinierte Operationen durchzuführen; denn zur gleichen Zeit, als die Schweden erneut mitten in Deutschland auftauchten, ließ der Druck auf die Kaiserlichen an den anderen Fronten nach. Die Franzosen am Rhein verschwanden brav in den Winterquartieren, und die Transsilvanier ließen sich mit Hilfe großzügiger Zusagen aus Wien für einen guten Frieden zum Stillhalten verleiten. Mit bemerkenswerter Energie hatten die Kaiserlichen erneut eine Armee zusammengebracht: Truppen wurden von den anderen Kriegsschauplätzen zurückgerufen und neue Verbände aufgestellt. Sie hatte zwar einige Schwächen in bezug auf Waffen und Ausrüstung, aber zahlenmäßig war sie Torstenssons Heer überlegen. Den Befehl über die neu aufgestellte Armee führte von Hatzfeld, der, obwohl er bei Wittstock von Banér besiegt worden war, im Vergleich zu Gallas als eine deutliche Verbesserung gelten mußte. Kaiser Ferdinand trieb jedoch seinen neuen General aggressiv an, mischte sich wiederholt übereifrig in seine Operationen ein und drängte ihn energisch, den Schweden in offener Feldschlacht entgegenzutreten. Um den Kampfwillen seines unschlüssigen Feldherrn ein wenig zu stärken, ließ er mitteilen, daß die Jungfrau Maria ihm erschienen sei und ihm den Sieg versprochen habe. Als von Hatzfeld sich trotz dieser himmlischen Garantieerklärung besorgt und zögerlich zeigte, gab Ferdinand ihm den kurzen Befehl: »Kämpfen und siegen!«

So geschah es. Am 24. Februar 1645 prallten die beiden Armeen in einer Schlacht in der hügeligen, waldbedeckten Landschaft bei Jankau, etwa 50 Kilometer südöstlich von Prag, aufeinander. Die Schlacht führte eine neue Wende des Krieges herbei. Am Vorabend der Schlacht war das kaiserliche Heer in einer starken Position entlang einer langgezogenen waldigen Höhe in Stellung gegangen. Die kalte Nachtluft trug sonderbare Geräusche von dem schwedischen Heer auf der anderen Seite des Tals herüber; die kaiserlichen Wachtposten hörten Schreie und Lärm und das Poltern von Rädern, und nach Mitternacht hörten sie, wie die Schweden zweimal *boute-selle* bliesen – das Signal, daß die Reiterei aufsatteln solle. Im feuchtkalten Morgengrauen kurz vor sechs Uhr,

da der Morgen
die Schwingen erhebt
aus der treibenden Nebel Meer,

erkannten die kaiserlichen Truppen auf dem rechten Flügel schwedische Soldaten, die sich auf einigen Anhöhen direkt gegenüber bewegten. Hatzfeld selbst begab sich dorthin, um Ausschau zu halten. Doch alles schien ruhig zu sein, und nach einer Weile ritt er zurück.

Als er zurückkehrte, fand er den gesamten linken Flügel in Bewegung; lange Kolonnen von Pferden und hutgeschmückten Männern wogten durch das waldige und von Hohlwegen zerfurchte Terrain, dem Geräusch von Schüssen entgegen. Es zeigte sich, daß die schwedische Armee im Schutz einer Talsenke einen riskanten Marsch um die linke Flanke der kaiserlichen Armee durchgeführt hatte. Die schwedischen Truppen waren überraschend aus der Senke heraus auf einen wichtigen Hügel auf dieser Flanke, die Kapellenhöhe, gestürmt und hatten eine Abteilung dort postierter Dragoner vertrieben. Lennart Torstensson verabscheute Schlachten und vermied sie, solange es möglich war. Er sagte unter anderem:

Nichts ist schwieriger, als eine Schlacht zu riskieren. Man kann sie durch tausend unvorhergesehene Zufälligkeiten verlieren, selbst wenn man gewissenhaft alle Maßnahmen ergriffen hat, die das vollendetste militärische Können an die Hand gibt.

Aber nun hatte er sich entschieden, einen Überrumpelungsangriff auf Hatzfelds Armee zu riskieren.

Als die kaiserliche Reiterei aus dem Wald herausritt, der der soeben einge-

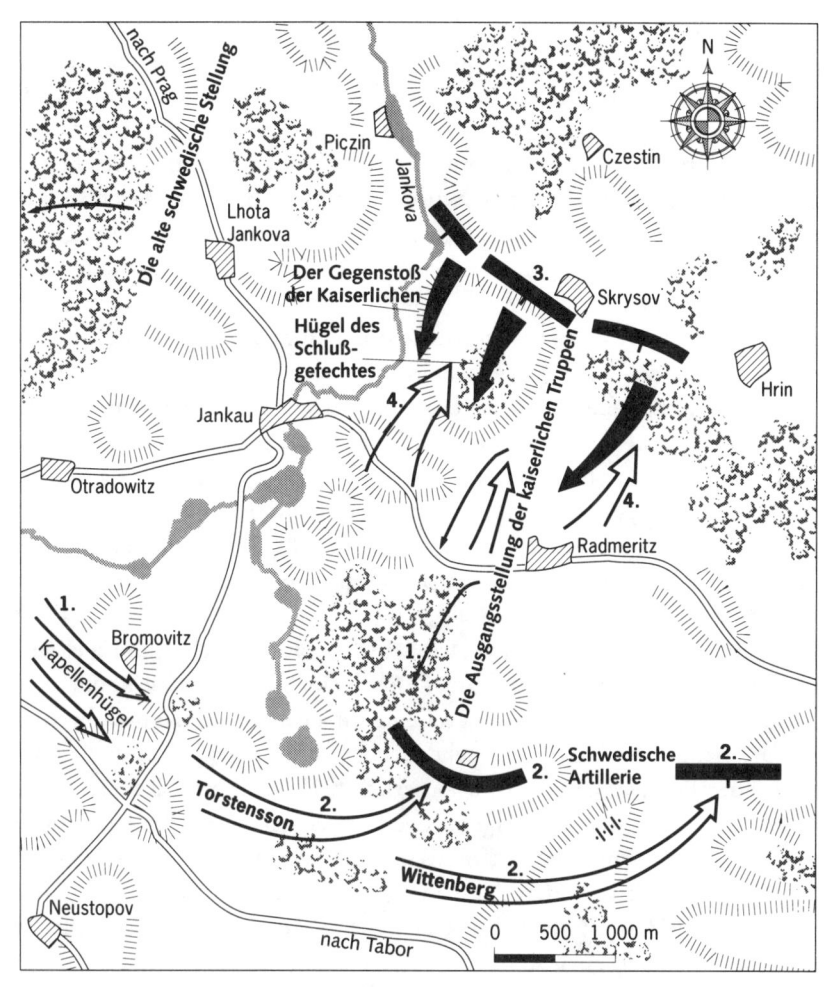

Jankau 1645

nommenen Anhöhe direkt gegenüberlag, explodierten deren Hänge förmlich von schwedischem Feuer. Die Schweden hatten bereits Artilleriegeschütze auf dem Hügel in Stellung gebracht und schossen direkt hinunter in die dicht geschlossenen Reihen der Reiterei. Diese ritt in einer engen Senke zwischen zwei bewaldeten Hügeln und konnte weder nach den Seiten ausweichen noch zurück, und das Vorankommen wurde durch einen Teich erschwert. Der Hauptteil der kaiserlichen Reiterei stand deshalb in der Senke gefangen. Der Effekt des schwedischen Kanonenfeuers unter diesen dichtgedrängten und schwer beweglichen Kolonnen war furchtbar, und er wurde noch schlimmer, denn immer mehr von Torstenssons Kanonen gingen auf der Kapellenhöhe in Stellung, und immer mehr kaiserliche Reiter drängten von hinten in die Senke nach. Ein Sturm heulender Geschosse pflügte tiefe Furchen durch die von Schrecken gelähmten Scharen und riß Tiere und Menschen zu Boden. Nur einem kleinen Teil der heranreitenden kaiserlichen Kavallerie gelang es, sich an dem Teich vorbeizudrängen und sich zu formieren, der Rest blieb im dichten Gewühl stecken und dem dröhnenden schwedischen Feuer ausgeliefert. Dann griff schwedische Reiterei an und warf nach hartem Kampf die Gegner zurück in den Wald.

Kaiserliches Fußvolk und Artillerie wurden rasch durch die Hügel auf die bedrohte linke Flanke herangeführt. Doch bevor sie eingreifen konnten, stießen sie ohne Vorwarnung mit angreifendem schwedischem Fußvolk zusammen. Die etwas weiter entfernt Stehenden konnten sehen, wie aus den Waldhängen zuerst Pulverdampf, dann kaiserliches Fußvolk und Reiterei quollen. (Ein nach der Skizze eines Augenzeugen angefertigter Kupferstich zeigt ein Gewimmel von Menschen, die mühsam mit den Waffen auf den Schultern laufen, und die Flut von Pferden, manche mit Reitern im Sattel, andere ohne.) Zwischen den Bäumen blieben nur Gefallene, Gefangene, neun Geschütze und alle Munitionswagen zurück.

Die Schweden fuhren fort, die kaiserliche Schlachtordnung von der linken Seite her aufzurollen. Die Kaiserlichen schwenkten um und machten Front gegen die Angreifer, doch es half nichts. Die ganze Zeit waren sie der zahlreichen schwedischen Artillerie ausgesetzt, die in mehreren beweglichen Gruppen operierte und sich ständig umgruppierte, von einem erhöhten Punkt zum nächsten, und der es teilweise sogar gelang, das Feuer direkt im Rücken der Kaiserlichen zu eröffnen. Das krachende Feuer der schwedischen Kanonen zwang die aufgelösten kaiserlichen Linien zurück, von Höhe zu Höhe.

Torstensson war ursprünglich Artillerist gewesen, und jetzt gewannen seine Kanonen die Schlacht. Er hatte die von Gustav Adolf einst begonnene Erneuerung dieser Waffengattung weitergeführt. Unter anderem hatte der Feldmarschall auch die schweren Geschütze beweglich gemacht; die Lafetten der Ge-

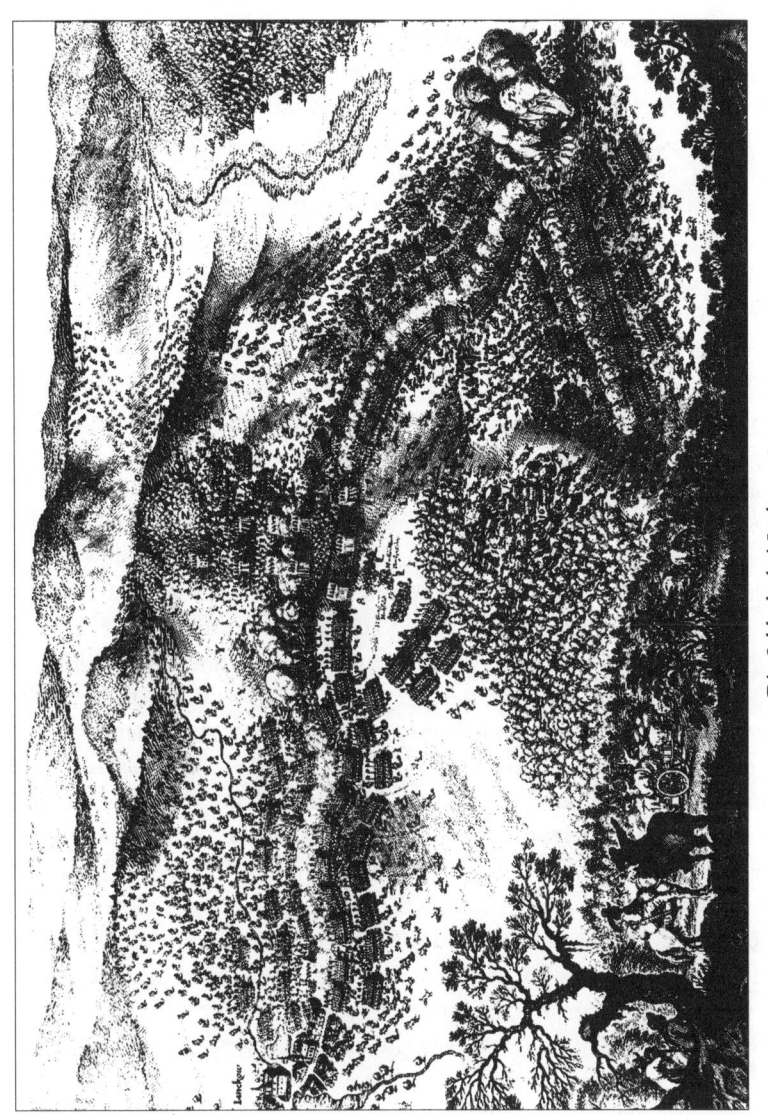

Die Schlacht bei Jankau 1645

schütze waren leichter und die Gespanne vergrößert worden. Bis vor nicht allzu langer Zeit hatten die Feldherren sich damit begnügt, ihre Geschütze in einer Linie in der Mitte der Schlachtordnung aufzustellen, und dort mußten sie für den Rest der Schlacht stehenbleiben. Der große Nachteil dabei – außer daß sie leicht erobert wurden, wenn der Gegner angriff – war, daß sie häufig gezwungen waren, ihr Feuer einzustellen, weil die eigenen Truppen in ihre Schußbahn gerieten. Sowohl bei sogenannten Kernschüssen als auch bei Visierschüssen zielte man mit dem Geschützrohr in mehr oder weniger waagerechter Position. Ein in dieser Position eingestellter Neunpfünder hatte eine Reichweite von etwas über 350 Metern. Dann schlug die Kugel zum erstenmal auf dem Boden auf, wonach sie regelmäßig einen Sprung machte und noch einmal 350 bis 360 Meter flog, bevor sie kraftlos erneut aufprallte – acht von zehn Kugeln sprangen mindestens dreimal auf. (Der Abprall hing davon ab, ob der Boden eben oder buckelig und uneben war.) Die Kugel flog die ganze Zeit in Mannshöhe. Sie konnte also auf ihrer gesamten Bahn töten und verwunden, und wenn sie im rechten Winkel durch eine dünne Linie von Männern schlug, pflegte sie im Durchschnitt drei Mann zu töten und vier oder fünf zu verwunden, aber es kam auch vor, daß eine einzige Kugel 40 Menschen auf einen Schlag tötete – Menschen und Tiere wurden meistens mit einem hohen und entsetzlichen Reißgeräusch zerfetzt. Es gibt Beschreibungen von Schlachten dieses Typs – wie es aussah, wenn brummende Vollkugeln in die von Pulverdampf eingehüllten und dicht gestaffelten Reihen aufrecht stehender Männer einschlugen: In der Luft über den Verbänden sah man dann eine kleine Kaskade von Waffenteilen, Rucksäcken, Kleidern, abgerissenen Köpfen, Händen, Beinen und schwer identifizierbaren menschlichen Körperteilen. Der tatsächliche Effekt beruht in hohem Grad auf der Größe der Kugel. Leichte wie schwere Geschütze schossen im großen und ganzen ihre Kugeln mit der gleichen Anfangsgeschwindigkeit ab, etwas unter 500 Meter in der Sekunde, doch je größer die Kugel war – das Kaliber in Pfund bezeichnet das Kugelgewicht –, desto höhere Geschwindigkeit und Durchschlagskraft hatte sie, wenn sie ihr Ziel erreichte: die Beine und Muskeln und Zähne und Augäpfel eines Menschen auf der anderen Seite des Feldes. Je schwerer die Kugel, desto größer die Wirkung – einfache Arithmetik. So wird beispielsweise berichtet, daß ein 12-Pfünder mindestens doppelt so effektiv war hinsichtlich der Anzahl Getöteter wie ein 3-Pfünder. Und während die Kugel eines 3-Pfünders in der Praxis nur eine Reichweite von 250 Metern hatte, konnten die Geschosse eines 12-Pfünders bis zu einem halben Kilometer weit reichen, und ein 24-Pfünder konnte gegen Ziele eingesetzt werden, die bis zu 800 Meter entfernt waren. (Dann spielte es natürlich eine wichtige Rolle, auf welche Ziele man schoß. In einer Batterie mit 6-Pfündern, die aus weitester Distanz das Feuer auf einen heranreitenden Reitereiverband eröffnete, konnte jedes Geschütz vielleicht 11 Schuß abgeben – sowohl Vollkugeln als auch Schrot –, bevor die Degen der Feinde sie erreichten, ein gesammeltes Feuer, das darin resultiert haben dürfte, daß die Angreifer Verluste von rund 40 Toten und Verwundeten pro Geschütz hatten. Wenn es sich aber um angreifende Infanterie handelte, konnte jedes Geschütz der Batterie nicht weniger als 36 Schuß abgeben, bevor es zu spät war, was mit einem Verlust auf seiten der Angreifer von bis zu 120 Verwundeten und Toten pro Geschützrohr endete.) Da die überwiegend benutzte Munition Vollkugeln waren, wurden die Schlachtfelder dieser Zeit nicht wie in moderner Zeit von Explosionen und Detonationen erfüllt, sondern von diesen hüpfenden Geschossen, die gerade Schneisen durch Menschenreihen und Vegetation schnitten, beim Aufprall Fontänen von Grasbüscheln und Erdklumpen aufwarfen und sehr charakteristische kleine Furchen in den Boden pflügten. Der große Nachteil dieser flachen, von Aufprall zu Aufprall führenden Flugbahnen war also, daß man gezwungen war, das Feuer in dem Augenblick einzustellen, wenn eigene Truppen in die Schußbahn kamen. Man konnte die Geschützrohre aufrichten, aber so schoß man in der Praxis nicht. Es war unglaublich schwer, mit einem im hohen Bogen abgefeuerten Schuß zu treffen, und wenn die Kugeln aufschlugen, blieb das wichtige Hüpfen fast immer aus. Dies bedeutete, daß die Art, wie Geschütze aufgestellt wurden, um möglichst viel schießen zu können, fast wichtiger war als die Anzahl der Geschütze in einer Armee und deren Kaliber. Vier gut gruppierte Geschütze konnten auf diese Weise mehr wert sein als 40 falsch aufgestellte.

Bei Jankau hatten die Schweden entdeckt, daß das Terrain, das zunächst so schwierig und ungeeignet für einen offenen Kampf zu sein schien, faktisch gewisse Vorteile hatte. Torstenssons Kanoniere, alle Konstapel und die Handlanger, die Wachtmeister und die Fähnriche und andere trieben ihre Pferde an und schleppten und schoben ihre Geschütze und Munitionswagen die steilen Hänge hinauf. Es gelang ihnen sogar, einige der großen 24-Pfünder in Stellung zu bringen – diese Kanonen waren so unförmig, daß man die Rohre und die Lafetten einzeln hinter Gespannen von jeweils über 20 Pferden transportieren und sie dann an Ort und Stelle zusammensetzen mußte. (Die Schweden hatten allerdings Glück mit dem Wetter: Der Boden war offenbar hart gefroren.) An bestimmten Punkten stellten sie ihre Geschütze in doppelten Linien hintereinander an den Abhängen auf, so daß die hinteren über die Köpfe der vorderen hinwegschießen konnten, und aus ihrer erhöhten Position konnten sie das ganze Schlachtfeld gut überblicken und, was das Wichtigste war, über die eigenen Truppen hinwegschießen. Als die schwedischen Geschütze erst einmal auf die umgebenden Anhöhen geschleppt worden waren, schufen sie unter sich eine bewegliche Walze von aufprallenden, hüpfenden Geschossen, die der kaiserlichen Infanterie und Kavallerie bei ihrem Rückzug gnadenlos folgte, während ihre schwedischen Gegner zu Fuß und zu Pferde ihnen im Nacken saßen. Ein Teil des Resultats ist auf zeitgenössischen Kupferstichen zu sehen: ein Teppich von verzerrten menschlichen Körpern mit von sich gestreckten Gliedern oder ganz ohne Gliedmaßen, Pferdekadaver auf der dünnen Schneedecke, in den absonderlichsten Stellungen und Posen – auf der Seite, eingeknickt, auf dem Bauch liegend, und eins auf dem Rücken liegend, mit den abgeknickten Beinen in der Luft wie ein riesiges totes Insekt.

Am Ende, irgendwann zwischen 1 und 2 Uhr am Nachmittag, verschwanden die Kaiserlichen aus dem Blickfeld. Das Schießen ließ nach und ebbte ab. Torstensson, der sich so weit von seinem schweren Rheumatismus erholt hatte, daß er den Truppen aufs Schlachtfeld hatte folgen können, fand, daß es jetzt genug war. Der Feind war offenbar geschlagen. Die Verfolgung aufzunehmen hätte nur unnötige Opfer gekostet, und man dachte allmählich daran, ein Lager aufzuschlagen. Der schwedische Feldherr wollte jedoch den Rückzug der Kaiserlichen ausspähen, und zusammen mit einer Abteilung Musketiere ritt er auf die Höhe, hinter der die Kaiserlichen verschwunden waren. Als er die Spitze des Hügels erreichte, erlebte er eine unangenehme Überraschung.

Im Verlauf des Tages war es dem unglücklichen Hatzfeld nicht gelungen, seine Truppen und den Gang der Schlacht zu lenken. Wie Torstensson war er nun darauf eingestellt, den Kampf abzubrechen. Sein Plan war, seine Soldaten wieder zu sammeln und sie zu der nahegelegenen Stadt Prag marschieren zu lassen. Als die kaiserlichen Krieger in die Talmulde hinter dem Hügel gekommen waren, waren sie vor dem mörderischen schwedischen Feuer in Sicherheit, und die schlimmste Unruhe hatte sich gelegt. Es gelang den kaiserlichen Offizieren rasch, die Ordnung in den Verbänden wiederherzustellen und diese für den Abmarsch zu ordnen. Es war also kein Heer in völliger Auflösung, das Torstensson in der Talsenke unter sich erblickte, sondern eine Armee in voller Kampfbereitschaft. Doch nun wurde Hatzfeld durch einen Zufall ein weiteres Mal der Kontrolle über das Geschehen beraubt.

Einige kaiserliche Verbände, die schwedische Musketiere auf der Höhe auftauchen sahen, gingen aus eigenem Antrieb zum Angriff über, den bewaldeten Abhang hinauf, kampflustige Reiterei folgte ihnen, und Hatzfeld sah keine andere Möglichkeit, als die übrigen Einheiten zu ihrer Unterstützung vorrükken zu lassen. Dieser spontan vorgetragene Gegenangriff war überraschend erfolgreich. Das kaiserliche Fußvolk bestätigte seinen guten Ruf, griff »in größter Furie« an, warf die schwedischen Musketiere zurück und eroberte zehn leichte Geschütze. Torstensson selbst mußte sich schnell in Sicherheit bringen. Die Schlacht begann von neuem. Die Angreifer drangen weiter durch das unwegsame Terrain vor, überraschten einige schwedischer Verbände, die

Der Krieg

Ein Lager.
Der Alltag des Krieges. Viele Soldaten verbrachten den größten Teil
ihrer Zeit im Feld in Lagern wie diesem.

Eine Armee in Bewegung.
Es ist das Jahr 1643; der Versuch der Schweden, Freiburg einzunehmen,
ist gescheitert, und Torstenssons Armee zieht ab.
Man beachte die Vielfalt der Bekleidung.

I

DER KRIEG

Eine Plünderung.
Szenen wie diese spielten sich während des Dreißigjährigen Krieges
überall in Europa tausendfach ab. Am linken Bildrand werden einem Toten
die Kleider ausgezogen. Dies war allgemein üblich;
auch Kleider waren Geld wert.

Eine Schlacht.
Krieger konnten Jahre im Feld zubringen, ohne ein einziges Mal einen Kampf
wie diesen mitzumachen; andere gerieten vielleicht nach einer Woche in Waffen
in ein Gefecht – und fielen.

II

DER KRIEG

Ein Friedensschluß.
Das Abkommen zwischen den Niederlanden und Spanien wurde 1648
in Münster ratifiziert. Der Mann in der Mitte mit der Hand auf der Bibel
und einem Papier in der Hand ist der spanische Gesandte Peñaranda,
der sich bei seinem Einzug in die Stadt blamierte. Der Maler Gerard ter Borch
ist am äußersten linken Bildrand hinter dem Mann mit dem federbuschgeschmückten
Hut zu sehen. In Wirklichkeit saßen die Teilnehmer im Kreis.
Das Milieu und die Menschen sind ansonsten korrekt wiedergegeben.

Exterieurs

Auf dem Land.
Selten waren die Wege breiter als auf diesem Bild.

Eine andere ländliche Szene.
Häufig waren die Reise- und Transportmöglichkeiten zu diesem Zeitpunkt
des Jahres am besten, nach Einbruch der Kälte, aber vor dem Schnee.

IV

EXTERIEURS

Erntezeit auf dem Lande

Das Meer

V

Exterieurs

Die Stadt

VI

Bei einfachen Leuten.
So wie hier sah es in vielen Häusern aus: ein einziger Raum,
in dem alle Aktivitäten stattfanden.

Bei den höheren Ständen.
Die Frau des Hauses spielt Cembalo.
Das Bild zeigt die Anordnung der Zimmer in einer Flucht –
auch dies eine Ursache für fehlende Intimität und Privatsphäre.
Der Korridor hatte sich noch nicht durchgesetzt.

Eine Küchenszene.
Die Beleuchtung ist nach unserem Eindruck schwach,
wurde aber im 17. Jahrhundert sicher als zufriedenstellend angesehen.

sich nach den voraufgegangenen Kämpfen noch nicht wieder gesammelt hatten, und warfen sich auf sie. Das kurländische Regiment des Pfalzgrafen Karl Gustav gehörte zu denen, die hier überrumpelt wurden – als die Schlacht vorüber war, waren alle Offiziere des Regiments entweder tot oder verwundet. Der einzige, der noch aufrecht stand, war Karl Gustav selbst, der jedoch ein Einschußloch im Hut, eins im Mantel und eins in seinem Hemd hatte, während eine vierte Kugel eine Haarlocke an seiner Schläfe abgetrennt hatte. Eine große Abteilung der angreifenden Reiterei schwenkte hinüber auf die Flanke und in den Rücken des schwedischen Heeres, stieß aber auf ihrem Ritt durch Talsenken und Wäldchen auf den schwach gesicherten schwedischen Troß. Dieser Versuchung erlagen die kaiserlichen Reiter. Sie vergaßen plötzlich die Schlacht und warfen sich statt dessen über die zusammengedrängte Masse von Fahrzeugen. Kupferstiche zeigen Reihen von Reitern, die mit Pistolen in ein Wirrwarr von Wagen und Karretten schießen – ein Teil angespannt, andere verlassen –, und Menschen, die in Panik in das nahegelegene Dickicht fliehen. Hier veranstalteten die Angreifer sogleich ein fröhliches Plünderungsfest, brachen Truhen und Kisten auf, stahlen Gestohlenes und nahmen eine Anzahl von Offiziersfrauen gefangen, unter anderem Torstenssons Gemahlin Beata De la Gardie.

Während sich die Gefahr für die Flanke und den Rücken der schwedischen Armee auf diese Weise wie durch ein Wunder in Luft auflöste, erhielten Torstenssons Verbände eine Atempause, um sich zu ordnen und zum Gegenangriff überzugehen. Der harte Kampf tobte zwischen brennenden Häusern, hügelauf und hügelab, über Felder und Zäune, an vereisten Wasserläufen entlang, durch rauhreifweiße Wäldchen und Dickichte. Die kaiserlichen Reitereiregimenter wurden zunächst zurückgeworfen, dann zum Zurückweichen gezwungen und schließlich in die Flucht geschlagen. Kurz nach 3 Uhr am Nachmittag war nur noch Hatzfelds Fußvolk auf dem Schlachtfeld, und der kaiserliche Befehlshaber war zu seiner eigenen Sicherheit gezwungen, zu ihnen zu reiten, als sie zusammengedrängt auf einer waldigen Anhöhe standen. Dort hielten sie eine Zeitlang stand, obwohl sie keine Unterstützung durch ihre Reiterei und eigene Kanonen hatten und obwohl schwedische Infanterie, Kavallerie und Artillerie sich in einer halbkreisförmigen tödlichen Umklammerung um sie schlossen. Doch dann brachen auch diese Verbände im Kreuzfeuer auseinander und strömten durch den Wald zurück, ohne sich um die Rufe und Ermahnungen ihrer Offiziere zu kümmern. Torstenssons Männer stürmten in der Kälte hinterher. Hatzfeld selbst ritt mit im Strom der Fliehenden, doch sein Pferd war erschöpft, und in dem pulverrauchvernebelten Durcheinander zwischen den Bäumen wurde er von zwei schwedischen Korporalen mit gezückten Pistolen eingeholt, die ihn gefangennahmen, als er gerade auf einem schmalen Waldpfad verschwinden wollte. Sie raubten ihm hundert Dukaten und führten ihn durch die Reihen der pulverstaubgeschwärzten Männer, vorbei an der erstarrenden Woge zerschossener Körper und auf einen Hügel, wo er zu Torstensson geführt wurde. Beide zogen höflich den Hut und reichten sich die Hand.

Die Schlacht war zu Ende. Torstensson war sehr zufrieden mit seinen Männern, die, wie er sagte, »wie Löwen gekämpft« hatten. Seine Löwen waren jedoch rund 16 Stunden ohne Unterbrechung auf dem Marsch und in der Schlacht gewesen und erschöpft, so daß eine weitere Verfolgung nicht stattfand. Nicht, daß es einer solchen dringend bedurft hätte. Oft erlitt eine aus einer Schlacht fliehende Armee während des Rückzugs mindestens ebenso hohe Verluste wie in der Schlacht. Das war der große Augenblick der leichten Reiterei. Sie konnte ohne größere Anstrengung die angstgetriebenen, ermatteten und verwirrten Menschen niederreiten, die verzweifelt versuchten, den grausigen Schreckensbildern der Schlacht zu entkommen. Daher hatte die Verliererseite in einer Schlacht stets höhere Verluste als der Sieger. Gegen 5 Uhr am Nachmittag des 24. Juni gab es jedoch bei Jankau nicht mehr viel zu verfolgen. Die Feldkanzlei, die ganze Artillerie und die gesamte Munition war den Schweden in die Hände gefallen. Scharen kaiserlicher Gefangener wurden zusammengetrieben – außer dem Befehlshaber Hatzfeld selbst noch 5 weitere Generale, 7 Oberstleutnants und mehr als 4000 Soldaten und Unteroffiziere –, und überall lagen Leichen, die aber schwer zu zählen waren, weil sie, wie Torstensson später in einem Brief an Königin Christina schrieb, »im Wald und in den Felsklippen verstreut« lagen, doch er schätzte ihre Zahl auf rund 4000. Als die kaiserlichen Überlebenden eine Woche nach der Schlacht zur Musterung auf dem Weißen Berg vor Prag aufgestellt wurden, zählte man nur 2697 Mann – die Offiziere eingeschlossen –, und sie kamen aus 36 verschiedenen Regimentern. Im Durchschnitt waren also von jedem Verband nur 75 Mann übriggeblieben. Noch eine kaiserliche Armee war untergegangen.

Die Bedeutung des Massakers bei Jankau ist kaum zu überschätzen. Der Krieg hatte zahlreiche Schlachten gesehen, die ebenso blutig wie belanglos waren, doch das gilt nicht für dieses Treffen südlich von Prag. Dies war eins der bedeutendsten – wenn nicht *das* bedeutendste – Treffen bis zu diesem Zeitpunkt, und es war zweifellos der wichtigste Sieg der Schweden seit Breitenfeld im Jahr 1631. Für die Kaiserlichen war es eine furchtbare Katastrophe, vergleichbar der Niederlage der Spanier bei Rocroi zwei Jahre zuvor. In jener Schlacht wurde der spanischen Armee das Rückgrat gebrochen. Bei Jankau erlitt die kaiserliche Streitmacht das gleiche Schicksal, unter anderem, weil die berühmte bayerische Reiterei zerschlagen wurde – die Streitkräfte der Bayern waren, wie schon gesagt, der harte Kern in Kaiser Ferdinands Armee, und sie waren zudem nur über den Winter ausgeliehen und wurden am Rhein gebraucht, wenn die Franzosen zum Frühjahr hin wieder munter zu werden begannen.

Die Schlacht markierte ein Ende der anscheinend endlosen Reihe militärischer Pattsituationen. Alle begriffen verwundert, daß der Krieg einen endgültigen Wendepunkt erreicht hatte. Die Menschen im kaiserlichen und katholischen Lager wurden von Schreckensvisionen befallen. Man sah im Geiste vor sich, wie Torstenssons Heer sich mit den Streitkräften der Transsilvanier vereinigte und Österreich überschwemmte. Es gingen Gerüchte über eine bevorstehende Allianz zwischen Schweden, den Niederlanden und England um, und der päpstliche Nuntius Chigi in Osnabrück schrieb entsetzt: »Wenn Frankreich nicht zur rechten Zeit all den Siegen der Schweden eine Grenze setzt, wird es eine große Plage über sich und die katholische Region bringen, die später nie wieder zu beheben sein wird«, und er meinte, daß hier, wenn es ganz schlimme komme, »der vollständige Untergang des Katholizismus« drohe.

Der Weg nach Wien lag offen, weit offen. Außer einigen wenigen zu Regimentern umgeschminkten Räuberbanden hatte der Kaiser der schwedischen Armee keine beweglichen Truppen mehr entgegenzusetzen. In den kaiserlichen Erblanden breitete sich Panik aus. Die Bauern flohen in die Wälder, um sich und ihre Habe vor schwedischen wie vor kaiserlichen Streitkräften in Sicherheit zu bringen. Straßen und Pfade waren überfüllt mit Kolonnen verängstigter Flüchtlinge, die in den befestigten Städten Schutz suchten. Kaiser Ferdinand verließ früh am Nachmittag des 26. Februar seine Residenzstadt Prag, nur gefolgt von einigen wenigen Dienern. Die Flucht war so überstürzt, daß die Menschen sie mit der des unglücklichen Winterkönigs Friedrich V. nach dem Debakel am Weißen Berge im Jahr 1620 verglichen. In Wien angelangt, hielt er ein, doch schätzte er die Gefahr für die Stadt als so bedrohlich ein, daß er sofort seine Kinder und seine Stiefmutter nach Graz (also hinunter an die Grenze des Osmanischen Reiches) schickte und seine Schatzkammer evakuieren ließ. Die Furcht war begründet, denn Wien verfügte weder über die militärischen Machtmittel noch über die Vorräte an Lebensmitteln, um einer Belagerung standzuhalten. Auch ein Teil der katholischen Bevölkerung der Stadt floh nach Süden, während die wenigen zurückbleibenden Protestanten in Erwartung ihrer Befreiung in offenen Jubel ausbrachen.

Die schwedische Armee befand sich nach einer kurzen Ruhepause auf dem Marsch nach Wien. Es ging nicht blitzschnell, denn das Heer war von der Schlacht und den langen Märschen mitgenommen; die Pferde der Kavallerie waren derart ausgemergelt, daß sie kaum ihre Sättel tragen konnten und von ihren Reitern geführt werden mußten. Das Vorrücken wurde auch dadurch erschwert, daß die strenge Winterkälte allmählich nachließ und in frühlingshaftes Tauwetter überging, das die Wege aufweichte und nahezu unbegehbar machte. Trotzdem erreichten die Truppen Mitte März die Donau. Nun mußte man nur noch die direkte Verbindung zu der transsilvanischen Armee herstellen, die sich irgendwo im Osten befand.

Mehrere kleinere Orte wurden gestürmt und eingenommen. Unter anderem wurde die kleine Stadt Stein bei Krems angegriffen, wo ein Hauptmann, hundert kaiserliche Soldaten und die bewaffnete Bürgerschaft der Stadt verzweifelten Widerstand leisteten. Alle, die man bewaffnet antraf, wurden niedergemacht. Das Brandschatzen und Plündern ging im altbekannten Stil weiter. Ein bedrückter Gutsverwalter schrieb am 16. März an seinen geflüchteten Herrn, den Grafen von Harrach, und berichtete, daß die Güter »5 bis 6 Tage ohne Unterbrechung« von schwedischen Truppen, die nicht einmal die Bienenstöcke in Ruhe gelassen hatten, geplündert worden seien. Selbst war er in den Wald geflohen:

> *Ich habe tüchtig gefastet, denn in dieser Woche habe ich nur von einigen Stücken Brot gelebt und meinen Durst mit geschmolzenem Schnee gestillt. Ein schwedischer Offizier gab Befehl, in den Wäldern nach mir zu suchen, wo ich von Musketieren auf der einen und von Reiterei auf der anderen Seite verfolgt wurde. Alle, die sie fingen, schlugen sie, und wer zu fliehen versuchte, wurde getötet. Alexander, der bei mir war, wurde von zwei Kugeln getroffen, und einen ganzen Tag mußte ich zusammengekauert auf der Erde liegen und wagte nicht, die kleinste Bewegung zu machen. Bisher hat es dem Herrgott gefallen, mich zu bewahren, und in diesen sechs Tagen habe ich Anlaß, Gott besonders dankbar zu sein. Meinem kleinen Jan rissen sie die Mütze vom Kopf und zerschnitten seine Hosen, um nach Geld zu suchen.*

In den letzten Märztagen stand Torstenssons Heer vor der Wolfsschanze, der kleinen Befestigung bei Stammesdorf, die die lange Brücke über die Donau schützte, und in Wien konnte die Bevölkerung das dumpfe Dröhnen der schwedischen Kanonen hören.

4. Ein letztes Treffen an dem runden Stein

De la Thuilerie vermittelt in Brömsebro. – Die Dänen geben nach. – Frieden. – Schweden wird die führende Macht im Norden. – Die Könige tauschen Land. – Gotland wird schwedisch. – Über Chaos und senectus mundi. – Jämtland und Härjedalen werden schwedisch. – ›Mit Milde und Gnade für sich gewinnen‹. – Die dänischen Beamten verlassen Halland.

Die Verhandlungen zwischen schwedischen und dänischen Legaten in Brömsebro waren eine Art Miniaturversion der Verhandlungen, die in Westfalen geführt wurden. Die Formen waren zuweilen fast ebenso pompös: Großrädrige, goldverzierte Karossen rollten umher, Trompeter bliesen stolz, um diese oder jene Trivialität zu signalisieren, und große, kostspielige und opulente Mahlzeiten wurden unter standesgemäßen Formen eingenommen. Auch die Verhandlungen selbst waren beinahe ebenso schwierig. Die Irritation zwischen den beiden Parteien war so groß, daß es als unmöglich angesehen wurde, Auge in Auge zu verhandeln. Alle Vorschläge, Gegenvorschläge und Fragen wurden niedergeschrieben und von den französischen und niederländischen Unterhändlern übermittelt. Und obgleich die Sache fast nur die beiden betroffenen Staaten anging, gab es viele, die den Verhandlungen folgten und es von Zeit zu Zeit für gut befanden, sich einzumischen. Außer den Diplomaten der größeren Mächte waren auch Gesandte so periphärer Interessenten wie der Hansestädte und Portugals anwesend. Auch Louis De Geer war dabei. Der Streit mit Dänemark betraf in nicht geringem Maß seine eigenen wirtschaftlichen Interessen, und er wollte nun dafür sorgen, daß er etwas zurückbekam für das ganze Geld, das er in den Krieg investiert hatte. Auch über die Langsamkeit konnte sich niemand beklagen: Unterbrechungen verschiedener Art sorgten ständig für Flauten in den Verhandlungen, und oft stand alles still, während die Gesandten auf neue Instruktionen und Order aus ihren Hauptstädten warteten.

Mehrmals sah es danach aus, als sollten die Verhandlungen Schiffbruch erleiden, aber besonders die Eingriffe des unermüdlichen französischen Vermittlers de la Thuilerie hielten das Ganze auf Kurs. Beide Seiten sahen sich gezwungen, ihre Forderungen zurückzuschrauben. König Christian, kleinlaut nach den Rückschlägen und beunruhigt durch die Nachricht von neuen, großen schwedischen Erfolgen in Deutschland – und buchstäblich in Tränen angesichts einer gigantischen Ansammlung holländischer Schiffe, die Anfang Juni 1645 demonstrativ durch den Sund segelten, um zu zeigen, daß es mit der Kontrolle der Dänen über diesen Punkt nun aus und vorbei war –, gab nach.

Siege und Niederlagen (1644–1645)

Die Herrschenden in Schweden, bedrängt vom Murren und von allgemeiner Kriegsmüdigkeit im Reich, außerdem voller Mißtrauen gegenüber den Absichten der Holländer, gaben auch nach, wenngleich in weit geringerem Maß. (Zeitweilig war sowohl in Schweden als auch in den Niederlanden die Rede davon, sich zusammenzuschließen und ganz einfach Dänemark unter sich aufzuteilen. Aber das Mißtrauen zwischen Schweden und Holländern war zu groß, außerdem kamen die letzteren nach einiger Zeit darauf, daß es besser sei, wenn ein schwaches und angeschlagenes Dänemark über den Sund bestimmte, als wenn ein starkes und selbständiges Schweden dies tat. Gleichgewicht sollte wie gesagt herrschen, Gleichgewicht!)

Am 13. August 1645 wurde schließlich Frieden geschlossen. Die Bedingungen waren hart für Dänemark. Unter anderem wurde schwedischen Schiffen »ungetrübte, unumwundene, unbegrenzte, unbehelligte, unbehinderte und uneingeschränkte« Zollfreiheit im Öresund und den Belten zuerkannt. Außerdem wurden Jämtland und Härjedalen – der dänische König, der nie besonders viel von diesen beiden Ländern hielt, hatte sie schon früh zur Verhandlung freigegeben –, Gotland und Ösel an die schwedische Krone abgetreten. (Die beiden norwegischen Kirchspiele Särna und Idre, die ja im Rahmen einer halb privaten Initiative erobert worden waren, wurden in der Eile gleichsam vergessen und blieben unter schwedischer Oberhoheit. Dies beruhte wohl zu einem Teil auf dem Umstand, daß weder die Regierenden in Stockholm noch die in Kopenhagen mehr als nebelhafte Vorstellungen davon hatten, wie es in diesen Grenzgebieten wirklich aussah. Im schwedischen Rat gab es mehrere Herren, die mit der fast lächerlich komplizierten politischen Geographie des deutschen Reiches vertrauter waren als mit der schwedischen.) Als Sicherheit für die Zollfreiheit erhielt Schweden die dänische Landschaft Halland auf 30 Jahre. Erobertes Material konnte behalten werden, alle Gefangenen sollten ohne Lösegeld freigelassen werden, und alles, was während des Krieges geschehen war, sollte hinfort begraben und vergessen sein.

Der Austausch der Traktate erfolgte am gleichen Tag, auf der Spitze des kleinen Grenzholms. Der französische Vermittler stellte sich erneut an den runden Grenzstein, woraufhin ihm der dänische Sekretär und sein schwedischer Kollege gleichzeitig die unterzeichneten Dokumente überreichten; mittels einer eleganten Überkreuzbewegung schickte de la Thuilerie – begleitet von Trompetenschall – die Traktate von Hand zu Hand. Es folgten Prozessionen, Reden, Höflichkeiten, Händeschütteln et cetera. Die Bevölkerung von beiderseits der Grenze hatte sich auf dem Holm versammelt und feierte den Frieden mit Tanz und Gesang. Auch in Stockholm war die Freude groß, als die Nachricht vom Friedensschluß eintraf. Nun hatte man Revanche genommen für den Krieg 1611–1613. Nun war jedermann klar, daß das einst so mächtige Dänemark, Schwedens großer Bruder, nicht mehr der Staat war, der Skandinavien dominierte, und daß das Machtverhältnis zwischen den beiden Reichen endgültig zugunsten Schwedens verschoben war. Nun stand fest: Schweden war die neue Großmacht in Nordeuropa. Und als der schwedische Chefunterhändler, Axel Oxenstierna, seinen triumphalen Einzug in Stockholm hielt, erhob eine dankbare Königin Christina ihn in den Stand eines Grafen über Södra Möre in der Provinz Kalmar – Södra Möre umfaßte elf Kirchspiele und warf jährlich die nette Summe von 200 000 Reichstalern ab. Als der dänische Chefunterhändler Corfitz Ulfeldt seinem Regenten gegenübertrat, schlug Christian ihm das unterzeichnete Friedenstraktat ins Gesicht.

Die Flotten segelten, eifrig Salut schießend, Richtung Heimat. Die schwedische Armee in Schonen trabte nach Hause, tief gebeugt unter der Last ihrer Beute – als klar war, daß der Frieden bevorstand, hatten die Regierenden in Stockholm Horn instruiert, »das Land dort auszunutzen, soweit es möglich ist, und dessen nicht zu achten, wie es dort weitergehe, nachdem wir es verlassen müssen«.

Die Reaktionen derer, die nun dem schwedischen Reich einverleibt wurden, waren unterschiedlich. In dieser Epoche war der Staat ein nebelhafter, abstrakter Begriff, und Nationalgefühl war etwas Unbekanntes. Die Menschen identifizierten sich in erster Linie mit der Gegend, in der sie geboren waren, und erst an zweiter oder dritter Stelle kam das Reich. Für die meisten war es auch nebensächlich, welche Nationalität ihr Fürst oder Herrscher als die seine ausgab. Oft war sein Glaubensbekenntnis wesentlich wichtiger. Es wäre jedoch falsch zu behaupten, daß die Frage, ob man Schwede oder Däne war, auf das gleiche hinausließ. Daß das schwedische Reich nun die Oberhand über sein südliches Nachbarland gewonnen hatte, lag unter anderem auch daran, daß die schwedische Staatsverwaltung eine ganz andere Macht hatte als die dänische, eine Verwaltung, die es entschieden besser verstand, die für die Führung eines modernen Großkriegs erforderlichen Mittel zusammenzutreiben, zu kanalisieren und zu nutzen. Dies war indessen kein Grund zum Jubeln für die schwedische Landbevölkerung, denn je mehr ihr Staat an Größe, Kompetenz und kriegerischen Ambitionen zunahm, um so mehr hatten sie sich damit abzufinden, notiert, kontrolliert, besteuert und ausgehoben zu werden. Doch hatte es manche kleinen Vorteile für einen gewöhnlichen Bauern, schwedischer Untertan zu sein. Vor allem bedeutete es, daß er einen gewissen politischen Einfluß hatte und von dem harten Druck verschont war, unter dem seine dänischen Standesgenossen in die Knie sanken. Andererseits: Wer wußte, wie lange die schwedischen Bauern ihre Sonderstellung behalten würden, nun, da immer mehr Grund und Boden im Reich – wie zum Beispiel die elf Kirchspiele in

Södra Möre – in einem immer rascheren Tempo in den Besitz des Adels überführt wurden?

Die Gotländer gehörten zu denen, die die Umstellung mit einem gewissen Gleichmut hinnahmen. Sie hatten lange für sich selbst gelebt, von den Regierenden in Kopenhagen mehr oder weniger vergessen. Wenige fühlten sich als Dänen. Sie waren kurz und bündig Gotländer, und den meisten scheint der Wechsel der Herren recht gleichgültig gewesen zu sein. Es hatte hier und da Unzufriedenheit mit der dänischen Herrschaft gegeben, und diejenigen, die ihr feindlich gesonnen waren, betrachteten Christians Niederlage mit einer Mischung aus Schadenfreude und Hoffnung. Die einzigen, die Grund hatten, der Zukunft mit berechtigter Sorge entgegenzusehen, waren die Geistlichen – die in den meisten Fällen dänischer Herkunft waren – und die dänischen Obrigkeitspersonen, die jetzt ihre Karriere in den Schornstein schreiben konnten. Wahrscheinlich waren es wenige, die sich wirklich etwas aus dem Wechsel machten. Der Krieg hatte Gotland zum Glück nicht berührt, und die meisten wußten wenig von dem, was geschehen war, was geschah und was geschehen würde.

Mitte Oktober 1645 liefen sieben schwedische Schiffe Slite im Nordosten Gotlands an. Ein Regiment schlecht bekleideter Österbottninger, die zuvor in Schonen gekämpft hatten, zwei Kompanien småländischer Reiter und Gotlands neuer schwedischer Landeshauptmann gingen an Land. Sie schlugen den Weg nach Visby ein. Die Schweden waren nicht übermäßig beeindruckt von dem, was sie sahen – »viel Steine, Felsen und Wald, wenig Äcker, wenig Wiesen, viele Füchse, die großen Schaden anrichten« –, und ihre Gefühle veränderten sich nicht nennenswert, als sie die Stadt erreichten.

Chaos war ein wichtiger Bestandteil der Gedankenwelt des 17. Jahrhunderts, eine Art umfassendes Symbol für den politischen, ökonomischen und moralischen Verfall, in den, wie man meinte, die Welt geraten war. Die in dieser Epoche Lebenden fühlten sich oft als kraftlose Nachkommen, als Epigonen, die in einer rasch zerfallenden Welt lebten, die nur noch ein Schatten ihres ursprünglichen Zustands war. Alle Gebildeten schwärmten intensiv für die Antike, die für sie ein entrücktes Goldenes Zeitalter war, das man bestenfalls nachahmen, nie aber erreichen konnte. Man sprach von »der alternden Welt« – *senectus mundi*: Früher war es so viel besser gewesen, doch nun ging es in jeder Beziehung abwärts, auch in der Natur. Der Poet Lars Wivallius dichtete düster:

Das Werk der Welt bald abgelaufen ist
Nun schlägt die letzte Stunde.
Ja, merk dies wohl: Bald endet die Frist,

All' Ding neigt sich müd schon zum Grunde.
Suche Gunst, tu Genüge deiner Pflicht,
Bald ist die Zeit geschwunden.

Die Vorstellung, daß die Welt eine Art Organismus sei, der im Begriff war, aus reiner Altersschwäche in sich zusammenzufallen, war das Pendant der Intellektuellen zu den noch haarsträubenderen apokalyptischen Untergangsvisionen, die unter Theologen unterschiedlicher Schattierungen und unter den kleinen Leuten im Schwange waren. Dieses gelinde gesagt düstere Bild der Welt, das im 17. Jahrhundert Allgemeingut gewesen zu sein scheint, war der Reflex eines Kontinents in der Krise, der gelähmt war von einem quälenden Gefühl von Ungewißheit, besessen von unkontrollierbaren Kräften, die Länder zerstören und Reiche erschüttern; und da niemand weiß, wie diesen Kräften Einhalt zu gebieten ist und wie man sich aus der Misere befreit, stellt man das, was geschieht, als etwas mehr oder weniger Naturgegebenes dar, das folglich unmöglich zu beeinflussen ist.

Visby im Jahr 1645 eignete sich wahrlich als Sinnbild der alternden Welt. Der mittelalterliche Glanz der Stadt war geschwunden, und nach einer längeren Periode nachlassender Konjunkturen und wirtschaftlicher Schwierigkeiten war sie nur noch ein Bild des Jammers. Überall sah man verlassene oder verfallene Gebäude, und eingeklemmt zwischen den schiefen Ruinen von Häusern und Kirchen – die von Zeit zu Zeit einstürzten und den einen oder anderen unglücklichen Passanten unter sich begruben – standen Gruppen kleiner, teergestrichener Schuppen. Das damalige Visby glich manchem kleinen schwedischen Ort, den optimistische schwedische Machthaber jetzt »Stadt« zu nennen beliebten; es kann am besten als ein verdichtetes schwedisches Bauerndorf beschrieben werden, allerdings etwas stärker nach Tran und Teer duftend. Die Hälfte des Stadtgebiets bestand aus Äckern, Rübenfeldern und Gemüsegärten, und überall auf den Straßen sah man Kühe und Ziegen, lärmende Schweine und scharrende Hühner. Als die Schweden beim Schloß anlangten, kam ihnen der alte dänische Landeshauptmann entgegen, der ihnen den Schlüssel der Stadt überreichte und danach mit mürrischer Miene von dannen ging.

Die Jämtländer und Härjedalinger reagierten nicht mit demselben Gleichmut wie die abgeklärten Gotländer. In diesen Ländern wurde statt dessen der Bescheid, daß sie jetzt zu Schweden gemacht worden waren, mit erheblicher Verwunderung, Verwirrung, ja sogar mit Bitterkeit aufgenommen. Die Menschen weinten. Zwar war die Unzufriedenheit mit der dänischen Oberhoheit früher groß gewesen, aber die Menschen dort hatten trotz allem mit nicht unbedeutender Einigkeit, großer Entschlossenheit und eindeutigem Erfolg die schwedische Invasion bekämpft und, soweit sie sehen konnten, praktisch ihren

Teil des Krieges gewonnen. Aber es half wenig. Im Oktober und November wurden feierliche Versammlungen in Östersund und Sveg abgehalten, auf denen die beiden Länder formell an schwedische Beamte übergeben wurden. Grundbücher, Schlüssel und Siegel wechselten ein für allemal den Besitzer. Die Übernahme verlief friedlich, denn die schwedischen Beamten waren instruiert worden, gegenüber den widerspenstigen Jämtländern und Härjedalingern Milde walten zu lassen, um sie »*lenitate et clementia* [mit Milde und Gnade] für sich zu gewinnen«. Die versammelten Repräsentanten der Bevölkerung wurden von ihrem Treueid auf den dänischen König entbunden und mußten einen neuen auf die schwedische Krone ablegen. Wer den neuen Eid nicht ablegen wollte, bekam zu hören, daß er ein Jahr und einen Tag hatte, um alles, was er besaß, zu verkaufen und sich aus dem Land zu scheren. Schreiber, Bezirksvögte und andere, die unter der dänischen Krone Dienst getan hatten, wurden ebenfalls aufgefordert, das Reich zu verlassen – sie konnten ohnehin nicht mit einem neuen Amt rechnen –, und mehrere Geistliche und Leute, die als treibende Kräfte im Widerstand gegen die schwedischen Angreifer besonders aktiv waren, setzte man ohne viel Federlesens vor die Tür.

Die Halländer dürften nichts anderes als Trauer empfunden haben darüber, die früheren Okkupanten und Brandschatzer als ihre neuen Herren begrüßen zu müssen. Ende August 1645 begannen die dänischen Behörden, Halland zu räumen. Die befestigten Orte wurden geräumt, Waffen, Munition, Lebensmittel, Möbel und andere bewegliche Güter wurden auf Schiffe verladen, die nach Kopenhagen gingen. Auch die deutschen Söldner und Offiziere wurden nach Jütland hinübergebracht, während die gemeinen dänischen Soldaten von ihrem Dienst entbunden und informiert wurden, daß sie gehen könnten, »wohin zu ziehen sie gelüste«. Die noch ausstehenden Schulden der dänischen Krone bei verschiedenen Bürgern wurden prompt bezahlt, gleichzeitig wurden sämtliche Steuern eingetrieben – ein sonderbarer Abschiedskuß, möchte man meinen. Die zivile Verwaltung wurde ganz einfach eingestellt; die verschiedenen Beamten erhielten Entlassungsbriefe. Und schließlich kamen die neuen Verwalter des Landes, die mit knarrenden Stulpenstiefeln das hallend leere Schloß von Varberg betraten und gegen schriftliche Quittung die Grundbücher und andere wichtige Dokumente übernehmen konnten. Das schwedische Regime über Halland war für dreißig Jahre geplant. Es sollte für immer sein.

VIII

VERPASSTE GELEGENHEITEN
(1645–1647)

1. Die seltsame Belagerung von Brünn

DAS TREFFEN IN LEIPZIG. –
TORSTENSSON GEHT, WRANGEL KOMMT. –
ANGRIFF AUF BRÜNN. – ÜBER DEN MINENKRIEG. –
›NUNMEHR IST UNSERE INFANTERIE KAPUTT‹. – ZURÜCK NACH SACHSEN. –
TRAUTMANNSDORFF WIRD NACH OSNABRÜCK ENTSANDT. –
ERIK HOLT VERSTÄRKUNGEN. – ZWISCHENFALL IN KALMAR. –
ERIK BEGEGNET KÖNIGIN CHRISTINA.

Erik Jönsson befand sich an der deutschen Ostseeküste, als im August 1645 die Botschaft vom Frieden in Brömsebro eintraf. Den Herbst verbrachte er dort in Norddeutschland, wie zuvor als Begleiter seines Hausherrn, der durchs Land reiste, Proviant aufkaufte und andere Geschäfte für die schwedische Kriegsmacht regelte.

Anfang des folgenden Jahres unternahm Erik seine erste Reise nach Mitteldeutschland. Torstensson sollte seinen Posten als Befehlshaber des schwedischen Heeres verlassen, und vor seiner Heimreise hatte er eine Reihe hoher Beamter in schwedischem Dienst zu einem großen Kriegsrat zusammengerufen. Die Zusammenkunft sollte in Leipzig stattfinden, und einer der Einberufenen war Eriks Hausherr Rehnskiöld.

Erik und Rehnskiöld kamen auf ihrer Reise nach Süden an zwei Orten vorbei, die durch den Krieg traurige Berühmtheit erlangt hatten. Nach gut zwei Wochen kamen sie nach Magdeburg, das 1630 mit so brutaler Gründlichkeit geplündert worden war. Die Stadt war zwar noch von den Kaiserlichen besetzt, aber einige Regimenter schwedischer Reiterei hielten sie sorgfältig von der Umwelt abgesperrt. Es war Winter und keine Saison für kriegerische Unternehmungen, aber um die Stadt herum kam es doch zu einigen kleineren Gefechten. Am selben Tag, als Eriks Reisegesellschaft in einem Bogen um Magdeburg herum eskortiert wurde, unternahmen die Eingeschlossenen einen kleinen Ausfall, der aber zurückgeschlagen wurde – Erik dürfte in der Entfernung die Schüsse gehört haben. In diesen Teilen des Reichs herrschte seit einigen Jahren ein Zustand von Halbanarchie. Es war, wie schon beschrieben, gefährlich zu reisen, nicht nur, weil es vorkam, daß kaiserliche Korps zu Pferde auf Streifzügen tief ins Land eindrangen, sondern auch, weil die frostkalten Wälder voller Deserteure, Marodeure, Freibeuter, entwurzelter Bauern und Wegelagerer waren. Die Gruppe war deshalb von zeitweilig bis zu 500 waffenklirrenden Reitern umgeben (ein Indiz dafür, für wie risikoreich eine Reise in diesem Teil Deutschlands zu Beginn des Jahres 1646 gehalten wurde). Am 3. Februar nahmen sie Quartier in dem Dorf Breitenfeld, das der Zufall und das sächsische

Wegenetz zweimal in ein großes Schlachtfeld verwandelt hatten. Am folgenden Tag ritten sie in Leipzig ein.

Sie trafen einen kranken und verbitterten Torstensson an. Er hatte schon lange an seinem schweren Gelenkrheumatismus gelitten, und die Feldzüge der vergangenen Jahre hatte er über längere Phasen auf einer Bahre liegend geleitet. Es war lange her, daß seine verkrümmten Hände die Zügel eines Pferdes hatten halten können, und alle seine Briefe wurden routinemäßig von seinem Schreiber unterzeichnet. Immer wieder hatte er um Beurlaubung von seinem Posten nachgesucht, aber die Gesuche waren von den Regierenden in Stockholm jedesmal abgelehnt worden, weil sie keinen gleichwertigen Ersatz für ihn zu haben glaubten. Nun hatte Torstenssons Krankheit jedoch von den Gliedmaßen auf die Brust und den Kopf übergegriffen, und er konnte nur mit Anstrengung sprechen. Es war offensichtlich, daß er seinen Posten nicht mehr ausfüllen konnte.

Drei Personen kamen als Nachfolger Torstenssons in Frage. Die erste war Hans Christoffer von Königsmarck, der den Feldzug geführt hatte, als Krokkows kleines Heer aus Pommern vertrieben wurde. Er war der beste Kavalleriegeneral der Schweden, kühn, schnell, listig und unternehmungslustig. Er führte seit einiger Zeit ein eigenes Korps in verschiedenen selbständigen Operationen und hatte gerade die Eroberung des Erzstifts Bremen geleitet. Außerdem hatte er sich dadurch unschätzbare Verdienste erworben, daß er immer wieder in scheinbar menschenleerem Land Verstärkungen und Unterhalt für die Hauptarmee aus dem Boden gestampft hatte. Dies war nur möglich, weil der Mann total skrupellos bis an die Grenze des Brutalen war – das Portrait zeigt auch eine wettergegerbte Landsknechtsphysiognomie mit schmaler Adlernase und kalten, tiefliegenden Augen. Er zögerte nie, sich bei diesen Unternehmungen selbst zu bereichern. Als er einmal gefragt wurde, warum er stets so gewalttätig vorgehe, soll er geantwortet haben, daß »jemand, der Gold und Silber machen will, mit glühenden Kohlen versehen sein muß«. Er begann den Krieg als armer deutscher Edelmann und sollte ihn als vielfacher Millionär beenden. Das große Problem bei Königsmarck war jedoch, daß er eher ein umherjagender Kavallerist als ein denkender Stratege war und daß es außerdem sehr schwierig war, mit ihm zusammenzuarbeiten; empfindlich, halsstarrig, auffahrend und hochmütig geriet er ständig in Streit mit verschiedenen Personen, und oft fiel es ihm schwer, Befehle entgegenzunehmen. Und derjenige, der führen sollte, mußte nicht nur ein tüchtiger Krieger und Brandschatzer sein, er mußte auch ein guter Diplomat und fähig sein, mit der komplizierten politischen Situation im deutschen Reich umzugehen. Und sicherheitshalber sollte er auch im schwedischen Reich geboren sein – Königsmarck war ja Deutscher und hatte seine Karriere zudem im kaiserlichen Dienst begonnen. Kandidat Nummer zwei, Arvid Wittenberg, war Finnländer und erfüllte wohl die letztere Forderung. Dieser bürgerliche, typische Karrieremilitär war Torstenssons engster Vertrauter, ein erfahrener Mann, der außerdem beim Offizierskorps der Armee großes Vertrauen genoß. Wittenberg gehörte aber zu den Kriegern, die mehr mutig als intelligent waren, und es hieß, ihm fehle der Überblick, den man für die Kriegführung in Deutschland brauche. Der dritte Mann, der in Frage kam, war auch nicht gerade vollkommen. Es war Carl Gustav Wrangel, der Sieger von Fehmarn. Keiner zog sein militärisches Können in Zweifel, aber sein Alter warf viele Fragen auf. Er war erst 32 Jahre alt. Banér war zwar auch erst 38 und Torstensson sogar erst 37 gewesen, als sie zum Feldmarschall gemacht wurden – die Feldherren waren oft jung in dieser Zeit –, aber man meinte, Wrangel fehle aufgrund seiner Jahre die Reife und Autorität, um mit all den eigensinnigen Kriegsknechten des Heeres fertig zu werden. Trotzdem fiel die Wahl nach einem ausdrücklichen Vorschlag von Torstensson auf Wrangel als den wenn auch nicht besten, so doch auf jeden Fall am wenigsten schlechten der drei Kandidaten. Um sich gegen ein Versagen des jungen Wrangel ein wenig abzusichern, beschlossen die Regierenden in Stockholm jedoch, daß er zunächst seinen Befehl unter der Aufsicht Torstenssons führen solle.

Während des Kriegsrats in Leipzig, bei dem Erik als eine unbedeutende Gestalt hinter den Kulissen zugegen war, planten Torstensson und Wrangel zusammen mit Repräsentanten Frankreichs und Hessens die Feldzüge für das Jahr 1646. Die Kampagne des Vorjahres, die so vielversprechend begann, hatte zwar nicht ganz den Erfolg gebracht, auf den alle gehofft hatten, aber die alliierten Befehlshaber wußten, daß der Krieg einen wichtigen Wendepunkt überschritten hatte, und nun saßen sie in kollegialem Einverständnis beisammen, reckten die Nasen in die Luft und witterten etwas, das ohne Zweifel ein Aroma von endgültigem Sieg hatte.

Man kann sagen, daß das Osmanische Reich im voraufgegangenen Frühjahr Wien davor bewahrt hatte, in schwedische Hände zu fallen. Alles hatte ja so vielversprechend ausgesehen. In der Nacht auf den 30. März 1645 hatten die Kaiserlichen die Wolfsschanze bei Wien geräumt, die Brücke in Brand gesteckt und sich über den Fluß zurückgezogen. Nun brauchten die Schweden nur noch die Donau zu überqueren und auf die Stadt vorzurücken. In genau diesem Moment begann Torstensson zu zögern. Es sieht so aus, als habe er sowohl gegen seine Gewohnheit als auch gegen seine Natur die Nerven verloren. Die schwedische Armee war nach dem Winterfeldzug und der blutigen Schlacht bei Jankau geschwächt, und als ihr Befehlshaber über den Fluß zu den Vororten Wiens hinüberblickte, glaubte er, daß dieser Brocken eine Spur zu groß sei, als daß seine 16 000 Krieger ihn schlucken könnten. Deshalb beschloß er, den

Angriff eine Weile aufzuschieben und auf die transsilvanische Armee zu warten. Verschiedenen Berichten zufolge konnte dies nicht allzulange dauern. Doch die Zeit verging. Und niemand kam. Und während die Frühlingswochen verrannen, sahen sich die Schweden gezwungen, Maßnahmen zu ergreifen, um ihre Basis und den Unterhalt zu verbessern, was man zuvor als zweitrangig erachtet hatte – Wien konnte ja jeden Augenblick fallen, und dann würde der Krieg zu Ende sein. Das Heer zog durchs Land und brandschatzte Städte, Märkte und kirchliche Institutionen mit der gewohnten Rücksichtslosigkeit. Aus einem Benediktinerkloster wurden das Vieh und das Getreide geraubt, und mehrere Viehställe, zwei Mühlen und ein Sägewerk wurden in Ruinen verwandelt. Eine Kapelle für Kapuzinermönche wurde von einigen schwedischen Reitern in einen Stall umfunktioniert – dagegen schritt der religiöse Torstensson allerdings mit Nachdruck ein. Es war wie gewöhnlich schwierig, Proviant für das Heer zu beschaffen: Wein gab es genug, aber es fehlte an Brot. Torstensson ließ einen Teil seiner Truppen nach Norden ziehen, um die reiche Stadt Brünn einzunehmen, einen Verkehrsknotenpunkt in Mähren, der eine Gefahr im Rücken der Schweden und eine Bedrohung für ihre Verbindungen nach Sachsen und zur Ostseeküste darstellte. Die hochgelegene Zitadelle der Stadt, der graugelbe Spielberg, wurde als ungewöhnlich stark eingeschätzt, doch andererseits waren die Festungsanlagen veraltet und die Besatzung schwach – nur ein paar hundert Mann, wie es hieß. Die Eroberung Brünns sollte unter normalen Umständen eine rasch überstandene Angelegenheit sein.

Daß Fürst Georgs transsilvanisches Heer nicht rechtzeitig zu erscheinen beliebt hatte, hatte verschiedene Ursachen. Die wesentlichste war wohl, daß der Oberherr des protestantischen Georg, der türkische Sultan, beschlossen hatte, gegen Venedig Krieg zu führen – der Konflikt drehte sich um die Insel Candia (Kreta), die in diesem Jahr von der Türkei eingenommen worden war. Ohne die finanzielle Unterstützung und den politischen Segen des Sultans fiel es dem armen Fürsten von Transsilvanien schwer, seinen Konflikt mit dem Kaiser auszutragen, was die geschickten Diplomaten des letzteren sogleich auszunutzen verstanden. Bombardiert mit einer Vielzahl mehr oder weniger ehrlich gemeinter Vorschläge und Propositionen, ließ sich der wankelmütige Georg dazu verleiten, eine Waffenruhe mit den Kaiserlichen zu schließen. Und als die Gefahr aus dem Osten schwand, konnte Ferdinand sofort Truppen von dieser Front nach Wien verlegen. So zogen am 2. April 3 Regimenter Infanterie, 5 Regimenter Kavallerie, rund 2000 ungarische Krieger und 13 Artilleriegeschütze in die Stadt ein, und noch mehr waren auf dem Weg.

In der Zwischenzeit stand das schwedische Heer bei Brünn und trat auf der Stelle. Die Kaiserlichen wußten um die Bedeutung der Stadt und hatten deshalb im voraus schwache Stellen an den Mauern verstärkt, die Tore mit neugebauten

Schanzen geschützt und Artilleriegeschütze von naheliegenden Festungen dort zusammengezogen. Außerdem war die spärliche Besatzung durch rund tausend aufgebotene Zivilisten verstärkt worden, die wußten, welch ungnädiges Schicksal ihre Stadt erwartete, wenn sie kapitulierten: Waffen waren an die Schüler der Brünner Jesuitenschule ausgegeben worden, an Adlige, Bürger, Handwerksgesellen, Diener, Zimmerleute und Maurer. Die Verteidigung wurde auch von einem ungewöhnlich hartnäckigen und tatkräftigen Mann geleitet, einem französischen Hugenotten namens de Souches, der in schwedischem Dienst Karriere gemacht hatte, aber wegen eines unglücklichen Duells 1642 auf die Gegenseite gewechselt war. Torstensson seinerseits litt Mangel an den zwei Dingen, die in erster Linie für eine erfolgreiche Belagerung vonnöten waren: Das eine war Infanterie, das andere Pulver. (In der Regel verfügte nur die Infanterie über die Ausrüstung und die Erfahrung, die für den Kampf und die Arbeit in Approchen und Minengängen nötig waren, doch seit vielen Jahren hatte sich der Anteil des Fußvolks in der Armee zugunsten der beweglicheren und leicht zu unterhaltenden Reiter verringert. Das rächte sich jetzt.) In gut eineinhalb Monaten hatten die Schweden rund 17 Tonnen Pulver verbraucht, und obwohl unter anderem von jüdischen Vertragspartnern für teures Geld neues Pulver eingekauft wurde, konnte man die Belagerung nicht mit der gewünschten Kraft betreiben. Bald wurde klar, daß die Stadt nicht so rasch fallen würde, doch für den stolzen Torstensson wurde die Belagerung zu einer Prestigefrage. Betrunkene schwedische Soldaten (solche Mengen von Wein waren in der Region geraubt worden, daß zahlreiche Soldaten sich buchstäblich zu Tode tranken) gruben und starben in einem immer weiter verzweigten System von Sappen, Approchen und Kaponnieren – also gedeckten Approchen – über der Erde, und gleichzeitig fand ein bizarrer Krieg unter der Erde statt.

Torstensson ließ unter einem Teil der Stadtmauer und unter zwei Bastionen oben auf dem Spielberg Minen legen. Es war üblich, daß die Angreifer bei Belagerungen solche großen Sprengladungen benutzten, die sie unter den Festungswällen hindurch eingruben. Minenkrieg war indessen ein kompliziertes Unternehmen. Man brauchte dafür entweder besondere Mineure oder ganz einfach erfahrene Grubenarbeiter. Die Arbeit begann damit, daß man einen Schacht senkrecht bis zur gewünschten Tiefe grub. Dann begann man, den Tunnel zum Platz für die Sprengung vorzutreiben. Eine verbreitete Technik bestand darin, daß man vorgefertigte Holzrahmen benutzte, die dem Durchmesser des geplanten Tunnels entsprachen. Dann wurden auf allen Seiten des Rahmens mit Keulen Planken eingetrieben, woraufhin das darin befindliche Erdreich abgegraben und ein neuer Rahmen eingesetzt, neue Planken eingeführt wurden und so weiter. Stieß man auf große Steinblöcke, sprengte man sie oder zerschlug sie mit Hämmern – darum herumzugraben galt als wenig empfehlenswert, weil man leicht die Richtung verlor. Die Mineure arbeiteten in der Regel in Vierergruppen; der erste hackte mit einer Spitzhacke, der zweite schaufelte die anfallende Erde auf eine Schubkarre, der dritte rollte die Last zur Tunnelmündung, und der vierte brachte die Erde fort.

Geschickte Mineure schafften zwischen 4 und 6 Meter pro Tag und waren in der Regel auch in der Lage, einen so dichten Tunnel zu graben, daß er beispielsweise unter einem wassergefüllten Wallgraben hindurchführen konnte. Ohne Zugang zu guten mechanischen Belüftungsvorrichtungen war es schwer, Minentunnel zu graben, die tiefer als etwa 7 und länger als rund 50 Meter waren. Es gab jedoch verschiedene einfache Vorrichtungen, die man in einer solchen Lage benutzte. Zum Beispiel konnte man oben an der Mündung des Schachts ein kleines Segel aufstellen, das zusätzliche Luft zu den Grabenden hinunterfächelte. Eine effektivere Methode bestand darin, einen zweiten Schacht neben dem alten zu graben, die zwei mit Hilfe eines Rohrs zu verbinden und dann am Boden des neuen Schachts ein Feuer anzuzünden; das Feuer saugte die Luft aus dem alten Schacht an, worauf dieser sich mit frischer Luft füllte.

Wenn die Grabmannschaft sich schließlich zu dem Punkt unter der feindlichen Befestigung, wo die Mine angebracht werden sollte, vorgehackt, -gekratzt und -gehämmert hatte, begann sie mit dem Graben der Sprengkammer. Normalerweise verbreiterte man ganz einfach den Tunnel an den Seiten, um Platz für das Pulver zu schaffen. Außerdem senkte man oft den Boden in der Kammer um einen halben Meter oder mehr ab, um Platz für mehr Pulver zu schaffen und die Ladung mit möglichst großen Mengen fester Erde umgeben zu können. Wollte man ein größeres Stück Mauer oder eine große Bastion sprengen, grub man mehrere Sprengkammern, die in einer unterirdischen Kette nebeneinanderlagen. Wollte man mehrere Sprengungen an ein und demselben Punkt erreichen, konnte man Kammern graben, die stockwerkartig übereinanderlagen. Danach brauchte man nur das Pulver in die Kammern zu packen. Es gab unterschiedliche Regeln und unterschiedliche Auffassungen darüber, wieviel Sprengmittel benötigt wurde – die meisten Mineure des 17. Jahrhunderts scheinen der irrigen Meinung gewesen zu sein, daß es nicht lohne, eine Mine über einen bestimmten Punkt hinaus zu laden; dem lag die Vorstellung zugrunde, daß das Erdreich nur höher in die Luft geschleudert würde, ohne daß der Krater entsprechend größer wurde –, häufig wurde eine Formel benutzt, die besagte, daß die Ladung soviel *Skålpund* [425 g] wie die Tiefe der Mine in Fuß mal 300 sein muß. Das soll heißen: Eine Ladung, die 3 Meter tief in mittelfester Erde lag, sollte aus gut 1200 Kilo Pulver bestehen, was rund 600 Kanonenschüssen entsprach. Auch kleine Sprengungen erforderten also viel Pulver, was bedeutete, daß der Minenkrieg, abgesehen davon, daß er schwierig war, auch reichliche Ressourcen verlangte. Offenbar hatten unter anderem die Minensprengungen bei Brünn die Pulverknappheit der schwedischen Armee verursacht.

Nachdem die Kammer mit Pulver, normalerweise in Säcken verpackt, gefüllt war, brachte man dort eine grobe Zündschnur an, die in einer kleinen, vierkantigen Rohrleitung aus Holz – einem sogenannten *auget* [Leitrinne] – nach hinten geführt wurde. Schließlich wurde der Tunnel mit Erde aufgefüllt und die Öffnung mit einer massiven Tür versperrt. Dann wurde die Zündschnur angezündet. Und daraufhin verschwand die Mauer in einem dröhnenden Vulkanausbruch von Erde, Steinen, Feuer, Rauch und verbrannten Körperteilen.

Ein guter Verteidiger ließ es jedoch so weit nicht kommen, sondern versuchte mit verschiedenen Methoden die Mineure an ihrer Arbeit zu hindern. Man konnte Ausfälle über der Erde machen und die Tunnel zerstören. Man konnte auch unter der Erde eine Gegenoffensive beginnen. Das tat der einfallsreiche de Souches hier bei Brünn. Die Mineure der Verteidiger arbeiteten sich hinunter zu den verschiedenen Tunneln der Belagerer. Sie lauschten und gruben abwechselnd, denn es ging darum, das Werk des Angreifers nach Möglichkeit zu erreichen, ohne entdeckt zu werden. Manchmal waren die Grabenden so weit entfernt, daß man nichts hören konnte, doch dann konnte man immerhin versuchen, die Erschütterungen zu spüren, die ihre Arbeit verursachte, zum Beispiel, indem man eine Trommel auf den Boden legte und ein paar Würfel oder eine Handvoll Erbsen darauflegte. Das Geräusch wurde deutlich, wenn der feindliche Tunnel etwas unter 30 Meter entfernt war, und wenn er näherkam, pflegte man seinen Verlauf mit Hilfe langer Stöcke zu verfolgen, die man in Löcher steckte, die in die Seite des Tunnels gebohrt wurden. Wenn man nahe genug herangekommen war, mußte man entscheiden, was man tun wollte: Entweder konnte man den feindlichen Tunnel mit Hilfe einer kleinen Sprengladung – einem sogenannten *camouflet* [Quetschmine] – sprengen oder ein Loch machen und versuchen, die feindlichen Mineure auszuräuchern, oder, wenn man in etwa auf dem gleichen Niveau war, in den Tunnel eindringen und die Gegner erschlagen. Möglicherweise hatte de Souches vor, die schwedischen Minengänge zu übernehmen und sie zu benutzen, um wichtige Teile der Belagerungsanlagen in die Luft zu sprengen. Auf jeden Fall stießen Mineure beider Seiten mit Pistolen und Handgranaten in den engen Schächten unter den Mauern Brünns aufeinander. Man kann sich die klaustrophobischen Szenen vorstellen: Männer mit verdreckten Gesichtern, struppigen Haaren und aufgeschrammten, blutigen Knöcheln tasten sich in einem engen, pechschwarzen Dunkel vorwärts, lauschen, horchen; eine Lunte zischt: plötzlich ein grellweißer Blitz, und im Moment danach ein furchtbarer, in der Enge ohrenbetäubender Knall – die Luft voll Staub und Rauch, und Erdmassen stürzen herab;

Gestalten fallen, andere stürzen herbei, neue Blitze beleuchten erhobene Pistolen und etwas, das aussieht wie aus Erde gemachte Gesichtsmasken.

Während es über der Erde zäh voranging, ging es unter ihr jedenfalls etwas besser; bei den Zusammenstößen in den Minengängen konnten die Schweden alle gegnerischen Versuche, die Tunnel zu übernehmen, abwehren und sogar fünf oder sechs Mineure töten.

Der Weg nach Wien, der im Februar weit offengestanden hatte, wurde langsam versperrt. In Schlesien, Böhmen und Mähren wurde jeder zehnte Mann zum Militär aufgeboten, in Oberösterreich jeder fünfte. Die Beamten des Kaisers dachten sich neue, raffinierte Steuern aus, vom Papst, aus Spanien usw. wurden neue Subsidien angefordert, neue Münzen aus eingeschmolzenen Kostbarkeiten der kaiserlichen Schatzkammer (ein großer Teil davon unschätzbare Kunstgegenstände, die von den indianischen Hochkulturen gestohlen waren und jetzt für immer vernichtet wurden) oder der Kirchen geschaffen, und neue Werbungen wurden durchgeführt. Die kaiserlichen Werber bezahlten wie gewöhnlich gut, sogar so gut – bis zu 50 Taler plus einen Bonus von 2 Talern für Überläufer –, daß Soldaten der schwedischen Armee reihenweise die Seite wechselten. Und während der Kaiser, wahrscheinlich nicht ohne eine gewisse Verwunderung, doch sicher voller Dankbarkeit sah, wie sich immer mehr schwedische Heeresteile eifrig grabend um das immer löcheriger werdende Brünn versammelten, konnten seine langsam erstarkenden Truppen ungestört die Donaulinie befestigen und vorsichtig die eine und andere schwedische Eroberung rückgängig machen, wie beispielsweise die Wolfsschanze bei Wien.

So vertat Torstensson Monat auf Monat des Jahres 1645 in Erwartung von Verstärkungen, die nie kamen, und einer Kapitulation, die nie erfolgte. Beide Seiten waren gezwungen, Pulver zu sparen, und entlang der Mauern und Parallelen wurden deshalb zahlreiche Steinwurfduelle ausgetragen. Die Menschen in der Festung kämpften mit dem Mut der Verzweiflung: Kinder halfen auf den Mauern aus, Brünner Frauen liefen unter Beschuß hinaus in die Gärten der Vorstädte, um Gemüse nach Hause zu holen, und die bewaffneten Männer machten zahlreiche Ausfälle. (Bei einem solchen wurde ein Student am Knie verletzt. Er blieb einen ganzen Tag lang im Niemandsland liegen, während schwedische Soldaten ihn mit Steinen bewarfen. Und »zur Nachtzeit nahmen die Schweden ihm die Kleider ab, stachen sein rechtes Auge aus, stießen ihm eine Speerspitze durch den Nabel und schlugen ihm Rücken und Arme blutig«.) Die Belagerung ging langsam voran. In der Sommerhitze mehrten sich die Krankheiten und Desertionen. Einige schwere Wolkenbrüche mit Donner und Hagel verwandelten die Approchen und Parallelen vorübergehend in tiefe Gräben, in denen das Fußvolk bis zur Hüfte im Wasser watete. Um die Truppen in der Zitadelle zur Aufgabe zu zwingen, leitete man mit großer Mühe ihre Wasserversorgung um, doch es zeigte sich, daß sie durch einen sinnreichen unterirdischen Gang mehr als gut versorgt waren. Man hoffte auch, de Souches könnte aufgrund von Munitionsmangel zur Aufgabe gezwungen sein, aber gegen 9 Uhr am Abend des 15. Juni gelang es einer kaiserlichen Kolonne von mehreren hundert pulverbeladenen Pferden und Reitern, sich überraschend an den vorgeschobenen schwedischen Wachen vorbeizukämpfen und sich und ihre Last in die Festung zu werfen. Einige aufgeputzte transsilvanische Truppen schlossen sich zwar den Belagerern an, von einem realpolitisch begabten Fürst Georg entsandt, der dadurch französische Subsidien einkassieren konnte – während er gleichzeitig mit dem Kaiser weiterverhandelte –, aber sie waren widerspenstig, undiszipliniert und untauglich und stellten im allgemeinen für ihre eigenen Offiziere eine größere Gefahr dar als für den Feind. Torstensson selbst wurde von schweren rheumatischen Schmerzen geplagt und hatte deshalb Schwierigkeiten, die Operationen zu leiten. Und so weiter.

Mitte August versuchten die Schweden eine Erstürmung, doch auch die scheiterte. Es war ihnen gelungen, zwei Breschen in den Festungswall auf der Nordseite der Stadt zu schlagen, und nach einem wahnsinnigen vorbereitenden Beschuß wurde diese von einer Sturmkolonne angegriffen. Auf der rauchumhüllten Mauerkrone spielten die Verteidiger auf Dudelsäcken, Pauken und Trompeten. Die Sturmtruppen wurden mit Handgranaten empfangen, und der Angriff strandete in dem Durcheinander von zusammengestürzten Mauerteilen und Sprengsteinen. Aufgrund eines gründlich mißverstandenen Befehls gingen schwedische Truppen auch gegen die andere, daneben liegende Bresche vor; wohlgezieltes Feuer von den Bürgern und Studenten oben auf der Mauer schlug ihnen entgegen, und als sie schließlich am Ziel waren, entdeckten sie, daß jedes Weiterkommen unmöglich war, und sie mußten durch pfeifende Kugelschwärme zurückrennen. Später am Abend gaben die Verteidiger die Leichen der innerhalb der Mauern gefallenen schwedischen Offiziere heraus; die Körper waren gewaschen, in reine Hemden gekleidet und in neue Särge gelegt.

Edelmütige Gesten dieser Art kamen immer vor in den Kriegen dieser Epoche, aber de Souches und die anderen in Brünn konnten sie sich auch leisten, denn alles lief zu ihrem Vorteil. Kurze Zeit nach der mißglückten Erstürmung schloß Georg von Transsilvanien Frieden mit dem Kaiser. Durch diesen Friedensschluß wurde unter anderem die Glaubensfreiheit in seinem Land wiederhergestellt, und der Kaiser machte große territoriale Zugeständnisse. Für einen Fürsten, der so gut wie keine eigenen Machtmittel besaß, hatte Georg ungewöhnlich gut abgeschnitten. Die schwedische Armee hatte schwer unter dem Abnutzungskrieg auf den weinbewachsenen Hügeln rund um Brünn gelitten – einige Hinweise lassen vermuten, daß bis zu 8000 Mann aus den Reihen ver-

Die seltsame Belagerung von Brünn

Verwundete schwedische Soldaten nach einem gescheiterten Sturm

schwunden waren, die meisten sicher durch Desertion oder Krankheiten –, und man konnte nicht mehr mit Unterstützung durch Fürst Georgs Truppen rechnen. Ein schwedischer Offizier, der bei dem Sturm am 15. August durch eine Handgranate schwer an der Seite verwundet worden war und deshalb weder liegen noch stehen konnte, schrieb resigniert an seinen Bruder zu Hause:

Nunmehr ist unsere Infanterie kaputt, die Kavallerie ist mißmutig, die Offiziere leiden Mangel an Proviant und die einfachen Reiter an Brot und Futter. Die Stadt kann nicht eingenommen und gewonnen werden. Vom Spielberg mag ich gar nicht schreiben.

Ein niedergeschlagener und erboster Torstensson gab in dieser Lage den Befehl, die Belagerung abzubrechen. Als letzten Abschiedsgruß ließen die Schweden die Orte in Brünns nächster Umgebung in schmutzig schwarzen Rauch aufgehen, worauf sie wieder nach Wien marschierten, ein wenig die Vororte der Stadt beschossen, doch – kaum verwunderlich – alle Übergänge über die Donau noch stärker befestigt und noch unzugänglicher vorfanden als im Frühjahr. Was sollte man als nächstes tun? Wieder gaben rein versorgungstechnische Gründe den Ausschlag. Da das Land nun gründlich ausgesaugt war und außerdem die Pest unter den Truppen wütete – die Seuche war von den transsilvanischen Hilfstruppen in die schwedische Armee eingeschleppt worden und war das einzige richtig greifbare Resultat der Zusammenarbeit –, kehrte man wieder zurück in die besseren Quartiere nach Böhmen. Während die Kolonnen sich langsam nach Norden schlängelten, ging der Sommer in den Herbst über. Am Beginn des Jahres 1646 stand das schwedische Heer wieder an der Grenze zu Sachsen. Es war wie verhext.

Der in Leipzig zusammengetretene Kriegsrat stimmte darin überein, den Kaiserlichen auch künftig keine Atempause zu gönnen, sondern sie weiter zu bedrängen. Die Allianz von Fürsten, die die Basis der kaiserlichen Macht darstellte, ließ Anzeichen eines Erosionsprozesses erkennen, und dieser Prozeß würde nach einiger Zeit von selbst weitergehen. Im Juni 1644 hatten Brandenburg und Schweden die Feindseligkeiten eingestellt, was bedeutete, daß die Sachsen im Nordosten gegen Torstenssons Truppen alleinstanden. Nach den wiederholten militärischen Katastrophen hatte Ferdinand keine Truppen mehr, um die Sachsen zu unterstützen, und Johann Georg von Sachsen war gezwungen, im August 1645 einen Waffenstillstand mit den Schweden zu schließen. Mit jedem Fürsten, der von der kaiserlichen Allianz absprang, verstärkte sich der Druck auf die, die es vorzogen zu bleiben. Im Verlauf des Jahres 1646 wollten Schweden und Franzosen Bayern aus dem Krieg ausschalten. Dem bayerischen Fürsten Maximilian zitterten bereits die Knie. Ende Juli 1645 war sein Heer in einer blutigen Schlacht bei Allerheim in Franken von den Franzosen besiegt worden. Die Bayern waren auf einer Anzahl von Höhen gut eingegraben, doch der französische Feldherr Enghien trieb trotzdem spät am Nachmittag des 24. seine Truppen in einer Serie wahnwitziger Frontalangriffe vorwärts, die schließlich die Front der Verteidiger durchbrach. Der fähige bayerische General Mercy fiel durch eine Musketenkugel, und seine Truppen zogen sich in ziemlich guter Ordnung im Schutz der Dunkelheit nach Donauwörth zurück. Die Franzosen waren zu geschwächt durch ihre enormen Verluste, um sie verfolgen zu können, aber es war offenbar, daß die Bayern sich auf dem absteigenden Ast befanden. Und alle wußten, daß ohne die starken Ressourcen Bayerns des Kaisers Traum ausgeträumt war.

Das wußte auch der Kaiser selbst. Eines späten Abends Anfang Dezember 1645 war sein Gesandter, Graf Maximilian von Trauttmansdorff, inkognito zu den Friedensverhandlungen in Westfalen eingetroffen. Sein Entree in dieser diskreten Form zu halten war eine smarte Methode, sich einen großen, teuren und lästigen Einzug zu ersparen, wie ihn Franzosen und Schweden vorgeführt hatten. Er konnte so auch das Risiko vermeiden, das blamable Entree des Spaniers Peñarandas zu wiederholen, das sich mit allzu kleinem Gefolge vollzog, aufgrund eines Platzregens peinlich schnell erledigt war und zu allem Überfluß noch mit einer Kollision einer der Karretten mit einem Haufen Tonwaren abgerundet wurde.

Trautmansdorff – ein hochgewachsener, offener Mann, dessen grobe Gesichtszüge von einer etwas schäbigen Perücke eingerahmt wurden, die nach vorn gekämmt war, so daß sie über seine dicken Augenbrauen herabhing – war der erste Minister und zugleich der vertrauteste Ratgeber des Kaisers. Daß er sich jetzt nach Münster und Osnabrück hatte verfügen müssen, war ein Indiz dafür, daß der schwer angeschlagene Kaiser inzwischen bereit war, bedeutende Zugeständnisse zu machen. Ferdinand hatte bereits widerwillig seinen deutschen Gegnern eine allgemeine Amnestie bewilligt, und Trauttmansdorff hatte nun die Vollmacht, noch weitere Angebote zu unterbreiten. Schon bald stand der intelligente kaiserliche Gesandte auf gutem Fuß sowohl mit Oxenstierna als auch mit Salvius, und am 2. Februar bot er den Schweden in geheimen Gesprächen Vorpommern, Bremen und Verden im Austausch gegen Frieden an. Die Schweden fanden das Angebot verlockend. Als der Vorschlag durchsickerte, löste er auf seiten mehrerer anderer Beteiligter einen Aufschrei des Protests aus, unter anderem bei Brandenburg, Polen, Dänemark und den Niederlanden – die nicht wollten, daß Schweden eine derartige Machtposition an der deutschen Küste gewann – und auch bei den Pommeranern selbst, die eine eigene Delegation nach Münster entsandt hatten und keineswegs von dem Gedanken angetan waren, treue Untertanen der schwedischen Krone zu werden. Aber die schwedischen Gesandten wurden aus Stockholm beauftragt, mehr

Land zu fordern und gleichzeitig Geld zu verlangen, um demobilisieren und alle geworbenen Verbände der schwedischen Armee abdanken zu können. Die Männer, die unter den schwedischen Fahnen marschiert waren, würden bei einem Friedensschluß eine Entschädigung und Rekompensation für ihr Ungemach fordern. Alle wollten, daß die Abdankung der Armeen auf die bestmögliche Art und Weise abgewickelt wurde – eine unzufriedene Solateska, die man einfach wegschickte und sich selbst überließ, konnte praktisch mehr Unheil anrichten als eine reguläre Armee –, und allen war klar, daß dies Geld kostete; Uneinigkeit bestand nur darüber, wer es bezahlen sollte. Schweden verlangte nun ziemlich unverschämt, der Kaiser solle die Zeche bezahlen.

Ein Wust von Spitzfindigkeiten und endlose Streitereien und Beratungen standen noch aus, aber es war offenkundig, daß alle Präliminarien abgeschlossen waren und man sich allmählich auf ein Ende des Krieges zubewegte. Es lag jedoch eine gewisse Unruhe in der Luft. Die Kette von Niederlagen und Katastrophen des Jahres 1645 hatte den Kaiser gezwungen, schließlich am Verhandlungstisch klein beizugeben. Die Frage war, was passieren würde, wenn im Frühjahr das Gras wieder zu grünen begann und die Armeen wieder auf die schmalen Landstraßen drängten: Würden neue kaiserliche Niederlagen neue Zugeständnisse bringen, oder würde sich das Kriegsglück noch einmal wenden?

Nach Abschluß des Kriegsrats in Leipzig im März 1646 konnten Erik und sein Hausvater nach Hause zurückkehren. Beinahe hätte die Reise ein schlimmes Ende genommen, denn unterwegs wären sie fast von einer kaiserlichen Truppe aus Braunschweig gefangengenommen worden, doch sie konnten entkommen. Sie ritten die ganze Nacht, durch Kälte und schneidenden Schneeregen, bis sie in einer kleineren, von schwedischen Truppen gehaltenen Festung in Sicherheit waren.

Bis zu diesem Zeitpunkt war Erik kein Mann der Krone im eigentlichen Sinn gewesen, sondern lediglich der persönliche Helfer eines Beamten. Im Frühsommer begann jedoch seine Karriere im Dienst des schwedischen Staates.

In Schweden standen zu diesem Zeitpunkt gut 7000 Mann frische Infanterie und Reiterei, das Ergebnis der jüngsten Aushebungen, und warteten. Diese Truppen sollten nach Deutschland gebracht werden, um die schwedische Armee vor der Sommeroffensive gegen Bayern zu verstärken. Rehnskiöld hatte den Auftrag bekommen, die Überfahrt zu organisieren. Er sammelte Schiffe aus mehreren Städten im Küstenstreifen, und Anfang Juni schaukelten 86 angeheuerte Wasserfahrzeuge der unterschiedlichsten Größen und Typen auf dem Meer vor der Insel Rügen. Rehnskiöld hatte indessen keine Zeit, die Überfahrt persönlich zu überwachen, sondern beauftragte drei Personen damit, die

Reise mitzumachen und »sie zur rechten Zeit zur Eile zu treiben«. Eine der drei war Erik, der für diese Aufgabe auch zum Kammerschreiber im pommerschen Staat ernannt wurde.

Erik war noch keine 21 Jahre alt, aber zweifellos hatte er in den fünf Jahren, die er Rehnskiöld als Gehilfe gedient hatte, dessen volles Vertrauen gewonnen. Rehnskiöld brauchte auch jemanden, der ihm nahestand und sein Vertrauen genoß und mit hinüber nach Schweden fuhr. Wie gewöhnlich war die schwedische Krone in finanzieller Verlegenheit, Rehnskiöld hatte bei der Anheuerung der Schiffe eigene Gelder vorgeschossen und wollte nun, daß Erik sie für ihn in Stockholm zurückforderte.

Am 3. Juni 1646 segelte Erik mit der kleinen, zusammengewürfelten Flotte nach Schweden. Die Reise verlief problemlos. Bei klarem, schönem Wetter liefen sie zwischen Bornholm und Schonen nach Norden und konnten die große Insel auf ihrer Rechten und die Türme von Ystad fern auf ihrer Linken sehen. Am dritten Tag erreichten sie Kalmar, die südlichste Festung des schwedischen Reiches. Als der langgezogene Konvoi in den Sund einlief, wurden sie von zwei Schüssen von dem hohen und schönen Schloß empfangen: schwedische Losung. Erik stand auf dem Schiff, das den Konvoi anführte, und in dieser Situation hätte der Kapitän seine schwedische Identität bekräftigen müssen, indem er ebenfalls zwei Schüsse abgab. Leider war das Schiff so klein, daß es keine Kanonen trug. Das Schweigen wurde deshalb mit einem weiteren Schuß vom Schloß beantwortet. Eine Kugel flog in einem Bogen über die Wasseroberfläche und schlug mit einer Wasserfontaine vor dem Bug von Eriks Schiff ein. Kurz darauf kam der vierte Schuß brummend über den Mast. Der nächste würde treffen.

Kalmars Statthalter Erik Oxe war nämlich nicht vorgewarnt, daß sie kommen würden. Als dann die Transportflotte am Horizont auftauchte, hatte dies in Kalmar große Nervosität ausgelöst. War es vielleicht der Däne, der einen Coup versuchte? Der fünfte Schuß kam nicht. Um seine friedlichen Absichten zu zeigen, strich Eriks Schiff sogleich die Segel und ließ mitten auf dem Sund den Anker fallen. Eine Schlup mit 20 Musketieren holte ihn und einige andere Verantwortliche und brachte sie an Land, wo der sicher sehr erleichterte Oxe ihnen entgegenging. Später am Tag gab er ein Abendessen, das Erik reichlich betrunken verließ. Am übernächsten Tag segelte die Flotte weiter, diesmal auf getrennten Wegen. Eine Gruppe segelte nach Västervik, um dort Kavallerie an Bord zu nehmen, eine andere ging nach Helsingfors [Helsinki], und eine dritte mit Eriks Schiff an der Spitze lief nach Nyköping.

Auf der Fahrt nach Norden schlief indessen der Wind ein, »so daß keine Feder sich auf dem Wasser bewegte«. Das Schiff blieb unmittelbar neben der »Blauen Jungfrau«, der kuppelförmigen Felseninsel im Kalmarsund, liegen.

Kalmar. Stich nach einer Zeichnung von Erik Dahlberg

Manche meinten, daß dies der Blåkulla [Blocksberg] sei, der mythische Versammlungsplatz der Hexen. Eriks Entdeckerlust war wie immer groß, und er beschloß, die Gelegenheit zu nutzen und die Felseninsel aus der Nähe anzusehen. Von einigen Passagieren und dem Schiffer des Bootes begleitet, ging er an Land. Eine knappe Stunde wanderten sie auf dem roten Granit der kilometerlangen Insel zwischen Klippen, Klüften und Grotten umher. Doch bevor sie auf ihr Schiff zurückkehren konnten, frischte der Wind auf und steigerte sich in kurzer Zeit zum Sturm. Wegen der hohen Dünung war es gefährlich, die Insel bei normalem Wetter anzulaufen, und jetzt wurde es noch schlimmer. Zwei Stunden lang kreuzte das Schiff um die kleine Felseninsel, bis die an Land Gesetzten – unter Lebensgefahr – in dem heulenden Sturm wieder an Bord genommen werden konnten. Es war nicht das erste und auch nicht das letzte Mal, daß Eriks Neugier ihn beinahe das Leben kostete.

In Nyköping ging Erik von Bord und begab sich auf dem Landweg nach Stockholm, wo er nach einem nächtlichen Ritt am 11. Juni eintraf. Er suchte sofort die Kanzlei auf, wo er einen Brief von Rehnskiöld an die Königin übergab. Nun wollte es der Zufall, daß der Rat sich gerade in einer Sitzung mit Christina befand. Erik wurde deshalb in den Saal geführt, in dem sie versammelt waren, und von den Anwesenden ausgefragt – es war seine erste Begegnung mit der Königin. Den Rest des Sommers und den Herbst 1646 verbrachte Erik in Stockholm. Unter anderem machte er Axel Oxenstierna mehrere Aufwartungen, um im Auftrag Rehnskiölds die Donation eines bestimmten pommerschen Gutes zu erwirken. Außerdem war Eriks Onkel Erik Svanfelt im Jahr zuvor gestorben, weshalb Erik die Gelegenheit nutzte, dessen Witwe aufzusuchen und sich zu erkundigen, was der Onkel ihm und seinen Geschwistern testamentarisch vermacht hatte. Der Onkel hatte ihnen nichts vermacht.

Im Dezember mußte Erik zusammen mit Rehnskiöld – der sich seit dem Oktober in Schweden befand – nach Deutschland zurückkehren. Ursprünglich hatten sie vor, den Seeweg zu nehmen, doch hartnäckiger Gegenwind und zunehmende Kälte veranlaßten sie, sich für den Landweg zu entscheiden. Reisepässe erhielten sie von Torstensson, der inzwischen, vom Rheumatismus geplagt, nach Stockholm zurückgekehrt war. Sie reisten über Östergötland, Småland und das kürzlich dem Reich eingegliederte Halland, dann südwärts durch Dänemark, was nun nach dem Friedensschluß wieder möglich war. In Fredriksborg sahen sie in einer Kirche den dänischen Monarchen Christian IV., der sich mit einer grünen Klappe über dem rechten Auge zeigte, das er bei der Seeschlacht auf der Kolberger Heide vor gut zwei Jahren verloren hatte.

Anfang 1647 war Erik zurück in Deutschland. Die Ereignisse des Jahres 1645 hatten wie ein Scharnier gewirkt, um das sich der Krieg wie eine riesige Tür drehte. Im Jahr 1646 hatte die Tür sich weiter auf die Seite der Schweden und Franzosen gedreht. Es half nichts, daß die Kaiserlichen ihr Möglichstes taten, um sie in die andere Richtung schwingen zu lassen. Sie hatten es wahrlich versucht.

2. Wir leben wie die Tiere, essen Rinde und Gras

<small>Das Bild der Vergangenheit. – Keine Eiszeit. – ›Alle Menschen in der Welt leben in Dunkel und Blindheit‹. – Der Götenmythos. – Der Zustand der kaiserlichen Armee. – Diplomatische Verwicklungen. – Wrangel geht nach Bayern. – ... aber wo bleibt Königsmark? – Und wo ist Turenne? – Der Hungerkrieg bei Amöneburg. – Wettlauf zur Donau. – Die Belagerung von Augsburg. – Mazarin sagt halt.</small>

Im alten Europa hielt man die Welt für jung. So wie die meisten glaubten, das Weltall sei klein und endlich und die Erde ruhe still und unbeweglich in seiner Mitte, so glaubten alle ohne Ausnahme daran, daß ==diese Erde nur einige Jahrtausende zuvor von Gott erschaffen worden sei==. Es galt die Version der Bibel von der Entstehung der Welt, und mit dem Ausgangspunkt in diesem und anderen religiösen Texten hatten Gelehrte ausgerechnet, daß die Schöpfung rund 4000 Jahre vor Christi Geburt stattgefunden habe. Die Forscher hatten wie gewöhnlich gewisse Schwierigkeiten, sich über die Details zu einigen. Wann genau hatte Gott Himmel und Erde erschaffen? Das Datum und die Uhrzeit, die viele als korrekt ansahen, war die Morgendämmerung des 22. März, ein Dienstag, andere waren jedoch für 9 Uhr am Morgen des 21. Oktober. Sicherlich wäre es gegen die Natur der Gelehrten des 17. Jahrhunderts gewesen, sich über irgend etwas einig zu sein, und was die meisten erregten Dispute ausgelöst zu haben scheint, war die genaue Jahreszahl. Mehrere Vorschläge wurden gemacht, die sich zwischen dem Jahr 3928 und dem Jahr 5389 vor Christus bewegten. Christian Ravius, ein deutscher Gelehrter, der kurze Zeit später nach Stockholm zu der nach immer mehr Gelehrsamkeit dürstenden jungen Königin gerufen wurde, glaubte an das Jahr 4140, während der unvermeidliche Luther selbst 3960 vor Christus vorgeschlagen hatte. Die Jahreszahl, die die größte Zustimmung gefunden zu haben scheint, war 4004 vor Christus. In der Grundfrage herrschte jedoch ein erstaunlich fester Konsens: Die Erde war rund 5600 Jahre alt. Dies war ein Dogma, eine Wahrheit und Selbstverständlichkeit für den Menschen des 17. Jahrhunderts. Es war indessen auch eine schlechte Nachricht für ihn, denn seit der Zeit des Augustinus galt es als ausgemacht, daß die Welt 6000 Jahre alt würde, nicht mehr und nicht weniger. Hieraus konnten alle, die an das baldige Ende aller Zeiten glaubten, Munition gewinnen. Das Universum, die Welt und die Zeit waren also endliche Größen. Zwar gab es radikale Wissenschaftler wie den Franzosen Descartes, die erschreckende Ideen äußerten, denen zufolge der Weltraum keine kleine schimmernde Blase um die einzige Welt, sondern vielleicht unendlich und von einer riesigen Zahl bewohnter Welten angefüllt sei. Dies war jedoch ein furchterregender Gedanke, den die meisten schnell von sich wiesen. Auch die in Fragen der Gelehrsamkeit so offene und vorurteilsfreie Christina fand ihn abstoßend. Der französische Gesandte Pierre Hector Chanut, der begonnen hatte, Gespräche über wissenschaftliche und philosophische Fragen mit ihr zu führen, schrieb im Mai 1647 an Descartes und erklärte Christinas Standpunkt:

Und sicher ist: Wenn wir die Welt in der Unendlichkeit auffassen, deren Fürsprecher Sie sind, ist es dem Menschen unmöglich, dort seinen ehrenvollen Rang zu behalten. Im Gegenteil, er würde sich im Vergleich mit der ganzen Erde, die er bewohnt, wie in einer kleinen Ecke fühlen, ohne Maß und Dimension im Vergleich mit der unermeßlichen Größe in all dem übrigen.

Das Bild des Altertümlichen und Vergangenen wurde in mehrfacher Hinsicht von dieser fest etablierten Zeitskala bestimmt, die festlegte, daß das Alter der Erde rund 5600 Jahre betrug. Die biblische Sintflut wurde als historische Wahrheit angesehen und sollte nach Meinung der meisten vor 3900 bis 4000 Jahren stattgefunden haben. Die Sintflut war nicht nur ein theologisches und historisches Faktum; man meinte auch, mit ihr einen wesentlichen Teil der Beschaffenheit und des Zustands der Erde erklären zu können. Als die Meere die Welt überfluteten, wurde ein Teil der wunderbaren, von Gott geschaffenen Ordnung gestört (dies ist übrigens ein ständig wiederkehrendes Thema im Denken der Zeit, daß es früher einmal eine Ordnung und eine Symmetrie gegeben habe, die nun verlorengegangen waren). Und als die Wasser sich wieder zurückzogen – in die unfaßbaren Hohlräume hinabflossen, die man allgemein unter der Erdoberfläche vermutete –, erhielten die Berge und die Täler ihre jetzige Form.

Man tut gut daran zu beachten, daß ein großer Teil dessen, was wir als selbstverständlichen Bestandteil unserer Kenntnisse über die Geschichte der Erde betrachten, wie zum Beispiel das Wissen über Dinosaurier und Eiszeiten, im 17. Jahrhundert vollständig unbekannt war. Fossilien verschiedener vorgeschichtlicher Gewächse und Tiere waren natürlich seit langem bekannt, aber nur eine kleine Gruppe kühner Freidenker äußerte die Ansicht, daß sie Überreste wirklicher, lebender Organismen seien. Die meisten hielten diese Steine für seltsame mineralische Bildungen oder ganz einfach für einen *ludus naturae* – ein Spiel der Natur. Eindeutig urzeitliche Knochenfunde wurden zuweilen als Überreste unbekannter Tiere erklärt, die unbekannte Vorväter in grauer Vorzeit mit nach Hause gebracht hatten. In ihrer Mehrzahl nahmen die Menschen an, diese alten Dinosaurierknochen seien alles, was von dem in der Bibel genannten Geschlecht der Riesen übriggeblieben sei. Diese Knochen wurden als große Sehenswürdigkeiten behandelt und nicht selten in den Kirchen aufbewahrt. Fossilien waren übrigens nicht die einzigen Vorzeitfunde, die im 17. Jahrhundert falsch gedeutet wurden. Die schön polierten Steinbeile, die heute in allen archäologischen Museen die Besucher langweilen, wurden in dieser Zeit nicht als Menschenwerk angesehen, als Überreste einer Steinzeit, die damals niemand kannte, sondern sie wurden »Donnerkeile« genannt und für Überreste von Blitzeinschlägen gehalten: Wenn der Blitz einschlug, drangen diese sonderbar geformten Gegenstände tief in die Erde ein, worauf sie langsam mit einer Geschwindigkeit von einem halben Meter pro Jahr wieder an die Oberfläche kamen (sie waren sehr begehrte Funde, denn man glaubte, sie böten Schutz gegen Feuer und Trolle).

War das Bild der vorgeschichtlichen Zeitalter bestenfalls verschwommen, verzerrt und vollständig mißverstanden, so waren die Vorstellungen von der Geschichte und der weniger fernen Vergangenheit etwas mehr von Vernunft geprägt. Mit Hilfe der Bibel, der Kirchenväter und der antiken Autoren, die von allen Gelehrten bewundert wurden, hatte man sich seit langem eine Vorstellung von der Geschichte gebildet, die sich von Israeliten, Ägyptern und Babyloniern über Assyrer, Perser, Griechen und Römer und weiter bis ins 17. Jahrhundert erstreckte, ein Bild, das in seinen Hauptzügen erstaunlich korrekt war. Im Lauf der Jahrhunderte traten im schwedischen Reich mehrere Persönlichkeiten hervor, die historische Werke verfaßten, die als bahnbrechend bezeichnet werden müssen und in gewissem Maß noch heute Bestand haben. Ansätze zu späteren quellenkritischen Methoden sind zum Beispiel bei dem in Finnland gefangengehaltenen Messenius zu finden, bei dem Juristen Johannes Loccenius und dem rechtskundigen Johan Stiernhöök, aber auch bei den noch heute lesenswerten Reichshistoriographen Chemnitz – einem Pommeraner, der 1642 von Axel Oxenstierna angestellt wurde, um die Teilnahme Schwedens am deutschen Krieg zu schildern – und dem später so bekannten Samuel von Pufendorf, mit dem Erik Jönsson später noch in Kontakt kommen sollte. Andere, wie Bureus, Verelius und Hadorph, erwarben sich wesentliche Verdienste durch die Sammlung und Inventarisierung wichtiger Quellen und Dokumente, und groß war die Zahl der Gelehrten, die durch großzügige Beiträge des Staates oder an der Geschichte interessierter Adliger dazu ermuntert wurden, die schwedischen Altertümer zu erforschen. Das Problem war nur, daß so vieles von dem, was in Schweden wie überall in Europa geschrieben und verbreitet wurde, überquoll von Mythen, wackeligen Konstruktionen – milde ausgedrückt – und sogar reinen Fälschungen. Der brillante Dichter, Wissenschaftler und Beamte Georg Stiernhielm schrieb mißmutig in einem hellsichtigen Augenblick:

... alle Menschen in der Welt leben in Dunkel und Blindheit um ihren Ursprung und ihre Herkunft. Das Alte und Vorzeitliche, das sie zu wissen meinen, ist, wenn man hinsieht, nichts anderes als entweder dicker Nebel und Dunst oder eine helle Wolke, die sich zu Pferden, Wagen, Bergen, Schlössern, Riesen, Zwergen, Kronen, Zeptern formen, ohne Grund, ohne Wesen und Wahrheit.

Dies beruhte darauf, daß die Geschichtsforschung im 17. Jahrhundert keine Wissenschaft im modernen Sinn war, sondern ein moralpädagogisches Genre. Die Aufgabe der Historiker war es, aus der Vergangenheit Beispiele zu sammeln, von denen die Gegenwart sich inspirieren lassen konnte, gute Fürsten zu verherrlichen, schlechte zu verspotten, Einsichten in den unergründlichen menschlichen Charakter zu vermitteln und anderes mehr. Ein gutes Programm, so mag es scheinen, und das war es auch, aber was die Sache so vertrackt machte, war der Umstand, daß die Wahrheitsforderung dieser Aufgabe untergeordnet wurde. Die Auswahl von Fakten war deshalb mehr von Rücksichten hinsichtlich ihres poetischen Glanzes und ihrer moralisch-politischen Anwendbarkeit als von ihrer tatsächlichen Beweiskraft bestimmt. Wahrheit bekam man bestenfalls nebenbei mit.

Die europäische Frühmoderne war aber auch eine Zeit, in der man die Geschichte wirklich entdeckte. In allen Ländern saßen Gelehrte und Laien und forschten und schrieben und entdeckten zu ihrer großen Freude, daß gerade ihr Geschlecht oder ihr Fürst oder ihr Volk eine bemerkenswert lange und große Geschichte hatte. Daher hatten auch gerade ihr Geschlecht oder ihr Fürst oder ihr Volk eine besondere Freiheit, sich in der Gegenwart zu bedienen – und wenn es etwas gab, das in der ersten Hälfte des 17. Jahrhunderts Recht verlieh, dann waren es Alter und Ahnen, ganz gleich, ob es sich um Geschlechter oder Fürsten oder Völker handelte. In Frankreich wie in England gab es Menschen, die geltend machten, daß ihre Länder von Personen gegründet wurden, die einst aus Troja geflohen waren – eine Entdeckung, die sinnigerweise ihre Reiche älter machte als das Heilige Römische Reich des Kaisers, das mit einem gewissen Recht behaupten konnte, aus dem so gefeierten Imperium Romanum hervorgegangen zu sein. Unter den Holländern war es nicht schwer, Menschen zu finden, die überzeugt waren, daß sie in direkter Linie von den Überlebenden der Sintflut abstammten. Das Geschichtsbild des polnischen Adels war zu dieser Zeit von der Idee geprägt, daß seine Mitglieder Abkömmlinge der antiken Sarmaten seien, die einst in grauer Vorzeit die Länder zwischen Weichsel und Djnepr erobert und die Bevölkerung versklavt hatten – der Gedanke, daß sie von anderem Blut seien als gewöhnliche Menschen, brachte bei ihnen wie auch bei einem Teil des französischen Adels mit ähnlichen abstrusen Ideen etwas hervor, das ohne Zweifel einem Klassenrassismus glich. Die ukrainische Starschina sollte bald mit einer ähnlichen Entdeckung aufwarten, mit dem kleinen Unterschied, daß sie ihre Vorväter in den mythischen Roxolanen erkannte, während gleichzeitig die moldavischen Bojaren gern von ihren engen verwandtschaftlichen Banden mit den antiken Römern faselten.

In Schweden wollte man nicht schlechter dastehen, sondern kultivierte, wie bereits erwähnt, den Götenmythos. Er kann auf einen interessanten Rangstreit auf dem Konzil in Basel 1434 zurückgeführt werden. Damals verteidigte Nikolaus Ragnvaldi, der Bischof von Växjö, das Recht der Schweden auf einen guten Platz mit dem Hinweis auf Berichte des Jordanes aus dem 6. Jahrhundert über die Goten, die von ihrer Insel Scandza im Norden ausgewandert waren und sich zahlreiche Reiche unterworfen hatten – und die Goten, das waren natürlich die Göten, die in Südschweden lebten. Scharen von schwedischen Gelehrten folgten auf Ragnvaldis Spuren, füllten auf, fügten hinzu und polierten etwas, das rasch zu einer großartigen, wenngleich ein wenig wildwüchsigen historischen Konstruktion wurde. Schweden war nicht eines der ältesten Reiche auf der Erde, es war *das* älteste, behaupteten sie. Der älteste Mensch war ja auf gewisse Weise schwedisch, oder wie der Altertumsforscher Bureus schrieb:

> *Mit noch größerem Fug und Recht können sich die Schweden [svenskar; A. d. Ü.] auf ihre Sprache berufen und daraus ein altes Recht ableiten und sagen: der erste Mensch mußte ja SVEN heißen. Vor allem deshalb, weil er ein sven war, das heißt: ein Mensch männlichen Geschlechts, der noch nie etwas mit Frauen zu schaffen hatte.*

Irgend jemand meinte auch, auf Belege dafür gestoßen zu sein, daß Adam zumindest eine gewisse Zeit seines Lebens in Schweden gelebt hatte, um dort einen Teil seiner Nachkommenschaft in frommer Lebensart zu unterweisen. Andere durchstöberten die griechische Mythologie und fanden dort zu ihrem unverhohlenen Entzücken Erzählungen von einem glücklichen, langlebigen Volk, den Hyperboreern, von denen es hieß, sie wohnten im Norden, auf der Insel Atlantis, wo der Gott Apollo einen Teil seiner Zeit verbracht habe und in einem weithin bekannten Tempel verehrt worden sei. Es dauerte nicht lange, bis sowohl Stiernhielm als auch Bureus darauf kamen, daß die Insel Skandinavien gewesen sein *mußte* und daß der Tempel selbstverständlich der heidnische Tempel in Uppsala sein *mußte*. Die Geschichte des Schwedenreiches begann indessen etwas später, nämlich als Noahs Sohn Magog 88 Jahre nach der Sintflut an unseren nördlichen Küsten an Land stieg. Aus diesem Mannessamen entstanden dann alle Völker der Welt, die dankbar von Schweden aus in die Welt zogen. Die Schweden selbst blieben zu Hause – gedankenvoll miteinander Götisch sprechend, die Wurzel und der Ursprung aller Sprachen –, doch nachdem sie während einiger ruhiger Jahrhunderte an Stärke und Ambitionen gewachsen waren, wurde ein Teil dieses tapfersten aller Völker angesichts dieses eine Spur zu beschaulichen Lebens in Götaland von Überdruß befallen und wanderte davon, um Ägypter, Griechen, Perser, Römer, Hunnen und anderes Gesindel, das ihnen in die Quere kam, zu bekriegen sowie ganz nebenbei das eine oder andere Vasallenreich von meistens riesiger Ausdehnung zu gründen. So lautete in groben Zügen der Tenor des Ganzen.

Während des 16. Jahrhunderts fungierte dieser Mythos vor allem als Trost, als eine Waffe, mit der man bei einem Streit über Prozessionsreihenfolge und Bankettplätze etwas pathetisch winken konnte, wenn Gesandte aus dem unbedeutenden und ärmlichen kleinen Reich am Rand Nordeuropas sich wieder einmal beiseite geschoben sahen; in der ersten Hälfte des 17. Jahrhunderts wurde er jedoch, wie Sten Lindroth schreibt, »der natürliche Ausdruck des überschäumenden Kraftgefühls einer gerade erwachten Nation, die selbst Heere auf den Kontinent führte und eine Rolle in der Weltgeschichte zu spielen begann«. Wie gesagt, Gustav Adolf gehörte zu den Förderern des Götenmythos, und er zögerte nicht, auf die alten Eroberungszüge der Vorväter hinzuweisen, um sein Volk zu neuen zu verleiten. Und viele Gelehrte, Dichter und Stückeschreiber hatten das Ihre dazu beigesteuert, die stolze und nicht wenig waffenklirrende Botschaft von den urstarken Göten, die vor Zeiten die Welt überschwemmten, in Schweden unters Volk zu bringen – zuweilen mit fein gepinselten Appellen garniert, der Krone gegen 12 Prozent Zinsen Geld zu leihen. Es ist zweifelhaft, ob die ehrenvolle Botschaft jemals bei anderen als den Belesenen und dem einen oder anderen König wirklich Wurzeln schlug. Das lauteste götische Trompetenschmettern verstummte kurz nach Gustav Adolfs Tod, aber die meisten Schweden der höheren Klassen konnten sich wohl notdürftig in den dunklen Irrgängen des Mythos orientieren, und ihr Bild von der Vergangenheit ihres Landes war sicherlich vom Nachhall der Sagen von Magog, Berik, Sveno, Starkodd, Ham, Set, Japhet und den anderen wunderbaren Männern und Frauen geprägt, für deren Nachkommen sie sich hielten.

Die Frage ist, wie diese und andere, vergleichbare Vorstellungen von der Geschichte die Menschen des 17. Jahrhunderts, die mit ihnen und aus ihnen heraus lebten, beeinflußten. Legt man diese Bilder gleichsam durchleuchtet übereinander und gestattet sich außerdem unter Berücksichtigung der Trivialisierung, der alle eklektischen ideologischen Systeme ausgesetzt sind, wenn sie verbreitet werden, einen gewissen Spielraum, so entsteht ein seltsamer Geschichtsverlauf. Irgendwo in nebliger Ferne ahnt man das unvermeidliche Goldene Zeitalter, harmonisch, schön und strahlend, doch dann folgen Chaos, Streitigkeiten und trister Verfall. Viele nationale Geschichtsmythen, die man überall in Europa während des 17. Jahrhunderts kultivierte, erzählten immer wieder von Völkern, die wanderten, von Armeen, die marschierten, und Reichen, die zerfielen. Wie alle anderen Epochen betrachtete sich das 17. Jahrhundert im Spiegel der Geschichte und sah nichts anderes als sein eigenes häßlich verzerrtes Gesicht.

Denn als Europa sich der zweiten Hälfte der vierziger Jahre des 17. Jahrhunderts näherte, sah es nicht danach aus, als sollte all das Unheil, das am Beginn des Jahrhunderts vorzuherrschen schien, nun nachlassen. Im Gegenteil, die Entwicklung schien in einer immer schnelleren Spiralbewegung einem Höhepunkt zuzutreiben, von dessen grauenhafter Bedeutung man etwas ahnen, aber nichts wissen konnte. Mehr Kriege und Aufstände als jemals zuvor wüteten auf dem Kontinent. Es gab fast kein Land, das nicht betroffen war. Seit einigen Jahren waren auch die britischen Inseln von der Unruhe angesteckt: Iren und Schotten standen unter Waffen, während zur gleichen Zeit ein revolutionäres Parlament und eine konservative Königsmacht in einen Bürgerkrieg verstrickt waren, der zu diesem Zeitpunkt so aussah, als würde er mit einer – gelinde gesagt – sensationellen Niederlage der letzteren enden. Und der große Krieg in Deutschland, der in der Mitte der zwanziger Jahre des 17. Jahrhunderts vorwiegend aus unbehaglichen, aber doch recht lokalen Unwettern bestanden hatte, war nun zum größten, grauenvollsten und zerstörerischsten Krieg angewachsen, den man je gesehen hatte, einem ungeheuren Abgrund von Elend mitten im Herzen Europas: Völker, die wanderten, Armeen, die marschierten, und Reiche, die zerfielen.

Als die verschiedenen Heere in Deutschland im Frühjahr 1646 die Wintermüdigkeit abzuschütteln begannen, waren sie alle in den westlichen Teilen des deutschen Reiches versammelt. Die Aufmerksamkeit der Franzosen und Schweden richtete sich nun also auf Bayern, das sie, wie beschlossen, aus dem Krieg ausschalten wollten. Und als die schwedische Armee im April aufbrach, leitete sie damit eine Kampagne ein, die zu einer der absonderlichsten in der langen Geschichte des Krieges werden sollte.

Das Frühjahr 1646 war kalt, naß und regnerisch, und die Wege waren wie üblich in einem miserablen Zustand. Die kaiserliche Armee stand im Süden der schwedischen und machte zunächst keine Anstalten, auf die Bewegung ihrer Gegner zu reagieren. Die Armee des Kaisers befand sich nämlich in einer erbärmlichen Verfassung. Das Fußvolk war durch Krankheiten, Hunger und Desertionen auf die Hälfte zusammengeschmolzen, die Quartiere waren schlecht, überall fehlte es an Ausrüstung, und der Geldmangel war ebenfalls akut; bei den Soldaten machten sich Anzeichen von Meuterei bemerkbar, und sie liefen in Scharen davon; die höheren Offiziere wanderten mit saurer Miene umher und verweigerten nicht selten offen den Gehorsam. Der kaiserliche Befehlshaber, Erzherzog Leopold Wilhelm – jener astrologisch interessierte Mann, der 1642 die Schlacht bei Leipzig gegen Torstensson verloren hatte –, war ansonsten unerschrocken und entschlossen, doch jetzt überkamen ihn Mißmut und nachtschwarzer Pessimismus. Er ahnte eine bevorstehende Katastrophe. Der Kaiser kontrollierte mehrere Festungen im westlichen Deutschland und besonders in Westfalen, aber Leopold Wilhelm wollte alles stehen- und liegenlassen und mit der Armee in die Erblande retirieren. *Sauve qui peut.* Vielleicht war es das Beste, sich dem Feind auf Gnade und Ungnade zu ergeben?

Leopold Wilhelm hatte nämlich aus sicherer Quelle erfahren, daß die Bayern unter der Hand mit den Franzosen verhandelten; es deutete auch einiges daraufhin, daß sie die Absicht hatten, ihren Platz zur Rechten des Kaisers zu verlassen. Bayerns Herrscher Maximilian war viel zu sehr Realpolitiker, um sich an Bord eines sinkenden Schiffes festhalten zu lassen. Deshalb hatten auch seine Gesandten in Münster gegenüber den Franzosen durchblicken lassen, er sei unter bestimmten Bedingungen zu einem Separatfrieden bereit, während er gleichzeitig den Kaiser zu überreden versuchte, sich den verschiedenen französischen Forderungen zu beugen. Und die Regierenden in Paris mit dem intrigenerfahrenen Kardinal Mazarin an der Spitze, die schon seit langem mit dem Gedanken gespielt hatten, das reiche Bayern aus dem habsburgischen Lager herauszulösen, waren natürlich hocherfreut über diese neue Perspektive und begannen sogleich, an Fäden zu ziehen und in Ohren zu kneifen, um diesen Separatfrieden zustande zu bringen. Noch ein weiteres Motiv lenkte das Handeln der französischen Regierung im Frühjahr 1646: ihre Furcht vor Schweden. Der ungeheure Triumph bei Jankau hatte dem Kaiser und seinen Freunden einen gewaltigen Schrecken eingejagt, und die weiteren schwedischen Erfolge erschreckten auch einen nicht unbedeutenden Teil seiner Feinde. In Paris fürchtete man ganz einfach, daß die Schweden nun die Führung in dem Krieg in Deutschland übernehmen, Bayern besiegen, den katholischen Glauben zurückdrängen, ihre eigene und die Macht der Protestanten vermehren und Frankreich in den Schatten stellen würden. Daher wollten die Franzosen am liebsten keine weiteren schwedischen Erfolge mehr sehen, zumindest so lange nicht, wie Mazarin *et consortes* eine Möglichkeit sahen, Bayern mit friedlichen Mitteln auf ihre Seite zu ziehen. Dies ist wiederum ein Beispiel für die reichlich absurden Mechanismen, die diesen Krieg so quälend in die Länge zogen, nämlich daß auch Verbündete eine nicht geringe Bereitschaft an den Tag legten, einander ein Bein zu stellen, wenn sie meinten, daß der andere *zu* erfolgreich war. Dies sollte beiden Seiten auf peinliche Weise klar werden, bevor der Sommer vorüber war.

Die langen Kolonnen von Männern, Pferden und Wagen des schwedischen Heeres krochen im Frühjahrsregen nach Nordwesten zur Weser. Man wollte sich vor der erwarteten Vereinigung näher zu den Franzosen hinbewegen und den hessischen Verbündeten helfen, die durch ein kleineres kaiserliches Korps in der Gegend von Paderborn in Unruhe versetzt wurden. Aber die Hessen, allen voran die Landgräfin Amalia Elisabeth, erbleichten vor Schreck bei dem Gedanken, daß ihnen von 20 000 hungrigen und diebischen schwedischen Kriegern »Hilfe« zuteil werden sollte. Sie riet deshalb auf das bestimmteste von einem schwedischen Einmarsch in ihr Land ab, da sie mit gutem Grund annahm, daß die Schweden auch die kaiserliche Hauptarmee anlocken würden, worauf das Ganze in einer allgemeinen Verwüstung enden würde. Doch Wrangels Truppen überquerten mit einiger Mühe die vom Frühjahrshochwasser angeschwollene Weser und begannen Höxter zu belagern, das von einer kleineren feindlichen Abteilung gehalten wurde. Gleichzeitig erging ein Befehl an Königsmarck, dessen Korps im Norden stand, sich unverzüglich mit seinen Truppen zur Hauptarmee zu verfügen. Sobald sie sich vereinigt hätten, wäre das schwedische Heer so stark, daß Wrangel die Frühjahrsoperationen ernsthaft in Angriff nehmen könnte. Am 21. April waren fünf Batterien bei Höxter fertiggestellt, und die Beschießung wurde sogleich eingeleitet. Am 25. gaben die Verteidiger auf. Größere Teile der Stadtmauer waren inzwischen von schwedischen Geschossen zernagt, und der Wallgraben war angefüllt mit einem unüberschaubaren Wirrwarr von gesprengtem Gestein. Da weder von der französischen Armee noch von Königsmarck etwas verlautete, beschloß Wrangel, auch das nahegelegene Paderborn zu belagern, das am 5. Mai nach einem kurzen Bombardement mit Mörsern und Kanonen fiel. (Wie bei Höxter wurden die gefangenen kaiserlichen Soldaten schnell in die schwedische Armee gesteckt.) Aber wo blieben die Franzosen? Und wo blieb Königsmarck?

Es zeigte sich, daß der eigensinnige und reizbare Königsmarck im Norden einen eigenen kleinen Feldzug eingeleitet hatte. Deshalb hatte er auch Wrangels immer dringlicher wiederholten Befehl, zu ihm zu stoßen, mehr oder weniger ignoriert. Zuerst belagerte er gegen Wrangels ausdrücklichen Rat Vechta – der Grund dafür dürfte teilweise persönliches Gewinnstreben gewesen sein: Alle befestigten Orte waren seit langem überfüllt mit Flüchtlingen, und es reizte das, was diese an Wertsachen hatten; gleichzeitig war das Land mit der Fortdauer des Krieges immer leerer und einer Wüste gleich und damit für einen gewohnheitsmäßigen Plünderer wie Königsmarck uninteressant geworden. Nach einem direkten Rüffel von Wrangel gab er »blutenden Herzens« am

13. Mai die Belagerung auf. Obwohl es Befehle hagelte, sich zu beeilen, ließ sich der verärgerte Königsmarck dennoch nicht hetzen, sondern trabte mit majestätischer Langsamkeit gen Süden, und als die Stadt Lemgo in seinem Blickfeld auftauchte, begann er mehr aus Instinkt als aus Überlegung, sie zu belagern. Während sich die wütende Kurierpost langsam zu einem Haufen stapelte, wurde Lemgo eingenommen, doch der Erfolg steigerte nur Königsmarcks Appetit, und er warf sich entgegen einem ausdrücklichen Befehl über die kleine Festung Pyrmont. Weiter nach Süden ging er nicht.

Jetzt gab Wrangel das Warten auf. Diejenigen, die gemeint hatten, daß er zu unsicher sei und über zu wenig Autorität verfüge, um die schlimmsten Freibeuter des Heeres zu bändigen, hatten recht bekommen. Woche auf Woche war verstrichen, während Wrangel mit allen Mitteln vergeblich versucht hatte, einen Untergebenen zu veranlassen, zu ihm zu stoßen. Und auch die Franzosen hatten sich nicht eingefunden. Der französische Oberbefehlshaber Turenne hatte versprochen, am 14. Mai am Rhein bereitzustehen, doch das Datum war verstrichen, ohne daß man auch nur eine Pikenspitze von seinen Truppen zu Gesicht bekommen hätte. Um die Verhandlungen mit den Bayern nicht zu stören und um zu verhindern, daß Schweden allzu stark würde, hatten die Regierenden in Paris Turenne praktisch den direkten Befehl erteilt, um jeden Preis der Vereinigung mit den Schweden aus dem Weg zu gehen. In einem etwas heimtückischen Versuch, die Verhandlungen mit den Bayern zu beleben, hatte der berechnende Mazarin diesen außerdem den geheimen Feldzugsplan übergeben (den Schweden und Franzosen gemeinsam in Leipzig erarbeitet hatten)! Die Bayern und die Kaiserlichen hatten schon früher vermutet, daß etwas Derartiges im Gang war, und sie bekamen dies nun auf die schönste Weise bestätigt. Gegen Ende Mai, nachdem das kaiserliche Heer durch neue Finanzmittel und Verstärkungen wieder einigermaßen auf die Beine gestellt war, setzten sie deshalb ihre Streitkräfte nach Norden in Bewegung, um zu verhindern, daß die Feinde ihre Truppen vereinigten. Die Situation hatte sich plötzlich umgekehrt. Der Hauptteil der feindlichen Heeresmacht marschierte auf die schwedische Armee zu, die sich jetzt, nachdem sie vergeblich ihren Teil des Vereinigungsplans erfüllt hatte, in einer gefährlichen, isolierten Position ohne Unterhalt befand. Es hätte schlimm ausgehen können. Zum Glück für die Schweden waren sich auch ihre Feinde uneinig, warum, wohin und wie sie marschieren sollten – nicht zuletzt waren die Kaiserlichen höchst mißtrauisch gegenüber dem bayerischen Kurfürsten und seiner machiavellistischen Diplomatie. Wrangel, lüstern auf Schlachtruhm und Ehre und ein wenig moralisch gestärkt, nachdem Königsmarcks Korps nach langen mäandrischen Schlenkern endlich eingetroffen war, wollte sich den feindlichen Truppen mit breiter Brust entgegenstellen. Die höheren Armeeoffiziere weigerten sich jedoch – ein weiteres Beispiel für die mangelnde Autorität ihres höchsten Chefs. Resigniert warf er die Arme in die Luft. Die Armee zog sich nach Norden zurück und grub sich sorgfältig in einem befestigten Lager auf der Höhe von Amöneburg ein. Dort blieb sie den größten Teil des Sommers 1646. Die Kaiserlichen unter dem Befehl von Leopold Wilhelm tauchten auf und schnupperten ein wenig an den schwedischen Linien, doch nach einem kleineren Scharmützel am Nachmittag des 25. Juni entschieden sich die uneinigen Befehlshaber – die untereinander so zerstritten waren, daß man später versuchte, den Kaiser persönlich zum Heer kommen zu lassen, um die Streitereien zu schlichten –, einen direkten Angriff auf die Schweden zu vermeiden und statt dessen zu versuchen, sie auszuhungern. Nach knapp einem Monat zeigte sich, daß sie selbst ausgehungert worden waren. Wrangels Männer erhielten ihren Unterhalt aus hessischen Vorratslagern in der unmittelbaren Nachbarschaft, während die Kaiserlichen ihren Bedarf aus Magazinen in Franken bezogen; ihre Versorgungswege waren daher so lang, daß das Brot unterwegs verschimmelte. Außerdem herrschte in der sommerlichen Hitze Wassermangel; Krankheiten forderten einen enormen Tribut an Menschen und Pferden, und die Disziplin in der kaiserlichen Armee, die früher schon so starke Zersetzungserscheinungen gezeigt hatte, begann erneut zu verfallen.

Am 31. Juli, zweieinhalb Monate nach dem geplanten Datum, vereinte sich Turennes französische Armee endlich mit Wrangels Truppen, die zu Ehren dieses Anlasses in der Sommerhitze in Schlachtordnung aufgestellt waren und die heranrückenden Kolonnen mit freudigen Salutschüssen grüßten. Mazarin hatte es inzwischen aufgegeben, Maximilian von Bayern in das französische Lager zu locken, und Turenne die Erlaubnis erteilt, sich mit den Schweden zu vereinigen. Zu diesem Zeitpunkt hatten die Kaiserlichen ihr Hungerlager bei Amöneburg verlassen – sie sollen bei diesem Zermürbungskrieg 5000 Mann verloren haben, ohne daß ein einziger Kampf von Bedeutung stattfand.

Anfang August brach das vereinigte schwedisch-französische Heer sein Lager ab, zeigte wenig Interesse für die aufs neue eingegrabene feindliche Armee und ihre Kanonaden und verschwand in einer gewaltigen Staubwolke in Eilmärschen nach Süden. Die überrumpelten kaiserlichen Truppen hetzten ihnen nach, es wurde ein Wettlauf hinunter nach Bayern, einem der wenigen deutschen Länder, die rein von der Versorgung her in einem so guten Zustand waren, daß große Armeen sich dort aufhalten konnten. Aber es war wie immer schwierig, ein so schnelles Manöver auszuführen. Die Wege waren schmal und schlecht. Die Eilmärsche zehrten an Menschen und Tieren. Die Mannschaften waren zuweilen so erschöpft, daß die oberste Führung sie nicht für kampftauglich hielt, und da so viele Pferde verendeten oder am Ende ihrer Kräfte waren, wurde ein großer Teil der Troßwagen in den Gräben entlang der gewundenen

Wege zurückgelassen. Auch die Artillerie bereitete große Schwierigkeiten auf den schnellen Märschen, und viele Lafetten gingen zu Bruch. Doch Eile war geboten, denn falls die Kaiserlichen vor ihnen die Donau erreichten, würden Schweden und Franzosen große Probleme haben, über den breiten Fluß zu gelangen. Ein kleiner Trost für die erschöpften Soldaten war es immerhin, daß die Verpflegung besser wurde, je weiter sie nach Süden kamen. Früher hatten sie am Rande des Hungers leben müssen, jetzt öffnete sich ihnen wieder einmal ein Schlaraffenland, wo die Nahrung sich aus geplünderten Vorratshäusern und hastig geöffneten Festungstoren ergoß. Denn um keine Zeit zu verlieren, folgte Wrangel Torstenssons altem Beispiel und ließ alle größeren und wehrhafteren Festungen links liegen, während viele kleinere Städte sozusagen *en passant* eingenommen wurden oder sich aus freien Stücken ergaben, wenn Wrangels und Turennes staubbedeckte Kolonnen sich unter ihren Wällen offenbarten. Viele befestigte Orte konnten auch deswegen kaum Widerstand leisten, weil der kaiserliche Oberbefehlshaber ihnen mehr oder weniger die Besatzungen entzogen hatte, um seine geschwächte Feldarmee aufzufüllen.

Schwedische Reiterpatrouillen schwärmten zum Horizont aus, um auszukundschaften, was der Gegner vorhatte. Bald war klar, daß die Kaiserlichen sich mit beträchtlicher Schnelligkeit in Richtung Donau bewegten. Ihre erschöpften Soldaten marschierten Tag und Nacht, und um schneller voranzukommen, hatten sie einen Teil ihres Gepäcks zurückgelassen. Dragoner und Musketiere auf Troßpferden hasteten voraus. Aber die schwedischen und französischen Truppen waren doch als erste am Ziel. In der Nacht auf den 3. September stampften müde schwedische Bataillone und Schwadronen über die rußgeschwärzte und in aller Hast reparierte Brücke über die Donau bei Donauwörth. Am Tag danach überquerten auch die Franzosen den Fluß. Die Donau, gewissermaßen Bayerns nördlicher Schutzwall, lag hinter ihnen. Nun war nur noch ihr Nebenfluß Lech, Bayerns Wallgraben im Westen, zu erreichen. Schweden und Franzosen benötigten hier am Rand Bayerns einen Stützpunkt, und Augsburg am Lech bot sich als erste Wahl an. Die Stadt war groß und reich, und ein bedeutender Teil ihrer Bürger war protestantisch; als Gustav Adolfs Heer 1632 Bayern besetzt hatte, waren den Schweden ohne einen Schuß die Tore der Stadt geöffnet worden. Wrangels geringe Erfahrung machte sich jedoch wieder einmal bemerkbar, und er war jetzt recht nervös. Er wagte nicht, direkt auf Augsburg zuzugehen, das gewissermaßen der Schlüssel zur Lechlinie war, ohne zuerst Rain bezwungen zu haben, das er für eine ungeheure Bedrohung im Rücken der Schweden hielt. Rain fiel auch nach gewaltigem Schießen und Graben von Schweden und Franzosen – der Kommandant der Stadt gab auf, da er sich auf seine Leute nicht mehr verlassen konnte –, doch da war über eine Woche vertan. Berittene kaiserliche Truppen waren unterdessen in Augsburg eingetroffen – dummerweise hatte Wrangel es unterlassen, die Stadt einzuschließen, um zu verhindern, daß die schwache Besatzung Verstärkung erhielt –, und die Stadt wollte nicht noch einmal die Seiten wechseln. Auch dies war ein Zeichen, daß der religiöse Gegensatz in diesem Krieg keine Rolle mehr spielte; jetzt waren andere Loyalitäten maßgeblich für die geläuterten Protestanten der Stadt.

Am 18. September 1646 wurde die Belagerung Augsburgs von drei Seiten her begonnen. Sie war schwer durchzuführen, denn das Terrain war ungünstig und von Wasserläufen durchzogen, und die Besatzung und die Bürger der Stadt setzten sich mit unerwarteter Vehemenz zur Wehr. In knapp zwei Wochen gelang es den Belagerern dennoch, mehrere Teile der Stadtmauer in Schutt und Trümmer zu verwandeln, während sie gleichzeitig ihre Laufgräben so nahe an die Stadt herangeführt hatten, daß sie von der groben Artillerie auf den Wällen nicht mehr beschossen werden konnten. Ein Sturm gegen das Klinker Tor auf der Westseite der Stadt und noch zwei weitere Versuche strandeten sämtlich in dem heftigen Abwehrfeuer. Am 30. September steckten schwedische und französische Truppen die kleine Stadt Friedberg und alle Dörfer am östlichen Ufer des Lech im Umkreis von 20 Kilometern um Augsburg herum in Brand. An jenem Tag hingen ungeheure Rauchwolken rundum am Horizont, und über allem rollte das dumpfe Dröhnen heftigen Artilleriefeuers. Die Kaiserlichen erschienen, um Augsburg zu entsetzen. Gegen Mittag am 2. Oktober erreichte ihre Vorhut den Lech.

Damit hatte die Belagerung keine Aussicht auf Erfolg mehr. Das schwedisch-französische Heer räumte seine Stellungen und die neu gegrabenen Minengänge, rollte die Kanonen aus den Batterien, schickte seine Verwundeten voraus, setzte das eigene Lager in Brand und retirierte anschließend in guter Ordnung von Augsburg in nordwestlicher Richtung. Man wollte indessen nicht in die abgegrasten Regionen im Norden zurückgehen. Aber man brauchte um jeden Preis gute Winterquartiere. Schon hatte der erste Schnee die Felder und Wege weiß gefärbt, die Soldaten waren ausgelaugt nach all den Märschen und hatten zudem zu wenig Waffen, Pferde und Kleidung. Nach einer Zeit der Ruhe (da die Kaiserlichen den Anschluß zu Wrangels und Turennes Heer verloren hatten) schwenkten sie in einem Bogen wieder nach Südosten, überraschten am 25. Oktober eine Abteilung von 75 Reitern, die den Übergang bei Landsberg bewachten, und nahmen die Brücke unversehrt ein. Sie waren zurück auf der östlichen Seite des Flusses. Das überrumpelte, ausmanövrierte und ausgemergelte kaiserliche Heer verschwand, Schweden und Franzosen folgten ihm auf Wegen, die von den langen, kalten Herbstregen so schlammig waren, daß alles, was Räder hatte, sich festfuhr. Bayern lag nun offen vor den Armeen der Franzosen und Schweden. Da geschah es – wieder einmal.

Der Krieg bewegte sich gegen alle Voraussicht auf eine endgültige Entscheidung zu. Früher waren es die Verwicklungen auf dem Schlachtfeld gewesen, die über den Fortgang des Konflikts entschieden hatten. Nun war das Tun und Lassen der Armeen immer stärker zu einem Nebenschauplatz der umständlichen Friedensverhandlungen in Osnabrück und Münster geworden. Die Politiker und Diplomaten hatten schließlich einen Teil der Initiative wieder an sich gezogen; sie gaben den Ton an, und die Militärs mußten zur Abwechslung einmal brav nach ihrer Pfeife tanzen. Die Ereignisse machten deutlich, daß die Lehren des Krieges allmählich fruchteten und daß besonders die französischen Machthaber sich Einfluß wenn nicht auf den Konflikt, so in jedem Fall auf dessen Verlauf verschafft hatten, ja, daß Mazarin in Paris saß und über eine Art kleinen Manöverschalter präsidierte. Dies war faktisch ein Fortschritt, ein kleiner Schritt zur Rückgewinnung der Kontrolle über das brüllende Ungeheuer, das sie alle terrorisierte.

Im Frühjahr, als der Kurfürst von Bayern Anstalten gemacht hatte, sich unter die breiten Fittiche der Franzosen zu begeben, hatte Mazarin mit seinem Befehl an Turenne, die Vereinigung mit den Schweden zu unterlassen, mehr oder weniger den Krieg ausgeschaltet. Als daraus nichts wurde, schaltete er ihn wieder an; nun, da Bayern den französischen und schwedischen Waffen schutzlos preisgegeben war und die Landeshauptstadt München in Reichweite lag, ließ Mazarin ihn mit einer souveränen kleinen Fingerbewegung wieder ausgehen. Und alles stand wieder einmal still.

Kurfürst Maximilian war natürlich zu Tode erschrocken über die großen Erfolge der schwedischen und französischen Armee, die nun sein Land zu überschwemmen drohten. Er war jetzt bereit, den Franzosen mehr oder weniger alles zu geben, was sie verlangten, während gleichzeitig der hart bedrängte kaiserliche Gesandte von Trauttmansdorff den Spätfrühling und Sommer über in Westfalen verhandelt und ein großes Zugeständnis nach dem anderen gemacht hatte. Vielleicht war ein Kompromißfriede trotz allem möglich? Im Spätherbst 1646 waren im großen und ganzen alle schweren Fragen gelöst, widerstreitende Wünsche angeglichen und die meisten konstitutionellen Fragezeichen geradegebogen. Frankreichs Forderungen an den Kaiser waren bescheiden – auf jeden Fall verglichen mit den schwedischen. Mazarin wollte, daß die von den Franzosen eroberten Länder am Rhein, einschließlich des Elsaß und der wichtigen Festung Breisach, in französischen Besitz übergehen sollten. Der Kaiser selbst hatte sich lange geweigert, teils weil die deutschen Stände, unabhängig von ihrer Konfession, grundsätzlich gegen jede Abtretung deutschen Landes an Ausländer waren, teils weil das Elsaß eine der ältesten Besitzungen der Habsburger war. Nach weiteren militärischen Rückschlägen und nachdem ein bedrängter Maximilian von Bayern zum drittenmal in zwei Jahren damit gedroht hatte, die

Waffen niederzulegen, stimmte Wien im September 1646 schließlich doch einer Übereinkunft zu, derzufolge das Elsaß gegen eine Entschädigung von 1,2 Millionen Reichstalern in bar an Frankreich abgetreten wurde.

Die Franzosen waren zufrieden. Sie wußten außerdem, daß die Fortsetzung des Feldzugs zum Ruin Bayerns führen und die Position der Schweden noch mehr gestärkt würde, und ihnen lag weder an dem einen noch an dem anderen. Mazarin schickte eine Order an Turenne. Da Waffenstillstandsverhandlungen anstanden, durften die französischen Truppen nicht tiefer in Bayern eindringen. Also machte die französische Armee auf dem Absatz kehrt und zog sich wieder über den Lech zurück. Weder Wrangels Armee noch sein Selbstvertrauen hatten die Stärke, derer es bedurft hätte, um die Offensive auf eigene Faust weiterzuführen. Empört und mit großem Widerstreben gab Wrangel den Befehl zum Rückzug. Eine wachsende Anzahl seiner höheren Offiziere – von denen viele unter französischem Einfluß standen – hatte sich daraufhin offen für eine Waffenruhe ausgesprochen. Der erzürnte schwedische Befehlshaber mußte sich murrend damit zufriedengeben, seine Truppen auf dem Marsch nach Westen neue planmäßige Verwüstungen anrichten zu lassen, um den Gegner daran zu hindern, das fruchtbare Land als eigene Operationsbasis nutzen zu können. Wieder verschwanden zahlreiche Dörfer in einem Flammenmeer, und der regenschwere Winterhimmel über Bayern füllte sich wieder einmal mit schwerem, stinkendem Brandrauch.

Die Bayern durchlitten in diesem Herbst und Winter ein wahres Martyrium. Wrangels systematischer Vandalismus in Bayern unterschied sich in nichts von dem, dessen sich Gustav Adolf, Banér und Torstensson oder einige kaiserliche Befehlshaber bei verschiedenen Gelegenheiten schuldig gemacht hatten. (Die Zerstörungskampagnen waren aber offensichtlich schlecht durchdacht: Die Aschenwüste, die die schwedischen Truppen Ende September östlich von Augsburg geschaffen hatten, wurde im Spätherbst ein ebenso großes Hindernis für sie selbst wie für den Feind.) Aber das war die Logik des Versorgungskrieges. Das war die *ratio belli*. Es war nur so übermäßig grausam, Zerstörungen in einem solch umfassenden Ausmaß anzurichten zu einem Zeitpunkt, als der Krieg praktisch entschieden und der Friede nach Ansicht vieler Beobachter vielleicht schon in einigen Wochen oder Monaten bevorstand. Doch für die Menschen in Bayern war dies kein Trost. Viele bayerische Bauern hatten bei Herbstbeginn verzweifelt an ihren Herrscher appelliert, ihnen Waffen zu geben, damit sie helfen könnten, die schwedischen und französischen Angreifer zurückzuschlagen. Maximilian hatte jedoch wie so viele andere Herrscher in dieser Epoche mehr Angst vor Bauernaufständen als vor Invasionen und lehnte es daher ab, die Bauern zu bewaffnen. Statt dessen gab er den Befehl, alle Mühlen und Getreidelager, die in feindliche Hände fallen konnten, zu zerstören. Damit sollte der heranmarschierende Feind ausgehungert werden, doch ausgehungert wurde vor allem sein eigenes Volk. Die bayerischen Bauern waren zwischen zwei Feuern gefangen. Am einen Ende des Landes verfolgten die Männer des Kurfürsten entsprechend Formular 1A die Taktik der verbrannten Erde, am anderen Ende fielen Schweden und Franzosen über das Land her und plünderten nach Herzenslust. Kein Wunder, daß das Leiden in diesem Teil Deutschlands in jenem furchtbaren Herbst und Winter 1646 so unsäglich war. Im Januar 1647 schrieb ein Dorfschuster in seine Familienbibel:

Sie sagen, der schreckliche Krieg sei nun vorbei. Ist aber noch nirgends ein Fried zu spüren. Überall sind Neid, Haß und schlimmere Ding – der Krieg hat uns so gelehrt ...
Wir Leut leben wie die Tier, essen Rinden und Gras. Kein Mensch kann sich denken, daß so etwas vor uns geschehen sei. Viele Leute sagen, es sei jetzt gewiß, daß kein Gott ist ...

Und es sollte noch schlimmer kommen.

3. Wurde aus einem Schreiber ein Soldat

Erik trifft Karl Gustav. – Die Liebesgeschichte des Pfalzgrafen mit Christina. – Ein junger Mann stösst sich die Hörner ab. – Eine junge Frau findet einen neuen Favoriten. – Erik als Karrierist. – Sein Zeichentalent. – ›Ein Weg zu grossem Glück und Ämtern‹. – Erik tritt in Mardefelts Dienst. – Wird zum Konduktör in der Fortifikation ernannt.

Um den Jahreswechsel 1646/47 war Erik Jönsson nach einer Reise auf dem Landweg über Dänemark wieder nach Deutschland zurückgekehrt. Zu diesem Zeitpunkt begegnete er in Stralsund dem jungen Pfalzgrafen Karl Gustav, der drei Jahre älter war als Erik und in der Folgezeit dessen Lebenslauf entscheidend beeinflussen sollte. Karl Gustav war auf der Reise nach Stockholm, auf dem Heimweg zu einer Liebe, die gerostet war.

Der Pfalzgraf hatte seit mehreren Jahren ein Liebesverhältnis mit seiner Kusine, der Königin Christine. Die pfälzische Familie wollte sich unter Hinweis auf die Verwandtschaft mit dem Vasa-Geschlecht zu den schwedischen Thronprätendenten rechnen. Der Rat mit Axel Oxenstierna an der Spitze war jedoch strikt gegen den Gedanken, einen der Pfälzer, und insbesondere Karl Gustav,

Regent über das schwedische Reich werden zu lassen. Die Familie des Pfalzgrafen war rein deutsch, und der schwedische Adel betrachtete sie als fremde Vögel, Usurpatoren ohne das Recht, sich zur schwedischen Königsfamilie zu zählen. Man arbeitete deshalb mit allen Mitteln gegen die Pfälzer. Karl Gustav hatte sich in den frühen vierziger Jahren an den Rand gedrängt gesehen: Er verlor das Recht, im Schloß zu speisen, erhielt bei verschiedenen offiziellen Anlässen beleidigend schlechte Plätze oder durfte überhaupt nicht teilnehmen. Von den Ratsherren wurde er offenbar als politische Bedrohung angesehen, insbesondere weil er ein Gegner der Einschränkung der Königsmacht war, die während der Unmündigkeit Christinas praktiziert wurde. Er hoffte jedoch, allen Schikanen und Enttäuschungen zum Trotz, irgendwann den schwedischen Thron besteigen zu können, wenn nicht aus eigener Kraft, dann mit der Hilfe Christinas. Er war schon als Kind mit der jungen Königin befreundet, und als sie heranwuchsen, verwandelte sich ihre Freundschaft in Liebe. Zumindest Christina war aufrichtig verliebt in ihren Vetter und schrieb ihm zärtliche Briefe, als er nach Deutschland abgereist war, um unter Torstensson in den Krieg zu ziehen. Sie versprach, ihn zu heiraten, wollte dies jedoch mit Rücksicht auf ihre gemeinsamen Widersacher im Rat geheimhalten und den Plan erst verwirklichen, wenn sie ihre Regentschaft angetreten hatte; sie versicherte, daß sie ihm treu sein und geduldig auf den rechten Augenblick warten würde und daß sie hoffe, daß er das gleiche versprechen könne. Um der Wahrheit die Ehre zu geben: Er konnte es nicht. Er war viel zu sinnlich, um Christinas Ansprüchen genügen zu können.

Die Armeen wurden, wie bereits erwähnt, von vielen Zeitgenossen als Brutstätten der Unzucht und des moralischen Verfalls angesehen, und das mit Recht. Die Heere waren voll von abgestumpften Menschen, die ständig den Atem des Todes im Nacken spürten und dies gerne damit kompensierten, daß sie den Trost suchten, der in einem ordentlichen Rausch oder noch einer Ejakulation zu finden ist. Es gab immer reichlich Gelegenheit für den, der sich sexuell austoben wollte, insbesondere wenn man jung, aus fürstlichem Geschlecht und gewohnt war, seinen Willen durchzusetzen. (Außerdem nutzten im 17. Jahrhundert offenbar viele Männer mit Geld und Macht diese Überlegenheit aus, um Frauen niederen Standes dazu zu verleiten oder zu zwingen, ihre Geliebten zu werden. Dienerinnen in den Haushalten wurden häufig schwer von ihren Hausherren drangsaliert, während Männer in hohen Positionen sich nicht scheuten, in diskreter Form Liebesdienste von den Frauen oder Töchtern ihrer Untergebenen zu verlangen.) Karl Gustavs Vater hatte ihn vor den moralischen Gefahren gewarnt, die ihn in Form von Trinkgelagen, Glücksspiel und Völlerei erwarteten, und ihn eindringlich ermahnt, nur »züchtigen Umgang« zu pflegen. Karl Gustav scheint indessen den besorgten

Ermahnungen seines Vaters nicht mit übertrieben großem Interesse gelauscht zu haben, denn er ergab sich schon bald dem sittenlosen Leben in allen ihm zugänglichen Formen. Er spielte, er praßte – in diesen Jahren bis zum Ende der vierziger Jahre hatte er sich ein ansehnliches Doppelkinn angegessen, und die Backen hingen schon rund und ein wenig bulldoggenhaft herab –, und er soff, maßlos, häufig und gern. Und er war ein Schürzenjäger. Man gewinnt den Eindruck eines streng gehaltenen Jünglings, der seiner häuslichen Überwachung entkommen ist, Gefallen an der Freiheit findet und über die Stränge schlägt und dies ein bißchen zu eifrig tut. Gemeinsam mit seinem Freund Lorenz van der Linde – einem Kaufmannssohn aus Stockholm, dessen Natur, wie er selbst meinte, nach ständig neuen Geliebten verlangte, der sich deshalb nicht verheiraten wollte und bei einer Gelegenheit sagte, die »schmutzigen Frauen« seiner Musketiere behagten ihm mehr als die schönsten Hofdamen – lief Karl Gustav jeder Schürze nach und brachte es auch binnen kurzem zu einer Schar unehelicher Kinder. Eins von diesen war Carolus, der Sohn einer böhmischen Adligen namens Ludmilla von Lazan aus einer kleinen Stadt in Mähren, die das schwedische Heer kurz nach dem Triumph bei Jankau eingenommen hatte; einen weiteren unehelichen Jungen sollte er gerade zu Hause in Stockholm mit der Bürgerstochter Märtha Allertz bekommen, mit der er längere Zeit ein Verhältnis hatte; gleichzeitig verpaßte er auch nicht die Gelegenheit, ein Stallmädchen in Eskilstuna, Walbor Staffansdotter, zu schwängern. Und so weiter.

Karl Gustav war kein Einzelfall, was diese erotischen Streifzüge betrifft. Es gab in dieser Epoche eine hoch entwickelte Doppelmoral, nach der und unter der die meisten Menschen lebten. Die Männer durften jederzeit sexuelle Erfahrungen vor der Ehe machen, während die Frauen am besten unberührt sein sollten. Die kleinen amourösen Eskapaden des Mannes wogen in der Regel nicht schwer, während weibliche Untreue mit großem Eifer verurteilt wurde. Die verschiedenen sexuellen und amourösen Seitensprünge fürstlicher Personen hielt man für vielleicht etwas bedauerlich, aber dennoch ziemlich akzeptabel. In einer Welt von Vernunftehen und dynastischer Heiratspolitik waren der und die Geliebte ein mehr oder weniger unvermeidlicher Teil des Privatlebens. Wie weit dies gehen konnte, sieht man daran, daß es in dieser Epoche Fürsten gab, die zwischen 300 und 400 uneheliche Kinder zurückließen. Aber nicht alle zogen es vor, bei derartigem sexuellen Berserkertum wegzuschauen oder einverständlich zu schmunzeln. Das Thema war trotz allem ein wenig heikel, und Axel Oxenstierna, der strenge moralische Ansichten vertrat, scheute sich nicht, diese unehelichen königlichen Abkömmlinge Hurenkinder zu nennen. Außerdem war es ja nur die erotische Oberklasse, will sagen die Männer, die hierbei auf die Dauer etwas zu gewinnen hatten, und wir können vermuten, daß sich die Begeisterung für diese ausufernde Mätressenwirtschaft bei den Frauen in Grenzen hielt.

Etwas war vorgefallen. Briefe von der verliebten Christina kamen in immer längeren Abständen, und der Inhalt ließ erkennen, daß ihr Interesse an Karl Gustav abgekühlt war. Gerüchte gingen um. Eins von ihnen besagte, daß eine oder mehrere Personen der Königin etwas über Karl Gustavs amouröse Eskapaden ins Ohr geflüstert hätten und dies ihrer Liebe Abbruch getan habe. Es gab auch Leute, die auf einen bestimmten Jemand zeigten, der geklatscht haben sollte. Er hatte im Herbst 1644 sein Debüt in den inneren Hofkreisen in Stockholm gegeben. Es war Magnus Gabriel De la Gardie, der älteste Sohn des Reichsmarschalls, ein eleganter, gebildeter und weltgewandter junger Mann, in schöne Garderobe gehüllt und wohlvertraut mit den neuesten Pariser Manieren. Verglichen mit diesem Treibhausgewächs *à la mode* mit seinen Kratzfüßen, seiner feinen Erscheinung und seinem stolzen Auftreten wirkte Karl Gustav mit seiner Haudegenart, seinen schlichten Kleidern – seine Familie war häufig in großen Geldnöten –, seiner beginnenden Fettleibigkeit und seiner Neigung zur Völlerei und zu sexuellen Ausschweifungen ziemlich grobschlächtig. Und es gab also Leute, die behaupteten, der Flüsterer sei kein anderer als Magnus Gabriel De la Gardie persönlich. Ob nun tatsächlich Karl Gustavs eigenwilliger Penis ihn um die Krone brachte oder lediglich Christina nach ihrer Mündigerklärung ein neues Selbstbewußtsein gewonnen hatte, bleibt unklar. Karl Gustav war auf jeden Fall auf dem Weg nach Stockholm, um zu versuchen, die Dinge geradezubiegen. Er hatte einen Plan.

Die Begegnung zwischen Karl Gustav und Erik Jönsson in Stralsund kann allerdings beim besten Willen nicht bedeutungsvoll genannt werden. Anläßlich der Reise des Pfalzgrafen hatte Erik den Auftrag erhalten, in Warnemünde ein Schiff für ihn anzuheuern und dafür Sorge zu tragen, daß die Hafeneinfahrt eisfrei war. Erik war im Begriff, sich von einem einfachen dienstbaren Geist zu einem Beamten im Dienst der Krone zu entwickeln.

Das Jahr 1647 war bedeutungsvoll für Erik; er wechselte nämlich die Laufbahn und tat zum erstenmal richtigen Kriegsdienst. Vor sechs Jahren war er als wurzelloser und noch unfertiger Fünfzehnjähriger, der kopfüber ins Erwachsenenleben geschleudert wurde, nach Stettin gekommen. In den folgenden Jahren hatte er offenbar teils eine erträgliches, wenn auch heikles Gleichgewicht zwischen seinen eigenen Fähigkeiten und den Forderungen einer düsteren Umwelt gefunden, teils einen festen Halt in seinem Leben in Gestalt eines guten Hausvaters, Rehnskiöld. Der junge Mann, der zunächst mit der Rute gezüchtigt worden war, war wieder einmal durch seine Fähigkeit, ein gehorsamer und nicht unbegabter Junge zu sein, gerettet worden. Während der Jahre bei Rehnskiöld hatte sein Charakter sich geformt und langsam zu einer Persönlichkeit gefestigt. Erik erweckt den Eindruck eines rührigen und zuverlässigen jungen Mannes, arbeitsam, emsig, talentiert und ehrgeizig, aber auch eines von großem Hunger nach Ruhm und weltlicher Ehre getriebenen Karrieristen. Es ist nicht schwer zu sehen, was ihn dazu trieb, so viel und so schnell zu laufen. Es ist allem Anschein nach seine einfache Herkunft. Erik strebte bereits jetzt nach oben, durch die verschiedenen Hierarchien der Hierarchien zu den vage geahnten Höhen, wo Sicherheit und Ansehen zu finden waren und unerfüllte Wünsche am Ende Wirklichkeit wurden. Er war kein schmutziger Straßenjunge, sondern ein noch nicht ganz erwachsener Mann, der so viele erfolgreiche Streber gesehen hatte – wie zum Beispiel den frisch geadelten Rehnskiöld –, daß auch in ihm die Lust auf sozialen Aufstieg geweckt wurde; seine Ausbildung hatte ihm seine eigenen Stärken bewußt gemacht, und er begriff, daß ein solcher Aufstieg auch für ihn im Bereich des Möglichen lag. Natürlich kann man diesen Einundzwanzigjährigen als jemanden sehen, der Revanche nehmen will, der versucht, sich für eine absonderliche und einsame Kindheit zu entschädigen, für seine Armut und seine einfache Herkunft, für erlittenes Unrecht, wirkliches oder eingebildetes. Zugleich zwingt ihn auch seine bürgerliche Herkunft zu noch größeren Anstrengungen, zu noch mehr Arbeit. Er weiß, daß ihm nichts, aber auch gar nichts geschenkt wird, und er sieht ein, daß er, wenn er in dem ewigen Gerangel um Aufträge, Dienste und Vorteile erfolgreich sein will, um vieles tüchtiger sein muß als seine adligen Konkurrenten. Und er *muß* tüchtig sein, denn niemand ist da, der ihn auffängt, falls er fällt – dann landet er unwiderruflich wie alle übrigen Versager in der Gosse. Es ist offensichtlich, daß dies kein Mensch ist, der es auf sich nimmt, »diese erbärmliche und elende Welt« zu retten, sondern einer, der vollauf damit beschäftigt ist, sich an diesem ungastlichen Ort selbst zu retten.

Erik hatte sein erstes Startkapital gewonnen, das alle bürgerlichen Jünglinge brauchten, die eine Karriere anstrebten, nämlich einen Gönner, eine Person, die einen mit sich nach oben ziehen konnte, wenn man den Fuß auf die unterste Sprosse der Leiter setzte und nach oben schaute. Vielleicht war die Begegnung mit Rehnskiöld der Schimmer von Glück, den er brauchte. Anfänglich war es einfach und eindeutig gewesen: Rehnskiöld war der barsche Hausvater mit der Rute und Erik der Dienstjunge mit dem schmerzenden Hintern, doch nun hatte die Beziehung sich zu dem festen und engen Band zwischen einem Patron und einem liebgewonnenen Klienten ausgewachsen. Was nun am Beginn des Jahres 1647 geschah, muß im Licht des unausgesprochenen Kontrakts gesehen werden, der zwischen jedem Wohltäter und seinem Klienten bestand. Rehnskiölds Handlungsweise war zum Teil sicher ganz uneigennützig; er mochte offenbar den jungen Mann und ahnte außerdem ein schlummerndes Talent. Im übrigen war er mit der Arbeit seines Gehilfen zufrieden. Nach Eriks eigenen

Worten hatte sein Hausvater »meine Treue und meinen Fleiß in allen Dingen bemerkt und selbst häufig gelobt, doch meistens in meiner Abwesenheit und hinter meinem Rücken«. Rehnskiöld hatte auch bemerkt, daß Erik künstlerisch begabt war. Darin lag der Weg zum Erfolg. Und der führte über den Krieg.

Erik zeichnete offenbar fleißig in diesen Jahren, und einige seiner Bilder aus der Mitte der vierziger Jahre haben überlebt. Es gibt eine Zeichnung vom kaiserlichen Feldlager bei Belgard 1643, als er den Krieg zum erstenmal aus der Nähe sah; eine andere zeigt Kalmar, eine dritte Stockholm, mit Bleistift skizziert. Die Bilder lassen künstlerisches Talent erkennen, vermitteln aber zugleich einen etwas unbeholfenen und tastenden Eindruck. Die Sache mit der Perspektive beherrscht er noch nicht, und der Strich ist steif und pedantisch. Einige Ansichten sächsischer Städte zeigen, daß er alte Radierungen vor sich gehabt und abgezeichnet, sie aber auch nach eigenen Skizzen und Beobachtungen verändert hat. Erik hatte ein scharfes Auge und neigte interessanterweise nicht zu Verschönerungen. Eine Federzeichnung von Wolgast zeigt eine ramponierte Stadt. Die Stadtmauer ist unregelmäßig und brüchig und fehlt an manchen Stellen ganz; schwarze, häßliche Löcher klaffen hier und da in Hauswänden und auf Dächern; mehrere Stadtviertel sind verschwunden, liegen in Schutt und Asche, nur ein paar Mauerreste ragen aus den Trümmerhaufen wie die Rückenpartie eines vor langer Zeit Ertrunkenen. Es ist ein realistisches Bild der Zerstörung durch den großen Krieg, und vielleicht kann man in dieser Offenherzigkeit, mit der es zeigt, wie es *eigentlich* aussah, eine milde Kritik am Krieg sehen. Aber nun sollte Erik den Sprung von der eigenhändigen Schilderung des Unfriedens zu der eigenen Beteiligung daran tun. Zu diesem Zeitpunkt seines Lebens war er offenbar bereit, seinen Wagen an alles anzuhängen, auch an den großen Krieg, wenn dies ihn nur voranbrachte.

Rehnskiöld war der Meinung, Erik eigne sich aufgrund seiner zeichnerischen Begabung zum Fortifikationsoffizier. Daß Erik selbst solche Pläne gehegt hat, erkennt man daran, daß er in seiner Freizeit auch mathematische Fächer studiert und fleißig seinen Zeichenstift benutzt hat. Erik werde dem König und dem Vaterland als Ingenieur größere Dienste erweisen denn als Schreiber, meinte Rehnskiöld, und außerdem – und dies war ein deutlicher Wink mit dem Zaunpfahl – gebe es genügend Beispiele von Leuten, die auf diese Weise »zu großem Glück und Ämtern aufgestiegen waren«. Das war richtig. Abgesehen davon, daß die Fortifikationskunst eine ausgezeichnete Einstiegsmöglichkeit war für den, der eine militärische Laufbahn anstrebte, bot sie auch einen Weg zu einer mehr zivilen Karriere. (Der bekannte Architekt Nicodemus Tessin d. Ä. – der zehn Jahre älter war als Erik und später als Architekt des Schlosses Drottningholm und zahlreicher kleiner Landschlösser berühmt werden sollte – begann seine Laufbahn als Fortifikationsoffizier, und obwohl er im Jahr zuvor der Nachfolger des erstochenen französischstämmigen Architekten Simon de la Vallée geworden war, trug er offiziell noch immer den Titel »Kondukteur«.) Und dahin wollte Erik ja offenbar gelangen, zu »großem Glück und Ämtern«.

Anfang 1647 traf Rehnskiöld den Obersten Conrad von Mardefelt, der neuer Kommandant in Demmin war, einer befestigten Stadt gut 50 Kilometer südlich von Stralsund. Mardefelt war wie Rehnskiöld ein bürgerlicher Karrierist, der geadelt worden war. Er hieß eigentlich Maesberg und entstammte einer deutschen Bürgerfamilie. Schon 1628 hatte er sich als Volontär dem schwedischen Heer angeschlossen und war seitdem ständig in den Rängen und Ämtern nach oben geklettert; unter anderem hatte er an den Kämpfen bei Wittstock und bei Jankau teilgenommen. Er war ein recht geschickter Zeichner und hatte unter anderem einige Skizzen von der letztgenannten Schlacht angefertigt, die später in dem großen *Theatrum Europaeum* wiedergegeben wurden, einem Werk mit Bildern, Erzählungen, Flugblättern und offiziellen Verlautbarungen über zeitgenössische Ereignisse, das von dem berühmten Kupferstecher und Verleger Matthäus Merian in Frankfurt herausgegeben wurde. Mardefelt hatte nun den Titel eines »Generalinspectors« der Festungen, die Schweden in Norddeutschland hielt, und war, mit anderen Worten, eine Person, die kennenzulernen sich für einen jungen Mann, der in die Geheimnisse der Fortifikationskunst eindringen wollte, lohnen konnte. Rehnskiöld »rekommendierte« dem Obersten seinen jungen Klienten. Mardefelt erklärte sich bereit, ihn auf Probe zu sich zu nehmen.

Am 14. März quittierte Erik seinen Dienst bei Rehnskiöld und reiste mit Mardefelt nach Demmin, das sein neues Zuhause werden sollte. Den größeren Teil des Frühjahrs 1647 folgte er Mardefelt auf den Fersen, während dieser umherreiste und eine Reihe befestigter Orte in Norddeutschland inspizierte. Viele Festungen waren nach den langen Kriegsjahren in schlechtem Zustand. (Das oben erwähnte in Trümmer geschossene Wolgast kann als Beispiel dienen, wie schlimm es tatsächlich sein konnte.) Offenbar machte der energische junge Mann auf den Oberst einen guten Eindruck, denn bereits nach gut zwei Monaten beschloß dieser, ihn anzustellen. Am 2. Juni wurde Erik zum »Kondukteur der pommerschen, mecklenburgischen, bremischen und westfälischen Festungen« ernannt – dieser Titel bedeutete, daß er jetzt ein militärischer Beamter war, dessen Dienststellung in etwa der eines Fähnrichs entsprach. Außer freiem Logis und freier Kost »an des Herrn Obersten eigenem Tisch« sollte er einen Lohn von 10 Reichstalern monatlich bekommen. (Die Bezahlung war niedrig, aber nicht eigentlich schlecht, jedenfalls nicht, wenn man sie mit dem Lohn vergleicht, den arbeitende Menschen in der Regel bekamen; so verdiente beispielsweise ein Arbeiter zu dieser Zeit rund 110 Reichstaler im Jahr, die Naturalleistungen inbegriffen.) »Wurde aus einem Schreiber ein Soldat«, schrieb Erik Anfang Juni ein wenig melancholisch in sein Tagebuch, »wozu der höchste Gott Glück und Segen geben möge«.

4. Elf Tonnen Pulver in Demmin

Die schwedische Fortifikation. – Eriks Aufgaben. – Über Zeit und das Einhalten von Zeiten. – Über Licht und Beleuchtung. – Wie man eine Festungsanlage zeichnet. – Vermessen einer Festung. – Christina bricht ihr Heiratsversprechen. – ›Ich muss die ganze Welt durchlaufen als ein Verlorener‹. – Karl Gustav wird zum Generalissimus gemacht. – Der grosse Sukkurs. – Erik sprengt.

Die moderne schwedische Staatsmaschinerie wurde in der ersten Hälfte des 17. Jahrhunderts aufgebaut, oft Schraube für Schraube, Zahnrad für Zahnrad. Die Fortifikation war eine von zahlreichen staatlichen Funktionen, die sich von einer Einmanntätigkeit, die von einzelnen mit den Papieren in der Tasche und der Kompetenz im Hut erledigt wurde, zu dem gut geölten Apparat entwickelt hatte, den der neue Großkrieg verlangte. Noch hatte man keine größere Organisation aufgebaut. Dem Chef, dem Generalquartiermeister, am nächsten standen drei Ingenieure, und unter diesen acht Kondukteure, die dem untersten Offiziersrang angehörten; außerdem gab es zwei Schreiber, einen Kopisten sowie den einen und anderen Werkmeister. Das war alles. In mehreren befestigten Orten des Reiches gab es jedoch kleine Stäbe von speziell angestellten Männern, denen der Unterhalt der lokalen Befestigungen oblag; es waren Ingenieure, Kondukteure, Wallmeister, Wallbauer und Schreiber. Mardefelt hatte in seiner Funktion als Inspekteur der deutschen Festungen eine eigene kleine Gruppe zur Verfügung, die unter anderem drei Kondukteure umfaßte: Joachim Tunder, Erik Jönsson und Luther Wilhelm Theophili – letzterer war Mardefelts Schwager und wurde außerdem bald gut Freund mit Erik.

Erik war als Mardefelts persönlicher Adjutant tätig. Die Hauptaufgabe der Ingenieure und der ihnen untergebenen Kondukteure bestand in der Leitung verschiedener größerer und kleinerer Befestigungsarbeiten. In einer Fortifikationsverordnung, die einige Jahre später herauskam, hieß es unter anderem, daß sie »ernst und sorgfältig die Arbeiten, die Leute und ihren Lohn beaufsichtigen [sollten], sowie die Geldmittel, Materialien und anderes mehr, daß damit richtig und getreulich umgegangen wird«. Sie sollten auch kontrollieren, daß die Leute ihre Arbeitszeiten einhielten.

In diesem Jahrhundert bekam die Zeit eine immer größere Bedeutung für das Leben der Menschen, und auf dem Gebiet der Zeitmessung wurden große Fortschritte gemacht. Um die Mitte des Jahrhunderts erfand der 27jährige Holländer Christiaan Huygens, der eine exaktere Uhr für seine astronomischen Beobachtungen benötigte – zu seinen Entdeckungen gehört unter anderem der Mond des Saturn, Titan –, die Pendeluhr. Diese neue Uhr war ein großer Fortschritt. Zum erstenmal konnten die Menschen die Zeit mit wirklicher Zuverlässigkeit messen. Die Bedeutung dieser Innovation sollte allerdings nicht übertrieben werden. Zum Zeitpunkt von Eriks Eintritt in die Fortifikation waren die meisten Uhren von wesentlich einfacherer Machart. Es gab Taschenuhren, meist große, unhandliche Dinger in der Form von Eiern oder Kugeln, doch es kamen auch kunstvollere Varianten vor, sogenannte Figurenuhren, die wie Tiere oder Blumen geformt waren. Die Uhren, die man im Haus hatte, waren häufig von einem liegenden, reich verzierten Typ, der „Polnische Uhr" genannt wurde. Diese verschiedenen Uhren waren alles andere als genau und konnten leicht eine Stunde vor- oder nachgehen – sie hatten im allgemeinen nur einen Stundenzeiger; außerdem unterschieden sich die Methoden, sie zu stellen, so daß jeder Ort in der Regel seine eigene ganz lokale Zeit hatte.

Während des 17. Jahrhunderts geschah jedoch auf diesem Gebiet etwas Wichtiges. Schon viel früher waren Uhrzeiten, Stunden und Vorstellungen vom Wert zeitlicher Genauigkeit bekannt; so hatte man bereits um die Mitte des 14. Jahrhunderts begonnen, die Stunde in 60 Minuten einzuteilen, und manche schwedische mittelalterliche Zunftordnungen enthielten auch genaue Angaben über die Länge des Arbeitstags. Doch spielten diese Vorstellungen im Alltagsleben vor dem 17. Jahrhundert keine größere Rolle. Erst da begann man, die Zeit des Menschen in Stunden, Minuten und nach und nach auch Sekunden zu messen. Die Ursache lag zum Teil darin, daß die Uhren entscheidend verbessert wurden, aber vor allem veränderte sich die Gesellschaft in einer Art und Weise, daß die Frage der Zeit und der Beachtung der Zeit immer größere Bedeutung bekam. Manufakturen und andere Produktionsstätten großen Stils waren entstanden, in denen die Produktion zentralisiert war, was bedeutete, daß die Arbeiter ihre Arbeitszeiten aufeinander abstimmen mußten. Gleichzeitig waren die Besitzer in zunehmendem Maße bestrebt, ihre Angestellten und deren Arbeit zu kontrollieren. Bis zu dieser Epoche waren die Grenzen des Arbeitstages unklar gewesen: wie viel oder wie wenig man arbeitete, hing teilweise von der Aufgabe ab, die einem gestellt war, und teilweise davon, wieviel Zeit man brauchte, um sie auszuführen. Unter Tagelöhnern und anderen gab es in dieser Epoche wenig Bemühungen um einen stetig wachsenden materiellen Wohlstand. Sie schafften und schufteten so viel, wie erforderlich war, um Geld für die einfachen Bedürfnisse des Lebens zu bekommen, danach taten sie ganz einfach nichts mehr. Und wenn die Löhne anstiegen, zogen die Menschen es in der Regel vor, weniger zu arbeiten, statt mehr zu kaufen. Gewöhnlich wechselten sich Phasen harter, intensiver Arbeit mit solchen von Lethargie und völligem Müßiggang ab. (Wahrscheinlich ist dies der natürliche Arbeitsrhythmus des Menschen; wenn Menschen selbst über ihre Zeit verfügen dürfen, läuft es fast immer darauf hinaus.) Im 17. Jahrhundert arbeiteten die meisten noch immer ganz unabhängig von der Uhr, doch besonders in den verschiedenen kapitalistischen Inseln Europas hielt ein neues Zeitbewußtsein allmählich Einzug. Ein anderer Bereich, in dem die Uhr immer größere Bedeutung bekam, war eben die wachsende staatliche Bürokratie. Beamte und Werksschmiede waren zwei typische Kategorien von Menschen, die früh lernen mußten, bei der Arbeit die Uhr im Auge zu behalten. Und die Leute im Fortifikationsdienst gehörten zu denen, die im 17. Jahrhundert diese Entwicklung weg von einer durch die Aufgabe bestimmten Arbeit hin zu einer durch die Zeit bestimmten Arbeit zu spüren bekamen. In der Fortifikationsverordnung war unter anderem folgendes festgelegt:

Jeden Werktag sollen sowohl der Befehlshaber als auch die Gemeinen am Morgen bei Sonnenaufgang bei der Arbeit anwesend sein, und am Abend bei Sonnenuntergang von dort entlassen werden, doch sollen sie am Tag eine gewisse Anzahl von Stunden haben dürfen, um auszuruhen und Essen zu sich zu nehmen; nämlich im April und Mai drei Stunden, im Juni und Juli dreieinhalb Stunden, im August und September drei Stunden, doch zwei Stunden in allen übrigen Monaten, in denen eine Arbeit ansteht.

In Frankreich gehörten gerade die Festungsarbeiten zu den ersten Bereichen, in denen sich industrieähnliche Organisationsformen und Arbeitsmethoden durchsetzten. Die zivilen Arbeiter erhielten einen Leistungslohn, mußten sich einer militärischen Disziplin anpassen und wurden von berittenen Vorgesetzten streng überwacht. Die Arbeit wurde mit einem Glockensignal eingeläutet, und die Arbeitenden wurden danach am Verlassen des Arbeitsplatzes gehindert. Die Essenspause wurde mit Trommelwirbeln angezeigt, und das Ende des Arbeitstags ebenso. So sickerten Denkmuster aus dem sich ausweitenden militärischen Leben in das zivile Leben. Und dort haben sie sich seitdem gehalten.

Das oben angeführte Zitat aus der Fortifikationsverordnung ist interessant, weil es ein anderes wichtiges Faktum nennt, das die Arbeit der Menschen bestimmte: das Licht. Die Menschen im 17. Jahrhundert standen regelmäßig mit der Sonne auf, was heißt, daß sie nicht selten zu Zeiten ihr Bett verließen, die uns schaudern machen: drei, vier, fünf Uhr morgens. Dies liegt daran, daß sich unsere Vorstellung von der Tageszeit nach der Uhr richtet. Für uns ist Morgen, wenn die Uhr es uns anzeigt, für sie war Morgen, wenn die Sonne aufging; wir folgen den Zeigern, sie folgten dem Licht. Das hat teilweise praktische Gründe. Die künstliche Beleuchtung war lange von schlechter Qualität. Die Möglichkeiten, im 17. Jahrhundert ein Haus zu erleuchten, waren im großen und ganzen die gleichen, die zur Anwendung kamen, um die *insulae* der antiken Römer zu erleuchten. Am Tag schien Licht durch Öffnungen im Dach oder durch kleine Fensteröffnungen. Gegen Abend griff man zu verschiedenen Formen offenen Feuers: Kaminfeuer, Teerhölzer – die den großen Vorteil hatten, daß man sie im Mund halten konnte und so die Hände für anderes frei hatte –, Fackeln und einfache Öllampen. Wir würden wohl dieses warme, goldfarbene Licht, das in den Häusern herrschte, mit Recht schön finden. Das gemeinsame Problem dieser Lichtquellen war nur, daß sie erstens unpraktisch, zweitens unzuverlässig und drittens schwach waren. Talg- oder Wachslichter waren nicht entschieden besser. Sie stellten eine akute Brandgefahr dar und erforderten ständige Aufsicht. Sie mußten ständig gewartet und geputzt werden, damit sie nicht erloschen, und besonders die Talglichter entwickelten einen faulig riechenden Qualm, der in den Augen brannte. Zu allem Überfluß waren mehrere Dutzend Lichter nötig, um einen nicht allzu großen Raum einigermaßen zu erleuchten. (Gute Wachskerzen waren ein den höheren Ständen vorbehaltener teurer Luxus, was der Grund dafür war, daß eine reiche Innenbeleuchtung als prahlerische Verschwendung allererster Güte angesehen wurde.) Außerdem war die Beleuchtung, die man durch sie erhielt, kein Anlaß zur Freude: Das Licht, das hundert brennende Dochte spenden, ist schwächer als das einer einzigen Glühbirne. Auf die Dauer strengte es die Augen an, in ihrem flackernden Schein zu lesen oder zu schreiben. (Aber niemand beklagte sich darüber, weil es als unvermeidlich galt, daß künstliches Licht schwach war.) Das Leben innerhalb der Häuser vollzog sich daher in einer Art ständigen Halbdunkels, in dem die Menschen von kleinen schimmernden Inseln von Licht in den dunklen Zimmern umgeben waren.

All dies bestimmte in hohem Maß die Arbeitszeiten der Menschen und die gesamte Zeitauffassung, die fest verankert war im Rhythmus der Sonne und der Natur – die Länge der Stunden konnte beispielsweise mit den Jahreszeiten variieren. Ohne gutes Licht im Inneren war man gezwungen, einen großen Teil seines Lebens im Tageslicht im Freien zu verbringen. Viele Tätigkeiten, die wir heute als natürliche Beschäftigungen für drinnen ansehen, wie Nähen oder Schreiben, scheint man gern im Freien ausgeführt zu haben. Da man so abhängig war vom Sonnenlicht, ruhte mehr oder weniger alle Arbeit, wenn die Dunkelheit hereinbrach. Dies bedeutet, daß die Menschen im 17. Jahrhundert offenbar auch bedeutend früher ins Bett gingen, als das heute der Fall ist, wo wir in glücklicher und arroganter Unabhängigkeit von dem natürlichen Rhythmus von Hell und Dunkel leben.

Neben der Überwachung der Arbeit von Sonnenaufgang bis Sonnenuntergang sollte ein Konduktör auch Pläne und Zeichnungen der befestigten Plätze des schwedischen Reiches anfertigen. Nicht selten mußte er auch bereit sein, andere Tätigkeiten auszuführen, wie die großen Abriß- und Regulierungsarbeiten zu planen und zu überwachen, die zu dieser Zeit gang und gäbe waren. Als neuernannter Konduktör in Demmin mußte Erik auch alle Zeichnungen und Entwürfe für den Inspekteur übernehmen sowie den Briefwechsel mit Mardefelts Untergebenen in Norddeutschland führen. Es gab reichlich Gelegenheit, über verschiedenen Plänen und Abbildungen zu brüten, aber das emsige Reisen ging weiter, und er erhielt auch eine mehr praktische Ausbildung im Festungsbau. Die Befestigungen von Demmin wurden gerade ausgebessert und erweitert, und Erik mußte diese Arbeiten, die von einem besonderen Wallmeister und seinen Wallbauern durchgeführt wurden, beaufsichtigen. Er lernte schnell. Als der Sommer im August seinem Ende zuging, legte er seine erste Gesellenprüfung ab. Unter Aufsicht eines älteren Fortifikateurs mußte Erik eine Schanze, die am Fluß gebaut werden sollte, vermessen und zeichnen.

Das Zeichnen von Festungswerken war in hohem Maß eine Frage der Geometrie. Das Ideal war eine vollkommen ausgewogene Konstruktion, in der Winkel und Linien sich gemäß dem bereits oben erwähnten System der neuitalienischen Befestigungsbauweise [trace italienne] zu einem schönen und zusammenhängenden System von vorspringenden Bastionen (die aus Facen – den Wällen, von denen aus man das vorgelagerte Terrain beschießen konnte – und Flanken – den Wällen, von denen aus man das Terrain unmittelbar vor den benachbarten Befestigungswerken mit Kreuzfeuer bestreichen konnte – bestanden) und Kurtinen (den geraden Mauerstrecken zwischen den Bastionen) zusammenfügten. Beim Zeichnen einer Festung ging der Architekt stets von einem gedachten Mittelpunkt aus, von wo er sich dann mit Hilfe verschiedener geometrischer Systeme und Formeln vorarbeitete, so daß Punkt für Punkt sich allmählich zum Bild eines Ganzen vereinigten. (Geometrie spielte überhaupt eine wichtige Rolle im Denken der Zeit; von Stadtplänen bis zu Gärten war alles von einer Sehnsucht nach rechten Winkeln, nach der Exaktheit und Symmetrie geprägt, die auf dem militärischen Feld solche Triumphe gefeiert hatte. Einerseits spiegelte sich darin das Ausmaß der »Militarisierung« des Denkens der Herrschenden über die Jahre, was unter anderem in einer Besessenheit zu ordnen, zu organisieren und zurechtzurücken zum Ausdruck kam – dies als Mittel zur Erreichung von Stabilität und Ruhe in einer von Unsicherheit und Unruhe geprägten Zeit. Anderseits war sie eine Folge der beachtlichen Fortschritte in der Geometrie und Mathematik im 17. Jahrhundert. Neben mehreren neuen Analyse-, Berechnungs- und Meßmethoden wurden auch einige wichtige praktische Neuigkeiten eingeführt; um die Mitte des Jahrhunderts kamen die arabischen Ziffern in allgemeinen Gebrauch, und Simon Stevin – auch ein Fortifikateur – führte das Dezimalkomma ein, was zu immer höherer Genauigkeit in den Berechnungen führte, während John Napier den Rechenschieber erfand.) In der Regel arbeitete man zunächst mit Bleistift, und wenn alles richtig war, wurde das Ganze mit Tusche nachgezogen und laviert. (Eriks eigene Skizze von der Schanze bei Damgarten ist streng und funktional ohne irgendwelche Ausschmückungen, die Flüsse, Wege und Wälle mit hellgelber Aquarellfarbe laviert.) Es wurde auch zu dieser Zeit immer gebräuchlicher, daß die Fortifikateure maßstäbliche dreidimensionale Modelle aller Festungen anfertigen ließen, für die sie zuständig waren. Manchmal war dies notwendig, weil die Kartographie so ungenau war, daß man Probleme hatte, von unübersichtlichen Geländeabschnitten gute Zeichnungen anzufertigen. Oder es war nötig, weil manche höheren Machthaber Schwierigkeiten hatten, zweidimensionale Zeichnungen zu verstehen. (Höchstwahrscheinlich war dies ein Problem für die große Mehrheit der im 17. Jahrhundert Lebenden; das Sehen war in hohem Maß gegenständlich, die Karten nahmen deshalb oft die Form von Bildern an, und als Bildleser verkrafteten die Menschen nicht allzu viele Abstraktionen.) Außerdem boten diese Modelle ausgezeichnetes Anschauungsmaterial bei der Ausbildung neuer Fortifikateure. Ein Modell der Schanze von Demmin ist allerdings nicht erhalten.

Das Vermessen einer Festungsanlage war natürlich eine praktischere Arbeit als das Zeichnen. Zuerst wurden alle Bäume und alles Buschwerk am Ort beseitigt, dann stellte der Fortifikateur im Mittelpunkt der gedachten Anlage ein drehbares Sichtbrett auf einem Stab auf. Mit Hilfe dieses Sichtbretts und eines Kompasses visierte er eine Ecke der Befestigung an. Ein Helfer mit Meßkette oder Meßstab folgte der angegebenen Richtung, bis er den berechneten Abstand hatte, in dem die Ecke liegen sollte; dort schlug er einen Pflock in den Boden. Dann wiederholte sich die Prozedur mit dem nächsten Brechungspunkt, und so weiter und so weiter, bis alle Winkelecken mit einem kleinen Pflock markiert waren. Zum Schluß wurden die Pflöcke mit Schnüren verbunden, die den Gesamtumriß der Festung markierten und zeigten, wo Facen, Flanken und Kurtinen verlaufen sollten. Dies klingt einfacher, als es eigentlich war, denn während dieser Arbeit mußte der Vermesser zahlreiche Faktoren in Betracht ziehen. Es war darauf zu achten, daß die Neigung die richtige war, damit Regen- und Schmelzwasser in den Wallgraben ablaufen konnten und sich nicht irgendwo im Inneren der Anlage sammelten. Er mußte die Befestigung auch so anlegen, daß *déblai* gleich *remblai* war, also daß die Menge des Aushubs für den Graben in etwa der Erdmenge entsprach, die für den Bau des

Verpasste Gelegenheiten (1645–1647)

Walls benötigt wurde. (Dies war vor allem aus Kostengründen wichtig: Das Heranschaffen von Erde konnte das ganze Unternehmen kostspielig machen.) Danach hieß es nur noch bauen.

Die einzige Unterbrechung in Eriks Tätigkeit als Zeichner, Reisender und Briefeschreiber gab es im Herbst 1647. Da wurde die schöne, doch labile Mutter der Königin Christina, die Königinwitwe Maria Eleonora, aus Berlin in Pommern erwartet. Sieben Jahre waren vergangen, seit sie, als Bürgersfrau verkleidet, mit dänischer Hilfe ihre spektakuläre und ungnädig aufgenommene Flucht aus Schweden bewerkstelligt hatte. Der dänische König Christian hatte offenbar lediglich daran gedacht, ihr zur Rückkehr in ihre brandenburgische Heimat zu verhelfen. Zu Christians großer Enttäuschung hatte sich aber der Kurfürst von Brandenburg, Maria Eleonoras leiblicher Bruder, überraschend geweigert, sie aufzunehmen, woraufhin sie in Dänemark geblieben war. Maria Eleonora war damals gründlich unzufrieden gewesen mit dem häßlichen, kalten Schweden, doch hatte es nicht lange gedauert, bis sie die Luft in Seeland »ungesund« fand. Als später ihr Neffe Friedrich Wilhelm Kurfürst wurde, erhielt sie schließlich die Erlaubnis, nach Brandenburg zurückzukehren, doch endlich dort angekommen, begann sie sogleich, sich nach Schweden zurückzusehnen. Nun war sie auf der Reise nach Stockholm und zu ihrer Tochter, die sie seit 1640 nicht gesehen hatte. Ihre Fahrt durch Pommern bescherte den schwedischen Beamten dort eine ganze Menge Arbeit; denn wie immer, wenn hochvornehme Personen unterwegs waren, galt es, dafür zu sorgen, sie mit einem angemessen pompösen Rahmen zu umgeben. Der lokale pommersche Adel wurde deshalb schnell zusammen mit allen »königl. Bediensteten« aufgeboten, um sie zu begrüßen. Der Empfang Maria Eleonoras fand in Damgarten statt, wo sie Mitte Oktober 1647 eintraf. Erik war dabei, und vielleicht kann man seine Skepsis gegenüber der feudalen Hochherrlichkeit in den lapidaren Formulierungen seines Tagebuchs ahnen, wo er schreibt, wie die Königinwitwe mit Salutschüssen »und dergleichen« geehrt wurde.

Im Sommer 1648 begegnete Erik Jönsson erneut dem Pfalzgrafen Karl Gustav. Dieser war in Demmin eingetroffen, nun aber in seiner Eigenschaft als Generalissimus über die schwedischen Truppen in Deutschland, ein Posten, den er von Christina zum Geschenk bekommen hatte als eine Art Entschädigung dafür, daß er nicht sie bekam. Als Karl Gustav im Dezember 1645 nach Stockholm zurückgekehrt war, war er gut empfangen worden, von Christina ebenso wie vom Rat. Die Jahre im Feld hatten ihm auch bei den Ratsaristokraten, die früher gegen ihn und die Thronfolgepläne seiner Familie gearbeitet hatten, einen gewissen Respekt eingebracht. Christina äußerte sich mit vielen lobenden Worten, doch die geplante Heirat überging sie merkwürdigerweise mit Schweigen. Karl Gustav war aus Deutschland zurückgekehrt, um sie in den Stand der Ehe zu führen, doch Christina weigerte sich, über Liebe und Ehe zu sprechen, weigerte sich, zärtliche Phrasen auszutauschen, war ständig von immer neuen, überaus wichtigen Staatsgeschäften in Anspruch genommen und entzog sich jedesmal geschickt, wenn Karl Gustav die Angelegenheit zur Sprache bringen wollte. Die Luft vibrierte von Getuschel und Gerüchten, aber erst im Sommer 1646 ging dem etwas tumben und unsensiblen Pfalzgrafen die Wahrheit auf. Christinas einstige Liebe zu ihm war erloschen. Eine Ehe kam nicht in Frage. Für Karl Gustav, der geglaubt hatte, sein Verhältnis mit der jungen Königin werde ihm den Weg ebnen zu Macht und Herrlichkeit, war dies natürlich eine Katastrophe. Betrübt bemerkt er in einem Brief: »Ich muß die ganze Welt durchlaufen als ein Verlorener, der sein Glück und Unglück allerorten mit gleicher Geduld ertragen muß.« Was war geschehen? Der Platz des Pfalzgrafen in ihrem Herzen war nicht von einem anderen eingenommen worden – ganz so einfach war es nicht. Die Schwärmerei der Königin für den geschniegelten Magnus Gabriel De la Gardie hatte bis zum Frühjahr 1647 gedauert, da hatte sie sich zu einer engen Freundschaft gewandelt. Im Herbst dieses Jahres hatte sie zu erkennen gegeben, daß sie sich eine Ehe mit Karl Gustav vorstellen könne, doch »ausschließlich aus Staatsgründen, ohne Liebe, auf Begehren der Stände und ihrer Untertanen«. Sowohl der Reichstag als auch der Rat drängten und wollten die Königin gern verheiratet sehen, denn andernfalls war die Thronfolgefrage ungelöst – und alle wußten, daß kaum etwas gefährlicher war für die Stabilität eines Reichs als der Anblick eines gähnend leeren Throns. Doch Christina hatte sich bereits entschieden. Sie wollte den Pfalzgrafen nicht heiraten. Sie wollte überhaupt nicht heiraten, niemals. Dieser gelinde gesagt radikale Entschluß kann auf verschiedene Weise erklärt werden. Möglicherweise verlor sie, als ihre Liebe zu Karl Gustav erkaltete, auch ihr Interesse an der Ehe überhaupt, denn der Pfalzgraf war vielleicht der einzige, mit dem sie sich verheiraten konnte, wenn alle gebotenen Rücksichten auf Politik und Familie bedacht wurden. Oder es war etwas anderes. Christina hat später von dem starken Widerwillen geschrieben, den sie stets gegen die Ehe gehegt habe, und daß sie nie daran gedacht habe, sich von irgendeinem Mann gebrauchen zu lassen, wie der Bauer seinen Acker gebraucht. Vielleicht wollte sie ganz einfach nicht heiraten, weil dies ihr Zügel angelegt und sie in völlige Abhängigkeit von einem Mann gebracht hätte. Vielleicht war es die physische Seite der Ehe, der Beischlaf mit einem Mann, der sie abschreckte; vielleicht war sie gereift und hatte eine früher verborgene sexuelle Neigung bei sich selbst entdeckt?

Christinas Liebe zu Karl Gustav hatte sich indessen nicht in Haß oder etwas anderes verkehrt; sie empfand weiterhin großen Respekt vor ihm und behandelte ihn freundschaftlich. Sie wollte ihn nicht zum Mann haben, aber sie konnte sich ihn nach wie vor als ihren Thronfolger denken. Um Karl Gustavs Ansehen im Reich zu stärken – und wahrscheinlich auch, um seine Enttäuschung über das gebrochene Eheversprechen zu mildern – wollte sie ihn zum neuen Befehlshaber über die Truppen in Deutschland ernennen. Da ein solch wichtiger, hoher Posten keinem Fünfundzwanzigjährigen geschenkt wurde, der zudem noch formell als ausländischer Fürst galt, versprach Christina dem Rat, daß sie ihn heiraten werde; es war selbstverständlich, daß er als zukünftiger König diesen Posten bekam. Das Versprechen war jedoch der reine Bluff, damit die zaudernden Ratsaristokraten der Ernennung zustimmen sollten. Am 15. Juni 1648, einen Monat bevor er als Generalissimus in Deutschland an Land ging, ließ Christina schließlich vor Karl Gustav die Maske fallen. Der Pfalzgraf hatte sie mit Beteuerungen überschüttet, die Ehe mit ihr nur aus Liebe und keinem anderen Grund zu suchen, und daß nichts, gar nichts anderes eine Rolle spiele; wenn sie ihn nicht haben wolle, werde er sich mit einem Stück Brot begnügen und Schweden für immer und ewig verlassen, und dergleichen mehr. Christina wischte mit leichter Hand seine hysterische Romanprosa zur Seite, fand mit allem Recht, dies sei alles nur leeres Geschwätz, und konnte ihn sogleich mit dem Gedanken an den wartenden Thron besänftigen.

Als Karl Gustav nach einer beschwerlichen Überfahrt am 16. Juli 1648 in Wolgast an Land ging, folgte ihm die größte Truppenverstärkung, die Schweden seit den Tagen des seligen Gustav Adolfs hatte zusammenkratzen können. Die Leibgarde, das Kalmar- und das Jämtlandregiment, das Dalregiment und das Savolaks- und Nyslottregiment, alles in allem 2850 Infanteristen, waren mitgekommen. Sie wurden von 2000 Kavalleristen begleitet: der Västgöta-Reiterei, Smålands Kavallerie und dem Karelische Reiterregiment. Außerdem umfaßte der »Sukkurs« 2234 frisch Ausgehobene, die Verbände verstärken sollten, die sich bereits auf dem Kriegsschauplatz befanden, 66 Artilleristen mit Geschützen, große Mengen Munition, Petarden, Handgranaten und anderes mehr. Diese Verstärkungen taten not, denn in Deutschland bahnte sich ein Entscheidungskampf an.

Während Karl Gustav darauf wartete, daß sich alle Pferde wie üblich von der Überfahrt erholten und alle Truppenkolonnen von ihren verschiedenen Landungsplätzen am Sammelplatz bei Demmin einfanden, nahm man die Gelegenheit wahr, das Haus Demmin in die Luft zu sprengen. Haus Demmin war eine freistehende kleine Festung (in Aussehen und Form einem gigantischen Schachturm ähnlich), einen knappen halben Kilometer südöstlich der Stadtmauer von Demmin, einsam auf einem Feld an der Peene gelegen. Der Turm war groß und mächtig, mit fast 5 Meter dicken Mauern, und wurde für den Fall, daß er in die falschen Hände fiel, als eine Bedrohung für die Stadt angesehen. Erik Jönsson hatte sich auch die verschiedenen Techniken des Mineurs anzueignen versucht, und dies war eine ausgezeichnete Gelegenheit, die neu erworbenen Kenntnisse unter Beweis zu stellen und vor der hohen Obrigkeit aufzutrumpfen. Elf Tonnen Pulver wurden in die Kammern des Turms geladen, und unter den Augen einer neugierigen Gruppe, die aus Karl Gustav, seiner gesamten Generalität und »allen Frauenzimmern« bestand, wurde die Lunte gezündet. Bei der dröhnenden Explosion wurden Steine wie Wasser aus einer Fontäne in die Luft gesprüht. Die der Stadt zugewandten Mauern stürzten ein. Die Decken brachen krachend zusammen. Ein Schwall zusammengepreßten Gerümpels ergoß sich in den Wallgraben und füllte ihn bis zum Rand. Der Turm war mit einem Mal eine leere, rauchende Hülle, geborsten und zur Stadt hin geöffnet. Die Sprengung war außerordentlich gut gelungen. Karl Gustav war beeindruckt von dieser Demonstration pyrotechnischen Könnens, und da er »einige junge Männer bei der Armee brauchte, die in Fortifikationen und anderen Szientien geübt waren«, wollte er den jungen Fortifikateur auf der Stelle anwerben.

Es war natürlich eine außerordentliche Chance, von der Fortifikation in der pommerschen Versorgungsbasis zur Hauptarmee zu kommen, besonders in einem Jahr wie 1648, in dem so viel im Gange war. Doch hier griff Mardefelt ein. Er hatte bereits vorher seinen Schwager Theophili zum Konduktbr ernannt, und die Vermutung liegt nahe, daß dabei ein gehöriges Maß an Vetternwirtschaft im Spiel war. Nun erklärte er offenbar ohne große Umschweife, daß er Erik für den Augenblick nicht entbehren könne, daß dieser im übrigen noch nicht ausgelernt habe, worauf Mardefelt vorsichtshalber hinzufügte, der fragliche junge Konduktör könne ja später nachfolgen. Statt dessen wolle er gern einen anderen empfehlen, nämlich seinen Schwager Theophili. So geschah es. Hier erhielt Erik eine handfeste Demonstration des Faktums, daß es nicht immer half, einen guten Kopf, Kenntnisse und Energie zu haben, um nach oben zu kommen, sondern daß es auch der Unterstützung eines guten Patrons bedurfte. Es ist unmöglich, seinem Tagebuch zu entnehmen, wie enttäuscht Erik verständlicherweise war, als ihm diese Gelegenheit entging und seinem Freund Theophili in den Schoß fiel.

Das Sonderbare ist nur, daß Mardefelts Neigung zur Vetternwirtschaft bei dieser Gelegenheit Erik wahrscheinlich das Leben rettete.

IX

DER WESTFÄLISCHE FRIEDE

(1647–1650)

1. Zwei Meutereien und ein Kreis, der sich schließt

SCHWEIGEN DIE WAFFEN? – WRANGEL BEKRIEGT DIE BAUERN IN BREGENZ. – DER VERTRAG VON ULM. – EIN DOMINOEFFEKT. – WIE DIE ARMEE AUSGERÜSTET WURDE. – DIE SCHWEDEN GEHEN NACH BÖHMEN. – ›EIN ELFJÄHRIGER JUNGE, ZERFETZT‹. – DER KAISER FLIEHT IM NACHTGEWAND. – DIE FRANZÖSISCHE DIPLOMATIE SCHEITERT. – DIE MEUTEREI DER BERNHARDINER. – DE WERTHS MEUTEREI. – DIE SCHWEDEN RETIRIEREN. – DER EINFALL IN HESSEN. – NOCH EIN HUNGERKRIEG.

Im März 1647 wurde ein Waffenstillstand zwischen Bayern auf der einen und Frankreich und Schweden auf der anderen Seite vereinbart. Kurfürst Maximilian war erschüttert über die ungeheure Zerstörung und das unfaßbare Leiden, das die Invasionstruppen ins Land gebracht hatten, und er wußte, daß sein Land vollständig ruiniert würde, wenn er nicht ein schnelles Ende der Kämpfe herbeiführen konnte. Auch die Regierenden in Paris waren, weil sie Bayern auf ihre Seite ziehen wollten, bereit, die Operationen abzubrechen und einen Separatfrieden zustande zu bringen. Mazarin rechnete mit einer Art Dominoeffekt: Wenn Bayern kapitulierte, wäre der Kaiser bald gezwungen, das gleiche zu tun, und wenn dieser die Waffen streckte, würden auch die Spanier – gegen die Franzosen und Holländer immer noch an mehreren verschiedenen Fronten kämpften – genötigt sein zu folgen. Einer nach dem anderen würde umfallen. Und dann werde am Schluß allgemeiner Frieden ausbrechen.

Der Kaiser war natürlich gegen die Pläne der Bayern, sein sinkendes Schiff zu verlassen. Aber was meinte der vierte Beteiligte, die Schweden? Die Instruktionen aus Stockholm besagten, man solle Übereinkünfte am besten vermeiden, doch die schwedischen Gesandten auf dem Friedenskongreß, Oxenstierna und vor allem Adler Salvius, waren geneigt, einem Waffenstillstand zuzustimmen. Sie schoben aber die Entscheidung auf den schwedischen Armeechef Wrangel ab. Das war ein Fehler. Wrangel weigerte sich kategorisch, die Waffen ruhen zu lassen. Er hatte sich in den Kopf gesetzt, sein Heer sich durch das reiche Böhmen hindurchplündern zu lassen, und als die Franzosen sich im Spätherbst weigerten, die Offensive nach Osten fortzusetzen, war er erzürnt und enttäuscht. Seine Einstellung mag schwer zu verstehen sein, denn die höheren Offiziere unter seinem Kommando neigten sämtlich zu einem Waffenstillstand. Von den Franzosen und seinen eigenen Leuten zu Verhandlungen gezwungen, konspirierte er jedoch, um diese zu torpedieren: Die schwedischen Unterhändler wurden beauftragt, Forderungen zu stellen, denen die Bayern billigerweise nicht zustimmen konnten.

Warum? Der von Mazarin erwartete Dominoeffekt sollte ja damit enden, daß der Kaiser in die Knie gezwungen würde, und im ungünstigsten Fall sollte ein Separatfrieden dazu führen, daß die Schweden ihre Kräfte gegen diesen konzentrieren konnten. Wrangel sprach später davon, er habe befürchtet, Franzosen und Bayern könnten als Katholiken gemeinsame Sache gegen Schweden machen. Kann dies der ganze Grund für seine hartnäckige Weigerung gewesen sein? Kaum. Der Grund war wohl handfesterer Art. Die Herrschenden in Schweden ersehnten den Frieden und fürchteten ihn zugleich. Die Kriegsmüdigkeit in Schweden war enorm. Auf dem Reichstag, der im Januar 1647 in Stockholm eröffnet wurde, hatten die Bauern wieder einmal nach Frieden gerufen. Aber schließlich war es bizarrerweise gerade das System der Kriegsfinanzierung, das darüber entschied, wann der Krieg enden würde. Es baute wie gesagt auf Subsidien, Krediten, Kontributionen und Brandschatzungen auf. Dies bedeutete, daß der Staat, solange man siegte und die Heere auf dem Vormarsch waren, mit geringen oder jedenfalls erschwinglichen Kosten rechnen konnte. Wurde man zum Rückzug gezwungen, entstanden sofort hohe Kosten – dann begannen die Franzosen über die Ausbezahlungen der Hilfsgelder zu murren, dann sank die Kreditwürdigkeit, dann hörten die Brandschatzkontributionen auf zu fließen. Frieden war eine ausgesprochene Katastrophe – dann versiegte der Strom von Subsidien und Beute gänzlich, und dann mußten alle Kredite und Schulden zurückgezahlt werden, dann mußten die Truppen abgedankt werden und die Offiziere ihre Rekompensation erhalten. Der lange Krieg in Deutschland hatte zu einer derartigen Verschuldung geführt, daß die Regierenden sich nicht mit einem guten Frieden zufriedengeben konnten, sie brauchten einen *sehr* guten Frieden, damit dem Reich nicht der Staatsbankrott drohte. Der Krieg hätte Anfang 1647 leicht enden können, und in der Bevölkerung gingen auch Gerüchte um, daß er wirklich beendet sei. Der Kaiser hatte, wie erwähnt, schon zuvor so gut wie sämtlichen französischen Forderungen nachgegeben, und als schwedische und bayerische Unterhändler sich in Ulm trafen, waren sie auch kurz davor, einen eigenen Waffenstillstand zu schließen. Der Kaiser war bereit, den Schweden fast das ganze Territorium zu geben, das sie haben wollten, doch das Ganze scheiterte an der Forderung der Schweden, der Kaiser solle die Abdankung der schwedischen Armeen bezahlen. Die Herrschenden in Schweden wollten keinen Frieden anzetteln, bevor nicht der letzte Taler aus den Geldtruhen der Gegenseite herausgepreßt war.

Was jedoch Carl Gustav Wrangel bewog, alle Waffenstillstandsverhandlungen nach Kräften zu sabotieren, waren nicht so sehr krasse Staatsinteressen als krasse Privatinteressen. Eine Armee war ein gutes Geschäft für ihre höheren Offiziere. Die Regimentskommandeure waren private Kriegsunternehmer, die ihre Verbände auf rein kommerzieller Basis aufstellten und führten, und es war eher die Regel als die Ausnahme, daß der Krieg hohe Militärs zu vielfachen Millionären machte – und dies in einer Zeit, als eine Million Taler in damaliger Währung Milliarden in heutiger Währung entsprach. Die Heere waren Geldmühlen, die nur Kosten über Kosten verursachten, wenn sie stillstanden, aber den Befehlshabern große Gewinne einbringen konnten, wenn sie auf einem Plünderungszug durch Feindesland waren. Viele von Wrangels Offizieren waren lange dabei gewesen, und es war anzunehmen, daß sie ansehnliche Vermögen angehäuft hatten, während Wrangel auf dem Posten des Oberbefehlshabers, der stets das meiste Geld einbrachte, neu war. Wrangel hatte einen lohnenden Posten, und er wollte sich wahrscheinlich so gut es ging bereichern und war deshalb gegen einen Waffenstillstand. Wie sonst sollen wir den seltsamen Feldzug gegen die Bregenzer Bauern erklären, den er im Dezember 1646 unternahm?

Nachdem sich die Franzosen im November geweigert hatten, die Zerstörungskampagne in Bayern fortzusetzen, und statt dessen mit dem widerstrebenden Wrangel im Schlepptau nach Westen gezogen waren, hatte sich die Armee in die Gebiete nördlich des Bodensees begeben. Wie gewöhnlich waren Versorgungsgründe maßgebend: Das Gebiet war noch nicht abgegrast und konnte den Truppen gute Winterquartiere bieten. Die Bewohner dieser Gegend flohen, aber ein Teil der Bauern setzte sich zur Wehr, indem sie sich in einer Schanze eingruben. Am 22. Dezember rückten die schwedischen Truppen gegen sie vor, und die Bauern flohen in der Nacht brav nach Süden, in Richtung Bregenz am östlichen Ufer des Bodensees. Wrangel gab Befehl, ihnen durch die bergige Landschaft zu folgen. Er witterte Beute. Die Truppen standen an der Grenze zur blühenden Schweiz, einem Land im deutschen Reich, das von allen Kriegshandlungen verschont geblieben war. (Ein zeitgenössischer Reisender schreibt, daß die Schweiz »mir im Vergleich mit anderen deutschen Ländern ebenso fremd erschien, als sei ich in Brasilien oder China. Ich sah dort Menschen friedlich Handel treiben. Die Ställe standen voll mit Vieh, und die Bauernhöfe waren voller Hühner, Gänse und Enten. Dort verspürte man keinerlei Angst vor dem Feind, keine Furcht vor Plünderung und keine Sorge, Besitz, Gesundheit und Leben zu verlieren.«) Am Weihnachtsmorgen rückten schwedisches Fußvolk und Reiterei zu dem Paß vor, der im Norden der Stadt lag. Es ging nur zäh voran, denn die Bauern hatten Befestigungen gegraben und diese mit Kanonen bestückt, und das steile und felsige Terrain begünstigte sie. Schließlich gelang es jedoch den erfahrenen Söldnern, den Widerstand der verzweifelten Bauern zu brechen. Von den 6000 Mann, die sich gegen die

Schweden zu wehren versuchten, wurde ein großer Teil getötet; viele wurden von den Angreifern niedergemacht, die es ablehnten, Gefangene zu machen, andere ertranken bei dem Versuch, sich auf Booten über den Bodensee in Sicherheit zu bringen. Nach einem fürchterlichen Chaos, bei dem Angreifer und Fliehende nebeneinander hergelaufen waren, wurden die Stadt und das Schloß eingenommen. Dorthin hatten der Adel und die Abteien aus ganz Oberschwaben ihre gesamten Reichtümer gebracht, und die Beute war unvorstellbar: Wrangels Männer erbeuteten »Kostbarkeiten, Kanonen, Munition, Schiffe, Lebensmittel und Schätze in einem Wert von rund vier Millionen Gulden«. (Mit 13 der eroberten Schiffe inszenierte Wrangel bald etwas, das man am besten als eine Mischung aus strategischem Seekrieg und reiner Seeräuberei bezeichnen kann. Die einmastigen Schiffe, die eine Besatzung von ein paar hundert Finnen bekamen, blockierten kaiserliche Stützpunkte, zwangen die auf dem See verkehrenden Schiffe zur Zahlung sogenannter »Lizenzen«, griffen die Insel Mainau an und nahmen sie ein.) Wrangel selbst stellte es so dar, als habe er die wichtigen Pässe nach Italien erobert, was nicht stimmte. Statt dessen war er gefährlich nahe daran, den Neutralitätsvertrag mit der Schweiz, den Gustav Adolf vor vielen Jahren geschlossen hatte, zu brechen, während gleichzeitig seine Armee durch diesen Marsch nach Süden gefährlich aufgesplittert wurde. Militärisch gesehen war dieser Ausflug an den Bodensee wertlos, und man kann sich des Eindrucks kaum erwehren, daß er von Anfang an durch Wrangels Gier nach Beute für sein Heer und sich selbst motiviert war.

Obwohl Wrangel Schwierigkeiten gemacht und Obstruktion betrieben hatte, war er schließlich doch gezwungen, murrend einem Waffenstillstand zuzustimmen, doch erst nachdem die Franzosen ihn stark unter Druck gesetzt und »in heftigem und schulmeisterndem Ton« für die Bayern Partei ergriffen hatten und nachdem die Versorgungslage für seine Truppen immer unhaltbarer geworden war. Am 4. März 1647 unterzeichneten also Repräsentanten der beteiligten Parteien in Ulm den Vertrag. (Wie peinlich isoliert Wrangel mit seiner Weigerung, jede Form von Waffenstillstand zu akzeptieren, war, zeigte sich, als sowohl Torstensson als auch Königin Christina später das Abkommen begrüßten.) Der von Mazarin erhoffte Dominoeffekt trat sofort ein, denn der Kurfürst von Köln vereinbarte bei der gleichen Gelegenheit einen Waffenstillstand mit Schweden und Frankreich, und zwei Monate später legte auch Mainz die Waffen nieder und erklärte sich neutral. Im Spätfrühling 1647 stand der Kaiser immer einsamer und isolierter da, und immer mehr Beobachter glaubten auch, daß der Krieg beendet sei. Und so hätte es tatsächlich auch kommen können, wenn nicht im Sommer 1647 ein unerwartetes Ereignis eingetreten wäre, das die Kämpfe wieder aufflammen ließ und den Kaiserlichen neue Hoffnung einflößte.

Im Spätfrühling lag die schwedische Armee in Quartieren bei Schweinfurt und erholte sich. Die Truppen waren erschöpft nach den langen Märschen des Winters, die Kavallerie brauchte neue Pferde, und man mußte die Fußvolkregimenter auffüllen (während des letzten halben Jahres hatten die Schweden eine Anzahl von Festungen eingenommen, und wie üblich war es die Infanterie, deren Leute als Besatzung abgestellt wurden). Außerdem mußte das Heer seine Ausrüstung wieder ergänzen.

Der alte Plan, daß der Krieg sich selbst ernähren und die Armeen von dem besetzten Land leben sollten, funktionierte zwar noch leidlich, aber es war nahezu unmöglich geworden, in dem fast völlig zerstörten und verheerten Deutschland die Truppen zu versorgen. Zu glauben, daß man es wie in den frühen dreißiger Jahren mit Kontributionen, Brandschatzen und Plündern schaffen könne, war sinnlos. In der Regel brauchte man jetzt Bargeld, um die Soldaten am Leben und das Heer zusammenzuhalten. Immer jedoch war man gezwungen – auch in Zeiten, in denen man mehr als reichlich Lebensmittel zusammenbekam –, die Ausrüstung der Armee zu kaufen, das heißt alles von den Helmen der Soldaten, Kürassen, Kollern und Wehrgehängen über Zaumzeug, Geschirr, Winden, Spaten, Hacken und mobile Feldmühlen bis hin zu Kanonen, Petarden, Pulver, Lunten, Kugeln und Granaten. Nur in Ausnahmefällen konnte man diese Dinge vor Ort an sich bringen. Auch wenn man in der Schlacht einige Kanonen erobern konnte – Pistolen, Musketen und blanke Waffen scheinen in der Regel von den einzelnen Kriegern persönlich in Besitz genommen worden zu sein –, konnten diese vollkommen unbrauchbar sein, wenn man nicht über die richtige Munition verfügte. Die Kaliber waren noch nicht einheitlich, und eine Kanonenkugel mußte natürlich genau in den Lauf passen, um brauchbar zu sein. In den meisten Fällen mußte derartige Ausrüstung von Orten bezogen werden, die weit entfernt vom Kriegsschauplatz lagen, vor allem aus Schweden und den dortigen Werkstätten und Manufakturen. Die schwedische Armee hatte also, obwohl sie weitgehend von dem Land lebte, in dem sie sich aufhielt, eine ungewöhnlich lange und verwundbare Verbindungslinie zur deutschen Ostseeküste, die geschützt werden mußte, wenn man den Nachschub von Material sicherstellen wollte.

Wir dürfen uns diese Verbindungslinie nicht als einen ständigen Strom von Menschen und Material vorstellen. Das einzige, was regelmäßig darauf hin- und herging, war die Post, während Verstärkungen nur ganz sporadisch eintrafen. Neue Munition und neue Geschütze wurden einmal im Jahr aus Schweden geschickt, in der Regel während des Sommerhalbjahrs. Kanonen und Eisenkugeln, die in einer der schwedischen Kanonengießereien oder im Geschützgießerhof auf Brunkeberg hergestellt wurden, kamen in die Rüstkammer des Schlosses oder in den neuerdings eingerichteten Artilleriegården in Stockholm für den Weitertransport nach einem der deutschen Häfen. Von Lagern und Magazinen in diesen Häfen wurde das Material dann zu den Festungen oder Verbänden oder zu anderen großen Vorratslagern im Landesinneren weitergeleitet. Diese Magazine lagen häufig an einem der großen Flüsse, denn fast alle Versorgung und alle Schwertransporte erfolgten auf dem Wasserweg – aus diesem Grund spielte sich so viel von den Feldzügen in und um die Flußtäler ab; man kämpfte ganz einfach um die Kontrolle über diese unerhört wichtigen Verbindungswege. Es waren keine kleinen Mengen, die in diesen Magazinen lagerten; so enthielt das wichtige Magazin in Leipzig im Dezember 1646 unter anderem 18 Tonnen Pulver, 19 Tonnen Lunte, 1069 12-pfündige und 2702 24-pfündige Kugeln, alles bereit für den Transport dorthin, wo es am dringendsten gebraucht wurde. Bei den schweren Waffen sah das System so aus, daß ein Befehlshaber, wenn er der Ansicht war, gewisse Geschütze nicht mehr zu benötigen, sie bei einem dieser Magazine ablieferte. Von dort konnten sie dann jederzeit angefordert werden. (Besonders die richtig schweren Geschütze wie 24- und 36-Pfünder waren so groß, schwer und sperrig, daß man sie nur auf den Weg brachte, wenn sie in absehbarer Zukunft gebraucht wurden. Ein kluger Befehlshaber nahm außerdem nie mehr Geschütze mit als nötig, weil gerade die Transporte der Artillerie so viele Pferde erforderten.) In Verbindung mit mehreren dieser Magazine betrieben die Schweden auch eine regelrechte Fabrikation von Dingen, die man andernfalls von weither beziehen mußte, wie zum Beispiel Kanonen, Kugeln, Minen oder Pulver. An diesen Orten konnte man auch unbrauchbare Geschütze, die im Kampf erobert worden waren, zu brauchbaren Kalibern umgießen. Eine solche Kombination von Vorratslager und Manufaktur hatten die Schweden 1647 gerade in Schweinfurt eingerichtet, dem Mittelpunkt der schwedischen Winterquartiere in diesem Winter. Die Wahl Schweinfurts war kein Zufall. Wrangel und seine Truppen brauchten einen vorgeschobenen Stützpunkt in Südwestdeutschland, und die Stadt lag am Main, war ein bedeutender Verkehrsknotenpunkt und konnte außerdem leicht von dem in Erfurt liegenden Magazin versorgt werden. Es gab eine Gießerei für Kupferkanonen in Schweinfurt – alle ins Feld mitgeführten Geschütze waren aus Kupfer. Zwar war der Gießofen beschädigt, aber ein gewisser Johannes Scheffer, dem das Magazin in Erfurt unterstand, wurde herbeigeholt, ließ ihn reparieren, und bald begann man hier mit dem Gießen von Kanonen. (Die Kanonenherstellung in Leipzig war indessen nicht problemlos. Der ständige Geldmangel der schwedischen Krone führte dazu, daß man versäumte, den Schmieden ihre Löhne auszubezahlen, und nach einiger Zeit drohten sie damit, die Arbeit niederzulegen.)

Als die Sommerwärme nach Deutschland zurückkehrte, brach die schwedische Armee ihre langen, ordentlichen Reihen von Zelten ab und begab sich wieder einmal in endlosen, stampfenden Kolonnen auf die schmalen Wege hinaus. Die Truppen zogen genau nach Osten. Wrangels Plan war die Reprise eines alten Lieblingsstücks: Da das fruchtbare Bayern nun aus dem Krieg heraus war, wollte man statt dessen in Böhmen und von dort aus in die Erblande des Kaisers einfallen. Am 15. Juni begannen die Schweden die Stadt Eger zu belagern, die unmittelbar jenseits der Grenze lag und als »der Schlüssel des Königreichs Böhmen« bezeichnet wurde. Wrangel hoffte allem Anschein nach, die Stadt so in Angst und Schrecken zu versetzen, daß sie sich unterwarf, und ließ deshalb an diesem Tag seine Artillerie ein regelrechtes Terrorbombardement ausführen: An diesem ersten Tag wurden 834 Schüsse auf die Häuser und Mauern der Stadt abgegeben, doch ohne spürbare Wirkung. Eins der wenigen Opfer war »ein elfjähriger Junge in der Judengasse bei Herrn Junkers Haus, [der] so zerfetzt wurde, daß man kaum noch erkennen konnte, daß es ein Mensch war«. Einen großen Teil des Sommers verwandten die Kämpfenden darauf, um diese Stadt herum zu manövrieren, Hungerkrieg zu führen, Approchen zu graben, Schanzen zu bauen, einander aus der Entfernung zu bombardieren, zu patrouillieren, sich gegenseitig in Hinterhalten aufzulauern und kleine, ziemlich unergiebige Scharmützel auf den blühenden grünen Wiesen und Feldern auszutragen.

Bei einer dieser Gelegenheiten wäre Kaiser Ferdinand beinah in schwedische Hände gefallen. Um zu zeigen, für wie ernst er die Lage hielt, und wahrscheinlich auch, weil sein treuer Kettenhund Gallas, der alte Heerverderber, im April gestorben war, folgte er seinen Truppen zum erstenmal ins Feld. Früh am Morgen des 20. Juli watete eine starke schwedische Reiterabteilung von 10 Schwadronen still und leise über den glitzernden Fluß Eger und warf sich über das Lager der kaiserlichen Armee. Die Überraschung war total. Die Wachen wurden kopfüber in das Gewimmel von Zelten und abgestellten Wagen geworfen, und die schwedischen Reiter folgten ihnen. Man kann das Schauspiel vor sich sehen: Im fahlen Licht des Sommermorgens erhebt sich Geschrei, Lärm und Getöse, als halbbekleidete, schlaftrunkene Männer in zerknitterten Nachthemden mit gezogenen Degen aus den Zelten taumeln, gegeneinanderprallen, mit den Armen fuchteln, rufen, fragen. Dann jagen kleine Scharen von geduckten Männern auf Pferden mit hartem Dröhnen von Hufen durch die langen Gassen zwischen den Zeltreihen; Schüsse knallen, Waffen schneiden schnelle Kreise durch die Luft, und jemand fällt langsam auf die Knie in den staubtrokkenen Boden.

In dem folgenden wunderbaren Getümmel gelang es drei Reitern, bis zu dem Platz vorzudringen, wo der Kaiser schlief. Schnell stachen sie die Wachtposten vor dem Zelt nieder. Gerade als die letzte Wache zu Boden gesunken war und die drei zum Kaiser hineinstürmen wollten, kam ein Diener hinzu und tötete einen der Reiter. Mehrere Personen eilten herbei, und der Kaiser konnte auf der Rückseite seiner Behausung entkommen, nur mit seinem Nachtgewand bekleidet. In aller Hast sattelte die kaiserliche Reiterei auf, und die Schweden konnten mit einigen Verlusten aus dem chaotischen Durcheinander des Lagers vertrieben werden. Die Gefangenen wurden einige Zeit später vom Kaiser freigelassen, ohne daß man wie sonst üblich ein Lösegeld für sie verlangte – ein seltsamer Beweis für die Hochschätzung eines gefährlichen Feindes; Kühnheit und Mut waren denn auch Eigenschaften, die zu preisen man im 17. Jahrhundert nie müde wurde, ganz gleich, wer sie bewies. Diese taktischen Pirouetten um die Stadt Eger erregten jedoch wenig Aufmerksamkeit. Dagegen zogen zwei absonderliche Ereignisse im westlichen Deutschland alle Blicke auf sich.

Die geschliffene und smarte französische Diplomatie war am Ende etwas zu geschliffen und eine Spur zu smart geworden, um den Franzosen selbst noch wirklich von Nutzen zu sein. Der Krieg mit Spanien zog sich in die Länge, ohne zu etwas zu führen, das auch nur entfernt einer Entscheidung glich, und die Franzosen hatten in aller Heimlichkeit einen kleinen Tausch vorgeschlagen: Wenn sie das rebellische Katalonien behalten durften, das französische Truppen zur Zeit besetzt hielten, konnten die Spanier ihretwegen herzlich gern die Niederlande haben. Ein anderer Plan, den sie mit den Spaniern erörterten, war, die Infantin von Spanien – Philipps IV. Tochter Maria-Theresia, die Thronerbin, nachdem sein ältester Sohn gestorben war – mit dem neunjährigen Louis XIV. zu verheiraten, der seit vier Jahren Herrscher über Frankreich genannt wurde; käme diese Ehe zustande, würde sie die beiden mächtigsten Reiche Europas in einem Bett vereinigen. Die spanischen Diplomaten waren in diesem Fall mindestens ebenso geschliffen und smart wie ihre französischen Kollegen. Sie ließen die Pläne sogleich bei den Holländern durchsickern, die sich daraufhin in fieberhafte diplomatische Aktivitäten stürzten, die damit endeten, daß sie mit ihren Feinden einen unerwarteten Waffenstillstand vereinbarten und die Franzosen in ihrem Krieg mit den Spaniern an der Front in Flandern allein ließen. Dies war einer der Gründe, warum Mazarin schnell einen Separatfrieden mit Bayern zu erreichen suchte. Er brauchte Turennes Armee, um Frankreichs nördliche Grenze zu verteidigen.

Turennes Heer kam jedoch nicht weiter als bis Straßburg, als eine Meuterei unter den Truppen ausbrach. Es waren die notorisch unzuverlässigen Bernhardiner, die wieder einmal Ärger machten. Sie waren sozusagen von Natur aus unzufrieden mit fast allem, aber diesmal war es besonders schlimm. Der Sold war nicht rechtzeitig ausbezahlt worden, sie wollten nicht von Franzosen befehligt werden, und sie waren besonders empört darüber, daß sie nun entgegen früher geschlossenen Verträgen nach Flandern geschickt werden und dort kämpfen sollten. Die Unruhe breitete sich rasch unter ihnen aus, und als Turenne ihren Befehlshaber arrestieren ließ, verschwand die gesamte Truppe von 4000 Mann in Booten über den Rhein und zog fröhlich plündernd und führerlos nach Osten, mit der Absicht, sich der schwedischen Armee anzuschließen. Nur 1660 Mann erreichten Wrangels Heer; der Rest war unterwegs verschwunden oder von den Franzosen geschnappt worden.

Zur gleichen Zeit kam es zu einer weiteren Meuterei, diesmal in Bayern. Dieses Ereignis erschütterte alle hochpolitischen und militärischen Kreise in Deutschland. Nicht alle in Bayern waren froh über den mit Schweden und Frankreich geschlossenen Waffenstillstand. Einer von diesen war der tüchtige Kavallerist Johann de Werth, der Chef der bayerischen Armee. Das Verhältnis zwischen de Werth und Kurfürst Maximilian war schon seit langem schlecht. Der aristokratische Maximilian hatte Schwierigkeiten, seine Verachtung für den Bauernsohn de Werth zu verbergen, der im Krieg groß Karriere gemacht hatte, aber ein Trunkenbold und Grobian war und kaum lesen und schreiben konnte. Der launische de Werth war wie Wrangel ein Karrierist, der alles dabei zu gewinnen hatte, daß der Krieg weiterging, und deshalb hatte Kaiser Ferdinand leichtes Spiel damit, ihn zu kaufen. Anfang Juli 1647, nachdem de Werth heilige Eide geschworen hatte, nicht zum Kaiser überzulaufen und mit der ganzen bayerischen Armee in seinen Dienst zu treten, ritt er los und tat genau dies. Er sandte Befehle an die Regimenter des Heeres, sich sogleich über die Grenze nach Böhmen zu verfügen und sich dort den Truppen des Kaisers anzuschließen. Aber es lief nicht richtig so, wie de Werth es sich gedacht hatte. Die höheren Offiziere wollten nicht gegenüber Maximilian eidbrüchig werden, und die Krieger wollten nicht in den Dienst des Kaisers, weil es hieß, daß dieser allzu knickerig bezahle. Der Kaiser hatte gehofft, daß rund 20000 Mann zu ihm überlaufen würden, doch es kamen nur zwei, de Werth – auf dessen Kopf jetzt eine Belohnung stand – und einer seiner mitverschworenen Heerführer. Der Rest hatte es vorgezogen, in Bayern zu bleiben. Das Geschehene reichte jedoch aus, um Maximilian aufzuschrecken, der außerdem außerordentlich empört darüber war, daß sowohl die schwedischen als auch die französischen Friedensunterhändler in ihrer Freude darüber, nun die Oberhand bekommen zu haben, zynisch ihre Forderungen hochschraubten – unter anderem forderten die Schweden die ungeheuerliche Summe von 20 Millionen Talern für die Abdankung ihrer Armee. Nachdem er vom Kaiser das Versprechen neuer Subsidien erhalten hatte, kündigten er und der Kurfürst von Köln im Spätsommer 1647 den Waffenstillstand mit Schweden und Frankreich auf. Dadurch ermutigt leitete der Kaiser sogleich eine diplomatische Großoffensive ein, die sich in erster Linie gegen Sachsen und Brandenburg richtete und darauf abzielte, diese dazu zu bewegen, zu den Waffen zu greifen und die ausländischen Eindringlinge zu zwingen, einem Frieden zu gerechteren Bedingungen zuzustimmen. Das diplomatische Auf-der-Stelle-Treten, das so kurz vor einem Ergebnis stand, wurde eingestellt. Viele Gesandte reisten ab. Vielleicht würde das Ganze doch mit militärischen Mitteln entschieden?

Bayerns unerwarteter Wiedereintritt in den Krieg brachte die schwedische Armee mit einem Mal in große Gefahr. Sie stand jetzt in Böhmen, und das wiederauferstandene bayerische Heer drohte, ihr in den Rücken zu fallen, und sollten die Sachsen und die Brandenburger ebenfalls dazu gebracht werden, aufs neue zu den Waffen zu greifen, wäre den Schweden der Rückweg zur Ostseeküste versperrt. Wrangel war erbost, verwirrt und erschrocken und schrieb einen empörten Brief an Kurfürst Maximilian, in dem er diesen schalt:

Mit höchster Bestürzung habe ich erfahren, daß Seine kurfürstliche Durchlaucht keine Bedenken hatte, die mit Hand und Siegel bekräftigte Neutralität zu brechen. Eher hätte ich eine Laune des Himmels erwartet, als daß ein so hoher Potentat etwas Derartiges begehen würde, das die ganze ehrliche Welt mit Abscheu erfüllen muß.

Zwei Tage nach Eintreffen der Nachricht von den erneuerten Feindseligkeiten zwischen Schweden und Bayern verschwand die schwedische Armee rasch nach Norden und zog sich nach Sachsen zurück. Die Kaiserlichen und die Bayern, die numerisch klar überlegen waren, folgten ihnen langsam nach. Besonders die Bayern hatten Probleme mit dem Unterhalt. Überall hatten die böhmischen Bauern ihre Dörfer verlassen und waren mit ihrem Geld und ihrer beweglichen Habe in die Wälder geflüchtet. Der Widerstand der Bevölkerung gegen die Heranmarschierenden war jedoch nicht nur passiv; sie versperrte die Wege mit Hindernissen aus gefällten Bäumen und verschanzte sich mit Schußwaffen hinter Palisaden. Dorfgemeinschaften rotteten sich zusammen und schworen, jede Person zu erschlagen, die den Bayern Lebensmittel gab. An einem herbstgrauen Tag Anfang Oktober passierte die schwedische Armee auf ihrem Rückzug das einstige Schlachtfeld bei Lützen.

Die Lage wurde immer kritischer für die Schweden. Sie zählten rund 14 000 Mann, während die Verfolger über eine Streitmacht von 24 000 bis 25 000 Mann verfügten, und man wagte deshalb nicht, haltzumachen und sich zur Schlacht zu stellen. Während des Rückzugs hatte das schwedische Heer Zeichen von Auflösung erkennen zu lassen. Viele Verbände waren nach dem Hungerkrieg um Eger in schlechter Verfassung. Eine der wenigen nationalschwedischen Einheiten, die sich bei der Hauptarmee befanden, war ein Bataillon des Västmanland-Regiments unter dem Befehl des 54jährigen Schotten William Philp. Gegen Ende des Herbstes 1647 war dieses Bataillon so zusammengeschmolzen, daß es nicht mehr feldtauglich war. Eine etwas später durchgeführte Musterung ergab, daß die vier Kompanien im Durchschnitt aus 37 Mann bestanden. Wie gewöhnlich waren nur wenige im Kampf gefallen. Die meisten der jungen Burschen und Männer aus Tuhundra, Siende, Norrbo, Nevringe, Skinnskatteberg, Badelunda, Lillhärad und anderen Orten waren Krankheiten zum Opfer gefallen, viele waren in Gefangenschaft geraten, und ein großer Teil – nicht weniger als 62 – war desertiert. Kriegsmüdigkeit und nachlassende Kampfmoral beschleunigten den Zerfall, aber dies alles wurde noch verschlimmert dadurch, daß die schwedische Kriegskasse leer war und Wrangel den Sold für die Mannschaften und Offiziere nicht mehr bezahlen konnte. Der Geldmangel wirkte sich wie immer direkt auf die Operationen aus: Die Krieger wollten erst marschieren, wenn sie ihren Sold bekommen hatten. Der finanzielle Stützpfeiler Nummer Eins der schwedischen Armee, Adler Salvius, mußte wieder einmal zu einem Löscheinsatz ausrücken und noch mehr Geld leihen, um die Armee zu bezahlen, bevor sie auseinanderbrach. Und der Feind drängte immer härter nach. Es war offenbar, daß er versuchte, die unterlegenen Schweden einzuholen und sie zu schlagen.

Der Zusammenbruch war nahe – wieder einmal.

Die gewundene Schlange von schwankenden Wagen, müden Fußsoldaten und durchnäßten Reitern bog auf aufgeweichten Wegen nach Westen ab. Die Schweden hatten seit dem Beginn der Kampagne im Juni eine Bewegung durch Mitteldeutschland vollführt, die einem abgerundeten U glich. Wrangel suchte Entsatz und Schutz bei den Franzosen. Gleichzeitig tat er sein Bestes, um Kontakt zu dem eigensinnigen Königsmarck und seinem Korps zu bekommen, die zu diesem Zeitpunkt in Westfalen umherstapften. Wie üblich weigerte sich Königsmarck, dem Verlangen seines Oberbefehlshabers nachzukommen, aber Wrangel sandte ihm weiter flehentliche Briefe.

Da geschah es. Die verfolgenden kaiserlichen und bayerischen Truppen hoben die Nasen von der Fährte, wichen ab und brachen unter gewohntem Plündern, Brennen und Brandschatzen in Hessen ein, das mit den Schweden verbündet war. Der kaiserliche Befehlshaber Holzapel und sein bayerischer Kollege Gronsfeld lagen sich ständig in den Haaren und hatten Schwierigkeiten, sich über irgend etwas zu einigen, doch der erstgenannte hatte die Bayern gezwungen, der Invasion Hessens zuzustimmen und die Verfolgung der Schweden abzubrechen. Die herbstlich aufgeweichten Wege wurden mit fortschreitender Jahreszeit nur immer schlechter, und außerdem war es schwierig, die Truppen zu unterhalten. (Man flüsterte auch, daß Holzapel, der früher faktisch in hessischen Diensten gestanden hatte, den Einmarsch wünschte, weil er die hessische Landgräfin zwingen wollte, ihm noch ausstehenden Sold zu bezahlen.) Wieder brach ein zäher Partisanenkrieg aus. Die trotzigen hessischen Bauern, die überwiegend Calvinisten waren, zogen sich in die befestigten

Städte zurück oder verschanzten sich in den Wäldern und Bergen. Nicht daß es ihnen gelungen wäre, die Angreifer zurückzuschlagen; nach einer Zeit systematischer Verheerungen war Hessen so gut wie leergefegt. Doch hatte die hessische Landbevölkerung durch ihren zähen Widerstand der Armee Wrangels, die sich währenddessen ihren Verfolgern entzogen hatte, wertvolle Zeit erkauft. Anfang November geruhte Königsmarck endlich, seine Truppen mit der Hauptarmee zu vereinigen, was bedeutete, daß das Kräftverhältnis etwas ausgeglichener war. Die Krise war praktisch vorüber.

Anfang Februar 1648 hatte sich das U zu einem vollen Kreis geschlossen: Wrangels Armee marschierte aufs neue nach Süden und traf westlich von Schweinfurt Turenne und seine 8200 Mann starke Armee. Angesichts der Bedrohung durch die vereinigten Armeen wichen die Kaiserlichen und die Bayern zurück nach Bayern, während sich ihre Befehlshaber immer wieder in lautstarke Dispute über militärische Mittel und Ziele verloren. Sie wollten Bayern gegen eine neue Invasion verteidigen, doch es war fraglich, ob das noch möglich war. Das Land war nach den furchtbaren Verheerungen des Jahres 1646 verödet, und je näher sie diesem Gebiet kamen, desto schwieriger wurde es, die Truppen zu ernähren. Mitte April waren die kaiserlichen und bayerischen Truppen südlich der Donau gruppiert und bereit, dem erwarteten Vorstoß der Schweden und Franzosen zu begegnen.

Bald trat das Unausweichliche ein. Die Vorräte gingen zur Neige, und Hungersnot verbreitete sich unter den Wartenden. Nahegelegene Magazine konnten jeden Tag 40000 Personen mit Brot versorgen, doch das reichte nicht aus, denn wie üblich folgten große Scharen von Zivilisten der Armee: Knechte, Troßburschen, Handlanger, Flüchtlinge, Marodeure, Frauen, Kinder und andere Familienmitglieder, die zusammen mit den Soldaten die für das 17. Jahrhundert unvorstellbare Volksmasse von 180000 Individuen bildeten. (Man halte sich vor Augen, daß zu dieser Zeit ein Ort mit 30000 Einwohnern als Großstadt galt.) Es kamen also auf jeden Soldaten drei bis vier Zivilisten. Wie sollen wir ein solches Phänomen erklären? Die einfachste Antwort muß wohl lauten, daß die Anarchie in diesem Teil Deutschlands 1648 ein solches Ausmaß erreicht hatte, daß es sicherer war, sich innerhalb einer Armee zu befinden als außerhalb.

Diese formlose Menschenmasse ergoß sich wie ein Lavastrom langsam über die Landschaft und ließ sie auch, wie die Lava, nackt und verwüstet hinter sich zurück. Als nun die Lebensmittelversorgung nicht mehr ausreichte, schwärmten Banden von Zivilisten und Soldaten in alle Himmelsrichtungen aus und zogen von Dorf zu Dorf, von Stadt zu Stadt. Noch ein kleiner Krieg im Krieg flammte auf, als die Bauern auf dem Land zu den Waffen griffen, um sich und ihre Vorräte vor den Scharen von hohläugigen, hungernden Frauen und Männern zu schützen, die überall auf Nahrungssuche waren. Die Einwohnerzahl der Städte war nach den Notzeiten der vergangenen Jahre stark zurückgegangen, aber die noch verbliebenen bayerischen Bürger bemannten die Mauern Tag und Nacht, um die Plünderer abzuwehren. Auch die kämpfenden Truppen boten ein Bild von Verwahrlosung und Verfall. Dies galt besonders für die kaiserlichen Truppen; die Reiterei hatte keine Pferde und bestand zur Hälfte aus ungeübten und unerfahrenen Rekruten, die meisten Musketiere hatten schlechte oder keine Schußwaffen, und die Disziplin war unter aller Kritik – der Sold war wieder ausgeblieben. Auch die sonst so hartgesottenen und geordneten bayerischen Regimenter zeigten Auflösungserscheinungen. Außerdem lagen sich die kaiserliche und die bayerische Führung ständig in den Haaren. Die zwei Oberbefehlshaber Holzapel und der Bayer Gronsfeld waren inzwischen, sofern dies noch möglich war, noch uneiniger und stritten sich um alles und jedes – bei einer solchen Gelegenheit war der vollkommen außer sich geratene Gronsfeld im Begriff, mit gezogenem Degen auf seinen Kollegen loszugehen, wurde aber im letzten Augenblick von zwei seiner Generale zurückgehalten. Diese Uneinigkeit (die Wrangels Armee im Herbst 1647 gerettet hatte) war nicht so verwunderlich, wenn man bedenkt, daß die beiden von ihren jeweiligen Herrschern aus der Ferne gelenkt wurden und von zwei geheimen und teilweise widersprüchlichen Operationsplänen ausgingen. Die Bayern suchten in erster Linie ihr eigenes Land zu schützen und sahen aus Furcht vor einer Störung des Gleichgewichts der Macht im Reich nur ungern, daß der Kaiser einen großen und entscheidenden Sieg errang. Den Kaiserlichen hingegen lag wenig an Bayern. Sie hatten unter anderem so wenig für den Unterhalt ihrer eigenen Truppen dort getan, daß Kurfürst Maximilian drohte, die Versorgung der kaiserlichen Truppen mit Lebensmitteln einzustellen. Und während die höchsten Offiziere sich gegenseitig beschimpften, breitete sich die Uneinigkeit auch auf ihre Untergebenen aus. Während sie in den Hungerlagern hinter der Donau festlagen und abwarteten, was Schweden und Franzosen als nächstes tun würden, vertrieben sich bayerische und kaiserliche Offiziere die Zeit mit lautstarken Streitereien um Rang und Vortritt.

Währenddessen warteten Wrangel und Turenne. Sie warteten darauf, daß ihre eigenen Streitkräfte sich erholt hatten, daß der kalte Regen nachließ, die Schneeschmelze vorüberging und der Wasserstand der Flüsse fallen und die gelbbraunen Felder grün würden. Am 1. Mai 1648 brachen sie auf. Der Marsch ging zügig vonstatten. Sie bewegten sich geradewegs auf die Donau zu. Schon am 2. Mai erreichten sie den Fluß. Dort hielten sie an. Die Frage war, wo sie den Fluß überqueren würden. Die Kaiserlichen wußten, daß sie mehrere gute Alternativen hatten. Die Bayern fürchteten, daß sie hinter ihrem Rücken die Donau überqueren und sich zwischen sie und Bayern schieben würden. Sie befürworteten einen Rückzug bis zum Lech, und nach einigen Tagen stimmte Holzapel zu – zweifellos spielten die schweren Versorgungsprobleme eine entscheidende Rolle, als die Kaiserlichen nun die Donaulinie kampflos aufgaben. Die schwerbewegliche Masse von Soldaten, Wagen, Kanonen und über 100 000 Zivilpersonen setzte sich langsam durch die bewaldete und hügelige Landschaft nach hinten in Bewegung. Am Abend des 4. Mai erreichte die Spitze der auseinandergezogenen, wimmelnden Kolonnen Zusmarshausen, ein kleines Dorf mit einer von Häusern und frühlingsgrünen Bäumen umgebenen Kirche. Hier beschloß man, eine Weile zu warten, um zu sehen, was die Schweden im Sinn hatten. Sie wußten es noch nicht, aber sie wurden verfolgt.

2. Die Schlacht bei Zusmarshausen

DIE KAISERLICHEN GEBEN DIE DONAULINIE AUF. –
KAMPF VON HÖHE ZU HÖHE. – EINMARSCH IN BAYERN. –
WAS ERIKS FREUND THEOPHILI ZUSTIESS. – ERIK BIRGT DEN LEICHNAM. –
ÜBER NACHRICHTENWESEN UND ZEITUNGEN. –
DIE NACHRICHTENREVOLUTION. – ÜBER DIE GROSSE BEDEUTUNG
DES GERÜCHTS. – ÜBER KENNTNISSE UND FERTIGKEITEN. –
WIE EINE ARMEE SICH BEWEGTE. – KÖNIGSMARCK DRINGT IN BÖHMEN EIN. –
WAS ERNST ODOWALSKY ZU ERZÄHLEN HATTE.

Am Nachmittag des 6. Mai gingen sechs schwedische und drei französische Reiterregimenter über die Donau. Lange Kolonnen von Pferden und Männern tasteten sich voran durch das sumpfige Terrain südlich des Flusses, und nach ein paar Stunden stießen sie auf eine eigene Erkundungspatrouille, die berichten konnte, daß die feindliche Armee noch immer bei Zusmarshausen stillstand, eineinhalb Stunden entfernt. Wrangel, Turenne und Königsmarck waren den Truppen über den Fluß gefolgt, und sie hatten zunächst daran gedacht, einen sofortigen Angriff zu befehlen, aber nach einigem Hin und Her beschlossen sie, lieber den Rest des schwedisch-französischen Heers abzuwarten und am folgenden Tag einen großen Angriff zu führen. Aber man wollte das Überraschungsmoment erhalten, und die ganze Kavallerieabteilung zog sich vorsichtig zurück an einen freien Platz, wo die Soldaten ein provisorisches Nachtlager aufschlugen; gleichzeitig wurde dem Rest der Armee die Botschaft übermittelt, sofort alles Gepäck zurückzulassen und sich zu der wartenden Reiterei zu begeben. Gegen zwei Uhr trafen die Truppen ein. Da hatte eine neue Erkundungspatrouille von 50 Mann die feindlichen Streitkräfte bei dem kleinen Dorf ein wenig beschnuppert. Sie brachten ein paar Gefangene mit, die berichteten, daß die Bayern und die Kaiserlichen im Morgengrauen aufbrechen und zum Lech weitermarschieren wollten. Die Beute war im Begriff, sich davonzumachen.

Und richtig. Um vier Uhr am Morgen brachen die Bayern und die Kaiserlichen auf. Die schlechte Disziplin zeigte sich sofort; es dauerte lange, die Leute aus den Zelten und auf den Weg zu bringen. An der Spitze gingen wie gewöhnlich Zimmerleute, Schanzengräber und Brückenmeister, um alle Hindernisse zu beseitigen und Wegschäden auszubessern (sie wurden von einem Hauptmann und 50 Musketieren geschützt). Das war hier auch wahrlich vonnöten, denn der holperige Weg wand sich auf und ab über Höhenrücken und bewaldete Hügel, über und durch mehrere Moore und kleine Flüsse. Die Befehlshaber hatten für eine Weile aufgehört zu zanken und trotz einer peinlich mangelhaften Aufklärung inzwischen langsam eingesehen, daß die schwedisch-französische Armee in der Nähe war. Sie glaubten jedoch, daß die Verfolger versuchen würden, ihnen den Rückzug zum Lech abzuschneiden – was militärisch gesehen der vernünftigste Zug gewesen wäre –, weshalb sie der Spitze der Marschkolonne mit kampfbereitem Fußvolk und Artillerie größere Durchschlagskraft verliehen. Nach den Infanteriekolonnen und den langen Artilleriegespannen folgten zuerst die beiden Kutschen der Befehlshaber mit den Feldkanzleien, danach der Troß mit seinem bunten Gewimmel von Pferden, Wagen, Karren, Leiterwagen, Karretten, Karossen, Bauernwagen und Fußgängern. Den Schluß sollte eine leichte Nachhut bilden, die aus 500 kaiserlichen Musketieren, 2500 Mann Kavallerie und leichter kroatischer Reiterei sowie vier kleinen Kanonen bestand. Um 7 Uhr am Morgen des 7. Mai geschah es. Ausgesandte Wachtposten berichteten, daß Schweden und Franzosen im Anmarsch seien. Sie hielten jedoch nicht auf den schweren Kopf der Marschkolonne zu, sondern vielmehr auf ihren leichten Schwanz. Um halb acht begann es.

Die Nachhut stand zu diesem Zeitpunkt noch bei Zusmarshausen, in erhöhter Position auf einem nahen Hügel. Als schwedische und französische Reiterschwadronen in dem sumpfigen und schütter bewaldeten Terrain unter ihnen auftauchten, schoß man zuerst drei Alarmschüsse mit Kanonen und eröffnete dann das Feuer auf die Heranrückenden. Die Nachhut war hier mehr oder weniger gefangen, weil sie vom Hauptteil der Armee durch die unübersehbaren Reihen von Wagen, die nun in einem großen und knarrenden Gedränge davonzukommen versuchten, abgeschnitten war. Für kurze Zeit gelang es den Männern auf der Anhöhe – unter Führung des spitznasigen Italieners Raimondo Montecuccoli, eines gelehrten Mannes und zugleich tüchtigen Soldaten, der an praktisch jeder Schlacht seit Breitenfeld teilgenommen hatte –, sich die flaggengeschmückten, vorwärtsgaloppierenden Rechtecke vom Leib zu halten und sie sogar zurückzuwerfen, doch mehr und mehr schwedische und französische

Einheiten brachen aus den grünen Wäldern unter ihnen hervor. Von Einkreisung bedroht, retirierte die Nachhut ein Stück, von der Anhöhe hinab. Sie zogen weiter den Hohlweg entlang, auf dem die Hauptarmee abmarschiert war, über einige mit Gestrüpp bewachsene Felder, auf eine neue Anhöhe. Dort wiederholte sich das Muster des ersten Kampfes. Die überlegenen schwedischen und französischen Verbände zogen sich in einem immer engeren Halbkreis um sie zusammen, und schließlich gegen 12 Uhr wurden die Männer der Nachhut durch ein dünnes Flirren von Trompetensignalen und wirbelnde Wolken von Pulverdampf hindurch zurückgedrängt. Die Zurückweichenden rollten immer noch die vier kleinen Kanonen mit. Der Rückzug erfolgte entlang des Wegs, noch eine Anhöhe hinauf. Dort wartete Holzapel mit 500 Musketieren, 2 Kanonen und 400 Reitern, die in aller Hast heranmarschiert waren und sich schnell hinter einer Reihe gefällter Bäume verschanzt hatten. Die erschöpften Soldaten der Nachhut strömten ihnen entgegen, aber Schweden und Franzosen drängten nach. Die Verfolger holten die Verfolgten ein, und vermischt miteinander erreichten sie gleichzeitig Holzapels Auffangstellung. Ein wirrer, erbitterter Kampf wurde ausgefochten. Immer neue Glieder von Reitern prallten zusammen und feuerten knatternde Salven aufeinander ab. Holzapel selbst wurde in das rauchige Kampfgetümmel hineingezogen und von einer Kugel in die Brust und einer zweiten an der Schulter getroffen (er wurde blutend aus dem Kampf und weiter in das nahegelegene Augsburg gebracht, wo er nach einigen Stunden in den Armen seiner Frau starb). Die zahlenmäßig überlegenen Verfolger schlossen sich wieder um die Verteidiger zusammen. Schwedische Reiterei umging die rechte Flanke der Nachhut und gelangte in ihrem Rücken an den Weg. Damit war jeder weitere Rückzug vereitelt und der Kampf praktisch entschieden. Kaiserliche und Bayern flüchteten zurück, vorbei an dem brennenden Dorf Horgau. Einem Teil der Reiterei gelang es, sich durchzuschlagen und auf dem von verlassenen Wagen und Kanonen überfüllten Waldweg nach Norden zur Hauptarmee zu gelangen. (Als die Verfolger nahe genug gekommen waren, hatten die Leute des Trosses die Pferde ausgespannt und waren rasch davongeritten. Auch die kaiserliche Feldkanzlei blieb im Chaos der Fahrzeuge zurück.) Viele der Fliehenden versuchten, sich in dem dichten Wald hinter dem Dorf zu verstecken, aber sie wurden aufgespürt und in dem frischen Grün niedergemacht. Der furchtlose Montecuccoli gehörte zu den Abgeschnittenen; er stieg vom Pferd und watete mit ihm zu Fuß durch einen Morast und konnte so entkommen.

Schwedische und französische Reiterei ritten weiter nach Norden, fest entschlossen, die fliehende Hauptarmee zu erreichen. Längs des ganzen Wegs sahen die Reiter Haufen von verlassenen Karren und Wagen, ein Teil von ihnen in Morast und Flußniederungen festgefahren, andere ganz einfach mitten auf dem Weg in Panik zurückgelassen. Als die schwedischen und französischen Kavalleristen aus dem Wald herausrutschten und an eine kleine Niederung neben dem breiten Fluß Schmutter kamen, sahen sie, daß es zu spät war. Die Bayern und die Kaiserlichen hatten sich bereits auf der anderen Seite des Flußlaufs in Sicherheit gebracht. Die Verfolger waren ermattet: sie waren fast 36 Stunden ohne Schlaf auf dem Marsch gewesen. Sie hatten nicht mehr die Kraft, die sumpfige Flußniederung zu überwinden und zum Angriff gegen die Truppen vorzugehen, die sie in Kampfformation aufgestellt auf einer Anhöhe jenseits des Flusses sehen konnten. Die Kanonen dröhnten eintönig bis 10 Uhr am Abend, als insgesamt von beiden Seiten rund 1500 Schuß abgefeuert worden waren und der Sonnenuntergang das Funkeln auf den Kanonenrohren, Harnischen und Pikenspitzen ausgelöscht hatte. Dann war alles vorüber. Alle Kämpen sterben sieglos.

Hier bei Zusmarshausen wurde die letzte Armee der Kaiserlichen geschlagen. In die eigentliche Schlacht war fast nur die Nachhut verwickelt, und der Hauptteil der bayerischen und kaiserlichen Streitkräfte war zu keinem Zeitpunkt ernsthaft beteiligt. Ihr gesamter Verlust war nicht allzu groß: 6 Kanonen, 6 Standarten, 353 Wagen, 700 Pferde und etwa 2200 Mann gingen an jenem 7. Mai verloren. (Wrangel und Turenne machten auch keinen Versuch, den auf den bewaldeten und mit Dickicht bestandenen Hügeln um Zusmarshausen errungenen Erfolg auszubauen. Während der Nacht konnten sich die Gegner in den Schutz der Stadt Augsburg zurückziehen.) Der eigentliche Verlust war jedoch allem Anschein nach psychologischer Natur. Die Kampfmoral in den kaiserlichen und bayerischen Streitkräften war bereits vor der Schlacht schlecht gewesen, danach brach sie mehr oder weniger zusammen. Verzagtheit griff auch unter den höheren Offizieren des Heers um sich, und nach einer ziemlich lahmen Verteidigung der Lechlinie wälzte sich die Armee weiter nach Osten, in zunehmender Auflösung begriffen, da immer mehr Scharen demoralisierter Soldaten die Verbände und Fahnen verließen und statt dessen entlang des Marschwegs Proviant aufzutreiben suchten. (Der Kampfgeist wurde auch nicht spürbar besser dadurch, daß der enttäuschte Kurfürst Maximilian in dieser Lage den bayerischen Befehlshaber Gronsfeld einkerkern und wegen Verrats vor Gericht stellen ließ.)

Gegen Ende Mai fiel die schwedisch-französische Armee in das fast unverteidigte Bayern ein. Unter den Herren des Landes und der Bevölkerung breitete sich Entsetzen aus. Der Kurfürst und sein gesamter Hof verließen Hals über Kopf und per Boot München. Wer von seinen Untertanen dazu in der Lage war, folgte seinem Beispiel, nahm seine Habe und lief in die Wälder oder flüchtete zu einem der befestigten Plätze. Und Schweden und Franzosen folgten ihnen, plünderten, brannten nieder und schlugen zu. Wrangel forderte vom Kurfürsten die unglaubliche Brandschatzsumme von zwei Millionen Talern, um die Verwüstungen einzustellen, aber die Verhandlungen gingen langsam voran, und währenddessen brannten Städte, Schlösser und Dörfer in Bayern. Wrangel selbst hatte zu der Zerstörung eine recht leichtfertige Einstellung. In einem Brief schrieb er:

> *Es ist höchst bedauerlich, daß man eifriger ist, das eine oder andere Gebäude zu retten, als Blutvergießen zu verhindern, es wird als weniger schlimm angesehen, wenn ein paar hundert Soldaten sich gegenseitig im Laufe eines Tages das Genick brechen, als daß ein Haus aus Stein und Holz, das nur zum Luxus erbaut worden ist, durch den Krieg zerstört wird.*

Zur gleichen Zeit schickte Wrangel Königsmarck und 1500 Reiter – darunter die vier bernhardinischen Regimenter, die weiterhin ein ständiger Unruheherd waren – mit einem besonderen Auftrag los. Sie ritten in nordöstlicher Richtung nach Böhmen. Dort sollten sie einen unerhörten Coup ausführen, der die kaiserliche Partei in ihren Grundfesten erschüttern sollte.

Ungefähr zu dieser Zeit war es Erik Jönssons Vorgesetztem Mardefelt gelungen, eine Ernennung zum Fortifikateur bei der Feldarmee an Erik vorbeizulenken und statt dessen seinem eigenen Schwager Luther Wilhelm Theophili zuzuschanzen.

Theophili trat jedoch seinen Dienst nie an. Als Karl Gustavs Truppen von Demmin aufbrachen, war Mardefelts Schwager nicht reisefertig. Er reiste etwas später zusammen mit Karl Gustavs Gepäck und seinem Hofmeister Cometko. In Sachsen, bei einer kleinen Stadt mit Namen Kalbe an der Saale, gut 30 Kilometer südlich von Magdeburg, wurde die Reisegesellschaft von einer jener umherstreifenden feindlichen Abteilungen angegriffen, die alle Transporte unsicher und alle Reisen zu einem Alptraum machten. (Gerade diese wurde von einem Mann mit dem Spitznamen »der blinde Valentin« angeführt.)

Ein vages Bild von dem, was Theophili und seiner Gesellschaft zustieß, können wir uns machen, wenn wir eine Radierung des ausgezeichneten Kupferstechers Jacques Callot betrachten. Callot, ein Augenzeuge des Krieges, hat in seiner Serie von Radierungen »Das Elend des Krieges« auch einen Überfall auf Reisende dargestellt – ein Szene, die sich viele tausendmal in diesen schweren Jahren wiederholt haben muß. Einige Reisende sind auf einer Waldlichtung von einer Bande Soldaten angehalten worden, die mit großen, fliegenden Hüten und erhobenen Waffen heranstürmen. Ein Mann auf einem sich aufbäumenden Pferd wird von Soldaten umringt und mit einem aus kurzer Entfernung auf seinen Kopf abgefeuerten rauchenden Pistolenschuß niedergestreckt.

Ein anderer ist bereits vom Pferd gefallen und liegt ohne Kopfbedeckung auf der Erde und zappelt, festgenagelt von dem Gewicht eines vorgebeugten Mannes, der ihn festhält und gleichzeitig die richtige Stelle für einen Stoß mit seinem Degen sucht. In der Bildmitte sieht man eine Karrette: Soldaten umschwärmen sie wie Insekten. Der Kutscher ist gerade vom Kutschbock gestoßen worden und fällt rücklings mit ausgebreiteten Armen wie ein Gekreuzigter. Einige Passagiere zeigen sich an der geöffneten Wagentür und starren mit einer Mischung aus Unglauben und Entsetzen auf den stacheligen Halbkreis von Mündungen und Pikenspitzen, der sich um sie schließt. Im Vordergrund sieht man den höchst logischen Schlußpunkt des Angriffs: eine ausgeplünderte Leiche, ohne Hosen, halbnackt, die gebeugten Knie leicht angezogen. Neben dem Toten liegt sein durchsuchtes Gepäck, auseinandergerissen und verstreut. Und in einiger Entfernung am Himmel sind Vögel zu erkennen – es könnten Raben sein.

Über den Überfall, der bei Kalbe stattfand, wissen wir fast nichts, außer daß zahlreiche Mitglieder der Gesellschaft getötet wurden und daß einer von diesen Theophili war, der also in den allerletzten Tagen des Krieges fiel. Es ist sehr gut denkbar, daß das gleiche unheilvolle Schicksal Erik ereilt hätte, wenn sein nepotischer Dienstherr ihm nicht Theophili vorgezogen hätte.

Mardefelt und seiner Frau war daran gelegen, den Leichnam Theophilis zu bergen, und es gelang ihnen, Erik zu überreden, diesen Auftrag anzunehmen. Es war stets schwer, eine einzelne Leiche zu retten. In dieser Zeit wurden die Gefallenen in der Regel ohne größere Ehrfurcht behandelt. Nachdem man die Toten ihrer Kleidung, Ausrüstung und alles dessen beraubt hatte, das auch nur den Schatten eines Werts hatte, wurden die nackten Körper zuweilen ganz einfach liegengelassen, unbegraben und von allen verlassen, außer von den Fliegen und den Vögeln des Himmels:

Uns haben starke Regenschauer ausgelaugt, gewaschen,
von schwerer Sonnenglut sind wir geschwärzt, verbrannt.
In unsern Augenhöhlen fanden Raben was zu naschen,
und pickten rein die Haut, wo Haar und Bart uns stand.

Man konnte auf alte Schlachtfelder stoßen, wo die Gebeine Gefallener noch nach zehn bis zwanzig Jahren wie weißer, rasselnder Kies verstreut lagen. Wenn man die Zeit und die Möglichkeit hatte, kümmerte man sich meistens um die eigenen Gefallenen, aber es gab Unterschiede zwischen Toten und Toten. Gemeine Soldaten wurden ohne größeres Zeremoniell an Ort und Stelle begraben, während Offiziere in einer nahegelegenen Kirche bestattet wurden. Die Leichname hochgestellter Personen wurden in der Regel sorgsam geborgen, vorausgesetzt, daß man sie finden und identifizieren konnte: nicht zuletzt, weil man erwartete, daß die Familie es sich etwas kosten lassen würde, wenn der Tote nach Hause überführt wurde.

Nachdem Erik von Mardefelts Ehefrau ein Leichenhemd bekommen hatte, in das er den Toten kleiden sollte, reiste er Ende September 1648 nach Süden. Kalbe an der Saale lag mitten in Deutschland, nicht weit von Magdeburg. Die Reise war streckenweise gefährlich, weil sie durch Wälder führte, in denen es von Wegelagerern, Spitzbuben und Marodeuren wimmelte. Nach drei Wochen erreichte er Kalbe, das in einer waldigen und hügeligen Gegend lag, wie eingezwängt in eine scharfe Biegung der Saale. Erik fand den Körper des Freundes in einer der vielen Kirchen der Stadt. Offenbar war die Leiche schon in den Zustand fortgeschrittener Verwesung übergegangen, denn Erik hatte Schwierigkeiten, dem Toten das mitgesandte Leichenhemd anzulegen, und er war gezwungen, für den Rücktransport nach Demmin einen doppelten Sarg machen zu lassen. Es ist möglich, daß ihn hier bereits die große Neuigkeit erreichte, doch es ist nicht gerade wahrscheinlich. Seinem Tagebuch nach zu urteilen, war er genau wie die meisten Menschen in Deutschland offenbar lange in vollkommener Unwissenheit über das, was geschehen war.

Wie Personen und Güter bewegten sich auch Nachrichten im allgemeinen mit großer Langsamkeit. In der vorindustriellen Gesellschaft gab es lange Zeit keine organisierte Verbreitung von Nachrichten. Die meisten Informationen erreichten die Menschen in Form von Gerüchten, durch Hörensagen und Klatsch. Vieles war freie Erfindung. Auch bewußte Desinformation kam vor, doch auch korrekte Informationen wurden auf ihrem langen Weg von Mund zu Mund häufig verzerrt, karikiert oder aufgebläht. Bestimmte Neuigkeiten wurden auch in Form von Reimdichtung, Bänkelsang und Liedern verbreitet, die von Mund zu Mund gingen oder von umherziehenden Gauklern und Bänkelsängern vorgetragen wurden. Manchmal konnten der Bevölkerung Brocken von offizieller oder offiziöser Information von der Kanzel oder von einem königlichen Ausrufer in der Stadt zur Kenntnis gebracht werden. Das war für gewöhnlich alles. Dies begann sich jedoch gerade im 17. Jahrhundert, das sozusagen der Schauplatz einer Art von Revolution des Nachrichtenwesens war, allmählich zu verändern. Früher war das gedruckte Wort eine Angelegenheit für Geistliche und Gelehrte gewesen. Während dieser ersten Hälfte des Jahrhunderts entwickelte sich jedoch das Druckereigewerbe zu einer kleineren Industrie, die Produkte zu erzeugen begann, die so billig waren, daß sie auch die sogenannten einfachen Leute erreichen konnten. Die meisten Druckereien waren zwar noch in den Universitätsstädten und in den großen Städten zu finden, doch ihre Zahl vermehrte sich ständig – so gab es in Paris in den vierziger Jahren 70 Drucker, die nicht weniger als 180 Pressen betrieben. In Schweden gab es um die Mitte des

Jahrhunderts zehn Druckereien – und ihre Produkte fanden immer größere Verbreitung. Die Kriege und Revolten in Europa führten zu einem dramatischen Anstieg der Publikation von Kleindrucken wie Flugblättern, Gedichten, Liedern, Karikaturen, Propaganda, Satiren, Schmähschriften und Pamphleten. Allein zwischen 1640 und 1661 wurden in England 25 000 Traktate und Flugblätter gedruckt; in Frankreich, wo in ebendiesem Jahr ein großer Aufruhr ausbrach, wurden in vier Jahren 8000 Schriften publiziert, die alle Kardinal Mazarin angriffen, dessen Machtpolitik, Intrigen und protziges, neureiches Gehabe immer mehr Menschen in Frankreich empörten. (»Halb Paris druckt und verkauft Pamphlete, und die andere Hälfte schreibt sie«, hat irgend jemand gesagt.) All dies führte dazu, daß zum erstenmal in der Geschichte so etwas entstand wie eine informierte öffentliche Meinung; man gebrauchte das Wort *fama*, das man mit »die allgemeine Meinung« übersetzen kann. Diese allgemeine Meinung konnte in gewissen großen politischen und theologischen Fragen durchaus einen Einfluß ausüben. Kein Herrscher konnte sie mehr ignorieren.

In dieser Flut von Druckerzeugnissen gab es auch mehrere reine Nachrichtenmagazine. Zeitungsverkäufer und Zeitungshändler wurden bald zum normalen Bestandteil des Straßenhandels in allen großen Städten. Die ersten richtigen Zeitungen kamen 1609 heraus. Es waren die *Relation oder Zeitung* in Augsburg und *Relation: Aller Fürnemmen und gedenckwürdigen Historien...*, die in Straßburg erschien. Viele andere waren gefolgt. Meistens bestanden sie nur aus wenigen Blättern in kleinem Oktav- oder Quartformat, die mit kurzgefaßten Nachrichten von Nah und Fern angefüllt waren. Die erste richtige Wochenzeitung war die *Gazette de France*, die seit 1631 herauskam. Es wurden rasch mehr. Ein Holländer konnte in den vierziger Jahren zwischen sechs verschiedenen *corantos* wählen, die sämtlich in- und ausländische Nachrichten enthielten und von denen einige mit Artikeln prahlen konnten, die von speziell ausgesandten Kriegskorrespondenten verfaßt waren.

Die erste schwedische Zeitung – die ebenfalls wöchentlich erschien und im Jahresabonnement 2 Taler und 8 Öre kostete – war die *Ordinari Post Tijdender*, die seit 1645 verbreitet wurde. Sie war ein staatliches Organ, das vom Postmeister in Stockholm betreut wurde. Er hatte den Auftrag, von den Postverwaltern im Reich und auch von Kontakten in verschiedenen ausländischen Großstädten Material zu sammeln, und er war es, der danach das eingegangene Material zu kleinen Notizen zusammenschnitt. (Es war, so muß man sagen, eine bescheidene Organisation, denn zum gleichen Zeitpunkt gab es deutsche Zeitungen, deren Redaktion aus zehn oder mehr fest angestellten Personen bestand.)

Ohne Zweifel war der Durst nach Neuigkeiten groß. Besonders Menschen, die fern der großen Städte auf dem Land lebten, befanden sich zumeist in einer informationsmäßigen Vorhölle, was sich durch das Gefühl der Unsicherheit, das in dieser Zeit herrschte, nur noch verschlimmerte. Diese Menschen griffen auch nach allem, was ihnen in die Hände fiel. An manchen Orten, zum Beispiel in Falun, gingen gedruckte Zeitungen wie *Ordinari Post Tijdender* schnell von Hand zu Hand, doch die Neugier war immer noch so groß, daß man sich gezwungen sah, öffentlich aus ihnen vorzulesen. Die Machthaber spürten diesen Informationshunger und wußten auch, daß die Menschen, wenn sie nicht wußten, was geschah, dazu neigten, sich aus Gerüchten ihre eigenen Deutungen des Geschehens zu formen.

Die üppig wuchernde Flora des Hörensagens wurde von den Regierenden auch als ein Problem betrachtet, und das mit gewissem Recht. Aufständen, Unruhen und auch den in bestimmten Abständen aufflammenden Epidemien von Hexenwahn ging fast immer eine kräftige Gerüchteverbreitung vorauf. Wer Unruhe schaffen oder die Menschen zum Kampf mobilisieren wollte, bediente sich für seine Zwecke häufig bewußt des Gerüchts. Verschiedene mehr oder weniger phantasievolle Geschichten waren oft das einzige, dessen es bedurfte, um eine bereits gespannte Situation in Geschrei und Krawallen explodieren zu lassen. Auch das Trachten der Bürger nach Information jeder Art wurde von den Herrschenden mit einem gewissen Unwillen betrachtet. Neuigkeiten wurden lange Zeit als etwas betrachtet, das vor allem die höheren Stände anging, und ein Nichtadliger, der Neuigkeiten verschlang, konnte wie ein im Luxus lebender Bürger als eine direkte Herausforderung der Aristokratie und ihres traditionellen Machtmonopols aufgefaßt werden. Um sich zu behaupten und all diesen mehr oder weniger spontanen und mehr oder weniger umstürzlerischen Gerüchten Paroli zu bieten, hatte schon Gustav Adolf dafür gesorgt, in regelmäßigen Abständen gedruckte Zeitungen herauszugeben, und sowohl die *Gazette de France* – im wesentlichen eine Erfindung Kardinal Richelieus – als auch die *Ordinari Post Tijdender* – im wesentlichen ein Projekt Axel Oxenstiernas – dienten diesem Zweck. Die öffentliche Meinung war eine Tatsache, und die Regierenden taten ganz einfach, was sie konnten, um sie zu beeinflussen. Es ist jedoch interessant zu beobachten, daß sie den Informationsfluß noch in den dreißiger und vierziger Jahren dieses Jahrhunderts nur lose im Griff hatten. Alle Länder hatten irgendeine Form von Zensur, sei es kirchliche oder staatliche oder beides zugleich, doch sie war meistens organisatorisch ineffektiv, gedanklich unbeholfen und in der praktischen Durchführung lasch, nicht selten brutal, aber gleichzeitig leicht zu umgehen – also Lichtjahre entfernt von der modernen totalitären Zensur. Manchmal wurde jemand angeklagt wegen etwas, das er geschrieben hatte, aber meistens griff die Zensur ein, indem sie die betreffende Schrift beim Drucker beschlagnahmte. Es gab auch einen Schwarzmarkt für verbotenes oder zensiertes Material, das auf diese Weise trotz aller Verbote an die Öffentlichkeit kam. Der Staat war noch zu schwach, um eine effektive Kontrolle über den Informationsfluß auszuüben, und die Herrschenden mußten sich noch damit abfinden, mit den selbständigen Nachrichtenblättern zu konkurrieren. Wie man bei Hof um die Gunst des Regenten kämpfte, indem man ihn mit der besten Information versorgte, so gab es auch hier eine Art von »Nachrichtenkampf«. Viele unabhängige Zeitungen waren tatsächlich recht zuverlässige und unparteiische Organe, die nach Möglichkeit alles laute Polemisieren vermieden, und dies zwang auch die offiziösen Blätter dazu, auf allzu grobe Propaganda zu verzichten und statt dessen den einen oder anderen Einblick in die innersten Gemächer der Macht zu gewähren. So hatte Ludwig XIII. selbst in der *Gazette de France* geschrieben, und in der *Ordinari Post Tijdender* wurden viele von schwedischen Befehlshabern draußen im Feld geschriebene authentische Briefe und Berichte abgedruckt.

Die gedruckten Zeitungen waren allerdings nie besonders detailliert in ihrer Darstellung oder tiefschürfend in ihrer Analyse. Fürsten und andere Mächtige bezogen ihre besten Nachrichten von den Kundschaftern, Diplomaten und Residenten, die über die Länder und Reiche des Kontinents verstreut waren. Andere Personen, die wirklich fundierte Information suchten, mußten sich diese durch die privaten Nachrichtenbriefe, *nouvelles*, beschaffen, die mit der Hand geschrieben und kopiert und zuweilen für teures Geld weiterverkauft wurden. Hochgestellte Personen, die Geld hatten, hielten mitunter eigene Berichterstatter in verschiedenen großen Städten oder griffen auf Nachrichtendienste von Kaufleuten oder Reisenden zurück: Dienste, die sich teils darauf beschränkten, das eine oder andere lokale Neuigkeitsblatt zu übersenden, teils in reiner Spionage bestanden. Obwohl mehr und mehr Zeitungen und Blätter herausgegeben wurden, spielten also die informellen Kanäle für Hoch und Niedrig noch eine große Rolle. Gewöhnliche Sterbliche waren in der Regel weiterhin auf die Berichte angewiesen, die langsam und verzerrt von Mund zu Mund wanderten.

Aus diesem Grund gingen Erik Jönsson und die meisten Menschen, die in Deutschland lebten, am Abend des 14. Oktober 1648 zu Bett, ohne zu wissen, daß der Krieg beendet war.

Einige der zahlreichen militärischen Reformer und Neudenker des 17. Jahrhunderts nährten den Traum von der Armee als einer perfekt funktionierenden und in allen ihren Einzelteilen lenkbaren Maschine. Zwischen Ideal und Wirklichkeit lag allerdings meistens eine meilenweite Kluft; davon zeugten die chaotischen Schlachten, die alle Generale verabscheuten, weil sie praktisch unmöglich zu lenken waren; davon zeugten die ruckhaften Kriegsbewegungen, die mehr von dem verfügbaren Unterhalt, vom Wetter, von politischen Rücksichten und der schlechten Disziplin der Truppen bestimmt wurden als von eventuell genialen Plänen. Doch auch wenn man die Heere nicht als fehlerfreie Uhrwerke bezeichnen kann, gab es einige Teilbereiche, in denen sich ein hohes Maß an Verfeinerung, ja sogar so etwas wie Meisterschaft entwickelt hatte. Allzuoft hegen wir, die wir heute leben, eine sonderbare Verachtung für die Menschen, die früher lebten; wir vergleichen stolz die ungeheuren wissenschaftlichen und technischen Fortschritte unserer Zeit mit der Armut und Hilflosigkeit jener Zeit und sehen deshalb zum Beispiel auf die Menschen des 17. Jahrhunderts herab, als seien sie weniger kenntnisreich gewesen. Das ist natürlich falsch. Zweifellos verfügen wir über unendlich viel mehr Kenntnisse als sie, doch wenn man dieses Verhältnis etwas genauer betrachtet, sind es eher wir als Individuen, die hilflos erscheinen; wir leben in einer Gesellschaft, die auf einer weitgehenden Spezialisierung aufbaut: Jede Person weiß immer mehr über immer weniger, und unsere Kenntnisse nehmen ständig zu, während unsere Fertigkeiten abnehmen. Der Mensch der Gegenwart unterscheidet sich in vielen Punkten von dem des 17. Jahrhunderts. Wenn wir uns eine Vereinfachung erlauben und etwas, das wir ein frühmodernes oder feudales Bewußtsein nennen könnten, neben ein modernes oder kapitalistisches Bewußtsein stellen, würden wir wohl eine Reihe interessanter Unterschiede feststellen. Während ein feudaler *seigneur* ein Genußmensch war und sein Leben in der Gruppe lebte, ist der moderne Bürger, der ihn als Herrscher über den Kontinent ablöste, ein individualistischer Pflichtmensch. Während der feudale Seigneur in erster Linie subjektive, persönliche Werte hochhielt, vor allem würdige Tätigkeiten suchte, in einer Welt von Ritterstolz und der Illusion von Heldentum lebte und die Perfektion um ihrer selbst willen erstrebte, huldigt der moderne Bürger mehr objektiven, sachlichen Werten, während er sich gleichzeitig am liebsten nützlichen Beschäftigungen widmet, in einer Welt von Waren und Profiten lebt und die Perfektion als Mittel zu materiellem Gewinn betrachtet. Der feudale Seigneur war in erster Linie Ästhet, der moderne Bürger ist in erster Linie Moralist. Wo der Erstgenannte betrachtend und nachdenklich war, ist der andere ordnend und belehrend; der erste träumt, der andere rechnet; und wo der frühmoderne Mensch Fertigkeiten besaß, besitzt der moderne Mensch Kenntnisse. Auch die, die in den Armeen mitmarschierten, waren in erster Linie Fertigkeitsmenschen, die häufig sehr versiert waren in dem, was sie taten. Die 143 verschiedenen Griffe des Musketendrills übertreffen das meiste an heutiger militärischer Ausbildung; das Kunststück, eine Radschloßpistole neu zu laden, während man im Sattel eines schaukelnden Pferdes saß, dürften wenige moderne Soldaten nachmachen können, und kein Artillerist des 20. Jahrhunderts ist noch in der Lage wie der Kollege im 17. Jahrhundert, ohne Zielvorrichtung, Schießtabellen und standardisierte Ladungen auf 500 Meter

Entfernung zu zielen und zu treffen, nur nach Augenmaß, das sich durch jahrelange Praxis bis zur Vollendung verfeinert hat.

Zu den hochentwickelten kollektiven Fertigkeiten der Heere gehörte unter anderem das Marschieren. Die Armeen hatten im 17. Jahrhundert an Umfang erheblich zugenommen – vielleicht der wichtigste Grund dafür, daß die Kriege so schrecklich teuer und so schrecklich zerstörerisch geworden waren. Zwischen dem Beginn des 16. und dem Ende des 17. Jahrhunderts verzehnfachte sich die Heeresgröße! Die Armee, die den spanischen Machthabern zur Verfügung stand, als diese sich gegen Ende des 15. Jahrhunderts zu Herren über einen bedeutenden Teil Europas und sogar der Welt aufschwangen, zählte nur 20 000 Mann, und sie galt zu ihrer Zeit als furchteinflößend groß. Während des Dreißigjährigen Krieges umfaßte die spanische Landstreitmacht über 300 000 Soldaten, aber das half in den Kämpfen mit den schnell wachsenden französischen und holländischen Streitkräften nicht. Auch wenn keine operierende Feldarmee jemals so gewaltig war, handelte es sich dennoch um enorme Mengen von Soldaten und Material, die nun während der Kampagnen vor- und zurückbewegt werden mußten. Dies war etwas Neues und Unerprobtes, aber rasch lernten die hohen Militärs, auch die Schwierigkeiten der großen Märsche zu bewältigen (und hätten sie das nicht gekonnt, wären diese Kriege eine Unmöglichkeit gewesen). Viele Waffen waren zwar einfach, aber die Mechanismen des Krieges kompliziert und schwer zu beherrschen. Eine Streitmacht mit Zehntausenden von Soldaten, Pferden und Wagen, Proviant und schwerem Material zu bewegen stellte höchste Ansprüche an die logistischen Fähigkeiten der hohen Militärs. Ein solcher Marsch wurde nicht nach dem Zufallsprinzip durchgeführt, sondern erfolgte, wie wir im Fall des retirierenden kaiserlichen Heeres gesehen haben, nach genau ausgearbeiteten Plänen und mit einer Präzision, die zumindest in diesem Punkt nahezu maschinenmäßig war.

Ein normaler Marschtag konnte folgendermaßen aussehen: In der Dunkelheit, eine Stunde vor der Morgendämmerung schlugen die Trommler des Fußvolks Vergatterung – Sammlung und Aufstellung –, während die Trompeter der Reiterei *boute-selle* bliesen. Oft ging es zu diesem Zeitpunkt im Lager bereits sehr lebhaft zu. Das Stallpersonal war auf und striegelte und tränkte die Pferde und sammelte das übriggebliebene Futter ein. In der Stunde bis Tagesanbruch sollte sich der Rest der Mannschaften ankleiden, die Zelte abbrechen, alles Zubehör auf die Troßwagen laden und schließlich seinen Platz im Glied einnehmen. Bei Sonnenaufgang begann der Marsch. An der Spitze gingen Führer und eine Patrouille, dicht gefolgt von einem Brückenmeister mit Handlangern und Zimmerleuten; sie sollten alle Hindernisse aus dem Weg räumen und die Fahrwege und Brücken ausbessern oder sogar, wenn dies nötig sein sollte, neue anlegen. (Die schlechten Wege und die Tatsache, daß die Armeen nicht selten gezwungen waren, sich ihren Weg durch das Terrain zu graben und zu hauen, erklären, warum die Tagesetappen so kurz waren, in der Regel 5 bis 6 Kilometer. Deshalb kamen die Heere oft nur ruckhaft voran: Immer wieder kam es zu Zwangspausen, wenn Hindernisse aus dem Weg geräumt oder Staus aufgelöst werden mußten.) Dann folgte ein großer Teil der kämpfenden Verbände in dichten Marschkolonnen: die Glieder der Reiterei, mit den verschiedenen farbenfrohen Standarten der Schwadronen geschmückt; die dichten Reihen der Bataillone des Fußvolks, gekrönt von einem klappernden Wald von langen, schwankenden Piken und schaukelnden Musketen. Gleichzeitig wurden Patrouillen nach den Seiten ausgeschickt. Sie sollten auf den Flanken des vorrückenden Heeres marschieren, teils als Sicherung gegen feindliche Überfälle, teils um die eigenen Soldaten daran zu hindern, sich aus dem Staub zu machen oder auf eigene kleine Plünderungszüge zu gehen. Danach folgte der Teil der Armee, der transporttechnisch die größten Probleme bereitete, nämlich der Troß. Die Überwachung des Trosses oblag einem Generalwagenmeister, der an der Spitze ging und von Profossen unterstützt wurde, die an den Wagenkolonnen entlangpatrouillierten und jeden handgreiflich zurechtwiesen, der gegen die vorgegebene Zugfolge verstieß oder wegzulaufen versuchte. (Einige Profosse blieben im allgemeinen noch eine Weile am alten Lagerplatz zurück, um nachzusehen, ob alle Feuer gelöscht waren.) Die Wagen oder Karren standen meistens in langen, hintereinander angeordneten Reihen – wie ein riesiger Autoparkplatz –, die sich, wenn der Marsch begann, langsam auseinanderzogen, Wagen an Wagen, um sich zu einem unüberschaubaren Zug von Fuhrwerken und Zugtieren zu strecken. Wagen und Karren waren von jeder denkbaren Art: zwei- und vierrädrige, zweispännige, dreispännige und vierspännige, oft schwer beladen, die Ladung unter groben, mit Tauen festgezurrten Persenningen verstaut, unter denen Zeltstangen und Fourage nach hinten herausragten. Der Troß bestand jedoch keineswegs nur aus den Wagen, den Pferden und ihren Kutschern. Mit ihm folgten auch alle zivilen Handlanger des Heeres, außerdem Frauen und Kinder – sie gingen in der Regel neben den Wagen, schneller ging es ja meistens nicht voran –, aber auch zahlreiche Ersatzpferde und Vieh, das alle Armeen als wandernden Essensvorrat mitführten und das von Viehtreibern und Hütejungen beaufsichtigt wurde. Die Artillerie folgte meistens direkt hinter dem Troß. Besonders die großen Geschütze waren schwerbeweglich, verursachten aber dennoch geringere Probleme als die Tausende von Troßwagen, eben weil sie so wenige waren und oft von großen Gruppen eigens dafür zuständiger Handlanger fortbewegt wurden. Die Artillerie bestand indessen nicht nur aus den von Pferden gezogenen Geschützen; da rollten auch Ersatzlafetten, Kugel- und Pulverkarren, Kranwagen, mobile Feldschmieden, Kohlenwagen, Rüstwagen mit Werkzeug – Winden, Spaten,

Faschinenmessern und so weiter – und Fahrzeuge mit Pontons für größere Brückenbauten. Mit der Artillerie marschierte im allgemeinen auch eine besonders abgeteilte Feldwache von ein paar hundert Musketieren. Und als letztes folgte die bewaffnete Nachhut, deren Größe und Zusammensetzung sich danach richtete, ob man gegen den Feind marschierte oder von ihm fort.

Eine dieser langen, bunten Marschkolonnen, von denen Deutschland im Verlauf dieser schrecklichen Jahre so viele gesehen hatte, war Anfang Juni 1648 über die westliche Grenze nach Böhmen einmarschiert. In Bayern zog die schwedisch-französische Hauptarmee plündernd und Feuer legend durchs Land. Diese Truppe war ein eigens abgestelltes Korps unter Königsmarck, der den Auftrag erhalten hatte, noch einen Einfall in die kaiserlichen Erblande zu machen. Wenige von denen, die auf den sommerlich staubigen Wegen dahintrabten, wußten, daß sie im Begriff waren, einen unerhört gewagten Coup gegen Prag auszuführen. Im Normalfall hätte sich ein Feldherr mit so wenigen Truppen nicht an ein derartiges Unternehmen herangewagt, denn Prag war eine der größten Städte Europas, mit mehreren Ringen von Mauern und Festungsanlagen umgeben, gut bestückt mit Kanonen und von rund 1000 regulären Soldaten sowie einer bewaffneten Bürgermiliz bewacht, die bis zu 12 000 Mann zählen sollte. Nun war Königsmarck, kürzlich mit dem imposanten Titel eines Feldmarschalleutnants behängt, kein gewöhnlicher Feldherr, sondern ein verschlagener Fuchs und Streifzugkrieger mit ständigem Appetit auf abenteuerliche Unternehmungen. Außerdem hatte er eine geheime Waffe in Gestalt eines kaiserlichen Überläufers, der versprochen hatte, den Schweden in die Stadt zu helfen.

Dieser Mann war Ernst Odowalsky, der sich einst in der kaiserlichen Armee vom Gemeinen zum Oberstleutnant hochgedient hatte, aber nun ins Unglück geraten war; zuerst verlor er seinen rechten Arm und damit seinen Posten. (Ansonsten kam es oft vor, daß Offiziere, die eine schwere Verwundung überlebten, unter den Fahnen blieben. Ein vielleicht etwas drastisches Beispiel hierfür bietet Josias von Rantzau, der nacheinander den Dänen, den Schweden, dem Kaiser, dann wieder Schweden und schließlich Frankreich diente; während dieser Zeit soll er nicht weniger als sechzig Verwundungen erhalten und ein Auge, ein Ohr, einen Arm und ein Bein verloren haben. Derartige Piratenphysiognomien zu Pferde waren in den verschiedenen Armeen kein ungewöhnlicher Anblick.) Zu allem Überfluß wurde Odowalskys Haus in Eger im Verlauf der Belagerung 1647 von den Schweden geplündert und niedergebrannt. Nachdem er ohne spürbares Resultat den Kaiser um Hilfe ersucht hatte, wandte er sich in seiner Verbitterung an die Schweden. Gegen Ende Mai hatte er Königsmarck aufgesucht und vorgegeben, in schwedischen Dienst treten zu wollen, ließ aber gleichzeitig durchblicken, daß er wisse, wie man sich ohne größere

Anstrengung Eingang in die Stadt Prag verschaffen könne. Königsmarck horchte natürlich auf, nicht nur weil Prag die Residenzstadt des Kaisers war, sondern sicherlich in erster Linie, weil der böhmische Adel und die kaiserliche Familie seit dem Beginn des Krieges dort große Mengen von Besitz und Wertsachen aufbewahrten. Die Stadt war wie eine riesige Bank. Königsmarck war gierig und sagte nie nein zu einer kleinen Beute, und als ihm wie hier eine Beute von nahezu biblischen Dimensionen in Aussicht gestellt wurde, konnte er der Versuchung natürlich nicht widerstehen. Er setzte sein Korps nach Osten in Bewegung. Das Ziel war Prag, aber Königsmarck wußte, daß alles von der Geheimhaltung des Plans abhing, weshalb der Vormarsch in einen Schleier von Winkelzügen, falschen Gerüchten und verwirrenden Täuschungsmanövern gehüllt wurde.

Am 13. Juli änderte das Korps abrupt die Richtung, ließ Pilsen im Rücken und verschwand in aller Stille auf Prag zu. Eine Avantgarde von 200 Reitern ritt voraus und fegte Reisende und Soldaten aus dem Weg. Jeder, den sie trafen, wurde angehalten und gefangengenommen, damit niemand vor dem Anmarsch der Schweden Alarm schlagen konnte. Am Tag danach erreichte man Rakonitz. Prag lag 50 Kilometer entfernt.

3. Königsmarcks großer Coup

DIE OPERATION WIRD VORBEREITET. – NACH PRAG HINEIN. – STRASSENKÄMPFE UND DIEBEREIEN. – EINE SAGENHAFTE BEUTE. – DAS KURIOSITÄTENKABINETT RUDOLFS II. – NEUE ZUGESTÄNDNISSE IN WESTFALEN. – EIN CHIFFRIERKODE VERSCHWINDET. – DIE UNTERZEICHNUNG DES FRIEDENSVERTRAGS IN MÜNSTER. – DIE BELAGERUNG PRAGS. – ›NICHT EIN TAG OHNE FEUER‹. – KARL GUSTAV TRIFFT EIN. – NEUE ERSTÜRMUNGSVERSUCHE. – DIE GLOCKEN VERKÜNDEN DEN FRIEDEN. – WARUM FLIEGEN DIE STÖRCHE NACH NORDEN?

In Rakonitz ließ Königsmarck die gesamte Artillerie und den ganzen Troß, von 200 Dragonern bewacht, zurück. Die Pferde der Wagen und Geschütze wurden ausgespannt. Das ganze Fußvolk, rund 1000 Musketiere, wurde beritten gemacht, und zusammen mit den 2000 Reitern des Korps – darunter ein Teil alte Bernhardiner – ritten sie gegen 10 Uhr am Vormittag des 15. Juli 1648, einem Samstag, auf Prag zu. Am Nachmittag glitten die Kolonnen leise in einen Wald in nicht allzu großer Entfernung von der Stadt. Hier, in den sommerwarmen Wäldern, wurden die letzten Vorbereitungen getroffen. Königsmarck verkündete den Truppen, was auf sie zukam, und stellte ihnen große Beute in Aussicht. Odowalsky hatte eine Liste der wichtigsten Einwohner der Stadt und ihrer Adressen zusammengestellt; alle wohnten auf der sogenannten Kleinseite von Prag am westlichen Ufer der Moldau. Die Liste der Adelspalais wurde durchgegangen, und die Soldaten erfuhren, welches Palais gerade sie plündern dürften. Direktiven für den eigentlichen Vorstoß in die Stadt wurden auch gegeben: Jeder, der mit Waffen in der Hand angetroffen wurde, sollte niedergehauen werden, und auf alle, die sich in den Fenstern zeigten, sollte geschossen werden. Die Truppen wurden in verschiedene Sturmkolonnen eingeteilt, und einige mußten ihre Ausrüstung mit Äxten und anderem vervollständigen. Dann galt es nur noch, die Dämmerung abzuwarten. Ein Teil der Soldaten vertrieb sich die Zeit im Wald mit Kartenspiel und Würfeln.

Nach Einbruch der Dunkelheit ritten sie los. Als Erkennungszeichen trugen sie Eichenlaub an den Hüten.

Gegen Mitternacht kamen sie zum Weißen Berg, 5 Kilometer von der Kleinseite entfernt. Der Vortrupp von 100 Mann unter Führung von Odowalsky selbst und begleitet von Königsmarck schlich sich in einen Park, der das kaiserliche Lustschloß Stern umgab. Noch gab es keine Anzeichen, daß sie entdeckt waren.

Gerade da hörten sie Laute. Der Sommerwind trug Glockengeläut herüber, dem bald der Klang einer zweiten Glocke folgte. Der sonst so kühle Königsmarck wurde plötzlich nervös; er glaubte, in der Stadt werde Alarm gegeben. Odowalsky, der in Prag Dienst getan hatte, konnte ihn damit beruhigen, daß dies nur die Mönche im Brevnovkloster und im Kapuzinerkloster bei der Königsburg, dem Hradschin seien, die zur Mitternachtsmesse riefen.

Der Rest der Truppen wurde im Dunkel herangeführt. Fußvolk und Dragoner saßen ab, ließen ihre Pferde im Lusthauspark zurück und zogen leise weiter. Königsmarck und die Kavallerie blieben in einem abgebrannten Dorf knapp einen Kilometer vor den Mauern. Das Fußvolk und die Dragoner rückten noch ein Stück vor, versteckten sich dann aber in einigen Gärten, die direkt vor dem Westtor der Kleinseite lagen. Odowalsky mit dem Vortrupp schlich weiter vor bis zum Wallgraben. Alles war still.

Die Stelle für den Einbruch war gut gewählt. Seit einiger Zeit wurden an den Mauern Ausbesserungsarbeiten durchgeführt, und im Wallgraben zwischen zwei Bastionen lag ein großer Erdhaufen, wo die Grabenden ihre Schubkarren entleerten. Der Haufen reichte fast bis an die Mauerkrone. Hier gingen Odowalsky und seine 100 Männer in Deckung. Sie warteten.

Ungefähr eine Stunde vor Anbruch der Morgendämmerung, als die Glocken der Stadt gerade halb drei geschlagen hatten, wurde ein Zeichen gegeben, und die 100 Männer stürmten den Erdhaufen hinauf und bestiegen den Wall. Sie trugen alle entsicherte Gewehre mit Schnappschlössern oder Pistolen. Einige trugen Äxte und Keulen, die gebraucht wurden, um Türen und Tore einzuschlagen. Die Mauer war leer. Die Truppe teilte sich in zwei Gruppen. Die eine lief nach links, die andere nach rechts zu den beiden Bastionen, die das nächstgelegene Tor flankierten. Bei den Bastionen angekommen, stießen sie auf einige Wachen, doch diese wurden überrumpelt und von der hohen Mauer hinabgeworfen. Odowalsky lief nun sofort mit einer Gruppe Soldaten zum Strahover Tor. Sie kamen an dem Kapuzinerkloster vorüber, dessen Glockenläuten Königsmarck erschreckt hatte. Davor standen zwei Wachen. Die eine wurde niedergeschossen, die andere konnte fliehen.

Nun mußte es schnell gehen. Odowalsky und seine Männer liefen weiter zum Tor und warfen sich über die Wache, die niedergemacht wurde. Das Tor wurde aufgestoßen. Die Zugbrücke wurde heruntergelassen. Odowalsky stürmte hinaus in das schwache Licht der Morgendämmerung. Er rief die Soldaten, die in den nahegelegenen Gärten versteckt waren. Die schwer bewaffneten Männer ergossen sich in einem dunklen Strom durch das Gewölbe, hinein in die Straßen der Stadt. Dann brach der Tumult los.

Schlaftrunkene Bürger und Soldaten sprangen aus ihren Betten und liefen halbnackt aus ihren Häusern, sie wurden von gezückten Degen und krachenden Schüssen empfangen. Wer seinen Kopf aus dem Fenstern steckte, wurde beschossen, unter anderem ein Frantisek Sternberg, der von einem Schuß getroffen wurde, als er hinausschaute, um nachzusehen, was los war – er starb einige Wochen später. Ein Oberstleutnant Schmidt lief hinunter zur Karlsbrücke, die die beiden Hälften Prags verbindet. Er wurde erschossen, denn eine schwedische Abteilung hatte bereits den Brückenturm besetzt, um Entsetzungsversuche von der östlichen Seite des Flusses zu verhindern. Zwei Grafen namens Cernin und Michna versuchten, mit einem Boot über das Wasser zu fliehen, aber sie wurden von pfeifenden Kugeln getroffen. Prags Kommandant Colloredo – der im Nachthemd war, nachdem er aus dem Bett gesprungen und durch Gärten und Weinfelder gelaufen und dann über die Stadtmauer geklettert war – entging jedoch den Schüssen und rettete sich mit seinem Lakai und seinem Sekretär in einem Fischerboot hinüber ans andere Ufer. Als die Morgensonne auf die Kleinseite schien, waren die Kämpfe so gut wie vorüber. Rund 150 Prager Bürger und kaiserliche Soldaten waren tot, 350 verwundet. Die Schweden hatten lediglich einen Leutnant und sieben Mann verloren. So groß war die Überraschung gewesen. Viele hochgestellte Persönlichkeiten waren auch in die Gewalt der Schweden geraten, unter anderem der Erzbischof von Prag.

Nun, da die Kleinseite in schwedischer Hand war, die Tore besetzt und die Flußseite gegen Rückeroberungsversuche vom östlichen Teil der Stadt gesichert waren, durften die Soldaten sich ans Plündern machen. Es wurde eine groteske Angelegenheit.

Eines der ersten Palais, in die Königsmarcks Soldaten eindrangen, gehörte einem greisen Grafen, der ihnen halb bekleidet entgegentrat. Die Soldaten griffen ihn an und verwundeten ihn an der Hüfte; er starb wenig später. Der alte Mann hieß Martinic und war einer der drei Männer, die an jenem Maimorgen vor 30 Jahren aus dem Kanzleifenster der königlichen Burg auf dem Hradschin gestürzt worden waren, als diese unendliche Tragödie in Prag ihren Anfang genommen hatte. Der Krieg hatte also sowohl seinen Beginn als auch sein Finale hier in Prag, beide Male gehörte Martinic zu den Opfern. Und es ist bezeichnend und zugleich passend, daß das, was in Schwaden von gerechtigkeitsglühender Rhetorik und mit Phrasen von Freiheiten und unumstößlichen Prinzipien eingeleitet wurde, jetzt in einem blinden Rausch von Vandalismus, Diebstahl und Gewalt sein Ende nahm.

Die Plünderung dauerte zwei ganze Tage und Nächte, und die Beute war unfaßbar groß. Mehr Reichtümer, als irgend jemand sich hätte träumen lassen, waren hier in Schatzkammern und Kellergewölben versteckt. Aus dem Palais des Stadtkommandanten Colloredo wurden 12 Tonnen Dukaten und über 2,5 Tonnen Silber herausgetragen. Aus dem Palais des getöteten Grafen Cernin wurde Gold im Wert von mehreren 100000 Talern gestohlen. In einem Kloster fanden sie 100000 Taler in barem Geld. Dem Postmeister Paar wurden 18000 Taler abgenommen, und so weiter. Man sah schwedische Soldaten Münzen nicht Stück für Stück abmessen, sondern Hut für Hut. Königsmarck selbst konnte fünf Wagen mit Gold und Silber füllen.

Die königliche Burg auf dem Hradschin war der schwedischen Krone allein vorbehalten. Die Schatzkammer war verschlossen, und der Schatzmeister stellte sich allen Fragen gegenüber verständnislos, doch nachdem er mit Folter bedroht worden war, fand er rasch die Schlüssel. Die Türen wurden aufgestoßen zu der größten Beute überhaupt. Den pulvergeschwärzten Schweden bot sich bei ihrem Eintritt ein atemberaubender Anblick. Sie waren in die »Kunst- und Wunderkammer« des ehemaligen Kaisers Rudolf II. gekommen, ein Kuriositätenkabinett der Art, wie sie viele hochgestellte Persönlichkeiten im 17. Jahrhundert bis zum Bersten mit allerlei schönen, absonderlichen und phantasieanregenden Dingen zu füllen liebten, die aus der Natur wie aus der Kultur genommen waren – ein Ausdruck der Verwunderung der Epoche über die in der Welt herrschende schwindelerregende Vielfalt, die man entdeckt hatte. Die Wunderkammer Rudolfs II. hatte indessen wirklich majestätische Dimensionen; da waren tausend und abertausend Gemälde, Zeichnungen, Skulpturen, Waffen, Kunsthandwerk, Gold- und Silbergefäße, Porzellan, geschliffene und geschnittene Edelsteine, Kristallarbeiten, Münzen und Medaillen, Uhren, Instrumente, riesige Silberkandelaber, türkisbesetzte Sättel und Brennspiegel; es gab auch reine Kuriositäten wie Mumien, »einen Handschuh aus Menschenhaut« sowie die Kinnlade und eine Hand einer Sirene. Manches wurde von den Schweden am Ort gestohlen, aber der Hauptteil wurde in Kisten verpackt und nach und nach in Richtung Stockholm verfrachtet (eine ungeduldige und neugierige Königin Christina war anwesend, als die unermeßliche Beute ausgepackt wurde). Unter den Dingen, die nach Schweden gebracht wurden, waren 69 Bronzefiguren, 26 Gegenstände aus Bernstein, 24 aus Korallen, 660 Schmuckschälchen aus Achat, 174 Fayencen, 403 indianische Kuriositäten, 16 wertvolle Uhren, 185 Edelsteinarbeiten, 317 mathematische Instrumente, ganze Kisten mit ungeschliffenen Diamanten, mehrere tausend Medaillen und Schaumünzen und rund fünfhundert Gemälde. Allein die geraubten Gemälde waren von nahezu unschätzbarem Wert. Darunter befanden sich Werke von Meistern wie Michelangelo, Leonardo da Vinci, Raffael, Tizian, Tintoretto, Veronese, Dürer, Bosch, Grimmer und Brueghel – viele von ihnen hängen heute in schwedischen Museen. Zu dieser Beute kamen noch riesige Bücherschätze. Die schwedischen Befehlshaber draußen im Feld hatten mehr oder weniger stehenden Befehl aus Stockholm, jede Gelegenheit wahrzunehmen, die sich ihnen bot, die schwedischen Universitäts- und Gymnasienbibliotheken zu bereichern, und in Prag gab es mehrere schöne Buchsammlungen; aus der Bibliothek des Eggenberg-Palais wurden 30 mit Büchern gefüllte Kisten für den Weitertransport nach Schweden geschleppt. Zu dem wertvollsten literarischen Diebesgut gehörten *Gigas librorum*, die riesige sogenannte Teufelsbibel aus dem 13. Jahrhundert – heute in der Königlichen Bibliothek in Stockholm – und der *Codex argenteus*, die berühmte gotische Bibelhandschrift aus dem frühen 6. Jahrhundert – heute in der Universitätsbibliothek in Uppsala. Das reiche Strahovkloster wurde von einem finnischen Regiment durchsucht, und die Feldgeistlichen des Verbandes gingen durch die Bibliothek und suchten sich die schönsten Bände heraus. Die geraubten Buchschätze wären noch größer gewesen, wenn es nicht dem Abt eines anderen Klosters gelungen wäre, den Mann, der dorthin geschickt worden war, um die schöne Sammlung der Mönche von über 10 000 Bänden durchzukämmen, zu bestechen.

Die schwedischen Truppen beschlagnahmten fast alles von Wert. Sie brachen sogar in den Tiergarten des Kaisers ein und fanden dort zu ihrer Freude einen alten zerzausten Löwen. Er wurde nach Stockholm verfrachtet und dort später in der sogenannten Löwengrube auf der Südseite des Schlosses untergebracht. (Bei der gleichen Gelegenheit wurde auch ein lebendiger Vogel Strauß an die Königin in Stockholm geschickt, ein persönliches Geschenk von Carl Gustav Wrangel, der das Tier bei einer Brandschatzung in Bayern bekommen hatte.)

Der Gesamtwert all dessen, was Königsmarck und seine Truppen in Prag raubten, ist schwer zu schätzen. Zeitgenössische Berechnungen sprechen von rund 7 Millionen Reichstalern, eine ungeheure Summe (als die Dänen 1613 eine Million Reichstaler für die Rückgabe der Festung Älvsborg verlangten, hatte dies den schwedischen Staat nahezu ruiniert). Als die Burgbesatzung auf dem Hradschin wieder in Rudolfs alte Wunderkammer eingelassen wurde, waren die früher so überfüllten Säle gähnend leer; nur ein paar zerbrochene Gipsskulpturen und riesige Stapel leerer Bilderrahmen waren übriggeblieben.

Der Coup von Prag erschütterte das katholische Deutschland. Danach war klar, daß Kaiser Ferdinand den Krieg verloren hatte. Er selbst begriff, daß er schnell Frieden schließen mußte, denn was von Prag noch übrig blieb, war einer wütenden Belagerung durch Königsmarcks Korps ausgesetzt, und wenn seine Residenzstadt fiel, würde er auch ganz Böhmen verlieren. (Bereits im Februar hatte der Kaiser um die Sicherheit der Stadt gefürchtet. Da war er, um die Schweden fernzuhalten, vor dem Altar im Veitsdom auf dem Hradschin auf die Knie gefallen und hatte viertägige Bußmessen angeordnet. Offensichtlich hatte es nicht geholfen.) Es sah auf der ganzen Linie finster aus in diesem verregneten Sommer 1648. Auch wenn die schwedisch-französische Offensive in Bayern aufgrund von Versorgungsschwierigkeiten zum Stillstand gekommen und in einen ziemlich sinnlosen Stellungskrieg gemündet war, gingen die Verheerungen weiter; es war nicht zu erwarten, daß der hart bedrängte bayerische Kurfürst noch lange an der Seite des Kaisers ausharren würde. Außerdem war der neue Generalissimus Karl Gustav gerade mit seinem großen Sukkurs gelandet und befand sich auf dem Weg nach Süden, und eine weitere schwedische Armee unter Wittenberg rückte über Tabor auf die österreichische Grenze vor. Und schließlich kam im August die Nachricht, daß die spanische Armee, die in Nordfrankreich gegen die Franzosen kämpfte (unter dem Befehl von Ferdinands Bruder Leopold Wilhelm), bei Lens eine katastrophale Niederlage erlitten hatte. In Deutschland besiegt, konnte der Kaiser nicht länger auf Hilfe aus Spanien hoffen, sondern mußte sogar befürchten, daß sich der Druck auf ihn und seine Verbündeten noch verstärken werde. Ferdinand sah schließlich ein, daß er keine andere Wahl hatte, als den Kopf zu senken und Frieden zu schließen. Die Kaiserlichen und die Franzosen hatten sich praktisch im Frühjahr 1647 über ihre Friedensbedingungen geeinigt, und im März 1648 war Schwedens territorialen Forderungen entsprochen worden, als die Gegenseite zustimmte, Vorpommern und einen Teil Hinterpommerns, Wismar, Bremen und Verden zu schwedischen Besitzungen zu machen. Kurz darauf hatte man auch in kirchlichen Fragen eine Einigung erzielt: Katholiken und Protestanten sollten volle Gleichstellung erhalten, die Konfessionsgrenzen sollten auf den Stand vom 1. Januar 1624 zurückgeführt werden, und alle, die nicht das Recht hatten, ihr Bekenntnis öffentlich auszuüben, sollten die Möglichkeit haben, dies in Abgeschiedenheit zu tun. Blieb nur die Sache mit der Finanzierung der Abdankung des schwedischen Heeres. Unter dem Punkt *a quo* (von wem) wurde bestimmt, daß die deutschen Reichsstände für die Kosten aufkommen sollten, aber dann hakte es aus verständlichen Gründen bei dem Punkt *quantum* (wieviel). Anfang Juni akzeptierten die schwedischen Gesandten schließlich ein Angebot von 5 Millionen Reichstalern. Nach einer Phase neuerlichen Feilschens wurde Anfang September das versiegelte Friedensdokument mit seinen 128 Punkten im bischöflichen Hof in Osnabrück deponiert. Nun mußte nur Kaiser Ferdinand seine Zustimmung geben, dann war der Friede Wirklichkeit.

Es war dramatisch und ungewiß bis zuletzt. Unter den deutschen Reichsständen, die im Verlauf der Verhandlungen immer größeren Einfluß gewonnen hatten, herrschte ungeachtet der Konfessionszugehörigkeit große Empörung über viele Zugeständnisse, mit denen der Friede mit Schweden und Frankreich erkauft wurde. Es gab Drohungen, den Kaiser abzusetzen, und Gerüchte besagten, daß mehrere deutsche Länder gemeinsame Sache gegen alle schmarotzenden Ausländer machen wollten. Als der Brief mit Ferdinands Bescheid in der Friedensfrage endlich aus Wien eintraf, teilten die kaiserlichen Gesandten mit, daß sie ihn nicht verstehen konnten, da sie leider den Chiffrierschlüssel verloren hatten, den sie brauchten, um ihn zu dechiffrieren. Sie erhielten eine Woche Aufschub, während neue Gerüchte und Drohungen durch die Luft schwirrten und alle abwarteten, ob Prag fallen würde. Einen Tag vor dem Auslaufen der Frist, am 25. September 1648, erklärten die kaiserlichen Gesandten, daß sie den Chiffrierschlüssel wiedergefunden und den Brief gelesen hätten. Der Kaiser hatte den Frieden akzeptiert.

Gegen Mittag am Samstag des 14. Oktober rollten fünf prachtvoll ausgestattete Karossen, jede von sechs Pferden gezogen, durch Münster. In ihnen fuhren die schwedischen Gesandten Johan Adler Salvius und Johan Oxenstierna mit ihren Subalternen und ihrem Hofstaat. Sie hielten vor dem Haus, in dem der kaiserliche Gesandte Johann Maximilian von Lamberg residierte. Dort erwartete sie die kaiserliche Delegation, und in ihrer Anwesenheit wurde der Friedensvertrag vorgelesen, unterzeichnet und von den Schweden mit ihrem Siegel versehen. Dann fuhren sie alle zu Johan Oxenstiernas Quartier, wo die Kaiserlichen die gleiche Prozedur wiederholten. Anschließend wurde der Vertrag zum Bischofspalast zurückgebracht, wo zahlreiche Repräsentanten der verschiedenen deutschen Fürsten, Stände und Städte versammelt waren – sie hatten dort seit 9 Uhr am Morgen gewartet. Die zeremoniöse Unterzeichnung dauerte nicht weniger als acht Stunden, bis gegen 9 Uhr am Abend, als Kanonen einen donnernden dreifachen Salut schossen, um zu verkünden, daß alles klar war. Es war Frieden.

Die Neuigkeit verbreitete sich überall in Deutschland.

Als sie im Maintal eintraf, entzündeten die Menschen große Freudenfeuer. Als Wrangel in Bayern die Nachricht erhielt, begann er zu fluchen und warf wütend seinen Generalshut auf den Boden. Als die Nachricht Prag erreichte, waren seit der Unterzeichnung in Osnabrück zwei Wochen vergangen. Da war die Kaiserstadt seit Juli unter schwedischer Belagerung, als die Schweden einige der schweren Geschütze aus den gut ausgestatteten Zeughäusern der Kleinseite auf den Burgberg Hradschin gerollt und begonnen hatten, über den Fluß in den jenseitigen Teil der Stadt zu schießen. *Nulla dies sine fulminibus* heißt es in einer zeitgenössischen Chronik – »Nicht ein Tag ohne Feuer«. Königsmarck hatte einen triumphierenden Brief an Wrangel geschrieben, in dem er versprach, »diesen Ort nicht zu verlassen, bevor die Offiziere ihren letzten Blutstropfen vergossen und die Stadt in einen Friedhof verwandelt haben«. (Während seine Kanoniere ein anhaltendes Bombardement einleiteten, das 250 Häuser zerstören und Hunderte von Menschenleben kosten sollte, richtete sich Königsmarck im Lobkowitzschen Palais ein und begann dort in nahezu fürstlichem Stil Hof zu halten. Unter anderem verlangte er, daß die bereits schwer verheerte ländliche Umgebung seine Küche versorgen solle, nicht allein mit den üblichen Lebensmitteln wie Mehl und Fleisch, sondern auch mit kulinarischen Kostbarkeiten wie Ingwer, Safran, Zimt, Muskat und Zitronen.) Die Bevölkerung im östlichen Teil Prags war trotz großen Mangels an Waffen, Munition und geübten Männern zur Verteidigung der Stadt zusammengeströmt. Eine Studentenlegion von 745 mit Hellebarden, Piken, Musketen, Keulen und Handgranaten bewaffneten jungen Männern unter der Führung eines Jesuitenprofessors sperrte die Karlsbrücke; Brauereiknechte, Handwerkergesellen und Kneipenpersonal bildeten eigene kleine Freikompanien; der Adel schickte 400 Freiwillige, die Geistlichkeit 200, und die Juden der Stadt bildeten eine improvisierte Feuerwehr, die Feuer löschte und später auch Minen unschädlich machte. Viele Kämpfe wurden um die Karlsbrücke ausgetragen, die so stabil gebaut war, daß es den Verteidigern nicht gelungen war, sie zu zerstören: Angriffe mit blanken Waffen, Scharfschützenduelle, Artilleriebombardements und der Austausch grober Beschimpfungen lösten dort einander ab.

Am 25. September traf der Pfalzgraf Karl Gustav mit 6000 Mann bei Prag ein. Am Tag darauf wurde die östliche Seite der Stadt eingeschlossen, und eine förmliche Belagerung setzte ein. Natürlich wußte Karl Gustav, daß der Friede täglich zu erwarten war, doch das trieb ihn nur noch an, den Angriff zu beschleunigen. Er schrieb nach Hause, er wisse, daß die Eroberung Prags ihm große Ehre einbringen werde – doch gleichzeitig hoffte er zweifellos, große

Beute machen zu können. Die Belagerung wurde nach bewährtem Brauch mit dem Ausheben von Laufgräben, Artilleriebeschuß und Minensprengungen geführt, aber sie war doch außergewöhnlich gewaltsam, weil Karl Gustav sie mit großer Energie betrieb, während zugleich die Verteidiger – weitgehend also bewaffnete Zivilisten – sich als ungewöhnlich standhaft erwiesen. Die ganze Stadt bebte von dem heftigen Kanonenbeschuß; rauchende Granaten hagelten in die engen Gassen und detonierten in Wolken von Rauch und Splittern, und große Stücke der Stadtmauer wurden von Schwärmen brummender Geschosse zu Schotter zermahlen. Hinter den zerfallenden Mauern bauten die energischen Verteidiger jedoch rasch ein System von Holzpalisaden und Brustwehren auf und wiesen jedes Angebot eines Akkords ohne Zögern zurück. Am Nachmittag des 3. Oktober rückte die schwedische Leibgarde zum Sturm auf eine der Breschen bei dem sogenannten Galgentor vor. Wir wissen von Bildern ungefähr, wie dies aussah. Zuerst kommen die Sturmkolonnen, noch in Deckung, langsam vorrückend, eine dichte Masse von Hüten und Musketen und Armen, die am Schluß nur noch vorwärtskriecht. Dann erfolgt der Sturm über Schotterhaufen und Mauerreste, hinein in das Durcheinander von Palisaden und Laufgräben und fortgeworfenen Faschinen und zerborstenen Schanzkörben. Jetzt folgen Rauchwolken, Knalle und Handgranaten, die durch die Luft wirbeln; Menschen, die sich in alle Richtungen bewegen – ein Teil kriecht, ein Teil läuft –, kleine Gruppen, die sich im Feuer vorarbeiten. Verstärkungen rücken im Schutz einer Kaponniere heran. Und ständig neue schwellende Garben von Rauch und Feuer, das aus Schußwaffen sprüht. Granaten, die detonieren, Menschen, die brennen, Menschen, die in Stücke gesprengt werden: hier ein Kopf ohne Körper, dort ein Körper ohne Kopf.

Der Sturm war erfolgreich, und alle Verteidiger an dem angegriffenen Punkt wurden entweder getötet oder in die Flucht getrieben. Während der Nacht führten Prags Verteidiger eine Serie heftiger Gegenangriffe aus. Immer wieder schlichen sich Leute durch das dichte Dunkel heran und überschütteten die Soldaten der Leibgarde mit Handgranaten, und am Morgen des 4. stellten die völlig zermürbten Schweden fest, daß sie keine andere Wahl hatten, als sich zurückzuziehen. Die Belagerung ging weiter, nahm aber immer mehr den Charakter eines reinen Grabenkriegs an. Am gleichen Tag, als in Münster der Friede unterzeichnet wurde, also am 14. Oktober, gelang es den Belagerten, einen hohen Holzturm in Brand zu stecken, den die Schweden gebaut hatten, wobei dreißig Schweden verbrannten. Schon am 19. Oktober erhielt Karl Gustav die Mitteilung, daß Frieden geschlossen worden war, doch er brach die Kämpfe nicht ab, sondern behielt die Neuigkeit für sich und drohte mit einer allgemeinen Erstürmung, wenn die Verteidiger nicht sogleich aufgäben. Er hatte allerdings keine Pläne für ihre Durchführung. Am 27. Oktober traf ein Kurier mit

Der Westfälische Friede (1647–1650)

Die Belagerung von Prag 1648.
Schwedische Soldaten greifen über die zerschossenen Mauern an, werden aber mit Handgranaten empfangen. Eine kleine Bresche ist von einem Sturmhindernis, einem sogenannten spanischen Reiter, versperrt, und im Schutz einiger Schanzkörbe ist eine Kanone herangeschleppt worden. Die Faschinen im Vordergrund sind die Abdeckung einer Kaponniere, die die Schweden benutzen, um Truppen bis zum Punkt, wo der Einbruch erfolgen soll, heranzuführen.

der offiziellen Bestätigung ein, daß tatsächlich Frieden geschlossen war. Da war es nicht mehr möglich weiterzumachen.

Die Neuigkeit verbreitete sich in Prag mit Windeseile. Am Nachmittag strömten die Menschen zu den Klängen der Kirchenglocken, die läuteten und läuteten, hinaus auf die zerschossenen Mauern. Eine zeitgenössische Quelle berichtet:

> *Hoch und Niedrig, Alt und Jung, Männer und Frauen, Christen und Juden betrachteten ehrfürchtig Gottes großes Werk und halfen dabei, das Werk des Feindes zu zerstören. Einige steckten Holzgestelle in Brand, andere schaufelten Laufgräben zu; manche machten die Wälle dem Erdboden gleich, andere sammelten zerstörte Geräte aus Holz und Eisen zusammen, andere betrachteten halbverbrannte Leichen von Feinden, die hier und da lagen, besonders auf den Mauern am Galgentor; andere zählten die Holzkreuze, die Gräber markierten; andere untersuchten die Schäden in den Weingärten auf den Hügeln und die unterirdischen Gänge.*

Bei der Festung Olmütz in Mähren konnten, wie es hieß, die schwedischen Soldaten eines Abends bei Sonnenuntergang beobachten, wie Scharen von Störchen in die Stadt geflogen kamen und sich auf dem Dach des Rathauses, auf den Kirchen und allen höheren Gebäuden niederließen. Da saßen die großen Vögel in langen Reihen die ganze Nacht, aber als die Sonne aufging, flogen sie auf und verschwanden in einer Wolke starker weißer Flügel nach Norden. Die Soldaten wußten gleich, was dies bedeutete. Bald würden sie dem Beispiel der Störche folgen, denn der Krieg, der 30 Jahre, vier Monate und 24 Tage gedauert hatte, war endlich zu Ende gegangen.

4. Was sollen wir tun, wenn jetzt Frieden ist?

Erik kehrt nach Demmin zurück. – Ein neuer Krieg? – Meutereien und Unzufriedenheit. – Die Abdankung der Truppen. – Pläne für Polen. – Eine Zeit des Aufruhrs. – Erik liest Bücher. – Barclays Argenis. – Die Naturauffassung der Barockzeit. – Die Sehnsucht nach Ordnung. – Feste und Verhandlungen in Nürnberg. – Das grosse Friedensbankett. – Karl Gustav wird nach Hause gerufen.

Als der Sarg fertig war, legte Erik den Körper Theophilis hinein und begab sich auf die Heimreise. Sie führte zunächst per Boot die Elbe hinab. In einer kleinen Stadt mit Namen Schönbeck konnte Erik eine lokale Sehenswürdigkeit betrachten, die er im Tagebuch neugierig beschreibt als »einen Menschen, der keinen der fünf Sinne hatte, weder sehen, hören, riechen, sprechen und dergleichen konnte, eine Frauensperson, so geboren und vierzehn Jahre alt, der man Suppe oder anderes Essen einflößte«. Dem Tagebuch zufolge war es eine »über die Maßen lustige und bequeme Reise«, an deren Ende er Anfang November 1648 mit dem in schwarzes Tuch gehüllten Sarg auf einem Wagen nach Demmin hineinrollte. So endete der Dreißigjährige Krieg für Erik.

Es ist interessant, daß in Erik Jönssons Tagebuch keine Spur einer eigenen Reaktion auf den Frieden zu finden, ja daß das Kriegsende nicht einmal erwähnt ist; es zeigt, wie unbemerkt große, allgemein bekannte Daten und sogenannte Epochengrenzen am Leben einfacher Menschen vorübergehen konnten. Gerade im Fall des Westfälischen Friedens ist dies keineswegs verwunderlich. Friedensschlüsse hatte es vorher gegeben, zum Beispiel in Prag 1635, aber sie hatten stets zu Enttäuschungen geführt. Mehrmals waren die Ereignisse auch auf wichtige Wendepunkte zugelaufen, an denen es so ausgesehen hatte, als nähme der Krieg ein Ende, aber er war gegen alle Erwartung wieder aufgeflammt, wie beispielsweise 1630, als Gustav Adolf und sein Heer auf dem Schauplatz erschienen waren und ein erlöschendes Feuer neu entfacht hatten. Auch im Oktober 1648 gab es mehrere Beteiligte, die am liebsten keinen Frieden sehen wollten. Der Pfalzgraf Karl Gustav betrachtete bekümmert die große Zerstörung, die der Krieg im ganzen Reich angerichtet hatte, aber er war offensichtlich auch enttäuscht darüber, daß er keine Gelegenheit erhalten hatte, eigene Triumphe zu feiern. Die böhmischen Exulanten waren enttäuscht, und selbst Mazarin sagte, er habe gehofft, daß der Krieg noch einige Zeit dauern werde, und vielleicht hätten die Franzosen weitergekämpft, wenn nicht eine große Revolte in der Heimat – die sogenannte Fronde – ihre Aufmerksamkeit beansprucht und an ihren Kräften gezehrt hätte. Philipp IV. von Spanien forderte den Kaiser auf, den eingegangenen Vertrag zu brechen, und Papst Innozenz X. – höchst erbost über alle den Protestanten gemachten Zugeständnisse – weigerte sich brüsk, das Abkommen zu unterzeichnen. Vielmehr feuerte er eine wütende Bulle ab, in der er den Friedensvertrag als »null und nichtig, verflucht und ohne Einfluß auf oder Resultat für die Vergangenheit, die Gegenwart oder die Zukunft« verurteilte. Und dann war da noch die Frage, was die Männer in den Heeren sagen würden, wenn sie erfuhren, daß sie nicht mehr gebraucht wurden. Es war nicht erstaunlich, daß die Menschen in Deutschland mit dem Feiern noch ein wenig warten wollten und daß die Freude häufig mit Unruhe vermischt war. Als der Krieg 1648 endete, geschah dies auch nicht mit einem großen und dramatischen, für alle hörbaren Knall, sondern er verendete gleichsam mit einem langsamen Röcheln. Mancherorts kam es noch Wochen nach der Unterzeichnung und Besiegelung des Traktats zu Kämpfen und Plünderungen.

Die Räumung der besetzten Territorien und die Abdankung vollzogen sich ebenso mit schleppender Langsamkeit. Mehrere eroberte Orte wurden von den Schweden als Sicherheit für die 5 Millionen Taler, die der Traktat ihnen zusicherte, besetzt gehalten. Außerdem wurde die Demobilisierung der Truppen als Druckmittel benutzt, doch auch die Abdankung selbst war schwierig und erforderte gründliche Vorbereitungen. Daß die Herrschenden beider Seiten Schwierigkeiten gehabt hatten, den Verlauf des Kriegs zu lenken, lag daran, daß sie mit ihren großen Armeen eine Maschinerie geschaffen hatten, die teilweise eigene, von denen ihrer Auftraggeber verschiedene Interessen verfolgte. Der schwedische Staat und die schwedische Armee waren nicht ein und dasselbe. Dies war nie so deutlich wie in dieser Zeit. Das Proletariat in Waffen, das die Heere beider Seiten füllte, wollte nicht, daß der Krieg aufhörte, der Krieg, der ihr Zuhause und ihr Lebensunterhalt geworden war. So wird erzählt, wie die Soldaten und ihre Angehörigen an einem Ort laut klagten, als die Nachricht vom Ende des Krieges sie erreichte. Die Frauen der Soldaten sagten: »Unser ganzes Leben haben wir unter freiem Himmel und unter den Soldaten zugebracht. Kinder haben wir viele, aber keine Frau hat einen bestimmten Mann … Unsere Söhne kennen ihre Mütter nicht, und wir nicht unsere eigenen Söhne. Was sollen wir tun?« Die Männer sagten: »Was sollen wir tun, wenn nun Frieden ist? Wir sind im Krieg geboren, haben kein Heim oder Vaterland oder Freunde. Der Krieg ist unser einziges Gut. Wohin sollen wir nun gehen?« Die Menschen fürchteten, daß die Soldaten in den Heeren der verschiedenen Länder meutern und auf eigene Faust ihre Raubzüge fortsetzen würden. In Wien gab es Menschen, die sogar glaubten, daß die bayerische und die schwedische Soldateska sich gegen ihre früheren Auftraggeber zusammenschließen würden, um den Frieden zu verhindern.

Die Demobilisierung der rund 150 000 Kämpfenden sowie der mindestens ebenso vielen begleitenden Zivilisten verlief unruhig. Ganze Kompanien desertierten unter Führung ihrer Offiziere und verschwanden aus dem deutschen Reich; ein Teil schloß sich den Franzosen, andere den Spaniern, den Engländern oder den Venezianern an, einige traten in den Dienst so weit entfernter Herren wie des Fürsten von Transsilvanien oder des Zaren von Rußland. Häufig stellten diese davonmarschierenden Gruppen fest, daß der Markt für Landsknechte gesättigt war, und viele verschwanden in die Wälder und in die Berge, wo sie sich in schwer bewaffnete Räuberbanden verwandelten. Noch jahrelang nach dem Ende des Krieges zogen solche in regimentähnlichen Formen organisierte Banden umher, angeführt von Personen, die sich »Johan Banér« und »Gallas« nannten. (In einigen Teilen Deutschlands mußte man militärische Verbände aufstellen, um diese kleinen Scheinarmeen zu bekriegen, und noch lange Zeit brauchte man eine bewaffnete Eskorte, wenn man durch bestimmte Teile des verwüsteten deutschen Reiches reisen wollte.)

Während der folgenden Jahre brachen auch hier und da in den Armeen beider Seiten Meutereien aus. Schwedische Einheiten revoltierten unter anderem in Überlingen, Neumarkt, Langenarch, Mainau, Eger und Schweinfurt. Mehrere Regimenter nahmen ganz einfach das Geld, das an ihre Befehlshaber geschickt wurde, um die Soldaten abzudanken, und verschwanden damit. Der Aufruhr einer Gruppe von Kriegern in Anhalt konnte nur dadurch niedergeschlagen werden, daß man sie einkreiste und niederschoß. In Bayern wurden aufrührerische bayerische Soldaten mit schwerer Artillerie niedergemäht und 15 ihrer Anführer gehängt. In Lindau brach unter kaiserlichen Soldaten ein Aufruhr aus, der zwei Monate dauerte, und im Elsaß liefen französische Truppen Amok. Der Pfalzgraf Karl Gustav bewies jedoch eine geschickte Hand angesichts der Unruhe in seiner Armee. Abgesehen davon, daß er hart durchgriff gegen alles, was als Aufmüpfigkeit gedeutet werden konnte, sorgte er auch dafür, daß unruhige Regimenter weit entfernt voneinander verlegt wurden und daß nie allzu viele Soldaten gleichzeitig am gleichen Ort abgedankt wurden. Aber auch unter den wenigen, die in schwedischem Dienst verbleiben konnten, gab es viel Unzufriedenheit, und als ihnen klar wurde, daß sie über das Meer in das ferne, ungastliche Schweden verlegt werden sollten, liefen sie zu Tausenden davon.

Bei der Abdankung erhielt jeder geworbene Soldat 12, jeder Reiter 33 Reichstaler. (Hier ist zu erwähnen, daß zur gleichen Zeit der Pfalzgraf für sein Ungemach 80 000 Reichstaler erhielt, Carl Gustav Wrangel 60 000, Axel Oxenstierna 30 000, sein Sohn Johan 15 000, und so weiter. Und dies zusätzlich zu aller bereits eingesackten Beute und allen Landdonationen und Titeln, die sie ebenfalls erhalten hatten.) Viele Waffen wurden auf großen scheppernden Haufen gesammelt und später zum Küstenstreifen transportiert, wo sie entweder verschrottet oder in Arsenalen eingelagert wurden, die Tausende von Piken und Musketen enthielten. Ein Teil des schweren Materials wurde nach Schweden gebracht, während andere Kanonen anstelle von Bezahlung weggegeben oder ganz einfach manchen hohen Generalen zum Geschenk gemacht wurden. Wohin alle sonstige Ausrüstung verschwand, ist unmöglich zu wissen. Die abgedankten Soldaten nahmen anscheinend das meiste mit. Als die deutschen Dichter den Frieden bejubelten, entwarfen sie gleichnishafte Bilder, die das erfreuliche Geschehen illustrieren sollen: Das Wirtshausschild ist eine alte Standarte, das Pferd, das den Pflug zieht, hat einmal einen Kavalleristen getragen, der Pflug selbst ist aus eingeschmolzenen Degen gemacht, und die Schwalbe baut ihr Nest in etwas, das einst ein Helm war – poetische Bilder, die man vielleicht aber auch in der Wirklichkeit sehen konnte.

Auch die ausgehobenen reichsschwedischen und finnischen Soldaten wurden noch eine Zeitlang in Deutschland zurückgehalten. Die Regierenden in

Stockholm hatten offenbar alles vergessen und nichts aus den Erfahrungen des langen Krieges gelernt, als die schwedische Kriegsmacht und damit auch die gesamte Eroberungspolitik ein ums andere Mal von Katastrophen, Niederlagen und mindestens fünfmal vom totalen Kollaps bedroht war: 1634, nach dem Debakel bei Nördlingen; 1637, als die ausgehungerten schwedischen Soldaten auf den Küstenstreifen zurückgedrängt wurden; 1641, nach Banérs Tod, als allgemeine Meuterei drohte; 1644, als der Blitzkrieg gegen Dänemark sich festgefahren hatte; und schließlich 1647, als Bayern überraschend wieder in den Krieg eintrat und Wrangels Heer von den überlegenen feindlichen Streitkräften nach Norden gejagt wurde. Doch trotz dieser fünf Krisen und obwohl die Wahrscheinlichkeit häufiger gegen als für Schweden gesprochen hatte, war alles gutgegangen. Die kriegerische Politik hatte sich hervorragend ausgezahlt: in Land, Geld, Status. Das Volk in Schweden jubelte natürlich über den Frieden, und auch unter einflußreichen Militärs und Adligen in hohen Positionen herrschte offenbar große Erleichterung darüber, daß das lange, gefährliche Abenteuer endlich ein Ende gefunden hatte. Aber selbst im Augenblick des Triumphs, vielleicht gerade, weil es der Augenblick des Triumphs war, gab es Leute, die den Blick über den Horizont schweifen ließen, um nach neuen Brandherden Ausschau zu halten, wo vielleicht ein bißchen schwedische Einmischung angebracht wäre. Das gelinde gesagt absurde Regelwerk der Kriegsfinanzierung (die bewirkte, daß es zu teuer wurde, Frieden zu schließen) ließ sicher gewisse Leute darüber nachdenken, sofort wieder in einen neuen Krieg zu ziehen. Dies hätte unleugbar einen Teil der heiklen Probleme gelöst, die im Zusammenhang mit der Abdankung entstanden. Vielleicht ließen sie sich von der gleichen verquasten Logik leiten, die 1643 den Angriff auf Dänemark ausgelöst hatte: Wir haben eine Armee, die viel Geld kostet, aber wenig Gewinn bringt. Warum sie nicht zu etwas Nützlichem einsetzen? Als der Reichstag 1649 zusammentrat, waren die Stände besorgt. Sie meinten:

> *... ein frisch gewonnener Friede [...] ist wahrlich keineswegs unähnlich einem frisch gelöschten großen Feuer, das jedoch viele verlassene Brände hat, die noch rauchen und leicht neu entfacht werden und in hellen Flammen auflodern können.*

Wo sollte denn ein solches »Entfachen« stattfinden? Der Friede in Deutschland war keineswegs gesichert, und beide Seiten drohten einander von Zeit zu Zeit mit den Waffen. Ein Feldzug im Osten war ebenfalls eine Möglichkeit. Formal gesehen befand sich Schweden seit den zwanziger Jahren noch immer im Krieg mit Polen, und nachdem König Wladimir IV. gestorben war, mündete dort eine Periode scheinbarer Ruhe in einen heftigen Ausbruch innerer Unruhen. Unter anderem war die polnische Ukraine gerade in diesem Jahr von etwas erschüttert worden, das zweifellos eine Revolution war, gewaltsam, unkontrollierbar und umwälzend. Es gab nur wenige, die es zu diesem Zeitpunkt verstanden, aber gerade die Revolution in der Ukraine war eins der wichtigsten Ereignisse des 17. Jahrhunderts, und sie sollte einen Erdrutsch zur Folge haben, der ganz Osteuropa erschüttern und am Ende eine schwedische Armee bis nach Warschau und Erik zu Triumphen führen sollte. Der Rat unter Königin Christina hatte im Verlauf des Jahres die Möglichkeit erwogen, von Deutschland aus einen Angriff auf Polen zu führen, um einen vorteilhaften Frieden mit den bös in der Klemme sitzenden Polen zu erzwingen. Christina sandte auch eine geheime Instruktion an Karl Gustav, in der dieser Plan dargelegt wurde, doch das Ganze verlief im Sande. Die Idee eines Überfalls auf Polen hatte jedoch offensichtlich bei Karl Gustav, diesem jungen Feldherrn, der sich durch den Frieden um kriegerische Ehre und Beute betrogen sah, Wurzeln geschlagen. Außerdem gab es keinerlei Anzeichen dafür, daß die sozialen und politischen Erschütterungen in Europa nachließen. Gerade im Jahr 1648 trieb die Unruhe einem Höhepunkt zu – 1648 ist die Entsprechung des 17. Jahrhunderts zu unserem Jahr 1917. Außer den Unruhen, die noch immer bei Neapel und auf Sizilien anhielten, in Katalonien, in Portugal, in England – wo der König wieder im Gefängnis saß und radikale und moderate Revolutionäre um die Macht rangelten –, in Schottland und Irland, brachen neue politische Revolten und Volksaufstände in Moskau, in Österreich, in Holland, in der Türkei – wo der Sultan, Ibrahim, von seiner eigenen Palastwache abgesetzt wurde – sowie in Frankreich aus. Eine neue Revolte brach in Ormée im südwestlichen Frankreich aus, während zur gleichen Zeit die zuvor genannte Fronde binnen kurzem zu einem großen und reichlich verworrenen revolutionären Bürgerkrieg eskalierte. Daß trotz allem in diesem Jahr in Westfalen Frieden geschlossen wurde, muß wohl teilweise vor dem Hintergrund dieser Turbulenzen rundum in Europa gesehen werden, die den Herrschenden einen gewaltigen Schrecken einjagten. Wem würde als nächstes die Stunde schlagen? Gerade die Fronde war ein merkwürdiges Dreiecksdrama, das zeigt, wie kompliziert sich die politischen Gegensätze im 17. Jahrhundert darstellen konnten. Dort war die Königsmacht (mit dem inzwischen allgemein verhaßten Mazarin an der Spitze) auf der einen Seite mit einer revolutionären Bürgerschaft in mehreren Städten aneinandergeraten, die, von den Ereignissen in England angespornt, Forderungen nach größerem Einfluß und einer konstitutionellen Regierungsform erhob, und auf der anderen Seite mit einem reaktionären Hochadel, der wie die meisten anderen Aristokratien in Europa seine Macht untergraben und seinen Platz an der Sonne überschattet sah von einem anschwellenden Staat und nun versuchte, die Uhr mit dem Degen zurückzudrehen. Die Ereignisse in Frankreich ließen die Regierenden in Stockholm aufhorchen, besonders nachdem klar war, daß Carl Gustav Wrangels alter Waffenbruder Turenne sich den Revoltierenden angeschlossen hatte. Der schwer bedrängte Hof in Paris sandte Hilfsgesuche an den Pfalzgrafen Karl Gustav. Königin Christina, die noch nie eine auffallend pazifistische Neigung hatte erkennen lassen, wollte ein schwedisches Heer unter der Führung ihres aufgeputzten Günstlings Magnus Gabriel De la Gardie nach Frankreich entsenden. Es gab aber niemanden sonst, der dies für eine gute Idee hielt – und das nicht nur, weil De la Gardies militärische Begabung mäßig war –, und widerstrebend mußte die junge Königin den Gedanken fallen lassen.

Nachdem die wilden Pläne von neuen Kriegen – vorübergehend? – in einer Schreibtischschublade abgelegt waren, schwenkten die Herrschenden in Stockholm auf einen friedlicheren Kurs ein. Die ausgehobenen schwedischen Soldaten marschierten, soweit sie noch am Leben waren, zur Ostseeküste, wo Schiffe darauf warteten, sie nach Hause zu bringen. Aber es ging langsam. Die Västmanländer, die auf Wrangels weitläufigen Hungerkampagnen so viele Soldaten verloren hatten, daß sie nicht mehr als feldtauglich angesehen wurden, kamen erst im September 1649 nach Stockholm zurück: Insgesamt waren im Lauf der Jahre rund 3000 Mann ausgehoben worden, um die Glieder dieses Verbands aufzufüllen. Das Dalslandregiment, das wie viele andere reichsschwedische und finnische Verbände die letzte Zeit nur in der Garnison gelegen hatte, landete einen Monat danach in der Hauptstadt: 519 Mann waren im Jahr zuvor aufgebrochen, 492 kehrten zurück. Die Leibgarde, die bei Prag schwere Verluste erlitten hatte, wurde durch Stürme und Treibeis per Schiff in die Hauptstadt und anschließend nach Riga gebracht. Upplands Reiter durften 1649 ebenfalls nach Hause kommen: im Verlauf der 18 Kriegsjahre in Deutschland waren 3225 Mann hinausgeschickt worden, 735 kehrten zurück. Das Fußvolk des Kronoborg-Regiments, das bei der Belagerung von Prag einen Führer, 2 Rüstmeister und 48 Korporale und Gemeine verloren hatte, blieb bis zum Sommer 1650 in Prag. Erst im Mai 1654 war die Rückführung der schwedischen Truppen abgeschlossen.

Die ausgehobenen gemeinen Soldaten, die nach Hause kamen, erhielten ein Abdankungsgeld von 6 Reichstalern, wenn sie Fußsoldaten, und 16,5 Reichstaler, wenn sie Reiter waren. Die Waffen wurden eingesammelt und in königlichen Schlössern und Rüstkammern an verschiedenen Orten im Reich oder in den nächstgelegenen Kirchen deponiert. Dann durften sie gehen. An vielen Orten, so beispielsweise in Östergötland, hatten die ausgedienten Soldaten kein Zuhause, in das sie zurückkehren konnten, keinen Ort, »wo sie mit ihren Frauen und Kindern unterkriechen konnten«. Viele waren gezwungen, einen langen und schweren Kriegsdienst, bei dem alle Leben und Gesundheit aufs Spiel gesetzt und viele das eine oder das andere geopfert hatten, mit erniedrigender Bettelei abzuschließen. Auf mehreren Stadtansichten, die Erik Jönsson später zeichnete, sind sie zu sehen, die bettelnden menschlichen Wracks mit Beinstümpfen, die sich mit Hilfe kleiner Holzböcke vorwärtsschleppen, die zerlumpten Kriegsinvaliden mit zerschossenen Gliedern, die an ihren groben Krücken umherhumpeln. Ein Bild ist besonders eindrucksvoll. Es zeigt Mynttorget in Stockholm, und es ist Winter: Der Platz wimmelt von Menschen, Wagen, Schlitten und Pferden. Zwischen den Stapeln von Heu, Brennholz und Balken, neben den unter ihren Lasten gebeugten Trägern, promenierenden Damen, alten Frauen, Russen mit Pelzmützen und Bauern mit Kapuzen erkennt man ihn: einen Mann ohne Beine. Er sitzt auf einem kleinen Schlitten. Er streckt seinen verschlissenen Hut zwei jungen und schön gekleideten Edelleuten entgegen; der eine trägt eine lange Perücke und hat die Hände in einen Muff gesteckt – es ist kalt. Vielleicht war es eine Vollkugel bei Brünn, die dem Invaliden die Beine abriß, vielleicht hat der Wundbrand in Wolgast sie genommen; vielleicht hat er einst unter dem Vater eines der jungen Männer gedient; vielleicht war er – oder seine Beine? – eins der zahlreichen Sandkörnchen in dem Stundenglas der Geschichte, das am Ende noch einen Titel oder noch ein Gut in die Hände des Geschlechts der jungen Männer legte, das damit noch mindestens 400 Jahre prahlen würde. Und der Mann ohne Beine streckt seinen Hut aus. Er bittet um ein Almosen. Aber die beiden Männer gehen vorüber. Sie tun so, als sähen sie ihn nicht, dieses Wrack, das nicht laufen kann. Mit einer ebenso vergeblichen wie bittenden Geste hält er weiter den Hut hin, aber sie haben ihm bereits den Rücken zugewandt. Sie haben ihn schon vergessen, eine dieser unzähligen schweigenden, kaputten, zerbrochenen, traurigen Gestalten, die sämtliche Lasten der Kriegspolitik getragen, doch nichts von ihren Früchten genossen und mit ihrem Blut die große und unbarmherzig mahlende Maschinerie des Krieges geschmiert haben.

Der Friede brachte auch für Erik Jönsson Veränderungen mit sich. Er blieb als Kondukteur in Demmin, doch die Hektik seiner Aktivitäten ließ nach. An der Wand seines Zimmers in Demmin hingen zwei einfache Portraits, eins von Christina und eins von Gustav Adolf, was darauf schließen läßt, daß er, wenn nicht direkt royalistisch gesonnen, so auf jeden Fall von einem starken Gefühl der Loyalität zur schwedischen Königsmacht geprägt war. Zu dieser Zeit war sein Zimmer auch mit Papieren, Zeichnungen, Kupferstichen und Büchern angefüllt, die in mehrfacher Hinsicht eine ganze Menge über seine Interessen und Träume verraten. Briefbündel, unbenutztes Papier im Folioformat, Rechnungen, Rollen, Verproviantierungspläne und Zeichnungen befestigter Orte und Festungen zeugen von seiner Energie, während seine Buchsammlung seinen Wissensdurst und seine weitgespannten Ambitionen verrät. Die gleiche schnelle Entwicklung in der Druckerei- und Verlagsbranche, die eine üppige Flora von Nachrichtenblättern hervorgebracht hatte, führte auch zur Entstehung eines wirklichen Buchmarkts. In Schweden erschienen in jedem Jahrzehnt während des 17. Jahrhunderts zwischen 1000 und 2000 Titel, aber sie waren noch teuer – so mußte eine Magd für ein kleines Andachtsbuch ihren gesamten Jahreslohn opfern. Draußen auf dem Kontinent war dies anders. Literarische Werke der unterschiedlichsten Art wurden in kleinen Läden in den Städten oder von Hausierern auf dem Lande verkauft und auf diese Weise in immer größeren Auflagen unter immer mehr Menschen verbreitet. In Frankreich und Deutschland waren viele Bücher (nicht selten klein und ungebunden, sogenannte Broschüren) so billig, daß auch die breiten Schichten sie kaufen konnten. Die Bandbreite war groß, von astrologischen und – natürlich – theologischen Schriften, Satiren und medizinischen Werken, halb obszönen Anekdotensammlungen, Gedichten, Traumdeutungen bis zu Liedern, Abenteuerromanen und Reiseberichten. Erik Jönsson legte sich in diesen Jahren auch eine komplette kleine Bibliothek von mehreren hundert Bänden zu. Viele der Bücher belegen seinen Ehrgeiz, sich in den Tätigkeitsbereichen eines Fortifikateurs kundig und kompetent zu machen; viele Mathematik- und Geometrie-Lehrbücher füllten die Regale in seinem Zimmer – zum Beispiel Sinustabellen, Euklids *Elementa* und Stegmanns Buch über die Quadratur des Kreises –, andere Werke handelten von Festungsarbeiten und Kriegskunst – zum Beispiel Faulhabers *Ingenieurs Schuel* in zwei Bänden und ein Handbuch der Waffenlehre von Jacob de Genuis. Es gab auch eine kleinere Sammlung von Kupferstichen und Kunstdrucken. Eine Bibel, einige theologische Texte, Gesang- und Gebetbücher vermitteln eine Vorstellung von seiner Frömmigkeit, aber daneben standen auch zahlreiche Werke über Astrologie, Kometen und Prophezeiungen. Genau wie seine Zeitgenossen scheint er an allen Himmelserscheinungen und dem, was sie zu sagen hatten, interessiert gewesen zu sein. Aber dieser junge Mann sehnte sich nicht nur danach, mit Hilfe eifriger Selbststudien und Kenntnisse über die geheimen Kodes der Sterne in der Welt voranzukommen, sondern auch danach, in sie hinauszukommen; mit den Jahren schaffte sich Erik eine Reihe topographischer Schilderungen verschiedener Länder an, Reisebeschreibungen und sogenannte Itinerare, also eine Art Wegbeschreibung für Reisende. An reiner Unterhaltungsliteratur gab es nicht viel, doch das, was er sich anschaffte, bezeugt einen recht guten literarischen Geschmack mit einer Neigung zum Humoristischen; auf seinem Bücherregal stand nämlich Cervantes' damals gut 40 Jahre alter *Don Quijote* sowie Rabelais' *Pantagruel*.

Das Bücherregal gibt auch einen wichtigen Hinweis auf das politische Weltbild des jungen Manns. Sowohl *Don Quijote* als auch *Pantagruel* enthalten kritische Züge, die sich gegen die bestehenden Verhältnisse richten, doch interessanter ist, daß Eriks Bibliothek neben Machiavellis Buch über den Krieg auch ein Exemplar des Romans *Argenis* des Schotten John Barclay enthielt. Dieses Buch hatte die Form einer romantischen Abenteuererzählung, aber sein eigentlicher Kern war eindeutig kritisch und kontrovers. Es hatte seit seinem Erscheinen 1621 auch überall in Europa viele Leser erreicht, und manche Aristokraten hielten es für geradezu gefährlich. Die Handlung spielt im antiken Sizilien und schildert auf umständliche Weise eine Adelsrevolte und ihre Niederschlagung. Das große politische Problem ist laut Barclay die Macht der Aristokratie: daß einige wenige hochadlige Familien einen Großteil der wichtigsten Bereiche in einem Land beherrschen und den Monarchen schwach und handlungsunfähig machen. Dies führt Barclay zufolge nur zu Zerfall. In *Argenis* wird statt dessen dafür plädiert, die politische und wirtschaftliche Potenz der Blaublütigen zu beschneiden, eine kraftvolle und handlungsfähige Königsmacht einzuführen, ein starkes stehendes Heer zu schaffen – das von fähigen Leuten aus den Mittelschichten geführt wird – und dann das Reich zu einer Einheit jenseits aller regionalen Besonderheiten und kulturellen Unterschiede zusammenzuschmieden: ein Volk, ein Blut, ein Gesetz. Eine Schöpfung, in der Staat und Nation zusammenfallen. Also ein *Nationalstaat*. Barclays voluminöses Pamphlet von über 1200 Seiten war ein beredter Ausdruck der absolutistischen Strömungen, die zu dieser Zeit in Europa immer stärker in Erscheinung traten. Wir wissen nicht, was Erik eigentlich von *Argenis* hielt, doch allein die Tatsache, daß er es kaufte, spricht für sein großes Interesse. Und gerade Personen seines Zuschnitts – Leute aus einer bürgerlichen Mittelschicht, die sich nach einer glanzvollen Karriere im Schutz eines kraftvollen Staates sehnten – machten sich natürlich Barclays Botschaft zu eigen.

Wir stellen uns hier einen jungen Mann vor, fromm und mit einer gewissen Vorliebe für Astrologie, nicht ohne Humor, künstlerisch veranlagt und mit einem feinen Schönheitssinn ausgestattet, eine Person, die, um sich auszuzeichnen und die großen Lücken in ihrer Bildung auszufüllen, emsige Selbststudien betreibt, treu ihren Pflichten nachkommt, sich aber nach fernen Ländern sehnt; ein Mensch, der auch angefangen hat, sich für ein wenig radikale politische Ideen zu interessieren, die besagen, daß die Erlösung von den Übeln der Zeit von einem starken Zentrum kommen muß.

Je mehr sich der Friede über Land und Leute herabsenkte, desto mehr verloren die Festungen an Bedeutung, und Mardefelt begann, seinem Untergebenen auch ausgesprochen zivile Tätigkeiten zuzuweisen. Unter anderem schickte er seinen jungen Kondukteur in einer Geldangelegenheit zum Pfalzgrafen Karl Gustav. Dort angekommen, begleitete der stets neugierige Erik den Pfalzgrafen und seine Generalität, als sie einen Höflichkeitsbesuch bei dem katholischen Kurfürsten von Mainz abstatteten, der sich zu diesem Zeitpunkt in

Würzburg befand. Der Besuch erforderte umfangreiche und komplizierte Vorbereitungen, denn Karl Gustavs gesamtes Gefolge umfaßte nicht weniger als 1500 Personen. Die Reise nach Würzburg führte durch eine schöne Landschaft, die vom Krieg kaum berührt war. Da waren, schreibt Erik begeistert in sein Tagebuch, »lauter Weinberge, Äcker und Wiesen, die mit fruchtbaren Bäumen bepflanzt sind wie Mandeln, Aprikosen, Pfirsiche, Pflaumen, Äpfel, Kirschen und Birnen«. Dieser kleine Ausbruch ist interessant. Es ist nämlich selten, daß Erik in seinem Tagebuch etwas über die Natur sagt, doch wenn er es tut, ist es in der Regel gerade der Anblick einer schön kultivierten Landschaft, der ihn erfreut. Seine Reaktion ist in vielfacher Hinsicht typisch.

Obgleich sich im 17. Jahrhundert der Kapitalismus endgültig durchsetzte, war die Gesellschaft doch noch in hohem Maß agrarisch geprägt. Der Boden, der Acker, die Landwirtschaft stellten die Grundlage der menschlichen Existenz dar – nichts anderes. Der Mensch sah sich in einem ewigen Kampf mit einer launischen und tyrannischen Natur, die ständig drohte, ihn zu überwältigen. Die Natur war gefährlich. Die Natur war eine Bedrohung. Vieles von dem, was uns heute begeistert, erfüllte den Menschen des 17. Jahrhunderts mit Abscheu oder Schrecken. Das große Meer schreckte alle durch seine wilde Unendlichkeit. Die hohen Berge wurden nicht selten »scheußlich« genannt und als »Mißbildungen«, »Warzen« oder »Beulen« bezeichnet. Zum Teil ging dieser Abscheu vor den Bergen auf die Vorstellung zurück, daß die Erde vor der Sintflut glatt wie ein Ei gewesen sei, aber das ganze Wasser die schöne ebenmäßige Oberfläche zerstört habe; anderseits war der Aufenthalt in den Bergen gefährlich, und sie trotzten allen Versuchen, sie zu kultivieren. Der Wald wurde mit ähnlich ungnädigen Blicken betrachtet, denn auch er galt als überaus unfruchtbarer und gefährlicher Bereich, ein ewiges Versteck für seltsame, übernatürliche Wesen, für Räuber und andere wilde Existenzen. In einem Handbuch für Poeten aus der Mitte des Jahrhunderts finden sich auch die Wörter »finster«, »unheimlich«, »einsam« und »gespenstisch« als passende Attribute für das Wort »Wald«. Die Wälder sahen in dieser Epoche auch nicht so aus wie unsere Wälder. Sie wurden nie gepflegt, sondern hart genutzt, als Weide für das Vieh und als Rohstoffquelle für Baumaterial und Brennholz. Die Bäume konnten selten so in die Höhe wachsen wie heutzutage, sondern wurden geschlagen, wenn sie noch recht klein waren. Die Wälder waren deshalb niedrige, eher ungepflegte und undurchdringliche Dickichte und galten als ein Greuel, ein steriler Fluch, der nur nach Rodung und Kultivierung schrie. Etwas Schönes konnte man unmöglich in ihnen sehen.

Diese agrarische Gesellschaft, in der die Bedrohung durch Mißernten und Hunger stets im Hintergrund lauerte, huldigte der Fruchtbarkeit. Das Kultivierte und Gezähmte war das Schöne. Deshalb freute sich Erik so darüber, eine

Landschaft zu sehen, die aus »lauter« Weinbergen, Äckern, Wiesen und Obstbäumen bestand, wo keine Spuren der häßlichen und kargen Wildnis mehr zu sehen waren. Die Kombination von Abscheu und Furcht vor dem Wilden fand in dieser Zeit auch neue Ausdrucksformen. Auch die Pflanzungen wurden zunehmend von geraden Linien und militärischer Ordnung geprägt. Wie bereits gesagt, war das 17. Jahrhundert eine Zeit, in der man von martialisch geometrischen Formen besessen war, und die Manie der rechten Winkel war auch in der Landwirtschaft zu beobachten. Früher hatten Unregelmäßigkeit und Spontaneität geherrscht. Das war vorbei. Einem Handbuch aus der Mitte des Jahrhunderts zufolge mußte eine Hecke gerade sein, gleichzeitig durften Baumpflanzungen nicht »unzivilisiert und verwirrend« sein, sondern sollten vorzugsweise die Form von Dreiecken, Vierecken, Ovalen oder Kreisen haben. Die geraden Formen der Handbücher des militärischen Drills und der große Traum des Festungsbauers Vauban, *pré carré* – das viereckige Feld –, hatten Einzug gehalten zwischen Obstbäumen und Hopfenstangen. Geometrische Formen waren eben schöner als unregelmäßige, und was konnte da erfreulicher sein als der Anblick einer kultivierten Landschaft, wo alles mit Winkelmesser und Wasserwaage ausgemessen schien, wo die asymmetrische Häßlichkeit der Natur bezwungen war?

Diese Verehrung der geordneten und gezähmten Natur ging am weitesten in der Gartenkunst der Zeit. Von ungefähr dieser Zeit an war es unter Adligen und Fürsten große Mode, unerhört weitläufige und unerhört teure Gärten anzulegen, in denen geometrische Ordnung und ein strenger, mathematisch klarer Stil herrschten. Dort, zwischen all den Statuen antiker Gestalten, kleinen Tempeln, Wasserspielen, Pyramiden, Altären, künstlichen Ruinen und endlosen, geharkten Wegen, war alles Wachsende gebändigt und nur noch streng gestutztes Ornament. Hier, zwischen fein gemusterten Terrassen und stramm ausgerichteten Kompanien von Tulpen, Lilien, Buchsbaum, Hyazinthen, Rosen und Iris, Szilla, Krokus und Hundszahn, Anemonen und Alpenveilchen, Lotus, Löwenmaul und Clematis, Geißblatt, Malven und Veilchen, sollten die Großen dieser Welt wandeln und gute Gedanken denken und gute Gespräche führen und sich an einer Natur erfreuen, der alle Gefährlichkeit ausgetrieben war. Dieses Entzücken angesichts des Gepflanzten und Geordneten beruhte indessen nicht allein auf der Distanz, die man gegenüber der wilden und unfruchtbaren Natur empfand. Die Verehrung des Gezähmten und Rechtwinkeligen war auch ein zentraler Betandteil des politischen Zeitgeistes. In einem Europa, wo die alten Strukturen schwankten und wo Krieg, Krisen und Revolutionen jedes zweite Reich erschütterten und in den meisten menschlichen Tätigkeitsbereichen Unsicherheit herrschte, war eine tiefe und sehr verständliche Sehnsucht nach Gewißheit, Ruhe und vor allem Ordnung entstanden. Gerade dieser radikale Stimmungswandel war eines der wichtigsten Ergebnisse des Kriegs. Die Menschen verlangte nach einer gezähmten, einheitlichen und dauerhaften Ordnung, die die asymmetrische, wildwüchsige und reichlich chaotische Vielfalt ablösen sollte, die so lange in Europa geherrscht hatte und die viele als die Ursache des Debakels in Deutschland, in Frankreich, in Spanien, in England, in Rußland, in Polen und so weiter ansahen. Die Lösung hieß Zucht und Kontrolle, Kontrolle über die launische Natur, Kontrolle über die launischen Untertanen, Kontrolle über die launische Wirtschaft. Die Millenaristen, die Merkantilisten, die Astrologen, die Mystiker, die Wissenschaftler, die Feldherren und die Gärtner suchten alle auf ihre Weise eine genau gelenkte Ordnung zu erreichen, die als ursprünglich galt, aber nun verlorengegangen war. Dies, glaubte man, sei der Grund, warum Europa aus den Fugen geraten war, warum Dörfer brannten von Jämtland bis hinunter nach Sizilien. Die Rettung aus dieser Unordnung sollte von einer starken und züchtigenden Hand kommen, die schöne Einheitlichkeit, Ruhe und gerade Linien in die Zersplitterung brachte: ein Volk, ein Blut, ein Gesetz – ein Nationalstaat.

Karl Gustavs große Gesellschaft wurde fünf Kilometer vor Würzburg von einer Vielzahl von Karossen, Reitern und lokalem Adel in Empfang genommen; als sie in die Stadt einzogen, waren die Straßen von 14 Kompanien bewaffneter und »wohl ausstaffierter« Bürger, 11 Kompanien Soldaten und Reiterei gesäumt, und die Luft war von donnernden Kanonensalven erfüllt. Vergessen war die Plünderung der Stadt durch schwedische Truppen 1631. Im Tagebuch wird der Besuch so beschrieben:

Seine Durchl. der Herzog [Karl Gustav] blieb vier Tage in Würzburg und wurde mit seinem ganzen Gefolge von dem Kurfürsten über alle Maßen herrlich traktiert, mit Musiken, Komödien und dergleichen anderem, welches die Jesuiten und andere Ordenspersonen und Mönche recht meisterlich darzubieten verstehen. Und wurde Seine Durchl. auf das Schloß gebracht und traktiert, das eine angenehme Festung ist. Und danach in dem über die Maßen schönen Garten des Kurfürsten und unter anderen seltenen Dingen wurde Seine Durchl. am Freitag, was der Katholischen Fastentag [ist], unter anderem am Mittag mit sechzig Arten von Fisch traktiert, davon einer nicht von der gleichen Art war wie ein anderer, wodurch der Kurfürst seine große Magnifizenz und die Vortrefflichkeit des Ortes bewies.

Karl Gustav und seine Gesellschaft – darunter Erik – verließen Würzburg später am Abend unter großem Pomp, zufrieden und schwankend mit »Wein in den Sporen«.

Während Erik Jönsson nach Demmin zurückreiste, zog Karl Gustav mit dem Gewimmel seines prachtvollen Gefolges weiter nach Nürnberg zu dem Friedensexekutionskongreß, der dort abgehalten werden sollte. Nach mehrmonatigen Verhandlungen und Streitereien über Räumungspläne, Ausbezahlungen und andere praktische Fragen wurde dort im September 1649 ein Interimsrezeß unterzeichnet. Daß dieser zustande kam, war ein weiterer Fortschritt, denn dies war ein Signal, daß die Spannung und das Mißtrauen zwischen den verschiedenen Partnern allmählich nachließen. Karl Gustav feierte die Unterzeichnung am gleichen Abend mit einer großen »Friedensmahlzeit« im Rathaus von Nürnberg. Die voraufgegangenen Monate waren mit Festlichkeiten und Trinkgelagen reichlich ausgefüllt, was nicht ohne positive Nebeneffekte geblieben war, denn während der vielen Zechereien hatte Karl Gustav mit dem kaiserlichen Oberbefehlshaber Piccolomini Freundschaft geschlossen (dem Mann, der Gustav Adolf bei Lützen hatte sterben sehen). Bei einer Gelegenheit hatten beide das Tischkonfekt zu den Leuten auf der Straße hinausgeworfen, die sich zum Ergötzen der Gäste darum zu schlagen begannen. Etwas später hatte der kaiserliche Oberbefehlshaber dem Pfalzgrafen einen unerwarteten Besuch abgestattet, bei dem es zu einem spontanen Trinkgelage gekommen war – gegen Abend war der kräftig angesäuselte Piccolomini zu sehen, als er allein tanzte, was betrunkene Herren in dieser Zeit gern taten. Ein anderes Mal endete ein fröhlich durchfeierter Abend damit, daß Karl Gustav in Piccolominis Bett seinen Rausch ausschlief.

Piccolomini war auch als Karl Gustavs Ehrengast bei der Festmahlzeit ausersehen. Das Rathaus war vollgepackt mit Menschen, die an langen Tischen saßen. In jeder der vier Ecken des Saals standen kleine Estraden mit einem Orchester. Auf einem der Tische sprudelte eine kleine Fontäne mit wohlduftendem Wasser, von der Decke hingen sonderbar geflochtene Girlanden von Früchten und Gemüse, und in einem der hohen Fenster zur Straße stand ein vergoldeter Löwe, aus dessen Maul Wein auf die lärmenden Volksmassen hinuntersprudelte, die sich vor dem Rathaus versammelt hatten. Die Mahlzeit selbst war von überwältigender Üppigkeit. Alles in allem wurden 120 verschiedene Gerichte serviert, Früchte und Konfekt nicht gerechnet. Sie wurden in vier Gängen von jeweils dreißig Gerichten serviert, die bis zur Unkenntlichkeit mit ausgestopften Schwänen, Pfauen, Federbüschen und schwankenden Federn geschmückt waren. Zuerst kamen dreißig gekochte Gerichte, von trippelnden Kolonnen von jungen Männern und Jungen hereingetragen; danach folgten dreißig gebratene, dreißig gekochte und dreißig gebackene Gerichte, und das Ganze wurde mit allerlei Süßigkeiten abgerundet. Als es auf die Nacht zuging, kam Wrangel – offensichtlich reichlich benebelt – mit dreißig Musketieren hereingetorkelt und begann zusammen mit diesen, munter eine Salve nach der anderen in die Saaldecke abzufeuern. Während der Saal sich mit weißem Pul-

Was sollen wir tun, wenn jetzt Frieden ist?

Das Friedensfest in Nürnberg 1650. Ein großes Publikum von einfachem Volk, Fürsten und Diplomaten wohnt dem schwedischen Feuerwerk bei.

verdampf füllte, verschwanden die etwas schreckhafteren Gäste rasch hinaus ins Freie. Nachdem Wrangel seine Pistolen geleert hatte, erklärte er die Schießerei damit, daß er nun keine Verwendung für seine Munition mehr habe.

Erst im Juli 1650 verließ Karl Gustav Nürnberg, wo noch lange Sitzungen, Bankette und prächtige Friedensfeuerwerke einander ablösten. Er begab sich auf eine gemächliche Reise nach Stockholm, wo ein gelinde gesagt stürmischer Reichstag stattfand, der über seine und die Zukunft Schwedens entscheiden sollte. Seit April hatten Schiffe segelklar gelegen und auf ihn gewartet. Er wurde in der Heimat gebraucht, denn die Lage dort war schon lange nicht mehr so unsicher und explosiv gewesen, und es sah ganz danach aus, als habe der Virus, der überall in Europa bereits Revolten und Revolutionen verursacht hatte, nun zum Schluß auch Schweden erreicht.

X

DER LANGE NACHHALL DES KRIEGES

(1650–1654)

1. Landgewinne in Afrika und Amerika

DIE ANKUNFT DER EUROPÄER IN AFRIKA. –
›ABER DIE VUMBI SPIEEN FEUER MIT EINEM DONNERGLEICHEN LÄRM‹. –
DIE AFRIKANISCHEN HOCHKULTUREN. –
DIE SCHWEDISCHE AFRIKAKOMPANIE. – PRINTZ BAUT NEUE FORTS. –
DAS VERHÄLTNIS ZU DEN INDIANERN. – EIN SCHWEDISCHES
AUSROTTUNGSPROJEKT. – DIE BEDROHUNG DURCH DIE HOLLÄNDER. –
DIE KATTAN UND IHR TRAURIGES SCHICKSAL. –
DIE HOLLÄNDER SEGELN DEN DELAWARE HINAUF. – FORT CASIMIR.

Während der Dreißigjährige Krieg Schweden in Europa zu großartigen Landgewinnen verhalf, wurden auch die schwedischen Besitzungen in Übersee größer. Die Schweden hatten bereits eine Kolonie in der Neuen Welt, und seit 1650 besaßen sie auch in Afrika einen kleinen Stützpunkt. Es war allerdings keine Siedlung, die dort unten an der sogenannten Goldküste errichtet worden war, sondern nur eine Handelsstation. Die für den Handel mit Westafrika gebildete Kompanie war ein privates Unternehmen – fast vollständig im Besitz und unter der Führung und Leitung des allgegenwärtigen Louis de Geer –, doch um sich in der Konkurrenz mit den mächtigen und aggressiven Holländern behaupten zu können, mußte sie hinter Pässen und Privilegien, die vom schwedischen Staat verliehen wurden, Schutz suchen.

Das Tun und Treiben der Weißen an der westafrikanischen Küste war typisch für diese Zeit, in der viele außereuropäische Kulturen den Eindringlingen noch zu ihren eigenen Bedingungen gegenübertreten konnten. Wie die Menschen in der Neuen Welt waren die Afrikaner den Weißen, die sie *Murdele*, dem Meer Entstiegene, nannten, mit Verwunderung begegnet. Die Eindrücke der Afrikaner von den ersten Kontakten sind in Traditionen des Kontinents erhalten:

> *Draußen auf dem Meer sahen sie ein großes Boot auftauchen. Das Boot hatte ganz weiße Segel, die wie Schwertklingen glänzten. Weiße Männer tauchten aus dem Wasser auf und sprachen Worte, die man nicht verstehen konnte. Unsere Vorväter wurden von Furcht ergriffen und glaubten, es seien Vumbi, Wiedergänger. Mit Hilfe von Pfeilen warf man sie zurück ins Meer. Aber die Vumbi spieen Feuer mit einem donnergleichen Lärm.*

Es waren nicht in erster Linie verstreute Stämme, die den *Vumbi* und *Murdele* begegneten. Hier und da in Afrika gab es regelrechte Staaten wie zum Beispiel Benin, Hausaland, Mali, Kongo, Luba und das christliche Äthiopien. Einige davon waren recht hoch entwickelt. Europäische Besucher der Stadt Benin im frühen 17. Jahrhundert fanden sie großartig und in mancher Hinsicht durchaus vergleichbar mit großen Städten auf ihrem eigenen Kontinent. Ein holländischer Reisender sprach von den hohen, dicken Mauern der Stadt, von der schnurgeraden Hauptstraße, die »sieben oder achtmal breiter als die Warmoesstraße in Amsterdam« und über 5 Kilometer lang war, und von den Häusern, die »in guter Ordnung stehen, eins dicht und gleichmäßig neben dem anderen, so wie die Häuser in Holland«. Gerade die Goldküste war ein Puzzle von kleinen Staaten, den Ahanta-Königreichen, die seit dem 14. Jahrhundert eine imponierende, wenn auch zersplitterte Hochkultur errichtet hatten, die unter anderem Städte, Wege, stehende Armeen und einen lebhaften Handel aufweisen konnte. Im Unterschied zu den unglücklichen indianischen Kulturen der Neuen Welt verfügte die Ahanta-Kultur über eine Technik der Eisenherstellung. Der schwedischen Afrikakompanie war es gelungen, hier in Ahanta Fuß zu fassen, genauer gesagt in der Küstenstadt Oguaa, die zum Königreich Futu gehörte. Oguaa war ein Handels- und Verwaltungszentrum, in dem viele ahantische Kaufleute Häuser besaßen, und die Stadt hatte mehr schöne Gebäude als die Hauptstadt Efutu.

Die schwedische Kompanie bestand nur aus knapp zehn Personen, die zuerst auf einem Schiff hausten, das vor dem tropisch heißen Oguaa vor Anker lag, doch später in ein Haus mit zugehörigem Lagergebäude an Land umzogen. Sie führten Leinenstoff, Wolle, Mohairtuch, Glasperlen, Messer, Spiegel und Eisenstäbe mit sich, die sie unter endlosem Feilschen gegen Gold, Elfenbein, Zucker, Malquettapfeffer, Bienenwachs und anderes eintauschten. Eine andere Ware, mit der man sich befaßte, waren Sklaven. Sie waren seit langem ein Bestandteil der afrikanischen Wirtschaft. Wie in Griechenland und im Rom der Antike gab es Sklaven jeder Art: Hofsklaven, Soldatensklaven, Haussklaven, Landwirtschaftssklaven und so weiter. Schwarzafrika hatte seit langem Sklaven in die islamischen Staaten des Nordens exportiert, und die Menschen, die auf diese Art und Weise in die Knechtschaft verschwanden, konnten alles von Kriegsgefangenen bis zu verurteilten Verbrechern sein. Wenn die Trockenzeit kam und die Landwirtschaft ruhte, wurden regelmäßig lange Kolonnen von Sklaven, mit Halsriemen aus Leder aneinandergebunden, durch die Regenwälder zu den Märkten an den Rändern des Kontinents geschickt. Nachdem die Europäer ihre großen Eroberungen in der Neuen Welt gemacht hatten und die Indianer zu Millionen durch Krankheiten und harte Arbeit dahingerafft waren, entstand ein neuer Markt, den viele phantasielose und habgierige afrikanische Herrscher bereitwillig bedienten. Die Nachfrage wurde mit der Zeit so groß, daß sich der Handel mit Menschen zu einer Art afrikanischer Großindustrie entwickelte. Um die Mitte des 17. Jahrhunderts hatte der große Sklavenboom noch nicht eingesetzt, und Westafrikas hauptsächliches Exportprodukt war lange Zeit Gold, das unter anderem die Menschen in Ahanta selbst abbauten. Die schwedische Afrikakompanie hatte auch keine natürliche Verbindung zu den Teilen der Neuen Welt, in denen eine große Nachfrage nach Zwangsarbeitskräften bestand, und deshalb blieb der schwedische Sklavenhandel unbedeutend. In den ersten Jahren waren es vielleicht alles in allem 200 bis 300 Sklaven, die gekauft wurden, um anschließend zu den großen Zuckerplantagen der Portugiesen auf São Tomé im Golf von Guinea verschifft zu werden.

Die schwedischen Kaufleute in Futu waren also noch abhängiger von den Menschen der Region als die Kolonisten in Delaware, sowohl was ihren Handel als auch was ihren Schutz betraf. Zum Glück war es den Leuten der Kompanie gelungen, mit dem König von Futu, Breweda, dem *day* – dem Schatzmeister – des Königreiches, Acrosan, und dem *brafu* – dem Leiter der bewaffneten Streitkräfte –, einem Mann namens Ahenakwa, eine Zusammenarbeit zu vereinbaren. Die Westindische Kompanie der Holländer ahnte eine große Gefahr und setzte sogleich eine Kampagne in Gang, um Breweda zu veranlassen, die schwedische Kompanie aus Ahanta fernzuhalten. Weder Bestechungen in Gold noch der Hinweis darauf, daß die Person, die in Schweden herrsche, eine Frau ohne Macht, Mittel und Ansehen sei, konnte den Herrscher in Efutu beeindrucken, der mitteilen ließ, die Neuankömmlinge stünden unter seinem Schutz. Schon die Königin von Schweden hatte ihre schützenden Fittiche über diese schwedischen Handelskapitalisten ausgebreitet. Nun tat der König von Futu seinerseits das gleiche, was bedeutete, daß die schwedische Kompanie in Zukunft futuische Soldaten anheuern konnte, falls dies erforderlich würde. Und es wurde ziemlich umgehend erforderlich, denn die Holländer begannen sogleich, die schwedische Handelsstation zu stören. Ein schwer bestücktes holländisches Schiff tauchte in der Hitze auf und begann, vor Oguaa zu kreuzen, so daß das schwedische Schiff nur in der Dunkelheit Waren entladen konnte. Die Unterstützung von höchster Stelle in Futu ermöglichte es den Männern der Kompanie indessen, ihren Handel auf einige andere Orte auszuweiten, die an dem langen Küstenweg lagen, unter anderem auf Anomabo, Osu und Butri. Anfang Juni 1650 wurde jedoch das Haus der Kompanie in Anomabo – das auf dem Gebiet des Königreichs Fanti lag – von Holländern mit Unterstützung einheimischer Truppen angegriffen und geplündert. Zur gleichen Zeit verschafften sich Männer der schwedischen Kompanie Zugang nach Akkra – einem wichtigen Ort, der Verknüpfungen mit dem Akwamureich im Norden hatte –, bedrohten mit Hilfe futuischer Krieger den dortigen holländischen Handelsmann und taten alles, um seinen Handel zu ruinieren. Später kaperten schwedische Kompanieangestellte auch einen holländischen Dogger, der ohne Genehmigung Oguaa angelaufen hatte, und beschlagnahmten unter anderem über 700 Kilo wertvolles Elfenbein.

Die schwedische Afrikakompanie hatte in kurzer Zeit an der westafrikanischen Küste gut Fuß gefaßt, und es sah ganz danach aus, als könne sie weiter wachsen. Das einzige große Problem war die Rivalität mit den Holländern, die immer schärfere Formen annahm.

In Nordamerika war die Lage ähnlich. Die schwedische Kolonie dort begann langsam aufzublühen. Johan Printz, der neue Gouverneur, der 1643, mit umfangreichen Befugnissen ausgestattet und von hochgesteckten Erwartungen getrieben, in Delaware gelandet war, machte sich mit aller Energie und Kraft ans Werk. Allerdings zerschlugen sich die Hoffnungen auf große Verstärkungen aus der Heimat sehr bald, und zwar wegen des Krieges mit Dänemark. Printz' Rapporte und Appelle wurden von Axel Oxenstierna schlicht beiseite gewischt, der zunächst mit dem Krieg, dann mit den Friedensverhandlungen mehr als genug zu tun hatte. Nachdem aber der Friede von Brömsebro geschlossen war, wurden die Bemühungen um Unterstützung und Hilfe für die Kolonie mit neuem Elan wiederaufgenommen. Zwischen 1646 und 1648 erreichten zwei Schiffe – die *Gyllene Hajen* und die kampferprobte *Svanen* – Neuschweden.

Printz behalf sich zunächst mit dem Wenigen, was er hatte, und war sogar über Erwarten erfolgreich. Die Rivalität zwischen den europäischen Mächten war, wie schon gesagt, groß, und wenngleich die Nachbarschaft der Holländer eine Quelle der Irritation war, war Printz doch vor allem besorgt über die ständigen kleinen Einbrüche der Engländer in die Gegenden hier am Delaware. Englische Kolonisten hatten sich an einem Ort bei Varkens Kill niedergelassen, und als eine seiner ersten Maßnahmen beschloß Printz deshalb, in der Nähe ihrer Siedlung ein massives Blockhaus anzulegen, Fort Älvsborg. Es erhielt einen dreieckigen Wallgraben, ein schönes Holztor sowie eine schwere Bestückung mit acht Kanonen und einer groben Haubitze. Die Garnison bestand aus siebzehn Mann. Durch das Blockhaus sollte Druck auf die Eindringlinge ausgeübt werden, gleichzeitig sollte es als Riegel vor der Einfahrt in den Delaware fungieren. Das mückenumschwärmte Fort Älvsborg funktionierte genau nach Plan. Im Frühjahr 1643 litt die kleine englische Kolonie schwer unter Krankheiten und Entbehrungen, und Printz nahm die Gelegenheit wahr und zwang sie, der schwedischen Krone den Treueid zu schwören.

Im Sommer 1644 wurde der erste Schuß von dem neuen Fort abgegeben. Als ein englisches Schiff unter einem William Aspenwall den Fluß heraufgesegelt kam, wurde es von einem Warnschuß aus einem der Geschütze empfangen. Erst nachdem Aspenwalls Expedition von Printz persönlich ordnungsgemäß die Erlaubnis zur Weiterfahrt eingeholt hatte, wurde sie durchgelassen – Aspenwall erhielt später eine Rechnung, in der er aufgefordert wurde, den abgefeuerten Schuß zu bezahlen.

Der lange Nachhall des Krieges (1650–1654)

Ein weiteres Fort, Neu Göteborg, wurde kurz danach an einer Stelle flußaufwärts, auf der Insel Tinicum, nicht allzu weit entfernt von dem holländischen Fort Nassau, errichtet. Auf diese Weise hatte Printz nachdrücklich den äußeren Umkreis und die Abgrenzung der schwedischen Kolonie markiert. Die Insel wurde gerodet, und Pflanzungen wurden angelegt. Das Fort selbst lag auf einer Anhöhe in der Nähe des Ufers und war mit vier kleinen Kanonen aus Kupfer ausgerüstet, die über das Wasser schießen konnten. Nach einem Brandunglück, bei dem sein erstes Haus in Flammen aufging, ließ Printz sich hier eine neue Residenz errichten. Sie wurde Printzhof genannt und war ungefähr so standesgemäß, wie der neue Gouverneur und seine Familie es verlangten und die Umstände es zuließen; sie enthielt unter anderem eine ziemlich große Bibliothek, protzte mit einem so seltenen Luxus wie Glasfenstern und Gardinen und war von einem kleinen Park umgeben, in dem Obstbäume und sogar ein kleines Lusthaus standen.

Eine Reihe neuer Siedlungen wurde ebenfalls angelegt, unter anderem eine, die Uppland genannt wurde – heute eine Stadt mit Namen Chester. Mehrere Schmieden wurden gebaut, desgleichen eine Kirche mit freistehendem Glockenturm und Friedhof, eine Wassermühle (die an einem Ort im Landesinneren eingerichtet wurde, der Mölndal genannt wurde, »weil eine Mühle dort lag«), eine kleine Bierbrauerei sowie zwei »große und schöne Boote«, die für den Verkehr innerhalb der Kolonie benutzt wurden. Später wurde noch ein Blockhaus, Neu Vasa, südlich von Mölndal errichtet. Solange man etwas zu tauschen hatte, florierte auch der Handel mit den Indianern ausgezeichnet, ja zuweilen glänzend. (Dennoch ergab die Bilanz der Jahre 1643 bis 1648 einen Verlust von fast 10 000 Reichstalern.) Immer noch war die Bevölkerung nur wie eine Handvoll Kies im Meer: weniger als 200 Menschen, die gegen Ende der vierziger Jahre in Neuschweden lebten und wirkten, die sich trotz Krankheiten und trotz der Plagen des Klimawechsels dank harter Arbeit eines ständig wachsenden Wohlstands erfreuen konnten. Viele Diener und Soldaten, die in die Kolonie geschickt worden waren, waren (wie Printz selbst) nur mäßig begeistert von diesem mückenverseuchten Platz und wollten nach Hause, doch nur wenige der herübergebrachten Bauern hegten derartige Pläne. Je mehr Informationen über die Kolonie nach Schweden durchsickerten, desto mehr wuchs auch das Interesse unter den einfachen Leuten, dorthin zu gehen. Bald konnte man unter den Kolonisten wählen und aussieben, statt sie mit Hilfe von Vögten und Fußfesseln herbeizuschaffen. Doch die Kolonie war noch immer nur eine Möglichkeit, ein Grundstein für etwas anderes, das groß werden konnte, falls es gelang, die Gefahren zu meistern.

Die Indianer waren gewissermaßen die geringste Bedrohung, mit der die Menschen in Neuschweden konfrontiert waren. Unter dem Regiment von

Printz hatte man die von Stockholm befohlene Politik der Zusammenarbeit mit den verschiedenen Stämmen, die um die Kolonie herum lebten, fortgeführt. Etwas anderes war auch nicht möglich, teils weil die Schweden so erbärmlich wenige waren, teils weil sie von den ursprünglichen Bewohnern abhängig waren, um Lebensmittel kaufen und den Tauschhandel betreiben zu können, der eigentlicher Zweck des ganzen Unternehmens war. Folglich näherte sich Printz wie sein Vorgänger den Indianern mit Respekt und sogar einem gewissen Beben und machte sich erst nach Verhandlungen und anschließendem Feilschen mit den Stammeshäuptlingen zum Herrn über neues Land. Den Schweden gelang es sogar, sich mit den starken und gefürchteten Mingroirokesen auf guten Fuß zu stellen, die sich nach einer gewissen Zeit sogar selbst als Beschützer der Schweden bezeichneten. Die weißen Konkurrenten der Schweden, die Franzosen, die Holländer und insbesondere die Engländer, vertraten eine entschieden brutalere und imperialistischere Einstellung gegenüber den Stämmen, denen sie begegneten. Im Norden, an dem Fluß, der später Hudson genannt werden sollte, kam es ständig zu Scharmützeln zwischen Irokesen und Franzosen. In den großen Kolonien weiter im Norden – Connecticut, Rhode Island, Plymouth, Massachusetts und New Hampshire – waren alle Indianerstämme bereits ausgerottet. Vor allem waren sie von Krankheiten wie beispielsweise Pocken, Masern und Pest hingerafft worden, die bei den Indianern bis dahin unbekannt waren und die von den Europäern aus der Alten Welt eingeschleppt wurden. Die Pequote, die überlebt hatten, waren 1637 durch eine Strafexpedition als Vergeltung dafür, daß sie einen englischen Händler getötet hatten, praktisch ausgerottet worden. Südlich von Neuschweden, in Virginia und Maryland, fand in den vierziger Jahren ein regelrechter Krieg zwischen Irokesen und Kolonisten statt; auch dort führten die Engländer reine Ausrottungskampagnen gegen die Indianer durch. Auch die Holländer hatten mehrere bewaffnete Zusammenstöße mit den Einheimischen. Unter anderem beging der Gouverneur von Neu Amsterdam Ende Februar 1643 ein Massaker an achtzig Indianern. Daß gerade die Engländer die rücksichtsloseste Politik betrieben, war vielleicht kein Wunder. In der Neuen Welt gab es um 1650 weniger als 200 Schweden und etwas über 4000 Holländer, doch nicht weniger als 47 800 Engländer. Die Engländer hatten bereits begonnen, sich in den Gebieten, die sie ohne jedes Recht an sich gerissen hatten, breitzumachen, und drängten nun die Indianer an zahlreichen Stellen zurück, wobei es zwangsläufig zu Zusammenstößen kam. Eine grausame innere Logik war hier zu ahnen, die bewirkte, daß diese Unternehmen, wenn sie einen bestimmten Umfang überschritten, fast unausweichlich eine unheilvolle Wendung nahmen.

Die Unruhe, die um die Mitte der vierziger Jahre die nahegelegenen englischen und holländischen Kolonien umgab, griff auch nach Neuschweden über.

1644 überfielen Indianer eine Siedlung nicht weit von Neu Göteborg und ließen einen Mann und eine Frau tot in ihrem Bett zurück, einige Tage später wurden zwei Soldaten und ein Arbeiter getötet. Printz – der das einzige Pferd der Kolonie ritt und von einer ständigen Leibwache von acht Soldaten umgeben war – erhielt jedoch bald eine Entschuldigung von den verantwortlichen Häuptlingen, die erklärten, dies sei ohne ihr Wissen geschehen, worauf man einen Friedensvertrag schloß. Dennoch war unter den Kolonisten ein Gefühl von Gefahr und Unsicherheit geweckt worden. Im Herbst 1646 wurde ein weiterer Schwede getötet. Printz' Empörung richtete sich vor allem gegen die Holländer, denn er glaubte, daß sie die Indianer aufhetzten, die schwedischen Siedlungen anzugreifen. Schon früher war ein mißlungener englischer Versuch aufgedeckt worden, die Indianer mit Bestechung dazu zu bringen, Neuschweden anzugreifen, und Printz warf den Holländern vor, ihnen den gleichen üblen Streich zu spielen. Die Wahrheit ist wohl, daß alle Kolonisten versuchten, sich der Indianer zu bedienen, um lästige Konkurrenten zu beseitigen, weshalb ein großer Teil der von den Stämmen begangenen Gewalttaten in Wahrheit von den Europäern selbst angestiftet war. (Unter anderem stellte es sich heraus, daß Printz' eigenwillige Tochter Armegott bei einer Gelegenheit zwei Indianer gedungen hatte, zwei Schweden zu skalpieren und zu töten, weil sie aus ihrem Dienst entlaufen waren.)

Der rauhbeinige Soldat Printz antwortete auf diese Zusammenstöße mit der Machtsprache, zu der er in der Lage war, was im großen und ganzen heißt, verbal. Er drohte den Indianern, band ihnen einen Bären auf mit Erzählungen von riesigen Mengen von Waffen, Männern und Schiffen, die von Schweden unterwegs seien, und drohte, wenn noch mehr Schweden von Indianern verletzt würden, werde er »nicht eine Seele unter ihnen am Leben lassen«. Dies waren indessen nicht nur leere Worte und heiße Luft. Printz spielte offenbar mit dem Gedanken, mit den Mingos das gleiche zu tun, was die Engländer mit den Pequote getan hatten – sie auszurotten. Bei dieser Gelegenheit schrieb er auch einen kühn formulierten Brief nach Stockholm und verlangte, man solle ihm 200 Soldaten schicken; mit einer solchen Truppe würde er bald »jedem Indianer am Fluß das Genick brechen«. Auf die Dauer würde dies unvermeidlich sein und auch laut Printz kaum wirtschaftliche Nachteile haben. Das schwedische Besitzrecht auf das Land am Delaware würde auf diese Weise befestigt, denn

wenn man den Fluß nicht nur gekauft, sondern auch mit dem Schwert in der Hand gewonnen hätte, dann könnte niemand, wer es auch sein möge, Holländer oder Engländer, Anspruch auf diesen Platz erheben.

Auch wenn die Christianisierung der Urbevölkerung zur Sprache kam – etwas, worüber die Männer im Rat gern redeten –, zeigte Printz wenig Geduld mit diesen »Wilden«, die nur die Beine in die Hand nahmen, wenn man sie mit Gottes heiligem Wort beglücken wollte. Seine Lösung verriet wieder einmal seine typische Landsknechtsmentalität: Man solle mit Waffen in der Faust ausziehen und jeden, der sich nicht zur »einzigen wahren Religion« bekehren wolle, ganz einfach umbringen. Die Regierenden in Stockholm waren indessen nicht sonderlich interessiert an Printz' apokalytischen Plänen, lehnten es ab, Truppen zu schicken, und fuhren fort, ihn zum friedlichen Zusammenleben mit den Indianern zu ermahnen. Per Brahe, mehr väterlich mild als üblich, fragte an, ob man nicht ein paar Indianer finden könne, die damit einverstanden seien, sich nach Schweden bringen zu lassen, wo sie Schwedisch lernen, »eine andere Welt erleben und freundlich behandelt werden« sollten. Seine Frage zeigt, daß ›der unterlegene Wilde, geschaffen, um beiseite geschoben zu werden‹, noch nicht das Bild Europas von den anderen Kulturen beherrschte. Der Rassismus in der uns heute bekannten Form existierte noch nicht, er entstand erst im 19. Jahrhundert; die Europäer des 17. Jahrhunderts waren neugierig und nicht selten beeindruckt von den fremden Kulturen, denen sie begegneten, und wenn sie andere Völker schlechter fanden, dann hatte dies seinen Grund nicht in Vorstellungen von einer Hierarchie der Rassen. Eine der wichtigsten Sperren dagegen war die christliche Lehre von der Monogenesie, die allgemein anerkannt war und besagte, daß alle Menschen ein und denselben Ursprung hatten, nämlich Adam und Eva – erst nachdem die moderne Wissenschaft die biblische Schöpfungsgeschichte aus den Angeln gehoben hatte, konnte der moderne Rassismus entstehen. Printz' wilde Vernichtungspläne zeigen indessen, daß der Prozeß, der dorthin führen sollte, leider schon begonnen hatte.

Nein, die große Gefahr drohte Neuschweden von den anderen Europäern, und vor allem von den Holländern. Nachdem die wiederholten Versuche der Engländer, am Delaware Fuß zu fassen, dank der gemeinsamen Gegenmaßnahmen der Schweden und Holländer vereitelt worden waren, verstärkte sich allmählich die Rivalität zwischen den beiden Verbündeten. Nun fühlten sich die Holländer von der expansiven schwedischen Kolonie bedrängt, und dies mit allem Recht. Printz hatte eine ausgeklügelte kleine Kette von Siedlungen und Blockhäusern aufgebaut, die den größten Teil des Handels auffingen, wenn die Indianer mit ihren Kanus auf den Nebenflüssen zum Delaware hinabfuhren. Anfang 1647 wurde auf einer Insel im Fluß Schuylkill noch eine schwedische Festung errichtet, Neu Korsholm. Damit war die Handelsstation der Holländer am Delaware, Fort Nassau, praktisch von jedem Handel mit den Indianern abgeschnitten. Wieder ist es interessant zu beobachten, daß die hier praktizierte schwedische Expansion in ihrer Zielsetzung die Politik nachahmte, die Schweden im nordöstlichen Europa verfolgte. Dort waren schwedische Heere umhergestampft, weil die Regierenden in Stockholm Kontrolle über die Handelsströme gewinnen wollten, die über mehrere große und wichtige Flüsse in die Ostsee mündeten: *dominium maris Baltici*. In Nordamerika operierte man auf exakt die gleiche Weise, um Konkurrenten auszuschalten und allein von den Warenströmen zu profitieren, die in den Delawarefluß einmündeten: *dominium fluvii Delawaris*. Aber genau wie in Europa war dies eine Politik, die zu mancherlei Unruhe führte, und ein erfolgreich bestandener Konflikt tendierte oft dazu, in einen neuen einzumünden; denn warum sollten die, die in die Klemme geraten waren, sich mit diesem betrüblichen Zustand abfinden? Was man mit dem Schwert gewonnen hat, kann einem ein anderer mit dem Schwert nehmen. Der Konflikt zwischen Schweden und Holländern in Nordamerika war auch in anderer Hinsicht zukunftsweisend, denn er signalisierte, daß man nun in eine Zeit eingetreten war, in der religiöse und dynastische Gegensätze eine immer geringere Rolle in den Zusammenstößen der Reiche spielten. Der Friede in Westfalen markierte das Ende einer Ära von Religionskriegen und den Beginn einer neuen Zeit, in der krassere, wirtschaftliche Motive an die Oberfläche kamen. Und der Staat wurde immer mehr zu einem Akteur, der als Schutzmacht für die eigenen Handelskapitalisten fungierte.

Die Anteilseigner der holländischen Kolonie zu Hause in den Niederlanden wurden mit der Zeit immer aufgebrachter über das Verhalten der Schweden und die Schwäche der eigenen Landsleute. Der alte Gouverneur in Neu Amsterdam, Kieft, wurde gefeuert. Für ihn wurde Peter Stuyvesant hinübergeschickt, ein erfahrener Militär mit schielendem Blick, Holzbein, Adlernase und einem kleinen Mund, vom gleichen Schlag wie Printz in Sinnesart und Ehrgeiz, an draufgängerischer Beherztheit diesem aber überlegen. Er hatte Order erhalten, den Schweden nicht länger auszuweichen, sondern ihnen die Stirn zu bieten.

Die Lage in den Gebieten um den Delaware wurde immer gespannter. Stuyvesant gab Befehl, am Schuylkill, dem Nebenfluß, den die Schweden mit Hilfe eines Blockhauses bei Neu Korsholm abgeriegelt hatten, eine Festung zu bauen, Beversreede. Kaum war sie fertiggestellt, als ein schwedischer Offizier in Begleitung von 24 Soldaten »mit geladenen Büchsen und brennenden Lunten« aus dem umgebenden Wald auftauchte und die von den Holländern außerhalb der Palisaden gepflanzten Obstbäume niederhieb. Ein Haus, das holländische Kolonisten zu bauen begonnen hatten, wurde ebenfalls niedergebrannt. Später bauten die Schweden ein neues Blockhaus genau zwischen Beversreede und dem Wasser, was zur Folge hatte, daß die Holländer dort drinnen in handelstechnischer Hinsicht wie ein Fisch auf dem Trockenen lagen. Der Kommandant auf Neu Korsholm wachte auch genau über die eingeschlossenen Holländer, damit sie nicht bauten oder Grenzpfähle aufzustellen versuchten. Es war ein sehr heißer kalter Krieg, der sich hier in den Wäldern um den Fluß abspielte. Das Kräfteverhältnis zwischen den Parteien war offenbar so ausgeglichen, daß keine von beiden wagte, sich in handgreiflicherer Form auf die andere zu stürzen. Gleichzeitig war die Anzahl der beteiligten Soldaten so gering, daß es nur einer Kleinigkeit bedurfte, um die Waagschale sinken zu lassen. Beide Seiten wußten das, beide Seiten hatten Verstärkungen angefordert, und beide Seiten spähten unruhig aufs Meer hinaus, um zu sehen, wer diesen Wettlauf gewinnen würde.

Im Juni 1649 verließ die *Kattan* Schweden und nahm Kurs auf Nordamerika. Das Schiff war schwer beladen mit siebzig ausgesuchten Kolonisten, Soldaten, Kanonen, Mengen von Munition und Proviant für den Verbrauch eines Jahres. Man nahm den üblichen Weg über die Karibik, aber gegen 2 Uhr eines Nachts Ende August lief das Schiff auf ein Unterwasserriff. Die Besatzung warf den Ballast und das Salz und das Süßwasser über Bord, kam aber dennoch nicht frei. Alle an Bord mußten auf einer kleinen unbewohnten Insel an Land gehen. Dort saßen sie acht Tage ohne Wasser, bis sie von zwei spanischen Schiffen aufgenommen wurden. Ob dies nun eine wirkliche Rettung außer in rein technischer Hinsicht war, sei dahingestellt. Die Spanier betrachteten skeptisch die Pässe der Schweden, erklärten, noch nie von einem Reich namens »Sverige« gehört zu haben, und forderten sie auf, sich entweder zu ergeben oder zu kämpfen, woraufhin die Schiffbrüchigen ohne längeres Grübeln die erste Alternative wählten. Sie wurden dann zu der gestrandeten *Kattan* zurückgebracht, wobei die Spanier trotz ihrer eben erst gegebenen Versprechen flugs Last und Lebensmittel beschlagnahmten und zum Abschluß Frauen wie Männern die Kleider vom Leib rissen, um all ihr Geld und ihre Wertsachen zu finden.

Am 3. September 1649 liefen die Schiffe mit den gefangenen Schweden in San Juan auf Puerto Rico ein. Zum Klang von Trommeln und Pfeifen wurden sie im Triumphzug durch die Stadt zum Marktplatz geführt, wo ein Feuer entzündet wurde und die Spanier aus irgendeinem Grund mit allen schwedischen Büchern, die sie auf der havarierten *Kattan* gefunden hatten, ein kleines Autodafé veranstalteten. Nachdem die gefangenen Schweden sich beim Gouverneur beschwert hatten, wurden sie jedoch freigelassen. Einige fuhren mit anderen Schiffen zurück nach Europa, aber die meisten blieben; und im Mai 1650 segelte die restliche Gruppe, jetzt nur noch aus 24 Personen bestehend, auf einer kleinen Bark, die sie gekauft hatten, ausgerüstet mit spanischen Pässen und Proviant, den der Gouverneur ihnen geschenkt hatte, aus Puerto Rico ab. Sie hatten die Insel Santa Cruz erreicht, als sie von einem französischen Schiff aufgebracht wurden. Die Schweden zeigten ihre schwedischen und spanischen Pässe; über die schwedischen lachten die französischen Offiziere und zerrissen sie, die spanischen behielten sie. Ein weiteres Mal zu Gefangenen gemacht, wurden die Schweden an Land gebracht und dort gründlich ausgeplündert. Danach wurden sie gefoltert. Die Männer wurden an Pfähle gebunden und einer Scheinhinrichtung ausgesetzt, während ihre Frauen, in einem Raum in der Nähe eingeschlossen, weinten und schrien. Einige der Männer wurden mit auf den Rücken gebundenen Händen an Haken an der Decke aufgehängt und mußten so zweieinhalb Tage baumeln, bis ihre Glieder blau und geschwollen waren. Die Frauen hatten etwas Geld und Perlen verstecken können, doch die Franzosen bekamen irgendwie Wind davon und begannen, sie zu quälen, um sie zu zwingen, die verborgenen Wertsachen herauszugeben. Ein paar Soldaten holten ihre Pistolen und steckten die Finger der Menschen in die Steinschlösser, die auf diese Weise zu Daumenschrauben wurden – eine gängige Foltermethode in allen Armeen dieser Zeit; andere verbrannten die Fußsohlen der Frauen mit glühenden Eisen. Eine Frau wurde von dem französischen Gouverneur vergewaltigt, wonach er sie ermorden ließ. Am Schluß wurden die Schweden als Sklaven an verschiedene Personen auf der Insel verkauft – Franzosen wie Engländer benutzten in dieser Zeit auch Europäer als Sklaven. (Die Episode ist interessant, denn wenn weiße Menschen, die aus einem verbündeten Staat kamen, so übel behandelt wurden, kann man sich leicht vorstellen, wie man Indianer und Afrikaner behandelte.)

Als sie später von zwei Tabakhändlern aus Rotterdam, den Gebrüdern Clausen, gerettet wurden, lebten nur noch fünf der ursprünglich 24: der Feldscher Johan Rudberus – für 500 Pfund Tabak an einen Deutschen verkauft –, zwei Frauen und zwei Kinder. Zuerst starben die beiden Frauen und das ältere Kind. Das jüngere Kind wurde einer französischen Frau übergeben, starb aber nach kurzer Zeit. Erst 1651 kehrte Rudberus nach Schweden zurück, der letzte von insgesamt 19 Überlebenden der *Kattan*, die jemals zurückkamen.

Dies war eine Katastrophe, nicht nur für die Menschen an Bord der *Kattan*, sondern auch für Neuschweden. Wäre das Schiff mit seiner Last von Kolonisten, Soldaten und Kanonen 1649 eingetroffen, hätte sich die Waagschale mit aller Wahrscheinlichkeit zugunsten der Schweden gesenkt. Die Herrschaft über den Delaware war mit Hilfe eines einzigen Schiffs zu erringen, und nun kam es so, daß dieses Schiff die holländische Flagge trug. Am 8. Mai ankerte nämlich ein holländisches Schiff 5 Kilometer unterhalb von Fort Christina. Nachdem Printz mit seiner kleinen bewaffneten Jacht eine überraschend mutige Demonstration ausgeführt hatte, gelang es den Schweden, das Schiff zu vertreiben, ohne daß ein Schuß fiel, doch sein Rivale Stuyvesant ließ sich nicht so leicht abschrecken. Im folgenden Monat tauchte er selbst an der Spitze einer Truppe von 120 holländischen Soldaten bei Fort Nassau auf – sie waren von Neu Amsterdam auf dem Landweg gekommen. Gleichzeitig liefen nicht weniger als elf niederländische Schiffe in den Delaware ein und segelten den Fluß auf und ab, während ihre Besatzungen auf Trommeln schlugen und mit den Kanonen schossen. Printz konnte mit seiner kleinen Jacht und deren Besatzung von 30 Mann wenig ausrichten. Bald gingen die Holländer auf dem westlichen Ufer des Flusses an Land, über das die Schweden seit 1638 in einsamer Majestät geherrscht hatten, und begannen dort, 9 Kilometer südlich von Fort Christina ein neues Fort zu bauen. Die neue Festung war ein massives, rechteckiges Ding, mit gedeckten Holzpalisaden und 12 Geschützen bestückt, die unmittelbar am Ufer lagen und den Flußlauf beherrschten. Niemand konnte mehr ohne Erlaubnis der Holländer den Delaware hinaufsegeln. Das alte Fort Nassau wurde abgerissen und die ganze Besatzung in die neue Festung verlegt, die den Namen Fort Casimir erhielt. Die Schweden waren nicht mehr die Herren des Flusses, sondern seine Gefangenen. Stuyvesant ließ alle schwedischen Grenzpfähle niederreißen.

Printz und die schwedische Kolonie brauchten Verstärkung, und die brauchten sie schnell. Das Problem war nur, daß die Machthabenden zu Hause in Schweden erneut an etwas anderes zu denken hatten. Das Reich wurde nämlich von einer schweren inneren Krise erschüttert. Manche glaubten sogar, daß eine Revolution bevorstehe.

2. Aufruhr und Zorn sind worden so groß

HUNGERKRAWALLE UND HUNGERKRISEN. – DIE KLEINE EISZEIT. –
EINE WELLE VON REVOLTEN. – DER ADEL VERDOPPELT SEINEN LANDBESITZ. –
EUPHORIE, BAUWUT UND LUXUS. – IST DIE FREIHEIT DES BAUERN BEDROHT? –
DER REICHSTAG 1650 WIRD ERÖFFNET. – KRITIK AN DER KRIEGSPOLITIK. –
EIN POLITISCHES DREIECKSDRAMA. – ›DIE HUNDE LIEGEN AUF DEN
BÄNKEN UND FURZEN‹. – WER WIRFT DEN ERSTEN STEIN? –
CHRISTINA WECHSELT DAS STANDBEIN. – KARL GUSTAV WIRD ERBFÜRST. –
DAS POLITISCHE SYSTEM. – DER MORGENSTERN-AUFRUHR.

In einer Agrarkultur wie der europäischen um die Mitte des 17. Jahrhunderts waren wenige Dinge wichtiger als die Ernte. Die Bevölkerungsmehrheit lebte in so knappen Verhältnissen, daß häufig eine Mißernte ausreichte, um eine Hungersnot auszulösen, und mehrere Mißernten konnten die gesamte Gesellschaft aus dem Gleichgewicht bringen und schwere politische Erschütterungen verursachen. Hungerkrawalle waren in Europa in dieser Zeit wie gesagt nichts Ungewöhnliches – allein in den 25 Jahren, die der Fronde voraufgingen, waren in verschiedenen französischen Städten über 100 größere und kleinere Revolten ausgebrochen, und oft war Nahrungsmittelknappheit ein auslösender Faktor gewesen. Die Regierenden in allen Reichen wußten, daß gerade Nahrungsmittelknappheit und anschließende rasche Preissteigerungen leicht Krawalle auslösen konnten. (Das einfache Volk hatte wenig Verständnis für diese Sache mit den sogenannten Marktkräften und einem Preis, der je nach Angebot und Nachfrage stieg und fiel. Ihre wirtschaftliche Grundanschauung war vor allen Dingen moralisch: Preise sollten festgesetzt werden nach dem, was recht und angemessen war, und nichts anderem.) Daher versuchten die Behörden in der Regel, solchen erwarteten Unruhen mit Maßnahmen zur Erhöhung des Lebensmittelangebots zu begegnen. In Venedig gab es seit langem große staatliche Lager mit Brotgetreide, das die Stadtoberen benutzten, um in Notsituationen die Preise niedrig zu halten. Diese Methode wurde auch in anderen Teilen Europas angewandt, zum Beispiel in den Niederlanden. Auch in den Ländern, in denen dieses System nicht eingeführt worden war, wie in Frankreich, verfolgten die Machthaber das Auf und Ab auf dem Getreidemarkt genau und zögerten nicht, im Ausland große Mengen Getreide einzukaufen, um die Preise zu drücken (und zuweilen sogar dafür zu sorgen, daß hoch subventioniertes Brot von staatlichen Bäckereien gebacken und verkauft wurde). Früher waren die Regionen im großen und ganzen abgeschlossene Einheiten gewesen, wo in der einen Gegend eine schwere Hungerkrise herrschte, während eine andere im Überfluß lebte. Ein Ausgleich zwischen verschiedenen Regionen und Ländern von der Art, wie ihn die Regierung in Paris praktizierte, war jetzt möglich, wo Europa sich allmählich zu einem einzigen Wirtschaftssystem zusammenschloß, so daß Roggen aus Estland schnell eine Hungersnot im Languedoc verhindern konnte. Die Kehrseite des Ganzen war, daß nun, da die verschiedenen Märkte und Regionen immer stärker miteinander verknüpft waren, eine wirklich ernste Krise sich über den gesamten Kontinent ausbreiten konnte, wie es in der geschlossenen mittelalterlichen Wirtschaft fast unmöglich gewesen wäre. So wurden die Niederlande, obgleich ihre eigene hoch entwickelte Landwirtschaft verschiedene Mißgeschicke abwenden konnte, dennoch von den Mißernten und kriegerischen Störungen, von denen die Getreideproduzenten in Osteuropa betroffen waren, schwer in Mitleidenschaft gezogen, was allerlei innenpolitische Unruhe zur Folge hatte. Und gegen Ende der vierziger Jahre hatten die Nahrungsmittelpreise in vielen Ländern neue Rekordhöhen erreicht. Ein weiterer einender Faktor war das Wetter. Das Klima war im 17. Jahrhundert ungewöhnlich rauh; man pflegt in diesem Zusammenhang von »der kleinen Eiszeit« zu sprechen: Unter anderem waren die Sommer nasser und kälter als heute, was natürlich die Ernten in ganz Europa minderte. Die Kriege, die ständig wachsende staatliche Steuerlast zusammen mit nachlassenden wirtschaftlichen Konjunkturen und schlechten Ernten führten dazu, daß gewöhnliche Sterbliche, die in diesem Jahrhundert lebten, eine eindeutige Senkung ihres Lebensstandards im Vergleich zu dem des 16. Jahrhunderts, das recht idyllisch gewesen war, hinnehmen mußten. Kein Wunder, daß das Gefühl von Bedrohung und Ungewißheit so stark war und daß es den Menschen schwerfiel, an Entwicklung und Zukunft zu glauben.

Der Rat in Stockholm und andere hohe Herren verfolgten die Unruhen in England, Frankreich, den Niederlanden, Neapel, Rußland und Polen mit finsteren Mienen. Früher hatte der alte Staatsbankier der Schweden, Johan Adler Salvius, davon gesprochen, daß diese »allerorten [herrschende] Opposition des Volks gegen die Herrschenden« möglicherweise auf einer außerordentlich ungünstigen Planetenkonstellation beruhe, während andere meinten, daß sie von umstürzlerischen Ideen herrühre, die vom Ausland nach Schweden einsickerten. In Wirklichkeit gab es keine große revolutionäre Ideologie, die durch Europa spukte. Die einzige Gedankenrichtung, die möglicherweise dafür in Frage kommen konnte, war das von Endzeitvorstellungen beeinflußte millenaristische Christentum, das bei einigen Volksaufständen eine gewisse Rolle spielte – zu einem nicht unbedeutenden Teil entsprang die Krise der Verwirrung und Unsicherheit, die durch dieses ideologische Vakuum geschaffen wurde. Es waren die in Rekordhöhe gestiegenen Nahrungsmittelpreise und die sich rasch ausbreitenden Hungerkrisen, die den Hintergrund dieser sonderbaren Häufung von Aufständen und Revolutionen bildeten und wie eine Kette von Seriensprengungen ganz Europa in diesen Jahren erschütterten.

Eine gemeinsame Antriebskraft hinter all diesen Ereignissen waren wie gesagt auch die zahlreichen langen Kriege, von denen die meisten auf irgendeine Art und Weise mit dem dreißigjährigen Unfrieden in Deutschland verflochten waren oder sich aus ihm entwickelt hatten. Die bereits überall auf dem Kontinent schwankenden Ökonomien waren durch die Kriegsbewegungen und die Verheerungen noch weiter aus dem Gleichgewicht geraten. Gleichzeitig hatten die beteiligten Staaten und ihre Fürsten Land und Volk mit Steuern völlig überfordert, um ihre wachsenden Armeen im Feld und ihre schwellenden Flotten auf See halten zu können. Die aufgeblähten Staatsapparate hatten außerdem verschiedene mit den Monarchen liierte Schichten in die Lage versetzt, sich auf Kosten der übrigen Bevölkerung immer mehr zu bereichern. Und das Volk hatte begonnen, zurückzuschlagen gegen eine Oberklasse, die es völlig zu Recht als unheilbringend, parasitär und verschwenderisch ansah.

Vieles davon war auch in Schweden zu beobachten.

Das Mißvergnügen über den Krieg war unter den breiteren Schichten immer groß gewesen. Schon während des Unfriedens hatte die Krone begonnen, Kron- und Steuerland für den Adel abzuzweigen, teils weil man bares Geld und nicht Hering und Butter brauchte, um seine Armeen zu bezahlen, teils weil es für eine ständig zahlungsunfähige Staatsmacht eine praktische Methode war, die Leute für ihren Einsatz im Krieg zu entschädigen. Mit dem Friedensschluß war außerdem der Zeitpunkt gekommen, wo alle alten Schulden zu begleichen waren und Krieger und Gläubiger bezahlt werden mußten. Ein großer Teil der Kosten des langen Krieges war also mitgeschleppt worden und mußte nun im nachhinein aufgebracht werden. Ein Teil dieser Kosten wurde durch das Abdankungsgeld gedeckt, das man den Deutschen abgepreßt hatte. Aber einen großen Teil dieser Rekompensationen mußte die schwedische Krone selbst aufbringen, nun da alte Kreditgeber und demobilisierte Offiziere sowohl schwedischer als auch ausländischer Herkunft von den Armeen in Deutschland über die Grenzen strömten und auf prompte Entschädigung pochten.

Diese Entschädigung erhielten sie in Form von Land und Titeln, die nicht nur als Bezahlung dienten, sondern daneben noch den Effekt hatten, verschiedene ausländische Militärs und Kreditgeber an den schwedischen Staat zu binden. Diese Verteilung der Güter der Krone kam jetzt nach dem Friedensschluß richtig in Gang. Die eroberten baltischen Gebiete hatte Gustav Adolf mit schwedischen Aristokraten und hohen Militärs vollgestopft, und nun wurde eine ähnliche Landverteilung in den eroberten Provinzen in Deutschland und in Halland vorgenommen. Das hinzugewonnene Land reichte jedoch nicht aus, und auch in Schweden selbst und in Finnland wurden Güter in großer Menge verteilt. Zwischen etwa 1610 und der Mitte der fünfziger Jahre verdoppelte sich der Grundbesitz des Adels in den schwedischsprachigen Teilen des Reiches; in Finnland versechsfachte er sich. Der größte Teil dieser Donationen ging an die Ratsherren selbst, die Aristokratie und die bereits Vermögenden. Die meistbegünstigten 22 Adelsfamilien konnten Land im Gesamtwert von einem Fünftel der gesamten Staatseinkünfte entgegennehmen.

Bei den Herrschenden machte sich in den Jahren nach dem glücklichen Abschluß des deutschen Abenteuers Euphorie bemerkbar, weil sie – zu ihrer unverhohlenen Freude – durch den Krieg Macht, Reichtümer und den Status einer Großmacht gewonnen hatten. In diesem wilden Erfolgsrausch wurde ein immer schnelleres Karussell von Landveräußerungen in Gang gesetzt. Die Donationen erfolgten in einem derartig rasenden Tempo, daß man mit der Eintragung in die Grundbücher nicht mitkam, und es kam vor, daß das gleiche Stück Land zweimal vergeben wurde. (Daß ein Beamter der Schatzkammer neben seiner regulären Tätigkeit an interessierte Personen falsche Titel verkaufte, machte die Sache auch nicht gerade besser.) Bald befanden sich 63 Prozent allen bewirtschafteten Bodens in Schweden und Finnland in den Händen des Adels. Ein ungeheurer Bauboom setzte ein; neue Schlösser, Herrenhöfe und andere Renommierbauten schossen überall aus dem Boden, nicht selten zu ruinösen Kosten. Und die Aristokratie, die das Bedürfnis verspürte, dem neugewonnenen Status des Reiches gerecht zu werden, gab sich einem Luxus hin, der, wie ein französischer Diplomat bemerkte, im Verhältnis zu den verfügbaren Mitteln größer war als in irgendeinem anderen europäischen Land.

Die kleinen Leute waren natürlich erschüttert über diese gewaltige Vermögensverschiebung. Ihre Empörung rührte nicht allein daher, daß sie mitansehen mußten, wie die Ströme von Blut, die ausgehobene Soldaten über die Jahre auf den Schlachtfeldern eines unnötigen Krieges vergossen hatten, sich mittels einer merkwürdigen Chemie in Gold, Äcker und weiß gekalkte Schlösser in den Händen einer bereits vermögenden Clique vornehmer Aristokraten verwandelten, während überlebende Soldaten sich mit Bettelei durchschlagen mußten. Es bedeutete auch, daß alle anderen dank der Steuerbefreiung für den Adel so viel mehr von den Ausgaben der Krone bezahlen mußten. Die Einnahmen des schwedischen Staates sanken rapide, als die Bauern, die auf dem abgeteilten Boden wohnten, ihre Steuern ihrem neuen Herrn entrichteten und nicht dem staatlichen Vogt. Im Jahr 1644 beliefen sich die staatlichen Einnahmen auf 6 630 000 Taler, nach den ersten Jahren des folgenden Jahrzehnts waren sie auf 3 790 000 Taler geschrumpft. Und als sei es noch nicht genug mit all den Donationen, nahm die Einrichtung von Herrensitzen im Reich zu. Alle Bauern, die im Umkreis von 10 Kilometern um einen Herrensitz wohnten, mußten diesem alle ihre Steuern bezahlen; und viele Adlige waren ja nicht auf den Kopf gefallen und richteten mehr als einen Herrensitz ein, mit dem Hinweis darauf, daß dies für die Versorgung ihrer Kinder nötig sei, et cetera. Nicht wenige dieser neu angelegten Herrenhöfe waren indessen nichts anderes als Übungen in Steuerflucht – zahlreiche Schuppen und baufällige Ställe wurden in diesen Jahren in den Rang von Adelssitzen erhoben. All dies führte dazu, daß die Krone trotz des schönen Friedensschlusses schwere finanzielle Probleme bekam. Beamte des Staates erhielten ihre Löhne nicht; was noch übrig war von der Armee, geriet aufgrund von Geldmangel in Auflösung, und es gingen Gerüchte um, daß der königliche Hof kein Brennholz kaufen konnte, weil das Bargeld fehlte. Damit nicht alles zusammenbrach, waren die Regierenden gezwungen, zur ungeheuren Enttäuschung der Bauern und Bürger weiterhin die Sondersteuern zu erheben, die einst als sogenannte vorübergehende Maßnahme eingeführt wurden, um den Krieg zu finanzieren.

Außerdem herrschte unter den Nichtadligen im Reich große Furcht vor den sozialen und politischen Folgen dieser gewaltigen Vermögensverschiebung. Mit jedem Stück Acker, das verschenkt wurde, war ja ein Hof mit einem Bauern und seiner Familie verbunden. Der Bauer litt selten ökonomisch darunter, daß er unter einen Adligen kam, sondern konnte zuweilen sogar daran verdienen. Die Forderungen des Großmachtstaates waren die wirkliche Bedrohung für die Bauern, doch am meisten schreckten sie die Scharen von deutschen und baltischen Edelleuten, die selbstbewußt, mit ihren Schenkungsbriefen wedelnd, auftauchten, denn diese neuen Herren kamen aus Ländern, in denen die Bauern harter Unterdrückung ausgesetzt waren. Zahlreiche Erzählungen waren in Umlauf über ausländische und schwedische Adlige, die ihren Bauern eine unerhörte Anzahl von Tagewerken abverlangten, deren Vögte die Bauern schikanierten und ihnen ihr Besitzrecht am Boden abpressen wollten, die unbequeme Landleute in neu eingerichtete private Gefängnisse oder in Zuchthäuser oder auf eins dieser Folterinstrumente warfen, die das hölzerne Pferd genannt wurden. Übergriffe kamen tatsächlich vor. So sagte später ein Bauer aus Uppland auf dem Reichstag aus und berichtete, daß der Landeshauptmann von Stockholm, Lars Fleming – Sohn des im Seekrieg gefallenen Claes Fleming –, »ihn auf ein hölzernes Pferd gesetzt und eine Eisenstange an seine Füße gebunden und ihn dort eineinhalb Tage sitzen gelassen« habe; außerdem waren einige ältere Männer von Flemings Knecht ins Gefängnis geworfen und eine Frau mißhandelt worden. Solche Grausamkeiten scheinen indessen häufig von etwas heruntergekommenen Mitgliedern und Außenseitern des Standes begangen worden zu sein: es brachte einem nämlich einen schlechten Ruf ein, wenn man seine Bauern rücksichtslos behandelte, und die meisten wußten auch, daß es auf die Dauer unklug war, seine Bauern zu ruinieren.

Viele dieser Erzählungen trugen auch die Züge von Wandererzählungen, die im Verlauf ihrer Wanderung von Mund zu Mund verzerrt und potenziert wurden; so kamen zum Beispiel Klagen über Exzesse des Adels in Gegenden vor, in denen es überhaupt keine Adligen gab! In frühmoderner Zeit ging Unruhen im Volk stets diese Art von Gerüchtebildung voraus, und wie in diesem Fall handelte es sich im allgemeinen mehr um ein Bild der Befürchtungen der Menschen angesichts des Kommenden als um eine tatsächliche Beschreibung dessen, was war. Fraglos hatten jedoch Erzählungen dieser Art eine explosive politische Kraft.

Die Unzufriedenheit mit der Politik der Herrschenden und mit dem Adel war also groß unter den Nichtadligen in Schweden. Die Lage war gespannt. Im Frühjahr 1650 kam der wichtigste Katalysator hinzu: der Hunger. Der Herbst 1649 war ungewöhnlich feucht gewesen, und die Nässe hatte dem Getreide geschadet. Die Ernte war die schlechteste in Schweden seit fünfzig Jahren. Schon im Herbst kam es mancherorts zu Hungersnöten, und im März schlugen sich die Bäcker Stockholms an den Stadttoren um das wenige Mehl, das noch zu haben war. Zu alledem kam das Frühjahr spät, und der Winter dauerte bis in den Mai. Viele Bauern hatten kein Saatgetreide mehr, Rindenbrot wurde auch in den fruchtbarsten Teilen des Reiches die übliche Nahrung, und in anderen Gegenden aß man gekochtes Laub und Zweige. Menschen verhungerten, viele machten sich auf und zogen durchs Land. Bettler strömten in

AUFRUHR UND ZORN SIND WORDEN SO GROSS

Mengen in die Städte, »stets lagen Kinder und arme Leute zuhauf vor den Türen und riefen ›Helft in Gottes Namen‹«; besonders die Hauptstadt wurde von diesen in Lumpen gekleideten Gespenstern überlaufen. Gedichte berichten von dieser Zeit, als

die Kisten waren geleert,
die Eimer durchlöchert,
viel Volk mit Augen rot,
Wangen bleich vor Not,
da nichts in der Scheuer,
sucht im Wald sich Brot
aus Wurzeln, Knospen, Treber und Rinde,
die wenig zu Nahrung taugen.

Manche verprassen in Leichtsinn
der Armen Silber und Gold.
Schwelgen in Prunk und Müßiggang,
der Arme liegt am Boden.

Ein anderes Gedicht aus dieser Zeit warnt vor großen Unruhen:

Aufruhr und Zorn sind worden so groß
wie Bäume in Buchenwäldern
und sind so weit in der Welt verstreut
wie das Korn vor dem Pflug auf den Feldern

Hier wird ein Blutsturz kommen so groß
mit Büchsen und kalten Klingen
ausgießen so manchen unschuld'gen Manns Blut,
nichts kann noch Schlimmeres bringen.

In Stockholm wie auch in Södermanland kam es zu Krawallen, Aufruhr und Protesten, die sich gegen die Herrschenden richteten. Draußen auf dem Land kamen die Bauern zusammen und berieten, was zu tun sei.

Alle Voraussetzungen für den Ausbruch eines großen Brandes waren gegeben.

Ende Juni 1650 begannen die Stände des Reichstags, sich in Stockholm zu versammeln. Nach einigen warmen und gemächlichen Wochen, in denen die Teilnehmer ihre Vollmachten im Schloß vorzeigten und darauf warteten, daß alle Repräsentanten einträfen, bahnte sich dort ein merkwürdiges politisches Dreiecksdrama an.

Die drei nichtadligen Stände richteten im Juli unter der Führung des Bürgertums einen gemeinsamen Angriff gegen den Adel. Sie agierten gemeinsam, hielten gemeinsame Zusammenkünfte ab, verlangten – gegen gängige Praxis –, daß der Reichstag einfache Mehrheitsbeschlüsse fassen solle, und begannen, eigene Vorschläge einzubringen. All dies war etwas Neues und Umwälzendes; ähnliche Forderungen nach erweiterter Macht des Parlaments hatten die große englische Revolution von 1641 ausgelöst. Auch die von den drei nichtadligen Ständen erhobenen politischen Forderungen waren einigermaßen sensationell. Sie stellten sich hinter die Pläne, den Pfalzgrafen Karl Gustav zum Thronfolger zu machen – die Aristokratie ließ noch keine Anzeichen erkennen, dies akzeptieren zu wollen –, sie forderten ein Ende aller adligen Übergriffe, meinten, daß der Adel nicht länger den Vortritt bei der Besetzung bestimmter Posten haben solle, und forderten außerdem, daß der Boden, den die Krone an den Adel veräußert hatte, diesem wieder abgenommen oder, wie der Terminus lautete, »reduziert« werden solle. Das Programm war gelinde gesagt umstürzlerisch, denn es lief darauf hinaus, die verschiedenen Errungenschaften des Adels rückgängig zu machen und seine ökonomische Macht stark zu beschneiden. Es handelte sich indessen nicht nur um einen Angriff auf eine stark überprivilegierte Aristokratie, sondern auch um eine ausdrückliche Infragestellung der kriegerischen Politik, die in den vergangenen Jahrzehnten geführt worden war und die das Reich zu einer Großmacht gemacht hatte. So heißt es in der an Königin Christina gerichteten Protestnote, auf die sich die drei nichtadligen Stände später einigten:

> *Welche Ehre und Ruhm hat Eure Königl. Majest. von der Unterwerfung fremder Länder, wenn einige wenige sie besitzen sollen, und das Patrimonium [Erbe] und das Eigentum des Reiches im Vaterland sich verringern? Was haben wir denn im Ausland gewonnen, wenn wir zu Hause die Freiheit verloren haben?*

Der Adel, der zweite Teilnehmer in diesem Spiel, war natürlich verärgert und aufgebracht, und bald überkam ihn blanker Schrecken, als er merkte, daß der dritte Beteiligte, die Königin, ihn nicht wie bisher unterstützen würde. Im Gegenteil, sie ermunterte die Nichtadligen noch bei ihren Angriffen, und als beispielsweise ein Bauer aus Östergötland ihr ein Stück grobes Rindenbrot zeigte, ließ sie »Mitleid« erkennen. Nach einiger Zeit, in der Deputationen, Prozessionen, Ausschüsse und Aufwartungen in der sommerlichen Hitze hin- und hergegangen waren, sah es so aus, als könne der Adel dem gemeinsamen Angriff die Spitze nehmen und sogar die Geistlichkeit auf seine Seite ziehen. Der Sturm schien sich zu legen. Bei einer neuen Audienz am 23. Juli gab die Königin jedoch harsche Äußerungen von sich, daß die Privilegien des Adels in der Tat begrenzt werden sollten, daß der eine Stand den anderen nicht unterdrücken dürfe, daß sie mehrere Forderungen der Nichtadligen unterstütze. Dies hatte eine elektrisierende Wirkung. In dieser Zeit war der Monarch eine unantastbare Größe in der Mitte des Reiches, der sich alle verschworen und die zu verwerfen niemand auch nur geträumt hätte – ungefähr so, wie sich heutzutage alle selbstverständlich der Demokratie verschwören. Mehr oder weniger verzerrte Versionen der Rede Christinas kamen rasch in Umlauf, und bald waren die Nichtadligen felsenfest davon überzeugt, die Königin hinter sich zu haben, und wer könnte ihnen dann noch widerstehen? Alles Zweifeln in den Reihen der Geistlichkeit angesichts der radikalen Politik war damit beschwichtigt, und sie reihte sich brav ins Glied ein. Mehrere Nichtadlige begannen, mit siegesgewisser Selbstsicherheit aufzutreten; ein Bürger hielt einen lautstarken Einzug ins Haus der Ritterschaft, der so fern aller herkömmlichen Etikette war, daß die Adligen rote Köpfe bekamen und nach »Satisfaktion« riefen.

Anfang August machten sich die nichtadligen Stände auf Anregung Christinas an eine Überprüfung der Privilegien des Adels, unter anderem zu dem Zweck, den Übergriffen ein Ende zu bereiten, denen die Bauern ihrer Ansicht nach ausgesetzt waren. Der Prozeß war umständlich und brachte viele lange Debatten mit sich – manche Teilnehmer fanden dies ein wenig anstrengend und schliefen auch während der Sitzungen oder traten betrunken auf; die Geistlichkeit mußte eine Buße von einem halben Reichstaler einführen für alle, die schwänzten, und ermahnte etwas kryptisch die Mitglieder ihres Standes, »mit Fleiß zu bedenken, welcher Zustand herrsche«. Als der Bischof von Linköping vor dem versammelten Adel über »die livländische Knechtschaft und Tyrannei mit Hieben und Schlägen, mit endlosen Tagewerken« sprach, wie sie die Bauern gewisser Edelleute zu ertragen hätten, begann sein blaublütiges Auditorium zu rufen und zu schreien, daß er diese Plagegeister nennen solle – »Namen, Namen« –, ohne jedoch eine genaue Antwort zu erhalten. (Einer der wenigen, auf die später, wenn auch mit zitterndem Finger, wirklich gezeigt wurde, war der Feldmarschall Lennart Torstensson.) Aber der Adel wurde immer bleicher und geriet unter Druck, hart bedrängt von einer geschlossenen Front von Nichtadligen, in der die Bürger, allen voran Stockholms Bürgermeister Nils Nilsson Silenius und der Stadtschreiber Nils Pedersson Skunck, überraschend die Führungsrolle übernommen hatten. Auch wenn das schwedische Bürgertum noch immer schwach war, war es doch zahlenmäßig und an Wohlstand und Kenntnissen gewachsen, teilweise aufgrund des Unfriedens der letzten Jahrzehnte. Und es hatte jetzt sowohl die erforderliche Kraft als auch das nötige Selbstvertrauen, um den dünkelhaften Adel herauszufordern.

Daß sich die Geistlichkeit, einschließlich der ansonsten so konservativen Bischöfe, der gegen den Adel gerichteten Kritik angeschlossen hatte, war auch von großer Bedeutung. Die Geistlichen waren ansonsten das wichtigste Instrument der Herrschenden, wenn sie das einfache Volk und seine Ansichten manipulieren wollten. Das Öl, das sie sonst auf die Wogen der Erregung zu gießen pflegten, schütteten sie jetzt ins Feuer. Im ganzen Land wurden jetzt Salven antiadliger Rhetorik von den Kanzeln abgefeuert. Anfang August hielt ein Pastor Kristoffer Siggonis eine Predigt, in der er unter anderem feststellte, der Adel unterdrücke die anderen Stände. Ein Pastor in Värnamo wetterte darüber,

daß der Adel seine Pferde und Hunde mästet und den Armen verhungern läßt, und die Hunde nichts anderes tun, als auf der Bank zu liegen und sie anzufurzen.

(Die Kritik war unter anderem auf Magnus Gabriel De la Gardie gemünzt, der bekanntermaßen zahlreiche Doggen hatte.) Ein anderer Pastor im gleichen Sprengel sprach unter Hinweis auf ein Vorkommnis, in das Adlige verwickelt gewesen waren, empört davon, daß Mord und andere Sünden nicht mehr bestraft würden. Im August 1650 war die Lage zum Bersten gespannt, nicht zuletzt weil Berichte vom Reichstag – häufig in Form von Briefen, die von Geistlichen verfaßt waren – die Menschen auf dem Land und in den Städten anspornten und sie veranlaßten, immer drohender gegenüber ihren Herren aufzutreten, während gleichzeitig die Nachrichten von der im Volk gärenden Unruhe die nichtadligen Reichstagsmitglieder immer selbstsicherer und unbeugsamer in ihren Forderungen machten.

In ganz Schweden hatten sich die Bauern in diesem Sommer geweigert, die Tagewerke für ihre Herren abzuleisten, und deren Äcker unbestellt gelassen. Fronbauern in Uppland hatten außerdem ihren Gutsherren die Fuhrdienste und die Bewirtung verweigert, auf die diese Anspruch hatten. Das Gerücht besagte auch, daß aufrührerische Parolen unter den Bauern die Runde machten, und einige ihrer Reichstagsrepräsentanten erhielten mahnende Briefe von zu Hause. Mitte August sah es danach aus, als stünde die Explosion kurz bevor. Das Schlimmste, das in dieser gespannten Situation geschehen konnte, schien nämlich einzutreten: Der August war regnerisch, und es gab Anzeichen dafür, daß auch die Ernte dieses Jahres mißraten würde.

Schwer bestückte Kriegsschiffe wurden von ihren bisherigen Ankerplätzen in den Strömmen [im Zentrum von Stockholm in der Nähe des Schlosses; A.d.Ü.] verlegt. Der Adel war nicht nur in Verlegenheit und bedrängt, viele Adlige wurden jetzt geradezu von Entsetzen gepackt. Besonders die hohen Herren im Rat vermieden es nach Möglichkeit, aufs Land zu reisen. Das vernichtende Urteil der Nichtadligen über die Politik der vergangenen Jahre war auch ein vernichtendes Urteil über den großen Architekten dieser Politik, Axel Oxenstierna. Der Reichskanzler, der inzwischen an Alterserscheinungen und Krämpfen litt, wurde immer trübsinniger und mutloser und redete niedergeschlagen davon, die Politik zu verlassen und sich aufs Land zurückzuziehen.

Doch nicht alle Mitglieder des Standes waren von Oxenstiernas finsterem Defätismus befallen. Viele Bauern wurden von Adligen bedroht, die erklärten, nach Beendigung des Reichstags mit ihnen abrechnen zu wollen. Edelleute meinten, die kürzlich in England erfolgte Revolution sei vom Klerus angezettelt worden, und wenn man im eigenen Reich eine ähnliche Entwicklung vermeiden wolle, müsse man sich die schwedische Geistlichkeit vornehmen, »die Schädlinge ausmustern und das Schwert über ihre Köpfe gehen lassen«. Einige meinten, Nils Nilsson Silenius, einer der Sprecher der Bürgerlichen, sollte gerädert werden.

Wie immer, wenn die Gemüter erregt waren und große Entscheidungen bevorstanden, häuften sich Visionen und Vorzeichen. Jemand hatte die Vision, daß Norrmalm brenne, andere hatten zwei Armeen gesehen, die am Sommerhimmel schwebten. Und im Haus des Reichsrats Bengt Skytte zeigte sich ein großes Gespenst,

welches die Tapeten von den Wänden hat gerissen und Kisten und anderes auf den Kopf gestellet, und nachdem dies verrichtet, bat, ausgelassen zu werden, und danach befragt, wer es sei, erklärte, es sei der Teufel.

Jetzt, da alles auf des Messers Schneide stand und es nur darum ging, wer den ersten Stein werfen oder den ersten Schuß abfeuern würde, und die Sommerwärme von ständigen Regenfällen vertrieben wurde, kam unerwartet die Wendung.

Es war nicht ungewöhnlich im 17. Jahrhundert, daß politische Allianzen zwischen Klassen und Gruppen geschlossen wurden, die sich sonst recht fern standen. Die Bauern und das niedere Bürgertum und das Proletariat in den Städten waren mächtige Bundesgenossen, zumindest solange sie gesteuert werden konnten. Ein kleines Beispiel: Während des großen Aufruhrs, der 1640 in Katalonien ausbrach, hatten viele katalanische Standespersonen mit den Volksrebellen konspiriert und sie in ihren gewaltsamen Angriffen auf die Spanier bestärkt. Nach einiger Zeit jedoch verlor die katalanische Oberklasse die Kontrolle über die Bewegung, die sie ursprünglich für ihre eigenen Zwecke benutzt hatte. Daraufhin brach ein reiner Klassenkrieg aus, besonders in Barcelona, wo die Massen, die vorher Spanier gelyncht hatten, später über ihre eigenen Guts- und Hausherren herfielen.

Angesichts der gespannten Lage gegen Ende August wurde Königin Christina von wachsender Sorge ergriffen. Der breite Angriff der nichtadligen Stände auf den Adel hatte ja unter anderem deshalb einen derartigen Erfolg, weil sie die ersteren ermuntert und direkt unterstützt hatte, was viele Adlige lähmte. Natürlich wollte Christina nicht, daß es zu Aufruhr und Bürgerkrieg kam, und sie begann, die Nichtadligen, die sie bis dahin angetrieben hatte, zurückzuhalten. Am 21. August sagte sie vor einem Ausschuß der Bauern, was die Reduktion des Landes in adliger Hand betreffe, so habe sie den Adligen Brief und Siegel auf die Güter gegeben und könne ihr Wort nicht brechen. Am Tag darauf teilte Christina im Rat mit, sie habe den Geistlichen Anweisung gegeben, »sich in ihren Predigten zu mäßigen und nicht über ihre Texte hinauszugehen«. Die Geistlichkeit, das schwächste Glied in der Allianz der drei nichtadligen Stände, begann bei diesen Anzeichen einer nachlassenden königlichen Unterstützung sogleich zu schwanken.

Weder dem Adel noch den Geistlichen noch den Bürgern oder Bauern war indessen bewußt, daß sie Figuren in einem von Königin Christina betriebenen sehr zynischen, sehr gewagten und sehr raffinierten Spiel waren; daß diese fest geschlossenen Kohorten von altgedienten Militärs, älteren Staatsmännern und langbärtigen Patriarchen von der zielbewußten 25jährigen Frau, die ihre Königin war, gelenkt wurden, als seien sie eine Koppel dressierter Pudel. Die bedrohlichen Angriffe der Nichtadligen und das immer lauter werdende Murren auf dem Lande hatten den Adel in einen Schockzustand versetzt. Jetzt, in letzter Minute, gab sie dem Adel zu verstehen, daß sie willens war, ihm ihre Unterstützung zurückzugeben. Die Voraussetzung war allerdings, daß er seine Zustimmung dazu gab, Karl Gustav zum Erbfürsten zu ernennen – und dies bedeutete, daß nicht nur er, sondern auch sein Geschlecht das Recht auf den Thron erhielt. Karl Gustav, der in dem Ruf stand, kein Freund der Aristokratie zu sein, und der einer von Oxenstiernas Gegnern war, hatte deshalb die nichtadligen Stände auf seiner Seite, während der Adel lange Zeit, und teilweise aus genau den gleichen Gründen, mit Nachdruck gegen seine Ernennung gekämpft hatte. Nun jedoch steckte der adlige Stand so in der Klemme, daß er ohne Zögern, ja mit freudiger Erleichterung auf die Bedingungen der Königin einging.

Karl Gustav und das Geschlecht der Pfälzer hatten damit die Krone gewonnen.

Als nun der Adel so weit eingeschüchtert war, daß er der Königin gab, was sie wollte, ließ sie ohne mit der Wimper zu zucken ihre früheren Verbündeten fallen. Die Nichtadligen hatten bis zu diesem Punkt einen großen Teil ihrer Legitimität und ihres politischen Gewichts auf die Unterstützung durch die Königin gegründet. In dieser Lage war es für sie unmöglich, das Standbein zu wechseln und ihren politischen Kurs nun gegen die Monarchin weiterzuverfolgen, die sowieso politisch unantastbar war und durch ihr geschicktes Manövrieren eine neue und bedeutende Position als Zünglein an der Waage zwischen den Ständen erlangt hatte. Bei einem neuen Treffen mit der Königin am 28. August, bei dem unter anderem die Reduktion zur Spache kam, »riefen [die Bauern] einhellig und baten, Ihre Königliche Majestät möge die Güter zurücknehmen«, doch sie zeigte sich unbeugsam, weigerte sich, einen Zollbreit nachzugeben, und verteidigte statt dessen den Adel.

Angesichts dieses unerwarteten Verrats brach die geschlossene Front des Volks in Verwirrung zusammen. Die drei nichtadligen Stände hatten zwar eine entwickelte Taktik, aber keine Strategie. Die Forderungen nach erweiterter Macht für den Reichstag, die sie erhoben hatten und die so explosiv hätten sein können, waren indessen nie ein Ziel an sich, sondern nur ein Mittel im Kampf mit dem Adel und nichts, für das die Nichtadligen zu kämpfen bereit waren. Die hier im Reichstag versammelten Bürger, Geistlichen und Bauern waren auch nicht willens, bis zum Äußersten zu gehen und eine wirkliche politische und soziale Umwälzung des Reichs herbeizuführen. Als sie später ihre berühmte Protestnote schrieben, waren sie sorgsam darum bemüht, in der Einleitung zu betonen, daß sie keineswegs die Oberhoheit der Königin in Frage stellten oder den führenden Männern des Reiches den ihnen gebührenden Lohn mißgönnten. Die Nachricht, daß die Königin nun in der großen Frage der Reduktion Stellung genommen hatte, verbreitete sich rasch im ganzen Land und dämpfte die schlimmste Erregung. Christina war jedoch klug genug, darauf zu achten, den verschiedenen nichtadligen Ständen gewisse Zugeständnisse zu machen, die ihren Zorn besänftigten und ihnen das Gefühl gaben, etwas erreicht zu haben: Die Viehsteuer wurde erlassen; die Geistlichen erhielten das Versprechen besonderer Privilegien, nach denen sie lange gelechzt hatten; den Bauern zuliebe wurde ein Dekret erlassen, worin die Arbeitspflicht auf den Gütern strikt begrenzt wurde, und dem Adel wurde eine Verpflichtung abgezwungen, »in keinerlei Weise (besonders in dieser teuren Jahreszeit) gegen Recht und Billigkeit und gegen deren Vermögen ihre Bauern zu traktieren und zu [unter]drücken«; die Bürger durften sehen, daß gewisse Anstoß erregende Formulierungen in den Privilegien des Adels – in denen ein Nichtadliger »ungebürtig« [vanbördig] genannt wurde – mit einigen wohlmeinenden Phrasen übertüncht wurden, und ihre Anführer erhielten gute Posten, die fern von der Hauptstadt des Reiches lagen.

Gegen 5 Uhr am 28. September hielt Karl Gustav seinen Einzug in Stockholm. In seiner Begleitung war ein Teil der anderen namhaften Krieger des großen Krieges, unter anderem Königsmarck. Zweieinhalb Kilometer vor der Stadt wurden er und seine Gesellschaft vom Rat, der in Kutschen fuhr, und dem Adel, der zu Pferde saß, in Empfang genommen. Karl Gustav kletterte aus seiner eigenen tuchbespannten Kutsche und stieg in die Axel Oxenstiernas ein – ein kleines Zeichen, daß die alte Feindschaft zwischen ihnen zu schwinden begann. Am Zolltor von Södermalm erwarteten die Geistlichkeit und die vornehmsten Bürger die lange Prozession von 48 Wagen. Die Läden der Stadt waren geschlossen wie an einem Feiertag, und festlich gekleidete Frauen standen in den Fenstern, unter denen man vorbeizog, die Menschen riefen Hurra, und vom Schloß und den Kriegsschiffen auf dem Strömmen wurde Salve auf Salve abgefeuert, so daß »der Pulverdampf wie ein dicker Nebel über der Stadt lag«. Am 9. Oktober ernannte der Reichstag Karl Gustav zum Erbfürsten, und am 20. Oktober wurde Christina unter großen Feierlichkeiten gekrönt. Sie hatte alle ihre Ziele erreicht. Sie besaß die Krone und eine fast uneingeschränkte Macht, und zugleich war die lästige Thronfolgefrage endlich gelöst.

Zu ihrer Krönung wurde auf dem Norrmalmstorg ein großer Triumphbogen mit drei mächtigen Gewölbebogen errichtet. Er war nach dem Vorbild des römischen Konstantinbogens von Jean de la Vallée entworfen worden und mit schönen Friesen und Reihen von Statuen bekrönt. Er sah aus wie aus Stein gehauen, doch wenn man näher trat, sah man, daß er aus Holz und bemaltem Papier gemacht war. Etwas anderes hatte man sich nicht leisten können, und der Triumphbogen wurde bald unansehnlich von Regen und Wind. Es war ein Monument, das zu der neuen schwedischen Großmachtstellung paßte.

Der Reichstag endete in einem scheinbar heiteren Gewimmel von Banketten und stundenlangen Feuerwerken, Volksgedränge, Besäufnissen und Straßenlärm – allein nach einer außergewöhnlich gründlich durchfeierten Nacht, in der Wein aus Springbrunnen auf Straßen und Plätzen sprudelte, wurden in der Stadt zehn Personen tot aufgefunden –, Tierhatzen, Maskeraden und aufwendigen Umzügen und Festen. (Großen Ärger gab es zwischenzeitlich wegen eines Rangstreits zwischen den Ratsherren und den aus Deutschland angereisten hohen Militärs mit Königsmarck an der Spitze, die nach allen ihren kriegerischen Erfolgen höchst selbstbewußt und aufgeblasen waren. Sie weigerten sich strikt, hinter den Karossen des Staatsrats zu fahren. Sie wollten als erste fahren. Jemand schlug daraufhin vor, daß sie in den Wagen der Ratsherren mitfahren sollten, allerdings mit dem Rücken in Fahrtrichtung, was gewissermaßen bedeutete, daß sie vor den Erstgenannten saßen.) Die Unruhe im Land war noch immer groß. Manche Adlige wagten noch nicht, ihre Landgüter zu besuchen, und im Rat saß der Schonenbezwinger Gustav Horn und erklärte, er »wünsche, er sei 1000 Kilometer weit weg«, während ein finsterer Axel Oxenstierna in derselben Debatte äußerte: »Ferrum [Waffen], das ist das einzige Consilium [Rat].« Es gab auch manche, die glaubten, daß die Bauern draußen im Land sich gegen ihre eigenen Repräsentanten auf dem Reichstag wenden würden, wenn diese mit so offensichtlich leeren Händen zurückkehrten. Dies geschah jedoch nicht. Die raffinierten Manipulationen der Königin und die kleinen, aber geschickt dosierten Zugeständnisse hatten zusammen mit einer unerwartet guten Ernte die revolutionäre Lage, die im Spätsommer geherrscht hatte, entschärft. Entscheidend war auch, daß die nichtadligen Männer, die gegen die Herrschaft des Adels Sturm gelaufen waren, selbst Haus-

und Hofherren waren, deren nicht daran gelegen war, das System aus den Angeln zu heben, sondern die es nur zum eigenen Vorteil umformen wollten – sie wollten den Ball übernehmen und selbst damit spielen, nicht aber ihn platzen lassen. Der schwedische Adel war auch zahlenmäßig so schwach, daß der Stand offenbar einen bewaffneten Konflikt vermeiden wollte, und er war gleichzeitig so beeindruckt von der Stärke der Nichtadligen, daß man für politische Kompromisse zugänglich war. Sowohl der deutsche als auch der dänische Krieg waren mit der denkbar geringsten Marge geführt und gewonnen worden. Die fast ununterbrochene finanzielle Notlage des schwedischen Staates – dann und wann durchsetzt mit militärischen, diplomatischen oder politischen Krisen – hatte die schwedischen Machthaber zu einem großzügigen Maß von Anpassung bei der Behandlung von Land und Volk gezwungen. Schwedische Bauern konnten sich außerdem einer gewissen lokalen Selbstbestimmung rühmen – die die Großbauern unter anderem dazu ausnutzen konnten, die Verteilung der Lasten zum eigenen Vorteil zu steuern –, durften, immer vor Gericht ziehen und gegen einen Adligen klagen und begründete Hoffnung hegen, ihr Recht zu bekommen. Darüber hinaus reisten staatliche Kontrollkommissionen unter der Führung von Ratsherren dann und wann aufs Land, um in direkten Begegnungen mit Beamten, Stadtbewohnern und Bauern verschiedene Klagen zu erörtern. Wenn der Zorn allzu schwer in der Luft lag, zögerten die Männer aus Stockholm selten, einen lokalen niederen Beamten zu maßregeln oder sogar einen besonders bösartigen Vogt köpfen zu lassen. Die Opferung eines Sündenbocks war ein probates Mittel in der häufig sehr fortgeschrittenen Machttechnologie des 17. Jahrhunderts. Dies war auch deswegen möglich, weil man im einfachen Volk überall in Europa verschiedene Mißstände gern den Randgruppen wie Hexen, Juden und Zigeunern oder bösen Ratgebern, die den guten Fürsten getäuscht hatten, in die Schuhe schob. Sie waren es oft, die leiden mußten, wenn der Zorn unter den geplagten Bauern auf dem Lande oder den Besitzlosen in den Städten überkochte. Selten ging die Kritik bis ganz nach oben.

Die Unruhe unter den kleinen Leuten in Schweden war also gedämpft, doch keineswegs aus der Welt geschafft. Im Februar 1653 brach in Närke ein offener Aufruhr aus. Aufgebotsstäbe wurden durchs Land gereicht, und rund 300 Personen bewaffneten sich und wählten sich einen eigenen »König«, während eine Magd die »Königin« sein sollte in dem »Bauernreich«, das bald kommen sollte – dies zeigt, daß die Aufrührer eine alternative Ordnung neben der bestehenden errichten wollten. Eine Adlige, die durch dieses Gebiet gereist war, schrieb entsetzt an ihren Sohn und berichtete, daß der Mann, der die Landbevölkerung der Gegend auf dem Reichstag zu vertreten pflegte, ein Bauer mit einem langen roten Bart, ihren Leuten im Rausch erzählt habe, *was die Bauern im Sinn hätten, sie wollten den ganzen Adel umbringen. Weshalb ich Dich, mein Sohn, bitte, um des Kreuzes willen, das Christus erduldet hat, nicht hinunterzuziehen ... Ich weiß nicht, wie ich hinaufkommen soll, denn es heißt, in Småland seien sie genauso wahnsinnig.*

Die Aufrührer suchten auch Kontakt zu Bauern in anderen Teilen Schwedens, doch ohne Erfolg. Die Großbauern weigerten sich mitzumachen, und diejenigen, die sich dennoch den Reihen der Aufständischen anschlossen, waren mit der Androhung von Waffengewalt dazu gezwungen worden. Angeführt von einem früheren Soldaten zogen die Aufständischen planlos kreuz und quer durchs Land, doch ohne die Unterstützung der Mehrzahl der Bauern wurden sie eine leichte Beute für die von der Krone entsandten Truppen. Zwei der Anführer wurden verraten. Einige Beteiligte, wie Anders Mårtensson in Holmen und Henrik Mattson in Gryten, wurden auf der Stelle getötet, während man den »König« der Aufstandsbewegung und ihren militärischen Befehlshaber nach Stockholm brachte, wo beide Anfang April hingerichtet wurden. Dem »König« wurde eine glühende Krone aus Eisen auf den Kopf gepreßt, anschließend wurde er mit der Stachelkeule gerädert, die das Zeichen seiner Würde gewesen war und auch der Revolte ihren Namen gab: Morgenstern. Es ist bezeichnend, daß fast alle, die an der Morgensternrevolte teilnahmen, Häusler und Waldfinnen waren, die ihr Dasein am Rand der Gesellschaft fristeten, und daß die bedeutendste Schicht der Landbevölkerung, die Großbauern, durch Abwesenheit glänzte und in manchen Fällen sogar gegen die Aufständischen agierte. Auch wenn der Reichstag 1650 zu wenigen greifbaren Erfolgen für den Bauernstand geführt hatte, hatte er ihnen doch offenbar das Gefühl vermittelt, daß der Weg zur Gerechtigkeit, der über die Mühen der Reichstage und die Tische der Gerichte führte, noch immer offenstand, daß mehr dabei zu gewinnen war, den Morgenstern ruhen zu lassen, als ihn zu schwingen.

3. Einen Grafenhut gewinnen

ÜBER DIE BEDEUTUNG DER FESTE. – ÜBER DIE ESSGEWOHNHEITEN. – ERIK NIMMT AN EINEM BANKETT IN NIENBURG TEIL. – ERIK WIRD GELDEINTREIBER. – NACH FRANKFURT AM MAIN. – ERIK BILDET SICH WEITER. – ERIK TRIFFT DIE FAMILIE MERIAN. – ERIK SAMMELT KUNST. – ERIK VERSUCHT, EIN WELTMANN ZU WERDEN. – LE GALANT HOMME. – ÜBER KAVALIERSTOUREN. – ERIK NIMMT AN RINGRENNEN TEIL. – ÜBER ZEITVERTREIB: KARTEN, SPIELE UND TÄNZE. – BALLSPIELE. – FEINE UND UNFEINE SPIELE.

Während Schweden von Hungersnot und Aufruhr geschüttelt wurde, befand sich Erik Jönsson in Deutschland. Unter anderem war er ein weiteres Mal mit Karl Gustav und seinem großen Gefolge zusammengetroffen, die sich gegen Ende des Sommers 1650 in gemächlichem Tempo auf der Reise nach Stockholm und zum Reichstag befanden. Ihr nächstes Reiseziel war Nienburg, wo der Herzog von Braunschweig ein großes Bankett zu Ehren des Pfalzgrafen abhielt, und Erik begleitete sie. Dank einer »Rekommendation« Mardefelts an Lorenz van der Linde, Karl Gustavs schürzenjagenden Freund, bekam Erik die Möglichkeit, auch an der erlesenen Tafel Platz zu nehmen. Dies war sicher ein kleiner persönlicher Triumph für den jungen Erik Jönsson.

Feste hatten eine große Bedeutung in der Gesellschaft des 17. Jahrhunderts. Die Arbeit nahm in dieser Epoche noch nicht so viel Raum ein wie heute und hatte auch nicht den großen Identifikationswert, den sie für uns hat. Feste – und auch Spiele – waren von weit größerer Bedeutung im sozialen Leben eines Menschen; sie waren eins der wichtigsten Mittel, um eine Gruppe zusammenzuschweißen, neue Bande zu knüpfen und gesellschaftlichen Umgang zu pflegen. Wer es sich leisten konnte, gab deshalb enorme Summen für Gastmähler aus, die in ihrem Überfluß die Genußsucht und Freude am Luxus in diesem Jahrhundert spiegeln. Man ließ die Eßtische unter einer förmlichen Flut von Gerichten und Servierschüsseln verschwinden. Riesige Platten mit Braten wurden aufgetischt und nach einiger Zeit wieder hinausgeschleppt, unberührt; sonderbar geformtes Backwerk oder ausgestopfte Schwäne segelten durch die Luft heran; gigantische Pyramiden aus Früchten wurden unter größten Schwierigkeiten auf die Tische gehoben oder havarierten bereits mit großem Tumult in der Türöffnung – alles zu den Klängen von Geigen, Oboen und Trompeten. Das Essen wurde entsprechend der Servierideologie, die man *à la française* nannte, in Gängen aufgetragen. Jeder Gang bestand aus mehreren ziemlich gleichartigen Gerichten, die gleichzeitig serviert wurden, in der Art eines modernen Buffets: zuerst ein Gang mit Fischgerichten, dann Pasteten, denen Geflügel und Braten folgten, und so weiter. Jeder Gang konnte bis zu 30 oder 40 verschiedene Gerichte umfassen, und wenn eine solche gastronomische Gezeitenwelle sich in die Schlünde der Versammelten ergossen hatte, folgte eine kurze Pause, worauf die nächste Welle in einer bunten Wolke von Servierern und Mundschenken über die Tische schwappte. Ein Beispiel für ein derartiges Menü begegnet uns in einem zeitgenössischen schwedischen Theaterstück:

Essen bestelle in bester Manier
40 bis 50 Gerichte dir.
Wild sollst du bestellen frisch,
Reh und Hirsch muß auf den Tisch,
Elche, Rentier' und Hasen auch,
soviel es geht, so ist's der Brauch.
Ich vergaß Schafe, Ochsen und Kälber,
sie rettet nichts, du weißt es selber.
Auch Vogelsorten allerhand,
die man zu essen pflegt hierzuland:
Tauben, Birk-, Auer- und Haselhuhn,
Wildenten und Schwäne soll'n gut dir tun;
Kleinvögel, Buchfink und Stieglitz zart,
Brachvögel und Stare, so hat's seine Art.
Auch zahme Vögel nicht zu vergessen,
Gänse und Hühner, soviel du kannst essen.
Kauf dir auch Kapaun' schön fette,
Fasane, Enten und Puten nette.
Auch Fische sollst du nicht lassen liegen,
kauf die frischsten und schönsten, die zu kriegen.
Karpfen, Lachse, Aal und Plötze,
an Wels, Hecht, Kaulquapp' und Barsch dich ergötze.
Frischer Dorsch, frischer Hering und Flundern,
Heilbutt und Weißling sollen mir munden,
Brassen, Zander, Stör und Felchen,
und andres, darin ich pfleg' zu schwelgen.

Eine Festmahlzeit dieses Kalibers konnte zuweilen 150 bis 200 verschiedene Gerichte umfassen und war ein wahrhaftes Feuerwerk unterschiedlicher Aromen und Geschmacksnuancen, bei denen salzig und süß, sauer und herb abwechselten.

So sah es aus, wenn die Oberklasse ihre großen, milde gesagt orgiastischen Festmähler abhielt. Manche, wie zum Beispiel der eßfreudige Karl Gustav, pflegten auch an normalen Tagen prächtig zu tafeln. Zu dieser Zeit wurden auf seinem öländischen Gut täglich zwei große Mahlzeiten verzehrt, von denen jede 24 verschiedene Gerichte umfaßte und die mit etwa einer Flasche Wein pro Person und Mahlzeit heruntergespült wurden – der Pfalzgraf stand in dem Ruf, kein zimperlicher Trinker zu sein, und sein Schloß verfügte über eine Weinreserve von nicht weniger als 16 743 Litern. Das Küchenpersonal mußte sich mit 10 Gerichten pro Tag zufrieden geben, was auch nicht übel war. Es war allerdings nur die allerhöchste Clique, die in diesem Stil leben konnte, denn ansonsten bestand ein bedeutender Unterschied zwischen Alltagskost und Festessen – und dies galt sowohl für Bauern als auch für Adlige. An normalen Tagen war es eine Selbstverständlichkeit, daß man nicht verschwenderisch aß, sondern alles nutzte, das eßbar war. Auch die nicht der Aristokratie angehörenden Edelleute nahmen oft einfache Kost zu sich: Einer von Christinas Hofleuten, der junge Johan Ekeblad, aß zeitweilig ziemlich einfache Gerichte wie Kohl und Dickmilch, wilde Beeren oder frisch gefangene Krebse. In den breiten Volksschichten war die Ernährung oft ebenso eintönig wie fade. Man aß Suppe, Brei, Grütze, Erbsen, Kohl, Rüben, vergorene Milch, stark gesalzene Butter, Waldbeeren und natürlich Fisch, Mengen von Fisch, getrocknet, geräuchert oder gesalzen. (Frisches Essen war überhaupt recht ungewöhnlich.) Trockenes, dunkles Brot stellte einen anderen wesentlichen Teil der Nahrung dar: Es wurde vielleicht jeden zweiten Monat gebacken, aus Roggen oder Gerste, und war im besten Fall mit Würze oder Fenchel abgeschmeckt – helles, weiches Brot wurde wie Obst und frisches Fleisch als Luxusartikel betrachtet, der vor allem für Herrschaften gedacht war. Dazu tranken alle Bier, auch die Kinder, und dies nicht selten in rauhen Mengen.

Der große kulinarische Klassenunterschied zwischen Hoch und Niedrig war absolut, was Mengen und Rohwaren betraf, aber relativ, was den Geschmack betraf. In dieser Zeit begann nämlich der Adel in Europa, eine Reihe volkstümlicher Gebräuche anzunehmen, wie zum Beispiel das Braten in Butter und die Verwendung verschiedener einheimischer Beeren und Pilze in der Küche. In den Jahrhunderten davor hatte vor allem die Oberschicht reichliche Mengen orientalischer Gewürze bei der Essenszubereitung verwendet. Dies hing nicht nur damit zusammen, daß man den schlechten Geschmack überdecken mußte, den die Lebensmittel aufgrund des Mangels an kühlen Aufbewahrungsorten leicht annahmen: Gewürze waren auch ein kostspieliger Luxus, mit dem man prahlte – zeitweilig wurde der Pfeffer per Korn verkauft –, und besonders populär waren horrend teure Dinge wie Safran, der außerdem dem Gericht eine klare und starke Farbe gab. Auch im 17. Jahrhundert liebte man gefärbtes Essen, aber diese Sitte kam allmählich wieder ab. Statt dessen begann man, besonders draußen auf dem Kontinent, zu betonen, wie wichtig es sei, den natürlichen Eigengeschmack des Essens zu verstärken. Im Zuge dieser neuen

Mode begannen die Köche der höheren Stände, »volkstümliche« Kräuter und Gewürze wie Knoblauch, Basilikum, Thymian, Schnittlauch und Estragon zu benutzen, über die man früher, weil sie als vulgär galten, die Nase gerümpft hatte. Um diesem Ideal von »Natürlichkeit« zu entsprechen, kochten sie nun die verschiedenen Ingredienzien für sich und servierten das Fleisch ohne Soße. Daß sich der Geschmack in diese Richtung veränderte, erkennt man auch daran, daß von nun an allzu krasse Mischungen von Süßem und Salzigem vermieden und Saures immer weniger populär wurde.

Auch die Art, *wie man aß*, veränderte sich im Laufe des 17. Jahrhunderts. In vielen Bereichen war eine Entwicklung zu zivilisierteren und verfeinerten Gewohnheiten zu beobachten, und dies wurde besonders deutlich an den feineren Speisetafeln. Im Mittelalter hatten die Menschen das Essen mit den Händen aus den Schüsseln gegriffen, Messer und Löffel mit ihrem Tischnachbarn geteilt, die Suppe aus gemeinsamen Schalen geschlürft und aus ein und demselben Becher getrunken, wenn dieser um den Tisch ging. Diese ungezwungene Nähe zu anderen Menschen und ihren Körpern wurde jetzt allmählich aufgebrochen. Wer Festmahlzeiten arrangierte, versah nun jeden Gast mit einem eigenen Teller, einem eigenen Glas und eigenem Besteck. Als der in Tischmanieren versierte Magnus Gabriel De la Gardie nach seinem Frankreich-Aufenthalt 1646 ein Essen gab, bei dem sich jeder Gast mit eigener Gabel, Messer und Löffel versehen sah, wurde dies als Luxus allerersten Ranges angesehen. (Die Gabel war eine Neuheit. Sie war größer und gröber als ihre heutige Verwandte und wurde auch etwas anders gehandhabt. Erst gegen Ende des Jahrhunderts wurde sie in der Oberschicht akzeptiert. Gewöhnliche Sterbliche benutzten sie überhaupt nicht.) Diese verfeinerten Tischsitten waren nicht nur ein weiterer Stein in der Mauer aus Scham und Prüderie, die allmählich um das Individuum und seinen Körper errichtet wurde. Auch handelt es sich nicht nur um ein Zugeständnis an die gesteigerte Empfindlichkeit der Zeit gegenüber Schmutz und Gestank – eine Empfindlichkeit, die paradox war, denn die Hygiene der Menschen war im 17. Jahrhundert in der Regel schlechter als während des Mittelalters. Die Verfeinerung war wie die Verschwendung in hohem Maß eine Frage der Klasse. Seit dem 16. Jahrhundert war es üblich, daß Verfasser von Büchern über Anstand und Etikette die Gewohnheiten von Bauern als Beispiel dafür verwendeten, wie es *nicht* sein sollte. Es war ganz einfach so, daß etwas korrekt war, solange feine Leute es taten, während die Manieren des einfachen Volks automatisch als plump und peinlich abgetan wurden. Früher hatten die Elite und die Bauern in einem ebenso beständigen wie engen Kontakt gestanden, und die Oberklasse nahm oft Anteil an den verschiedenen Manifestationen der Volkskultur, beispielsweise an Festen und am Karneval. Nun zog sich die Elite, die gebildete Minderzahl, nach und nach zurück. Die teuren Bestecke und die verfeinerten Tischsitten dienten hier als eine weitere Möglichkeit, sich gegen Krethi und Plethi abzugrenzen. (Eine gewöhnliche Bauernfamilie aß ihr ganzes Essen aus einer gemeinsamen Schüssel, möglicherweise hatte jedes Familienmitglied einen eigenen Holzlöffel.) Und das Fest als solches war eine Gelegenheit für den, der Freunde gewinnen, sein Ansehen mehren und neue Hierarchien festigen wollte, ein Ereignis von

> *goldbestickten und betreßten Kostümen, edlen Steinen, offenen Feuern und Fidibussen, Gedränge von Kutschen, Straßenlärm, leuchtenden Fakkeln, Volksgewimmel und Überfahrenen, kurz gesagt Chaos und Verwirrung; von Fragen ohne Antwort, von Komplimenten, die nie ihren Adressaten erreichten, von Höflichkeit, ohne zu wissen, gegen wen; von Füßen, die sich in Schleppen verhedderten ...*

Diese noblen Feste waren bald regelrecht öffentlich. Neben denen, die an den Tischen saßen und aßen, gab es immer auch zahlreiche Zuschauer, und damit sind nicht in erster Linie die Gruppen der Armen gemeint, die sich im allgemeinen vor den Fenstern sammelten in der Hoffnung, hinausgeworfenes Konfekt zu ergattern oder die Reste zu genießen, sondern vielmehr jene, die in den Festsaal eingelassen wurden, um an den Wänden zu stehen – gemeinsam mit den ständig anwesenden Hunden – und zuzuschauen, wenn die feineren Gäste aßen und tranken. Auch die zu Tisch saßen, wurden unterschiedlich behandelt. Leute von niedrigerem Status erhielten anderes Essen und andere Getränke als diejenigen, die in der Rangskala höher standen. Bei einem für einen portugiesischen Gesandten gegebenen Essen in Stockholm 1641 bekam der Gesandte selbst 32 Gerichte, während das gemeinere Volk nur sechs bekam. Die Entwicklung im Verlauf des Jahrhunderts führte fort von einem mittelalterlichen Typ von offenen, lärmenden und buntgewürfelten Banketten, an denen große Scharen gewöhnlicher Leute teilnahmen – es brachte einem großes Prestige ein, große Menschenmengen um sich zu sammeln –, hin zu einem Typ von immer mehr geschlossenen und exklusiven Veranstaltungen, bei denen es vor allem darauf ankam, den verfeinerten Ansprüchen der Elite zu entsprechen und seine gehobene Exklusivität zu beweisen.

In einer Zeit, in der es für gewöhnliche Menschen immer schwieriger wurde, Zutritt zu den großen Banketten zu erhalten, wurde es auch immer wichtiger, wirklich dabeizusein. Bei einem großen Fest oder Bankett zugegen gewesen zu sein war etwas, mit dem man prahlen konnte. Deshalb dürfen wir annehmen, daß es für Erik Jönsson ein großer persönlicher Triumph war, als ihm von Lorenz van der Linde ein Platz bei dem Bankett in Nienburg angeboten wurde. Irgend etwas war offenbar geschehen. Im Frühjahr 1642 hatte sich der noch nicht 20jährige Erik, damals ein armer Diener von einfacher

Der lange Nachhall des Krieges (1650–1654)

Herkunft auf der untersten Stufe der Hierarchie, eindeutig skeptisch über den Feudalstaat geäußert – damals repräsentiert durch Johan Oxenstiernas pompöses Auftreten in Pommern. Gut acht Jahre später hat er faktisch begonnen, in den Rängen aufzusteigen: Erik war nun nicht mehr der Laufbursche einer Privatperson, sondern Konducteur in der Fortifikation, einer von den Männern der Königin, ein kleines, aber gut funktionierendes Zahnrad in der großen Maschinerie der schwedischen Großmacht. Kritische Kommentare über den ganzen Flitter und Pomp sind in seinem Tagebuch nicht mehr zu finden. Es liegt auf der Hand, dies als Ausdruck einer bei Erik selbst veränderten Einstellung zu deuten. Er hat angefangen, ein wenig von den Fleischtöpfen zu kosten, die er früher nur in Form aufreizender Düfte geahnt hat. Er ist keineswegs unkritisch gegenüber der machtgeblähten Aristokratie und ihrem Übermaß an Privilegien, aber seine Skepsis ist durchaus gemischt mit einer gewissen widerwilligen Faszination durch ihre Macht und ihre grandios heroische Formwelt, ihre großartigen Gebärden und ihre Lebensart. Jener Stuhl an der Tafel beim Bankett in Nienburg ist ein Symbol dafür, wie der Aufsteiger und Karrierist Erik Jönsson nach und nach dazu verlockt worden ist, sich in die bestehende Ordnung einzufügen.

Das Jahr 1650 brachte das Ende von Eriks Dienst als Konducteur der Königin in Demmin. Zur gleichen Zeit, als die politische Krise in Schweden auf ihren Höhepunkt zusteuerte, traf sich eine Anzahl hoher schwedischer Potentaten auf Schloß Bremervörde – einem kolossalen, festungsähnlichen Bau in Nordwestdeutschland, der unter anderem mehrere große Gartenanlagen, eine Menagerie sowie einen eigenen Hafen für Flußboote hatte. Hier befanden sich zu diesem Zeitpunkt der neue Besitzer des Schlosses, Carl Gustav Wrangel, sowie Karl Gustav, Eriks alter Hausherr Rehnskiöld und sein neuer Chef Mardefelt. Rehnskiöld war zum Kammerpräsidenten in Pommern ernannt worden, ein Schritt nach oben auf der Karriereleiter, der ohne Zweifel dadurch erleichtert wurde, daß sein Patron Wrangel seit 1648 der neuen schwedischen Provinz als Generalgouverneur vorstand. Auch Erik war mit dem großen Gefolge des Pfalzgrafen angekommen.

Zu diesem Zeitpunkt war der größte Teil der fünf Millionen Reichstaler, die Schweden im Westfälischen Frieden zuerkannt worden waren, nicht nur ausbezahlt und eingesammelt, sondern überdies auch bereits ausgegeben worden. Viele Deutsche waren entsetzt, als sie die Höhe der Summe erfuhren, aber ihre Friedenssehnsucht war größer als ihr Entsetzen, und mit bemerkenswerter Schnelligkeit war es ihnen gelungen, das Geld zusammenzukratzen – unter anderem mit Hilfe von Krediten bei verschiedenen deutschen und schweizerischen Bankiers. Lediglich rund 150 000 Reichtaler standen noch offen. Sowohl

Karl Gustav als auch Rehnskiölds Verwandter Johan Adler Salvius hatten Assignationen – Anweisungen – über 97 000 Reichstaler, die von den Kreisen am Oberrhein und in Schwaben zu erlegen waren. Diese Schulden sollten von dem schwedischen Residenten in Frankfurt, Georg von Snoilsky, einem Deutschen in schwedischem Dienst, eingetrieben werden, doch man hielt es für sinnvoll, ihm jemanden zur Unterstützung bei dieser heiklen Inkassoarbeit zur Seite zu stellen. Dieser Jemand sollte Erik Jönsson sein. Mardefelt war einverstanden, daß Erik zum schwedischen Agenten gemacht wurde, woraufhin Rehnskiöld Erik die Assignationen, einen Reisepaß und Instruktionen in die Hand drückte und ihn auf den Weg nach Frankfurt am Main schickte.

Die Tätigkeit selbst war alles andere als ehrenvoll und auch nicht besonders angenehm. In einem vom Krieg verwüsteten Deutschland sollte er als Geldeintreiber für ein paar hohe schwedische Koryphäen tätig sein. Es war eine Arbeit, die weder mit seinen militärischen Interessen noch seinen künstlerischen Ambitionen im Einklang stand, noch gab ihm die Aufgabe als Agent größere Möglichkeiten, seine Reiseträume zu verwirklichen. Eine eigentliche Wahl hatte er nicht. Er war Rehnskiölds und Mardefelts Klient. Als solcher mußte er tun, was sie wünschten, und sich außerdem glücklich schätzen, nicht zu einer weiteren Elendsfigur unter all den anderen im großen Proletariat der Demobilisierten zu werden. Außerdem wäre es unklug gewesen, den Auftrag abzulehnen. Man konnte es so sehen, daß er Karl Gustav einen Dienst erwies. Der Platz beim Bankett in Nienburg, den Lorenz van der Linde für Erik organisierte, ist eins von mehreren Zeichen dafür, daß der junge Mann mit Hilfe Mardefelts und Rehnskiölds in das lockere, aber große Netz von Klienten einbezogen wurde, das um den Pfalzgrafen herum bestand und das große Bedeutung bekommen würde, wenn dieser erst einmal den schwedischen Thron bestiegen hätte – wann das nun sein mochte. Erik unternahm jedoch einen kleinen Versuch, sich vom Haken zu winden: Kurz vor seiner Abreise verfaßte er eine untertänige Bittschrift an den hohen Herrn, den er gern als seinen neuen Patron angesehen hätte, Karl Gustav. Erik nahm sich viel Zeit und machte sich große Mühe mit seiner Bittschrift, die nahezu ein kalligraphisches Kunstwerk wurde, mit Formulierungen, die mindestens so verschnörkelt waren wie die Buchstaben. In dem Brief berichtete er von seiner dreieinhalbjährigen Tätigkeit im Dienst Mardefelts, in der er gelernt habe, die Elemente der Befestigungskunst einigermaßen zu beherrschen. Um sich weiter auszubilden, wolle er nun reisen und »fremde Königreiche und Länder betrachten«, doch leider fehle es ihm an Mitteln dazu, weshalb er hoffe, der gnädige und großzügige Graf wolle ihm mit einem Beitrag helfen, wobei Erik diesem auch gleichzeitig ewige Treue versprach. Eine sofortige Antwort erhielt Erik indessen nicht, und so mußte er sich brav nach Frankfurt verfügen.

»Am 16. September kam ich in die schöne und lustige Reichsstadt Frankfurt am Main«, schreibt er im Tagebuch, »woselbst ich den Residenten Snoilsky aufsuchte und ihm meine Kreditive überreichte, [und] als erstes über Bezahlung verhandelte«. Auch wenn die Tätigkeit an sich weniger erfreulich war, konnte Erik froh darüber sein, gerade in diese Stadt geschickt worden zu sein. Frankfurt am Main war neben Hamburg und Leipzig eins der kommerziellen und kulturellen Zentren des deutschen Reiches. Die freie Reichsstadt war protestantisch, aber dennoch dem Kaiser treu, und abgesehen von einigen Kampfhandlungen und schwedischer Besatzung in den Jahren nach 1630 war die Stadt vom Krieg verschont geblieben. Während mehrere andere große deutsche Städte wie Augsburg, Nürnberg, Köln und Aachen eindeutige Probleme hatten, nach dem Friedensschluß wieder auf die Füße zu kommen, hatte Frankfurt am Main sich rasch erholt. Die Stadt genoß auch den Vorteil, ein großes, fruchtbares und ziemlich unberührtes Umland zu haben. Darüber hinaus stellte sie ein wichtiges Bindeglied im Handel zwischen Ost und West dar, hatte eine alte und gut funktionierende Börse, ein starkes Finanzwesen und zwei jährliche Messen, die im März und September Kaufleute aus ganz Europa anzogen. Einmastige Schuten und Prahme in Mengen liefen die Stadt auf dem Main und vom Rhein her an und entluden ihre Lasten in einem der vielen kleinen Häfen. Der Handel und das kulturelle Leben der Stadt waren durch ihre lange Geschichte von Neutralität und Glaubensfreiheit begünstigt worden. Seit dem 16. Jahrhundert hatte Frankfurt am Main Menschen angezogen, die vor religiöser Verfolgung geflohen waren; aus den Niederlanden geflüchtete Reformierte hatten viel für das Wachstum der Wirtschaft getan, und die Stadt hatte auch eine bedeutende jüdische Gemeinde. (Sie war einmal größer gewesen, aber viele waren während eines Aufruhrs in der Stadt, der 1612 begonnen hatte, vertrieben worden. Damals hatten unzufriedene Einwohner der Stadt unter der Führung des Zuckerbäckers Vincent Fettmilch die trägen, großbürgerlichen Stadtoberen angegriffen und eine demokratischere Machtausübung gefordert und das große jüdische Getto geplündert und zerstört – ein Beispiel dafür, wie Volksaufstände aus dem Ruder laufen und Menschen und Gruppen treffen konnten, die ein ungnädiges Schicksal, Hysterie und Vorurteile zu Sündenböcken ausersehen hatten.) Eine Vielzahl von Kirchen, fünf katholische und zehn protestantische, zeigten, daß die verschiedenen Glaubensrichtungen miteinander leben konnten, während der Golddekor des großen Doms von ihrem Reichtum zeugten. (Ein schwedischer Besucher war besonders von einem seiner Uhrwerke angetan: »Wenn die Uhr schlagen sollte, stand ein künstlicher Mann da, der den Hammer hielt und zuschlug.«) Wie viele wirtschaftlich erfolgreiche Orte hatte Frankfurt einen kosmopolitischen Anstrich, und nach dem Friedensschluß war der französische Einfluß spürbarer geworden –

Frankreich hatte nun Spaniens einstige Position als Europas führende Macht übernommen.

Es wäre falsch zu behaupten, daß Erik Jönsson sich mit Begeisterung über seine neue Arbeit warf, aber diesen eventuellen Mangel an Enthusiasmus glich er mit seinem üblichen Fleiß aus. Doch die Aufgabe war schwierig und nicht besonders angenehm und zog sich in die Länge. Die Monate vergingen; sowohl Rehnskiöld als auch Mardefelt drängten mit Geldforderungen, und dann und wann konnte Erik ihrem pekuniären Murren auch Folge leisten und ein wenig Geld per Wechsel nach Hamburg senden. (Wie langsam die Arbeit vorankam, erkennt man daran, daß er bis Ende 1650 nicht mehr als »einige tausend Reichstaler« hatte eintreiben können.) Erik scheint mit dem festen Vorsatz nach Frankfurt gekommen zu sein, die Zeit als Geldeintreiber nicht ungenutzt verstreichen zu lassen. Er wäre lieber auf eine Studienreise ins Ausland gegangen, aber seine Abkommandierung hatte den großen Vorteil, daß ihm viel freie Zeit blieb, die er nach eigenem Gutdünken nutzen konnte. Also ließ er sie nicht in beschaulichen Müßiggang oder in Trübsal über die Ungerechtigkeit der Welt abgleiten, sondern versuchte, das Beste daraus zu machen.

Als erstes wollte er sich eine höhere Ausbildung in der Befestigungskunst verschaffen, ein Vorsatz, in dem sowohl Rehnskiöld als auch insbesondere Mardefelt ihn gern bestärkten – der letztgenannte hegte trotz der friedensbedingten Kürzungen gewisse Hoffnungen, den vielversprechenden Erik wieder zurück in seinen Dienst zu bekommen. Es war kein größeres Problem, einen geeigneten Lehrer zu finden, denn in Frankfurt am Main wohnte zu dieser Zeit »der vornehme Ingenieur Georg Andreas Böckler«. Erik kannte ihn von zwei Lehrbüchern der Baukunst, *Architectura Militaris* und *Architectura Civilis*, die dieser einige Jahre zuvor veröffentlicht hatte. Der Kontakt mit Böckler führte Anfang Oktober 1650 zu einem Angebot, für die stattliche Summe von 60 Reichstalern sein Schüler zu werden – die Hälfte sollte als Vorschuß bezahlt werden. Erik nahm an. Seine Schulung unter Böckler begann im gleichen Herbst und umfaßte dem Tagebuch zufolge »Mathesie wie Geometrie, Perspektive, Fortifikation und dergleichen«. Der Unterricht in Geometrie bestand in einer kurzen Einführung in die einfachsten geometrischen Figuren und wie man sie zeichnete, vergrößerte und verkleinerte. Dort mußte er auch lernen, wie man Flächen und Körper berechnete, im Feld wie auf Papier, und wie man größere Gebiete vermaß und kartierte. In Fortifikation lehrte Böckler ihn verschiedene Elemente wie Zeichnen, Vermessen und Abstecken sowie verschiedene Typen von Berechnungen, sowohl mit Instrumenten als auch ohne. In Perspektive lernte Erik die Grundlagen; teils ging es darum, auf bestmögliche Weise verschiedene Grundrisse von Gebäuden, Räumen, Brunnen und Gärten zu zeichnen, teils darum, mit Hilfe verschiedener Instrumente diverse Objekte wie Häuser, Städte, Schlösser und anderes auf realistische Weise wiederzugeben.

In Briefen ermahnte Mardefelt seinen jungen Schützling und gab ihm freundschaftliche Ermunterung. Er stellte unter anderem fest, daß Geometrie eine höchst nützliche Wissenschaft sei, fügte indessen warnend hinzu, daß Erik sich vor zeitraubenden Petitessen in acht nehmen solle und daß die Perspektivenlehre besonders nützlich sei für jemanden, der wie Erik ein guter Zeichner sei. Ein paar von Eriks Perspektivübungen sind erhalten geblieben, zum Beispiel eine gravurähnliche Federzeichnung, die mit schwarzer Tinte ausgeführt und mit grauer Lavierung verstärkt ist; sie stellt einen gedeckten Säulengang mit einigen kleinen Figuren und einem Hund unbekannter Rasse dar – die Genauigkeit beweist, wie ernst er seine Übungen nahm.

Die Studien bei Böckler, die teilweise per Korrespondenz betrieben wurden, sollten fast dreieinhalb Jahre dauern. Erik war wie immer ein intelligenter, fleißiger und gelehriger Schüler und gewann bald Böcklers Vertrauen. Offenbar hatte der 25jährige Schwede auch eine gewinnende Art, denn das Verhältnis zwischen ihm und dem gleichaltrigen Lehrer wurde enger und mit den Jahren freundschaftlich. Wiederum handelt es sich um eine Art von Klientenverhältnis. Die beiden begannen Dienste und Gegendienste auszutauschen. Böckler sammelte auf seinen Reisen Bilder und Stadtpläne für seinen informationshungrigen Schüler, und eines Tages zeigte er Bengt Oxienstierna, dem Neffen des Reichskanzlers, der die Stadt in seiner Eigenschaft als schwedischer Diplomat besuchte, Eriks Übungsblätter – offenbar mit einem gewissen Stolz. Erik seinerseits vermittelte später ein Angebot Mardefelts an Böckler, an der schwedischen Universität in Greifswald eine Professur anzunehmen. Böckler lehnte jedoch ab, da er meinte, mit seiner Tätigkeit als Architekt ausgelastet zu sein.

Während Erik bei Böckler Ingenieurskunst studierte, suchte er gleichzeitig seine Fertigkeiten in Zeichnen und im Kupferstechen zu vervollkommnen. Es war in mehr als einer Hinsicht eine glückliche Fügung, daß er gerade nach Frankfurt am Main geschickt worden war. Die Stadt war nämlich als eins von Europas großen Zentren für den Handel mit Büchern und Drucksachen bekannt. Jedes Jahr wurde eine Buchmesse abgehalten, und die gut sortierten Buchhändler der Stadt boten Druckerzeugnisse aus ganz Europa an. (Erik kaufte auch bei verschiedenen Gelegenheiten Bücher für Mardefelt und schickte sie per Post nach Demmin.) Welch starke Position Frankfurt in der europäischen Verlagsbranche hatte, zeigt auch das Beispiel des englischen Arztes William Harvey, der 1628 seine bahnbrechende Arbeit über den Blutkreislauf nicht in London, Oxford oder Cambridge, sondern in Frankfurt am Main herausgab. Erik hatte ein Zimmer in der Buchstraße gemietet, die in der Nähe des Flusses lag, und dort gab es, wie der Name andeutet, verschiedene Druckereien und Buchläden. Er lebte praktisch im Herzen des Frankfurter Buchmarktes.

Das vielleicht wichtigste Ereignis für Erik in diesen Jahren war die Begegnung mit Matthäus Merian d. J., einem 29 Jahre alten Künstler und Verleger, etwas rundlich und pastoral, mit schütterem Haupthaar und einem dünnen Schnurrbart. Matthäus gehörte der bekannten Verlegerfamilie Merian an, die sich durch die Publikation einer Reihe umfangreicher und schön illustrierter Werke, vor allem der bekannten Gegenwartschronik *Theatrum Europaeum*, aber auch sogenannter Topographien – also historisch-geographischer Schilderungen verschiedener Städte und Provinzen – sowie von Werken in den Bereichen Alchimie, Medizin und Heraldik einen Namen gemacht hatte. Das Oberhaupt der Familie, der begabte Matthäus d. Ä., starb im gleichen Jahr, in dem Erik in die Stadt kam, und seine Söhne Caspar und Matthäus führten den Verlag unter dem Namen »Merians Erben« weiter. Matthäus war ein begabter junger Mann, der in verschiedenen Ländern Europas Kunst und Malerei studiert hatte und unter anderem bei Sacchi in Italien, Vouet in Frankreich, van Dyck in England und Rubens in Flandern in die Lehre gegangen war. Wie sein Lehrmeister Rubens war er ein ehrgeiziger Weltmann, dem es behagte, als unbekümmerter diplomatischer Amateur zu posieren und mit feinen Leuten zu verkehren. Sein Vater hatte recht enge Kontakte zu dem Feldmarschall Carl Gustav Wrangel unterhalten, der durch die Übersendung von sowohl Geld als auch eigenen Hintergrundinformationen an die Firma Merian diese dazu veranlaßt hatte, dem fünften Band des *Theatrum Europaeum* eine gewisse proschwedische Tendenz zu geben. Matthäus war 1647 als Wrangels persönlicher Hofmaler angestellt worden und folgte ihm ins Feld – die Erfahrung des rauhen Kriegerlebens wurde für den verfeinerten jungen Mann jedoch eher traumatisch; noch gut 30 Jahre später erklärte er, immer noch an den Folgen der Kälte und des elenden Soldatenlebens zu leiden. Er malte über die Jahre eine Reihe guter Portraits für Wrangel. Auf mehreren von ihnen ist der Feldmarschall selbst abkonterfeit, korpulent und selbstbewußt, andere zeigen verschiedene schwedische Militärs.

Erik konnte Mardefelts Hilfe in Anspruch nehmen, um mit Matthäus Merian in Kontakt zu kommen, denn Mardefelt hatte früher mit dem bekannten Verlag zusammengearbeitet und ihn unter anderem mit Bildvorlagen für das *Theatrum Europaeum* versehen. Eine andere Verbindung war über Rehnskiöld herzustellen, der wie Merian zu dem Netz von Klienten zählte, das um Wrangel herum bestand. Bei Eriks Abreise nach Frankfurt hatte Rehnskiöld ihm auch dazu geraten, Kontakt mit den berühmten Merians aufzunehmen. In diesem Jahr, 1650, waren die Gebrüder Merian damit beschäftigt, eine topographische Arbeit über Pommern herauszugeben, und Erik war nicht zu schüchtern, ihnen ein Bündel Zeichnungen zu schicken, die er von verschiedenen pommerschen Orten gemacht hatte. Matthäus Merian nahm diesen Beitrag dankbar entgegen (und versprach, den Namen Erik Jönsson auf den fertigen Bildern zu erwähnen). Fünf von Eriks 21 Zeichnungen wurden später als Vorlage für Gravuren in der 1652 herausgegebenen *Topographia Pomeraniae* verwendet. Damit begann eine Zusammenarbeit zwischen den beiden, die Erik gute Möglichkeiten bot, sein Zeichentalent zu entwickeln. Und wenn er nicht selbst zeichnete, half er den Merians bei verschiedenen Projekten. Unter anderem warb er Subskribenten für ihre Werke und beschaffte Bildvorlagen und Texte.

Daß Eriks lebhaftes künstlerisches Interesse weit über die schnöden Anforderungen der Befestigungskunst hinausging, zeigt sich an seinen großen Sammlungen graphischer Blätter aus dieser Zeit. Im 17. Jahrhundert hatte der Kupferstich seine technische Perfektion erreicht und den Holzstich als Methode der Bildreproduktion verdrängt. Diese graphischen Blätter waren recht billig, was es einer Person mit geringen Mitteln wie Erik ermöglichte, in diesen Jahren eine hübsche kleine Sammlung anzulegen. In Frankfurt hatte er bis 1653 eine Kollektion zusammenbekommen, die 288 Nummern zählte, während er später im gleichen Jahr in Stralsund noch einmal 88 Nummern deponierte. Unter diesen Blättern waren einige der hervorragendsten Begabungen der Zeit und der Kunstgeschichte vertreten. Rembrandt war unter anderem mit 20 religiösen Motiven, 19 kleinen Landschaften, 17 Portraits sowie Nr. 66, »Nackte Frau im Bade«, vertreten; von Merians Lehrer Rubens gab es über 50 Nummern, die meisten davon mit religiösen Motiven, aber auch dort eine kleine badende Schönheit; weiter fanden sich 25 Porträts von Tizian sowie Albrecht Dürers berühmte Serie von Holzschnitten über das Leben der Jungfrau Maria; weiterhin Blätter von so bekannten Namen wie Holbein, van Dyck, Golzius und dem unübertroffenen Callot. Die Sammlung zeugt von einem entwickelten künstlerischen Geschmack, zugleich aber macht sie wahrscheinlich, daß Eriks zeichnerische Ambitionen inzwischen weit über das für einen Fortifikateur der Krone übliche Maß hinausgingen.

Neben dem Zeichnen und den Übungen in Geometrie, Perspektivenlehre und Fortifikation trieb Erik auch noch andere Studien. Als elternloser Bürgersohn aus Stockholm hatte er eine Bildung, die man bestenfalls als elementar bezeichnen kann. Er wußte offensichtlich, was nötig war, um in dieser Welt nach oben zu kommen, und daß Fleiß, ein guter Kopf und reichliche Spezialkenntnisse allein nicht ausreichten. Etwas anderes war erforderlich, nämlich Verfeinerung. Aufsteiger wie Erik Jönsson mußten die ganze Zeit einen etwas ungleichen Wettbewerb mit adligen Jünglingen bestreiten, die außer ihrer Ausbildung, ihren Privilegien und rosettengeschmückten Kleidern auch mit weltgewandten Manieren prahlen konnten. Zu dieser Zeit verbreitete sich ein neues Adelsideal über ganz Europa. Das Vorbild war französisch, wurde *le galant homme* genannt und betonte vor allem die äußeren Formen. Lebensart, höfisches Auftreten und nonchalante Eleganz wurden höher bewertet als reine Belesenheit, Kenntnisse in Musik und noble Sportarten höher als alle steife Gelehrsamkeit. Für einen echten Aristokraten war es das Wichtigste, die kulturellen und gesellschaftlichen Normen zu beherrschen, die das Entree in die innersten Gemächer der Macht regelten und bei denen Äußerlichkeiten wie Sprache, Tischsitten, Gesten, Kleidung und Zeitvertreib eine immer größere Rolle spielten. Diese Verfeinerungsmanie war ein Versuch des europäischen Adels, sich in einer allgemeinen Krisenzeit eine neue Identität zu schaffen, jenseits der Gelehrsamkeit, die das Bürgertum bereits erobert hatte, und jenseits des Helden zu Pferde, der in den zahlreichen langen Kriegen ein wenig in Mißkredit geraten war. Diese neue Identität wurde erreicht, indem man das klassische Bildungsideal hinter eine kühle, feine Lebensart zurücktreten ließ. Auf diese Weise versuchten sie, sich gegen die aufstrebenden Gruppen von Bürgern und anderen nichtadligen Karrieristen abzugrenzen, die sich nun durch Ausbildung in der Gesellschaft vorwärts und nach oben arbeiteten. Es war ein Versuch, neue Grenzen zu errichten, nachdem die vorwitzigen Bürger angefangen hatten, die alten zu überklettern.

Vom Ende der vierziger bis zur Mitte der fünfziger Jahre betrieb Erik wohldurchdachte Eigenstudien, die, soweit sie aus seiner Bibliothek und den Buchlisten zu erschließen sind, ambitiöse, aber auch leicht pathetische Nachäffungen der grandios aufgeblähten Bildungsprogramme darstellten, die unter seinen aristokratischen Altersgenossen in Mode waren. Er wollte ja so gern mithalten. Also nahm Erik Französischunterricht bei einem Pastor namens Mohr, ging einen ganzen Sommer lang zu einem Reitlehrer und vervollkommnete seine Reitkünste. Außerdem erwarb er eine Mandoline aus Ebenholz mit Elfenbeinintarsien und lernte, auf dieser und auf einer Baßlaute zu spielen. Vor allem die Kinder der höheren Schichten mußten früh lernen zu musizieren – dies erklärt, warum im alten Europa musikalische Wunderkinder wie Mozart auftreten konnten –, und gerade Musik, neben Französisch und Reiten, mußte ein aufstrebender junger Mann beherrschen.

Doch trotz all dieser Vervollkommnung und emsigen Eigenstudien verging die Zeit in Frankfurt langsam. Monat auf Monat verstrich, und immer noch zog es ihn hinaus und fort. Die Bittschrift an Karl Gustav hatte nicht das geringste Resultat erbracht: Mardefelt hatte Karl Gustav zwar in Eriks Sinn bearbeitet, und es war ihm auch gelungen, jenem ein halbes Versprechen über finanzielle Unterstützung für diesen abzuringen, aber dann war das Ganze im Sande verlaufen. Erik nutzte aber die Gelegenheit, sich auf kürzere Reisen davonzustehlen, wie zum Beispiel im Herbst 1651, als der junge Graf Christopher von Königsmarck, ein Sohn des Feldherrn, in Frankfurt am Main auftauchte. Dieser befand sich auf seiner Kavalierstour (oder Bildungsreise), und sein nächstes Ziel war die alte Universität in Heidelberg. Am Beginn des Jahrhunderts führte eine solche Reise selten weiter als in die nördlichen Teile Deutschlands und möglicherweise nach Holland, doch jetzt um die Mitte des Jahrhunderts wurde es üblich, daß sie auch Frankreich und zuweilen Italien umfaßte. Auch nichtadlige junge Männer unternahmen zuweilen solche Reisen durch Europa. Daß selbst eine Reihe schwedischer Bauernsöhne sich auf eine Bildungsreise begaben, ist einzigartig und ein weiteres Zeichen für die ungewöhnliche Stärke des schwedischen Bauernstandes. Im allgemeinen lag jedoch eine solche »Peregrination« jenseits der Möglichkeiten eines nichtadligen Studenten. Ihre beste Chance, in den Genuß einer solchen Reise zu kommen, war, als Präceptor einen besser bemittelten Adelssprößling zu begleiten, der den Kontinent bereiste. Eine Bildungsreise war keine rasch absolvierte Besichtigungstour, sondern lief darauf hinaus, daß die Jünglinge an verschiedenen Universitäten und bekannten Stätten auf ihrem Reiseweg verweilten und sich dort Zeit nahmen, die Sprachen der fremden Länder zu lernen, ihre gesellschaftliche Ordnung, Sitten und Sehenswürdigkeiten kennenzulernen. Nicht selten arteten diese Wanderungen indessen aus und hatten mehr mit lockerem Lebenswandel, Trunk und Spiel als mit Gelehrsamkeit zu tun, und es war nicht ungewöhnlich, daß junge Männer unterwegs Schulden machten und arretiert wurden, worauf die Angehörigen in Schweden gezwungen wurden, sie auszulösen.

Erik sprang auf den Wagen des jungen Königsmarck auf, als dieser Frankfurt am Main verließ – daß er den 17jährigen Grafen begleiten konnte, hing sicher mit seiner lockeren Anknüpfung an das Klientennetz um die Familie Wrangel zusammen; dazu gehörten auch die Königsmarcks. Die Reise führte sie nach Mainz, wo Erik im Schloß übernachtete, am Tisch des Kurfürsten speiste und ein einstiges Schlachtfeld besichtigte, und anschließend weiter »mit des Kurfürsten eigener Karosse und Pferden« – sein Stolz ist nicht zu verkennen – nach Heidelberg. Nachdem er »die Stadt, das Schloß, das große Weinfaß und den über die Maßen schönen Garten, die lieblichste Lage und was sonst noch remarkabel war, angesehen« hatte, kehrte er entlang der schönen Bergstraße nach Frankfurt am Main zurück.

Wir dürfen uns den jungen Erik Jönsson in Frankfurt nicht als monomanen Streber vorstellen, der sich in ernsten Studien, anspruchsvollen Übungen und harter Arbeit vergrub und von der Welt zurückzog. Der junge Mann hatte offenbar soziale Talente, zumindest der Leichtigkeit nach zu urteilen, mit der er neue Freunde fand. Er schuf sich in diesen Jahren in Frankfurt und Umgebung einen kleinen Bekanntenkreis: oft Leute wie er selbst, Beamte, die irgendwo unterhalb der Mitte auf der Karriereleiter ein unsicheres Leben fristeten. Besonders zufrieden war Erik, als er im Januar 1651 im Rahmen einer Tauffeier, bei der er Pate war, mit dem Grafen von Hanau Bekanntschaft schließen konnte. Man spürt förmlich, wie ihm die Brust schwillt vor Zufriedenheit, als er im Tagebuch über das Erlebnis berichtet:

> *Ich wurde nicht allein so vertraulich mit ihm, daß wir die Hüte tauschten, sondern er lud mich ein auf das Schloß, woselbst ich von ihm samt seiner Fürstin sehr wohl traktiert, geehrt und aufgenommen wie auch für einige Tage von ihm auf die Jagd geführt wurde, sowie in seinem Garten mit Ringrennen und anderer Kurzweil entretenieret wurde.*

Man beachte, daß der arme Bürgersohn – hier symbolisch mit dem Hut eines Grafen bekleidet – bereits gelernt hat, adligen Zeitvertreib wie die Lustjagd und das Ringrennen zu beherrschen. Wie bereits zuvor betont, spielten verschiedene Belustigungen und Zerstreuungen damals eine größere Rolle im Leben der Menschen als heute. Dabei muß man bedenken, daß es geselliges Leben in unserem Sinn, also daß die Leute einander zu ruhigem und vertrautem Beisammensein besuchten, nicht gab. Dies spiegelt sich in der Architektur und der Möblierung wider. Die Häuser der höheren Stände hatten zwar oft große Festsäle, aber keine eigentlichen Gesellschaftsräume, und das in diesem Jahrhundert eingeführte Sofa – das Möbel des vertrauten Gesprächs schlechthin – war noch eine Seltenheit. Das moderne Privatleben mit seinem großzügigen Maß an Abgeschiedenheit sollte erst noch entstehen. Zerstreuung fand man in der Regel in größeren Gruppen. Nicht, daß es an häuslichen Freizeitvergnügen mangelte. An den sogenannten langen Winterabenden griff man gern zu verschiedenen Brettspielen, Würfelspielen und den allgegenwärtigen Kartenspielen. Allein in Georg Stiernhielms Lehrgedicht *Hercules* (1658) werden fünfzehn verschiedene Kartenspiele genannt. (Häufig spielte man um Geld. Auch wenn es manchmal um bedeutende Beträge ging – es wird von Adligen berichtet, die bei einer Partie mehrere tausend Taler verloren –, war die Verbreitung des Hasardspiels in Schweden im Vergleich zu Frankreich gering. Dort gab es Leute, die mit Spielen wie *hoca* und *reversi* bis zu 100 000 Écus im Monat einnahmen.) Wenn man sich vergnügte, tat man dies jedoch gern in größerer Gesellschaft und unter überschwenglicheren Formen. Einfache Spiele wie Blindekuh wurden von Erwachsenen wie Kindern mit der gleichen Begeisterung gespielt. Die meisten Spiele, die wir heutzutage mit der Kindheit verbinden, waren damals – wie die Märchen, die Entsprechung jener Zeit zu den Kriminalromanen unserer Tage – beliebt bei Menschen aller Altersgruppen. Die Mentalität des 17. Jahrhunderts zeichnet sich nämlich durch einen Mangel an

Ernst aus. Dies äußert sich unter anderem in dem fast überwältigenden Reichtum an Spielen, von denen die meisten verlorengegangen sind. In seiner *Atlantica* nennt Olof Rudbeck unter anderem die folgenden – und man beachte, daß er sie als Erwachsenenspiele der etwas rauheren Art anführt:

> *Braten schnappen, Blindekuh, Schuhe schmuggeln, Stuten zähmen, Malz trocknen, Zum König reiten, Den Schimmel beschlagen, Streit haben, Kirche spannen, Triff mich mit hundert Stößen, Markus willst du Prügel, Nach Deutschland segeln, Im Zuber stehen, Zu Kreuze kriechen.*

Die gleiche Vielfalt begegnet uns im Tanz, der auch von allen Gesellschaftsklassen mit der gleichen unverstellten Begeisterung betrieben wurde. Die Auswahl war wirklich reichhaltig. Teils gab es Tänze, die zum einheimischen traditionellen Repertoire gerechnet werden konnten: Ringtänze, Volkstänze, Tanzspiele, Fackeltänze usw. Teils gab es auch verschiedene importierte Reihen- und Kontratänze, häufig reine Modetänze und meistens schwer zu lernen. Weder einheimische noch ausländische Tänze waren in der Regel für Paare gedacht, sondern für große Gruppen: die sexuelle Tönung, die das Tanzen heutzutage hat, fehlte im 17. Jahrhundert weithin. Bei ein und derselben Gelegenheit wurden verschiedene Typen von Tänzen getanzt. Heute vergessene Tanzspiele wie »Ich zog übers salzige Meer«, »Armer Vogel«, »Meinen Hafer laß ich schneiden«, »Was verehrt der Bauer seiner lieben jungen Frau?«, »Ich weiß wohl, wo der Heuboden steht«, »Dort drinnen wohnt eine liebliche Maid«, »Von Trauer getrübt ist mein Gemüt« kamen neben traditionellen Tänzen wie dem »Mühlentanz« und moderneren Importen wie der englischen Gigue, dem Menuett, der Bourrée und der Gavotte vor. Nicht selten tanzte man im Freien, auf Straßen und Plätzen. Musikinstrumente wurden nur bei besonders festlichen Anlässen gespielt. Meistens tanzten die kleinen Leute, wie sie es von jeher getan hatten, also zum Rhythmus eines gemeinsamen Gesangs. (Wie bei den Spielen und den Tänzen gab es auch bei den Liedern einen erstaunlichen Reichtum; die Menschen sangen im Alltag in einem Ausmaß, das wir, die wir dieser einfachen und spontanen Form des Musizierens durch all die eingespielte Musik beraubt sind, nur noch schwer verstehen können; es scheint nicht ungewöhnlich gewesen zu sein, daß einzelne Personen Hunderte von Liedern auswendig konnten.)

Im übrigen waren verschiedene Ball- und Kegelspiele populär. Die Franzosen benutzten Holzschläger, Kugeln und Bogen in einem Spiel, das sie *paillemaille* oder *crocket* nannten; die Holländer versammelten sich mit Schlägern und massiven Bällen auf zugefrorenen Seen oder Kanälen, um ein Spiel namens *kolven* zu spielen, ein Zeitvertreib, der sich unter dem Namen *golf* auch in England und Schottland verbreitete, wo man jedoch auf abgeweideten Strandwiesen spielte. Verschiedene Kegelspiele waren ohne großen Aufwand spielbar und wohl auch unter sogenannten kleinen Leuten verbreitet. Ein weiterer Volkssport, der unter anderem in England, Italien und Frankreich betrieben wurde, war das notorisch gewalttätige und chaotische Fußballspiel, das von großen lärmenden Volksansammlungen mit Leidenschaft gespielt wurde, allen Versuchen der Obrigkeit, es zu unterbinden, souverän trotzend. Unter den gehobeneren Schichten dagegen waren Sportarten, die mit Schlägern ausgeführt wurden, besonders beliebt. In Paris gab es 1657 nicht weniger als 114 Ballspielhäuser, und auch in Stockholm gab es am Slottsbacken zwei derartige Einrichtungen, wo bessere Herren sich in verschiedenen Ballspielen versuchen konnten. Eins dieser Spiele war *paume*, das mit einer großen Lederkugel gespielt wurde, die zwischen den Kontrahenten entweder mit der flachen Hand oder mit einem kleinen geflochtenen Schild hin- und hergeschlagen wurde. (Aus diesem Spiel – das lange Zeit populär war, dem aber gegen Ende des Jahrhunderts vom Billard der Rang abgelaufen wurde – sollte sich mit der Zeit das moderne Tennis entwickeln.) Ein anderes Spiel ähnelte unserem Badminton, wurde mit einem kleinen Schläger und einem leichten Federball gespielt und galt als besonders vornehmer Sport. Die Spiele erstreckten sich über mehrere Stunden am Stück, und nicht selten ging es um Geld oder Geldwerte (es gibt Beispiele dafür, daß Leute an einem einzigen Tag über 2000 Dukaten verloren).

Auch wenn Geld oder der Einsatz eines Pferdes zuweilen dem Spielen im 17. Jahrhundert einen gewissen Ernst verleihen konnten, herrschte dort zumeist doch eine ungezwungene, lockere, fröhliche und freie Stimmung. Und auch wenn viele der Zerstreuungen gewisse äußere Ähnlichkeiten mit verschiedenen modernen Erscheinungen haben, enden die Vergleichsmöglichkeiten doch hier. Im 17. Jahrhundert gab es keinen Sport in unserem Sinn, und niemand hätte damals im Traum daran gedacht, seinen Sport in der durchorganisierten, systematisierten, professionalisierten und tierisch ernsten Form zu betreiben, wie es im modernen Leistungssport der Fall ist. Sie wußten sehr wohl, daß sie spielten, und es wäre ihnen nicht in den Sinn gekommen, so zu tun, als ginge es um etwas anderes. Die heute übliche Grenze zwischen einer breiten Masse von Zuschauern und einer kleinen Schicht von Aktiven gab es in diesem Jahrhundert ebenfalls nicht.

Damit ist nicht gesagt, daß es in den Spielen und Sportarten keine Grenzen gab. Man kann im 17. Jahrhundert gewisse Tendenzen erkennen, zwischen gutem und verderblichem Zeitvertreib zu unterscheiden. Diese moralisierende Betrachtung der Freizeitvergnügungen, die sichtlich Probleme hatte, sich durchzusetzen, war eine Neuheit, die erst zum 19. Jahrhundert hin größere Durchschlagskraft gewinnen sollte. Im 17. Jahrhundert war es noch wichtiger, einen Unterschied zwischen feinen und unfeinen Spielen zu machen, zwischen Spielen für Bauern und das gemeine Volk und solchen, die sich nur für die Elite ziemten. Es wurde oben erwähnt, daß der Adel begonnen hatte, sich von der Volkskultur zu distanzieren und sich in vornehme Abgeschiedenheit zurückzuziehen. Eins der Mittel, mit denen man seine gehobene Position markierte, war gerade dies, daß man sich modischen und standesgemäßen Freizeitbeschäftigungen widmete. Eins dieser exklusiven Spiele, das Erik Jönsson in Hanau zu zelebrieren die Ehre hatte, war Ringrennen. Dieser Sport, bei dem ein Reiter mit einer Lanze einen aufgehängten Ring treffen mußte, galt als besonders nobel. Oder, wie Georg Stiernhielm, ebenfalls im *Hercules*, schreibt: »schieße und renne zum Ring, so oft sich Gelegenheit bietet, /daß du von Adelsgeschlecht magst scheinen und mehr als ein Bauer«. Eriks voller Stolz getragener Grafenhut und seine Ringrennlanze zeigen, daß er den Adel im Innersten bewundert und daß er wie alle Imitatoren einer von ihnen werden will.

4. Nach Jerusalem!

ERIK VERLIEBT SICH. – WIE MAN LIEBE UND VERLIEBTHEIT SAH. –
NACH REGENSBURG. – DIE VERHÄLTNISSE IN DEUTSCHLAND. –
WER GEWINNT, WER VERLIERT? – ERIK LIEFERT SEINEN ABSCHLUSSBERICHT
AB UND REIST NACH WIEN. – ERIK TRIFFT DE LA HAY. –
AUFBRUCH INS HEILIGE LAND. – ÜBER PILGERFAHRTEN. –
ÜBER DEN RELIGIÖSEN FANATISMUS. – ÜBER DIE GRENZE.

Erik hatte sich mit Böckler, seinem Lehrer in Fortifikation, angefreundet, und bald war er auch gut Freund mit dem gleichaltrigen Matthäus Merian. Dieser war 1651 bis über die Ohren verliebt in eine gewisse Antonetta Bartels, eine schöne Bankierstochter in der Stadt, und Erik wurde sein Vertrauter in dieser Angelegenheit und besorgte unter anderem den Austausch von Briefen zwischen dem jungen Paar, wenn sein Freund auf Reisen war, zeichnete, Porträts malte oder Wein verkaufte. Doch in dieser Zeit geschah noch etwas anderes Wichtiges. Auch Erik verliebte sich zum erstenmal.

In seiner Zeit in Frankfurt verkehrte Erik viel mit dem Postmeister Johan Beier und seiner Familie. Beier entstammte einer vermögenden bürgerlichen Familie aus Berlin und war seit dem Beginn der dreißiger Jahre in schwedischem Dienst. Er war von Axel Oxenstierna als Kanzlist angestellt worden und ihm 1636 nach Schweden gefolgt, wo er zum Sekretär des Kommerzkollegiums gemacht wurde; seine Kenntnisse in verschiedenen finanziellen und kaufmännischen Fragen waren anerkannt gut, und er hatte eng mit dem 1644 gefallenen Vorsitzenden der Behörde, Claes Fleming, zusammengearbeitet; Beier hatte zu denen gehört, die hinter den Kulissen die Fäden für die Betreibung der Kolonie Neuschweden gezogen hatten. Seit Neujahr 1643 war Beier Leiter des neueingerichteten Postwesens und war unter anderem als Redakteur der *Ordinari Post Tijdender* tätig gewesen. Beier war erfolgreich als Verwalter des Postwesens. Mehrmals war seine Anstellung von den Regierenden verlängert worden, und er verdiente auch nicht schlecht, unter anderem war er Besitzer des Gebäudes in Stockholm, in dem die Post untergebracht war. Am meisten interessierte Erik sich jedoch für Beiers Tochter Margareta, die seine erste Liebe wurde. Verliebt zu sein war für ihn eine neue Erfahrung, und er war offenbar verlegen und unbeholfen. Sein Freund Merian tadelte ihn wegen seiner Zaghaftigkeit und seines plötzlichen Mangels an Unternehmungsgeist und forderte ihn auf, seinem Beispiel zu folgen – Merians beharrliches Werben um die schöne Antonetta Bartels hatte sich nämlich gelohnt und zur Ehe geführt.

Daß Merian sich in eine Frau verliebte und sie dann heiratete, mag uns als die natürliche Ordnung der Dinge erscheinen, doch so war es nicht immer für die Menschen im 17. Jahrhundert. Die Familie war wie gesagt in erster Linie eine Wirtschaftseinheit, und wenn Ehen geschlossen wurden, waren die Beweggründe häufig stärker von verschiedenen materiellen Interessen als von reiner Liebe zwischen den jungen Leuten bestimmt. Natürlich war es schön, wenn Gefühle mit im Spiel waren, aber dies wurde keineswegs als notwendig angesehen, eher als ein Luxus, den man sich nicht immer leisten konnte. Daß Verheiratete nicht verliebt waren, galt keineswegs als Hindernis: Liebe konnte ihnen als göttliches Gnadengeschenk im Lauf der Zeit zuteil werden. Smarte Vernunftehen, von Eltern und Verwandten ins Werk gesetzt, kamen in allen Gesellschaftsschichten vor. Die romantische Liebe gab es zwar, aber in erster Linie in der Dichtung. Im frühen Mittelalter hatten die Troubadoure sie besungen, und da vor allem in ihrer platonischen Form, nicht als Liebe zwischen Ehegatten. Die Vorstellung von der Verliebtheit als etwas Gutem und Preiswertem fand erst durch die höfische Literatur am Beginn des 16. Jahrhunderts größere Verbreitung, unter anderem dank der Buchdruckerkunst und der zunehmenden Lesefähigkeit. Im 17. Jahrhundert wurde sie zu einem Thema, das nahezu die gesamte Literatur der Zeit durchdrang. Das von den Dichtern vermittelte Bild der romantischen Liebe veränderte sich auch in einigen kleinen, aber wichtigen Punkten. Vor allem wurde das »Glückliche Ende« erfunden. Bis dahin hatten die Erzählungen von der Liebe stets in nachtschwarzer Tragik geendet. Die Leidenschaft der beiden Liebenden war sozusagen immer zum Tode verurteilt, außerhalb der Ehe eine Unmöglichkeit in einer Gesellschaft, in der Vernunftehen die Regel waren. Daß Verliebte in der Literatur des

17. Jahrhunderts anfingen, »sich zu kriegen«, war wohl auch ein Reflex der Realität, in der es immer mehr echte Liebesheiraten gab. Man kann darin aber auch einen Ausdruck der allgemeinen Sehnsucht fort von Unsicherheit, Chaos und Zerfall hin zu Stabilität, Ordnung und glücklicher Harmonie sehen, einer Sehnsucht, die infolge der Kriege und Revolutionen entstanden war.

Die Beschreibung der Liebe und ihrer Folgen war jedoch noch immer sonderbar zwiespältig. Die Musik der Huldigungschöre enthielt stets ein paar schrille Nebentöne. Für die Menschen im 17. Jahrhundert war Liebe stets mit Gefühlen von Hinfälligkeit, Unbeständigkeit, Schwäche und dem Verlust des Verstandes verbunden. Die Liebe wurde als etwas von außen, vom Himmel oder sonstwoher Kommendes betrachtet, und sie störte das Gleichgewicht der Körpersäfte und der Sinne bis zu einem solchen Grad, daß sie Krankheiten und sogar den Tod verursachen konnte. Eine Person, der ein verliebter Blick zuteil geworden ist, kann anfangen zu weinen oder unbegreiflichen Unsinn zu reden. Als Cassianus in Percy Herberts *The Princess Cloria* aus dem Jahre 1653 Cloria erblickt, erscheint sie ihm wie »ein klarer Stern am Firmament«, und er kann keine Ruhe mehr finden. In Urban Hiärnes *Stratonice* wird beschrieben, wie die Hauptperson zum erstenmal die schöne junge Frau – die Titelfigur des Romans – erblickt, worauf er »wie von einem Blitz getroffen war und unvermutet ein Feuer in der Brust verspürte« – solche Liebe auf den ersten Blick war nach Meinung vieler erforderlich, wenn man von wahrer Liebe sprechen wollte –, und als er dann von ihr getrennt wird, wird er mehr oder weniger wahnsinnig, weint, seufzt – tiefe Seufzer durchziehen die Liebesromane dieser Zeit wie dichter Nieselregen –, verliert den Appetit, magert ab, zieht sich zurück, wird menschenscheu und so weiter. Manche sahen diese etwas krankhaften Züge des Verliebtseins als Grund an, der gegen Liebesheiraten sprach: Wie sollte man auf etwas so Hinfälligem etwas so Wichtiges wie eine Familie aufbauen? Dennoch wurde gerade im 17. Jahrhundert die romantische Liebe zu einer Realität im Leben der Menschen.

Es wurde immer üblicher, daß Menschen aus Liebe heirateten oder vor der Ehe innige Gefühle füreinander hegten. Es gibt manche Belege dafür, daß immer mehr Menschen meinten, Verliebtheit sollte bei der Partnerwahl eine Rolle spielen. Das strenge Moralisieren wurde ein wenig aufgelockert und machte offensichtlich einer etwas liberaleren Sicht jugendlicher Schwärmerei und vorehelicher Verbindungen Platz. Dennoch gab es viele Hindernisse für junge Verliebte, nicht zuletzt rein praktischer Art: Nach schwedischen Liedern aus dieser Epoche zu urteilen, hatten sie oft Schwierigkeiten, sich unter vier Augen zu treffen, und bösartiger Klatsch scheint für viele ein Problem gewesen zu sein. Erik Jönssons Problem dürfte allerdings vor allem seine Unerfahrenheit gewesen sein.

Nach Jerusalem!

Es ist fast eine Erleichterung, Eriks Wankelmütigkeit als junger Liebhaber zu sehen. Wo es um den Beruf, die Karriere und andere gewichtige Angelegenheiten ging, konnte er eine Energie und Kraft an den Tag legen, die zuweilen maschinenhaft, ja fast manisch wirken; im normalen Leben hingegen scheint er doch bedeutend linkischer gewesen zu sein. Sein Freund Merian fand ihn träger, als ratsam war, und schrieb ihm mahnende Briefe. Erik hatte aber keinen Erfolg, und diese erste Liebe endete, wie die erste Liebe es in der Regel tut: unglücklich. Gegen Ende des Sommers trennte sich Margareta Beier von Erik Jönsson. Im Tagebuch herrscht ein bemerkenswertes und überaus vielsagendes Schweigen über diese seine erste Verliebtheit. Einer kleinen Notenschrift mit französischem Text, die Erik irgendwann um diese Zeit schrieb, kann man entnehmen, daß er das Ganze sehr ernst nahm. Die Form mag unvollendet sein und die Worte reichlich bombastisch, doch die Gefühle, denen sie entsprungen waren, waren deshalb nicht weniger echt. Die Schlußzeilen lauten:

Ich sage dir nun Adieu.
Meine Schöne, die mich so quält.
Und meine Liebe, die ich trage
ständig in meiner Treu.

Noch viele Jahre später, als der neue große Krieg seinem Ende zuging und Erik seine ersten großen Triumphe gefeiert hatte, sollten seine Gedanken zu der »Jungfrau Margareta« in Frankfurt am Main zurückkehren.

Im gleichen Monat, als Erik Margareta Beier Adieu sagte, war er anwesend, als in Regensburg ein neuer deutscher Kaiser gewählt wurde. Noch regierte Ferdinand III. über das flügellahme und zersplitterte Reich, doch um seinem jungen gleichnamigen Sohn den Thron zu sichern, ließ er einen Reichstag einberufen, an dem auch schwedische Repräsentanten teilnahmen. Einer von denen, die auserlesen waren, Schwedens Interessen in Deutschland zu vertreten, war Georg von Snoilsky, Eriks Vorgesetzter in Frankfurt am Main. Erik nahm die Gelegenheit wahr, ihn nach Regensburg zu begleiten. Als danach »der Kaiser mit allen Kurfürsten, Fürsten« sich in der Sommerhitze »zu der Stadt Augsburg [begab], um seinen Sohn Ferdinandum, der König von Ungarn und Böhmen war, zum römischen König krönen zu lassen«, reiste Erik mit, um den Festlichkeiten beizuwohnen. Im Tagebuch schreibt er beeindruckt von »Prunk und Pracht über alle Maßen«, die bei der Krönung entfaltet wurden.

Allem strahlenden Krönungspomp zum Trotz sollte Klein Ferdinandus eine traurige Ruine von einem Kaiserreich erben, ein Reich mehr nominell als faktisch. Deutschland war schwer gezeichnet vom Krieg und sollte es bleiben. Die Bevölkerung hatte sich von ungefähr 20 auf 16 Millionen verringert. In bestimmten Gegenden Deutschlands waren zahllose Äcker überwuchert und

Dörfer verlassen, es gab sogar einige völlig ausgestorbene Städte. Die Zerstörung und die Verluste waren jedoch ungleich über die verschiedenen Länder verteilt. Bestimmte Teile des deutschen Reichs, wie zum Beispiel die nordwestlichen Provinzen, waren vom Dreschflegel der Armeen fast ganz verschont geblieben und blühten bereits während des Krieges wieder auf. Andere Regionen, die Schauplatz vieler und langer Feldzüge gewesen waren, wie Pommern, Mecklenburg und die Pfalz, hatten zwischen 60 und 70 Prozent ihrer Bewohner verloren. (In den Gegenden von Pommern, wo Erik Augenzeuge gewesen war, wie Krockows Korps von schwedischen Truppen besiegt wurde, hatte es vor 1618 rund 3000 Einwohner gegeben, die in 30 Dörfern lebten; bei Kriegsende waren 11 dieser 30 Dörfer menschenleer, und noch gegen Anfang des 18. Jahrhunderts waren zwei Drittel aller Bauernhöfe der Gegend verwaist.) Bayern, Magdeburg, das Elsaß und Böhmen gehörten zu den Gebieten, die nahezu die Hälfte ihrer Gesamtbevölkerung verloren hatten. Die Familien waren auch bedeutend kleiner geworden: Vor dem Krieg hatte ein durchschnittlicher Bauernhaushalt neun Personen umfaßt, nachher waren es noch vier. Nur ein kleiner Teil der Verschwundenen war infolge direkter Kampfhandlungen oder aufgrund anderer Übergriffe gestorben. Wer nicht geflohen war – und das waren nicht wenige –, erlag in der Regel dem Hunger oder den Epidemien, die stets die unausweichlichen Folgeerscheinungen des Hungers und der Heere waren. Die kleinen Kinder, die schwangeren Frauen und die Alten waren die ersten Opfer, während die waffenfähigen Männer von den Heeren aufgesogen wurden. Ein Teil der Verluste konnte wiedergutgemacht werden. Nach dem Friedensschluß stiegen die Geburtenzahlen rasch an. Aber wer fort war, der war für immer fort. Einem Italiener, der in dieser Zeit das Reich bereiste, fiel auf, wie wenig Männer und wie viele Kinder überall zu sehen waren.

Natürlich hatte Deutschland auch rein materiell schwer gelitten. Der Krieg verstärkte und vertiefte eine gewisse wirtschaftliche Stagnation, die bereits vor dem Ausbruch der Feindseligkeiten eingetreten war. Der große Wohlstand, der während des 16. Jahrhunderts geschaffen wurde, war nach den dreißig Kriegsjahren so gut wie verbraucht. Viele Städte und Gemeinwesen, die vor 1618 große Überschüsse aufzuweisen hatten, waren nach 1648 hoch verschuldet, nachdem man sie immer wieder gezwungen hatte, zu Kontributionen und Brandschatzzahlungen beizutragen. Dazu kamen noch die 5 Millionen Taler, die die schwedischen Diplomaten dem Reich abgepreßt hatten, um dem Frieden zuzustimmen, und die in vielen Fällen das geringe Kapital, das noch verfügbar war, auffraßen. Allein die Zinsen für die riesigen Kredite sollten die Menschen noch für Generationen niederdrücken.

Genau wie in Schweden und anderen Ländern hatte der lange Krieg auch zu einer großen Umverteilung der Reichtümer geführt und dazu, daß gewisse

Schichten sich auf Kosten der anderen bereichern konnten. Ein nicht unbedeutender Teil der von den Armeen gestohlenen Gelder war faktisch in die betreffenden Länder zurückgeflossen, landete aber dort in den Taschen der Kriegsunternehmer, die gut davon lebten, Lebensmittel und andere Waren an die Kriegführenden zu verkaufen. Viele Handelskapitalisten konnten deshalb mit weit größeren Vermögen aus dem Krieg hervorgehen, als sie anfänglich eingebracht hatten. Das gleiche gilt für viele große Großgrundbesitzer; auch wenn zurückkehrende Flüchtlinge oder neue Zuwanderer sich rasch an die Arbeit auf den verlassenen Äckern machten, war der Wiederaufbau der Landwirtschaft nicht selten schwierig und teuer. Viele Bauern und auch ein Teil kleiner adliger Landbesitzer hatten nicht die Mittel, um neu anzufangen, und Großgrundbesitzer konnten deshalb deren Boden zu Spottpreisen aufkaufen. In den östlichen Reichsteilen ging diese Ausweitung der großen Güter auch Hand in Hand mit der Ausweitung der Macht der Gutsherren über die Bauern. Der Bevölkerungsrückgang schuf vielerorts einen Mangel an Arbeitskräften, den auch die Großgrundbesitzer spürten und den sie dadurch zu beheben suchten, daß sie den Bauern und seine Familie an den Boden banden. Der Krieg führte in diesen Regionen zur Neuetablierung einer alten Leibeigenschaft, die bis ins 19. Jahrhundert bestehen bleiben sollte.

Die Auswirkungen des Krieges auf Deutschlands Entwicklung als Staat wurden gerade auf dem Reichstag in Regensburg im Spätsommer 1653 schmerzlich klar. Zwar waren Länder wie die Schweiz und die Niederlande ein für allemal aus dem Reich herausgebrochen worden, während andere unter ausländische Oberhoheit geraten waren. Dennoch war das deutsche Reich das größte in Europa, das sich von der Ostsee bis zum Adriatischen Meer, vom Rhein bis zu den Karpaten erstreckte. Es würde ein großer und ressourcenstarker Nationalstaat werden können, das Herz und Rückgrat Europas.

Der Krieg war der größte und zentralste Konflikt des 17. Jahrhunderts und hatte Deutschland und Europa ein unauslöschliches Mal eingebrannt. Nie zuvor hatten Zerstörung, Verluste und Verzweiflung ein solch verheerendes Ausmaß erreicht, und die Folgen waren außerdem weit über die Grenzen des deutschen Reiches hinaus zu spüren. Die Erschütterungen des deutschen Kriegs waren an so unterschiedlichen und entfernten Orten wie dem Innern von Västerbotten, den Städten Siziliens und den Küsten Brasiliens spürbar. Da der Krieg so außerordentlich kostspielig war, führte er, wie mehrfach erwähnt, dazu, daß die Herrschenden überall Land und Leute mit Steuern und Abgaben überlasteten, mit dem Ergebnis, daß es zu zahlreichen Aufständen, Revolten, Revolutionen kam. Weil er so lange gedauert hatte, hatte er die Entstehung des modernen und strikt zentralistischen Staatsapparats, ja des Nationalstaats kraftvoll vorangetrieben: Eine solche Modernisierung war notwendig, wenn man in den bewaffneten Auseinandersetzungen gewinnen, ja, wenn man überhaupt als Staat überleben wollte. In Deutschland hatten indessen die dreißig Jahre des Unfriedens einen genau entgegengesetzten Effekt, zumindest auf das Heilige Römische Reich. Der Weg hin zu einem zentralisierten Einheitsstaat, den die habsburgischen Kaiser vor 1618 einzuschlagen versuchten und der einer der großen Konfliktstoffe des Krieges gewesen war, wurde nun mit dem Frieden von 1648 blockiert; statt dessen setzte eine Entwicklung ein, die zum Zerfall führte. Der Friedensvertrag von Münster und Osnabrück gab den deutschen Fürsten das Recht, selbst Allianzen mit verschiedenen fremden Mächten einzugehen. Auf dem Reichstag 1653 wurden auch die Versuche vereitelt, ein das gesamte Reich umfassendes einheitliches Steuersystem zu schaffen, ohne das sowohl dem Kaiser als auch dem Reichstag jede Möglichkeit genommen war, eine Politik für Deutschland in seiner Gesamtheit zu führen. Nie mehr sollte das Heilige Römische Reich deutscher Nation sich auf einen gemeinsamen politischen Beschluß einigen, nie mehr sollte es als eine Einheit Krieg führen.

Diese schwerwiegende Schwächung der politischen Autorität des Kaisertums hätte vielleicht nicht so fatal sein müssen, wenn das Geschehene tatsächlich dazu geführt hätte, daß das, wofür so viele auf beiden Seiten erklärten, gekämpft zu haben, nämlich die sogenannten deutschen Freiheiten, gestärkt oder geschützt worden wären. Doch all die Macht, die der Kaiser verlor, gewannen die Landesfürsten in reichem Maß zurück. Die kleineren Fürsten ergriffen nämlich die Gelegenheit beim Schopf und weiteten ihre eigene Macht aus, während sie gleichzeitig die ihrer Untertanen auf verschiedene Art und Weise einschränken ließen. Der harte Kampf für die deutschen Freiheiten hatte in Wirklichkeit dazu geführt, daß diese Freiheiten verlorengegangen waren. Wenn man in diesem scheußlichen Krieg einen Sieger küren will – außer den Gutsbesitzern, den Kriegsunternehmern und all den neureichen Landsknechten –, dann müßten es die protestantischen und katholischen Fürsten sein, die dank seiner ihre eigenen Länder wachsen und zu dem werden lassen konnten, was sie auf Reichsebene bekämpft hatten: moderne, zentralisierte Staaten. Und viele von ihnen konnten wie Brandenburg auf das an Mitteln schwache Schweden blicken und verfolgen, wie weit man es bringen konnte, wenn man nur einen modernen, gut funktionierenden und eisern zentralgesteuerten Staatsapparat und eine kraftvolle, disziplinierte und gut verwaltete Kriegsmacht aufbaute. Das Beispiel Schweden bewies, daß Krieg sich ganz außerordentlich lohnen konnte.

Eriks Auftrag in Frankfurt ging Anfang 1654 endlich zu Ende. Von einer Schuld von 97 000 Reichstalern war etwas mehr als die Hälfte eingetrieben worden, was angesichts der Nachkriegssituation so viel war, wie man erwarten konnte. Deshalb sandte er eine »genaue Relation« über die geleistete Arbeit an Rehnskiöld, und dieser antwortete, daß Erik seine Tätigkeit nun abbrechen könne.

Der Aufenthalt in Frankfurt scheint sein Fernweh noch verstärkt zu haben. Es war eine gewinnbringende Zeit gewesen, die ihm die Möglichkeit zu weiteren Studien und einer Entwicklung seines Zeichentalents gab, doch nun war er offenbar hungrig auf Eindrücke, neue Eindrücke, und auf die Freiheit, die nur das Reisen zu schenken scheint.

Im März 1654 verließ er, von seinen Pflichten als Agent entbunden, Frankfurt am Main. Seine Bücher und andere schwere Gegenstände waren in Kisten verpackt und bei Freunden in der Stadt deponiert. Er war frei wie ein Vogel und reiste sogleich nach Wien, der Residenz des Kaisers. Die Reise ging per Boot donauabwärts, und bald überquerte er die Grenze zum Erzherzogtum Österreich. Da er daran gewöhnt war, auf schlechten Straßen durchgeschüttelt zu werden, war das Dahingleiten auf dem Wasser immer eine schöne und bequeme Abwechslung; dem Tagebuch zufolge war es »eine herrliche, liebliche und lustige Reise«, und in seinen Worten spürt man die Erleichterung darüber, die Inkassoarbeit hinter sich zu lassen. Das Boot glitt dahin durch eine üppige Landschaft

mit den schönsten Städten, Schlössern, Klöstern und Dörfern in dichter Folge, daß es eine Lust ist; dazu geht die Donau so glatt und schnell, daß man die Reise in kurzer Zeit und mit großer Kommodität zurücklegen kann.

Erik verbrachte einige Tage in Wien »und besah alles, was remarkabel zu sehen war«. Die Stadt war kleiner als Prag und lag etwas abseits der großen Handelsströme, aber mit ihren 60 000 Einwohnern war sie dennoch eine Metropole von respekteinflößender Dimension. Und während viele andere Städte im Reich durch den Krieg von Fäulnis und Verfall betroffen waren, wuchs Wien. Der habsburgische Hof hatte jetzt seinen Sitz hier, für eine Weile noch eingeschlossen in der mittelalterlichen Hofburg, doch überall in der Stadt wuchsen schöne Paläste und Kirchen, von italienischen Baumeistern in dem neuen, extravaganten Stil, später Barock genannt, in die Höhe. Es war ein autoritärer Stil, der den Siegeswillen der Enormität und der großen Einheiten über das Kleine und den Zweifel, die Kapitulation des Individualismus vor der allgemeinen Konformität ausposaunte und Ehrfurcht vor dem Großen, vor der Macht – weltlich oder geistlich – zeigte; eine visuelle Paraphrase der neuen politischen Ideen, die von Machtkonzentration und einer strikt zentralisierten Herrschaft als der Rettung vor Unordnung, Zerfall, Kriegen und Krisen sprachen. Es war zu erkennen, daß eine prächtige Erholungsphase in Wien eingesetzt hatte und daß ein neuer Typ von Träumen in den Steinen und dem Marmor der Stadt Gestalt annahm.

In Wien teilte Erik das Logis mit einem französischen Edelmann namens de la Hay. Dessen Vater war französischer Ambassadeur in Konstantinopel, und de la Hay war »mit einigen Briefen und wichtigen Aufträgen« auf dem Weg dorthin. Was jetzt geschah, ist interessant, denn es zeigt, wie flexibel und blitzschnell Erik reagieren konnte. Er beschloß auf der Stelle, de la Hay nach Konstantinopel zu begleiten, um von dort aus weiterzureisen nach Jerusalem! Zwar hatte er kein Geld für eine solch lange Reise, doch von derart banalen Tatsachen ließ er sich nicht abhalten. In Wien hatte er nämlich einige Mönche getroffen, die ihm erzählten, daß man bettelnd durch die Türkei bis nach Jerusalem gelangen könne, und daß »die Türken solchen Personen gern und willig etwas für ihren Unterhalt geben«. Er lernte auch einen Karmelitermönch kennen, Pater Ambrosio del Vedo, »ein Portugiese und greiser frommer Mann«, der beabsichtigte, eine solche Reise zu unternehmen. In Pater del Velo hatte er einen vortrefflichen Reisegefährten, und gemeinsam sammelten sie während einiger Märztage verschiedene Empfehlungsbriefe von Mönchsorden, von denen sie wußten, daß sie Klöster entlang des Reisewegs hatten.

Wenngleich Pilgerreisen im 17. Jahrhundert nicht mehr so populär waren wie in den Jahrhunderten davor und obwohl wirklich entlegene Orte wie Jerusalem sich zu immer exklusiveren Reisezielen entwickelt hatten, die nur den Reichen zugänglich waren, gab es sie doch nach wie vor, besonders in der katholischen Welt. Eine solche Reise war oft Ausdruck der persönlichen Frömmigkeit und von einer ganzen Anzahl von Regeln umgeben. Häufig unternahm man sie, um für die Erhörung eines Gebets zu danken oder um etwas zu bitten, beispielsweise die Heilung eines Gebrechens. Sie konnte auch eine einfache Glaubenshandlung sein. Sicher war Eriks Reise nach Jerusalem auch eine Pilgerfahrt; er zog nach Osten »im Namen des Herrn«. Es gibt keinen Zweifel daran, daß Erik tatsächlich tief gläubig war. Etwas anderes ist auch nicht zu erwarten. In der herrschenden Atmosphäre von Unsicherheit und Zerfall gab es zwar bereits den einen oder anderen Zweifler, der das Unaussprechliche aussprach oder zumindest das Undenkbare dachte, nämlich, daß es Gott vielleicht nicht gab. Im Gefolge der neuen naturwissenschaftlichen Eroberungen tauchten auch materialistische Denkrichtungen auf, die den Keim eines modernen Atheismus in sich trugen. In Italien gab es einzelne, die sagten: »Ich sehe die Natur, aber ich sehe nicht Gott. Gib mir einen Beweis für die Existenz Gottes, dann bin ich bereit zu glauben, daß es ihn gibt.« Auch in Frankreich gab es Menschen, die solche Ansichten vertraten, aber sie waren unerhört starker Kritik, um nicht zu sagen direkter Verfolgung ausgesetzt. Für die meisten war der Atheismus noch immer eine Unmöglichkeit, nicht zuletzt eine logische: Gottes Existenz in der Welt war eine Selbstverständlichkeit, die notwendig war, um sie überhaupt zu erklären. Erik Jönssons Frömmigkeit scheint indessen von einfachem und auf natürliche Weise undogmatischem Zuschnitt gewesen zu sein, eine Art geradlinigen und ungetrübten Küsterglaubens. Obwohl – oder vielleicht gerade weil – er an einem Krieg teilgenommen hatte, bei dem eine der strittigen Fragen gerade die Religion gewesen war, ist es schwer, bei Erik die geringste Bigotterie zu entdecken. Während der letzten Jahre in Deutschland hatte er offensichtlich ohne Probleme mit Katholiken verkehrt, und es kam vor, daß er katholische Messen besuchte. (Es ist auch bezeichnend, daß er bei einer Gelegenheit im Tagebuch, ohne eine Andeutung von schlechtem Gewissen, eine kleine katholische, gegen den Protestantismus gerichtete Boshaftigkeit wiedergibt; als er nämlich 1651 den Dom in Mainz besichtigt, »von dem die Papisten sagen, daß der Staub auf den Wänden älter sei als die lutherische Religion«.) Er scheint auch keine Einwände dagegen gehabt zu haben, sich mit einem Karmeliterpater zusammenzutun oder auf seinem Weg durch Kleinasien katholische Mönchsklöster in Anspruch zu nehmen.

Hierin spiegeln sich die Stimmungen in Europa zu dieser Zeit. Der dreißig Jahre lange Krieg hatte zu wenigen guten Ergebnissen geführt, außer zu einem: Aus den schrecklichen religiösen Gegensätzen, die Europa seit der Reformation heimgesucht hatten, war die Spannung gewichen. Gewisse religiöse Konflikte gab es zwar noch, aber die Zeit der Religionskriege war vorbei, als habe die ungeheure Destruktivität des Kriegs viel von der finsteren Energie verbraucht, die früher den religiösen Kämpfen ihre Dynamik gegeben hatte, indem zugleich auch die Sache der religiösen Fanatiker ins Zwielicht geraten war. Immer noch konnte man auf verblendete Eiferer, Extremisten und Reinlehrige stoßen, doch immer weniger Fürsten waren noch bereit, auf sie zu hören. Die Probleme existierten, aber man fing an, sie als lösbar zu betrachten. Die Orthodoxie war endlich auf dem Rückzug.

Erik Jönssons Reise nach Jerusalem war jedoch nicht nur eine religiöse Handlung. In noch höherem Maß war sie Ausdruck seines Fernwehs und seines großen Hungers nach neuen Eindrücken. Daß auch reine Abenteuerlust keine ungewöhnliche Motivation für Pilger war, zeigt sich daran, daß ein großer Teil von ihnen gerade junge Männer im Alter von 20 bis 30 Jahren waren. Erik war also im richtigen Alter. Es war ihm offenbar bewußt, daß das ganze Unternehmen gewagt und voller Schwierigkeiten war – insbesondere, weil er völlig mittellos war –, aber er mußte anscheinend etwas beweisen, sich selbst und anderen. Im Tagebuch schreibt er, daß »für eine junge Person nichts lobenswerter ist, als in der Jugend zu reisen und die Welt anzusehen«. Die Reise nach Jerusalem, diese erste Reise, muß wohl als ein weiterer Ausdruck von

Eriks nimmermüdem Bestreben angesehen werden, sich zu vervollkommnen, Ansehen, Aufmerksamkeit und Lob zu gewinnen. Die Einwände wischte er zur Seite: »... nahm ich Gott und das Glück zu Hilfe«, schreibt er im Tagebuch, »es für edler und lobenswerter haltend, an fremden Orten Schlimmes zu erleiden, als zu Hause im Kehrichtwinkel zu sitzen, wie manche es tun.« Es ist eine selbstauferlegte adlige Haltung, die hier bei dem jungen nichtadligen Karrieristen zu beobachten ist. Dies ist auch ein weiterer Beleg dafür, daß der junge Mann sich in raschem Tempo viele Haltungen und Ausdrucksformen der adligen Welt zu eigen macht. In diesen Worten, ja in der ganzen Unternehmung, scheint die hochmütige Verachtung des freien Kriegers für den Bauern und Bürger auf, diese an den Boden gefesselten Sklaven, die weder Ehre sammeln noch »an fremden Orten Schlimmes erleiden« – sei es im Frieden oder im Krieg –, sondern still zu Hause sitzen und ihren Garten bestellen – das ist es, was Erik mit einer schnodderigen Wendung »im Kehrichtwinkel sitzen« nennt. Die Reise nach Jerusalem stellt sich auch als Zusammenfassung seines gesamten Lebensprojekts dar: Es fehlt ihm an Mitteln, und der Weg ist unsicher und schwierig, doch das schreckt ihn nicht, denn er ahnt weit in der Ferne ein Ziel, das die Mühe lohnt und das ihm am Ende ... ja, Erlösung schenken wird.

Am 23. März 1654, nur gut drei Tage nach seiner Ankunft in Wien, brach Erik zusammen mit de la Hay und Pater del Vedo nach Osten auf. Zu dieser Zeit lag Wien an der äußeren Grenze der europäischen Christenheit, und das islamische Morgenland war nicht weit entfernt. Es waren nur gut 100 Kilometer Luftlinie bis zu dem riesigen Osmanischen Reich, dessen unüberschaubare Masse sich vom Persischen Golf im Osten bis zur Straße von Gibraltar im Westen, von der Nubischen Wüste im Süden bis zu den Karpaten im Norden erstreckte – für die Europäer ein Imperium der Finsternis, das Untier schlechthin, unendlich erschreckend in seiner Stärke, seinem Unglauben und seiner Unermeßlichkeit. Und dorthin sollte er nun reisen, hinab in den Bauch des Ungeheuers.

XI

AM SCHEIDEWEG
(1654–1656)

1. In diesem Zeichen wirst du siegen

DAS OSMANISCHE IMPERIUM. – EIN MULTIKULTURELLES REICH. –
DER UNTERENTWICKELTE OSMANISCHE STAAT. – KONSERVATISMUS
UND ERSTARRUNG. – ÖKONOMISCHE UND POLITISCHE KRISE. –
ERIK KOMMT NACH GRAN. – ZURÜCK IN DIE CHRISTENHEIT. –
DIE GROSSE NEUIGKEIT.

Daß das ungeheure Osmanische Reich viele Europäer in einen Zustand nervöser Unruhe versetzte, ist nicht verwunderlich. Während des vorausgegangenen Jahrhunderts hatte es sich in alle Himmelsrichtungen ausgebreitet, seine Militärmacht war überwältigend, und seine Herrscher standen in dem Ruf, aggressiv und eroberungslustig zu sein. Ein Imperium der Finsternis indessen war es nicht, sondern eins, in dem Menschen eher Zuflucht suchten, als daß sie aus ihm flohen. Das einfache Volk in Europa kümmerte sich recht wenig um Grenzen zwischen den Ländern, die für sie hauptsächlich politische Fiktionen waren, die ferne Theoretiker geschaffen hatten. In dieser Zeit gab es auch einen ständigen Zustrom von christlichen Bauern vor allem aus Polen und Rußland in das Osmanische Reich. Aus anderen Teilen Europas kamen Juden, die wie die Bauern im Schutz des Halbmonds ein besseres Leben nicht nur suchten, sondern auch fanden. Die Ursache dafür war ziemlich einfach. Was die Bauern anlockte, war, daß sie in einigen der osmanischen Provinzen auf dem Balkan nur 10 Prozent ihrer Ernte als Steuer zu entrichten hatten, während ihre Brüder in angrenzenden christlichen Ländern bis zu 25 Prozent bezahlen mußten. Was die Juden anzog, waren einerseits die religöse Toleranz – die erheblich größer war als im christlichen Europa –, andererseits die großzügigen Privilegien, die die osmanischen Herrscher ausländischen Kaufleuten gern bewilligten. Die soziale Mobilität war ebenfalls groß. Auch wenn die breite Masse im Osmanischen Reich aus mehr oder weniger leibeigenen Bauern bestand, die unter primitiven Verhältnissen lebten und mit primitiven Methoden arbeiteten, und auch wenn die gesellschaftlichen Klassengrenzen stark ausgeprägt waren, waren sie doch nicht wie in vielen christlichen Ländern nahezu unüberwindlich. Für Talentierte und Karrierelüsterne gab es im Rahmen des Systems gute Aufstiegsmöglichkeiten. Auch die Situation der Frauen war besser als in manchen Staaten Westeuropas; unter anderem durften sie Vermögen besitzen und darüber verfügen, ohne eine Erlaubnis ihrer Männer oder anderer männlicher Vormünder einholen zu müssen.

Das Osmanische Reich mit seinen knapp 30 Millionen Einwohnern war in höchstem Grad multikulturell. Das gigantische Konstantinopel, das mit seinem Gewimmel von 700 000 Einwohnern europäische Großstädte wie Paris, Madrid, Amsterdam und Hamburg peinlich klein aussehen ließ, war noch in vielfacher Hinsicht eine griechische Stadt, in der die griechisch-orthodoxe Kultur eine wichtige Rolle spielte und verschiedene Sprachgruppen und Religionen Seite an Seite lebten. Die Völker des Imperiums lebten unter dem sogenannten *millet*-System. Dies bedeutete, daß jede Gruppe entsprechend ihrer Religionszugehörigkeit einer besonderen Nation *(millet)* zugeordnet war. Außer dem Millet der Muslime, die im Reich dominierten, gab es drei weitere: das der Griechisch-Orthodoxen, dem außer Griechen auch Slawen und Rumänen angehörten, das der Juden sowie das der christlichen Armenier, dem auch die Zigeuner, die Assyrer, die syrischen Monophysiten, die bosnischen Bogomilen, die Balkankatholiken und die libanesischen Maroniter angehörten. Jedes Millet war mehr oder weniger autonom und verwaltete seine religiösen Institutionen selbst, eröffnete und betrieb eigene Schulen, Krankenhäuser und Armenhäuser und sprach sein eigenes Recht. Auch innerhalb jedes Millet konnten mehrere verschiedene Gruppen ein hohes Maß an Selbstverwaltung genießen. Nur in der jüdischen Gemeinschaft gab es mehrere separate Gruppen, zum Beispiel die *Aschkenasim*, die vor den Verfolgungen in Mitteleuropa geflohen waren, und die *Sephardim*, die einst aus Spanien und Portugal vertrieben worden waren. Beide Gruppen waren kapitalstark und kaufmännisch erfahren und trugen dazu bei, die Wirtschaft des Osmanischen Reichs zu stärken. Auch die Ausländer, die eher vorübergehend im Reich lebten, genossen nach islamischem Recht besonderen Schutz, *aman*, der ihre Sicherheit und das Recht, tätig zu sein, verbürgte, während sie gleichzeitig bedeutend niedriger besteuert wurden als die Einheimischen.

Viele Minoritäten konnten im Osmanischen Reich in einer Freiheit leben, von der vergleichbare Gruppierungen im christlichen Europa nur träumen konnten. Wie die kleineren Volksgruppen, die in dem nun zerschlagenen deutschen Reich lebten, wurden sie durch die enorme Größe des Staatsgebildes beschützt. Einen noch wichtigeren Teil der Erklärung dieses glücklichen Zustands finden wir im osmanischen Staat. Er forderte von den Untertanen seinen jährlichen Tribut, ungeachtet der Religion und der ethnischen Zugehörigkeit, ließ sie aber ansonsten weitgehend ungestört ihre eigenen Angelegenheiten regeln. Lange Zeit hatten viele Staaten im christlichen Teil des Kontinents dem osmanischen darin geglichen, daß die Herrschenden sich recht wenig darum kümmerten, was draußen im Land geschah, solange die Steuern rechtzeitig eingingen. Die Zersplitterung war selbstverständlich, ein naturgegebener Zustand. Noch konnte man entlegene Gegenden und Nischen im christlichen Europa finden, die der Staat noch nicht fest im Griff hatte, Dörfer, die von der Inquisition vergessen wurden, Höfe, von deren Existenz der Vogt nichts wußte. Die Kontrolle so auszuweiten, daß sie auch die ländlichen Gebiete umfaßte, war indessen die größte Herausforderung für den frühmodernen Staat; von Schweden im Norden bis nach Spanien im Süden waren Vögte und andere Bürokraten dabei, die ferne Welt des Volks zu infiltrieren, zu durchleuchten und zu ordnen. In Schweden, das praktisch das extremste Beispiel der Zeit darstellt, hatten die ständigen Rufe nach neuem Geld und neuen Soldaten für die Kriege dazu geführt, daß die staatliche Bürokratie mit Hilfe der Kirchenbuchführung begonnen hatte, jedes einzelne Individuum zu registrieren; niemand sollte mehr darum herumkommen, seine Pflicht dem Staat gegenüber zu erbringen. Es war eine außerordentlich bedeutungsvolle Ausweitung der Macht des Staats oder vielleicht vor allem seiner Fähigkeit zur Macht. Das Landvolk war auch nicht begeistert von diesem Staat, der in alles seine Nase steckte, der, mit Sven A. Nilssons Worten, »auf eine fast erschreckende Art und Weise seinem Volk, d. h. den Männern, folgen will von der Wiege bis zum Grab, damit keiner sich dem Register, dem Aushebungsregister entziehen kann«. So hatte der große Krieg in einem weiteren Punkt die Auflösung der alten fragmentierten Welt vorangetrieben und dazu beigetragen, eine stark zentralisierte und moderne Staatsmacht zu schaffen.

Diese Modernisierung des Staates und seiner Apparate war im Osmanischen Reich nahezu nicht existent. Allein eine so selbstverständliche finanzpolitische Maßnahme wie die Erstellung eines Staatshaushalts *im voraus*, bei der Ausgaben und Einkünfte aufeinander abgestimmt wurden und mit der man versuchte, Auslagen über diese Berechnungen hinaus zu verhindern, hatte Seltenheitswert. Der Staatshaushalt beruhte im großen und ganzen auf dem Von-der-Hand-in-den-Mund-Prinzip und war deshalb ineffektiv und unmöglich zu steuern. Es gab manche lautstarke Versuche in dieser Richtung, ebenso wurden neue, pfiffige Systeme für die Steuererhebung eingeführt, die den Zweck verfolgten, einen größeren Teil der Gelder in der zentralen Staatskasse landen zu lassen statt wie üblich in den Taschen der vegetierenden Provinzgouverneure. Aber es war schwierig, das alte System zu reformieren; es gab allzuviele Personen, Gruppen und wortgewaltige Fraktionen, die davon profitierten, daß alles beim alten blieb, und die bei dem bloßen Gedanken an etwas Neues laut jammerten. Korruption grassierte auf allen Ebenen der Verwaltung. Außerdem bewirkten viele sinnreiche Maßnahmen faktisch das genau entgegengesetzte Resultat: Die neuen *beylerbeyi*, die als verlängerter Arm des Staates in die Provinzen gesetzt wurden, um die Macht des Sultans am Ort zu stärken, gebrauchten nicht selten ihre neuen Befugnisse dazu, Konstantinopel eine lange Nase zu machen. Dann gab es noch einen weiteren Faktor, der bewirkte, daß der osmanische Staat gerade zu dieser Zeit angefangen hatte, gegenüber seinen abendländischen Nachbarn in eine klare organisatorische Unterlegenheit zu geraten.

Wie alle Gesellschaften, die große Erfolge genossen haben, war auch das osmanische Imperium ausgeprägt konservativ geworden. Viele blickten auf das 16. Jahrhundert und seine Kette von Triumphen zurück und sahen für das Reich keinen Weg nach vorn, es sei denn, er führte zurück, will sagen: über die Wiederherstellung der Einrichtungen, die es früher gegeben hatte. Man hoffte, der Veränderung zu entgehen, indem man sich weigerte, sich ihr anzupassen. Oder man weigerte sich ganz einfach anzuerkennen, daß es die Veränderung gab, und fuhr fort, sein Reich für »das stärkste der Welt« zu halten und jegliche Andeutung einer abweichendem Ansicht als an Verrat grenzend zu betrachten. Eine Tendenz zur Isolation und Erstarrung zeichnete sich zu dieser Zeit, um die Mitte des 17. Jahrhunderts, ab. Man nahm keine Notiz von den wissenschaftlichen, wirtschaftlichen und organisatorischen Neuerungen im Westen. Während die Menschen im christlichen Teil Europas neugierig waren auf die mächtige islamische Zivilisation, viele interessante Reiseberichte und Ortsbeschreibungen über diesen Teil der Welt schrieben und gern Werke aus dem Arabischen übersetzten und an den Universitäten studierten, zeigten die einflußreichen Schichten im Osten aus Tradition ein erhabenes Desinteresse an dem, was im Westen geschah. Nur eine Handvoll christlicher oder lateinischer Werke waren vor 1650 übersetzt worden. Diese Gleichgültigkeit war leicht zu verstehen: Lange Zeit war die muslimische Welt der christlichen in Kultur und Wissenschaft überlegen gewesen. Als dann die europäische Kultur zu Beginn des 16. Jahrhunderts aufzuholen begann, überschatteten die großen militärischen Erfolge des Osmanischen Reiches, was in der Praxis ein Verlust auf anderen Feldern war. Eine Wissenskluft hatte sich nach und nach zwischen Osten und Westen aufgetan, nicht zuletzt technologisch, und das war neu. Noch waren die gelehrten Institutionen des Imperiums, Schulen und *medrese* – Universitäten – von hoher Qualität, aber auch hier war im 17. Jahrhundert ein Rückgang zu verspüren, der der Weigerung der islamischen Elite, sich von dem Machtzuwachs Europas imponieren zu lassen, und ihrem Unvermögen, aus dessen neuem Wissen zu lernen, entsprang. Statt dessen verlor man sich, wie die Herrschenden in Spanien, in Nabelschau, Selbsttäuschungen und Träumen aus Zuckerwatte von vergangenen großen Tagen. Die politischen Schwierigkeiten und wirtschaftlichen Rückschläge, die auch dem Osmanischen Reich zusetzten, führten zu einem Aufschwung mehr orthodoxer islamischer Gruppen wie der sogenannten *Kadizâdeler*. Sie verbreiteten eine Stimmung von Engstirnigkeit, ideologischem Dogmatismus und Intoleranz im Reich, verurteilten alle Neuerungen, verwarfen alle Reformen und machten es dem Sultan in Konstantinopel äußerst schwer, für seine alten Probleme neue Lösungen zu finden.

Denn auch das Osmanische Reich steckte in einer Krise. Die Wirtschaft war in Unordnung geraten, während gleichzeitig die Staatsausgaben alle Grenzen sprengten. In den frühen fünfziger Jahren reichten die Einkünfte des Staats nur für zwei Drittel seiner Ausgaben. Das Defizit wurde mit Krediten, raffinierten Manipulationen der Währung, direkten Konfiskationen sowie einer pikanten fiskalischen Fiktion unter dem Namen »Erhebung zukünftiger Steuern« gedeckt. Heftige Hofintrigen, staatliche Spitzbüberei und verwickelte interne Streitereien zwischen verschiedenen Cliquen unter den Herrschenden waren seit langem ein Merkmal der osmanischen Politik gewesen, und sie nahmen in Proportion zu dem Anwachsen der allgemeinen Probleme zu. Der gründlich inkompetente Sultan Ibrahim – im Volksmund *Deli Ibrahim*, der verrückte Ibrahim genannt, ein ziemlich verschrobener Herr, der aus irgendeinem Grund von Pelzen besessen war und zu ruinösen Kosten sämtliche Wände des schönen Topkapi-Palasts mit diesem teuren Material hatte bekleiden lassen – war 1648 von seiner eigenen Palastwache abgesetzt worden, die wie ein großer Teil der staatlichen Bürokratie der Korruption, der ausbleibenden Löhne und eines wild wuchernden fiskalischen und monetären Chaos überdrüssig geworden war. Ibrahim wurde zunächst in Hausarrest gehalten, begann jedoch bald, mit einer derart deutlichen und nachdrücklichen Imbezillität aufzutreten, daß die Revoltierenden keine andere Wahl zu haben meinten, als ihn in aller Stille zu erdrosseln. Danach hatte eine Parade von despotischen Prätendenten und wüsten Palastrevolten, Haremsintrigen und Militärputschen, Mord und Bestechungen eingesetzt. In acht Jahren hatte das Reich dreizehn verschiedene Großwesire. Nicht, daß der ständige Personalwechsel an der Spitze in nennenswerter Weise half. Im Winter 1650 sah es eine Zeitlang so aus, als stehe das Imperium vor dem direkten Kollaps. Anarchie herrschte. Auf dem Land und in den Städten hatten große Verbrecherbanden das Sagen, die Inflation sprengte alle Grenzen, vom Land kamen keine Nahrungsmittel mehr in die größeren Orte, und der Hunger breitete sich aus; Geldmangel führte dazu, daß das ausgebaute Wegenetz langsam verfiel und daß die großen Aquädukte, die seit der Römerzeit Konstantinopel und andere Städte mit Wasser versorgt hatten, einstürzten; ungesundes oder vergiftetes Wasser schuf schwerwiegende Probleme, während gleichzeitig die großen Abflußprobleme fast unerträglich wurden; die Metropole war im Begriff, in einer Wolke von Kot- und Uringestank unterzugehen. In dem Jahr vor Eriks Reise in das Osmanische Reich hatten drei große Palastrevolten stattgefunden, während sich gleichzeitig verschiedene islamische Gruppen bekämpften; das undisziplinierte Heer murrte – mehr aus alter Gewohnheit als aus anderen Gründen –, und Konstantinopels Kaufleute standen kurz davor, aufgrund der ständigen staatlichen Pfuscherei mit der Währung eine eigene Revolte anzuzetteln. Ein seltsames politisches Paradox trat zutage. Wie tüchtig der Herrscher auch sein mochte, es endete trotz allem fast immer wieder auf die gleiche Weise, will sagen mit dem Würgstrick. Alle greisen

Wracks und schlaftrunkenen Genießer auf dem Herrscherthron wurden durch ihre eigene Unfähigkeit binnen kurzem gestürzt, und selbst den durchtriebeneren und klarblickenden Führern fiel es schwer, sich zu halten wegen des mäkeligen Widerstands, den alle Reformversuche bei der einen oder der anderen Fraktion hervorriefen.

Die Krise, die so viele Länder und Reiche in Europa erschüttert hatte, machte an der äußeren Grenze der Christenheit nicht halt.

Erik und seine Gesellschaft brauchten sechs Tage, um die Grenze des Osmanischen Reiches zu erreichen. Als sie wohlbehalten dort ankamen, sandte de la Hay einen Trompeter zu dem türkischen Pascha in Buda, um ihre Ankunft zu melden und zu begehren, daß dieser sie in Empfang nehme. Nach gut einer Woche kam der Trompeter mit einem Paß vom Pascha zurück. Begleitet von zwölf österreichischen Husaren gingen sie am 10. April 1654 über die Grenze bei Neuhäusel, das an einem Nebenfluß der Donau gelegen war. Die Grenze der Christenheit war von zwei mit Doppeladlern geschmückten Säulen markiert, die einen weißen Schild mit einem roten Kreuz und der Überschrift »In hoc signo vinces« – »In diesem Zeichen wirst du siegen« – auf der Brust trugen. Etwa 50 Meter weiter standen zwei andere Säulen, die mit Halbmonden und den arabisch geschriebenen Worten »Bis er die ganze Erde erfüllt« verziert waren – zwei aggressive Kulturen, die einander böse anknurrten.

In der Mitte zwischen den Säulen übergab der christliche Trompeter seine Gesellschaft und seinen Auftrag einem türkischen Kollegen. Ein osmanischer Beamter mit einem massiven Gefolge von 24 Personen nahm sie »mit Verbeugungen und Kopfschlagen« in Empfang, nahm ihren Paß, »der sehr klein war«, und befestigte ihn an seinem Turban über der Stirn. Eriks Gesellschaft nahm tränenreich und besorgt Abschied von der christlichen Welt, dann ging die Reise weiter. Schon am nächsten Tag erreichten sie die Festungsstadt Gran an der Donau. Sie wurden bei einigen Christen einquartiert und erhielten später eine Audienz bei dem osmanischen Gouverneur der Stadt, den Erik als »recht schön und höflich« beschreibt: Dieser bot ihnen Konfekt und Sorbet an, das der verblüffte Erik »eine Art Getränk« nannte. Daß ihm die Einordnung dieser Speise schwerfiel, ist leicht zu verstehen, wenn man bedenkt, daß Eis in Europa noch eine Neuheit war und eine Rarität, die nur von wirklichen Kennern genossen wurde.

Nach einer längeren Wartezeit in Gran begriffen Erik und seine Gesellschaft, daß irgend etwas nicht stimmte. Der Gouverneur wußte zu berichten, daß der Pascha von Bosnien unglücklicherweise gegen Ungarn ins Feld gezogen war. (Dies war einer der Nachteile des freien osmanischen Staatssystems: Verschiedene lokale Vasallen und halbselbständige Fürsten taten nicht immer das, was ihre Oberherren in Konstantinopel sagten, und sie zögerten selten, Perioden der Schwäche im Zentrum auszunutzen, um zu eigenen kleinen Abenteuern auszuziehen.) Die Stimmung im Land war unruhig. Der Paß, den sie hatten, würde ihnen sicherlich Schutz bieten, wenn sie auf reguläre Truppen stießen, »doch wenn es das Unglück wollte, daß wir gemeinen Schurken in die Hand fallen, dann wären wir alle verloren«. Sie warteten noch einige Tage in der Festungsstadt, doch die unsichere Lage wies keine Anzeichen einer Verbesserung auf, eher umgekehrt. Es blieb ihnen nichts anderes übrig, als umzukehren nach Österreich.

Eskortiert von 40 türkischen Reitern reisten sie zur Grenze zurück. Während sie an der geschlossenen Grenze darauf warteten, eingelassen zu werden, wurden sie von dem örtlichen osmanischen Verwaltungschef und den Bauern, »wie auch von den Türken, welche mit uns sehr lustig Umgang pflegten, sehr gut traktiert«. Auch Erik erschien das Osmanische Reich bei näherer Betrachtung nicht als ein Imperium der Finsternis. Aus seinem Tagebuch ist Zufriedenheit – und vielleicht auch eine Spur von Verwunderung – über die gute Behandlung herauszulesen, die er erfuhr.

Am 27. April 1654 war Erik zurück in Wien. Enttäuscht mußte er feststellen, daß aus seiner Pilgerreise nach Jerusalem nichts geworden war. Dies war sein erster Versuch.

Aber Erik verfiel nicht in mutlose Lethargie. Eine sensationelle Neuigkeit aus Schweden erreichte ihn und ließ in seinem leicht beweglichen Sinn ein neues Vorhaben Gestalt annehmen. In höchstem Tempo reiste er nach Hause, nach Schweden. Er hatte erfahren, daß Königin Christina im Begriff stand, dem schwedischen Thron zu entsagen, und daß der Pfalzgraf Karl Gustav zum neuen König gekrönt werden sollte! Dies war ein »einzigartiger und seltsamer Akt«, und er wollte ihn mit eigenen Augen sehen. Ein anderer, mindestens ebenso wichtiger Grund für die eilige Heimreise war, daß er offenbar seine Beziehungen im Umkreis des Pfalzgrafen ausnutzen wollte, um sich einen guten Posten bei den Streitkräften zu beschaffen. Seit dem Ende des Kriegs hatten Militärs schlechte Konjunktur gehabt, doch nun konnte der Mann des Schwerts wieder auf gute Zeiten hoffen. Die Ursache war einfach. Karl Gustav bedeutete Krieg.

2. Die Katastrophe am Delaware

UNRUHE IN NEUSCHWEDEN. – EIN JUSTIZMORD. –
PRINTZ REIST NACH HAUSE. – DIE ÖRNEN TRIFFT EIN. –
RISINGH UND DER MERKANTILISMUS. – ›KLEINE WEISSE KOHLRAUPEN
WUCHSEN IN UNSEREN FÜSSEN‹. – EINE GLÜCKLICHE ENTDECKUNG. –
DIE KOLONIE WIRD WIEDER AUF DIE BEINE GESTELLT. –
NEUE VEREINBARUNGEN MIT DEN INDIANERN. – WIE DIE INDIANER
BETROFFEN WAREN. – DIE HOLLÄNDER SCHLAGEN ZURÜCK. –
DER ANGRIFF AUF FORT TREFALDIGHETEN. –
FORT CHRISTINA WIRD BELAGERT.

Im gleichen Monat, als Erik in furiosem Tempo durch Mitteleuropa reiste, lief ein schwedisches Schiff in den Delaware ein und machte dabei eine sonderbare, aber glückliche Entdeckung. Im Mai 1654 waren drei Jahre vergangen, seit die Holländer ihr großes Fort Casimir auf der westlichen Seite des Flusses gebaut und den Wasserweg nach Neu Schweden gesperrt hatten. Zweck dieser Maßnahme war gewesen, die blühende schwedische Ansiedlung in einen Würgegriff zu nehmen. Dies war auch über die Maßen gut gelungen. Der schwedische Gouverneur Printz war hiernach gezwungen, mehrere Blockhäuser an der Peripherie der Kolonie zu räumen, die wenigen Soldaten, die er hatte, in Fort Christina zu sammeln und die Regierenden in Stockholm mit Bitten um baldige Hilfe zu bombardieren.

Die Hilfe ließ jedoch auf sich warten. Währenddessen ging es mit Neuschweden rasch bergab. Die Minquasindianer erkannten, daß sich die Kräfteverhältnisse am Fluß verändert hatten, und stellten ihren Handel mit den eingeschlossenen Schweden bald ein. Der Sommer 1652 in Delaware war regnerisch, und die Ernte mißriet. Genau wie in Europa führte dies rasch zu vermehrter Unzufriedenheit unter den Kolonisten, die sich ohnedies schon bedrängt, alleingelassen und von ihrem gewinnsüchtigen und despotischen Gouverneur malträtiert fühlten. Zum Herbst kam ihre Antwort. Ein von 22 Kolonisten unterzeichnetes Schreiben wurde Printz überreicht, worin er unter anderem angeklagt wurde, zum eigenen Vorteil Recht zu sprechen, die Leute daran zu hindern, in der Mühle zu mahlen, jeden Handel zu verhindern – während er selbst nach Kräften Handel trieb –, Waldwirtschaft, Fischerei und Neupflanzungen der Kolonisten zu behindern. Später fügten sie auch noch hinzu, daß er die Siedler behandele, als seien sie seine eigenen Landbauern, sie zur Arbeit auf seinen Pflanzungen zwinge und die Leute, die ihm nicht gehorchten, mißhandele und einkerkere. Printz' maßlos harte Antwort auf diese Anklagen läßt vermuten, daß wirklich etwas daran war. Er ließ einen der Anführer der Kolonisten, einen Anders Jönsson, unter der Anklage der Verrats festsetzen. Weniger als ein Jahr später, am 1. August 1653, wurde Jönsson hingerichtet, ein Vorgang, der zweifelsfrei als Justizmord anzusehen ist.

Wenn Printz allerdings gehofft hatte, durch diese Demonstration krassen Faustrechts den Gehorsam und das Gleichgewicht in der kleinen Kolonie wiederherstellen zu können, so hatte er sich geirrt. Schon früher war der tyrannische Gouverneur mit seinen Soldaten aneinandergeraten, und er selbst glaubte, daß sie »ihn sicherlich ermorden würden, wenn sich die Gelegenheit dazu böte«. Es war bald offensichtlich, daß sich Printz als Gouverneur nicht länger halten konnte. Anfang Oktober 1653 gingen er, seine Frau und seine vier Töchter auf ein Schiff, während er freigiebig Versprechen von großen und gut ausgerüsteten Schiffen, die aus Schweden zu erwarten seien, an Indianer und Neusiedler austeilte. Damit fuhr er seines Wegs.

Die Zurückgebliebenen scheinen den Wortgirlanden des scheidenden Gouverneurs kein größeres Gewicht beigemessen zu haben. Einige von ihnen wandten sich nach kurzer Zeit an Stuyvesant in Neu Amsterdam mit der Bitte, sie zu holländischen Untertanen zu machen, doch er lehnte höflich ab. Daraufhin nahmen sie Kontakt zu den englischen Kolonialbeamten in Virginia und Maryland, südlich von Neuschweden, auf. Die sagten ja, und 15 Kolonisten machten sich auf den Weg zu den englischen Siedlungen. Der Mann, der vorübergehend nach Printz' Abreise die Leitung übernommen hatte, sein eigener Schwager Johan Papegoja, raste vor Wut und schickte ihnen Indianer nach mit dem Befehl, die Flüchtenden um jeden Preis, auch mit Gewalt, zurückzubringen. Als die Indianer zurückkamen, trugen sie zwei abgeschlagene Köpfe von schwedischen Kolonisten, die bei einem Kampf getötet worden waren; die übrigen hatten sich nach Virginia durchgeschlagen. Nach einiger Zeit traf ein Brief von einem der Geflüchteten ein, worin er die Kolonisten, die noch übrig waren, aufforderte, Neuschweden zu verlassen und in die englische Kolonie nachzufolgen. Nur rund siebzig Personen befanden sich nun noch in den schwedischen Siedlungen um den Delaware. Die Kolonie zerfiel allmählich.

Im Mai 1654 segelte das 40-Kanonen-Kriegsschiff *Örnen* in den Delaware. Dies war der Entsatz, auf den die Menschen in Neuschweden fünf Jahre lang gewartet hatten. An Bord befanden sich rund 250 Personen: Kolonisten, Soldaten, Seeleute sowie der als neuer Gouverneur der Kolonie vorgesehene Johan Risingh, ein Pfarrerssohn, der in Uppsala und in den Niederlanden studiert hatte und in ökonomischen Fragen versiert war. Er hatte als Sekretär im Kommerzkollegium gearbeitet, als er den Auftrag annahm, nach Nordamerika zu reisen. Seine Aufgabe war nicht einfach. Die Regierenden in Stockholm hatten nur ein vages Bild der Lage am Delaware, sie wußten nicht einmal, ob es Neuschweden noch gab! Für den Fall, daß es in Schutt und Asche gesunken war, hatte Risingh den Auftrag, einen neuen Platz zu suchen, wo eine schwedische Kolonie angelegt werden konnte.

Daß gerade Risingh über den Atlantik geschickt wurde, spiegelt den Wandel wider, der sich jetzt um die Mitte des Jahrhunderts in der gesamteuropäischen Politik vollzogen hatte. Die schreckliche Zeit der Glaubenskriege war vorbei, aber ewiger Friede war dennoch nicht angebrochen. Neue, ausgeprägt handelspolitische Konflikte traten nun, wie bereits erwähnt, an die Stelle der einstigen Religionskriege. In ebendiesem Jahr zwangen englische Kriegsschiffe Portugal, sein Imperium dem englischen Handel zu öffnen, während zur gleichen Zeit ein zweijähriger Handelskrieg zwischen England und den Niederlanden zu Ende ging. Dies zeigt, daß die wirtschaftliche Konkurrenz immer aggressivere Formen annahm. Dieses verbissene Gerangel um Rohstoffe und Märkte war sehr real, während die ihm zugrundeliegenden Triebkräfte in gewisser Weise lauter Wahnvorstellungen und Hirngespinste waren. Viele Machthaber waren zu dieser Zeit fasziniert von einer neuen ökonomischen Modetheorie, die als Merkantilismus bekannt geworden ist. Und wie alle ökonomischen Theorien war sie teilweise eine korrekte Beschreibung der Realität, teilweise eine straff aufgetakelte ideologische Konstruktion. Sie war vor allem ein Instrument für alle, die mit lauter Stimme nach Ordnung riefen und sich in den Kopf gesetzt hatten, ihre lose zusammengehaltenen und vielfältig zusammengesetzten Reiche zu einer homogenen Einheit jenseits aller provinziellen Besonderheiten und kulturellen Vielfalt zusammenzukneten: ein Gesetz, ein Volk, ein Blut, eine Sprache, ein Nationalstaat – der Staat sollte hinfort mit der Nation zusammenfallen. Die nordischen Propheten des Merkantilismus predigten unter anderem die Errichtung *einer* Ökonomie, also daß man alle ökonomischen Schranken niederreißen solle, die es zu dieser Zeit in allen Reichen gab; alle internen Zölle solle man abschaffen, die Verkehrswege verbessern, eine gemeinsame Währung einführen – keinesfalls eine Selbstverständlichkeit zu dieser Zeit –, ein einheitliches Maß- und Gewichtssystem – auch dies keine Selbstverständlichkeit –, ein einheitliches Handelsrecht, und so weiter. Die Triebkraft hinter dieser Vereinheitlichung war wiederum der Krieg. Der starke ökonomische Zuwachs, den diese Politik, so hoffte man, bewirken sollte, war kein Ziel an sich, sondern lediglich ein Mittel für die Fürsten in ihrem ewigen Kampf mit arglistigen Nachbarn und alten Feinden. Dieser Kampf schluckte stets gewaltige Mittel, und es war dieser Umstand, der die Fürsten so bereitwillig den sinnreichen Ökonomen, diesen Alchemisten der neuen Zeit, lauschen ließ. Das Problem mit diesen merkantilistischen Ideen war, daß sie in einer hauptsächlich agrarischen Gesellschaft aufkamen, in der sich der Kapitalismus erst langsam und unter großen Mühen durchzusetzen begann. Deshalb hatten sich viele im Grunde feudale Vorstellungen in die Theorie eingeschlichen. Eine davon war der Glaube an den Wert des Goldes an sich: Da die Edelmetalle die allerhöchste Form des privaten Besitzes darstellten, glaubte man, das gleiche gelte für die Ökonomie der Gesellschaft; deshalb ging es einem Fürsten vor allem darum, so große Mengen Gold und Silber wie überhaupt möglich anzuhäufen und sie zufrieden im warmen Schein der Kandelaber liegen und funkeln zu sehen – daß man dieses Geld vermehren konnte, indem man es ausgab, und daß gehortetes Geld vollkommen steril ist, kam ihnen nicht in den Sinn. Eine andere dieser Vorstellungen war, daß der ökonomische Zuwachs eines Reichs nur auf Kosten eines anderen erfolgen kann. Dies traf ganz besonders auf die Agrarwirtschaft zu, wo der hauptsächliche wertschaffende Faktor, der Boden, nicht wachsen, sondern nur umverteilt werden kann – ich verliere, du gewinnst. Dies galt aber keineswegs immer für den Markt, auf dem sich die Kaufleute und Manufakturisten Europas bewegten. Für Leute, die mit einer feudalen Mentalität ausgestattet waren, bedeutete es gedanklich einen etwas zu großen Schritt einzusehen, daß der Geldmarkt tatsächlich wachsen konnte und daß zwei Staaten gedeihen konnten, ohne daß der eine dem anderen ständig die Nase blutig schlug. Die Herrschenden waren jedoch in ihrem aktionistischen Weltbild befangen, wonach einer nur auf Kosten des anderen wachsen konnte und wo es nur die Wahl gab, entweder Amboß oder Hammer zu sein. Diese Politik, die im besten Fall kurzsichtig war und im schlimmsten Fall ihrer eigenen Zielsetzung entgegenwirkte, wurde bald zur allerhöchsten und schönsten Staatsraison erhoben – aber, wie eingangs schon einmal gesagt, richten die Menschen ihr Handeln nie danach, wie die Welt aussieht, sondern wie sie *glauben*, daß sie aussieht. Dies war der Hintergrund, warum neben dem alten Gerangel um Land auch ein neuer Typ von Konflikten in Erscheinung trat, die Handelskriege, die entstanden, weil die Fürsten eine wachsende Bereitschaft an den Tag legten, zum Schutz ihrer eigenen Kaufleute in den Krieg zu ziehen und denen der anderen den Garaus zu machen. Risingh war ein echter Merkantilist, ja sogar derjenige, der die neue Theorie in die schwedische Ideenwelt eingeführt hatte. Dies blieb nicht ohne Auswirkung auf seine Einstellung zu Neuschweden. Danach waren die Kolonie und vor allem ihr Handel ein Mittel für den schwedischen Staat, noch stärker zu werden. Und Schwedens große Konkurrenten waren für ihn die Niederländer, nicht nur hier am Ort, sondern überhaupt. Risingh verabscheute die reichen Holländer; in seiner Welt stellten sie in gewisser Weise ein größeres Übel dar als die Dänen, denn sie hatten den wichtigen und höchst profitablen Ostseehandel fest im Griff. Die Schweden mußten Herren über ihren eigenen Handel werden, lautete eine seiner Thesen, und sowohl hier am Delaware als auch in der Ostsee konnte dies in Zukunft nur auf Kosten der Holländer geschehen – ich gewinne, du verlierst. So bahnt sich in den frühen fünfziger Jahren des 17. Jahrhunderts dunkel etwas an, das schon bald offen zutage treten wird. Auch die Holländer waren sich dessen bewußt. Bereits 1649 waren sie eine Allianz mit Dänemark eingegangen, eine Allianz, die zweifellos gegen Stockholm gerichtet war.

Risinghs Expedition zur Entsetzung Neuschwedens und zur »Reinigung dieses Reviers von anderen Nationen« hatte fast einen märchenhaft glücklichen Start. Als die *Örnen* in den Delaware einlief, befanden sich die Passagiere und die Besatzung in jammervoller Verfassung. Die Überfahrt war schwer gewesen. Stürme, arabische Piraten, Krankheiten hatten ihnen zugesetzt; es war zeitweilig so heiß gewesen,

daß man draußen in der Sonne wohl einen Hering braten konnte. Außerdem hatten die Gemeinen keine saubere Leinenwäsche zum Wechseln, weshalb das Beißen in ihren Kleidern stark zunahm, mit Verlaub zu sagen, und das Ungeziefer sie auch gräuslich juckte und plagte.

Einer der Teilnehmer berichtet, sie seien auch dadurch gepeinigt worden, daß

kleine weiße Kohlraupen mit schwarzen Köpfen in unseren Füßen wuchsen, die die gräusliche Hitze während der Überfahrt verursachte, nach deren Stechen und Beißen es so juckte, obwohl man unter den Füßen in den Schweißlöchern mit etwas Scharfem grub und stocherte, daß das Blut floß.

Der Gestank an Bord war nahezu unerträglich, und bevor das vom Sturm beschädigte Schiff den Delaware erreichte, waren rund 100 der ursprünglich 350 Passagiere gestorben. Kaum ein Tag verging, ohne daß ein neuer toter Körper in ein Laken oder ein Tierfell eingenäht, mit Steinen beschwert und in den Atlantik geworfen wurde. Diejenigen, die überlebt hatten, waren in miserabler Verfassung, und falls die Holländer in Fort Casimir, dem Riegel vor dem Delawarefluß, Scherereien machten, wenn die *Örnen* vorübersegelte, würde es den Schweden schwerfallen, sich zur Wehr zu setzen.

Als das Schiff am Sonntagmorgen, dem 21. Mai 1654, die Höhe von Fort Casimir erreichte, ankerte man und gab schwedische Losung als Signal an die Holländer. Nun geschah etwas, womit keiner gerechnet hatte. Der üblichen Prozedur zufolge sollten die Männer dort drinnen mit ihrer eigenen Losung antworten und danach herauskommen und das schwedische Schiff visitieren. Nichts von alledem geschah. Überhaupt nichts geschah. Das Fort war bemerkenswert still. Zwanzig Musketiere unter dem Kommando eines Hauptmanns wurden an Land geschickt, und nachdem vom Schiff aus eine brummende Salve direkt über das Fort abgefeuert wurde, ließ man sie durch das Tor ein. Es zeigte sich, daß die Holländer von dem schwedischen Schiff überrascht worden waren. Die Besatzung bestand zur Zeit nur aus neun ziemlich verzagten Soldaten unter der Führung eines Sergeanten; ein Teil der Soldaten war zu allem Überfluß noch unbewaffnet – ihre Musketen befanden sich gerade bei einem Waffenschmied –, und für die 13 Kanonen hatte man nur 60 Schuß Munition. Die Holländer sahen keinen Sinn darin, sich zur Wehr zu setzen, sondern gaben kampflos auf. Die holländische Flagge wurde von dem Sohn des Sergeanten eingeholt, eine schwedische Flagge wurde vom Schiff an Land gebracht und über dem Fort gehißt, das von nun an »Fort Trefaldigheten [genannt wurde], weil es am Dreifaltigkeitstag eingenommen wurde«. Die Holländer, die in dem Fort und seinem Umkreis lebten, fühlten sich von den Ihren ungefähr so allein gelassen wie die schwedischen Kolonisten, die ein Stück entfernt lebten, und sie schworen ohne großes Weh und Ach einen Treueid auf die schwedische Krone. Es ist beachtenswert, daß diese Kolonisten, ungeachtet dessen, ob sie ursprünglich Schweden, Finnen, Engländer oder Holländer waren, eine pragmatische Einstellung zur Frage der Staatszugehörigkeit hatten. Sie scherten sich wenig um Flaggen und andere kolorierte Symbolik, sondern hielten sich simpel und dem gesunden Menschenverstand folgend an die Obrigkeit, die ihnen gerade die besten Bedingungen bot. Von Nationalismus keine Rede. Daß man so weit vom Kraftfeld des eigenen Reichs entfernt war, beeinflußte auch viele Soldaten und niedere Beamte, die eine ähnliche Anpassungsfähigkeit an den Tag legten.

Es hatte danach ausgesehen, als würde Neuschweden in diesem Wäldermeer um den Delaware versinken, doch mit der Ankunft der *Örnen* und dem Zuwachs durch die Holländer, die um Fort Casimir herum lebten, hatte sich die Einwohnerzahl der Kolonie mit einem Schlag verfünffacht auf rund 370 Personen. Risingh, nach all den widrigen Strapazen der Seereise noch geschwächt und mitgenommen, machte sich sogleich an die Arbeit, die Kolonie wieder auf die Beine zu stellen. An die Neuankömmlinge (die auch Kühe von der Neuschweden-Kompanie leihen konnten) wurde Land verteilt, es wurden Versuche unternommen, die zu den Engländern Geflüchteten zurückzulocken; verfallene Häuser wurden instandgesetzt und neue gebaut, mehrere kleine Festungen verstärkt und das gesamte Gebiet genau kartiert. Aus der Erfahrung von Printz' höchst unpopulärem Regiment klug geworden, suchte Risingh die Bedingungen der Kolonisten zu verbessern und ihre Stimmung zu heben; früher konnten sie Boden nur von der Kompanie kaufen, nun bekamen sie das Recht, direkt von den Indianern zu kaufen; früher hatte die Kompanie das Monopol für den Handel mit den Ureinwohnern, nun durfte jeder mit ihnen Handel treiben.

Risingh hatte nichts von dem groben Landsknechtsgebaren seines Vorgängers, sondern war einer jener Organisatoren und Planer, die weite Bereiche des Lebens im 17. Jahrhundert prägten. Er ahnte das große Potential der Kolonie und sandte Berichte nach Stockholm und schrieb – nicht ohne ein gewisses Quantum gut verpackter Kritik –, daß Schweden früher solche Mengen von Blut und Geld für die Eroberung von Gebieten geopfert habe, die bedeutend schlechter waren als dieses; warum also nicht auf Neuschweden setzen, das ohne den Einsatz großer und sündhaft teurer Armeen »ein Edelstein in der Königskrone [werden könne], wenn nur rasch Hilfe geschickt wird«. Risingh wies hier auf einen wichtigen Grund dafür hin, daß das Schicksal der schwedischen Kolonie so wechselhaft gewesen war. Die Regierenden in Stockholm widmeten Neuschweden zumeist nur ein beiläufiges Interesse. Rein ökonomische Gründe waren kein Universalargument für die schlichten Herren des Rates. Geld und wirtschaftliches Wachstum waren für den Staat ein Mittel, aber keineswegs ein Ziel. Sie suchten gern schöne Eroberungen, solche, die Ehre einbrachten, und in derartigen Fällen kamen die rein ökonomischen Erwägungen erst in zweiter Linie. Die deutschen Landgewinne waren ihr ganzer Stolz, nicht weil sie sich rein wirtschaftlich so gut lohnten wie die baltischen. Im Gegenteil, es sollte sich mit der Zeit als total unmöglich erweisen, Pommern und die übrigen Provinzen in Deutschland so weit zu bringen, daß sie auch nur die Andeutung eines Gewinns abwarfen. Aber diese Provinzen lagen den Herrschenden sehr am Herzen, weil sie ihnen einen gewissen Einfluß im deutschen Reich sicherten und die Schweden zu *Europäern* machten.

Risingh mit seinen merkantilistischen Grillen gehörte einem neuen Menschentyp an, der zu dieser Zeit in Erscheinung trat: der *homo oeconomicus*, der Wirtschaftsmensch, dem entschieden mehr daran lag, Geld zu machen, als Prestige zu gewinnen. Als er nun hier an der Küste Nordamerikas stand, sah er nicht Wildnis und Wilde. Vor seinem inneren Auge erschien statt dessen ein Bild von dem, was sein konnte: ein blühendes, reiches Land mit großen Städten, und er machte sich sofort ans Werk, um den Boden zu bereiten für die dynamische Entwicklung, die er erwartete und wünschte. Auf der Landseite von Fort Christina ließ er ein großes Gebiet ausmessen, wo die erste Stadt der Kolonie liegen sollte. Genau wie die neu angelegten Städte zu Hause in Schweden sollte sie ein Wunder geometrischer Gradlinigkeit werden, mit schnurgeraden Straßen und Reihen rechteckiger Stadtviertel. Hier sollten auch Manufakturen gebaut und der Hafen erweitert werden, denn der Ort sollte eine sogenannte Stapelstadt werden, die das Monopol für den gesamten Handel über das Meer haben würde. Risingh plante den Bau von Schulen und Kirchen, und es gelang ihm sogar, eine funktionierende Armenpflege einzurichten, denn in Neuschweden war bereits eine kleine hilfsbedürftige Unterschicht entstanden. Zu denen, die aus dem gemeinsamen Fonds versorgt wurden, gehörten unter anderem »die blinde Kerstin und ihre zwei Kinder, Anders, Per Paulssons Mutter und Klas Johanssons Tochter«. Im Laufe des Sommers zogen einige Kolonisten in die geplante Stadt ein und begannen, auf einzelnen der sorgfältig abgesteckten Grundstücke ihre Häuser zu bauen. Der Name der Stadt war Kristinehamn.

Dem geschickten Risingh gelang es auch, die gute Zusammenarbeit mit den Indianern wiederherzustellen. Es wurden mehrere Treffen abgehalten, bei denen man mit den Häuptlingen verhandelte – die Schweden nannten sie Fürsten, was ein wenig von dem Respekt verrät, den sie ihnen gegenüber empfanden. Man tauschte Geschenke gegen Zusagen von Frieden und Freundschaft aus, und die früher getätigten Landkäufe wurden bekräftigt. Die Leichtigkeit, mit der die Schweden sich mit den im Umkreis lebenden Indianern liierten, hing offenbar damit zusammen, daß diese begonnen hatten, Unterschiede zwischen den verschiedenen europäischen Kolonisatoren festzustellen. Die Engländer waren wie gewöhnlich die schlimmsten, denn sie betrieben nach wie vor ihre brutale Ausrottungspolitik. Ein Mingohäuptling namens Agaliquanes sagte unter anderem, daß

> *sie die Engländer in Virginia zu töten pflegen, wo sie sie finden, aber mit den Schweden wollen sie gerne Freundschaft halten und mit ihnen handeln.*

Im folgenden Sommer konnten die Schweden ein großes Landgebiet kaufen, das sich vom Delaware bis hinab zur heutigen Chesapeake Bay erstreckte. Die in Maryland lebenden Engländer hatten es lange vergebens auf dieses Land abgesehen, das nun statt dessen schwedisch wurde, und zwar

> *zu ewigem Besitz, die Erde mit allem, was darauf sei und wachse, Wald, Boden, Vögel und Tiere, der Grund und alles, was darin war und von Nutzen sein konnte, das Wasser und alles, was darin war, Fisch, Vögel und Tiere.*

Die Ursache für die Großzügigkeit der Indianer war allem Anschein nach darin zu suchen, daß man die Schweden als Schutz gegen die aggressiven Engländer benutzen wollte. Risingh berichtet, daß bei der Zeremonie anläßlich der Unterzeichnung der Überlassungsvereinbarung einer der Häuptlinge ihn an die Hand nahm

> *und mich auf dem Boden vorwärts führte und sagte, wie ich dich jetzt an der Hand führe, so wollen wir euer Volk in das Land führen, und ihr sollt darauf sein und es gegen Indianer und gegen christliche Feinde verteidigen.*

Damit ist nicht gesagt, daß die Indianer ohne Schaden aus der Begegnung mit den Schweden hervorgingen. Auch wenn die Menschen, die in Neuschweden lebten, sich erstaunlich gut benahmen und niemals in englische Massakerpolitik verfielen, wurden die Indianer, die um die Kolonie herum lebten, doch durch deren Anwesenheit in Mitleidenschaft gezogen. Zu den Waren, die die Schweden beim Tauschhandel benutzten, gehörte Branntwein, und Alkoholmißbrauch breitete sich rasch unter den Stämmen aus; später wurden schwer betrunken umhertorkelnde Indianer zu einem alltäglichen Anblick in vielen kleinen Siedlungen. Hier müssen auch die vielen bis dahin in Amerika unbekannten Krankheiten erwähnt werden, die Schweden und andere Europäer ins Land brachten und denen unzählige Indianer zum Opfer fielen. Das gleiche Muster wiederholte sich ein ums andere Mal hier in der Neuen Welt: Während Übergriffe und unmenschliche Behandlung an manchen Stellen zwar große Verluste verursachten, waren doch die Krankheiten die große und nicht selten unbeabsichtigte Todesursache. Den Ureinwohnern fehlte zumeist die Abwehrkraft gegen diese neuen Seuchen, und auch banale Infektionen wie Masern wurden deshalb zu tödlichen Epidemien, wenn sie die wehrlosen Indianerdörfer erreichten. So war es auch hier am Delaware. Bei einem Treffen Risinghs mit mehreren Häuptlingen zeigte sich, daß diese besorgt waren, da sie »von unserem Schiff Krankheit an Land bekommen hatten, weswegen sie fürchteten, daß ihr ganzes Volk zugrunde gehen würde«.

Der Winter 1654 war ungewöhnlich streng, und der Fluß fror zu, und bei der Eisschmelze im Januar 1655 trat der Kristina Kill über die Ufer und drohte eine Weile, das Fort unter Wasser zu setzen. Die Kolonie war jedoch gut mit Lebensmitteln versorgt und hatte solide gebaute Häuser, und man hielt aus. Als das Frühjahr kam, sah es besser aus als seit langem. Große Waldgebiete waren geschwendet worden und sollten eingesät werden, und man erwartete Sendungen mit Vieh, Schafen, Bienen sowie Obstbäumen aus einer der englischen Kolonien im Norden. Zwischen den verschiedenen Höfen wurden Wege angelegt. Risingh bat in einem Brief nach Hause um weitere Verstärkungen: Bekäme er nur weitere Vorräte, würde er bald in der Lage sein, mit dem Bau einiger der schönen Faktoreien anzufangen, die er geplant hatte. Nahrung gab es reichlich. Die einzige wirkliche Mangelware war Tuch. Nachdem zuerst das Leinen und danach das Segeltuch ausgegangen war, liefen nun mehrere Soldaten halbnackt herum. Risingh selbst und seine Mithelfer reisten in der spätsommerlichen Wärme durch die stark vergrößerte Kolonie und nahmen alle ihre potentiellen Reichtümer sorgfältig in Augenschein.

Da erreichten sie die ersten Gerüchte.

Der holländische Überfall war in allergrößter Heimlichkeit vorbereitet worden, denn die Holländer wußten, daß sie zuschlagen mußten, bevor Neuschweden weitere Verstärkung aus dem Mutterland bekam. Der Zeitpunkt für einen Angriff war günstig, denn der Handelskrieg mit England war vorbei, und die Holländer hatten ausnahmsweise einmal den Rücken frei. Ein Schiff mit Soldaten traf aus Europa ein, während gleichzeitig unter den eigenen Kolonisten in Nordamerika eine Werbekampagne in Gang gesetzt wurde und eine Reihe von Schiffen, die in Neu Amsterdam lagen, angemietet wurden.

Die Indianer bekamen als erste Wind von den Kriegsvorbereitungen in der holländischen Kolonie und alarmierten die Schweden. Zwei Spione wurden daraufhin nach Neu Amsterdam geschickt, Späher wurden zur Mündung des Delaware ausgesandt und Musketen, Piken, Schwerter, Kugeln, über 60 Kilo Pulver, Lebensmittel und Branntwein wurden nach Fort Trefaldigheten geschickt. Ein Hauptmann Skute – derselbe, der einst die Truppe befehligt hatte, die den Holländern das Fort wegnahm – wurde beauftragt, die Verteidigung zu organisieren.

Am 31. August tauchten die Schiffe auf. Es waren: ein Kriegsschiff, *Waal*, vier kleine Jachten, *Hollouse Treijn*, *Prinses Royael*, *Dolphijn*, *Abrams Offerhanden*, sowie eine Galeone, *Hoop*. Als sie sich Fort Trefaldigheten näherten, hörten die wartenden schwedischen Soldaten, wie sie an Bord auf Pauken schlugen und in Trompeten bliesen. Die Schweden hatten den Befehl zu schießen, wenn diese versuchten, das Fort zu passieren, aber als die knarrenden Rümpfe vorüberglitten, bekam Skute es mit der Angst, und er unterließ es, den Befehl zum Feuern zu geben. Die Schiffe gingen etwas oberhalb des Forts vor Anker, worauf holländische Soldaten an Land gesetzt wurden; sie schnitten den Weg nach Fort Christina ab und begannen, ein einfacheres Belagerungswerk zu graben. Ein Leutnant, der eine weiße Flagge trug und von einem Trommelschläger begleitet wurde, trat vor die hohe Palisade des Forts und forderte die Schweden auf, sich zu ergeben. Die Antwort war zuerst nein, doch nachdem Stuyvesant Kanonen an Land gebracht und außerdem seine Drohungen mehrmals wiederholt hatte, erbat Skute sich Bedenkzeit bis zum Morgen des folgenden Tags. Die bekam er.

Skute selbst zweifelte stark an der Möglichkeit, einem Sturm standzuhalten. Die schwedischen Soldaten waren nicht besonders erpicht darauf zu kämpfen, sondern »gebärdeten sich rebellisch und erklärten bei allen tausend Teufeln, die in der Hölle wohnen, daß sie nicht kämpfen würden, und wenn man sie in tausend Stücke risse«. Einige von ihnen kletterten über die Palisade und liefen zu den Holländern über. Einer dieser Deserteure, ein Mann namens Gabriel Forssman, wurde von einem der eigenen Offiziere ins Bein geschossen, als er zu fliehen versuchte, und starb kurze Zeit später, und Skute sah sich gezwungen, 15 andere Soldaten in Arrest zu nehmen. Am Morgen wurde eine neue Runde lautstarker und streitähnlicher Verhandlungen eingeleitet. Einer der holländischen Offiziere bekam das nörgelige Argumentieren satt und fragte, ob die Schweden »nun sogleich im Guten und ohne weitere Verzögerung die Schanze aufgeben wollen. Und wenn ihr nicht wollt, so werden wir heute Sturm laufen, und dann versichere ich euch, werden wir das Kind in der Wiege nicht schonen«. Dies war ein Stück typischer Belagerungsrhetorik, und ein schwedischer Offizier gab mit gleicher Münze zurück: »Wir werden uns nicht ergeben bis zum letzten Mann, oder solange ein warmer Blutstropfen in uns ist.« »Das ist recht, Bruder«, sagte der Holländer, »das rechnet man euch hoch an. Bevor wir schlafen, und hinge das Fort in den Baumwipfeln, so wird es uns gehören.« »Versucht das«, schloß der Schwede, »hiermit Adieu!« Etwas später war aus der Richtung von Fort Christina das Geräusch von Musketenfeuer zu hören. Risingh hatte eine kleine Patrouille von 10 Mann zum Entsatz von Fort Trefaldigheten geschickt, doch unterwegs waren sie einer großen holländischen Truppe in die Arme gelaufen, die nach einem kurzen Kampf alle Schweden bis auf zwei gefangennahm. Um zwei Uhr am Nachmittag gab Skute auf. Um vier Uhr paradierten die schwedischen Soldaten aus dem Fort hinaus, dem üblichen Protokoll entsprechend »mit fliegenden Fahnen, brennenden Lunten, voller Bewaffnung, unter Trommeln und Pfeifen, und allen Waffen«. Die Offiziere wurden im Fort zurückgehalten, wo sie am Abend mit Stuyvesant persönlich speisen durften. Die Gemeinen wurden an Bord der Schiffe gebracht.

Drüben bei Fort Christina hatten die Leute die ganze Nacht damit verbracht, die Wälle zu verstärken und mit Erde gefüllte Schanzkörbe als zusätzlichen Schutz aufzustellen. Holländer bekamen sie jedoch erst am nächsten Tag, dem 3. September, zu Gesicht, als diese an dem mückenschwirrenden Waldrand östlich des Forts auftauchten. In den nächsten Tagen schloß sich der Ring um Kristinehamn und die kleine Schanze. Die Männer und Frauen konnten zusehen, wie die Holländer auf beiden Seiten des Flusses Kanonen heranrollten und Batterien eingruben, die mit flatternden Fahnen geschmückt wurden. Zwei Schiffe glitten auf dem glitzernden Wasser heran, holten die Segel ein und gingen ein Stück entfernt vor Anker. Währenddessen zogen Gruppen feindlicher Soldaten von Siedlung zu Siedlung, brachen in die Häuser ein, stahlen alles von Wert und erschlugen das ganze Vieh. Das kleine Kristinehamn verschwand in Rauch und Flammen, und die Kirche wurde ausgeplündert. In gut einer Woche wurde die schwedische Kolonie am Delaware praktisch vernichtet.

Risingh harrte jedoch in Fort Christina aus und weigerte sich mehrmals aufzugeben. Einer größeren Beschießung scheinen sie nicht ausgesetzt gewesen zu sein. Hauptsächlich wurden sie mit immer rüderen Drohungen und dem Anblick immer dichterer holländischer Belagerungswerke konfrontiert. Zu einer aktiveren Gegenwehr waren die Schweden offenbar auch nicht in der Lage. Die Holländer wurden mit gelegentlichen Salven aus den Kanonen sowie mit schweren Salven schriftlicher und mündlicher Proteste bombardiert. Der Grund dafür war simpel: Risinghs Leute hatten nicht mehr genügend Pulver. Der größte Teil des Pulvervorrats war bereits nach Fort Trefaldigheten geschickt worden, weil Risingh hoffte, die Holländer würden dort aufgehalten, und nicht mit einem direkten Angriff auf Kristinehamn rechnete.

Wie alle Belagerer hatte Stuyvesant die Zeit auf seiner Seite. Bald gingen im Fort die Nahrungsmittel zur Neige, und die wenigen Fässer mit Bier, die die Verteidiger hatten, leerten sich in rasendem Tempo – es scheint in diesen Tagen Anfang September 1655 sehr heiß gewesen zu sein. Außerdem war die Mannschaft kränklich, entmutigt und nicht versessen darauf zu kämpfen. Mehrere von ihnen waren über die Wälle des Forts verschwunden und zu den holländischen Batterien hinübergelaufen. Am 13. September trafen sich Risingh und Stuyvesant in einem großen, schönen Zelt, das auf dem verbrannten Gelände zwischen den hohen Schanzenwällen und der holländischen Linie von Schanzkörben und starrenden Kanonenmündungen errichtet worden war. Die Schweden waren jetzt bereit zu kapitulieren. Zwei Tage später, am 15. September, gaben die Männer in Fort Christina auf. Um 3 Uhr am Nachmittag stampften die restlichen 30 Männer unter klingendem Spiel über den kleinen Wallgraben. Die dreizüngige blaugelbe Fahne über dem Fort wurde eingeholt, die holländische Fahne stieg gen Himmel. Neuschweden war nicht mehr.

3. Eine Königin entsagt ihrem Thron

Das Hofleben unter Christina. – Maskeraden, Feste und Tierhatzen. – Ein blühendes kulturelles Leben. – Die Gelehrten scharen sich um den Thron. – Christinas geistige Unruhe. – Diskussionen mit Katholiken. – Christina entschliesst sich zu konvertieren. – Über die Geschichte der Gesten. – Der Reichstag in Uppsala. – Christina entsagt dem Thron. – ›Schön wie ein Engel‹. – Karl Gustav wird gekrönt.

Daß Stockholm und ganz Schweden sich durch den langen Krieg verändert hatten, wurde nach dem Ende des stürmischen Reichstags 1650 immer deutlicher. Besonders das Leben am Hof machte eine wahre Metamorphose durch. Früher war es von einer gewissen Beherrschtheit und volkstümlichen Biederkeit geprägt gewesen, wie man es von Fürsten erwarten konnte, die den Pfennig in der Hand umdrehten und über ein wenig entwickeltes Reich in einem der Winkel des Kontinents regierten. In Gustav Adolfs Kindheit war es den Bediensteten auf dem Schloß streng verboten, den Strömling zu entgräten, und die Königin bemaß den Hofleuten, die ihre Kleider ausbessern mußten, persönlich das Nähgarn. Nun war aus diesem einst so armen Reich eine Großmacht geworden, und die Geschicke Europas wurden nicht nur in Paris, Wien, Amsterdam und Madrid entschieden, sondern auch in Stockholm. Die Herrschenden in Schweden wollten und mußten diesem neugewonnenen Status Rechnung tragen, und dies wirkte sich insbesondere auf das Hofleben aus. Eine Veränderung war schon seit einiger Zeit zu beobachten, doch in diesen ersten Jahren nach 1650 wurden die Hauptstadt und das Schloß zum Schauplatz eines schönen Traums von Paraden, Gastmählern, Gartenfesten, Feuerwerken, Tierhetzen, Balletts, Aufzügen und Theatervorstellungen, alles um das blendende Hofleben der französischen und spanischen Höfe zu imitieren. Die Ausgaben stiegen. Als Christina die Regierung übernahm, betrugen die Kosten des Hofs 3 Prozent der Staatsausgaben. Zehn Jahre später beliefen sie sich auf 12 Prozent.

Eine Art Vorstellung, die die Menschen am Hof und im Umkreis des Hofs veranstalteten, sobald sie Gelegenheit, Anlaß und die Mittel dazu hatten, waren die sogenannten Aufzüge. Die Teilnehmer verkleideten sich dabei als allegorische, historische oder mythologische Figuren und zogen »zu Fuß, in Wagen oder zu Pferd mit französischer zeremonieller Steifheit« vom Schloß zur Rennbahn beim Hötorget; dort waren Tribünen aufgestellt, und dort führte man zunächst ein kleines Theaterstück oder Ballett auf, an das sich ein Ringrennen oder Karussell anschloß. Bei den beiden letztgenannten Aktivitäten ritten Adlige im Kreis und versuchten, den aufgehängten Ring mit ihrer Lanze zu treffen. In dem Festzug anläßlich des Reichstags 1650 konnte man neben einem sich ohne Pferde fortbewegenden Wagen in Weiß, Gold und Blau, der die Form eines Drachens hatte und eine nackte blonde Frau trug, die Amor vorstellte, lange Reihen von Nymphen, Musen, Tänzerinnen in aufgeschlitzten Röcken, Trompeter und federbuschgeschmückte Krieger sowie mehrere sonderbare, eigens aus Nürnberg herangeschaffte Erfindungen und quietschende Maschinen bestaunen, wie man sie in Schweden noch nie gesehen hatte. Diese Vorstellungen begannen in der Regel am Vormittag und dauerten bis zum Einbruch der Dunkelheit, wenn alle zurück zum Schloß zogen, wo anschließend gespeist und getanzt wurde. Die sonst so dunkle Stadt war hell erleuchtet; eine Straßenbeleuchtung, die diesen Namen verdiente, gab es sonst nicht, doch bei diesen Anlässen brannten auf den Plätzen große Freudenfeuer, die Brücken waren mit bunten Bögen und Lampions geschmückt, und am Himmel knatterte Feuerwerk – kein Fest und kein Aufzug kam in dieser Epoche ohne ein gehöriges Maß an Pyrotechnik aus.

Kostümfeste waren in Hofkreisen überhaupt populär. Während die Aufzüge etwas vornehmere Veranstaltungen waren, die nicht selten klare politische Untertöne hatten und eine endlose Reihe von mythologischen und allegori-

Am Scheideweg (1654–1656)

Stockholm. Stich nach einer Zeichnung von Erik Dahlberg

schen Gestalten in grellbunten und höchst phantasievollen Kostümen umfaßten – griechische, römische und altnordische Götter, Cyrus, Julius Caesar und Pompejus, Türken, Indianer, Mohren und Perser, »die Wahrheit«, »das Glück«, »das Gerücht«, »die Heuchelei« und so weiter –, gab es auch einen Typ von populären Oberklassemaskeraden, die etwas burlesker waren, das sogenannte Bauernspielen – ein Import aus der deutschen Hofkultur: Man ahmte das Leben in einem Wirtshaus nach, wobei die Teilnehmer sich als einfache Leute verkleiden und vom Abend bis zum Sonnenaufgang kleine Burlesken über die Misere der Bauern spielen mußten. Die verschiedenen Rollen wurden in der Regel ausgelost. Bei einem solchen im Dezember 1650 gehaltenen Bauernspiel war Königin Christina als holländische Dienstmagd verkleidet, Karl Gustav als Spanier, sein Bruder Herzog Adolf als holländischer Knecht, und ein englischer Graf auf Besuch fand sich in einen Narren verwandelt. Bei einer anderen Gelegenheit 1653 stellte Christina eine Schäferin dar, ausstaffiert mit einer diamantenbesetzten Tracht, die nicht sonderlich realistisch gewesen sein dürfte; die Königin war ihrer Rolle jedoch nach einer Weile überdrüssig, zog sich um und ließ in einem Ausbruch der für sie so typischen Freigebigkeit alle Edelsteine abtrennen und unter den Festteilnehmern ausstreuen.

Das gesamte Theaterleben und andere Vergnügungen in Stockholm nahmen nach 1648 einen großen Aufschwung. Gaukler, Taschenspieler, Seiltänzer, Puppenspieler und Gruppen englischer, französischer, holländischer und italienischer Komödianten besuchten von Zeit zu Zeit die Hauptstadt und traten sowohl vor der Bevölkerung als auch bei Hof auf. Auch Tierhatzen, bei denen der in Prag erbeutete Löwe häufig eine Hauptrolle spielte, lockten ein großes Publikum an. Bei einer solchen Gelegenheit hetzte man diesen Löwen auf »eine kleine bunte Kuh«, einen Büffelochsen, ein Pferd und einen Bären. Ein Augenzeuge beschreibt das Finale wie folgt:

Als nächstes ließ man den Bären ein, welcher sich mit einer schrecklichen Furie sogleich auf einen Mann stürzte, den sie aus Stoff gemacht hatten und den er in tausend Stücke riß. Dann ging er auf den Löwen los, doch der Löwe lief sogleich davon. Schließlich schaffte der Bär es, auf den Rücken des Löwen zu springen, wo er sich festhielt und den Löwen vier- oder fünfmal in den Rücken biß. Der Löwe blieb dennoch still liegen, bis schließlich der Bär ihn mit der Tatze auf den Rücken schlug. Da versetzte der Löwe ihm einen derart starken Schlag zurück, daß der Bär greulich schrie und sich nicht mehr dorthin wagte. Dann wurde der Löwe herausgelassen, und der Bär kämpfte mit dem Auerochsen, gewann aber nicht. Dann wurde ein Pferd hereingelassen, welches nicht mehr tat, als dem

Bären einen Schlag in die Seite zu geben. Dann war diese Querele vorbei. Gab es also nichts mehr zu sehen, außer daß der Bär sich in einen großen Bottich setzte, der in der Mitte des Hofs eingegraben war mit Wasser darin, und dort badete er sich schön. Seit dies zu Ende ist, ist hier nichts vorgefallen, außer daß alle sich wunderten über die geringe Courage des Löwen.

Einige Zeit später ließ man zwei Wildschweine ohne Hauer auf zehn Männer los, und »es war lustig anzusehen, wie die Schweine die Männer umwarfen«, während es dem Bären zur allgemeinen Enttäuschung nicht gelang, einen Bock zu zerreißen – der Bär wurde später getötet, als man eine Meute großer Hunde auf ihn hetzte. (Im Mai 1652 wäre der hochgeschätzte Löwe – der für 50 Taler im Jahr von einem eigenen Wächter mit Namen Frazius gepflegt wurde – beinah von einem »verrückten« Bauern freigelassen worden, der sich in den Kopf gesetzt hatte, auf ihm nach Nyköping zu reiten.)

Schweden bekam in diesen Jahren ganz neuen Kontakt mit dem Kontinent und der europäischen Kultur, und in vielem erreichte dieser Einfluß das Land über den königlichen Hof. In einem Land, in dem man früher nur narbenübersäte Soldaten verehrt, militärische Tugenden geschätzt und kriegerische Innovationen wahrgenommen hatte, erfreuten sich jetzt Kultur, Gelehrsamkeit und Verfeinerung wirklicher Wertschätzung. Zahlreiche ausländische Gäste hielten sich bei Hof auf und gaben ihm ein eindeutig internationales Gepräge. Unter ihnen befanden sich illustre politische Flüchtlinge wie der frühere Vizekanzler von Polen, Radziejowski, sowie der Mann, der die dänische Delegation bei den Friedensverhandlungen in Brömsebro geleitet hatte, Corfitz Ulfeldt (der nach dem Tod Christians IV. in Ungnade gefallen war und unter anderem des Versuchs beschuldigt wurde, den neuen Monarchen, Friedrich III., zu vergiften). Auch eine kleine ausländische Künstlerkolonie entstand um die Königin. Zu ihr zählten so fähige Porträtmaler und Kupferstecher wie der Engländer Cooper, die Franzosen Signac, Bourdon und der versoffene Vallari, die Holländer Munnichhoven und Beck – einer der Günstlinge Karls I. von England – sowie eine Reihe anderer größerer und kleinerer Kapazitäten, die alle dazu beitrugen, in Stockholm einen bis dahin nie gekannten Boom der Künste zu schaffen. Dies war nicht alles. Die intelligente und belesene Christina hatte bereits als Kind ihre Zuflucht zur Welt der Bücher genommen, und als sie heranwuchs, zeigte ihr Hunger nach Gelehrsamkeit keine Anzeichen von Sättigung. Sie korrespondierte eifrig mit Gelehrten in ganz Europa, und sie berief auch mehrere hervorragende ausländische Wissenschaftler, die gern kamen, angelockt von dem Ruf der großen Freigebigkeit, in dem die schwedische Königin stand. Als einer der ersten kam der Holländer Isak Vossius, der ihre von deutscher

Beute überquellende Buchsammlung betreute; danach kamen ein weiterer holländischer Philologe, Nicolaus Heinsius; ein sehr gelehrter und sehr streitsüchtiger Franzose, Claude Saumaise, der in einen bereits berüchtigten akademischen Zwist mit dem englischen Dichter John Milton verwickelt gewesen war; der philosophierende Mediziner und Diätist Pierre Bourdelot; die Orientalisten Bochart und Ravius, Trichet du Fresne – der den Auftrag bekam, ihre große Kollektion von Münzen und Malereien zu betreuen – und viele andere. Jeden Donnerstagabend rief sie ihre erlauchte Versammlung zu sich, um mit ihnen zu lesen und gelehrte Gespräche zu führen. Andere wurden weitergeschickt nach Uppsala, um dort ihr Licht leuchten zu lassen, in der Regel mit ziemlich begrenztem Erfolg, denn die kleine Provinzstadt am Fyriså stellte für diese bekannten Gelehrten aus Mitteleuropa so etwas wie das dunkle Ende der Welt dar. Einer von ihnen, der Straßburger Professor Boeclerus, der dort römische Rhetorik lehrte, rundete eine seiner Vorlesungen damit ab, daß er seine Studenten Dummköpfe nannte, was ihm auf der Stelle eine ordentliche Tracht Prügel einbrachte – später wurde sein Haus von humorlosen Studenten auch noch mit Steinen beworfen und sogar beschossen. Es ist vielleicht nicht verwunderlich, daß viele dieser Gelehrten wie Boeclerus von ihrem Aufenthalt in Schweden enttäuscht waren. Einer, der wirklich Veranlassung hatte zu bereuen, daß er sich nach Stockholm hatte locken lassen, war der berühmte Philosoph René Descartes. Er war gewissermaßen der Schöpfer des neuen und revolutionierenden mechanistischen Weltbildes, in dem das Universum als etwas Grenzenloses dargestellt wird, eine riesige Maschine, die den Gesetzen der Natur folgte und ohne göttliches Eingreifen funktionierte und wo wirkliches Wissen nur durch eine exakte und experimentelle Forschung erlangt werden konnte, die allein vom freien Gedanken geleitet war. Wohlgemerkt, dies waren nicht nur hochfliegende Gedanken, die eine kleine, erlesene Schar von wissenschaftlich Neugierigen interessierten. Auch Descartes' Ideen müssen vor dem Hintergrund der Stimmungen und Erwartungen gesehen werden, die zu dieser Zeit herrschten. Der Schock angesichts des Chaos und der Zerstörung, die der große Krieg angerichtet und mit denen die vielen Revolutionen gedroht hatten, hatte wie erwähnt einen allgemeinen Ruf nach Ordnung ausgelöst. Und Descartes führte eine Vision der Welt als einer harmonischen und stabilen Einheit vor, die im Einklang mit unumstößlichen Gesetzen wirkte, wo alle Ordnung von der »höheren« Ebene hinunterströmte zu der »niederen«. In einem von der Macht der Analogien und der Allegorien besessenen Europa lag es nicht fern, diese Ideen auf die Welt der Menschen zu übertragen, zum Beispiel die lebenspendende Sonne im Zentrum des Planetensystems. Sie mußte doch nicht mehr Gott sein, konnte sie nicht genausogut die Zentralmacht sein, der König? Descartes traf Ende 1649 in Stockholm ein, angetan mit einer schön gelockten Perücke, elegant bestickten Handschuhen und modisch spitzen Schuhen. Wenn dieser herausgeputzte philosophische Riese, der alle seine Bücher und unpublizierten Manuskripte mit sich führte, gehofft hatte, Stockholm und die mächtige schwedische Königin als politische Basis für die Verbreitung seiner revolutionierenden Ideen benutzen zu können, wurde er jedoch bald eines Besseren belehrt. Christina war zwar über die Maßen zufrieden mit der neuesten Erwerbung für ihr wissenschaftliches Herbarium, doch gerade zu diesem Zeitpunkt war sie unerbittlich in Anspruch genommen von dem großpolitischen Reinemachen nach dem deutschen Krieg und von der heiklen Thronfolgefrage. So wurde der ergraute Philosoph in eine Kammer des Schlosses abgeschoben, wo er dazu verleitet wurde, Texte zu einem Ballett zu schreiben, und auch eine kleine Komödie begann, während die anderen Gelehrten ungnädige und eifersüchtige Blicke auf ihn warfen. Nach einiger Zeit war die Reihe an Descartes aufzutreten, und zu seinem grenzenlosen Entsetzen wurde er aufgefordert, der Königin morgens um 5 Uhr seine Visite zu machen. Dreimal in der Woche stand er zu dieser für ihn ungewohnten Zeit auf und begab sich in Christinas eiskalte Studierkammer, wo er bald feststellte, daß die Königin sowohl gelehrt als auch beeindruckend sprachbegabt war, daß sie aber keinen größeren Sinn für seine bahnbrechenden Theorien hatte. Er fühlte sich nicht wohl und bebte vor Kälte. In einem Brief an einen seiner französischen Freunde zu Hause schrieb er klagend: »Die Gedanken der Menschen hier scheinen im Winter zu frieren, wie das Wasser friert.« Und kaum hatte der Privatunterricht mit Christina begonnen, bekam der niedergeschlagene Descartes eine Lungenentzündung. Er starb nach nur vier Tagen.

Neben diesen hohen und farbenreichen Blüten der Gelehrsamkeit gab es eine üppige niedere Vegetation von weniger bekannten libertinistischen Poeten, Schwärmern, gelehrten Originalen und literarischen Himmelsstürmern, die Eindrücke und Ideen von dem merkwürdigen Netzwerk von Freidenkern und Millenaristen einführten, das draußen auf dem Kontinent existierte. All dies fügte sich zu einem ungewöhnlich reichen intellektuellen Milieu zusammen, in dem zahlreiche wechselnde und einander widerstreitende Meinungen sich begegnen, aneinander reiben und aufeinanderprallen konnten. Von Anfang an in einem toleranten Geist geschult, war Christina auch als erwachsene Frau und Monarchin offen für neue Eindrücke. Allein die Tatsache, daß sie auch nach ihrer Thronbesteigung ihre Studien weiter betrieb, wurde als ungewöhnlich angesehen. Noch erstaunlicher war, daß ihre Toleranz und intellektuelle Neugier mit einer tiefen Frömmigkeit gepaart war. Daß sie gläubig war, war natürlich nichts Ungewöhnliches, das waren alle; ungewöhnlich ist, daß ihr inniger Glaube sich nicht von dem starken Dogmatismus der Zeit hatte deformieren lassen. Dem harten und poesielosen Luthertum, das in ihrem Reich lange Zeit alleinherrschend gewesen war, hatte sie nie zugeneigt. Der lutherische Protestantismus hatte als ein wirklich revolutionärer Glaube begonnen, der von Wahrheit und Befreiung sprach, doch wie alle revolutionären Ideensysteme war er im Verlauf des Kampfs um sein Überleben und des Streitens für seinen Sieg verzerrt, erstarrt und teilweise in sein Gegenteil verkehrt worden. Aufgrund ihrer Abneigung gegen die Lehre von der Prädestination konnte Christina auch den Protestantismus in seiner calvinistischen Form nicht ertragen. Mit all den schiefen und giftigen Vorurteilen der protestantischen Geistlichkeit gegenüber dem Katholizismus aufgewachsen, hatte sie auch von dieser Lehre schon lange Abstand genommen, weshalb sie sich statt dessen, wie sie selbst später schrieb, »eine eigene Art von Religion« schuf. Aber irgend etwas passierte in diesen Jahren um 1650. Der lange, sinnlose Krieg in Deutschland hatte wie gesagt schlechte Zeiten für orthodoxe Ideologien und religiöse Fanatiker gebracht. Sowohl Katholiken als auch Protestanten zeigten vielmehr eine neue Bereitwilligkeit, die Nase über den Rand ihrer alten und jetzt von Kratern zerrissenen Schützengräben zu heben und tatsächlich miteinander zu sprechen. Die offene Atmosphäre am schwedischen Hof war keineswegs etwas Einzigartiges. So war der Zeitgeist in großen Teilen Europas nach dem Krieg.

Christinas Unruhe hatte mit den Jahren nur noch zugenommen; die sonderbaren nächtlichen Ausritte mehrten sich, und gegen Ende 1651 hatte sie mehrere seltsame Schwindelanfälle, die bis zu einer Stunde dauern und dazu führen konnten, daß sie zeitweilig nicht imstande war zu sprechen. Offenbar waren dies zum Teil Symptome einer seelischen und geistigen Krise. Und nun begegnete die suchende Christina in offenen und ehrlichen Diskussionen einer Reihe überzeugter und reifer Katholiken, die ihr zeigen konnten, daß ihre bisherige Distanzierung vom Katholizismus auf Irrtümern und Mißverständnissen aufbaute. Und es verschlug ihr die Sprache.

Bereits 1650 hatte sie stille Kontakte mit heimlichen Jesuitenagenten unterhalten, die sich am Hof aufhielten. Ihr vielleicht einflußreichster Gesprächspartner war indessen der französische Ambassadeur Chanut. Dieser entstammte einer reichen bürgerlichen Familie und hatte sich, wie dies in Frankreich häufig der Fall war, sein erstes Amt gekauft. Bald erwies er sich als ein Mann von Prinzipien, tüchtig, fleißig, anspruchslos – eine ziemlich seltene Eigenschaft unter den streitsüchtigen Diplomaten dieser Zeit – sowie – was noch einzigartiger war unter seinesgleichen – unbestechlich. Außerdem war er gebildet, verkehrte mit tonangebenden literarischen Kreisen in Paris und war einer von Descartes' besten Freunden. (Es war Chanut gewesen, der den Kontakt zwischen dem Philosophen und Christina hergestellt hatte.) Chanut war auch gläubiger Katholik und hatte die Sicherheit, derer es bedurfte, um sich der jungen Königin zu nähern, und die intellektuelle Autorität, derer es bedurfte, um erfolgreich zu sein. Nach einer Zeit langer Gespräche ging er dazu über, höchst zielbewußt auf die Bekehrung der suchenden Christina zum Katholizismus hinzuarbeiten.

Chanut konnte nicht nur mit Nahrung für Christinas hungrige Seele locken. Er konnte auch mit einer katholischen Mittelmeerwelt locken, die kulturell und intellektuell so unendlich viel reicher war als das karge und kalte *Svea Rike*. Ein ansehnlicher Strom von Gelehrsamkeit und schöner Literatur war zwar an den Hof in Stockholm gelenkt worden, aber die reiche Quelle – die großen Höfe, die bedeutenden Universitäten, die wichtigen literarischen Salons, die wirklichen Kunstschätze – waren unten auf dem Kontinent. Außerdem wies dieser hochkulturelle Strom aus Europa eine bedauernswerte Tendenz auf, von Zeit zu Zeit zu versiegen: Viele Gelehrte gaben nur brillante kleine Gastspiele in Stockholm, schrieben, diskutierten, intrigierten und stritten, worauf sie, mit königlichen Gunstbeweisen schwer beladen, sogleich wieder auf Schiffen mit irgendeinem fernen Ziel verschwanden. Sowohl die berühmten Männer als auch ihre königliche Patronin, die Nordische Minerva, fanden die schwedische Erde etwas karg. Und so entschied sie sich.

Im Frühjahr sandten die jesuitischen Agenten aus Stockholm Berichte, daß Christina nun entschlossen sei, zum Katholizismus zu konvertieren. Schon im Jahr zuvor hatte sie dem schockierten Rat mit Axel Oxenstierna an der Spitze mitgeteilt, daß sie beabsichtige, der schwedischen Krone zu entsagen. Damals sagte sie keinen Ton über ihre religiösen Grübeleien, sondern wies lediglich darauf hin, daß es das Beste sei, wenn das Reich von einem Mann regiert würde, der den militärischen Pflichten genügen könne, die sie nicht beherrschte. Die Unruhe an den Grenzen des Reiches hatte nämlich wieder zugenommen: In Polen weitete sich der Bürgerkrieg noch aus, und es war die Frage, ob er sich zu einer östlichen Variante des chaotischen deutschen Kriegs entwickeln und wie jener die Nachbarn mit in den Unfrieden ziehen würde. Das Absonderliche war, daß zur gleichen Zeit, in der sich im Westen seit 1648 die Ruhe langsam ausbreitete, die Unruhe und die Erschütterungen im Osten immer mehr zunahmen. Und Schweden lag zwischen diesen geographischen Blöcken, weder im Westen noch im Osten, oder eher sowohl als auch. Daß die Aufgabe einem Mann übertragen werden solle, war kein billiger Vorwand. Von Anfang an war Christina in der widerspruchsvollen und im Grunde aussichtslosen Position, Herrscherin in einem politischen System zu sein, das Frauen ausschloß. Sie hätte ja ein Junge sein sollen, und wie sehr sie es auch versuchte, konnte sie doch nie ganz den Ansprüchen der Umgebung gerecht werden. Es war traurig, doch nicht besonders erstaunlich, daß sie in dieser unmöglichen Lage von noch brüskerer Verachtung für ihr eigenes Geschlecht im allgemeinen und für die regierende Frau im besonderen erfüllt wurde. Später schrieb sie:

»Ich bin so fest davon überzeugt, daß Frauen nie regieren sollten, daß ich, wenn ich Töchter gehabt hätte, ihnen ohne Zweifel jedes Sukzessionsrecht genommen haben würde«, und weiter: »Der Mangel der Frauen an erforderlichem Wissen und die Schwäche, die ihnen sowohl an Seele und Körper als auch an Begabung anhaftet, machen sie unfähig zu herrschen.«

Das System war selbst für eine so vielseitig begabte Frau wie Christina allzu groß, allzu schwer und allzu träge. Sie gab auf. Und während ihre Schwierigkeiten, in einer ganz und gar männlichen Welt eine Frau zu sein, ihren Thronverzicht wahrscheinlich und sogar vorhersehbar machten, waren es ihre Glaubenskrise und ihr Übertritt zum Katholizismus, die ihn unvermeidlich machten. Das streng protestantische Schweden *konnte* keinen katholischen Regenten haben. Das war vollkommen undenkbar. Die ergrauten Männer des Rats hatten sie immer wieder mit Sachgründen, Bitten und Ermahnungen bestürmt, um sie zur Rücknahme ihrer Entscheidung zu bewegen. Sie wußten nichts von ihrem geheimen Beschluß und fanden ihre offengelegten Gründe etwas dünn. Sie zeigte sich unbeugsam, und man beschloß, einen außerordentlichen Reichstag einzuberufen, der am 2. Mai 1654 in Uppsala beginnen sollte. Dort sollte Christina ein für allemal auf den schwedischen Thron verzichten, und dort sollte ihr Nachfolger Karl Gustav zum neuen Regenten gekrönt werden.

An dem Tag, als der neue Reichstag zusammentreten sollte, verließ Erik Jönsson in aller Eile Wien. Er reiste auf direktem Weg nach Norden durch Mitteleuropa, streckenweise zu Pferd oder mit der Postkutsche, streckenweise mit einem Flußboot. Er hastete voran, was das Zeug hielt; es galt, rechtzeitig anzukommen. In seinem Eifer legte er an den ersten drei Tagen 380 Kilometer zurück, doch das rächte sich. In Prag war er gezwungen einzuhalten, erschöpft und krank, »da ich mich bei solch hastiger Reise etwas unpäßlich befand«. Es dauerte zwei Wochen – in denen er unter anderem bei einem deutschen Grafen Hilfe fand, den er im Jahr zuvor auf dem Reichstag in Regensburg getroffen hatte –, bis er wieder so gestärkt war, daß er die Reise fortsetzen konnte. Die Verspätung war jedoch nicht mehr aufzuholen. Erik erreichte Stralsund, und am 6. Juni 1654 ging er an Bord eines Schiffs, das ihn nach Schweden führen sollte. Am gleichen Tag dankte Christina ab.

Die Gesten sind ein weiterer jener Bereiche, in denen die Gegenwart sich neben der Vergangenheit ärmlich ausnimmt. Die Menschen, die in dieser Epoche lebten, verfügten über ein breites Repertoire von Gebärden, die wie die allegorische Welt angefüllt waren mit mehr oder weniger verborgenem Sinn und Bedeutungen. Doch auch in dieser Hinsicht war das 17. Jahrhundert eine Zeit der

Veränderung. Während des noch nicht allzulange geschwundenen Mittelalters waren die Gesten vielfältig und allgegenwärtig gewesen. Vieles davon gab es noch; auf Straßen und Plätzen, in Reichstagsgebäuden und Laufgräben, in Scheunen und Ballspielhäusern, bei Gastmählern und an Totenbetten, auf Äkkern und Reitbahnen waren stets die gleichen Gebärden zu sehen: Verbeugungen und Kratzfüße, Hütelüften und Verneigungen, ausholende Arme und winkende Hände, gebeugte Nacken und zurückgeworfene Köpfe, Handküsse und Handschläge, Ohrfeigen und Knieberührungen, hochgezogene Augenbrauen und gesenkte Augenlider, tiefe Seufzer und sanfte Fußbewegungen, Augenzwinkern und Schmollmünder. Doch es war etwas in Bewegung geraten. Die Einheit der europäischen Gestik war im Begriff auseinanderzufallen, und mehrere verschiedene Gebärdekulturen bildeten sich heraus.

Ein geographischer Unterschied begann sich bemerkbar zu machen. Während die Gebärden in den nördlichen und nordwestlichen Teilen Europas zurückhaltender wurden, behielten sie im Süden viel von ihrer alten Ausdrucksfülle. In den Niederlanden zeigte man mit großer Mißbilligung auf die Italiener, die »mit ihrem Kopf, den Armen, Füßen, ja mit dem ganzen Körper« redeten. In den nördlichen Regionen des Kontinents gestikulierte man gemessener und vorsichtiger. Die Grenze zwischen den beiden gestischen Kulturen fiel teilweise mit der Konfessionsgrenze zwischen Katholiken und Protestanten zusammen. Das strenge Puritanertum der Reformatoren und ihr Zorn auf die geschminkten Riten der Papisten kamen auch in der Skepsis gegenüber einem allzu weitläufigen Gestikulieren zum Ausdruck. Gleichzeitig spiegelte sich darin auch der Umstand wider, daß man inzwischen immer größere Unterschiede zwischen den verschiedenen Völkern entdeckte, daß man »den Holländer«, »den Italiener«, »den Spanier« usw. als *Typen* zu entdecken glaubte und unterschiedliche nationale Identitäten konstruierte. So vergleicht in diesem Frühjahr der Höfling Johan Ekeblad in einem Brief an seinen Bruder, nachdem er balzende Auerhähne beobachtet hat (den Laut des Auerhahns beschreibt er im übrigen folgendermaßen: »pelup pelup pelup peluplup lupplup klipup fujsz szszszszszes«), den Birkhahn »mit einem Franzosen, der so heftig und hitzig daherkommt«, den Auerhahn mit einem Deutschen, der wortkarg »mit seinem Krug um den Hals und Bart unter dem Kinn« ankommt, und das fein singende Haselhuhn »mit einem weichlichen Engländer«.

Ein anderer wichtiger Unterschied bestand zwischen verschiedenen sozialen Gruppen. Man meinte, daß die niederen Klassen sich durch eine wildere und überladenere Gestensprache auszeichneten, während die Gebärden der verfeinerten höheren Stände strenger in der Form und formalisierter in der Ausführung seien. In von Dünkelhaftigkeit strotzenden Etikettebüchern kam es auch vor, daß man die ungehemmteren Gesten von Bauern als Illustration dafür anführte, wie man es nicht machen sollte. Viele vom einfachen Volk benutzte Gebärden waren offenbar auch recht unanständiger Natur, während andere an den Bereich der magischen Rituale grenzten, wie beispielsweise der Brauch der schwedischen Landbevölkerung, sich zu bekreuzigen, sobald Gespenster erwähnt wurden, oder ihr Tabu, sich umzublicken, wenn man sich auf eine Reise begeben hatte – denn sonst bestand das Risiko, daß man nicht zurückkehrte –, oder die Gewohnheit, stets an abgeschnittenem oder ausgekämmtem Haar zu riechen, bevor man es fortwarf – denn wenn die Vögel damit Nester bauten, bekam man sonst Kopfschmerzen. Zuweilen wurden auch Tiere als abschreckende Beispiele benutzt; unter anderem war von den Affen die Rede, die sich lausten, ohne es zu verbergen, oder ihre Bedürfnisse verrichteten, ohne Scham zu empfinden. Die Oberschicht hatte natürlich auch ihre obszönen Gesten – zum Beispiel die sogenannte *fica* oder *figa*, den zwischen Zeigefinger und Mittelfinger vorgeschobenen Daumen – aber sie waren diskreter.

Der Adel und alle Bürger, die diesen gerne nachahmen wollten, kultivierten eine Gebärdensprache, die sich durch Eleganz, Zurückhaltung und Kontrolle auszeichnete. Die rhetorische Schulung, die zur Erziehung aller jungen Adligen gehörte, umfaßte auch die Einübung zahlreicher bestimmter Gesten. In John Bulwers *Chirologia* aus dem Jahr 1644 wird eine bestimmte Gebärde genannt, die »Ich verzweifle« bedeutete, eine andere, die sagte »Ich gebe ein Bild der Trauer in meinem Inneren«; eine dritte besagte »Ich zeige meine Unschuld«, eine vierte »Ich sehe mit Freude einem Verdienst entgegen«, und so weiter. Aus einem Klassiker wie Boncompagno konnten sie lernen, durch unterdrücktes Hüsteln die Aufmerksamkeit der Zuhörer zu gewinnen oder den Blick zum Himmel zu richten, um den Eindruck zu erwecken, als warteten sie auf eine Inspiration von oben. Die Etikettbücher lehrten, daß man sich gemessen bewegte: Man sollte den Kopf nicht hin- und herdrehen oder -werfen oder zu viel mit den Augen rollen oder zu schnell gehen. Die ausgeklügelte Langsamkeit, die einen so großen Teil des Lebens im 17. Jahrhundert charakterisierte, wurde auch in der Gestik kultiviert. Es galt auch, geradeaus zu blicken – »in der spanischen Manier« – und sich stets gerade zu halten, dies in direktem Kontrast zu den einfachen Bauern, die in der Regel gekrümmt und geduckt dargestellt wurden, die Beine breit und die Hände in der Luft. Kinder und Jugendliche, die eine schlechte Haltung hatten, wurden deshalb mit verschiedenen Methoden behandelt, die dem abhelfen sollten, wie steifen Kragen, besonderen Bändern, die am Hut befestigt waren, Dampfbädern oder sogar einfachen chirurgischen Eingriffen. Die Haltung sollte also gerade sein, gern ein wenig zurückgeneigt, das Körpergewicht auf das eine Bein gelegt, während das andere eine Spur nach vorn geschoben wurde. Besonders, wenn man Personen von höherem Rang begegnete, war es wichtig, sich richtig zu halten und auf seine Gebärden zu achten. Unter anderem galt es als höchst unfein, jemanden zu berühren, der über einem stand; auch wenn eine Dame von hohem Rang einem die Wange zu einem Willkommenskuß darbot, hatte man tunlichst darauf zu achten, daß dieser in die Luft ging. Außerdem sollte man vermeiden, einer übergeordneten Person direkt in die Augen zu sehen, da dies als Mangel an Respekt ausgelegt werden konnte; der Blick sollte schüchtern abgewandt sein. Mit übergeschlagenen Beinen zu sitzen geziemte sich in alltäglichen Situationen nicht, und in feierlicheren Situationen war es eine reine Verunglimpfung.

Weil die Gesten so voller Bedeutung waren und verschiedene nonverbale Formen der Kommunikation eine so große Rolle in der Kultur spielten, hatten die Gesten auch im politischen Spiel eine wichtige Funktion zu erfüllen. Soweit die Politik öffentlich war, nahm sie nicht selten die Form einer Art von Theater an, bei dem die Regierenden (die Akteure) mit dem Regenten an der Spitze auftraten, während das Volk (die Zuschauer) dabeisaßen und der Vorstellung mit höchster Aufmerksamkeit folgten und jede kleine Nuance in der oft überdeutlichen Gestik der Agierenden interpretierten – wie bei Christinas Abdankung in Uppsala.

Gegen 6 Uhr am Morgen des 6. Juni 1654 war der Reichssaal des Schlosses in Uppsala gefüllt mit einem Gewimmel von Menschen: Adlige, Geistliche, Bürger und Bauern, goldbehängte Hofdamen, Kinder und Lakaien, Wachen mit Hellebarden und ausländische Gesandte. Viele Neugierige standen hinter tuchumkleideten Schranken dicht gedrängt, andere saßen auf Bänken, die wie in einem Amphitheater angeordnet waren. Ganz vorn im Saal, zwischen zwei großen Fenstern und auf einem drei Stufen hohen Podest, stand unter einem riesigen Baldachin ein Thron aus Silber. Rechts vom Thron, unten auf dem Boden, stand ein Tisch. Er war leer bis auf sechs gut gestopfte kleine Kissen. Um 9 Uhr betrat die Königin den stickigen Saal. Sie trug ein einfaches, weißes Kleid aus Taft mit flachen Schultern und einen blauen, hermelingefütterten Mantel mit goldenen Kronen. In der linken Hand trug sie den Reichsapfel, in der rechten das Zepter, und auf ihrem Kopf balancierte sie die Krone. Sie setzte sich auf den Silberthron. Der schwarzgekleidete Karl Gustav ließ sich auf einem Stuhl links vom Thron nieder – dem Ehrenplatz. Die 32 Reichsräte stellten sich neben die Königin. Nun hätte Axel Oxenstierna aufstehen und die Abdankungsakte verlesen sollen, doch um seine Mißbilligung zu zeigen, weigerte er sich, dies zu tun, weshalb ein anderer Reichsrat, der gelehrte Diplomat Schering Rosenhane, vortreten und das Dokument vorlesen mußte. Darin wurden alle Untertanen der Königin von dem Treueid entbunden, den sie ihr einst geschworen hatten, und wurde erklärt, daß die Regierung Karl Gustav übertragen werde. Nun überreichte Rosenhane dem Pfalzgrafen das Dokument, der es entgegennahm und ihm dafür ein anderes zum Verlesen reichte, in dem Karl Gustav versprach, die Bedingungen zu beachten, mit denen sein Machtantritt verknüpft war. Anschließend wurde das Papier an Karl Gustav zurückgereicht, der es mit einer tiefen Verbeugung Christina gab. Nun erhob sich Christina und winkte die vornehmsten Reichsräte zu sich, um ihr zu helfen, sich aller Insignien der Macht zu entledigen. Der Reichsrat, der bisher das Reichsschwert getragen hatte, legte dieses nun auf eines der Kissen auf dem kleinen Tisch, ein anderer legte den Reichsschlüssel nieder, Axel Oxenstierna nahm den Reichsapfel, Gabriel Oxenstierna das Zepter. Nun fehlte nur noch die Krone. Eigentlich hätte Per Brahe sie nehmen sollen, doch er rührte sich nicht vom Fleck – mit dieser Gebärde demonstrierte er offen seinen Unmut über die Abdankung –, und nach kurzem Warten griff Christina die Krone selbst und hob sie von ihrem Kopf. Nun nahm Brahe sie entgegen.

Christina trat einige Schritte vor und stellte sich auf die unterste Treppenstufe. Sie stand dort in ihrem glatten weißen Kleid, einfach, in einer eindrucksvollen Geste allen königlichen Ornats entkleidet, nicht mehr Königin, verwandelt, fast nackt. Gerade der Anblick dieser menschlich gewordenen Regentin ergriff die Menschen in dem heißen, stickigen Saal, und als sie zu sprechen begann, war die Stimmung hochgespannt. Sie sprach laut und klar, aber sie war selbst bewegt, und hier und da schwankte ihre Stimme. Sie dankte ihnen allen, den Reichsräten und den Ständen für ihre Treue und Hilfe. Im Saal begannen Frauen und Männer zu schluchzen und zu weinen, wohl weniger über das, was sie sagte, als darüber, wie sie es sagte, als sie dort stand, »schön wie ein Engel«, wie Per Brahe selbst später schrieb.

Danach stieg Christina die letzte Stufe hinab, einen letzten Schritt, der sie endgültig hinunter und vom Thron fortführte. Sie ging zu Karl Gustav, nahm ihn an der Hand, führte ihn zum Thron, zeigte ihm die Regalien. Mit einer typischen Höflichkeitsgeste von der übertriebenen Art der Zeit bat der Pfalzgraf Christina, sie zu behalten und ihren früheren Platz wieder einzunehmen, aber sie sagte nein, und Karl Gustav ließ es dabei bewenden. Danach folgten neue Reden, neues Weinen, neues Händeschütteln und neue hochgemute Treueversprechen.

Am Nachmittag wurde Karl Gustav, nun in Weiß gekleidet, im Dämmerlicht des Doms von Christinas einstigem »Papa«, dem vollbärtigen Bischof Johannes Matthiæ, gekrönt. Christina weigerte sich, daran teilzunehmen, und als die Prozession mit Schwedens neuem König sich unter eifrigem Salutieren und Geldausstreuen durch Uppsala schlängelte, stand sie abseits an einem Fenster und sah zu. Bereits spät am Abend des folgenden Tags reiste sie aus Uppsala ab; sie beabsichtigte, Schweden zu verlassen. Christina wurde ein Stück des Wegs von einer langen Karawane von Pferden und Wagen, in denen Karl Gustav, die Reichsräte und der versammelte Adel des Reichs saßen, aus der Stadt geleitet. Es regnete in Strömen, und bei Flottsund südlich der Stadt nahmen sie Abschied von der jungen Frau, die ihre Herrscherin gewesen, aber der Stimme ihres Herzens gefolgt war und die Macht und die Herrlichkeit um eines anderen Lebens willen verlassen hatte. Man kann sich die Szene vorstellen: im fahlen Licht der Sommernacht ein Gedränge von goldplattierten Karretten, gezogen von scheuenden Pferden, Scharen würdevoller Herren in nassen Umhängen, den Hut in der Hand, das Haar in nassen Locken am Kopf klebend, weinend – denn sie weinten, bewegt von der Symbolik des Augenblicks. Dann ruckte Christinas Wagen an und verschwand hinaus in den Regen und die Dunkelheit. Die meisten der durchnäßten Männer, die dort am Fyrisån im Sommerregen standen, sollten sie nie wiedersehen.

4. Am Scheideweg

KARL GUSTAVS KRÖNUNG. – STIMMUNGSUMSCHWUNG. – ERIK WILL SOLDAT WERDEN. – ›VIELE GROSSE HERRENKINDER WAREN IM WEG‹. – MIT DEN CRONSTIERNAS NACH DEUTSCHLAND. – ITALIEN UND DIE KRISE. – ÜBER DEN NEUEN BAROCKSTIL. – VENEDIG, SEIN REICHTUM UND SEINE WELTOFFENHEIT. – ERIK ZEICHNET. – DAVID KLÖCKER. – DIE FEDER ODER DAS SCHWERT? – VERGNÜGUNGEN IN VENEDIG. – NACH RAGUSA. – DER KRIEG UM CANDIA. – NACH ROM. – ERIK TRIFFT CHRISTINA. – EIN DRITTER VERSUCH ALS PILGER. – PIRATEN. – DIE BRIEFE AUS POLEN.

Kurz vor Mittsommer 1654 kam Erik in Stockholm an, aber da war alles schon lange vorbei. Den Sommer verwandte er darauf, die Schlußabrechnung seines Inkassoauftrags zu machen und seine Schwester Sara zu besuchen, die in der Nähe von Enköping wohnte. Der Besuch bei der Schwester war bemerkenswert kurz und und wurde in zwei, drei Tagen erledigt. Sein Sinn stand nach anderem als geschwisterlichem Beisammensein. Er war nach Schweden gekommen, um seine Karriere voranzutreiben.

Eine Möglichkeit begann sich abzuzeichnen, nicht nur, weil Erik gewisse Kontakte in den Kreisen um den neuen König hatte. Der Thronwechsel bedeutete auch, daß alle, die eine fabelhafte militärische Karriere anvisierten, einer Zukunft entgegengingen, die sich in dem gleichen Maß aufhellte, wie sie sich für alle anderen verdunkelte.

Es kam zu einem klaren Stimmungsumschwung, nachdem Karl Gustav König geworden war. Christina war keine besondere Friedensfreundin gewesen, doch ihre Interessen und Ambitionen waren friedlich, davon zeugte das kurze, aber bemerkenswerte kulturelle und wissenschaftliche Feuerwerk, das in den frühen fünfziger Jahren am Hof in Stockholm abgebrannt wurde. Sowohl Christina als auch Karl Gustav ritten indessen auf dem gleichen Tiger, dem feudalen System. Noch immer waren territoriale Eroberung und Kriegsbeute im Prinzip die einzigen Wege, die allen Staaten und Individuen offenstanden, die auf große und schnelle Gewinne aus waren. In einem politischen System wie einer Monarchie hatte der Regent großes politisches Gewicht und die Möglichkeit, die dem System innewohnende, zu Krieg und Kampf treibende Kraft zu bremsen oder zu beschleunigen. Obwohl Christina nicht weiter pazifistisch gesinnt war, hatte sie doch als dämpfende Kraft gewirkt, indem sie die Energien des schwedischen Reiches in friedliche Kanäle lenkte. Nun wurde ihr Platz von einem Mann eingenommen, der seinen rechten Wert nicht gefunden hatte, bis er bei der Armee gelandet, der die Fülle seiner Existenz nicht ausgeschöpft hatte, bevor er auf dem Schlachtfeld stand, und der offenbar den Rausch entdeckt hatte, der in der Gefahr liegt; der entdeckt hatte, daß es die höchste Erfüllung des Lebens sein kann, wenn man das Leben bewußt aufs Spiel setzt. Die Jahre im Feld hatten seinen Sinn verhärtet, seine Denkart militarisiert und seine Antipathien gegen verschiedene Nachbarn wachsen lassen, während die Erfolge, die er genossen hatte, so groß waren, daß er ein entschiedenes militärisches Talent an sich erkannte, aber gleichzeitig so gering an Zahl waren, daß sein Hunger nach mehr noch nicht gestillt war. Hatte nicht das ungelegene Kriegsende 1648 diesen ruhmsüchtigen 31jährigen um viel wohlverdiente *gloire* betrogen, hatte nicht der Friede ihn nur in einen erstickenden und dämmerungsfahlen Halbschlaf von Saufereien, Weibergeschichten und zunehmender Fettleibigkeit versinken lassen?

Ein Mann hatte den Silberthron bestiegen, der die Maschine nicht mehr bremsen, der den Tiger nicht mehr zurückhalten, sondern ihm vielmehr die Zügel freigeben würde, ja, der ihn sicher willig antreiben würde in die Richtung, in die er immer laufen wollte.

Karl Gustavs Thronbesteigung führte auch zu einem klaren Stimmungswechsel in Stockholm und unter den oberen Schichten im Reich. Die Hoffeste, die Aufzüge, die Ringrennen und die schönen Feuerwerke gingen noch eine Zeitlang weiter, wurden aber weniger und waren schließlich nur noch Veranstaltungen von Seltenheitswert; das blühende Theaterleben stagnierte und kam zum Erliegen; die Scharen von bekannten und unbekannten Wissenschaftlern und Gelehrten, die nach Stockholm geströmt waren und eine Weile die Hauptstadt in ein gefeiertes Zentrum für humanistische Studien in Europa zu verwandeln schienen, hatten bereits begonnen, den Staub der Stadt von den Füßen zu schütteln. Bald war keiner von ihnen mehr da. Die einzigartigen Kunst-

und Buchschätze, die unter enormen Kosten zusammengebracht worden waren, wurden zerstreut. Einen großen Teil nahm Christina ganz einfach mit, als sei es ihr persönlicher Besitz, manches verschenkte sie, anderes behielten ihre gelehrten Schützlinge als Entschädigung für ausgebliebenen Lohn. Andere Zeiten standen bevor, Zeiten, in denen die Fähigkeit, Ballett zu tanzen, über Plinius zu disputieren, Fürsten abzukonterfeien, französische Poesie zu schreiben oder auf dem Seil zu tanzen, als durchaus entbehrlich angesehen wurde und niemand sich mehr dessen zu schämen brauchte, daß seine Faust um den Degengriff erstarrt war und daß die einzige »Mathesie«, die man beherrschte, die Formel für die Ladung einer Minengalerie war. Es war schön und festlich gewesen, solange es dauerte, doch wie alle Feuerwerke mußte es einmal in einem um so massiveren Dunkel sein Ende haben.

Die Luft in Stockholm schwirrte von Reden von Krieg und Kampagnen, Musterungen und Sold, und Offiziere wurden wieder ein gewohnter Anblick bei Hof. Zahlreiche Schloßbedienstete und Lakaien fanden sich plötzlich unversorgt, als Christinas großartige Hofhaltung nach ihrer Abreise in sich zusammenfiel, und wer dazu in der Lage war, tauschte die Livree und die hochhackigen Schuhe gegen die Uniform und sporenversehene Stulpenstiefel. Viele drängten sich, um als Volontäre an dem Konflikt teilzunehmen, der im Frühjahr zwischen der Stadt Bremen und der schwedischen Krone ausbrach. Es kam auch zu einem regelrechten Wettrennen zu verschiedenen hohen Militärs und Regimentskommandeuren, die mit Bitten um Posten überhäuft wurden.

Erik Jönsson war einer der jungen Aufsteiger, die in dieser Situation eine Chance und einen Karrieresprung witterten. Er suchte seinen einstigen Patron Rehnsköld auf, der sich damals in Schweden aufhielt, und erklärte ihm, er strebe einen höheren Posten an als den eines Kondukteurs, doch Rehnsköld glaubte, daß ein solcher schwer zu bekommen sei. Noch herrschte Frieden, und noch gab es genügend arbeitslose Offiziere, die eifrig um die freien Stellen rangelten. Rehnsköld gab Erik den Rat, nach Pommern zurückzukehren und dort seine Zeit abzuwarten. Zwar meinte Rehnsköld, daß Eriks anderer Wohltäter, Mardefelt, ihm keine Stellung als Ingenieur in Demmin versprechen könne, doch wenn Erik bei Rehnskölds Patron Carl Gustav Wrangel, der ja auch Generalgouverneur in Pommern war, einen Kratzfuß machte, würde dies vielleicht mit einem höheren Titel enden.

Erik tat, was er konnte. Am Ende des Sommers besuchte er Carl Gustav Wrangel, der sich zu diesem Zeitpunkt gerade bei dem hochherrschaftlichen Schloß befand, das er außerhalb von Uppsala zu bauen begonnen hatte. Wrangel war auch willens, Erik beim König zu empfehlen – so funktionierte das Klientensystem häufig: Jemand setzte sich bei seinem eigenen Patron für einen eigenen Klienten ein, der diesem seinerseits weiterhalf; es galt, jemanden zu kennen, der jemanden kannte, der jemanden kannte. Nach einer Aufwartung im Schloß gab König Karl Gustav durch einen seiner Adjutanten Erik die Zusage, daß er einen Posten als Kompaniechef bei der Leibgarde bekommen sollte, eine glänzende Position für einen karrierehungrigen jungen Mann. Die Leibgarde war der Verband mit dem höchsten Prestige im ganzen Reich, und ein Posten dort war ein ausgezeichnetes Sprungbrett für eine weitere militärische Karriere. Der Verband befand sich auch in einem Wandlungsprozeß. Zu Christinas Zeit war er mehr und mehr zu einer Sammlung hübsch anzuschauender Porzellanpuppen geworden, die in erster Linie als Staffage für die Aufstellung bei Paraden und in Bankettsälen diente. Karl Gustav zeigte kein Interesse an solchem Firlefanz, sondern hatte bereits vor seiner Thronbesteigung begonnen, die Leibgarde wieder für ihren ursprünglichen Zweck zu drillen: Krieg.

Die formalen Qualifikationen für die Erlangung eines Postens als Offizier der Krone waren zu dieser Zeit unklar. Eine geregelte Ausbildung gab es nämlich nicht, es war vielmehr dem zukünftigen Krieger selbst überlassen, sich die erforderlichen Kenntnisse und Fertigkeiten anzueignen. Theoretische Studien unter anderem in Fortifikation, Mathematik und Artilleriewesen sowie eigene militärische Erfahrung wurden hoch bewertet, außerdem hieß es, daß ein Offizier mutig, ernsthaft und fleißig sein solle. Aber auch, wenn eine Person die vagen Ansprüche erfüllte, die an einen Offizier in spe gestellt wurden, reichte dies oft nicht aus. Am besten hatte man noch zwei Dinge. Das eine waren Kontakte. Das andere war ein Name.

Kontakte hatte Erik. Durch seine zwei Patrone Rehnskiöld und Mardefelt befand er sich seit einiger Zeit an der Peripherie des Netzwerks, das von König Karl Gustav ausging – Christinas Abdankung und die Thronbesteigung des Pfalzgrafen waren für Erik Jönsson eine glückliche Fügung gewesen. Aber einen Namen hatte er nicht. Seinem guten Kopf, seinen Erfahrungen und seiner rastlosen Energie zum Trotz war er noch immer ein Nichtadliger. Seine Vorfahren waren höchst einfache Leute gewesen: Bauern, Bergleute, niedere Beamte. Leute vom Land ganz einfach. Wieviel er auch studierte, übte, seine groben Manieren schliff und arbeitete, arbeitete, arbeitete, diese betrübliche Tatsache konnte er nicht ändern. In dieser Hinsicht blieb er, trotz all seiner Anstrengungen, Erik Jönsson. Sobald junge Aristokraten auf dem Schauplatz erschienen und lüstern nach dem Posten griffen, der Erik bereits zugesagt worden war, mußte der nichtadlige Herr Jönsson zwangsläufig zurücktreten, all seinen übrigen Vorzügen zum Trotz. Deshalb wurde es nichts mit der Gardekompanie. Das Problem war ihm seit langem bewußt. Er war ja einer der neuen Männer im Staat, dieser jungen hungrigen Karrieristen, die mit wachsendem Zorn und zunehmender Enttäuschung erlebten, daß sie von allerlei feingeklei-

Am Scheideweg (1654–1656)

deten Leuten ausmanövriert und an den Rand gedrängt wurden: von Leuten, die zwar weniger geeignet waren, aber dennoch den Vortritt erhielten, weil sie hübsch patinierte Adelsbriefe, wohlklingende Namen und ansehnliche Ahnen hatten. Dies scheint jedoch das erste Mal in seinem Erwachsenenalter gewesen zu sein, daß er von diesem Klassensystem ernstlich betroffen war, also nicht nur in Form des subtileren Hohns der Etikette und der ökonomischen Privilegien, sondern direkt und persönlich, gleichsam mitten ins Gesicht. Wenn es wirklich darauf ankam, reichten alles Wissen und alle Energie in der Welt nicht aus, dann reichte es nicht, daß man wie ein Edelmann aussah, dann mußte man ein Edelmann *sein*.

Der Rückschlag war eine weitere Enttäuschung für Erik, die ihn offenbar bitter und mißmutig machte gegenüber der Aristokratie und ihren privilegierten jungen Männern. Er war 29 Jahre alt, und eine Karriere war noch nicht einmal in Sicht – und dies in einer Zeit, in der 30 als reifes Alter angesehen wurde. Und solange Frieden war, würde seine Beförderung »sehr langsam vonstatten gehen«, schreibt er im Tagebuch, »angesichts dessen, daß so viele große Herrenkinder im Weg waren«. Also mußte Erik sich für die Zeit des Wartens darauf, daß entweder der Friede oder alle »großen Herrenkinder« aus der Welt geschafft würden, eine andere Beschäftigung suchen. Und jetzt hatte er Glück.

In Stockholm teilte er das Logis mit zwei jungen Freiherren, Mårten und Henrik Cronstierna, Sprößlingen eines vornehmen Bürgers aus Riga mit Namen Struberg, der eine ähnliche Karriere durchlaufen hatte wie Gert Rehnskiöld und auch zum Dank geadelt worden war. Die beiden waren unterwegs auf Kavalierstour nach Frankreich und Italien. Sie fragten ihn, ob er sie nicht als Instrukteur und Lehrer in Fortifikation begleiten wolle; sie würden nicht nur seine Reise bezahlen, sondern ihn auch für seine Bemühungen entlohnen. Da alle übrigen Alternativen sich nach und nach verflüchtigten, wurde das Angebot der Brüder Cronstierna immer verlockender. Und seit langem verspürte er selbst ja eine »über alle Maßen große Lust, in weit entfernte Länder zu reisen und fremde Sprachen zu lernen«: Sie gaben ihm die Chance, einen alten Traum zu verwirklichen, den er schon seit vielen Jahren hegte.

Es war, als stünde er in diesem Herbst 1654 vor einer bedeutsamen Wahl: Entweder konnte er zu Hause bleiben und weiter einer guten militärischen Position nachjagen und damit seine Laufbahn als Soldat vollenden, oder er konnte auch die entgegengesetzte, künstlerische Seite seines Ichs bejahen, nach Italien reisen und sich im Zeichnen und in Architektur weiterbilden. Krieg oder Frieden? Erik entschied sich für das letztere. Er nahm das Angebot der Cronstiernas an. Mitte Oktober 1654 verließen er und die beiden Freiherren Stockholm mit einem Schiff, das nach Süden segelte. Es sollte gut vier Jahre dauern, bis Erik Schweden wiedersah. Dann sollte sich alles verändert haben.

Die drei gingen in Travemünde an Land und begaben sich auf eine mäandrische Reise nach Süden. Es wurde eine in vielfacher Hinsicht typische Kavalierstour. Auf ein paar Reisetage in dem kalten Spätherbst (an denen im Durchschnitt vom Morgen bis zum Abend 50 bis 60, doch zuweilen auch bis zu 100 Kilometer zurückgelegt wurden) folgte ein Aufenthalt von einigen Tagen in einer größeren Stadt, wo man Atem schöpfte und die Sehenswürdigkeiten des Orts in Augenschein nahm, dann ein neuer Sprung nach Süden. Die Reise führte über Lübeck, Hamburg, Leipzig, Dresden, Prag und Nürnberg nach Augsburg. Als die Touristen, die sie waren, sausten sie umher und bestaunten alles mit der gleichen entwaffnenden Neugier. Verschiedene nützliche Einrichtungen (das Kinder- und Zuchthaus in Hamburg, die Saline in Lüneburg, die Kollegien in Dresden, die 634 Schritte lange Karlsbrücke in Prag und anderes) wechselten mit verschiedenen historischen Stätten (Magdeburgs traurige Ruinenwüste, das Gebäude in Prag, wo der berühmte Fenstersturz stattgefunden hatte – und nicht zuletzt der Schloßgraben, wo die von zwei Pyramiden gekennzeichneten Aufschlagstellen zu sehen waren –, der Platz, wo 1527 die Schlacht am Weißen Berg stattgefunden hatte, das schöne Haus in Nürnberg, wo Karl Gustav 1649 das Friedensbankett gab, und so weiter), mit verschiedenen künstlerischen und architektonischen Sehenswürdigkeiten (vier Bilder von Albrecht Dürer in einer Kirche in Lübeck, die Gemäldesammlung im Augsburger Rathaus, die kurfürstliche Residenz in München mit ihren spiegelblanken Marmor- und Alabastersäulen und so weiter), religiösen und geistlichen Varia (ein Marienbild hier, ein Reliquienschrein dort, die Schale, in der Pontius Pilatus sich die Hände wusch – Erik beurteilte ihre Echtheit jedoch etwas skeptisch – sowie Kirchen, Kirchen, Kirchen) plus einer Vielzahl von Kuriositäten und lustigem Allerlei (die mißgebildete Frau in Dresdens Kunstkammer, die einem Elefanten glich, St. Maria Nigrata in Augsburg: das Bild, das jedesmal, wenn es gemalt wurde, über Nacht die Farbe verlor und wieder schwarz wurde; die Spuren der Pferdehufe auf der Bastion in Nürnberg, wo der Hexenmeister Abel von Gallen seinen Sprung über den Wallgraben getan haben sollte, und so weiter). Hinter diesem mit einem leichten Anstrich von Wissensaneignung verbrämten Tourismus mit seinem Interesse für alles und alle, für Großes und Kleines, Sakrales und Profanes, Wesentliches und Läppisches, kann man den *l'uomo universale* der Renaissance, den allseitigen Menschen ahnen, für den nichts Menschliches uninteressant ist, der alles lernen will und glaubt, daß man alles lernen kann. In diesem Fall ist es jedoch nicht nur als Versuch zu sehen, dem umfassenden Bildungsideal der Zeit zu entsprechen. Es muß auch als ein Reflex der wachsenden Ambitionen der neuen Aufsteigerschichten in Schweden gesehen werden – zu deren Reihen nicht nur Neuangekommene wie die beiden jungen

Cronstiernas zählten, sondern auch solche, die noch auf dem Weg waren wie Erik Jönsson.

Gegen Ende der Reise durch Deutschland besuchten sie das kurfürstliche Schloß Schleißheim, das ein paar Wegstunden nördlich von München lag. Sie konnten dort außer dem schönen Schloß auch einen herrlichen Garten mit Grotten und Springbrunnen sehen. Eins der pikantesten Details in dem gründlich gezähmten Grün des Schloßparks war eine kleine, schicke Kolonie von fünfzehn angemieteten Berufseremiten. Solche gab es in größeren Parks, um diesen die rechte Atmosphäre von meditativem Frieden und Ursprünglichkeit zu geben, und sie wurden häufig für jeweils ein Jahr angestellt, nur um langbärtig und gedankenschwer auszusehen.

Sie dingten einen Mann, der Erik und seine Gesellschaft in der doppelten Funktion als Führer und Kutscher Mitte Dezember 1654 auf dem alten Handelsweg begleitete, der von Augsburg nach Venedig und zum Mittelmeer führte. In schneidender Winterkälte begannen sie, die schneebedeckten Alpen zu überqueren. Es ging ständig aufwärts, dem Schnee und den Alpenspitzen entgegen, und das Tempo wurde immer langsamer. Der Weg schrumpfte zeitweilig zu einem schmalen Pfad, der sich an tiefen Abgründen entlang und über Felsklüfte hinweg vorwärtsschlängelte. Am 19. Dezember passierte die dick vermummte Gesellschaft den Brenner und erreichte eine habsburgische Grenzfestung, wo der Kommandant ihnen ein Gesundheitszeugnis (»Fede di sanità«) ausstellte, das erforderlich war, um nach Venedig eingelassen zu werden. Die Grenze war wie immer schwer zu entdecken, aber Erik merkte, daß sie sich langsam ihrem Reiseziel näherten, denn mehr und mehr Menschen, die ihnen begegneten, sprachen italienisch; in Trient konnten sie feststellen, daß nur noch italienisch gesprochen wurde.

Früh am Morgen des ersten Weihnachtstags sahen sie die Poebene vor sich; die Bergwanderung war vorüber, sie hatten die Republik Venedig erreicht. Die Eintragungen im Tagebuch atmen Freude und Erleichterung:

> *In Bessano sahen wir das schöne Italien vor uns, begannen auch von den Bergen und Alpes ganz herunterzukommen. Und wie wir in den vorhergehenden Tagen im Winter und über Schneeberge gereist waren, so kam uns nun eine warme, liebliche und wohlduftende Luft entgegen, so daß wir wohl sagen konnten, daß wir Winter und Sommer an einem Tag hatten.*

Sie kamen hinunter in die schöne Ebene und zogen weiter zwischen fruchtbaren Äckern, Weinfeldern und Pfirsichbäumen durch die flache Landschaft. Nur noch ein Tag des Jahres 1654 lag vor ihnen, als sie die Stadt Mestre an der Adria erreichten. Hier bestiegen sie eine Gondel, die sie das letzte Stück des Weges nach Venedig brachte.

»Italien« war mehr noch als »Deutschland« nur ein geographischer Begriff. Während diejenigen, die in den Grenzen des Heiligen Römischen Reiches lebten, sich zumindest auf die zweifelhafte Fiktion einer politischen Einheit berufen konnten, war Italien ein Flickenteppich von selbständigen Staaten, die in den meisten Fällen ihren Ursprung ins frühe Mittelalter zurückführten: der päpstliche Kirchenstaat, die Toscana, das Herzogtum Savoyen, die beiden Königreiche Neapel und Sizilien – beide unter direkter spanischer Oberhoheit –, Modena, Mantua, Mailand, Parma, Lucca, die freien Republiken Genua und Venedig. Die Halbinsel war dicht bevölkert und galt von altersher als eine von Europas reichsten und dynamischsten Regionen. Aber es war etwas geschehen. Eine tiefgreifende wirtschaftliche Krise hatte das Land getroffen, eine Krise, die mehr war als nur ein vorübergehender konjunktureller Durchhänger. Die Landwirtschaft ging zurück: sinkende Preise und die Auszehrung des Bodens bewirkten, daß das bewirtschaftete Areal sich verringerte, und in einigen Regionen wie Sizilien begannen einfachere und primitivere Bebauungsmethoden sich unter den Bauern auszubreiten. Lange Zeit waren die Italiener Europas hervorragendste Seefahrer, reichste Kaufleute, beste Bankiers und wagemutigste Fabrikanten gewesen. Nirgendwo auf dem Kontinent waren Städte von vergleichbarer Blüte zu sehen. Doch seit dem Spätmittelalter hatten die Handelswege sich wie ein Strom neue, unerwartete Wege gebahnt, und die italienischen Städte sahen den Strom, der ihr Leben gewesen war, langsam versiegen und sich statt dessen zu den neuen, wachsenden Handelszentren im Nordwesten verlagern. Die großen Manufakturen auf der Halbinsel, die früher halb Europa mit Wolle, Barchent, Seide und Alaun versorgt hatten, wurden von der Konkurrenz verdrängt und brachen nach und nach zusammen. Eine wahre Entindustrialisierung hatte in Italien eingesetzt. In Venedig waren am Beginn des 17. Jahrhunderts 29000 Ballen Wollstoff pro Jahr produziert worden, gegen Ende des Jahrhunderts war die Produktion auf 2000 gesunken. In Mailand gab es in den ersten Jahren des Jahrhunderts zwischen 60 und 70 große Textilkonzerne, 1682 gab es nur noch fünf. Im gleichen Zeitraum sank die Verschiffungsmenge im Hafen von Genua von 9 Millionen auf 3 Millionen Tonnen pro Jahr. Das Bevölkerungswachstum kam zum Stillstand, und manche Gebiete verzeichneten einen deutlichen Bevölkerungsrückgang. Die Armen wurden immer zahlreicher, überall sah man Bettler, und die Kriminalität stieg rapide an.

Die schweren Probleme hatten zweierlei Ursachen.

Zum einen paßten die Kaufleute und Manufakturen Italiens sich allzu langsam den veränderten ökonomischen Bedingungen an, die um die Wende zum 17. Jahrhundert in Europa maßgebend geworden waren. Sie waren in der Vergangenheit ganz einfach zu sehr vom Glück begünstigt gewesen; als die Verhältnisse sich wandelten, weigerten sie sich, das einst so erfolgreiche Rezept, das die Entwicklung jedoch inzwischen zu einer Formel für reine Stagnation gemacht hatte, zu ändern. Früher hatten sie ihre exklusiven Waren zu hohen Preisen verkaufen können, doch nun wurden sie von effektiveren Betrieben in Holland, Frankreich und England überflügelt, die die alten Geheimnisse der Italiener gelernt hatten und nun Tuch anbieten konnten, das billiger als das italienische und mindestens genauso gut war. Nicht nur die italienischen Unternehmer waren durch ihre früheren Triumphe übersättigt, träge und konservativ geworden, auch die italienischen Zünfte waren mächtig und konnten deshalb alle großen Umgestaltungen in Form und Einrichtung der Produktion blockieren. Alle sehnten sich zurück nach dem Goldenen Zeitalter, aber gerade ihre starke Sehnsucht nach der Vergangenheit bewirkte auch, daß die Hoffnung auf ihre Wiederbelebung schrumpfte.

Zum anderen hatte auch Italien schwer unter dem Dreißigjährigen Krieg gelitten. Die Länder der Apenninenhalbinsel waren von Kampfhandlungen praktisch unberührt geblieben, aber dennoch auf indirekte Weise betroffen, weil die meisten zum Imperium der spanischen Habsburger gerechnet wurden. Die Regierenden in Madrid brauchten nämlich riesige Summen, um diesen endlosen Krieg zu bezahlen, und sie betrachteten die italienischen Staaten als nahezu unerschöpfliche Steuerquelle. Eine fiskalische Belastung, die in besseren Zeiten auszuhalten war, beschleunigte nun die wirtschaftliche Abwärtsbewegung, und sowohl in Sizilien als auch im Königreich Neapel hatte die Unzufriedenheit des Volks über die spanische Ausbeutung zu großen, chaotischen Revolten geführt.

Weder das Volk noch die Herrschenden wollten oder konnten begreifen, daß das einst so prosperierende Italien im Begriff war, sich in eine triste und rückständige Region zu verwandeln. Viele Fürsten nahmen ihre Zuflucht zu der strahlenden italienischen Kultur, die zu dieser Zeit langsam von der französischen überflügelt wurde. Die schönen Städte mit ihren märchenhaften Anhäufungen von Palästen und Domen verkündeten Wahrheiten aus einer besseren Zeit und logen über das Jetzt, leere Hüllen, in denen man nur das Leben der Vergangenheit brausen hörte. Vor immer gravierendere Probleme im Handel und in den Manufakturen gestellt, begannen diejenigen, die noch etwas Kapital besaßen, es immer mehr in der Art und Weise zu benutzen, wie der europäische Feudaladel es immer getan hatte: zum Kauf von Land sowie für immer höher geschraubten Luxus. Es war wohl kein Zufall, daß der neue Stil, der später Barock genannt wurde, in Italien entstand. Überall auf der Halbinsel steckte der ratlose und immer stärker verunsicherte Adel kolossale Summen in Paläste und Villen, die nach der letzten Mode gebaut waren, um ihre Position in einer Zeit des Niedergangs zu behaupten. Bauwerke, Springbrunnen, Altäre und

Statuen – alle gleich üppig, extravagant und ausladend – von Bernini, Borromini, da Cortona und anderen gefeierten Architekten tauchten überall in Italien auf, und selbst Gärten, Plätze und Straßen erhielten ihre Form in diesem neuen, vielgepriesenen Stil. Das Land fiel wie in einem zeitlupenartigen Einsturz um die Herrschenden herum zusammen, aber sie sahen und hörten nichts, denn ihre Ohren waren taub von den bombastischen Trompetenstößen in Quaderstein und Pavonazettomarmor, die ringsumher in ihren schönen Städten aus dem Boden wuchsen.

Alles, was über den schleichenden Verfall Italiens gesagt werden kann, trifft auch auf Erik Jönssons Sehnsucht und Reiseziel zu: Venedig.

Die Republik war einst der bedeutendste Hafen für den gesamten Orienthandel und durch diesen zu einer der allerreichsten und allergrößten Städte in ganz Europa geworden, die selbstbewußte Königin der Adria, die vom Papst ebenso wie vom Sultan einen Kniefall erwartete und ihn nicht selten auch bekam. Was Venedig so einzigartig machte, waren nicht nur die sagenhaften Reichtümer, die in der Stadt angesammelt waren, und die märchenhafte architektonische Pracht, in die ein großer Teil dieses Goldes sich verwandelt hatte. Die Republik war auch eine kulturelle und intellektuelle Metropole, die seit dem Mittelalter einem nur mit gewissem Widerwillen folgenden Kontinent den Ton und das Tempo vorgab. Wie alle richtig großen merkantilen Zentren war Venedig ein ausgeprägt polyphoner Ort, wo eine Vielfalt von Sprachen gesprochen wurde und wo Griechisches, Orientalisches, Italienisches und Transalpines einander begegnen und miteinander verschmelzen konnten. Dies war möglich, weil die Republik sich durch eine Toleranz und Offenheit auszeichnete, die für ihre Zeit ziemlich einzigartig waren.

Dank diesem Geist war die Universität in Padua im 16. Jahrhundert ein Bollwerk der intellektuellen und wissenschaftlichen Freiheit geworden, das Gelehrte und Studenten vom ganzen Kontinent anlockte. Im Unterschied zu allen anderen Universitäten konnten Katholiken, Protestanten und Juden hier Seite an Seite studieren, ohne Verfolgung, Diskriminierung oder auch nur plumpe Bekehrungsversuche zu riskieren. Im Gegenteil – unterschiedliche Meinungen wurden ausdrücklich gefördert, und keiner einzelnen Schule oder Glaubensrichtung wurde erlaubt, den Unterricht zu dominieren; es war ja auch kein Zufall, daß es hier in Padua war, wo der berühmte Anatom Vesalius allen uralten Tabus zum Trotz begonnen hatte, tote Körper eigenhändig zu sezieren, und dabei entdeckte, daß sie keineswegs so beschaffen waren, wie alle antiken Autoren behaupteten und alle Zeitgenossen glaubten.

Fürsten und Kirchenmänner überall in Europa hatten bereits seit längerem daran gearbeitet, ihre Reiche und Länder unter einen einheitlichen Glauben zu zwingen; alles, was als Abweichung und Abweichler gedeutet werden konnte, wurde unter die Erde gebracht oder über die Grenzen davongejagt. Solche Maßnahmen wurden von allen ergriffen, die den neuen Typ des hart zusammengehaltenen und zentralisierten Nationalstaats bauen wollten; das Beispiel Schweden zeigte auch, wieviel Stärke und innere Ruhe dabei zu gewinnen war, wenn man die weltliche Macht mit einer bestimmten Glaubensrichtung verschmelzen ließ. Die Republik Venedig hatte dieser Versuchung sowie jener, die von allen Ideologen und philosophischen Scharlatanen – protestantischen, katholischen und griechisch-orthodoxen Zuschnitts – angeboten wurde, die »eine einzige Wahrheit« versprach und androhte, lange widerstanden; vielmehr war es ihr gelungen, ihre tolerante und die Vielfalt bejahende Botschaft in den westlichen wie in den östlichen Teilen des Kontinents zu verbreiten. Das Paradox war, daß jetzt, als der grauenhafte Dschagannathwagen des Dreißigjährigen Krieges bewirkt hatte, daß jede sogenannte reine Lehre ihre Glaubwürdigkeit weitgehend eingebüßt hatte, die Intoleranz zum erstenmal in Venedig wirklich Fuß zu fassen begann.

Der Dreißigjährige Krieg war das allererste »europäische« Ereignis, das sämtliche großpolitischen Akteure des Kontinents in ein gemeinsames, alle seine Teile betreffendes Spiel einbezog, ein Ereignis, das zeigte, daß es jenseits »der Christenheit« wirklich etwas gab, das »Europa« genannt werden konnte, und wo alle ein gemeinsames Schicksal teilten. Der zerstörerische Konflikt hatte paradoxerweise einige Völker einander näher gebracht. Oder, wie Schiller in einer berühmten Passage schreibt:

> *Der französische Calvinist hatte also mit dem reformierten Genfer, Engländer, Deutschen oder Holländer einen Berührungspunkt, den er mit seinem eignen katholischen Mitbürger nicht hatte. Er hörte also in einem sehr wichtigen Punkte auf, Bürger eines einzelnen Staats zu sein, seine Aufmerksamkeit und Teilnahme auf diesen einzelnen Staat einzuschränken. Sein Kreis erweitert sich ... Jetzt verläßt der Pfälzer seine Heimat, um für seinen französischen Glaubensbruder gegen den gemeinschaftlichen Religionsfeind zu fechten. Der französische Untertan zieht das Schwert gegen ein Vaterland, das ihn mißhandelt, und geht hin, für Hollands Freiheit zu bluten.*

Obgleich Venedig am deutschen Krieg nicht teilnahm, sondern gemäß seiner Tradition und trotz äußeren Drucks sich neutral gehalten und versucht hatte, Frieden zu vermitteln, war die Republik wie ganz Italien hart von den dreißig Jahren des Unfriedens betroffen. In einem Europa, wo eine bewaffnete Auseinandersetzung von solch apokalyptischen Ausmaßen stattfand und wo ideologische und religiöse Orthodoxie die Gefühle überschwemmten und die Sinne verdunkelten, war es schwer, unbeeinflußt zu bleiben. Kein Land, kein Reich, wie wohlhabend oder mächtig es auch sein mochte, konnte mehr eine Insel bleiben. Und die ökonomische Krise, gepaart mit der rigorosen Kreuzzugsstimmung, die das Papsttum und die Gegenreformation auf der italienischen Halbinsel hochgepeitscht hatten, trug dazu bei, daß das intellektuelle Klima sich veränderte und kälter, beschränkter und konservativer wurde. Die schneidenden Winde der großen Politik fegten auch über die Republik Venedig hinweg. Was der venezianischen Weltoffenheit schließlich den Garaus machte, war indessen ein einzelnes Ereignis, nämlich die schwere Pest, die die Stadt 1630 und 1631 heimsuchte, ein Drittel der Bevölkerung hinwegraffte und die übrigen zwei Drittel in einem Zustand des Schocks und der Ungewißheit zurückließ. Ein besonderer »Magistrato della Sanità« war danach eingerichtet worden, damit sich dies nicht wiederholen sollte. Eine seiner Maßnahmen hatte Erik bereits kennengelernt: Alle Einreisenden mußten mit einem besonderen Gesundheitszeugnis versehen sein. Diese Pest wurde in religiösen Begriffen gedeutet, als Strafurteil über eine Stadt, die allzuviel zuließ und allzuwenig verbot. Von diesem Zeitpunkt an gewannen die erbarmungslosen Kämpfer der Gegenreformation einen schnell wachsenden Einfluß in der Republik. Mit ihnen hielt ein großes Maß an religiöser Bigotterie und Gerede von »Reinheit« Einzug in Venedig und ertränkte die kulturelle und intellektuelle Vielfalt – und die Universität in Padua, die Galileo Galilei bereits verlassen hatte, wurde zur Anpassung gezwungen und entwickelte sich zu einem akademischen Stillwasser, wo man in einem gelehrten, aber nichtssagenden Meer von Geschwafel herumplanschen konnte.

Der Dreißigjährige Krieg hatte auch für Venedig zu verschärften wirtschaftlichen Problemen geführt. Alte Handelswege wurden abgeschnitten, große Märkte zerschlagen und wichtige Geschäftsbeziehungen zunichte gemacht, als die Armeen Länder und Reiche im Norden kurz und klein marschierten. Der Handel und die Produktion der Republik gingen noch weiter zurück, die Einnahmen der Banken und Reedereien wurden immer geringer, immer mehr Ausländer übernahmen die Seefahrt der Stadt, und immer weniger einheimische Kapitalisten zeigten ein Interesse daran, ihr Geld in anderem anzulegen als in Land und Luxus.

Für einen Besucher war wenig von diesem sachten Abgleiten aus dem Großmachtstatus in Obskurantismus und Verfall sichtbar. Auch ein Reisender, der wie Erik Jönsson im Winter ankam, wenn der Geruch von erfrorenem Seegras einem entgegenschlägt und der dichte Nebel, die berüchtigte *nebbia*, durch die kalten und feuchten Gassen treibt, konnte nicht umhin, von der Schönheit und dem Reichtum der großen Stadt gebannt zu sein: die Kanäle und das im Sonnenuntergang leuchtende Wasser, die unzähligen Brücken, das Gewimmel der Boote, großer und kleiner, die »wie Tiere an die Wände gebunden« hin- und herschaukeln, die in Nebelfarben gemalten Silhouetten der Hausdächer, die Menge der spitzbogengeschmückten *palazzi* mit ihren tüllverhangenen Fenstern, angefüllt mit Reichtümern, die man nur ahnen, doch nie sehen kann, die unzählbaren Kirchenglocken und ihre dumpfen Bronzetöne, die Kirchenkuppeln, die Kolonnaden, die Balkons, die Kapitelle, die Chornischen, das Leistenwerk, die Statuen, die Engel, die Cherubinen, die Tritonen, die Karyatiden, der Marmor, das Blattgold, das Gold. Und insbesondere auf jemanden, der aus einem armen Reich im Norden kam, wo die Städte zumeist wild wuchernde Bauerndörfer waren, die aus Holz und Hoffnungen erbaut wurden, und die Triumphbögen aus Holz und bemalter Pappe bestanden, muß diese funkelnde Stadt auf dem Wasser einen unauslöschlichen Eindruck gemacht haben. Spürbar ergriffen äußerte sich Erik auch in einem Reisebericht über »Venetia«, das ihm zufolge

> *aufgrund seiner wunderbaren Lage, großen Macht, Volksmenge, seines Reichtums, seiner schönen Paläste, vielen Kirchen, seines großen Handels und Verkehrs mit Nationen aus aller Welt, seiner großen Freiheit, verständigen Bewohner und blühenden Künste eine Welt für sich genannt werden sollte.*

(Man beachte, daß Erik die venezianische Toleranz mit Wohlgefallen wahrnahm.)

In Venedig blieben Erik und die Brüder Cronstierna bis zum Herbst 1655. Neben fleißigen Studien in Italienisch zusammen mit seinen zwei jungen Schützlingen suchte Erik die Malerakademien in der Stadt auf und bildete dort seine künstlerischen Anlagen weiter aus. Er mußte nach lebenden nackten Modellen zeichnen. Einige dieser Skizzen sind erhalten. Sie sind mit schwarzer und weißer Kreide auf blauem Papier ausgeführt, und die meisten stellen nackte Frauen dar: füllige Damen mit breiten Hüften und runden Schenkeln. Die Skizzen sind unbeholfen und steif in der Linienführung und verraten große Unsicherheit im Zeichnen von menschlichen Figuren. Noch war er nicht mehr als ein geschickter Dilettant. Eriks Hauptinteresse galt jedoch nicht diesem Genre, sondern vielmehr der zivilen Architektur. Deshalb suchte er einen der damals in Venedig tätigen Vedutenspezialisten auf, um Anleitung zu bekommen. (*Veduta* war die Bezeichnung für eine bestimmte Malkunst, nämlich die naturgetreue Abbildung von Landschaften und Gebäuden, die gerade in Venedig von vielen Malern praktiziert wurde – ansonsten war es üblich, daß gemalte und gezeichnete Landschaften nicht von einer realen Vorlage ausgingen, sondern frei nach des Künstlers eigener Vorstellung komponiert wurden. Mit der Vedute öffnete sich die Malerei einer zunehmend realistischen Auffassung.) Wahrscheinlich war dieser Mann Joseph Heintz d. J., ein in Frankfurt am Main geborener, etwas über fünfzigjähriger Deutscher. Er war zu dieser Zeit der wichtigste Vedutenmaler in Venedig, und von ihm konnte Erik sich eine Reihe von Zeichnungen beschaffen, an denen er sich übte, indem er sie kopierte. So entstand unter den Händen des jungen Schweden ein Bild nach dem anderen, in Bleistift, schwarzer Kreide und grauer Lavierung: städtische Milieus mit einem pompösen und gern üppig mit Kolonnaden versehenen Bauobjekt in der Mitte, Kircheninteriors mit hohen, schwebenden Gewölben, einfache Skizzen von Palastfassaden, Details von Häusern – Fenster, Postamente, Säulen, Portale; eine Parade großer Bauwerke, geformt von Architekten wie Sanmicheli, Sansovino, Scamozzi, Coducci und nicht zuletzt dem berühmten Baldassare Longhena, der zu dieser Zeit am Canale Grande die Kirche Santa Maria della Salute baute. Mit ihrem massiven Kuppelsystem, ihren hochfliegenden Gewölben, aufragenden Kolonnen und dem prunkvollen Dekor war sie vielleicht das Pompöseste, das den Barockkünstlern bis dahin eingefallen war. So festigte Erik in diesen Monaten sein Können als Zeichner, zugleich gestaltete sich der Aufenthalt zu einem einzigen ausgedehnten Studium der Baukunst der italienischen Hochrenaissance und des Barock.

Hier in Venedig begegnete Erik einem jungen Deutschen, der auch in die Stadt gekommen war, um sich künstlerisch weiterzubilden. Beide studierten gemeinsam bei Heintz, und hier begründeten sie eine Freundschaft, die ihr ganzes Leben hindurch bestehenbleiben sollte. Der Deutsche war David Klökker, ein 26jähriger Mann mit langem, lockigem Haar, sanften Augen, etwas kindlich gerundeten Wangen und einem ausgeprägten Grübchen im Kinn. Sie waren also gleichaltrig, aber sie vereinte mehr als das Alter und der Wille, nach oben zu kommen.

Klöcker war in Hamburg geboren, wo auch Erik einige Jahre gewohnt hatte, und auch er kam aus bescheidenen Verhältnissen: Sein Vater war Schneider, und selbst war er das fünfte von neun Kindern. Wie Erik begann er seine Karriere als einfacher Schreiber im Dienst der schwedischen Krone – er arbeitete in der schwedischen Kanzlei in Osnabrück –, doch sein künstlerisches Talent wurde entdeckt, und nach dem Friedensschluß 1648 erhielt er die Möglichkeit, nach Amsterdam zu reisen, um sich in der Malerei fortzubilden. Der Ort war gut gewählt, denn die Malerei erlebte in den Niederlanden gerade eine Blütezeit, weil dort mehr oder weniger die kleine Oberschicht von Aristokraten, Kleinfürsten und Kardinälen fehlte, die in anderen Ländern die wichtigsten Auftraggeber für riesige Paläste und Statuen waren; statt dessen war der Wohlstand etwas gleichmäßiger auf einen wohlhabenden Mittelstand verteilt, der sich keine Renommierbauten leisten konnte, sondern sein Geld für die etwas weniger kostspielige Malerei ausgab, die folglich einen enormen Aufschwung erlebte. Zu ebendieser Zeit konnte man Meister wie Rembrandt, Wouwerman,

AM SCHEIDEWEG (1654–1656)

Berchem, Frans Hals, Molenaer, Dou, Vermeer, de Hooch, Steen, ter Borch und viele andere in ihren Ateliers beobachten. Klöckers holländischer Lehrer, der Tiermaler Juriaen Jacobsz, gehörte nicht zu dieser oberen Schicht von Malern, und der junge Deutsche blieb nur zwei Jahre in den Niederlanden, konnte aber seine Fähigkeiten so weit verfeinern, daß er 1651 nach Wolgast gerufen wurde, um Carl Gustav Wrangel höchstpersönlich abzukonterfeien. (Dies war ein weiterer Berührungspunkt zwischen Erik und Klöcker: Beide waren in das Netz von Klienten verwoben, das Wrangel umgab.) In Wolgast malte er unter anderem das pompöse Portrait eines rotnasigen und federbuschgeschmückten Wrangel zu Pferd, ein fröhliches und lebendiges Gemälde mit einigen spielenden Kindern – Wrangels mit einem Helm ausstaffierter Sohn Carl Philip schlägt die Trommel, während die Tochter Eleonora Sophia etwas steif auf einem Spielpferd posiert – sowie ein Porträt von Wrangels kleinem schnurrbärtigen Hofnarren Hasenberg. Im Herbst 1652 war Klöcker mit Wrangels großem Gefolge nach Schweden gekommen und konnte mit Hilfe seines Patrons gute Kontakte knüpfen, unter anderem zur Königinwitwe Maria Eleonora, die trotz ihrer mentalen Instabilität ein feines Talent erkennen konnte, wenn sie es sah. Unter anderem dank eines Reisekostenbeitrags von ihr über 300 Taler in Silbermünzen konnte er sich im Januar 1654 auf eine Studienreise nach Italien begeben. Nach einem Zwischenspiel in Augsburg war er im Frühjahr 1654 nach Venedig gekommen, und hier traf er Erik Jönsson.

Beide arbeiteten auch gemeinsam, übten sich an den gleichen Vorlagen, zeichneten die gleichen Motive. David Klöcker war der begabtere, daran gab es keinen Zweifel. Sie hatten auch etwas unterschiedliche Interessen, was sich an ihren Zeichnungen von Gebäuden, Brücken und anderem zeigt: Die Skizzen des jungen Porträtmalers waren weniger detailliert und legten mehr Wert auf das schöne Dekor, Erik dagegen ging es mehr um den architektonischen Gesamteindruck.

Aber Venedig bedeutete für Erik nicht nur Studium. Trotz seiner Energie und seines Ehrgeizes war er nicht so monoman veranlagt, daß er sich nicht in das bunte Treiben der schönen Großstadt hineinziehen ließ. Mit den beiden jungen Freiherren im Schlepptau streifte er durch die Stadt und »besah dort alles, was selten und remarkabel zu sehen war«, und das war nicht wenig. Als später Karl Gustavs Bruder Herzog Adolf Johan in der Stadt auftauchte, konnten sie in seiner Gesellschaft Orte und Dinge besichtigen, die dem durchschnittlichen Touristen nicht zugänglich waren, wie die Schatzkammer, die Münzanstalt und das gewaltige Arsenal (das letztere war von einer langen, turmbekrönten Mauer umgeben, mit Löwen geschmückt – sowohl solchen mit Flügeln als auch ohne – und enthielt einem Gerücht zufolge Waffen für mehr als 300 000 Mann).

Vieles von der alten volkstümlichen Festfreude, die von der Glaubensstrenge der Reformation und der Gegenreformation gedämpft worden war, konnte in dem offenen und toleranten Venedig noch weiterleben. Der Kalender der Republik war denn auch gespickt mit jährlich wiederkehrenden Feiertagen und Festen. Vor Ostern 1655 nahmen Erik und seine Freunde an dem berühmten Karneval teil. Karnevalsfeste waren seit dem Mittelalter ein wichtiger Bestandteil der Volkskultur in Europa; in dem chaotischen Karnevalsgewimmel von Prozessionen, Umzügen, Unanständigkeiten, Schauspielen, Trunkenheit, Scheinbegräbnissen und Maskeraden bekam das einfache Volk eine Möglichkeit, eine Verwirklichung der alten Utopie von einem Leben zumindest zu ahnen, wo Essen, Trinken und Liebe im Überfluß vorhanden sind, wo alte Autoritäten verhöhnt, neue lächerlich gemacht werden, wo alle gleich sind und die Welt für einige Tage auf den Kopf gestellt ist – wie der Literaturhistoriker Bachtin schreibt, »eine vorübergehende Befreiung von der vorherrschenden Wahrheit und der herrschenden Ordnung, eine Aufhebung aller hierarchischen Verhältnisse, Privilegien, Normen und Verbote«. In der zweiten Jahrhunderthälfte sollte jedoch die moderne Zentralmacht einen Teil des volkstümlichen Festes verstaatlichen und in organisierte und gut kontrollierte Paraden umwandeln, während gleichzeitig der aufkommende Individualismus einen anderen Teil privatisieren, ihn als Fest in die eigenen vier Wände verlegen und zu einer Angelegenheit ausschließlich für Familie und Freunde machen sollte. Um die Mitte des 17. Jahrhunderts waren viele uralte Karnevalsbräuche noch lebendig, und den größten Karneval in Europa gab es gerade in Venedig. Ein anderes wichtiges Fest, das Erik ebenfalls miterlebte, fand am Himmelfahrtstag statt. Dann mußte das nominelle Oberhaupt der Republik, der Doge, seinen zinnengeschmückten rosaweißen Sarkophag von Palast verlassen, die große Piazza überqueren und in einem Gewimmel von Menschen, Tauben, kleinen Booten und Gondeln an Bord seines vergoldeten Schiffs *Bicentoro* klettern, um von diesem bauchigen und nautisch vollständig unwahrscheinlichen Gebilde herab einen Ring in die Wogen zu werfen, womit er, wie Erik im Tagebuch schreibt, »das Meer ... zu seiner Ehefrau nimmt«. Sie besuchten auch eine neue Art musikalischen Theaters, das *dramma per musica* oder – seit ein paar Jahren – *opera* genannt wurde. Gerade was die Musik anbelangt, war Venedig führend. Was wir heute als die natürliche Form der Musikdarbietung kennen, also professionelle Aufführungen nichtkirchlicher Musik vor einem zahlenden Publikum, das sich aus der Allgemeinheit rekrutierte, entstand praktisch an diesem Ort und zu dieser Zeit. Das allererste Opernhaus war 1637 in Venedig eröffnet worden, und Komponisten wie Monteverdi und Gabrieli hatten mit ihren Konzerten, Madrigalen und Opern neue Wege gebahnt. Die neue Sitte, Logen an verschiedene Adelsfamilien zu vermieten, trug zur Schaffung eines zugleich festen und kundigen Publikums bei. Es war nämlich üblich, daß Familien, die eine Loge hatten, so gut wie jeden Tag dorthin gingen und speisten oder Karten spielten, während sie immer wieder die gleiche Vorstellung sahen. Das Volk, das sich mit den einfacheren Plätzen vor der Bühne begnügen mußte, lernte bald, es mit den Logeninhabern in bezug auf Geschmack und Urteilsvermögen aufzunehmen. Die Oper bekam rasch einen zentralen Platz im Kultur- und Vergnügungsleben der Stadt, und neue Vorstellungen waren allgemeiner Gesprächsstoff, etwa so, wie heute alle über verschiedene Sportveranstaltungen sprechen. Erik war begeistert von den »singenden Komödien«, wie er sie nannte, und fand sie »herrlich«. Es war eine gute Zeit.

Anfang 1655 unternahmen sie eine kleinere Reise ins Landesinnere und besuchten Padua, Vicenza und »das lustige Verona«. Unmittelbar nach ihrer Rückkehr wurde er plötzlich krank. Hinzugerufene italienische Ärzte stellten die Diagnose »la Punta«, eine gefährliche Krankheit, die nach drei bis vier Tagen zum Tod führen konnte. Es stand nicht gut um Erik. Doktores scharten sich um sein Bett, wo er »in großer Schwäche« lag – meistens standen dort drei italienische und ein deutscher Arzt, die unter großem Ernst ihre übliche professionelle Hilflosigkeit praktizierten. Und wie alle anderen gaben sie die Hoffnung auf.

Herzog Adolf Johan, König Gustavs Bruder, erschien an Eriks Krankenbett, um Abschied zu nehmen. Adolf Johan war in Eriks Alter, ein hellblonder Mann mit schmalem Gesicht, auffallendem Unterbiß und einem spitzen, vorschießenden Kinn, und machte einen launischen und leicht gelangweilten Eindruck. Er war ein Beispiel dafür, wie schnell man es zu etwas bringen konnte, wenn man nur einen Namen und einen Titel hatte. Seine Erziehung und Schulausbildung waren erstklassig und wurden mit einer Reise nach Paris zusammen mit Magnus Gabriel De la Gardies französischer Ambassade abgeschlossen. Christina hatte ihn mit Einkünften, hohen Ämtern und anderen Gnadenerweisen überhäuft; unter anderem hatte sie ihn zum Generalgouverneur über Västergötland und Värmland, Dalsland und Halland ernannt, noch bevor er 22 Jahre alt war, und zwei Jahre später machte sie ihn auch zum Reichsmarschall. Obwohl er in Göteborg, der Hauptstadt des Gouvernements, lediglich ein kurzes Gastspiel gab, bezog er noch lange Zeit das ansehnliche Salär – ein nicht ungewöhnliches Verhalten unter den Aristokraten der Zeit. Nachdem er den Posten des Reichsmarschalls verlassen hatte, bekam er zwar kein Gehalt mehr, wurde aber mit einer jährlichen Pension von 24 000 Reichstalern getröstet. So konnte es gehen! Für Erik Jönsson war der Kontakt mit Adolf Johan von Vorteil. Erik gehörte zwar zum äußeren Klientenkreis um Karl Gustav, aber der Mißerfolg des Vorjahres bei dem Versuch, einen Posten bei der Garde zu gewinnen, zeigte, daß er einen Gönner brauchte, der beim König ein offenes Ohr fand, wie zum Beispiel dessen Bruder.

Die Ursache für Adolf Johans Abschied war, daß der Herzog Venedig verlassen und zurück nach Norden reisen mußte. Es war endlich das eingetreten, worauf so viele gewartet hatten: Schweden hatte einen neuen Krieg begonnen. Diesmal gegen Polen.

Der Kriegsausbruch ließ erwarten, daß es nun nach sieben langen Jahren des Friedens und Stillsitzens mit den Karrieren wieder aufwärtsgehen würde. So erhielt Erik jetzt auch ganz richtig einen Brief von seinem Patron Mardefelt, worin dieser davon sprach, welche Beförderungsmöglichkeiten sich plötzlich aufgetan hätten. Nun war wieder die Zeit für die Karriere gekommen. Mardefelt hatte sowohl zu dem Feldmarschall Wittenberg als auch zum König selbst Kontakt aufgenommen und ein gutes Wort für Erik eingelegt, und beide hohen Herren hatten sich wohlwollend gezeigt. Nun ging es nur darum, daß Erik sich so schnell wie möglich bei der Armee einfände, dann gebe es mit Sicherheit eine ordentliche Beförderung. Endlich kam die Chance, auf die er gewartet hatte, und nun konnte er sie nicht nutzen. Die schwere Krankheit fesselte ihn ans Bett, und er durfte froh sein, wenn er überhaupt überlebte. Was Erik von Adolf Johan zu hören bekam, bevor dieser in den Krieg abreiste, war das eine oder andere Wort des Bedauerns, aber keine Ermunterung. Der Herzog meinte, die Zeichen in seinem Gesicht lesen zu können, und glaubte, daß sie »sich in diesem Leben nicht mehr sprechen würden«. Erik lag allem Anschein nach im Sterben.

Es dauerte sechs Wochen, aber schließlich genas Erik allen Vermutungen und Diagnosen zum Trotz und konnte das Bett verlassen. Zu diesem Zeitpunkt hatte er sich offenbar die Pläne, sich der Armee in Polen anzuschließen, aus dem Kopf geschlagen. Was sich in seinem Inneren abspielte, kann man nicht wissen. Ganz sicher stand er vor einer Wahl, ähnlich der, vor die er vor der Abreise aus Schweden gestellt gewesen war. Sollte er die Feder wählen oder das Schwert, den Frieden oder den Krieg? Der Gegensatz zwischen diesen beiden Wegen ist teilweise ein künstlicher; unsere modernen, streng abgegrenzten Berufsbilder gab es damals nicht, und häufig gelang es den Menschen, mehrere verschiedene Karrieren zu vereinen. Dennoch war die Antithese da. Vom ersten Anfang an war er auf eine zivile Karriere eingestellt, aber 1647 »wurde aus einem Schreiber ein Soldat«. Er hatte auch hartnäckig weiter an der Entwicklung seiner künstlerischen Talente gearbeitet, und die Reise nach Italien war ein vielsagender Ausdruck seiner Sehnsucht nach Vervollkommnung und Meisterschaft als Zeichner. Gleichzeitig bot das Schwert eine Karriere, die zwar gefährlich war, die aber auch schnell gehen konnte, eine Karriere, bei der man nicht gezwungen war, andere abzubilden, sondern selbst abgebildet werden konnte und nicht nur Bewunderer, Betrachter und Schatten war, sondern ein Bewunderter, ein Betrachteter werden konnte, der selbst einen Schatten warf. Sein neuer Freund David Klöcker hatte den gleichen Hintergrund, hatte den gleichen Start ins Leben genossen und war nun ganz darauf eingestellt, ein Betrachter zu werden, ein Maler im Geist des neuen Barockstils. Aber was wollte eigentlich Erik, außer Karriere machen? Welchen Weg sollte er gehen? Den der Feder? Oder den des Schwerts? Daß er in Venedig auch nach seiner Genesung zögerte, zeigt wohl, daß er sich noch immer nicht entschlossen hatte, daß er noch immer mit sich rang in dieser entscheidenden Wahl seines Lebens.

Das Jahr 1656 brachte Erik neue Probleme. Seine beiden Adepten, die Brüder Cronstierna, begannen offenbar, des anstrengenden Studienlebens überdrüssig zu werden. Erik schreibt selbst ein wenig kryptisch in seinem Tagebuch, daß »die Cronstierner begannen, ein übles und Ärgernis erregendes Leben zu führen, so daß man dadurch in die größte Gefahr für Leib und Seele geraten konnte«.

Was dies im einzelnen bedeutet, ist schwer zu sagen, doch die Republik war in ganz Europa bekannt für ihr Vergnügungsleben, das ebenso breitgefächert wie wild war. Die venezianische Freizügigkeit hatte dazu geführt, daß die Prostitution hier verbreiteter war als in irgendeiner anderen europäischen Stadt. Sowohl weibliche als auch männliche Prostituierte waren zu haben. Die Stadt war sogar für ihre männlichen Prostituierten bekannt, die sich vor allem bei der Brücke Ponte delle Tente aufhielten. Dort wetteiferten weibliche und männliche Huren um die Kunden; die Frauen gingen mit entblößten Brüsten, um sich von den vielen männlichen Transvestiten zu unterscheiden. Zu dieser Zeit gab es in Venedig rund 20 000 Dirnen, und viele von ihnen betrieben ihr Gewerbe in zunftähnlichen Formen, bei denen der Beruf von der Mutter auf die Tochter vererbt wurde. Sie waren auch gegen gewisse Formen von Übergriffen geschützt: Ein Kunde, der sich ohne zu bezahlen davonstahl, konnte in Arrest genommen werden, und einer Person, die eine Prostituierte beleidigte, drohte eine Buße von 100 Dukaten und ein Monat Gefängnis. Die Prostituierten bezahlten eine besondere Steuer, die nicht weniger als den Unterhalt für zwölf Galeeren Venedigs ausmachte. Trotz des reichlichen Angebots war die Nachfrage nach käuflichem Sex so groß, daß die Stadtoberen sich gezwungen sahen, große Scharen von ausländischen Frauen zu importieren, die in besondere staatliche Bordelle gesetzt wurden, wo sie einen monatlichen Lohn erhielten – natürlich erst, nachdem die Republik ihren Anteil an den Einkünften bekommen hatte. Es bestanden auch große Unterschiede zwischen Huren und Huren. Es gab eine gehobene Schicht von Kurtisanen, die gefeiert, umschwärmt und teuer waren. Ein Engländer, der in diesem Jahrhundert ein erstklassiges venezianisches Hurenhaus besuchte, sagt, es war, als »trete man in das Paradies der Venus ein«, wo er eine wunderschöne Frau traf,

> *geschmückt mit vielen goldenen Ketten und orientalischen Perlen, wie eine zweite Kleopatra, verschiedenen mit Diamanten und anderen kostbaren Steinen besetzten Goldringen, kostbaren Juwelen in den Ohren. Ein Kleid aus Damast ... ein roter Unterrock mit einer Kante aus breiter Goldspitze, Strümpfe aus hautfarbener Seide, ihr Atem und ihr ganzer Körper reich duftend parfümiert, alles, um dich zu locken.*

Eine solche wohlerzogene venezianische *cortegiana* konnte Laute spielen und auch »eine gute Rhetorikerin sein und sehr elegant konversieren«. Ihre Schwester auf der Straße führte in der Regel ein sehr viel härteres Leben. Eine solche *puttana* genoß nicht den Schutz der Bordelle, sondern war ihrem Zuhälter ausgeliefert, von dem ihr häufig Gewalt drohte, zum Beispiel in Form der *sfregia* – was bedeutete, daß man ihr mit einem Messer das Gesicht zerschnitt – oder *trentuno reale* – einer arrangierten Bandenvergewaltigung, an der bis zu 75 gemietete Schurken teilnahmen.

Studenten auf Bildungsreise scharten sich also nicht allein um die 2645 Pfeiler von San Marco, sie verschwanden auch in eins der vielen Hurenhäuser. Auch für den, der sich dem Glücksspiel widmen wollte, war Venedig ein gelobtes Land, wo fast alles erlaubt und nichts verboten war. Besonders berühmt war das *Ridotto* der Stadt, das große Kasino, wo die Spieler in der Regel Masken trugen. Erik Jönssons ein wenig gewundene Formulierung beschwört Bilder von lärmenden jungen Männern herauf, die in einem kleinen verräucherten Zimmer in einem venezianischen Bordell sitzen und Karten auf den Tisch knallen, danach einen unerwarteten Streit mit ein paar anderen schwankenden Wanderern in einer dunklen Straßenecke an einem Kanal haben, wo ein Austausch von Flüchen in mehreren verschiedenen Sprachen in einem Fuchteln mit blanken Degenklingen endet – und die ganze Zeit ein älterer Kamerad, der um sie herumläuft, bittet, fleht, die Hände ringt und erschreckt zur Seite springt, um einem fehlgerichteten Stoß auszuweichen. Erik hatte einen wenn nicht puritanischen, dann auf jeden Fall asketischen Zug an sich, der aus dem Zusammenwirken seiner einfachen Herkunft mit seinem hart angespannten Karrierestreben entsprungen war. Der feudale Luxus und Prunk, mit dem er in immer engeren Kontakt gekommen war, beeindruckte ihn offensichtlich, aber nicht so sehr als das, was er war, sondern als das, was er darstellte, will sagen als Zeichen des Erfolgs und der gehobenen Stellung. In seinem eigenen Streben nach oben konnte er sich auf nichts anderes verlassen als auf die eigene Begabung und die eigene harte, mühevolle Arbeit; deshalb wohl konnte er sich selbst nicht erlauben, kostbare Zeit auf ein »übles und Ärgernis erregendes

AM SCHEIDEWEG (1654–1656)

Leben« zu verschwenden: Das konnte man möglicherweise tun, wenn man Freiherr war, aber man konnte es sich nicht leisten, wenn man Jönsson hieß und wußte, daß man im Gegensatz zu dem Freiherrn nichts umsonst bekam. Erik vergnügte sich gern, doch die Arbeit und die Studien gingen offenbar vor. Außerdem überschritten die Brüder Cronstierna in ihrem fröhlichen Lotterleben offenbar die Grenze dessen, was Erik für moralisch akzeptabel hielt. »Deshalb suchte ich Gelegenheit, aus ihrer compagnia fortzukommen«, schreibt er im Tagebuch. Er beschloß, noch einmal zu versuchen, nach Jerusalem zu reisen. Warum beharrte er auf seinen Pilgerideen? Wahrscheinlich, weil eine derartige Reise, wie die Kunst, ein friedlicher Weg zum Ruhm war, und durch eine solche Handlung sucht er diese frommere und stillere Seite seines Selbst zu verstärken und zu bekräftigen.

Diese neue Pilgerfahrt sollte über Ragusa führen, eine Handelsstadt auf einer felsigen Halbinsel an der dalmatinischen Küste. Die Stadt hatte von altersher gute Verbindungen mit Venedig, befand sich aber seit 130 Jahren unter osmanischer Oberhoheit. Jedes Jahr mußte die Stadt dem Sultan ihren Tribut zahlen, der per Karawane nach Konstantinopel ging. Die Karawane bot eine gute und vor allem sichere Transportmöglichkeit über den unruhigen Balkan, und in Venedig gab es immer eine Menge Menschen, die auf ihren Aufbruch warteten: Türken und Juden auf dem Weg nach Konstantinopel, Mönche und Pilger, die weiter nach Jerusalem wollten. Erik schloß sich der letztgenannten Gruppe an.

Mit großem Ernst kleidete er sich als Pilger in eine Tracht aus »schwarzem Leinen, Stab und Hut, dazu ein mit Muscheln besetzter Gürtel und Schuhe und sechs grobe Hemden«. So ging er »in des Herren Jesu Namen« an Bord einer Galeere, die Anfang Februar mit Rudern und gutem Wind schnell über das Adriatische Meer fuhr. Bald ging Erik in Trau an der dalmatinischen Küste an Land, um von dort nach Ragusa weiterzureisen, das gut 200 Kilometer Luftlinie entfernt lag. Aber wieder einmal sollten hochpolitische Erschütterungen seine Pläne durchkreuzen und seinen Weg ändern.

Venedig war zwar vom Dreißigjährigen Krieg verschont geblieben, befand sich aber seit 1644 in einem langwierigen Konflikt mit dem Osmanischen Reich, der leider drohte, genauso lang zu werden. Das Ganze drehte sich darum, wer über Venedigs wertvollste Kolonie und den letzten christlichen Außenposten im östlichen Mittelmeer, Candia [Kreta], herrschen sollte. Der größte Teil des Bodens war im Besitz venezianischer Familien, die die einheimische griechische Bevölkerung wie Sklaven auf ihren riesigen Gütern schuften ließen.

Dieser absonderliche Krieg war von einem dritten Part in Gang gesetzt worden, den ewig umgetriebenen Johannitern, die auf Malta eine neue Freistatt gefunden hatten, nachdem sie 1522 durch die Armee des Sultans von Rhodos verjagt worden waren. Dieser Orden war nur noch ein Schatten seines früheren stolzen Selbst, eine gefährliche und hysterische kleine Sekte, die mindestens ebenso fundamentalistisch ausgerichtet war wie früher und hartnäckig daran festhielt, den heiligen Krieg gegen alle Muslime zu predigen. Doch nur ein freundlich gestimmter Experte konnte ihre maritimen Kreuzzüge von reiner Seeräuberei unterscheiden, und sie schreckten auch nicht davor zurück, Christen anzugreifen, wenn sie nur einen Anlaß finden konnten.

Das Ganze hatte begonnen, als freibeuternde Johanniter im September 1644 eine osmanische Galeone geentert und erobert hatten, die auf dem Weg nach Mekka war und unter anderem 30 feine Damen aus dem Harem des Sultans Ibrahim des Verrückten an Bord hatte. Einen Teil dieser außerordentlichen Beute hatten sie auf einer der kleinen Inseln bei Candia an Land gesetzt, ohne Wissen des venezianischen Gouverneurs. Ibrahim und seine Leute hatten schon lange mit großer Irritation und noch größerer Lüsternheit auf Candia geblickt. Deshalb zogen sie unter Lärm und Getöse rasch 400 Schiffe und über 100 000 Mann für eine Strafexpedition zusammen und schickten sie los, nicht gegen Malta und die Johanniter, sondern gegen Candia. Die gelandeten Truppen erhielten kräftige Unterstützung von der griechisch-orthodoxen Bevölkerung, die lange genug unter venezianischen Gutsherren und katholischen Priestern gelitten hatte. Die Überraschung war auch nahezu total, und die Gewinne waren schnell eingeheimst, doch als der Winter kam, fuhren fast alle Verbände der Angreifer hübsch heim nach Konstantinopel, nur eine kleinere Streitmacht wurde zurückgelassen. (Glücklich zu Hause angekommen, wurden die meisten osmanischen Befehlshaber auf Befehl Ibrahims erdrosselt, weil er und seine herrschsüchtige Mutter ein wenig enttäuscht waren über die geringe Beute, die diese auf Candia gemacht hatten.) Auf diese Weise bekamen die Herrschenden in Venedig die Chance, Verbündete hinzujagen und Candia zu entsetzen. Ein zäher Abnutzungskrieg hatte seinen Anfang genommen. Die Aufmerksamkeit beider Seiten war auf die Stadt Candia gerichtet, Venedigs große Festung auf der Insel. 1647 hatten osmanische Truppen eine Belagerung der Stadt begonnen, eine Belagerung, die mit einem solchen Übermaß an stupider Ineffektivität betrieben wurde, daß sie bis 1669 dauern sollte, also 22 Jahre! Vielleicht kann man sagen, daß der Fluch der militärischen Revolution sich auch im östlichen Mittelmeer bemerkbar machte: Sowohl Venedig als auch der Sultan verfügten nun über eine militärische Organisation, die einen derart langen Abnutzungskrieg möglich machte, während sie gleichzeitig weder einen wirklichen Plan für den Konflikt noch die Mittel, ihn zu kontrollieren, besaßen. Ein solch langer Krieg wäre früher undenkbar gewesen, als das Osmanische Reich und Venedig von dem gemeinsamen Handel abhängig waren. Nun lief der größte Teil des Handels auf holländischen oder englischen Kielen, und weder der

Sultan noch der Doge in dem weißrosa Palast brauchten nun noch merkantile Rücksichten zu nehmen.

Der Krieg wurde an fernen Fronten und in einem unendlich gemächlichen Tempo betrieben und bestand – abgesehen von der ewigen Belagerung der Stadt Candia – aus gelegentlichen Entsetzungsexpeditionen, ineffektiven Seeblockaden sowie einer Unzahl von Überfällen und kleinen, bedeutungslosen Seeschlachten. Meistens geschah nichts. Einige Tage bevor Erik an Land ging, waren die Kämpfe indessen wieder aufgeflammt. Eine osmanische Armee war in Dalmatien eingefallen, hatte ein venezianisches Korps besiegt und an der Küste, nur 20 oder 30 Kilometer südlich von Trau, ein Lager aufgeschlagen. Der Weg nach Ragusa war versperrt.

Es war ganz einfach zu gefährlich weiterzureisen, und Erik und die anderen Reisenden der Gesellschaft entschlossen sich zur Rückkehr. Auf einer großen und gutbemannten Galeere – von über 200 Galeerensklaven, »Türken und anderen« gerudert – wurden sie wieder über das Meer zurückgebracht. Am 12. Februar 1656 war er wieder in Venedig.

Sein zweiter Versuch, Jerusalem zu erreichen, war fehlgeschlagen.

Wohlbehalten in die Lagunenstadt zurückgekehrt, fand er die Brüder Cronstierna bereit zum Aufbruch nach Rom. Sie waren offenbar erleichtert, ihren Betreuer wiederzusehen, denn sie versprachen ihm, »folgsam zu sein und ein anderes Leben zu führen«, und Erik beschloß, ihnen zu folgen und aufs neue als ihr Mentor tätig zu sein. Die Reise führte zunächst per Boot und später zu Pferd entlang der Adria-Küste. In Rimini erfuhren sie, daß der Weg, auf dem sie reisten, mehr als unsicher war aufgrund einer Vielzahl von Straßenräubern und Banditen, »die niemandes Leben schonen«. In nervöser Eile hasteten sie weiter nach Süden, unterwegs immer wieder durch Galgen und Räder, die hier und da als dunkle Symbole des Verfalls in der Landschaft auftauchten, an die Gefahren des Landes erinnert.

In Ancona kehrten sie bei einem Mann ein, der unter der Fahne des Kaisers in Deutschland gegen die Schweden gekämpft hatte. Seine Reaktion, als er entdeckte, daß seine Gäste Schweden waren, verrät manches über die Einstellung der Zeit zu Krieg und Feindschaft: Er begegnete ihnen ohne eine Andeutung von Bitterkeit oder Haß, sondern gab sich vielmehr besondere Mühe, es ihnen behaglich zu machen. Erik notierte, daß er »gegen die Natur und Gewohnheit der Italiener uns Umgang pflegen ließ, so daß wir mit Musik und anderen Artigkeiten die ganze Nacht lustig waren und wohl traktiert wurden«.

Dann überquerten sie den Appennin via Assisi und erreichten schließlich am 9. März Rom.

Die alte Kaiserstadt stand zu dieser Zeit am Ende einer zweiten Blütezeit, nicht so sehr politisch und definitiv nicht wirtschaftlich, aber ohne Zweifel kulturell. Rom war die Hauptstadt der Gegenreformation, und die freigebig spendierenden und wütend agierenden Päpste Urban VII. und Innozenz X. – der charmante alte Dummkopf, der eine Bannbulle gegen den Westfälischen Frieden geschleudert hatte und im Jahr zuvor gestorben war – hatten versucht, die Stadt in ein Monument für und über die Triumphe des Katholizismus zu verwandeln. Ökonomische Krisen und Versumpfung störten diese frohgemuten, schrecklichen Männer nicht, die über die gewaltigen Mittel der heiligen Kirche verfügten, die Kunstwerke in großer Zahl in Auftrag gaben und die vornehmsten Namen des Barock wie Bernini, Rainaldi, da Cortona und Borromini eine Reihe großartiger Bauwerke errichten ließen. Zahlreiche alte Gebäude bekamen neue Fassaden in dem neuen umständlichen und pompösen Stil, bei dem eine gerade Linie vermieden werden sollte, wenn eine geschwungene benutzt werden konnte; neue Paläste und Kirchen wurden errichtet und der halbfertige Petersdom vollendet. Diese *Roma triumphans,* eine für großartige religiöse Spektakel gebaute Stadt, spiegelte das Gefühl von Stärke und Triumph wider, das die Päpste in einer Zeit von Krieg und erbitterten Glaubenskämpfen demonstrieren wollten. Auch wenn ein Bauwerk wie Santa Maria della Vittoria als Jubelmal zur Feier des Sieges über die böhmischen Protestanten am Weißen Berg errichtet war, so waren die meisten dieser kolossalen Bauten Hypotheken auf künftige Siege, auf die man hoffte, die man in den meisten Fällen aber nie zu sehen bekam.

Zum Zeitpunkt von Eriks Ankunft in Rom war die Stadt eines der hervorragendsten künstlerischen Zentren Europas, vielleicht sogar das hervorragendste, aber das großartige Feuerwerk von Architektur, Malerei und Bildhauerei, das die verschwenderischen Päpste gezündet hatten, war vorüber. Nur der Donner hallte noch nach. Teils hatten sich sowohl die religiösen Gegensätze als auch die Hoffnungen der Gegenreformation auf einen totalen Sieg verringert, teils war die Zeit gekommen, die Marmor- und Kupferflut der voraufgegangenen Jahrzehnte zu bezahlen. Alle Gebäude und die ganze in Auftrag gegebene Kunst waren schwindelerregend teuer gewesen (allein die Vollendung des Petersdoms hatte 1,5 Millionen Goldscudi gekostet); außerdem hatte der Dreißigjährige Krieg den Vatikan gezwungen, seine militärischen und diplomatischen Ausgaben zu erhöhen, ohne daß dies zu nennenswerten Resultaten geführt hätte. Der Nepotismus und die reine Korruption, die unter früheren Päpsten vorkamen, waren jetzt mehr oder weniger die Regel – man schätzt, daß unter Paul V. 4 Prozent der Einkünfte direkt an sein eigene Familie gingen, und Urban VII. setzte diese Politik fort; er schämte sich nicht, seinen eigenen Bruder sowie drei Schwäger, von denen einer erst 19 Jahre alt war, zu Kardinälen zu ernennen – was für die Wirtschaft ein weiterer Aderlaß war. Das Kunstleben in Rom beruhte in hohem Maß auf dem Klientensystem. Nur wer die richtigen Kontakte hatte, bekam die richtigen Kontrakte. Jeder Wechsel auf dem päpstlichen Stuhl bedeutete auch, daß die Leute des Vorgängers rücksichtslos von ihren Posten entfernt wurden. Das galt für alle, von den Kohorten eingeschleuster Verwandter bis zu verschiedenen künstlerischen Schützlingen, die nicht selten erlebten, daß ihre maßlos teuren Projekte gestoppt oder sogar niedergerissen wurden, während gleichzeitig neue Schützlinge mit einem zufriedenen Grinsen im Gesicht einzogen, die Arme voller Zeichnungen und den Kopf voller grandioser Projekte. Gerade das Jahr 1656 war ein Wendepunkt in der Geschichte von Roms zweiter Blütezeit. In diesem Jahr wurde die Stadt von einer schweren Pestepidemie heimgesucht, während gleichzeitig ein neuer Papst, Alexander VII., eben seinen Einzug gehalten hatte. Das kulturelle Leben Roms wurde neu durchgeschüttelt, und diesmal handelte es sich nicht um die kaleidoskopischen Veränderungen im Klientennetz, die jedesmal stattfanden, wenn Petri Schlüssel an einen neuen Mann übergingen. Jetzt war es die wirtschaftliche Krise, die die frohgemuten Männer mit den Spendierhosen schließlich eingeholt hatte. Die Anzahl von Bestellungen ging rasch zurück. Der Kunstmarkt war auf dem Weg in eine klare Depression. Scharen von Baumeistern, Bildhauern und Malern waren plötzlich ohne Arbeit. Deshalb verließen sie in großer Zahl Rom, um anderswo in Europa neue Gönner, Auftraggeber oder Käufer zu finden: in Deutschland, Spanien, Frankreich, England. So breitete sich der sonderbare Barockstil über Europa aus.

Dies war noch kaum zu ahnen in einem Rom, das wie die gesamte Halbinsel von dem Blendwerk der Erinnerungen auf großem Fuß leben konnte. Erik Jönsson und seine Gesellschaft waren auf jeden Fall beeindruckt von der Stadt, die ihnen begegnete, und in einem neuen Ausbruch von wildem Tourismus hasteten sie umher und nahmen alles in Augenschein, was sehenswert war. Eine gewisse Übersättigung mit Marmor, antiken Säulengängen und Voluten ist jedoch bei Erik zu verspüren. Die Begegnung mit Venedig ließ ihn eine lange und ziemlich detaillierte Beschreibung dessen verfassen, was er an Großem und Kleinem in der Stadt gesehen hatte. Die Begegnung mit Rom schlug sich nur in einem Seufzer der Erschöpfung im Tagebuch nieder: »Was in Rom und darum herum zu sehen ist, haben wir mit Fleiß beachtet, und es wäre allzu weitläufig, dies hier auszuführen.«

Ihre römischen Besichtigungen erhielten eine besondere Würze dadurch, daß sie in der Stadt Schwedens frühere Königin Christina trafen. Ihr Haar war sonderbar kurz geschnitten. Nach der Abreise aus Schweden war sie nämlich zunächst als Mann verkleidet gereist, unter dem Namen »Graf Dohna« – was sogleich Anlaß zur Entstehung einer wuchernden Gerüchteflora gegeben hatte, die nur noch wilder aufblühte, als man entdeckte, daß sie auch drei Wochen in Hamburg bei dem jüdischen Bankier Diego Texeira gewohnt hatte. In Antwerpen angekommen, hatte sie jedoch ihr Inkognito fallenlassen und sogleich ein mondänes Hofleben *en miniature* aufgezogen, mit allem, was dies an Zerstreuungen, Musik, Theater und geschraubtem Etikettenstreit mit denen umfaßte, die nicht begriffen hatten, daß die selbstbewußte Königin zwar dem Thron, doch keineswegs ihrem Titel entsagt hatte. Am Heiligabend 1654 hatte sie in Brüssel, unter größter Geheimnistuerei und hinter selbstgelegten Rauchschleiern, den katholischen Glauben angenommen. Erst Anfang November des folgenden Jahrs vollzog sie vor dem Hochaltar der Schloßkirche in Innsbruck ihren offiziellen Abfall von der lutherischen Lehre – ein Zuschauer meinte, daß sie sich leichtfertig aufführte, als sie dort stand und »lachte, kicherte und spielte und an ihrem Haar zupfte«. Danach verschwand sie mit ihrem zahlreichen Gefolge und ihrem großen, mit Kunst beladenen Gepäck in einer farbenprächtigen, wenngleich ein wenig monotonen Abfolge von Hurrarufen, Triumphbögen, Prozessionen, Feuerwerken und Fackelzügen. Ihre Ankunft in Rom im Dezember 1655 wurde mit einem beinahe hysterischen Nachdruck gefeiert. Es war zweifellos ein kolossaler Triumph für die katholische Kirche, daß Christina, die Königin des Schwedenreiches, die Tochter des Löwen aus dem Norden und eine der bekanntesten und meistgenannten unter Europas Monarchen, zum rechten Glauben übergetreten war. Die Freude hierüber war so groß, daß sie zweimal in die Ewige Stadt einziehen mußte: das erste Mal am Abend des 21. Dezember; die Straßen waren von Fackeln und Volksmassen gesäumt, und die berühmte Konvertitin saß in einer roten Prachtkarosse; das zweite Mal am 23. Dezember zum Krachen von Böllerschüssen und mit allem gebührenden Pomp durch ein eigens für diese Gelegenheit umgebautes Stadttor – Christina selbst in einem einfachen grauen Gewand ohne Schmuck ritt auf einem weißen Pferd; die Menschen bemerkten, daß sie im Sattel saß wie ein Mann und daß sie ein Kleidungsstück trug, wie man es an einer Frau bis dahin selten oder noch nie gesehen hatte: ein Paar spitzenverzierte Reithosen. Seitdem war sie einer der Mittelpunkte in dem unüberschaubar reichen gesellschaftlichen Leben Roms. Sie konnte eins der vornehmsten Privathäuser der Stadt, den Palazzo Farnese, mieten, und in dessen Salons trafen sich italienische Aristokraten, ausländische Diplomaten und die Kardinäle der Kurie, um schöne und teure Geselligkeit mit ihr zu pflegen. Ein Engländer, der später einen der Musikabende besuchte, die sie jede Woche abhielt, merkte an, daß sie »klein, aber dennoch von einer sehr männlichen Haltung [war], einer der größten Intellekte und Geister dieser Zeit«: sie ging ständig hin und her und unterhielt sich einmal mit diesem, dann wieder mit jenem und übertönte zumeist die armen Musikanten.

Auch Christina war zu dieser Zeit damit beschäftigt, sich durch alle Sehenswürdigkeiten und schönen Denkmäler Roms durchzuarbeiten. Indem sie sich ihrer Gesellschaft anschlossen, erhielten Erik und die Brüder Cronstierna die Möglichkeit, viele sonst schwer zugängliche »Raritäten« zu besichtigen. Unter anderem durfte Erik die Schädeldecken der Apostel Petrus und Paulus küssen, die in zwei Kirchen der Stadt sorgfältig versteckt waren – eine bemerkenswert katholische Geste.

Erik blieb nicht lange in Rom. Er wurde von Rastlosigkeit geplagt und wollte den Gedanken an eine Pilgerfahrt nach Jerusalem nicht aufgeben. Die neue Verpflichtung gegenüber den Brüdern Cronstierna scheint eher halbherzig gewesen zu sein, denn als er erfuhr, daß in der Stadt eine Gruppe von Pilgern auf dem Weg in das Heilige Land war, verließ er die beiden Freiherren aufs neue. Offenbar war der Gedanke an die Wallfahrt bei ihm zur fixen Idee geworden. Er hatte einen Beschluß gefaßt, »nicht nach Schweden zurückzukehren, bevor ich Jerusalem und Ägypten gesehen hatte«, und er trug sich auch mit wilden Plänen, später über Syrien, Persien und Rußland in die Heimat zurückzukehren.

Wie bei den beiden früheren Versuchen spielten Eriks Frömmigkeit und sein Erlebnishunger auch diesmal eine Rolle, aber der dritte Anlauf muß wohl in erster Linie vor dem Hintergrund der zuvor erwähnten Wahl zwischen ziviler und militärischer Karriere gesehen werden, vor der er nun stand. Schwedens Krieg mit Polen spielte sich in einem fernen Norden ab und war zu einem neuen Greuelmärchen geworden, das nur an Umfang zu wachsen und an Hitze zuzunehmen schien. Dort winkte eine Karriere im Zeichen des Schwerts. Jerusalem dagegen stand für eine friedliche Lebensbahn, eine weitere Entwicklung seiner künstlerischen Talente. Es gibt Anzeichen dafür, daß er plante, eine Serie von Bildern mit Motiven aus Italien und dem Vorderen Orient zusammenzustellen, ein Projekt, das ihm sicher Ehre und die Unterstützung eines geldschweren Aristokraten mit mäzenatischen Neigungen einbringen könnte. Außerdem würde eine so spektakuläre Reise – vor allem, wenn sie mit einer gelinde gesagt mühsamen Heimreise abgeschlossen wurde, die ihn durch Persien und Rußland führte – eine Möglichkeit sein, ein weiteres Stück friedlichen Ruhms zu erwerben.

Nach dem Osterfest 1656 verließ Erik mit einer größeren Gesellschaft von 40 Personen Rom. Sie reisten nach Süden in Richtung auf Neapel, durch eine an Bauwerken und schönen moosbewachsenen antiken Denkmälern reiche Gegend, und er notierte mit dem üblichen Blick des Nordländers für pflanzliche Üppigkeit alle exotischen Obstbäume entlang ihres Wegs. Die Strecke war teilweise bergig und unwegsam und außerdem gefährlich wegen der allgegenwärtigen Straßenräuber. Sie befanden sich nun in einem der Kerngebiete der antiken Geschichte, und Eriks Tagebuch wie seine Reisebeschreibung quellen über von einer Fülle von Hinweisen auf zahlreiche alte Bekannte aus dieser klassischen Vergangenheit: Hier wohnte Cicero, und dort wurde er geboren, an diesem Platz erblickte Kaiser Augustus das Licht der Welt, dort wurde Hannibal besiegt, und neben diesem Punkt errichtete Caligula seine bemerkenswerte Brücke, und dort opferte Aeneas seinen Trompeter Missenius den Göttern, und so weiter, und so weiter. Eriks atemlose Entdeckerfreude auf dieser Reise durch die antike Geschichte zeigt, wie weit seine eigenen Studien in diesem Fach ihn schon geführt haben; wie ein stiller Regen fallen seine Hinweise auf bekannte antike Autoren wie Tacitus, Plinius, Strabo, Livius, Seneca und Flavius Josephus. Dies zeigt, wie belesen er war, ist aber vor allem ein Reflex des Kults der Antike, der diese ganze Epoche durchströmte und ihr Wesen prägte.

Auch Neapel wurde zu einem wilden Gewirr von alten Kirchen und Gräbern berühmter Männer, die in halsbrecherischem Tempo besichtigt wurden, worauf sie rasch weiterzogen zum nahegelegenen Vesuv. Der Vulkan war praktisch seit dem 12. Jahrhundert erloschen, war aber vor 25 Jahren wieder zum Leben erwacht. Damals hatten zuerst einige Beben die Gegend erschüttert, aber dann, am 15. Dezember 1631 – im gleichen Monat, als Gustav Adolfs Truppen Mainz einnahmen –, erfolgte ein gigantischer Ausbruch, der den Vulkan spaltete. Ein Lavastrom ergoß sich aus seinem Inneren, der in weniger als einer Stunde das Meer erreichte und viele tausend Menschen tötete. Er war 1656 noch aktiv. Erik und seine Gesellschaft bestiegen den rauchenden Vulkan und besichtigten ihn »mit großem Staunen und unter noch größerer Gefahr«.

Bisher war er der italienischen Landplage der Straßenräuberei entgangen, aber während des Ausflugs zum Vesuv wurde er zum erstenmal persönlich betroffen. Vor der Ruinenstadt Torre Greco wurde die Gesellschaft von 16 bewaffneten Banditen überfallen, die ihnen ihre Kleidung und sonstige Wertgegenstände abnahmen. Es hätte beinah ein schlimmes Ende genommen, denn die Räuber mißhandelten sie so, »daß wir beinah das Leben darangegeben hätten«. Aber dieses Erlebnis dämpfte Eriks Entdeckerfreude nicht spürbar; mit Banditenüberfällen mußte ein Reisender rechnen, besonders wenn er in Italien unterwegs war. Er schreibt im Tagebuch, daß sie »mit knapper Not zu Fuß« nach Neapel zurückgelangten, notiert aber anschließend mit strammer Unberührtheit die Strecke, die sie gingen, »2 Meilen« [20 Kilometer; A.d.Ü.]. Bereits am nächsten Tag war Erik wieder auf den Beinen und auf neuen unerschrockenen Besichtigungsfahrten, und er besuchte unter anderem eine Grotte vor der Stadt, »wo Hunde und andere Tiere sofort sterben, und wenn man sie in den gleich daneben befindlichen See wirft, werden sie wieder lebendig«.

Die Tage vergingen, und die Parade der Denkmäler in Quaderstein und Marmor ging weiter, bis es Zeit war, an Bord des Schiffes zu gehen, das nach Süden segelte. Sein Plan war, nach Sizilien überzusetzen und von dort mit einer anderen Schiffsgelegenheit über Malta nach Ägypten zu gelangen. Das Schiff hatte an die 25 Passagiere, die meisten davon Spanier und Italiener. Auch zwei deutsche Pilger waren dabei, die Erik – mit seinem gewohnten Talent, Freundschaften zu schließen – als Weggenossen für die Reise bis Jerusalem gefunden hatte. Anfangs hatten sie Gegenwind, doch dann ging es rasch nach Süden durch die Frühlingswärme, an Capri vorüber nach Sizilien, wo sie in Messina an Land gingen. Danach nahmen Erik und seine zwei deutschen Freunde den Landweg nach Palermo, wo sie eine neue, vorzügliche Galeere fanden, die sie nach Ägypten bringen sollte.

Nun geschah es, am Morgen des zweiten Tags. Am Horizont in Richtung der nordafrikanischen Küste tauchten sieben Segel auf. Als die Schiffe die Galeere sichteten, legten sie sogleich den Kurs um und hielten direkt auf sie zu.

Es waren Korsaren – Seeräuber.

Das 17. Jahrhundert war ein goldenes Jahrhundert der Piraten, eine Zeit, in der die Seeräuberei zu einer wirklichen Großindustrie wurde. Alle Schiffe, die längere Strecken befuhren, waren daher bewaffnet und ständig auf Überfälle vorbereitet. Das Wort Pirat läßt ein Bild wildäugiger und bärtiger Herren mit breitem Totenkopfgrinsen vor uns erstehen, die den Tag nahmen, wie er kam, und die Beute, wie sie sich zeigte. Die Wahrheit ist indessen, daß die Seeräuberei oft in strikt geschäftsmäßiger Form betrieben wurde. Adlige, Großkaufleute und reiche Finanziers stellten das Kapital bereit, das erforderlich war, um Schiffe, Waffen und Proviant zu beschaffen, woraufhin sie Gewinn in Prozenten an der Beute erhielten – genauso, wie wenn sie Geld in Manufakturen oder Gruben anlegten, für sie eine Investition wie alle anderen. Neben dieser Piraterie im großen Stil betrieb auch die Bevölkerung auf vielen kleinen Inseln und in Küstenstädten eine eigene Seeräuberei in kleinerem Maßstab. Auch auf gefährliche Begegnungen mit schwer bewaffneten Kaperern aus Jersey, Korsika oder Westindien mußte jeder Kapitän gefaßt sein. Sie waren eine Art Straßenräuber zur See, häufig arme Fischer, abgedankte Seekrieger oder andere, die ein karges Leben fristeten und für die die Seeräuberei ein einträglicher Nebenjob war.

Was das Ganze noch komplizierter und auch noch schlimmer machte, war, daß Seeräuber und auf eigene Faust operierende Kapitäne oft eine große Rolle in den Seekriegen spielten. Zum Beispiel wurden die Interessen des jungen französischen Königs Ludwig XIV. zur See in stärkerem Maß von den Freibeutern und Kaperern wahrgenommen, die von Marseille, Toulon, St. Malo und – vor allem – Dünkirchen aus operierten, als von seiner regulären Flotte. (Daß mit diesen Piraten wirklich nicht zu spaßen war, zeigt sich daran, daß allein die Kaperer in Dünkirchen während dieses Sommers 1656 über 100 englische Schiffe aufbrachten, also etwa eins am Tag.) Wie bereits im Fall von

Neuschweden klar geworden ist, war die Grenzlinie zwischen Krieg, Seeräuberei und normalem Kommerz oft ziemlich akademischer Natur. Sobald ein Krieg ausbrach, teilten die Fürsten und Regierungen fröhlich Kaperbriefe an alle aus, die sie haben wollten, worin diesen freie Hand gegeben wurde, Schiffe des Gegners anzugreifen und ihre Ladung zu beschlagnahmen – fast alles war erlaubt, solange der Staat seinen Anteil bekam. Dies bedeutete, daß sich die Meere jedesmal, wenn es Krieg gab, mit Schwärmen von angriffslustigen Freibeutern füllten, die nur ein höchst beiläufiges Interesse daran hatten, worum es eigentlich ging, die dagegen lediglich die Gelegenheit ergriffen, einen guten Schnitt zu machen. Denn Seeräuberei konnte sich ganz ausgezeichnet lohnen. Viele große Vermögen wurden auf diese Weise geschaffen, und auch das Fußvolk konnte einen schnellen Schnitt machen, wenn es auf einem Kaperschiff Dienst tat. Der Anteil eines gewöhnlichen Seemanns an dem von einem eroberten Handelsschiff gewonnenen Raub entsprach oft mehr als einem Jahreslohn. Der Fischer Jean Bart aus Dünkirchen ist ein Beispiel für diese einfachen Männer, die durch ihre Seeräuberei berühmt wurden und schließlich sogar noch einen Adelstitel gewannen. Daß selbst Blaublütige als Kaperer agierten, war nichts Ungewöhnliches. Viele Adlige zögerten nicht, als Piraten zur See zu fahren, aus dem einfachen Grund, weil regelrechte Seeräuberei juristisch, militärisch und moralisch der regelrechten Räuberei oft peinlich ähnlich war, die ihre mehr landgebundenen Kollegen in der Armee unter der Bezeichnung »Feldzug« betrieben.

Neben der Karibik, wo nahezu anarchische Verhältnisse herrschten, war das Mittelmeer das wohl unsicherste Meer, auf das man sich begeben konnte. Nur schwerbewaffnete Schiffe konnten dort segeln. Seeräuberei war ein traditioneller Wirtschaftszweig im Mittelmeerraum und wurde von Christen und Muslimen mit der gleichen Leidenschaft ausgeübt. *Uskoks*, die bosnischen und albanischen Piraten, waren ein ständiges Problem für Schiffe, die nach Venedig unterwegs waren. Christliche Piraten segelten unter anderem von der Toscana, Savoyen und Malta aus – nicht selten, während die Behörden in eine andere Richtung blickten, wenn sie nicht sogar ihren herzlichen Segen dazu gaben –, und am Anfang des Jahrhunderts hatten Engländer und Holländer mit ihren kleinen, schnellen, leicht zu manövrierenden und schwer bestückten Schiffen, den *bertons*, das ganze Meer bis in die letzten Winkel unsicher gemacht. Diese westeuropäischen Kaperschiffe operierten von Zeit zu Zeit von Häfen an der Küste Nordafrikas aus, und sie zeigten den Muslimen auch, wie man diese Schiffe benutzte. Die Adepten lernten schnell und übertrafen bald ihre Meister. Das Resultat waren die gefürchteten Barbaresken-Piraten.

Die Barbaresken waren eine Gruppe kleiner arabischer Staatengebilde an der Küste Nordafrikas. In Algier saß der osmanische Statthalter, denn rein formal

Am Scheideweg (1654–1656)

unterstanden sie alle der Oberhoheit des Sultans, doch nun waren sie in der Praxis kleine selbständige Seeräuberrepubliken, die von ihrer Beute lebten. Die Barbaresken-Piraten hatten zwischen 100 und 200 Schiffe, liefen jeden Tag von Häfen wie Tunis, Tripolis, Salé und Algier aus und attackierten wütend alle europäischen Seefahrer, die ihnen vor den Bug liefen, aber zuweilen auch muslimische Schiffe – letztere, wenn irgendwelche christlichen einmal schwer zu finden waren. Ihr Mut und ihr Unternehmungsgeist wuchsen mit ihren Erfolgen. Obgleich sie hauptsächlich im Mittelmeer wüteten, segelten ihre gefürchteten kleinen Schiffe auch auf den Atlantik hinaus, griffen Seefahrer bei Kap Verde und den Azoren an, machten die Gewässer um Irland unsicher, kreuzten vor der Einfahrt in den Englischen Kanal und drangen zuweilen bis in die kalten Meeresregionen um Island vor. Die Holländer waren besonders verwundbar durch Seeräuberei, da ihre *fluitschips* dafür gebaut waren, große Lasten zu kleinen Kosten zu befördern, was bedeutete, daß die Besatzung in der Regel klein – 12 bis 15 Mann –, die Schnelligkeit gering – aufgrund zu kleiner Segelfläche – und die Bewaffnung schwach war. Seit der Mitte des Jahrhunderts hatte die Seeräuberei in einem solchen Ausmaß zugenommen, daß der Handel im Mittelmeer direkt darunter litt, und die Reiche, die jetzt die Schiffahrt dort dominierten, England und die Niederlande – also die, die selbst zur Entstehung der Barbaresken-Piraten beigetragen hatten –, begannen, kurzlebige Vereinbarungen mit einigen dieser Barbaresken-Republiken zu schließen, die Schwadronen mit schwerbewaffneten Schiffen aussandten, die auf dem offenen Meer patrouillierten. Daß dies noch keine nachhaltigen Ergebnisse gebracht hatte, konnten Erik und seine Reisegenossen auf dem Schiff bezeugen.

Der Kapitän war seiner Sache sicher: Es waren Korsaren aus Algier, Tripolis oder dem nahegelegenen Tunis. Sich einer solchen Zusammenballung segelnder Raserei zu stellen war mehr, als er glaubte leisten zu können; es würde bedeuten, das Schiff und die Passagiere einer drohenden Gefahr auszusetzen. Während die sieben Segel näherkamen, beriet sich der Kapitän mit seinen Offizieren. Sie entschlossen sich umzukehren. Die Galeere schwenkte herum und wandte ihren Verfolgern den Achtersteven zu. Der Wind nahm zu, und ein mittlerer Sturm fegte über das Meer. Die Korsaren gaben keineswegs auf. Sie segelten hinterher, was das Zeug hielt. Schließlich tauchte Palermo in der Ferne auf, und die Galeere mit Erik an Bord konnte sich im Hafen in Sicherheit bringen.

Sie waren einem unfreundlichen Schicksal in den Händen der Korsaren entgangen, doch es war nicht nur ein Gefühl der Erleichterung, das Erik jetzt überkam. Dies bedeutete auch, daß ein weiterer Versuch, in das Heilige Land zu gelangen, fehlgeschlagen war. Hierin sah Erik eine göttliche Vorsehung, ein Zeichen Gottes, das er beachten mußte, nun, wo er seine wichtige Wahl treffen mußte. Und was Gott wollte, war offensichtlich: »Nachdem ich sah, daß Gott allem Anschein nach nicht wollte, daß meine Reise nach Jerusalem gelingen sollte«, schreibt er nach der Rückkehr nach Palermo ergeben ins Tagebuch,

sondern daß ich nun zum dritten Mal umkehren mußte, da ließ ich mir auch die Disposition des Allerhöchsten gefallen und trachtete danach, mit allem Fleiß wieder nach Rom zu reisen und mich zur Königlichen Majestät oder ins Vaterland zu begeben.

Das Ereignis hatte ihn dazu gebracht, sich zu entscheiden. Er würde Italien, die Kunststudien, die Feder und den Weg des friedlichen Ruhms verlassen und statt dessen zum Schwert greifen, nach der Ehre und Belohnung, die nicht in der Betrachtung, sondern in der Handlung winkten. Die Wahl war getroffen. Sie sollte sein Leben verändern.

Wegen der allgegenwärtigen Seeräuber war es gefährlich, in See zu stechen, aber im Hafen von Palermo fand Erik schließlich eine kleine Pinasse, die nach Norden gehen sollte. Das einmastige Schiff schlich sich in Küstennähe rasch voran, und Mitte April 1656 erreichte Erik ohne größere Zwischenfälle Neapel. Die Landreise nach Rom wurde um so gefährlicher. Bei einem alten Triumphbogen an der Grenze zwischen dem Königreich Neapel und dem Kirchenstaat wurde Eriks Gesellschaft von 40 Straßenräubern überfallen, die ihnen mit schußbereiten Waffen drohten, »das Geld herzugeben oder das Leben zu verlieren«. Dem Führer der Gesellschaft gelang es jedoch, mit den Banditen zu verhandeln, und diese ließen sie durch, nachdem sie einen kleineren Tribut von 36 Talern entrichtet hatten. Schon am Tag danach wurden sie Opfer noch eines Überfalls, doch diesmal müssen die Banditen etwas weniger professionell gewesen sein, denn Erik und seiner Gesellschaft gelang es, ihnen davonzureiten.

Im Mai war er endlich wieder in Rom. Als er dort ankam, war es, als habe ihn Reue befallen angesichts seiner Lebenswahl und als habe er sich wieder anders besonnen. Vielleicht war es der Freund David Klöcker, der nun nach Rom gezogen war, der ihn überreden konnte. Wie auch immer, er entschloß sich, den Sommer dazu zu benutzen, sich in den schönen Künsten weiterzubilden und vor allem weitere Studien in ziviler Architektur zu betreiben – er tanzte noch einen letzten Sommer. In den römischen Malerakademien mußte Erik sich darin üben, nach lebenden Modellen zu zeichnen. Die meiste Zeit verwandte er jedoch darauf, verschiedene antike Bauwerke auszumessen und sich in der Baukunst zu üben. Der Ort war gut gewählt. Rom war ja in noch höherem Grad als Venedig eine Hochburg des Barock – gerade in diesem Jahr begann Bernini die Kolonnaden vor dem Petersdom zu errichten, die sein Meisterwerk werden sollten, zur gleichen Zeit begann da Cortona mit der

AM SCHEIDEWEG (1654–1656)

Arbeit an der Fassade der Kirche Santa Maria della Pace. Erik hatte an Sicherheit und Selbstvertrauen gewonnen, seit er nach Venedig gekommen war, denn seine Zeichnungen waren in der Ausführung freier geworden. In Venedig hatte er oft nach Veduten gearbeitet, die der Lehrer ihm gegeben und die er später in seiner Kammer kopiert hatte; jetzt, in Rom, ging er selbständig in der Stadt umher und machte eigene Skizzen an Ort und Stelle in der Sommerluft, von Palästen und Kirchen, großen Fassaden und kleinen Details an den Bauten, das meiste in Bleistift. Wie ärmlich er in dieser Zeit lebte, geht daraus hervor, daß er beim Zeichnen oft beide Seiten des dünnen römischen Papiers benutzte. David Klöckers und Erik Jönssons Interessen gingen indessen immer weiter auseinander. Im Gegensatz zu Erik war Klöcker fest entschlossen, seine künstlerische Karriere weiterzuverfolgen, und während sein Freund immer mehr Zeit auf die Architektur verwandte, widmete Klöcker sich immer zielbewußter der Malerei. Er hatte auch einen hervorragenden Lehrer in Pietro da Cortona gefunden, dem bejahrten Mann, der als einer von Roms hervorragendsten Malern und Architekten galt und vor allem für seine großen und fast schwindelerregend pompösen Wand- und Deckengemälde bekannt geworden war.

Während dieser Zeit bei da Cortona malte David Klöcker ein Porträt seines Freundes Erik Jönsson. Es ist die erste Abbildung, die wir von ihm haben.

Erik ist auf dem Bild dreißig Jahre alt und sitzt in einer müden Pose, zwar mit geradem Rücken wie ein geübter Reiter, doch den Kopf bequem auf die recht Faust gestützt. Er trägt sonderbare Kleidung von eindeutig orientalischem Zuschnitt: auf dem Kopf einen Turban mit blaugrauen und rosa Stickereien, und über einem großen, weißen Leinenhemd mit aufgekrempelten Ärmeln einen rotbraunen, talarähnlichen Schlafrock ohne Kragen mit Fransen und kleinen Knöpfen – zweifellos eine Reminiszenz an seine beiden Ausflüge in das Osmanische Reich. Es ist eine auffallend einfache Kleidung, an der außer den Fransen kein Schmuck zu sehen ist. Es ist die Kleidung eines armen Karrieristen, der noch keine Karriere gemacht hat. Der Nacken erscheint recht kurz, aber muskulös, sein Rücken ist wie die Schultern ziemlich breit und macht den Eindruck von Stärke und Geschmeidigkeit. Die Knie sind groß und lassen auf muskulöse Beine schließen. Die Arme dagegen sind weder besonders lang noch muskulös, die Handgelenke und die Hände sind fein, und die Finger sind lang, feingliedrig und fast wie die Finger einer Frau. Er hat den Körper eines Kriegers, aber die Hände eines Künstlers.

Dann das Gesicht. Erik Jönsson muß wohl als ein schneidiger Mann bezeichnet werden, wenn auch ein wenig zu abgemagert, als daß ein Zeitgenosse ihn schön gefunden hätte. Er trägt keine Perücke – ein neumodischer Luxus, der zweifellos jenseits seiner finanziellen Möglichkeiten lag –, und eine schüttere Strähne seines braunen Haars fällt in die freie und glatte Stirn. Das Gesicht ist mager, rechteckig, ein klein wenig länglich und gleichsam kantig. Die Wangen sind glatt. Die Nase ist das erste, was man bemerkt. Sie ist gerade und lang und wirkt fast unproportioniert gegen das pointierte, doch ein wenig schüchterne Kinn. Der Mund ist klein, die Lippen sind füllig; die Oberlippe beschreibt einen schön gezeichneten Amorbogen, während die Unterlippe sinnlich vorgeschoben ist. Auf der Oberlippe sitzt ein sehr schmaler und modegerecht dünner Schnurrbart, fast nur angedeutet von den Nasenflügeln hinab an den Mundwinkeln vorbei. Etwas in diesem Gesicht nicht genauso kompliziert und widerspruchsvoll wie die widerstrebende Vereinigung seiner Glieder und seines Körpers. Es ist jedoch schwer, genau zu sagen, was diesen Eindruck hervorruft. Möglicherweise ist es die Pose, die Zügen, die ansonsten energisch genannt werden würden, eine Andeutung von Resignation verleiht. Möglicherweise ist es der Mund, der zugleich empfindsam und verkniffen ist.

Dann die Augen und der Blick. Die Augen scheinen ins Grüne zu tendieren, und das rechte schielt ein ganz kleines bißchen. Und sein Blick fällt genau zur Seite, neigt sich mit dem Kopf dem Bildrand zu, wo die Augen gleichsam zufällig etwas gefunden haben, an das sie sich heften. Hierin liegt, glaube ich, der Schlüssel zu dem Bild.

Das Gemälde hat natürlich einen ausgeprägt allegorischen Charakter; natürlich, weil alle Kunst des 17. Jahrhunderts ebenso wie das Denken selbst ihrem Wesen nach allegorisch war. Das Bild enthält eine Reihe von Symbolen, die als Träger des Bildtextes fungieren. Und dieser Text kann rein allegorisch und rein biographisch gedeutet werden; außer daß er eine Schilderung des melancholischen Temperaments ist, sagt er wahrscheinlich einiges über Erik Jönsson persönlich. An seinem rechten Ellenbogen, auf etwas, das eine Kiste zu sein scheint, die als Tisch dient, liegen zwei dicke Bücher. Sie stehen für Studien. Daß beide zugeschlagen sind, kann möglicherweise ein Zeichen dafür sein, daß diese auf ihr Ende zugehen. Hinter seinem Rücken scheint eine fiktive Landschaft auf, ein geborstener und grasüberwachsener Säulensockel und eine zerbrochene Skulptur. Diese antikisierenden Fragmente geben den Ort der Studien an: Italien. Auf seinem Schoß liegt das, womit er sich beschäftigt hat bis zu dem Augenblick, bevor der Pinsel des Malers und das Auge des Betrachters ihn fixiert haben. Es ist ein einzelnes Blatt Papier mit einer geometrischen Skizze, vielleicht eine kleine Übung für einen Baumeister in spe. Die linke Hand ruht auf dem Papier, wie um es zu glätten, doch die Geste und die Haltung der Finger ist klassisch. Er zeigt auf die Skizze. Oder? Denn was ist es, das er betrachtet?

Der Blick ist von dem Papier in seinem Schoß fortgeglitten und hat sich auf etwas anderes gerichtet. Die Geste des in die Hand gelehnten Kopfs erscheint damit nicht als müde, sondern eher als zerstreut und nicht wenig gelangweilt, als sei er der geometrischen Übung überdrüssig und von einem plötzlichen Gedanken überfallen worden, als sei er an etwas erinnert worden. Er blickt auf eine kleine Gruppe von Gegenständen am unteren linken Bildrand: einen Krug und zwei Schädel. Die Schädel sind ein häufig benutztes Symbol der Vergänglichkeit. Hier sind sie jedoch wahrscheinlich etwas mehr als eine Erinnerung daran, wie kurz und gebrechlich das Leben ist. Denn es sind zwei verschiedene Schädel: ein Menschenschädel und ein Pferdeschädel, ein gefallener Reiter und sein Pferd. Maler setzten oft kleine Bilder ins Bild, Gemälde ins Gemälde, wenn sie sich vergewissern wollten, daß eine bestimmte Pointe klar wurde. Das hat Klöcker hier auch getan. Auf dem Krug sieht man eine kleine Gruppe von Figuren, Krieger. Zwei von ihnen halten einen dritten, barhäuptigen Mann in Rüstung, der verwundet und im Begriff ist zusammenzubrechen.

Hier auf dem Bild sehen wir wieder Eriks Lebenswahl, die zwei Wege. Die Bücher, die beiseitegeschoben hinter seinem Ellenbogen liegen, und das Papier auf seinem Schoß stehen für den Weg der Feder; die Gegenstände in der Ecke des Bilds stehen für den des Schwerts. Auch wenn die Gefahr einer Überinterpretation besteht, könnte man dies vielleicht so deuten, daß wir hier einen Mann sehen, der begonnen hat, seiner Studien überdrüssig zu werden, und den Krieg als Karriere in Betracht zieht, der aber vor dem Tod und den Gefahren, die dies mit sich bringt, zurückschreckt: der will und nicht will.

Die Briefe aus Polen kamen ohne Vorwarnung. Erik war vollauf beschäftigt mit seiner Zeichnerei, als sie eintrafen; zuerst ein Brief seines alten Patrons Mardefelt, danach einer von dem Feldmarschall Wittenberg; sie baten ihn, sich eilends zur Armee nach Polen zu begeben »und alles andere zurückzustellen«, und versprachen ihm, wenn er dort ankäme, ihn »auf das Beste zu akkomodieren«. Das Angebot war zu gut, als daß ein frustrierter Karrerist wie Erik Jönsson es hätte ausschlagen können. Er beschloß daher, seine Studien abzubrechen, die Feder zur Seite zu legen und statt dessen zum Schwert zu greifen. Er war Zeuge des großen Kriegs in Europas Mitte gewesen, der das Gesicht des Kontinents ein für allemal verändert hatte und vor acht Jahren zu Ende gegangen war. Während des großen Unfriedens war das bekannte Lied von der dunklen Wolke gedichtet und von einem gepeinigten Volk gesungen worden:

Es geht eine dunkle Wolken rein/
Mich deucht es wird ein Regen sein:
Ein Regen aus der Wolken/
Auffs Graß und auff die Zäun.

Aber die Jahre des Unfriedens, der Aufstände, der Verfolgungen und der anderen Plagen waren nicht vorbei. Wieviel sie auch hinter sich gebracht hatten, so stand ihnen immer noch ein Übermaß an Prüfungen bevor. Überall, in allen Bereichen menschlichen Wirkens, konnte man das Beben ahnen, das Europa in seinen Grundfesten erschütterte. Ein Gefühl der Unruhe, der Ungewißheit und des hilflosen Mangels an Zusammenhang nagte an den Sinnen der Menschen. Es war eine bemerkenswerte und schwere Dämmerungszeit: Zweifelnd und verwirrt standen die Menschen da in dem fahlen Licht und fragten sich, was geschah und wohin sie eigentlich auf dem Weg waren.

Denn das Unwetter war nicht verschwunden, sondern hatte nur eine Weile nachgelassen, während es weiterzog, weiter nach Nordosten. Dort war nun ein neuer Sturm im Begriff, sich mächtig zu erheben und Gestalt anzunehmen. Und die Wolke breitete regenschwer ihren Schatten aus, von den einsamen, in die Wälder Västerbottens eingebetteten Höfen bis hinab zu den langen Reihendörfern auf den endlosen Ebenen Podoliens und der Ukraine, von den kleinen Fischerdörfern an der Westküste Jütlands bis zu den mauerbewehrten Städten des östlichen Livlands. Und er wehte über Frauen, die Lebewohl und Adieu und nun paß gut auf dich auf sagten, und über Männer, die sich mit einer geübten Bewegung auf den Rücken der Pferde schwangen, die Rundung des Sattelknaufs mit den Händen fühlten, das Leder knarren hörten, Männer, die sich wieder einmal einordneten ins Glied, in die Reihen von Rücken und Nakken und Pikenschäften, die von tausend Händen glatt geschliffen waren, Männer, die sich auf den Weg machten mit all ihren Versprechen, die unerfüllt bleiben sollten, und Hoffnungen, die schon zu Schlacke gemacht waren, fort, den kleinen Weg entlang bis zur Biegung, wo keine Blicke sie mehr erreichen konnten, fort, bis das Geräusch von Schritten verklungen war, einem Horizont entgegen, der nur eine dünne Wand von Licht war, das darauf wartete, in sein Gegenteil verkehrt zu werden.

Der 18. Juni 1656 war ungewöhnlich heiß. An diesem Tag stieg Erik auf sein Pferd und ritt aus Rom hinaus. Er sollte die Stadt nie mehr wiedersehen. Er schlug den Weg nach Norden ein. Die Reise führte über Siena, Florenz, Bologna, Ferrara und weiter auf die Alpen zu. Als er Venedig hinter sich gelassen hatte, öffnete sich der tiefdunkle Himmel, und der Regen setzte ein.

Anhang

Obwohl dies kein wissenschaftlicher Text ist, sollte der Leser doch einen Eindruck davon bekommen, welche Quellen ich bei der Arbeit verwendet habe. Um die Anmerkungen überschaubar zu halten und ermüdende Aufzählungen zu vermeiden, habe ich bei verwendeten Standardwerken (vor allem Clark 1950, Roberts 1969C, The New Cambridge Modern History vol. IV, Parker 1988, Pennington 1989, Munck 1990 und Nilsson 1990) oder wo es sich um allgemein bekannte Fakten handelt, auf Verweise verzichtet. Aus dem gleichen Grund gibt es auch in den Abschnitten, die von Erik Jönsson handeln, keine Verweise; woher diese Fakten stammen, geht in der Regel aus dem Text hervor.

Abkürzungen

AOSB	Axel Oxenstiernas Schriften und Briefwechsel
APW	Acta Pacis Westphalicae
BuAGW	Briefe und Akten zur Geschichte Wallensteins
DDKA	Der Dreißigjährige Krieg in Augenzeugenberichten
EAS	Ett annat Sverige
EDB	Erik Dahlbergs Tagebuch
EDT	Erik Dahlbergs Zeichnungen
GIIA	Gustav II Adolf (Gedenkschrift des Generalstabs)
GTYW	Germany in the Thirty Years War
HSH	Handlingar rörande Skandinaviens historia
HT	Historisk tidskrift
KCGB	König Carl X Gustavs bragder (Pufendorf)
KFÅ	Karolinska Forbundets årsbok
NCMH	The New Cambridge Modern History
PHT	Personhistorisk tidskrift
SAH	Suecia antiqua et hodierna
SBTH	Smärre bidrag till det trettioåriga krigets ...
SRAP	Sveriges ridderskaps och adels riksdagsprotokoll
SRP	Svenska riksrådets protokoll
SVA	Samlade vitterhetsarbeten af svenska författare ...
SvKr	Sveriges krig 1611–1632 (Generalstaben)

Nachweise zu den einzelnen Kapiteln

Kapitel I. Der Mann im Schilf

Die Dreitageschlacht: Kurcks Memoiren, Dahlbergs Bericht von der Schlacht, EDB, EDT in KCGB III, De Lachapelle *(Een Militarisch Exercitiae Book)*, Mankell 1859, Riese 1870, Carlson 1883, Carlbom 1906, Herbst 1973, Nagielski 1990
Die Pest: EDB, Molin 1953, Ackerknecht 1968, Braudel 1982, Ottosson 1984, Delumeau 1989

Kapitel II. Die ersten Jahre

Der Brand: Lüdekes Rede und dort abgedruckte Dokumente
Das Weltbild: Lindroth 1975, Rabb 1975, Tillyard 1978
Die Krise in Europa: Aston 1975, Parker-Smith 1978
Das Vorspiel zum Dreißigjährigen Krieg: Palmer 1969, Langer 1981, Lee 1984, Parker 1987, Heiberg 1988, Munck 1990
Schwedens Eintritt in den Krieg: SRP I, Gustav Adolfs Reden und Schriften, SvKr, Ahnlund 1918, Holm 1929, Arnoldsson 1963, Gustavsson 1956, Roberts 1979, Strindberg 1988
Gustav Adolf: AOSB II: 1 (Gustav Adolfs Briefe und Instruktionen), Gustav Adolfs Reden und Schriften, Roberts 1953–58, Wedgewood 1961, Ahnlund 1963, Barudio 1982, Strindberg 1988
Kindererziehung im 17. Jahrhundert: Fries 1901 B, Badinter 1980, Ariès 1982, A History of Private Life 1989, Schama 1989, Andersson 1990
Rudbeckius: Rudbeckius' Tagebuch, Hall 1911, Lindroth 1975, Hedlund 1980
Universität Uppsala: Gyllene äpplen I, Lindroth 1975
Die Västmanlänninger in Preußen: Holm 1929
Über Geburten: Djurberg 1942, Ackerknecht 1968, King 1970, Stone 1977, Versluysen 1980, Heinsohn-Steiger 1989, Schama 1989

Kapitel III. Der deutsche Krieg

Der Löwe aus dem Norden: Nordström 1934, Evans 1973, Cohn 1978
Der Krieg 1630–1631: AOSB II: 1 (Gustav Adolfs Briefe und Instruktionen), Monro *(Monro His Expedition ...)*, DDKA, SvKr, GIIA, Björlin 1908, Petri

1928, Sörensson 1931, Lundgren 1945, Wedgewood 1961, Lundqvist 1963, Ekholm 1971, Langer 1981, Bengtsson 1982, Parker 1987
Die Plünderung von Magdeburg: DDKA, GTYW, SvKr, Lahne 1931, Mann 1971
Breitenfeld: Gustav Adolfs Reden und Schriften, Monro *(Monro His Expedition* ...), DDKA, SvKr, Björlin 1908, Nordström 1934, Holm 1948, Lundqvist 1961, Lundqvist 1963
Der Krieg 1632: GTYW, SvKr, GIIA, Mankell 1857, Björlin 1908, Wedgewood 1961, Lundqvist 1963, Mann 1971, Parker 1987
Alte Veste: BuAGW III, SvKr, Mankell 1857, Pickel 1926, Rühl 1932, Mann 1971
Lützen: Bennitz' Briefe, Fabricius' Bericht, Holks Bericht, Hülsshorsts Briefe, Wrangels Briefe, BuAGW III, SvKr, Mankell 1857, Holm 1948, Lundqvist-Barkman 1963
Der Krieg 1633–1634: GTYW, Björlin 1908, Tingsten 1930, Wedgewood 1961, Nordlund 1971, Parker 1972, Parker 1987
Axel Oxenstierna: AOSB I: 5 (Axel Oxenstiernas Briefe), Wrangel 1914, Ahnlund 1940
Nördlingen: AOSB II: 8 (Gustav Horns Briefe), GTYW, Leo 1900, Wedgewood 1961, Rystad 1963, Parker-Parker 1977, Parker 1982
Der Krieg 1635–1638: AOSB II: 6–7 (Johan Banérs Briefe, Herzog Bernhard von Sachsen-Weimars Briefe), Beauregards Briefe, Odhner 1865, Björlin 1920, Braunerhjelm 1914, Tingsten 1932, Lundgren 1945, Wedgewood 1961, Nordlund 1974, Parker 1981, Parker 1987, Nilsson 1990
Johan Banér: Björlin 1908–1910, Steckzén 1939
Wittstock: AOSB II: 6 (Johan Banérs Briefe), Grimmelshausen *(Simplicius Simplizissimus),* Holm 1948, Björlin 1910, Tidander 1916, Steckzén 1939

Kapitel IV. Wendepunkte

Hamburg: EDB, Bolinus' Tagebuch, De Vries 1980
Straßenleben und Geräusche: Bolinus' Tagebuch, Ekeblads Briefe, Braudel 1990, Broby-Johansen 1991
Der Welthandel: De Vries 1980, Braudel 1986, Novaky 1990
Neuschweden: Lindeströms Reisebericht, Risinghs Journal, Loit 1984, Bæhrendtz 1988, Beijbom 1988, Dahlgren-Norman 1988, Norman 1988, Swahn 1988
Diplomatie, Zeremoniell und Luxus: Ogiers Tagebuch, Clark 1950, Fries 1901 B, Friedell 1960, Revera 1984 A, Englund 1989

Grotius und das internationale Recht: Grotius *(De Jure Belli ac Pacis),* Clark 1950, Rabb 1975, Lantz 1986, Trevor-Roper 1992
Der Krieg 1638–1640: AOSB II: 6 (Johan Banérs Briefe), Grimmelshausen *(Simplicius Simplizissimus),* Björlin 1910, Jensen 1910, Hebbe 1932, Tingsten 1932, Steckzén 1939, Lundgren 1945, Wedgewood 1961, Franz 1963, Parker 1972, Polisensky 1974, Langer 1981, Parker 1987
Die jungen Männer von Bygdeå: Ramazzini *(De Morbis Artificum),* Lindegren 1980, Lindegren 1982
Hexerei: Grimmelshausen, *Trutz Simplex (Courasche),* Nürnberg 1670), Björlin 1910, Langer 1981, Ankarloo-Henningsen 1987, Heinsohn-Steiger 1989, Kärfve 1992
Seereisen im 17. Jahrhundert: EDB, NCMH IV, Ogiers Tagebuch, *Svenska folket genom tiderna* IV, Heckscher 1936, Levander 1976, De Vries 1980, Braudel 1990, Delumeau 1989
Wale: EDB, Schama 1989
Schweden im Jahre 1640: EDT in SAH, Ekeblads Briefe, Ogiers Tagebuch, Christinas Autobiographie, Odhner 1865, Heckscher 1936, *Svenska folket genom tiderna* V, Ågren 1964, Dahlgren 1967, Roberts 1969 B, Larsson 1978, Lundqvist 1978, Roberts 1979, Stadin 1979, Lindegren 1980, *Adlig prakt – folklig möda* 1981, Englund 1989
Manufakturen und Arbeiter: Sombart 1913, De Vries 1980, Florén 1988
Handel und Industrie im Urteil der Zeit: Burckhardt 1996, Dahlgren 1967, Hirschman 1977, Revera 1988, Stollberg-Rilinger 1988, Englund 1989

Kapitel V. Der Feuertaufe entgegen

Der Krieg 1640–41: AOSB II: 6 (Johan Banérs Briefe), Bergström 1887, Björlin 1910, Jenssen 1910, Tingsten 1932, Elliot 1963, Duffy 1975, Anderson 1988
Heilkunst: Björlin 1910, Ackerknecht 1968, Parker 1981, *A History of Private Life* III.
Haushaltsführung und Bedienstete: Rosenhane (Oeconomia), Lindqvist 1939, Ariès 1982, Kettering 1986, Österberg-Lindström 1988, Englund 1989, *A History of Private Life* III.
Luxus, Kleidung und Grußformen: Ekeblads Briefe, de Sévignés Briefe, Ariès 1982, Revera 1984 A, Englund 1989, Broby-Johansen 1991, Roodenburg 1991, Dinges 1992
Die zankenden Gesandten: Fries 1901, Lundgren 1945
Der Krieg 1641–1643 einschließlich der Schlacht von Leipzig: AOSB II: 8 (Lennart Torstenssons Briefe), *Theatri Evropæi* IV, Mankell 1858, Cronholm

1880, Pihlström 1904, Jenssen 1910, Tingsten 1932, Sörensson 1931, Lundgren 1945, Hammarskiöld 1950, *Dalregimentets personhistoria* I.
Wolfenbüttel: AOSB II: 8 (Lennart Torstenssons Briefe), Tingsten 1932, Sörensson 1931
Torstensson: Björlin 1910, Hebbe 1932, Tingsten 1932, Wedgewood 1961
Krockows Einfall in Pommern: EDB, Chemnitz *(Königlichen Schwedischer in Teutschland geführten Krieg)*, Klaje 1901, Tingsten 1932, Nisser 1939
Das Leben der Soldaten: Monro *(Monro His Expedition* …), Pihlström 1904, Braunerhjelm 1913, Redlich 1964, Langer 1981, Ericson-Sandstedt 1982, Parker 1984, Parker 1988

Kapitel VI. Der dänische Krieg

Neuschweden: Johnson 1923, Norman 1988, Rydén 1988
Die Finnen in Schweden: Tarkianen 1990
Die Situation in Dänemark: Friderica o. J., Danstrup 1946, Norborg-Sjöstedt 1977
Ratskonstitutionalismus und monarchia mixta: Odhner 1865, Runeby 1962, Roberts 1968A, Barudio 1976, Henshall 1992
Der Dänische Krieg 1643: AOSB II: 8 (Lennart Torstenssons Briefe), SRP X, Hammarström 1873, Friderica 1881, Friderica o. J., Munthe 1905, Tingsten 1932, Generalstaben 1944
Das Postwesen: Ekeblads Briefe, de Sévignés Briefe, Odhner 1865, Heckscher 1936, Hildebrand 1946, Brayshay 1992
Reisen über Land: GTYW, Boëthius *(Okyskhet och otuktssynd)*, Magalotti *(Sverige under 1674)*, Ogiers Tagebuch, Whitelockes Tagebuch, Ekeblads Briefe, de Sévignés Briefe, Försvarsstaben 1948, Olofsson 1961, Levander 1975, Levander 1976, *Gyllene äpplen* I.
Der Dänische Krieg 1644: AOSB II: 8 (Lennart Torstenssons Briefe), SRP X, Friderica 1881, Vessberg 1895, Friderica o. J., Zettersten 1903, Munthe 1905, Bull 1927, Almquist 1929, Steen 1930, Tingsten 1932, Generalstaben 1944, Bromé 1945, Ekström 1947, Lönnroth 1963, Böhme 1965, Johannesson 1969, Mykland 1977

Kapitel VII. Siege und Niederlagen

Das Klientenwesen: Kettering 1986, Platen 1988, Englund 1993
Christina und die Mündigsprechung 1644: Chanut *(Anteckningar)*, Christina

(Själbiografi og aforismer), Sjöberg 1925, Heyman 1959, Englund 1989 B, Rodén 1989
Die Stellung der Frauen: Ogiers Tagebuch, Fries 1901, Heckscher 1936, Badinter 1980, Crawford 1981, Ariès 1982, Lindegren 1984, Englund 1986, Schama 1989, Hansson 1993
Von Fehmarn bis zum Friedensschluß: EDB, AOSB II: 8 (Wrangels Briefe), Vessberg 1895, Friderica o. J., Zettersten 1903, Munthe 1922, Generalstaben 1944
Carl Gustaf Wrangel: AOSB II: 8 (Wrangels Briefe), Magalotti *(Sverige under 1674)*, Karsten 1916, Losman 1980
Die Verhandlungen in Brömsebro und Westfalen: SRP XI, Hammarström 1873, Friderica 1881, Fries 1901, Generalstaben 1948, Wedgewood 1961, Parker 1987, Martin 1991
Der Krieg in Deutschland bis einschließlich Jankau: AOSB II: 8 (Torstenssons Briefe), Chemnitz *(Königlichen Schwedischer in Teutschland geführten Krieg), Theatri Europæi* V, SBTH, Stendhal *(Die Kartause von Parma,* Hamburg 1958), Mankell 1858, Dudik 1879, Jenssen 1910, Generalstaben 1918 I, Tingsten 1932, Hammarskiöld 1944, Generalstaben 1945, Generalstaben 1948, Wedgewood 1961, Hughes 1974, Parker 1987
Der Friede von Brömsebro: SVA IX (Wivallius' Gedichte), SRP XI, Munthe 1922, *Boken om Gotland* 1945, Bromé 1945, Bromé 1954, *Hallands historia* 1954, Röndahl 1981, Englund 1989

Kapitel VIII. Verpaßte Gelegenheiten

Der Blick auf die Vergangenheit: SVA 1 (Stiernhielms Schriften), Frängsmyr 1969, Hazard 1973, Lindroth 1975, Subtelny 1986, Strindberg 1988, Schama 1989, *Gyllene äpplen 1–2*
Der Krieg 1646: APW II A: 5, AOSB II: 8 (Wrangels Briefe), Chemnitz *(Königlichen Schwedischer in Teutschland geführten Krieg), Theatri Europæi* V, Steckzén 1920, Tingsten 1934, Försvarsstaben 1948
Fortifikation und Befestigungsbau: ED, Munthe 1922
Die Zeit, die Uhr und die Arbeit: Landes 1983, Florén 1987, Lundmark 1989, Ågren 1993.
Das Licht: Troels-Lund 1903, Rybczynski 1988, Englund 1991

Kapitel IX. Der Westfälische Friede

Der Krieg 1647 und 1648 bis einschließlich Zusmarshausen: APW II A: 5, AOSB II: 8 (Wrangels Briefe), *Theatri Europæi* VI, Heilmann 1868, Jenssen 1910, Steckzén 1920, Steckzén 1921, Holm 1929, Sparre 1930, Försvarsstaben 1948
Nachrichtenübermittlung: Ekeblads Briefe, de Sévignés Briefe, von Sydow 1929, Hildebrand 1946, Parker 1979, Losman 1980, Parker 1984, Delumeau 1989, Mousley 1990
Eine Armee auf dem Marsch: Sörensson 1931, Försvarsstaben 1948, Åberg-Göransson 1976, Langer 1981
Der Krieg bis zum Friedensschluß: Heilmann 1868, Granberg 1902, Jenssen 1910, Walde 1916, Tingsten 1934, Försvarsstaben 1948, Deutinger 1993
Der Westfälische Friede und die Demobilisierung: Theatri Europæi VI, Tidander 1897, Pihlström 1904, Braunerhjelm 1913, Lövgren 1915, Petri 1928, Holm 1929, Försvarsstaben 1948, Wedgewood 1961, Lundqvist 1966, Parker 1981
Eriks Bibliothek: RA E 3511, Nyström 1983, Hansson 1988
Das Naturverständnis des Barock: Johannesson 1968, Rabb 1975, Thomas 1988, Möller 1992

Kapitel X. Der lange Nachhall des Krieges

Die schwedische Afrikakompanie: Oliver-Fage 1963, Shinnie 1970, Braudel 1986, Novaky 1990
Neuschweden: Lindeströms Reisebericht, Johnson 1923, Dahlgren-Norman 1988, Bæhrendtz 1988
Die große Krise von 1650: HSG XXII (Jonas Petris Tagebuch), SRAP 1650, SRP 1650, Fries 1901 B, Grönstedt 1911, Lövgren 1915, Roberts 1969 B, Revera 1984 B, Strindberg 1988, Nilsson 1990
Der Morgenstern-Aufstand: Ekeblads Briefe, EAS, Lundberg 1984
Bankette und Eßgewohnheiten: Asteropherus *(Tisbe),* Ekeblads Briefe, de Sévignés Briefe, *Svenska folket genom tiderna* V, Brunner 1949, Olofsson 1961, Braudel 1990, Ariès 1982, A *History of Private Life* III.
Agent in Frankfurt: Bolinus' Tagebuch, Castiglione *(Das Buch vom Hofmann),* ED Briefe (PHT 1908), Gustafsson 1978, Losman 1980, Niléhn 1983, Motley 1990
Bildungsreisen: Fries 1901 B, Niléhn 1983
Freizeitbeschäftigungen: Stiernhielm *(Hercules),* Rudbeck *(Atlands Eller Man-*

heims Andra Del...), Ekeblads Briefe, de Sévignés Briefe, Troels-Lund 1903, Huizinga 1945, *Svenska folket genom tiderna* V, Ariès 1982, Elias-Dunning 1986, Dahlberg 1992

Liebe: Hiärne *(Stratonice)*, Herbert *(The Princess Cloria: Or, The Royal Romance)*, Stone 1977, Badinter 1980, Björkström 1983, De Rougemont 1983, Nord 1986, Phillips 1991

Die Auswirkungen des Krieges: Franz 1963, Parker 1982, Lee 1984

Kapitel XI. Am Scheideweg

Das osmanische Imperium: Shaw 1976, Stoye 1980, Parker 1981, Kunt 1983, Matar 1990, Nilsson 1990, Shaw 1991

Neuschweden: Lindeströms Reisebericht, Risinghs Journal, Johnson 1923, Dillard 1975, Dahlgren-Norman 1988, Fur 1992

Das Leben am Hof und Christinas Konversion: Ekeblads Briefe, Grönstedt 1911, Weibull 1931, Steneberg 1955, Johannesson 1968, Weibull 1970, Åkerman 1991, Dahlberg 1992, Danielsson 1992

Die Geschichte der Gestik: Castiglione *(Das Buch vom Hofmann)*, Saint-Simons Memoiren, Ekeblads Briefe, Hazard 1973, Muchembled 1991, Roodenburg 1991, Schmitt 1991; dt. 1992

Christinas Abdankung: SRAP 1654, Brahes Aufzeichnungen, Ekeblads Briefe, Sjöberg 1925, Weibull 1931, Heyman 1959

Die Offiziersausbildung: Monro *(Monro His Expedition...)*, Göransson 1990

Italien und Venedig im 17. Jahrhundert: Zwiedineck-Südenhorst 1899, McNeill 1974, Norwich 1981, Procacci 1986, Brodsky 1992, Roberts 1992

Erik, David Klöcker und die künstlerische Ausbildung: Nisser 1940, Nisser 1948, Magnusson 1986

Christina in Rom: Mortoft *(Francis Mortoft: His Book)*, Sjöberg 1925, Weibull 1931, Heyman 1959

Das Porträt: Cederlöf 1959

ANHANG

Quellen und Literatur

Quellen

Acta Pacis Westphalicae. Serie II Abt. A. *Die Kaiserlichen Korrespondenzen*. Band 5.1646–1647 (hrsg. A. Oschmann). Münster 1993
Asteropherus, M. O: *Tisbe* (hrsg. A. Noreen). Stockholm 1910

Barocklyrik (hrsg. B. Julén). Stockholm 1962
Bennitz, »Brev«, in »Fyra relationer om slaget vid Lützen«, *HT* 1932
Bergerac, C. de: *Reise in die Sonne*, Halle 1909
Beauregard, S. de: »Brev«, in Björlin, G.: *Johan Baner*. Bd. III. Stockholm 1910
Boëthius, J.: »Okyskhet och otuktssynd«, in *Gyllene äpplen. Svensk idéhistorisk läsebok* (red. G. Broberg). Stockholm 1991
Bolinus, A.: *Dagbok* (»En dagbok från 1600-talet«, hrsg. E. Brunnström). Stockholm 1913
Brahe, P.: *Tänkebok*. Stockholm 1806
Briefe und Akten zur Geschichte Wallensteins (1630 – 1634). Herausgegeben von Hermann Hallwich. Bd. III. Wien 1912

Castiglione, B.: *Das Buch vom Hofmann*, 2 Bde., 1907
Chemnitz, B. P. von: *Königlichen Schwedischer in Teutschland geführten Krieg*. Vierter Teil. Stockholm 1856
Chanut, P.: *Anteckningar om det som tilldragit sig i Sverige ifrån år 1645 till år 1649*. Stockholm 1826
Christina: *Självbiografi och aforismer*. Stockholm 1966

Dahlberg, E.: Archivmaterial
Reichsarchiv
Vol. E 3469 Konzepte, Diaria, Registratur usw.
Vol. E 3481 Briefe von der Deutschlandreise
Vol. E 3511 Familiendokumente
Uppsala Universitätsbibliothek
Vol. E 471 Briefe und Dokumente
Vol. X 275 »Dagboken«
Dahlberg, E.: *Dagbok* (hrsg. H. Lundström). Uppsala 1912
Dahlberg, E.: »Handschriftlicher Bericht«, in Riese, A.: *Die dreitägige Schlacht bei Warschau*. Breslau 1870
Dahlberg, E.: *Suecia antiqua et hodierna*. Stockholm 1900

Dahlberg, E.: »Brev« (»Den äldsta kända skrivelse av Erik Dahlberg i riksarkivet«). *PHT* 1908
De Lachapelle, I. R.: *Een Militarisch Exercitiae Book, Eller Regementz Spegel aff ett Infanterie.* Stockholm 1669
Defoe, D.: *A General History of the Pyrates* (red. M. Schonhorn). London 1972
Der Dreißigjährige Krieg in Augenzeugenberichten (red. H. Jenssen). Düsseldorf 1963

Ekeblad, J.: *Brev* (Johan Ekeblads bref; hrsg. N. Sjöberg). Bd. I. Stockholm 1911
Ekeblad, J.: *Brev* (Johan Ekeblads brev till brodern Claes Ekeblad 1639–1655; hrsg. S. Allén). Göteborg 1965
Ett annat Sverige. Dokument om folkets kamp 1200–1720 (hrsg. E Silvén-Garnert & I. Söderlind). Stockholm 1980

Fabricius, J.: »Relation«, in »Fyra relationer om slaget vid Lützen«, *HT* 1932

Galilei, G.: *Breven om solfläckarna.* Stockholm 1991 (dt. in: Schriften, Briefe, Dokumente, 2 Bde. 1987)
Germany in the Thirty Years War (red. G. Benecke). London 1978
Grimmelshausen, H. J. C. von: *Trutz Simplex (Courasche).* Nürnberg 1670 und öfter
Grimmelshausen, H. J. C. von: *Simplicius Simplicissimus.* Mompelgart 1669 und öfter
Grotius, H.: *De Jure Belli ac Pacis.* New York 1949
Gustav Adolf: *Tal och skrifter* (hrsg. C. Hallendorf.). Stockholm 1915
Gyllene äpplen. Svensk idéhistorisk läsebok. Bd. I–II (red. G. Broberg). Stockholm 1991

Herbert, P.: »The Princess Cloria: Or, The Royal Romance«, in *An Anthology of Seventeenth-Century Fiction* (red. P. Salzman). Oxford 1991
Hiärne, U.: Stratonice (hrsg. M. von Platen), Stockholm 1964
Holk, H.: »Relation«, in »Fyra relationer om slaget vid Lützen«, *HT* 1932
Hülsshorst, J.: »Brev«, in »Fyra relationer om slaget vid Lützen«, *HT* 1932

Kurck, G.: *Landshöfdingen friherre Gabriel Kurcks Lefnadsminnen upptecknade af honom själv* (hrsg. R. Hausen). Helsingfors 1906

Lindeström, P.: *Geographica Americae eller Indiae Occidentalis Beskrüfningh...* Stockholm 1962

Lüdeke, J. A. A.: *Tal i anledning af den uti Tyska Kyrkotornet yppade vådeld den 12: te Augusti 1829, hållet 9: de Söndagen efter Trinitatis.* Stockholm 1829

Magalotti, L.: *Sverige under 1674.* Stockholm 1912
Monro, R.: *Monro His Expedition vvith the vvorthy Scots regiment (called Mac-Keys Regiment)* ... London 1637
Mortoft, F.: *Francis Mortoft: His Book, being his Travels through France and Italy 1658–1659.* London 1925

Ogier, C.: *Dagbok* (Från Sveriges Storhetstid. Franske legationssekreteraren Charles Ogiers dagbok under ambassaden i Sverige 1634–35; hrsg. S. Hallberg). Stockholm 1914
Oxenstierna, A.: *Skrifter och brefvexling* (Rikskansleren Axel Oxenstiernas skrifter och brefvexling). Bd. I: 5, II: 1, II: 6–8. Stockholm 1888, 1893, 1895, 1897, 1915

Petri, J.: *Dagbok, förd vid 1650 års Riksdag i Stockholm, af Riksdagsmannen från Mariestads Superintendentia, Dr. Jonas Petri, Pastor i Hasle.* HSH XXII, Stockholm 1837 HSH XXII. Stockholm 1837
Pufendorf, S. von: *Friherren Samuel von Pufendorfs sju böcker om Konung Carl X Gustafs bragder.* Bd. I–II. Stockholm 1915

Ramazzini, B.: *De Morbis Artificum.* Karlskrona 1991
Risingh, J.: »Journal«, in Dahlgren, S. & Norman, H.: *The Rise and fall of New Sweden. Governor Johan Risingh's Journal in its Historical Context.* Uppsala 1988
Rosenhane, S.: *Oeconomia.* Uppsala 1944
Rudbeck, O.: *Atlands Eller Manheims Andra Deel Uti hwilken innehålles Solens, Månans och Jordennes Dyrkan* ... Uppsala 1939
Rudbeckius, J.: *Dagbok* (hrsg. R. B. Hall). Stockholm 1938

Saint-Simon, Herzog von [Louis de Rouvroy]: *Memoarer.* Uppsala 1924
Samlade vitterhetsarbeten af svenska författare från Stjernhjelm till Dalin (hrsg. P. Hanselli). Bd. I,IX. Uppsala o. J.
Sévigné, M. de: *Brev* (hrsg. S. Ahlgren). Stockholm 1948
Smärre bidrag till det trettioåriga krigets historia (hrsg. A. Jensen). Göteborg 1910
Stendhal: *Die Kartause von Parma*, Hamburg 1958
Stiernhielm, G.: *Dikter* (hrsg. L. Huldén). Stockholm 1981

Svenska riksrådets protokoll. Bd. I: 1621–1629, Bd. X: 1643–1644, Bd. XIV: 1650 (hrsg. N. A. Kullberg & S. Bergh). Stockholm 1878, 1905, 1916
Sveriges ridderskapets och adels riksdagsprotokoll. Bd. IV, 1650 (hrsg. B. Taube). Stockholm 1872

Theatri Evropaei Vierter Theil, Das ist: Glaubwürdige Beschreibung aller denkwürdigen Geschichten, die sich in Europa ... Anno 1638 bis Anno 1643 exclusive begeben haben. Frankfurt am Main 1648
Theatri Evropaei Fünffter Theil, Das ist: Ausführliche Beschreibung aller denkwürdigen Geschichten, die sich in Europa ... vom Jahr 1643 bis gegenwärtiges 1647 Jahr, allerseits begeben und verlauffen. Frankfurt am Main 1651

Whitelocke, B.: *Dag-bok öfver dess ambassade til Sverige, åren 1653 och 1654.* Uppsala 1777
Wrangel, H.: »Brev«, in »Fyra relationer om slaget vid Lützen«, *HT* 1932

Literatur

Ein Asterix (*) kennzeichnet die Werke, die mir besonders wertvoll erschienen oder die zu lesen einfach eine Freude war.

*A History of Private Life. Vol. III. *Passions of the Renaissance* (red. R Chartier). London 1989
Åberg, A. & Göransson, G.: *Karoliner.* Höganäs 1976
Ackerknecht, E. H.: *A short History of Medicine.* New York 1968 (dt. Geschichte der Medizin, 1992)
Adlig prakt – folklig möda. Magnus Gabriel De la Gardie. Teil II. Skövde 1981
Ågren, H.: *Social tid – begreppsformulering.* (Unveröffentlichter Teil einer Abhandlung am Historischen Institut) Uppsala 1993
Ågren, K.: *Adelns bönder och kronans. Skatter och besvär i Uppland 1650–1680.* Uppsala 1964
Ahnlund, N.: *Axel Oxenstierna intill Gustav Adolfs död.* Stockholm 1940
Ahnlund, N.: *Gustav Adolf inför tyska kriget.* Stockholm 1918
Ahnlund, N.: *Gustav Adolf den store.* Stockholm 1963
Åkerman, S.: *Queen Christina and her Circle. The Transformation of a Seventeenth-Century Philosophical Libertine.* Leiden 1991
Almquist, H.: *Göteborgs historia. Grundläggningen och de första hundra åren. Förra delen: Från grundläggningen till enväldet.* Göteborg 1929

Almquist, H.: *Reformationstidens och stormaktstidens förra skede* (Svenska folkets historia. Bd. II). Lund 1922
Ambjörnsson, R. & Elzinga, A.: *Tradition och revolution. Huvuddrag i det europeiska tänkandets historia.* Stockholm 1981
Anderson, M. S.: *War and Society in Europe of the Old Regime 1618–1789.* London 1988
Andersson, G.: Kärlek till döds. Barnamord i 1600-talets Sverige (unveröffentlichter Aufsatz am Historischen Institut). Uppsala 1990
Ankarloo, B. & Henningsen, G.: *Häxornas Europa 1400–1700.* Lund 1987
Ariès, P.: *Geschichte der Kindheit,* dtv 1978
Ariès, P.: *Geschichte des Todes,* dtv 1982
Arnoldsson, S.: »Krigspropagandan i Sverige före trettioåriga kriget«, in *Historia kring trettioåriga kriget* (red. G. Rystad). Stockholm 1963
Aspelin, G.: *Tankens vägar. En översikt av filosofiens utvekling.* Bd. II. Lund 1979
*Aston, T. (red.): *Crisis in Europe 1560–1660. Essays from Past and Present.* London 1975

Bachtin, M.: *Rabelais och skrattets historia. François Rabelais verk och den folkliga kulturen under medeltiden och renässansen.* Uddevalla 1986
Badinter, E.: *Den kärleksfulla modern. Om moderskärlekens historia.* Stockholm 1980
Barudio, G.: *Absolutismus. Zerstörung der »libertären« Verfassung. Studien zur »Karolinischen Eingewalt« in Schweden zwischen 1680 und 1693.* Wiesbaden 1976
Barudio, G.: *Gustav Adolf der Große.* Frankfurt am Main 1982
Bæhrendtz, N. E.: »Nybyggarnas indianska grannar«, in *Det nya Sverige i landet Amerika. Ett stormaktsäventyr 1638–1655* (red. R. Ruhnbro). o. O. 1988
Bejbom, U.: »Våra första amerikafarare«, in *Det nya Sverige i landet Amerika. Ett stormaktsäventyr 1638–1655* (red. R. Ruhnbro). o. O. 1988
Bengtsson, F. G.: »Robert Monro«, in *Litteratörer och militärer.* Stockholm 1982
Bergström, O.: »Överstelöjtnant Joh. Printz med Vestgöta ryttare vid Chemnitz kapitulation år 1640«, in *HT* 1887
Björkström, G.: Iagh wethh een så degligh roose är huitt som lilie bladh. Synen på kärleken i 1500- och 1600-talets visböcker (unveröffentlichter Aufsatz am Historischen Institut). Uppsala 1983
*Björlin, G.: *Johan Banér.* Bd I–III. Stockholm 1908–1910
Böhme, K.-R.: »Lennart Torstensson und Helmut Wrangel in Schleswig-Hol-

stein und Jütland 1643–1645«, in *Zeitschrift der Gesellschaft für Schleswig-Holsteinische Geschichte*. Bd. 90, 1965

Boken om Gotland. Minnesskrift men anledning av Gotlands återförening med Sverige genom freden i Brömsebro den 13 augusti 1645. Stockholm 1945

Braudel, F.: Sozialgeschichte des 15. bis 18. Jahrhunderts, München 1990

Braunerhjelm, C. A. G.: *Kungl. Livregementets till häst historia*. Bd. II–III. Uppsala 1913–1914

Brayshay, M.: »Post-haste by Post Horse«, in *History Today*, September 1992

Broby-Johansen, R.: *Kropp och kläder. Klädedräktens historia*. Stockholm 1991

Brodsky, J.: »För en tidsålder sedan«, in *Svenska Dagbladet* 5/2 1989

Brodsky, J.: *Vattenspegel. En bok om Venedig*. Malmö 1992

Bromé, J.: *Jämtlands och Härjedalens historia*. Bd II 1537–1645, Bd. III 1645–1720. Stockholm 1945, 1954

Broomé, B.: *Nils Stiernsköld*. Stockholm 1950

*Brunner, O.: *Adeliges Landleben und Europäischer Geist. Leben und Werk Wolf Helmhard von Hohlbergs*. Salzburg 1949

Brusendorff, O.: *Erotikens historia från Greklands forntid till våra dagar*. Bd. II Malmö 1948

Bull, E.: *Jemtland og Norge*. Oslo 1927

Burckhardt, J.: *Die Kultur der Renaissance in Italien*, Essen 1996

Carlbom, J. L.: *Tre dagars slaget vid Warschau*. Stockholm 1906

Carlson, F. F.: *Sveriges Historia under Carl den tionde Gustafs regering*. Bd. I. Stockholm 1883

Cederlöf, O.: »Erik Dahlberghs italienska porträtt«, in *KFÅ* 1959

Cederlöf, O.: *Vapnens historia i sammandrag från antiken till 1800-talets slut*. Stockholm 1965

Clark, G. N.: *The Seventeenth Century*. Oxford 1950

Cogniat, R.: *Sextonhundratalets konst*. Stockholm 1964

Cohn, N.: *The Pursuit of the Millennium. Revolutionary Millenarians and Mystical Anarchists of the Middle Ages*. London 1978

Crawford, P.: »Attitudes to Menstruation in Seventeenth-Century England«, in *Past & Present*, 91/1981

Cronholm, A.: *Trettioåriga kriget och underhandlingarna i Tyskland från K. Gustaf II Adolphs död till Westfaliska fredsslutet*. Bd. II: 1. Stockholm 1880

Dahlberg, G.: *Komediantteatern i 1600-talets Stockholm*. Stockholm 1992

*Dahlgren, S. & Norman, H.: *The Rise and Fall of New Sweden. Governor Johan Risingh's Journal in its Historical Context*. Uppsala 1988

*Dahlgren, S.: »1600-talets ståndssamhälle«, in *Kultur och samhälle i stormaktstidens Sverige*. Stockholm 1967
Dahlregementets personhistoria. Bd. I. 1542–1699. Falun 1984
Danielsson, A.: »Kristinas Alexanderfixering, återspeglad i hennes porträtt«, in *Konsthistorisk tidskrift*, Nr 1–2, 1992
Daun, Å.: »Andersson, Pettersson och Lundström«, in *Den dolda historien. 27 uppsatser om vårt okända förflutna*. Malmö 1984
De Rougemont, D.: *Love in the Western World*. New York 1983
De Vries, J.: *The Economy of Europe in an Age of Crisis, 1600–1750*. Cambridge 1980
Delumeau, J.: *Angst im Abendland. Die Geschichte kollektiver Ängste im Europa des 14. bis 18. Jahrhunderts*. Hamburg 1989
Deutinger, R.: Svensk plundring och härjning i Bayern under trettioåriga krigets slutskede. (Unveröffentlichter Aufsatz am Historischen Institut) Uppsala 1993
Dillard, D.: *Västeuropas och Förenta staternas ekonomiska historia*. Lund 1975
Dinges, M.: »Der Feine Unterschied. Die soziale Funktion der Kleidung in der höfischen Gesellschaft«, in *Zeitschrift für Historische Forschung* 1/1992
Djurberg, V.: *Läkaren Johan von Hoorn. Förlossningskonstens grundläggare i Sverige*. Uppsala 1942
Dudik, B.: *Schweden in Böhmen und Mähren 1640–1650*. Wien 1879
*Duffy, C.: *Fire and Stone, The Science of Fortress Warfare 1660–1860*. London 1975
Dutch Painting of the Golden Age (Royal Gallery, Den Haag). o. O., o. J.

*Ekholm, L.: »Kontributioner och krediter. Svensk krigsfinansiering 1630–1631«, in *Det kontinentala krigets ekonomi. Studier i krigsfinansiering under svensk stormaktstid*. Uppsala 1971
Ekström, G.: »När Särna erövrades. Nytt matterial rörande förberedelserna och omkostnaderna«, in *Dalarnas Hembygdsbok*, 1947
Elgenstierna, G.: *Den introducerade svenska adelns ättetavlor*. Bd. I–IX. Stockholm 1925–1936
Elias, N. & Dunning, E.: *Från riddarspel til fotbollscup. Sport i sosiologisk belysning*. Kristianstad 1986
Elias, N.: *Über den Prozeß der Zivilisation*. Bd. 1, *Wandlungen des Verhaltens in den Oberschichten des Abendlandes*. Frankfurt am Main 1981
Elliot, J. H.: *Imperial Spain 1469–1716*. New York 1963
Englund, P.: »Böj ditt barns hals. Adlig barnuppfostran och skolning under stormaktstiden«, in *Barn i slott och koja*. Skövde 1986
Englund, P.: *Det hotade huset. Adliga föreställningar om samhället under stormaktstiden*. Stockholm 1989 A

Englund, P.: »Om klienter och deras patroner«, in *Makt och vardag. Hur man styrde, levde och tänkte under svensk stormaktstid*. Stockholm 1993
Englund, P.: »Vasabarnens uppfostran«, in *Kungliga barn i tid och rum*. Stockholm 1989 B
Ericsson, L. & Sandstedt, F.: *Fanornas folk. Den svenska arméns soldater under 1600-talets första hälft*. Stockholm 1982
*Ericsson, E. & Venneberg, E.: *Erik Dahlbergh. Hans levnad och verksamhet*. Uppsala 1925
Evans, R. J. W.: *Rudolf II and his World. A Study in Intellectual History 1576–1612*. Oxford 1973 (dt. *Rudolf II. Ohnmacht und Einsamkeit*, Graz 1980)

Fladby, R.: *Norges historie*. Bd. 6. *Gjenreisning 1536–1648*. Oslo 1977
Florén, A.: *Disciplinering och konflikt. Den sociala organisationen av arbetet. Jäders bruk 1640–1750*. Uppsala 1987
*Försvarsstabens krigshistoriska avdeling: *Från Femern och Jankow till Westfaliska freden*. Stockholm 1948
Försvarsstabens krigshistoriska avdeling: *Vägar och kunskap i Mellaneuropa under trettioåriga krigets sista skede*. Stockholm 1948
Foucault, M.: *Sexualität und Wahrheit. 1. Der Wille zum Wissen*. Frankfurt am Main 1979
Franz, G.: »Trettioåriga krigets befolkningshistoriska följder«, in *Historia kring trettioåriga kriget* (red. G. Rystad). Stockholm 1963
Friderica, J. A.: *Danmarks Riges Historie 1588–1699*. Kopenhagen o. J.
Friderica, J. A.: *Danmarks ydre politiske Historie i Tiden fra Freden i Prag til Freden i Brömsebro (1635–1645)*. Kopenhagen 1881
Friedell, E.: *Kulturgeschichte der Neuzeit*, Neuausg. 1960, 3 Bde. in 1, hier Bd. 2
Fries, E.: *Svenska kulturbilder ur 16- och 1700-talens historia*. Stockholm 1901 B
Fries, E.: *Teckningar ur den svenska adelns familjelif i gamla tider*. Stockholm 1901 A
Frängsmyr, T.: *Geologi och skapelsestro. Föreställningar om jordens historia från Hiärne till Bergman*. Uppsala 1969
Frängsmyr, T.: *Upptäckten av istiden. Studier i den moderna geologins framväxt*. Uppsala 1976
Fur, G.: *Death and Disease in the Delaware Valley. Conflicts between Indians and Swedes during the 17th Century* (unveröffentlichtes Kapitel einer Abhandlung am Historischen Institut). Uppsala 1992.

Gaxotte, P.: *Ludvig XIV: s Frankrike*. Stockholm 1950

Generalstabens krigshistoriska avdeling: *Gustav II Adolf. Minnesskrift på 300-års-dagen av slaget vid Lützen.* Stockholm 1932

Generalstabens krigshistoriska avdeling: *Karl XII på slagfältet. Karolinsk slagledning sedd mot bakgrunden av taktikens utvekling från äldsta tider.* Bd. I–IV. Stockholm 1918–1919

Generalstabens krigshistoriska avdeling: *Slaget vid Femern.* Göteborg 1945.

*Generalstabens krigshistoriska avdeling: *Sveriges Krig 1611–1632.* Bd. III–IV Stockholm 1937–1939

Gieysztor, A. u. a.: *History of Poland.* Warschau 1979

Göransson, G.: *Virtus Militaris. Officersideal i Sverige 1560–1718.* Lund 1990

Granberg, O.: *Om kejsar Rudolf III: s konstkammare och dess svenska öden och om uppkomsten af drottning Kristinas tafvelgalleri och dess förskingrande.* Stockholm 1902.

Grönsted, L.: *Svenska hoffester.* Bd. I. Stockholm 1911

Gustafsson, L.: »Dienstadel, Tugendadel und Politesse mondaine. Aristokratische Bildungsideale in der schwedischen Großmachtzeit«, in *Arte et Marte. Studien zur Adelskultur des Barockzeitalters in Schweden, Dänemark und Schleswig-Holstein* (red. D. Lohmeier). Neumünster 1978

*Gustafsson, L.: *Virtus Politica. Politisk etik och nationellt svärmeri i den tidigare stormaktstidens litteratur.* Uppsala 1956

Gyllene äpplen. Svensk idéhistorisk läsebok. Bd. I–II (red. G. Broberg). Stockholm 1991

Hallands historia. Bd. 1. *Från äldsta tid till freden i Brömsebro 1645.* Halmstad 1954

Hammarskiöld, L.: »Artilleriet i slaget vid Jankow (Jankowitz) den 24 februari 1645«, in *Artilleri-Tidskrift,* 1944

Hammarskiöld, L.: »Lennart Torstensons personliga krigsbyte från slaget vid Leipzig 1642«, in *Krigshistoriska studier tillägnade Olof Ribbing.* Stockholm 1950

Hammarström, A.: *Om freden i Brömsebro 1645.* Lund 1873

Hansson, S.: »Privatlivets litteratur«, in *Den svenska litteraturen. I. Från forntid til frihetstid.* Stockholm 1988 A

Hansson, S.: *Salongsretorik. Beata Rosenhane (1639–1674), hennes övningsböcker och den klassiska retoriken.* Göteborg 1993

Hazard, P.: *The European Mind 1680–1715.* London 1973

Heckscher, E.: *Sveriges ekonomiska historia från Gustav Vasa.* Bd. I: 1–2. Stockholm 1935–1936

Hedlund, R.: *Västerås befolkning vid slutet av 1600-talet. En socialhistorisk studie.* Västerås 1980

Heiberg, S.: *Christian IV. Monarken, mennesket og myten*. Kopenhagen 1988
Heilmann, I.: *Kriegsgeschichte von Bayern, Franken, Pfalz und Schwaben von 1506 bis 1651*. Bd. II, Abt. 2. München 1868
Heinsohn, G. & Steiger, O.: *Häxor. Om häxförföljelse, sexualitet och människoproduktion*. Göteborg 1989
Henshall, N.: *The Myth of Absolutism. Change & Continuity in Early Modern European Monarchy*. London 1992
Herbst, S.: »Tredagarsslaget vid Warszawa 1656«, in *Polens krig med Sverige 1655–1660. Krigshistoriska studier* (red. A. Stade & J. Wimmer). (Carl X Gustaf-studier 5.) Kristianstad 1973
Heyman, V.: *Christina*. Stockholm 1959
Hildebrand, K.-G.: *Falu stads historia 1641–1687*. Falun 1946
Hirschman, A. O.: *The Passions and the Interests. Political Argument for Capitalism before its Triumph*. Princeton 1977
Hobsbawm, E. J.: *Die Banditen*. Frankfurt am Main 1972
Holm, N. (red.): *Det svenska svärdet. Tolv avgörande händelser i Sveriges historia*. Stockholm 1948
Holm, T.: *Kungl. Västmanlands regementes Historia*. Bd. I. Stockholm 1929
Hughes, B. P.: *Firepower. Weapons' Effectiveness on the Battlefield 1630–1850*. London 1974
Huizinga, J.: *Homo ludens*, Amsterdam 1939
*Huizinga, J.: *Holländische Kultur des siebzehnten Jahrhunderts. Ihre sozialen Grundlagen und nationale Eigenart*. Jena 1933
Huizinga, J.: *Herbst des Mittelalters*, München 1924

Jensen, A.: *Svenska minnen från Böhmen och Mähren. Kulturhistoriska skisser från Trettioåriga kriget*. Lund 1910
Johannesson, G. (red.): *Hälsingborgs historia. Teil III: 2. Dansktidens slutskede*. Stockholm 1969
*Johannesson, K.: *I polstjärnans tecken. Studier i svensk barock*. Uppsala 1968
Johannisson, K.: *Medicinens öga. Sjukdom, medicin och samhälle – historiska erfarenheter*. Värnamo 1990
Johnson, A.: *Den första svenska kolonien i Amerika*. Stockholm 1923

Karsten, H. A.: *Karl Gustav Wrangel. Hans ungdomstid och första krigarbana 1613–1638*. Åbo 1916
Kärfve, E.: *Den stora ondskan i Valais. Den färsta häxförföljelsen i Europa*. Stockholm 1992
Kettering, S.: *Patrons, Brokers, and Clients in Seventeenth-Century France*. Oxford 1986

Kling, L. S.: *The Road to Medical Enlightenment 1650–1695*. London 1970
Kunt, I. M.: *The Sultan's Servants. The Transformation of Ottoman Provincial Government 1550–1650*. New York 1983

Lagerqvist, L. O. & Nathorst-Böös, E.: *Vad kostade det? Priser och löner från medeltid till våra dagar*. Stockholm 1984
Lahne, W.: *Magdeburgs Zerstörung in der zeitgenössischen Publizistik*. Magdeburg 1931
Landes, D.: *Revolution in time*. Harvard 1983
*Langer, H.: *Kulturgeschichte des Dreißigjährigen Krieges*. Stuttgart 1978
Lantz, G.: »Krig som bestraffning«, in *Samuel Pufendorf 1632–1682. En rätttshistorisk symposium i Lund 15–15 januari 1982* (Rättshistoriska studier Bd. XII). Lund 1986
Larsson, L.-O.: »Bebyggelseutveckling och befolkningstrend i Vasatidens Sverige«, In *Svensk 1600-tal* (red. G. Rystad). Lund 1978
Lee, S. J.: *Aspects of European History 1494–1789*. New York 1984
Leo, E.: *Die Schlacht bei Nördlingen im Jahre 1634*. Halle 1900
Levander, L.: *Brottsling och bödel*. Lund 1976
Levander, L.: *Landsväg, krog & marknad*. Lund 1976
Lindegren, J.: »Knektänkornas land«, in *Den dolda historien. 27 uppsatser om vårt okända förflutna*. Malmö 1984
*Lindegren, J.: *Utskrivning och utsugning. Produktion och reproduktion i Bygdeå 1620–1640*. Uppsala 1980
Lindquist, L.: *Studier i den svenska andaktslitteraturen under stormaktstidevarvet*. Uppsala 1939
Lindroth, S.: *Epoker och människor. Idéhistoriska uppsatser*. Helsingborg 1972
Lindroth, S.: *Svensk lärdomshistoria. Stormaktstiden*. Stockholm 1975
Loit, A.: »Sveriges kolonilotter«, in *Den dolda historien. 27 uppsatser om vårt okända förflutna*. Malmö 1984
Lönnroth, E. (red.): *Bohusläns historia*. Uppsala 1963
Lönnroth, L. & Delblanc, S.: *Den svenska litteraturen*. Bd. I. *Från forntid till frihetstid*. Stockholm 1988
Losman, A.: *Carl Gustaf Wrangel och Europa. Studier i kulturförbindelser kring en 1600 – talsmagnat*. Stockholm 1980
Lövgren, B.: *Ståndsstridens uppkomst. Ett bidrag till Sveriges inre politiska historia under drottning Kristina*. Uppsala 1915
Lundberg, U.: *Morgonstjärnans uppgång och fall. Et perspektiv på upproret 1653* (unveröffentlichter Aufsatz). Högskolan i Örebro 1984
*Lundgren, S.: *Johan Adler Salvius. Problem kring freden, krigsekonomin och maktkampen*. Lund 1945

Lundmark, L.: *Tidens gång och tidens värde*. Södertälje 1989
Lundqvist, S. & Barkman, B. C.: *Kungl. Svea Livgardes historia*. Bd. III: 1. Stockholm 1963
Lundqvist, S. u. a.: *Kungl. Svea Livgardes historia*. Bd. III: 2. Stockholm 1966
Lundqvist, S.: »Rörlighet och social struktur i 1600-talets Sverige«, in *Svensk 1600-tal* (red. G. Rystad). Lund 1978
Lundqvist, S.: »Slaget vid Breitenfeld 1631«, in *HT* 1961

*Magnusson, B.: *At illustrera fäderneslandet – en studie i Erik Dahlberghs verksamhet som tecknare*. Uppsala 1986
Mankell, J.: *Berättelser om svenska krigshistoriens märkvärdigaste fältslag*. Bd. I–III. Stockholm 1957–1859
Mann, G.: *Wallenstein*. Frankfurt am Main 1971
Martin, J. R.: *Baroque*. London 1991
Matar, N. I.: »Islam in Interregnum and Restoration England«, in *The Seventeenth Century*. Vol. VI, No. 1, 1990
McNeill, W. H.: *Venice – The Hinge of Europe 1081–1797*. Chicago 1974
Molin, G. G.: »Pesten vid Uppsala universitet under 1600-talet«, in *Lychnos* 1953
Möller, L.: *Trädgårdens natur*. Stockholm 1992
Motley, M.: *Becoming a French Aristocrat. The Education of the Court Nobility 1580–1715*. Princeton 1990
Mousley, A.: »Self, State and Seventeenth Century News«, in *The Seventeenth Century*. Vol. VI, No. 2, 1990
Muchembled, R.: »Gestures under the Ancien Régime in France«, in *A Cultural History of Gesture – From Antiquity to the Present Day* (red. J. Bremmer & H. Roodenburg). Cambridge 1991
Munck, T.: *Seventeenth Century Europe. State, Conflict and Order in Europe 1598–1700*. London 1990
Munthe, A.: *Sjömaktens inflytande på Sveriges historia*. Bd. II. *Åren 1643–1699*. Stockholm 1922
Munthe, A.: *Svenska sjöhjältar*. Bd. V: 1. *Klas Fleming, Karl Gustav Wrangel, Martin Thijsen Anckarhielm. Danska kriget 1643–1645*. Stockholm 1905
Munthe, L. W.: *Kongl. Fortifikationens historia*. Bd. II. Stockholm 1906

Nagielski, M.: *Historyczne Bitwy – Warszawa 1656*. Warschau 1990
Niléhn, L.: *Peregrinatio Academica. Det svenska samhället och de utenrikes studieresorna under 1600-talet*. Lund 1983
*Nilsson, S. A.: *De stora krigens tid. Om Sverige som militärstat och bondesamhälle*. Uppsala 1990

Nilsson, S. A.: *På väg mot reduktionen. Studier i svensk 1600-tal.* Stockholm 1964
Nisser, W.: *Die italienischen Skizzenbücher von Erik Jönson Dahlberg und David Klöcker Ehrenstrahl.* I–II. Uppsala 1948
Nisser, W.: Erik Dahlbergs och David Klöcker Ehrenstrahls skisser från den klassiska södern«, in *Tidskrift för konstvetenskap* 1940
Nisser, W.: »Erik Jönson Dalbergs deutsche Bilder«, in *Die Graphischen Künste.* Bd. IV (1939), Heft 2/3
Nord, A.-L.: Synen på kärleken och dess betydelse för äktenskapet såsom den speglas i 1600- och 1700-talens bröllopsskrifter (unveröffentlichter Aufsatz am Historischen Institut). Uppsala 1986
Nordlund, R.: »Krig genom ombud. De svenska krigsfinanserna och Heilbronn-förbundet 1633«, in *Det kontinentala krigets ekonomi. Studier i krigsfinansiering under svensk stormaktstid.* Uppsala 1971
*Nordström, J.: »Lejonet från Norden«, in *Samlaren* 1934
Norman, H.: »En svensk koloni i Nordamerika«, in *Det nya Sverige i landet Amerika. Ett stormaktsäventyr 1638–1655* (red. R. Ruhnbro). o. O. 1988
Norwich, J. J.: *Venice. The Greatness and the Fall.* London 1981
Novaky, G.: *Handelskompanier och kompanihandel. Svenska Afrikakompaniet 1649–1663. En studie i feodal handel.* Uppsala 1990
Nyström, P.: »Reduktionen reviderad«, in *I folkets tjänst.* Stockholm 1983

Odhner, C. T.: *Sveriges inre historia under drottning Christinas förmyndare.* Stockholm 1865
Ogg, D.: *Europe in the Seventeenth Century.* London 1931
Oliver, R. & Fage, J. D.: *Afrikas historia.* Lund 1963
Olofsson, S. I.: *Carl X Gustaf. Hertigen-tronföljaren.* Stockholm 1961
Oman, C. W. C.: *The Art of War in the Middle Ages.* London 1976
Österberg, E. & Lindström, D.: *Crime and Social Control in Medieval and Early Modern Swedish Towns.* Uppsala 1988
Ottosson, P.-G.: *Synen på pesten. Exempel och problem från svensk stormaktstid.* Uppsala 1984

Palmer, R. R. & Colton, J.: *Nya tidens världshistoria.* Bd. 1. Stockholm 1969
Parker, G. & Parker, A.: *European Soldiers 1550–1650.* Cambridge 1977
Parker, G. & Smith, L. M. (red.): *The General Crisis of the Seventeenth Century.* London 1978
Parker, G.: *Europe in Crisis 1598–1648.* London 1981
Parker, G.: *The Army of Flanders and the Spanish Road 1567–1657. The Logistics of Spanish Victory and Defeat in the Low Countries' Wars.* Cambridge 1972

Parker, G.: *The Thirty Years War*. London 1987
Pennington, D. H.: *Europe in the Seventeenth Century*. London 1989
Petri, G.: *Kungl. Första livgrenadjärregementets historia*. Bd. II. Stockholm 1928
Phillips, R.: *Untying the Knot. A Short History of Divorce*. Cambridge 1991
Pickel, D. W.: *Gustav Adolf und Wallenstein in der Schlacht an der Alten Veste bei Nürnberg 1632*. Nürnberg 1926
Pihlström, A.: *Kungl. Dalregementets historia*. Bd. II. Stockholm 1904
Platen, M. von (red.): *Klient och patron. Befordringsvägar och ståndscirkulation i det gamla Sverige*. Stockholm 1988
Polisensky, J. V.: *The Thirty Years War*. London 1974
Procacci, G.: *History of the Italian People*. London 1986 (dt. *Geschichte Italiens und der Italiener*, München 1989)

*Rabb, T. K.: *The Struggle for Stability in Early Modern Europe*. New York 1975
*Redlich, F.: *The German Military Enterpriser and his Work Force. A Study in European Economic and Social History*. Wiesbaden 1964
Revera, M.: »1600-talsbönderna och deras herrar. Om jordägare, skatter och samhällsförändring i ljuset av nyare forskning«, in *Den svenska juridikens uppblomstring i 1600-talets politiska, kulturella och religiösa stormaktssamhälle* (Rättshistoriska studier [Serie II] Bd. IX) Stockholm 1984 B
Revera, M.: »En barock historia«, in *Tre Karlar. Karl X Gustav, Karl XI, Karl XII*. Stockholm 1984 A
*Revera, M.: »The Making of a Civilized Nation. Nation-Building, Aristocratic Culture and Social Change«, in *The Age of New Sweden* (red. A. Losman u. a.). Stockholm 1988
Riese, A.: *Die dreitägige Schlacht bei Warschau*. Breslau 1870
Roberts, M.: »Den aristokratiska konstitutionalismen i svensk historia«, in *Sverige och Europa. Studier i svensk historia*. Stockholm 1969 A
Roberts, M.: »Kristina och 1600-talets allmänna kris«, in *Sverige och Europa. Studier i svensk historia*. Stockholm 1969 B
*Roberts, M.: »Krigskonstens revolutionering 1560–1660«, in *Sverige och Europa. Studier i svensk historia*. Stockholm 1969 C
Roberts, M.: *The Swedish Imperial Experience 1560–1718*. London 1979
Roberts, N.: *Whores in History. Prostitution in Western Society*. London 1992
Rodén, M. L.: »Drottning Kristinas egen berättelse om sin barndom«, in *Kungliga barn i tid och rum*. Stockholm 1989
Roodenburg, H.: »The hand of friendship – shaking hands and other gestures in the Dutch Republic«, in *A Cultural History of Gesture – From Antiquity to the Present Day* (red. J. Bremmer & H. Roodenburg). Cambridge 1991

Roodenburg, H.: »Venus Minsieke Gastnis: Sexual Beliefs in Eighteenth-Century Holland«, in *From Sappho to de Sade: Moments in the History of Sexuality* (red. J. Bremmer). London 1989
*Runeby, N.: *Monarchia mixta. Maktfördelningsdebatt i Sverige under den tidigare stormaktstiden.* Uppsala 1989
Rühl, E.: *Die Schlacht an der »Alten Veste« 1632.* Erlangen 1932
Rybczynski, W.: *Hemmet. Boende och trivsel sett i historiens ljus.* Stockholm 1988
Rydén, J.: »Johan Printz av Sverige«, in *Det nya Sverige i landet Amerika. Ett stormaktsäventyr 1638–1655* (red. R. Ruhnbro). o. O. 1988
Rystad, G.: »Vem vållade Nördlingenkatastrofen?«, in *Historia kring trettioåriga kriget* (red. G. Rystad). Stockholm 1963

*Schama, S.: *Mellan Gud och Mammon. Nederländerna under guldåldern 1570–1670.* Stockholm 1989
Schiller, F. von: *Geschichte des dreissigjährigen Kriegs.* Leipzig o. J.
Schivelbusch, W.: *Järnvägsresandets historia. Om rummets och tidens industrialisering under artonhundratalet.* Stockholm 1977
Schmitt, J. C.: *La raison des gestes dans l'occident médiéval.* Paris 1991 (dt. *Die Logik der Gesten im europäischen Mittelalter.* Stuttgart 1992)
Shaw, S.: *History of the Ottoman Empire and Modern Turkey.* Vol. I. *Empire of the Gazis: The Rise and Decline of the Ottoman Empire, 1280–1808.* Cambridge 1976
Shaw, S.: *The Jews of the Ottoman Empire and the Turkish Republic.* London 1991
Shinnie, M.: *Ancient African Kingdoms.* New York 1970
Sjöberg, R.: *Drottning Christina och hennes samtid.* Stockholm 1825
Sombart, W.: *Krieg und Kapitalismus.* Leipzig 1925
*Sörensson, P.: »Fältherrar, härorganisation och krigföring under trettioåriga krigets senare skede«, in *Scandia* 1930
Sörensson, P.: *Krisen vid de svenska arméerna i Tyskland efter Banérs död.* Stockholm 1931
Sparre, S. A.: *Kungl. Västmanlands regementets historia. Bd. IV. Biografiska anteckningar om officerare och vederlikar.* Stockholm 1930
Stade, A. (red.): *Carl Gustafs armé* (Carl X Gustaf-studier 8). Stockholm 1979
*Stade, A.: *Erik Dahlbergh och Carl X Gustafs krigshistoria.* Kristianstad 1967
Stadin, K.: *Småstäder, småborgare och stora samhällsförändringar. Borgarnas sociala struktur i Arboga, Enköping och Västervik under perioden efter 1680.* Uppsala 1979
Starbäck, C. G.: *Berättelser ur svenska historien.* Bd. IV. Stockholm 1885
Steckzén, B.: »Arriärgardestriden vid Zusmarshausen 7 maj 1648«, in *HT* 1921

Steckzén, B.: *Johan Banér.* Stockholm 1939
Steckzén, B.: *Karl Gustaf Wrangels fälttåg 1646–1647 till och med fördraget i Ulm.* Uppsala 1920
Steen, S.: *Det norske folks liv og historie gjennem tidene. Tidsrummet 1640 til omkring 1720.* Olso 1930
Steneberg, K. E.: *Kristinatidens måleri.* Malmö 1955
Stollberg-Rilinger, B.: »Handelsgeist und Adelsethos. Zur Diskussion um das Handelsverbot für den deutschen Adel vom 16. bis zum 18. Jahrhundert«, in *Zeitschrift für Historische Forschung* 3/1988
Stone, L.: *The Family, Sex and Marriage in England 1500–1800.* London 1977
Stoye, J.: *Europe Unfolding 1648–1688.* London 1980
*Strindberg, A.: *Bondenöd och stormaktsdröm.* Värnamo 1988
Subtelny, O.: *Domination of Eastern Europe. Native Nobilities and Foreign Absolutism 1500–1715.* Gloucester 1986
Svenska folket genom tiderna. Vårt lands kulturhistoria i skildringar och bilder. Bd. IV. *Den karolinska tiden* (red. E. Wrangel). Malmö o. J.
Svenska folket genom tiderna. Vårt lands kulturhistoria i skildringar och bilder. Bd. V. *Den karolinska tiden* (red. E. Wrangel). Malmö o. J.
Swahn, J. Ö.: »En värld av rikedom och monster«, in *Det nya Sverige i landet Amerika. Ett stormaktsäventyr 1638–1655* (red. R. Ruhnbro). o. O. 1988
Sydow, W. von: *Annonsens historia i Sverige intill år 1700.* Stockholm 1929

Tarkiainen, K.: *Finnarnas historia i Sverige. 1. Inflyttarna från Finland under det gemensamma rikets tid.* Stockholm 1990
Taylor, G. R.: *Sex in History.* New York 1954
The New Cambridge Modern History. Vol. IV. *The Decline of Spain and the Thirty Years War* (red. J. P. Cooper). Cambridge 1970
The New Cambridge Modern History. Vol. V. *The Ascendancy of France 1648–1688* (red. F. L. Carsten). Cambridge 1969
Thomas, K.: *Människan och naturen.* Stockholm 1988
Tidander, L. G. T.: *Anteckningar rörande Kongl. Jönköpings regementes historia.* Västerås 1916
Tillyard, E. M. W.: *The Elizabethan World Picture.* London 1978
Tingsten, L.: *De tre sista åren av det Trettioåriga kriget jämte den Västfaliska freden.* Stockholm 1934
Tingsten, L.: *Fältmarskalkarna Johan Banér och Lennart Torstensson som härförare.* Stockholm 1932
Tingsten, L.: *Huvuddragen av Sveriges politik och krigföring efter Gustav II Adolfs död till sommaren 1635.* Stockholm 1930

*Toulmin, S.: *Cosmopolis. The Hidden Agenda of Modernity*. New York 1990
Trevor-Roper, H.: »Hugo Grotius and England«, in *From Counter-Reformation to Glorious Revolution*. London 1992
Troels-Lund, T.: *Dagligt liv i Norden i det 16de aarhundrede*. Bd. I–XIV. Kopenhagen 1903–1904

Versluysen, M. C.: »Old Wives' Tales? Women Healers in English History«, in *Rewriting Nursing History* (red. C. Davies). London 1980
Vessberg, V.: *Bidrag till historien om Sveriges krig med Danmark 1643–1645. I. Gustav Horns fälttåg*. Stockholm 1895

Walde, O.: *Storhetstidens litterära krigsbyten. En kulturhistorisk-bibliografisk studie. I.* Uppsala 1916
Wedgewood, C. V.: *The Thirty Years War*. New York 1961 (dt. *Der Dreißigjährige Krieg*, 1967)
*Weibull, C.: *Drottning Christina. Studier och forskningar*. Stockholm 1931
Weibull, C.: *Drottning Christina och Sverige 1646–1651. En fransk diplomat berättar*. Stockholm 1970
Wrangel, F. U.: *Axel Oxenstiernas resa till och i Frankrike*. Stockholm 1914
Wright, C.: *The French Painters of the Seventeenth Century*. London 1985

Zettersten, A.: *Svenska flottans historia. Åren 1633–1680*. Norrtälje 1903
Zwiedineck-Südenhorst, H. von: *Venedig als Weltmacht und Weltstadt*. Bielefeld 1899

Bildverzeichnis

Tafelteil

Der Krieg

S. I Philips Wouwermans (1619–1668), Ein Lager,
Inv. Nr.: 220, Foto: C. Mauritshius, Haag

S. I Pieter Snayers (1592–ca. 1667), Der Entsatz der Stadt Freiberg,
Heeresgeschichtliches Museum, Wien/Artothek

S. II Joost Cornelisz Droochsloot (1586–1666), Plünderung eines Dorfes,
Staatsgalerie in Schloß Schleißheim, Bayerische Staatsgemäldesammlungen/Artothek

S. II Philips Wouwermans (1619–1668), Reiterschlacht,
Inv. Nr.: 219, Foto: C. Mauritshuis, Haag

S. III Gerard ter Borch (1617–1681), Ein Friedensschluß,
National Gallery, London

Exterieurs

S. IV Meindert Hobbema (1638–1709), Allee, Middelharnis,
National Gallery, London

S. IV Isack van Ostade (1621–1649),
Winterliche Szene mit einer Schenke am zugefrorenen Fluß (Ausschnitt)
National Gallery, London

S. V Philips Wouwermans (1619–1668), Heuernte,
The Royal Collection, 1993 Her Majesty Queen Elizabeth II

S. V Willem van de Velde d. J. (1633–1707), Schiffe auf hoher See,
Inv. Nr.: 200, Foto: C. Mauritshuis, Den Haag

S. VI Jacobus Vrel (tätig ca. 1654–1662), In der Stadt,
Hamburger Kunsthalle

Interieurs

S. VII Adriaen van Ostade (1610–1685), Bauern in der Schenke (Ausschnitt),
Inv. Nr.: 128, Foto: C. Mauritshuis, Den Haag

S. VII Emanuel de Witte (1617–1692), Interieur mit Frau am Spinett,
Museum Boymans-van Beuningen, Rotterdam

S. VIII Jacob Duck (ca. 1600–1667), Frau beim Bügeln,
Central Museum, Utrecht

Abbildungen im Text

S. 27 Stich nach einer Zeichnung von Erik Dahlberg
Die Schlacht bei Warschau 1656 (Ausschnitt)
Aus Samuel Pufendorfs: »De Rebus a Carolo Gustavo Sveciae Regis ...«
Kungliga Biblioteket, Stockholm

S. 89 Stich nach einer Zeichnung von Erik Dahlberg,
Uppsala,
Suecia antiqua et hodierna,
Kungliga Biblioteket, Stockholm

S. 131 Die Schlacht bei Lützen 1632 (Ausschnitt)
Theatrum Europaeum, Bd. II,
Kungliga Biblioteket, Stockholm

S. 136 Die Schlacht bei Lützen 1632 (Ausschnitt),
Theatrum Europaeum, Bd. II,
Kungliga Biblioteket, Stockholm

S. 148 Die Schlacht bei Nördlingen 1634 (Ausschnitt)
Theatrum Europaeum, Bd. III
Kungliga Biblioteket, Stockholm

S. 167 Kämpfe am Rhein 1637 (Ausschnitt),
Theatrum Europaeum, Bd. III,
Kungliga Biblioteket, Stockholm

S. 192 Kämpfe in Deutschland 1638 (Ausschnitt),
Theatrum Europaeum, Bd. III
Kungliga Biblioteket, Stockholm

S. 203 Die Plünderung (Ausschnitt),
Aus Callot, »Das Elend des Krieges«
Nationalmuseum/Statens Konstmuseer, Stockholm

S. 277 Die Hinrichtung (Ausschnitt),
Aus Callot, »Das Elend des Krieges«
Nationalmuseum/Statens Konstmuseer, Stockholm

S. 282 Die Schweden belagern Leipzig 1642 (Ausschnitt),
Theatrum Europaeum, Bd. IV,
Kongliga Biblioteket, Stockholm

S. 287 Die Schlacht bei Leipzig 1642 (Ausschnitt),
Theatrum Europaeum, Bd. IV,
Kungliga Biblioteket, Stockholm

S. 301 Jaques Callot (1592–1635), Aushebung von Soldaten (Ausschnitt),
Aus der Bildreihe »Das Elend des Krieges«
Nationalmuseum/Statens Konstmuseer, Stockholm

S. 362 Stich nach einer Zeichnung von Erik Dahlberg,
Göteborg (Ausschnitt),
Suecia antiqua et hodierna,
Kungliga Biblioteket, Stockholm

S. 400 Die Seeschlacht bei Fehmarn 1644 (Ausschnitt),
Theatrum Europaeum, Bd. V,
Kungliga Biblioteket, Stockholm

S. 423 Die Schlacht bei Jankau 1645
Theatrum Europaeum, Bd. V,
Kungliga Biblioteket, Stockholm

S. 447 Die Belagerung von Prag 1648 (Ausschnitt),
Theatrum Europaeum, Bd. VI,
Kungliga Biblioteket, Stockholm

S. 452 Stich nach einer Zeichnung von Erik Dahlberg
Kalmar (Ausschnitt),
Suecia antiqua et hodierna
Kungliga Biblioteket, Stockholm

S. 524 Die Belagerung von Prag 1648 (Ausschnitt),
Theatrum Europaeum, Bd. VI,
Kungliga Biblioteket, Stockholm

S. 539 Die schwedischen Friedensfeuerwerke
in Nürnberg 1650 (Ausschnitt),
Theatrum Europaeum, Bd. VI,
Kungliga Biblioteket, Stockholm

S. 618 Stich nach einer Zeichnung von Erik Dahlberg (1625–1703),
Stockholm (Ausschnitt),
Suecia antiqua et hodierna,
Kungliga Biblioteket, Stockholm

Karten

Vorsatzkarten im Umschlag
    Vorn: Das Heilige Römische Reich im Dreißigjährigen Krieg
    Hinten: Europa 1648

S. 23 Warschau 1656
S. 129 Lützen 1632
S. 144 Nördlingen 1634
S. 158 Wittstock 1636
S. 318 Neuschweden 1651
S. 339 Dänemark 1643
S. 421 Jankau 1645

Register

Personen

Abel von Gallen, Hexenmeister 53, 635
Adler Salvius, Johan 174, 242, 263f., 269, 281, 294, 415, 449, 488, 498, 521, 555, 575
Adolf Johan, Bruder Karl Gustavs 35, 41, 44f., 619, 644, 646f.
Agaliquanes, Mingohäuptling 612
Alexander VII., Papst 654
Allertz, Märtha 471
Alltidglad, Nils Ersson 289
Amalia Elisabeth, Landgräfin von Hessen 208, 462
Anna, Gem. Ludwigs XIII. 395
Aristoteles 391
Aspenwall, William 545
Augustinus, hl. 227, 454
Augustus, röm. Ks. 211, 657
Avaux, d', frz. Legat 417

Bachtin, Michail Michailowitsch, Literaturwissenschaftler 645
Banér, Elisabeth Juliana 165, 239
Banér, Johan 151, 156–168, 186ff., 190–204, 206ff., 225, 234, 236–246, 250, 252–255, 257, 264f., 267, 270f., 273f., 276, 281f., 289, 292, 326, 378, 385, 410, 419, 440, 468, 529
Barclay, John 534
Bart, Jean 659
Bartels, Antonetta 586f.
Bartholin, Thomas 95
Beck, Leonhard, Maler und Zeichner 620

Beier, Johan 586f.
Beier, Margareta 587, 589
Belon, Naturforscher 213
Bengtsson, Frans G., Schriftsteller 218
Berchem, Nicolaes, Maler 644
Bernhard, Herzog von Weimar 135f., 141f., 145, 147, 149, 196f., 207, 271
Bernini, Gian Lorenzo 639, 653, 661
Bielke, schwed. Adelsfam. 385
Bochart, Orientalist 621
Böckler, Georg Andreas 577f., 586
Boeclerus, Johannes Henricus, Prof. für Rhetorik 621
Bogislaus, Herzog von Pommern 107
Bolinus, Andreas 173
Boncompagno, Baumeister 627
Booth, kaiserl. Oberst 206
Borelli, Giovanni Alfonso 95
Borromini, Francesco, Baumeister 639, 653
Bourdelot, Pierre 621
Bourdon, Sébastien, Maler 620
Brahe, Per 320, 385f., 549, 629
Brahe, Tycho 104
Brenner, Sophia Elisabeth 393
Bropp, Axel 338
Bulwer, John 627
Bureus, Altertumsforscher 456, 458
Buschovius, Daniel 365f.
Butler, Truppenkommandant 40

Calderón, Maria 290
Callot, Jacques 505, 580
Cernin, Graf 517f.
Cervantes Saavedra, Miguel de 533
Chanut, Pierre Hector 455, 623f.
Charnacé, Hercule-Girard 104
Chemnitz, Bogislaw Philipp von, Reichshistoriograph 456
Chigi, Fabio, Nuntius 415, 429
Christian IV., Kg. v. Dänemark 67f., 162, 327ff., 332, 336f., 340f., 363, 366f., 374, 376, 381, 389, 397, 399, 402, 411, 431, 434, 453, 482, 620
Christina, Kgn. v. Schweden 74, 95, 138, 180, 182, 211, 264, 285, 325, 328f., 352, 368, 380, 387–391, 394, 396, 405f., 428, 433, 453, 455, 469f., 472, 482ff., 491, 519, 532, 560f., 563–566, 571, 604, 616–625, 628–633, 646, 654f.
Cigan, jüd. Kaufmann 270
Clausen, Gebrüder 552
Coducci, Mauro, »il Moretto«, Baumeister 643
Colloredo, Graf, Stadtkommandant von Prag 517f.
Comenius, Johan Amos 389
Cometko, Hofmeister Karl Gustavs 505
Condé, Louis II., Fürst von 271
Cooper, Maler 620
Cortona, Pietro da 639, 653, 661f.
Cronstierna, Mårten und Henrik 634, 636, 642, 648, 650, 652, 656
Crowne, William 348

Dacier, Madame 393
Dahlberg s. Jönsson, Erik

De Geer, Louis 225, 227, 328, 373, 375, 379, 398, 431, 542
De la Gardie, Familie 385
De la Gardie, Beata 427
De la Gardie, Magnus Gabriel 472, 483, 531, 562, 572, 646
De la Gardie, Marie Sophie 392
Descartes, René 326, 417, 455, 621ff.
Detrij, Nicolas 170, 196
Donne, John 254
Dou, Gerard, Maler 644
Dürer, Albrecht 580, 635
Dyck, Anthonis van 579f.

Eduard von Braganza 240
Ekeblad, Johan 571, 626
Enghien, Louis Antoine Henri de Condé, frz. Feldherr 449
Erazim, Daniel 202
Erik XIV., Kg. v. Schweden 351
Eriksson (Svanfelt), Erik, Eriks Onkel 97f., 196, 209, 214, 231, 453
Eriksson, Jöns, Eriks Vater 59f.
Euklid 533

Fabricius (von Hohenfall), Sekretär in Prag 64f.
Fabricius, Jakob, Hofprediger 133
Falkenberg, Moritz von 133
Faulhaber, Ingenieur 533
Ferdinand II., Kaiser 65f., 68, 150, 206
Ferdinand III., Kaiser 206, 235f., 242, 244, 270, 283, 414f., 419f., 429, 441, 448f., 494, 496, 521, 589
Ferdinand IV., Römischer König 589
Feria, Herzog von 143, 145
Fettmilch, Vincent 576

Fleming, Claes 319, 322, 350 ff., 372 f., 376 f., 379 f., 399, 410, 558, 587
Fleming, Lars 558
Flygare, Mårten Andersson 289
Forssman, Gabriel 614
Franz Albrecht von Sachsen-Lauenburg 133 f., 274 f.
Frazius, Löwenwächter in Stockholm 620
Friedrich II., Herzog von Schleswig und Holstein (= Friedrich III. von Dänemark) 340
Friedrich V., Kg. v. Böhmen, »Winterkönig« 65 ff., 124, 429
Friedrich Wilhelm, Kurfürst von Brandenburg 268, 482
Friesenegger, Maurus 145

Gabrieli, Giovanni 645
Galilei, Galileo 118, 326, 641
Gallas, Matthias, kaiserl. Feldmarschall 155, 157, 161, 163, 166, 168, 187, 193, 200, 206, 237, 271, 334, 372 f., 379, 381, 411 ff., 419, 494
Genuis, Jacob de 533
Georg Rákóczy I., Fürst v. Transsilvanien 291 f., 414, 441, 446 f.
Georg, Herzog von Lüneburg 208
Georg Wilhelm von Brandenburg 106, 110, 113
Goethe, Johann Wolfgang von 11, 71
Golzius 580
Gonzaga, Fürst v. 243
Gonzales, Estebanillo 147
Gothus, Laurentius Paulinus 86
Götz, Truppenkommandant 133, 271

Grååå, Peder, Eriks Stiefvater 90 f.
Grefft, Hans 408
Grijp, Gertrud 272
Grignan, Madame de 393
Grimmelshausen, Hans Jacob Christoffel von 205, 296, 305 ff.
Grodzicki, Truppenkommandant 40
Gröken, Erik Persson 289
Gronsfeld, bayer. Befehlshaber 498, 500, 504
Grotius, Hugo (Huig van Groot) 185 f., 264
Grotthaus, Truppenkommandant 40
Grubbe, Lars 281, 285
Guébriant, kaiserl. Oberbefehlshaber 245, 271
Gustav II. Adolf, Kg. v. Schweden 60, 69 f., 72 ff., 85–89, 104–107, 109 ff., 113 f., 118, 120–124, 126 ff., 132–136, 138, 141, 143, 146, 152, 157, 160, 162, 174, 185 f., 206, 223, 270, 274, 289, 295, 326, 344, 386, 388, 390, 396, 409, 422, 459, 465, 468, 491, 509, 526, 532, 538, 556, 616, 657
Gustav Vasa, Reichsverweser und Kg. v. Schweden 82, 325, 363, 404
Gutwein, Hauptmann in Schloß Schifelbein 308

Hadorph, Johan, Historiker 456
Hals, Frans 644
Hansson, Magnus 198
Harrach, Graf von 430
Hartmann, Lorentz 384
Harvey, William 95 f., 578
Hasenberg, Hofnarr 644
Hatzfeld, Melchior von, kaiserl. General 271, 419 f., 426 ff.

Haugwitz, von, Kommandant in Dresden 198
Hay, de la, frz. Edelmann, Eriks Reisegefährte 594, 596, 603
Heberle, Hans 149
Heinsius, Nicolaus 621
Heintz d. J., Joseph 642 f.
Herbert, Percy 588
Hiärne, Urban 588
Hindersson, Evert 59
Hobbema, Meindert 172
Hobbes, Thomas 96
Hobsbawm, Eric 306
Holbein d. J., Hans 580
Holzapel, kaiserl. Befehlshaber 271, 498, 500 f., 503
Hooch, Pieter de, Maler 644
Horn, Gustav, schwed. Feldherr 145–149, 358–362, 370 f., 378 f., 381, 385, 397, 402 f., 405, 409, 433, 566
Huitfeld, Henrik 361
Huygen, Hendrick 180
Huygens, Christian 477

Ibrahim, türk. Sultan 602, 651
Innozenz X., Papst 526, 653

Jacobsz, Juriaen 644
Jakob I., Kg. v. England 67
Johan Kasimir, poln. Kg. 28, 38, 41 f.
Johann IV., Kg. v. Portugal 235
Johann Georg, Kurfürst von Sachsen 106, 110 f., 113 f., 117, 127, 156, 289, 448
Johann von Nassau 114
Jönsson, Anders 606
Jönsson, Erik 9, 57, 59 f., 77 ff., 81, 90 ff., 97 ff., 104, 168, 170 f., 173 f., 177, 181, 195 f., 209, 214, 216, 223, 229, 231 f., 255 f., 258 f., 262, 264, 294 f., 298, 307–311, 313, 336 ff., 343, 350, 353, 373, 384–387, 406–409, 438, 440, 450 ff., 456, 469, 472–477, 480 ff., 485, 505 ff., 510, 525 f., 530, 532–535, 537, 569, 573–583, 586–590, 592–596, 602–605, 625, 630, 632 f., 635 f., 639, 641–650, 652, 654, 656–665
Jönsson, Ingrid, Eriks Schwester 92
Jordanes 458
Jörgen, Trompeter 356

Karl I., Kg. v. England 620
Karl IX., Kg. v. Schweden, Karl Gustavs Großvater 285, 326, 409
Karl X. Gustav, Kg. v. Schweden 16, 19 ff., 26, 34 ff., 40 f., 43, 45, 285, 380, 410, 427, 469–472, 482, 484 f., 505, 520, 522, 526, 528, 530 f., 534 f., 537 ff., 560, 564 ff., 569 f., 574 f., 581, 604, 619, 625, 628–631, 633, 644
Katarina von Pfalz-Zweibrücken, Karl Gustavs Mutter 285
Kazi Aga, Tatarenführer 20
Kepler, Johannes 417
King, schwed. Kommandant 159 f.
Kircher, Athanasius 48 f.
Kling, Mans Nilsson 180
Klöcker, David 643 f., 648, 661 f., 664
Königsmarck, Christoffer von 243 f., 271, 292, 293 f., 307–313, 439, 462 f., 498 f., 501, 505, 514–518, 520, 522, 565 f., 582
Königsmarck, Christopher von 582
Koninck, Philips de 172

PERSONEN

Kopernikus, Nikolaus 118
Kowalski, Jakub 34 f.
Kreft, Gouverneur von Neu Amsterdam 550
Krockow, Joachim Ernst von 292 ff., 307 f., 310–320, 334, 439, 590
Kruse, Peter 365
Krysín, Sebastian 202

Lamberg, Johann Maximilian von 521
Lamboy, Wilhelm, Graf, kaiserl. Feldmarschall 271
Langer, Herbert 296
Laurelius, Lars, Katarina und Margareta 90
Laurelius, Olaus 87, 90
Leopold Wilhelm, Erzherzog 283 f., 286 f., 290, 461, 464, 520
Lidell, George 401
Linde, Lorenz van der 471, 569, 573, 575
Lindegren, Nils Nilsson 356
Lindroth, Sten 459
Lipperhey, Hans 118
Loccenius, Johannes 456
Longhena, Baldassare 643
Longueville, de, frz. Oberbefehlshaber u. Ambassadeur 240, 416
Louise-Marie, poln. Kgn. 20, 28
Ludmilla von Lazan 471
Ludwig XIII., Kg. v. Frankreich 153, 235, 395, 510
Ludwig XIV., Kg. v. Frankreich 395, 495, 658
Luther, Martin 454

Machiavelli, Niccolò 534
Maintenon, Marquise de 395
Mankell, Julius 285

Mann, Thomas 9
Mardefelt, Conrad von, Oberst 44, 46, 475 f., 480, 485, 505 ff., 534, 569, 574, 577 ff., 581, 632 f., 647, 664
Maria Eleonora, schwed. Kgn. 60, 388 f., 482, 644
Maria-Theresia, Gem. Ludwigs XIV. 495
Mårtensson, Anders 568
Martinic, kaiserl. Statthalter in Prag 64, 518
Matsdotter, Dorotea, Eriks Mutter 59 f., 77, 91 f., 97
Matthiae, Johannes, Bischof 389 f., 629
Mattson, Henrik 568
Maximilian, Kurfürst von Bayern 124, 448, 461, 464, 467 f., 488, 496 f., 500, 504
Mazarin, Jules, Kardinal 139, 394 f., 461, 463 f., 467 f., 488 f., 491, 495, 508, 526, 530
Mercy, Claudius Florimund Graf von, bayer. General 271, 449
Merian, Caspar 579
Merian, Matthäus d. Ä. 475, 579
Merian, Matthäus d. J. 579 f., 586 f., 589
Messenius, Johannes 272, 456
Michna, Graf 517
Milton, John 621
Miniati, ital. Oberst 276
Minuit, Peter 178, 180
Mohr, Pastor 581
Molenaer, Jan Miense, Maler 644
Molière, eig. Jean-Baptiste Poquelin 253
Monro, Robert 118, 303
Montaigne, Michel Eyquem de 185

Montecuccoli, Graf Raimondo von 114, 502 f.
Montespan, Marquise de 395
Monteverdi, Claudio 645
Moritz von Oranien 114
Mortaigne, schwed. Offizier 269
Morzin, kaiserl. Feldmarschall 199
Mozart, Wolfgang Amadeus 581
Mund, Pros 399 f.
Munnichhoven, Maler 620

Napier, John 481
Nilsson, Ivar 367
Nilsson, Sven A. 600

Odowalski, Ernst 514, 516 f.
Olivares, Gaspard de Guzmán, Graf von 139, 235
Olovsson, Per 189
Opalinski, großpoln. Woiwode 294
Oxe, Erik 451
Oxenstierna, Axel, schwed. Reichskanzler 138–142, 150–153, 157, 164, 177, 186, 191, 204, 223, 230 f., 259, 264, 281, 325, 328, 330, 335, 343, 355, 367, 380, 385 ff., 389, 391, 396, 403 ff., 433, 453, 456, 469, 471, 509, 528, 545, 562–566, 586, 624, 628 f.
Oxenstierna, Bengt 578
Oxenstierna, Gabriel Bengtsson 152, 223, 629
Oxenstierna, Johan, Unterhändler in Münster und Osnabrück 231, 259, 262 ff., 367, 415 f., 449, 488, 521, 528, 574

Paar, Postmeister in Prag 518
Paikull, Kommandant v. Olmütz 276
Papegoja, Johan 606
Pappenheim, Gottfried Heinrich Graf zu, kaiserl. Reitergeneral 128, 132, 135
Paul V., Papst 653
Paulsen, Abraham 170, 174
Peñerandas, span. Unterhändler 449
Persson, Anders 190
Pfuel, Adam von 204
Philipp IV., Kg. v. Spanien 153, 235, 290, 495, 526
Philp, William 497
Piccolomini, Ottavio 132, 134 ff., 206 ff., 236 f., 246, 266, 268, 271, 279 f., 538
Polubinski, Hilary 30 f., 39
Potter, Paulus 172
Printz, Armegott 548
Printz, Johan 239 f., 321 f., 545–550, 552 f., 605 f., 610
Pufendorf, Samuel von 456

Qvast, Martin, Kanzlist 285

Rabelais, François 533
Radziejowski, Vizekanzler von Polen 620
Ragnvaldi, Nikolaus, Bischof 458
Rainaldi, Carlo, Baumeister 653
Ramazzini, Bernardino 190
Rantzau, Josias von 514
Rau, Baltasar 191
Ravius, Christian 454, 621
Rehnskiöld, Gerhardt Antoni 255 f., 258 f., 263, 294, 311, 337, 343, 350, 353, 384–387, 406, 408 f., 438, 450 f., 453, 473, 475, 574 f., 577, 579, 593, 632 ff.
Rembrandt 580, 643
Richelieu, Armand Jean du Plessis,

Kardinal de 139, 153 f., 186, 197, 394, 509
Ridder, Peter Holländer 316 f.
Risingh, Johan, Gouverneur in Delaware 606–613, 615 f.
Rist, Johann 290
Roche-Serviens, de la, frz. Gesandter 416
Rondelet, Guillaume, Naturforscher 213
Roonhuysen, Mediziner 95
Rösch, Georg 149
Rosencrantz, Jacob 50 f.
Rosenhane, Schering 628
Rothovius, Isak 86
Rubens, Peter Paul 183, 579 f.
Rudbeck, Olof 584
Rudbeckius, Johannes 84–87, 272
Rudberus, Johan 552
Rudolf II., dt. Ks. 518, 520
Ruisdael, Jakob von 172
Ryning, Erik 405 f., 408 f.

Sablière, Madame de 393
Sacchi, Andrea, Maler 579
Sanmicheli, Michele, Baumeister 643
Sansovino, il, eig. Andrea Contucci 643
Saumaise, Claude 621
Savelli, kaiserl. Kommandeur 197, 271
Scamozzi, Vincenzo, Baumeister 643
Scheffer, Johannes 493
Schiller, Friedrich von 9, 640
Schmidt, Oberstleutnant 517
Schöttel, Justus 290
Schurman, Anna Maria von 393
Seckendorff, von, schwed. Oberst 270 f.
Sehested, Hannibal 364, 397

Siggonis, Kristoffer, Pastor 562
Sigismund, poln. Kg. 68 f.
Signac, Paul 620
Silenius, Nils Nilsson 561, 563
Simtelius, Johannes 81
Simtelius, Ingeborg 81
Skunck, Nils Pederson 561
Skute, Hauptmann 614
Skytte, Bengt 563
Slang, Erik 202, 246, 248 ff., 286
Slavata, kaiserl. Statthalter in Prag 64
Snayers, Peeter 297
Snoilsky, Georg von 575 f., 589
Souches, de, Hauptmann in schwed. Diensten 442, 444, 446
Sparr, Christoph von 36 f.
Speck, Tönnes 377
Spottkrok, Olof Mattson 289
Staffansdotter, Walbor 471
Stake, Harald 239
Steen, Jan, Maler 644
Stegmann 533
Steinberg, Ursula 196
Stenbock, Frederik 133
Stenbock, Gustaf Otto 384 f.
Sternberg, Frantisek 517
Stevin, Simon 481
Stiernhielm, Georg (= Göran Olofsson) 84, 457 f., 583, 586
Stiernhöök, Johan (= Johan Olofsson) 84, 456
Stuyvesant, Peter 550, 552 f., 606, 614 ff.
Svensson, Erik 289

Taube, Jakob Johan 37 f.
Taupadel, Kompaniechef 244
Terserus, Jöns 84
Tessin d. Ä., Nicodemus 474
Texeira, Diego 654

Theophili, Luther Wilhelm 476, 485, 505 f., 525
Thijsen, Martin 374 f., 399
Thuilerie, de la, frz. Gesandter 404, 431 f.
Tilly, Jean Tserclaes, Graf von 108, 110–114, 116, 119 f., 123 f., 163, 173, 271
Tizian 580
Tordenskiöld, Britta 256, 258
Torkillus Reovius, Pastor 316, 319
Törnesköld, Jakob 330
Torstensson, Lennart 161, 269 ff., 273, 275–282, 284 f., 288–293, 313, 330 f., 334–339, 341, 343, 353–358, 372 f., 375, 379 f., 397, 405, 410–414, 419 f., 422, 425–430, 438 ff., 441 f., 445–448, 453, 461, 465, 468, 470, 491, 561
Trauttmansdorff, Graf Maximilian von 449, 467
Travare, Bengt 34 f.
Trichet du Fresne, Orientalist 621
Trotzig, Feldrentmeister 188
Tunder, Joachim 476
Turenne, Henri de la Tour d'Avergne, Vicomte von 271, 414, 463 f., 466 ff., 495 f., 499 ff., 504, 531

Ulfeldt, Corfitz, dän. Vizeadmiral 401
Ulfeldt, Corfitz, dän. Unterhändler in Brömsebro 404 f., 433, 620
Urban VII., Papst 653

Vallari, Maler 620
Vallée, Simon de la 475
Vallée, Jean de la 566
Vauban, Sébastien le Prestre de, Marschall und Festungsbauer 536
Vedo, Pater Ambrosio del 594, 596
Velazquez, Diego Rodríguez de Silva y 207, 272
Velde, Esaias van de 172
Verelius, Olof, Historiker 456
Vermeer, Jan, Maler 644
Vesalius, Andreas, Anatom 639
Vibe, Peter 336
Vorhauer, kaiserl. Oberst 307
Vossius, Isak 620
Vouet, Simon, Maler 579

Wachtmeister, Johan 360
Wallenstein, Albrecht Wenzel Eusebius von 67, 69 f., 105, 112, 125–131, 135 f., 271, 335, 337
Wallenstein, Bertold von 135
Webel, kaiserl. Befehlshaber 288
Werner, schwed. Oberst 291
Werth, Johann de 496
Werwe, de, Astrologe 283
Whitelocke, Bulstrode 347
Wilhelm, Landgraf von Hessen-Kassel 113
Wittenberg, Arvid 44, 440, 520, 647, 664
Wivallius, Lars 271 f., 434 f.
Wladimir IX., Kg. v. Polen 529
Wouwerman, Philips, Maler 644
Wrangel, Carl Gustav, schwed. General 166, 271, 409 f., 440, 462–466, 468, 488–491, 493 f., 496–500, 504 f., 519, 522, 528 f., 531, 538 ff., 574, 579, 582, 632, 644

Zamoyski, Truppenkommandant 40

Orte (Städte, Gewässer, Länder, Landschaften, Kolonien, Schlachtfelder, Festungen, Schlösser)

Aachen 576
Åbo 86, 223, 333, 386
Åbo Län 211
Aden 175
Afrika 175 f., 542–545
Ahanta 543 f.
Ålandshav 320
Algier 660
Allbuch, bei Nördlingen 145 ff.
Allerheim 448
Altmark 91, 183
Älvdalen 365
Älvsborg 323, 328, 363, 370, 520
Amöneburg 464
Amsberg 243
Amsterdam 108, 173, 175, 177, 224 f., 373, 376, 543, 599, 643
Ancona 652
Ängelholm 381
Anhalt 528
Anklam 187
Antwerpen 654 f.
Arguim 175
Assisi 652
Auerbach 243 f.
Augsburg 465 f., 468, 503 f., 508, 576, 635 f., 644
Australien 175
Azoren 660

Barcelona 234, 563
Bärwalde 107 f.
Basel 197, 458
Bayern 590
Belgard 294, 307 f., 311 f., 474
Benguela 175
Beraun 195, 202, 246, 286

Bergslagen 83, 320
Bessano 636
Beversreede (Delaware) 550
Bialoleka 21, 28, 40
Bialolekawald 17, 22, 26, 28
Blagny, bei Dijon 161
Blasieholmen (in Stockholm) 352
Blekinge 323, 370, 378, 403
Bodensee 490 f.
Boel 355
Böhmen 199–206, 275, 278, 288, 290, 294, 419 ff., 445, 514, 590
Bohuslän 363 f., 366
Bologna 665
Borgsjön 368
Borneo 175
Bornholm 209, 353, 408, 451
Bottnaryd 321
Bouvines 31
Bräcke 369
Brandenburg 108, 155, 157, 162
Brasilien 175, 591
Braunsberg 45, 91
Braunschweig 265, 450
Breda 58, 207, 247, 272
Bregenz 490
Breisach 143, 197, 207, 467
Breitenburg, Schloß 337
Breitenfeld 116, 118, 121, 128 f., 137, 152, 163, 252, 283, 289, 295, 303, 428, 438
Bremen 439, 520, 632
Bremervörde, Schloß 574
Breslau 313
Brieg (Stadt) 279 f.
Bródno 21, 26, 28 f., 31, 35 f.

705

Brömse 403
Brömsebro 403, 405 f., 431, 438, 545, 620
Brunflo 368
Brunkeberg 492
Brünn 438, 441–448, 532
Brüssel 153, 655
Buda 603
Bug 14 f.
Burgstallhöhe, bei Nürnberg 125
Burgund 161
Bygdeå 188 f., 215, 239

Cadiz 58
Candia (Kreta) 441, 650 ff.
Capri 658
Carspel 355
Cham 245 f., 248, 250
Chemnitz 197, 199, 239 f., 321
Christianspris (Christinapris) 338, 372 f.
Cörlin 310
Cormantine 175
Cresson 31
Cressy 31

Dalarna 211, 366
Dalarö 352, 398, 405 f.
Daman 175
Damgarten 107, 481 f.
Damm (Pommern) 107, 293
Dänemark 323 f., 327 ff., 340
Danmark 90
Danzig 224, 340
Danziger Haupt 73, 386
Delaware (Fluß und Kolonie) 178, 317 ff., 321, 544–553, 605–616
Demmin 45, 187, 475 f., 480 ff., 484, 505, 507, 526, 532, 537, 574
Dijon 155, 161

Dirschau 73
Diu 175
Dnjepr 458
Donau 123, 141, 244 ff., 430, 440, 445, 448, 465, 500 f., 593
Donauwörth 127, 465
Dornbusch (auf Hiddensee) 350, 353
Dover 207
Draumburg 307
Dresden 198, 635
Drottningholm, Schloß 474
Dünkirchen 658 f.
Durat 175

Eberswalde 166
Efutu 543 f.
Eger (Stadt) 105, 494 f., 514, 528
Eger (Fluß) 251, 494
Eider 412
Eisleben 412
Elbe 164, 173, 187, 196, 206, 413, 525
Elbing 45, 48, 50, 52
Elmina 175
Elsaß 467 f., 528, 590
England 346
Erfurt 121, 196 f., 208 f., 234, 236, 242 f., 493
Eskilstuna 471
Essequibo 175
Estland 214, 554
Eulenburg, Schloß (Mähren) 330

Fagerhult 360
Falun 365, 509
Fehmarn 373, 397, 399–403, 409 f., 440
Ferrara 665
Finnland 211, 214 f., 556
Florenz 665

Flottsund (bei Uppsala) 630
Formosa 175
Fort Älvsborg 545
Fort Casimir 553, 605, 609 f.
Fort Christina (Delaware) 180, 319, 552 f., 605, 611, 614 ff.
Fort Nassau 546, 549, 552 f.
Fort Trefaldighet (Delaware) 614 f.
Frankfurt am Main 575–582, 586, 589, 592 f.
Frankfurt an der Oder 108 ff., 113
Frankreich 346 f.
Frauenburg 45, 48
Fredriksborg 453
Freiberg 198 f., 289, 297
Friedberg (Lech) 466
Friedland 280
Frösö 368 f.
Fünen 331, 341 ff., 353, 374
Futu, afrik. Kgr. 544

Gävle 367
Genua 637
Glogau 274 f., 280
Glückstadt 354 f.
Gnesen 32
Goa 175
Göta Älv 323, 364, 370
Göteborg 223 f., 333, 361 f., 369 ff., 374, 646
Gotland 212, 323, 407, 432, 434
Gran (Donau) 603
Graudenz 45
Graz 429
Greifenberg 107
Greiffenhagen 107
Greifswald 189, 191, 329, 578

Halberstadt 255
Halland 363, 370 f., 378, 432, 436, 556

Halle 128, 132
Hallesta (bei Lund) 360
Hamburg 98, 170 f., 173 ff., 177, 181, 183, 188, 195 f., 206, 209, 229, 256, 263, 269, 329, 333, 340, 599, 635, 654
Hanau 583, 586
Hanevad 91
Härjedalen 323, 366–369, 432, 435 f.
Hastings 31
Havelberg (Brandenburg) 335
Heidelberg 582
Heilbronn 140 f., 150 f.
Helsingborg 357 ff.
Helsingfors (Helsinki) 451
Helsingør 329, 333, 337
Helsinki 211
Hersbruck 244
Hiddensee 350
Hildesheim 241
Holstein 335 ff., 379, 412
Horgau (bei Zusmarshausen) 503
Höxter 462
Hudson (River) 547

Idre 365 f., 432
Ingolstadt 270
Innsbruck 655
Itzehoe 337
Ivarsboda 189

Jablona 16, 19
Jämtland 323, 366–369, 432, 435 f.
Jankau 420–425, 428, 440, 461, 471, 475
Java 175
Jersey 658
Jerusalem 594 ff., 604, 650, 652, 656, 658, 661

Jönköping 321
Jüterbog 165, 413
Jütland 337, 340, 342, 353 ff., 372

Kajaneborg 272
Kalbe (Saale) 505 ff.
Kalmar 46, 72, 212, 384, 451, 474
Kalmarsund 451
Kap der Guten Hoffnung 175
Kap Verde 660
Kapellenhöhe (bei Jankau) 422
Kattegat 363
Kiel 337 ff., 381, 411
Kieler Förde 340, 372, 376 f., 379, 381, 403, 410
Kirkholm 29
Kleiner Belt 331, 341, 343, 353 f.
Kolbäcksån 91
Kolberg 168, 294, 311
Kolberger Heide 376, 379, 402, 453
Kolding 341
Köln 576
Konstantinopel 594, 598, 600 ff., 604, 650 f.
Konstanz 143, 230
Kopenhagen 331, 340, 354, 379
Kopparberg 152
Korsika 658
Köslin 311
Krempe 354 f.
Kristianopel (in Blekinge) 404
Kristianstad 371, 382
Kristina Kill (Fl., Delaware) 613
Kristinehamn (Delaware) 612, 615 f.
Küstrin 293
Kyrkogårdsholmen 371

Labes 294
Lagaholm, Schloß (bei Laholm) 370 f.
Laholm 370 f.
Landsberg (Lech) 165, 466
Landshut 124
Landskrona 361 f.
Langenarch 528
Languedoc 554
Lech 123, 465 f., 468, 501 f., 504
Leipzig 114, 127 f., 137, 162 f., 252, 281–289, 293, 380, 413 f., 438 ff., 448, 450, 461, 463, 493, 635
Lemgo 463
Lemvig 354
Lens 520
Liebrose 165
Limfjord 342
Lindau 528
Linden 149
Linkelwald, bei Leipzig 287 f.
Linköping 561
Lister Tief (Jütland) 374 f., 398
Littau 276
Livland 214
London 175, 224
Lorenco Marques 175
Luanda 175
Lübben 165
Lübeck 170, 188, 196, 209, 211, 224, 231 f., 256, 340, 635
Lucca 637
Lund 359 ff.
Lüneburg 266, 635
Lustholmen (in Stockholm) 352
Lutter am Barenberge 68, 108
Lüttich 225
Lützen 128, 132, 136 f., 142 f., 206, 252, 274, 289, 409, 497, 538

Macao 175
Madrid 235, 598 f.

Magdeburg 106, 108, 110–113, 173, 412f., 438, 505, 507, 590, 635
Mähren 275–279, 290, 292f., 330, 445
Mährisch-Neustadt 276
Mailand 143, 637
Main 493, 576
Mainau, Insel 491, 528
Mainz 122, 128, 582, 595, 657
Mälarsee 82f.
Malmö 337, 361, 371, 378f., 381, 405, 409
Malta 650f., 658f.
Mangalur 175
Manhattan 178
Mantua 637
Marienburg 45
Markaryd 356, 360
Marseille 658
Maskat 175
Mazagán 175
Mecklenburg 152, 190, 231, 409, 590
Medelpad 368f.
Mekka 651
Mellsten 406
Memel 69
Merseburg 252f.
Messina 658
Mestre 636
Minquas Kill 178
Mittelmeer 174, 659f.
Modena 637
Mogadischu 175
Moldau 516
Mölndal (Delaware) 546
Mörsil 368f.
Moskau 530
München 124f., 467, 504, 635f.

Münster 230, 415–419, 449, 461, 467, 521, 523, 592

Närke 567
Naumburg 128
Neapel 530, 638, 656f., 661
Neestetten 147f.
Neiße (Stadt) 276
Neu Amsterdam 178, 316, 547, 550, 552, 606, 614
Neu-Brandenburg 110
Neu Korsholm 549f.
Neuengland 317
Neukloster 195f.
Neu Göteborg 546, 548
Neuhäusel 603
Neumarkt 528
Neunburg 246, 248ff., 286
Neuniederland 180
Neuschweden 179f., 316–322, 545–553, 605–616
Neuspanien 175, 179
Nienburg 569, 573ff.
Nördlingen 127, 145–148, 150, 159, 161, 358, 414, 529
Norrbotten 217
Nørre-Sundby 342
Norrköping 91f., 97, 223
Norwegen 323, 364–367
Nowgorod 75
Nowy Dwór 14, 19, 35
Nürnberg 125ff., 244, 538f., 576, 617, 635
Nyköping 451f.
Nyland 211

Oder 106, 108, 166, 173, 293
Oguaa 543f.
Oker 266
Öland 398

Oldendorf 143
Oldesloe 337
Olmütz 276, 525
Opoczno 32
Oppeln 276, 330
Öresund 323 f., 327 f., 331, 357, 361, 372 f., 378, 398, 403, 432, 451
Ormée 530
Orsa 365
Ösel 323, 432
Osnabrück 230, 259, 263 f., 330, 415–419, 429, 449, 467, 521 f., 592
Östergötland 76, 531
Östersund 436
Ostsee 69, 72, 106, 166, 174, 211 ff., 328, 333, 350, 373 f., 406, 550, 608

Paderborn 462
Padua 639, 641, 646
Palermo 658, 660 f.
Paris 154 f., 161, 166, 207, 391, 508, 554, 585, 598, 623, 646
Parma 637
Peene 484
Pegau 413
Pernambuco 175
Persante (Fl. in Pommern) 294, 308, 312
Peru 175, 179
Pfalz 590
Philippinen 175
Pillau 14, 91
Pilsen 515
Pirna 201
Piteå 333
Polen 325, 529 f.
Pommern 106 f., 168, 187–194, 231, 256, 259, 262 f., 292 ff., 310–313, 353, 372, 409, 451, 482, 520, 574, 579 f., 590, 611, 632

Pontoise 155
Potosí 178
Prag 64 f., 125, 145, 150, 198 ff., 207, 244, 293, 313, 420, 426, 428 f., 514, 515–526, 531, 619, 625, 635
Praga, Vorstadt von Warschau 36, 43
Pragawald 36 ff.
Pregel 69
Preßnitz 251
Puerto Rico, Insel 551
Pyrmont 463

Ragusa 650, 652
Rain (Lech) 465
Rakonitz 515
Recife 234
Regensburg 242–246, 265, 589, 591, 625
Rendsburg 340
Rhein 143, 173, 197, 414 f., 419, 576
Rheinfelden 197
Rhodos 650
Ribe 354
Ribnitz 107
Riga 29, 146, 211, 333, 531
Rimini 652
Rio de Janeiro 175
Rocroi 414, 428
Rokycany 202
Rönnefluß 357
Rom 230, 652–655, 661 f., 665
Rothenburg 127
Rotholmen (in Stockholm) 352
Rouen 222
Rügen 206, 353, 450

Saale 505 ff.
Saalfeld 237

Saaz 204
Salé 660
Santa Cruz, Insel 551
São Thomé, Insel 544
Särna 365 f., 369, 432
Satakunta 211
Scharfenberg, bei Wittstock 159
Schifelbein, Schloß (Pommern) 307 f., 312
Schleißheim, Schloß 636
Schlesien 265, 274 f., 278 ff., 290, 292, 330, 445
Schmutter (Fl.) 504
Schönbeck (Elbe) 525
Schonen 323, 335, 341, 356–359, 378, 381 f., 397, 402 f., 405, 451
Schrobenhausen 124
Schuylkill (Fl., Delaware) 549 f.
Schwandorf 245
Schweden 214–229, 325–329, 346 ff.
Schwedisch Livland 206
Schweidnitz 275, 278
Schweinfurt 492 f., 499, 528
Seeland 331, 337, 356 ff., 402, 482
Serampur 175
Sevilla 175
Siena 665
Sizilien 530, 534, 591, 637 f., 657 f.
Slite (auf Gotland) 434
Småland 76, 331, 335, 348, 360, 382, 403, 568
Söderåkra (bei Brömsebro) 404
Söderköping 92, 97
Södermalm (in Stockholm) 320
Södermanland 559
Södertälje 406
Södra Möre (Provinz Kalmar) 433 f.
Southampton 391
Spielberg (Zitadelle von Brünn) 441 ff.

St. Louis (Afrika) 175
St. Malo 658
Stargard 107
Stein (bei Krems) 430
Stensätra 406
Stettin 14, 106 f., 187, 231 f., 255, 258, 263, 293 f., 472
Stockholm 56 f., 59, 75, 97, 174, 183, 186, 188, 211 f., 214, 222, 224, 229, 240, 320, 323, 328 f., 333 ff., 352, 361, 380 f., 384, 387, 396, 453 f., 474, 508, 519, 531 f., 540, 555, 558 f., 561 f., 565, 573, 585, 587, 616–624, 630 ff., 634
Stolbova 85
Storsjön (Fl.) 368
Stralsund 68 f., 71 f., 106, 168, 206, 259, 329, 336, 350, 353, 469, 472, 475, 580, 625
Strängnäs 86
Straßburg 495, 508
Sumatra 175
Sveg 436
Swanendael 178

Tabor 520
Tannenberg 31
Thorn 32, 44 ff.
Tinicum, Insel im Delaware 546
Torgau 163, 166, 250
Torneå 333
Torre Greco 657
Toulon 658
Tranarp 360
Trankebar 175
Transsilvanien 127, 154, 291 f., 414
Trau 650, 652
Travemünde 170, 209, 635
Treptow 107

Trient 636
Trier 230
Tripolis 660
Trittau 337
Tunis 660
Turinge (bei Stockholm) 384

Überlingen 528
Uddevalla 364
Ukraine 529 f.
Uleåborg (Finnland) 333
Ulm 149, 491
Umeå 188, 333
Uppland 320, 558, 562
Uppland (heute Chester, Delaware) 546
Uppsala 84 f., 87–91, 223, 271, 333, 458, 519, 621, 625, 628 f., 632
Usedom 76, 162, 187, 262
Utrecht 393

Valne By 369
Valtellina 143
Vänersborg 364
Varberg, Schloß von 436
Varkens Kill (Delaware) 545
Värmdö 398
Värmland 319 f.
Värnamo 562
Västerås 81/85, 87, 91, 104
Västerbotten 190, 217, 298, 591
Västergötland 76
Västerhaninge 398
Västervik 451
Vechta 462
Veltlin 154
Venedig 325, 392, 441, 554, 636 f., 639–645, 647–652, 654, 659, 662, 665
Verden 520
Verona 646
Vesuv 657
Viborg 223 f.
Vicenza 646
Visby 434 f.
Vordingborg, Festung 331

Warka 32
Warnemünde 472
Warschau 14 f., 17, 19, 29, 32, 34, 36, 42 ff., 530
Warthe 165
Weichsel 14, 38, 40, 69, 458
Weißer Berg (vor Prag) 428 f., 516, 635, 653
Weser 462
Wien 411, 429 f., 440 f., 445, 448, 527, 593 f., 596, 604, 625
Windmühlenhügel, bei Lützen 134 f.
Windsheim 127
Wismar 72, 266, 403, 408, 520
Wittstock 159, 161 f., 292, 419, 475
Wolfenbüttel 266, 268
Wolfsschanze (bei Stammesdorf, vor Wien) 430, 440, 445
Wolgast 187, 280, 474 f., 484, 532, 644
Wollin 189
Würzburg 535, 537

Ystad 405, 451

Zittau 280
Zusmarshausen 501 f., 504
Zwickau 197

Karl Otmar von Aretin:
Das Alte Reich 1648–1806
in 3 Bänden

Band 1:
Föderalistische oder hierarchische Ordnung (1648–1684)
1993. 441 Seiten, Leinen
ISBN 3-608-91488-9

Band 2:
Kaisertradition und österreichische Großmachtpolitik (1684–1745)
1997. 578 Seiten, Leinen
ISBN 3-608-91489-7

Band 3:
Das Reich und der österreichisch-preußische Dualismus (1745–1806)
1997. 657 Seiten, Leinen
ISBN 3-608-91398-X

»Wann hat zum letzten Mal ein deutscher Historiker an Quellen und Forschungen entlang eine über anderthalb Jahrhunderte reichende mehrbändige Geschichte geschrieben? Wer ist in dieser Zeit in einer Reichsgeschichte als der Träger der Handlung anzusehen, der Kaiser, der Reichstag, andere Reichsinstitutionen, die Reichsstände und Großterritorien – oder alle zusammen? Die Schwierigkeiten, die der Autor einleitend und abschließend auch andeutet, müssen immens gewesen sein, und nur einer konnte sie überhaupt bewältigen.«
Johannes Burkhardt / FAZ

Klett-Cotta

Régis Boyer:
Die Piraten des Nordens
Leben und Sterben als Wikinger

Aus dem Französischen von Renate Warttmann
358 Seiten, gebunden, ISBN 3-608-91744-6

Eine kundige Darstellung der Wikinger, gegen die Mythen, die sich im Laufe der Jahrzehnte über die Nordmänner gelegt haben.

Ekkehard Eickhoff:
Theophanu und der König
Otto III. und seine Welt

696 Seiten, mit zahlreichen Abbildungen, gebunden
ISBN 3-608-91798-5

Die beiden dramatischen Lebensläufe der Kaiserin Theophanu und ihres genialen Sohnes Otto III. in den bewegten Jahrzehnten, als die Nationen des alten Europa Gestalt gewannen.

H. C. Erik Midelfort:
Verrückte Hoheit
Wahn und Kummer in deutschen Herrscherhäusern

Aus dem Amerikanischen von Peter E. Maier
272 Seiten, gebunden, ISBN 3-608-91236-3

Midelfort führt den Leser durch die Galerie der etwas eigenartigen Fürsten im Deutschland der Renaissance, die zwischen Alltag und Pomp, Schwarz und Weiß hin- und hergerissen wurden, bis sich die Nacht ganz über ihnen schloß, Verwandte und Ärzte das Zepter übernahmen und Ihre königliche Hoheit auf Kur schickten, von der manche nicht mehr zurückkamen.

Klett-Cotta